법무사·변호사·법원행시·법원사무관승진 시험대비

박문각 법무사

민사 소송법

핵심사례집

이혁준 편저

브랜드만족
1위
박문각

제 4 판

수상내역
후면표기

법무사 8년 연속
전체수석 합격자 배출

(2014년–2021년 박문각 서울법학원 온-오프 수강생 기준)

QMG 박문각

먼저 그동안 본서에 보여 준 여러분들의 깊은 관심과 사랑에 다시 한번 머리 숙여 감사드린다.

본서 제3판이 출간된 지 벌써 2년이 지나갔다. 그 사이 중요한 판례와 상당히 수준 높게 출제된 국가시험의 문제들이 나와 본서에 반영할 필요가 있었다. 이번 제4판에서도 일련의 소송절차 순서에 맞춰 중요주제를 기본사례 문제로 다룸으로써 민사소송법을 체계적으로 정리하고 연습할 수 있도록 하였다.

이번 제4판의 개편기조는 다음과 같다.

첫째, 내용을 다소 정비하였다. 최근 개정규칙까지 반영하였으며, 기존에 오해의 소지가 있는 부분과 오기 또는 오탈자가 있는 부분을 바로 잡았고, 보다 간결하고 정확하게 기술하여 답안에 써야 할 내용을 빠르고 쉽게 이해할 수 있도록 하였다. 물론 이해의 편의를 위해 배점보다 좀 더 상세한 해설을 달았지만 실제 답안에는 본서에서 강조 표시한 부분을 중심으로 압축기술하면 될 것이다.

둘째, 기본사례의 연습문제를 상당히 보완하였다. 2022년까지 치러진 변호사시험과 법원행시 및 변리사시험, 법무사시험과 법원사무관 승진시험 등에 출제된 문제를 모두 반영하였다. 본서에 담겨진 문제를 연습하고 정리하는 것만으로, 시험에 합격하는 데에 부족함이 없는 최적의 사례집이 되도록 보다 많은 신경을 썼다.

셋째, 확인·보충 및 심화사례 파트를 따로 두어 시험의 적응 능력과 실력 향상을 도모하였다.

넷째, 아직 출제되지는 않았지만 출제가능한 중요도 높은 판례와 최신 판례까지 사례화하여 연습할 수 있도록 하였다. 이로써 본서가 한층 새로워지고 충실해진 것으로 생각된다.

현 국가시험은 **민사소송법** 전반에 걸친 이해와 판례에 대한 보다 구체적이고 정확한 실질적인 이해를 요구하며 그 쓰임새를 알고 있는지를 묻는 문제들이 출제되는 경향에 있다. 반면 판례사안 그대로를 출제하는 방식은 지양되고 있다. 즉 기본 판례사안을 중심으로 이에 추가되고 변형되는 식으로 출제하여 여러 쟁점들을 두루 고려하고 다룰 수 있는지를 묻고자 한다. 따라서 **민사소송법**은 다각도의 사고와 정확하게 공부하는 것이 정도라고 생각한다. 본서는 이러한 원칙에 입각하여 만들어진 것이다. 특히 본서에서 다루는 문제 중 최소한 기본사례의 연습문제만이라도 반복적으로 연습하고 이해하면서 정리한다면 시험에 합격함은 당연지사라 할 것이다.

언제나 그랬듯이 이번 개정판을 출간함에 있어서도 많은 분들의 도움이 있었다. 일일이 이름을 들어 감사의 말씀을 드리지는 못하나, 다시 한번 그 분들에게 지면을 빌어 고마움을 전한다. 그리고 본서가 수험서로서 보다 새로워지고 충실해질 수 있도록 도움을 주신 박문각 朴容 회장님과 출판사 임직원 분들에게 감사의 말씀을 드린다.

마지막으로 이 책을 항상 격려와 관심 그리고 깊은 애정으로 지켜봐 주는 사랑하는 가족들에게 바친다.

이혁준 편저

Ⅰ. 초안을 작성하라

수험생 중에는 초안의 중요성을 인식하지 못하거나 초안의 필요성을 못 느끼고 있는 수험생들이 많은 듯하다. 그러나 초안작성은 실수를 줄이고 누락쟁점을 줄이는 데에 가장 효율적인 방법 중 하나이다. 초안을 작성하면 시간을 낭비하는 것 같지만, 초안작성을 하지 않아서 답안을 작성하는 중에 실수한 부분을 발견하여 답안을 쓰다가 지우고 다시 쓰게 된다면, 시험장에서 당황하게 되고 오히려 그것이 더욱 시간을 낭비한다는 점을 생각해 본다면 초안작성의 중요성과 필요성을 인식할 수 있을 것이다. 그럼, 초안을 어떻게 작성할 것인가?

① 초안작성을 위해 사실관계는 최소한 2번 정도 반드시 읽고 파악해야 한다. 사실관계 파악에서부터 잘못한다면 초안작성은 무의미하다.

② 사실관계를 파악하는 데에는 문제를 먼저 눈으로 훑어보기를 권한다. 그리고 문제를 연상하면서 사실관계를 볼 때 우선 눈에 명백하게 보이는 쟁점을 뽑아낸다.

③ 이후 도출한 쟁점들을 유기적으로 연결하기에 필요한 부분쟁점 내지 가교적 쟁점을 추가로 도출한다.

④ 이렇게 도출된 쟁점을 논증순서에 맞게 재구성한다. 그리고 구성된 쟁점별로 조문과 판례가 있음을 표시해 둔다.

⑤ 주의할 것은 위 모든 사항을 초안에 기재할 때에는 축약된 표현으로, 예컨대 다룰 쟁점의 앞 글자만 따서 표시하거나 결론은 ○ · × 등의 방법으로 시간을 최대한 줄이도록 한다.

이렇게 도출된 쟁점은 다음과 같은 방식으로 목차순서를 부여하면서 논증구도를 잡도록 한다.

Ⅱ. 목차의 구성순서

예를 들어, 〈제1문〉

설문 1. 또는 (1)에 관하여

1. 결론

[※ 칸을 띄운다. 지나친 여백(- 좌우여백 포함)은 답안내용이 부실할 것이라는 선입견을 주지만, 여백 없이 구성하면 채점자로 하여금 답답함을 들게 하고, 자칫 답안 전체의 구성(이미지 포함)을 흐리게 하여 채점에 불이익을 줄 우려가 있다. 여백의 미를 살릴 필요가 있다.]

2. 근거(이유, 논거)

(1)

[※ 칸을 띄운다.]

(2)

[※ 칸을 띄운다.]

(3) 사안의 경우(해결)

Ⅲ. 본문 내용의 설시상 주의사항

다른 답안과 차별화된 답안을 작성함으로써 득점에 유리함을 얻기 위해서는 다음과 같은 점을 항상 생각하면서 훈련하여야 한다.

① 논증의 전개는 큰 틀에서 물 흐르듯이 자연스러워야 한다. 예컨대, 쟁점의 구성이 그 선·후관계에 역행하지 않도록 하여야 하며, 쟁점을 단순히 나열함에 그치지 말고, 그것을 넘어서 첫번째 쟁점에서 다음 쟁점으로 넘어가는 이유를 가볍게 제시하면서 후행 쟁점을 논의하는 식으로 한다.

② 근거제시형 문제는 항상 조문으로든 해석상으로든 그 근거를 제시해야 한다. 이는 철칙이다. 예컨대 「판례는 사안의 경우 ~을 긍정한다.」는 식의 단답식 내용은 선택형 시험에서나 생각할 문제이다. 논술형·사례형 시험의 근거제시형에서는 이와 같은 서술은 득점에 도움이 되지 못한다. 또한 원칙은 안 되지만, 예외적으로 허용된다면 왜 그런가? 그 물음에 대한 근거가 있어야 하는 것이다. 그럼, 근거는 어디까지 제시하여야 하는가? 다다익선이다. 근거제시형에서 남보다 더 치밀하고 상세한 근거를 제시한다면 그만큼 더 좋은 점수를 받을 것이라는 점은 자명한 사실이다. 「최대한 친절을 베풀어라.」

③ 쟁점에 대해서는 설문의 해결에 관련된 것만을 서술하여야 한다. 사안의 해결에 불필요한 쟁점에 대해서는 시간도 에너지도 낭비해서는 안 된다. 물론 사안해결에 필요한 쟁점을 도출하는 것 자체가 어려운 일이다. 이것은 위 초안작성의 방법에서 언급한 ②와 ③의 내용을 염두에 두면서 거듭된 훈련을 통해 익혀갈 수밖에 없다. 그래서 논술형·사례형 시험의 준비는 이런 훈련방식으로 답안을 작성하는 연습과정이 필수적으로 뒤따라야 하는 것이다. 「안다는 것이 잘 쓴다는 것까지 담보하지는 않는다.」

④ 논술형·사례형 답안은 법리의 이해 정도와 판례의 숙지 정도, 그리고 이러한 판례의 법리를 실제 사안에서 적용할 수 있는지의 능력, 즉 사안의 해결능력을 평가하게 된다. 따라서 자신의 이해 정도를 정확하게 설시하여야 한다. 잘못된 용어를 사용하거나 설문에 적용될 법리 이외의 쟁점을 다룸으로써 쟁점일탈이 있어서는 안 된다. 그 실수만으로 이미 법리를 이해하지 못하고 있다는 점을 증명하는 것이나 다름없다. 또한 사안 해결능력을 보여주기 위해서는 반드시 법리의 사안포섭 과정을 보여주어야 한다는 점을 잊지 말아야 한다.

⑤ 주의할 것은 위에 따른 답안을 작성할 때 자칫 너무 흥에 겨워서 시간안배에 실패하는 경우가 있으며, 선입견을 갖고 문제를 임의로 해석하는 경우가 있다. 답안은 철저히 「표시주의」가 적용된다. 「답안에 없다면 주장이 없어서 채점의 기초로 삼을 수 없다.」변론주의를 생각해 보라. 또한 많이 아는데 답안에 실수가 있다는 이유로 동정 점수를 받는 일은 없다. 본인은 실수한 것이라지만 채점자는 철저히 모르는 것으로 평가하게 된다. 법학은 그럴 것 같은데.... 라는 것은 없다. 치밀하고 정교하게 움직이는 기계와 같다. 따라서 「실수는 본인이 증명책임(점수의 불이익)을 지게 되는 것으로 치명적이다.」

⑥ 한 가지 덧붙이자면, 법학은 논리를 빼면 남는 것이 없다. 왜 논리가 중요한가? 논리가 없다면 마치 자의적인 판단에 불과한 것이다. 법칙이라는 것이 무엇인지를 생각하면 당연한 것이다. 또한 법학에서는 형식이 중요하다. 형식은 논리적 전개를 보여주는 최소한의 가장 효율적인 수단이기 때문이다. 그래서 형식을 갖추지 않은 답안은 비록 점수는 받겠지만 결코 형식을 갖춘 답안보다 좋은 점수를 얻을 수는 없다. 시험은 상대평가라는 점과 점수의 소중함을 잊지 말아야 한다.

Ⅳ. 판례 서술의 방법

답안에 판례를 서술할 경우, 판례의 결론만 제시해서는 안 된다는 점을 다시 한번 당부하면서, 다음과 같은 판례 서술방법의 예를 제공한다. 예컨대, 「판례는 ~사안에서 또는 ~(쟁점)에 관해서, ……라고 판시한 바 있다.」라고 설시한다. 그리고 "……"의 부분에서는 ① 판례의 쟁점에 대한 Key - word 또는 논거가 되는 판결요지의 문구가 현출되도록 함이 절실히 요구된다. 채점자는 이미 자신이 다루었던 익숙한 문장이 있다. 만약 그 문장이 답안에 묻어나 있다면 이런 사정만으로 점수에 실질적인 영향을 미칠 것이라는 점은 자명한 사실이다.

Ⅴ. 마무리하며

「남들만큼만 하자 또는 과락만 조금 넘기자!」라는 생각은 위험한 발상이다. 이런 안일한 생각으로는 경쟁에서 이길 수가 없다. 어렵다고 쉽게만 하자는 생각은 아무 도움도 안 되며, 법리도 치밀하고 정확하게 익히고 배워야 한다는 점을 분명히 상기하여야 한다.

따라서 「모든 주제를 볼 때에는, 왜 이것이 문제인가?, 어떤 분쟁·어떤 절차과정에서 나타나는 모습인가?, 이에 대한 쟁점이 나오면 답안에는 어떤 내용이 담겨져야 하는가?」를 항상 생각하면서 익혀야 한다. 답안에는 그렇게 이해·정리한 내용을 설시하면 된다. 그런데 이것이 한 순간에 이뤄지는 것은 아니다. 결국 계속적인 연습과정이 있어야 하고 반복해서 사례를 풀어 보는 것이 중요하다. 「풀어 본 사례라도 다시 풀어 볼 때 전과 동일한 내용의 답안을 또는 그보다 좋은 답안을 작성하리라는 보장은 어디에도 없다.」 이렇듯 계속적으로 훈련을 하다 보면, 답안의 풍미가 깊어질 것이다. 만약 많은 문제를 풀어보기에 시간이 부족하다면(대부분의 수험생이 이렇겠지만), 초안작성 연습에 중점을 두면서 훈련하기를 권한다. 그리고 자신이 도출한 쟁점과 해설답안에서 다루고 있는 쟁점을 서로 비교하면서 누락쟁점이나 일탈쟁점을 분석하고, 판례의 태도 및 사안포섭을 해설답안에서는 어떻게 다루고 있는가를 면밀히 살펴보아야 한다.

지금까지 언급한 사항을 최대한 체득할 수 있도록 꾸준히 연습하기를 바라며, 위 사항이 시험합격에 조금이라도 도움이 되길 기대한다.

PART 01 기본사례의 연습

PART 02 확인·보충 및 심화사례

PART 03 실전연습 및 종합사례

기본사례의 연습

CHAPTER 01

총설

☑️ 사례(01) | 신의칙 – 선행행위와 모순되는 거동(금반언)

사실관계

甲은 X부동산에 관하여 乙을 상대로 매매로 인한 소유권이전등기절차의 이행을 구하는 소를 제기하여 제1심에서 승소판결을 받았다. 제1심 판결의 정본은 乙의 주소지로 송달되었는데, 乙이 경영하는 철물점 종업원 丙이 乙의 주소지에 일시 들렀다가 위 판결정본을 수령하였다. 乙은 며칠 뒤 丙으로부터 위 판결정본을 교부받고 丙이 수령한 날로부터는 2주가 지났으나 자신이 교부받은 날로부터는 2주 이내에 항소를 제기하였다. 항소심 법원은 乙의 항소를 적법하다고 받아들인 다음 본안심리를 하였는데, 甲은 항소심 계속 중 토지거래허가신청절차의 이행을 구하는 것으로 청구를 교환적으로 변경하였다. 乙은 청구변경에 대하여 이의를 하지 않고 심리를 진행하다가 항소를 취하하였으나 항소심 법원은 변경된 청구에 관하여 甲의 승소판결을 하였다.

문제

이에 乙은 상고하면서 항소심 판결에는 부적법한 항소를 받아들인 위법이 있다고 주장하였다. 乙의 주장은 허용될 수 있는가? [10점]

Ⅰ 결론

乙의 주장은 허용될 수 없다.

Ⅱ 근거

1. 항소의 적법 여부

(1) 판결정본 송달의 효력 유무

1) 교부송달과 보충송달

송달은 원칙적으로 송달받을 사람에게 직접 서류의 등본·부본을 교부하는 방법으로 한다(제178조 제1항). 송달받을 사람의 주소, 거소, 영업소 또는 사무소가 송달장소이다(제183조 제1항). 다만 이와 같은 근무장소 외의 송달할 장소에서 송달받을 사람을 만나지 못한 때에는 그 사무원, 피용자 또는 동거인으로서 사리를 분별할 지능이 있는 사람에게 서류를 교부할 수 있다(제186조 제1항).

2) 송달의 하자의 효력

송달의 방식이 잘못되면 무효이다. 또한 불변기간인 항소제기기간에 관한 규정은 성질상 강행규정이므로 판결정본의 송달의 하자는 이의권의 포기·상실로 인하여 치유될 수 없다.

(2) 사안의 경우

丙은 乙의 영업소인 철물점의 피용자로서 영업소에서는 乙을 수송달자로 한 판결정본을 적법하게 송달받을 수 있으나, 일시적으로 방문한 乙의 주거지에서는 이를 적법하게 송달받을 수 없으므로 丙에 대하여 한 송달은 무효이고, 丙이 乙에게 판결정본을 송달하였을 때 비로소 송달이 완성되었다고 하여야 한다. 따라서 乙이 그로부터 2주 이내에 제기한 항소는 적법하다.

2. 신의칙 위반 여부

판례는 민사소송의 당사자 및 관계인은 소송절차가 공정 신속하고, 경제적으로 진행되도록 신의에 쫓아 성실하게 소송절차에 협력해야 할 의무가 있으므로, 당사자 일방이 과거에 일정 방향의 태도를 취하여 상대방이 이를 신뢰하고 자기의 소송상의 지위를 구축하였는데, 그 신뢰를 저버리고 종전의 태도와 지극히 모순되는 소송행위를 하는 것은 신의법칙상 허용되지 않고, 따라서 원심에서 피고의 추완항소를 받아들여 심리 결과 본안판단에서 피고의 항소가 이유 없다고 기각하자 추완항소를 신청했던 피고 자신이 이제 상고이유에서 그 부적법을 스스로 주장하는 것은 허용될 수 없다고 하였다.[1] 그러므로 乙의 주장은 신의칙상 허용될 수 없다고 할 것이다.

---

[1] 대판 1995.1.24, 93다25875. 판결요지에서 乙의 항소에 대하여 추완항소라는 표현을 사용하고 있는데, 추완항소란 丙에 대한 송달이 적법한 것을 전제로 하는 것이므로 이는 적당한 표현이 아니다.

사례(02) | 기피신청의 효력과 제척사유

사실관계

甲은 2005.2.15. 乙에게 1억원을 이자는 연 10%, 변제기는 1년 후로 정하여 빌려주었는데, 그 이후 乙이 사업실패로 변제하기를 차일피일 미루는 탓에 그로부터 일체의 원리금을 지급받지 못하였다.

문제

※ 아래 각 설문에 대한 결론과 근거를 설명하시오. 각 설문은 상호 무관한 것임을 전제로 한다.

1. 甲은 乙이 변제기가 도래한 후에도 돈을 갚지 않자 乙을 상대로 대여금지급청구의 소를 제기하였는데, 심리되는 과정에 甲은 기피신청서를 제출하였고, 법원은 위 기피신청에 대하여 간이각하결정을 하였다. 한편 법원은 기피신청에 대한 간이각하결정이 있기 전에, 변론기일을 지정하여 이를 통지하였고, 甲과 乙은 모두 3회에 걸쳐, 甲은 변론기일에 출석하지 아니한 반면, 乙은 출석하였으나 변론하지 아니하였다. 이에 법원은 甲의 소는 취하 간주로 종료되었다고 판단하였다. 제1심 법원의 판단은 적법한가? [15점]

2. 甲은 乙을 상대로 대여금지급청구의 소를 제기하였고, 제1심에서 甲은 법관을 상대로 기피신청을 하였으나 소속법원 합의부의 기각결정이 내려졌다. 그 후 패소한 甲이 항소하였는데, 항소심의 재판장이 제1심의 기피신청재판에 관여한 법관이라면 제척사유에 해당하는가? [10점]

Ⅰ 설문 1.에 관하여

1. 결론

법원이 甲의 소는 취하 간주로 종료되었다고 판단한 것은 위법하다.

2. 근거[2]

(I) 법관의 기피의 의의 및 취지

기피라 함은 제척이유 이외의 재판의 공정을 기대하기 어려운 사정이 있는 경우 당사자의 신청을 기다려 재판에 의하여 비로소 법관이 직무집행에서 배제되는 것으로서, 제척제도를 보충하여 재판의 공정을 보다 철저히 보장하기 위한 것이다(제43조).

---

2) 소취하 간주(제268조)의 요건을 구비한 경우인지에 대해서도 간략히 검토할 수 있다.

⑵ 본안소송절차의 정지

① 기피신청이 각하된 경우 또는 종국판결을 선고하거나(변론종결 뒤에 비로소 기피신청이 있는 때) 긴급을 요하는 행위를 하는 경우를 제외하고, 기피(또는 제척)의 신청이 있으면 기피의 재판이 확정될 때까지 소송절차를 정지하여야 한다(제48조). 동 규정에 위반한 소송행위는 위법하다.

② 사안의 경우 예외적인 사정이 보이지 않으므로 소송절차를 정지했어야 함에도 변론기일을 진행한 것은 위법하다. 다만 소송절차를 정지하지 않은 위법의 하자가 간이각하결정이 확정됨에 따라 치유되는지 여부가 문제이다.

⑶ 소송절차를 정지하지 않은 하자의 치유 여부

판례는 기피신청에 대한 각하결정 전에 이루어진 변론기일의 진행 및 위 각하결정이 당사자에게 고지되기 전에 이루어진 변론기일의 진행은 모두 민사소송법 제48조의 규정을 위반하여 쌍방불출석의 효과를 발생시킨 절차상 흠결이 있고, 특별한 사정이 없는 이상, 그 후 위 기피신청을 각하하는 결정이 확정되었다는 사정만으로 민사소송법 제48조의 규정을 위반하여 쌍방불출석의 효과를 발생시킨 절차 위반의 흠결이 치유된다고 할 수 없다고 하였다.[3]

⑷ 사안의 경우

사안의 경우 기피신청에 대한 각하결정 전에 변론기일을 진행한 것은 제48조를 위반한 위법이 있고, 신청인 甲은 위 변론기일에 불출석하여 충분한 소송행위를 하지 않았으므로 甲의 소송상 이익·절차권의 보장을 위하여 소송절차를 정지하지 않은 하자는 치유되지 않는다. 따라서 법원이 甲의 소는 취하 간주로 종료되었다고 판단한 것은 위법하다.

Ⅱ 설문 2.에 관하여

1. 결론

제척사유에 해당하지 않는다.

2. 근거

⑴ 제척의 의의

법관이 민사소송법 제41조 각 호에 규정된 일정한 법정사유(제척이유)가 있는 경우에 법률상 당연히 직무집행을 할 수 없는 것을 제척이라고 한다. 사안의 경우에는 제41조 제5호에 해당하는지 여부가 문제된다.

---

3) 대판 2010.2.11, 2009다78467 · 78474

(2) 제41조 제5호의 전심재판 관여에 해당하는지 여부

1) 의의 및 취지

상소법원을 구성하는 법관이 불복신청이 된 이전심급의 재판에 이미 관여한 경우에 그 법관은 당해 사건에 대하여 직무를 집행할 수 없다는 것을 전심관여법관의 제척이라고 한다(제41조 제5호 본문). 이는 법관의 예단배제로 재판의 공정성을 유지하고, 심급제도의 실효성을 확보하기 위하여 인정된다.

2) 요건

① 전심이란 당해 사건에 관하여 직접·간접의 하급심을 말한다. ② 재판이란 불복의 대상이 된 종국판결뿐만 아니라 종국판결과 더불어 상급심의 판단을 받는 중간적인 재판도 포함한다. 나아가 ③ 관여란 재판의 성립에 실질적으로 관여하였음을 의미한다. 따라서 최종변론, 평결(판결의 합의), 재판서의 작성에 관여한 것을 말하고, 단순히 판결의 선고만 관여한 경우나 최종변론 전의 변론, 변론준비절차·증거조사만을 한 경우라면 이에 해당하지 않는다.

3) 기피신청재판에 관여한 법관의 제척사유 해당 여부

판례는 본안사건의 재판장에 대한 기피신청사건의 재판에 관여한 법관이 다시 위 본안사건에 관여한다 하더라도 이는 민사소송법 제41조 제5호 소정의 전심재판관여에는 해당하지 아니한다고 하였다.[4]

(3) 사안의 경우

사안의 경우와 같이 항소심 재판장이 제1심의 기피신청재판에 관여한 법관이라 하더라도 제41조 제5호의 전심재판관여에는 해당하지 아니하므로, 제척사유에 해당하지 않는다.

---

4) 대결 1991.12.27, 91마631

절차를 통해 본 민사소송

사례(01) | 소제기의 효과로서 시효중단의 효력

사실관계

乙은 친구인 丙이 1억원만 잠시 빌려달라고 사정하므로, 마지못해 2001.2.3. 丙에게 1억원을 대여하였는데, 사실 위 1억원은 乙이 처남인 甲으로부터 빌려서 마련한 것이었다. 그런데 丙은 2001.9.3. 변제기에 이르러 종적을 감춰버렸다. 甲은 乙에게 대여금 1억원의 반환을 독촉하였으나, 乙은 자신도 丙으로부터 대여금 1억원을 변제받기 전에는 甲에게 차용금을 변제할 능력이 없는데 丙의 행방을 알 수 없어 甲에 대한 변제가 불가능하다고 말하였다. 그러던 중 甲은 수소문 끝에 丙의 행방을 알아내고서는 丙에게 乙에 대한 채무를 변제하라고 독촉하였으나, 丙이 변제하기를 거부하자, 甲은 2011.7.5. 乙이 무자력이라고 생각하고 乙을 대위하여 丙을 상대로 乙에 대한 차용금 1억원의 지급을 구하는 소를 제기하였다.

위 대위소송의 변론과정에서 乙의 은닉된 재산이 발견되는 등으로 乙의 무자력을 입증하기 어려워지게 되자, 甲은 乙으로부터 그의 丙에 대한 채권을 양수하여 직접 청구하는 것이 더 낫겠다고 생각하고서, 2011.10.6. 乙로부터 그의 丙에 대한 위 대여금 등 채권을 양수한 다음, 적법하게 채권양도사실을 통지하였고, 그 무렵 丙에게 그 채권양도통지가 도달하였다. 甲은 2011.10.11. 제1심 법원에 乙을 대위하여 대여금의 지급을 구하던 기존의 청구를 위 채권양도에 기하여 양수금의 지급을 구하는 것으로 청구를 교환적으로 변경하는 내용의 청구취지 및 청구원인 변경신청서를 제출하였다.

문제

丙은 乙로부터 1억원을 빌린 사실은 인정하지만 그 차용금채무는 이미 10년의 소멸시효가 완성되었다고 항변하였다. 丙의 소멸시효 항변은 받아들여질 수 있는가? 10점

I 결론

丙의 소멸시효 항변은 인정될 수 없다.

⬛Ⅱ 근거

1. 문제의 소재

① 당초의 채권자대위소송으로 인한 시효중단의 효력이 생기는지, ② 이를 인정하더라도 원고가 채권자대위권에 기해 청구를 하다가 당해 피대위채권 자체를 양수하여 양수금청구로 소를 교환적으로 변경한 경우, 당초의 채권자대위소송으로 인한 시효중단의 효력이 소멸하는지 여부가 문제이다.

2. 채권자대위소송에 의한 시효중단의 효력발생 여부

(1) 시효중단의 의의·근거 및 사유

① 소제기에 따른 실체법상의 효과로 시효중단의 효과가 발생하는데, 그 근거에 대해 통설·판례는 권리자가 권리 위에 잠자지 않고 단호하게 권리를 행사하는 점에서 근거를 구하는 권리행사설의 입장이다.

② 시효중단사유로서의 재판상 청구에는 이행의 소, 확인의 소이든 소송계속 중에 청구의 변경 또는 확장의 소이든 모두 시효중단의 효력이 있다.

(2) 시효중단의 효과

1) 인적 범위

① 시효중단의 효력은 당사자 및 그 승계인 사이에서만 발생한다(제169조). 여기의 승계인에는 포괄승계인과 특정승계인이 포함된다.

② 채권자대위권 행사의 효과는 채무자에게 귀속되는 것이므로 채권자대위소송의 제기로 인한 소멸시효 중단의 효과 역시 채무자에게 생긴다.

2) 물적 범위

소송물인 권리관계에 중단의 효력이 미침이 원칙이다(구소송물이론의 입장인 판례는 소송물인 원고 주장의 실체법상의 권리를 시효중단의 대상으로 본다). 따라서 채권자대위의 소가 제기된 경우 소송물인 피대위권리의 소멸시효가 중단된다.

(3) 효력발생의 시기

소제기에 따른 시효중단의 효력발생시기는 소송계속과 달리 소를 제기한 때, 즉 통상은 소장을 법원에 제출한 때이다. 피고에게 소장부본이 송달되었는지는 무관하다. 소송 중의 소일 경우에는 소장에 해당하는 서면을 법원에 제출한 때 그 효력이 발생한다(제265조).

(4) 사안의 경우

甲의 2011.7.5. 채권자대위소송으로 채무자인 乙에게, 대위소송의 소송물인 乙의 丙에 대한 대여금채권에 시효중단의 효력이 발생한다.

3. 채권자대위소송에서 양수금지급청구로의 교환적 변경 시 시효중단의 효력이 소멸하는지 여부

(1) 문제점 – 소의 교환적 변경의 성질

소의 교환적 변경의 성질에 대해 판례는 신소제기와 구소취하의 성질을 갖는다고 본다(결합설).[5] 이에 의하면 구소취하에 따라 시효중단의 효력이 소멸하고 변경신청서를 제출한 때에 새로운 청구에 대한 시효중단의 효력이 발생한다고 보게 되는데, 채권자대위소송에서 양수금지급청구로의 교환적 변경인 경우에도 시효중단의 효력이 소멸된다고 볼 것인지가 문제이다.

(2) 판례의 태도

판례는 ① 원고가 채권자대위권에 기해 청구를 하다가 당해 피대위채권 자체를 양수하여 양수금청구로 소를 변경한 경우, 이는 청구원인의 교환적 변경으로서 채권자대위권에 기한 구 청구는 취하된 것으로 보아야 하나, ② 그 채권자대위소송의 소송물은 채무자의 제3채무자에 대한 계약금반환청구권인데 위 양수금청구는 원고가 위 계약금반환청구권 자체를 양수하였다는 것이어서, 양 청구는 동일한 소송물에 관한 권리의무의 특정승계가 있을 뿐 그 소송물은 동일한 점, 시효중단의 효력은 특정승계인에게도 미치는 점(민법 제169조), 계속 중인 소송에 소송목적인 권리 또는 의무의 전부나 일부를 승계한 특정승계인이 소송참가하거나 소송인수한 경우에는 소송이 법원에 처음 계속된 때에 소급하여 시효중단의 효력이 생기는 점(민사소송법 제80조, 제82조 제3항), 원고는 위 계약금반환채권을 채권자대위권에 기해 행사하다 다시 이를 양수받아 직접 행사한 것이어서 위 계약금반환채권과 관련하여 원고를 '권리 위에 잠자는 자'로 볼 수 없는 점 등에 비추어 볼 때, 당초의 채권자대위소송으로 인한 시효중단의 효력이 소멸하지 않는다고 하였다.[6][7]

4. 사안의 경우

---

5) 대판 1987.11.10, 87다카1405

6) 원심은 대위청구로 인해 소멸시효가 중단되었더라도, 원고가 양수금청구로 청구원인을 교환적으로 변경함으로써 구소가 취하된 이상 대위청구에 의한 재판상 청구로서의 시효중단 효력은 유지되지 않는다고 하였다.

7) 대판 2010.6.24, 2010다17284. 원고가 채권자대위소송 중 채무자로부터 당해 피대위채권 자체를 양도받아 채권자대위권에 기한 청구에서 양수금청구로 소를 교환적으로 변경한 경우 종전 채권자대위소송에 의한 소멸시효 중단의 효과는 양수금청구에도 미친다고 본 사례이다.

✅ 사례(02) │ 시효중단을 위한 재소

사실관계

甲은 2006.2.1. 乙로부터 乙 소유인 X토지를 대금 1억원에 매수하였는데, 그 소유권이전등기를 마치기 전인 2006.5.1. X토지에 관하여 丙명의로 "2006.4.1. 매매"를 원인으로 한 소유권이전등기가 마쳐졌다.

문제

甲은 乙을 상대로 매매계약의 해제에 따른 매매대금 반환청구의 소를 제기하였고, 법원은 2006.9.21. 甲의 청구를 인용하는 판결(이하 '이 사건 전소 판결'이라고 한다)을 선고하였으며, 위 판결은 2006.10.11. 확정되었다. 甲은 2017.4.28. 이 사건 전소 판결에 의해 확정된 채권에 기한 금원의 지급을 구하는 이 사건 소를 제기하면서, 채권의 시효중단을 위해 다시 소를 제기한 것임을 밝혔다. 위 소송에서 乙은 새로이 진행된 소멸시효가 완성되었으므로 甲의 청구는 이유가 없다고 주장하였는데, 법원은 이 사건 소는 이미 승소확정판결을 받은 전소와 동일한 권리 및 법률관계를 소송물로 하는 소로서, 이 사건 전소 판결이 확정된 후 권리를 행사할 수 있는 때로부터 10년이 지나 제기되어 시효중단을 구할 이익이 없으므로 부적법하다는 이유로, 직권으로 소를 각하하였다. 이러한 법원의 판단은 타당한가? [10점]

1. 결론

타당하지 않다(부당하다).

2. 근거[8]

(1) 확정판결에 의한 채권의 시효중단을 위한 재소의 이익 인정 여부

① 확정된 승소판결에는 기판력이 있으므로 승소 확정판결을 받은 당사자가 전소의 상대방을 상대로 다시 승소 확정판결의 전소와 동일한 청구의 소를 제기하는 경우, 특별한 사정이 없는 한 후소는 권리보호의 이익이 없어 부적법하다.

② 그러나 예외적으로 확정판결에 의한 채권의 소멸시효기간인 10년의 경과가 임박한 경우에는 그 시효중단을 위한 필요성이 있으므로 후소는 소의 이익이 있다. 왜냐하면 다른 시효중단 사유인 압류·가압류나 승인 등의 경우 이를 1회로 제한하고 있지 않음에도 유독 재판상 청구의 경우만 1회로 제한되어야 한다고 보아야 할 합리적인 근거가 없고, 또한 확정판결에 의한 채무라 하더라도 채무자가 파산이나 회생제도를 통해 이로부터 전부 또는 일부 벗어날 수 있는 이상, 채권자에게는 시효중단을 위한 재소를 허용하는 것이 균형에 맞기 때문이다.

---

[8] 대판(전) 2018.7.19, 2018다22008; 대판(전) 2018.10.18, 2015다232316

(2) 후소 법원의 심리범위 및 판단

1) 시효중단을 위한 후소 절차에서 채권소멸의 항변의 가부

판례는 "① 시효중단을 위한 후소의 판결은 전소의 승소 확정판결의 내용에 저촉되어서는 아니 되므로, 후소 법원으로서는 그 확정된 권리를 주장할 수 있는 모든 요건이 구비되어 있는지에 관하여 다시 심리할 수 없으나, ② 위 후소 판결의 기판력은 후소의 변론종결 시를 기준으로 발생하므로, 전소의 변론종결 후에 발생한 변제, 상계, 면제 등과 같은 채권소멸사유는 후소의 심리대상이 된다. 따라서 ③ 채무자인 피고는 후소 절차에서 위와 같은 사유를 들어 항변할 수 있고 심리 결과 그 주장이 인정되면 법원은 원고의 청구를 기각하여야 한다. 이는 채권의 소멸사유 중 하나인 소멸시효 완성의 경우에도 마찬가지이다."라고 하였다.

2) 후소가 전소 판결이 확정된 후 10년이 지나 제기된 경우 법원의 판단

판례는 "판결이 확정된 채권의 소멸시효기간의 경과가 임박하였는지 여부에 따라 시효중단을 위한 후소의 권리보호이익을 달리 보는 취지와 채권의 소멸시효 완성이 갖는 효과 등을 고려해 보면, 시효중단을 위한 후소를 심리하는 법원으로서는 전소 판결이 확정된 후 소멸시효가 중단된 적이 있어 그 중단사유가 종료한 때로부터 새로이 진행된 소멸시효기간의 경과가 임박하지 않아 시효중단을 위한 재소의 이익을 인정할 수 없다는 등의 특별한 사정이 없는 한, 후소가 전소 판결이 확정된 후 10년이 지나 제기되었다 하더라도 곧바로 소의 이익이 없다고 하여 소를 각하해서는 아니 되고, 채무자인 피고의 항변에 따라 원고의 채권이 소멸시효 완성으로 소멸하였는지에 관한 본안판단을 하여야 한다.

(3) 사안의 경우

이미 확정된 전소 판결에 의한 채권의 시효중단을 위해 제기된 甲의 재소가 전소 판결이 확정된 후 10년이 지나 제기되었더라도, 법원은 소의 이익이 없어 부적법하다고 하여 소를 각하해서는 안 되고, 乙의 소멸시효 항변에 따라 甲의 채권이 소멸시효 완성으로 소멸하였는지에 관한 본안판단을 하여야 한다. 따라서 乙의 항변을 판단하지 않은 채 곧바로 부적법 각하한 법원의 판단은 잘못이 있다.

※ 시효중단을 위한 후소로서 이행소송 외에 전소 판결로 확정된 채권의 시효를 중단시키기 위한 재판상의 청구가 있다는 점에 대하여만 확인을 구하는 형태의 '새로운 방식의 확인소송'이 허용되는가?

[다수의견] ① 종래 대법원은 시효중단사유로서 재판상의 청구에 관하여 반드시 권리 자체의 이행청구나 확인청구로 제한하지 않을 뿐만 아니라, 권리자가 재판상 그 권리를 주장하여 권리 위에 잠자는 것이 아님을 표명한 것으로 볼 수 있는 때에는 널리 시효중단사유로서 재판상의 청구에 해당하는 것으로 해석하여 왔다. 이와 같은 법리는 이미 승소 확정판결을 받은 채권자가 그 판결상 채권의 시효중단을 위해 후소를 제기하는 경우에도 동일하게 적용되므로, 채권자가 전소로 이행청구를 하여 승소 확정판결을 받은 후 그 채권의 시효중단을 위한 후소를 제기하는 경우, 후소의 형태로서 항상 전소와 동일한 이행청구만이 시효중단사유인 '재판상의 청구'에 해당한다고 볼 수는 없다. ② 시효중단을 위한 이행소송은 다양한 문제를 야기한다. 그와 같은 문제들의 근본적인 원인은 시효중단을 위한 후소의 형태로 전소와 소송물이 동일한 이행소송이 제기되면서 채권자가 실제로 의도하지도 않은 청구권의 존부에 관한 실체 심리를 진행하는 데에 있다. 채무자는 그와 같은 후소에서 전소 판결에 대한 청구이의사유를 조기에 제출하도록 강요되고 법원은 불필요한 심리를 해야 한다. 채무자는 이중집행의 위험에 노출되고, 실질적인 채권의 관리·보전비용을 추가로 부담하게 되며 그 금액도 매우 많은 편이다. 채권자 또한 자신이 제기한 후소의 적법성이 10년의 경과가 임박하였는지 여부라는 불명확한 기준에 의해 좌우되는 불안정한 지위에 놓이게 된다. 위와 같은 종래 실무의 문제점을 해결하기 위해서, 시효중단을 위한 후소로서 이행소송 외에 전소 판결로 확정된 채권의 시효를 중단시키기 위한 조치, 즉 '재판상의 청구가 있다'는 점에 대하여만 확인을 구하는 형태의 '새로운 방식의 확인소송'이 허용되고, 채권자는 두 가지 형태의 소송 중 자신의 상황과 필요에 보다 적합한 것을 선택하여 제기할 수 있다고 보아야 한다.[9]

---

9) 대판(전) 2018.10.18, 2015다232316

사례(03) | 추심금청구소송과 소멸시효의 중단

사실관계

甲은 2019.5.1. 乙을 상대로 하여 3억원의 대여금반환청구의 소를 제기하였다. 위 소송계속 중 甲의 채권자인 A는 甲이 乙에 대하여 가지는 대여금 채권 3억원에 대하여 채권압류 및 추심명령을 받았고, 위 채권압류 및 추심명령은 그 무렵 乙에게 송달되었으나 甲에게는 송달불능되었다.

문제

甲의 乙에 대한 대여금청구소송에서, "A의 압류 및 추심명령으로 인해 甲에게 당사자적격이 없음을 확인한다."라는 화해권고결정이 2019.11.1. 확정되었다. 그 후 A는 2020.1.10. 乙을 상대로 추심금청구의 소를 제기하였다. 이에 乙은 甲의 위 대여금 채권이 시효로 소멸하였다고 주장한다. 乙의 주장은 타당한가? 12점

1. 결론

乙의 주장은 부당하다.

2. 근거[10]

(1) 甲의 乙에 대한 대여금 채권의 소멸시효 완성 시기

① 대부업자 甲의 乙에 대한 대여금 채권은 변제기 2014.5.20.을 기산일로 상법 제64조에 기해 5년의 기간이 경과된 2019.5.20. 소멸시효가 완성된다.

② 사안의 경우 甲의 2019.5.1. 乙을 상대로 한 대여금반환청구의 소를 제기함으로써 소멸시효가 중단되는지 여부가 문제이다.

(2) 소멸시효 중단의 효력 유무

1) 시효중단의 효력발생 및 주관적 범위

① 甲은 2019.5.1. 乙을 상대로 대여금반환청구의 소를 제기하였으므로, 甲의 재판상 청구로 일응 소멸시효는 중단된다(민법 제168조 제1호).

② 또한 판례는 "채무자가 권리주체의 지위에서 한 시효중단의 효력은 집행법원의 수권에 따라 피압류채권에 대한 추심권능을 부여받아 일종의 추심기관으로서 그 채권을 추심하는 추심채권자에게도 미친다."고 하였다.

---

10) 대판 2019.7.25, 2019다212945

2) 소각하 판결의 경우 시효중단의 효력발생 유무 및 시기

① 재판상의 청구는 소송의 각하, 기각 또는 취하의 경우에는 시효중단의 효력이 없지만, 그 경우 6개월 내에 재판상의 청구, 파산절차 참가, 압류 또는 가압류, 가처분을 한 때에는 시효는 최초의 재판상 청구로 인하여 중단된 것으로 본다(민법 제170조).

② 화해권고결정은 재판상 화해와 동일한 효력이 있고(제231조), 재판상 화해는 확정판결과 동일한 효력이 있다(제220조).

③ 따라서 사안에서 A의 압류 및 추심명령으로 인해 甲에게 당사자적격이 없음을 확인한다는 화해권고결정은 각하판결과 동일한 효력이 있고, 이에 따라 시효중단의 효력은 없다. 그러나 이 경우에도 추심채권자가 각하판결이 확정된 날로부터 6개월 내에 제3채무자를 상대로 추심의 소를 제기한 경우, 채무자의 재판상 청구에 따른 시효중단의 효력이 추심채권자의 추심소송에서 그대로 유지되는지 여부가 문제이다.

3) 추심금청구소송과 시효중단의 효력 유지 여부

판례는 "채무자가 제3채무자를 상대로 제기한 금전채권의 이행소송이 압류 및 추심명령으로 인한 당사자적격의 상실로 각하되더라도, 위 이행소송의 계속 중에 피압류채권에 대하여 채무자에 갈음하여 당사자적격을 취득한 추심채권자가 위 각하판결이 확정된 날로부터 6개월 내에 제3채무자를 상대로 추심의 소를 제기하였다면, 채무자가 제기한 재판상 청구로 인하여 발생한 시효중단의 효력은 추심채권자의 추심소송에서도 그대로 유지된다고 보는 것이 타당하다."고 하였다.

(3) 사안의 경우

甲의 재판상 청구로 인한 시효중단의 효력은 추심채권자인 A에게도 미치고, A가 甲이 제기한 소에 대해 소각하 판결과 동일한 화해권고결정이 확정된 때로부터 6개월 내에 추심의 소를 제기한 이상, 甲이 2019.5.1. 乙을 상대로 한 전소제기에 따른 시효중단의 효력은 그대로 유지되는 것이므로, 乙의 소멸시효 항변의 주장은 부당하다.

사례(04) | 답변서제출의무와 무변론판결

사실관계

甲은 乙을 상대로 대여금 1억원의 지급을 구하는 소를 제기하였다. 乙은 위 소장부본을 송달받고 40일이 지난 후, 이미 甲의 채무를 모두 변제하였으므로 甲의 청구를 기각하여 달라는 취지의 답변서를 제출하였다. 그런데 법원은 그 후 甲의 청구를 전부 인용하는 무변론판결을 선고하였다.

문제

1. 법원의 위 무변론 판결 선고의 당부 및 그 이유를 설명하시오. [10점]
2. 乙은 제1심 판결에 항소하면서 위 변제항변 외에 제1심 판결 절차에 위법이 있다는 주장도 하였다. 항소심은 변론절차를 진행하였으나 乙의 변제항변은 이유 없는 것으로 판명되었다. 그렇다면 항소심은 ① 제1심 판결 취소 및 원고 청구인용, ② 항소기각 중 어떠한 판결을 하여야 하고 그 이유는 무엇인지 설명하시오 (환송판결은 하지 않는다고 가정). [10점]

■ 설문 1.에 관하여

1. 결론

무변론 판결의 선고는 부당하다(위법하다).

2. 이유

(1) 무변론판결의 가부

① 제1심 법원이 피고에게 소장의 부본을 송달하였을 때 피고가 원고의 청구를 다투는 경우에는 소장의 부본을 송달받은 날부터 30일 이내에 답변서를 제출하여야 하고(제256조 제1항), 법원은 피고가 답변서를 제출하지 아니한 때에는 청구의 원인이 된 사실을 자백한 것으로 보고 변론 없이 판결할 수 있으나(이하 '무변론판결'이라 한다), 판결이 선고되기까지 피고가 원고의 청구를 다투는 취지의 답변서를 제출한 경우에는 무변론판결을 할 수 없다(제257조 제1항).

② 따라서 제1심 법원이 피고의 답변서 제출을 간과한 채 민사소송법 제257조 제1항에 따라 무변론판결을 선고하였다면, 이러한 제1심 판결의 절차는 법률에 어긋난 경우에 해당한다.

(2) 사안의 경우

乙은 소장부본을 송달받은 날부터 30일 이내에 답변서를 제출하지 못하였지만, 판결이 선고되기 전 채무의 변제를 이유로 甲의 청구를 기각하여 달라는 취지의 답변서를 제출하였으므로, 법원은 무변론판결을 선고할 수 없다. 따라서 사안의 경우 법원이 甲의 청구를 전부 인용하는 무변론판결을 선고함은 제257조 제1항을 위반한 절차상 위법이 있다.

Ⅱ 설문 2.에 관하여

1. 결론

제1심 판결의 취소 및 원고 청구인용 판결을 하여야 한다.

2. 이유

(1) 항소심 법원의 조치 – 제1심 판결의 취소 가부

항소법원은 제1심 판결의 절차가 법률에 어긋날 때에 제1심 판결을 취소하여야 한다(제417조). 따라서 제1심 법원이 피고의 답변서 제출을 간과한 채 민사소송법 제257조 제1항에 따라 무변론판결을 선고함으로써 제1심 판결 절차가 법률에 어긋난 경우 항소법원은 민사소송법 제417조에 의하여 제1심 판결을 취소하여야 한다. 다만 항소법원이 제1심 판결을 취소하는 경우 반드시 사건을 제1심 법원에 환송하여야 하는 것은 아니므로, 사건을 환송하지 않고 직접 다시 판결할 수 있다(주 – 결국, 취소 + 자판의 형식).

(2) 항소심의 본안심판 – 청구의 인용 가부

① 사안은 제257조 제1항을 위반한 절차상 위법이 있는 경우로서, 제417조에 의해 제1심 판결을 취소하고 직접 다시 판결할 수 있다.

② 乙의 변제항변에 따라 甲의 乙에 대한 대여사실은 자백이 성립되었는바, 법원은 이에 구속되어 대여사실을 인정하여야 한다.

③ 또한 항소심의 심리결과 乙의 변제항변이 이유 없는 것으로 판명되었으므로, 甲의 대여금 채권은 소멸하지 않고 존재하는 것으로 인정된다.

(3) 사안의 경우

사안의 경우 항소심 법원은 제1심 판결을 취소하고, 제1심 판결에 갈음하여 스스로 판단한 본안심리의 결과대로 甲 청구의 인용판결을 하여야 한다.

☑ 사례(05) │ 무변론판결과 송달의 하자

사실관계

甲은 A 법인의 대표인 乙로부터 폭행을 당하여 乙을 상대로 불법행위로 인한 손해배상청구의 소를 제기하였다.

문제

甲이 乙의 주소지를 알지 못하였기 때문에 법원은 소장부본을 A 법인에 있는 乙의 사무실로 송달하게 하였다. 그런데 乙이 부재중인 사실을 확인한 우편집배원이 통상 우편물을 수령하던 A 법인의 총무과 직원 C에게 소장부본의 수령을 요구하였으나 C가 수령을 거부하므로, 우편집배원은 C의 책상에 위 송장부본을 두고 간 후 법원에 해당 내용이 담긴 송달보고서를 제출하였다. 이에 법원은 30일이 경과된 후 답변서가 제출되지 않았음을 이유로 변론 없이 원고승소판결을 선고하였다. 법원의 판결은 적법한가? [10점]

1. 결론

부적법하다.

2. 근거

(1) 무변론 원고승소판결의 가부

① 피고는 소장부본을 송달받은 날부터 30일 이내에 답변서를 제출하여야 하고(제256조 제1항), 법원은 피고가 제256조 제1항의 답변서를 제출하지 아니한 때에는 청구의 원인이 된 사실을 자백한 것으로 보고 변론 없이 판결할 수 있다(제257조 제1항).

② 자백간주가 성립되면 재판상 자백과 마찬가지로 법원에 대한 구속력이 생긴다. 따라서 법원은 요증사실에 대하여 자백간주가 된 경우 그 사실을 판결의 기초로 삼아야 하며, 자백간주에 배치되는 사실을 인정할 수 없다.

③ 따라서 사안의 경우 법원은 30일이 경과되도록 답변서가 제출되지 않았음을 이유로 일응 자백간주에 따라 변론 없이 원고승소판결을 선고할 수 있다. 그러나 이는 소장부본의 송달이 적법하게 이루어진 경우임을 전제로 한다. 따라서 사안의 송달이 적법한지 여부를 살펴보아야 한다.

(2) 송달의 적법 여부

1) 근무장소에서의 보충송달

① 송달은 받을 사람의 주소 등에서 하고(제183조 제1항), 이러한 장소를 알지 못하거나 그 장소에서 송달할 수 없는 때에는 송달받을 사람이 고용·위임 그 밖에 법률상 행위로 취업하고 있는 근무장소에서 송달할 수 있다(제183조 제2항).

② 근무장소에서 송달받을 사람을 만나지 못한 때에는 피용자 그 밖의 종업원으로서 사리를 분별할 지능이 있는 사람이 서류의 수령을 거부하지 아니하면 그에게 서류를 교부할 수 있다(제186조 제2항).

③ 사안에서 C는 A 법인의 직원으로서 수령을 거부하지 않는다면 C에 대한 송달은 보충송달로서 적법한데, C가 수령을 거부하였으므로 보충송달로서는 부적법하고 다만 유치송달로서 적법한지 여부가 문제이다.

2) 근무장소에서의 유치송달

① 제186조 제1항의 규정에 의하여 서류를 넘겨받을 사람이 정당한 사유 없이 송달받기를 거부하는 때에는 송달할 장소에 서류를 놓아둘 수 있다(제186조 제3항). 즉 주소 등에서의 보충송달의 경우에는 송달의 수령을 거부하는 경우 유치송달이 가능하다.

② 그러나 제186조 제2항의 근무장소에서의 보충송달인 경우에는 유치송달을 할 수 없다.

⑶ 사안의 경우

사안의 경우 C가 수령을 거부하였으므로 근무장소에서의 보충송달은 부적법하고, 또한 근무장소에서는 유치송달을 할 수 없으므로 유치송달로서도 부적법하다. 따라서 30일 이내에 답변서를 부제출하더라도 자백간주는 성립되지 않으므로 법원의 무변론 판결은 부적법하다.

☑ 사례(06) | 직권조사사항에 대한 자료수집·제출 및 조사결과

사실관계

乙은 1998.1.1. 자신이 소유한 A토지를 丙에게 5,000만원에 매도하면서 계약금조로 계약 당일 1,000만원을 수령하고 중도금 및 잔금은 각각 같은 해 2월 1일과 3월 1일에 수령하기로 약정하였다. 그런데 丙이 약정한 지급기일이 지난 현재까지도 위 중도금과 잔금을 지급하지 않자 매매대금지급을 구하는 소송을 준비 중이었다. 그러던 중 甲이 乙에 대해 5,000만원의 대여금채권을 가지고 있다고 주장하면서 丙을 상대로 乙을 대위하여 매매대금지급청구의 소를 먼저 제기하였다(아래 각 설문은 독립적임).

문제

1. 위 소송의 계속 중에 甲이 乙에게 금원을 대여한 사실을 증명할 만한 아무런 증거를 제출하지 못하고 있는 상태에서 丙이 甲·乙 간의 금원대여사실을 자백하였다고 할 때, 甲이 제기한 대위소송에 대한 법원의 결론 및 그에 이르게 된 논거를 서술하시오. [20점]
2. 법원은 심리결과 甲·乙 간 채권의 존부에 관하여는 甲의 주장과 甲이 제출한 증거만 가지고는 아직 심증형성이 되지 않은 상태지만, 乙과 丙 사이의 매매계약체결사실에 대하여 아무런 증거제출이 없는 경우 법원은 변론을 종결하고 甲의 청구에 대해 기각판결을 할 수 있는지 여부에 관하여 그 결론과 논거를 서술하시오. [15점]

▐ 설문 1.에 관하여

1. 결론

법원은 甲이 제기한 소를 부적법 각하하여야 한다.

2. 논거

(1) 채권자대위소송의 법적 성질

판례는 "채권자대위소송은 채권자가 스스로 원고가 되어 채무자의 제3채무자에 대한 권리를 행사하는 것이다"라고 하여 법정 소송담당으로 보고 있다. 이에 의할 때 채권자대위소송의 피보전채권은 당사자적격의 기초를 이루는 사실로 보아야 한다.

(2) 피보전채권의 존부에 대해서 재판상 자백이 성립하는지 여부

1) 피보전채권의 소송법상 의미

채권자대위소송의 법적 성질에 대한 법정소송담당설의 입장에 의하면 "① 피보전채권, ② 보전의 필요성, ③ 채무자의 권리불행사는 당사자적격의 요소"이다.

판례도 채권자대위소송에서 대위에 의하여 보전될 채권자의 채무자에 대한 권리(피보전채권)가 존재하는지 여부는 소송요건으로서 법원의 직권조사사항이라 하였다.[11]

2) 직권조사사항에 대한 자백의 효력

판례는 "당사자능력 또는 소송능력에 관한 사항은 직권조사사항이고, 이는 소위 직권탐지사항과 달라서 그 요건 유무의 근거가 되는 구체적인 사실에 관하여 사실심의 변론종결 당시까지 당사자의 주장이 없는 한 법원은 이를 고려할 수 없고, 소송당사자의 자백에 구애되지 않는다"고 판시한 바 있다. 따라서 판례에 의하면 당사자적격의 기초사실은 재판상 자백이 될 수 없다.[12]

(3) 직권조사사항에 대한 증명책임과 법원의 조치

1) 직권조사사항에 대한 증명책임

丙이 비록 甲의 乙에 대한 금원대여사실을 다투지 않았다고 하더라도 이는 소송요건에 대한 자백이므로 법원은 이에 구속되지 않고 주장책임과 증명책임의 일반원리에 기초하여 사실인정을 하여야 한다. 이에 관하여 직권조사사항에 대한 증명책임은 원고에게 있으며, 항변사항에 대하여는 피고에게 있다고 하는 것이 판례의 태도이다.[13]

따라서 본 사안의 경우 甲의 피보전채권은 채권자대위소송에서 당사자적격의 요소이며 이는 직권조사사항이므로 원고 甲이 증명책임을 부담한다.

2) 피보전채권에 흠이 있는 경우 법원의 조치

甲은 피보전채권의 존재에 대하여 증명책임을 부담함에도 증거를 제출하지 못하였으므로 법원은 피보전채권이 존재하지 아니한다고 판단하여야 하며, 당사자적격의 흠을 이유로 甲이 제기한 대위소송을 각하하여야 한다(법정 소송담당설).

Ⅱ 설문 2.에 관하여

1. 결론

법원은 甲의 청구에 대해 기각판결을 할 수 없다.

2. 논거

(I) 문제점

채권자대위소송의 법적 성질에 대한 판례의 태도인 법정소송담당설에 의하는 경우, 甲·乙 간의 채권(피보전채권)은 소송요건이며, 乙·丙 간의 채권(피대위권리)은 본안요건으로서 모두 甲이

---

11) 대판 2009.4.23, 2009다3234
12) 대판 1971.2.23, 70다44·45
13) 대판 1997.7.25, 96다39301

증명책임을 부담한다. 따라서 이에 대한 불이익은 甲이 부담하게 된다. 다만 청구기각이 확실한 경우 소송요건 존부에 관한 판단 없이 청구기각판결을 선고하는 것이 가능한지가 문제이다.

(2) 소송요건 심리의 선순위성

판례는 채권자대위소송에 있어서 대위에 의하여 보전될 채권자의 채무자에 대한 권리가 인정되지 아니할 경우에는 당사자 적격이 없게 되므로 그 대위소송은 부적법하여 소를 각하하여야 함에도 불구하고 원심이 이를 간과하고 본안에 관하여 심리판단한 것은 위법하다고 하여 소송요건심리의 선순위성을 긍정한다.[14]

(3) 사안의 경우

결국 甲의 청구에 대해 기각판결을 할 수 있음이 명백한 경우라 하더라도, 피보전채권인 甲·乙 간의 채권의 존재에 대하여 아직 심증형성이 되지 않은 상태에서는 甲의 청구에 대해 기각판결을 할 수 없다. 즉 수소법원은 소송요건인 당사자적격의 존부에 관한 판단 없이 바로 본안판단으로 甲의 청구를 기각할 수 없다.

---

14) 대판 1988.6.14, 87다카2753

✅ 사례(07) | 국제재판관할권

사실관계

일본 동경에 주소를 두고 음식점을 운영하던 甲은 동경에 주소를 두고 있는 乙에게 2004.7.4. 500만 엔을 변제기 2004.9.4.로 정하여 대여하였다. 그 차용증서는 일본의 문구점에서 그 내용의 대부분이 인쇄된 상태로 판매되고 있는 것으로서, '만일 본건에 관하여 분쟁이 생긴 때에는 채권자의 주소지 법원을 제1심 관할법원으로 하기로 합의한다.'는 취지가 부동문자로 인쇄되어 있었다. 그런데 甲은 2013.3.27. 서울 서초구 서초동에 주소를 두고 있는 丙에게 기존의 채무를 청산하려고 위 대여금채권을 양도하였고, 채권을 양도받은 丙은 乙을 상대로 서울중앙지방법원에 양수금청구의 소를 제기하였다.

문제

乙이 '이 사건 소는 합의관할을 위반하였기 때문에 서울중앙지방법원은 국제재판관할권이 없어 부적법하다.'고 항변을 하고 있다. 위 乙의 항변은 적법한가? 20점

1. 결론

乙의 재판권 흠결에 관한 항변은 부적법하다.

2. 근거

(1) 문제점

사안의 경우 피고가 국제재판관할 흠결에 대하여 항변하고 있으므로 대한민국법원에 변론재판관할[15]이 인정되지는 않는다. 그러나 최초 甲과 乙의 관할합의가 유효한지 여부와 유효하다면 전속적 합의인지가 문제되고, 관할합의의 효력이 당사자 외에 특정승계인에게 승계되는지, 이는 다른 나라에 제소한 경우에도 적용되는지가 문제된다.

---

15) 국제재판관할에 대한 변론관할을 인정하는 판례는 "국제재판관할에서 민사소송법 제30조에 규정된 바와 같은 변론관할을 인정하더라도 당사자 사이의 공평을 해칠 우려가 없는 점, 오히려 같은 당사자 사이의 분쟁을 일거에 해결할 수 있고 효과적인 절차의 진행 및 소송경제에도 적합한 점 등에 비추어 보면, 비록 당사자 또는 분쟁이 된 사안과 법정지와 실질적 관련성이 없다 하더라도 이에 관하여 제1심 법원에 국제재판관할권이 생겼다고 봄이 상당하다"고 하였다(대판 2014.4.10. 2012다7571).

(2) 甲과 乙 간의 관할합의의 유효성과 합의의 태양

1) 관할합의의 의의와 유효성

관할합의란 관할법원을 정하는 당사자의 합의를 말한다. 합의관할이 유효하게 성립하기 위해서는 ① 제1심 법원의 임의관할에 한하여 할 것, ② 합의 대상인 소송이 특정되었을 것, ③ 관할법원이 특정되었을 것, ④ 합의의 방식이 서면일 것을 요한다(제29조).

사안의 경우, 판례는 "甲과 乙 간의 차용증서는 당시 문구점에서 판매하던 것으로서 분쟁 발생 시 채권자의 주소지 법원을 제1심 관할법원으로 한다는 문구가 부동문자로 인쇄되어 있던 경우이지만 위 문구는 예문이 아니다."라고 판시하여 유효하다고 보았고,[16] 나머지 요건도 충족되어 있으므로 관할합의는 유효하게 존재한다.

2) 관할합의의 태양

① 관할합의는 전속적 합의와 부가적 합의가 있는데, 사안처럼 관할합의가 분명하지 않은 경우 그 관할합의의 모습이 무엇인지 문제된다.

② 이에 대해 판례는 "민사재판의 경우 피고의 주소지 법원에 법정관할이 있음이 원칙이고, 이 사건 대여금채무와 같은 지참채무의 이행을 구하는 소의 경우에는 그 의무이행지인 채권자의 주소지 법원에도 법정관할이 인정되므로, 이 사건 관할합의 조항은 위와 같은 여러 법정 관할법원 중의 하나인 채권자의 주소지 법원을 관할법원으로 하기로 약정한 것으로서 전속적 관할합의에 해당한다."고 하였다.[17]

③ 사안의 경우 법정관할 중 하나를 특정한 경우이므로 전속적 관할합의에 해당한다.

(3) 관할합의의 주관적 범위

① 관할합의가 일반승계인에게 미치는 것은 의문이 없으나, 특정승계인에게도 미치는지 여부가 문제된다.

② 이에 대해 판례는 "관할의 합의는 소송법상의 행위로서 합의 당사자 및 그 일반승계인을 제외한 제3자에게 그 효력이 미치지 않는 것이 원칙이지만, 관할에 관한 당사자의 합의로 관할이 변경된다는 것을 실체법적으로 보면, 권리행사의 조건으로서 그 권리관계에 불가분적으로 부착된 실체적 이해의 변경이라 할 수 있으므로, 지명채권과 같이 그 권리관계의 내용을 당사자가 자유롭게 정할 수 있는 경우에는, 당해 권리관계의 특정승계인은 그와 같이 변경된 권리관계를 승계한 것이라고 할 것이어서, 관할합의의 효력은 특정승계인에게도 미친다."고 하였다.[18]

③ 사안의 경우 丙은 대여금채권을 양수한 경우여서 채권의 특정승계인이므로 일응 관할합의의 효력을 받는다.

---

16) 대판 2008.3.13, 2006다68209
17) 대판 2008.3.13, 2006다68209
18) 대결 2006.3.2, 2005마902

(4) 전속적 관할합의가 다른 나라에 제소하는 경우에도 미치는지 여부

① 판례는 "당사자들이 법정 관할법원에 속하는 여러 관할법원 중 어느 하나를 관할법원으로 하기로 약정한 경우, 그와 같은 약정은 그 약정이 이루어진 국가 내에서 재판이 이루어질 경우를 예상하여 그 국가 내에서의 전속적 관할법원을 정하는 취지의 합의라고 해석될 수 있지만, 특별한 사정이 없는 한 다른 국가의 재판관할권을 완전히 배제하거나 다른 국가에서의 전속적인 관할법원까지 정하는 합의를 한 것으로 볼 수는 없다. 따라서 채권양도 등의 사유로 외국적 요소가 있는 법률관계에 해당하게 된 때에는 다른 국가의 재판관할권이 성립할 수 있고, 이 경우에는 위 약정의 효력이 미치지 아니하므로 관할법원은 그 국가의 소송법에 따라 정하여진다고 봄이 상당하다."고 하였다.[19]

② 사안의 전속적 관할합의는 일본국에서 재판될 경우를 예상한 경우로 이후 채권이 한국에 주소가 있는 원고에게 양도된 경우는 관할합의의 효력이 미치지 않는다. 따라서 우리나라의 법에 따라 국제재판권을 판단하여야 한다.

(5) 서울중앙지방법원의 국제재판관할권 인정 여부

① 국제사법 제2조 제1항은 "법원은 당사자 또는 분쟁이 된 사안이 대한민국과 실질적 관련이 있는 경우에 국제재판관할권을 가진다. 이 경우 법원은 실질적 관련의 유무를 판단함에 있어 국제재판관할 배분의 이념에 부합하는 합리적인 원칙에 따라야 한다."고 규정하고 있고, 제2항에서는 "법원은 국내법의 관할 규정을 참작하여 국제재판관할권의 유무를 판단하되, 제1항의 규정의 취지에 비추어 국제재판관할의 특수성을 충분히 고려하여야 한다."고 규정하고 있다.

② 사안의 경우 토지관할규정을 참작하여 보면 보통재판적은 피고의 주소인 일본이나(제2조, 제3조), 사안은 금전청구이므로 특별재판적은 재산권에 관한 소로 지참채무의 원칙상 채권자의 주소지인 한국에 있다(제8조). 또한 국제재판관할권의 특수성을 고려할 때도 한국에서 재판권을 행사하는 것이 피고에게 현저히 부당하다고 보기도 어렵고, 법원의 심리가 불편한 경우도 아니다.

(6) 사안의 경우

甲과 乙의 관할합의는 적법하고, 이러한 관할합의가 채권양수인에게도 미친다고 하나, 다른 나라의 재판권까지 배제하는 것은 아니므로 한국에 재판권이 있다고 할 것이다. 따라서 서울중앙지방법원에 국제재판관할권이 없다는 乙의 항변은 부적법하다.

---

19) 대판 2008.3.13, 2006다68209

사례(08) | 사물관할과 소가 산정

사실관계

乙(주소지 : 서울 강남구)은 甲(주소지 : 서울 성동구)과 사이에 그 소유인 서울 강남구 소재 X건물에 관하여 임대차보증금 5억원, 임대기간을 2년으로 정하여 임대하였다. 甲은 임대차기간이 만료되자 X건물에서 퇴거하였고 열쇠를 乙에게 반환하였으며, 차임은 모두 지급된 상황이다. 그러나 甲은 임대차보증금을 반환받지 못하고 있다.

문제

甲이 乙에게 임대차보증금 5억원 및 이에 대하여 소장부본 송달일까지는 연 5%의, 그 다음날부터 다 갚는 날까지는 연 15%의 각 비율에 의한 금원을 청구하고자 한다. 甲이 乙에게 제기하고자 하는 소송의 사물관할에 관하여 약술하시오. [10점]

1. 사물관할의 의의

사물관할이라 함은 지방법원 단독판사와 지방법원합의부 사이에서 사건의 경중을 기준으로 제1심 소송사건에 대한 재판권의 분담관계를 정해 놓은 것을 말한다.

2. 합의부와 단독판사의 관할

2022년 3월 1일 시행되는 민사 및 가사소송의 사물관할에 관한 규칙에 따라 소송목적의 값(=소가)이 5억원을 넘지 않으면(이하) 단독판사의 관할로, 5억원을 초과하는 경우에는 지방법원합의부 관할로 바뀌었다. 다만, 어음·수표금의 청구사건은 유통증권으로 신속처리가 요구되므로 소송목적의 값이 5억원을 초과하더라도 단독판사의 관할이다(민사 및 가사소송의 사물관할에 관한 규칙 제2조 단서 제1호).

3. 소가의 산정

(1) 소가의 의의 및 산정기준

소가란 원고가 소로써 달성하려는 목적이 갖는 경제적 이익을 금전으로 평가한 금액이다. 소제기 시를 그 기준으로 하여, 원고가 청구취지로써 구하는 범위 내에서 원고가 전부 승소할 경우에 직접 받게 될 경제적 이익을 객관적으로 평가·산정하여야 한다(민사소송 등 인지규칙 제6조, 제7조).

⑵ 청구병합과 소가의 산정

1) 합산의 원칙

하나의 소로써 여러 개의 청구를 하는 경우에는 그 여러 청구의 값을 모두 합하여 소송목적의 값을 정한다(제27조 제1항). 이는 여러 개의 청구가 경제적 이익이 독립한 별개의 것(단순병합)이어야 한다.

2) 예외

① 하나의 소로써 여러 개의 청구를 한 경우라도 경제적 이익이 같거나 중복되는 때에는 합산하지 않으며, 중복이 되는 범위 내에서 흡수되고 그중 다액인 청구가액을 소가로 한다(선택적·예비적 병합 등).

② 1개의 청구(건물철거)가 다른 청구(대지인도)의 수단에 지나지 아니할 때에는 그 가액은 소가에 산입하지 않고 목적인 인도청구만이 소가가 된다.

③ 주된 청구와 그 부대목적인 과실·손해배상금·위약금·비용의 청구는 별개의 소송물이나, 이 두 가지를 1개의 소로써 청구하는 때에는 부대청구의 가액은 소가에 산입하지 않는다(제27조 제2항). 판례는 "민사소송법 제27조 제2항에 의하여 소송의 목적의 가액에 산입하지 아니하는 소송의 부대목적이 되는 손해배상이라 함은 주된 청구의 이행을 지연하였기 때문에 생기는 지연배상을 의미한다."라고 판시하고 있다.

4. 사안의 해결

사안에서 甲은 乙을 상대로 임대차보증금 5억원과 이에 대한 지연이자를 병합하여 제기한 경우인바, 원칙적으로 청구병합의 경우 소가는 합산하는 것이 원칙이나, 지연이자는 주된 청구에 대한 부대목적이 되는 손해배상으로서 주된 청구에 흡수되므로, 소가는 5억원으로서 이 사건 청구의 사물관할은 단독판사의 관할에 속한다.

사례(09) | 사물관할과 변론관할

사실관계

甲은 2017.3.20. 대구에서 홍삼판매 대리점을 운영하는 A에게 홍삼제품을 외상으로 판매하면서, 2018.3.20. 매매대금을 4억 9,000만원으로 하고 이를 위반할 경우 월 1%의 지연배상금을 지급하기로 약정하였다.

문제

甲은 2022.7.10. A를 상대로 매매대금 4억 9,000만원 및 이에 대한 2018.3.21.부터 다 갚는 날까지 월 1%의 비율에 의한 지연배상금의 지급을 구하는 소를 토지관할권이 있는 대구지방법원에 제기하였는데, 이 사건은 대구지방법원의 단독판사에게 배당되었다. 甲과 A가 출석한 변론준비기일에서 甲은 매매대금 5억 1,000만원 및 이에 대한 지연배상금의 지급을 구하는 것으로 청구를 확장하면서 "실제 매매대금은 5억 1,000만원이다"라고 진술하였으며, 이에 대해 A는 "甲과 A 사이에 매매계약이 체결된 적이 없다"라고 진술하였다. 그 후 단독판사는 관할위반을 이유로 이 소송을 대구지방법원의 합의부로 이송하였다. 이러한 이송은 적법한가?
[10점]

1. 결론

대구지방법원의 합의부로 이송함은 위법하다.

2. 근거

(1) 사물관할의 의의 및 합의부와 단독판사의 관할

① 사물관할이라 함은 지방법원 단독판사와 지방법원합의부 사이에서 사건의 경중을 기준으로 제1심 소송사건에 대한 재판권의 분담관계를 정해 놓은 것을 말한다.

② 2022년 3월 1일 시행되는 민사 및 가사소송의 사물관할에 관한 규칙에 따라 소송목적의 값(=소가)이 5억원을 넘지 않으면(이하) 단독판사관할로, 5억원을 초과하는 경우에는 지방법원 합의부 관할로 바뀌었다.

(2) 청구병합과 소가의 산정

1) 소가의 의의 및 산정 기준시기

① 소가란 원고가 소로써 달성하려는 목적이 갖는 경제적 이익을 금전으로 평가한 금액이다. 소제기 시를 그 기준으로 한다(관할항정의 원칙).

② 다만 단독사건 계속 중 합의부 관할로 청구가 확장된 경우, 법원은 소송을 합의부로 이송하여야 한다(제34조 제1항).

2) 청구병합의 경우 합산의 원칙 및 그 예외

① 하나의 소로써 여러 개의 청구를 하는 경우에는 그 여러 청구의 값을 모두 합하여 소송목적의 값을 정한다(제27조 제1항). 이는 여러 개의 청구가 경제적 이익이 독립한 별개의 것(단순병합)이어야 한다.

② 다만 i) 하나의 소로써 여러 개의 청구를 한 경우라도 경제적 이익이 같거나 중복되는 때에는 합산하지 않고 흡수되며, ii) 1개의 청구가 다른 청구의 수단에 지나지 아니할 때에는 그 가액은 소가에 산입하지 않고 목적인 인도청구만이 소가가 된다. 또한 iii) 주된 청구와 그 부대목적인 과실·손해배상금·위약금·비용의 청구는 별개의 소송물이나, 이 두 가지를 1개의 소로써 청구하는 때에는 부대청구의 가액은 소가에 산입하지 않는다(제27조 제2항).

③ 판례는 "민사소송법 제27조 제2항에 의하여 소송의 목적의 가액에 산입하지 아니하는 소송의 부대목적이 되는 손해배상이라 함은 주된 청구의 이행을 지연하였기 때문에 생기는 지연배상을 의미한다."라고 판시하고 있다.

3) 사안의 경우

사안의 경우 甲은 A를 상대로 매매대금 4억 9,000만원 및 이에 대한 지연배상금의 지급을 병합하여 제기하였는데, 지연배상금은 부대목적이 되는 손해배상으로서 소가에 산입하지 않는바, 따라서 소제기 당시에는 단독판사에게 사물관할이 있는 경우이다. 그러나 소송계속 중 청구취지의 확장에 의하여 소송목적의 값이 5억원을 초과하게 되었는바, 사물관할의 위반에 해당한다. 따라서 변론관할이 생기지 않는 한 관할위반을 이유로 합의부로 이송하여야 하므로, 사안의 경우 변론관할이 인정되는지 문제된다.

(3) 변론관할의 인정 여부

1) 의의 및 요건

원고가 관할권 없는 법원에 소를 제기하였는데 피고가 관할위반이라고 항변하지 아니하고 본안에 대하여 변론하거나 변론준비기일에서 진술함으로써 생기는 관할을 변론관할이라고 한다(제30조).

변론관할이 인정되기 위해서는 ① 제1심 임의관할의 위반일 것, ② 피고의 관할위반의 항변이 없을 것, ③ 본안에 관하여 변론하거나 변론준비기일에서 진술하였을 것이 요구된다.

2) 사안의 경우

사안의 경우 제1심 임의관할인 사물관할의 위반이 인정되고, A는 관할위반의 항변 없이, 변론준비기일에서 출석하여 甲과 A 사이에 매매계약이 체결된 적이 없다고 현실적·적극적으로 진술하였는바, 변론관할을 인정할 수 있다. 따라서 이로 인해 관할위반의 흠은 치유되었으므로 단독판사가 관할위반을 이유로 이 소송을 합의부로 이송한 것은 위법하다.

✅ 사례(10) │ 토지관할

사실관계

甲(주소지 관할법원 : 서울중앙지방법원)은 소유자인 乙(주소지 관할법원 : 인천지방법원)로부터 경기도 수원에 위치한 임야 1,000 평방미터(소재지 관할법원 : 수원지방법원)를 매수하였다. 그 후 甲이 매매대금을 지급했음에도 乙이 이전등기를 해주지 않고 있다.

추가된 사실관계 및 문제

甲은 乙을 상대로 매매를 원인으로 한 소유권이전등기청구의 소를 제기함에 있어, 이 기회에 乙에게 빌려준 5천만원도 돌려받고자 대여금반환청구를 병합하여, 위 소를 수원지방법원에 제기하였다. 동 법원은 이 청구들에 대하여 관할권을 갖는가? 15점

---

1. 결론

수원지방법원은 甲의 乙에 대한 모든 청구에 대해 관할권을 갖는다.

2. 근거

(1) 보통재판적 인정 여부

피고의 주소지를 관할하는 법원에 보통재판적이 있으므로(제2조, 제3조), 사안의 경우 피고 乙의 주소지인 인천지방법원에 토지관할권이 있다. 따라서 수원지방법원은 보통재판적이 인정되지 않는다. 그러나 보통재판적과 특별재판적은 경합하여 발생하는바, 원고는 그중 임의로 선택하여 제소할 수 있다. 따라서 수원지방법원에 특별재판적이 인정되는지 여부를 살펴볼 필요가 있다.

(2) 특별재판적 인정 여부

1) 독립재판적 소재지 법원

가) 소유권이전등기청구의 경우

원고 甲의 소유권이전등기청구의 소는 재산상의 소이고, 재산상의 소는 의무이행지의 법원에 제기할 수 있는데(제8조), 부동산 등기신청에 협조할 의무의 이행지는 민사소송법 제21조에 규정된 등기할 공무소 소재지(등기소 소재지)라고 할 것이고, 원고의 주소지를 그 의무이행지로 볼 수는 없다.[20] 따라서 사안의 경우 수원지방법원에 관할권이 인정된다.

---

20) 대결 2002.5.10, 2002마1156

나) 대여금반환청구의 경우

원고 甲의 대여금청구의 소의 의무이행지는 지참채무의 원칙상 채권자인 원고의 주소지 이므로(제8조), 이를 관할하는 법원에 특별재판적이 있다. 따라서 원고 甲의 주소지인 서울중앙지방법원에 관할권이 인정되고, 수원지방법원에는 독립재판적이 인정되지 않는다. 다만 관련재판적에 의해 관할권이 인정되는지 여부를 살펴보아야 한다.

2) 관련재판적 인정 여부

① 관련재판적이 인정되기 위해서는 ⅰ) 한 개의 소로써 여러 개의 청구를 하는 경우일 것, ⅱ) 수소법원이 여러 개의 청구 중 적어도 한 청구에 관하여 관할권을 가질 것, ⅲ) 다른 법원의 전속관할에 속하는 청구가 아닐 것(제31조)이 요구된다(제25조).

② 사안의 경우 원고 甲은 하나의 소로써 소유권이전등기청구의 소와 대여금반환청구의 소를 병합하여 제기하였고, 소유권이전등기청구에 대해서는 수원지방법원이 토지관할권을 가지며, 대여금반환청구가 다른 법원의 전속관할에 속하는 사정은 보이지 않는다. 따라서 수원지방법원은 대여금반환청구에 대해서도 관할권을 갖는다.

(3) 사안의 경우

사안의 경우 甲의 소유권이전등기청구의 소에 대해서 제8조에 의해 수원지방법원에 관할권이 인정되고, 동 법원은 대여금반환청구의 소에 대해서도 제25조의 관련재판적이 인정되어 관할권을 갖는다.

사례(11) | 독립재판적과 관련재판적 및 공동소송

사실관계

서울에 주소를 둔 甲으로부터 대전에 주소를 둔 乙은 "명품스포츠"라는 상호로 스포츠용품 사업을 시작하기 위해 사업자금이 필요하여 금 1억 5,000만원을 빌렸는데, 乙은 변제기가 도래한 후에도 돈을 갚지 않고 있다.

문제

乙이 부산에 있는 X 부동산을 丙에게 매도하고 그에 따른 등기를 마치자, 甲은 丙을 상대로 사해행위취소 및 X 부동산에 관한 소유권이전등기말소의 소와 乙을 상대로 대여금지급청구의 소를 자신의 주소지 법원인 서울중앙지방법원에 제기하였다. 甲의 丙에 대한 소는 관할위반인가? 10점

1. 결론

甲의 丙에 대한 소는 관할권 있는 법원에 제기한 것으로서 관할위반이 아니다.

2. 근거

(1) 문제의 소재

甲의 丙을 상대로 한 채권자취소소송의 경우 甲의 주소지 법원인 서울중앙지방법원에 관할권이 인정되는지 여부가 문제이다. 이와 관련하여 특별재판적으로서 독립재판적을 살피고 만일 서울에 독립재판적이 인정되지 않는 경우라면 乙과의 공동소송으로서 관련재판적은 인정될 것인지 여부를 살펴보아야 한다.

(2) 사해행위취소의 소에 있어서의 부동산 등기의무의 이행지

부동산 등기의무의 이행지는 등기소 소재지이고(제21조), 등기청구권자의 주소지가 그 의무이행지로 되는 것이 아니다. 판례도 사해행위취소의 소에 있어서의 의무이행지는 「취소의 대상인 법률행위의 의무이행지」가 아니라, 「취소로 인하여 형성되는 법률관계에 있어서의 의무이행지」라고 하였다. 즉 취소로 인하여 수익자 또는 전득자가 원상회복의무를 이행하여야 할 곳이 의무이행지가 된다.

따라서 사안의 경우 부산에 특별재판적이 있고, 서울에 특별재판적이 있는 것은 아니다.

(3) 공동소송의 경우 관련재판적 인정 여부

1) 공동소송의 적법 여부

공동소송이 적법하기 위해서는 ① 권리·의무가 공통, 그 발생원인이 공통되거나 권리의무와 발생원인이 동종일 것(제65조)과 ② 동종절차·공통관할(제253조)이 인정되어야 한다.

사안의 경우에는 甲의 乙에 대한 대여금채권과 丙에 대한 채권자취소소송에서의 피보전채권은 그 발생원인이 공통된 경우로서 제65조 전문에 해당한다. 다만 양 청구의 공통관할이 인정되는지 여부가 문제이다.

2) 공동소송의 경우 관련재판적 인정 여부

① 사안에서 공동소송인인 乙에 대한 대여금지급청구소송의 경우 관할법원은 의무이행지(제8조)인 채권자 甲의 주소지를 관할하는 서울중앙지방법원이다. 이 경우 다른 공동소송인인 丙에게 관련재판적이 인정되어 서울중앙지방법원이 丙에 대한 채권자취소소송에 있어서도 관할권이 있게 되는 것인지 문제된다.

② 민사소송법 제25조 제2항은 "소송목적이 되는 권리나 의무가 여러 사람에게 공통되거나 사실상 또는 법률상 같은 원인으로 말미암아 그 여러 사람이 공동소송인으로서 당사자가 되는 경우에는 제1항의 규정을 준용한다."고 규정함으로써 절충설을 입법화하여 제65조 전문의 공동소송의 경우에 관련재판적의 적용을 인정한다.

3) 사안의 경우

사안의 경우 제65조 전문에 해당하므로, 丙에게는 관련재판적이 인정된다. 따라서 甲이 丙을 상대로 한 사해행위취소소송을 乙과의 관계에서 관할권 있는 자신의 주소지 법원인 서울중앙지방법원에 병합제기하였고 관련재판적이 인정되므로, 甲의 丙에 대한 소는 관할권 있는 법원에 제기한 것으로서 적법하다.

※ 甲(주소 : 대전)은 2007.1.1. 乙(주소 : 대구)에 대하여 변제기를 2007.12.31.로 정하여 1억원의 대여금채권을 가지고 있다. 乙은 자기 소유인 춘천시 소재(등기할 공무소 소재) X토지를 丙(주소 : 인천)에게 매도하고 丙이 소유권이전등기까지 마쳤다. 甲은 위 매매계약이 사해행위임을 이유로 丙을 피고로 하여 乙과 丙의 매매계약의 취소와 그 원상회복의 방법으로 丙의 소유권이전등기 말소등기절차의 이행을 구하는 소와 함께 乙을 상대로 대여금지급청구의 소를 자신의 주소지인 대전지방법원에 제기하였다. 甲이 丙을 상대로 제기한 소에 대하여 대전지방법원이 토지관할권을 갖는지에 대하여 결론과 근거를 설명하시오.

1. 결론

   대전지방법원은 甲이 丙에 대해 제기한 소에 대해서도 토지관할권을 갖는다.

2. 근거
  (1) 보통재판적 인정 여부
    ① 피고의 주소지를 관할하는 법원에 보통재판적이 있으므로(제2조, 제3조), 사안의 경우 피고 丙의 주소지인 인천지방법원에 토지관할권이 있다. 따라서 대전지방법원은 관할권이 인정되지 않는다.
    ② 그러나 보통재판적과 특별재판적은 경합하여 발생하는바, 원고는 그중 임의로 선택하여 제소할 수 있다. 따라서 대전지방법원에 특별재판적으로서 독립재판적이 인정되는지 여부를 살펴볼 필요가 있다.
  (2) 독립재판적 인정 여부 – 사해행위취소의 소에서의 부동산 등기의무의 이행지
    ① 부동산 등기의무의 이행지는 등기소 소재지이고(제21조), 등기청구권자의 주소지가 그 의무이행지로 되는 것이 아니다. 판례도 사해행위취소의 소에 있어서의 의무이행지는 "취소의 대상인 법률행위의 의무이행지"가 아니라, "취소로 인하여 형성되는 법률관계에 있어서의 의무이행지"라고 하였다. 즉 취소로 인하여 수익자 또는 전득자가 원상회복의무를 이행하여야 할 곳이 의무이행지가 된다.[21]
    ② 따라서 사안의 경우 춘천지방법원에 관할권이 있고, 대전지방법원에 관할권이 있는 것은 아니다.
  (3) 공동소송의 경우 관련재판적 인정 여부
    1) 공동소송의 적법 여부
      ① 공동소송이 적법하기 위해서는 ⅰ) 권리·의무가 공통, 그 발생원인이 공통되거나 권리의무와 발생원인이 동종일 것과 ⅱ) 동종절차·공통관할이 인정되어야 한다.
      ② 사안의 경우에는 甲의 乙에 대한 대여금채권과 丙에 대한 채권자취소소송에서의 피보전채권은 그 발생원인이 공통된 경우로서 제65조 전문에 해당한다. 다만 양 청구의 공통관할이 인정되는지 여부가 문제이다.
    2) 공동소송의 경우 관련재판적 인정 여부
      ① 사안에서 공동소송인인 乙에 대한 대여금지급청구소송의 경우 관할법원은 의무이행지(제8조)인 채권자 甲의 주소지를 관할하는 대전지방법원에 관할권이 있다(민법 제467조). 이 경우 다른 공동소송인인 丙에게 관련재판적이 인정되어 대전지방법원이 丙에 대한 채권자취소소송에 있어서도 관할권이 인정되는 것인지 문제된다.
      ② 민사소송법 제25조 제2항은 "소송목적이 되는 권리나 의무가 여러 사람에게 공통되거나 사실상 또는 법률상 같은 원인으로 말미암아 그 여러 사람이 공동소송인으로서 당사자가 되는 경우에는 제1항의 규정을 준용한다."고 규정함으로써 제65조 전문의 공동소송의 경우에 관련재판적의 적용을 인정한다.
  (4) 설문의 해결
    사안의 경우 제65조 전문에 해당하므로, 丙에게는 관련재판적이 인정된다. 따라서 甲이 丙을 상대로 한 사해행위취소소송을 乙과의 관계에서 관할권 있는 자신의 주소지 법원인 대전지방법원에 병합제기하였고 관련재판적이 인정되므로, 결국 대전지방법원은 甲이 丙에 대해 제기한 소에 대해서도 토지관할권을 갖는다.

---

21) 대결 2002.5.10, 2002마1156

✅ 사례(12) │ 관할위반과 이송신청

사실관계

甲은 X 토지의 적법한 소유권자인데, 乙과 丙이 공동으로 甲으로부터 X 토지를 매수하는 매매계약을 체결한 후 이를 원인으로 하여 X 토지 중 각 1/2 지분에 관한 소유권이전등기를 마쳤다. 甲의 주소와 직장은 인천지방법원 관할 내에 있고, 乙의 주소는 대전지방법원 관할 내에, 직장은 인천지방법원 관할 내에 있으며, 丙의 주소는 부산지방법원 관할 내에, 직장은 울산지방법원 관할 내에 있고, X 토지는 대전지방법원 관할 내에 있다. 甲이 乙, 丙을 공동피고로 X 토지에 관한 소유권(지분)이전등기말소청구 소송을 인천지방법원에 제기하자 丙은 관할위반을 이유로 위 소송을 울산지방법원으로 이송하여 달라고 신청하였다.

문제

(1) 법원이 丙의 이송신청을 기각하자 丙이 즉시항고를 하였다. 항고심 법원은 어떻게 결정하여야 하는가?
〔10점〕

(2) 법원이 丙의 이송신청을 받아들여 위 소송을 울산지방법원으로 이송한다는 결정을 하자 甲이 즉시항고를 하였다. 항고심 법원은 어떻게 결정하여야 하는가? 〔10점〕

▌ Ⅰ 설문 (1)에 관하여

1. 결론

항고심 법원은 丙의 항고가 부적법하다는 이유로 항고각하 결정을 하여야 한다.

2. 근거

(1) 甲이 제기한 소가 관할위반인지 여부

  1) 보통재판적·독립재판적 소재지 법원

    ① 우선 乙에 대한 소송의 경우 제2조, 제3조에 따라 대전지방법원과 제7조에 따라 독립재판적인 乙의 직장 소재지가 있는 인천지방법원에 토지관할이 있다.

    ② 丙에 대한 소송의 경우 제2조, 제3조에 따라 부산지방법원과 제7조에 따라 울산지방법원에 토지관할이 있고, 인천지방법원 관할 내에는 보통·독립재판적이 인정되지 않는다. 다만 제25조에 따라 丙에게 관련재판적이 인정되는지 여부가 문제이다.

  2) 공동소송의 경우 관련재판적 인정 여부

    ① 민사소송법 제25조 제2항은 "소송목적이 되는 권리나 의무가 여러 사람에게 공통되거나 사실상 또는 법률상 같은 원인으로 말미암아 그 여러 사람이 공동소송인으로서 당사자가 되는 경우에는 제1항의 규정을 준용한다."고 규정함으로써 제65조 전문의 공동소송의 경우에 관련재판적의 적용을 인정한다.

② 사안의 경우에는 甲의 乙과 丙에 대한 소유권(지분)이전등기말소청구는 권리·의무가 공통되거나 사실상 또는 법률상 같은 원인으로 발생한 경우로서 제65조 전문에 해당하므로 관련재판적이 인정된다. 따라서 甲이 제기한 소는 관할위반이 없다.

(2) 관할위반을 이유로 한 이송신청과 법원의 조치

판례는 "수소법원에 재판관할권이 있고 없음은 원래 법원의 직권조사사항으로서 법원은 직권으로 이송결정을 하는 것이고, 소송 당사자에게 이송신청권이 있는 것이 아니므로 당사자가 이송신청을 한 경우에도 이는 단지 법원의 직권발동을 촉구하는 의미밖에 없는 것이고, 따라서 법원은 이송신청에 대하여는 재판을 할 필요가 없고, 이송신청의 기각결정에 대하여 즉시항고가 허용될 수 없다."고 하였다.[22]

(3) 사안의 경우

사안의 경우 甲이 제기한 소는 관할위반이 없으므로 丙의 관할위반의 주장은 그 자체로 이유 없다. 따라서 법원은 丙의 이송신청에 대해 재판을 할 필요가 없으며, 이송신청의 기각결정을 하더라도 이는 항고의 대상이 되지 않고 丙은 즉시항고를 할 수 없다. 따라서 항고심 법원은 丙의 항고가 부적법하다는 이유로 항고각하 결정을 하여야 한다.

▮▮ 설문 (2)에 관하여

1. 결론

항고심 법원은 원심 법원의 위법한 이송결정을 취소하여야 한다.

2. 근거

(1) 이송결정의 위법 여부

법원은 소송의 전부 또는 일부에 대하여 관할권이 없다고 인정하는 경우에는 결정으로 이를 관할법원에 이송할 수 있다(제34조 제1항). 그러나 사안은 관할위반이 없는 경우이므로 법원이 丙의 관할위반의 주장을 받아들여 울산지방법원으로 이송결정한 것은 위법하다.[23]

(2) 위법한 이송결정에 대한 즉시항고의 가부

법원이 당사자의 신청에 따라 이송결정을 한 경우라면 즉시항고를 할 수 있다(제39조). 사안의 경우 위법한 이송결정에 대한 甲의 즉시항고는 적법하게 인정되므로, 항고심 법원은 특별한 사정이 없는 한 이송결정을 취소하여야 한다. 그리고 당초의 이송결정이 취소되었다 하더라도 이에 대한 신청인의 재항고는 허용되지 않는다.[24]

---

22) 대결(전) 1993.12.6, 93마524 등

23) 사안은 丙의 관할위반을 이유로 한 이송신청을 법원이 받아들였다고 하였으므로, 제35조에 따른 재량이송은 고려할 바가 아니다.

24) 대결 2018.1.19, 2017마1332

⑶ 이송결정의 구속력 여부

제38조에 따른 이송결정의 구속력은 이송결정이 확정된 경우를 전제로 한다. 따라서 사안과 같이 甲의 즉시항고가 적법하여 항고심 법원이 이를 인정하여야 할 경우에는 이송결정의 구속력은 문제되지 않는다.

⑷ 사안의 경우

항고심 법원은 甲의 즉시항고를 받아들여 원심 법원의 위법한 이송결정을 취소하여야 한다.

사례(13) | 관할위반과 이송신청

사실관계

甲은 X건물의 각 사무실을 乙, 丙, 丁에게 임대하였다. 乙과는 2017.3.2. 丙과는 2017.9.1. 丁과는 2018.2.1. 각 임대차계약을 체결하였다. 이후 모두 차임을 수차례 연체하자 甲은 각 임대차계약을 해지하였다. 甲은 乙, 丙, 丁으로부터 각 사무실의 인도를 받고자 한다.

문제

위 기본적 사실관계에 추가하여,
甲의 주소지는 서울시 관악구, 乙의 주소지는 수원시, 丙의 주소지는 인천시, 丁의 주소지는 대전시, X건물의 소재지는 청주시이다. 甲과 乙, 丙, 丁은 각 임대차계약을 체결하면서 임대차계약서에 임대차계약과 관련해서 분쟁이 발생할 경우 "임대인이 지정하는 법원"에 제소한다는 합의 내용을 써넣었다. 甲은 乙, 丙, 丁을 공동피고로 하여 각 사무실의 인도를 구하는 소를 자신의 주소지 관할법원인 서울중앙지방법원에 제기하였다. 乙과 丙은 변론기일에 출석하여 본안에 관해 진술하였지만, 丁은 甲의 청구를 기각해 달라는 주장만을 기재한 답변서를 제출한 채 변론기일에 출석하지 않아 그 답변서가 진술간주되었다.

(1) 서울중앙지방법원은 甲의 乙, 丙, 丁에 대한 청구에 관하여 관할권을 가지는가? 15점

(2) 丁은 관할위반을 이유로 대전지방법원에 소송을 이송해 달라고 신청하였고, 서울중앙지방법원은 이송결정을 하였는데, 이에 甲이 이송결정에 대해 즉시항고하자 항고심은 이송결정을 취소하였다. 이 경우 丁이 이송결정을 취소한 것은 부당하다고 하면서 재항고하였다. 법원은 재항고를 어떻게 처리해야 하는가? 5점

I 설문 (1)에 관하여

1. 결론

서울중앙지방법원은 乙과 丙에 대한 甲의 청구에 대해서는 관할권을 가지나, 丁에 대한 甲의 청구에 대해서는 관할권이 없다.

2. 근거

(1) 관할합의의 유효성 여부

1) 합의관할의 의의 및 요건

합의관할이란 당사자의 합의에 의하여 생기게 되는 관할을 말한다(제29조). 이와 같은 관할합의가 유효하기 위해서는 ① 제1심의 임의관할에 관한 합의여야 하고, ② 합의의 대상인 법률관계가 특정되어 있을 것, ③ 합의의 방식이 서면일 것, ④ 관할법원이 특정되어 있을 것 등을 요한다. 사안의 경우 甲과 乙, 丙, 丁은 각 임대차계약을 체결하면서 그 임대차계약서에

임대차계약과 관련하여 분쟁이 발생할 경우를 대비하여 관할합의 내용을 써넣었는바, 위 ①, ②, ③의 요건은 구비되었다. 문제는 관할법원이 특정되었는지 여부이다.

2) 관할의 효력 인정 여부

판례는 "본 계약에서 원고가 지정하는 법원을 관할법원으로 한다."고 규정하고 있음은 결국 전국의 법원 가운데 일방이 선택하는 어느 법원에나 관할권을 인정하는 합의로써 관할법원을 특정할 수 있는 정도로 표시한 것이라 볼 수 없을 뿐 아니라, 이와 같은 관할에 관한 합의는 피고의 권리를 부당하게 침해하고 공평원칙에 어긋나는 결과가 되어 무효라 하였다.[25]

3) 사안의 경우

따라서 사안의 경우 甲과 乙, 丙, 丁 사이의 관할합의는 제29조의 요건을 갖추지 못하여 무효이다. 다만 토지관할은 인정되는지가 문제이다.

(2) 토지관할의 위반 여부

1) 보통재판적

민사소송법 제2조, 제3조는 피고가 자연인이면 그 자의 주소지 법원에 토지관할권이 있는 것으로 정하고 있다. 사안의 경우 ① 乙에 대한 소송은 수원지방법원이, ② 丙에 대한 소송은 인천지방법원이, ③ 丁에 대한 소송은 대전지방법원이 토지관할법원이 된다.

2) 특별재판적

민사소송법 제20조는 부동산에 관한 소를 제기하는 경우에는 부동산이 있는 곳의 법원에 제기할 수 있다고 정하고 있다. 사안의 경우 甲의 乙, 丙, 丁을 상대로 한 각 사무실의 인도를 구하는 소송은 X건물의 소재지인 청주지방법원이 토지관할법원이 된다.

3) 사안의 경우

따라서 사안의 경우 甲의 乙, 丙, 丁을 상대로 한 각 사무실의 인도를 구하는 소송에 대해 서울중앙지방법원은 관할권이 인정되지 않는다. 다만 변론관할이나 관련재판적에 의해 서울지방법원도 관할권을 갖게 되는지 문제된다. 이와 관련해서 사안은 공동소송으로서 통상 공동소송에 해당하는바, 각별로 살펴보기로 한다.

(3) 甲의 乙과 丙에 대한 소송에서의 변론관할 인정 여부

1) 변론관할의 의의 및 요건

원고가 관할권 없는 법원에 소를 제기하였는데 피고가 관할위반이라고 항변하지 아니하고 본안에 대하여 변론하거나 변론준비기일에서 진술함으로써 생기는 관할을 변론관할이라고 한다(제30조). 이러한 변론관할이 인정되기 위해서는 ① 제1심 임의관할의 위반일 것, ② 피고의 관할위반의 항변이 없을 것, ③ 본안에 관하여 변론하거나 변론준비기일에서 진술하였을 것이 요구된다.

---

25) 대결 1977.11.9, 77마284

2) 사안의 경우

사안의 경우 제1심 임의관할의 위반이 인정되고, 乙과 丙은 관할위반의 항변 없이, 변론기일에서 출석하여 본안에 관해 진술하였는바, 변론관할을 인정할 수 있다. 따라서 이로 인해 관할위반의 흠은 치유되었으므로, 서울중앙지방법원은 甲의 乙과 丙에 대한 소송에 대해 관할권을 갖는다.

(4) 甲의 丁에 대한 소송에서의 변론관할 및 관련재판적 인정 여부

1) 변론관할 인정 여부

판례는 "변론관할이 생기려면 피고의 본안에 관한 변론이나 변론준비기일에서의 진술은 현실적인 것이어야 하므로, 피고의 불출석에 의하여 답변서 등이 진술간주되는 경우는 이에 포함되지 아니한다."고 하였다.[26][27] 따라서 사안의 경우 丁은 변론기일에 출석하여 현실적인 진술을 하지 않았으므로 변론관할은 생기지 않는다. 다만 관련재판적이 인정될 수 있는지 문제이다.

2) 관련재판적 인정 여부

① 관련재판적이 인정되기 위해서는 ⅰ) 한 개의 소로써 여러 개의 청구를 하는 경우일 것, ⅱ) 수소법원이 여러 개의 청구 중 적어도 한 청구에 관하여 관할권을 가질 것, ⅲ) 다른 법원의 전속관할에 속하는 청구가 아닐 것(제31조)이 요구된다(제25조).

② 민사소송법 제25조 제2항은 "소송목적이 되는 권리나 의무가 여러 사람에게 공통되거나 사실상 또는 법률상 같은 원인으로 말미암아 그 여러 사람이 공동소송인으로서 당사자가 되는 경우에는 제1항의 규정을 준용한다."고 규정함으로써 제65조 전문의 공동소송의 경우에 관련재판적의 적용을 인정한다.

③ 사안의 경우와 같이 여러 임차인 乙, 丙, 丁에 대한 임대인 甲의 각 임차목적물 반환청구는 소송목적이 되는(소송물인) 권리나 의무가 같은 종류의 것이고, 사실상 또는 법률상 같은 종류의 원인으로 말미암은 경우로서 제65조 후문에 해당하는바, 관련재판적이 인정될 수 없다. 따라서 서울중앙지방법원은 丁에 대한 소송에 관해 관할권이 인정될 수 없다.

---

26) 대결 1980.9.26, 80마403

27) 참고로 청구기각의 판결만을 구한 경우 본안에 관한 진술인지 여부가 문제되나, 통설은 청구기각의 신청만으로도 원고의 청구를 배척하여 달라는 취지인 것이 명백하므로, 이 경우에도 본안에 관한 변론을 한 것으로 보아 변론관할이 생긴다고 본다. 그러나 이러한 경우에도 사안에서는 丁이 출석하여 현실적인 진술이 없으므로, 결국 변론관할은 생기지 않는다.

Ⅱ 설문 ⑵에 관하여

1. 결론

법원은 丁의 재항고가 부적법하다는 이유로 각하 결정을 하여야 한다.

2. 근거

⑴ 관할위반을 이유로 한 이송신청과 법원의 조치 및 불복 가부

판례는 "① 수소법원의 재판관할권 유무는 법원의 직권조사사항으로서 법원이 그 관할에 속하지 아니함을 인정한 때에는 민사소송법 제34조 제1항에 의하여 직권으로 이송결정을 하는 것이고, 소송당사자에게 관할위반을 이유로 하는 이송신청권이 있는 것은 아니다. 따라서 당사자가 관할위반을 이유로 한 이송신청을 한 경우에도 이는 단지 법원의 직권발동을 촉구하는 의미밖에 없다. ② 한편 법원이 당사자의 신청에 따른 직권발동으로 이송결정을 한 경우에는 즉시항고가 허용되지만(제39조), 위와 같이 당사자에게 이송신청권이 인정되지 않는 이상 항고심에서 당초의 이송결정이 취소되었다 하더라도 이에 대한 신청인의 재항고는 허용되지 않는다."고 하였다.[28]

⑵ 사안의 경우

사안의 경우 법원은 丁의 재항고가 부적법하다는 이유로 재항고각하 결정을 하여야 한다.[29]

---

28) 대결 2018.1.19, 2017마1332

29) 참고로 통설은 피고의 관할이익의 보호와 다른 원인에서 이송신청권을 인정하는 것과의 균형상 이송신청권을 인정하여 법원의 재판의무와 그에 따른 결정에 대해 불복할 수 있다고 봄이 타당하다는 입장이다.

사례(14) | 합의관할의 주관적 범위

사실관계

乙(주소지: 서울 강남구)은 甲(주소지: 서울 성동구)과 사이에 그 소유인 서울 강남구 소재 X건물에 관하여 임대차보증금 2억원, 임대기간을 2년으로 정하여 임대하였다. 甲과 乙은 위 임대차계약서 말미에 "본 임대차와 관련하여 甲과 乙 사이에 소송할 필요가 생길 때에는 서울중앙지방법원을 관할법원으로 한다."라는 특약을 하였다. 그 후 甲은 丙(주소지: 서울 노원구)에게 대여금채무를 지게 되었는데, 丙이 甲에게 위 대여금채무를 갚을 것을 여러 차례 독촉하자 甲은 부득이 乙에 대한 위 임대보증금반환채권을 丙에게 양도하게 되었고, 甲은 乙에게 내용증명 우편으로 위 채권양도 사실을 통지하여 乙이 위 내용증명 우편을 직접 수령하였다.

문제

이 경우 丙은 乙을 상대로 한 양수금청구의 소를 어느 법원에 제기하여야 하는가? [15점]

[참조조문] 각급 법원의 설치와 관할구역에 관한 법률
제4조(관할구역) 각급 법원의 관할구역은 다음 각 호의 구분에 따라 정한다.

고등법원	지방법원	지원	관할구역
	서울중앙		서울특별시 종로구·중구·성북구·강남구·서초구·관악구·동작구
	서울동부		서울특별시 성동구·광진구·강동구·송파구
	서울남부		서울특별시 영등포구·강서구·양천구·구로구·금천구
	서울북부		서울특별시 동대문구·중랑구·도봉구·강북구·노원구
	서울서부		서울특별시 서대문구·마포구·은평구·용산구

1. 결론

丙은 서울중앙지방법원에 소를 제기하여야 한다.

2. 근거

(1) 합의관할의 의의 및 취지

합의관할이란 당사자의 합의에 의하여 생기게 되는 관할로서 당사자의 편의를 위한 임의관할의 경우에 인정된다(제29조). 사안의 경우 甲과 乙 사이에 서울중앙지방법원으로의 관할의 합의가 있는바, 합의의 유효 여부와 그 모습 및 관할합의의 효력이 미치는 주관적 범위에 따라 丙은 서울중앙지방법원에 乙을 상대로 한 양수금청구의 소를 제기하여야 하는지가 결정되므로, 이를 살펴보기로 한다.

(2) 합의관할의 유효성

합의관할이 유효하게 성립하기 위해서는 ① 제1심 법원의 임의관할에 한하여 할 것, ② 합의 대상인 소송이 특정되었을 것, ③ 관할법원이 특정되었을 것, ④ 합의의 방식이 서면일 것을 요한다.

사안의 경우 甲과 乙 간의 서울중앙지방법원으로의 합의는 ① 제1심 법원의 임의관할이고, ② 합의 대상은 '본 임대차와 관련하여'라고 특정되었으며, ③ 관할법원도 특정되었다. 또한 ④ 임대차계약서에 의해 합의하였으므로 서면에 의하였다는 점도 문제없다. 따라서 甲과 乙 간의 관할합의는 유효하다.

(3) 합의관할의 모습

1) 전속적 합의와 부가적 합의

합의관할은 ① 법정관할 외에 1개 또는 수개의 법원을 부가하는 부가적 합의와 ② 특정 법원에만 관할권을 인정하고 그 밖의 법원의 관할을 배제하는 전속적 합의가 있다. 이와 관련하여 당사자의 의사가 명백한 경우 그 의사에 따르면 되지만, 사안과 같이 당사자의 의사가 불분명한 경우에는 어느 유형에 해당하는지가 문제된다.

2) 판례의 태도

이에 대해 판례는 "당사자들이 법정 관할법원에 속하는 여러 관할법원 중 어느 하나의 법원을 관할법원으로 하기로 약정한 경우에, 그와 같은 약정은 그 약정이 이루어진 국가 내에서 재판이 이루어질 경우를 예상하여 그 국가 내에서의 전속적 관할법원을 정하는 취지의 합의라고 해석될 수 있다"는 입장이다.[30]

3) 사안의 경우

사안의 경우, 임대차보증금반환채무와 관련하여 채무자 乙의 주소지는 서울 강남구로서 그 법정관할법원은 서울중앙지방법원이고(제2조, 제3조), 甲의 주소지는 서울 성동구로서 그 법정관할법원은 서울동부지방법원이다(제8조). 따라서 甲과 乙 간의 관할합의는 법정관할법원인 서울중앙지방법원으로 하기로 약정한 경우로서, 전속적 합의관할에 해당한다. 결국 서울동부지방법원의 관할권은 소멸한다.

---

30) 대판 2008.3.13, 2006다68209

⑷ 관할합의의 주관적 효력범위 − 특정승계인에게 관할합의의 효력이 미치는지 여부

1) 문제점

甲과 乙 간의 위 전속적 관할합의의 효력이 채권의 특정승계인인 丙에게 미친다면 丙은 서울
중앙지방법원에 소를 제기하여야 하지만, 甲과 乙 간의 위 전속적 관할합의의 효력이 丙에게
미치지 않는다면 丙은 자신의 주소지(의무이행지로서 특별재판적 − 제8조)인 서울 노원구의 관할
법원인 서울북부지방법원에 소를 제기할 수 있다.

2) 판례의 태도

이와 관련하여 판례는 관할합의는 권리행사의 조건으로서 소송물을 이루는 권리관계가 (지명)
채권과 같은 것이면 합의의 효력은 양수인에게 미치지만, 물권인 경우에는 양수인은 양도인
이 한 합의에 구속되지 않는 것으로 본다.[31]

3) 사안의 경우

사안의 경우 임대차보증금반환채권은 지명채권에 해당하므로 甲과 乙 간의 관할합의의 효력
은 채권양수인인 丙에도 미친다.

⑸ 사안의 해결

甲과 乙 간의 전속적 관할합의는 유효하고, 그 효력은 丙에게 미친다. 따라서 丙은 서울중앙지
방법원에 소를 제기하여야 한다.

---

31) 대결 2006.3.2. 2005마902, 대결 1994.5.26. 94마536

✅ 사례(15) | 합의관할과 이송신청 및 법원의 조치와 불복 가부

사실관계

甲(서울 거주)은 乙(대구 거주)에게 1억원을 빌려주고 소비대차계약서를 작성하였는데, 위 소비대차계약서에는 "관할은 乙의 주소지로 한다."는 합의가 기재되어 있었다. 변제기가 도래했음에도 乙은 돈을 갚지 않고 있어서 甲은 乙을 상대로 대여금청구의 소를 제기하려고 한다.

문제

1. 甲은 乙을 피고로 하여 1억원의 대여금청구의 소를 甲의 주소지를 관할하는 서울중앙지방법원에 제기하였다. ① 이에 대하여 乙은 대구지방법원을 관할로 하는 합의가 있었으므로 甲의 소제기는 관할위반이라고 주장하였다. 乙의 주장은 타당한가? 8점 ② 乙은 관할위반을 이유로 대구지방법원에 소송을 이송해 달라고 신청하였고, 서울중앙지방법원은 이송결정을 하였는데, 이에 甲이 이송결정에 대해 즉시항고하자 항고심은 이송결정을 취소하였다. 이 경우 乙이 이송결정을 취소한 것은 부당하다고 하면서 재항고하였다. 법원은 재항고를 어떻게 처리해야 하는가? 4점

2. 甲은 甲의 乙에 대한 대여금반환채권을 丙(서울 거주)에게 양도한 후 乙에게 채권양도의 통지를 하였다. 그 후 丙이 乙을 피고로 하여 1억원의 양수금청구의 소를 丙의 주소지를 관할하는 서울중앙지방법원에 제기하였다. 이에 대하여 乙은 변론기일에 출석하여 "甲과 乙 사이에 금전소비대차계약이 체결된 적이 없다."라고 진술하였다. 丙의 乙에 대한 소는 관할위반인가? 8점

▌ 설문 1.에 관하여

1. 결론

① 乙의 주장은 타당하다.

② 법원은 乙의 재항고가 부적법하다는 이유로 각하 결정을 하여야 한다.

2. 근거

(I) 관할위반 여부

1) 합의관할의 의의 및 유효성 여부

① 합의관할이란 당사자의 합의에 의하여 생기게 되는 관할을 말한다(제29조). 이와 같은 관할합의가 유효하기 위해서는 i) 제1심의 임의관할에 관한 합의여야 하고, ii) 합의의 대상인 법률관계가 특정되어 있을 것, iii) 관할법원이 특정되었을 것, iv) 합의의 방식이 서면일 것을 요한다.

② 사안의 경우 甲과 乙 간의 서울중앙지방법원으로의 합의는 제1심 법원의 임의관할이고, 합의 대상은 소비대차와 관련한 것으로 특정되었으며, 관할법원도 특정되었다. 또한 소비대차계약서에 의해 합의하였으므로 서면에 의하였다는 점도 문제없다. 따라서 甲과 乙 간의 관할합의는 유효하다.

2) 합의관할의 모습

① 합의관할은 법정관할 외에 1개 또는 수개의 법원을 부가하는 부가적 합의와 특정 법원에만 관할권을 인정하고 그 밖의 법원의 관할을 배제하는 전속적 합의가 있다. 당사자의 의사가 명백한 경우 그 의사에 따르면 되지만, 사안과 같이 당사자의 의사가 불분명한 경우에는 어느 유형에 해당하는지가 문제된다.

② 이에 대해 판례는 "당사자들이 법정 관할법원에 속하는 여러 관할법원 중 어느 하나의 법원을 관할법원으로 하기로 약정한 경우에, 그와 같은 약정은 그 약정이 이루어진 국가 내에서 재판이 이루어질 경우를 예상하여 그 국가 내에서의 전속적 관할법원을 정하는 취지의 합의라고 해석될 수 있다"는 입장이다.[32]

3) 사안의 경우

사안의 경우, 대여금채무와 관련하여 채무자 乙의 주소지는 대구로서 그 법정관할법원은 대구지방법원이고(제2조, 제3조), 甲의 주소지는 서울로서 그 법정관할법원은 서울중앙지방법원이다(제8조). 따라서 甲과 乙 간의 관할합의는 법정관할법원인 대구지방법원으로 하기로 약정한 경우로서, 전속적 관할합의에 해당한다. 결국 관할권이 소멸된 서울중앙지방법원에 한 甲의 제소는 관할위반이라는 乙의 주장은 타당하다.

(2) 관할위반을 이유로 한 이송신청과 법원의 조치 및 불복 가부

① 판례는 "ⅰ) 수소법원의 재판관할권 유무는 법원의 직권조사사항으로서 법원이 그 관할에 속하지 아니함을 인정한 때에는 민사소송법 제34조 제1항에 의하여 직권으로 이송결정을 하는 것이고, 소송당사자에게 관할위반을 이유로 하는 이송신청권이 있는 것은 아니다. 따라서 당사자가 관할위반을 이유로 한 이송신청을 한 경우에도 이는 단지 법원의 직권발동을 촉구하는 의미밖에 없다. ⅱ) 한편 법원이 당사자의 신청에 따른 직권발동으로 이송결정을 한 경우에는 즉시항고가 허용되지만(제39조), 위와 같이 당사자에게 이송신청권이 인정되지 않는 이상 항고심에서 당초의 이송결정이 취소되었다 하더라도 이에 대한 신청인의 재항고는 허용되지 않는다."고 하였다.[33]

② 따라서 사안의 경우 법원은 乙의 재항고가 부적법하다는 이유로 재항고각하 결정을 하여야 한다.[34]

---

32) 대판 2008.3.13, 2006다68209

33) 대결 2018.1.19, 2017마1332

34) 참고로 통설은 피고의 관할이익의 보호와 다른 원인에서 이송신청권을 인정하는 것과의 균형상 이송신청권을 인정하여 법원의 재판의무와 그에 따른 결정에 대해 불복할 수 있다고 봄이 타당하다는 입장이다.

Ⅱ 설문 2.에 관하여

1. 결론

관할위반이 아니다.

2. 근거

(1) 甲·乙 사이의 관할합의의 주관적 효력범위

1) 특정승계인 丙에게 관할합의의 효력이 미치는지 여부

① 甲과 乙 간의 위 전속적 관할합의의 효력이 채권의 특정승계인인 丙에게 미친다면 丙은 대구지방법원에 소를 제기하여야 하지만, 甲과 乙 간의 위 전속적 관할합의의 효력이 丙에게 미치지 않는다면 丙은 자신의 주소지(의무이행지로서 특별재판적 – 제8조)인 서울의 관할법원인 서울중앙지방법원에 소를 제기할 수 있다.

② 이와 관련하여 판례는 관할합의는 권리행사의 조건으로서 소송물을 이루는 권리관계가 (지명)채권과 같은 것이면 합의의 효력은 양수인에게 미치지만, 물권인 경우에는 양수인은 양도인이 한 합의에 구속되지 않는 것으로 본다.[35]

2) 사안의 경우

사안의 경우 대여금반환채권은 지명채권에 해당하므로 甲과 乙 간의 전속적 관할합의의 효력은 채권양수인인 丙에 미친다. 따라서 丙은 대구지방법원에 소를 제기하여야 하고 서울중앙지방법원은 관할권이 인정되지 않는다. 다만 변론관할에 의하여 그 흠이 치유되는지 문제된다.

(2) 변론관할 인정 여부

1) 변론관할의 의의 및 요건

원고가 관할권 없는 법원에 소를 제기하였는데 피고가 관할위반이라고 항변하지 아니하고 본안에 대하여 변론하거나 변론준비기일에서 진술함으로써 생기는 관할을 변론관할이라고 한다(제30조). 이러한 변론관할이 인정되기 위해서는 ① 제1심 임의관할의 위반일 것, ② 피고의 관할위반의 항변이 없을 것, ③ 본안에 관하여 변론하거나 변론준비기일에서 진술하였을 것이 요구된다.

2) 사안의 경우

사안의 경우 제1심 임의관할의 위반이 인정되고, 乙은 관할위반의 항변 없이 변론기일에 출석하여 "甲과 乙 사이에 금전소비대차계약이 체결된 적이 없다."라고 본안에 관해 진술하였는바, 변론관할을 인정할 수 있다. 따라서 이로 인해 관할위반의 흠은 치유되었으므로, 서울중앙지방법원은 乙과 丙에 대한 소송에 대해 관할권을 갖는다.

---

35) 대결 2006.3.2, 2005마902, 대결 1994.5.26, 94마536

✅ 사례(16) | 합의관할과 제35조에 따른 이송

사실관계

甲은 2015.5.5. 자신의 소유 X 부동산에 관하여 채무자를 甲, 근저당권자를 乙로 하는 근저당권설정계약을 체결한 후, 같은 달 15. 근저당권설정등기를 마쳐 주었다. 위 근저당권설정계약 당시 甲과 乙은 근저당권에 관한 소송의 관할법원을 A 지방법원으로 하기로 하는 서면 합의를 하였다. 한편 甲은 위 부동산에 관하여 2016.10.10. 丙 명의로 같은 해 9.9. 매매를 원인으로 한 소유권이전등기를 마쳐 주었다. 丙은 위 부동산의 소유자로서 위 근저당권의 피담보채무가 이미 소멸되었다고 하여 乙을 상대로 그 근저당권설정등기의 말소를 청구하는 소를 A 지방법원에 제기하였고, A 지방법원은 丙 승소의 판결을 선고하였다(丙이 A 지방법원에 제기한 위 소송은 원칙적으로 토지관할 위반임을 전제로 한다).

문제

(1) 甲과 乙 사이의 관할합의 효력이 丙에게 미치는가? 12점

(2) 乙이 위 판결에 항소하여 항소심 심리 도중 B 항소심 법원이 현저한 손해나 지연을 피하기 위해 직권으로 이 사건 소송을 다른 항소심 법원에 이송할 수 있는가? 8점

▮ 설문 (1)에 관하여

1. 결론

甲과 乙 사이의 관할합의 효력은 丙에게 미치지 않는다.

2. 근거[36]

(1) 합의관할의 의의 및 취지

합의관할이란 당사자의 합의에 의하여 생기게 되는 관할로서 당사자의 편의를 위한 임의관할의 경우에 인정된다(제29조).

(2) 甲·乙 사이의 관할합의의 유효성

합의관할이 유효하게 성립하기 위해서는 ① 제1심 법원의 임의관할에 한하여 할 것, ② 합의 대상인 소송이 특정되었을 것, ③ 관할법원이 특정되었을 것, ④ 합의의 방식이 서면일 것을 요한다. 사안의 경우 甲과 乙은 근저당권설정계약 당시 근저당권에 관한 소송의 관할법원을 A 지방법원으로 하기로 하는 서면 합의를 하였으므로, 甲과 乙 사이의 관할합의는 유효하다.

---

36) 甲과 乙 간의 관할합의의 효력이 丙에게 미치지 않는다면 甲과 乙 간의 관할합의의 태양(모습)은 실익이 없으므로 생략이 가능하고, 배점에 비추어 더욱 그러하다.

(3) 甲·乙 사이의 관할합의의 주관적 효력범위

판례는 ① 관할합의는 권리행사의 조건으로서 소송물을 이루는 권리관계가 (지명)채권과 같은 것이면 합의의 효력은 양수인에게 미치지만, ② 물권인 경우에는 양수인은 양도인이 한 합의에 구속되지 않는 것으로 본다[37]. 즉 근저당권설정자와 근저당권자 사이에 이루어진 관할합의의 효력은 부동산 양수인에게 미치지 않는다고 하였다.[38]

생각건대, 물권의 내용은 당사자가 자유롭게 변경할 수 없고(민법 제185조, 물권법정주의), 합의내용을 등기할 수도 없다는 점에 비추어 판례의 입장은 타당하다고 본다.

(4) 사안의 경우

甲과 乙 간의 관할합의는 유효하나, 그 효력은 물권의 특정승계인인 丙에게는 미치지 않는다.

Ⅱ 설문 (2)에 관하여

1. 결론

B 항소심 법원은 다른 항소심 법원에 이송할 수 없다.

2. 근거

(1) 민소법 제35조의 의의 및 취지와 요건

법원은 ① 소송에 대하여 관할권이 있는 경우라도 ② 현저한 손해 또는 지연을 피하기 위하여 필요하면 ③ 직권 또는 당사자의 신청에 따른 결정으로 ④ 소송의 전부 또는 일부를 다른 관할 법원에 이송할 수 있다(제35조 본문). 이는 피고의 소송수행의 부담 경감과 소송경제를 고려하고 소송의 신속을 도모하기 위함이다.

(2) 적용범위

다만, 전속관할이 정하여진 소의 경우에는 그러하지 아니하다(제35조 단서). 따라서 임의관할의 경우에만 인정된다.

(3) 사안의 경우

관할이 B 항소심 법원에 있는지 여부는 심급관할의 문제이고, 이는 전속관할에 해당한다. 따라서 민소법 제35조는 적용되지 않으므로 손해나 지연을 피하기 위한 이송의 여지도 없다.[39] 따라서 B 항소심 법원이 현저한 손해나 지연을 피하기 위해 직권으로 이 사건 소송을 다른 항소심 법원에 이송할 수 없다.

---

37) 대결 2006.3.2, 2005마902
38) 대결 1994.5.26, 94마536
39) 대결 2011.7.14, 2011그65 참조

☑ 사례(17) │ 이송결정의 구속력

사실관계

채무자 甲은 채권압류 및 전부명령을 송달받자 항고를 제기하였다. 이에 집행법원은 위 항고의 성질을 즉시 항고로 보고 항고장이 즉시항고기간인 고지일(송달일)로부터 1주일을 도과하여 접수되었음을 이유로 항고 장을 각하(명령)하였고, 甲이 항고장각하에 불복하여 광주지방법원을 항고법원으로 하여 즉시항고를 제기 하자, 항고법원인 광주지방법원은 위 즉시항고를 재항고에 해당하는 것으로 판단하여, 항고법원의 관할에 속하지 아니한다는 이유로 사건을 대법원으로 이송하였다.

문제

이 경우 대법원은 항고법원의 이송결정에 구속되어 사건을 다시 항고법원으로 반송할 수 없는가? 8점

I 결론

대법원은 항고법원의 이송결정에 구속되지 않으므로 사건을 다시 항고법원으로 반송할 수 있다.

II 근거

1. 집행법원의 항고장각하명령에 대한 즉시항고의 성질 및 심급관할 위반의 이송

판례는 집행법원(원심법원)의 항고장각하명령은 채권압류 및 전부명령의 당부와는 무관하게 자기 몫으로 판단하는 1차적인 처분으로서, 그에 대한 불복방법인 위 즉시항고는 성질상 최초의 항고 이지, 재항고가 아니라고 하였다.[40]

따라서 이 사건의 항고법원이 위 항고장각하명령에 대한 불복신청을 재항고로 보아 사건을 대법 원으로 이송한 것은 심급관할을 위반한 이송에 해당한다.

2. 심급관할을 위반한 이송결정의 구속력

판례는 ① 전속관할에 위반한 이송의 경우에도 이송의 반복에 의한 소송지연을 피하여야 할 공 익적 요청은 다르지 않으므로 이송결정의 구속력을 긍정한다. 다만 ② 심급관할 위반의 이송의 경우에 대해서는 당사자의 심급의 이익과 이송의 반복에 의한 소송지연의 문제를 조화롭게 해결 하기 위하여 상급심 법원의 하급심 법원으로의 이송은 하급심 법원을 구속하나, 하급심 법원의 상급심 법원으로의 이송은 상급심 법원을 구속하지 못한다는 입장이다(상급심 불구속설).[41]

---

40) 대결 1995.5.15, 94마1059
41) 대결 1995.5.15, 94마1059

✅ 사례(18) | 관할 종합

사실관계

甲(주소지 : 서울)으로부터 乙(주소지 : 대구)은 "럭셔리스포츠"라는 상호로 스포츠용품 사업을 시작하기 위해 사업자금이 필요하여 금 1억 5,000만원을 빌리면서, 乙의 대여금채무에 대해 乙의 절친한 친구인 丙(주소지 : 부산)이 연대보증하였다. 다만 甲과 乙 간의 소비대차계약서에는 "소비대차계약과 관련하여 소송이 필요한 경우 관할은 乙의 주소지로 한다."는 합의가 기재되어 있었다. 이후 甲은 乙이 변제기가 도래한 후에도 돈을 갚지 않자 乙을 상대로 甲의 주소지를 관할하는 서울중앙지방법원에 대여금지급청구의 소를 제기하였다. 이에 대해 乙은 甲·乙 간에 대구지방법원을 관할로 하기로 하는 합의가 있었으므로 甲의 소제기는 관할위반이라고 주장하고 있다.

문제

(1) 乙의 주장이 타당한지 여부에 대한 결론과 근거를 설명하시오. 20점

(2) 만일 甲과 乙의 관할합의가 유효하다고 할 때, 乙이 합의관할법원인 대구지방법원으로 사건을 이송하여 달라는 신청을 할 수 있는지 여부에 대한 결론과 근거를 간략히 기재하시오. 5점

(3) 만일 甲이 乙·丙을 상대로 '乙과 丙은 연대하여 금 1억 5,000만원을 甲에게 지급하라'는 대여금청구소송을 乙의 주소지인 대구지방법원에 제기한 경우, 부산에 거주하는 丙에 관하여도 대구지방법원에 관할권이 있는지 여부에 대한 결론과 근거를 설명하시오. 10점

▌ 설문 (1)에 관하여

1. 결론

乙의 주장은 타당하다.

2. 근거

(1) 문제점 − 甲의 소제기가 관할위반인지 여부

甲이 서울중앙지방법원에 소를 제기한 것이 토지관할의 위반인지 여부와 토지관할이 있다고 하더라도 甲과 乙 간에는 관할합의가 있었으므로 합의관할의 성질에 따른 甲의 소제기의 관할위반 여부가 문제이다.

⑵ 토지관할의 검토

1) 보통재판적

피고의 주소지를 관할하는 법원에 보통재판적이 있으므로(제2조, 제3조), 사안의 경우 피고 乙의 주소지인 대구지방법원에 토지관할권이 있다.

2) 특별재판적

원고 甲의 대여금청구의 소는 재산상의 소이고, 재산상의 소는 의무이행지의 법원에 제기할 수 있으며(제8조), 의무이행지는 지참채무의 원칙상 채권자인 원고의 주소지이므로 이를 관할하는 법원에 특별재판적이 있다. 따라서 원고 甲의 주소지인 서울중앙지방법원도 토지관할권이 있다.

3) 관할의 경합

사안의 경우 보통재판적과 특별재판적의 관할의 경합이 생기고, 원고 甲은 어느 법원에도 제소할 수 있으므로 원고 甲이 소를 제기한 서울중앙지방법원은 토지관할권이 있다.

⑶ 합의관할의 문제

1) 합의관할의 의의 및 취지

합의관할이란 당사자의 합의에 의하여 생기게 되는 관할로서 당사자의 편의를 위한 임의관할의 경우에 인정된다. 사안의 경우 甲과 乙 사이에 대구지방법원으로의 관할의 합의가 있는바, 합의의 모습과 유효 여부에 따라 서울중앙지방법원은 토지관할권이 없게 될 수도 있으므로 이를 검토한다.

2) 관할합의 유효성

합의관할이 유효하게 성립하기 위해서는 ① 제1심 법원의 임의관할에 한하여 할 것, ② 합의 대상인 소송이 특정되었을 것, ③ 합의의 방식이 서면일 것, ④ 관할법원이 특정되었을 것을 요하는바, 사안의 경우 대구지방법원으로의 합의는 ① 제1심 법원의 임의관할이며, ② 합의 대상은 소비대차계약으로 특정되었으며, ③ 계약서에 의해 합의하였으므로 서면에 의했고, ④ 관할법원도 특정되었으므로 유효하다.

3) 합의관할의 모습

합의관할은 ① 법정관할 외에 1개 또는 수개의 법원을 부가하는 부가적 합의와 ② 특정 법원에만 관할권을 인정하고 그 밖의 법원의 관할을 배제하는 전속적 합의가 있다. 전속적 합의일 경우 법정관할이 소멸되어 법정관할법원에 소를 제기하는 것은 관할위반의 소제기가 되므로 합의관할의 모습이 무엇인지가 판단되어야 한다. 당사자의 의사가 명백한 경우 그 의사에 따르면 되지만 당사자의 의사가 불분명한 경우에는 견해가 대립한다.

이에 대해 판례는 "당사자들이 법정 관할법원에 속하는 여러 관할법원 중 어느 하나의 법원을 관할법원으로 하기로 약정한 경우에, 그와 같은 약정은 그 약정이 이루어진 국가 내에서 재판이 이루어질 경우를 예상하여 그 국가 내에서의 전속적 관할법원을 정하는 취지의 합의라고 해석될 수 있다"는 입장이다.

(4) 사안의 경우

사안의 경우 법정 관할법원에 속하는 여러 관할법원 중 어느 하나의 법원을 관할법원으로 하기로 약정한 것에 해당하므로 위 관할합의는 전속적 관할합의로서 특별히 무효라고 볼 만한 사정도 없어 유효라고 할 것이다. 따라서 법정관할권이 소멸된 서울중앙지방법원에 한 소제기는 관할위반의 소제기가 된다.

Ⅱ 설문 (2)에 관하여

1. 결론

乙의 이송신청권은 인정되지 않는다.

2. 근거

판례는 당사자가 관할위반을 이유로 한 이송신청을 한 경우에도 이는 단지 법원의 직권발동을 촉구하는 의미밖에 없는 것이고, 따라서 법원은 이 이송신청에 대하여는 재판을 할 필요가 없고, 설사 법원이 이 이송신청을 거부하는 재판을 하였다고 하여도 항고가 허용될 수 없다고 판시하여 이송신청권을 부정하고 있다.

Ⅲ 설문 (3)에 관하여

1. 결론

대구지방법원은 丙에 관하여 관할권이 인정된다.

2. 근거

(1) 甲과 乙 사이의 관할합의 주관적 효력(범위)

대구지방법원은 丙에 대한 관할권이 없지만 甲·乙 사이의 대구지방법원으로의 관할의 합의가 丙에게 미치면 관할권이 있게 된다. 이때 관할합의의 주관적 범위는 당사자 및 그 포괄승계인과 채권의 특정승계인에게만 미칠 뿐, 제3자에게는 아무런 영향을 미치지 않는다. 연대보증인 丙은 甲·乙에 대해서는 제3자이므로, 甲·乙 간의 관할합의의 효력이 미치지 않는다.

(2) 丙에 대한 토지관할 인정 여부

1) 보통재판적과 특별재판적

甲이 乙·丙을 공동피고로 제소하였으므로 우선, 甲과 乙 간에는 보통재판적으로 피고 乙의 주소지인 대구지방법원과 특별재판적으로 의무이행지인 원고 甲의 주소지 서울지방법원에 토지관할이 있으며, 다음으로 甲·丙 간의 보통재판적은 피고 丙의 주소지(제2조, 제3조)를 관할하는 부산지방법원이고, 특별재판적은 의무이행지(제8조)인 채권자 원고 甲의 주소지를 관할하는 서울중앙지방법원이므로, 대구지방법원은 丙에 대한 토지관할권은 없다.

2) 주관적 병합의 경우 관련재판적 인정 여부

개정 민사소송법 제25조 제2항은 주관적 병합의 경우, 제65조 전문의 공동소송의 경우에만 관련재판적을 인정하는 것으로 입법화하였다.

따라서 사안의 경우 주채무자의 연대보증인을 상대로 하는 소송은 제65조 전문의 공동소송 중 소송 목적이 되는 권리나 의무가 여러 사람에게 같은 원인으로 공동소송인이 된 때에 해당 하므로, 丙에게는 관련재판적이 인정되어 대구지방법원에 관할권이 인정된다.

✅ 사례(19) | 당사자확정과 표시정정

> **사실관계**
>
> 국립 乙대학교는 甲소유의 토지를 10여 년 전부터 학교부지의 용도로 점유·사용하여 왔다. 甲이 이 사실을 알고 乙대학교를 상대로 위 토지에 대한 임대료 상당의 부당이득금의 반환을 구하는 소를 제기하였다.
>
> **문제**
>
> (1) 위 소의 적법 여부에 대한 결론과 그에 이르게 된 논거를 설명하시오. 7점
>
> (2) 이 사건 소송계속 중 甲이 당사자표시를 乙국립대학교에서 국가(대한민국)로 고쳐달라는 표시정정신청을 한 경우, 그 허용여부에 대한 결론 및 논거를 설명하시오. 7점

I 설문 (1)에 관하여

1. 결론

甲의 제소는 보정되지 않는 한 부적법하다.

2. 논거

(1) 당사자확정의 기준

당사자확정의 기준에 대해 판례는 ① 원칙적으로 소장에 나타난 당사자의 표시를 비롯하여 청구원인 그 밖의 일체의 기재사항 등 소장의 전체를 기준으로 합리적으로 해석하여 당사자를 결정할 것이라는 입장이다. 다만 ② 예외적으로 이미 사망한 자를 상대로 한 소송에서 사실상의 피고는 사망자의 상속인이고, 다만 그 표시를 그릇한 것에 불과하다고 해석함이 타당하다고 하였다.

(2) 사안의 경우

판례에 따르면, ① 사안과 같이 운영주체인 국가 대신 학교를 당사자로 표시한 경우와 같이 당사자능력이 없는 자를 당사자로 잘못 표시한 것이 명백한 경우에는 소장의 전 취지를 합리적으로 해석하여 인정되는 올바른 당사자능력자를 당사자로 본다. 따라서 사안의 경우 당사자는 국가(대한민국)로 확정된다. ② 이 경우 소장에 표시된 자는 학교로서, 판례에 따르면 학교는 교육시설의 명칭으로서 일반적으로 법인도 아니고 대표자 있는 법인격 없는 사단 또는 재단도 아니기 때문에, 원칙적으로 민사소송에서 당사자능력이 인정되지 않으므로, 보정되지 않는 한 부적법한 소가 된다.[42] 따라서 그 보정방법이 문제이다.

▮ 설문 (2)에 관하여

1. 결론

甲의 표시정정신청은 허용된다.

2. 논거

(1) 당사자표시정정과 임의적 당사자변경의 구별

① 당사자로 확정된 자와 당사자 자격(당사자능력, 당사자적격, 소송능력)이 있는 자로 바꾸려는 자 사이에 동일성이 인정되면 당사자표시정정의 방식으로, ② 그렇지 않고 동일성이 인정되지 않는 경우로서 새로운 사람을 소송에 끌어들이는 결과가 된다면 임의적 당사자 변경에 의한다.[43] 즉 통설·판례는 당사자의 동일성 유무를 그 기준의 한계로 삼고 있다.

(2) 당사자표시정정의 허용 여부

① 당사자의 이름에 오기 내지 누락이 명백한 경우, ② 당사자능력이나 당사자적격이 없는 자를 당사자로 잘못 표시하였음이 명백한 경우(例 점포주인 대신 점포 자체를 당사자로 표시, 대한민국 대신 관계행정청을 당사자로 표시, 학교법인 대신 학교를 당사자로 표시한 경우 ⇨ 국립학교 : 국가 또는 지방자치단체가, 사립학교 : 학교법인이, 각종학교 : 운영주체 내지 설립자가 당사자능력이 있다) 당사자표시정정이 허용된다. ③ 이처럼 당사자표시정정이 필요한 경우 이를 위한 조치를 취하지 아니하고 소를 각하할 수는 없다.[44]

(3) 사안의 경우

---

42) 대결 2019.3.25, 2016마5908 등

43) 다만 판례는 명시적 규정이 없는 임의적 당사자 변경은 일관하여 인정하지 않는 입장이다.

44) 대판 2013.8.22, 2012다68279 등

사례(20) | 제소 전 사망자를 상대로 한 소송

사실관계

만 21세인 A는 횡단보도를 건너다가 운전자인 B의 운전미숙으로 B의 승용차에 치어 부상을 당하였다. 이에 A는 B를 상대로 손해배상청구의 소를 제기하였다.

문제

(1) 수소법원은 B가 제소 전에 이미 사망하여 그 상속인인 C(B의 배우자)가 소송을 수행하고 있다는 사실을 제1심의 소송계속 중에 알게 되었다. 이 경우 A가 취할 수 있는 조치에 대하여 약술하시오. [8점]

(2) 만일 법원이 B가 제소 전에 이미 사망하여 그 상속인인 C(B의 배우자)가 소송을 수행하고 있다는 사실을 간과하여 판결한 경우, 이에 대한 구제방안에 대하여 약술하시오. [8점]

■ 설문 (1)에 관하여

1. 문제점

① 제소 전 사망자를 상대로 한 소송에서 당사자가 누구인지를 확정하여야 하고, ② 판단결과 법원 및 A는 어떠한 조치를 취하여야 하는지 문제된다.

2. 당사자 확정

판례는 ① 당사자확정에 관하여 원칙적으로 실질적 표시설을 취하면서도, ② 예외적으로 "이미 사망한 자를 사망한 사실을 모르고 피고로 하여 제소하였을 경우 사실상의 피고는 사망자의 상속인이고 다만 그 표시를 잘못한 것에 불과하다고 해석함이 타당하다"고 보는 입장이다.

이에 따르면 사안의 경우 상속인인 C가 피고로 확정된다.

3. 소송계속 중 당사자가 사망한 사실이 판명된 경우의 조치

판례는 "사망 사실을 모르고 사망자를 피고로 표시하여 소를 제기한 경우에, 실질적인 피고는 처음부터 사망자의 상속자이고 다만 그 표시에 잘못이 있는 것에 지나지 않는다고 인정된다면 사망자의 상속인으로 피고의 표시를 정정할 수 있다"고 판시하여 당사자표시정정을 허용하고 있다.[45]

---

45) 대판 2009.10.15, 2009다49964 등

Ⅱ 설문 (2)에 관하여

1. 문제점

제소 전 당사자의 사망을 간과한 판결의 효력이 당연무효인 판결인지 여부와 이에 대한 불복방법으로서 상소 · 재심이 가능한지 여부가 문제된다.

2. 제소 전 사망자임을 간과한 판결의 효력

법원이 피고가 사자임을 간과하고 본안판결을 하였을 때, 판결이 확정되어도 그 판결은 이당사자대립구조의 흠결을 간과한 판결로서 당연무효라는 것이 판례의 입장이다.

3. 간과한 판결에 대한 구제수단

① 확정 전에 상소를 제기할 수 있는지 여부에 대해서 판례는 "당사자가 소제기 이전에 이미 사망한 사실을 간과한 채 본안판단에 나아간 원심판결은 당연무효라 할 것이나, 민사소송이 당사자의 대립을 그 본질적 형태로 하는 것임에 비추어 사망한 자를 상대로 한 상고는 허용될 수 없다 할 것이므로, 이미 사망한 자를 상대방으로 하여 제기한 상고는 부적법하다"라고 하였다. 또한 ② 형식적으로 확정된 경우라도 당연무효의 판결이므로 기판력이 발생할 여지가 없고 따라서 재심적격이 없어 재심으로 다툴 수 있는 여지도 없다고 하였다.[46]

즉, 판례는 ① 당연무효의 판결로 보고 있으나, ② 무효인 판결에 대한 상소나 재심의 소는 부적법하다고 본다. 따라서 사망한 자를 상대로 한 상소도 부적법하고, 사망자 명의의 항소나 그 상속인들의 소송수계신청도 허용될 수 없다고 한다.

---

46) 대판 2000.10.27, 2000다33775, 대판 1994.12.9, 94다16564

✅ 사례(21) │ 당사자표시정정과 소멸시효의 중단

사실관계

○ A는 甲으로부터 1997.10.27.경 1억 2,000만원을 차용하였다. 그 후 A는 2003.4.7.자로 사망하고, 위 망인 A의 1순위 상속인으로서 자녀 B와 C가 있었다. 그러나 B, C는 상속을 포기하였고 2003.10.6.자로 상속포기신고가 수리되었다. 결국 망인 A의 형제인 乙이 그 2순위 상속인으로서 위 대여금채무를 상속하게 되었다.

○ 甲은 A가 사망한 사실을 알게 되어서 2007.10.25.경 위 1순위 상속인인 B, C를 피고로 하여 대여금청구의 소를 제기하였는데, 그 후 B, C가 상속포기한 사실을 뒤늦게 알고 2008.6.19.자로 피고를 위 2순위 상속인인 乙로 바꾸는 피고경정신청서를 제1심 법원에 제출하였다.

○ 乙은 위 소송에서 甲의 청구를 전부 인정하지만, 2007.10.27. 소멸시효가 완성되었다고 주장하였고, 이에 甲은 2007.10.25. 소제기에 의해서 소멸시효가 중단되었다고 주장하였다.

문제

甲의 청구에 대해 법원은 어떠한 판결을 하여야 하는가? 20점

Ⅰ 결론

법원은 甲의 청구에 대해 인용판결을 선고하여야 한다.

Ⅱ 근거[47)]

1. 당사자의 확정

(1) 당사자 확정의 기준

판례는 당사자 확정의 기준에 대해 ① 원칙적으로 소장에 나타난 당사자의 표시를 비롯하여 청구원인 그 밖의 일체의 기재사항 등 소장의 전체를 기준으로 합리적으로 해석하여 당사자를 결정할 것이라는 입장이다. 다만 ② 예외적으로 "이미 사망한 자를 상대로 한 소송에서 사실상의 피고는 사망자의 상속인이고 다만 그 표시를 그릇한 것에 불과하다고 해석함이 타당하고, 실질

---

47) 논증사항의 이해 – 사안에서 법원의 결론을 판단하기 위해서는 우선, 甲의 대여금청구의 소에서 채무자 A가 제소 전에 이미 사망하였고, 이에 이미 상속을 포기한 1순위 상속인들을 피고로 표시하여 제소한 경우 상속포기한 상속인과 2순위 상속인 중에 누가 당사자인가를 확정하여야 하며, 그에 따른 제소의 효력을 검토해야 한다. 다음으로 甲이 피고를 위 2순위 상속인인 乙로 바꾸는 피고경정신청을 한 것이 적법한지 여부와 그 법적 성질 및 효과를 검토해야 하며, 이를 전제로 甲의 대여금채권이 시효로 소멸하였는지 아니면 소멸시효가 중단되었는지 여부를 검토해야 한다.

적인 피고로 해석되는 사망자의 상속인은 실제로 상속을 하는 사람을 가리키고, 상속을 포기한 자는 상속 개시 시부터 상속인이 아니었던 것과 같은 지위에 놓이게 되므로 제1순위 상속인이라도 상속을 포기한 경우에는 이에 해당하지 아니하며, 후순위 상속인이라도 선순위 상속인의 상속포기 등으로 실제로 상속인이 되는 경우에는 이에 해당한다"고 하였다. ③ 나아가 최근 판례는 이러한 입장을 유지하면서 원고가 피고의 사망사실을 알고 있는 경우에도 실질적 피고는 사망자의 상속인이라는 점을 밝힌 바 있다.

(2) 사안의 경우

사안에서 판례의 입장에 따르면 상속포기한 B, C는 피고가 아니며, 2순위 상속인인 乙이 피고로 확정된다. 이 경우 피고를 B, C로 표시한 것에 잘못이 있으므로 이를 보정하는 방법이 문제이다.

2. 피고경정신청의 적법 여부 및 법적 성질과 효과

(1) 당사자표시정정신청의 가부

판례는 "사망 사실을 모르고 사망자를 피고로 표시하여 소를 제기한 경우에, 실질적인 피고는 처음부터 사망자의 상속자이고 다만 그 표시에 잘못이 있는 것에 지나지 않는다고 인정된다면 사망자의 상속인으로 피고의 표시를 정정할 수 있다"고 판시하여 당사자표시정정을 허용하고 있다. 또한 이와 같은 법리는 채권자가 채무자의 사망 이후 그 1순위 상속인의 상속포기 사실을 알지 못하고 1순위 상속인을 상대로 소를 제기한 경우에도 채권자가 의도한 실질적 피고의 동일성에 관한 위 전제요건이 충족되는 한 마찬가지로 적용이 된다"고 판시하였다.[48]

甲은 1순위 상속인인 B와 C의 상속포기사실을 알지 못하고 그 자들을 상대로 소를 제기하였지만, 이 경우 실질적 피고는 2순위 상속인인 乙로 확정되므로, 피고를 B, C로 표시한 것에 명백한 잘못이 있는 것에 지나지 않는다. 또한 당사자를 바꾸는 것이 동일성이 유지된 경우이므로 甲은 당사자표시정정의 방법으로 당사자를 바꿀 수 있다.

다만 사안에서 甲은 당사자표시정정신청이 아닌 피고경정신청을 하였는바, 이것이 어떠한 성질 및 효과가 있는지가 문제이다. 이에 따라 甲의 채권이 소멸시효가 완성되었는지 여부가 달리 평가되기 때문이다.

(2) 당사자표시정정신청에 의할 것을 피고경정신청한 경우의 성질 및 효과

판례는 "당사자의 변경 전후 당사자의 동일성이 인정됨을 전제로 진정한 당사자를 확정하는 표시정정의 대상으로서의 성질을 지니는 이상 비록 소송에서 피고의 표시를 바꾸면서 피고경정의 방법을 취하였다 해도 피고표시정정으로서의 법적 성질 및 효과는 잃지 않는다고 보아야 할 것이다"라는 입장이다.[49]

---

48) 대판 2009.10.15, 2009다49964
49) 대판 2009.10.15, 2009다49964

(3) 사안의 경우

따라서 사안의 경우 甲의 피고경정신청은 표시정정으로서 적법하다고 할 것이고, 그 법적 성질 및 효과도 표시정정으로서의 성질과 효과로 나타난다 할 것이다.

3. 소멸시효 중단의 효과 발생시기

피고경정이 있은 경우에는 그 신청서를 법원에 제출한 때 소멸시효 중단의 효과가 생긴다(제265조). 그러나 당사자표시정정이 있은 경우에는 처음부터 정정된 당사자를 상대로 소가 제기된 것으로 평가되므로, 최초 소장을 제출한 때 소멸시효 중단의 효과가 생긴다(제265조).

따라서 사안의 경우 甲의 피고경정신청이 피고표시정정신청으로서의 성질 및 효과가 있다면, 피고 乙이 상속한 대여금채무는 2007.10.27. 소멸시효가 완성되기 전인 2007.10.25.경 甲의 소제기로써 시효의 진행이 중단된 것으로 보아야 할 것이다. 결국 법원은 甲의 청구를 인용하는 판결을 선고하여야 하고, 피고경정신청의 실질에 관하여 살피지 아니한 채 피고의 시효항변을 받아들여 원고의 청구를 기각하는 경우라면 당사자표시정정에 관한 법리를 오해하여 판결에 영향을 미친 위법이 있다고 할 것이다.[50]

---

50) 판례에 의하면 시효중단 ○ + 자백 ○ ⇨ 따라서 청구인용판결을 하여야 한다.

✅ 사례(22) │ 제소 전 사망자를 상대로 한 소송

사실관계

甲은 2007.1.1. 乙에게 변제기를 2007.12.31.로 정하여 5천만원을 대여하였는데, 乙은 이를 변제하지 못하고 차일피일 미루고 있었다. 그 후 乙은 대여금채무 5천만원을 변제하지 하지 못한 채 심장마비로 2017.9.1. 사망하였다. 乙이 사망하자 제1순위 상속인 A는 상속포기를 하였다. 甲은 2017.10.1. 위 상속포기 사실을 알지 못하고 A를 상대로 위 5천만원의 반환을 구하는 소를 제기하였다.

문제

(1) A는 제1회 변론기일에 출석해서 자신은 상속을 포기하였으므로 채무를 부담할 이유가 없고, 제2순위 상속인으로 B가 있다고 하였다. 甲은 B를 상대로 소송을 계속 수행하려고 한다. 甲은 어떤 조치를 취할 수 있는가? [12점]

(2) 제1심 계속 중 위 상속포기 사실을 알게 된 甲은 2018.4.1. 피고를 제2순위 상속인인 B로 바꾸어 달라는 피고경정신청서를 법원에 제출하였다. 그 후 B는 "甲의 채권이 10년의 소멸시효가 완성되어 소멸하였다."라고 주장하였다. 이와 같은 B의 주장은 타당한가? [13점]

(3) 만일 위 사실관계와 달리, 甲이 乙을 상대로 5천만원의 대여금반환청구를 구하는 소를 2017.10.1. 제기하였는데, 제1심 재판부는 乙이 2017.9.1. 사망하고, 그 단독 상속인으로 A가 있다는 것을 모른 채 소송을 진행하여 甲의 乙에 대한 전부승소 판결을 선고하였다. 위 판결에 대한 항소기간이 도과한 후 A가 판결 선고를 뒤늦게 알고서 사망한 乙의 상속인으로서 소송수계신청 및 제1심 판결에 대한 추완항소를 제기하였다. 이러한 소송수계신청 및 추완항소는 적법한가? [10점]

▋ 설문 (1)에 관하여

1. 결론

甲은 피고의 표시를 A에서 B로 바꾸는 당사자표시정정을 할 수 있다.

2. 근거

(1) 당사자 확정의 기준

① 판례는 당사자 확정의 기준에 대해 i) 원칙적으로 소장에 나타난 당사자의 표시를 비롯하여 청구원인 그 밖의 일체의 기재사항 등 소장의 전체를 기준으로 합리적으로 해석하여 당사자를 결정할 것이라는 입장이다. 다만 ii) "이미 사망한 자를 상대로 한 소송에서 사실상의 피고는 사망자의 상속인이고 다만 그 표시를 그릇한 것에 불과하다고 해석함이 타당하고, 실질적인 피고로 해석되는 사망자의 상속인은 실제로 상속을 하는 사람을 가리키고, 상속을 포기한 자는 상속 개시 시부터 상속인이 아니었던 것과 같은 지위에 놓이게 되므로 제1순위

상속인이라도 상속을 포기한 경우에는 이에 해당하지 아니하며, 후순위 상속인이라도 선순위 상속인의 상속포기 등으로 실제로 상속인이 되는 경우에는 이에 해당한다."고 하였다.

② 따라서 사안의 경우 판례의 입장에 따르면 상속을 포기한 A는 피고가 아니며, 2순위 상속인인 B가 피고로 확정된다. 다만 당사자의 표시가 잘못되어 있으므로 이를 보정하는 방법이 문제이다.

(2) 甲의 소송수행을 위한 조치

판례는 "사망 사실을 모르고 사망자를 피고로 표시하여 소를 제기한 경우에, 실질적인 피고는 처음부터 사망자의 상속자이고, 다만 그 표시에 잘못이 있는 것에 지나지 않는다고 인정된다면 사망자의 상속인으로 피고의 표시를 정정할 수 있다."고 판시하여 당사자표시정정을 허용하고 있다. 또한 이와 같은 법리는 채권자가 채무자의 사망 이후 그 1순위 상속인의 상속포기 사실을 알지 못하고 1순위 상속인을 상대로 소를 제기한 경우에도 채권자가 의도한 실질적 피고의 동일성에 관한 위 전제요건이 충족되는 한 마찬가지로 적용이 된다."고 판시하였다.[51]

(3) 사안의 경우

사안의 경우 甲은 1순위 상속인인 A의 상속포기사실을 알지 못하고 A를 상대로 소를 제기하였지만, 이 경우 실질적 피고는 2순위 상속인인 B로 확정되므로, 피고를 A로 표시한 것에 명백한 잘못이 있는 것에 지나지 않는다. 또한 당사자를 바꾸는 것이 동일성이 유지된 경우이므로 甲은 당사자표시정정의 방법으로 당사자를 바꿀 수 있다.

▐▐ 설문 (2)에 관하여

1. 결론

B의 소멸시효완성의 항변은 타당하지 않다.

2. 근거

(1) 문제점

사안에서 甲은 당사자표시정정신청이 아닌 피고경정신청을 하였는바, 이것이 어떠한 성질 및 효과가 있는지가 문제이다. 이에 따라 甲의 채권이 소멸시효가 완성되었는지 여부가 달리 평가되기 때문이다.

(2) 피고경정신청의 적법 여부 및 법적 성질과 효과

1) 당사자표시정정신청에 의할 것을 피고경정신청한 경우의 성질 및 효과

판례는 "당사자의 변경 전후 당사자의 동일성이 인정됨을 전제로 진정한 당사자를 확정하는 표시정정의 대상으로서의 성질을 지니는 이상 비록 소송에서 피고의 표시를 바꾸면서 피고

---

51) 대판 2009.10.15, 2009다49964

경정의 방법을 취하였다 해도 피고표시정정으로서의 법적 성질 및 효과는 잃지 않는다."고 하였다.

2) 사안의 경우

따라서 사안의 경우 甲의 피고경정신청은 표시정정으로서 적법하다 할 것이고, 그 법적 성질 및 효과도 표시정정으로서의 성질과 효과로 나타난다 할 것이다.

(3) 소멸시효 중단의 효과 발생시기

피고경정이 있은 경우에는 그 신청서를 법원에 제출한 때 소멸시효 중단의 효과가 생긴다(제265조). 그러나 당사자표시정정이 있은 경우에는 처음부터 정정된 당사자를 상대로 소가 제기된 것으로 평가되므로, 최초 소장을 제출한 때 소멸시효 중단의 효과가 생긴다.

(4) 사안의 경우

따라서 사안의 경우 甲의 피고경정신청이 피고표시정정신청으로서의 성질 및 효과가 있다면, 피고 B가 상속한 대여금채무는 甲이 피고경정신청서를 제출한 2018.4.1.이 아닌, 2017.12.31. 소멸시효가 완성되기 전 2017.10.1. 甲의 소제기로써 소멸시효가 중단된 것으로 보아야 할 것이다. 결국 법원은 甲의 청구를 인용하는 판결을 선고하여야 하고, 피고경정신청의 실질에 관하여 살피지 아니한 채 피고의 시효항변을 받아들여 원고의 청구를 기각하는 경우라면 당사자표시정정에 관한 법리를 오해하여 판결에 영향을 미친 위법이 있다고 할 것이다.

Ⅲ 설문 (3)에 관하여

1. 결론

A의 소송수계신청 및 추완항소는 모두 부적법하다.

2. 근거

(1) 문제점

추완항소가 적법하려면 상소요건을 갖추어야 하는데, 무효인 판결에 대해서는 추완항소는 부적법하므로, 제소 전 당사자의 사망을 간과한 판결의 효력이 당연무효인 판결인지 여부를 먼저 살펴 볼 필요가 있다.

(2) 제소 전 사망자임을 간과한 판결의 효력

법원이 피고가 사자임을 간과하고 본안판결을 하였을 때, 판결이 확정되어도 그 판결은 이당사자대립구조의 흠결을 간과한 판결로서 당연무효라는 것이 판례의 입장이다.

(3) 간과판결에 대한 소송수계신청 및 추완항소의 적법 여부

판례는 "사망자를 피고로 하는 소제기는 원고와 피고의 대립당사자 구조를 요구하는 민사소송법상의 기본원칙이 무시된 부적법한 것으로서 실질적 소송관계가 이루어질 수 없으므로, 그와 같은 상태에서 제1심 판결이 선고되었다 할지라도 판결은 당연무효이며, 판결에 대한 사망자인 피고의 상속인들에 의한 항소나 소송수계신청은 부적법하다"고 하였다.[52]

(4) 사안의 경우

사안의 경우 1심 법원이 乙의 제소 전 이미 사망한 자임을 간과하고 甲 승소판결을 선고하였더라도, 이는 당연무효인 판결로서 이에 대한 A의 추완항소는 부적법하고, 나아가 실질적 소송관계가 이루어지지 않은 이상 소송수계신청도 부적법하다.

---

52) 대판 2015.1.29, 2014다34041. 나아가 판례는 사망자를 피고로 하는 소제기는 원고와 피고의 대립당사자 구조를 요구하는 민사소송법상의 기본원칙이 무시된 부적법한 것으로서 실질적 소송관계가 이루어질 수 없고, 제소 전 사망자를 상대로 한 소송에 관한 법리는 소제기 후 소장부본이 송달되기 전에 피고가 사망한 경우에도 마찬가지로 적용된다고 하였다.

✅ 사례(23) | 제소 전 사망자를 상대로 한 소송

기본적 사실관계

甲은 乙에게 1억원(이하 '이 사건 대여금'이라 한다)을 대여하였다는 취지로 주장하며, 2019.2.1. 乙을 상대로 이 사건 대여금의 반환을 구하는 소를 제기하였다.

문제

제1심 법원은 소장에 기재된 주소지와 보정명령에 따라 보정된 주민등록 주소지로 소장 부본을 송달하였으나 모두 이사불명을 이유로 乙에게 송달되지 아니하자, 공시송달의 방법으로 소장 부본, 변론기일 통지서 등을 송달한 후 변론을 진행하였다. 그 후 제1심 법원은 원고 승소 판결을 하였고, 제1심 판결 정본은 공시송달의 방법으로 2019.6.1. 乙에게 송달되었다. 그런데 乙은 이 사건 대여금 청구의 소제기 전인 2019.1.15. 이미 사망하였고, 乙의 상속인 丙은 2019.7.1. 제1심 판결에 대하여 추후보완 항소를 제기하면서 소송수계신청을 하였다. 丙의 추후보완 항소와 소송수계신청이 적법한지 여부에 관하여 결론과 그 이유를 약술하시오.
[10점]

1. 결론

부적법하다.

2. 이유

(1) 문제점

추완항소가 적법하려면 상소요건을 갖추어야 하고 불변기간인 상소기간이 도과되어야 하는데, 이와 관련하여 사안의 경우 ① 무효인 판결에 대해서는 추완항소는 부적법하므로, 제소 전 당사자의 사망을 간과한 판결의 효력이 당연무효인 판결인지 여부와 ② 망인에 대한 공시송달이 유효한지 여부를 살펴 볼 필요가 있다.

(2) 제소 전 사망자임을 간과한 판결의 효력 및 소송수계신청 및 추완항소의 적법 여부

판례는 법원이 피고가 사자임을 간과하고 본안판결을 하였을 때, 판결이 확정되어도 그 판결은 당사자 대립구조의 흠결을 간과한 판결로서 당연무효라고 하였다. 즉 판례는 "사망자를 피고로 하는 소제기는 원고와 피고의 대립당사자 구조를 요구하는 민사소송법상의 기본원칙이 무시된 부적법한 것으로서 실질적 소송관계가 이루어질 수 없으므로, 그와 같은 상태에서 제1심 판결이 선고되었다 할지라도 판결은 당연무효이며, 판결에 대한 사망자인 피고의 상속인들에 의한 항소나 소송수계신청은 부적법하다"고 하였다.[53]

---

53) 대판 2015.1.29, 2014다34041.

(3) 망인에 대한 공시송달의 효력 유무

① 공시송달의 요건에 흠이 있다 하여도 재판장이 공시송달을 명하여 공시송달이 이루어진 경우에는 그 뒤에 요건의 흠이 판명된다고 하더라도 그 공시송달은 유효하다고 보는 것이 판례이다. 그러나 ② 공시송달의 요건에 흠이 있다 하더라도 재판장의 명령에 의해 유효하다고 보는 것은 통상의 송달이 가능함을 전제로 공시송달의 요건만 구비되지 아니한 경우에 국한되며, 송달 일반의 무효사유가 있는 경우에는 공시송달이라도 무효이다.[54]

(4) 사안의 경우

사안의 경우 제1심 법원이 乙의 제소 전 이미 사망한 자임을 간과하고 甲 승소판결을 선고하였더라도, 이는 당연무효인 판결로서 이에 대한 상속인 丙의 추완항소는 부적법하고, 나아가 실질적 소송관계가 이루어지지 않은 이상 소송수계신청도 부적법하다. 또한 판결정본도 망인에게 공시송달의 방법으로 송달하였는바, 이러한 송달은 위법·무효이므로 불변기간인 상소기간이 진행될 수도 없으므로 추완항소의 문제는 발생하지 아니한다. 따라서 丙의 추후보완 항소와 소송수계신청은 부적법하다.

---

54) 대판 2007.12.14, 2007다52997; 대판 2005.10.14, 2004다52705 참고

사례(24) | 제소 전 사망자를 상대로 한 소송과 소멸시효의 중단

사실관계

※ 다음의 사실관계를 잘 읽고 아래 각 문항에 답하시오(약술 문제 포함).

① 甲은 1999.12.30. 丙이 K은행으로부터 대출받는 주택구입자금 60,000,000원을 보증하였다. 丙이 변제기가 도래했는데도 위 대출원리금을 갚지 않자 甲은 2004.8.20. K은행에 위 대출 원리금을 모두 대위변제하였다. 한편, 丙은 2000.1.3. 사망하였고 乙이 丙의 단독 상속인이다.

② 甲은 2009.7.30. 丙이 사망한 사실을 알면서도 丙을 피고로 기재하여 구상금청구소송(이하 '이 사건 소송'이라 한다)을 제기하였는데, 소장에는 丙의 사망사실이 기재된 주민등록초본 등을 첨부하였다.

③ 甲은 2009.8.3. 丙의 상속인을 확인할 수 있는 가족관계증명서 등에 관한 사실조회를 법원에 신청하였고, 2009.8.28. 도착한 사실조회 결과에 따라 2009.9.10. 이 사건 소송의 피고 표시를 丙에서 乙로 정정하는 신청서를 제출하였다.

④ 이 사건 소송에서, 乙은 甲의 위 구상금채권은 2004.8.20.부터 기산되어 피고가 丙에서 乙로 변경하는 정정신청서가 접수된 2009.9.10. 상행위로 인한 단기 5년의 소멸시효가 완성되었다는 항변을 하였고, 이에 대하여 甲은 2009.7.30. 이 사건 소송의 제기로 위 구상금채권의 소멸시효가 중단되었다고 주장한다.

문제

1. 가. '피고경정'과 '당사자표시정정'에 관하여 각각 약술하시오. 20점
   나. 이 사건 소송에서 피고 표시를 丙에서 乙로 정정하는 甲의 피고 표시정정신청은 적법한지 여부에 관한 결론과 그 이유를 기재하시오. 10점

2. 가. 甲의 위 구상금채권의 소멸시효가 완성되었는지 또는 중단되었는지 여부에 관한 결론과 그 이유를 기재하시오. 17점
   나. 이 사건 소송에 관한 법원의 판결결론(소각하, 청구인용, 청구기각, 청구일부인용 등)과 그 이유를 기재하시오. 3점

Ⅰ 설문 1.의 가.에 관하여

1. 피고경정

(1) 의의 및 표시정정과의 구별

① 원고가 피고를 잘못 지정한 것이 분명한 경우에 법원의 결정으로 피고를 경정하는 것이다 (제260조).

② 당사자 표시의 변경 전후에 있어서 당사자의 동일성이 있는 경우에는 당사자표시정정이고, 동일성이 없어서 새로운 사람을 끌어들이는 경우라면 피고경정이라고 풀이하는 것이 일반적이다.

(2) 요건

1) 원고가 피고를 잘못 지정함이 명백할 것

'피고를 잘못 지정한 것이 명백한 때'라고 함은 청구취지나 청구원인의 기재 내용 자체로 보아 원고가 법률적 평가를 그르치는 등의 이유로 피고의 지정이 잘못된 것이 명백하거나 법인격의 유무에 관하여 착오를 일으킨 것이 명백한 경우 등을 말하고, 피고로 되어야 할 자가 누구인지를 증거조사를 거쳐 사실을 인정하고 그 인정 사실에 터잡아 법률 판단을 해야 인정할 수 있는 경우는 이에 해당하지 않는다.[55]

2) 변경 전후에 걸쳐 소송물이 동일할 것

변경 전후에 걸쳐 소송물이 동일해야 한다. 따라서 경정신청 시에는 인지를 따로 붙일 필요가 없다.

3) 제1심 변론종결 전일 것

시기적으로 제1심 변론종결 전이어야 한다. 새로 가입하는 새로운 당사자의 심급의 이익(절차보장)을 위한 것이다.

4) 피고가 본안에 관하여 본안변론한 때에는 피고의 동의를 얻을 것

피고의 경정은 신소제기 및 구소취하의 실질을 가지므로, 피고가 이미 본안에 관한 준비서면을 제출하거나 변론준비기일에 진술 또는 변론을 한 뒤에는 그의 동의를 받아야 한다(제260조 제1항 단서). 다만 피고가 경정결정서를 송달받은 날로부터 2주일 내에 이의하지 아니하면 동의한 것으로 본다(제260조 제4항).

(3) 효과

① 경정허가결정이 있는 때에는 종전의 피고에 대한 소는 취하된 것으로 본다(제261조 제4항).
② 경정된 피고에 대한 소제기의 효과, 즉 시효중단이나 기간준수의 효과는 경정신청서 제출 시 발생한다(제265조).

2. 당사자표시정정

(1) 의의 및 요건

당사자 표시정정이란, 확정된 자와 당사자 자격(당사자능력, 당사자적격, 소송능력)이 있는 자로 바꾸려는 자 사이에 동일성이 인정되는 경우 당사자 표시의 잘못을 바꾸는 것을 말한다. 즉 판례는 당사자의 동일성 유무를 그 기준의 한계로 삼고 있다.

---

55) 대결 1997.10.17, 97마1632

(2) 허용 例

① 당사자의 이름에 오기 내지 누락이 명백한 경우, ② 당사자능력이나 당사자적격이 없는 자를 당사자로 잘못 표시하였음이 명백한 경우(예 점포주인 대신 점포 자체를 당사자로 표시, 대한민국 대신 관계행정청을 당사자로 표시, 학교법인 대신 학교를 당사자로 표시한 경우 – 국립학교 : 국가 또는 지방자치단체가, 사립학교 : 학교법인이, 각종학교 : 운영주체 내지 설립자가 당사자능력이 있다) 당사자표시정정이 허용된다. ③ 이처럼 당사자표시정정이 필요한 경우 이를 위한 조치를 취하지 아니하고 소를 각하할 수는 없다.

(3) 효과

① 시효중단·기간준수의 효력 등은 최초의 소제기 시에 발생한 것으로 된다.
② 표시의 정정이 인정됨에도 형식적으로 임의적 당사자변경신청을 한 경우에 시효중단효가 소멸되는지 문제되는데, 판례는 이 경우에도 표시정정으로서의 효과인 시효중단효가 여전히 지속된다고 본다.

Ⅱ 설문 1.의 나.에 관하여

1. 결론

피고 표시를 丙에서 乙로 정정하는 甲의 피고 표시정정신청은 적법하다.

2. 이유

(1) 문제점

소송절차는 당사자를 중심으로 진행되므로, 확정된 당사자를 전제로 하여 당사자능력, 당사자적격, 소송능력 등이 검토되고 판결의 효력(기판력의 주관적 범위)도 확정된 당사자에게 미치게 된다. 따라서 우선 현실적으로 계속된 소송에서 누가 당사자인가를 명백히 하여야 한다.

(2) 당사자확정의 기준

판례는 당사자확정에 관하여 ① 원칙적으로 소장에 나타난 당사자의 표시를 비롯하여 청구원인 그 밖의 일체의 기재사항 등 소장의 전체를 기준으로 합리적으로 해석하여 당사자를 결정할 것이라는 (실질적)표시설의 입장이나, ② 소제기 이전에 피고가 사망한 사실을 알지 못하고 사망자를 피고로 하여 소를 제기한 경우 실질적인 피고는 처음부터 상속인이라는 입장이다.

(3) 보정방법

확정된 자와 바뀌려는 자 사이에 동일성이 인정되면 당사자표시정정의 방식으로 보정하게 된다. 판례는 ① 원고의 소제기 목적 내지 여러 사정을 종합하여 볼 때 사망자의 상속인이 처음부터 실질적인 피고이고 다만 그 표시를 잘못한 것으로 인정된다면, 사망자의 상속인으로 피고의 표시를 정정할 수 있다고 한다. 나아가 ② 최근 판례는 추후에 상속인을 알아내어 표시정정

을 할 의도로 일단 사망한 자를 피고로 하여 소제기한 경우라면, 피고의 사망사실을 안 경우에
도 피고의 상속인으로 표시정정을 할 수 있다고 하였다.

(4) 사안의 경우

사안의 경우, 甲의 소제기 목적, 소장에 丙의 사망사실이 기재된 주민등록 초본 등을 첨부한
사실, 소제기 후 바로 상속인이 누구인지 사실조회신청을 하였고, 이를 확인한 다음 피고 표시
를 丙에서 乙로 정정하는 피고 표시정정신청서를 제출한 사정 등을 종합해 보면, 실질적인 피
고는 처음부터 사망자의 상속인인 乙이고 다만 소장의 표시에 잘못이 있었던 것에 불과하다.
따라서 이 사건 소송에서 피고 표시를 사망자인 丙에서 그 상속인인 乙로 정정하는 甲의 피고
표시정정신청은 적법하다.

Ⅲ 설문 2.의 가.에 관하여

1. 결론

甲의 위 구상금채권의 소멸시효는 2009.7.30. 丙을 상대로 한 구상금청구소송의 제기로 중단되
었다.

2. 이유

(1) 시효중단의 근거

통설·판례는 권리자가 권리 위에 잠자지 않고 단호하게 권리를 행사하는 점에서 근거를 구하
는 권리행사설의 입장이다.

(2) 시효중단의 사유 및 효력발생의 시기

재판상 청구는 소멸시효 중단사유에 해당한다. 소제기에 따른 시효중단의 효력발생시기는 소
송계속과 달리 소를 제기한 때, 즉 통상은 소장을 법원에 제출한 때이다(민사소송법 제265조,
제248조).

(3) 제소 전 이미 사망자를 상대로 한 소송에서의 시효중단 여부 및 시기

① 이미 사망한 자를 피고로 하여 제기된 소는 부적법하여 이를 간과한 채 본안 판단에 나아간
판결은 당연무효로서 그 효력이 상속인에게 미치지 않고, 채권자의 이러한 제소는 권리자
의 의무자에 대한 권리행사에 해당하지 않으므로, 상속인을 피고로 하는 당사자표시정정이
이루어진 경우와 같은 특별한 사정이 없는 한, 거기에는 애초부터 시효중단 효력이 없어 민
법 제170조 제2항이 적용되지 않는다고 봄이 타당하고, 법원이 이를 간과하여 본안에 나아
가 판결을 내린 경우에도 마찬가지라고 보아야 한다.

② 다만 당사자 표시정정이 이루어진 경우에는 시효중단·기간준수의 효력 등은 최초의 소제
기 시에 발생한 것으로 된다.

⑷ 사안의 경우

사안의 경우, 보증인 甲의 丙에 대한 구상금채권은 甲이 K은행에 丙의 대출 원리금을 모두 대위변제한 2004.8.20.에 발생하였고, 이는 상사채권으로 5년의 소멸시효 기간이 적용된다. 따라서 그 소멸시효는 甲의 대위변제일인 2004.8.20.부터 진행하여 2009.8.20.에 완성되는데, 甲은 그 소멸시효가 완성되기 전인 2009.7.30. 법원에 이미 사망한 丙을 상대로 소를 제기하였고, 丙의 상속인을 확인한 다음 2009.9.10. 丙에서 乙로 당사자 표시를 정정하는 신청서를 제출하였으므로, 甲이 당초 소장을 제출한 때인 2009.7.30. 甲의 위 구상금채권에 대한 소멸시효는 중단되었다고 보아야 한다.

Ⅳ 설문 2.의 나.에 관하여

1. 결론

청구인용

2. 이유

甲의 위 구상금채권은 2004.8.20.부터 5년의 소멸시효 기간이 적용되어, 2009.8.20.에 완성되는데, 그 완성 전인 2009.7.30. 이 사건 소송이 제기되었고, 적법한 당사자표시 정정신청에 따라 2009.7.30. 소멸시효는 중단되었다. 따라서 정정신청서가 접수된 2009.9.10. 소멸시효가 완성되었다는 乙의 항변은 이유 없고, 2009.7.30. 이 사건 소송의 제기로 위 구상금채권의 소멸시효가 중단되었다는 甲의 주장은 이유가 있다. 결국 법원은 甲의 이 사건 소송에 관하여 청구인용 판결을 하여야 한다.

사례(25) | 소제기 후 소송계속 전 사망

사실관계

甲은 乙을 상대로 대여금지급청구의 소를 제기하였는데, 소장 접수 후 그 소장부본 송달 전에 乙이 사망하였고 乙의 단독상속인 丙이 그 소장부본을 송달받고서도 응소하지 않음으로써 청구인용 판결이 선고되었다.

문제

丙은 그 판결정본을 송달받고서 2주 내에 소송수계신청과 동시에 항소를 제기하였다면 위 소송수계신청 및 항소는 적법한가? 10점

I 결론

丙의 소송수계신청 및 항소는 부적법하다.

II 근거

1. 소제기 후 소장부본 송달 전 사망 시 취급[56]

판례는 사망자를 피고로 하는 소제기는 원고와 피고의 대립당사자 구조를 요구하는 민사소송법상의 기본원칙이 무시된 부적법한 것으로서 실질적 소송관계가 이루어질 수 없고, 제소 전 사망자를 상대로 한 소송에 관한 법리는 소제기 후 소장부본이 송달되기 전에 피고가 사망한 경우에도 마찬가지로 적용된다고 하였다.[57]

2. 당사자 확정

판례는 당사자 확정의 기준에 대해 ① "당사자는 소장에 기재한 표시만에 의할 것이고 청구의 내용과 원인사실을 종합하여 확정하여야 하는 것"이라고 판시하였다. 다만 ② 예외적으로 "이미 사망한 자를 상대로 한 소송에서 사실상의 피고는 사망자의 상속인이고 다만 그 표시를 그릇한 것에 불과하다고 해석함이 타당하다."고 하였다.

---

56) 소송계속의 발생시기에 대해 ① 소장부본송달시설에 따르면 제소 후 소장부본송달 전에 피고가 사망한 경우 비록 소를 제기한 때에는 피고가 생존하였다는 점에서 제소 전에 사망한 경우와 다르지만, 이당사자 대립구조는 소송계속시에 필요한 것이므로, 이 경우는 소제기 전에 사망한 경우와 동일하게 취급하면 된다고 본다. 다만 위 기간에 원고가 사망한 경우에는 제233조를 유추하여 상속인이 소송을 수계하여야 한다고 해석한다(정동윤·유병현; 이시윤 등). 이에 반하여 ② 소장제출시설에 의하면 이 경우 소송계속 후 변론종결 전에 사망한 경우와 동일하게 취급된다.

57) 대판 2015.1.29, 2014다34041

3. 제소 전 사망자임을 간과한 판결의 효력 및 항소 · 수계신청의 적법 여부

판례는 "사망자를 피고로 하는 소제기는 원고와 피고의 대립당사자 구조를 요구하는 민사소송법상의 기본원칙이 무시된 부적법한 것으로서 실질적 소송관계가 이루어질 수 없으므로, 그와 같은 상태에서 제1심 판결이 선고되었다 할지라도 판결은 당연무효이며, 판결에 대한 사망자인 피고의 상속인들에 의한 항소나 소송수계신청은 부적법하다"고 하였다.[58]

---

58) 배점을 고려하여 상술할 필요가 있다면, ① 수계신청의 적법 요건과 ② 항소의 적법 요건을 나누어 설시하면서 사안을 포섭하면 될 것이다.

☑ 사례(26) | 성명모용소송의 제문제

사실관계

甲으로부터 乙은 "명품스포츠"라는 상호로 스포츠용품 사업을 시작하기 위해 사업자금이 필요하여 금 1억 5,000만원을 빌렸는데, 乙은 변제기가 도래한 후에도 돈을 갚지 않고 있다. 甲은 乙을 상대로 대여금지급청구의 소를 제기하였다. 법원은 乙의 주소지로 소장부본을 송달하였는데, 乙의 동생인 丙이 마치 자기가 乙인양 참칭하여 수령한 뒤 위 소송에서 乙의 성명을 모용하여 소송을 수행하였다.

문제

가. 이 소송의 피고는 누구인가? 5점
나. 소송계속 중 법원이 이러한 사실을 알게 되었을 경우 법원은 어떠한 조치를 취하여야 하는가? 5점
다. 법원이 이러한 사실을 모르고 청구를 인용하는 판결을 한 경우 乙이 취할 수 있는 소송상 구제수단은 무엇인가? 5점

Ⅰ 설문 가.에 관하여

1. 결론

乙이 피고이다.

2. 근거

(1) 피고가 누구인지 여부(당사자확정)

① 당사자로 특정된 피모용자인 乙과 실제 소송수행자인 모용자 丙이 다른 경우 당사자가 누구인지, 즉 당사자 확정이 문제된다.

② 당사자확정의 기준에 대하여 판례는 소장에 나타난 당사자의 표시를 비롯하여 청구원인 그 밖의 일체의 기재사항 등 소장의 전체를 기준으로 합리적으로 해석하여 당사자를 결정할 것이라는 입장이다.[59]

(2) 사안의 경우

사안에서 소장의 표시뿐만 아니라 소장의 전체 취지를 고려해 피모용자인 乙이 피고로 확정된다.

Ⅱ 설문 나.에 관하여

1. 결론

법원은 丙의 소송관여를 배제하고 乙에게 기일통지를 하여 소송을 수행하도록 하여야 한다.

---

59) 대판 1999.11.26, 98다19950; 대판 1996.12.20, 95다26773 등 다수

2. 근거

(1) 소송계속 중 성명모용이 판명된 경우 법원의 조치

표시설에 따르면 성명모용의 경우 당사자는 피모용자로 확정되고, 모용자는 마치 절차에 관여할 수 없는 무권대리인과 마찬가지가 된다. 따라서 법원이 성명모용사실을 알게 된 경우, ① 원고 측이 모용되었으면 피모용자가 그 소를 추인하지 않는 한 판결로써 소를 각하하여야 하고, ② 피고 측이 모용된 경우에는 모용자의 소송관여를 배제하고, 피고인 피모용자에게 기일통지를 하여 출석케 함으로써 소송을 수행하도록 하여야 한다.

(2) 사안의 경우

사안은 피고 측 성명모용의 경우인바, 법원은 모용자인 丙의 소송관여를 배제하고 진정한 당사자인 乙에게 기일통지를 하여 소송을 수행하도록 하여야 한다.

Ⅲ 설문 다.에 관하여

1. 결론

乙은 무권대리를 이유로 ① 확정 전이면 상소로, ② 확정 후이면 재심의 소를 제기하여 구제받을수 있다.

2. 근거

(1) 간과판결의 효력이 피모용자 乙에게 미치는지 여부

성명모용의 사실이 발견되지 않은 채 법원이 이를 간과하고 그대로 본안판결을 하였을 때에 그효력에 대하여 표시설에 의하면 피모용자에게 판결의 효력이 미친다. 왜냐하면 표시설에 의할경우 확정된 당사자는 어디까지나 피모용자이기 때문이다.

(2) 간과판결의 효력 및 피모용자의 구제수단

① 성명모용사실을 간과한 판결이라도 당연무효라고 할 수는 없고, 유효하지만 위법한 판결이라고 할 것이다. 이 경우 피모용자는 무권대리인이 대리권을 행사한 경우에 준하여 판결이확정 전이면 상소를(제424조 제1항 제4호), 판결이 확정된 후라면 재심의 소에 의하여(제451조제1항 제3호) 판결을 취소할 수 있게 된다.

② 판결확정 후 피모용자는 재심에 의해 확정판결을 취소하기 전에는 별소를 제기하여 권리구제를 받을 수 없다. 전소의 기판력이 피모용자에게 미쳐 기판력에 저촉되기 때문이다.

(3) 사안의 경우

사안의 경우 乙은 무권대리를 이유로 ① 확정 전이면 상소로, ② 확정 후이면 재심의 소를 제기하여 구제받을 수 있다.

사례(27) │ 법인격 부인론

사실관계

건설회사인 乙회사에게 甲은 그 운용자금으로 5억원을 대여해 주었는데, 변제기가 지나도록 차일피일 미루며 이행을 하지 않자, 甲은 乙회사를 상대로 대여금지급을 구하는 소를 제기하였고, 이에 乙회사는 패소판결을 선고받을 경우에 대비하여 강제집행을 면탈할 목적으로 기업의 형태·내용이 실질적으로 동일한 丙회사를 설립하여 乙회사의 재산을 도피시켰다(아래 각 설문은 독립적임).

문제

(1) 甲의 乙회사에 대한 대여금지급의 소는 적법한가? [13점]

(2) 만일 甲이 乙회사를 상대로 대여금지급을 구하는 소를 제기하여 승소판결을 받고 이 판결이 확정되었는데, 乙회사가 강제집행을 면탈할 목적으로 기업의 형태·내용이 실질적으로 동일한 丙회사를 설립하여 乙회사의 재산을 도피시킨 경우, 甲과 乙회사 간의 판결의 효력은 丙회사에게 미치는가? [7점]

■ 설문 (1)에 관하여

1. 결론

乙회사에 대한 소는 적법하다.

2. 근거

(1) 문제의 소재

사안에서 피고인 乙회사가 채무를 면탈하기 위하여 실질적으로 동일한 丙회사를 설립한 경우, ① 乙회사의 법인격이 부인되는지 여부와 ② 법인격이 부인되는 경우 '특정한 사안'에 대하여 권리능력이 부인되어, 결국 당사자능력과 당사자적격이 없어져 소가 부적법해지는 것은 아닌지 여부가 문제된다.

(2) 乙회사의 법인격이 부인되는지 여부

1) 법인격 부인론의 의의 및 근거

특정 사안에서 회사의 법인격을 부인하고 그 배후자에 대해 회사의 책임을 지우는 법이론을 법인격 부인론이라 한다. 이는 회사의 법적 독립성을 부인하여 그 배후자에게 책임을 지우는 것이 정의와 형평에 부합한다는 신의칙에 근거한 것이다.

2) 적용요건 및 효과

① 법인격의 형해화(회사에 대한 완전한 지배 - 개인기업) 또는 법인격의 남용(배후자에 대한 법률적
용의 회피수단)이 있을 것, 자본 불충분 상태를 야기할 것, 이로 인해 손해가 발생할 것(인과
관계)을 요한다.

② 특정 사안에서 회사의 독립된 법인격이 일시적 · 잠정적으로 부인되는 것에 그치고 그 책
임을 면제하는 것이 아니며, 아울러 그 배후자에게도 책임을 물을 수 있다.

(3) 법인격이 부인되는 乙회사에 대해 제기된 소의 적법 여부

1) 문제점

법인과 그 배후자 중 어느 쪽이 당사자인지 문제되고, 만약 법인이 당사자로 확정된 경우 법
인격이 부인됨에 따라 당사자 능력과 당사자 적격도 부인되는지 여부가 문제된다.

2) 당사자의 확정

당사자확정의 기준에 관한 통설 · 판례인 실질적 표시설에 의하면 피고로 표시된 법인이 당사
자로 확정되고, 그 배후자가 피고로 되는 것은 아니다.

3) 당사자능력

제51조에 의해 민법상 권리능력에 관한 규정에 따르는데, 법인격 부인론은 특정 사안에서 일
시적 · 잠정적으로 법인격을 부인함으로써 그 배후자에게 책임을 추궁하기 위한 것이지 법인
의 책임을 면제하여 주기 위한 것이라거나 일반적 · 전면적으로 법인격을 소멸시키는 것이 아
니므로, 법인격이 부인되는 법인의 당사자능력은 인정된다.

4) 당사자적격

이행의 소에서 실체법상의 의무자로 주장받는 자는 피고적격이 인정되고, 법인격 부인론이
당사자적격을 상실시키는 것은 아니라고 할 것이다.

(4) 설문 (1)의 해결

乙회사의 법인격이 부인된다고 하여도 여전히 당사자능력과 당사자적격이 인정되므로 乙회사
에 대한 소는 여전히 적법하다.

Ⅱ 설문 (2)에 관하여

1. 결론

甲과 乙회사 간의 판결의 효력은 丙회사에게 미치지 않는다.

2. 근거

(1) 문제의 소재

법인격이 부인되는 법인에 대한 이행판결의 효력(기판력 및 집행력)이 그 배후자에게도 미치는지 여부가 문제된다. 만일 판결의 효력이 확장된다고 보게 되면 법인에 대한 판결에 기초하여 그 배후자에게 승계집행문을 받아 강제집행할 수 있기 때문이다.

(2) 판례의 태도

판례는 별개의 법인격을 가지는 회사라는 주장을 하는 것이 신의성실의 원칙에 반하거나 법인 격을 남용하는 것으로 인정되는 경우에도, 권리관계의 공권적인 확정 및 그 신속·확실한 실현 을 도모하기 위하여 절차의 명확·안정을 중시하는 소송절차 및 강제집행절차에 있어서는 그 절차의 성격상 판결의 기판력 및 집행력의 범위를 확장하는 것은 허용되지 아니한다고 하여 부 정설을 취하고 있다.[60]

(3) 설문 (2)의 해결

판결의 효력인 기판력·집행력 등을 제3자에게 확장하는 것은 명문의 특별한 규정이 있어야 된다는 점과 소송절차의 안정과 명확성이라는 점을 고려해 볼 때 판결효력의 확장을 부정하는 판례의 입장이 타당하다. 따라서 사안의 경우 甲과 乙회사 간의 판결의 효력은 丙회사에게 미 치지 않는다. 따라서 甲은 乙회사에 대한 판결에 기초하여 승계집행문을 받아 그 배후자 丙에 게 강제집행을 할 수 없다.

---

60) 대판 1995.5.12, 93다44531

사례(28) | 형식적 당사자능력자 – 종중

사실관계

A 종중의 대표자였던 丙은 종중을 대표하여 종중 소유의 X 토지를 乙에게 매도하고 乙 명의로 소유권이전등기를 마쳐주었다. 그런데 위 A 종중의 규약에는 종중재산의 매도는 총회의 의결을 거치도록 규정하고 있었는데, 위 매매과정에서 丙은 총회결의를 거치지 않았음에도 총회결의를 한 것처럼 허위의 총회결의서를 작성한 다음, 이를 매도원인서류로 乙에게 교부하여 등기를 경료한 것이다. 이에 위 처분에 반발한 종중원들은 총회를 소집하여 丙을 대표자에서 해임하고 甲을 대표자로 선출한 다음 甲에게 위임하여 X 토지를 환수하기로 결의하였다. 甲은 丙이 적법한 종중총회의 결의를 거치지 않고 위 X 토지를 매도하였으므로 乙 명의의 소유권이전등기는 원인무효라고 주장하면서 위 등기의 말소를 구하는 소를 제기하였다.

문제

※ 아래 각 설문은 상호 무관한 것임을 전제로 한다.

(1) 이 경우 종중의 소송수행방법과 甲이 보존행위로서 소송을 수행하는 방법에 대하여 약술하시오. [10점]

(2) 만일 A 종중이 B주식회사로부터 물품대금 2억원을 지급받지 못하고 있어, 그 지급을 구하는 소를 제기하였는데, B주식회사의 대표자인 乙을 피고로 표시하여 소를 제기하였다가 그 소송계속 중 피고 乙을 B주식회사로 바꿀 수 있는가? (표시정정과 피고경정은 문제 삼지 않는다.) [5점]

(3) 만일 위 (2)항에서 A 종중이 B주식회사에 관한 권리를 행사하지 않고 있어 A 종중의 채권자인 C가 A 종중을 대위하여 B주식회사를 상대로 채권자대위소송을 제기하는 경우라면, 이때에도 사원총회의 결의 등 내부적인 의사결정절차를 거쳐야 하는가? [5점]

Ⅰ 설문 (1)에 관하여

1. 문제의 소재

A종중의 소송수행방법과 관련해서 우선 종중의 법적 성질이 법인 아닌 사단인지를 살펴보고, 이에 해당하는 경우 그 소유재산은 총유에 해당하는바, 총유재산관계소송의 구체적인 소송수행방법을 살펴보기로 한다. 또한 甲의 乙에 대한 말소등기청구는 총유물의 보존행위에 해당하는바, 종중대표가 자신의 명의로 총유재산의 보존을 위한 소를 제기할 수 있는지 여부를 살펴보기로 한다.

2. 종중의 법적 성질 및 재산관계

판례에 의하면 종중은 권리능력 없는 사단으로 보며, 권리능력 없는 사단의 소유형태는 총유에 해당한다.

3. 종중의 소송수행방법

(1) 종중명의로 소송을 수행하는 방법

1) 종중의 당사자능력 인정 여부

① 법인 아닌 사단은 민법상 권리능력이 인정되지 않으므로 소송법에서의 당사자능력을 부정하여야 하지만, 그렇게 되면 종중의 구성원 전원이 소송을 수행해야 하는 소송상의 불편을 고려하여 제52조는 법인 아닌 사단이나 재단으로서 대표자 또는 관리인이 있으면 그 이름으로 당사자가 될 수 있도록 하였다. 이를 형식적 당사자능력자라고 한다.

② 판례도 비법인 사단의 대표적인 예로 종중을 인정하고 종중의 당사자능력을 인정하여, 종중은 종중명의로 소송을 수행할 수 있다고 한다.[61]

2) 당사자능력 인정 요건

제52조에 따라 법인 아닌 사단은 ① 사단으로서의 실질을 구비하고, ② 대표자가 있으면 ③ 사원총회의 결의를 거친 경우에 당사자능력이 있다.[62] 그러나 종중은 원래 공동선조의 후손 중 성년 이상을 종원으로 하여 구성되는 종족의 자연발생적 집단이므로, 반드시 성립을 위하여 특별한 조직행위를 필요로 하는 것이 아니다.

3) 사안의 경우

사안의 경우 A종중은 종중규약이 있으며, 총회를 구성하고 甲을 대표자로 선임하였으므로 A종중은 당사자능력을 취득하였다. 따라서 A종중 명의로 소를 제기할 수 있다.

(2) 종중구성원 전원이 소송을 수행하는 방법

① 민법 제276조에 의해 총유물의 관리처분권이 구성원 전원에게 귀속되므로 고유필수적 공동소송에 해당한다(실체법설). 고유필수적 공동소송은 그 구성원 전원이 당사자가 되지 않으면 당사자적격에 흠이 있어 부적법한 소가 된다. 따라서 종중 구성원의 명의로 소송을 수행하는 경우에는 구성원 전원이 당사자가 되어야 당사자적격을 구비한 적법한 소가 된다.

---

61) 대판 1997.11.14, 96다25715

62) 대판 2013.4.25, 2012다118594. 비법인사단의 대표권의 존부 및 비법인사단이 사원총회 결의 없이 제기한 소송의 적법 여부 - 비법인사단(원고 '유기견에게 사랑을 주세요')이 당사자인 사건에서 대표자에게 적법한 대표권이 있는지는 소송요건에 관한 것으로서 법원의 직권조사사항이므로 비법인사단 대표자의 대표권 유무가 의심스러운 경우에 법원은 이를 직권으로 조사하여야 하고, 비법인사단이 총유재산에 관한 소송을 제기할 때에는 정관에 다른 정함이 있다는 등의 특별한 사정이 없는 한 사원총회 결의를 거쳐야 하므로 비법인사단이 이러한 사원총회 결의 없이 그 명의로 제기한 소송은 소송요건이 흠결된 것으로서 부적법하다.

② 사안의 경우에는 구성원 개인인 甲이 총유물의 보존행위에 기한 소를 제기한 경우로서 당사자적격을 구비했는지 여부가 문제이다.

4. 甲이 보존행위로서 소송을 수행하는 방법

(1) 판례의 태도

1) 종전 판례의 입장

총유물의 보존행위에 해당하는 소송의 경우 사원총회의 결의를 거친 경우에는 가능하다는 입장

2) 변경된 판례의 입장

종전의 판례를 변경하여 "총유재산에 관한 소송은 ① 법인 아닌 사단이 그 명의로 사원총회의 결의를 거쳐 하거나 또는 ② 그 구성원 전원이 당사자가 되어 필수적 공동소송의 형태로 할 수 있을 뿐, ③ 그 사단의 구성원은 설령 그가 사단의 대표자라거나 사원총회의 결의를 거쳤다 하더라도 그 소송의 당사자가 될 수 없고, 이러한 법리는 총유재산의 보존행위로서 소를 제기하는 경우에도 마찬가지다"라고 판시하였다.[63]

(2) 사안의 경우

사안의 경우 비법인사단의 구성원은 총유재산의 보존을 위한 소를 제기할 당사자적격이 없다는 변경된 판례의 입장에 의하는 한, 甲이 乙을 상대로 자신의 명의로 제기한 소유권이전등기말소등기청구의 소는 부적법하다.

이 경우 비법인사단의 대표자가 임의적 소송담당자로 소송을 수행하는 방법이 문제되나, 비법인 사단 명의로 소송수행이 가능하기 때문에 이를 부정함이 일반적이다.

Ⅱ 설문 (2)에 관하여

1. 결론

A 종중은 피고 乙을 B주식회사로 바꿀 수 없다.

2. 근거

(1) 교환적 인수승계

인수승계란 소송계속 중 소송목적인 권리 또는 의무의 전부나 일부의 승계가 있는 경우 종전 당사자의 인수신청에 의해 승계인인 제3자를 새로운 당사자로 강제로 끌어들이는 것을 말한다(제82조). 이때 당사자는 기존 당사자가 교체되는 교환적 인수를 법원에 신청할 수 있다.

---

63) 대판(전) 2005.9.15, 2004다44971

⑵ 사안의 경우

사안의 경우에는 소송계속 중 乙이 소송목적인 의무를 B주식회사에 승계하였다는 사정은 없으므로 교환적 인수신청으로 바꿀 수 없다.

Ⅲ 설문 ⑶에 관하여

1. 결론

C는 사원총회의 결의 등 내부적인 의사결정절차를 거칠 필요가 없다.

2. 근거

판례는 "비법인사단이 총유재산에 관한 소를 제기할 때에는 정관에 다른 정함이 있는 등의 특별한 사정이 없는 한 사원총회의 결의를 거쳐야 하지만, 이는 비법인사단의 대표자가 비법인사단 명의로 총유재산에 관한 소를 제기하는 경우에 비법인사단의 의사결정과 특별수권을 위하여 필요한 내부적인 절차이다. 채권자대위권은 채무자가 스스로 자기의 권리를 행사하지 아니하는 때에 채권자가 채무자에 대한 채권을 보전하기 위하여 채무자의 의사와는 상관없이 채무자의 권리를 대위하여 행사할 수 있는 권리로서 그 권리행사에 채무자의 동의를 필요로 하는 것은 아니므로, 비법인사단이 총유재산에 관한 권리를 행사하지 아니하고 있어 비법인사단의 채권자가 채권자대위권에 기하여 비법인사단의 총유재산에 관한 권리를 대위행사하는 경우에는 사원총회의 결의 등 비법인사단의 내부적인 의사결정절차를 거칠 필요가 없다."고 하였다.[64]

---

64) 대판 2014.9.25, 2014다211336

✅ 사례(29) | 당사자자격

사실관계

甲종중의 대표자 乙은 종중총회의 결의를 거치지 않고 甲종중을 대표하여 甲종중 소유의 X토지를 丙에게 매도하고 丙 명의로 소유권이전등기를 경료해 주었는데, 그 당시 甲종중의 규약에는 종중재산 처분에 관한 내용이 없었다.

문제

위 기본적 사실관계에 추가하여,
그 후 甲종중은 "X토지의 처분은 종중총회의 결의 없이 이루어진 것이므로 위 소유권이전등기는 원인무효이다."라고 주장하면서 丙을 상대로 위 소유권이전등기 말소등기청구의 소를 제기하려고 한다. 이 경우 원고가될 수 있는 자는 누구인지 설명하고 [12점], 만일 甲종중의 새로운 대표자로 선임된 자가 자신을 원고로 하여 丙을 상대로 위 소유권이전등기 말소등기청구의 소를 제기하였다면, 법원은 어떠한 판결을 해야 하는지에 관하여 결론과 그 근거를 기재하시오. [3점]

1. 甲종중 측의 丙을 상대로 한 소송에서 원고가 될 수 있는 자

(1) 甲종중의 당사자능력 인정 여부

① 법인 아닌 사단은 민법상 권리능력이 인정되지 않으므로 소송법에서의 당사자능력을 부정하여야 하지만, 그렇게 되면 종중의 구성원 전원이 소송을 수행해야 하는 소송상의 불편을 고려하여 제52조는 법인 아닌 사단이나 재단으로서 대표자 또는 관리인이 있으면 그 이름으로 당사자가 될 수 있도록 하였다. 이를 형식적 당사자능력자라고 한다.

② 판례도 비법인 사단의 대표적인 예로 종중을 인정하고, 종중의 당사자능력을 인정하여 종중은 종중명의로 소송을 수행할 수 있다고 하였다.[65]

③ 따라서 사안의 경우 甲종중은 당사자능력이 인정되므로 원고가 될 수 있다.

(2) 甲종중 구성원 전원이 소송을 수행하는 방법

1) 甲종중 재산의 소유형태

판례에 의하면 종중은 권리능력 없는 사단으로 보며, 권리능력 없는 사단의 소유형태는 총유에 해당한다(민법 제275조).

---

65) 대판 1997.11.14, 96다25715

2) 총유관계소송과 고유필수적 공동소송 해당 여부

① 민법 제276조에 의해 총유물의 관리처분권이 구성원 전원에게 귀속되므로 고유필수적 공동소송에 해당한다(실체법상 관리처분권설). 고유필수적 공동소송은 그 구성원 전원이 당사자가 되지 않으면 당사자적격에 흠이 있어 부적법한 소가 된다. 따라서 종중 구성원의 명의로 소송을 수행하는 경우에는 구성원 전원이 당사자가 되어야 당사자적격을 구비한 적법한 소가 된다.

② 사안의 경우 甲종중의 구성원 전원이 원고가 되어 소를 제기할 수 있다. 다만 사안의 경우는 총유물의 보존행위에 기한 소를 제기하는 경우로서, 구성원 개인이 원고가 되어 소를 제기할 수 있는지 여부가 문제이다.

3) 보존행위에 기한 소의 경우 고유필수적 공동소송 해당 여부

판례는 종전 총유물의 보존행위에 해당하는 소송의 경우 사원총회의 결의를 거친 경우에는 가능하다는 입장을 변경하여, "총유재산에 관한 소송은 ① 법인 아닌 사단이 그 명의로 사원총회의 결의를 거쳐 하거나 또는 ② 그 구성원 전원이 당사자가 되어 필수적 공동소송의 형태로 할 수 있을 뿐, ③ 그 사단의 구성원은 설령 그가 사단의 대표자라거나 사원총회의 결의를 거쳤다 하더라도 그 소송의 당사자가 될 수 없고, 이러한 법리는 총유재산의 보존행위로서 소를 제기하는 경우에도 마찬가지다"라고 하였다.[66] 따라서 사안의 경우 甲종중의 구성원은 원고가 될 수 없다.

(3) 구성원이 소송을 수행하는 방법 – 임의적 소송담당 허용 여부

비법인 사단의 대표자가 임의적 소송담당자로 소송을 수행하는 방법이 문제되나, ① 제53조는 공동의 이해관계를 가진 여러 사람이 제52조에 해당되지 않는 경우에 선정당사자를 활용할 수 있도록 규정하고 있으며, ② 비법인 사단 명의로 소송수행이 가능하다는 점을 고려하여 명문의 규정이 없는 소송담당도 부정함이 일반적이다.

2. 甲종중의 대표자가 원고되어 제기한 소에 대한 법원의 조치

(1) 결론

법원은 소각하 판결을 해야 한다.

(2) 근거

甲종중인 비법인 사단의 X토지는 총유재산이고 이에 관한 丙명의의 소유권이전등기의 말소등기청구의 소는 보존행위에 기한 것이지만, 이 경우에도 대표자 개인은 정당한 원고가 될 당사자적격이 없으므로 부적법하다. 따라서 법원은 소각하 판결을 해야 한다.

---

66) 대판(전) 2005.9.15, 2004다44971

PART · 01

✓ 사례(30) | 당사자자격

사실관계

甲 등 10인으로 구성된 A 단체는 사업을 영위하는 과정에서 B 주식회사로부터 물품대금 2억원을 지급받지 못하고 있어, 그 지급을 구하는 소를 제기하려고 한다.

문제

A 단체가 사단법인일 경우, 법인이 아닌 사단일 경우, 민법상 조합일 경우 각각 원고가 될 수 있는 자는 누구인가? 15점

I 문제의 소재

당사자능력, 공동소유자로서의 당사자적격, 제3자 소송담당의 문제

II A 단체가 사단법인인 경우 원고가 될 수 있는 자

1. A 단체가 원고가 될 수 있는지 여부

제51조 → 민법 제34조 : 권리능력자로 당사자능력 인정, 따라서 A 단체는 원고 가능

2. 구성원이 원고가 될 수 있는지 여부

사단법인의 재산은 단독소유 → 구성원은 공동소유자로서의 당사자적격 부정, 또한 명문의 규정이 없는 제3자 소송담당 부정, 따라서 당사자적격의 흠으로 부적법

III A 단체가 법인 아닌 사단인 경우 원고가 될 수 있는 자

1. 비법인 사단의 당사자능력 인정 여부

제52조 : 형식적 당사자능력자

2. 비법인 사단의 구성원 전원이 소송을 수행하는 방법

(1) 비법인 사단의 재산 소유형태

민법 제275조 : 총유

(2) 총유관계소송과 고유필수적 공동소송 해당 여부

민법 제276조 : 고유필수적 공동소송 → 구성원 전원이 당사자 : 당사자적격 인정

(3) 보존행위에 기한 소의 경우 고유필수적 공동소송 해당 여부

판례는 종전 총유물의 보존행위에 해당하는 소송의 경우 사원총회의 결의를 거친 경우에는 가능하다는 입장을 변경하여, "총유재산에 관한 소송은 ① 법인 아닌 사단이 그 명의로 사원총회의 결의를 거쳐 하거나 또는 ② 그 구성원 전원이 당사자가 되어 필수적 공동소송의 형태로 할 수 있을 뿐, ③ 그 사단의 구성원은 설령 그가 사단의 대표자라거나 사원총회의 결의를 거쳤다 하더라도 그 소송의 당사자가 될 수 없고, 이러한 법리는 총유재산의 보존행위로서 소를 제기하는 경우에도 마찬가지다"라고 하였다.[67] 따라서 비법인 사단의 구성원은 원고가 될 수 없다.

3. 구성원이 소송을 수행하는 방법 – 임의적 소송담당 허용 여부

제53조, 명문의 규정이 없는 소송담당 부정, 따라서 비법인 사단의 구성원은 원고가 될 수 없다.

Ⅳ A 단체가 조합인 경우 원고가 될 수 있는 자

1. 조합의 당사자능력 인정 여부

제52조 해석상 문제 → 판례는 원호대상자광주목공조합은 민법상의 조합의 실체를 가지고 있으므로 소송상 당사자능력이 없다고 하여, 민법상의 조합의 실체를 갖고 있는 것에 당사자능력을 부인하였다.[68]

2. 조합의 구성원 전원이 소송을 수행하는 방법

(1) 조합의 재산 소유형태

민법 제271조 : 합유

(2) 합유관계소송과 고유필수적 공동소송 해당 여부

① 민법 제272조 → 고유필수적 공동소송 / But 보존행위에 관한 소송과 조합원의 개별책임을 구하는 소송은 각자 단독으로 가능하므로 통상공동소송
② 사안의 경우는 조합재산에 대한 공동책임을 구하는 소송으로서 고유필수적 공동소송, 따라서 조합원 전원이 원고가 되어야 당사자적격 구비 → 다만 소송수행의 불편

3. 구성원(업무집행조합원)이 소송을 수행하는 방법– 임의적 소송담당 허용 여부

(1) 명문규정이 있는 경우 – 선정당사자

제53조 → 조합원 전원이 업무집행조합원을 선정당사자로 선정하여 소송을 수행케 할 수 있다. 다만 선정은 개별적으로 해야 하고, 상대방 측에서 강제할 수 없어 소송수행의 불편 잔존

---

67) 대판(전) 2005.9.15, 2004다44971
68) 대판 1991.6.25, 88다카6358

⑵ 명문규정이 없는 경우

1) 허용 여부 및 인정요건

원칙적으로 변호사대리의 원칙(제87조), 소송신탁의 금지(신탁법 제7조)를 잠탈할 염려가 있어 임의적 소송담당은 허용되지 않는다. 그러나 ① 위와 같은 원칙을 잠탈할 염려가 없고, ② 합리적인 필요가 있으면 허용된다는 것이 판례의 입장이다.[69]

2) 업무집행조합원의 임의적 소송담당 여부

판례는 "업무집행조합원에 대한 조합원의 임의적 소송신탁은 변호사대리의 원칙을 회피하거나 신탁법 제7조의 제한을 잠탈하는 것이라 할 수 없으므로, 조합재산에 대한 소송에 관해 조합원으로부터 임의적 소송신탁을 받아 자기 이름으로 소송을 수행하는 것이 허용된다."고 하여 이를 인정하고 있다.[70]

---

69) 대판 1984.2.14, 83다카1815
70) 대판 1984.2.14, 83다카1815

사례(31) │ 조합의 당사자능력

사실관계

甲, 乙, 丙, 丁은 甲을 대표자로 정하여 건설공사의 청부를 목적으로 하는 Y사업체를 결성하였다. Y사업체는 甲을 대표자로 선출한 후 단체규약에 대표자 甲에게 대내적으로 관리권, 업무집행권과 대외적으로 대표권을 수여하는 규정을 두었다. 그 후 Y사업체는 A회사의 공사를 수주하고, 이 공사의 재료를 B회사로부터 납품받았다. Y와 A회사 간에는 공사의 진행에 따라 A회사가 건축대금을 지불하기로 약정하였다. 그러나 A회사는 약정에 위반하여 공사대금을 지불하지 않았다. 그리하여 Y도 B회사에게 재료비를 지불하지 못하였다. 이에 Y사업체는 A회사를 상대로 2억 5천만원의 공사대금지급청구의 소를 제기하였다(각 설문은 독립적임을 전제로 한다).

문제

※ 위 사안을 기초로 각 설문에 대해 「간략히」 답하시오.

(1) 위 소는 적법한가? [10점]

(2) Y사업체의 조합원들은 대표자인 업무집행조합원 甲을 소송대리인으로 하여 위와 같은 소를 제기하였다. 이러한 소는 적법한가? [10점]

(3) 위 사안에서 다른 구성원들은 대표자인 甲에게 자신들의 소송수행권을 신탁하여, 甲이 원고가 되어 A회사를 상대로 소를 제기하였다. 이러한 소는 적법한가? [10점]

▮ 설문 (1)에 관하여

1. 결론

Y의 제소는 당사자능력이 없는 자에 의한 것으로 소송요건을 결하였으므로 부적법하다.

2. 근거

(1) Y 사업체의 법적 성격 – 민법상 조합과 비법인사단의 구별

판례는 민법상 조합과 비법인사단을 명칭이 아닌, 단체성의 강약을 기준으로 구별하는바, 이에 따른 구체적인 구별기준이 문제된다.

이에 대해 판례는 "민법상 조합의 명칭을 가지고 있는 단체라 하더라도 ① 고유의 목적을 가지고 사단적 성격을 가지는 규약을 만들어 이에 근거하여 의사결정기관 및 집행기관인 대표자를 두는 등의 조직을 갖추고 있고, ② 기관의 의결이나 업무집행방법이 다수결의 원칙에 의하여 행해지며, ③ 구성원의 가입, 탈퇴 등으로 인한 변경에 관계없이 단체 그 자체가 존속되는 경우에는 비법인사단으로서의 실체를 가진다고 할 것이다"라고 판시하여 구체적 구별기준을 제시하고 있다.[71]

사안의 경우 Y사업체는 정관 또는 규약을 제정하거나 사단의 실체를 갖추기 위한 조직행위가 없었고, 사단의 실체를 인정할 만한 조직, 재정적 기초, 총회 운영, 재산 관리 기타 단체로서의 활동이 없으므로, 비법인사단으로 볼 수 없으며, 조합으로서의 성질을 갖는다.

(2) 조합의 당사자능력 인정 여부

판례는 원호대상자광주목공조합은 민법상의 조합의 실체를 가지고 있으므로 소송상 당사자능력이 없다고 판시하여 민법상의 조합의 실체를 갖고 있는 것에 당사자능력을 부인하였다.[72]

Ⅱ 설문 (2)에 관하여

1. 결론

사안의 소는 적법하다.

2. 근거

(1) 법률상 소송대리인의 인정 여부

민법상 조합의 업무집행조합원이 법률상의 소송대리인인가에 대해 다툼이 있다. 이에 대해 다수설은 민법 제709조는 업무집행조합원에게 업무집행의 대리권이 있는 것으로 추정하고 있으며, 그 대리권의 범위는 업무에 관한 포괄적 대리자일 수밖에 없으므로, 조합의 업무집행조합원을 법률상의 소송대리인으로 보아야 한다고 하였다.

(2) 소송위임에 의한 소송대리인의 인정 여부

소송위임에 의한 소송대리의 경우 변호사대리원칙의 규율을 받으나(제87조), 예외적으로 단독사건 중 소가가 2억 이하인 경우에서는 법원의 허가를 얻어 변호사가 아니더라도 소송대리가 가능하며(제88조 제1항), 소가 3,000만원 이하의 소액사건에서 일정한 경우에는 변호사가 아니더라도 소송대리가 가능하다(소액사건심판법 제8조). 사안의 경우 소가가 2억 5천만원이어서 이에 해당하지 않으므로 변호사대리원칙의 예외에 해당할 여지는 없다.

---

71) 대판 1992.7.10, 92다2431
72) 대판 1991.6.25, 88다카6358

Ⅲ 설문 ⑶에 관하여

1. 결론

사안의 소는 적법하다.

2. 근거 – 임의적 소송담당의 허용 여부

(1) 문제점

업무집행조합원이 조합원들을 대신해서 당사자로서 소송을 수행할 수 있는지 문제되는데, 업무집행조합원은 자신의 권리관계에 대해서는 당사자적격을 인정할 수 있지만, 다른 조합원의 권리관계에 대해서 당사자적격을 갖춘 것으로 볼 수 없어 소송수행권이 없다. 따라서 제3자 소송담당에 해당해야 당사자적격을 갖는다고 할 것인데 법정소송담당자는 아니므로 임의적 소송담당자로 볼 수 있는지 문제된다.

(2) 명문규정이 있는 경우 – 선정당사자

민사소송법 제53조의 선정당사자는 법률이 명문으로 인정한 임의적 소송담당으로서, 선정당사자의 선정은 ① 공동소송을 할 다수자가 있고, ② 공동소송인 사이에 공동의 이해관계가 있어야 하며, ③ 공동의 이해관계가 있는 자 중에서 선정할 것을 그 요건으로 하는데, 조합은 제53조의 요건을 구비하였으므로 조합원 전원이 업무집행조합원을 선정당사자로 선정하여 소송을 수행케 할 수 있을 것이다.

(3) 명문규정이 없는 경우

1) 허용 여부 및 인정 요건

변호사대리의 원칙(제87조), 소송신탁의 금지(신탁법 제7조)를 잠탈할 염려가 있어 원칙적으로 임의적 소송담당은 허용되지 않는다. 그러나 ① 위와 같은 원칙을 잠탈할 염려가 없고, ② 합리적인 필요(이유)가 있으면 허용된다는 것이 판례의 입장이다.[73] 이때 합리적 필요(이유)는 ⅰ) 권리주체인 자의 소송수행권을 포함한 포괄적 관리처분권의 수여가 있으며, ⅱ) 소송담당자도 소송을 수행할 고유의 이익이 있는 경우에 인정된다고 본다.

2) 업무집행조합원의 임의적 소송담당

판례는 "업무집행조합원에 대한 조합원의 임의적 소송신탁은 변호사대리의 원칙을 회피하거나 신탁법 제7조의 제한을 잠탈하는 것이라 할 수 없으므로, 업무집행조합원은 조합재산에 관한 소송에 관하여 조합원으로부터 임의적 소송신탁을 받아 자기의 이름으로 소송을 수행하는 것은 허용된다."고 판시하여 이를 인정하고 있다.[74]

---

73) 대판 1984.2.14, 83다카1815
74) 대판 1984.2.14, 83다카1815

PART · 01

사례(32) | 이행의 소에서 당사자적격

사실관계

乙은 甲과 사이에 그 소유인 X건물에 관하여 임대차보증금 2억원, 임대기간을 2년으로 정하여 임대하였다. 甲은 임대차기간이 만료되자 X건물에서 퇴거하였고 열쇠를 乙에게 반환하였으며, 차임은 모두 지급된 상황이다. 그러나 甲은 임대차보증금을 반환받지 못하여 乙을 상대로 임대차보증금반환청구의 소를 제기하고자 한다.

문제

만일 甲은 乙을 상대로 위 임대차보증금반환청구의 소를 제기하였는데, 이 소송과정에서 피고 乙은, 위 채무를 丁이 면책적으로 인수하였으므로 乙은 피고가 될 당사자적격이 없다는 이유로 위 소는 부적법하다는 항변을 하였다. 위 항변은 받아들여져야 하는가? [10점]

1. 결론

乙의 피고적격이 없다는 본안 전 항변은 받아들여질 수 없다.

2. 근거

(1) 당사자적격의 의의 및 제도적 취지

당사자적격이란 특정의 사건에 있어서 정당한 당사자로서 소송을 수행하고 본안판결을 받기에 적합한 자격을 말한다. 이는 무의미한 소송을 배제하기 위한 제도이다.

(2) 이행의 소에서 당사자적격의 판단기준

통설 및 판례에 따르면, 이행의 소에 있어서는 자기의 실체법상 이행청구권을 주장하는 사람이 원고적격자이고, 그로부터 의무자로 주장되고 있는 사람이 피고적격자이다.[75] 여기서 청구권 내지는 의무가 존재하는가, 즉 원고가 실제 이행청구권자이며 피고가 이행의무자인가는 본안 심리에서 결정될 문제이다. 결국 이행의 소에서 당사자적격은 주장 자체만으로 판단한다.

(3) 사안의 경우

사안의 경우, 甲이 乙을 이행의무자로 주장하였으므로 乙은 피고적격이 인정된다. 따라서 乙의 본안 전 항변은 받아들여질 수 없다.

---

75) 대판 1994.6.14, 94다14797

☑️ 사례(33) | 말소등기청구에서의 피고적격

사실관계

甲 소유의 A토지에 관하여 乙과 丙이 공모하여 甲 명의의 매매계약서 등 등기관계 서류를 위조하여 丙 명의로 소유권이전등기를 마쳤다. 이에 甲은 乙을 상대로 위 丙 명의의 소유권이전등기가 원인 없이 경료되었음을 이유로 丙 명의의 소유권이전등기의 말소등기절차의 이행을 구하는 소를 제기하였다.

문제

이 경우 법원은 이 사건 청구에 대하여 어떠한 판결을 하여야 하는가? 7점

1. 결론

법원은 부적법 각하판결을 선고하여야 한다.

2. 근거

(1) 당사자적격의 의의 및 제도적 취지

(2) 말소등기청구의 소에서 당사자적격의 판단기준

판례는 이행의 소에서 당사자적격의 판단은 주장 자체만으로 판단한다고 본다. 다만 예외적으로 등기의무자, 즉 등기부상의 형식상 그 등기에 의하여 권리를 상실하거나 기타 불이익을 받을 자가 아닌 자를 상대로 한 등기의 말소절차이행을 구하는 소는 당사자적격이 없는 자를 상대로 한 부적법한 소로서 각하하여야 한다고 하였다.[76]

(3) 사안의 경우

---

76) 대판 1994.2.25, 93다39225

사례(34) │ 이행의 소에서 당사자적격 등

사실관계

甲은 2012.4.1. 丁으로부터 1억원을 차용(변제기 2012.12.31.)하면서 그 소유의 Y토지에 관하여 서울동부지 방법원 강동등기소 접수 제2013호로 채무자 甲, 채권최고액 1억 3,000만원의 근저당권설정등기를 마쳐주 었다. 丁은 2012.12.1. 戊에게 위 대여금채권을 양도한 후 근저당권이전의 부기등기를 마쳐주었다. 甲은 2013.2.1. 위 차용금채무를 모두 변제하였다고 주장하며 丁, 戊에게 Y토지에 관한 위 근저당권설정등기와 근저당권이전의 부기등기를 말소해 줄 것을 요구하였다. 그러나 丁, 戊는 위 차용금채무가 일부 남았다고 주장하며 응하지 않았다. 이에 甲은 丁, 戊가 Y토지에 관한 위 근저당권설정등기와 근저당권이전의 부기등 기를 말소해 주지 않자, 차용금채무를 모두 변제하였다고 주장하며 丁, 戊를 피고로 하여 각각 위 근저당권 설정등기와 근저당권이전 부기등기의 말소를 구하는 소를 제기하였다.

문제

※ 이와 같은 사실관계에서 아래 각 문항에 대하여 답하시오.

1. 甲의 ① 피고 丁에 대한 근저당권설정등기의 말소청구부분, ② 피고 丁에 대한 근저당권이전 부기등기 의 말소청구부분, ③ 피고 戊에 대한 근저당권설정등기의 말소청구부분, ④ 피고 戊에 대한 근저당권 이전 부기등기의 말소청구부분에 대하여 법원은 각각 어떠한 판결을 하여야 하는지 결론[각하, 인용, 기각]과 그 이유를 기재하시오[심리결과 위 차용금채무는 모두 변제되었음이 밝혀졌다]. 20점

2. 甲은 위와 같이 차용금채무를 모두 변제하였다고 주장하면서도 제1회 변론기일에 출석하여, 만약 위 차용금채무가 일부 남아있다고 하더라도 그 남은 채무의 변제와 상환으로 위 근저당권설정등기 등의 말소등기를 구할 의사가 있다고 주장하였다. 심리결과 위 차용금채무(피담보채무) 중 5,000만원이 남 아 있다는 것이 밝혀진 경우, 법원은 위 1.항 기재 각 청구부분에 대하여 각각 어떠한 판결을 하여야 하는지 결론(각하, 전부인용, 일부인용, 전부기각)과 그 이유를 기재하시오. 10점

I 설문 1.에 관하여

1. 결론

(1) 丁에 대한 근저당권설정등기 말소청구

법원은 소각하판결을 선고하여야 한다.

(2) 丁에 대한 근저당권이전의 부기등기 말소청구

법원은 소각하판결을 선고하여야 한다.

(3) 戊에 대한 근저당권설정등기 말소청구

법원은 청구인용판결을 선고하여야 한다.

(4) 戊에 대한 근저당권이전의 부기등기 말소청구

법원은 소각하판결을 선고하여야 한다.

2. 이유

(1) 근저당권설정등기 및 근저당권이전의 부기등기에 대한 말소청구의 적법성 여부

1) 피고적격의 유무

판례에 따르면 근저당권 양도(가등기 이전 포함)의 부기등기는 기존의 근저당권설정등기(가등기 포함)에 의한 권리의 승계를 등기부상 명시하는 것뿐으로, 그 등기에 의하여 새로운 권리가 생기는 것이 아닌 만큼 근저당권설정등기의 말소등기청구는 양수인만을 상대로 하면 족하고 양도인은 그 말소등기청구에 있어서 피고적격이 없다고 한다.[77]

2) 소의 이익 유무

판례는 근저당권 이전의 부기등기는 기존의 주등기인 근저당권설정등기에 종속되어 주등기와 일체를 이루는 것이어서 피담보채무가 소멸된 경우 또는 근저당권설정등기가 당초 원인무효인 경우 주등기인 근저당권설정등기의 말소만 구하면 되고 그 부기등기는 별도로 말소를 구하지 않더라도 주등기의 말소에 따라 직권으로 말소되는 것이므로, 양수인을 상대로 한 부기등기의 말소청구는 소의 이익이 없어 부적법하다는 입장이다.[78]

3) 소송요건의 조사와 본안요건의 심리 순서

판례는 우선 소송요건의 존부가 조사되고, 소송요건이 존재한다는 것이 확정되어야 비로소 본안청구에 이유가 있는지 여부가 판단된다는 입장이다(소송요건 심리의 선순위성 긍정). 청구를 인용하는 경우에는 반드시 이 순서에 따라야 한다.

4) 사안의 경우

사안의 경우 ① 甲의 丁에 대한 근저당권설정등기 및 근저당권이전의 부기등기에 대한 말소청구는 모두 피고적격이 없는 자를 상대로 한 것으로서 부적법하고, 나아가 근저당권이전의 부기등기에 대한 말소청구는 소의 이익까지 없어 부적법한 경우이다. 또한 ② 戊에 대한 근저당권이전의 부기등기 말소청구는 소의 이익이 없어 부적법하다. 다만 ③ 戊에 대한 근저당권설정등기의 말소청구는 적법하므로 본안판단이 가능하다.

(2) 甲의 戊에 대한 저당권설정등기의 말소청구의 당부

甲의 戊에 대한 근저당권설정등기의 말소청구는 적법하므로, 그 청구의 당부를 심사할 수 있다.

---

77) 대판 2000.4.11, 2000다5640
78) 대판 2000.10.10, 2000다19526

사안의 경우 심리결과 甲의 차용금채무는 모두 변제되었음이 밝혀졌으므로, 甲의 청구에 대해 법원은 인용판결을 선고하여야 한다.

Ⅱ 설문 2.에 관하여

1. 결론

(1) 丁에 대한 근저당권설정등기 말소청구

법원은 소각하판결을 선고하여야 한다.

(2) 丁에 대한 근저당권이전의 부기등기 말소청구

법원은 소각하판결을 선고하여야 한다.

(3) 戊에 대한 근저당권설정등기 말소청구

법원은 甲의 청구에 대해 5,000만원의 채무의 지급을 조건으로 한 일부인용판결(선이행판결)을 선고하여야 한다.

(4) 戊에 대한 근저당권이전의 부기등기 말소청구

법원은 소각하판결을 선고하여야 한다.

2. 이유

(1) 丁에 대한 각 말소등기청구와 戊에 대한 근저당권이전의 부기등기 말소청구

① 甲의 丁에 대한 저당권설정등기 및 저당권이전의 부기등기에 대한 말소청구는 모두 피고적격이 없는 자를 상대로 한 것으로서 부적법하고, 나아가 저당권이전의 부기등기에 대한 말소청구는 소의 이익까지 없어 부적법한 경우이다. 또한 ② 戊에 대한 저당권이전의 부기등기 말소청구는 소의 이익이 없어 부적법하다. 다만 ③ 戊에 대한 저당권설정등기의 말소청구는 적법하므로 본안판단이 가능하다.

(2) 戊에 대한 근저당권설정등기의 말소청구

1) 처분권주의와 일부인용판결

처분권주의란 절차의 개시, 심판의 대상, 절차의 종결에 대해 당사자에게 주도권을 주어 그의 처분에 맡기는 입장을 말한다(제203조). 그러므로 법원으로서는 당사자가 신청한 사항에 대하여, 신청의 범위 내에서만 판단하여야 한다. 또한 신청한 소송물의 범위 내라면 일부인용의 판결도 가능하다.

2) 현재이행의 소의 경우에 장래 이행판결의 가부

현재의 이행의 소에서 심리결과 원고에게 청구권은 있는데 이행조건이 미성취일 때, 판례는 원고의 청구를 바로 기각할 것이 아니라 ① 원고의 의사에 반하는 것이 아니하고, ② 장래이행의 소로서 미리 청구할 필요가 있으면 장래이행판결을 할 수 있다고 하였다.

3) 사안의 경우

피담보채무의 전부 소멸을 이유로 저당권설정등기의 말소를 구하였지만 소송과정에서 피담 보채무가 남아 있는 경우, 원고의 다른 반대의 의사표시가 없는 한 원고의 청구에서는 잔존 피담보채무의 지급을 조건으로 회복을 구하는 취지도 포함되어 있다고 봄이 판례이다. 다만 장래이행의 소로서 미리 청구할 필요가 있어야 하는데, 판례는 채권자가 피담보채무의 액수 를 다투는 경우에는 미리 청구할 필요가 있다는 입장이다.[79]

사안의 경우 甲은 차용금채무를 모두 변제하였다고 주장하면서 차용금채무가 일부 남아있다 고 하더라도 그 남은 채무의 변제와 상환으로 근저당권설정등기의 말소등기를 구할 의사가 있다고 주장하였는바, 잔존 피담보채무의 지급을 조건으로 회복을 구하는 취지가 포함되어 있음은 분명하고, 또한 미리 청구할 필요가 있다. 따라서 사안의 경우 법원은 선이행판결로서 일부인용판결을 해야 할 것이다.

---

79) 대판 1996.11.12, 96다33938

사례(35) | 채권자대위소송과 당사자적격 등

사실관계

甲은 2005.3.3. 乙에게 금 1억 5,000만원을 대여하였다. 乙은 변제기가 지나도록 위 대여금을 변제하지 못하고 있던 중, 甲과의 사이에서 위 채무를 丙이 인수하는 방안에 관하여 논의하였으나 구체적 내용에 대한 이견으로 결론에 이르지는 못하였다. 그 후 甲은 2006.5.5. 乙로부터 투자 목적으로 용인시 처인구 원삼면 문촌리 1~15 임야 872m² 乙 소유의 X토지를 매수한 후 세금문제로 그 소유권이전등기를 마치지 않고 있던 중, A와 B가 공모하여 위조한 관계서류를 이용하여 위 X토지에 관하여 B 명의로 소유권이전등기를 마쳤고, 이어 C 명의로 소유권이전등기가 마쳐졌다.

추가된 사실관계 및 문제

※ 아래 각 설문은 상호 무관한 것임을 전제로 한다.

(1) 甲은 2006.4.1. 乙을 상대로 위 대여금의 지급을 구하는 소송을 제기하였는데, 이 소송과정에서 피고 乙은, 위 채무를 丁이 면책적으로 인수하였으므로 乙은 피고가 될 당사자적격이 없다는 이유로 위 소는 부적법하다는 항변을 하였다. 위 항변은 받아들여져야 하는가? [10점]

(2) 甲은 X토지에 관하여 乙을 상대로 하여서는 매매를 원인으로 한 소유권이전등기절차를, 乙을 대위하여 A와 B, C를 상대로 하여서는 위 소유권이전등기의 말소등기절차를 각 이행할 것을 구하였다. 甲의 위 소 중 소각하판결을 해야 할 부분은 어느 것인지 설명하시오. [10점]

(3) 만일 甲이 乙을 상대로 X토지에 관한 소유권이전등기절차의 이행을 구하기 전에 乙이 그 상속인으로 丙을 남기고 사망하였고 甲이 위 소제기 당시에 그 사실을 알고 있었다면, (가) 甲은 어떠한 조치를 취하여야 하는지, (나) 甲이 아무런 조치를 취하지 않는 등으로 법원이 乙의 사망사실을 간과한 채 乙을 피고로 하여 판결을 선고하였다면 이 부분 판결의 효력이 어떠한지 설명하시오. [10점]

(4) 만일 甲이 乙의 상속인 丙을 상대로 X토지에 관하여 매매를 원인으로 한 소유권이전등기청구의 소를 제기하였다가 패소판결을 선고받아 그 판결이 확정되었음에도 다시 丙을 대위하여 C를 상대로 소유권이전등기의 말소등기절차를 이행하라는 소를 제기하였다면, 이와 같은 소는 적법한가? [10점]

Ⅰ 설문 (1)에 관하여

1. 결론

乙의 피고적격이 없다는 본안 전 항변은 받아들여질 수 없다.

2. 근거

(1) 당사자적격의 의의 및 제도적 취지

(2) 이행의 소에서 당사자적격의 판단기준

이행의 소에 있어서는 자기의 실체법상 이행청구권을 주장하는 사람이 원고적격자이고, 그로부터 의무자로 주장되고 있는 사람이 피고적격자이다. 여기서 청구권 내지는 의무가 존재하는가, 즉 원고가 실제 이행청구권자이며 피고가 이행의무자인가는 본안심리에서 결정될 문제이다. 결국 이행의 소에서 당사자적격은 주장 자체만으로 판단한다.

(3) 사안의 경우

사안의 경우, 甲이 乙을 이행의무자로 주장하였으므로 乙은 피고적격이 인정된다. 따라서 乙의 본안 전 항변은 받아들여질 수 없다.

❚❚ 설문 (2)에 관하여

1. 결론

甲이 乙을 대위하여 A를 상대로 제기한 소유권이전등기의 말소등기절차 이행청구의 소는 피고 A의 당사자적격의 흠을 이유로 부적법 각하하여야 한다.

2. 근거

(1) 문제점

① 乙을 상대로 하여 매매를 원인으로 한 소유권이전등기청구의 소는 주장 자체로 피고적격이 인정된다. 그러나 ② 甲이 乙을 대위하여 A와 B를 상대로 한 말소등기청구의 소가 당사자적격을 갖춘 적법한 것인지가 여부가 문제된다.

(2) 甲의 원고적격의 유무

1) 채권자대위소송의 법적 성질

판례는 채권자대위소송은 채권자가 스스로 원고가 되어 채무자의 제3채무자에 대한 권리를 행사하는 것으로서 법정소송담당에 해당한다. 이에 따르면 ① 피보전채권, ② 보전의 필요성, ③ 채무자의 권리불행사는 당사자적격의 요소가 되나, ④ 피대위권리는 소송물에 해당한다.

2) 사안의 경우

사안의 경우 甲의 乙에 대한 소유권이전등기청구권 존재, 특정채권으로서 보전의 필요성 문제는 없고, 채무자인 乙이 권리를 행사하였다는 사실이 없으므로, 甲은 원고적격이 인정된다. 다만 소송물인 피대위권리의 행사가 이행의 소로써 말소등기청구를 구하고 있는바, 이에 따른 피고적격이 문제이다.

(3) 말소등기청구의 소에서 당사자적격의 판단기준

판례는 등기말소청구의 소가 등기의무자, 즉 등기부상의 형식상 그 등기에 의하여 권리를 상실하거나 기타 불이익을 받을 자가 아닌 자를 상대로 한 등기의 말소절차이행을 구하는 소는 당사자적격이 없는 자를 상대로 한 부적법한 소로서 각하되어야 한다고 하였다.

(4) 사안의 경우

사안의 경우, A와 B는 공모하여 위조한 서류를 이용하여 그 소유권이전등기를 B 명의로만 마쳤으므로, A는 등기부상의 형식상 그 등기에 의하여 권리를 상실하거나 기타 불이익을 받을 자가 아니다. 따라서 甲이 등기의무자가 아닌 A를 상대로 제기한 위 소유권이전등기 말소등기절차 이행의 소는 당사자적격이 없는 자를 상대로 한 부적법한 소가 된다. 따라서 법원은 이 점에 대해 甲에게 지적하여야 하고, 만약 甲이 이에 응하지 않는다면 당사자적격의 흠결을 이유로 소를 부적법 각하하여야 한다.

Ⅲ 설문 (3)에 관하여

1. 결론

① 甲은 피고의 표시를 사망자 乙이 아닌 그 상속인 丙으로 바꾸는 당사자표시정정신청을 하여야 한다.
② 乙의 사망 사실을 간과한 법원의 판결은 당연무효의 판결이다.

2. 근거

(1) 원고 甲의 당사자표시정정신청 인정 여부

1) 당사자확정의 기준

판례는 당사자 확정의 기준에 대해 ① "당사자는 소장에 기재한 표시만에 의할 것이고 청구의 내용과 원인사실을 종합하여 확정하여야 하는 것"이라고 판시하였다. 다만 ② 예외적으로 "이미 사망한 자를 사망한 것을 모르고 피고로 하여 제소하였을 경우 사실상의 피고는 사망자의 상속인이고 다만 그 표시를 그릇한 것에 불과하다고 해석함이 타당하다"고 판시한 바 있다.

2) 당사자표시정정의 가부

당사자의 실재는 소송요건의 하나이므로 당사자가 실재하지 않는(= 당사자대립구조 흠결) 소송은 부적법하게 되며, 따라서 법원은 판결로 소를 각하하여야 하는 것이 원칙이다.
그러나 판례는 ① 원고가 피고의 사망 사실을 모르고 사망자를 피고로 표시하여 소를 제기한 경우에, 실질적인 피고는 당사자능력이 없어 소송당사자가 될 수 없는 사망자가 아니라 처음부터 사망자의 상속자이고 다만 그 표시에 잘못이 있는 것에 지나지 않는다고 인정되면 사망자의 상속인으로 피고의 표시를 정정할 수 있다고 하여 원고가 상속인으로 당사자표시정정을 하는 것이 허용된다고 한다. 또한 ② 최근 판례는 채무자 甲의 乙 은행에 대한 채무를 대위변제한 보증인 丙이 채무자 甲의 사망사실을 알면서도 그를 피고로 기재하여 소를 제기한 사안에서, 채무자 甲의 상속인이 실질적인 피고이고 다만 소장의 표시에 잘못이 있었던 것에 불과하므로, 보증인 丙은 채무자 甲의 상속인으로 피고의 표시를 정정할 수 있다고 하여, 이러한 입장을 확대하였다.

3) 사안의 경우

사안의 경우, 甲이 乙의 사망사실을 이 사건 소제기 이전에 알았다 하더라도, 실질적인 피고는 사망자인 乙이 아니라 처음부터 상속인인 丙이고 다만 그 표시에 잘못이 있는 것에 지나지 않으므로, 원고 甲은 사망자인 乙에서 그 상속인인 丙으로 피고를 바꾸는 당사자표시정정신청을 하여야 한다.

(2) 제소 전 사망자임을 간과한 판결의 효력

판례는 "법원이 피고가 사자임을 간과하고 본안판결을 하였을 때 그 판결의 효력은 사자에게 미치지만 그 판결이 확정되어도 그 판결은 이당사자대립구조의 흠결을 간과한 판결로서 당연무효이다."라고 한다.

Ⅳ 설문 (4)에 관하여

1. 결론

부적법하다.

2. 근거

(1) 채권자대위소송의 법적 성질

판례는 "채권자대위소송은 채권자가 스스로 원고가 되어 채무자의 제3채무자에 대한 권리를 행사하는 것이다"라고 하여 법정 소송담당으로 보고 있다. 이에 의하면 ① 피보전채권, ② 보전의 필요성, ③ 채무자의 권리불행사는 당사자적격의 요소가 되나, ④ 피대위권리는 소송물에 해당한다고 보게 된다.

(2) 보전의 필요성이 없을 때 법원의 조치

판례는 채권자가 채무자를 상대로 소유권이전등기절차이행의 소를 제기하여 패소의 확정판결을 받게 되면, 채권자는 채무자의 제3자에 대한 권리를 행사하는 채권자대위소송에서 그 확정판결의 기판력으로 말미암아 더 이상 채무자에 대하여 동일한 청구원인으로 소유권이전등기청구를 할 수 없으므로, 그러한 권리를 보전하기 위한 채권자대위소송은 그 요건을 갖추지 못하여 부적법하다. 즉 위 소유권이전등기 청구권을 보전할 필요가 없게 되었다고 할 것이어서 채권자의 채권자대위소송은 부적법한 것으로 각하되어야 한다는 입장이다.[80]

---

80) 피보전채권이 존재하지 않는 것으로 이미 확정된 경우, 그 채권은 실제로는 존재한다고 하더라도 자연채무로서 소구할 수 없는 것이므로, 그러한 채권을 보전하기 위하여 채무자의 권리를 대위 행사하는 것은 보전의 필요가 없어 허용되지 않는다는 취지이다.

✅ 사례(36) │ 채권자대위소송과 당사자적격

사실관계

甲과 甲의 동생인 乙은 1988.5.10.경 甲이 제공한 매수자금으로 乙을 매수인, 丙을 매도인으로 하여 丙 소유의 Y 토지를 매수하게 하는 위임계약을 체결하면서 乙 명의로 소유권이전등기를 경료하기로 하고 乙이 토지를 보관하다가 甲의 의사에 따라 그에게 다시 이전해 주기로 하였다. 乙과 丙은 1988.6.경 Y 토지에 관한 매매계약을 체결하고 乙 명의로 소유권이전등기를 마쳤다. 丙은 甲과 乙 사이의 명의신탁약정에 대하여는 전혀 알지 못하였다. 이후 甲과 乙은 乙의 친척인 丁 명의로 소유권이전등기를 하되 내부적으로는 甲의 소유로 하는 명의신탁약정을 체결하였다. 그런데 부동산실명법이 정한 유예기간의 경과로 인하여 명의신탁약정이 무효가 되었다.

문제

甲은 乙에 대한 위임약정과 명의신탁약정 및 반환약정에 기한 소유권이전등기청구권을 보전하기 위해 乙을 대위하여 丁을 상대로 소유권이전등기의 말소등기를 청구하였다. 이에 丁은 甲의 乙에 대한 권리의 위 발생원인이 된 법률행위는 무효이므로, 甲의 乙에 대한 권리는 존재하지 않는다고 다투고 있다. 丁의 이러한 주장은 가능한가? [13점]

1. 결론

丁의 주장은 가능하다.

2. 근거

(1) 채권자대위소송의 법적 성질

판례는 "채권자대위소송은 채권자가 스스로 원고가 되어 채무자의 제3채무자에 대한 권리를 행사하는 것이다"라고 하여 법정 소송담당설과 같은 태도이다.[81]

(2) 피보전채권의 소송법상 의미

채권자대위소송의 법적 성질에 대한 법정소송담당설의 입장에 의하면 "① 피보전채권, ② 보전의 필요성, ③ 채무자의 권리불행사는 당사자적격의 요소이다.

판례도 채권자대위소송에서 대위에 의하여 보전될 채권자의 채무자에 대한 권리(피보전채권)가 존재하는지 여부는 소송요건으로서 법원의 직권조사사항이라 하였다.[82]

---

81) 대판 1994.6.24, 94다14339 등
82) 대판 2009.4.23, 2009다3234

(3) 피보전채권의 부존재에 대한 주장 가부

판례는 "채권자가 채권자대위소송을 제기한 경우, ① 제3채무자는 채무자가 채권자에 대하여 가지는 항변권이나 형성권 등과 같이 권리자에 의한 행사를 필요로 하는 사유를 들어 채권자의 채무자에 대한 권리가 인정되는지 여부를 다툴 수 없지만, ② 채권자의 채무자에 대한 권리의 발생원인이 된 법률행위가 무효라거나 위 권리가 변제 등으로 소멸하였다는 등의 사실을 주장하여 채권자의 채무자에 대한 권리가 인정되는지 여부를 다투는 것은 가능하고, 이 경우 법원은 제3채무자의 주장을 고려하여 채권자의 채무자에 대한 권리가 인정되는지 여부에 관하여 직권으로 심리·판단하여야 한다"고 하였다.[83]

(4) 사안의 경우

명의신탁약정이 무효가 되면 그와 함께 이루어진 부동산 매입의 위임 약정 역시 무효로 된다. 나아가 甲과 乙 사이에 甲의 요구에 따라 부동산의 소유 명의를 이전하기로 한 약정이 있다면 이 또한 명의신탁약정이 유효함을 전제로 명의신탁 부동산 자체의 반환을 구하는 범주에 속하는 것에 해당하여 역시 무효로 된다. 사안의 경우 甲과 乙의 관계는 계약명의신탁관계가, 乙과 丁의 관계는 양자간 등기명의신탁관계가 성립하였고, 甲이 乙을 대위하여 丁에게 소유권이전등기 말소등기를 청구하는 경우, 丁은 甲의 乙에 대한 권리의 발생원인이 된 법률행위인 명의신탁약정, 위임계약, 별도의 반환약정이 모두 무효이므로 甲의 乙에 대한 권리는 존재하지 않는다고 다툴 수 있다.

---

83) 대판 2015.9.10, 2013다55300

사례(37) | 채권자대위소송과 당사자적격 등

사실관계

乙, 丙, 丁은 X토지에 관하여 각자 1/3 지분씩 공유하는 것으로 소유권이전등기를 마쳤는데, X토지에 대해서는 이미 A의 근저당권이 설정되어 있었다. 이에 乙의 대여금채권자인 甲은 A 근저당권의 피담보채권이 乙의 공유지분 가치를 초과하여 乙의 공유지분만을 경매하면 남을 가망이 없어 乙의 책임재산인 공유지분에 대한 강제집행이 곤란한 경우(이른바 무잉여 경매)에 해당한다고 생각하고, 자신의 乙에 대한 대여금채권을 보전하기 위하여 乙을 대위하여 공유물분할을 구하는 소를 제기하였다.

문제

이 경우 법원은 어떤 판단을 하여야 하는가? 15점 84)

1. 결론

법원은 소각하 판결을 하여야 한다.

2. 근거

(1) 채권자대위소송의 법적 성질

판례는 채권자대위소송은 채권자가 스스로 원고가 되어 채무자의 제3채무자에 대한 권리를 행사하는 것으로서 법정 소송담당으로 보고 있다. 이에 따르면 ① 피보전채권, ② 보전의 필요성, ③ 채무자의 권리불행사는 당사자적격(원고적격)의 요소가 되나, ④ 피대위권리는 소송물에 해당한다.

(2) 보전의 필요성 인정 여부

① 보전의 필요성은 채권자가 보전하려는 권리의 내용, 채권자가 보전하려는 권리가 금전채권인 경우 채무자의 자력 유무, 채권자가 보전하려는 권리와 대위하여 행사하려는 권리의 관련성 등을 종합적으로 고려하여 채권자가 채무자의 권리를 대위하여 행사하지 않으면 자기 채권의 완전한 만족을 얻을 수 없게 될 위험이 있어 채무자의 권리를 대위하여 행사하는 것이 자기 채권의 현실적 이행을 유효·적절하게 확보하기 위하여 필요한지 여부를 기준으로 판단하여야 하고, 채권자대위권의 행사가 채무자의 자유로운 재산관리행위에 대한 부당한 간섭이 되는 등 특별한 사정이 있는 경우에는 보전의 필요성을 인정할 수 없다.

② 채권자가 자신의 '금전채권'을 보전하기 위하여 채무자를 대위하여 '부동산에 관한' 공유물분할청구권을 행사하는 것은, 책임재산의 보전과 직접적인 관련이 없어 채권의 현실적 이행

---

84) 대판(전) 2020.5.21, 2018다879 사안을 기초로 하였다.

을 유효·적절하게 확보하기 위하여 필요하다고 보기 어렵고 채무자의 자유로운 재산관리 행위에 대한 부당한 간섭이 되므로 보전의 필요성을 인정할 수 없다.

(3) 공유물분할청구권의 피대위권리 인정 여부

① 공유물분할청구권은 공유관계에서 수반되는 형성권으로서 공유자의 일반재산을 구성하는 재산권의 일종이다. 공유물분할청구권이 오로지 공유자의 의사에 행사의 자유가 맡겨져 있어 공유자 본인만 행사할 수 있는 권리라고 볼 수는 없다. 따라서 공유물분할청구권도 채권자대위권의 목적이 될 수 있다.

② 그러나 특정 분할방법을 전제하고 있지 않는 공유물분할청구권의 성격 등에 비추어 볼 때 그 대위행사를 허용하면 여러 법적 문제들이 발생한다. 따라서 극히 예외적인 경우가 아니라면 금전채권자는 부동산에 관한 공유물분할청구권을 대위행사할 수 없다고 보아야 한다. 이는 채무자의 공유지분이 다른 공유자들의 공유지분과 함께 근저당권을 공동으로 담보하고 있고, 근저당권의 피담보채권이 채무자의 공유지분 가치를 초과하여 채무자의 공유지분만을 경매하면 남을 가망이 없어 민사집행법 제102조에 따라 경매절차가 취소될 수밖에 없는 반면, 공유물분할의 방법으로 공유부동산 전부를 경매하면 민법 제368조 제1항에 따라 각 공유지분의 경매대가에 비례해서 공동근저당권의 피담보채권을 분담하게 되어 채무자의 공유지분 경매대가에서 근저당권의 피담보채권 분담액을 변제하고 남을 가망이 있는 경우에도 마찬가지이다.

③ 이와 달리 공유물에 근저당권 등 선순위 권리가 있어 남을 가망이 없다는 이유로 민사집행법 제102조에 따라 공유지분에 대한 경매절차가 취소된 경우에는 공유자의 금전채권자는 자신의 채권을 보전하기 위하여 공유자의 공유물분할청구권을 대위행사할 수 있다는 취지로 판단한 판결은 이 판결의 견해에 배치되는 범위에서 이를 변경하기로 한다.

④ 채권자의 대위행사를 허용하면 공유물분할이라는 형식을 빌려 실질적으로는 법이 인정하고 있지 않은 일괄경매신청권을 일반채권자에게 부여하는 것이 된다는 점, 다른 공유자들이 공유물 분할을 원하지 않는 경우에도 채권의 보전을 위해 공유자들의 공유물 전부가 경매되는 결과를 낳아 공유자들에게 지나치게 가혹하다는 점(사용·수익권의 배제)을 고려해 볼 때, 판례의 입장은 타당하다.

(4) 소송요건 심리의 선순위성

판례는 채권자대위소송에 있어서 대위에 의하여 보전될 채권자의 채무자에 대한 권리가 인정되지 아니할 경우에는 당사자 적격이 없게 되므로 그 대위소송은 부적법하여 소를 각하하여야 함에도 불구하고 원심이 이를 간과하고 본안에 관하여 심리판단한 것은 위법하다고 하여 소송요건심리의 선순위성을 긍정한다.

(5) 사안의 경우

사안의 경우 甲이 제기한 채권자대위소송은 보전의 필요성이 없다. 따라서 법원은 당사자 적격의 흠을 이유로 부적법 소각하 판결을 하여야 한다.

사례(38) | 주주총회 · 이사회결의의 효력을 다투는 소에서의 당사자적격

사실관계

乙주식회사의 대표이사인 甲의 업무수행에 불만을 가진 대주주들의 암묵적인 영향으로 乙주식회사는 이사회를 개최하여 甲을 대표이사직에서 해임하고 丙을 乙주식회사의 대표이사로 선임하였다. 이에 甲은 자신이 부당하게 해임되었다고 주장하면서 이사회결의에 대한 무효확인의 소를 제기하고자 한다.

문제

1. 甲은 누구를 상대로 이사회결의무효확인의 소를 제기하여야 하는가? 만일 甲이 피고로 삼은 자의 당사자적격을 피고가 다투지 않더라도 수소법원은 이를 심사하여 판단할 수 있는가? [15점]
2. 甲의 본안청구가 이유 없다고 먼저 판명된 경우라면, 수소법원은 당사자적격의 존부에 관하여 판단할 필요 없이 바로 본안의 판단으로 들어가 甲의 청구를 기각할 수 있는가? [5점]

Ⅰ 설문 1.에 관하여

1. 결론

① 甲은 乙회사를 상대로 이사회결의의 무효확인의 소를 제기하여야 한다.

② 피고적격에 대해 피고의 다툼이 없다고 하더라도 법원은 이를 직권으로 조사하여 판단할 수 있다. 다만 소를 각하하기 위해서는 지적의무를 다하여 원고에게 의견진술의 기회를 주어야 할 것이다.

2. 논거

(I) 단체의 내부분쟁의 피고적격

이사회결의의 효력을 다투는 경우, 그 피고적격에 대하여 판례는 ① 주주총회결의 취소와 결의무효확인 판결은 대세적 효력이 있으므로 피고가 될 수 있는 자는 그 성질상 회사로 한정된다고 하여 단체피고설의 입장이다. ② 이는 이사회결의 소송에서도 마찬가지이다.[85]

---

85) 판례는 주식회사의 이사회결의는 회사의 의사결정이고 회사는 그 결의의 효력에 관한 분쟁의 실질적인 주체라 할 것이므로 그 효력을 다투는 사람이 회사를 상대로 하여 그 결의의 무효확인을 소구할 이익이 있다 할 것이나 그 이사회결의에 참여한 이사들은 그 이사회의 구성원에 불과하므로 특별한 사정이 없는 한 이사 개인을 상대로 하여 그 결의의 무효확인을 소구할 이익은 없다고 하였다[대판(전) 1982.9.14, 80다2425].

(2) 당사자적격에 대한 법원의 심판

1) 당사자적격의 성질 및 직권조사사항에 대한 법원의 심판

당사자적격은 소송요건으로서 법원의 직권조사사항에 해당한다. 직권조사사항은 법원이 소송요건의 구비 여부에 의심이 있을 때에 피고의 지적이 없더라도(피고의 주장에 구속될 필요 없이) 스스로 직권으로 그 사항의 구비에 대한 조사를 개시하여야 한다. 따라서 이에 대한 피고의 다툼은 단지 법원의 직권발동을 촉구하는 의미에 불과하다. 즉 당사자의 이의 유무에 관계없이 이를 조사하여야 한다.

2) 지적의무

다만 법원이 당사자 사이에 전혀 논의되지 않았던 피고적격의 흠결로 소를 각하하고자 할 때에는 이에 관한 지적이 필요하다(제136조 제4항). 판례도 피고적격 등의 문제를 재판의 기초로 삼기 위하여는 원고로 하여금 이 점에 관하여 변론을 하게 하고, 필요한 경우 청구취지 등을 변경할 기회를 주었어야 할 것인데도 이에 이르지 아니한 채 이 점을 재판의 기초로 삼아 소를 각하한 것은 원고가 전혀 예상하지 못한 법률적인 관점에 기한 예상 외의 재판으로 원고에게 불의의 타격을 가하였을 뿐 아니라 석명의무를 다하지 아니하여 심리를 제대로 하지 아니한 것이라 할 것이고, 이러한 위법은 판결결과에 영향을 미쳤음이 분명하다고 함으로써 심리미진의 위법이 있다는 입장이다.[86]

▐▐ 설문 2.에 관하여

1. 결론

甲의 본안청구가 이유 없다고 먼저 판명되어 청구기각판결을 할 수 있는 경우라도, 수소법원은 소송요건인 당사자적격의 존부에 관한 판단 없이 바로 본안의 판단으로 甲의 청구를 기각할 수 없다.

2. 논거

(1) 소송요건의 조사와 본안요건의 심리 순서

통설은 소송요건심리의 선순위성을 긍정한다. 따라서 소송요건이 존재한다는 것이 확정되어야 비로소 본안청구가 이유 있는지 여부를 판단하여야 한다고 본다. 결국 원고의 청구에 대해 기각판결을 할 수 있음이 명백한 경우라 하더라도 소송요건의 흠이 있는 경우라면 법원은 본안판결을 할 수 없고, 소각하판결을 해야 한다. 판례도 마찬가지 입장이다.

(2) 사안의 경우

---

86) 대판 1994.10.21, 94다17109

사례(39) | 채권압류 및 추심명령의 당사자적격

사실관계

건축업자인 甲은 2011.2.경 친구인 丁으로부터 전원별장 신축공사를 공사대금 2억원, 공사기간 2011.2.15.부터 2011.5.15.까지로 정하여 도급받아 계약기간 내에 공사를 완공하여 2011.5.15. 건물을 인도하였다. 계약당시 丁은 甲에게 공사 착수금으로 5,000만원을 지급한 후 나머지 공사대금 1억 5,000만원은 공사 완공후에 지급하기로 하였는데, 甲이 공사 완공 후에도 공사잔대금을 지급받지 못하고 있던 중 甲에 대하여 확정판결에 기한 5,000만원의 채권을 가지고 있던 戊가 위 채권을 집행채권으로 하여, 2011.9.15. 채무자를 甲, 제3채무자를 丁으로 하여 위 공사잔대금채권 중 5,000만원에 대하여 압류 및 추심명령을 받았고, 위 명령은 丁에게 2011.9.20.에 송달되었으나 甲에게는 송달불능되었다.

문제

丁이 계속 공사잔대금을 지급하지 아니하자, 甲은 2012.8.20. 丁을 상대로 위 공사잔대금 1억 5,000만원을 지급하라는 소를 제기하였다. 법원은 어떠한 판단을 하여야 하는지에 대한 결론과 근거를 설명하시오(甲과 丁의 모든 소송상의 주장이 있음을 전제로 한다). 7점

1. 결론

법원은 추심명령의 대상금액인 5,000만원 부분은 소각하판결을 하고, 나머지 금액인 1억원에 대하여는 청구인용판결을 하여야 한다.

2. 근거

(1) 채권에 대한 압류 및 추심명령이 있는 경우의 당사자적격

판례는 채권에 대한 유효한 압류 및 추심명령이 있으면 제3채무자에 대한 이행의 소는 추심채권자만이 제기할 수 있고, 채무자는 피압류채권에 대한 이행소송을 제기할 당사자적격을 상실한다고 본다. 즉 추심채권자는, 실체법상의 청구권은 채무자인 집행채무자(원래의 채권자)에게 있으면서 소송법상의 관리권만을 이전받는 제3자 법정소송담당의 관계에 있게 된다. 따라서 채무자는 원고로서의 당사자적격을 상실한다.[87]

---

87) 대판 2010.11.25, 2010다64877

⑵ 압류 및 추심명령의 효력발생 시기 및 범위

① 압류 및 추심명령의 효력발생 시기는 제3채무자에 대한 송달일이고(민사집행법 제227조 제3항, 제229조 제4항), 제3채무자에게 송달된 이상 채무자에게 송달되지 않았다 하더라도 효력발생 에는 아무런 영향이 없다.

② 이 경우 그 범위는 압류 및 추심명령에서 특별히 한정하지 아니한 이상, 피압류채권의 전액에 미치지만, 압류 및 추심명령의 대상금액을 한정한 경우에는 그 한도 내에서 효력이 미친다.

⑶ 사안의 경우

사례(40) | 채권압류 및 추심명령 · 전부명령의 당사자적격

사실관계

C는 A에 대하여 3천만원의 대여금 채권이 있고, A는 B에 대하여 1천만원의 대여금 채권이 있다. C는 위 3천만원의 대여금 채권에 대하여 이미 승소확정판결을 받았고 이를 집행권원으로 하여 A를 채무자, B를 제3채무자로 한 채권압류 및 추심명령을 신청하여 법원으로부터 채권압류 및 추심명령을 받았는데 그 후 A가 B를 상대로 대여금반환청구의 소를 제기하였다.

문제

1. 위 사실관계 기재 소송의 제1심 변론종결 전에 C가 위 채권압류 및 추심명령 신청을 취하하고 추심권을 포기한 경우(그 관련 서류가 증거로 법원에 제출되었다) 법원은 어떤 판결 주문(소송비용부담과 가집행 관련 주문은 제외한다)으로 선고하여야 하는지와 그 근거를 서술하시오. 15점
2. 만일 C가 A의 B에 대한 채권에 대해 압류 및 전부명령을 받았는데 그 후 A가 B를 상대로 대여금반환청구의 소를 제기하였다면, 법원은 어떤 판결을 선고하여야 하는지 그 근거를 서술하시오. 5점

Ⅰ 설문 1.에 관하여

1. 결론

법원은 청구인용판결을 선고하여야 한다.

2. 근거

(1) 채권에 대한 압류 및 추심명령이 있는 경우의 당사자적격

판례는 채권에 대한 유효한 압류 및 추심명령이 있으면 제3채무자에 대한 이행의 소는 추심채권자만이 제기할 수 있고, 채무자는 피압류채권에 대한 이행소송을 제기할 당사자적격을 상실한다고 본다. 즉 추심채권자는, 실체법상의 청구권은 채무자인 집행채무자(원래의 채권자)에게 있으면서 소송법상의 관리권만을 이전받는 제3자 법정소송담당의 관계에 있게 된다. 따라서 채무자는 원고로서의 당사자적격을 상실한다.[88]

---

88) 대판 2010.11.25, 2010다64877

(2) 압류 및 추심명령신청 취하의 효력

압류채권자는 추심절차가 끝나기 전까지 압류명령의 신청을 취하할 수 있고, 이 경우 채권자의 추심권도 당연히 소멸하게 되며, 추심금청구소송을 제기하여 확정판결을 받은 경우라도 그 집행에 의한 변제를 받기 전에 압류명령의 신청을 취하하여 추심권이 소멸하면 추심권능과 소송수행권이 모두 채무자에게 복귀한다.[89]

(3) 사안의 경우

C의 압류 및 추심명령으로 채무자 A는 당사자적격을 상실하였으므로 채무자 A의 제3채무자 B를 상대로 한 대여금반환청구의 소는 당사자적격의 흠으로 부적법하다. 다만 A의 B를 상대로 한 소송계속 중에 추심채권자 C가 압류 및 추심명령신청을 취하하였고, 이에 따라 A가 당사자적격을 회복하였는바, A의 B를 상대로 한 소송은 적법하게 된다. 따라서 A가 B를 상대로 한 대여금반환청구에 대해 법원은 전부승소판결을 선고하여야 한다.

▐▐ 설문 2.에 관하여

1. 결론

법원은 청구기각판결을 선고하여야 한다.

2. 근거

판례에 따르면 채권양도나 전부명령이 있는 경우에는 추심명령과 달리 추심권이 아닌 실체법상의 권리 자체가 이전되므로, 채권양도인이나 전부채무자가 자기가 이행청구권자임을 주장하는 이상 원고적격을 가지며, 다만 실체법상의 청구권의 상실로 인하여 본안에서 기각될 뿐이라고 한다.

---

89) 대판 2009.11.12, 2009다48879

사례(41) | 소송능력과 소송행위의 유효요건

사실관계

甲은 乙이 丙 신용금고로부터 금원을 대출받을 때, 그 대출금 반환채무에 대하여 연대보증을 하고, 또한 자신이 소유하는 Y 부동산에 관하여 근저당권설정등기를 경료하여 주었다. 甲이 丙과 연대보증계약을 체결할 당시, 甲은 70세로서 지능지수가 73, 사회연령 8세 수준이었는데, 乙의 꼬임에 빠져서 丙과 계약을 체결한 것이었다. 그 후 丙은 乙로부터 대출금을 회수하지 못하자 Y 부동산에 대하여 경매절차를 신청하였다. 그러자 甲은 위 근저당권설정등기가 무효라고 주장하고, 丁 변호사를 소송대리인으로 선임하여, 근저당권설정등기말소청구의 소를 제기하였다.

문제

이 경우 甲에 의한 소송대리인 선임계약의 유효 여부와 그 근거를 설명하시오. [13점]

1. 결론

甲의 소송대리인 선임계약은 무효이다.

2. 근거

(1) 소송대리인 선임행위의 성질

소송대리인 선임행위에 대해서 통설·판례는 소송대리권의 발생이라는 소송법상의 효과를 목적으로 하는 소송행위로서 상대방의 승낙을 요하지 않는 단독행위라고 본다.

(2) 소송행위의 유효요건 구비 여부

1) 소송능력의 의의 및 효과

소송행위가 유효하려면 소송능력이 있어야 하는데, 소송능력이라 함은 당사자로서 유효하게 소송행위를 하거나 소송행위를 받기 위해 갖추어야 할 능력을 말한다. 따라서 소송제한능력자의 소송행위나 소송제한능력자에 대한 소송행위는 무효이다. 이러한 점에서 취소할 수 있게 되어 있는 민법상 제한능력자의 법률행위와 취급을 달리한다. 소송절차의 안정을 위해서이다. 이때 소송능력은 소송절차 내의 소송행위는 물론 소송개시 전의 행위·소송 외의 소송행위에 있어서도 필요하다.

2) 소송제한능력자

제51조에 의하여 소송능력의 유무는 민법상의 행위능력을 기준으로 결정된다. 따라서 민법상 제한능력자인 미성년자, 피한정후견인(가정법원이 한정후견인의 동의를 받아야 하는 행위의 범위를 정한 범위 내에서) 및 피성년후견인은 소송제한능력자이다. 연령 또는 후견개시심판을 받았는지 여부에 따라 획일적으로 판단된다.

(3) 의사능력의 흠결 여부

소송행위를 하거나 받기 위해서는 행위자에게 의사능력이 있어야 한다. 의사능력의 유무는 개별적으로 판단하여야 하고 소송능력자라도 의사능력이 없는 경우가 있고, 이러한 자의 소송행위는 절대적 무효이다.

(4) 사안의 경우

소송위임행위는 소송 외의 소송행위로서 소송능력과 의사능력이 있어야 유효하다. 사안에서 甲은 70세의 노인으로 지능지수가 73, 사회연령 8세 수준이므로 성년자이지만 아직 성년후견개시의 심판을 받지 않았기 때문에 소송능력자이나, 의사능력은 없다고 보아야 할 것이다. 따라서 甲의 소송대리인 선임계약은 의사무능력자의 소송행위로서 절대적 무효이다.

✓ 사례(42) | 소송능력과 법정대리인

사실관계

A는 B에 대하여 임차료청구소송을 제기하였는데, 소를 제기할 당시 A는 성년후견개시심판을 받은 제한능력자이었기 때문에 A의 법정대리인인 甲이 A를 대리해 소송을 수행하고 있었다. 이 소송의 변론 중 A에 대한 성년후견 종료심판이 확정되었으나, 그 사실이 B나 법원에 통지되지 않았다.

문제

甲은 이후에도 소송대리를 계속했으며 변론기일에 출석하여 이 사건 소를 취하한다고 진술했고 상대방인 피고 B 역시 소취하에 동의하였다. A는 甲의 소취하가 무효라고 주장하면서 그 효력을 다투고자 한다. 적절한 방법에 대해 설명하고 [5점], A의 주장이 인용될 수 있는지에 관하여 결론과 그 근거 [8점]를 기재하시오.

1. 소취하의 효력을 다투는 방법

(1) 기일지정신청

소취하의 효력을 다투는 경우, 민사소송규칙 제67조에 의거 기일지정신청의 방식으로 다툴 수 있다. 기일지정신청이란 심리의 속행을 위하여 기일의 지정을 촉구하는 당사자의 신청을 말한다. 이 경우에 법원은 변론을 열어 신청사유에 대하여 심리하여야 하며, ① 그 결과 소의 취하가 유효한 경우에는 종국판결로써 소송종료선언을 할 것이나, ② 심리결과 소의 취하가 무효일 때에는 취하 당시의 소송정도에 따라 필요한 절차를 속행하게 될 것이다(민사소송규칙 제67조).

(2) 소취하무효확인의 소

소취하의 효력유무에 대하여 당사자 간에 다툼이 있는 경우, 이와 관련하여 당해 소송절차에서 기일지정신청으로 구제받을 방법이 예정되어 있으므로, 보다 더 간편한 절차를 이용하지 않고 별소로 소취하의 무효확인을 구하는 것은 확인의 이익이 없다.

2. 소취하가 무효라는 주장의 인용 여부

(1) 결론

소취하가 무효라는 주장은 배척된다(인용될 수 없다).

(2) 근거

1) 소취하 요건

소취하라 함은 원고가 자신이 제기한 소의 전부 또는 일부를 철회하는 법원에 대한 단독적 소송행위로서, 그것이 유효하기 위해서는 ① 소송능력 또는 소송상 대리권이 있을 것, ② 판결

확정 전까지, ③ 소취하서 제출 또는 변론기일에서 구술로 하여야 하고, ④ 상대방이 본안에 관하여 응소한 뒤에는 상대방의 동의를 받아야 효력을 가진다(제266조). 사안의 경우에는 다른 요건은 문제가 없으나, 甲의 소취하 당시 대리권 소멸 여부가 문제된다.

2) 대리권의 소멸과 통지

① 소송진행 중 법정대리권 소멸은 이를 통지하지 않으면 대리권소멸의 효과를 주장할 수 없으며, 그 결과 구대리인과 관련한 소송행위는 무효로 되지 아니한다(제63조). 이 경우 상대방이 그 사실을 알았는지의 여부 및 모르는데 과실이 있는가의 여부를 불문한다는 것이 판례의 입장이다.[90] 이는 통지 유무에 의하여 자격상실 여부를 획일적으로 처리함으로써 소송절차의 안정과 명확을 기하기 위한 것이다.

② 그러나 이에 따르면 본인에게 불측의 손해를 입히게 되는바, 개정법은 제63조 제1항 단서에서 법원에 법정대리권의 소멸사실이 알려진 뒤에는 상대방에게 통지하지 않은 상태라고 하더라도 그 법정대리인은 소의 취하, 청구의 포기·인낙, 소송상 화해 등의 제56조 제2항의 소송행위를 하지 못한다는 규정을 마련하였다.

3) 사안의 경우

사안의 경우 A에 대한 성년후견 종료심판이 확정됨으로써 법정대리인인 甲의 대리권이 소멸되었는데, 그러한 사실을 상대방인 乙과 법원에 통지하지 않았으므로, 제63조 제1항 본문에 의해 甲의 소취하는 유효하다.[91] 따라서 甲의 소취하가 무효라는 A의 주장은 인용될 수 없다.

---

90) 대판 1998.2.19, 95다52710

91) 소취하가 유효하다면 소송은 유효하게 종료되었으므로 소취하의 효력을 다투기 위한 기일지정신청은 이유가 없으므로, 법원은 소송종료선언을 하게 된다.

PART · 01

사례(43) │ 비법인사단의 제63조 적용 여부와 소송상 특별대리인

사실관계

B는 무단으로 종중 甲 소유의 토지에 대해 소유권이전등기를 경료하였고, 이에 종중 甲의 대표자 A는 종중결의를 통해 종중 甲을 원고로 하여 B를 상대로 이전등기말소청구의 소를 제기하였다. 소송진행 중 종중 甲의 종중원들은 A를 해임하고 乙을 종중의 새로운 대표자로 선출하였는데, 그 대표권의 소멸사실을 소송상 대방인 B에게 통지하기 전에 A는 피고 B의 동의를 얻어 이 사건 소를 취하하였다(아래 각 설문은 독립적임).

문제

(1) A의 이 사건 소의 취하는 유효한가?[92] 10점

(2) 한편 종중 甲이 대표자 乙의 명의로 신탁한 부동산에 대하여 乙에게 명의신탁해지를 원인으로 소유권이전등기절차의 이행을 구하는 경우에 있어서 이해관계인은 특별대리인의 선임을 신청할 수 있는가? 10점

Ⅰ 설문 (1)에 관하여

1. 결론

A의 대표권이 상실된 사실을 B에게 통지하지 않았으므로 A의 소취하는 유효하다. 그러나 만일 법원에 대표권의 소멸사실이 알려진 경우에는 소취하의 효력이 없다.

2. 근거

(1) 제63조 규정이 비법인사단에도 적용되는지 여부

제63조의 규정은 제64조에서 법인 또는 비법인의 대표자에게도 준용되므로 사안의 경우에도 적용된다.

---

92) 소취하의 효력을 다투는 방법도 문제가 되는데, 이 경우 민사소송규칙 제67조에 의거 기일지정신청의 방식으로 다툴 수 있다. 이때 소취하의 효력을 다투어 기일지정신청을 한 경우 법원은 변론기일을 정하여 이를 심사하게 되는데 ① 소의 취하의 효력을 부인하게 되면 구소가 부활하여 심리가 속행되며, 소의 취하의 효력을 부인하는 판단은 중간판결이나 종국판결의 이유에서 내려지며, 이에 비해 ② 소의 취하의 하자가 인정되지 않으면, 법원은 소송종료를 선언하는 판결을 내리게 된다.
이 경우, 당해 소송절차 내에서 재판을 받을 것이 예정되어 있는 절차문제에 대하여 별도의 소로 확인을 구하는 것은 현존하는 위험을 제거하는데 유효적절한 수단이라고 할 수 없으므로 확인의 소의 이익이 없다고 할 것이다.

(2) 대표권의 소멸과 통지

1) 제63조 제1항 본문 및 그 취지

소송진행 중 법정대리권 소멸은 이를 통지하지 않으면 대리권소멸의 효과를 주장할 수 없으며, 그 결과 구대리인과 관련한 소송행위는 무효로 되지 아니한다(제63조). 이 경우 상대방이 그 사실을 알았는지의 여부 및 모르는데 과실이 있는가의 여부를 불문한다는 것이 종래 판례의 입장이었다.[93] 이는 통지 유무에 의하여 자격상실 여부를 획일적으로 처리함으로써 소송절차의 안정과 명확을 기하기 위한 것이다.

2) 제63조 제1항 단서

그러나 이에 따르면 법인 또는 비법인 사단에 불측의 손해를 입히게 되는바, 개정법은 제63조 제1항 단서에서 "법원에 법인의 대표자 등의 대표권의 소멸사실이 알려진 뒤에는 상대방에게 통지하지 않은 상태라고 하더라도 그 대표자 등은 소의 취하, 항소취하, 청구의 포기·인낙, 소송상 화해 등의 제56조 제2항의 소송의 목적을 처분하는 소송행위를 하지 못한다"는 규정을 마련하였다.

(3) 사안의 경우

사안의 경우 ① A의 대표권이 상실된 사실을 B에게 통지하지 않았으므로 법 제63조 제1항 본문에 의해 A의 소취하는 유효하다.[94] 그러나 ② 만일 법원에 대표권의 소멸사실이 알려진 경우에는 개정법 제63조 제1항 단서에 의하여 소취하의 효력이 없다.[95]

▐▌ 설문 (2)에 관하여

1. 결론

특별대리인의 선임을 신청할 수 있다.

2. 근거

(1) 소송상 특별대리인의 의의 및 취지

법인 등 단체의 대표자나 관리인이 없거나 대표권을 행사할 수 없는 경우 특별대리인의 선임을 신청할 수 있도록 하였다(제64조, 제62조). 이는 민법에 의해 실체법상의 특별대리인이 선임되기까지 그 소송지연으로 인한 당사자의 불이익을 회피하기 위해서이다.

---

93) 대판 1998.2.19, 95다52710

94) 소취하가 유효하다면 소송은 유효하게 종료되었으므로 소취하의 효력을 다투기 위한 기일지정신청은 이유가 없으므로, 법원은 소송종료선언을 하게 된다.

95) 소취하의 효력이 없다면 기일지정신청은 이유가 있으므로, 법원은 본안심리를 계속 진행하고 중간판결 또는 종국판결의 이유 중에서 판단하면 된다.

(2) 소송상 특별대리인의 선임요건

① ⅰ) 법인 등 단체에게 대표자가 없거나 대표자가 대표권을 행사할 수 없는 경우 또는 대표자가 불성실하거나 미숙한 대표권행사로 소송절차의 진행이 현저히 방해받는 경우이어야 하고, ⅱ) 소송지연으로 인하여 손해를 받을 염려가 있어야 한다.

② 여기서 소송지연으로 인해 손해를 받을 염려가 있어야 한다는 것은 민법에 의해 법정대리인이나 특별대리인을 선임하기까지 기다리자면 신청인 측에 손해가 생길 염려가 있을 때를 말한다.

③ 사안의 경우 대표자가 대표권을 행사할 수 없는 경우에 해당하는지 여부가 문제이다.

(3) 이해관계인의 특별대리인 선임신청의 가부

① 대표권을 행사할 수 없는 때라 함은 사실상의 장애(법정대리인의 질병, 장기간의 해외여행 등)가 있는 경우도 포함된다고 보는 것이 일반적이나, 이해상반 등으로 대표권 행사에 법률적 장애가 있는 때가 전형적이다.

② 판례도 비법인 사단과 그 대표자 사이의 이익이 상반되는 사항에 관한 소송행위에 있어서는 위 대표자에게 대표권이 없으므로, 달리 위 대표자를 대신하여 비법인사단을 대표할 자가 없는 한 이해관계인은 민사소송법 제64조, 제60조의 규정에 의하여 특별대리인의 선임을 신청할 수 있고 이에 따라 선임된 특별대리인이 비법인사단을 대표하여 소송을 제기할 수 있다고 하였다.[96]

---

96) 대판 1992.3.10, 91다25208

✅ 사례(44) | 소송상 특별대리인

사실관계

甲은 乙이 丙 신용금고로부터 금원을 대출받을 때, 그 대출금 반환채무에 대하여 연대보증을 하고, 또한 자신이 소유하는 Y 부동산에 관하여 근저당권설정등기를 경료하여 주었다. 만일 甲이 丙과 연대보증계약을 체결할 당시, 甲은 70세로서 지능지수가 73, 사회연령 8세 수준이었는데, 乙의 꼬임에 빠져서 丙과 계약을 체결한 것이었다. 그 후 丙은 乙로부터 대출금을 회수하지 못하자 Y 부동산에 대하여 경매절차를 신청하였다. 그러자 甲은 위 근저당권설정등기가 무효라고 주장하고, 丁 변호사를 소송대리인으로 선임하여, 근저당권설정등기말소청구의 소를 제기하였다.

문제

위 경우에 甲을 위하여 소송상의 능력을 보완하여 줄 수 있는 민사소송법상의 제도에 관하여 약술하시오.
[10점]

1. 문제점

2. 소송상 특별대리인제도의 의의 및 취지

소송능력을 보완하여 줄 수 있는 민사소송법상의 제도로는 특별대리인이 있다. 즉 소송제한능력자에게 법정대리인이 없거나 또는 법정대리인이 대리권을 행사할 수 없는 상태에 있는 경우에 수소법원에 그를 대리해 줄 특별대리인의 선임을 신청할 수 있도록 하였다(제62조 제1항, 제2항). 이는 민법에 의해 법정대리인이나 실체법상의 특별대리인이 선임되기까지 그 소송지연으로 인한 당사자의 불이익을 회피하기 위해서이다.

3. 요건

(1) ① 소송제한능력자를 피고로 하여 소송을 하고자 할 경우나 소송제한능력자 측이 원고가 되어 소송을 하고자 할 것, ② 소송제한능력자에게 법정대리인이 없거나 또는 법정대리인이 대리권을 행사할 수 없을 것 또는 법정대리인이 불성실하거나 미숙한 대리권행사로 소송절차의 진행이 현저히 방해받는 경우일 것, ③ 소송절차가 지연됨으로써 손해를 받을 염려가 있을 것을 요한다.

(2) 여기서 '법정대리인이 없을 때'란 미성년자에게 친권자가 없고 후견인도 지정되지 아니한 경우 등이며, 당사자의 권리실현의 편의를 위한 제도이므로 여기의 '법정대리인이 대리권을 행사할 수 없는 때'는 이해상반 등으로 대리권행사에 법률상 장애가 있는 경우뿐만 아니라 널리 사실상의 장애(법정대리인의 질병, 장기간의 해외여행 등)가 있는 경우도 포함된다.

(3) 사안의 경우 甲은 <u>의사무능력자로서</u> <u>특별대리인을</u> 선임할 수 있는지 문제된다.

4. 의사무능력자의 특별대리인 선임신청 가부

사안에서 甲은 의사무능력자이지만 아직 성년후견개시심판을 받지 않은 자로서 특별대리인을 선임할 수 있는지 문제되는데, 이에 대해서 ① 종래 통설·판례는 특별대리인제도는 당사자의 권리실현의 편의와 절차의 지연으로 인한 손해방지를 위한 제도이므로 의사무능력자이지만 아직 성년후견개시심판까지 받지 않은 자도 소송제한능력자에 준하여, 특별대리인을 선임할 수 있다고 보았다. 다만 ② 현행 개정법 제62조의2에서는 의사무능력자가 유효하게 소송행위를 하도록 직권 또는 당사자의 신청에 의하여 선임되는 특별대리인의 대리행위에 의하도록 하여 이를 입법적으로 해결하였으므로 문제될 것이 없다. 따라서 甲은 의사능력의 보완을 위하여 특별대리인의 선임신청을 할 수 있다.

5. 대리인 선임명령제도

<u>제144조</u>에서는 ① 법원은 소송관계를 분명하게 하기 위하여 필요한 진술을 할 수 없는 당사자 또는 대리인에게 진술을 금지하는 재판을 할 수 있도록 하였고, ② 법원은 진술금지재판과 함께 변론무능력자에게 변호사 선임을 명할 수 있도록 하였다. 이러한 선임명령제도는 변론능력이 흠결된 자의 보완방안으로 활용될 수 있겠다.

6. 진술보조인제도

개정법 <u>제143조의2</u>에서는 질병, 장애, 노령 그 밖의 사유로 인한 정신적·신체적 제약으로 소송관계를 분명하게 하기 위하여 필요한 진술을 하기 어려운 당사자를 위하여 그 진술을 도와주는 진술보조인제도를 신설하였다.

7. 사안의 경우

☑ 사례(45) | 심급대리와 대리권의 부활

사실관계

甲회사의 대표이사 A는 변호사 X를 소송대리인으로 선임하여 乙회사를 상대로 대여금반환청구의 소를 제기하였다. 이에 乙회사의 대표이사 B는 변호사 Y를 소송대리인으로 선임하여 응소하고 있다.

문제

(1) 이 소송계속 중 Y는 乙회사가 甲회사에 반대채권이 있음을 알게 되어, 상계하려고 하였지만 대표이사 B는 반대하고 있다. 귀하가 Y변호사의 입장에서 B의 반대에도 불구하고 상계할 수 있는지 여부를 설명하시오. 7점

(2) 위 사건 항소심에서 甲회사가 패소하자, 甲회사는 다른 변호사 Z를 선임하여 상고를 제기하였고, 상고심에서 甲회사가 승소하여 환송심으로 파기환송된 경우에 환송 전에 항소심에서 가졌던 甲회사의 소송대리인 X의 대리권이 부활하는지 여부에 대한 결론과 그 이유를 서술하시오. 8점

■ 설문 (1)에 관하여

1. 결론

B의 반대에도 불구하고 상계할 수 있다.

2. 이유

(1) 소송대리권의 범위

① 민사소송법 제90조 제1항에서 소송위임에 의한 소송대리인은 그 위임받은 사건에 대해 특별수권사항(동조 제2항)을 제외하고 소송수행에 필요한 일체의 소송행위를 할 권한을 갖는다고 규정하고 있다.

② 또한 제90조 제1항에서는 소송대리인의 사법상 행위에 대해서 변제의 영수에 관해서만 규정하고 있지만 이것은 예시적인 것이며, 본인이 가진 상계권, 취소권, 해지·해제권 등의 일체의 사법상의 형성권을 행사할 수 있다.

(2) 소송대리권의 제한 가부

변호사 아닌 소송대리인의 경우에는 본인의 의사를 존중하는 뜻에서 그 제한이 허용되나(제91조 단서), 변호사인 소송대리인의 경우에는 이를 제한할 수 없다(제91조 본문).

(3) 설문 (1)의 해결

Y의 상계권 행사는 사법행위이고 대리권의 범위에 속한다. 나아가 변호사인 소송대리인의 대리권은 제한할 수 없으므로, Y는 B의 반대에도 불구하고 상계할 수 있다.

Ⅱ 설문 (2)에 관하여

1. 결론

사안의 파기환송에 의하여 X의 소송대리권은 부활한다.

2. 이유

(1) 심급대리원칙의 인정 여부

판례는 "소송대리권의 범위는 특별한 사정이 없는 한 당해 심급에 한정되어, 소송대리인의 소송대리권의 범위는 당해 심급의 판결을 송달받은 때까지라고 할 것이다"고 판시하여 심급대리원칙을 인정하는 입장이다.

(2) 파기환송 후 환송심에서 소송대리권의 부활 여부

판례는 "사건이 상고심에서 환송되어 다시 항소심에 계속하게 된 경우에는 상고 전의 항소심에서의 소송대리인의 대리권은 그 사건이 항소심에 계속되면서 다시 부활하는 것이므로 환송받은 항소심에서 환송 전의 항소심에서의 소송대리인에게 한 송달은 소송당사자에게 한 송달과 마찬가지의 효력이 있다."고 판시하여 소송대리권이 부활한다는 입장이다.[97]

---

97) 대판 1984.6.14, 84다카744

☑ 사례(46) | 무권대표행위에 대한 추인

사실관계

A회사는 B회사를 상대로 원단 대금 1억원의 지급을 구하는 물품대금청구의 소를 제기하였는데, A회사의 전(前) 대표이사 甲이 법인인감도장을 도용하여 변호사 乙에게 B회사에 대한 물품대금청구에 관한 소송행위를 위임하여 소송을 진행한 결과 제1심에서 A회사가 승소하였고, B회사의 항소제기로 소송이 항소심에 계속된 후 위와 같은 방법으로 다시 甲으로부터 소송위임을 받은 변호사 乙이 본건 소를 취하하였다.

문제

이 사실을 뒤늦게 알게 된 A회사의 대표이사 丙은 변호사 乙이 한 일련의 소송행위 중 소취하 행위만을 제외하고 나머지 소송행위를 추인할 수 있는가? [10점]

1. 결론

소취하만을 제외한 나머지 소송행위를 추인할 수 있다.

2. 근거

(1) 문제의 소재

乙의 소송행위가 무권대리로서 무효인지, 그렇다면 표현대리의 유추적용에 의해 유효로 될 수 있는지, 이를 부정하는 경우라도 추인에 의해 하자를 치유할 수 있는지가 문제된다.

(2) 변호사 乙의 소송행위의 효력

1) 유권대리에 해당하는지 여부

이미 대표권이 소멸된 甲에 의한 소송대리인 선임행위는 무권대표의 소송행위로서 A회사에 대해 무효이고, 乙은 무권대리인이다. 따라서 乙의 소송행위는 무권대리행위에 해당하여 무효이다. 다만 표현대리의 성립으로 乙의 소송행위가 유효로 될 수 있는지 문제된다.

2) 민법의 표현대리규정의 유추적용 여부

판례는 "공정증서가 집행권원으로서 집행력을 갖도록 하는 집행인낙의 표시는 공증인에 대한 소송행위로서 이러한 소송행위에는 민법상의 표현대리 규정이 적용될 수 없다"고 하였다.[98] 따라서 사안의 경우 乙의 소송행위는 여전히 무권대리행위에 해당한다.

---

98) 대판 1994.2.22, 93다42047 등

(3) 대리권의 소송법상 효과 – 무권대리행위의 효력

1) 소송행위의 유효요건 및 유동적 무효

대리권의 존재는 소송행위의 유효요건이므로, 무권대리인에 의한 소송행위는 무효이다. 다만 확정적 무효는 아니고, 당사자 본인이나 정당한 대리인에 의한 추인으로서 유효로 확정될 수 있는 유동적 무효이다. 추인한 경우에는 행위 시에 소급하여 유효하게 된다(제97조, 제60조).

2) 추인의 방법과 시기·범위

무권대리행위에 대한 추인은 ① 명시적 또는 묵시적 추인으로 가능하고, ② 시기에 제한이 없으므로 상급심에서도 하급심에서 한 무권대리인의 소송행위를 추인할 수 있다. 또한 ③ 추인은 전부추인(일괄추인)이어야 한다.

3) 일부추인의 허용 여부

일부추인은 원칙적으로 허용되지 않는다. 다만 판례에 따르면 무권대리인이 변호사에게 위임하여 소를 제기하여서 승소하고 상대방의 항소로 소송이 2심에 계속 중 그 소를 취하한 일련의 소송행위 중 소취하 행위만을 제외하고 나머지 소송행위를 추인함은 소송의 혼란을 일으킬 우려 없고 소송경제상으로도 적절하여 그 추인은 유효하다고 하였다.[99]

(4) 설문의 해결

A회사의 대표이사 丙은 항소심에서도 무권대리인 乙이 한 소송행위 중 소취하만을 제외한 나머지 소송행위를 추인할 수 있다.

---

99) 대판 1973.7.24, 69다60

☑ 사례(47) | 중복제소의 금지 - 법정소송담당

사실관계

甲은 주택을 건축하여 분양할 목적으로 2011.3.15. 乙로부터 상환일을 2012.3.14.로 하여 주택건축자금 2억원을 차용한 바 있다. 그런데 2012년에 들어 부동산 경기불황으로 인하여 부도위기에 처하였고, 이와 같은 사정을 알게 된 乙은 甲에게 위 채무의 변제를 독촉하였다. 그러자 甲은 주택을 분양하여 분양대금을 받으면 이를 갚겠다고 하였다. 이후 甲은 2012.9.20. Y건물을 신축하여 이를 자신의 친구인 丁에게 2억원에 매각하기로 하는 계약을 체결하면서, 계약 당일 1,500만원을 계약금으로 수령하였고, 2012.10.25. 잔금의 지급과 동시에 소유권이전등기서류를 교부하기로 약정하였다. 이에 乙은 甲이 丁에 대하여 Y주택의 매매대금 중 잔금 1억 8,500만원의 지급을 최고하였으나 丁이 그 대금을 지급하지 않고 있는데도 甲이 丁을 상대로 하여 더 이상의 조치를 취하지 않고 있자, 甲을 대위하여 丁을 상대로 2012.12.12. 위 잔금 1억 8,500만원의 지급을 구하는 소를 제기하였다(각 설문은 독립적임을 전제로 한다).

문제

(1) 그 후 甲이 丁을 상대로 하여 2013.1.3. 위 잔금 1억 8,500만원의 지급을 구하는 소를 제기하였다면 법원은 甲이 제기한 위 소에 대하여 어떻게 판단하여야 하는가? 18점

(2) 만일 위 사안과 달리 乙이 甲의 丁에 대한 매매대금채권에 대해 압류 및 추심명령을 받은 상태에서, 甲이 丁을 상대로 매매대금의 지급을 구하는 소를 제기하였고, 그 소가 각하되지 않고 있는 중에 乙이 丁을 상대로 압류된 매매대금채권의 이행을 구하는 추심금청구의 소를 제기한 경우, 乙의 소는 중복 소제기에 해당하는가? 17점

Ⅰ 설문 (1)에 관하여

1. 결론

법원은 甲이 제기한 소를 판결로서 각하하여야 한다(소각하판결).

2. 근거

(1) 중복된 소제기의 금지

1) 의의 및 취지

이미 법원에 소송계속 중인 사건과 동일한 사건에 관하여 당사자는 다시 소를 제기하지 못한다(제259조). 이를 중복된 소제기의 금지라고 한다(중복제소금지). 중복제소금지의 취지는 동일한 사건이 다시 이중으로 제기된 경우에 각각의 판결의 모순·저촉의 방지를 위한 것이다.

2) 요건

중복소제기의 요건으로는 ① 전·후 양소의 당사자가 동일할 것, ② 전·후 양소의 소송물이 동일할 것, ③ 전소가 계속 중일 것을 요구한다.

3) 사안의 경우

사안에서 乙의 채권자대위소송이 2012.12.12.에 제기되어 계속 중 甲의 소송은 2013.1.3. 제기되었으므로, 乙의 소송이 전소에, 甲의 소송이 후소에 해당하는 것으로 보인다. 다만 문제는 전·후소의 당사자와 소송물이 동일한지 여부이다. 이는 채권자대위소송의 법적 성질과 관련된 문제이므로, 이를 먼저 검토하기로 한다.

(2) 채권자대위소송의 법적 성질

판례는 "채권자대위소송은 채권자가 스스로 원고가 되어 채무자의 제3채무자에 대한 권리를 행사하는 것이다"라고 하여 법정 소송담당으로 보고 있다. 이에 따르면 채권자대위소송에서의 소송물은 피대위권리이다.

(3) 채권자대위소송 계속 중 채무자가 소를 제기한 경우 중복제소에 해당하는지 여부

사안에서 전소의 소송물은 甲의 丁에 대한 매매대금청구권이고, 후소의 소송물도 甲의 丁에 대한 매매대금청구권으로서 전·후소의 소송물은 동일하다. 다만 당사자의 동일성을 인정하여 중복제소에 해당하는지가 문제이다.

판례는 채권자대위소송이 제기된 뒤에 채무자가 동일한 내용의 후소를 제기한 경우, 양 소송은 비록 형식적으로 당사자는 다르다 할지라도 실질상으로는 동일소송이므로, 원고가 제기한 소는 대위소송이 제기된 것을 알든 모르든 민사소송법 제259조 소정의 이른바 중복소송 금지규정에 저촉되는 것이라고 하였다.

(4) 중복제소금지의 효과

동일한 사건에 대하여 소송계속이 발생하고 있지 않을 것은 소극적 소송요건이다. 따라서 중복된 소제기에 해당하면 후소는 부적법 각하된다. 법원은 이를 직권으로 고려하여야 하는 직권조사사항이다. 즉 법원은 중복된 소제기에 해당되면 피고의 항변을 기다릴 필요 없이 후소를 부적법 각하하여야 한다.

(5) 사안의 경우

Ⅱ 설문 ⑵에 관하여

1. 결론

중복된 소제기에 해당하지 않는다.

2. 근거

⑴ 채권에 대한 압류 및 추심명령의 성질 및 효과

1) 법정소송담당으로서의 효과

추심채권자는, 실체법상의 청구권은 채무자인 집행채무자(원래의 채권자)에게 있으면서 소송법상의 관리권만을 이전받는 제3자 법정소송담당의 관계에 있게 된다. 따라서 채무자는 원고로서의 당사자적격을 상실한다. 나아가 추심금청구소송의 소송물은 피압류채권이다. 판례도 채권에 대한 유효한 압류 및 추심명령이 있으면 제3채무자에 대한 이행의 소는 추심채권자만이 제기할 수 있고, 채무자는 피압류채권에 대한 이행소송을 제기할 당사자적격을 상실한다고 본다.

2) 압류 및 추심명령의 효력발생 시기 및 범위

압류 및 추심명령의 효력발생 시기는 제3채무자에 대한 송달일이고(민사집행법 제227조 제3항, 제229조 제4항), 제3채무자에게 송달된 이상 채무자에게 송달되지 않았다 하더라도 효력발생에는 아무런 영향이 없다.

3) 사안의 경우

사안의 경우, 甲의 丁에 대한 매매대금채권에 대한 乙의 압류 및 추심명령이 제3채무자인 丁에게 송달되었으므로, 乙의 압류 및 추심명령의 효력발생으로 인해 甲의 피압류채권에 대한 이행청구 소송을 제기할 당사자적격을 상실하였다. 따라서 법원은 甲의 丁에 대한 매매대금 청구소송에 대하여 당사자적격의 흠을 이유로 부적법 각하 판결을 하여야 한다.

⑵ 채무자의 제3채무자를 상대로 한 이행의 소가 계속 중 압류채권자가 제기한 추심의 소가 중복 제소에 해당하는지 여부

1) 문제점

사안의 경우, ① 甲의 丁을 상대로 한 전소는 당사자적격의 흠을 이유로 부적법하므로 각하되어야 하지만, 실제 각하되지 않는 한 소송계속은 인정된다. 또한 ② 전소의 소송물은 甲의 丁에 대한 매매대금채권이고 후소의 소송물도 피압류채권인 甲의 丁에 대한 매매대금채권이므로 전·후 양소의 소송물은 동일하다. 나아가 ③ 당사자가 甲과 乙로서 서로 다른 경우이지만 판결의 효력이 미치는 관계라고 본다면 중복제소에 해당한다고 볼 여지가 있으므로, 이에 대해 살펴본다.

2) 乙의 추심금소송이 중복제소에 해당하는지 여부

이에 대해 판례는 채무자가 제3채무자를 상대로 제기한 이행의 소가 이미 법원에 계속되어 있는 상태에서 압류채권자가 제3채무자를 상대로 제기한 추심의 소의 본안에 관하여 심리·판단한다고 하여, 판결의 모순·저촉의 위험이 크다고 볼 수 없으며, 따라서 채무자가 제3채무자를 상대로 제기한 이행의 소가 법원에 계속되어 있는 경우에도 압류채권자는 제3채무자를 상대로 압류된 채권의 이행을 청구하는 추심의 소를 제기할 수 있고, 제3채무자를 상대로 압류채권자가 제기한 추심의 소는 채무자가 제기한 이행의 소에 대한 관계에서 민사소송법 제259조가 금지하는 중복된 소제기에 해당하지 않는다고 봄이 타당하다고 하였다.[100]

(3) 사안의 경우

---

100) 대판(전) 2013.12.18, 2013다202120

☑ 사례(48) │ 중복제소의 금지

기본적 사실관계

甲은 乙에게 1억원(이하 '이 사건 대여금'이라 한다)을 대여하였다는 취지로 주장하며, 2019.2.1. 乙을 상대로 이 사건 대여금의 반환을 구하는 소를 제기하였다.

문제

甲의 채권자인 丁은 甲에 대한 1억원의 집행력 있는 약속어음 공정증서 채권에 기하여 甲의 이 사건 대여금 채권에 대한 채권압류 및 추심명령을 받았고, 위 명령은 2019.5.10. 乙에게 송달되었다. 甲이 乙을 상대로 제기한 이 사건 대여금 청구 소송이 계속되고 있는 상태에서, 丁은 2019.5.20. 乙을 상대로 추심금 지급을 구하는 별개의 소를 제기하였다. 丁이 제기한 추심금 지급의 소가 적법한지에 관하여 결론과 그 이유를 약술하시오. 15점

1. 결론

적법하다.

2. 이유

(I) 채권에 대한 압류 및 추심명령의 성질 및 효과

1) 법정소송담당으로서의 효과

① 추심채권자는, 실체법상의 청구권은 채무자인 집행채무자(원래의 채권자)에게 있으면서 소송법상의 관리권만을 이전받는 제3자 법정소송담당의 관계에 있게 된다. 따라서 채무자는 원고로서의 당사자적격을 상실한다. 나아가 추심금청구소송의 소송물은 피압류채권이다.

② 판례도 채권에 대한 유효한 압류 및 추심명령이 있으면 제3채무자에 대한 이행의 소는 추심채권자만이 제기할 수 있고, 채무자는 피압류채권에 대한 이행소송을 제기할 당사자적격을 상실한다고 하였다.

2) 압류 및 추심명령의 효력발생 시기

압류 및 추심명령의 효력발생 시기는 제3채무자에 대한 송달일이고(민사집행법 제227조 제3항, 제229조 제4항), 제3채무자에게 송달된 이상 채무자에게 송달되지 않았다 하더라도 효력발생에는 아무런 영향이 없다.

3) 사안의 경우

사안의 경우, 甲의 乙에 대한 1억원의 대여금채권에 대한 丁의 압류 및 추심명령이 제3채무자인 乙에게 송달되었으므로, 丁의 압류 및 추심명령의 효력발생으로 인해 甲은 피압류채권에

대한 이행청구 소송을 제기할 당사자적격을 상실하였다. 따라서 법원은 甲의 乙에 대한 대여금청구소송에 대하여 당사자적격의 흠을 이유로 부적법 각하 판결을 하여야 한다.

(2) 丁의 추심금소송이 중복제소에 해당하는지 여부

1) 중복제소금지의 의의 · 취지

이미 법원에 소송계속 중인 사건과 동일한 사건에 관하여 당사자는 다시 소를 제기하지 못하는데(제259조), 판결의 모순 · 저촉의 방지를 위한 것이다.

2) 요건

① 중복소제기로 금지가 되기 위해서는 ⅰ) 전 · 후 양소의 당사자가 동일할 것, ⅱ) 전 · 후 양소의 소송물이 동일할 것, ⅲ) 전소가 소송계속 중일 것이 요구된다.

② 사안의 경우, 甲의 乙을 상대로 한 전소는 당사자적격의 흠을 이유로 부적법하므로 각하되어야 하지만, 실제 각하되지 않는 한 소송계속은 인정된다. 또한 전소의 소송물은 甲의 乙에 대한 대여금채권이고 후소의 소송물도 피압류채권인 甲의 乙에 대한 대여금채권이므로 전 · 후 양소의 소송물은 동일하다. 나아가 당사자가 甲과 丁으로서 서로 다른 경우이지만 판결의 효력이 미치는 관계라고 본다면 중복제소에 해당한다고 볼 여지가 있으므로, 이에 대해 살펴본다.

3) 중복제소 해당 여부

이에 대해 판례는 채무자가 제3채무자를 상대로 제기한 이행의 소가 이미 법원에 계속되어 있는 상태에서 압류채권자가 제3채무자를 상대로 제기한 추심의 소의 본안에 관하여 심리 · 판단한다고 하여, 판결의 모순 · 저촉의 위험이 크다고 볼 수 없으며, 따라서 채무자가 제3채무자를 상대로 제기한 이행의 소가 법원에 계속되어 있는 경우에도 압류채권자는 제3채무자를 상대로 압류된 채권의 이행을 청구하는 추심의 소를 제기할 수 있고, 제3채무자를 상대로 압류채권자가 제기한 추심의 소는 채무자가 제기한 이행의 소에 대한 관계에서 민사소송법 제259조가 금지하는 중복된 소제기에 해당하지 않는다고 봄이 타당하다고 하였다.[101]

(3) 사안의 경우

丁의 추심금 청구의 소는 중복제소에 해당하지 않고, 그 외 소송요건의 흠이 있다는 사정은 보이지 않으므로 적법하다.

---

101) 대판(전) 2013.12.18, 2013다202120

☑ 사례(49) | 중복제소의 금지 - 법정소송담당

> **사실관계**
>
> 甲은 乙을 상대로 대여금 1억원의 지급을 구하는 소(이하 '대여금 청구의 소'라고 한다)를 제기하였다. 그 후 甲의 채권자인 丙은 甲에 대한 약속어음 공정증서 정본을 집행권원으로 하여 甲이 乙에 대하여 가지는 대여금 채권 1억원에 대하여 채권압류 및 추심명령을 받았고, 위 채권압류 및 추심명령은 그 무렵 乙에게 송달되었다.

> **문제**
>
> 1. 甲과 乙 사이의 대여금 청구의 소가 제1심 법원에 계속되고 있는 상황에서, 丙은 대여금 청구의 소에 참가하지 아니하고, 乙을 상대로 추심금 1억원의 지급을 구하는 별도의 소(이하 '추심금 청구의 소'라고 한다)를 제기하였다. 추심금 청구의 소는 적법한가? [25점]
> 2. 대여금 청구의 소에 대하여 법원은 어떻게 판결(각하, 전부 인용, 일부 인용, 기각)하여야 하는가? [5점]

▌ 설문 1.에 관하여

1. 결론

적법하다.

2. 근거

(1) 채권에 대한 압류 및 추심명령의 성질 및 효과

1) 법정소송담당으로서의 효과

① 추심채권자는, 실체법상의 청구권은 채무자인 집행채무자(원래의 채권자)에게 있으면서 소송법상의 관리권만을 이전받는 제3자 법정소송담당의 관계에 있게 된다. 따라서 채무자는 원고로서의 당사자적격을 상실한다. 나아가 추심금청구소송의 소송물은 피압류채권이다.

② 판례도 채권에 대한 유효한 압류 및 추심명령이 있으면 제3채무자에 대한 이행의 소는 추심채권자만이 제기할 수 있고, 채무자는 피압류채권에 대한 이행소송을 제기할 당사자적격을 상실한다고 본다.

2) 압류 및 추심명령의 효력발생 시기

압류 및 추심명령의 효력발생 시기는 제3채무자에 대한 송달일이고(민사집행법 제227조 제3항, 제229조 제4항), 제3채무자에게 송달된 이상 채무자에게 송달되지 않았다 하더라도 효력발생에는 아무런 영향이 없다.

3) 사안의 경우

사안의 경우, 甲의 乙에 대한 1억원의 대여금채권에 대한 丙의 압류 및 추심명령이 제3채무자인 乙에게 송달되었으므로, 丙의 압류 및 추심명령의 효력발생으로 인해 甲은 피압류채권에 대한 이행청구 소송을 제기할 당사자적격을 상실하였다. 따라서 법원은 甲의 乙에 대한 대여금청구소송에 대하여 당사자적격의 흠을 이유로 부적법 각하 판결을 하여야 한다.

(2) 丙의 추심금소송이 중복제소에 해당하는지 여부

1) 중복제소금지의 의의·취지

이미 법원에 소송계속 중인 사건과 동일한 사건에 관하여 당사자는 다시 소를 제기하지 못하는데(제259조), 이는 판결의 모순·저촉의 방지를 위한 것이다.

2) 요건

① 중복소제기로 금지가 되기 위해서는 ⅰ) 전·후 양소의 당사자가 동일할 것, ⅱ) 전·후 양소의 소송물이 동일할 것, ⅲ) 전소가 소송계속 중일 것이 요구된다.

② 사안의 경우, 甲의 乙을 상대로 한 전소는 당사자적격의 흠을 이유로 부적법하므로 각하되어야 하지만, 실제 각하되지 않는 한 소송계속은 인정된다. 또한 전소의 소송물은 甲의 乙에 대한 대여금채권이고 후소의 소송물도 피압류채권인 甲의 乙에 대한 대여금채권이므로 전·후 양소의 소송물은 동일하다. 나아가 당사자가 甲과 丙으로서 서로 다른 경우이지만 판결의 효력이 미치는 관계라고 본다면 중복제소에 해당한다고 볼 여지가 있으므로, 이에 대해 살펴본다.

3) 중복제소 해당 여부

이에 대해 판례는 채무자가 제3채무자를 상대로 제기한 이행의 소가 이미 법원에 계속되어 있는 상태에서 압류채권자가 제3채무자를 상대로 제기한 추심의 소의 본안에 관하여 심리·판단한다고 하여, 판결의 모순·저촉의 위험이 크다고 볼 수 없으며, 따라서 채무자가 제3채무자를 상대로 제기한 이행의 소가 법원에 계속되어 있는 경우에도 압류채권자는 제3채무자를 상대로 압류된 채권의 이행을 청구하는 추심의 소를 제기할 수 있고, 제3채무자를 상대로 압류채권자가 제기한 추심의 소는 채무자가 제기한 이행의 소에 대한 관계에서 민사소송법 제259조가 금지하는 중복된 소제기에 해당하지 않는다고 봄이 타당하다고 하였다.[102]

(3) 사안의 경우

丙의 추심금 청구의 소는 중복제소에 해당하지 않고, 그 외 소송요건의 흠이 있다는 사정은 보이지 않으므로 적법하다.

---

102) 대판(전) 2013.12.18, 2013다202120

Ⅱ 설문 2.에 관하여

1. 결론

소각하 판결을 하여야 한다.

2. 근거

① 판례는 채권에 대한 유효한 압류 및 추심명령이 있으면 제3채무자에 대한 이행의 소는 추심채권자만이 제기할 수 있고, 채무자는 피압류채권에 대한 이행소송을 제기할 당사자적격을 상실한다고 본다.

② 사안의 경우, 甲의 乙에 대한 1억원의 대여금채권에 대한 丙의 압류 및 추심명령이 제3채무자인 乙에게 송달되었으므로, 丙의 압류 및 추심명령의 효력발생으로 인해 甲은 피압류채권에 대한 이행청구소송을 제기할 당사자적격을 상실하였다. 따라서 법원은 甲의 乙에 대한 대여금 청구의 소에 대하여 당사자적격의 흠을 이유로 부적법 각하 판결을 하여야 한다.

※ 만일 추심명령이 乙에게 직접 교부송달된 바 없이 채무자인 甲에게 보충송달된 상태에서 甲이 乙을 상대로 대여금 청구의 소를 제기하였다면 적법한가?

1. 결론

    적법하다.

2. 근거

    (1) 문제점

    압류 및 추심명령이 제3채무자에게 송달되면 제3채무자에 대한 이행의 소는 추심채권자만이 제기할 수 있고, 채무자는 피압류채권에 대한 이행소송을 제기할 당사자적격을 상실하는 효력이 발생하여 채무자의 제3채무자에 대한 소는 부적법하게 되는 것인데, 제3채무자 아닌 채무자에게의 보충송달로 인하여 이와 같은 효력이 발생하는지 문제이다. 이와 관련하여 보충송달의 유효성 여부를 살펴볼 필요가 있다. 만일 보충송달이 효력이 없다면 이행의 소에서 당사자적격은 주장 자체로 인정되기 때문이다.

    (2) 보충송달의 유효 여부

    1) 보충송달의 의의 및 취지

    ① 송달은 원칙적으로 송달받을 사람의 주소·거소·영업소 또는 사무소에서 송달받을 사람 본인에게 교부하는 교부송달이 원칙이나(제178조 제1항, 제183조 제1항), 송달기관이 위와 같은 장소에서 송달받을 사람을 만나지 못한 때에는 그 사무원, 피용자 또는 동거인으로서 사리를 분별할 지능이 있는 사람에게 하는 보충송달에 의할 수도 있다(제186조 제1항).

    ② 이와 같은 보충송달은 본인 아닌 그의 사무원, 피용자 또는 동거인, 즉 수령대행인이 서류를 수령하여도 그의 지능과 객관적인 지위, 본인과의 관계 등에 비추어 사회통념상 본인에게 그 서류를 전달할 것이라는 합리적인 기대를 전제로 한다.

2) 보충송달의 유효성 여부

    판례는 본인과 수령대행인 사이에 당해 소송에 관하여 이해의 대립 내지 상반된 이해관계가 있는 때에는 수령대행인이 소송서류를 본인에게 전달할 것이라고 합리적으로 기대하기 어렵고, 이해가 대립하는 수령대행인이 본인을 대신하여 소송서류를 송달받는 것은 쌍방대리금지의 원칙에도 반하므로, 본인과 사이에 당해 소송에 관하여 이해의 대립 내지 상반된 이해관계가 있는 수령대행인에 대하여는 보충송달을 할 수 없다고 하였다.[103]

(3) 사안의 경우

    甲은 채권압류 및 추심명령의 채무자로서 乙과 이해관계를 달리하는 자이므로 甲에게 한 보충송달은 부적법하고, 달리 채권압류 및 추심명령 결정정본이 제3채무자인 乙에게 송달된 점이 인정되지 않으므로, 채권압류 및 추심명령은 효력이 발생하지 않는다. 따라서 甲의 乙을 상대로 한 이행의 소는 주장 자체로 당사자적격이 있는 경우로서 적법하다.

---

103) 대판 2016.11.10, 2014다54366

✔️ 사례(50) | 중복제소의 금지 – 채권자취소소송

사실관계

이미 채무 초과 상태에 있는 乙은 2006.2.1. 그 소유의 유일한 재산인 서울 종로구 평창동 456 대 60m²인 X 토지를 고향 후배인 丙에게 시가보다 훨씬 저렴한 가격에 매도하고, 2006.2.5. 丙 앞으로 그 소유권이전등기를 마쳐 주었다. 한편 위 매매계약 당시 乙은 甲과 A에 대하여 각 금전채무를 부담하고 있었다. 甲은 丙을 상대로 2006.3.8. 사해행위취소소송을 제기하였고, A 또한 그 소송계속 중 2006.3.28.에 丙에게 사해행위취소소송을 제기하였다.

문제

A가 제기한 사해행위취소의 소는 중복제소에 해당하는가? [12점]

Ⅰ 결론

중복제소에 해당하지 않는다.

Ⅱ 근거

1. 채권자취소소송의 법적 성질

채권자취소권은 제3자 소송담당에 해당하지 않으며, 자신의 실체법상 독자적인 고유한 권리를 행사하는 경우에 해당한다.

2. 중복된 소제기의 금지

(1) 중복제소금지의 의의 및 취지

이미 법원에 소송계속 중인 사건과 동일한 사건에 관하여 당사자는 다시 소를 제기하지 못한다(제259조). 이를 중복된 소제기의 금지라고 한다. 그 취지는 동일한 사건이 다시 이중으로 제기된 경우에 각각의 판결의 모순·저촉의 방지를 위한 것이다.

(2) 요건

중복소제기의 요건으로는 ① 전·후 양소의 당사자가 동일할 것, ② 전·후 양소의 소송물이 동일할 것, ③ 전소가 소송계속 중일 것을 요구한다.

3. 중복제소 해당 여부

① 판례는 채권자취소권의 요건을 갖춘 각 채권자는 고유한 권리로 채무자의 재산처분행위를 취소·원상회복을 구할 수 있으므로 여러 명의 채권자가 동시에 또는 시기를 달리하여 사해행위취소 및 원상회복청구의 소를 제기한 경우 이들 소가 중복제소에 해당하지 않는다고 판시하였다.[104]

② 채권자취소권은 법정소송담당이 아니라 자신의 고유한 독자적 권리를 행사하는 것으로서 기판력이 확장되는 관계에 있지 않은바 당사자가 동일하지 않고, 나아가 소송물도 다르다고 봄이 타당하다. 따라서 중복소송에 해당하지 않는다고 본 판례의 태도는 타당하다.

4. 사안의 경우

---

[104] 대판 2005.11.25, 2005다51457

✓ 사례(51) │ 중복제소의 금지 - 채권자취소소송과 법원의 판결

사실관계

甲은 2011.8.1. 丙과 丁의 연대보증 아래 乙에게 3억원을 변제기 2012.7.31. 이율 연 12%(변제기에 지급)로 정하여 대여하였다. 丁은 무자력 상태에서 2015.10.1. 자신의 유일한 재산인 시가 4억원 상당의 X토지를 戊에게 1억원에 매도(이하 '이 사건 매매계약'이라 한다)하고 같은 달 10. 소유권이전등기를 마쳐주었다. 丁에 대해 변제기가 2014.11.30.인 2억원의 물품대금채권을 가지고 있던 K는 戊를 상대로 2016.9.1. 이 사건 매매계약의 취소와 소유권이전등기의 말소를 구하는 사해행위취소의 소를 제기하였다.

문제

K의 사해행위취소의 소가 법원에 계속 중인 2016.9.30. 甲이 丁에 대한 연대보증채권을 피보전채권으로 하여 K와 동일한 청구취지의 사해행위취소의 소를 같은 법원에 제기하였고, 법원이 두 사건을 병합하여 2017.5.1. 판결을 선고하는 경우 甲과 K의 청구의 결론[각하, 기각, 인용, 일부인용]과 근거를 서술하시오.
20점

1. 결론

법원은 甲과 K의 청구에 대하여 각각 인용판결을 하여야 한다.

2. 근거

(1) 문제점[105]

사안의 경우 甲과 K의 채권자취소소송은 ① 戊를 상대로, ② 2015.10.1. 이루어진 이 사건 매매계약을 대상으로, ③ K는 2016.9.1.에, 甲은 2016.9.30.에, 각각 이 사건 매매계약의 취소와 소유권이전등기의 말소를 구하는 사해행위취소의 소를 제기하였는바, 모두 피고적격, 청구적격 및 제소기간을 준수하였다는 점에서는 문제가 없다. 다만 甲의 채권자취소소송이 중복제소에 해당하는지를 살펴 볼 필요가 있다. 나아가 적법한 경우라면 청구는 이유가 있는지, 그렇다면 법원은 甲과 K의 각 청구 모두에 대해 인용판결을 하여야 하는지가 문제이다.

(2) 채권자취소소송의 적법성 심사 - 채권자취소소송과 중복제소

1) 채권자취소소송의 법적 성질

채권자취소권은 제3자 소송담당에 해당하지 않으며, 자신의 실체법상 독자적인 고유한 권리를 행사하는 경우에 해당한다.

---

105) 추가득점(+α)에 해당하는 사항이다.

2) 중복제소금지의 의의 및 취지

이미 법원에 소송계속 중인 사건과 동일한 사건에 관하여 당사자는 다시 소를 제기하지 못한다 (제259조). 이를 중복된 소제기의 금지라고 한다. 그 취지는 동일한 사건이 다시 이중으로 제기된 경우에 각각의 판결의 모순·저촉의 방지를 위한 것이다.

3) 요건

중복소제기의 요건으로는 ① 전·후 양소의 당사자가 동일할 것, ② 전·후 양소의 소송물이 동일할 것, ③ 전소가 소송계속 중일 것을 요구한다.

4) 중복제소 해당 여부

① 판례는 채권자취소권의 요건을 갖춘 각 채권자는 고유한 권리로 채무자의 재산처분행위를 취소·원상회복을 구할 수 있으므로 여러 명의 채권자가 동시에 또는 시기를 달리하여 사해행위취소 및 원상회복청구의 소를 제기한 경우 이들 소가 중복제소에 해당하지 않는다고 판시하였다.[106)107)]

② 생각건대, 채권자취소권은 법정소송담당이 아니라 자신의 고유한 독자적 권리를 행사하는 것으로서 기판력이 확장되는 관계에 있지 않은바 당사자가 동일하지 않고, 나아가 소송물도 다르다고 봄이 타당하다. 따라서 중복소송에 해당하지 않는다고 본 판례의 태도는 타당하다.

5) 사안의 경우

사안의 경우, 甲의 후소는 중복제소에도 해당하지 않고 그 외의 소송요건에도 흠이 없다고 보이는바, 적법하다.

(3) 본안심사 – 청구의 당부

1) 요건

① 채권자취소권이 인정되기 위해서는 ⅰ) 피보전채권이 존재하여야 하고, ⅱ) 채무자의 사해행위가 있어야 하며, ⅲ) 채무자 및 수익자 또는 전득자의 사해의사가 있어야 한다 (제406조).

---

106) 대판 2005.11.25, 2005다51457

107) 대판 2008.4.24, 2007다84352 : 채권자취소권의 요건을 갖춘 각 채권자는 고유의 권리로서 채무자의 재산처분 행위를 취소하고 그 원상회복을 구할 수 있는 것이므로 여러 명의 채권자가 동시에 또는 시기를 달리하여 사해행위취소 및 원상회복청구의 소를 제기한 경우 이들 소가 중복제소에 해당하지 아니할 뿐만 아니라, 어느 한 채권자가 동일한 사해행위에 관하여 사해행위취소 및 원상회복청구를 하여 승소판결을 받아 그 판결이 확정되었다는 것만으로는 그 후에 제기된 다른 채권자의 동일한 청구가 권리보호의 이익이 없게 되는 것은 아니고, 그에 기하여 재산이나 가액의 회복을 마친 경우에 비로소 다른 채권자의 사해행위취소 및 원상회복청구는 그와 중첩되는 범위 내에서 권리보호의 이익이 없게 된다.

② 판례는 채무자가 자기의 유일한 재산인 부동산을 매각하여 소비하기 쉬운 금전으로 바꾸는 행위는 특별한 사정이 없는 한 채권자에 대하여 사해행위가 된다고 볼 것이므로 채무자의 사해의 의사는 추정되는 것이고, 이를 매수하거나 이전 받은 자가 악의가 없었다는 입증책임은 수익자에게 있다는 입장이다.[108]

2) 사안의 경우

사안에서 연대보증채권자인 甲과 물품대금채권자인 K의 채무자 丁은 무자력 상태에서 자신의 유일한 재산인 시가 4억원 상당의 X토지를 戊에게 1억원에 매도하고 소유권이전등기를 마쳐주었는바, 채권자취소권의 요건은 구비된 경우에 해당한다.

(4) 수개의 채권자취소소송의 병합과 판결

판례는 여러 명의 채권자가 사해행위취소 및 원상회복청구의 소를 제기하여 여러 개의 소송이 계속 중인 경우에는 각 소송에서 채권자의 청구에 따라 사해행위의 취소 및 원상회복을 명하는 판결을 선고하여야 한다고 하였다.[109] 이는 수개의 채권자취소소송이 병합된 경우에도 마찬가지이다.

결국, 사안의 경우 법원은 甲과 K의 청구에 대하여 각각 인용판결을 하여야 한다.

---

108) 대판 2001.4.24, 2000다41875
109) 대판 2008.4.24, 2007다84352

사례(52) | 중복제소금지 - 동일한 권리에 관한 확인청구와 이행청구

사실관계

丙은 甲으로부터 1억원을 차용하면서 甲·乙과 합의하여 乙 소유의 부동산 위에 근저당권자 甲, 채무자 乙로 된 저당권을 설정하게 하였다. 그 후 甲은 乙이 丙으로부터 채무를 병존적으로 인수함과 동시에 이를 피담보채무로 하여 위 저당권을 설정하였다고 주장하며 위 1억원의 지급을 구하는 소를 제기하였고, 그 소장부본을 송달받은 후 乙은 채무부존재확인의 소를 제기하였다.

문제

乙이 제기한 후소는 적법한가? [10점]

Ⅰ 결론

후소는 부적법하다.

Ⅱ 근거

1. 중복제소 해당 여부

(1) 의의·취지 및 요건

(2) 동일한 권리에 관한 확인청구와 이행청구

동일한 권리에 관한 원고의 이행청구의 소송(적극적 확인의 소 포함) 계속 중 피고가 소극적 확인의 소를 제기하는 경우 후소가 중복 소제기에 해당되는지 여부에 관해서, 판례는 채권자가 채무인수자를 상대로 채무이행청구를 한 소송의 계속 중 채무인수자가 그 채권자를 상대로 그 채무의 부존재 확인청구를 한 사안에서 그 청구취지와 청구원인이 서로 다르므로, 중복된 소제기에 해당하지 않는다고 하였다.[110]

2. 확인의 이익 유무

① 다만 피고의 소극적 확인의 소가 확인의 이익이 있는지 여부가 문제된다. 확인의 이익은 자기의 현재의 권리관계에 현존하는 위험이 있고, 위험을 제거하는 데에 유효·적절한 수단이어야 한다.

---

110) 대판 2001.7.24, 2001다22246

② 이에 대해 판례는 채무인수자를 상대로 한 채무이행청구소송이 계속 중, 채무인수자가 별소로 그 채무의 부존재 확인을 구하는 것은 소의 이익이 없다고 하였다.[111] 즉 甲이 제기한 이행소송에서 청구기각의 판결을 구함으로써 甲이 乙에게 채권을 가지고 있지 아니함을 다툴 수 있으므로, 이와 별도로 甲을 상대로 채무부존재의 확인을 구할 이익이 없다는 것이다.

---

111) 대판 2001.7.24, 2001다22246

사례(53) | 상계의 항변과 중복제소

사실관계

甲은 乙이 시공한 건물의 건축자재를 공급하였는데, 당초 乙이 공사를 완료하는 즉시 자재대금을 지급하기로 약속하였음에도 불구하고 공사 완료 후에도 대금을 지급하지 않아 수차례 독촉을 하였다. 그러나 乙이 공사 중 甲이 불량자재를 공급(甲의 과실이 인정)하여 해당 자재를 사용한 부분을 철거하고 재시공을 하느라 소요된 2억원을 배상하여 줄 것을 요구하며 불응하므로, 甲은 乙을 상대로 법원에 3억원의 건축 자재대금 이행청구의 소를 제기하였다.

문제

甲의 乙을 상대로 한 3억원의 건축 자재대금 이행청구의 소송계속 중 乙은 甲이 불량자재를 공급하여 해당 자재를 사용한 부분을 철거하고 재시공을 하느라 소요된 2억원과 상계하겠다고 주장하는 한편, 신속히 위 2억원을 지급받고자 甲에 대하여 위 2억원의 지급을 구하는 별도의 소를 제기하였다. 乙이 제기한 소는 적법한가? 13점

1. 결론

적법하다.

2. 근거

(1) 문제의 소재

공격방어방법으로 주장한 권리에 대하여는 소송계속이 발생하지 않으나, 상계의 항변에 대하여는 대항한 액수에 있어서 그 판단에 기판력이 인정되는(제216조 제2항) 등 보통의 공격방어방법과 다른 특수성이 있어서 판결의 모순·저촉의 우려가 있다. 이에 따라 소송 중 상계항변으로 주장한 반대채권으로 별소를 제기하거나 별소로 청구한 채권으로 후소에서 상계항변하는 경우 중복제소에 해당하는지 여부가 문제된다.[112]

(2) 중복된 소제기의 금지

1) 의의 및 취지

이미 법원에 소송계속 중인 사건과 동일한 사건에 관하여 당사자는 다시 소를 제기하지 못한다(제259조). 이를 중복된 소제기의 금지라고 한다. 그 취지는 동일한 사건이 다시 이중으로 제기된 경우에 각각의 판결의 모순·저촉의 방지를 위한 것이다.

---

[112] 엄밀히 말하면 기판력이 발생한다는 특성상 중복소송금지를 준용할 수 있는지 여부가 문제되는 것이다.

2) 요건

중복소제기의 요건으로는 ① 전·후 양소의 당사자가 동일할 것, ② 전·후 양소의 소송물이 동일할 것, ③ 전소가 소송계속 중일 것을 요구한다(제259조).

(3) 상계의 항변과 중복제소

판례는 "① 상계의 항변을 제출할 당시 이미 자동채권과 동일한 채권에 기한 소송을 별도로 제기하여 계속 중인 경우, 사실심의 담당재판부로서는 전소와 후소를 같은 기회에 심리·판단하기 위하여 이부, 이송 또는 변론병합 등을 시도함으로써 기판력의 저촉·모순을 방지함과 아울러 소송경제를 도모함이 바람직하나, 그렇다고 하여 특별한 사정이 없는 한 별소로 계속 중인 채권을 자동채권으로 하는 소송상 상계의 주장이 허용되지 않는다고 볼 수는 없다. ② 마찬가지로 먼저 제기된 소송에서 상계 항변을 제출한 다음 그 소송계속 중에 자동채권과 동일한 채권에 기한 소송을 별도의 소나 반소로 제기하는 것도 가능하다."고 하였다.[113]

(4) 사안의 경우

乙이 제기한 소는 중복제소에 해당하지 않고, 사안의 경우 다른 부적법한 사유는 보이지 않는다. 따라서 乙의 후소는 적법하다.

---

113) 대판 2001.4.27, 2000다4050, 대판 2022.2.17, 2021다275741

사례(54) | 상계항변과 중복제소 및 재소금지 등

기본적 사실관계

○ 수급인 B는 2014.11.25. 'F'이라는 상호로 인테리어 업체를 운영하는 자로서 도급인 A와 양산시에 있는 'D모텔'에 관하여 공사기간 2014.11.26.부터 2015.3.14.까지, 공사대금 5억원으로 정하여 리모델링 및 인테리어 공사계약을 체결하였다. B는 2015.3.20.경 공사를 완성하였고, A는 D건물을 인도받아 2015.4.경부터 영업을 개시하였다. A는 D건물에 하자가 발견되어 2015.4.15.경부터 2015.10.22.경까지 여러 차례에 걸쳐 B에게 지속적으로 하자보수를 요청하였고 내용증명을 보내기도 하였다.

○ 한편, B는 공사대금을 못 받은 것이 있다며 A를 상대로 공사대금의 지급을 구하는 소를 제기하였다.

문제

※ 아래 각 설문에 대한 결론과 근거를 설명하시오. 각 설문은 상호 무관한 것임을 전제로 한다.

〈추가된 사실관계〉

1. B가 A를 상대로 제기한 공사대금 청구소송(이하 '선행소송'이라 한다)의 제1심에서 A는 공사의 하자보수에 갈음한 손해배상채권을 자동채권으로 하여 상계항변을 하였다가 상계항변의 주장이 배척되자 이에 항소하였다. A는 선행소송 항소심 계속 중 위 상계항변의 자동채권과 동일한 채권에 기하여 공사의 하자보수에 갈음한 손해배상을 구하는 이 사건 소(이하 '후행소송'이라 한다)를 제기한 다음 위 상계항변을 철회하였고, 선행소송은 B의 승소로 확정되었다. 이후 B는 후행소송에서 "A가 제기한 후행소송은 이미 선행소송에서 상계항변을 한 청구권에 대한 소송으로서 동일하고, 또한 선행소송의 제1심에서 상계항변이 배척된 후 선행소송의 항소심에서 상계항변을 철회한 후에 제기된 소송이므로, 부적법한 소송이다." 라고 주장하였다. B의 주장은 타당한가? [15점]

2. 만일 선행소송에서 상계항변이 철회되어 B가 승소확정 판결을 받았는데, 후행소송의 법원이 A의 청구를 인용하는 판결을 한 경우라면, 기판력에 반하는 위법한 판결인가? [5점]

■ 설문 1.에 관하여

1. 결론

B의 주장은 타당하지 않다(부당하다).

2. 근거

(1) 중복된 소제기의 금지

1) 문제점

공격방어방법으로 주장한 상계의 항변에 대하여는 대항한 액수에 있어서 그 판단에 기판력이 인정되는(제216조 제2항) 등 보통의 공격방어방법과 다른 특수성이 있어서 판결의 모순·저촉의 우려가 있다. 이에 따라 소송 중 상계항변으로 주장한 반대채권으로 별소를 제기하는 경우 중복제소에 해당하는지 여부가 문제된다.[114]

2) 의의·취지 및 요건

① 이미 법원에 소송계속 중인 사건과 동일한 사건에 관하여 당사자는 다시 소를 제기하지 못한다(제259조). 이를 중복된 소제기의 금지라고 한다. 그 취지는 동일한 사건이 다시 이중으로 제기된 경우에 각각의 판결의 모순·저촉의 방지를 위한 것이다.

② 중복소제기의 요건으로는 ⅰ) 전·후 양소의 당사자가 동일할 것, ⅱ) 전·후 양소의 소송물이 동일할 것, ⅲ) 전소가 소송계속 중일 것을 요구한다.

3) 상계의 항변과 중복제소

판례는 "① 상계의 항변을 제출할 당시 이미 자동채권과 동일한 채권에 기한 소송을 별도로 제기하여 계속 중인 경우, 사실심의 담당재판부로서는 전소와 후소를 같은 기회에 심리·판단하기 위하여 이부, 이송 또는 변론병합 등을 시도함으로써 기판력의 저촉·모순을 방지함과 아울러 소송경제를 도모함이 바람직하나, 그렇다고 하여 특별한 사정이 없는 한 별소로 계속 중인 채권을 자동채권으로 하는 소송상 상계의 주장이 허용되지 않는다고 볼 수는 없다. ② 마찬가지로 먼저 제기된 소송에서 상계 항변을 제출한 다음 그 소송계속 중에 자동채권과 동일한 채권에 기한 소송을 별도의 소나 반소로 제기하는 것도 가능하다."고 하였다.[115]

4) 사안의 경우

사안의 경우 후행소송은 이미 선행소송에서 상계항변을 한 청구권에 대한 소송으로서 동일하므로 중복제소금지에 따라 부적법하다는 B의 주장은 타당하지 않다.

(2) 재소금지 해당 여부

1) 문제점

상계항변은 기판력이 인정된다는 점(제216조 제2항), 그러나 공격방어방법으로서 예비적 항변에 해당하지만 소제기와는 다르므로 상계항변을 철회하는 경우 상대방의 동의 없이 자유롭게 철회할 수 있다는 점 때문에 재소금지의 원칙이 적용되는지 여부가 문제이다.[116]

2) 의의·취지 및 요건

① 본안에 대한 종국판결이 있은 후에 소를 취하한 자는 다시 동일한 소를 제기하지 못한다(제267조 제2항). 이는 소 취하로 인하여 법원의 종국판결이 농락됨을 방지하기 위한 것이다.

② 제267조 제2항에 의하여 재소로 금지되기 위해서는 ⅰ) 당사자가 동일할 것, ⅱ) 소송물이 동일할 것, ⅲ) 권리보호의 이익이 동일할 것, ⅳ) 본안의 종국판결 후의 소취하일 것의 요건을 갖추어야 한다.

---

114) 엄밀히 말하면 기판력이 발생한다는 특성상 중복소송금지를 준용할 수 있는지 여부가 문제되는 것이다.

115) 대판 2022.2.17, 2021다275741

116) 엄밀히 말하면 재소금지의 원칙을 준용할 수 있는지 여부가 문제되는 것이다.

3) 상계항변의 철회와 재소금지

판례는 "민사소송법 제267조 제2항은 본안에 대한 종국판결이 있은 뒤에 소를 취하한 사람은 같은 소를 제기하지 못한다고 정하고 있다. 이는 소취하로 그동안 판결에 들인 법원의 노력이 무용해지고 다시 동일한 분쟁을 문제 삼아 소송제도를 남용하는 부당한 사태를 방지할 목적에서 나온 제재적 취지의 규정이다. 그런데 상대방이 본안에 관하여 준비서면을 제출하거나 변론준비기일에서 진술 또는 변론을 한 뒤에는 상대방의 동의를 받아야 효력을 가지는 소의 취하와 달리 소송상 방어방법으로서의 상계항변은 그 수동채권의 존재가 확정되는 것을 전제로 하여 행하여지는 일종의 예비적 항변으로서 상대방의 동의 없이 이를 철회할 수 있고, 그 경우 법원은 처분권주의의 원칙상 이에 대하여 심판할 수 없다. 따라서 먼저 제기된 소송의 제1심에서 상계항변을 제출하여 제1심 판결로 본안에 관한 판단을 받았다가 항소심에서 상계항변을 철회하였더라도 이는 소송상 방어방법의 철회에 불과하여 민사소송법 제267조 제2항의 재소금지 원칙이 적용되지 않으므로, 그 자동채권과 동일한 채권에 기한 소송을 별도로 제기할 수 있다."고 하였다.[117]

4) 사안의 경우

사안의 경우 선행소송의 제1심에서 상계항변이 배척된 후 선행소송의 항소심에서 상계항변을 철회한 후에 제기된 소송이므로 재소금지의 원칙에 따라 부적법하다는 B의 주장은 타당하지 않다.

Ⅱ 설문 2.에 관하여

1. 결론

기판력에 반하는 위법한 판결이 아니다.

2. 근거

판례는 "① 민사소송법 제216조 제1항은 "확정판결은 주문에 포함된 것에 한하여 기판력을 가진다."라고 규정함으로써 판결 이유 중의 판단에는 원칙적으로 기판력이 미치지 않는다고 하는 한편, 그 예외로서 제2항에서 "상계를 주장한 청구가 성립되는지 아닌지의 판단은 상계하자고 대항한 액수에 한하여 기판력을 가진다."라고 규정하고 있다. 위와 같이 판결 이유 중의 판단임에도 불구하고 상계 주장에 관한 법원의 판단에 기판력을 인정한 취지는, 만일 이에 대하여 기판력을 인정하지 않는다면 원고의 청구권의 존부에 대한 분쟁이 나중에 다른 소송으로 제기되는 자동채권의 존부에 대한 분쟁으로 변형됨으로써 상계 주장의 상대방은 상계를 주장한 자가 그 자동채권을 이중으로 행사하는 것에 의하여 불이익을 입을 수 있게 될 뿐만 아니라, 상계 주장에 대한 판단을 전제로 이루어진 원고의 청구권의 존부에 대한 전소의 판결이 결과적으로 무의미하게 될 우려가 있게 되므로, 이를 막기 위함이다. ② 나아가 상계항변의 철회로 선행소송 항소심 법원이 상계항변에 대하여 판단하지 않은 이상 그 철회된 상계항변에 기판력이 생기는 것도 아니므로, 기판력에 저촉되지 않는다."고 하였다.[118]

---

117) 대판 2022.2.17, 2021다275741
118) 대판 2022.2.17, 2021다275741

사례(55) │ 재소금지의 제문제

사실관계 및 문제

※ 다음 각 설문에 답하시오(각 설문은 독립된 문제임).

(1) 甲은 乙로부터 X부동산을 매수하였는데, 원래 乙의 소유인 X부동산에 관하여 丙 명의로 중복하여 소유권보존등기가 경료되었다고 주장하면서 소유자인 乙을 대위하여 丙을 상대로 X부동산에 관한 소유권보존등기의 말소등기절차의 이행을 구하는 소를 제기하였다. 제1심에서 원고인 甲이 승소하였으나, 항소심에서 甲은 소를 적법하게 취하하였다. 그런데 위 소송이 제기된 사실을 알고 있었던 乙은 甲이 소를 취하하자 丙을 상대로 하여 소유권보존등기의 말소등기절차 이행을 구하는 소를 제기하였다. 乙이 제기한 소에 대한 법원의 결론을 논거와 함께 서술하시오. 13점

(2) 甲은 X토지의 소유자로서 자신의 토지 위에 불법으로 Y건물을 건축하여 소유하고 있는 乙을 상대로 하여 건물철거 및 토지인도를 구하는 소를 제기하여 제1심에서 승소하였다. 위 소송이 항소심에 계속 중 乙이 X토지가 甲의 소유임을 인정하고 이를 매수하겠다고 하자 甲은 위 소를 취하하였다. 그런데 이후 乙은 X토지를 매수하기는 고사하고 X토지에 대한 甲의 소유권을 다투기에 이르렀고, 甲은 위 소의 취하 후에 X토지를 A에게 매도하고 소유권이전등기를 마쳐주었다. 이에 A는 乙을 상대로 하여 위 Y건물의 철거 및 X토지의 인도를 구하는 소를 제기하였다. 이 소의 적법여부에 대한 결론을 논거와 함께 서술하시오(다른 소송요건은 구비되었음을 전제로 한다). 7점

(3) 甲은 乙 학교법인이 경영하는 대학에서 교수로 재직하다가 乙 학교법인으로부터 면직된 후 '乙 학교법인은 甲에게 면직사유가 없음에도 불구하고 적법한 절차도 거치지 않고 위법하게 면직처분을 하였다'고 주장하며 乙 학교법인을 상대로 위 면직처분무효확인 및 봉급액지급청구의 소를 제기하였다가 제1심 법원으로부터 위 면직처분이 적법유효하다는 이유로 패소판결을 선고받고 항소하여 항소심 소송계속 중 위 소를 취하하였다. 그 후 甲은 위 면직처분이 당연무효임을 전제로 하여 다시 乙 학교법인을 상대로 불법행위에 기한 손해배상청구의 소를 제기하였다. 이 소에 대한 법원의 결론을 논거와 함께 서술하시오. 8점

(4) 甲은 乙의 택시를 타고 가다가 교통사고로 중상을 입어 1,000만원의 손해를 입었다. 이에 甲은 乙을 상대로 불법행위에 기한 손해배상을 구하는 소를 제기하였는데 제1심에서 패소하였다. 항소심에서 甲은 청구를 채무불이행에 기한 손해배상을 구하는 것으로 교환하였다. 그러나 패소의 위험이 있고 1심에서의 소송자료를 충분히 활용하기 위해서 뒤에 다시 제1심에서 주장하였던 불법행위에 기한 손해배상청구의 주장을 추가적으로 병합하고자 하였다. 이러한 청구의 병합이 법원에 의해 허용될 수 있는지 여부에 대한 결론과 그에 이르게 된 논거를 서술하시오. 22점

Ⅰ 설문 (1)에 관하여

1. 결론

법원은 乙이 제기한 소에 대하여 부적법 각하판결을 하여야 한다.

2. 논거

(1) 채권자대위소송의 법적 성질

판례는 "채권자대위소송은 채권자가 스스로 원고가 되어 채무자의 제3채무자에 대한 권리를 행사하는 것이다"라고 하여 법정소송담당설의 입장이다.[119]

(2) 재소금지의 해당 여부

1) 재소금지의 의의·취지 및 요건

① 본안에 대한 종국판결이 있은 후에 소를 취하한 자는 다시 동일한 소를 제기하지 못한다 (제267조 제2항). 이는 소취하로 인하여 법원의 종국판결이 농락됨을 방지하기 위한 것이다. 제267조 제2항에 의하여 재소로 금지되기 위해서는 i) 당사자가 동일할 것, ii) 소송물이 동일할 것, iii) 권리보호의 이익이 동일할 것, iv) 본안의 종국판결 후의 소취하일 것의 요건을 갖추어야 한다.

② 사안의 경우 대위채권자가 소를 취하한 후 채무자가 다시 소를 제기한 경우 재소금지의 효력을 받는가에 관해서 문제가 있다.

2) 판례의 태도

판례는 "대위소송이 제기된 사실을 채무자가 알았을 때에는 그 판결의 효력은 채무자에게 미치므로, 채권자대위소송이 제기된 사실을 피대위자가 알게 된 이상, 대위소송에 관한 종국판결 후 그 소가 취하된 때에는 피대위자도 재소금지규정의 적용을 받아 동일한 소를 제기하지 못한다."라고 하였다.[120]

(3) 사안의 경우

III 설문 (2)에 관하여

1. 결론

乙이 제기한 소는 재소금지에 해당하지 않고 적법하다.

2. 논거

(1) 재소금지의 해당 여부

1) 재소금지의 의의·취지 및 요건

사안의 경우 특히 전소와 후소의 당사자가 동일한지 여부와 권리보호이익이 동일한지 여부가 문제된다. 특히 당사자의 동일성 여부와 관련해서는 특정승계인도 이에 포함하는지가 문제이다.

---

2) 판례의 태도

판례는 ① "민사소송법 제267조 제2항 소정의 '소를 취하한 자'에는 변론종결한 뒤의 특정승계인을 포함된다"라고 판시하여 승계인은 일반승계인, 특정승계인을 가리지 않고 모두 재소금지의 효과를 받는다는 입장이다. 다만 ② "동일한 소라 함은 권리보호의 이익도 같아야 하므로 이 건 토지의 전 소유자가 피고를 상대로 한 전소와 본건 소는 소송물인 권리관계는 동일하다 할지라도 위 전소의 취하 후에 이 건 토지를 양수한 원고는 그 소유권을 침해하고 있는 피고에 대하여 그 배제를 구할 새로운 권리보호의 이익이 있다고 할 것이니 위 전소와 본건 소는 동일한 소라고 할 수 없다"라고 하여, 결국 당사자는 동일하나 새로운 권리보호이익이 있어 재소금지에 해당되지 않는다고 본다.[121]

(2) 사안의 경우

Ⅲ 설문 (3)에 관하여

1. 결론

법원은 甲이 제기한 소에 대하여 부적법하다는 이유로 소각하판결을 하여야 한다.

2. 논거

(1) 재소금지의 해당 여부

1) 재소금지의 의의·취지 및 요건

사안의 경우 특히 전소의 소송물이 후소의 선결적 법률관계일 때 청구가 동일하여 후소에 재소금지의 효과가 미치는지가 문제된다.

2) 판례의 태도

판례는 "민사소송법 제267조 제2항의 규정은 임의의 소취하에 의하여 그때까지의 국가의 노력을 헛수고로 돌아가게 한 자에 대한 제재적 취지에서 그가 다시 동일한 분쟁을 문제삼아 소송제도를 농락하는 것과 같은 부당한 사태의 발생을 방지할 목적에서 나온 것이므로 여기에서 동일한 소라 함은 반드시 기판력의 범위나 중복제소금지의 경우의 그것과 같이 풀이할 것은 아니고, 따라서 당사자와 소송물이 동일하더라도 재소의 이익이 다른 경우에는 동일한 소라고 할 수 없는 반면, 후소가 전소의 소송물을 선결적 법률관계 내지 전제로 하는 것일 때에는 비록 소송물은 다르지만, 원고는 전소의 목적이었던 권리 내지 법률관계의 존부에 대하여는 다시 법원의 판단을 구할 수 없는 관계상 후소에 대하여도 동일한 소로써 판결을 구할 수 없다고 풀이함이 상당하다."고 판시하였다.[122]

(2) 사안의 경우

---

121) 대판 1981.7.14, 81다64·65
122) 대판 1989.10.10, 88다카18023

Ⅳ 설문 ⑷에 관하여

1. 결론

甲의 불법행위에 기한 손해배상청구의 병합은 허용될 수 없다.

2. 논거

⑴ 청구변경에 해당하는지 여부

청구의 변경이란 원고가 소송계속 후 변론종결 전까지 청구 기초의 동일성을 유지하면서 청구의 취지 또는 원인을 변경하는 것을 말한다(제262조).

사안의 경우 甲이 乙을 상대로 불법행위에 기한 손해배상을 구하다가 항소심에서 계약불이행에 기한 손해배상을 구하는 것으로 바꾸는 것은 판례에 의하면 불법행위와 계약불이행 등 청구의 기초가 되는 법률적 주장도 소송물을 결정하는 요소가 된다고 보므로, 이 경우 청구의 변경에 해당한다.

⑵ 청구변경의 형태

청구의 변경은 구청구에 갈음하여 신청구를 제기하는 교환적 변경과 구청구를 유지하면서 신청구를 추가제기하는 추가적 변경이 있다.

사안의 경우, 원고 甲은 ① 종전의 불법행위에 기해 손해배상청구 대신에 채무불이행에 기해 손해배상청구를 구하였으므로 교환적 변경으로 보아야 할 것이다. 그리고 ② 다시 불법행위에 기한 손해배상청구의 주장을 추가적으로 병합한 것은 청구의 추가적 변경에 해당한다.

⑶ 청구 변경의 법적 성질

1) 교환적 변경의 법적 성질

이에 대해 판례는 교환적 변경은 독자적인 소변경의 형태가 아니고, 신소의 추가(제기)와 구소의 취하의 결합형태라고 보는 결합설의 입장이다.[123]

2) 추가적 변경의 법적 성질

추가적 변경은 청구의 후발적 병합으로서 구소유지와 신소제기의 성질이다. 사안에서 甲은 다시 불법행위로 인한 손해배상청구를 추가적으로 변경하였으므로 청구의 후발적 병합으로 선택적 병합청구에 해당한다.

⑷ 청구변경의 적법 여부

사안에서 ① 양 청구는 모두 통상의 민사소송이므로 동일절차에서 심판될 수 있고, ② 관할에 관해서는 공통의 관할이 있으며, ③ 항소심계속 중 청구변경신청을 하였고, ④ 원고 甲의 교환적 변경의 신청은 양 청구 간에 사고사실이라는 사실자료가 공통되며, 동일한 목적의 청구인데 법률적 구성만 달리 한 것으로 청구의 기초에 동일성이 있으며, ⑤ 소송절차를 현저히 지연시

---

123) 대판 1987.11.10, 87다카1405

키는 사정은 보이지 않는다. 따라서 사안의 청구변경은 적법하다. 다만 甲이 다시 소유권이전
등기를 추가적으로 변경한 것이 재소금지에 해당되어 부적법한지 문제된다.

⑸ 재소금지에 저촉되는지 여부

판례는 본안에 대한 종국판결이 있은 후 구청구를 신청구로 교환적 변경을 한 다음 다시 본래
의 청구로 교환적 변경을 한 경우에는 종국판결이 있은 후 소를 취하하였다가 동일한 소를 다
시 제기한 경우여서 부적법하다고 하여 재소금지에 해당한다고 보는 입장이다.[124] 그러므로
신소제기의 실질인 구청구의 병합은 재소금지에 저촉되어 위법하다고 할 것이다.

---

[124] 대판 1987.11.10, 87다카1405 – 이와 같은 판례의 해석은 승소를 위해 노력한 원고에게 예상 밖의 함정
이 될 수 있음을 부인할 수 없다. 당사자가 구청구를 취하한다는 명백한 의사표시 없이 새로운 청구로
변경하는 등으로 소의 변경형태가 불명할 경우 사실심 법원으로서는 과연 청구변경의 취지가 무엇인가,
즉 교환적인가 또는 추가적인가의 점에 대해 석명으로 이를 밝혀볼 의무가 있다는 것이 판례인데, 이와
같은 석명의무는 원고에게 예상하지 못한 재소금지의 효력이 주어지는 것을 막는다는 의미도 있다.

✅ 사례(56) | 압류·추심명령과 중복제소 및 재소금지

기본적 사실관계

버섯 재배업자인 乙은 버섯 판매업자인 丙과 신선도가 떨어지는 버섯을 속여 판매하기로 공모하고, 丙은 소매업자 甲에게 위 버섯을 공급하는 계약을 甲과 체결하였다. 甲은 불량 버섯에 대한 소비자들의 항의가 빗발치자 이를 확인하는 과정에서 乙과 丙이 공모하여 불법행위를 저지른 사실을 알게 되었다.

문제

※ 아래 각 설문에 대한 결론과 근거를 설명하시오. 각 설문은 상호 무관한 것임을 전제로 한다.
甲의 채권자 A는 甲이 乙에게 가지는 1억원의 손해배상채권에 관하여 채권압류 및 추심명령을 받아 乙을 상대로 추심금 청구의 소를 제기하였다가 항소심에서 소를 취하하였다. 그 후 甲의 다른 채권자 B가 위 1억원의 손해배상채권에 관하여 다시 채권압류 및 추심명령을 받아 乙을 상대로 추심금 청구의 소를 제기하였다. 乙은 위 사실을 기초로 "B가 제기한 후소는 중복제소에 해당하거나, 재소금지 규정에 반하여 부적법하다."고 주장하였다. 乙의 주장은 타당한가? 10점

1. 결론

乙의 주장은 타당하지 않다(부당하다).

2. 근거[125]

(1) 압류 및 추심명령의 법적 성질

판례에 따르면 ① 채권에 대한 유효한 압류 및 추심명령이 있으면 실체법상의 청구권은 채무자인 집행채무자(원래의 채권자)에게 있으면서 추심채권자는 소송법상의 관리권만을 이전받는 제3자 법정소송담당의 관계에 있게 된다. 따라서 채무자는 당사자적격을 상실한다. 나아가 ② 추심금청구소송의 소송물은 피압류채권이다.

(2) 중복제소 해당 여부

① 민사소송법 제259조는 "법원에 계속되어 있는 사건에 대하여 당사자는 다시 소를 제기하지 못한다."라고 정하고 있다. 이는 판결의 모순·저촉의 방지를 위한 것이다.
② 판례는 "민사소송에서 중복제소금지는 소송요건에 관한 것으로서 사실심의 변론종결 시를 기준으로 판단하여야 하므로, 전소가 후소의 변론종결 시까지 취하·각하 등에 의하여 소송계속이 소멸되면 후소는 중복제소금지에 위반되지 않는다."고 하였다.

---

125) 대판 2021.5.7, 2018다259213

③ 사안의 경우 A의 전소는 소취하로 소송계속이 소멸되었는바, B의 후소는 중복제소에 해당하지 않는다. 따라서 이에 관한 乙의 주장은 타당하지 않다.

(3) 재소금지 해당 여부

1) 재소금지의 의의·취지 및 요건

① 본안에 대한 종국판결이 있은 후에 소를 취하한 자는 다시 동일한 소를 제기하지 못한다(제267조 제2항). 이는 소 취하로 인하여 법원의 종국판결이 농락됨을 방지하기 위한 것이다.

② 제267조 제2항에 의하여 재소로 금지되기 위해서는 i) 당사자가 동일할 것, ii) 소송물이 동일할 것, iii) 권리보호의 이익이 동일할 것, iv) 본안의 종국판결 후의 소취하일 것의 요건을 갖추어야 한다.

2) 재소금지 해당 여부

판례는 "민사소송법 제267조 제2항은 본안에 대한 종국판결이 있은 뒤에 소를 취하한 사람은 같은 소를 제기하지 못한다고 정하고 있다. 이는 소취하로 그 동안 판결에 들인 법원의 노력이 무용화되고 다시 동일한 분쟁을 문제 삼아 소송제도를 남용하는 부당한 사태를 방지할 목적에서 나온 제재적 취지의 규정이다. 제267조 제2항의 '같은 소'는 반드시 기판력의 범위나 중복제소금지에서 말하는 것과 같은 것은 아니고, 당사자와 소송물이 같더라도 이러한 규정의 취지에 반하지 않고 소제기를 필요로 하는 정당한 사정이 있다면 다시 소를 제기할 수 있다."고 하였다.

3) 사안의 경우

사안의 경우 A가 선행 추심소송에서 패소판결을 회피할 목적 등으로 종국판결 후 소를 취하하였다거나 B가 소송제도를 남용할 의도로 소를 제기하였다고 보기 어렵고, B는 선행 추심소송과 별도로 자신의 甲에 대한 채권의 집행을 위하여 위 소를 제기한 것이므로 새로운 권리보호이익이 발생한 것으로 볼 수 있어 재소금지 규정에 반하지 않는다. 따라서 이에 관한 乙의 주장은 타당하지 않다.

사례(57) | 참가승계신청과 재소금지

사실관계

甲은 乙에게 2억원을 대여해 주었는데, 乙은 차일피일 미루며 변제하지 않고 있다.

문제

甲은 2009.7.22. 乙에게 2억원을 변제기 5년 후로 정하여 대여하였다. 甲은 2014.10.22. 乙을 상대로 대여금의 반환을 구하는 소(이하 'A소'라 한다)를 제기하여, 2015.2.2. 공시송달에 의한 승소판결(이하 'A판결'이라 한다)을 선고받았다. 甲은 2016.3.22. 乙에 대한 대여금채권을 丙에게 양도하였고, 丙은 2016.11.23. 乙을 상대로 양수금청구 소송(이하 'B소'라 한다)을 제기하여, 2017.1.31. 공시송달에 의한 승소판결(이하 'B판결'이라 한다)을 선고받았다. 乙은 2017.9.12. A판결 및 B판결에 대하여 각 추완항소를 제기하였다. B소의 항소심 법원은 2017.12.19. '丙은 B소를 취하하고, 乙은 소취하에 동의한다.'는 내용의 화해권고결정을 하였고, 2018.1.10. 이 사건 화해권고결정이 확정되었다. 한편, 丙은 화해권고결정이 확정되기 직전인 2018.1.9. A소의 항소심에서 甲으로부터 乙에 대한 대여금 채권을 양도받았다는 이유로 승계참가신청을 하였고, 이후 甲은 탈퇴하였다. 乙은 丙의 승계참가신청이 재소금지 원칙에 위반된다고 주장하였다. 乙의 주장은 타당한가?

15점

1. 결론

乙의 주장은 타당하지 않다.

2. 근거[126]

(I) 재소금지의 의의 및 취지 및 요건

① 본안에 대한 종국판결이 있은 후에 소를 취하한 자는 다시 동일한 소를 제기하지 못한다(제267조 제2항). 이는 소 취하로 인하여 법원의 종국판결이 농락됨을 방지하기 위한 것이다.

② 제267조 제2항에 의하여 재소로 금지되기 위해서는 ⅰ) 당사자가 동일할 것, ⅱ) 소송물이 동일할 것, ⅲ) 권리보호의 이익이 동일할 것, ⅳ) 본안의 종국판결 후의 소취하일 것의 요건을 갖추어야 한다.

③ 사안의 경우 승계참가신청은 일종의 소의 제기에 해당하고, B소와 승계참가신청은 모두 당사자와 소송물이 동일하다. 다만 항소심에서 화해권고결정의 확정으로 소송상 소취하 합의가 있는 경우 본안의 종국판결 후 소취하한 경우에 해당하는지 여부와 권리보호의 이익이 동일한지 여부가 문제이다.

---

126) 대판 2021.7.29, 2018다230229

(2) 본안의 종국판결 후 소취하 해당 여부

① 판례는 "화해권고결정에 '원고는 소를 취하하고, 피고는 이에 동의한다.'는 화해조항이 있고, 이러한 화해권고결정에 대하여 양 당사자가 이의하지 않아 확정되었다면, 화해권고결정의 확정으로 당사자 사이에 소를 취하한다는 내용의 소송상 합의를 하였다고 볼 수 있다. 따라서 본안에 대한 종국판결이 있은 뒤에 이러한 화해권고결정이 확정되어 소송이 종결된 경우에는 소취하한 경우와 마찬가지로 민사소송법 제267조 제2항의 규정에 따라 같은 소를 제기하지 못한다."고 하였다.

② 사안의 경우 제267조 제2항이 적용되는 경우라도 권리보호이익이 동일하지 않으면 재소금지에 해당하지 않으므로, 이를 살펴보기로 한다.

(3) 권리보호이익의 동일 여부

① 판례는 "민사소송법 제267조 제2항은 소취하로 인하여 그동안 판결에 들인 법원의 노력이 무용화되고 종국판결이 당사자에 의하여 농락당하는 것을 방지하기 위한 제재적 취지의 규정이므로, 본안에 대한 종국판결이 있은 뒤에 소를 취하한 사람이라 할지라도 이러한 규정의 취지에 반하지 아니하고 소제기를 필요로 하는 정당한 사정이 있는 등 취하된 소와 권리보호이익이 동일하지 않은 경우에는 다시 소를 제기할 수 있다."고 하였다.

② 사안의 경우 丙의 승계참가신청은 乙의 추완항소로 인하여 생긴 소송계속의 중복상태를 해소하고,[127] 소송관계를 간명하게 정리하기 위한 것일 뿐이므로 재소금지에 관한 민사소송법 제267조 제2항의 취지에 반하지 아니하고, 승계참가신청을 통해 甲의 대여금청구 소송을 승계할 정당한 사정이 있는 등 양수금청구 소송과 권리보호이익이 동일하지 않아 위 승계참가신청이 재소금지 원칙에 위반된다고 보기 어렵다.

(4) 사안의 경우

사안의 경우, 丙이 乙을 상대로 한 승계참가신청은 권리보호이익이 동일하지 않으므로 재소금지에 해당하지 않는다. 따라서 乙의 재소금지 원칙에 위반된다는 주장은 타당하지 않다.

---

127) ※ [참고] – 승계참가신청은 일종의 소의 제기에 해당하고 그 소제기의 시점은 甲이 乙을 상대로 대여금청구의 소를 제기한 시점으로 소급하여 효력이 있으므로(제81조 참조), 결국 丙이 乙을 상대로 제기한 양수금청구의 소는 소송계속 중에 다시 당사자와 소송물이 동일한 소를 제기한 셈이 되어 중복소송에 해당하게 되었다(대판 2017.11.14, 2017다23066 참조).

✅ 사례(58) | 부제소 합의

사실관계

일본 동경에 주소를 두고 음식점을 운영하던 甲은 동경에 주소를 두고 있는 乙에게 2004.7.4. 500만 엔을 변제기 2004.9.4.로 정하여 대여하였다. 그 차용증서는 일본의 문구점에서 그 내용의 대부분이 인쇄된 상태로 판매되고 있는 것으로서, '만일 본건에 관하여 분쟁이 생긴 때에는 채권자의 주소지 법원을 제1심 관할법원으로 하기로 합의한다.'는 취지가 부동문자로 인쇄되어 있었다. 그런데
甲은 2013.3.27. 서울 서초구 서초동에 주소를 두고 있는 丙에게 기존의 채무를 청산하려고 위 대여금채권을 양도하였고, 채권을 양도받은 丙은 乙을 상대로 서울중앙지방법원에 양수금청구의 소를 제기하였다.

문제

서울중앙지방법원이 乙의 관할위반 항변을 판단하기 위해 위 사건의 차용증서 및 채권양도통지서 등을 검토하는 도중 '이 사건 소비대차계약과 관련하여 어떠한 분쟁이 있더라도 제소하지 아니한다.'는 문구를 발견하였다. 법원은 당사자들이 부제소 합의의 효력이나 그 범위에 관하여 쟁점으로 삼아 소의 적법 여부를 다투지 아니하는데도, 직권으로 소를 부적법 각하하였다. 이에 대한 법원의 판단은 적법한가? (지적의무는 문제 삼지 않는다.) 12점

1. 결론

부제소 합의를 직권으로 판단하여 소를 부적법 각하한 점에 위법은 없다.

2. 근거

(1) 부제소 합의의 유효성 여부

1) 부제소 합의에 대하여 명문의 규정이 없어 그 유효성이 문제인데, 판례는 처분권주의에 의하여 소제기가 허용되는 이상 부제소 합의도 적법유효하다고 한다. 이러한 소송상 합의가 인정되기 위해서는 ① 합의 당사자가 처분할 수 있는 권리범위 내의 것으로서, ② 특정한 권리관계에 관한 합의일 것, ③ 당사자가 그 합의의 법적 효과의 의미를 명확하게 예견할 수 있는 경우일 것, ④ 특약자체가 불공정한 방법으로 이루어지지 않았을 것이 요구된다.

2) 사안의 "이 사건 소비대차계약과 관련하여 어떠한 분쟁이 있더라도 제소하지 아니한다."는 문구는 부제소 합의로 이는 甲과 乙의 소비대차계약 체결과 함께 이루어진 약정으로써, ① 처분할 수 있는 권리에 관한 것이고, ② 특정한 법률관계에 관한 것이며, ③ 예상가능성 역시 인정되고, ④ 특별히 불공정한 방법으로 이루어진 사정도 보이지 않는다. 따라서 부제소합의는 유효하다.

(2) 부제소 합의의 유무가 직권조사사항인지 여부

판례는 불항소합의의 유무는 항소의 적법요건에 관한 것으로서, 소가 부제소 합의에 위배되어 제기된 경우 법원은 직권으로 소의 적법 여부를 판단할 수 있다고 하여, 직권조사사항이라고 본다.[128]

(3) 부제소 합의를 위반한 제소의 처리

판례는 특정한 권리나 법률관계에 관하여 분쟁이 있어도 제소하지 아니하기로 합의(부제소 합의)한 경우 이에 위배되어 제기된 소는 권리보호의 이익이 없고, 또한 당사자와 소송관계인은 신의에 따라 성실하게 소송을 수행하여야 한다는 신의성실의 원칙에도 어긋나는 것이라고 하였다.[129]

(4) 사안의 경우

사안의 경우 부제소 합의를 판례와 같이 직권조사사항이라고 보면 법원이 이를 직권으로 판단하여 소를 부적법 각하한 점에 위법은 없다.

---

128) 대판 2013.11.28, 2011다80449
129) 대판 1993.5.14, 92다21760 등 참조

사례(59) | 소취하 계약

사실관계

甲은 乙에게 A자동차를 4천만원에 매도하고 인도해 주었으나 그 대금을 지급받지 못하였다며 매매대금 4천만원의 지급을 구하는 소(이하 '이 사건 소'라 한다)를 제기하였다. 위 소송계속 중 2차 변론기일 후에 甲과 乙은 다음과 같이 합의서를 작성하였다.

> 乙은 甲에게 3천만원을 지급한다. 甲은 乙로부터 3천만원을 지급받은 후 곧바로 이 사건 소를 취하한다. 甲과 乙은 원만히 합의하였으므로 더 이상 A자동차와 관련된 민·형사상 이의를 제기하지 않는다.

문제

※ 아래 각 설문은 상호 무관한 것임을 전제로 한다.

(1) 위 합의 이후 乙은 甲에게 3천만원을 지급하였으나 甲은 이 사건 소를 취하하지 않았다. 그러자 乙은 위 소송의 3차 변론기일에 甲과 乙 사이에 소취하 합의가 있었다고 주장하며 그 증거로 위 합의서를 제출하였다. 법원의 심리결과, 甲과 乙 사이에 A자동차에 대해 대금 4천만원의 매매계약이 체결되었으나 乙이 매매대금을 지급하지 않은 사실, 위 합의서가 진정하게 작성된 사실, 위 합의서 작성 이후 乙이 甲에게 3천만원을 지급한 사실 등이 인정되었다. 이러한 경우 법원은 어떤 판결을 하여야 하는가? [12점]

(2) 만일 위 甲과 乙의 합의가 있은 후에도 乙이 아직 3천만원을 甲에게 지급하지 않고 있다면 법원은 甲의 이 사건 소를 부적법하다고 판단할 수 있는가? [3점]

(3) 만일 甲과 乙은 이 사건 소송이 대법원에 계속 중 이 사건 소를 취하하기로 합의하였음에도 불구하고, 甲과 乙 모두 소취하 합의서를 대법원에 제출하지 않다가, 대법원의 파기환송이 있은 후, 환송 후 판결에 대한 상고심에 이르러서야 乙이 소취하 합의 사실을 주장하였다면, 소취하 계약은 합의해제되었다고 볼 수 있는가? [5점]

I 설문 (1)에 관하여

1. 결론

부적법 소각하 판결을 하여야 한다.

2. 근거

(1) 소취하 계약의 의의

소취하 계약이란 이미 계속 중인 소를 취하하기로 하는 당사자 간의 소송 외에서의 합의를 말한다. 사안의 경우 甲은 乙로부터 3천만원을 지급받은 후 곧바로 이 사건 소를 취하한다고 합의하였는바 甲·乙 사이의 이와 같은 약정은 소취하 계약으로 체결된 것으로 보인다.

(2) 소취하 계약의 존재 여부

① 처분문서의 경우 그 진정성립(형식적 증거력)이 인정되는 이상 기재 내용대로의 법률행위의 존재·내용(실질적 증거력)을 인정하여야 한다.[130]

② 따라서 사안의 경우 제출된 소취하 합의서가 진정한 것으로 인정된 이상, 그 기재 내용대로 소취하 합의가 존재한다는 점도 인정된다.

(3) 소취하 계약의 허용 여부 및 유효성 여부

1) 허용 여부

소송법에 규정되어 있는 소송상 합의는 적법한 것임에 의문의 여지가 없으나, 명문의 규정이 없는 경우 문제되는데, 당사자의 자유로운 의사를 존중하여야 한다는 요청에 기하여 처분권주의·변론주의가 적용되는 범위 내에서 소송상 합의의 적법성을 인정하는 견해가 일반적이다.

2) 허용 요건

다만 이러한 소송상 합의가 인정되기 위해서는 ① 합의 당사자가 처분할 수 있는 권리범위 내의 것으로서, ② 특정한 권리관계에 관한 합의일 것, ③ 당사자가 그 합의의 법적 효과의 의미를 명확하게 예견할 수 있는 경우일 것, ④ 특약 자체가 불공정한 방법으로 이루어지지 않았을 것이 요구된다.

3) 유효요건 구비 여부

사안에서 甲은 乙로부터 3천만원을 지급받은 후 곧바로 이 사건 소를 취하한다고 합의하였는바 조건부 합의로서 그 유효성 여부가 문제된다. 그러나 소송 외에서 행하는 소송상의 합의는 조건을 붙일 수 있으므로 부정할 것이 아니며, 乙은 3천만원을 지급하여 조건이 성취되었다. 그밖에 다른 유효요건은 특별히 문제될 것이 없다.

4) 사안의 경우

甲과 乙 사이에 체결된 소취하 계약은 불공정한 방법으로 이루어진 사정이 없고, 소송의 종료를 가져오는 것으로서 처분권주의·변론주의가 지배하는 영역 내이고, 당사자 모두 법적 효과를 명확히 예측할 수 있었던 경우에 해당하며, 유효요건을 구비한 것으로 보인다. 따라서 甲과 乙 사이의 소취하 계약은 적법·유효하다.

다만 사안에서는 甲이 소를 취하하지 않고 있는바, 이 경우 법원은 어떠한 판결을 해야 하는지가 문제이고, 이는 소취하 계약의 법적 성질과 결부된다.

---

130) 대판 2005.5.27, 2004다60065; 대판 2017.2.15, 2014다19776,19783

⑷ 소취하 계약의 법적 성질 및 이를 위반한 소의 처리

판례는 ① 강제집행취하계약에 위배했다고 하여 직접 소송으로서 그 취하를 구할 수 없다고 하여 의무이행소구설을 배척하였고,[131] ② 부제소특약이나 소취하계약에 위반한 경우 그 소는 권리보호의 이익이 없으므로 각하되어야 한다고 하였다.[132]

⑸ 사안의 경우

사안에서 乙은 위 소송에서 소취하 합의서를 증거로 제출하면서 소취하 합의사실을 주장하였고 법원이 심리한 결과 합의서대로 합의한 사실 등이 인정되었으므로, 법원은 甲의 매매대금지급청구의 소는 권리보호의 이익이 없어 부적법 소각하판결을 하여야 한다.

▌▌ 설문 ⑵에 관하여

1. 결론

법원은 부적법하다고 판단할 수 없다.

2. 근거

⑴ 조건부 소취하 합의의 경우 조건 미성취에 따른 권리보호이익의 유무

판례는 "당사자 사이에 그 소를 취하하기로 하는 합의가 이루어졌다면 특별한 사정이 없는 한 소송을 계속 유지할 법률상의 이익이 없어 그 소는 각하되어야 하는 것이지만, 조건부 소취하의 합의를 한 경우에는 조건의 성취사실이 인정되지 않는 한 그 소송을 계속 유지할 법률상의 이익을 부정할 수 없다."고 하였다.[133]

⑵ 사안의 경우

▌▌▌ 설문 ⑶에 관하여

1. 결론

소취하 계약은 합의해제되었다고 볼 수 있다.

2. 근거

⑴ 소취하 계약의 합의해제 가부

판례는 "소취하 계약도 당사자 사이의 합의에 의하여 해제할 수 있음은 물론이고 계약의 합의해제는 명시적으로 이루어진 경우뿐만 아니라 묵시적으로 이루어질 수도 있는 것으로, 계약의 성립 후에 당사자 쌍방의 계약실현의사의 결여 또는 포기로 인하여 쌍방 모두 이행의 제공이나

---

131) 대판 1966.5.31, 66다564
132) 대판 1993.5.14, 92다21760, 대판 1982.3.9, 81다1312
133) 대판 2013.7.12, 2013다19571

최고에 이름이 없이 장기간 이를 방치하였다면, 그 계약은 당사자 쌍방이 계약을 실현하지 아니할 의사가 일치됨으로써 묵시적으로 합의해제되었다고 해석함이 상당하다."하였다.[134]

(2) 사안의 경우

사안의 경우 甲과 乙은 이 사건 소송이 대법원에 계속 중 이 사건 소를 취하하기로 합의하였음에도 불구하고, 甲과 乙 모두 소취하 합의서를 대법원에 제출하지 아니한 상태에서, 결국 대법원의 파기환송이 있은 후, 乙이 환송 후 판결에 대한 상고심에 이르러서야 비로소 위 소취하 합의 사실을 주장하는 경우라면 甲과 乙은 위 합의약정이 성립된 후 그 실현을 포기하려는 의사로 이를 방치하였다고 할 것이므로, 위 소취하 약정은 특별한 사정이 없는 한 묵시적으로 합의해제 되었다고 봄이 상당하다.

---

134) 대판 2007.5.11, 2005후1202

사례(60) │ 소취하 계약

사실관계

甲은 2016.9.경 乙에게 자신 소유의 X건물을 월 임대료 150만원, 임대기간 24개월로 정하여 임대하였다.

문제

(1) 그 후 甲은 乙이 임대료를 내고 있지 않다고 주장하면서 乙을 상대로 임대료를 청구하는 소를 제기하였다. 乙은 甲과의 사이에 "위 소를 취하하기로 하는 합의를 하였다."라고 주장하면서 그 증거로 소취하 합의서를 변론기일에 법원에 제출하였다. 위 합의서가 진정한 것으로 인정된 경우 법원은 어떠한 판결을 하여야 하는가? 17점

(2) 위 설문(1)의 판결이 확정된 이후 다시 甲이 乙을 상대로 같은 소를 제기할 경우 법원은 어떠한 판단을 하여야 하는가? 7점

▌ 설문 (1)에 관하여

1. 결론

소각하 판결을 선고하여야 한다.[135]

2. 근거

(1) 소취하 계약의 의의

소취하 계약이란 이미 계속 중인 소를 취하하기로 하는 당사자 간의 소송 외에서의 합의를 말한다.

(2) 소취하 계약의 존재 여부

① 처분문서의 경우 그 진정성립(형식적 증거력)이 인정되는 이상 기재 내용대로의 법률행위의 존재·내용(실질적 증거력)을 인정하여야 한다.[136]

② 따라서 사안의 경우 제출된 소취하 합의서가 진정한 것으로 인정된 이상, 그 기재 내용대로 소취하 합의가 존재한다는 점도 인정된다.

---

135) 소취하 계약이 있었음이 주장되었으므로 지적의무는 문제되지 않는다.

136) 대판 2005.5.27. 2004다60065; 대판 2017.2.15. 2014다19776,19783

(3) 소취하 계약의 허용 여부 및 유효성 여부

1) 허용 여부

명문의 규정이 없는 소송상 합의가 적법한지 여부가 문제되는데, 당사자의 자유로운 의사를 존중하여야 한다는 요청에 기하여 처분권주의·변론주의가 적용되는 범위 내에서 소송상 합의의 적법성을 인정함이 일반적이다.

2) 유효요건

다만 이러한 소송상 합의가 인정되기 위해서는 ① 당사자가 처분할 수 있는 권리범위 내의 것으로서, ② 특정한 권리관계에 관한 합의일 것, ③ 당사자가 그 합의의 법적 효과를 명확하게 예견할 수 있는 경우일 것, ④ 특약자체가 불공정한 방법으로 이루어지지 않았을 것이 요구된다.

3) 사안의 경우

甲과 乙 사이에 체결된 소취하 계약은 불공정한 방법으로 이루어진 사정이 없고, 소송의 종료를 가져오는 것으로서 처분권주의가 지배하는 영역 내이며, 당사자 모두 법적 효과를 명확히 예측할 수 있었던 경우에 해당하므로, 유효요건을 구비한 것으로 보인다. 따라서 甲과 乙 사이의 소취하 계약은 적법·유효하다.

(4) 소취하 계약의 법적 성질 및 이를 위반한 소의 처리

판례는 ① 강제집행취하계약에 위배했다고 하여 직접 소송으로서 그 취하를 구할 수는 없다고 하여 의무이행소구설을 배척하였고, ② 부제소특약이나 소취하 계약에 위반한 경우 그 소는 권리보호의 이익이 없으므로 각하되어야 한다고 하였다.[137]

(5) 사안의 경우

사안에서 乙은 甲과 사이에 소취하 합의가 있었음을 주장하였고, 합의서가 진정한 것으로 인정된 이상, 법원은 甲이 제기한 소에 대해 권리보호의 이익이 없음을 이유로 부적법 소각하 판결을 선고하여야 한다.

▌▌ 설문 (2)에 관하여

1. 결론

소각하 판결을 선고하여야 한다.

---

137) 대판 1993.5.14, 92다21760, 대판 1982.3.9, 81다1312

2. 근거

(1) 기판력 작용 여부

① 소송요건의 흠을 이유로 부적법 각하하는 소송판결도 본안판결과 같이 모두 반복을 금지하여야 한다는 점에서 기판력을 부정할 이유가 없다. 다만 소송판결에는 당해 소송요건의 존부에 관하여 기판력이 생기고 본안에 관하여는 기판력이 생기지 않는데, 어떠한 소송요건에 흠이 있는가는 판결이유를 참작할 것이며, 이에 의하여 정해지는 소송요건의 흠에 대한 판단에만 기판력이 생긴다.

② 사안의 경우 전소 소각하 판결이 확정되어 기판력이 발생하였고, 전소와 후소의 당사자는 모두 甲과 乙로서 동일하므로 전소의 기판력은 후소의 주관적 범위에서 미친다(제218조 제1항). 또한 전소와 후소의 소송물은 모두 임대료지급청구권으로서 동일하며, 乙이 임대료를 내고 있지 않다는 주장은 전소에서 이미 주장하였던 사실로서 후소에서 차단된다. 따라서 전소 기판력은 후소에 미친다.

(2) 법원의 조치

사안의 경우 甲과 乙 사이의 소취하 계약을 이유로 한 소송요건의 흠에 대한 판단에 기판력이 발생하고, 후소에서도 소취하 계약은 여전히 유효하게 존재하는바, 후소법원은 전소 법원의 판단에 구속되어 전소 소각하 판결과 모순된 판결을 할 수 없다. 따라서 후소법원은 변론종결 후 새로운 사유가 없는 한 소각하 판결을 하여야 한다.

☑️ **사례(61)** | **집행의 곤란과 현재 이행의 소의 이익**

사실관계

甲 소유의 X 부동산은 乙과 丙에게 순차 이전등기가 경료되었다. 이에 甲은 乙 명의의 등기는 甲과 乙 사이의 가장매매에 기해 경료된 것임을 주장하며 최후의 등기명의자인 丙에게 丙명의의 소유권이전등기의 말소등기절차의 이행청구를 하였으나 패소하였고 그 판결이 확정되었다.

문제

(1) 그 후 다시 甲이 乙을 상대로 乙명의의 소유권이전등기의 말소등기절차의 이행을 구하는 소를 제기한 경우 적법한가? 8점

(2) 만일 위 사안과 달리 甲 소유의 X 부동산을 乙이 매수하여 甲에 대한 소유권이전등기청구권을 가지고 있다. 한편 乙의 채권자 丙은 자신의 채권 만족을 위하여 그 소유권이전등기 청구권을 가압류한 상태이다. 이때 乙이 甲을 상대로 소유권이전등기청구의 소를 제기한 경우, 법원은 어떠한 판결을 하여야 하는가? 10점 [138]

---

① 설문 (1)에 관하여

1. 결론

적법하다.

2. 근거

(1) 현재 이행의 소의 이익

현재 이행의 소는 변제기가 도래한 이행청구권을 주장하는 소로서 원고가 이행청구권을 주장하는 것 자체에 의하여 소의 이익은 긍정된다.

(2) 집행이 불가능하거나 현저히 곤란한 경우 현재 이행의 소의 이익 인정 여부

① 이행판결을 받더라도 그 급부의 실현(집행)이 법률상 또는 사실상 불가능하거나 현저히 곤란한 경우라도 그것만으로 곧바로 소의 이익이 없다고는 할 수 없다. 판결절차는 분쟁의 관념적 해결절차이므로 집행가능성이 소의 이익에 영향을 미치지 않기 때문이다. 즉 판결절차와 집행절차는 별도의 독자적 존재의의가 있다.

---

138) 집행가능성이 없더라도 소의 이익을 긍정할 수 있는 또 다른 사례이다. (가)압류에 의하여 피압류채권의 소멸시효까지 중단되는 것은 아니기 때문에 실제로 채무자가 소를 제기할 필요가 존재한다.

② 판례도 순차 경료된 소유권이전등기의 각 말소청구소송은 통상 공동소송이므로 그 중의 어느 한 등기명의자만을 상대로 말소를 구할 수 있고, 최종 등기명의자에 대하여 등기말소를 구할 수 있는지에 관계없이 중간의 등기명의자에 대하여 등기말소를 구할 소의 이익이 있다고 하였다.[139]

(3) 사안의 경우

Ⅱ 설문 ⑵에 관하여

1. 결론

청구 일부인용(가압류해제 조건부 청구인용)

2. 근거

(1) 집행의 곤란과 소의 이익

판례는 일반적으로 채권에 대한 가압류가 있더라도 이는 채무자가 제3채무자로부터 현실로 급부를 추심하는 것만을 금지하는 것일 뿐 채무자는 제3채무자를 상대로 그 이행을 구하는 소송을 제기할 수 있고 법원은 가압류가 되어 있음을 이유로 이를 배척할 수는 없다고 본다. 왜냐하면 채무자로서는 제3채무자에 대한 그의 채권이 가압류되어 있다 하더라도 채무명의를 취득할 필요가 있고 또는 시효를 중단할 필요도 있는 경우도 있을 것이며 또한 소송계속 중에 가압류가 행하여진 경우에 이를 이유로 청구가 배척된다면 장차 가압류가 취소된 후 다시 소를 제기하여야 하는 불편함이 있는 데 반하여 제3채무자로서는 이행을 명하는 판결이 있더라도 집행단계에서 이를 저지하면 될 것이기 때문이다.[140]

(2) 소유권이전등기청구권이 가압류된 경우에 가압류채무자의 청구에 대한 법원의 조치

그러나 소유권이전등기청구권의 압류나 가압류가 있는 경우에 소유권이전등기를 명하는 판결은 의사의 진술을 명하는 판결로서 이것이 확정되면 채무자는 일방적으로 이전등기를 신청할 수 있고 제3채무자는 이를 저지할 방법이 없게 되므로, 압류·가압류의 해제를 조건으로 하여야만 소유권이전등기절차의 이행을 명할 수 있다는 것이 판례이다.[141] 이는 채권자가 채무자를 대위하여 제3채무자를 상대로 소유권이전등기청구를 하는 경우에도 마찬가지이다.

(3) 사안의 경우

---

139) 대판 1998.9.22, 98다23393
140) 대판 2002.4.26, 2001다59033. 또한 판례는 소유권이전등기청구권에 대하여 처분금지가처분이 되어 있는 경우에도 같은 취지로 인정한다(대판 1999.2.9, 98다42615).
141) 대판 2000.2.11, 98다35327 등

사례(62) | 이행의 소의 이익 등

사실관계

甲은 乙에 대하여 3억원의 매매대금 채권이 있고, A는 甲에 대하여 3억원의 대여금 채권이 있다.

문제

※ 아래 각 설문에 대한 결론과 근거를 설명하시오. 각 설문은 상호 무관한 것임을 전제로 한다.

1. A는 위 대여금 채권을 피보전채권으로 하여 甲의 乙에 대한 위 매매대금 채권에 대하여 가압류결정을 받았다. 그 후 甲은 乙을 상대로 매매대금 3억원의 지급을 구하는 소를 제기하였다. 법원은 어떤 판결(각하, 전부 인용, 일부 인용, 기각)을 하여야 하는가? 8점

2. 甲은 乙을 상대로 매매대금 3억원의 지급을 구하는 소를 제기하였다.

   (1) 위 소송계속 중 甲의 채권자인 A는 甲이 乙에 대하여 가지는 매매대금 채권 3억원에 대하여 채권압류 및 추심명령을 받았고, 위 채권압류 및 추심명령은 그 무렵 乙에게 송달되었으나 甲에게는 송달불능 되었다. 매매대금 청구의 소에 대하여 법원은 어떤 판결(각하, 전부 인용, 일부 인용, 기각)하여야 하는가? 8점

   (2) 만일 위 소송계속 중 甲의 채권자인 A가 甲의 乙에 대한 매매대금 채권 3억원에 대하여 채권압류 및 전부명령을 받았다면, 매매대금 청구의 소에 대하여 법원은 어떤 판결(각하, 전부 인용, 일부 인용, 기각)하여야 하는가? 4점

I **설문 1.에 관하여**

1. 결론

법원은 전부 인용판결을 하여야 한다.

2. 근거

(1) 집행의 곤란과 소의 이익 유무

판례는 일반적으로 채권에 대한 가압류가 있더라도 이는 채무자가 제3채무자로부터 현실로 급부를 추심하는 것만을 금지하는 것일 뿐, 채무자는 제3채무자를 상대로 그 이행을 구하는 소송을 제기할 수 있고 법원은 가압류가 되어 있음을 이유로 이를 배척할 수는 없다고 본다. 왜냐하면 채무자로서는 제3채무자에 대한 그의 채권이 가압류되어 있다 하더라도 채무명의를 취득할 필요가 있고 또는 시효를 중단할 필요도 있으며 또한 소송계속 중에 가압류가 행하여진 경우에 이를 이유로 청구가 배척된다면 장차 가압류가 취소된 후 다시 소를 제기하여야 하는 불편함이 있기 때문이다.[142]

(2) 금전채권이 가압류된 경우 채무자의 청구에 대한 법원의 조치

판례는 금전채권에 대한 가압류(압류)의 경우 채무자의 제3채무자에 대한 이행청구의 소에 대해 무조건 청구인용을 해야 한다고 본다.[143] 왜냐하면 제3채무자로서는 이행을 명하는 판결이 있더라도 집행단계에서 이를 저지하면 될 것이기 때문이다.

(3) 사안의 경우

사안의 경우 채무자 甲의 제3채무자 乙에 대한 매매대금 채권에 A의 가압류가 있더라도, 甲은 乙을 상대로 그 이행을 구하는 소를 적법하게 제기할 수 있고, 이 경우 법원은 무조건 청구인용판결을 해야 한다.

Ⅲ 설문 2.의 (Ⅰ)에 관하여

1. 결론

법원은 소각하 판결을 하여야 한다.

2. 근거

(Ⅰ) 채권에 대한 압류 및 추심명령의 성질 및 효과

1) 법정소송담당으로서의 효과 – 당사자적격

① 추심채권자는, 실체법상의 청구권은 채무자인 집행채무자(원래의 채권자)에게 있으면서 소송법상의 관리권만을 이전받는 제3자 법정소송담당의 관계에 있게 된다. 따라서 채무자는 원고로서의 당사자적격을 상실한다. 나아가 추심금청구소송의 소송물은 피압류채권이다.

② 판례도 채권에 대한 유효한 압류 및 추심명령이 있으면 제3채무자에 대한 이행의 소는 추심채권자만이 제기할 수 있고, 채무자는 피압류채권에 대한 이행소송을 제기할 당사자적격을 상실한다고 본다.[144]

2) 압류 및 추심명령의 효력발생 시기

압류 및 추심명령의 효력발생 시기는 제3채무자에 대한 송달일이고(민사집행법 제227조 제3항, 제229조 제4항), 제3채무자에게 송달된 이상 채무자에게 송달되지 않았다 하더라도 효력발생에는 아무런 영향이 없다.

(2) 사안의 경우

사안의 경우, 甲의 乙에 대한 매매대금 채권에 대한 A의 압류 및 추심명령이 제3채무자인 乙에게 송달되었으므로, A의 압류 및 추심명령의 효력발생으로 인해 甲은 피압류채권에 대한 이행

---

142) 대판 2002.4.26, 2001다59033
143) 대판 1989.11.24, 88다카25038 등
144) 대판 2010.11.25, 2010다64877

청구 소송을 제기할 당사자적격을 상실하였다. 따라서 법원은 甲의 乙에 대한 매매대금 청구의 소에 대하여 당사자적격의 흠을 이유로 부적법 소각하 판결을 하여야 한다.

Ⅲ 설문 2.의 (2)에 관하여

1. 결론

법원은 청구기각판결을 하여야 한다.

2. 근거

판례에 따르면 채권양도나 전부명령이 있는 경우, ① 채권양도인이나 전부채무자는 자기가 이행 청구권자임을 주장하는 이상 원고적격을 가지지만, ② 추심명령과 달리 추심권이 아닌 실체법상의 권리 자체가 이전되므로, 실체법상의 청구권의 상실로 인하여 본안에서 기각될 뿐이라고 한다.

사례(63) | 목적이 실현된 경우 소의 이익과 판단시기

사실관계

원고 甲은 피고 A를 상대로 하여서는 A명의로 경료된 건물에 관하여 매매를 원인으로 한 소유권이전등기절차를, B를 상대로 하여서는 A를 대위하여 위 건물에 관하여 B명의로 경료된 근저당권설정등기에 관하여 변제를 조건으로 말소등기절차를 이행하라는 소송을 제기하였다.

문제

B명의로 경료된 근저당권설정등기가 소송계속 중 A가 B에게 피담보채무를 모두 변제하여 말소되었는데, 그 말소된 내용이 나타난 등기부등본이 변론종결 후 선고기일 전에 법원에 접수되었다면, 법원은 원고 甲의 B에 대한 청구에 대하여 어떻게 판단하여야 하는가? 10점

1. 결론

법원은 변론을 재개하여 변제로 인해 근저당권등기가 말소되었음을 확인하고 원고 甲의 청구를 부적법 각하하여야 한다.

2. 근거

(1) 목적이 실현된 경우 소의 이익

① 장래이행의 소는 변론종결 시를 표준으로 하여 이행기가 장래에 도래하는 이행청구권을 주장하는 소를 말하는바, 장래이행의 소의 소송계속 중에 이행기가 도래하면 그 소는 그때부터 현재이행의 소에 해당하게 된다.

② 현재 이행의 소에서는 원고가 이행청구권의 존재를 주장하는 것만으로 원칙적으로 소의 이익이 인정된다. 다만 소송 중에 목적의 실현이 있는 경우에는 소의 이익이 부정된다.

③ 판례도 근저당권설정등기의 말소등기이행의 소송 도중에 그 근저당권등기가 말소된 경우에는 더 이상 근저당권설정등기의 말소를 구할 법률상 이익(소의 이익)이 없게 된다고 하였다.[145]

(2) 소의 이익 존부의 판단시기

① 소의 이익은 소송요건으로서 직권조사사항에 해당한다. 따라서 당사자의 주장에 구애되지 않고 법원이 직권으로 판단하여야 하는데, 소의 이익이 흠결된 경우에는 소를 부적법 각하하게 된다. 소송요건의 존부를 판단하는 시기는 원칙적으로 사실심 변론종결 시이다. 따라서 제소 당시에 소송요건이 구비되어 있었어도 그 뒤에 소멸하면 본안판결을 할 수 없다.

---

145) 대판 2003.1.10, 2002다57904

② 사안에서 원고 甲의 근저당권설정등기의 말소를 구하는 목적이 실현되었으므로 원고 甲 청구의 소의 이익이 흠결되었다고 본다. 다만 그에 관한 증거가 변론종결 후에 법원에 접수되었는바, 이에 관한 검토가 필요하다.

(3) 법원의 조치 — 변론의 재개

판례는 등기부등본이 변론종결 후에 접수되었다고 하여도 등기가 말소되었는지는 법원이 직권으로 조사할 사항이고 이에 관한 검토 없이 본안판결을 할 수 없다는 입장이다. 즉 등기의 말소를 구하는 사건에서 그 등기가 이미 말소된 여부는 권리보호이익 내지 필요의 문제이므로, 직권으로 그 말소 여부를 가린 뒤에 소송을 진행해야 한다고 하였다.

(4) 사안의 경우

따라서 법원은 변론 종결 후라도 심리가 미진함이 발견되거나 기타 필요하다고 인정되면, 원칙적으로 자유재량이지만 예외적으로 변론의 재개의무(제142조)가 인정되므로, 법원은 변론을 재개하여 변제로 인해 근저당권등기가 말소되었음을 확인하고 원고 甲의 청구를 부적법 각하하여야 한다.

사례(64) | 장래이행의 소에서 소의 이익

사실관계

甲은 乙 은행에 5천만원을 기한의 정함이 없이 A명의로 예탁하였고(A명의의 예탁은 유효함을 전제로 한다), 그 후 甲으로부터 A는 예금반환채권을 양수하였으나 甲이 사망하여 채권양도의 통지가 이루어지지는 않았다. 한편 甲의 상속인으로는 그 자의 처 B가 있었다. 이에 A는 B로부터 양도통지를 받는 것을 조건으로 乙 은행에 채무이행의 소를 제기하였다.

문제

A의 소는 적법한가? 20점

1. 결론

부적법하다.

2. 근거

(I) 이행의 소에서 당사자적격의 인정 여부

1) 당사자적격의 의의 및 제도적 취지

당사자적격이란 특정의 사건에 있어서 정당한 당사자로서 소송을 수행하고 본안판결을 받기에 적합한 자격으로서, 이는 무의미한 소송을 배제하기 위한 것이다.

2) 이행의 소에서 당사자적격의 판단기준

이행의 소에 있어서는 자기의 실체법상 이행청구권을 주장하는 사람이 원고적격자이고, 그로부터 의무자로 주장되고 있는 사람이 피고적격자이다. 여기서 청구권 내지는 의무가 존재하는가, 즉 원고가 실제 이행청구권자이며 피고가 이행의무자인가는 본안심리에서 결정될 문제이다. 결국 이행의 소에서 당사자적격은 주장 자체만으로 판단한다.

3) 사안의 경우

이행이 소의 당사자적격은 주장자체로 판단하므로, 사안의 경우 A가 채무이행의 소로서 실체법상의 권리를 주장하고, 乙 은행은 의무 있는 자로서 주장받고 있는바, 당사자적격이 인정됨에 문제는 없다.

(2) 장래이행의 소로서 소의 이익 인정 여부

1) 장래이행의 소에 해당 여부

① 장래의 이행의 소는 변론종결 시를 표준으로 하여 이행기가 장래에 도래하는 이행청구권을 주장하는 소이다. 따라서 '미리 청구할 필요'가 있는 경우에 한하여 허용된다(제251조). 미리 채무자의 임의이행의 거부에 대비하여 이행판결(= 집행권원)을 얻어 둘 필요가 있는 경우에만 허용되는 것이며, 채무자가 무자력이 될 염려나 재산상태가 악화될 징후 등의 강제집행의 곤란에 대비하기 위한 것은 아니다.

② 사안의 경우 A는 乙 은행을 상대로 양도통지를 받을 것을 조건으로 양수금지급청구의 소를 제기하였는바, 乙 은행의 이행기는 A가 승소한 후 B로부터 乙 은행이 양도통지를 받은 후에 도달하는 것으로서 장래이행의 소에 해당한다.[146]

2) 장래이행의 소의 이익

가) 청구적격성 유무의 기준

장래이행의 소에서의 청구적격은 "① 현재 청구권 발생의 기초관계가 존재하여야 하고, ② 변론종결 당시에 청구권 발생의 가능성이 확실히 예상(침해상태 계속의 확실성)"되어야 한다.

기한부청구권은 채권의 기초관계가 이미 성립되어 있는 경우라면 청구적격이 인정되지만, 조건부청구권은 조건성취의 개연성이 인정되어야 청구적격이 인정될 수 있다.

나) 권리보호이익 – 미리 청구할 필요

미리 청구할 필요가 있는가는, ① 의무의 성질과 ② 의무자의 태도를 고려하여 개별적으로 판단해야 한다.

3) 청구적격의 인정 여부

판례는 채권을 양수하기는 하였으나 아직 양도인에 의한 통지 또는 채무자의 승낙이라는 대항요건을 갖추지 못하였다면, 채권양수인은 현재는 채무자와 사이에 아무런 법률관계가 없어 채무자에 대하여 아무런 권리주장을 할 수 없기 때문에 채무자에 대하여 채권양도인으로부터 양도통지를 받은 다음 채무를 이행하라는 청구는 장래이행의 소로서의 요건을 갖추지 못하여 부적법하다고 하였다.[147][148]

(3) 사안의 경우

---

146) 대판 2014.4.10, 2012다29557 참조

147) 대판 1992.8.18, 90다9452

148) 이러한 판례에 대해서 학설은 채권양도의 통지는 양수인의 채무자에 대한 대항요건에 불과하고, 채권양도의 합의에 따라 채권양도의 효력은 발생한다. 따라서 양수인이 채무자에 대한 채권을 갖는바, 청구기초가 되는 법률관계가 존재하며, 양도통지의 조건성취의 개연성도 인정될 수 있으므로 청구적격은 구비된 것으로 보아야 한다고 비판하고 있다.

✅ 사례(65) │ 장래이행의 소

사실관계

甲은 乙과 토지거래허가구역 내의 乙 소유의 X 토지를 매수하는 내용의 매매계약을 체결하였다. 그 후 甲은 여러 차례 소유권이전등기를 경료해 달라고 요청하였으나, 乙은 이를 거절하고 있다.

문제

甲은 乙을 상대로 토지거래허가를 받을 것을 조건으로 X 토지의 소유권이전등기절차의 이행을 구하는 소를 제기하였다. 법원은 어떠한 판단을 하여야 하는가? [15점]

1. 결론

부적법 소각하의 판결을 하여야 한다.

2. 근거

(1) 장래이행의 소의 의의 및 취지

장래의 이행의 소는 변론종결 시를 표준으로 하여 이행기가 장래에 도래하는 이행청구권을 주장하는 소이다. 따라서 '미리 청구할 필요'가 있는 경우에 한하여 허용된다(제251조). 미리 채무자의 임의이행의 거부에 대비하여 이행판결(= 집행권원)을 얻어 둘 필요가 있기 때문에 인정된다.

(2) 소의 이익

1) 청구적격 유무의 기준

소의 일반적 청구적격 이외에 장래이행의 소에서 개별적으로 인정되는 청구적격은 "① 현재 청구권 발생의 기초관계가 존재하여야 하고, ② 변론종결 당시에 청구권 발생의 가능성이 확실히 예상(침해상태 계속의 확실성)"되어야 한다.

따라서 조건부청구권은 조건성취의 개연성이 인정되어야 청구적격이 인정될 수 있다. 판례는 학교법인이 감독청의 허가 없이 기본재산인 부동산에 관한 매매계약을 체결하고, 매수인이 감독청의 허가를 조건으로 부동산에 관한 소유권이전등기절차의 이행을 구한 사안에서 이를 허용한 바 있다.[149]

---

149) 대판 1998.7.24, 96다27988

2) 미리 청구할 필요

미리 청구할 필요가 있는가는, ① 의무의 성질과 ② 의무자의 태도를 고려하여 개별적으로 판단해야 한다. 예컨대 의무자가 현재 이행기에 도래한 채무의 이행을 하지 않는 경우, 조건이나 채무액수 또는 계약의 성질 등을 다투고 있는 경우에는 원고가 주장하는 이행기가 도래하는 시점에서의 임의이행을 기대하기 어려우므로 미리 청구할 필요가 있다.

(3) 토지거래허가조건부 소유권이전등기청구의 소의 이익 유무

판례는 (구)국토이용관리법상의 규제구역 내의 토지 등의 거래허가를 받기 전에는 거래계약은 물권적 효력은 물론 채권적 효력도 발생하지 아니하여 무효이므로, 토지거래허가를 받을 것을 조건으로 하는 권리의 이전 또는 설정에 관한 어떠한 이행청구도 할 수 없다고 하였다.[150]

(4) 사안의 경우

---

150) 대판 1991.12.24, 90다12243

사례(66) | 소취하 계약과 장래이행의 소

사실관계

甲은 자신의 소유인 X건물을 乙에게 월 임대료 150만원, 임대기간 24개월로 정하여 임대하였고, 乙은 임차한 X건물에서 식당을 운영하여 왔다. 乙은 X건물을 임차한 때로부터 1년이 지난 후인 2013.3.16.부터 약정한 월 임대료를 계속 지급하지 않고 있다. 甲은 乙이 월 임대료를 지급하지 않자 임의로 전기와 물의 공급을 중단하는 등 乙의 식당영업에 심각한 장애를 주었다. 甲은 X건물에 대한 임대기간이 만료된 후 아무런 권원 없이 건물을 점유·사용하고 있는 乙을 상대로 X건물의 인도는 물론 乙이 월 임대료를 지급하지 않은 2013.3.16.부터 건물인도 완료일까지의 연체된 월 임대료 및 이에 상당하는 부당이득반환청구의 일환으로 매월 150만원의 비율로 계산한 금액의 지급을 구하는 이 사건 본소를 제기하였다(乙이 X건물을 임차한 후 월 임대료는 변동이 없음을 가정한다). 乙은 甲의 청구를 다투면서 甲을 상대로 유익비 상환청구로서 2천만원, 甲의 영업방해로 인한 손해에 대해 불법행위를 원인으로 한 손해배상청구로서 3천만원의 지급을 각각 구하는 반소를 제기하였다.

문제

(1) 甲과 乙은 법정 외에서 본소와 반소를 각각 취하하기로 합의하였다. 위 합의 후 乙은 반소를 취하한 반면, 甲은 본소를 취하하지 않고 이후 변론기일에 단독으로 출석하여 본소청구 전부에 대해 승소판결을 받게 되었다. 乙은 패소한 제1심 판결에 대해 항소기간 내에 항소를 제기한 후 항소심 절차에서 甲의 본소청구에 대해 소 취하 합의가 있었음을 주장하였다. 항소심 법원이 乙의 이러한 주장을 인정한다면 甲의 본소청구에 대해 어떠한 판결을 선고하여야 하는가? 20점

(2) 甲의 본소청구에 대해 다음과 같은 주문의 제1심 판결(변론종결일 : 2015.4.3.)이 선고되었다.

주문
乙은 甲에게, 1. X건물을 인도하라. 2. 2013.3.16.부터 X건물의 인도 완료일까지 매월 150만원의 비율로 계산한 금액을 지급하라. (이하 생략)

위 판결주문 제2항 중 이 사건 변론종결일 다음 날인 2015.4.4.부터 X건물의 인도 완료일까지 월 임대료 상당액 150만원의 지급을 명하는 것이 가능한가? 15점

I 설문 (I)에 관하여

1. 결론

항소심 법원은 甲의 본소청구에 대한 제1심 판결을 취소하고 소각하 판결을 하여야 한다.[151]

---

151) 소취하 계약이 있었음이 주장되었으므로 지적의무는 문제되지 않는다.

2. 근거

(1) 소취하 계약의 의의

소취하 계약이란 이미 계속 중인 소를 취하하기로 하는 당사자 간의 소송 외에서의 합의를 말한다. 사안의 경우 甲과 乙은 법정 외에서 본소와 반소를 각각 취하하기로 합의하였는바 甲·乙 사이에 소취하 계약이 체결된 것으로 보인다.

(2) 소취하 계약의 허용 여부 및 유효성 여부

1) 허용 여부

소송법에 규정되어 있는 소송상 합의는 적법한 것임에 의문의 여지가 없으나, 명문의 규정이 없는 경우 문제되는데, 당사자의 자유로운 의사를 존중하여야 한다는 요청에 기하여 처분권주의·변론주의가 적용되는 범위 내에서 소송상 합의의 적법성을 인정하는 견해가 일반적이다.

2) 유효요건

다만 이러한 소송상 합의가 인정되기 위해서는 ① 합의 당사자가 처분할 수 있는 권리범위 내의 것으로서, ② 특정한 권리관계에 관한 합의일 것, ③ 당사자가 그 합의의 법적 효과의 의미를 명확하게 예견할 수 있는 경우일 것, ④ 특약 자체가 불공정한 방법으로 이루어지지 않았을 것이 요구된다.

3) 사안의 경우

甲과 乙 사이에 체결된 소취하 계약은 불공정한 방법으로 이루어진 사정이 없고, 소송의 종료를 가져오는 것으로서 처분권주의·변론주의가 지배하는 영역 내이고, 당사자 모두 법적 효과를 명확히 예측할 수 있었던 경우에 해당하며, 유효요건을 구비한 것으로 보인다. 따라서 甲과 乙 사이의 소취하 계약은 적법·유효하다.

(3) 소취하 계약의 법적 성질 및 이를 위반한 소의 처리

판례는 ① 강제집행취하계약에 위배했다고 하여 직접 소송으로서 그 취하를 구할 수는 없다고 하여 의무이행소구설을 배척하였고, ② 부제소특약이나 소취하 계약에 위반한 경우 그 소는 권리보호의 이익이 없으므로 각하되어야 한다고 하였다.

(4) 사안의 경우

사안에서 乙은 항소심 절차에서 甲의 본소청구에 대해 소취하 합의가 있었음을 주장하였고, 항소심 법원이 乙의 이러한 주장을 인정하는 경우이므로, 항소심 법원은 甲의 본소청구 전부에 대해 승소판결을 한 제1심 판결을 취소하고 본소에 대해 권리보호의 이익이 없음을 이유로 부적법 소각하 판결을 선고하여야 한다.

Ⅱ 설문 (2)에 관하여

1. 결론

가능하다.

2. 근거

(1) 장래이행의 소의 적법 여부

1) 의의 및 취지

장래의 이행의 소는 변론종결 시를 표준으로 하여 이행기가 장래에 도래하는 이행청구권을 주장하는 소이다. 따라서 '미리 청구할 필요'가 있는 경우에 한하여 허용된다(제251조). 채무자의 임의이행의 거부에 대비하여 이행판결(= 집행권원)을 얻어 둘 필요가 있기 때문에 인정된다.

2) 청구적격의 유무

① 장래이행의 소에서의 청구적격은 ⅰ) 청구권 발생의 기초관계가 존재하여야 하고, ⅱ) 변론종결 당시에 청구권 발생의 가능성이 확실히 예상되어야 한다.

② 판례는 장래의 부당이득반환청구에 관해 원고가 주장하는 장래의 시점까지 침해가 존속될 것이 변론종결 당시에 확정적으로 예정되어야 한다고 하였다.[152]

③ 불법점유자를 상대로 한 임료상당의 손해배상 또는 부당이득을 명하는 경우, 통상 주문은 "~ 건물의 인도 완료일까지 월 00원의 비율에 의한 금원을 지급하라."이다.[153]

3) 권리보호이익의 유무

① 미리 청구할 필요가 있는가는, ⅰ) 의무의 성질과 ⅱ) 의무자의 태도를 고려하여 개별적으로 판단해야 한다.

② 판례는 피고가 변론종결 무렵까지 임료 상당의 부당이득금의 반환을 거부하고 있어 위와 같은 계속적·반복적 이행의무에 관하여 현재의 이행기 도래분에 대하여 그 이행을 하지 아니한 이상 임의이행을 기대하기 어려우므로 미리 청구할 필요가 있다고 하였다.[154]

(2) 사안의 경우

사안의 경우 乙은 임대기간이 만료된 후 아무런 권원 없이 X건물을 점유·사용하고 있는바, 부당이득반환청구권 발생의 기초관계인 불법점유 상태가 존재하고 그 상태가 계속 존속될 것임이 변론종결 당시 확정적으로 예정되므로 청구적격이 인정된다. 또한 현재 이행기 도래분에 대하여 이행을 하지 않고 있으므로 미리 청구할 필요도 인정된다. 결국 장래이행의 소로서 적법하므로 법원은 X건물의 인도 완료일까지 월 150만원의 비율로 계산한 금액의 지급을 명하는 것이 가능하다.

---

152) 대판 2002.6.14, 2000다37517 등

153) 청구취지의 기재도 이와 마찬가지이다. 또한 이는 동시이행항변이나 유치권항변에 기한 점유의 경우에도 마찬가지로 "인도 완료일(시)까지"로 종기를 정함이 일반적이다.

154) 대판 1993.3.9, 91다46717 등

✅ 사례(67) | 확인의 소의 이익

사실관계

甲은 2005.3.10. 乙로부터 건축을 목적으로 서울 강남구 논현동 85 − 1 소재의 X 토지를 금 5억원에 매수하고 매매대금을 지급하였다(아래 각 설문은 독립적임).

문제

(1) 그런데 계약체결 당시 乙은 X 토지가 건축허가를 받을 수 없어 건축이 불가능하였음에도 이를 속이고 매도하였고, 甲은 이러한 사실을 알게 되어 2005.7.8. 위 매매계약을 취소하면서 乙을 상대로 위 매매계약의 무효확인의 소를 제기하였다. 甲이 제기한 소는 적법한가? [15점]

(2) 만일 乙이 X 토지에 관해 매매를 원인으로 한 소유권이전등기를 경료하였고 이를 A에게 명의신탁하였는데, 위 토지가 하천구역에 편입되어 국유가 됨으로써 이에 따른 보상청구권이 乙에게 귀속되었다가 그의 사망으로 B에게 상속되었음에도 A가 위 보상청구권 발생 당시 위 토지의 등기 명의가 A 앞으로 되어 있음을 기화로 위 보상청구권이 자신에게 귀속된 것이라고 주장하면서 B의 권리를 다투고 있다. 이에 B가 A를 상대로 X 토지에 관한 보상청구권이 B에게 있다는 확인을 구하는 경우와 A에게는 보상청구권이 없다는 확인을 구하는 소를 제기한 경우, B가 제기한 각 소는 적법한가? [10점]

■ 설문 (1)에 관하여

1. 결론

적법하다.

2. 근거

(1) 당사자적격 인정 여부

확인의 소의 객관적 이익이 인정될 때에는 주관적 소의 이익인 당사자적격도 있는 것이 원칙이다. 즉 확인의 소에서 확인의 이익은 당사자적격과 표리일체의 관계에 있다. 따라서 <u>원고적격자는 그 청구에 대하여 확인의 이익을 가지는 자가, 피고적격자는 원고의 이익과 대립되는 이익을 가진 자가 된다.</u>

(2) 청구적격 인정 여부

1) 판단기준

① 원칙적인 기준으로서 「현재의 권리 또는 법률관계의 확인」에 한한다. 따라서 과거의 권리관계의 존부확인은 확인의 소로써 청구적격이 없다. 그러나 과거의 권리 내지는 법률관계

에 대한 확인이라도 그 확인이 현재의 법률관계를 둘러싼 분쟁의 발본적 해결에 도움이 되는 경우, 즉 현재의 권리·법률관계에 관련되어 있거나 과거의 포괄적 법률관계로서 일체분쟁의 직접적·획일적 해결에 유효한 수단이 되는 경우에는 확인의 이익이 인정되고 있다.

② 판례도, 매매계약 무효확인의 소에 있어서 "과거의 법률행위인 매매계약무효의 확인을 구하는 것으로 볼 것이 아니라 현재 매매계약에 기한 채권·채무가 존재하지 않는다는 확인을 구하는 취지를 간결하게 표현한 것으로 선해하여야 한다."고 함으로써 예외적으로 청구적격을 인정한 바 있다.[155)]

2) 사안의 경우

사안에서 甲이 제기한 매매계약 무효확인의 소는 과거의 법률행위인 매매계약을 확인대상으로 하고 있으므로 원칙적으로 확인의 이익이 없으나, 현재 매매계약에 기한 채권·채무가 존재하지 않는 것과 관련되어 있어 이에 대한 확인을 구하는 취지를 간결하게 표현한 것으로 선해할 수 있다. 따라서 청구적격은 인정된다.

(3) 확인의 이익 인정 여부

1) 의의

① 원고의 권리 또는 법률상 지위에, ② 위험·불안이 현존하고, ③ 이것을 제거하기 위하여 확인판결을 받는 것이 가장 유효·적절한 수단이어야 한다.

2) 확인의 소의 보충성

이행의 소를 제기할 수 있는 경우인데도 같은 권리관계에 관한 확인의 소를 제기할 수 있는지가 문제된다.

이에 대해 판례는 ① 이행의 소가 가능함에도 불구하고 그 청구권에 관하여 확인을 구하는 것은 원칙적으로 허용되지 않는다고 본다. 다만 ② 예외적으로 매매계약해제의 효과로서 이미 이행한 것의 반환을 구하는 이행의 소를 제기할 수 있을지라도 그 기본되는 매매계약의 존부에 대하여 다툼이 있어 즉시 확정의 이익이 있는 때에는 계약이 해제되었음의 확인을 구할 수도 있는 것이라고 하였다.[156)]

3) 사안의 경우

사안의 경우 甲은 乙에게 매매대금 1억원에 대해 부당이득반환청구의 이행의 소가 가능함에도 매매계약무효확인을 구하고 있으므로 원칙적으로 확인의 소의 보충성에 반한다고 할 수 있다. 그러나 그 기본되는 매매계약(선결적 법률관계)의 존부에 대하여 다툼이 있는 경우 예외적으로 확인의 이익이 있다.

---

155) 대판 1966.3.15, 66다17
156) 대판 1982.10.26, 81다108

II 설문 ⑵에 관하여

1. 결론

① X 토지에 관한 보상청구권이 B에게 있다는 적극적 확인을 구하는 경우는 적법하다. 그러나 ② A에게는 보상청구권이 없다는 소극적 확인을 구하는 소는 부적법하다.

2. 근거

⑴ 당사자적격 인정 여부

⑵ 청구적격 인정 여부

다른 사람 사이의 권리 또는 법률관계의 확인도 자기의 권리관계에 영향을 미치는 한, 확인의 이익이 인정된다. 이 경우 당사자 한쪽과 제3자 사이 또는 제3자 상호간의 법률관계라도 상관이 없다.

⑶ 확인의 이익 유무

1) 의의 및 요건

2) 채권의 귀속에 관한 적극적 확인을 구하는 경우

일반적으로 채권은 채무자로부터 급부를 받는 권능이기 때문에 소송상으로도 채권자는 통상 채무자에 대하여 채권의 존재를 주장하고 그 급부를 구하면 되는 것이지만, 만약 하나의 채권에 관하여 2인 이상이 서로 채권자라고 주장하고 있는 경우에 있어서는 그 채권의 귀속에 관한 분쟁은 채무자와의 사이에 생기는 것이 아니라 스스로 채권자라고 주장하는 사람들 사이에 발생하는 것으로서 참칭채권자가 채무자로부터 변제를 받아버리게 되면 진정한 채권자는 그 때문에 자기의 권리가 침해될 우려가 있어 그 참칭채권자와의 사이에서 그 채권의 귀속에 관하여 즉시 확정을 받을 필요가 있고, 또 그들 사이의 분쟁을 해결하기 위하여는 그 채권의 귀속에 관한 확인판결을 받는 것이 가장 유효적절한 권리구제 수단으로 용인되어야 할 것이므로 스스로 채권자라고 주장하는 어느 한 쪽이 상대방에 대하여 그 채권이 자기에게 속한다는 「채권의 귀속에 관한 확인」을 구하는 청구는 그 확인의 이익이 있다.

3) 채권의 귀속에 관한 소극적 확인을 구하는 경우

자기의 권리 또는 법률상의 지위를 부인하는 상대방이 자기 주장과는 양립할 수 없는 제3자에 대한 권리 또는 법률관계를 주장한다고 하여 「상대방 주장의 그 제3자에 대한 권리 또는 법률관계가 부존재한다는 것만의 확인」을 구하는 것은, 설령 그 확인의 소에서 승소판결을 받는다고 하더라도 그 판결로 인하여 상대방에 대한 관계에서 자기의 권리가 확정되는 것도 아니고 그 판결의 효력이 제3자에게 미치는 것도 아니어서 그와 같은 부존재확인의 소는 자기의 권리 또는 법률적 지위에 현존하는 불안·위험을 해소시키기 위한 유효적절한 수단이 될 수 없으므로 확인의 이익이 없다.

⑷ 사안의 경우

✅ 사례(68) │ 확인의 소의 이익

> **사실관계**
>
> 甲은 A와 사이에 X건물에 대한 리모델링공사를 2억원에 도급하였고, A는 약정기한에 위 공사를 모두 완료하였으나 甲으로부터 공사대금을 지급받지 못하여 현재 X건물을 점유하고 있다. 그 후 甲은 乙로부터 3억원을 차용하면서 담보로 甲의 X건물에 근저당권설정등기를 경료해 주었다.
>
> **문제**
>
> ※ 아래 각 설문은 상호 무관한 것임을 전제로 한다.
>
> (1) A는 근저당권자인 乙의 신청에 의한 경매절차에서 3억원의 공사대금채권을 피담보채권으로 하는 유치권을 신고하였다. 이에 乙은 A를 상대로 A가 유치권으로 신고한 3억원 중 유치권을 내세워 대항할 수 있는 2억원을 초과하는 범위에서 유치권은 부존재한다는 확인을 구하였다. 乙의 확인의 소는 법률상 이익이 있는가? ⎡8점⎤
>
> (2) 甲은 乙에 대한 피담보채무는 모두 변제되었음을 주장하며 乙을 상대로 근저당권설정계약에 의한 피담보채무 부존재확인과 함께 근저당권설정등기의 말소를 구하는 소를 제기하였다. 甲의 피담보채무 부존재확인의 소는 적법한가? ⎡7점⎤
>
> (3) 甲의 乙을 상대로 한 피담보채무 부존재확인의 소가 계속 중 乙의 근저당권설정등기가 말소된 경우라면, 甲의 피담보채무 부존재확인의 소는 적법한가? ⎡5점⎤

▌ 설문 (1)에 관하여

1. 결론

乙이 제기한 확인의 소는 법률상 이익이 있다.

2. 근거

(1) 확인의 이익 의의 및 요건

1) ① 원고의 권리 또는 법률상 지위에, ② 위험·불안이 현존하고, ③ 이것을 제거하기 위하여 확인판결을 받는 것이 가장 유효·적절한 수단이어야 한다.

2) 확인의 소로써 위험·불안을 제거하려는 법률상 지위는 반드시 구체적 권리로 뒷받침될 것을 요하지 아니하고, 그 법률상 지위에 터 잡은 구체적 권리발생이 조건 또는 기한에 걸려 있거나 법률관계가 형성과정에 있는 등의 원인으로 불확정적이라고 하더라도 보호할 가치 있는 법적 이익에 해당하는 경우에는 확인의 이익이 인정될 수 있다.[157] 그러나 법률상 이익이 아닌 반사적으로 받게 될 사실상·경제상 이익은 포함되지 않는다.

---

157) 대판 2000.5.12, 2000다2429.

(2) 근저당권자가 유치권부존재 확인을 구할 법률상 이익의 인정 여부

판례는 민사집행법 제268조에 의하여 담보권의 실행을 위한 경매절차에 준용되는 같은 법 제91조 제5항에 의하면 유치권자는 경락인에 대하여 피담보채권의 변제를 청구할 수는 없지만 자신의 피담보채권이 변제될 때까지 유치목적물인 부동산의 인도를 거절할 수 있어 경매절차의 입찰인들은 낙찰 후 유치권자로부터 경매목적물을 쉽게 인도받을 수 없다는 점을 고려하여 입찰하게 되고 그에 따라 경매목적 부동산이 그만큼 낮은 가격에 낙찰될 우려가 있다. 이와 같이 저가낙찰로 인해 경매를 신청한 근저당권자의 배당액이 줄어들거나 경매목적물 가액과 비교하여 거액의 유치권 신고로 매각 자체가 불가능하게 될 위험은 경매절차에서 근저당권자의 법률상 지위를 불안정하게 하는 것이므로 위 불안을 제거하는 근저당권자의 이익을 단순한 사실상·경제상의 이익이라고 볼 수는 없다. 따라서 근저당권자는 유치권 신고를 한 사람을 상대로 유치권 전부의 부존재뿐만 아니라 경매절차에서 유치권을 내세워 대항할 수 있는 범위를 초과하는 유치권의 부존재 확인을 구할 법률상 이익이 있고, 심리 결과 유치권 신고를 한 사람이 유치권의 피담보채권으로 주장하는 금액의 일부만이 경매절차에서 유치권으로 대항할 수 있는 것으로 인정되는 경우에는 법원은 특별한 사정이 없는 한 그 유치권 부분에 대하여 일부패소의 판결을 하여야 한다고 하였다.[158]

(3) 사안의 경우

유치권의 행사로 매각 자체가 불가능하게 되거나 낮은 가격에 낙찰될 우려가 있으므로, 이에 따른 근저당권자의 위험·불안을 제거해야 할 필요는 법률상 이익이라고 봄이 타당하다. 따라서 사안의 경우 乙이 제기한 확인의 소는 법률상 이익이 있다.

▐▐ 설문 (2)에 관하여

1. 결론

甲의 피담보채무 부존재확인의 소는 부적법하다.

2. 근거

(1) 확인의 소의 보충성

1) 원칙

이행의 소가 가능함에도 불구하고 그 청구권에 관하여 확인을 구하는 것은 원칙적으로 허용

---

158) 대판 2016.3.10, 2013다99409 – 이에 대하여, 원심은 "유치권은 불가분성을 가지므로 피담보채무의 범위에 따라 그 존부나 효력을 미치는 목적물의 범위가 달라지는 것은 아닌 점, 임의경매절차에서 유치권의 존재로 인하여 저가매각이 되고 저당권자의 배당액이 줄어들 위험이 있어 저당권자가 유치권부존재확인을 구할 법률상 이익이 있더라도 이러한 위험은 다분히 추상적·유동적이어서 이러한 위험만으로 곧바로 피담보채무를 확정할 법률상 이익이 발생하지는 않는 점(유치권자는 우선변제권이 없으므로 배당절차에서 피담보채권액 전부를 배당받을 수 없다는 점 고려) 등을 이유로 확인의 이익을 부정하였다(소극설).

되지 않는다. 직접 이행판결을 구하는 편이 집행의 면에도 충족하고 보다 더 효율적인 발본적 해결이 되기 때문이다.

2) 예외

그러나 판례는 예외적으로 ① 손해액수의 불분명, ② 확인판결로 피고의 임의이행이 기대가 능한 경우에는 확인의 이익이 인정된다. 나아가 ③ 기본이 되는 법률관계로부터 파생하는 이행청구권을 주장하여 이행의 소가 가능한 경우라도, 당해 기본이 되는 권리관계(선결적 법률관계)의 확인의 소는 허용되고, 또 기본이 되는 권리관계의 확인청구와 함께 그 파생되는 청구권에 기한 이행의 소를 아울러 제기하여도 상관이 없다.[159]

(2) 피담보채무 부존재확인의 소의 확인의 이익 - 확인의 소의 보충성

판례는 확인의 소는 원고의 권리 또는 법률상 지위에 현존하는 불안·위험이 있고 확인판결을 받는 것이 그 분쟁을 근본적으로 해결하는 가장 유효·적절한 수단일 때 허용되는바, 근저당권 설정자가 근저당권설정계약에 기한 피담보채무가 존재하지 아니함의 확인을 구함과 함께 그 근저당권설정등기의 말소를 구하는 경우에 근저당권설정자로서는 피담보채무가 존재하지 않음을 이유로 근저당권설정등기의 말소를 구하는 것이 분쟁을 유효·적절하게 해결하는 직접적인 수단이 될 것이므로, 별도로 근저당권설정계약에 기한 피담보채무가 존재하지 아니함의 확인을 구하는 것은 확인의 이익이 있다고 할 수 없다고 하였다.[160]

Ⅲ 설문 (3)에 관하여

1. 결론

甲의 피담보채무 부존재확인의 소는 부적법하다.

2. 근거

(1) 청구적격으로서 현재의 권리·법률관계

확인의 소는 원칙적으로 「현재의 권리 또는 법률관계의 확인」에 한한다. 따라서 과거의 권리관계의 존부확인은 확인의 소로서 청구적격이 없다. 그러나 과거의 권리 내지는 법률관계에 대한 확인이라도 그 확인이 현재의 법률관계를 둘러싼 분쟁의 발본적 해결에 도움이 되는 경우, 즉 현재의 권리·법률관계에 관련되어 있거나 과거의 포괄적 법률관계로서 일체분쟁의 직접적·획일적 해결에 유효한 수단이 되는 경우에는 확인의 이익이 인정된다.[161]

---

159) 대판 1971.5.24, 71다519 참조
160) 대판 2000.4.11, 2000다5640
161) 대판 1995.3.28, 94므1447

(2) 근저당권이 말소된 경우 피담보채무 부존재확인의 소의 이익 소멸 여부

판례는 확인의 소에서 확인의 대상은 현재의 권리 또는 법률관계일 것을 요하므로 특별한 사정이 없는 한 과거의 권리 또는 법률관계의 존부확인은 인정되지 아니하는바, 근저당권의 피담보채무에 관한 부존재확인의 소는 근저당권이 말소되면 과거의 권리 또는 법률관계의 존부에 관한 것으로서 확인의 이익이 없게 된다고 하였다.[162]

---

162) 대판 2013.8.23, 2012다17585. 동 판례에 대하여는 ① 판례의 입장에 찬성하는 입장과 ② 근저당권설정 등기가 말소되었으나 설정 시부터 여전히 채권자가 차용증 등의 서류를 보관하고 있거나 이를 주장하는 경우 그 피담보채무의 관계는 과거의 법률관계라 단정할 수 없으며, 가사 과거의 법률관계라 하더라도 예외를 인정하는 판례의 태도를 볼 때 피담보채무의 부존재확인의 이익이 인정된다고 봄이 타당하다고 하여 판례의 입장에 반대하는 입장의 대립이 있다.

☑ 사례(69) | 증서진부확인의 소

사실관계

A 부동산에 관하여 甲명의로 소유권보존등기가 경료된 다음 乙명의로 매매를 원인으로 하여 소유권이전등기가 경료되었다. 甲은 위 매매에 관한 매매계약서와 영수증이 위조된 것이라고 주장하면서 각 서면이 진정하지 아니하다는 확인의 소를 제기하였다. 이 소의 사실심 심리 중 甲은 乙이 임의로 소유권이전등기를 경료하였다고 주장하면서 乙을 상대로 소유권이전등기말소등기청구의 소를 별소로 제기하였다.

문제

甲이 제기한 위 확인의 소는 적법한지 여부에 대하여 설명하시오. 15점

Ⅰ 결론

영수증에 관한 증서진부확인의 소는 부적법하지만, 매매계약서에 관한 증서진부확인의 소는 적법하다.

Ⅱ 근거

1. 당사자적격 유무

2. 청구적격 유무

(1) 판단기준

① 원칙적인 기준으로서「현재의 권리 또는 법률관계의 확인」에 한한다. 그러나 ② 예외적으로 확인의 소는 법률관계를 증명하는 서면이 진정한지 아닌지를 확인하기 위하여도 제기할 수 있다(제250조). 권리 또는 법률관계에 대한 확인이 아닌, 예외적으로 사실에 대한 확인소송을 인정한 경우이다.

(2) 요건

① 다만, 증서의 진정 여부를 확인하는 소가 인정되기 위해서는 진정 여부의 대상이 되는 서면이 법률관계를 증명하는 서면이어야 한다.
② 여기서 '법률관계를 증명하는 서면'이라 함은 그 기재 내용에 의하여 직접적으로 현재의 법률관계의 성부·존부를 증명할 수 있는 처분문서를 말한다. 따라서 과거의 사실의 보고를 증명하는 서면인 보고문서는 확인의 대상이 되지 않는다.

③ 그리고 '진정 여부'라 함은 그 서면이 작성자라고 주장된 사람의 의사에 따라 작성되었는지 여부의 사실을 말한다. 내용의 진정까지 의미하는 것은 아니다.

(3) 사안의 경우

① 매매계약서는 직접적으로 현재의 법률관계의 성부·존부를 증명할 수 있는 처분문서에 해당하므로 청구적격이 인정되나, ② 일정한 금원을 받았음을 증명하기 위하여 작성된 영수증은 특별한 사정이 없는 한 임대차 등 법률관계의 성립 내지 존부를 직접 증명하는 서면이 아니므로 증서의 진정 여부를 확인하는 소의 대상이 될 수 없다. 판례도 마찬가지이다.163)

3. 확인의 이익 유무

(1) 의의

(2) 증서진부확인의 소에서도 확인의 이익이 필요한지 여부

법률관계를 증명하는 서면이라고 하더라도 언제나 소를 제기할 수 있는 것은 아니다. 이 소도 확인의 소인 이상, 일반적인 확인의 소와 마찬가지로 확인의 이익(= 즉시확정의 이익)이 있어야 한다. 즉 원고의 권리 또는 법률상 지위의 위험·불안이 오로지 그 서면의 진정 여부에 관계하고 있는 경우에만 인정된다.

(3) 증서와 관련된 법률관계에 관한 소가 후에 제기된 경우 증서진부확인의 이익 소멸 여부

판례는 ① 어느 서면에 의하여 증명되어야 할 법률관계를 둘러싸고 이미 소가 제기되어 있는 경우에는 그 소송에서 분쟁을 해결하면 되므로 그와 별도로 그 서면에 대한 진정 여부를 확인하는 소를 제기하는 것은 특별한 사정이 없는 한 확인의 이익이 없다고 봄에 반하여, ② 증서진부확인의 소가 제기된 후에 그 법률관계에 관한 소가 후에 제기된 경우에는 진부확인의 소의 확인의 이익이 소멸되지 않는다고 하였다.164)

4. 사안의 경우

사안의 경우 영수증에 관한 증서진부확인의 소는 그 청구적격이 없어 부적법하다. 반면에 매매계약서는 청구적격이 있고, 매매계약서와 관련된 소유권이전등기 말소등기청구의 소가 후에 별소로 제기되었다고 하더라도 증서진부확인의 소의 확인의 이익은 소멸하지 않으므로 적법하여 계속 심리되어야 한다.

---

163) 대판 2007.6.14, 2005다29290·29306
164) 대판 2007.6.14, 2005다29290·29306

☑ 사례(70) │ 처분권주의 – 형식적 형성의 소와 처분권주의

사실관계

A토지의 공유자인 甲, 乙, 丙 사이에 A토지의 분할에 관한 협의가 이루어지지 않자, 甲은 乙, 丙을 상대로 법원에 A토지의 분할을 청구하였다.

문제

甲이 현물분할을 청구하는 경우에 법원은 청구취지의 변경이 없이도 경매분할을 명하는 판결을 할 수 있는가?
10점

I 결론

공유물분할방법에 대해서는 처분권주의가 배제되는 결과 당사자가 현물분할을 구했어도 법원은 공유물의 경매에 의한 가격분할을 명할 수 있다.

II 근거

1. 공유물분할청구소송의 의의 및 성질

① 공유물분할청구의 소는 공유물의 분할방법에 관하여 공유자 간에 협의가 성립되지 아니한 때 판결에 의한 분할을 청구하는 소이다(민법 제269조 제1항).
② 이는 공유자가 가지는 분할청구권(민법 제268조 제1항)이라는 형성권을 기초로 하는 형성의 소로서, 법원이 재량에 의해 구체적인 사정에 따라 합목적적으로 처분이 가능한 비송사건의 실질을 갖는 형식적 형성의 소에 해당한다.

2. 처분권주의의 적용 여부

(1) 처분권주의의 의의 및 내용

처분권주의란 소송의 개시, 심판의 대상과 범위의 결정, 소송의 종결에 있어서 당사자에게 주도권을 인정하고, 당사자의 처분에 맡기는 원칙을 말한다(제203조). 심판의 대상은 원고의 의사에 의하여 특정되기 때문에 법원으로서는 당사자가 신청한 사항(질적 동일)에 대하여, 신청의 범위 내(양적 동일)에서만 판단하여야 한다. 따라서 당사자가 신청한 사항과 별개의 사항에 대해서나, 신청의 범위를 넘어서 판결하여서는 처분권주의에 반하게 된다.

⑵ 처분권주의의 적용 여부

판례는 공유물분할청구의 소는 형식적 형성의 소이므로, 법원은 당사자 주장내용에 구속받지 않고 재량대로 판단할 수 있어 처분권주의가 배제되며, 불이익변경금지의 원칙도 적용되지 아니한다고 하였다. 또한 어떠한 형식으로라도 법률관계를 형성하여야 하므로 원고의 청구를 기각할 수 없다. 따라서 분할방법에 대한 당사자의 신청은 법원을 구속할 수 없고, 원고가 현물분할을 청구하는 경우에 법원은 청구취지의 변경 없이도 경매분할을 명하는 판결을 할 수 있다고 하였다.[165]

---

165) 대판 1993.12.7, 93다27819

✅ 사례(71) | 처분권주의 – 인명사고에 의한 손해배상청구

사실관계

甲은 친구인 乙을 동승시킨 채 자신의 소유 차량을 운전하던 중 丙이 운전하던 차량에 의해 추돌 당함으로써, 甲과 乙 모두 두 달간의 입원치료를 요하는 중상을 입게 되었다. 이에 甲은 丙을 상대로 손해배상청구소송을 제기하였으나, 같은 사고의 피해자인 乙은 나중에 소를 제기하겠다는 생각에 甲의 소송에 동참하지 않았다. 甲은 도합 금 8,000만원의 손해배상을 구함에 있어 일실수익 금 3,000만원, 치료비 금 2,000만원, 위자료 금 3,000만원 등으로 손해항목을 나누어 청구하였다.

문제

제1심 법원은 심리결과 피고에게 합계 금 6,000만원의 손해배상(일실수익 금 4,000만원, 치료비 금 1,000만원, 위자료 금 1,000만원)을 명하는 판결을 하였다. 이러한 판결은 위법한가? [10점]

I 결론

위법한 판결이다.

II 논거

1. 처분권주의의 의의 및 내용

처분권주의란 소송의 개시, 심판의 대상과 범위의 결정, 소송의 종결에 있어서 당사자에게 주도권을 인정하고, 당사자의 처분에 맡기는 원칙을 말한다(제203조). 심판의 대상은 원고의 의사에 의하여 특정되기 때문에 법원으로서는 당사자가 신청한 사항(질적 동일)에 대하여, 신청의 범위 내(양적 동일)에서만 판단하여야 한다. 따라서 당사자가 신청한 사항과 별개의 사항에 대해서나, 신청의 범위를 넘어서 판결하여서는 처분권주의에 반하게 된다.

2. 청구의 양적 한계를 위반하였는지 여부

(1) 손해배상청구소송의 소송물 및 판단

판례는 ① "불법행위로 인한 손해배상청구의 소송물인 손해는 통상의 치료비 따위와 같은 적극적 재산상 손해와 일실수익 상실에 따르는 소극적 재산상 손해 및 정신적 고통에 따르는 정신적 손해의 3가지로 나누어진다"고 판시하여 손해 3개설을 취하고 있다. 나아가 ② 이 경우 청구총액을 초과하지 않는다 하여도 각 손해항목의 청구액을 초과하여 인용하면 처분권주의에 위반된다고 하였다.[166]

(2) 사안의 경우

사안의 경우 일실이익 부분에 관하여 원고가 청구한 금액을 초과하여 인용하는 판결을 하였는데, 판례의 입장인 손해 3개설에 의하면 이는 처분권주의에 반하는 위법한 판결이다.

---

166) 대판 2001.2.23, 2000다63752

사례(72) | 처분권주의 – 일부청구와 과실상계

사실관계

인력경비용역업체인 A법인은 2005.1.1. 의류제조업체 B법인과 B 소유 창고에 대하여 2006.1.1.까지 방범 및 방재업무의 제공을 내용으로 하는 경비용역계약을 체결하였다. 그런데 B의 전(前)종업원 甲은 2005.5.1. A의 감시가 소홀한 틈을 타 위 창고에 침입하여 의류제품 등 합계 1억원 어치를 절취하여 갔다. 그 후 甲은 절도죄로 징역 6월을 선고받았다.

문제

만일 위 사고에서 B의 과실이 40%로 인정되는데 B가 일부청구로 A와 甲을 상대로 7천만원을 청구한 경우 법원이 인용할 액수와 그 근거를 설명하시오. [10점]

I 결론(인용액)

B의 청구에 대해 법원은 6천만원을 인용하는 판결을 선고하여야 한다.

II 근거

1. 처분권주의의 의의 및 내용

2. 일부청구와 과실상계

(1) 문제점

사안은 원고가 1억원의 손해 중 7,000만원만 일부청구한 경우, 피해자의 과실이 40%일 때 과실상계의 방법이 문제된다.

(2) 판례의 태도

판례는 일개의 손해배상청구권 중 일부가 소송상 청구되어 있는 경우에 과실상계를 함에 있어서는 손해의 전액에서 과실비율에 의한 감액을 하고, 그 잔액이 청구액을 초과하지 않을 경우에는 그 잔액을 인용할 것이고 잔액이 청구액을 초과할 경우에는 청구의 전액을 인용하는 것으로 풀이하는 것이 일부청구를 하는 당사자의 통상적 의사라는 입장이다.[167]

---

167) 대판 1976.6.22, 75다819, 대판 1996.10.25, 96다30113 등

3. 사안의 경우

판례에 의하면 일단 손해전액을 산정하여 그로부터 과실상계한 뒤에 남은 잔액이 청구액을 초과한 때에는 청구액의 한도에서, 잔액이 청구액에 미달하면 잔액대로 인용하게 된다. 사안의 경우에는 B의 손해 전액 1억원에서 B의 과실 40%를 과실상계하고 남은 잔액이 6천만원이고, 이것은 B의 청구액 7천만원을 초과하지 않으므로, 결국 법원에 의해 B의 청구가 인용될 수 있는 액수는 6천만원이 된다.

사례(73) | 처분권주의 – 양적 상한의 범위 초과 여부 등

사실관계

甲은 2008.10.1. 乙에게 금 4,000만원을 이자 월 1%, 변제기 2009.1.31.로 정하여 대여하였는데, 乙이 위 대여금을 변제하지 아니하자 2009.5.7. 乙을 상대로 대여금의 지급을 구하는 소를 제기하였다.

문제

※ 아래 각 설문에 대한 결론과 근거를 설명하시오. 각 설문은 상호 무관한 것임을 전제로 한다.

(1) 甲이 대여금 4,000만원 및 2008.10.1.부터 다 갚는 날까지 월 1%의 비율에 의한 금원을 지급할 것을 청구하는 소를 제기하였고, 소송과정에서 甲과 乙은 필요한 주장을 다 하였다. 제1심 법원은 심리결과 에 따라 4,500만원의 대여금과 이에 대한 2009.11.1.부터 다 갚는 날까지 월 1.5%의 금원지급을 명하 는 판결을 하였다. 이러한 판결은 적법한가? 13점

(2) 甲이 2008.10.1. 소비대차계약에 기한 대여금 4,000만원 중 우선 법원에 위 대여금 중 1,000만원의 지급을 구하는 소를 제기하였는데, 이에 대해 乙은 자신의 甲에 대한 반대채권이 800만원에 이른다고 주장하면서 상계의 항변을 하였다. 제1심 법원의 심리결과 甲의 피고에 대한 채권은 4,000만원, 乙의 원고 에 대한 채권은 600만원으로 밝혀진 경우, 법원은 얼마를 인용해야 하는가? 8점

(3) 만약 甲이 乙로부터 2006.5.1. 금 1,000만원을 차용하고, 그 담보를 위해 甲 소유 부동산에 관해 乙 명의의 저당권설정등기를 해 주었는데, 그 후 甲이 乙에게 자신의 채무는 일부 변제되었으므로, '원고 甲의 피고 乙에 대한 부동산에 의하여 담보되는 차용금채무는 금 400만원을 초과하여서는 존재하지 아니함을 확인한다'라는 취지의 소를 제기하였다.[168]
가. 甲이 제기한 채무부존재확인의 소는 적법한가? 12점
나. 만약 위 소가 적법하다고 할 때, 법원이 잔존채무가 600만원이라는 심증을 얻었다면, 이 경우 법 원은 어떠한 판단을 할 것인가? 12점
다. 만약 법원이 잔존채무가 200만원이라는 심증을 얻었다면, 이 경우 법원은 어떠한 판단을 할 것인가? 5점

■ 설문 (1)에 관하여

1. 결론

원고 甲이 주장한 원금채권과 이자채권 모두 그 양적 한도를 넘어선 판결로서 처분권주의를 위 반한 위법한 판결이다.

---

168) 대판 1982.11.23, 81다393; 대판 1994.1.25, 93다9422

2. 근거

(1) 처분권주의의 의의 및 내용

처분권주의란 절차의 개시, 심판의 대상·범위, 절차의 종결에 대해 당사자에게 주도권을 주어 그의 처분에 맡기는 입장을 말한다(제203조). 그러므로 심판의 대상은 원고의 의사에 의하여 특정되고 한정되기 때문에 법원으로서는 당사자가 신청한 사항에 대하여, 신청의 범위 내에서만 판단하여야 한다. 따라서 원고가 신청한 범위를 초과하여 판단함은 처분권주의에 위배된다.

(2) 양적 상한의 범위를 초과하였는지 여부

1) 문제점

신청한 양적 한도를 넘어 처분권주의에 위반되는지 여부는 각 소송물별로 판단하여야 한다. 따라서 사안의 경우 甲이 구한 원금채권과 이자채권이 별개의 소송물인지 여부를 우선 살펴보아야 한다.

2) 원금청구와 이자청구의 소송물

원금채권과 이자채권은 어느 소송물이론에 의하더라도 별개의 소송물이다. 따라서 처분권주의 위배 여부는 양자를 따로 살펴보아야 한다. 판례도 금전채무불이행의 경우에 발생하는 원본채권과 지연손해금채권은 별개의 소송물이므로, 불이익변경에 해당하는지 여부는 원금과 지연손해금 부분을 각각 따로 비교하여 판단하여야 하고, 별개의 소송물을 합산한 전체 금액을 기준으로 판단하여서는 아니 된다고 하였다.

(3) 설문 (1)의 해결

1) 원금청구 부분

사안에서 甲은 대여금 4,000만원을 구하였는데, 이에 제1심 법원은 4,500만원의 인용판결을 하였는바, 설령 4,500만원의 이행의무가 인정된다고 하더라도 법원은 원고가 구하는 바에 따라 4,000만원의 지급을 명해야 한다. 따라서 사안의 경우는 결국 원고 甲의 신청 범위를 초과한 것으로서 처분권주의에 위배된다.

2) 이자청구 부분

① 판례는 이자채권의 범위는 원금·이율·기간 등 3개의 因子에 의하여 정해진다고 보고, 3개의 기준 중 어느 것에서나 원고 주장의 기준보다 넘어서면 처분권주의 위반이 된다고 하였다.[169]

② 사안의 경우 甲은 2008.10.1.부터 다 갚는 날까지 월 1%의 비율에 의한 금원을 지급할 것을 청구하는 소를 제기하였는데, 제1심 법원은 심리결과에 따라 2009.11.1.부터 다 갚는 날까지 월 1.5%의 금원지급을 명하는 판결을 하였는바, 이자 계산의 기산일이 늦추어짐으로써 전체 금액은 원고 甲의 신청의 범위 안에 있을 수도 있으나, 이율이 원고 甲 신청의 이율을 초과하고 있으므로 처분권주의에 위배된다.

---

169) 대판 1989.6.13, 88다카19231

Ⅱ 설문 (2)에 관하여

1. 결론

법원은 1,000만원 전부를 인용하여야 한다.

2. 근거

(1) 일부청구의 의의 및 허용 여부[170]

① 일부청구란 금전 또는 대체물과 같이 수량적으로 가분적인 채권을 임의로 분할하여 일부만 청구하는 것을 말한다.

② 채권을 분할하여 일부청구하는 것이 소액사건심판법의 적용을 받기 위한 의도가 아니라면 처분권주의하에서 허용된다고 할 것이다(소심법 제5조의2).

(2) 일부청구와 상계

1) 처분권주의의 의의 및 내용

제203조 ⇨ 사안의 경우에는 처분권주의 내용으로 양적 상한의 범위초과와 관련하여 상계항변이 있는 경우 그 기준과 방법이 문제된다.

2) 상계의 기준·방법

판례는 일부청구에 대한 상계에 관하여 외측설의 입장에 서 있다. 즉 금전채권 전액에서 상계를 하고, 그 잔액이 청구액을 초과하지 아니할 경우에는 그 잔액을 인용할 것이고 그 잔액이 청구액을 초과할 경우에는 청구의 전액을 인용하는 것으로 해석하는 것이 일부 청구를 하는 당사자의 통상적인 의사이고, 원고의 청구액을 기초로 하여 피고의 반대채권으로 상계하여 그 잔액만을 인용한 원심판결은 상계에 관한 법리를 오해한 위법이 있다고 하였다.[171]

(3) 설문 (2)의 해결

판례에 따르면 법원은 4,000만원에 대하여 600만원의 상계를 한 나머지인 3,400만원과 청구액 1,000만원을 비교하여 적은 액인 1,000만원 전부를 지급하라고 판결하여야 한다.

Ⅲ 설문 (3)의 가.에 관하여

1. 결론

적법하다.

---

170) 일부청구의 소송물을 언급한 후 논의를 전개해 갈 수도 있으나, 일부청구의 소송물은 과실상계 및 상계와 '일의적 대응관계'가 아니므로, 면밀히 살펴볼 필요는 없다. 따라서 굳이 언급하지 않아도 크게 무리는 없으며, 언급한다고 하더라도 간략히 압축기술하면 족하다.

171) 대판 1984.3.27, 83다323

2. 근거

(1) 소송의 허용성 - 소송물(청구)의 특정 여부172)

1) 문제점

소극적 확인의 소에서는 구체적으로 특정한 법률관계를 기재하지 않더라도 소송물은 특정되나, 채무부존재확인소송에서는 당해 금전채무의 발생사유가 명확하지 않으면 법률관계가 특정되지 않으므로 구체적 발생사유와 금액을 청구취지에 반드시 명시해야 하는 것인지가 문제된다.173)

2) 판례의 태도

판례는 원고가 상한을 명시하지는 않았지만 본 사안과 같이 "부동산에 의하여 담보되는 차용금채무에 대하여 원고가 자인하는 금액을 초과한 나머지 채무의 부존재확인을 구한 것"은 상한을 표시한 것으로 해석할 수 있다는 전제에서, 그 채무의 수액을 심리 확정한 다음 채무가 존재하는 부분이 원고가 자인한 부분을 넘어서 존재하는 경우라면 일부패소판결을 해야 한다고 하여 본안판단을 한 바 있다.

(2) 확인의 이익

1) 의의

확인의 이익은 권리 또는 법률상 지위에 현존하는 위험이 있고, 그 위험을 제거함에는 확인판결을 받는 것이 가장 유효·적절한 수단일 때에 인정된다.

2) 확인의 이익 유무

판례는 채무자가 인정하는 채무부분에 대하여는 그 존재에 대하여 다툼이 없으므로 확인의 이익이 없고, 이를 초과하는 부분에 대해서만 채무자로서 채무부존재확인의 이익이 있다고 하였다. 즉 채무자가 인정하는 채무부분을 초과하는 부분에 대해 피고가 채권의 존재를 주장하는 것만으로도 원고에게 법률상 지위에 불안·위험이 있다고 할 것이므로 확인의 이익을 인정할 수 있다.

(3) 사안의 경우

사안에서 甲의 청구는 "부동산에 의하여 담보되는 차용금채무에 관하여"라고 표시하고 있는 점에 비추어 상한을 표시하고 특정한 것으로 볼 수 있다. 또한 사안의 경우 금 400만원을 초과하는 부분에 대해서는 채무부존재확인의 이익이 있다. 따라서 甲의 소의 제기는 적법하다.

---

172) 청구취지의 특정 문제라고 목차를 구성해도 상관없다. 왜냐하면 확인의 소는 청구취지만으로 소송물이 특정된다고 봄이 일반적이기 때문이다.

173) 예컨대, 피고는 2013.1.15.자 원고와의 소비대차계약에 기한 금 1,000만원의 채무가 원고에게 부존재함을 확인한다.

Ⅳ 설문 ⑶의 나.에 관하여

1. 결론

법원은 "1. 원고의 피고에 대한 채무는 금 600만원을 초과하여서는 존재하지 않음을 확인한다. 2. 원고의 나머지 청구는 기각한다"는 일부인용판결을 하여야 한다.

2. 근거

⑴ 문제의 소재

통상의 확인소송에는 일부인용판결의 여지가 없고, 원고 주장대로의 구체적 내용이 인정되지 않으면 청구기각판결을 하여야 한다는 취급이 확인소송의 특질로 지적되고 있는데, 반면 소극적 확인소송인 금전채무의 부존재확인소송의 경우에는 청구기각판결을 하더라도 당사자 사이에 분쟁의 근본적 해결을 가져올 수 없을 뿐만 아니라 오히려 액수를 둘러싼 분쟁을 유발하는 것이 될 수밖에 없다. 따라서 잔존채무의 금액을 확정하는 것이 오히려 원고의 의사에 합치하는 것이라고 할 수 있다. 이에 따라 특히 원고주장의 채무액보다 실제 채무액이 많다고 판단되는 경우, 일부인용판결이 가능한지 여부가 처분권주의와 관련하여 문제된다.

⑵ 처분권주의 위반 여부

1) 처분권주의 의의 및 내용

제203조 ⇨ 법원은 신청한 소송물의 범위 내에서 소송물의 일부가 인용될 수 있을 경우에는 청구취지의 변경이 없이도 일부인용의 판결을 할 수 있다. 다만 채무부존재확인의 소의 경우에도 일부인용판결이 가능한지 여부가 문제이다.

2) 일부인용판결의 가부

① 원고가 채무의 존부 및 채무액수를 문제 삼으면서도 청구취지에 채무금액을 명시하지 않은 경우에도, 채무 일부만이 부존재한다는 이유로 일부인용판결이 가능한지 여부가 문제된다.

② 판례는 원고가 상한을 표시하지 않고 일정액을 초과하는 채무의 부존재확인을 구한 사안에서, 일정액을 초과하는 채무의 존재가 인정되는 경우에는 특단의 사정이 없는 한 법원은 그 청구의 전부를 기각할 것이 아니라 존재하는 채무부분에 대하여 일부패소판결을 하여야 한다고 함으로써 일부인용판결을 긍정하는 입장이다.

⑶ 사안의 경우

사안에서 원고는 특정할 수 있는 채무의 일부부존재확인을 구한 것으로 보인다. 따라서 법원이 심리 결과 채무가 600만원이라는 심증이 형성되었다면 "1. 원고의 피고에 대한 채무는 금 600만원을 초과하여서는 존재하지 않음을 확인한다. 2. 원고의 나머지 청구는 기각한다"는 일부인용판결을 하여야 하며, 이러한 판결은 원고 신청의 양적 범위에 포함되므로 처분권주의에 반하는 문제는 없다. 이렇게 보는 것이 채무액을 둘러싼 분쟁을 끝내려고 하는 원고의 통상의 의사에 부합하기 때문이다.

Ⅴ 설문 ⑶의 다.에 관하여

1. 결론

법원은 "원고의 피고에 대한 채무는 금 400만원을 초과해서는 존재하지 아니한다."라는 판결을 선고해야 한다.

2. 근거

사안에서 원고의 채무는 앞에서 본 바와 같이 상한이 금 1,000만원 중 400만원을 초과해서는 존재하지 아니한 것으로 특정된다. 따라서 법원은 상한을 넘어 "금 200만원을 초과해서는 존재하지 아니한다"라는 판결을 할 수 없다. 이 경우는 원고가 소로써 구하고 있는 신청의 양적 상한을 넘어 처분권주의에 반하기 때문이다. 따라서 법원은 원고의 신청에 따라 "금 400만원을 초과해서는 존재하지 아니한다"라고 판결을 선고해야 한다.

✅ 사례(74) │ 처분권주의 - 부진정 연대채무에서의 개별적 지급책임

사실관계

甲이 乙을 상대로 자신의 대여금채권을 행사하는 청구와 제3채무자 丙을 상대로 위 乙에 대한 대여금채권을 피보전채권으로 하여 乙의 丙에 대한 매매대금채권을 대위행사하는 청구를 병합하는 소를 제기하면서, 乙과 丙이 부진정 연대채무관계에 있음을 전제로 乙, 丙에 대하여 공동하여(각자) 지급할 것을 구하였다.

문제

법원은 乙과 丙이 부진정 연대채무관계에 있지 않다는 이유로 "乙은 대여금채권에 관하여, 丙은 매매대금채권에 관하여 甲에게 각 지급하라"고 판결하였다. 법원이 이와 같이 개별적인 지급책임을 인정한 것은 적법한가?
[10점]

1. 결론

위법하다.

2. 근거

(1) 처분권주의의 의의 및 내용

처분권주의란 절차의 개시, 심판의 대상·범위, 절차의 종결에 대해 당사자에게 주도권을 주어 그의 처분에 맡기는 입장을 말한다(제203조). 이에 심판의 대상 및 범위는 원고의 의사에 의하여 특정되고 한정되기 때문에 법원으로서는 당사자가 신청한 사항에 대하여, 신청의 범위 내에서만 판단하여야 한다.

(2) 일부인용판결의 허용 여부

법원은 신청한 소송물의 범위 내에서 소송물의 일부가 인용될 수 있을 경우에는 청구취지의 변경이 없이도 일부인용의 판결을 해야 한다. 그것이 원고의 통상의 의사에 부합한다.

(3) 부진정 연대채무의 이행청구에 개별적 이행청구가 포함되는지 여부

판례는 채권자 甲이 채무자 乙을 상대로 자신의 인수대금 채권을 행사하는 청구와 제3채무자 丙을 상대로 위 채권을 피보전채권으로 하여 乙의 채권을 대위행사하는 청구를 한 사안에서, "부진정연대관계에서 청구하였는데도 개별적 지급책임을 인정한 것은 청구한 범위를 넘는 것으로 처분권주의에 반한다"고 하였다.[174]

---

174) 대판 2014.7.10, 2012다89832

⑷ 사안의 경우

乙의 甲에 대한 채무와 丙의 乙에 대한 채무가 연대채무 또는 부진정연대채무의 관계가 아니지만, 甲이 두 채무가 부진정연대채무 관계에 있음을 전제로 연대하여 지급할 것을 구하였는데도 乙과 丙에게 개별적 지급책임을 인정한 법원의 판결에는 처분권주의에 관한 법리오해의 잘못이 있다.

✅ 사례(75) | 처분권주의 – 유치권부존재확인의 소

사실관계

甲은 A와 사이에 X건물에 대한 리모델링공사를 2억원에 도급하였고, A는 약정기한에 위 공사를 모두 완료하였으나 甲으로부터 공사대금을 지급받지 못하여 현재 X건물을 점유하고 있다. 그 후 甲은 乙로부터 3억원을 차용하면서 담보로 甲의 X건물에 근저당권설정등기를 경료해 주었다.

문제

A는 근저당권자인 乙의 신청에 의한 경매절차에서 3억원의 공사대금채권을 피담보채권으로 하는 유치권을 신고하였다. 이에 乙은 A를 상대로 A가 공사대금채권을 가지고 있지 않음에도 위와 같은 유치권 신고를 하였다면서, A의 유치권부존재확인을 구하는 소를 제기하였다. 법원의 심리결과 A가 주장하는 유치권의 피담보채권이 2억 원의 한도로 존재한다고 판단하였다. 법원은 乙의 청구에 대해 어떠한 판결을 하여야 하는가?
15점

---

1. 결론

유치권의 피담보채권이 2억원의 한도로 존재한다는 일부패소(일부인용) 판결을 하여야 한다.

2. 근거[175]

(I) 확인의 소의 적법성

1) 확인의 소의 대상적격

원칙적으로 자기의 현재의 권리·법률관계를 대상으로 하여야 한다. 다만 제3자의 권리·법률관계도 자기의 권리관계에 영향을 미치는 한, 당사자의 일방과 제3자 사이 또는 제3자 상호간의 법률관계도 그 대상이 될 수 있다. 판례도 마찬가지이다.[176]

2) 확인의 이익 유무

① 확인의 이익이 인정되기 위해서는 i) 원고의 권리 또는 법률상 지위에 , ii) 위험·불안이 현존하고, iii) 이것을 제거하기 위하여 확인판결을 받는 것이 가장 유효·적절한 수단이어야 한다.

---

175) 설문은 묻는 바에 따라 15점 이상의 배점으로 출제 가능하므로, 이에 대비하여 정리해 둘 필요가 있다. 또한 소극적 확인소송에서 증명책임이 누구(유치권부존재확인소송에서 유치권의 요건사실인 유치권의 목적물과 견련관계에 있는 채권의 존재에 대해서 피고가 주장·증명해야 한다)에게 있는지도 함께 정리하기 바란다.

176) 대판 2017.3.15, 2014다208255 등

② 확인의 소로써 위험·불안을 제거하려는 법률상 지위는 반드시 구체적 권리로 뒷받침될 것을 요하지 아니하고, 그 법률상 지위에 터 잡은 구체적 권리발생이 조건 또는 기한에 걸려 있거나 법률관계가 형성과정에 있는 등의 원인으로 불확정적이라고 하더라도 보호할 가치 있는 법적 이익에 해당하는 경우에는 확인의 이익이 인정될 수 있다.[177] 그러나 법률상 이익이 아닌 반사적으로 받게 될 사실상·경제상 이익은 포함되지 않는다.

3) 근저당권자가 유치권부존재 확인을 구할 법률상 이익의 인정 여부

판례는 ① 민사집행법 제268조에 의하여 담보권의 실행을 위한 경매절차에 준용되는 같은 법 제91조 제5항에 의하면 유치권자는 경락인에 대하여 피담보채권의 변제를 청구할 수는 없지만 자신의 피담보채권이 변제될 때까지 유치목적물인 부동산의 인도를 거절할 수 있어 경매절차의 입찰인들은 낙찰 후 유치권자로부터 경매목적물을 쉽게 인도받을 수 없다는 점을 고려하여 입찰하게 되고 그에 따라 경매목적 부동산이 그만큼 낮은 가격에 낙찰될 우려가 있다. ② 이와 같이 저가낙찰로 인해 경매를 신청한 근저당권자의 배당액이 줄어들거나 경매목적물 가액과 비교하여 거액의 유치권 신고로 매각 자체가 불가능하게 될 위험은 경매절차에서 근저당권자의 법률상 지위를 불안정하게 하는 것이므로 위 불안을 제거하는 근저당권자의 이익을 단순한 사실상·경제상의 이익이라고 볼 수는 없다. 따라서 근저당권자는 유치권 신고를 한 사람을 상대로 유치권 전부의 부존재뿐만 아니라 경매절차에서 유치권을 내세워 대항할 수 있는 범위를 초과하는 유치권의 부존재 확인을 구할 법률상 이익이 있다고 하였다.[178]

4) 사안의 경우

유치권의 행사로 매각 자체가 불가능하게 되거나 낮은 가격에 낙찰될 우려가 있으므로, 이에 따른 근저당권자의 위험·불안을 제거해야 할 필요는 법률상 이익이라고 봄이 타당하다. 따라서 사안의 경우 乙이 제기한 확인의 소는 법률상 이익이 있으므로 적법하다.

(2) 일부인용판결의 가부

1) 처분권주의의 의의 및 내용

① 처분권주의란 절차의 개시, 심판의 대상, 절차의 종결에 대해 당사자에게 주도권을 주어 그의 처분에 맡기는 입장을 말한다(제203조). 이에 심판의 대상 및 범위는 원고의 의사에 의하여 특정되고 한정되기 때문에 법원으로서는 당사자가 신청한 사항에 대하여, 신청의 범위 내에서만 판단하여야 한다.

---

177) 대판 2000.5.12, 2000다2429

178) 대판 2016.3.10, 2013다99409 − 이에 대하여, 원심은 "유치권은 불가분성을 가지므로 피담보채무의 범위에 따라 그 존부나 효력을 미치는 목적물의 범위가 달라지는 것은 아닌 점, 임의경매절차에서 유치권의 존재로 인하여 저가매각이 되고 저당권자의 배당액이 줄어들 위험이 있어 저당권자가 유치권부존재확인을 구할 법률상 이익이 있더라도 이러한 위험은 다분히 추상적·유동적이어서 이러한 위험만으로 곧바로 피담보채무를 확정할 법률상 이익이 발생하지는 않는 점(유치권자는 우선변제권이 없으므로 배당절차에서 피담보채권액 전부를 배당받을 수 없다는 점 고려) 등을 이유로 확인의 이익을 부정하였다(소극설).

② 법원은 신청한 소송물의 범위 내에서 소송물의 일부가 인용될 수 있을 경우에는 청구취지의 변경이 없이도 일부인용의 판결을 해야 한다. 그것이 원고의 통상의 의사에 부합한다.

2) 유치권부존재확인의 소에서 일부인용판결의 가부

판례는 심리 결과 유치권 신고를 한 사람이 유치권의 피담보채권으로 주장하는 금액의 일부만이 경매절차에서 유치권으로 대항할 수 있는 것으로 인정되는 경우에는 법원은 특별한 사정이 없는 한 그 유치권 부분에 대하여 일부패소의 판결을 하여야 한다고 하였다.

(3) 사안의 경우

✓ 사례(76) | 처분권주의 - 상환이행판결

사실관계

甲은 자신 소유의 중장비차량의 수리를 정비업자인 丙에게 의뢰하였는데, 丙은 수리를 완료한 후 그 수리비 5천만원을 청구하였다. 이에 甲은 그 금액이 과다하다고 생각하여 스스로 적정하다고 판단한 수리비 5백만원만 지급하고 중장비 차량의 반환을 요구하였지만 丙은 이를 거부하고 있다. 이에 甲은 丙에 대하여 당해 중장비차량의 반환을 구하는 소를 제기하였다.

문제

위 반환청구소송에서 丙은 甲이 주장하는 5백만원의 수리비는 터무니없는 것이라고 하면서 위 5천만원의 수리비채권 중 이미 수령한 5백만원을 제외한 나머지 4천 5백만원의 수리비 잔대금채권에 기한 유치권 항변을 하였다. 법원이 丙의 유치권 항변을 인용하는 경우 어떠한 판결을 하여야 하는가? 15점

1. 결론

상환이행판결(질적 일부인용판결)을 할 수 있다.

2. 근거

(1) 처분권주의의 의의 및 내용

① 처분권주의란 절차의 개시, 심판의 대상, 절차의 종결에 대해 당사자에게 주도권을 주어 그의 처분에 맡기는 입장을 말한다(제203조).

② 법원으로서는 당사자가 신청한 사항에 대하여, 신청의 범위 내에서만 판단하여야 한다. 또한 신청한 소송물의 범위 내라면 일부인용의 판결도 가능하다.

(2) 일부인용판결의 허용 여부

법원은 신청한 소송물의 범위 내에서 소송물의 일부가 인용될 수 있을 경우에는 청구취지의 변경이 없이도 일부인용의 판결을 해야 한다. 그것이 원고의 통상의 의사에 부합한다.

(3) 단순이행청구에 대한 상환이행판결의 가부

① 판례는 i) 단순이행의 청구취지에는 대금 중 미지급금이 있을 때에는 상환이행을 구하는 취지도 포함되어 있으므로,[179] ii) 원고가 무조건의 물건의 인도를 구하는 소를 제기한 경우에 피고가 제출한 유치권의 항변을 인용하는 때에는 그 물건에 관하여 발생한 채권의 변제와 상환하여 물건의 인도를 명하는 상환이행판결을 선고하여야 한다는 입장이다.[180]

---

179) 대판 1979.10.10, 79다1508

② 이와 같이 당사자의 신청범위 내에 있어서 법원이 질적인 의미의 일부인용의 판결을 하는 것은 당사자의 의사에 반하지 않고 적법하다고 본다. 그것이 원고의 통상의 의사에 부합하기 때문이다. 따라서 원고의 청구가 반대급부의무가 없다는 취지임이 분명한 경우까지 상환이행판결을 하는 것은 처분권주의에 반하므로, 이 경우에는 원고 청구의 기각판결을 하여야 한다.181)

⑷ 사안의 경우

사안의 경우 丙은 甲의 중장비차량의 반환청구에 대해 4천 5백만원의 수리비 잔대금채권에 기한 유치권 항변을 하였고, 법원은 丙의 유치권 항변을 인용하는 경우에 해당하는바, 법원은 "丙은 甲으로부터 4천 5백만원을 지급받음과 동시에 중장비차량을 인도하라"는 상환이행판결을 할 수 있다.182)

---

180) 대판 1969.11.25, 69다1592
181) 대판 1980.2.26, 80다56
182) 甲의 청구가 반대급부의무가 없다는 취지임이 분명한 경우에 해당한다고 볼 수는 없다.

✅ 사례(77) | 처분권주의 − 현재이행의 소와 장래이행판결(선이행판결)

사실관계

○ 甲은 사업상 필요에 의하여 乙로부터 1억원을 빌리고 甲 소유의 부동산에 관하여 乙 명의의 소유권이전 등기를 해 주면서 乙과 사이에 "甲이 빌린 돈을 모두 갚으면 위 소유권이전등기를 甲에게 환원한다"는 각서를 작성하였다. 이후 甲은 乙을 상대로 소를 제기하여 위 소유권이전등기는 담보목적으로 이루어진 것인데 피담보채무 전액이 변제되었다고 주장하면서 "乙은 甲에게 위 소유권이전등기의 말소등기절차를 이행하라"는 판결을 구하였다. 이에 대하여 乙은 위 부동산을 대물변제에 기하여 이전받았을 뿐 담보목 적으로 위 소유권이전등기를 마친 것이 아니라고 다투었다.

○ 심리결과 甲이 乙로부터 1억원을 차용하면서 담보로 위 등기를 경료해 준 사실과 위 채무 중 4,000만원 이 잔존하고 있는 사실이 밝혀졌다.

문제

법원은 甲의 청구에 대해 어떠한 판결을 해야 하는가? [10점]

Ⅰ 결론

법원은 선이행판결을 하여야 한다.

Ⅱ 근거

1. 처분권주의와 일부인용판결

처분권주의란 소송의 개시, 심판의 대상과 범위의 결정, 소송의 종결에 있어서 당사자에게 주도 권을 인정하고, 당사자의 처분에 맡기는 원칙을 말한다(제203조). 그러므로 법원으로서는 당사자 가 신청한 사항에 대하여, 신청의 범위 내에서만 판단하여야 한다. 또한 신청한 소송물의 범위 내라면 일부인용의 판결도 가능하다.

2. 현재 이행청구에 대한 장래 이행판결(선이행판결)의 가부

사안과 같이 현재의 이행의 소에서 심리결과 원고에게 청구권은 있는데 이행조건이 미성취 일 때, 판례는 원고의 청구를 바로 기각할 것이 아니라 ① 원고의 의사에 반하는 것이 아니고, ② 장래이행의 소로서 미리 청구할 필요가 있으면 장래이행판결을 할 수 있다고 하였다.

3. 사안의 경우

① 피담보채무의 전부 소멸을 이유로 저당권설정등기의 말소를 구하였지만 소송과정에서 피담
보채무가 남아 있는 경우, 원고의 다른 반대의 의사표시가 없는 한 원고의 청구에서는 잔존
피담보채무의 지급을 조건으로 원상회복을 구하는 취지도 포함되어 있다고 봄이 판례이다.
따라서 사안의 경우에도 법원은 선이행판결을 하더라도 처분권주의에 반한다고 할 수 없다.

② 다만 장래이행의 소로서 미리 청구할 필요가 있어야 하는데, 판례는 채권자가 피담보채무
의 액수를 다투는 경우에는 미리 청구할 필요가 있다는 입장이다. 따라서 사안의 경우 법원
은 선이행판결을 할 것이다.

사례(78) │ 처분권주의 – 상환이행판결, 건물매수청구권의 행사와 소 변경의 적극적 석명

사실관계

甲은 그 소유의 X 토지를 乙에게 임대하였고 乙은 위 토지상에 건물을 지어 음식점 영업을 하면서 X 토지를 점유·사용하여 왔다. 그 후 임대차기간이 만료되자 甲은 乙의 임대차계약의 갱신요청을 거절하고 乙을 상대로 건물철거 및 토지인도를 구하는 소를 제기하였다(아래 각 설문은 독립적임).

문제

(1) 소송과정에서 乙은 건물매수청구권을 행사하였다. 이에 법원은 건물매수청구가 이유 있다고만 인정하여 乙은 甲에게 매매대금을 지급받음과 동시에 甲에게 건물소유권이전등기절차를 이행하고 토지를 인도하라는 판결을 하였다. 이러한 판결이 적법한지 여부에 대한 결론과 논거를 설명하시오. [13점]

(2) 만일 설문(1)과 같은 판결을 할 수 없다면, 법원은 어떠한 조치를 취함으로써 가능할 수 있는지를 약술하시오. [17점]

I 설문 1.에 관하여

1. 결론

위법하다.

2. 논거

(1) 처분권주의의 의의 및 내용

처분권주의란 절차의 개시, 심판의 대상, 절차의 종결에 대해 당사자에게 주도권을 주어 그의 처분에 맡기는 입장을 말한다(제203조). 이에 심판의 대상 및 범위는 원고의 의사에 의하여 특정되고 한정되기 때문에 법원으로서는 당사자가 신청한 사항에 대하여, 신청의 범위 내에서만 판단하여야 한다.

(2) 일부인용판결의 허용 여부

① 법원은 신청한 소송물의 범위 내에서 소송물의 일부가 인용될 수 있을 경우에는 청구취지의 변경이 없이도 일부인용의 판결을 해야 한다. 그것이 원고의 통상의 의사에 부합한다.

② 또한 원고가 무조건의 물건의 인도를 구하는 소를 제기한 경우에 피고가 제출한 유치권의 항변 또는 동시이행의 항변을 인용하는 때에는 그 물건에 관하여 발생한 채권의 변제와 상환하여 (원고의 반대급부의 이행을 조건으로 하는)물건의 인도를 명하는 상환이행판결을 선고하는 경우와 같이 당사자의 신청범위 내에 있어서 법원이 질적인 의미의 일부인용의 판결을

하는 것은 당사자의 의사에 반하지 않고 적법하다고 본다. 그것이 원고의 통상의 의사에 부합하기 때문이다.

③ 다만 사안과 같이 건물철거 및 토지인도를 구하는 소를 제기하고, 이에 대해 임차인이 건물매수청구권을 행사한 경우에도 그러한지가 문제이다.

(3) 지상물철거청구(단순이행청구)에 상환이행청구가 포함되는지 여부

① 판례는 건물철거 및 토지인도청구 속에 건물의 매수대금지급과 상환으로 건물의 인도를 구하는 청구가 포함되어 있다고 볼 수 없으므로, 원고의 건물매수대금지급과 상환으로 피고에게 건물인도를 명하는 판결은 허용될 수 없다는 입장이다.[183]

② 생각건대, 양자는 청구취지와 청구원인의 차이가 있고, 나아가 강제집행의 방법상으로도 차이가 있으므로 건물철거의 단순이행청구 속에 매매대금지급과 상환으로 건물명도를 구하는 청구가 포함되어 있다고 보아서 상환이행판결을 할 수는 없다고 보는 견해가 타당하다. 이로 인한 소송경제의 저해는 석명권으로 해결하면 될 것이라 본다.

(4) 사안의 경우

법원은 상환이행판결을 할 수 없고, 원칙적으로 원고의 청구를 기각하는 판결을 선고하여야 한다. 따라서 법원이 원고가 신청하지도 않은 상환이행판결을 한다면 이는 위법한 판결이라 할 것이다.

ⅡⅠ 설문 2.에 관하여

1. 문제의 소재

판례의 입장에 의하면 상환이행판결을 할 수 없고 청구기각판결을 할 수밖에 없는데 법원은 청구기각판결 선고 전에 원고의 건물철거청구를 매매대금지급과 상환으로 건물을 인도하라는 상환이행청구로 예비적이라도 소변경할 것을 시사하는 석명을 하여야 할 것인지 여부가 문제된다. 이에 따라 원고가 소변경을 한다면 법원은 상환이행판결이 가능하기 때문이다.

2. 건물철거청구에서 상환이행청구로의 소변경이 허용되는지 여부

1) 소의 변경이 적법하기 위해서는 ① 신·구청구가 동종의 소송절차에 의하여 심리될 수 있어야 하고, ② 모든 청구에 대하여 당해 법원에 관할권이 있을 것이 요구되고, ③ 청구기초의 동일성이 있을 것, ④ 신청구의 심리를 위해 소송절차를 현저히 지연시키지 않을 것, ⑤ 사실심에 계속되고 변론종결 전일 것을 그 요건으로 한다.

2) 사안의 경우 건물철거 및 토지인도청구와 그 건물의 매수대금지급과 상환으로 건물을 명도하라는 상환이행청구 사이에는 임대차기간 만료라는 사실자료를 공통으로 하고 있으므로 청구

---

183) 대판(전) 1995.7.11, 94다34265

기초의 동일성이 인정되며, 다른 요건들도 별 문제없이 충족되는 것으로 보이므로, 소변경의
적법요건은 구비되었다고 할 것이다.

3. 건물인도청구로의 소변경에 대한 석명의무 인정 여부

(1) 석명권의 의의 및 범위

1) 석명권이라 함은 소송관계를 분명하게 하기 위하여 당사자에게 질문하고 증명촉구를 할 뿐만
아니라, 당사자가 간과한 법률상 사항을 지적하여 의견진술의 기회를 주는 법원의 권능을 말
한다(제136조). 이는 처분권주의와 변론주의의 결함을 시정하는 데에 그 취지가 있다.

2) 석명권은 ① 당사자의 신청이나 주장이 불명료, 불완전, 모순이 있을 경우 소송관계를 명료하
게 하기 위하여 행사하는 소극적 석명과 ② 새로운 신청, 주장 등의 제출을 권유하는 적극적
석명이 있는데, ③ 소극적 석명권은 제한 없이 행사할 수 있지만 적극적 석명을 인정할 것인가
에 대해서는 다툼이 있다.

(2) 적극적 석명권의 인정 여부

판례는 ① 당사자가 주장하지도 않은 법률효과에 관한 요건사실이나 공격방어방법을 시사하여
그 제출을 권유하는 행위는 변론주의의 원칙에 위배되고 석명권 행사의 한계를 일탈한 것이 된
다고 하여 부정적이나,[184] ② 본 설문과 같은 사안에서 "법원으로서는 임대인이 종전의 청구를
계속 유지할 것인지, 아니면 대금지급과 상환으로 지상물의 인도를 청구할 의사가 있는 것인지
를 석명하고 임대인이 그 석명에 응하여 소를 변경한 때에는 지상물 인도의 판결을 함으로써
분쟁의 1회적 해결을 꾀하여야 한다"고 판시하여 적극적 석명권을 제한적으로 인정하였다.[185]

(3) 적극적 석명의 인정 요건

적극적 석명은 변론주의와 충돌되므로 이를 무제한 인정할 수는 없고, 엄격한 기준하에서만 인
정되어야 할 것이다. 그 인정기준으로는 통상 ① 종전의 소송자료에 비추어 법률상 또는 논리상
예기되는 것일 것, ② 상대방당사자의 방어권 행사에 불이익이 없을 것을 들고 있다.
사안의 경우 법원의 적극적 석명이 필요한 경우라고 하겠으며, 또한 법원은 원고인 甲에 대하여
예비적으로라도 건물 인도를 청구할 의사가 있는지 알아보아야 할 의무가 있다고 할 것이다.

4. 설문 (2)의 해결

법원은 甲에 대하여 예비적으로라도 상환이행을 청구할 의사가 있는지 석명하여 甲이 이에 응하
여 소를 변경하도록 하여 할 것이다.

---

184) 대판 2005.1.14, 2002두7234

185) 대판(전) 1995.7.11, 94다34265

사례(79) | 변론주의 – 주요사실과 간접사실의 구별

사실관계 및 소송의 결과

甲은 乙이 운전하던 택시를 타고 가던 중, 乙이 丙이 운전하던 자동차와 추돌하는 바람에 중상을 입고 병원에 입원하여 치료를 받고 있다. 이 사고에 의해 甲은 乙을 상대로 불법행위를 이유로 치료비 1,500만원, 일실수익 3,000만원, 위자료 1,500만원인 합계 6,000만원의 손해배상청구소송을 제기하였다.

甲은 위 소송에서 乙이 앞차를 보고 제동을 하였으나 과속으로 달린 탓으로 택시가 정차하지 않고 밀리면서 앞차를 들이받았다고 주장하였고, 乙은 과속한 사실이 없다고 주장하였다. 법원은 甲과 乙 사이에 쟁점이 된 과속 여부에 대하여는 판단하지 않은 채, 乙이 전방주시의무를 태만히 하다가 뒤늦게 제동하는 바람에 사고가 발생한 것이므로 乙에게 손해배상책임이 있다고 판단하였다.

문제

법원의 위 판단이 적법한지 여부에 대한 결론과 근거를 설명하시오. 10점

1. 결론

적법하다.

2. 근거

(1) 변론주의의 의의 및 내용

변론주의란 소송자료, 즉 사실과 증거의 수집·제출의 책임을 당사자에게 맡기고 법원은 당사자가 수집·제출한 소송자료만을 재판의 기초로 삼아야 한다는 원칙을 말한다. 이러한 변론주의는 ① 사실의 주장책임, ② 자백의 구속력, ③ 당사자의 증거제출책임을 그 내용으로 한다.

(2) 변론주의의 적용

1) 사실의 주장책임

변론주의하에서 주요사실은 당사자가 변론에서 주장하여야 하며 당사자가 자기에게 유리한 사실을 주장하지 아니하면 그 사실은 없는 것으로 취급되어 불이익한 판단을 받게 되는데 이를 주장책임이라고 한다. 따라서 법원은 당사자에 의하여 주장되지 않은 사실은 판결의 기초로 삼을 수 없다.

2) 주요사실과 간접사실의 구별

① 변론주의는 주요사실에 대하여만 인정되고 간접사실과 보조사실에는 인정되지 않는다.

② 판례의 법규기준설에 의하면 주요사실이란 권리의 발생·변경·소멸이라는 법률효과를 가져오는 법규의 직접요건사실을 말하고, 간접사실이란 주요사실의 존부를 경험칙에 의하여 추인하게 하는 사실을 말한다.[186]

(3) 전방주시의무 태만이 간접사실에 해당하는지 여부

판례에 따르면 과실 자체는 주요사실이고, 그 과실을 구성하는 구체적 사실은 간접사실에 해당한다고 보는 입장이고,[187] 가해차량이 피해차량의 후미를 충격하게 된 경위를 원고 주장사실과 다소 다르게 인정하였다 하더라도 이는 원고주장의 범위 내에 속하는 사실임이 분명하므로 원고가 주장하지도 아니한 사실을 인정한 위법이 없다고 하였다.[188]

(4) 사안의 경우

과실 자체는 주요사실이고 전방주시의무 태만은 간접사실로서, 법원이 甲이 주장한 과속사실과 다소 다르게 전방주시의무 태만을 인정하였다 하더라도 변론주의를 위반한 위법은 없다.

---

186) 대판 2004.5.14, 2003다57697
187) 대판 1983.12.13, 83다카1489 참조
188) 대판 1979.7.24, 79다879

✓ 사례(80) | 변론주의 - 사실의 주장책임

사실관계 및 소송의 결과

甲은 2009.10.16. 乙에게 1천만원을 변제기를 2010.4.15.로 정하여 대여하였는데, 변제기가 지난 후에도 甲의 독촉에 乙이 차일피일하며 이를 미루자 甲은 乙을 상대로 2010.6.1. 대여금 청구의 소를 제기하였다. 이에 乙은 청구기각의 판결을 구하면서 원고의 주장사실을 전부 부인하였는데, 乙이 신청한 증인은 법정에 출석하여, "甲이 乙에게 1천만원을 대여하는 것과 乙이 변제기로부터 한 달이 지난 2010.5.15. 甲에게 1천만원과 2%의 비율로 계산한 1개월간의 지연손해금까지 지급하는 것을 목격하였다"라고 증언하였다.

문제

위와 같은 증인신문을 마친 후 변론이 종결되었다. 甲의 청구에 대한 법원의 결론 및 근거를 서술하시오. 25점

1. 결론

법원은 甲의 청구를 기각하여야 한다.

2. 근거

(1) 변론주의의 의의 및 내용

변론주의란 소송자료, 즉 사실과 증거의 수집·제출의 책임을 당사자에게 맡기고 법원은 당사자가 수집·제출한 소송자료만을 재판의 기초로 삼아야 한다는 원칙을 말한다. 이러한 변론주의는 ① 사실의 주장책임, ② 자백의 구속력, ③ 당사자의 증거제출책임을 그 내용으로 한다.

(2) 변론주의의 적용

1) 사실의 주장책임

변론주의하에서 주요사실은 당사자가 변론에서 주장하여야 하며 당사자가 자기에게 유리한 사실을 주장하지 아니하면 그 사실은 없는 것으로 취급되어 불이익한 판단을 받게 되는데 이를 주장책임이라고 한다. 따라서 법원은 당사자에 의하여 주장되지 않은 사실은 판결의 기초로 삼을 수 없다.

2) 주요사실과 간접사실의 구별

① 변론주의는 주요사실에 대하여만 인정되고 간접사실과 보조사실에는 인정되지 않는다.
② 판례의 법규기준설에 의하면 주요사실이란 권리의 발생·변경·소멸이라는 법률효과를 가져오는 법규의 직접요건사실을 말하고, 간접사실이란 주요사실의 존부를 경험칙에 의하여 추인하게 하는 사실을 말한다.[189]

---

189) 대판 2004.5.14, 2003다57697

3) 사안의 경우

사안에서 대여사실은 甲의 대여금반환청구권을 발생케 하는 주요사실에 해당하고, 변제사실은 甲의 대여금반환청구권을 소멸하게 하는 법규의 요건사실에 해당하는 주요사실이다. 다만 사안에서 ① 甲의 대여사실 주장에 대해서 乙이 부인하였지만 乙이 신청한 증인의 증언으로 대여사실이 인정되었는바, 이를 기초로 대여사실을 인정할 수 있는지, ② 또한 乙의 변제사실은 법원이 증거조사 절차를 통하여 알게 된 사실에 불과하고 이에 대한 乙의 주장이 없는데, 이를 증언만으로 인정하여 甲의 청구를 기각할 수 있는지, 즉 변제사실의 주장이 있는 것으로 인정할 수 있는지 문제된다.

(3) 甲의 대여사실 인정 여부

1) 증거공통의 원칙

증거조사결과는 그 증거제출자에게 유리하게 판단될 수 있을 뿐만 아니라, 상대방의 원용에 관계없이 오히려 상대방에게 유리한 판단에 사용될 수도 있다. 이를 증거공통의 원칙이라고 하는데 이를 인정하는 것이 통설 및 판례의 입장이다.

2) 사안의 경우

대여사실은 원고 甲이 입증해야 하는 것인데 비록 甲이 직접 증명하지는 않았으나 증거공통의 원칙상 甲의 원용 여부에 관계없이 乙이 신청한 증인의 증언에 의해서도 이를 인정할 수 있다.

(4) 乙의 변제사실 주장의 인정 여부

1) 소송자료와 증거자료의 구별 및 완화

당사자가 변론에서 현출시킨 사실을 사실자료라 하고 증거조사를 통하여 얻은 결과를 증거자료라고 한다. 변론주의에 의할 때 사실자료와 증거자료는 구별되므로 법원이 증거자료에 의하여 주요사실의 존재를 알았다고 하여도 당사자가 변론에서 주장하지 않았으면 이를 기초로 심판할 수 없는 것이 원칙이다. 다만 이를 관철시키면 실체진실에 반하고 구체적으로 타당한 해결을 꾀할 수 없는 경우가 발생하므로 구별완화가 필요하고, 이와 관련하여 간접적 주장을 인정할 수 있는지 여부가 문제이다.

2) 간접적 주장의 인정 여부

판례는 사건의 타당한 해결을 위해 변론에서 당사자의 명시적인 주장이 없어도 당사자의 변론을 전체적으로 관찰하여 혹은 증거신청 내지 증거원용을 한 것에 의하여 간접적으로 주장하였다고 인정할 수 있다고 함으로써 긍정하는 입장이다.[190]

---

190) 대판 1995.5.28, 94다16083 등

3) 인정 요건

간접적 주장이 있다고 인정되기 위해서는 ① 증거조사단계에서 당사자의 일정한 소송행위에 비추어 보아 명백히 주요사실의 주장이 예상되며, ② 상대방의 방어권행사의 지장을 초래함이 없어야 한다.

⑸ 사안의 경우

사안의 경우 불분명하지만 ① 乙이 증인신청을 하면서 변제사실을 증명하기 위한 것이라는 증명취지를 표시하여 명확히 밝힐 것이고, 따라서 이러한 소송행위에 비추어 乙이 변제사실을 주장할 것이라고 충분히 예상되는 경우이며, ② 甲이 증인에 대해서 반대신문을 함으로써 甲의 방어권행사에 불이익이 없다면 변제사실의 간접적 주장을 인정할 수 있다고 할 것이다. 따라서 법원은 증언을 토대로 甲의 청구를 기각할 수 있다. 이렇다 하더라도 변론주의를 위반한 위법은 없다.

✓ 사례(81) | 변론주의 – 소멸시효기산점에 대한 주장책임

사실관계 및 소송의 결과

○ 甲은 乙과 1990.1.1. 3,000만원을, 1990.3.1. 2,000만원을 빌려주기로 하여 두 차례의 소비대차계약을 체결하였는데, 위 채권 중 3,000만원에 대해서는 1991.1.30.에, 2,000만원에 대해서는 1991.4.10.에 각 변제기가 도래하였다. 그 후 변제기가 도래하였음에도 乙이 차일피일 미루며 변제하지 않는다고 주장하며, 2001.8.5.에 대여금반환청구의 소를 제기하였다.

○ 위 소송에서 ① 乙은 위 채권들은 1991.4.10.을 기산점으로 하여 이미 시효로 소멸하였다고 항변하였고, ② 이에 대해 甲은 2001.1.15.과 2001.4.5.에 두 차례에 걸쳐 최고를 하였으므로 시효가 중단되었다고 재항변하였다. ③ 증거조사 결과 甲이 위와 같이 두 차례에 걸쳐 최고한 사실이 인정되었다.

문제

이 경우 甲의 청구에 대한 법원의 결론(청구인용부분과 청구기각부분이 있으면 이를 구체적으로 밝히시오)과 그에 이르게 된 논거를 서술하시오(법원이 적법하게 석명권을 행사하여 심리를 마친 경우임을 전제로 한다). 20점

Ⅰ 결론

법원은 ① 3,000만원의 채권에 대하여는 甲의 청구를 기각판결을 하고, ② 2,000만원의 채권은 2001.4.5.에 시효중단되었으므로 이에 대한 甲의 청구는 인용판결을 해야 한다.

Ⅱ 논거

1. 변론주의의 의의 및 내용

2. 변론주의의 적용

(1) 주요사실과 간접사실의 구별

(2) 사안의 경우 주요사실

 1) 법규기준설에 의하면 ① 甲의 대여사실(소비대차계약체결사실과 금전수수사실)은 대여금청구권이라는 법률효과를 발생시키는 권리근거규정의 요건사실로 주요사실에 해당되고, ② 乙의 소멸시효완성사실의 주장은 甲의 대여사실의 주장과 양립가능한 별개사실의 주장으로 항변에 해당하는 것으로, 甲의 대여금청구권의 소멸이라는 법률효과를 가져오는 권리멸각규정의 직접 요건사실이므로 주요사실에 해당되며, ③ 甲의 최고사실의 주장은 乙의 소멸시효완성사실을 인정하면서 그와 양립가능한 별개사실의 주장으로 재항변에 해당하는 것으로, 소멸시효의 중단이라는 법률효과를 가져오는 법규의 요건사실로 주요사실에 해당된다.

2) 사안에서 최고사실은 증거에 의해 인정되고, 변제기가 도래한 사실은 확실하므로, 대여사실에 대한 자백이 인정되는지와 소멸시효완성의 항변에 있어서 법원은 乙이 주장한 소멸시효 기산점에 구속되어 판단하여야 하는지가 문제이다.

3. 대여사실에 대한 자백의 성부와 효력

재판상 자백이란 변론 또는 변론준비기일에서 상대방 주장과 일치하고 자기에게 불리한 주요사실에 대한 진술이다. 사안의 경우 乙의 소멸시효완성사실의 주장은 甲의 대여사실을 인정하면서 그와 양립가능한 별개사실의 주장으로 항변에 해당하므로, 甲의 대여사실에 대한 자백이 성립된 것이다(자백의 가분성). 또한 자백의 효력으로서 법원에 대한 구속력이 발생하므로, 법원은 자백한 사실과 다른 사실을 인정할 수 없다.

따라서 사안의 경우 법원은 乙이 자백한 대로 甲의 대여사실을 인정하여야 한다.

4. 시효소멸의 기산점에 대한 법원의 판단

(1) 소멸시효의 기산점이 주요사실인지 여부

판례는 소멸시효의 기산일은 채무의 소멸이라고 하는 법률효과를 발생시키는 소멸시효기간 계산의 시발점으로서 소멸시효 항변의 법률요건을 구성하는 구체적인 사실에 해당하므로 이는 변론주의의 적용 대상이고, 따라서 본래의 소멸시효 기산일과 당사자가 주장하는 기산일이 서로 다른 경우에는 법원은 변론주의 원칙상 당사자가 주장하는 기산일을 기준으로 소멸시효를 계산해야 한다고 하여, 소멸시효의 기산일을 주요사실로 보고 있다.[191]

(2) 사안의 경우

결국 소멸시효의 기산점은 주요사실이므로 乙의 주장에 법원은 구속되나 법원은 이 경우 乙이 주장한 기산점을 근거로 사실인정을 하기 전에 석명을 해야 하며 만일 석명을 하여 乙이 착오로 주장한 것임이 밝혀졌다면,[192] 3,000만원의 채권에 대해서는 1991.1.30.을, 2,000만원의 채권에 대해서는 1991.4.10.을 소멸시효의 기산일로 하여 각 채권은 2001.1.30.과 2001.4.10.에 시효로 소멸된 것으로 판단하면 된다.

---

191) 대판 1995.8.25, 94다35886

192) 이행기가 다른 두 개의 채권이 있는데 당사자가 양 채권의 소멸시효의 기산점을 같은 날로 주장한 때에는 당사자가 착오나 법률상 무지로 인하여 그러한 주장을 하였을 경우가 많을 것이므로 법원은 당사자가 주장한대로 바로 소멸시효의 기산점을 인정할 것이 아니라 석명을 하여야 한다. 이러한 석명을 하지 않고 바로 乙의 주장대로 판결을 하는 경우에는 석명권불행사와 심리미진의 위법이 있다(대판 1983.7.12, 83다카437).

5. 시효중단 여부

(1) 시효중단사유로서 최고의 효력

사안과 같이 여러 번에 걸쳐 최고를 한 경우에 판례는 "시효중단의 효력은 항상 최초의 최고 시에 발생하는 것이 아니라 재판상 청구를 한 시점을 기준으로 하여 이로부터 소급하여 6월 이내에 한 최고 시에 발생한다"라고 한다.[193]

(2) 사안의 경우

판례에 따를 때 甲의 최고 중 소제기 전 6월 이내인 2001.4.5.에 한 최고만이 시효중단의 효력이 있으며, 따라서 3,000만원에 대한 채권은 2001.1.30.에 이미 시효소멸하였다. 결국 법원은 3,000만원의 채권에 대하여는 甲의 청구에 대해 기각판결을 하고, 2,000만원의 채권에 대해서는 2001.4.5.에 시효중단되었으므로 이에 대한 甲의 청구에 대해서는 인용판결을 해야 한다.

---

193) 대판 1983.7.12, 83다카437, 대판 1987.12.22, 87다카2337

✅ 사례(82) | 변론주의 - 취득시효의 기산점에 대한 주장책임

사실관계 및 소송의 결과

○ 甲은 乙을 상대로 2000.7.1. 甲 소유의 X토지에 대한 乙 명의의 소유권이전등기가 무효등기임을 이유로 乙 명의의 소유권이전등기의 말소등기절차의 이행을 구하는 소를 제기하였다.

○ 위 소송에서 ① 乙은 甲의 주장사실이 모두 인정된다고 하더라도 A토지를 매수하여 1980.5.1.부터 점유 를 개시한 이래 20년간 소유의 의사로 평온, 공연하게 이를 점유하여 점유취득시효가 완성되었으므로 실체관계에 부합하는 유효한 등기라고 항변하였다. ② 乙 주장의 점유개시일에 관하여는 다툼이 없었다. 그러나 ③ 법원의 증거조사 결과 乙의 점유개시일이 乙이 주장하는 날짜보다 뒤인 1982.5.1.인 것과 乙의 점유기간이 변론종결 당시(2001.10.1.) 아직 20년이 경과되지 아니하였다는 점이 밝혀졌다.

문제

甲의 청구에 대한 법원의 결론 및 주장과 증거자료를 토대로 그와 같은 결론에 이르게 된 논거를 서술하시오.
15점

I 결론

법원은 甲의 청구에 대해 청구인용판결을 하여야 한다.

II 논거

1. 변론주의의 의의 및 내용

2. 사실의 주장책임

(1) 주요사실과 간접사실의 구별

(2) 사안의 경우

사안에서 乙은 취득시효의 기산점을 1980.5.1.이라고 주장하고 있는데, 만일 취득시효의 기산 점이 주요사실이라면 변론주의가 적용되어 법원은 乙의 주장에 구속되어 판단하여야 한다(자백 의 구속력). 따라서 취득시효의 기산점이 주요사실인지 여부에 대한 검토가 필요하다.

3. 취득시효의 기산점이 주요사실인지 여부

판례는 "취득시효의 기산점은 법률효과의 판단에 관하여 직접 필요한 주요사실이 아니고, 간접 사실에 불과하므로 법원으로서는 이에 관한 당사자의 주장에 구속되지 아니하고 소송자료에 의하여 점유의 시기를 인정할 수 있다."고 하였다.[194]

4. 사안의 경우

판례에 의하면 취득시효의 기산점은 간접사실이므로 법원은 당사자 간에 다툼이 없는 기산점에 구속되는 것이 아니라 증거에 의해 인정된 기산점에 따라 乙의 취득시효완성의 항변을 배척할 수 있다.

결국 증거조사의 결과 乙의 점유개시일이 乙이 주장하는 날짜보다 뒤인 1982.5.1.인 것과 乙의 점유기간이 변론종결 당시 아직 20년이 경과되지 아니하였다는 점이 밝혀졌으므로, 乙의 취득시효완성의 항변은 이유가 없다. 따라서 법원은 甲의 청구를 인용하여야 할 것이다.

---

194) 대판 1994.4.15, 93다60120

사례(83) | 변론주의 - 간접적 주장의 인정 여부

사실관계

甲은 그 소유의 토지를 乙에게 임대하였고 乙은 토지 위에 건물을 지어 이를 소유하면서 토지를 점유·사용하여 왔는데, 甲과 乙 사이의 임대차계약의 기간이 만료되었다. 甲은 임대차기간이 만료되었음에도 乙이 건물을 소유하면서 토지를 계속 점유·사용하여, 乙을 상대로 2000.1.1.부터의 차임 상당의 부당이득을 구하는 소를 제기하였다. 乙은 2000년도분 차임을 지급하였다는 주장 없이 2000.1.1.부터 2000.12.31.까지의 차임 상당액을 변제공탁하였다는 취지의 공탁서만을 제출하였다. 법원은 위 공탁서에 기한 변제사실을 고려하지 않고 부당이득의 반환을 명하였다.

문제

이러한 법원의 판결이 적법한지 여부에 대한 결론과 근거를 설명하시오. 17점

1. 결론

위법하다.

2. 근거

(1) 변론주의의 의의 및 내용

변론주의란 소송자료, 즉 사실과 증거의 수집·제출의 책임을 당사자에게 맡기고 법원은 당사자가 수집·제출한 소송자료만을 재판의 기초로 삼아야 한다는 원칙을 말한다. 이러한 변론주의는 ① 사실의 주장책임, ② 자백의 구속력, ③ 당사자의 증거제출책임을 그 내용으로 한다.

(2) 사실의 주장책임

1) 주요사실과 간접사실의 구별

① 변론주의는 주요사실에 대하여만 인정되고 간접사실과 보조사실에는 인정되지 않는다.
② 판례의 법규기준설에 의하면 주요사실이란 권리의 발생·변경·소멸이라는 법률효과를 가져오는 법규의 직접요건사실을 말하고, 간접사실이란 주요사실의 존부를 경험칙에 의하여 추인하게 하는 사실을 말한다.[195]

2) 사안의 경우

사안에서 변제사실은 甲의 부당이득반환청구권을 소멸하게 하는 법규의 요건사실에 해당하는 주요사실이다. 다만 사안에서 乙의 변제사실에 대한 乙의 명시적 주장이 없는바, 이를 공

---

195) 대판 2004.5.14, 2003다57697

탁서에 기한 증거만으로 인정하여 甲의 청구를 기각할 수 있는지, 즉 변제사실의 주장이 있는 것으로 인정할 수 있는지 문제된다.[196)]

(3) 乙의 변제사실 주장의 인정 여부[197)]

1) 사실자료와 증거자료의 구별 및 완화

당사자가 변론에서 현출시킨 사실을 사실자료라 하고 증거조사를 통하여 얻은 결과를 증거자료라고 한다. 변론주의에 의할 때 사실자료와 증거자료는 구별되므로 법원이 증거자료에 의하여 주요사실의 존재를 알았다고 하여도 당사자가 변론에서 주장하지 않았으면 이를 기초로 심판할 수 없는 것이 원칙이다. 다만 이를 관철시키면 실체진실에 반하고 구체적으로 타당한 해결을 꾀할 수 없는 경우가 발생하므로 구별완화가 필요하고, 이와 관련하여 간접적 주장을 인정할 수 있는지 여부가 문제이다.

2) 간접적 주장의 인정 여부

판례는 사건의 타당한 해결을 위해 변론에서 당사자의 명시적인 주장이 없어도 당사자의 변론을 전체적으로 관찰하여 혹은 증거신청 내지 증거원용을 한 것에 의하여 간접적으로 주장하였다고 인정할 수 있다고 함으로써 긍정하는 입장이다.[198)]

3) 인정 요건

간접적 주장이 있다고 인정되기 위해서는 ① 증거조사단계에서 당사자의 일정한 소송행위에 비추어 보아 명백히 주요사실의 주장이 예상되며, ② 상대방의 방어권행사의 지장을 초래함이 없어야 한다.

(4) 사안의 경우

사안의 경우 乙이 증명취지를 표시하여 공탁서를 제출하였으므로 이러한 소송행위에 비추어 乙이 변제사실을 주장할 것이라고 충분히 예상되는 경우이며, 甲의 방어권행사에 불이익이 없다고 보인다. 따라서 사안에서는 乙의 변제사실에 대한 간접적 주장을 인정할 수 있다. 결국 법원으로서는 乙의 변제사실에 대한 주장이 있는 것으로 보고 그 당부를 판단하여야 하는데, 사안에서 법원이 이를 고려하지 않고 부당이득의 반환을 명한 것은 변론주의 위반으로 위법하다.

---

196) 甲의 부당이득반환청구권의 요건사실에 대해서는 乙이 명백히 다투지 않는다는 측면에서 자백간주가 성립되며, 또한 만약 乙의 변제사실에 대한 간접적 주장이 인정되는 경우라면 제한부 자백에 따라 자백이 성립되는바, 甲의 부당이득반환청구권의 요건사실에 대한 증명은 사실상 문제가 없게 된다.

197) 사안의 경우는 아니지만, 만일 甲이 토지인도 및 지상물철거청구를 구하였고, 이에 대해 乙이 지상물매수청구를 주장하였더라도, 그 주장 속에 별개의 소송물인 甲의 부당이득반환청구에 대한 변제의 주장이 포함된 것으로 볼 수는 없는 것이므로, 묵시적 주장의 논의는 사실상 불필요하고, 무의미하다. 설령 이 경우 언급한다고 하더라도 장황하게 언급하지 않도록 하여야 한다.

198) 대판 1995.4.28, 94다10083 등

☑ 사례(84) │ 변론주의 - 유권대리의 주장 속에 표현대리 주장이 포함되는지 여부

사실관계

乙은 친지로부터 사채업자 A를 소개받아 대출 여부를 문의하였다. 乙은 사채업자 A의 요청에 의해 동인에게 자신의 甲은행 계좌와 비밀번호 등을 알려주었다. 그런데 A는 乙의 위임장을 위조하고 乙의 정보를 이용하여 甲은행으로부터 乙의 계좌를 담보로 5천만원을 대출받은 후 잠적하였다. 그 후 이러한 사실을 알게 된 甲은행은 乙을 상대로 위 대출금의 지급을 구하는 소를 제기하였다(아래 각 설문은 독립적임).

문제

(1) 甲은 위 대출계약에 기한 채무이행을 구하는 소에서 A가 乙의 대리인이라고 주장하였다. 이에 乙은 자신이 A에게 대출계약에 대한 대리권을 수여한 적이 없다고 주장하면서 다투었다. 심리 결과 A의 대리권은 인정되지 아니하나, A의 표현대리를 인정할 증거들이 있었다. 법원은 甲의 유권대리의 주장에 표현대리의 주장이 포함되어 있는 것으로 인정하여 甲의 청구를 인용하는 판결을 할 수 있는가? 20점

(2) 만일 A가 乙로부터 받은 정보를 이용하여 甲은행으로부터 공인인증서를 재발급 받고 인터넷 뱅킹을 통하여 乙의 계좌를 담보로 하여 5천만원을 대출받은 후 잠적하였고, 이러한 사실을 알게 된 甲은행이 乙을 상대로 위 대출금 상당의 손해배상을 구하는 소를 제기하였는데, 원고 甲은행 직원의 실수로 청구취지 금액이 3천만원으로 기재되었으나 청구원인에는 원고 甲은행이 피고 乙에 대해 가지는 채권 상당의 손해로 5천만원임이 표시되어 있었다. 심리과정에서 원고 甲은행은 금융감독원 지침을 어기고 사채업자 A가 공인인증서의 재발급신청서에 기재한 대포폰에 문자메시지를 보내어 본인확인을 한 과실이 있음이 밝혀졌다. 원고 甲은행의 과실을 80%로 인정한다면 법원은 피고 乙이 원고 甲에게 얼마를 지급하라고 판결하여야 하는가? 10점

❚ 설문 (1)에 관하여

1. 결론

법원은 甲의 유권대리의 주장에 표현대리의 주장이 포함되어 있는 것으로 인정하여 甲의 청구를 인용하는 판결을 할 수 없다.

2. 근거

(I) 변론주의의 위반 여부[199]

1) 변론주의의 의의 및 내용

변론주의란 소송자료, 즉 사실과 증거의 수집·제출의 책임을 당사자에게 맡기고 법원은 당사자가 수집·제출한 소송자료만을 재판의 기초로 삼아야 한다는 원칙을 말한다. 이러한 변론주의는 ① 사실의 주장책임, ② 자백의 구속력, ③ 당사자의 증거제출책임을 그 내용으로 한다.

2) 사실의 주장책임

가) 주요사실과 간접사실의 구별

법규기준설에 의하면 표현대리의 경우 무권대리행위의 효과를 본인에게 미치게 한 것으로서, 표현대리에 관한 사실은 본인에게 법률효과를 발생시키는 실체법상의 구성요건 해당사실로 주요사실에 해당한다.

나) 사실자료와 증거자료의 구별 및 완화

① 변론주의에 의할 때 주장책임이 인정되는 결과 소송자료와 증거자료는 구별된다. 따라서 증인의 증언 그 밖의 증거에 의하여 법원이 주요사실을 알았다 하더라도 당사자가 변론에서 그 사실을 주장한 바 없으면 그것을 기초로 재판을 할 수 없으며 또 당사자가 주장한 바와 달리 재판할 수 없다.

② 다만 판례는 구체적으로 타당한 해결을 꾀하기 위하여 소송자료와 증거자료의 구별을 완화하고 당사자의 명시적 주장은 없었지만, i) 일정한 증거신청행위 등에 의하여 주요사실을 간접적으로 주장한 것으로 볼 수 있으며(주장의제), ii) 당사자의 주장 취지에 비추어 그러한 주장이 포함되어 있는 것으로 볼 수 있다면, 묵시적 주장(주장포함)을 인정하고 있다.

③ 사안의 경우에는 甲의 유권대리 주장 속에 표현대리의 주장이 포함되어 있다고 보아 표현대리의 주장이 있음을 인정할 수 있는지 여부가 문제이다.

3) 유권대리의 주장 속에 표현대리 주장이 포함되는지 여부

판례는 표현대리가 성립된다고 하여 무권대리의 성질이 유권대리로 전환되는 것은 아니므로, 양자의 구성요건 해당사실, 즉 주요사실은 다르다고 볼 수밖에 없으니 유권대리에 관한 주장 속에 무권대리에 속하는 표현대리의 주장이 포함되어 있다고 볼 수 없다고 하였다.[200]

---

199) 사안은 처분권주의와도 관련하여 문제되는데, 이에 대해 판례는 "주요사실이라 함은 법률효과를 발생시키는 실체법상의 구성요건해당사실을 말하는 것인바, 대리권에 기한 대리의 경우나 표현대리의 경우나 모두 제3자가 행한 대리행위의 효과가 본인에게 귀속된다는 점에서는 차이가 없다"라고 판시하여, 유권대리나 표현대리는 소송물을 같이하는 것으로 본다. 이에 따르면 처분권주의의 위반은 없다.

200) 대판(전) 1983.12.13, 83다카1489

(2) 사안의 해결

법원이 유권대리의 주장에 표현대리의 주장이 포함되어 있는 것으로 인정하여 甲의 청구를 인용한다면 변론주의의 위반이므로, 법원은 甲의 청구를 인용할 수는 없다.

Ⅲ 설문 (2)에 관하여

1. 결론

법원은 1천만원을 지급하라고 판결하여야 한다.

2. 근거

(1) 일부청구에 해당하는지 여부

일부청구란 금전 또는 대체물과 같이 수량적으로 가분적인 채권을 임의로 분할하여 일부만 청구하는 것을 말한다.

사안의 경우 가분적인 금전채권에 대해 청구원인에는 채권 상당의 손해로 5천만원이라고 표시되어 있으나, 청구취지에는 3천만원이라고 기재되어 있으므로 일부청구에 해당한다. 다만 사안의 경우 일부청구 시 과실상계를 하는 경우 청구한 일부를 기준으로 할 것인지 아니면 전액을 기준으로 할 것인지가 문제이다.

(2) 일부청구와 과실상계

1) 처분권주의의 의의 및 내용

2) 과실상계의 기준 · 방법

판례는 한 개의 손해배상청구권 중 일부가 소송상 청구되어 있는 경우에 과실상계를 함에 있어서는 손해의 전액에서 과실비율에 의한 감액을 하고 그 잔액이 청구액을 초과하지 않을 경우에는 그 잔액을 인용할 것이고 잔액이 청구액을 초과할 경우에는 청구의 전액을 인용하는 것으로 풀이하는 것이 일부청구를 하는 당사자의 통상적 의사라고 한다.

(3) 사안의 해결

판례에 따르면 5천만원에서 80%를 과실상계한 1천만원이 잔액으로서 인용금액인데, 甲이 이를 초과한 3천만을 구하고 있으므로 법원은 1천만원을 지급하라고 판결하여야 한다.

✅ 사례(85) │ 변론주의 – 묵시적 주장의 인정 여부

사실관계

甲은 乙에 대하여 금 1억원의 대여금채권을 가지고 있던 중, A에게 이를 양도하고 내용증명우편으로 乙에게 채권양도통지를 하였는데, 乙이 채무를 이행하지 않자 甲은 乙을 상대로 대여금지급청구의 소를 제기하였다. 이에 대해 乙은 채권양도사실을 내세워 甲의 대여금지급청구의 소는 부적법하다고만 하였는데, 법원의 심리결과 채권양도사실이 인정되었다.

문제

법원은 甲의 청구에 대해 어떤 판결을 하여야 하는가? 20점

Ⅰ 결론

청구기각판결을 하여야 한다.

Ⅱ 근거

1. 소의 적법성 여부

(1) 문제의 소재

甲의 대여금청구의 소는 이행의 소이고, 이에 대해 乙은 피고적격이 없는 자를 상대로 한 부적법한 소제기라고 주장하고 있는바, 이행의 소에서 당사자적격의 유무에 대한 판단이 문제된다. 또한 甲의 소가 적법한 경우일 때라면, 甲의 청구가 이유 있는지 여부에 따라 법원의 판결이 달라지므로 이를 살펴보아야 하는데, 이와 관련해서 채권양도사실은 법원의 심리결과 비로소 알게 된 사실이며 이에 대한 乙의 주장이 명시적으로 없었는바, 법원이 심리결과에 따라 판단함이 변론주의에 위반되는지 여부가 특히 문제이다.

(2) 이행의 소에서 당사자적격에 대한 판단

① 이행의 소에 있어서는 자기의 실체법상 이행청구권을 주장하는 사람이 원고적격자이고, 그로부터 의무자로 주장되고 있는 사람이 피고적격자이다. 여기서 청구권 내지는 의무가 존재하는가, 즉 원고가 실제 이행청구권자이며 피고가 이행의무자인가는 본안심리에서 결정될 문제이다. 결국 이행의 소에서 당사자적격은 주장 자체만으로 판단한다.

② 판례도 채권양도나 전부명령이 있는 경우에는 추심명령과 달리 추심권이 아닌 실체법상의 권리 자체가 이전되므로, 채권양도인이나 전부채무자가 자기가 이행청구권자임을 주장하는

이상 원고적격을 가지며, 다만 실체법상의 청구권의 상실로 인하여 본안에서 기각될 뿐이라고 한다.

(3) 사안의 경우

사안의 경우, 甲이 乙을 상대로 한 대여금지급청구의 이행의 소에서 당사자적격의 유무는 주장 자체로 판단하여야 하는바, 甲이 자기가 이행청구권자임을 乙을 상대로 주장하는 이상 甲은 원고적격이, 乙은 피고적격이 인정된다.

2. 본안심사 – 甲 청구의 이유유무

(1) 문제점

乙이 甲의 소가 부적법하다고만 주장하였는데, 법원이 심리결과 인정된 채권양도사실을 乙의 주장이 없는데도 판단하는 것이 변론주의 위반이 아닌지 여부가 문제이다.

(2) 변론주의의 의의 및 내용

(3) 사실의 주장책임

1) 의의

2) 주요사실과 간접사실의 구별

3) 사안의 경우

사안에서 대여사실은 甲의 대여금반환청구권을 발생케 하는 주요사실에 해당하고, 채권양도사실은 甲의 대여금반환청구권을 소멸하게 하는 법규의 요건사실에 해당하는 주요사실이다. 다만 사안에서 乙은 채권양도사실을 본안의 항변으로 명시적 주장을 하지 않고 있는바, 법원이 심리결과로 인정되는 채권양도사실에 대해 乙의 주장이 있는 것으로 인정할 수 있는지 문제된다.

(4) 묵시적 주장의 인정 여부

1) 소송자료와 증거자료의 구별 및 완화의 필요성

당사자가 변론에서 현출시킨 사실을 사실자료라 하고 증거조사를 통하여 얻은 결과를 증거자료라고 한다. 변론주의에 의할 때 사실자료와 증거자료는 구별되므로 법원이 증거자료에 의하여 주요사실의 존재를 알았다고 하여도 당사자가 변론에서 주장하지 않으면 이를 기초로 심판할 수 없는 것이 원칙이다. 다만 이를 관철시키면 실체진실에 반하고 구체적으로 타당한 해결을 꾀할 수 없는 경우가 발생하므로 구별완화가 필요하고, 이와 관련하여 묵시적 주장이 문제이다.

2) 묵시적 주장 인정 여부

판례는 피고가 본안 전 항변으로 채권양도사실을 내세워 당사자적격이 없다고 주장하는 경우, 그와 같은 주장 속에는 원고가 채권을 양도하였기 때문에 채권자임을 전제로 한 청구는 이유가 없는 것이라는 취지의 본안에 관한 항변이 포함되어 있다고 볼 수 있다고 하였다.[201]

(5) 사안의 경우

乙은 채권양도사실을 내세워 당사자적격이 없다고만 주장하였으나, 이러한 주장에는 권리소멸(상대적 소멸)의 항변의 주장이 포함되어 있는 것이므로, 이러한 사실을 판단함은 변론주의 위반이 아니다.

3. 설문의 해결

甲의 청구는 당사자적격을 갖춘 적법한 소이고, 乙의 주장에는 권리소멸의 본안의 항변 주장이 포함되어 있으므로, 법원은 심리결과에 따른 채권양도사실을 인정하여 甲의 청구에 대한 당부심사를 할 수 있다. 이 경우 채권양도에 따라 甲의 乙에 대한 채권은 상대적으로 소멸하였는바, 법원은 甲의 청구가 이유 없다고 하여 청구기각판결을 하여야 한다.

---

201) 대판 1992.10.27, 92다18597

✅ 사례(86) | 석명권

> **문제**
>
> ※ 법원이 원고의 청구를 그대로 받아들이지 아니하는 판결을 하는 경우, 이에 앞서 법원은 원고에게 종전의 청구를 그대로 유지할 것인지 여부를 적극적으로 석명할 의무를 부담하기도 하는바, 아래의 각 사안에서 법원의 원고에 대한 석명의무 유무를 그 구체적인 논거와 함께 간략히 기재하시오(아래 각 설문은 독립적임).
>
> (1) 원고가 공유물분할을 구한 토지의 현물분할을 명함에 있어서, 각 지분비율상 교환가치가 같도록 분할을 명하는 부분의 경계와 원고가 청구취지에서 각 지분 면적에 따라 분할을 구한 부분의 경계가 다를 경우 6점
>
> (2) 원고가 단순이행을 구하였으나, 피고가 행사한 동시이행 항변 또는 유치권 항변이 정당한 경우 6점
>
> (3) 원고가 사해행위취소 및 원상회복을 구하였으나, 원상회복이 불가능하거나 현저히 곤란한 사정이 있어 사해행위취소 및 가액반환을 명하여야 하는 경우 6점
>
> (4) 원고가 임대한 토지 위에 건물을 신축한 임차인을 피고로 하여 그 건물의 철거와 위 토지의 인도를 구하였으나, 피고가 행사한 건물매수청구권 항변이 정당한 경우 12점

▌ I ▐ 설문 (1)에 관하여

1. 결론

법원의 석명의무는 없다.

2. 논거

(1) 처분권주의와 석명권

처분권주의란 소송의 개시, 심판의 대상과 범위의 결정, 소송의 종결에 있어서 당사자에게 주도권을 인정하고, 당사자의 처분에 맡기는 원칙을 말한다(제203조). 그러므로 법원으로서는 당사자가 신청한 사항에 대하여, 신청의 범위 내에서만 판단하여야 한다. 따라서 원고가 구한 것과 별개의 사항이나, 그 범위 외의 것에 대해서는 판단할 수 없으므로, 이것이 가능하기 위해서는 석명권을 행사하여야 한다. 즉 석명권은 처분권주의의 보완으로서의 기능도 하고 있다.

(2) 공유물분할청구의 소의 법적 성질과 처분권주의 적용 배제

공유물분할청구의 소는 형식적 형성의 소로서 실질은 비송에 해당한다. 따라서 처분권주의는 적용되지 않는다.

따라서 법원은 당사자의 주장에 구속되지 않고 자유로운 재량에 따라 공유자의 지분에 따른 합리적 분할이 가능하므로, 원고에 대한 법원의 석명의무는 애초에 문제되지 않는다.

Ⅱ 설문 ⑵에 관하여

1. 결론

법원의 석명의무는 없다.

2. 논거

⑴ 처분권주의와 석명권

⑵ 단순이행청구에 대한 상환이행판결

원고가 무조건의 물건의 인도를 구하는 소를 제기한 경우에 피고가 제출한 유치권의 항변 또는 동시이행의 항변을 인용하는 때에는 그 물건에 관하여 발생한 채권의 변제와 상환하여 (원고의 반대급부의 이행을 조건으로 하는)물건의 인도를 명하는 상환이행판결을 선고하는 경우와 같이 당사자의 신청범위 내에 있어서 법원이 질적인 의미의 일부인용의 판결을 하는 것은 당사자의 의사에 반하지 않고 적법하다고 본다.

판례도 매매계약 체결과 대금완납을 청구원인으로 하여 (무조건)소유권이전등기를 구하는 청구취지에는 대금 중 미지급금이 있을 때에는 위 금원의 수령과 상환으로 소유권이전등기를 구하는 취지도 포함되어 있다고 보아, 원고가 반대의 의사표시를 하지 않는 한 상환이행판결을 할 수 있다는 입장이다.[202]

따라서 사안의 경우 법원은 상환이행판결을 하기 위해 석명할 필요가 없다.

Ⅲ 설문 ⑶에 관하여

1. 결론

법원의 석명의무는 없다.

2. 논거

⑴ 처분권주의와 석명권

⑵ 사해행위취소 및 원상회복의 청구 속에 사해행위취소 및 가액배상을 구하는 청구가 포함되어 있는지 여부

판례는 사해행위를 전부 취소하고 원상회복을 구하는 채권자의 주장 속에는 사해행위를 일부 취소하고 가액의 배상을 구하는 취지도 포함되어 있으므로, 채권자가 원상회복만을 구하는 경우에도 법원은 가액의 배상을 명할 수 있다고 하였다.[203]

따라서 사안의 경우 법원은 청구취지의 변경을 석명할 필요 없이 가액배상을 명할 수 있다.

---

202) 대판 1979.10.10, 79다1508
203) 대판 2001.9.4, 2000다66416

Ⅳ 설문 (4)에 관하여

1. 결론

법원의 석명의무가 인정된다.

2. 논거

(1) 처분권주의와 일부인용판결

(2) 지상물철거 및 토지인도청구에 지상물인도청구가 포함된 것인지 여부

판례는 건물철거 및 토지인도청구 속에 건물의 매수대금지급과 상환으로 건물의 인도를 구하는 청구가 포함되어 있다고 볼 수 없으므로, 원고의 건물매수대금지급과 상환으로 피고에게 건물인도를 명하는 판결은 허용될 수 없다는 입장이다.[204]

(3) 임차인의 지상물매수청구권행사와 법원의 석명의무

1) 석명권의 의의 및 범위

석명권이라 함은 소송관계를 분명하게 하기 위하여 당사자에게 질문하고 증명촉구를 할 뿐만 아니라, 당사자가 간과한 법률상 사항을 지적하여 의견진술의 기회를 주는 법원의 권능을 말한다(제136조).

석명권은 ① 당사자의 신청이나 주장이 불명료, 불완전, 모순이 있을 경우 소송관계를 명료하게 하기 위하여 행사하는 소극적 석명과 ② 새로운 신청, 주장 등의 제출을 권유하는 적극적 석명이 있는데, ③ 소극적 석명권은 제한 없이 행사할 수 있지만 적극적 석명을 인정할 것인가에 대해서는 다툼이 있다.

2) 적극적 석명권의 인정 여부

판례는 ① 종래에는 적극적 석명권을 인정하지 않았으나, ② 본 설문과 같은 사안에서 "법원으로서는 임대인이 종전의 청구를 계속 유지할 것인지, 아니면 대금지급과 상환으로 지상물의 인도를 청구할 의사가 있는 것인지를 석명하고 임대인이 그 석명에 응하여 소를 변경한 때에는 지상물 인도의 판결을 함으로써 분쟁의 1회적 해결을 꾀하여야 한다"고 판시하여, 적극적 석명권을 제한적으로 인정하였다.[205]

---

204) 대판(전) 1995.7.11, 94다34265
205) 대판(전) 1995.7.11, 94다34265

☑️ 사례(87) │ 지적의무

사실관계

A는 B로부터 B소유의 건물을 매수하는 내용의 매매계약을 체결하면서, B의 승낙을 받아 매매대금을 전액 지급하기 전에 미리 위 건물을 인도받아 사용하고 대신 B에게 일정한 사용료를 지급하기로 약정한 후, 위 건물을 인도받아 사용하였다. 그런데 A는 잔금의 지급을 지체하게 되었다.

A는 B에게 기존의 채무를 청산하려고 甲에 대한 대여금채권을 양도하였고, 채권을 양도받은 B는 甲을 상대로 양수금청구의 소를 제기하였다. 법원은 차용증서 및 채권양도통지서 등을 검토하는 도중 '이 사건 소비대차계약과 관련하여 어떠한 분쟁이 있더라도 제소하지 아니한다'는 문구를 발견하였다.

문제

법원은 당사자들이 부제소 합의의 효력이나 그 범위에 관하여 쟁점으로 삼아 소의 적법 여부를 다투지 아니하는데도, 아무런 조치 없이 직권으로 소를 부적법 각하하였다. 이러한 법원의 판단은 적법한가? [14점]

1. 결론

부제소 합의를 직권으로 판단하여 소를 부적법 각하한 점에 위법은 없으나, 법원이 당사자에게 의견진술의 기회를 주지 아니한 데에 위법이 있다(지적의무의 위반).

2. 근거

(I) 직권으로 소각하한 판단의 적법 여부

1) 부제소 합의의 유효성 여부

소송상 합의가 인정되기 위해서는 ① 합의 당사자가 처분할 수 있는 권리범위 내의 것으로서, ② 특정한 권리관계에 관한 합의일 것, ③ 당사자가 그 합의의 법적 효과의 의미를 명확하게 예견할 수 있는 경우일 것, ④ 특약자체가 불공정한 방법으로 이루어지지 않았을 것이 요구된다. 부제소 합의에 대한 명문의 규정이 없다 하더라도 처분권주의에 의하여 인정됨에는 문제가 없으며, 사안의 경우 무효로 볼 사정은 보이지 않는다.

2) 부제소 합의의 유무가 직권조사사항인지 여부

판례는 불항소합의의 유무는 항소의 적법요건에 관한 것으로서, 소가 부제소 합의에 위배되어 제기된 경우 법원은 직권으로 소의 적법 여부를 판단할 수 있다고 하여, 직권조사사항이라고 본다.[206]

---

206) 대판 2013.11.28, 2011다80449

3) 부제소 합의를 위반한 제소의 처리

판례는 특정한 권리나 법률관계에 관하여 분쟁이 있어도 제소하지 아니하기로 합의(부제소 합의)한 경우 이에 위배되어 제기된 소는 권리보호의 이익이 없고, 또한 당사자와 소송관계인은 신의에 따라 성실하게 소송을 수행하여야 한다는 신의성실의 원칙에도 어긋나는 것이라고 하였다.[207]

따라서 사안의 경우 부제소 합의를 직권으로 판단하여 소를 부적법 각하한 점에 위법은 없다.

(2) 지적의무의 위반 여부

1) 지적의무의 의의 및 취지

지적의무는 당사자가 간과하였음이 분명하다고 인정되는 법률상의 사항에 관하여 당사자에게 의견을 진술할 기회를 주는 것으로, 법원의 권능인 동시에 의무이다(제136조 제4항). 이는 당사자가 예상 밖의 법률적 관점에 기한 재판으로 불의의 타격을 받는 것을 막아 당사자의 절차적 기본권을 보장하려 한 것이다.

2) 요건

지적의무가 인정되기 위해서는 ① 당사자가 간과하였음이 분명할 것, ② 법률상의 사항일 것, ③ 재판의 결과에 영향이 있을 것, 즉 지적의무의 대상은 재판의 결과에 영향이 있는 법률적 관점으로 법원이 그 법률적 관점을 기초로 하여 재판을 하려고 하는 것으로 그것이 없다면 재판의 결과가 달라져야 한다.

3) 지적의무의 인정 여부

판례는 "부제소 합의는 소송당사자에게 헌법상 보장된 재판청구권의 포기와 같은 중대한 소송법상의 효과를 발생시키는 것으로서 그 합의 시에 예상할 수 있는 상황에 관한 것이어야 유효하고, 그 효력의 유무나 범위를 둘러싸고 이견이 있을 수 있는 경우에는 당사자의 의사를 합리적으로 해석한 후 이를 판단하여야 한다. 따라서 당사자들이 부제소 합의의 효력이나 그 범위에 관하여 쟁점으로 삼아 소의 적법 여부를 다투지 아니하는데도 법원이 직권으로 부제소 합의에 위배되었다는 이유로 소가 부적법하다고 판단하기 위해서는 그와 같은 법률적 관점에 대하여 당사자에게 의견을 진술할 기회를 주어야 하고, 부제소 합의를 하게 된 동기 및 경위, 그 합의에 의하여 달성하려는 목적, 당사자의 진정한 의사 등에 관하여도 충분히 심리할 필요가 있다. 법원이 그와 같이 하지 않고 직권으로 부제소 합의를 인정하여 소를 각하하는 것은 예상 외의 재판으로 당사자 일방에게 불의의 타격을 가하는 것으로서 석명의무를 위반하여 필요한 심리를 제대로 하지 아니하는 것이다."라고 하여 법원의 지적의무를 인정하였다.[208]

(3) 사안의 경우

---

207) 대판 1993.5.14, 92다21760 등 참조
208) 대판 2013.11.28, 2011다80449

사례(88) | **지적의무**

사실관계

丙은 丁 소유의 X 토지를 20년간 텃밭으로 계속하여 점유·사용해 왔는데, 그 후 丙이 사망하였고 망인의 공동상속인으로는 A와 B가 있었다. 그러나 그 후 丁은 X 토지를 戊에게 매도하였다.

A는 망인 丙의 점유취득시효를 원인으로 한 소유권이전등기청구권 중 일부 지분을 상속받았다고 주장하면서 취득시효완성 후 丁의 戊에 대한 처분행위는 무효이므로 丁을 대위하여 戊 명의의 소유권이전등기의 전부에 대한 말소등기청구를 구하였다.

문제

이에 법원은 A의 상속지분을 넘는 부분에 관하여 보전의 필요성이 없다고 판단하였고, 이 점에 대한 아무런 석명을 하지 아니한 채 소를 각하하였다. 법원의 판단은 적법한가? 18점

1. 결론

법원의 판단은 석명의무(지적의무)을 다하지 못한 위법이 있다.

2. 근거

(1) 채권자대위소송의 법적 성질 및 당사자적격

① 판례는 "채권자대위소송은 채권자가 스스로 원고가 되어 채무자의 제3채무자에 대한 권리를 행사하는 것이다"라고 하여 법정소송담당으로 보고 있다.[209]

② 판례인 법정소송담당설의 입장에 의하면 'i) 피보전채권, ii) 보전의 필요성, iii) 채무자의 권리불행사는 당사자적격의 요소'가 된다.

③ 사안에서는 취득시효완성자의 공동상속인이 자신의 지분 범위를 초과하는 부분에 관하여 채무자를 대위할 보전의 필요성이 인정되지 않는지 여부가 문제이다.

(2) 보전의 필요성 인정 여부 및 흠결시 법원의 조치

판례는 채무자 소유의 부동산을 시효취득한 채권자의 공동상속인이 채무자에 대한 소유권이전등기청구권을 피보전채권으로 하여 제3채무자를 상대로 채무자의 제3채무자에 대한 소유권이전등기의 말소등기청구권을 대위행사하는 경우, "공동상속인은 자신의 지분 범위 내에서만 채무자의 제3채무자에 대한 소유권이전등기의 말소등기청구권을 대위행사할 수 있고, 지분을 초

---

209) 대판 1994.6.24, 94다14339 등

과하는 부분에 관하여는 채무자를 대위할 보전의 필요성이 없어서 그 초과 지분에 관한 대위청구는 부적법하다"고 하였다.[210]

(3) 지적의무의 위반 여부

1) 지적의무의 의의 및 취지

지적의무는 당사자가 간과하였음이 분명하다고 인정되는 법률상의 사항에 관하여 당사자에게 의견을 진술할 기회를 주는 것으로, 법원의 권능인 동시에 의무이다(제136조 제4항). 이는 당사자가 예상 밖의 법률적 관점에 기한 재판으로 불의의 타격을 받는 것을 막아 당사자의 절차적 기본권을 보장하려 한 것이다.

2) 요건

지적의무가 인정되기 위해서는 ① 당사자가 간과하였음이 분명할 것, ② 법률상의 사항일 것, ③ 재판의 결과에 영향이 있을 것, 즉 지적의무의 대상은 재판의 결과에 영향이 있는 법률적 관점으로 법원이 그 법률적 관점을 기초로 하여 재판을 하려고 하는 것으로 그것이 없다면 재판의 결과가 달라져야 한다.

3) 채권자대위소송에서 보전의 필요성의 흠에 대한 지적의무 인정 여부

판례는 A가 丙의 丁에 대한 점유취득시효를 원인으로 한 소유권이전등기청구권 중 일부 지분을 상속받았다고 주장하면서 戊를 상대로 丁의 戊에 대한 소유권이전등기의 말소등기청구권을 대위하여 전부 말소를 구한 사안에서, "A의 상속지분을 넘는 부분에 관하여는 보전의 필요성이 없다는 점을 지적하거나 A가 주장한 상속지분이 증거에 의하여 인정되는 상속지분과 일치하지 아니함에도 아무런 석명을 하지 아니한 채 A가 주장하는 지분을 초과하는 부분에 관하여 보전의 필요성이 없다는 이유로 소를 각하한 원심판결에 석명의무를 다하지 아니하여 심리를 제대로 하지 않은 잘못이 있다"고 하였다.[211]

(4) 사안의 경우

사안에서는 취득시효완성자의 공동상속인인 A는 자신의 지분 범위를 초과하는 부분에 관하여 채무자를 대위할 보전의 필요성이 인정되지 않는데, 법원은 이 점에 대하여 지적하거나 석명하지 아니한 채 소를 각하한 경우로서 심리를 제대로 하지 않은 위법이 있다.

---

210) 대판 2014.10.27, 2013다25217
211) 대판 2014.10.27, 2013다25217

✅ 사례(89) | 지적의무

사실관계

甲은 2016.4.1. 乙로부터 변제기를 2016.12.31.로 하여 1억원을 차용하면서 그 소유의 X토지에 관하여 저당권설정등기를 마쳐주었다. 乙은 2016.12.1. 丙에게 위 대여금채권을 양도한 후 저당권이전의 부기등기를 마쳐주었다. 甲은 2017.2.1. 위 차용금채무를 모두 변제하고, X토지를 A에게 매도하였다.

문제

乙과 丙이 저당권설정등기의 말소에 응하지 않자 A는 丙을 상대로 차용금채무가 변제로 모두 소멸하였다고 주장하며 소유권에 기한 저당권설정등기의 말소를 구하는 소를 제기하였다. 이에 법원은 A가 미등기 매수인임을 이유로 청구가 이유 없다고 판단하면서도, 다만 甲을 대위하여 丙을 상대로 저당권설정등기의 말소를 구하는 취지가 포함되어 있다고 보아 A의 이러한 주장이 없음에도 곧바로 A의 청구를 인용하였다. 법원의 판단은 적법한가? (처분권주의와 변론주의는 문제삼지 않는다.) 12점

1. 결론

위법하다.

2. 근거

(1) 문제점

A의 주장이 없음에도 甲을 대위하여 丙을 상대로 저당권설정등기의 말소를 구하는 취지가 포함되어 있다고 보아 곧바로 A의 청구를 인용한 것이 지적의무를 위반한 것인지 문제이다.

(2) 지적의무의 위반 여부

1) 지적의무의 의의 및 취지

지적의무는 당사자가 간과하였음이 분명하다고 인정되는 법률상의 사항에 관하여 당사자에게 의견을 진술할 기회를 주는 것으로, 법원의 권능인 동시에 의무이다(제136조 제4항). 지적의무는 당사자가 예상 밖의 법률적 관점에 기한 재판으로 불의의 타격을 받는 것을 막아 당사자의 절차적 기본권을 보장하려 한 것이다. 이 경우 법원은 불이익을 받을 자에게 반드시 의견진술의 기회를 주어야 한다.

2) 요건

지적의무가 인정되기 위해서는 ① 당사자가 간과하였음이 분명할 것, ② 법률상의 사항일 것, ③ 재판의 결과에 영향이 있을 것, 즉 지적의무의 대상은 재판의 결과에 영향이 있는 법률적

관점으로 법원이 그 법률적 관점을 기초로 하여 재판을 하려고 하는 것으로 그것이 없다면 재판의 결과가 달라져야 한다.

(3) 청구근거규범의 차이에 기한 지적의무 인정 여부

판례는 (자신의) 소유권에 기한 건물인도의 청구와 채권자대위권에 기한 건물인도의 청구는 법률효과에 관한 요건사실이 다름에도 불구하고, 건물의 소유권을 취득하였음을 전제로 건물의 인도를 구하는 청구에 그 건물을 원시취득한 매도인을 대위하여 건물의 인도를 구하는 취지가 포함되어 있다고 보아 원심 변론종결 시까지 주장하지도 아니한 위 채권자대위권에 기한 건물인도 청구에 기초하여 상대방에게 의견진술의 기회조차 부여하지 아니한 채 그 청구를 인용한 원심판결을 파기하였다.

(4) 사안의 경우

※ 논증구도

1. 처분권주의 위반 여부
   (1) 처분권주의의 의의 및 내용
   (2) 질적 동일 – 소송물이론
   (3) 사안의 경우
       판례에 따르면 자신의 소유권에 기한 직접청구와 채무자의 권리를 대신하는 대위청구는 별개의 소송물이므로 처분권주의를 위반한 위법이 있다.

2. 변론주의 위반 여부
   (1) 변론주의의 의의 및 내용
   (2) 사실의 주장책임
       1) 주요사실과 간접사실의 구별
       2) 사실자료와 증거자료의 구별 및 완화
   (3) 사안의 경우
       판례에 따르면 자신의 소유권에 기한 청구와 채권자대위권에 기한 청구는 법률효과에 관한 요건사실이 다르므로, 건물의 원시취득자인 매도인을 대위한다는 주장이 없음에도, 소유권을 취득하였음을 전제로 한 청구에 채무자를 대위하여 구하는 취지가 포함되어 있다고 보아 판단한 것은 변론주의를 위반한 위법이 있다.

3. 지적의무 위반 여부
   상기 내용과 같다.

✓ 사례(90) | 이의권의 상실

사실관계

甲은 乙로부터 시가 1억 8천만원에 달하는 토지를 5,000만원에 매수하기로 계약을 체결하였는데, 乙이 소유권이전등기절차를 이행하지 않자, 甲은 매매계약을 이유로 소유권이전등기를 구하는 소를 제기하였다.

甲이 2015.4.1. 위 소를 제기한 후, 乙에게 송달되어야 하는 소장부본을 甲 스스로 집배원으로부터 교부받았고, 이를 자신의 처인 丙에게, 丙은 乙의 처인 丁에게 교부하였다. 그 후 乙은 자신에게 소가 제기된 사실을 알았지만 변론기일에 불출석하여 자백간주가 성립되어 甲은 2015.5.10. 승소판결을 받았다. 그리고 판결정본도 위와 같은 경로로 丁에게 2015.5.21.에 교부되었다. 그 후 乙이 판결정본이 처 丁에게 송달된 사실을 알게 되었으나 지체 없이 이의를 하지 않고 있다가 2015.7.15. 항소를 제기하였다.

문제

이에 항소법원은 乙이 위 송달의 하자를 안 후 지체 없이 이의를 하지 않아 그 하자는 치유되었다고 할 것이어서 제1심 판결은 乙에게 2015.5.21.에 적법하게 송달되었고 또한 위 판결은 판결정본의 송달이 있은 후 2주일이 경과한 2015.6.5. 이미 확정되었으므로, 부적법한 항소라 하여 이를 각하하였다. 제1심 및 제2심 판결은 적법한가? 18점

1. 결론

① 제1심 법원이 乙의 자백간주를 인정하고 원고 승소 판결을 한 것은 적법하다.
② 항소기간 도과를 이유로 항소각하판결을 한 항소심 법원의 판결은 부적법하다.

2. 근거

(I) 송달의 적법 여부

1) 송달의 실시기관 및 송달의 수령권한자

제176조는 집행관, 우편집배원 및 기타 대법원규칙이 정하는 자를 송달기관으로 규정하고 있다. 송달을 받을 자는 원칙적으로 소송서류의 명의자인 당사자이다.

2) 송달의 방법

민사소송법은 송달할 장소에서 송달받을 자를 만나 그에게 직접 서류의 등본을 교부하는 교부송달이 원칙이고(제178조 제1항), 송달할 장소에서 송달을 받을 자를 만나지 못한 경우에는 그 사무원, 고용인 또는 동거자로서 사리를 변식할 수 있는 자에게 교부하는 보충송달을 할 수 있다(제186조 제1항).

3) 사안의 경우

사안에서 소장부본·판결정본이 乙에게 직접 교부된 것이 아니라, 甲에게 송달이 되고 이것이 丙을 통하여 丁에게 전달된 것으로서 乙이 위 송달을 알게 되었다고 하더라도 丙은 송달실시기관도 아니며, 교부송달한 것도 아니므로 이러한 송달은 부적법하다.[212]

(2) 이의권의 상실로 하자가 치유되는지 여부

1) 이의권 상실의 의의 및 취지

법원이나 상대방의 행위가 효력규정 중에서 임의규정에 위반한 경우에 제151조는 "당사자는 ① 소송절차에 관한 규정에 어긋난 것임을 알거나 알 수 있었을 때에, ② 바로 이의하지 아니하면 그 권리를 잃는다"고 규정하여 소송절차규정 위반에 바로 이의를 신청하지 않은 경우에는 이의권의 상실로 위법한 소송행위가 완전히 유효하도록 하여 소송절차의 안정과 소송경제를 도모하고 있다.

2) 이의권 상실의 요건(대상)

이의권의 상실의 대상은 소송절차의 규정 중에서 임의규정의 위반에 한하여 인정되고, 강행규정의 위반은 당연 무효이므로 이의권의 포기·상실의 대상이 아니다.

3) 사안의 송달의 성격

가) 소장부본 송달의 성격

통상의 소송서류의 송달은 당사자의 절차참여권을 보장하기 위한 것으로 사익적 요소가 강하여 임의규정으로 봄이 타당하다. 따라서 그 하자에 대해 이의권의 상실을 인정할 수 있고, 판례도 소장 및 소환장의 송달에 관한 하자에 대하여는 이의권의 상실을 인정한 바 있다.[213]

나) 판결정본 송달의 성격

판례는 불변기간인 항소제기기간에 관한 규정은 성질상 강행규정이므로 그 기간 계산의 기산점이 되는 판결정본의 송달의 하자는 이에 대한 이의권의 상실로 인하여 치유될 수 없다고 한다.[214] 생각건대 판결정본 송달의 위반은 판결의 확정시기에 영향을 미치므로 공익적 요소가 강하므로 강행규정으로 보는 것이 타당하며, 따라서 판결정본 송달의 하자는 이의권 상실로 인하여 치유될 수 없다.

---

212) 대판 1979.9.25, 78다2448 - 피고에게 송달되는 판결정본을 원고가 집배인으로부터 수령하여 자기 처를 통하여 피고의 처에게 교부하고 다시 피고의 처가 이를 피고에게 교부한 경우에 위 판결정본의 피고에 대한 송달은 그 절차를 위배한 것이어서 부적법한 송달이다.

213) 대판 2011.11.24, 2011다74550 참조

214) 대판 1979.9.25, 78다2448

(3) 사안의 해결

1) 제1심 판결의 적부

사안에서 비록 소장부본의 송달이 부적법하나 이는 이의권의 상실의 대상이 되는 것으로 상실의 요건을 갖추어 그 하자가 치유되었다. 따라서 제1심 법원이 乙의 자백간주를 인정하고 원고 승소 판결을 한 것은 적법하다.

2) 제2심 판결의 적부

항소심은 피고 乙의 항소제기가 항소기간을 도과하였다는 이유로 항소각하판결을 선고하였는바, 항소기간이 진행하기 위해서는 판결정본의 송달이 적법해야 한다. 그런데 사안의 경우 판결정본의 송달은 부적법한 것으로 무효이고, 판결정본 송달의 경우 이의권의 상실의 대상이 아니므로 그 하자가 치유될 수 없다. 따라서 판결정본의 송달은 무효가 되고 상소기간이 진행되지 않아 피고 乙은 언제든지 항소를 제기할 수 있다. 따라서 항소기간 도과를 이유로 항소각하판결을 한 항소심 법원의 판결은 부적법하다.

사례(91) │ 소송행위 - 부인과 항변

사실관계 및 소송의 결과

甲은 乙로부터 시가 1억 8천만원에 달하는 토지를 5,000만원에 매수하기로 계약을 체결하였는데, 乙이 소유권이전등기절차를 이행하지 않자, 甲은 매매계약을 이유로 소유권이전등기를 구하는 소를 제기하였다.
이 소송에서 乙은 "위 매매계약은 자신의 곤궁한 사정을 甲이 잘 알고 이를 기화로 폭리를 취하기 위한 것으로서 무효라고 주장하며, 나아가 甲이 매매대금을 지급하겠다고 한 적도 없었기 때문에 설사 계약이 유효하다 하더라도 자기가 등기를 이전해 줄 이유가 없다"고 하였다. 이에 대해 甲은 "乙은 재산이 많아 곤궁하지 않고, 자신이 여러 차례 매매대금을 지급하려 했으나 乙이 만나주지 않았다"고 주장하였다.

문제

법원은 증거조사를 했는데도 어느 당사자의 진술이 진실인지 알 수가 없었다. 이런 경우 법원은 어떠한 판단을 하여야 하는가? 25점

1. 결론

법원은 매매계약은 유효하나 동시이행의 항변권이 인정되므로 원고가 반대의 의사를 표시하지 않는 한 상환이행판결을 해야 한다.

2. 근거

(1) 변론주의의 의의 및 내용

1) 주요사실과 간접사실

2) 사안의 경우

사안에서는 ① 매매계약 체결사실, ② 불공정한 법률행위에 해당한다는 사실, ③ 이행의 제공이 계속된 사실, ④ 甲의 매매대금 지급의무와 乙의 소유권이전의무가 동시이행관계에 있다는 사실이 주요사실에 해당한다.
다만 이러한 사실에 대한 진위가 불명하므로 증명책임이 누구에게 있는지 살펴보아야 한다. 이를 위해서 우선 甲과 乙의 각 주장의 성질이 무엇인지를 살펴본다.

(2) 甲과 乙의 주장의 법적 성질 및 법원의 판단

1) 부인·항변·재항변의 의의

① 부인이란 상대방이 증명책임을 지는 주장사실을 부정함으로써 상대방의 주장을 배척하는 진술을 말하고, ② 이에 대해 본안의 항변이란 원고청구를 배척하기 위해 원고청구가 진실임

을 전제로 그와 양립 가능한 별개의 사항에 대해 피고가 하는 사실상의 진술을 말한다. 따라서 원고의 주장사실을 인정하는 측면에서 자백에 해당하므로 자백한 사실에 대해서는 증명을 필요로 하지 아니하고 재판의 기초로 하지 않으면 안 된다(제288조). 즉 반대규정의 요건사실의 주장을 항변이라 한다. 항변사실은 반대규정의 성질에 따라 권리장애사실, 권리멸각사실, 권리저지사실이 있다. ③ 재항변이란 피고의 항변에 대해 원고가 항변사실에 기한 효과의 발생에 장애가 되거나 또는 일단 발생한 효과를 멸각·저지하는 사실을 주장하는 것을 말한다.

2) 부인과 항변의 구별

① 부인의 경우에는 부인당한 사실에 대한 증명책임이 그 상대방에게 돌아가지만, ② 항변의 경우에는 항변사실의 증명책임이 그 제출자에게 있다.

3) 甲과 乙의 주장의 법적 성질

사안에서 ① 매매계약 체결사실은 권리근거규정의 요건사실로 주요사실이며 청구원인사실이고, ② 매매계약이 불공정한 법률행위에 해당한다고 乙이 주장하는 것은 권리장애규정의 요건사실을 주장하는 것이므로, 주요사실에 대한 항변에 해당하고, ③ 그에 대해 甲이 불공정한 법률행위에 해당하지 않는다는 사실을 주장하는 것은 직접부인에 해당한다. 또한 ④ 甲이 매매대금을 지급하겠다고 한 적도 없었기 때문에 설사 계약이 유효하다 하더라도 자기가 등기를 이전해 줄 이유가 없다는 乙의 주장은 동시이행항변을 하는 것으로 권리저지규정의 요건사실로 주요사실에 대한 항변에 해당한다. ⑤ 이행의 제공이 계속 있었다는 사실의 주장은 동시이행항변권을 소멸시켰다는 주장이므로 권리멸각사실의 주장으로 재항변에 해당한다.

4) 법원의 판단

① 매매계약체결사실에 대해서는 乙이 항변으로 불공정한 법률행위를 주장하므로 재판상 자백이 성립하고, 따라서 법원은 매매계약체결사실에 대해서 증거조사 없이 판결의 기초로 삼아야 하며, ② 乙의 불공정한 법률행위의 주장에 대해서는 甲이 부인하므로 법원은 불공정한 법률행위인지 여부에 대해서 증거조사를 하여야 하고, ③ 乙의 동시이행항변 주장에 대해서는 甲이 계속된 이행의 제공사실을 재항변으로 주장하므로 재판상 자백이 성립하고 역시 법원은 증거조사 없이 위 사실을 인정해야 하며, ④ 甲이 이행의 제공을 계속하였다는 사실에 대해서는 증거조사를 통하여 판단하여야 한다.

5) 사안의 경우

따라서 사안의 경우 ① 매매계약체결사실과 ② 동시이행항변의 요건사실은 재판상자백이 성립되어 증거조사를 할 필요 없이 판결의 기초로 삼아야 하나, 나머지 사실들, 즉 ⅰ) 매매계약이 불공정한 법률행위라는 사실, ⅱ) 계속적 이행제공의 사실에 대해서는 증명을 요한다. 그런데 이에 대해서는 진위불명 상태에 있는바, 증명책임이 누구에게 있는지가 문제이다.

(3) 증명책임의 분배

1) 증명책임의 의의

증명책임이란 소송상 어느 요증사실의 존부가 확정되지 않을 때에 당해 사실이 존재하지 않는 것으로 취급되어 법률판단을 받게 되는 당사자 일방의 위험 또는 불이익을 말한다. 사안은 요증사실을 확정할 만한 증거가 전혀 제출되지 않았으므로 법원으로서는 증명책임에 의존하여 판결을 내릴 수밖에 없다.

2) 증명책임의 분배기준

증명책임의 분배에 대해 판례는 법률요건 분류설에 따라 각 당사자는 자기에게 유리한 법규의 요건사실의 존부에 대해 증명책임을 지는 것으로 분배시키고 있다. 이에 따르면, ① 권리의 존재를 주장하는 자는 권리근거규정의 요건사실에 대한 주장・증명책임을 지고, ② 그 존재를 다투는 상대방은 반대규정의 요건사실에 대한 증명책임을 지게 되는데, 반대규정으로는 권리장애규정, 권리멸각규정, 권리저지규정이 있다.

3) 사안의 경우

① 乙의 주장 중 불공정한 법률행위에 해당한다는 주장은 항변이며, 그에 해당하지 않는다는 甲의 주장은 부인이므로 乙에게 그에 대한 증명책임이 있다. 사안에서는 그 사실이 진위불명이므로 결국 불공정한 법률행위가 아닌 것으로 인정된다.

② 또한 甲의 계속적 이행제공 사실은 재항변사실의 주장이므로 甲에게 증명책임이 인정되나, 그 사실 역시 진위불명이므로 위 사실은 부존재하는 것으로 판단하여야 하며, 결국 동시이행항변권이 존재하는 것으로 판단하게 된다.

(4) 설문의 해결

1) 처분권주의의 의의 및 내용

2) 단순이행청구의 경우 상환이행판결의 가부

3) 사안의 해결

따라서 결국 법원은 매매계약은 유효하나 동시이행의 항변권이 인정되므로 원고가 반대의 의사를 표시하지 않는 한 "피고는 원고로부터 매매대금을 지급받음과 동시에 원고에게 소유권이전등기절차를 이행하라"는 상환이행판결을 해야 한다.

✅ 사례(92) │ 소송행위 - 부인과 항변

사실관계 및 소송의 결과

丙명의로 소유권이전등기가 경료되어 있던 Y토지에 관하여 매매를 원인으로 하는 乙명의의 소유권이전등기가 경료되었다. 그러자 丙이 乙을 상대로 乙명의의 소유권이전등기의 말소를 구하는 소를 제기하였다.

丙은 乙에게 Y토지를 매도한 사실이 없다고 주장하였고, 증거조사결과 丙과 乙 사이에 직접 매매계약이 체결된 것이 아니라 丙의 대리인이라고 칭하는 소외 A와 乙 사이에 매매계약이 체결된 사실이 밝혀졌다. 이에 乙은 A가 丙으로부터 위 매매에 관한 대리권을 수여받았다고 주장하고, 丙은 A에게 대리권을 수여한 사실이 없다고 주장하였다.

문제

(1) 부인과 본안의 항변의 구별에 대하여 약술하시오. [10점]

(2) 乙의 위 주장의 성격이 항변인지 여부를 밝히고, 그 근거를 설명하시오. [15점]

■ 설문 (1)에 관하여

1. 부인의 개념과 항변의 개념

1) 부인이란 상대방이 증명책임을 지는 주장사실에 대해 아니라고 부정하는 진술로서, 이에는 ① 단순히 상대방의 주장사실이 진실이 아니라고 부정하는 직접부인과 ② 상대방의 주장사실과 양립되지 않는 사실을 적극적으로 진술하며 상대방의 주장을 부정하는 간접부인이 있다.

2) 이에 반하여 본안의 항변이란 원고청구를 배척하기 위해 원고청구가 진실임을 전제로 그와 양립 가능한 별개의 사항에 대해 피고가 하는 사실상의 진술을 말한다. 즉 반대규정의 요건사실의 주장을 항변이라 한다. 따라서 원고의 주장사실을 인정하는 측면에서 자백에 해당하므로 자백한 사실에 대해서는 증명을 필요로 하지 아니하고 재판의 기초로 하지 않으면 안 된다 (제288조).

2. 간접부인과 항변의 구별

(1) 구별 기준

1) 양립가능성

부인의 경우에는 상대방의 주장사실과 이론적으로 양립할 수 없음에 반하여, 항변의 경우에는 상대방의 주장사실과 논리적으로 양립하는 것이 가능하다. 따라서 부인의 경우에 피고의 답변태도는 '아니다'이지만, 항변의 경우에는 '그렇다. 그러나'이다.

2) 증명책임의 소재

자기에게 증명책임이 있는 사실의 주장은 항변이 되고, 그렇지 않은 사실의 주장은 부인이 된다.

⑵ 구별 실익

1) 증명책임의 분배

부인의 경우에는 부인당한 사실에 대한 증명책임이 그 상대방에게 돌아가지만, 항변의 경우에는 항변사실의 증명책임이 그 제출자에게 있다. 대체로 부인하는 경우는 원고가, 항변하는 경우는 피고가 각 사실의 증명책임을 진다.

2) 판결이유의 설시

원고의 청구가 인용될 때 원고의 주장사실을 인정하는 내용의 판단에는 이미 피고의 부인의 주장을 배척하는 판단이 포함되어 있다고 볼 수 있기 때문에 그 부인의 주장에 대하여 반드시 따로 판단할 필요가 없으나, 반면 피고가 항변을 한 경우에 그 항변이 인정되지 아니할 경우에는 일단 원고의 청구원인사실이 인정된다는 판단을 마친 다음, 새로 그 항변을 배척한다는 판단이 판결이유에 설시되어야 한다. 그렇지 않으면 판단누락의 위법이 있다(제451조 제1항 제9호).

▐ Ⅱ ▌ 설문 ⑵에 관하여

1. 결론

乙의 주장은 부인에 해당한다.

2. 근거

⑴ 丙의 말소등기청구의 요건사실

1) 丙의 말소등기청구는 민법 제214조 소유권에 기한 방해배제청구로서 그 요건사실은 ① 丙이 소유권자일 것, ② 乙이 丙의 소유권을 방해하고 있을 것, 즉 ⅰ) 丙 소유의 부동산에 乙의 등기가 경료되어 있고, ⅱ) 그 등기가 원인무효일 것을 요한다.

2) 사안에서 丙의 乙에게 매도한 사실이 없다는 주장이나 또는 무권대리행위로 무효라는 주장에 대한 乙의 유권대리사실의 주장은 원고 丙의 주장사실과 양립되지 않는 별개의 사실을 진술하는 것으로서 간접부인에 해당한다. 다만 이러한 乙의 주장은 증명책임에 따라 그 성격이 달라질 수 있고, 증명책임은 등기의 추정력과 관련하여 문제되므로 이를 살펴보아야 한다.

⑵ 등기의 추정력

1) 성질

판례는 소유권이전등기는 권리의 추정력이 있으며, 이러한 등기의 추정력을 사실상 추정이 아닌 증명책임의 전환을 초래하는 법률상 추정으로 보고 있다. 즉 부동산에 관한 소유권이전등기는 권리의 추정력이 있으므로, 이를 다투는 측에서 그 무효사유를 주장·입증하여야 한다고 하였다.[215]

2) 추정력의 범위

등기가 있으면, ① 등기된 권리의 존재 및 귀속, 등기원인의 존재 및 유효성 또는 등기절차의 적법성이 법률상 추정되며, ② 매매계약 및 등기가 대리인에 의해 행해진 경우 대리인이 대리권을 수여받아 유효한 대리행위를 하였다는 점도 추정된다고 본다. 또한 ③ 소유권이전등기의 경우 종전 소유자에 대하여 추정력이 미친다.

3) 효과

① 추정되는 사실은 불요증사실이 되고, 상대방이 추정되는 사실의 부존재에 대하여 증명책임을 진다는 의미에서 증명책임이 전환되는 효과가 발생한다. 이 경우 추정을 번복하기 위해 세우는 증거는 본증(반대사실의 증거)이고 반증이 아니다.

② 판례 역시 "등기명의인이 제3자를 소유자의 대리인이라고 주장하더라도 당해 등기는 적법하게 이루어진 것으로 추정되므로 그 등기가 원인무효임을 이유로 말소를 청구하는 소유자로서는 그 반대사실, 즉 그 제3자에게 소유자를 대리할 권한이 없었다던가, 또는 그 제3자가 등기에 필요한 서류를 위조하였다는 등의 무효사실에 대해 증명책임을 진다"고 하였다.

③ 사안의 경우 乙명의 등기가 경료되어 있고, 등기의 추정력에 의해 乙명의 등기는 적법하고, A가 丙으로부터 대리권을 수여받아 유효한 대리행위를 하였다는 점도 추정된다고 할 것이므로, 丙은 A에게 대리권을 수여한 사실이 없기 때문에 A와 乙과의 매매계약은 무권대리행위로서 무효이고 따라서 乙명의 등기도 원인무효라는 사실에 대해서 주장·증명책임을 진다고 할 것이다. 그 결과 피고명의의 등기가 원인무효인 사실은 말소등기청구의 요건사실이며, 이에 대해 양립하지 않는 별개사실의 주장은 간접부인이 된다.

(3) 사안의 해결

사안에서 등기의 추정력에 의하여 결론적으로 丙의 청구원인의 요건사실에 원인무효의 등기에 해당한다는 사실이 포함되게 된 것이고, 乙의 유권대리의 주장사실은 원고의 주장과 양립이 불가능한 사실이므로 부인에 해당한다.

---

215) 대판 1979.6.26, 79다741

사례(93) │ 소송행위 – 부인과 항변

사실관계

원래 甲 소유이던 X토지에 관하여, 甲의 친구인 乙은 甲으로부터 금원 차용에 관한 대리권을 수여받았을 뿐, X토지의 매도에 관한 대리권을 수여받지 않았다. 그럼에도 불구하고 乙은 2013.1.30. 甲의 대리인이라고 자처하면서 丙에게 X토지를 매도하고, 같은 달 31. 丙 명의로 소유권이전등기를 마쳐주었다. 그 후 丙은 2014.1.20. 丁에게 X토지를 매도하고, 2014.2.5. 丁 명의로 소유권이전등기를 마쳐주었다. 甲은 2014.3.15. 乙, 丙을 상대로, 乙이 매도에 관한 대리권이 없으므로 丙 명의의 소유권이전등기가 원인무효라고 주장하면서, 丙 명의의 소유권이전등기의 말소를 청구하는 소를 제기하였다.

문제

위 소송에서 丙은 ① 乙이 甲으로부터 X토지의 매도에 관한 대리권을 수여받았고, ② 설령 乙이 甲으로부터 X토지의 매도에 관한 대리권을 수여받지 않았다고 하더라도, 乙에게는 甲에 대한 기본대리권이 있고, 丙이 乙의 권한을 넘은 대리행위를 믿은 데에 정당한 이유가 있으므로 민법 제126조의 표현대리가 성립한다고 주장하였다. 丙의 위 ①, ② 주장이 항변인지 부인인지 구별하고, 그 근거를 서술하시오. 15점

Ⅰ 결론

丙의 ① 유권대리주장은 부인에 해당하고, ② 표현대리주장은 항변에 해당한다.

Ⅱ 근거

1. 부인과 본안의 항변의 개념

2. 간접부인과 항변의 구별기준

(1) 양립가능성

(2) 증명책임의 소재

자기에게 증명책임이 있는 사실의 주장은 항변이 되고, 그렇지 않은 사실의 주장은 부인이 된다.

3. 丙의 주장이 부인 또는 항변에 해당하는지 여부

(1) 甲의 말소등기청구의 요건사실

(2) 등기의 추정력

4. 사안의 해결

(1) 丙의 ① 주장(주위적 주장)에 관하여

甲의 무권대리행위로 무효라는 사실에 대한 丙의 유권대리사실의 주장은 원고 甲의 주장사실과 양립되지 않는 별개의 사실을 진술하는 것으로서 간접부인에 해당한다.

(2) 丙의 ② 주장(예비적 주장)에 관하여

표현대리에 해당한다는 사실의 주장은 원고 甲이 주장·입증해야 할 무권대리라는 주장과 양립가능한 주장으로서 항변에 해당한다.

사례(94) | 등기의 추정력과 소송행위

사실관계

甲 명의로 소유권이전등기가 마쳐져 있었던 X 토지에 관하여 매매를 원인으로 하는 乙 명의의 소유권이전등기가 마쳐졌다. 이 사실을 알게 된 甲은 2017.3.20. 乙을 상대로 乙 명의의 소유권이전등기의 말소를 구하는 소(이하 '이 사건 소송'이라 한다)를 제기하였다.

이 사건 소송에서 乙은 X 토지에 관한 등기사항증명서 및 매매계약서를 서증으로 제출하였다. 증거조사 결과 甲과 乙 사이에서 직접 매매계약이 체결된 것이 아니라 甲의 대리인이라고 칭하는 소외 A와 乙 사이에 매매계약이 체결된 사실이 밝혀졌다. 이에 甲은 <u>A에게 X 토지의 매매에 관한 대리권을 수여한 사실이 없었다고 주장</u>하고, 乙은 甲으로부터 대리권을 수여받은 A로부터 적법하게 X 토지를 매수하여 소유권이전등기를 마쳤다고 주장하였다.

심리 결과 A가 甲으로부터 X 토지의 매매에 관한 대리권을 수여받았는지 여부는 분명하지 않다.

문제

1. 위 밑줄 친 甲의 주장을 소송법적으로 어떻게 취급해야 하는지 설명하시오. [17점]
2. 이 사건 소송에 관한 법원의 판결결론(각하, 인용, 기각 등)과 그 이유를 간략히 기재하시오. [3점]

■ 설문 1.에 관하여

1. 결론

甲의 주장은 주요사실(요건사실)의 주장으로서 등기의 추정력상 甲이 증명책임을 부담하는 요증사실의 주장으로 취급하여야 한다.

2. 이유

(I) 甲의 말소등기청구의 요건사실

1) 甲의 말소등기청구는 민법 제214조 소유권에 기한 방해배제청구로서 그 요건사실은 ① 甲이 소유권자일 것, ② 乙이 甲의 소유권을 방해하고 있을 것, 즉 i) 甲 소유의 부동산에 乙의 등기가 경료되어 있고, ii) 그 등기가 원인무효일 것을 요한다.

2) 사안에서 甲의 A의 무권대리행위로 乙 명의의 등기는 무효라는 사실에 대한 乙의 유권대리사실의 주장은 원고 甲의 주장사실과 양립되지 않는 별개의 사실을 진술하는 것으로서 간접부인에 해당한다. 다만 심리 결과 A가 甲으로부터 X 토지의 매매에 관한 대리권을 수여받았는지 여부는 분명하지 않다고 하는바, A에게 X 토지의 매매에 관한 대리권을 수여한 사실이 없었다

는 무권대리의 주장에 대해 누가 증명책임을 지는지 여부가 문제이고, 이는 등기의 추정력과 관련하여 문제되므로 이를 살펴보아야 한다.

(2) 증명책임의 의의와 분배기준

① 증명책임이란 소송상 어느 요증사실의 존부가 확정되지 않을 때에 당해 사실이 존재하지 않는 것으로 취급되어 법률판단을 받게 되는 당사자 일방의 위험 또는 불이익을 말한다. 이러한 증명책임의 분배에 대해 판례는 법률요건분류설에 따라 각 당사자는 자기에게 유리한 법류의 요건사실의 존부에 대해 증명책임을 지는 것으로 분배시키고 있다.

② 구체적으로는, i) 권리의 존재를 주장하는 자는 권리근거규정의 요건사실에 대한 주장·증명책임을 지고, ii) 그 존재를 다투는 상대방은 반대규정의 요건사실에 대한 증명책임을 지게 된다.

(3) 등기의 추정력

1) 성질

판례는 소유권이전등기는 권리의 추정력이 있으며, 이러한 등기의 추정력을 사실상 추정이 아닌 증명책임의 전환을 초래하는 법률상 추정으로 보고 있다. 즉 부동산에 관한 소유권이전등기는 권리의 추정력이 있으므로, 이를 다투는 측에서 그 무효사유를 주장·입증하여야 한다고 하였다.

2) 추정력의 범위

등기가 있으면, ① 등기된 권리의 존재 및 귀속, 등기원인의 존재 및 유효성 또는 등기절차의 적법성이 법률상 추정되며, ② 매매계약 및 등기가 대리인에 의해 행해진 경우 대리인이 대리권을 수여받아 유효한 대리행위를 하였다는 점도 추정된다고 본다. 또한 ③ 소유권이전등기의 경우 종전 소유자에 대하여 추정력이 미친다.

3) 효과

① 추정되는 사실은 불요증사실이 되고, 상대방이 추정되는 사실의 부존재에 대하여 증명책임을 진다는 의미에서 증명책임이 전환되는 효과가 발생한다. 이 경우 추정을 번복하기 위해 세우는 증거는 본증(반대사실의 증거)이고 반증이 아니다.

② 판례 역시 "등기명의인이 제3자를 소유자의 대리인이라고 주장하더라도 당해 등기는 적법하게 이루어진 것으로 추정되므로 그 등기가 원인무효임을 이유로 말소를 청구하는 소유자로서는 그 반대사실, 즉 그 제3자에게 소유자를 대리할 권한이 없었다던가, 또는 그 제3자가 등기에 필요한 서류를 위조하였다는 등의 무효사실에 대해 증명책임을 진다"고 하였다.

(4) 사안의 경우

사안의 경우 등기의 추정력에 의해 乙명의 등기는 적법하고, A가 甲으로부터 대리권을 수여받아 유효한 대리행위를 하였다는 점도 추정된다. 따라서 甲은 A에게 대리권을 수여한 사실이 없기 때문에 A와 乙과의 매매계약은 무권대리행위로서 무효이고 따라서 乙명의 등기도 원인무효라는 사실에 대해서 주장·증명책임을 진다고 할 것이다. 그 결과 甲의 주장은 주요사실(요건사실)의 주장으로서 등기의 추정력상 甲이 증명책임을 부담하는 요증사실의 주장으로 취급하여야 한다.

Ⅱ 설문 2.에 관하여

1. 결론

청구기각판결을 하여야 한다.

2. 이유

① 심리 결과 대리권 수여여부가 분명하지 아니한 것으로 밝혀졌으므로 증명책임을 누가 부담하는지가 문제인데, 등기의 추정력에 기해 A에게 대리권이 없음에 대한 증명책임은 甲이 부담한다.

② 사안의 경우 甲은 A에게 X 토지의 매매에 관한 대리권을 수여한 사실이 없음을 증명하지 못하였으므로 등기의 원인무효사실은 인정되지 않는다. 따라서 법원은 甲의 소유권이전등기의 말소를 구하는 청구에 대해 기각판결을 하여야 한다.

☑ 사례(95) │ 상계항변의 특수성

사실관계

甲은 A에게 '가죽 옷 구입에 돈이 모자라니 1억원을 주면 1주일 후에 갚겠다'고 하였다. A는 甲에게 수차례에 걸쳐 1억원을 주었고, 甲은 위 1억원으로 가죽 옷을 구매하여 丙에게 1억 5,000만원에 판매하였다. 甲이 丙에게 가죽 옷을 판매할 당시 乙은 위 의류대금채무를 연대보증하였는데, 丙과 乙은 변제기가 지나도 변제하지 않을뿐더러 丙은 이미 잠적한 상태여서 甲은 乙을 상대로 보증채무의 이행을 구하는 소를 제기하였다. 이에 대해 乙은 이미 소멸시효가 완성되어 甲의 채권은 소멸하였다는 주장을 하였고, 설령 그렇지 않다 하더라도 이전에 자신이 甲에게 금 2억원을 빌려준 적이 있는데, 아직 이를 갚지 않고 있으므로, 甲에 대하여 가지고 있는 금 2억원의 대여금채권으로 상계를 하겠다는 의사표시를 하였다.

문제

(1) 법원이 ① 乙의 상계항변을 우선 심리한 후 상계항변이 이유 있다고 판단한 다음, 원고 甲의 청구를 기각하였다면 이러한 판결이 적법한가? 또한 ② 만약 법원이 甲의 채권이 소멸시효가 완성되지 않았지만 乙의 상계의 항변이 이유 있다고 판단하였는데, 甲이 乙에 대한 물품대금채권을 가지고 乙의 대여금채권을 상계하여 달라고 주장하였다면 甲의 상계의 재항변은 허용되는가? 10점

(2) 甲의 보증채무의 이행을 구하는 소에서 乙이 甲의 보증채무의 이행청구가 인용될 것에 대비하여 대여금채권을 자동채권으로 하는 예비적 상계항변을 하였는데, 그 소송절차 진행 중에 甲과 乙 사이에 조정이 성립됨으로써 甲의 보증금채권에 대한 법원의 실질적 판단이 이루어지지 아니하였다. 이 경우 乙의 대여금채권은 상계로써 대등액에서 소멸하는가? 8점

① 설문 (1)에 관하여

1. 결론

① 법원이 피고 乙의 소멸시효의 항변에 대한 판단을 하지 않은 채 예비적으로 주장한 상계의 항변이 이유 있다고 판단하여 원고 청구기각의 판결을 한 것은, 예비적 항변으로서 상계의 항변의 특수성을 무시한 위법한 판결이다.

② 乙의 상계의 항변에 대한 甲의 상계의 재항변은 허용되지 않는다.

2. 근거

(1) 일반적 항변의 판단순서 및 재항변의 가부

① 일반적으로 당사자가 공격방어방법을 여러 개 주장하면서 순위를 붙여 주장하더라도(예비적 주장이나 항변), 그 상호간의 논리적 순서와 역사적 선후에 불구하고 법원은 어느 하나를 선

택하여 판단하면 되고, 이때 그 주장이 이유 있는 경우에는 다른 주장에 대하여는 판단할 필요가 없다.

② 피고의 항변사실을 일단 받아들이면서 항변사실의 효과의 발생에 장애가 되거나 발생한 효과를 소멸·저지하는 사실을 주장할 수 있는데, 이를 재항변이라고 한다. 이러한 재항변이 허용됨은 문제가 없으며 원고의 재항변에 대한 피고의 재재항변도 있을 수 있다.

(2) 상계항변의 특수성

1) 출혈적·예비적 항변으로서의 성질과 판단순서

그러나 상계의 항변은 판결 이유 중 판단에 불과하지만 기판력이 생긴다는 점(제216조 제2항)과 대가적 출혈을 동반하는 출혈적 항변이라는 점에서 다음과 같은 특별한 취급을 요한다. 즉 ① 상계항변은 증거조사를 하여 수동채권의 존재를 확정하고 난 후에 판단을 하여야 하며, 그 존재를 가정하여 상계항변으로 곧바로 청구기각을 하여서는 안 된다(증거조사설). 이러한 의미에서 상계항변은 예비적 항변으로 다루는 것이 옳다. ② 따라서 변제나 소멸시효완성의 항변 등과 함께 상계를 주장하는 경우, 변제나 소멸시효완성의 항변에 대해 먼저 판단한 후 이러한 항변이 배척된 경우에 비로소 상계의 항변을 판단하여야 한다.

2) 소송상 상계의 항변에 대한 소송상 상계의 재항변 허용 여부

판례는 "피고의 소송상 상계항변에 대하여 원고가 다시 피고의 자동채권을 소멸시키기 위하여 소송상 상계의 재항변을 하는 경우, 피고의 소송상 상계항변이 이유 있다고 판단하는 경우에는 원고의 청구채권인 수동채권과 피고의 자동채권이 상계적상 당시에 대등액에서 소멸한 것으로 보게 될 것이므로, 원고가 소송상 상계의 재항변으로써 상계할 대상인 피고의 자동채권이 그 범위에서 존재하지 아니하는 것이 되어 원고의 소송상 상계의 재항변에 관하여 판단할 필요가 없게 된다. 따라서 피고의 소송상 상계항변에 대하여 원고가 소송상 상계의 재항변을 하는 것은 다른 특별한 사정이 없는 한 허용되지 않는다고 보는 것이 타당하다"고 하였다.[216]

---

216) 대판 2014.6.12, 2013다95964. 위와 같은 판례의 태도에 대해서는, ① 상계의 간이결제화 기능에 따른 분쟁의 1회적 해결과 이중분쟁의 방지의 면에서 상계의 재항변을 당연 불허함은 타당치 않다는 입장이 있을 수 있다. ② 반면 반대상계의 항변을 인정하는 것은 소송정책적으로 적절하지 않다고 하여 판례의 입장에 찬성하는 입장이 있을 수 있다. 즉 반대상계의 재항변이 제출되면 법원은 전부 3개의 채권을 심리하는 것이 되는데, 이 3개의 채권은 별개의 발생원인에 기한 것으로 별개의 심리판단이 필요하고, 1개의 소송물에 관한 심리가 모두 상계의 항변과 반대상계의 재항변의 조건에 해당하여 다중구조를 띠게 된다는 점을 감안하여, 신속한 민사소송의 심리절차를 지향하는 관점에서 이를 특별히 인정하지 않으면 권리자에게 실질적인 불편이 있다고 할 수 없는 경우에 심리의 대상에서 제외하는 것이 바람직하다는 것이다.

▐▐ 설문 (2)에 관하여

1. 결론

소멸하지 않는다.

2. 근거

(1) 문제의 소재

소송상 비로소 형성권을 공격방어방법으로 행사하는 경우, 사법상의 효과가 발생하는가 아니면 단순히 소송법상의 효과밖에 생기지 않는지가 문제이다. 이는 결국 형성권의 소송상 행사의 법적 성질을 어떻게 풀이하는가에 달려있다.

(2) 소송상 형성권 행사의 법적 성질

판례는 ① 소제기로써 계약해제권을 행사한 후 그 뒤 소송을 취하하였다 하여도 해제권은 형성권이므로 그 행사의 효력에는 아무런 영향을 미치지 아니한다고 하였으나,[217] ② 최근 판례는 소송상 방어방법으로서의 상계항변은 수동채권의 존재가 확정되는 것을 전제로 하여 행하여지는 일종의 예비적 항변으로서 당해 소송절차 진행 중 당사자 사이에 조정이 성립됨으로써 수동채권의 존재에 관한 법원의 실질적인 판단이 이루어지지 아니한 경우에는 그 소송절차에서 행하여진 소송상 상계항변의 사법상 효과도 발생하지 않는다고 하였다.[218]

(3) 사안의 경우

乙의 상계항변은 유효한 법원의 판단을 받지 못하였으므로, 상계의 의사표시에 따른 사법상의 효과를 인정할 수 없어 乙의 반대채권은 소멸하지 않는다. 따라서 乙은 상계에 제공되었던 반대채권을 소구할 수 있다.

---

217) 대판 1982.5.11, 80다916
218) 대판 2013.3.28, 2011다3329

사례(96) | 상계항변의 특수성과 변론주의

사실관계

甲은 그동안 연락이 끊겼던 절친 乙을 동창회에서 우연히 만나게 되었다. 乙은 甲에게 자신이 생산판매하려는 물품의 견본을 제시하면서 특허를 받으면 고수익이 보장된 상품인데 자금이 부족하다고 하면서 급전을 빌려달라고 하였고, 이에 甲은 乙에게 1억원을 대여하였다.

문제

甲은 2004.2.15. 친구 乙에게 1억원을 변제기 2005.2.15.로 정하여 대여하였다. 甲은 변제기가 지난 2005.7.10. 乙에게 대여금의 반환을 독촉하였으나, 乙은 아무런 응답이 없었다. 甲은 친구인 乙을 상대로 소를 제기하는 것을 망설이다가 2015.9.18.에 이르러서야 乙을 상대로 1억원의 지급을 구하는 대여금반환청구의 소를 제기하였다. 한편, 乙에게는 甲과의 물품공급계약에 따라 2015.5.10. 인도한 물품의 대금으로 1억 5천만원(변제기는 2015.8.10.)의 채권이 있었다. 乙은 甲의 대여금반환청구소송의 변론기일에 출석하여 甲에 대한 물품대금채권 1억 5천만원 중 1억원을 반대채권으로 하여 상계하겠다고 1차 항변을 하였고, 2차 항변으로써 甲이 대여금의 변제를 요구한 2005.7.10.을 기산일로 하여 10년의 대여금채무의 소멸시효가 완성되었다고 항변하였다. 법원은 乙의 1차 항변인 상계의 항변을 판단하지 않은 채 甲의 乙에 대한 위 대여금채권은 변제기인 2005.2.15.을 기산일로 하여 10년의 소멸시효가 완성되었으므로 결국 乙의 위 대여금채무는 소멸시효 완성으로 인하여 소멸되었다고 판단하면서 甲의 청구를 기각하였다. 법원의 판단은 적법한가?

15점

1. 결론

위법하다.

2. 근거

(I) 상계항변의 판단누락 인정 여부

1) 일반적 항변의 판단

당사자가 공격방어방법을 여러 개 주장하면서 순위를 붙여 주장하더라도(예비적 주장이나 항변) 그 상호간의 논리적 순서와 역사적 선후에 불구하고 법원은 어느 하나를 선택하여 판단하면 되고, 이때 그 주장이 이유 있는 경우에는 다른 주장에 대하여는 판단할 필요가 없다.

2) 상계항변의 특수성

① 그러나 상계의 항변은 판결 이유 중 판단에 불과하지만 기판력이 생긴다는 점(제216조 제2항)과 대가적 출혈을 동반하는 항변이라는 점에서 다음과 같은 특별한 취급을 요한다. 즉 상계항변은 증거조사를 하여 수동채권의 존재를 확정하고 난 후에 판단을 하여야 하며,

그 존재를 가정하여 상계항변으로 곧바로 청구기각을 하여서는 안 된다(증거조사설). 이러한 의미에서 상계항변은 예비적 항변으로 다루는 것이 옳다.

② 따라서 상계항변을 1차 항변으로, 소멸시효완성의 항변을 2차 항변으로 주장하였더라도 법원은 소멸시효완성의 항변을 먼저 심리·판단하여야 하고, 이를 위반한 경우는 예비적 항변이라는 상계항변의 특성을 무시한 위법한 판결이다. 따라서 이러한 판결은 확정 전에는 상소이유가 되고, 확정 후에는 제451조 제1항 제9호의 판단누락에 해당되어 재심사유가 된다.

3) 사안의 경우

사안의 경우, 법원이 乙의 1차 항변인 상계항변을 판단하지 않은 채 2차 항변인 소멸시효완성의 항변을 먼저 판단한 데에는 상계항변의 특성을 무시한 위법은 없다.

(2) 소멸시효완성의 항변에 대한 판단의 당부

1) 문제점

법원이 乙이 주장한 기산점과 다른 기산점을 인정하여 소멸시효의 완성을 판단한 것이 변론주의의 위반인지 여부가 문제이다.

2) 주요사실과 간접사실의 구별

3) 소멸시효의 기산점이 주요사실인지 여부

판례는 소멸시효의 기산일은 소멸시효항변의 법률요건을 구성하는 구체적인 사실에 해당하므로 이는 변론주의의 적용대상이고, 따라서 법원은 당사자가 주장하는 기산일을 기준으로 소멸시효를 계산하여야 한다는 입장이다(주요사실설).

4) 사안의 경우

법원이 乙의 주장과 다른 기산점을 인정하여 소멸시효가 완성되었다고 판단한 것은 변론주의를 위반한 위법한 판결이다.

✅ 사례(97) │ 소송상 형성권 행사

사실관계

乙이 甲으로부터 고려청자 1점을 인도받아 소장하고 있던 중 매매대금을 지급하지 아니하자, 甲은 이를 이유로 乙을 상대로 고려청자의 반환을 구하는 소를 제기하였다. 甲과 乙이 모두 출석한 제1회 변론기일에 甲은 乙의 매매대금 미지급을 이유로 매매계약 해제의 의사표시를 하였고, 乙은 이를 다투었다. 그러자 甲은 위 변론기일에 乙의 동의를 얻어 소를 취하하였다.

문제

그 후 다시 甲은 乙을 상대로 매매대금의 지급을 구하는 소를 새로이 제기하였고, 그 심리결과 위 소송에서 甲이 乙과의 매매계약을 소송상 적법하게 해제한 사실이 인정되었다. 이러한 경우 법원은 어떤 판결을 하여야 하는지에 대하여 의견을 밝히고 그 근거를 설명하시오. [15점]

1. 결론(의견)

청구기각판결을 하여야 한다.

2. 근거

(1) 문제의 소재[219]

소송상 비로소 형성권을 공격방어방법으로 행사하는 경우, 사법상의 효과가 발생하는가 아니면 단순히 소송법상의 효과밖에 생기지 않는지가 문제이다. 이는 결국 형성권의 소송상 행사의 법적 성질을 어떻게 풀이하는가에 달려있다.

(2) 소송상의 형성권 행사의 법적 성질

1) 견해의 대립

① 외관상 1개의 행위지만 법률적으로 보아 상대방에 대한 형성권 행사라는 사법상의 의사표시(사법행위)와 법원에 대한 사실상의 진술로서 소송행위의 두 가지 행위가 존재하는 것이고, 전자는 실체법에 의하여, 후자는 소송법에 의하여 각각 요건·효과가 규율된다는 견해(병존설), ② 소송상 공격방어방법으로 행사한 것이기 때문에 순수한 소송행위이고, 그 요건·효과는 전적으로 소송법의 규율을 받는다는 견해(소송행위설), ③ 기본적으로 병존설에 따르되, 상계권의 경우에는 당사자의 의사를 중시하여 상계권행사의 의사표시가 소송행위로서의 의

---

219) 사안의 경우는 중복제소나 재소금지의 문제는 살펴 볼 필요가 없다.

미를 상실한 때에는 그 사법상의 효과도 발생하지 않는 것으로 보는 견해(신병존설)의 대립이 있다.

2) 판례의 태도

판례는 ① 소제기로써 계약해제권을 행사한 후 그 뒤 소송을 취하하였다 하여도 해제권은 형성권이므로 그 행사의 효력에는 아무런 영향을 미치지 아니한다고 하면서 신소로써 매매계약이 해제되지 아니하였음을 전제로 하여 매매를 원인으로 한 계약상 이행청구는 할 수 없다고 하였으나, ② 최근 판례는 소송상 방어방법으로서의 상계항변은 수동채권의 존재가 확정되는 것을 전제로 하여 행하여지는 일종의 예비적 항변으로서 당해 소송절차 진행 중 당사자 사이에 조정이 성립됨으로써 수동채권의 존재에 관한 법원의 실질적인 판단이 이루어지지 아니한 경우에는 그 소송절차에서 행하여진 소송상 상계항변의 사법상 효과도 발생하지 않는다고 하였다.

(3) 사안의 경우

사안의 경우 전소에서 甲은 乙과의 매매계약을 소송상 적법하게 해제한 후 乙의 동의를 얻어 소를 취하하였으나, 이로써 해제권 행사의 효력에는 아무런 영향을 미치지 아니하므로, 그 후 다시 매매계약이 해제되지 아니하였음을 전제로 한 매매계약에 기한 매매대금의 지급청구는 인정될 수 없다.

사례(98) | 중복제소·재소금지 및 소송상 형성권 행사

사실관계

甲은 乙로부터 Y 토지를 매수하였으나 소유권이전등기를 경료받지 못하고 있던 중 乙이 丙에게 Y 토지에 관한 소유권이전등기를 마쳐 주었다. 甲은 乙이 자신에게 소유권이전등기를 해 주지 않으려고 丙과의 매매를 가장하여 丙 명의로 소유권이전등기를 마쳐 주었다고 주장하면서 乙을 대위하여 丙을 상대로 소유권이전등기말소청구의 소(이하 '전소'라 한다)를 제기하였다. 그 후 乙은 丙이 Y 토지에 관한 잔대금을 지급하지 아니하자 丙을 상대로 전소가 제기된 법원과는 다른 법원에 소유권이전등기말소청구의 소(이하 '후소'라 한다)를 제기하였다.

문제

1. 甲이 丙을 상대로 제기한 전소의 심리결과 甲과 乙 사이의 매매계약이 무효임이 인정되었고, 반면 乙과 丙의 매매계약은 유효임이 인정된 경우 전소 법원은 어떤 판결을 하여야 하는가? [10점]
2. 乙과 丙이 모두 출석한 후소의 제1회 변론기일에 乙이 丙의 매매잔대금 미지급을 이유로 Y 토지에 대한 매매계약 해제의 의사표시를 하였고, 丙은 이를 다투었다. 그러자 乙은 위 변론기일에 丙의 동의를 얻어 소를 취하하였다. 그 후 Y 토지의 가격이 하락하자 甲의 대위소송인 전소 소송계속 중 乙이 丙을 상대로 매매잔대금의 지급을 구하는 소를 새로이 제기하였고, 그 심리결과 위 후소에서 乙이 丙과의 매매계약을 소송상 적법하게 해제한 사실이 인정되었다.
   가. 乙이 丙을 상대로 제기한 매매잔대금의 지급을 구하는 소는 적법한가? (채권자대위소송의 법적 성질은 기술하지 마시오.) [11점]
   나. 법원은 乙이 丙을 상대로 구한 매매잔대금의 지급청구에 대해 어떤 판결[기각, 인용]을 하여야 하는가? [9점]

📘 설문 1.에 관하여

1. 결론

소각하 판결을 하여야 한다.

2. 근거

(1) 채권자대위소송의 법적 성질

  1) 판례는 "채권자대위소송은 채권자가 스스로 원고가 되어 채무자의 제3채무자에 대한 권리를 행사하는 것이다"라고 하여 법정 소송담당으로 보고 있다.[220]

---

220) 대판 1994.6.24, 94다14339 등

2) 이에 의하면 "① 피보전채권, ② 보전의 필요성, ③ 채무자의 권리불행사는 당사자적격의 요소"가 되나, ④ 피대위권리는 소송물에 해당하므로, 피대위권리가 인정되지 않는 경우 법원은 청구기각판결을 하여야 한다.

(2) 피보전채권에 흠이 있는 경우 법원의 조치

판례는 법정 소송담당설의 입장에서 채권자대위소송에 있어서 피보전채권이 인정되지 아니할 경우에는 채권자가 스스로 원고가 되어 채무자의 제3채무자에 대한 권리를 행사할 당사자적격이 없게 되므로 그 대위소송은 부적법하여 각하할 수밖에 없다고 한다.[221]

(3) 소송요건 심리의 선순위성

판례는 채권자대위소송에 있어서 대위에 의하여 보전될 채권자의 채무자에 대한 권리가 인정되지 아니할 경우에는 당사자 적격이 없게 되므로 그 대위소송은 부적법하여 소를 각하하여야 함에도 불구하고 원심이 이를 간과하고 본안에 관하여 심리판단한 것은 위법하다고 하여 소송요건심리의 선순위성을 긍정한다.[222]

(4) 사안의 경우

① 사안의 경우 乙과 丙의 매매계약이 유효한 이상 乙의 丙에 대한 말소등기청구권은 인정될 수 없으므로, 甲의 채권자대위소송은 피대위권리의 흠으로 청구기각이 가능한 사안이다.

② 그러나 채권자대위소송에 있어서 피보전채권이 인정되지 않는 경우에는 당사자적격이 없게 되므로 그 대위소송은 부적법하여 각하할 수밖에 없다.

③ 사안의 경우 甲과 乙의 매매계약이 무효임이 인정된 이상 甲은 당사자적격이 없으므로 甲의 대위소송은 부적법하다. 따라서 법원은 甲의 채권자대위소송에 대하여 소각하 판결을 하여야 한다.

▌Ⅱ▐ 설문 2.의 가.에 관하여

1. 결론

적법하다.

2. 근거

(1) 중복제소 해당 여부

1) 의의와 취지 및 요건

① 이미 법원에 소송계속 중인 사건과 동일한 사건에 관하여 당사자는 다시 소를 제기하지 못한다(제259조). 이를 중복된 소제기의 금지라고 한다. 그 취지는 동일한 사건이 다시 이중으로 제기된 경우에 각각의 판결의 모순·저촉의 방지를 위한 것이다.

---

221) 대판 1994.11.8, 94다31549; 대판 2008.10.23, 2008다37223 등
222) 대판 1988.6.14, 87다카2753

② 중복소제기의 요건으로는 ⅰ) 전·후 양소의 당사자가 동일할 것, ⅱ) 전·후 양소의 소송물이 동일할 것, ⅲ) 전소가 소송계속 중일 것을 요구한다.

2) 사안의 경우

전소는 甲이 乙을 대위하여 丙을 상대로 한 소유권이전등기의 말소등기청구이므로, 乙이 丙을 상대로 새로이 제기한 매매잔대금의 지급을 구하는 소는 전소와 동일 소송이라고 할 수 없다. 따라서 乙의 매매잔대금의 지급을 구하는 소는 중복제소에 해당하지 않는다.

(2) 재소금지 해당 여부

1) 의의와 취지 및 요건

① 본안에 대한 종국판결이 있은 후에 소를 취하한 자는 다시 동일한 소를 제기하지 못한다 (제267조 제2항). 이는 소취하로 인하여 법원의 종국판결이 농락됨을 방지하기 위한 것이다.

② 제267조 제2항에 의하여 재소로 금지되기 위해서는 ⅰ) 당사자가 동일할 것, ⅱ) 소송물이 동일할 것, ⅲ) 권리보호의 이익이 동일할 것, ⅳ) 본안의 종국판결 후의 소취하일 것의 요건을 갖추어야 한다.

2) 사안의 경우

乙이 丙을 상대로 제기한 소유권이전등기말소청구의 소와 소취하 후 새로이 제기한 매매잔대금의 지급을 구하는 소는 동일 소송이라고 할 수 없을 뿐만 아니라, 乙이 소를 취하한 것은 종국판결 선고 후에 한 것이 아니므로, 乙의 매매잔대금의 지급을 구하는 소는 금지되는 재소에 해당하지 않는다.

(3) 사안의 경우

사안의 경우 乙이 丙을 상대로 새로이 제기한 매매잔대금의 지급을 구하는 소는 중복제소에 해당하지 않고 또한 재소금지에도 해당하지 않는바, 적법하다.

Ⅲ 설문 2.의 나.에 관하여

1. 결론

청구기각판결을 선고하여야 한다.

2. 근거

(1) 문제의 소재

소송상 비로소 형성권, 예컨대 해제권을 공격방어방법으로 행사하는 경우, 소의 취하로 인하여 그 사법상의 효과(매매계약의 소급소멸의 효과)가 소멸하는지 아니면 소의 취하에 영향을 받지 않고 계약해제의 사법상 효과는 그대로 유지되는지가 문제이다. 이는 결국 형성권의 소송상 행사의 법적 성질을 어떻게 풀이하는가에 달려있다.

(2) 소송상 형성권 행사의 법적 성질

판례는 ① 소제기로써 계약해제권을 행사한 후 그 뒤 그 소송을 취하하였다 하여도 해제권은 형성권이므로 그 행사의 효력에는 아무런 영향을 미치지 아니한다고 하였으나, ② 최근 판례는 소송상 방어방법으로서의 상계항변은 수동채권의 존재가 확정되는 것을 전제로 하여 행하여지는 일종의 예비적 항변으로서 당해 소송절차 진행 중 당사자 사이에 조정이 성립됨으로써 수동채권의 존재에 관한 법원의 실질적인 판단이 이루어지지 아니한 경우에는 그 소송절차에서 행하여진 소송상 상계항변의 사법상 효과도 발생하지 않는다고 하였다.

(3) 사안의 경우

사안의 경우 乙이 소송상으로 해제권을 행사하고 그것이 丙에게 도달한 이상 그에 따른 사법상의 효과는 발생하였다. 즉 乙과 丙의 매매계약은 소급하여 무효가 되었다. 그리고 이 경우 乙이 소를 취하하였다 하더라도 해제의 효과에는 영향을 미치지 않는다. 결국 법원은 그 심리결과 乙이 丙과의 매매계약을 소송상 적법하게 해제한 사실이 인정되었으므로 매매계약이 유효임을 전제로 한 매매잔대금의 지급청구는 이유가 없다. 따라서 법원은 청구기각판결을 선고하여야 한다.

사례(99) │ 소송행위의 취소 · 철회

사실관계

A는 甲을 상대로 1억원의 대여금청구소송을 제기하여 7천만원의 일부승소판결을 받았고, A와 甲 쌍방이 항소하였다. A는 항소심의 변론기일 전날에 법원에 소취하서를 제출하였다가 변론기일에 출석하여 소취하의 효력이 없다고 주장하였고, 甲은 변론기일에 출석하지 않고 다음날 소취하동의서를 제출하였다.

문제

A가 항소취하서를 제출한다는 것이 착오로 소취하서를 작성 · 제출한 경우와 B의 강요 · 강박(B는 형사상 유죄판결을 선고받아 그 판결이 확정되었다)에 의하여 소취하서를 제출한 경우, A는 소취하의 효력을 다툴 수 있는가? 10점

1. 결론

① 착오의 경우에는 소취하의 효력을 다툴 수 없다.

② 강요 · 강박의 경우에는 재심규정을 유추하여 소취하의 효력을 다툴 수 있다.

2. 근거

(1) 문제점

소취하의 효력을 소멸시켜 종전 절차의 속행을 구하는 방법으로 ① 소취하의 의사표시에 하자가 있음을 이유로 민법규정을 유추적용하여 취소할 수 있는지 여부와 ② 소취하의 의사표시를 철회하여 절차의 속행을 구할 수 있는지 여부가 문제이다.

(2) 민법규정을 유추적용하여 취소할 수 있는지 여부

소송절차 종료행위인 소취하 등의 경우, 판례는 "민사소송법상의 소송행위에는 특별한 규정이나 특별한 사정이 없는 한 민법상의 법률행위에 관한 규정이 적용될 수 없는 것이므로 사기, 강박 또는 착오 등 의사표시의 하자를 이유로 그 무효나 취소를 주장할 수 없다."라고 하여 원칙적으로 소송행위에는 의사표시의 하자에 관한 민법규정이 적용되지 않는다는 입장이다.[223]

---

223) 대판 1980.8.26, 80다76 등

(3) 민사소송법의 재심규정을 유추적용하여 소취하의 효력을 부인할 수 있는지 여부

판례는 소송행위가 사기, 강박 등 형사상 처벌을 받을 타인의 행위로 인하여 이루어졌다고 하여도, ① 그 타인의 행위에 대하여 유죄판결이 확정되고 또 그 소송행위가 그에 부합되는 의사 없이 외형적으로만 존재할 때에 한하여 민사소송법 제451조 제1항 제5호, 제2항의 규정을 유추해석하여 그 효력을 부인할 수 있다고 해석함이 상당하므로(확정판결 필요설), ② 타인의 범죄행위가 소송행위를 하는데 착오를 일으키게 한 정도에 불과할 뿐 소송행위에 부합되는 의사가 존재할 때에는 그 소송행위의 효력을 다툴 수 없다는 입장이다. 다만 판례 중에는 유죄의 확정을 요건으로 하지 않은 것도 있다.[224]

(4) 사안의 경우

---

224) 대판 2001.1.30, 2000다42939 · 42946 등

사례(100) | 소송행위의 취소 · 철회

사실관계

甲은 2017.5.경 인테리어 시공업자인 丙과 카페의 인테리어 공사에 관하여 공사대금 5,000만원으로 하는 도급계약을 체결하였다. 丙은 약정기한인 2017.7.20. 위 인테리어 공사를 완료하고, 甲에게 카페를 인도하였다. 丙은 甲을 상대로 위 공사대금의 지급을 구하는 소를 제기하여 위 사실을 모두 주장 · 증명하였다. 甲은 변론종결 전에 丙에게 5,000만원을 송금하였고, 丙은 위 5,000만원이 위 공사대금 채무의 변제에 충당되는 것이라고 생각하여 소취하서를 작성하여 법원에 제출하였으며, 甲은 丙의 소취하에 동의하였다. 그후 丙은 변제충당의 법리상 위 송금액 5,000만원이 위 공사대금 채무와 별개인 甲의 丙에 대한 대여금 채무의 변제에 충당될 수밖에 없음을 알게 되었고, 이에 '착오로 소취하가 이루어진 것이니 소취하는 무효이고, 만일 소취하가 유효하다면 착오를 이유로 소취하를 취소 또는 철회한다.'고 주장하면서 법원에 기일지정신청을 하였다.

문제

법원은 丙의 주장을 근거로 이 사건을 어떻게 처리하여야 하는가? 15점

1. 결론

법원은 변론기일을 지정하여 심리한 후 소송종료선언을 하여야 한다.

2. 근거

(I) 소취하의 효력 유무

① 소의 취하라 함은 원고가 자신이 제기한 소의 전부 또는 일부를 철회하는 법원에 대한 단독적 소송행위로서(제266조 제1항), 소송계속의 소급적 소멸(제267조 제1항)을 가져오는 당사자의 행위에 의한 소송종료사유이다. 소취하는 원칙적으로 서면으로 하여야 하고(제266조 제3항), 상대방이 본안에 관하여 준비서면을 제출하거나 변론준비기일에서 진술하거나 변론을 한 뒤에는 상대방의 동의를 받아야 효력을 가진다(제266조 제2항).

② 사안의 경우 丙은 소취하서를 법원에 제출하였고 이에 대해 甲의 동의를 받았으므로, 丙의 소취하는 유효하다.[225] 따라서 丙과 甲 사이의 소송계속은 소급적으로 소멸하였다.

---

[225] 대판 1997.6.27, 97다6124 – 동 판례는 소의 취하는 원고가 제기한 소를 철회하여 소송계속을 소멸시키는 원고의 법원에 대한 소송행위이고 소송행위는 내심의 의사보다 그 표시를 기준으로 하여 그 효력 유무를 판정할 수밖에 없고, 따라서 착오에 의한 소취하도 유효하다는 입장이다.

(2) 소취하의 착오취소의 가부

① 소송절차 종료행위인 소취하 등의 경우, 판례는 "민사소송법상의 소송행위에는 특별한 규정이나 특별한 사정이 없는 한 민법상의 법률행위에 관한 규정이 적용될 수 없는 것이므로 사기, 강박 또는 착오 등 의사표시의 하자를 이유로 그 무효나 취소를 주장할 수 없다."라고 하여 원칙적으로 소송행위에는 의사표시의 하자에 관한 민법규정이 적용되지 않는다는 입장이다.

② 따라서 사안의 경우 丙은 착오를 이유로 소취하를 취소할 수 없다.

(3) 소취하의 철회 가부

1) 문제점

소송절차를 종료시키는 행위는 원칙적으로 철회가 제한된다. 다만 일정한 사유가 있는 경우 예외적으로 철회를 허용해야 하는데, 소취하의 의사표시에 착오가 있는 경우에 이를 허용할 것인지가 문제된다.

2) 소송행위 철회의 예외적 허용

판례는 소송행위가 사기, 강박 등 형사상 처벌을 받을 타인의 행위로 인하여 이루어졌다고 하여도, ① 그 타인의 행위에 대하여 유죄판결이 확정되고 또 그 소송행위가 그에 부합되는 의사 없이 외형적으로만 존재할 때에 한하여 민사소송법 제451조 제1항 제5호, 제2항의 규정을 유추해석하여 그 효력을 부인할 수 있다고 해석함이 상당하므로(확정판결 필요설), ② 타인의 범죄행위가 소송행위를 하는데 착오를 일으키게 한 정도에 불과할 뿐 소송행위에 부합되는 의사가 존재할 때에는 그 소송행위의 효력을 다툴 수 없다는 입장이다. 따라서 사안의 경우 丙은 단순 착오를 이유로 소취하를 철회할 수도 없다.

(4) 기일지정신청에 대한 법원의 조치

소취하의 효력을 다투는 경우, 민사소송규칙 제67조에 의거 기일지정신청의 방식으로 다툴 수 있다.[226] 기일지정신청이란 심리의 속행을 위하여 기일의 지정을 촉구하는 당사자의 신청을 말한다. 이 경우에 법원은 변론을 열어 신청사유에 대하여 심리하여야 하며, ① 그 결과 소의 취하가 유효한 경우에는 종국판결로써 소송종료선언을 할 것이나, ② 심리결과 소의 취하가 무효일 때에는 취하 당시의 소송정도에 따라 필요한 절차를 속행하게 될 것이다(민사소송규칙 제67조).

(5) 사안의 경우

사안의 경우 법원은 변론기일을 지정하여 심리한 후, 丙의 소취하는 유효하고 착오를 이유로 취소 또는 철회를 주장할 수 없다는 점을 인정하여 소송종료선언을 하여야 한다.

---

226) 이 경우, 당해 소송절차 내에서 재판을 받을 것이 예정되어 있는 절차문제에 대하여 별도의 소로 확인을 구하는 것은 현존하는 위험을 제거하는데 유효적절한 수단이라고 할 수 없으므로 확인의 소의 이익이 없다고 할 것이다.

사례(101) | 소의 이익과 소송행위의 취소·철회

사실관계

乙회사는 2011.2.1. 그 소유인 X토지를 B에게 대금 1억원에 매도하려 한다. 이에 A는 이사회결의를 얻고자 甲에게 위원들로 하여금 회의의 소집을 요구하게 하고 의안에 찬성하는 의사를 표시하게 하라는 내용의 협력의무의 이행을 구하는 소를 제기하였다.

문제

※ 아래 각 설문에 대한 결론과 근거를 설명하시오. 각 설문은 상호 무관한 것임을 전제로 한다.

1. A가 제기한 소는 적법한가? [8점]

2. A는 임의로 위법하게 이사회를 소집하였고, B에게 X토지를 매도하기로 하는 결의가 이뤄졌다. 이에 甲 등은 乙회사를 상대로 이사회결의무효확인의 소를 제기하여 제1심에서 원고승소판결을 받았다. 乙회사의 항소로 항소심 계속 중 甲 등의 소송대리인은 그 사무원인 丙으로 하여금 원고들 중 甲의 소를 취하한다는 소취하서를 작성하여 법원에 제출하라고 하였는데 丙의 착오로 "원고 甲의"라는 문구가 빠진 채 원고를 특정함이 없이 "이 사건 소를 취하한다"라고 기재된 소취하서가 법원에 제출되었다. 甲 등의 소송대리인은 이를 알고 소취하서가 乙회사에게 송달되기 전에 법원에 '甲을 제외한 부분의 소취하를 취소 또는 철회한다'는 소취하철회서를 제출하고 기일지정신청을 하였다. 乙회사는 소취하서를 송달받고 송달받은 날부터 1개월이 지나도록 소취하에 대하여 아무런 의견표명을 하지 않았다. 甲 등의 乙회사에 대한 소는 취하되었는가? (공동소송의 문제는 논외로 한다.) [12점]

Ⅰ 설문 1.에 관하여

1. 결론

부적법하다.

2. 근거

(1) 현재이행의 소의 이익

현재이행의 소는 변제기가 도래한 이행청구권을 주장하는 소로서 원고가 이행청구권을 주장하는 것 자체에 의하여 소의 이익은 원칙적으로 긍정된다. 다만 목적의 실익이 없는 청구의 경우에도 인정될 것인지가 문제이다.

(2) 목적의 실익이 없는 청구

1) 소의 이익 유무의 판단

판결절차는 분쟁의 관념적 해결절차로서 강제집행절차와는 별도로 독자적인 존재 의의를 갖는 것이므로 집행이 가능한지는 이행의 소의 이익을 부정하는 절대적인 사유가 될 수 없더라도, 이행을 구하는 아무런 실익이 없어 법률상 이익이 부정되는 경우까지 소의 이익이 인정된다고 볼 수는 없다.[227]

2) 의사의 진술을 명하는 소의 법률상 이익 인정 여부

가) 의사의 진술을 명하는 소에 해당하는지 여부

이 사건은 피고가 피고를 대표하는 이 사건 협의회 위원들에게 회의 소집을 요구하고 의안에 찬성할 것을 지시하는 의사의 진술을 구하는 소라고 할 것이다.

나) 법률상 이익의 유무

특히 의사의 진술을 명하는 판결은 확정과 동시에 그러한 의사를 진술한 것으로 간주되므로(민사집행법 제263조 제1항), 의사의 진술이 간주됨으로써 어떤 법적 효과를 가지는 경우에는 소로써 구할 이익이 있지만 그러한 의사의 진술이 있더라도 아무런 법적 효과가 발생하지 아니할 경우에는 소로써 청구할 법률상 이익이 있다고 할 수 없다.[228]

(3) 사안의 경우

피고가 이 사건 협의회 위원들에게 회의 소집 및 의안 찬성을 요구하거나 지시한다고 하여 그 위원들이 피고의 요구나 지시에 따를 법적 의무가 있다거나 거기에 기속된다고 볼 수 없으므로, 원고가 이 사건 소에 의한 승소판결을 받고 그 판결이 확정되어 피고의 의사의 진술이 간주되더라도 그로써 무슨 법적 효과가 생길 것이 없다. 결국 위 청구와 같은 내용으로 의사의 진술을 구하여 협력의무의 이행을 구하는 이 사건 소는 소의 이익이 없어 부적법하다고 할 수밖에 없다.

Ⅱ 설문 2.에 관하여

1. 결론

甲 등의 乙회사에 대한 소는 모두 취하되었다.

---

227) 대판 2016.9.30, 2016다200552
228) 대판 2016.9.30, 2016다200552

2. 근거[229]

(1) 문제의 소재

소취하의 철회 또는 취소가 허용되는지 여부를 살펴보고, 이것이 부정된다고 하더라도 소취하의 효력이 발생하기 취해서는 乙의 동의가 있어야 하는바 사안의 경우 乙의 동의가 있다고 볼 수 있는지를 살펴보기로 한다.

(2) 소취하의 취소 가능성

1) 문제점

민사소송법에서는 소송행위의 취소에 대한 일반적인 명문 규정이 없어 사기·강박·착오 등 의사표시의 하자가 있는 경우, 민법규정을 유추적용하여 취소할 수 있는지 여부가 문제된다.

2) 판례의 태도

판례는 민사소송법상의 소송행위에는 특별한 규정이나 특별한 사정이 없는 한 민법상의 법률행위에 관한 규정이 적용될 수 없는 것이므로 사기, 강박 또는 착오 등 의사표시의 하자를 이유로 그 무효나 취소를 주장할 수 없다는 입장이다(하자불고려설).

3) 사안의 경우

민사소송법상 제461조와 제451조 제1항 제5호를 마련하고 있는 취지와 소송절차의 명확성과 안정성을 확보함이 필요하다는 점에서 판례의 입장이 타당하다고 본다. 이에 따르면 사안의 경우 민법규정을 유추적용하여 소취하의 취소를 구할 수는 없다.

다만 소취하의 의사표시에 하자가 있는 경우이므로 그 효력을 부인하여야 하며, 이를 위해 소송법상의 독자적인 법리가 필요하게 되고, 이러한 측면에서 논의되는 것이 소송행위의 철회이다.

(3) 소취하의 철회 가능성

1) 문제점 - 소송행위의 철회 제한과 예외

소송절차를 종료시키는 행위는 원칙적으로 철회가 제한된다. 다만 일정한 사유가 있는 경우 예외적으로 철회를 허용해야 하는데, 소취하의 의사표시에 착오가 있는 경우에 이를 허용할 것인지가 문제된다.

2) 소송행위 철회의 예외적 허용

판례는 소송행위가 사기, 강박 등 형사상 처벌을 받을 타인의 행위로 인하여 이루어진 경우, ① 제451조 제1항 제5호를 유추적용하여 그 효력을 부인할 수 있다고 해석함이 상당하므로, ② 타인의 범죄행위가 소송행위를 하는데 착오를 일으키게 한 정도에 불과할 뿐 소송행위에 부합되는 의사가 존재할 때에는 그 소송행위의 효력을 다툴 수 없다는 입장이다(판례 : 확정판

---

229) 참고로 여러 사람이 제기한 이사회결의무효확인의 소는 대세적 효력이 없으나 반사효는 인정되므로, 유사필수적 공동소송에 해당한다(대판 1963.12.12, 63다449 참조).

결 필요설). 나아가 판례는 ③ 사안과 같은 경우 소의 취하는 원고가 제기한 소를 철회하여 소송계속을 소멸시키는 원고의 법원에 대한 소송행위이고 소송행위는 일반 사법상의 행위와는 달리 내심의 의사보다 그 표시를 기준으로 하여 그 효력 유무를 판정할 수밖에 없는 것인바, 원고들 소송대리인으로부터 원고 중 1인에 대한 소 취하를 지시받은 사무원은 원고들 소송대리인의 표시기관에 해당되어 그의 착오는 원고들 소송대리인의 착오로 보아야 하므로, 그 사무원의 착오로 원고들 소송대리인의 의사에 반하여 원고들 전원의 소를 취하하였다 하더라도 이를 무효라 볼 수는 없고, 적법한 소취하의 서면이 제출된 이상 그 서면이 상대방에게 송달되기 전·후를 묻지 않고 원고는 이를 임의로 철회할 수 없다고 하였다.[230][231]

3) 사안의 경우

사안의 경우 소취하 행위는 일응 유효하고, A는 임의로 이를 철회할 수 없다.

⑷ 소취하의 효력 인정 여부

乙이 본안에 관하여 변론하였으므로 소취하의 효력이 인정되기 위해서는 乙의 동의를 요하는데(제266조 제2항), 소취하서를 송달받은 날부터 2주 이내에 이의를 하지 않은 경우에는 소취하에 동의한 것으로 본다(제266조 제6항).

⑸ 사안의 경우

---

230) 대판 1997.6.27, 97다6124 – 본 사안에서 판례는 원고 소송대리인의 지시를 받은 사무원의 착오로 소가 취하되었어도 이를 일반 사법상의 행위와 달리 보아, 착오로 인한 취소에 관한 민법상의 규정을 유추적용하지 않았다는 점에서 통설(하자불고려설)과 같은 입장에서 판단하고 있는 것으로 평가된다.

231) 재심규정을 유추하여 소취하의 효력을 부인할 경우 그 구제절차가 문제되는데, 이에 대해 민사소송규칙 제67조는 기일지정신청을 할 수 있다고 규정하고 있다. 따라서 소취하의 효력유무에 대하여 당사자 간에 다툼이 있는 경우, 이와 관련하여 당해 소송절차에서 구제받을 방법이 예정되어 있으므로, 별소로 소취하의 무효확인을 구하는 것은 확인의 이익이 없다고 할 것이다. 기일지정신청이란 심리의 속행을 위하여 기일의 지정을 촉구하는 당사자의 신청을 말한다. 이 경우에 법원은 변론을 열어 신청사유에 대하여 심리하여야 하며, ① 그 결과 소의 취하가 유효한 경우에는 종국판결로써 소송종료선언을 할 것이나, ② 심리결과 소의 취하가 무효일 때에는 취하 당시의 소송정도에 따라 필요한 절차를 속행하게 될 것이다. 따라서 만일 기일지정신청에 의해 전소가 부활된 경우에는 본래의 소제기 당시부터 소송계속이 있었던 것이 되기 때문에 나중에 동일한 별소를 제기하면 중복제소에 해당하는 문제가 생긴다.

☑ 사례(102) | 당사자 쌍방의 결석

사실관계

원고 甲은 피고 A를 상대로 하여서는 A명의로 경료된 건물에 관하여 매매를 원인으로 한 소유권이전등기 절차를, B를 상대로 하여서는 A를 대위하여 위 건물에 관하여 B명의로 경료된 근저당권설정등기에 관하여 변제를 조건으로 말소등기절차를 이행하라는 소송을 제기하였다.

문제

A는 甲이 A를 상대로 한 소유권이전등기 절차를 구하는 소장부본을 송달받은 후 甲의 주장을 부인하는 답변서를 제출하여, 법원은 사건을 변론준비 절차에 회부함과 동시에 제1회 변론준비 기일을 지정하여 甲과 A에게 통지하였다. 그런데도 甲과 A는 그 기일에 출석하지 않았을 뿐만 아니라 아무런 주장과 증거도 제출하지 않아 법원이 변론준비 절차를 종결하고 제1회 변론기일을 지정해서 甲과 A에게 통지하였다. 甲과 A는 그 기일에도 출석하지 않아 법원은 甲과 A 사이의 사건이 해결된 것으로 짐작하고는 다음 변론기일을 지정하지 않은 채 두었다. 그런데 甲은 제1회 변론기일이 지난 뒤 A와 매매계약을 체결한 사실을 증명할 수 있는 매매계약서를 발견하고는 다음 변론기일 통지가 오기를 기다리고 있었는데 3개월이 지나도록 그 통지가 오지 않아 법원에 변론기일을 지정해서 재판을 진행해 달라는 신청을 하였다. 그 신청을 받은 법원은 甲이 변론준비 기일과 변론기일에 출석하지 않아서 2회 불출석이 있었고, 2회째 불출석 기일로부터 1월이 지난 뒤 기일지정 신청을 했으므로 甲의 소는 확정적으로 취하 간주되었다는 이유로 소송종료 선언을 하였다. 이러한 소송종료 선언은 정당한지 또한 이 경우 甲은 항소할 수 있는지에 대한 결론과 근거를 설명하시오. 12점

1. 결론

소송종료 선언은 부당하다. 이 경우 甲은 항소할 수 있다.

2. 근거

(1) 기일해태의 효과

기일의 해태라 함은 당사자가 적법한 기일통지를 받고도 필요적 변론기일에 불출석하거나 출석하여도 변론하지 않은 경우를 말한다. 민사소송법은 기일해태의 제재로서 당사자 일방의 결석에 따른 진술간주(제148조)와 자백간주(제150조), 쌍방결석에 따른 소취하간주(제268조)의 효과를 규정하고 있다.

(2) 쌍방 불출석에 따른 소취하간주

1) 의의

양쪽 당사자가 2회 불출석하고도 1개월 이내에 기일지정신청이 없거나 기일지정신청에 따라 정한 변론기일에 양쪽이 모두 불출석한 경우 소의 취하간주의 효력이 생기는 것을 말한다(제268조).

2) 요건

① ⅰ) 당사자 쌍방의 1회 결석, ⅱ) 당사자 쌍방의 2회 결석, ⅲ) 양쪽 당사자의 2회 불출석 이후에 1개월 내에 기일지정신청이 없거나 또는 기일지정신청 후의 쌍방결석, ⅳ) 동일 심급·동종 기일·동일한 소에서의 쌍방 결석일 것이 요구된다.

② 변론준비기일은 변론기일의 일부라고 볼 수 없고 변론준비기일과 그 이후에 진행되는 변론기일이 일체성을 갖는다고 볼 수도 없으므로 변론준비기일에서 양쪽 당사자가 불출석한 효과는 변론기일에 승계되지 않는다. 따라서 변론준비기일에 1회, 변론기일에 1회 불출석 하였고, 1월 내에 기일지정신청을 하지 않은 경우라도 변론준비기일에서 불출석의 효과가 변론기일에 승계되지 아니하므로 소를 취하한 것으로 볼 수 없다.[232]

3) 효과

소취하간주의 효과는 법률상 당연히 발생하는 효과이며, 당사자나 법원의 의사로 그 효과를 좌우할 수 없다.

4) 사안의 경우

사안의 경우 甲과 A는 변론준비 기일에 1회, 변론기일에 1회 불출석한 경우에 해당하는바, 당사자가 기일지정 신청을 하지 않아도 소취하간주의 효과는 발생하지 않는다. 따라서 이 경우 법원이 甲의 기일지정 신청에 대해 소송종료 선언을 한 것은 부당하다.[233]

(3) 소송종료 선언에 대한 불복방법

법원의 소송종료 선언도 판결로서 소송판결이며 확인적 성질을 갖는 종국판결이므로, 기일지정 신청인은 판결에 대한 불복절차로 항소 또는 상고의 방법으로 불복할 수 있다.

---

232) 대판 2006.10.27, 2004다69581

233) 소취하가 부존재 또는 무효라는 것을 주장하는 당사자는 기일지정 신청을 할 수 있다(민소규칙 제67조 제1항). 소취하의 부존재나 무효를 주장하는 자는 별도의 소로써 소 취하의 무효확인 청구를 할 수는 없다. 기일지정 신청이 있는 때에는 법원은 변론을 열어 신청사유에 관하여 심리하여야 한다(민소규칙 제67조 제2항). 법원은 반드시 변론을 열어서 신청사유에 관해 심리해야지, 다른 소송자료나 증거자료에 의해 신청사유에 관해 판단하는 것이 가능하다고 해서 변론을 열지 않고 바로 소송종료 선언을 하거나 본안사건에 관한 변론기일을 지정해서는 안 된다. 법원이 이와 같은 규정에 따라 심리한 결과 신청이 이유 없다고 인정하는 경우에는 판결로 소송의 종료를 선언하여야 하고, 신청이 이유 있다고 인정하는 경우에는 취하 당시의 소송 정도에 따라 필요한 절차를 계속하여 진행하여야 한다(민소규칙 제67조 제3항). 민사소송규칙 제67조 제1항 내지 제3항의 규정은 민사소송법 제268조의 규정에 따른 취하 간주의 효력을 다투는 경우에 준용된다.

✓ 사례(103)| 기일해태와 항소취하 간주

사실관계

甲은 2016.5.30. 乙을 상대로 손해배상청구 소송을 제기하였고, 2016.11.4. 승소 판결을 선고받았다. 乙은 2016.12.14. 위 판결에 대하여 항소하였고, 2017.7.13. 항소심 제1차 변론기일이 지정되었다. 제1차 변론기일에 甲의 소송대리인은 출석하였으나, 乙 및 乙의 소송대리인은 출석하지 아니하였다. 이에 甲의 소송대리인은 변론을 하지 않았다. 이후 2017.8.10.에 열린 제2차 변론기일에서도 마찬가지로 甲의 소송대리인은 출석하였으나 乙 및 乙의 소송대리인은 출석하지 아니하였고, 甲의 소송대리인은 변론을 하지 않았다. 乙의 소송대리인은 2017.9.7. 항소심 재판부에 기일지정신청서를 제출하였는데, 다음 날인 2017.9.8. 소송대리인 사임서를 제출하였다. 그리고 위 기일지정신청에 따라 2017.9.28.로 지정된 제3차 변론기일에는 甲과 甲의 소송대리인, 乙이 모두 불출석하였다. 그러자 항소심 법원은 사건을 종결 처리하였다.

문제

※ 아래 각 설문은 상호 독립적이고, 견해의 대립이 있으면 대법원 판례에 따름
1. 항소심 법원이 사건을 종결 처리한 것이 타당한지 여부 및 그 이유 내지 근거에 대하여 설명하시오. 10점
2. 乙은 항소심 법원으로부터 제3차 변론기일통지서를 적법하게 송달받지 못하였다고 주장하고 있다. 乙이 어떠한 법적 방식으로 자신의 주장을 펼칠 수 있는지에 대하여 논하시오. 10점

I 설문 1.에 관하여

1. 결론

타당하지 않다.

2. 근거

(1) 기일해태의 효과

기일의 해태라 함은 당사자가 적법한 기일통지를 받고도 필요적 변론기일에 불출석하거나 출석하여도 변론하지 않은 경우를 말한다. 민사소송법은 기일해태의 제재로서 당사자 일방의 결석에 따른 진술간주(제148조)와 자백간주(제150조), 쌍방결석에 따른 소취하·항소취하간주(제268조)의 효과를 규정하고 있다.

(2) 쌍방 불출석에 따른 소취하·항소취하 간주

1) 의의

양쪽 당사자가 2회 불출석하고도 1개월 이내에 기일지정신청이 없거나 기일지정신청에 따라 정한 변론기일에 양쪽이 모두 불출석한 경우 소취하·항소취하 간주의 효력이 생기는 것을 말한다(제268조).

2) 요건

① ⅰ) 당사자 雙方의 1회 결석, ⅱ) 당사자 雙方의 2회 결석, ⅲ) 양쪽 당사자의 2회 불출석 이후에 1개월 내에 기일지정신청이 없거나 또는 기일지정신청 후의 雙方결석, ⅳ) 동일심급·동종 기일·동일한 소에서의 雙方 결석일 것이 요구된다.

② 양쪽 당사자가 변론기일에 불출석하거나 출석·무변론인 경우에도 雙方 기일결석에 해당한다.

③ 소송대리인이 있더라도 본인은 소송수행권을 상실하지 않고 그대로 존속하므로 본인은 소송대리인과 함께 기일에 출석해서 변론할 수 있다. 따라서 기일결석에 해당하기 위해서는 본인과 소송대리인 모두의 결석이 있어야 한다.

3) 효과

① 소취하 또는 항소취하 간주의 효과는 법률상 당연히 발생하는 효과이며, 당사자나 법원의 의사로 그 효과를 좌우할 수 없다. 따라서 법원은 반드시(무조건) 소 또는 항소취하로 간주하여야 하고 법원이 그 재량에 따라 또는 사건내용에 따라 사건을 임의로 처리할 수 없다.

② 항소심에서는 항소의 취하로 보아 항소심절차는 당연 종결되고 원판결이 그대로 확정되게 된다(제268조 제4항).

4) 사안의 경우

사안의 경우 항소심에서 甲과 乙 및 각자의 소송대리인은 제1차 변론기일에 기일결석을 하였고, 그 후 제2차 변론기일에서도 기일결석을 하였다. 또한 양쪽 당사자 甲과 乙 측의 2회 불출석 이후에 1개월 내에 기일지정신청을 하였다가 제3차 변론기일에 雙方 결석이 있는 경우에 해당한다. 따라서 항소취하 간주의 효과는 법률상 당연히 발생하는 것으로서 항소심 법원이 임의로 사건을 종결 처리한 것은 부당하다.

Ⅱ 설문 2.에 관하여

1. 결론

乙은 기일지정을 신청하는 방식으로 항소취하 간주의 효력을 다투어야 한다.

2. 논거[234]

(1) 항소취하 간주의 종국판결 해당 여부

판례는 "민사소송법 제268조 제4항에서 정한 항소취하 간주는 그 규정상 요건의 성취로 법률에 의하여 당연히 발생하는 효과이고 법원의 재판이 아니므로 상고의 대상이 되는 종국판결에 해당하지 아니한다. 따라서 항소취하 간주의 효력을 다투려면 상고를 제기할 수는 없다."고 하였다.

---

234) 대판 2019.8.30, 2018다259541

(2) 항소취하 간주의 효력을 다투는 방법

판례는 "항소취하 간주의 효력을 다투려면 민사소송규칙 제67조, 제68조에서 정한 절차에 따라 항소심 법원에 기일지정신청을 할 수는 있으나 상고를 제기할 수는 없다."고 하였다.

(3) 사안의 경우

사안의 경우, 乙은 제3차 변론기일통지서를 적법하게 송달받지 못하였다고 주장하며 기일지정신청을 하여 항소취하 간주의 효력을 다투어야 하고, 상고는 그 대상인 종국판결이 존재하지 아니하여 부적법하므로 상고로는 다툴 수 없다.

✓ 사례(104) | 기일해태와 추완항소

> **사실관계**
>
> 甲은 2007.1.1. 乙에게 1억원을 대여하였다. 乙이 빌려간 돈을 갚지 않자 甲은 2018.1.1. 乙을 상대로 대여금 반환청구의 소송을 제기하였다.
>
> **문제**
>
> 1. 이 사건에 대하여 변론준비절차가 진행되던 중 변론준비기일이 열렸으나 甲과 乙 모두 출석하지 않았다. 그 후 재판장은 준비절차를 종결하고 제1회 변론기일을 지정하였다. 제1회 변론기일에 甲은 출석하지 않았고 乙만 출석하였으나 乙은 변론을 하지 않았다. ① 이로써 변론기일에 양쪽 당사자가 2회 출석하지 아니한 경우에 해당하는가? ② 만약 제1회 및 제2회 변론기일에 甲은 출석하지 않았고 乙만 출석하였으나 乙은 변론을 하지 않아서 재판장이 직권으로 신기일을 지정하였고, 직권으로 정한 기일에 양쪽 당사자 모두 불출석한 경우에도 소의 취하가 있는 것으로 보아야 하는가? 10점
>
> 2. 乙에 대한 재판은 처음부터 공시송달로 진행되었는데, 제1심 법원은 乙에 대한 甲의 청구를 인용하는 판결을 선고하였고 2018.5.31. 확정되었다. 乙은 2018.7.31. 판결이 선고된 사실을 알게 되었고, 2018.8.8. 추완항소장을 제출하였다. 이에 대해 甲은 준비서면을 제출하였는데, 내용은 "乙에 대한 소송절차가 공시송달로 진행되었던 것은 乙이 전출신고를 제대로 하지 않았기 때문이므로 추완항소가 허용되어서는 아니된다."는 것이었다. 乙의 추완항소는 적법한가? 10점

▌ 설문 1.에 관하여

1. 결론

① 양쪽 당사자의 2회 불출석에 해당하지 않는다.

② 소취하가 있는 것으로 보아야 한다(소취하간주의 효과가 있다).

2. 근거

(1) 기일해태의 효과

기일의 해태라 함은 당사자가 적법한 기일통지를 받고도 필요적 변론기일에 불출석하거나 출석하여도 변론하지 않은 경우를 말한다. 민사소송법은 기일해태의 제재로서 당사자 일방의 결석에 따른 진술간주(제148조)와 자백간주(제150조), 쌍방결석에 따른 소취하간주(제268조)의 효과를 규정하고 있다.

(2) 쌍방 불출석에 따른 소취하간주

1) 의의

양쪽 당사자가 2회 불출석하고도 1개월 이내에 기일지정신청이 없거나 기일지정신청에 따라 정한 변론기일에 양쪽이 모두 불출석한 경우 소의 취하간주의 효력이 생기는 것을 말한다(제268조).

2) 요건

① ⅰ) 당사자 雙方의 1회 결석, ⅱ) 당사자 雙方의 2회 결석, ⅲ) 양쪽 당사자의 2회 불출석 이후에 1개월 내에 기일지정신청이 없거나 또는 기일지정신청 후의 雙方결석, ⅳ) 동일 심급·동종 기일·동일한 소에서의 雙方 결석일 것이 요구된다.

② 변론준비기일은 변론기일의 일부라고 볼 수 없고 변론준비기일과 그 이후에 진행되는 변론기일이 일체성을 갖는다고 볼 수도 없으므로 변론준비기일에서 양쪽 당사자가 불출석한 효과는 변론기일에 승계되지 않는다. 따라서 변론준비기일에 1회, 변론기일에 1회 불출석하였고, 1월 내에 기일지정신청을 하지 않은 경우라도 변론준비기일에서 불출석의 효과가 변론기일에 승계되지 아니하므로 소를 취하한 것으로 볼 수 없다.[235]

3) 사안의 경우

사안의 경우 甲과 乙은 변론준비기일에 1회, 변론기일에 1회 불출석한 경우에 해당하는바, 당사자가 기일지정 신청을 하지 않아도 소 취하 간주의 효과는 발생하지 않는다. 따라서 이 경우 만일 법원이 甲의 기일지정 신청에 대해 소송종료 선언을 한다면 부당하다.[236]

(3) 직권 기일지정과 소취하간주의 효력 유무

① 양쪽 당사자의 2회 불출석 이후에 1개월 내에 당사자가 기일지정신청을 하지 않으면 소의 취하가 있는 것으로 보고(제268조 제2항), 기일지정신청을 하면 소송은 속행되나, 기일지정신청에 의해 정한 기일 또는 그 후의 기일에 양쪽 당사자가 불출석한 경우에도 소의 취하가 있는 것으로 본다(제268조 제3항).

② 한편 판례는 "원칙적으로 당사자 雙方이 2회에 걸쳐 변론기일에 출석하지 아니한 때에는 당사자의 기일지정신청에 의하여 기일을 지정하여야 할 것이나, 법원이 직권으로 신기일을 지정한 때에는 당사자의 기일지정신청에 의한 기일지정이 있는 경우와 마찬가지로 보아야 할 것이고, 그와 같이 직권으로 정한 기일 또는 그 후의 기일에 당사자 雙方이 출석하지 아니하거나 출석하더라도 변론하지 아니한 때에는 소의 취하가 있는 것으로 보아야 한다."고 하였다.[237]

---

235) 대판 2006.10.27, 2004다69581

236) 소 취하가 부존재 또는 무효라는 것을 주장하는 당사자는 기일지정 신청을 할 수 있다(민소규칙 제67조 제1항). 소 취하의 부존재나 무효를 주장하는 자는 별도의 소로써 소 취하의 무효확인 청구를 할 수는 없다. 기일지정 신청이 있는 때에는 법원은 변론을 열어 신청사유에 관하여 심리하여야 한다(민소규칙 제67조 제2항). 법원은 반드시 변론을 열어서 신청사유에 관해 심리해야지, 다른 소송자료나 증거자료에 의해 신청사유에 관해 판단하는 것이 가능하다고 해서 변론을 열지 않고 바로 소송종료 선언을 하거나 본안사건에 관한 변론기일을 지정해서는 안 된다. 법원이 이와 같은 규정에 따라 심리한 결과 신청이 이유 없다고 인정하는 경우에는 판결로 소송의 종료를 선언하여야 하고, 신청이 이유 있다고 인정하는 경우에는 취하 당시의 소송 정도에 따라 필요한 절차를 계속하여 진행하여야 한다(민소규칙 제67조 제3항). 민사소송규칙 제67조 제1항 내지 제3항의 규정은 민사소송법 제268조의 규정에 따른 취하 간주의 효력을 다투는 경우에 준용된다.

237) 대판 2002.7.26, 2001다60491

Ⅱ 설문 2.에 관하여

1. 결론

乙의 추완항소는 적법하다.

2. 근거

(1) 추후보완항소의 가부

1) 의의 및 요건

당사자가 ① 책임질 수 없는 사유로 말미암아, ② 불변기간을 지킬 수 없었던 경우에 ③ 그 사유가 없어진 날로부터 2주일 내에 게을리한 소송행위를 보완할 수 있다고 하여 소송행위의 추후보완을 인정하고 있다(제173조). 사안의 경우에는 특히 乙의 책임질 수 없는 사유로 말미암은 것인지가 문제이다.

2) 추후보완의 대상인 기간

불변기간에 한하여 추후보완이 허용된다. 상소기간(제396조 제2항, 제425조, 제444조 제2항), 재심기간(제456조 제2항)이 이에 해당한다.

3) 불귀책사유의 판단

① 당사자가 책임질 수 없는 사유란, 천재지변 그 밖의 불가항력에만 한정하는 것이 아니고, 당사자가 해당 소송행위를 하기 위한 일반적 주의를 다하였어도 그 기간을 지킬 수 없었던 사유를 말한다. 이와 관련하여 소송서류의 송달이 공시송달로 이루어진 경우가 문제이다.

② 판례는 소송이 처음부터 소장부본과 판결정본 등이 공시송달의 방법으로 송달되었다면 특별한 사정이 없는 한 피고는 과실 없이 판결의 송달을 알지 못한 것이고, 이러한 경우 피고는 책임질 수 없는 사유로 인하여 불변기간을 준수할 수 없었던 때에 해당하고, 전출신고를 하지 아니하여 주민등록상 주소지에서 송달불능이 됨으로써 소장부본 등 소송서류가 공시송달방법으로 송달된 경우에도 추후보완상소가 가능하다는 입장이다.[238]

(2) 사안의 경우

항소기간은 추후보완의 대상인 기간에 해당하고, 乙이 전출신고를 제대로 하지 않아서 공시송달을 받은 경우에도 乙에게 상소기간 도과에 대한 과실이 있다고 할 수 없다. 따라서 乙은 판결이 선고된 사실을 알게 된 2018.7.31.부터 2주 내인 2018.8.8. 추완항소를 적법하게 할 수 있다.[239]

---

238) 대판 2000.9.5, 2000므87; 대판 1993.9.18, 93므324

239) 추완항소는 그 사유가 없어진 후 2주일 내에 할 수 있는데, 여기에서 '사유가 없어진 후'라고 함은 당사자나 소송대리인이 단순히 판결이 있었던 사실을 안 때가 아니고, 「그 판결이 공시송달의 방법으로 송달된 사실을 안 때」를 가리킨다는 것이 판례이다(대판 2013.1.10, 2010다75044). 다만 사안은 이와 관련하여 특별히 문제될 사정이 없으므로 언급하지 않았으나, 참고하기 바란다.

사례(105)| 송달의 하자

사실관계

甲은 이 사건 토지를 매수하였음을 이유로, 乙을 피고로 하여 이 사건 토지에 관한 소유권이전등기청구의 소를 제기하였다.

문제

피고 乙은 변론기일에 출석하여, "지난 변론기일에 불출석한 이유는 자신이 부재중인 동안 집으로 송달된 소장 및 변론기일통지서를 그의 아들 A(만 15세, 고등학교 1학년)가 수령하고 이 사실을 자신에게 전달하지 않아 발생한 것이다. 따라서 이 송달은 무효이다"라고 주장하였다. 피고 乙의 이 주장은 타당한가? 12점

1. 결론

乙의 주장은 타당하지 않다.

2. 근거

(1) 송달의 의의 및 취지

송달이라 함은 당사자 그 밖의 이해관계인(소송관계인)에 대하여 소송상의 서류를 법정의 방식에 의하여 통지하는 것을 말한다. 절차의 진행을 당사자 등에게 알리기 위한 것으로 당사자의 절차보장의 기본 가운데 중요한 하나이다.

(2) 송달의 방식

1) 교부송달의 원칙

송달은 원칙적으로 송달받을 사람에게 직접 서류의 등본·부본을 교부하는 방법으로 한다(제178조 제1항). 송달받을 사람의 주소, 거소, 영업소 또는 사무소가 송달장소이다(제183조 제1항). 그러나 송달받을 사람의 주소 등을 알지 못하거나 그 장소에서 송달할 수 없는 때에는 송달받을 사람이 고용, 위임 그 밖에 법률상 행위로 취업하고 있는 다른 사람의 주소 등(근무장소)에서 송달할 수 있다(제183조 제2항).

2) 보충송달

① 근무장소 외의 주소 등의 송달할 장소에서 송달받을 사람을 만나지 못한 때에는 그 사무원, 피용자 또는 동거인으로서 사리를 분별할 지능이 있는 사람에게 서류를 교부할 수 있다(제186조 제1항).

② 여기의 동거인이라 함은 송달을 받을 사람과 동일세대에 속하여 생계를 같이하는 사람을 말한다. 또한 사리를 분별할 지능이 있는 사람이라 함은 송달의 의의를 이해하고 송달을 받을 사람에게 교부를 기대할 수 있을 정도의 능력을 갖춘 사람을 말한다.

③ 사무원, 피용자 또는 동거인으로서 사리를 분별할 지능이 있는 사람에게 서류를 교부한 때에 송달의 효력이 생기고, 송달받을 사람에게 서류가 전달되었는지 여부는 송달의 효력에 관계없다.

(3) 사안의 경우

A는 乙의 아들로서 동일세대에 속하여 생계를 같이 하는 사람으로 동거인에 해당하며, A는 만 15세, 고등학교 1학년으로서 송달의 의의를 이해하고 송달을 받을 사람에게 교부를 기대할 수 있을 정도의 능력을 갖춘 사람으로서 사리를 분별할 지능이 있는 사람이라고 할 것이다. 또한 이러한 A에게 서류를 교부한 때에 송달의 효력이 생기고, 송달받을 사람인 乙에게 서류가 전달되었는지 여부는 송달의 효력에 관계가 없으므로 A에게의 송달은 보충송달로서 적법하고 유효하다.

🗸 사례(106) | 송달의 하자와 추완항소

사실관계

오지여행을 취미로 하던 乙은 아프리카 여행을 준비하면서 여행자금이 부족하자 선배인 甲에게서 급하게 금 1,000만원을 빌렸다.

문제

※ 아래 각 문제는 독립된 것임을 전제로 한다.

(1) 乙이 그 여행을 다녀온 후 대여금의 변제기가 도래했음에도 불구하고 다니던 회사도 퇴사하고 연락도 되지 아니하며 갚을 생각도 하지 않자 甲은 乙을 상대로 대여금청구소송을 제기하였다. 피고 乙에게 소장과 제1회 변론기일 통지서를 송달하기 위해 우편집배원이 乙의 주소지에 갔으나 만나지 못해 우체국창구에서 찾아갈 것을 내용으로 하는 통지문을 남겼다. 이를 본 乙의 동거자 丙이 우체국창구에 찾아오자 당해 서류를 丙에게 교부하였다. 이것은 적법한가? 12점

(2) 서울에 사는 甲이 乙의 주소를 알 수 없어서 乙에 대한 소장부본 등 소송서류를 법원의 명령을 받아 공시송달하였고, 그 결과 乙은 변론에 출석하지 못하여 甲은 승소하였고 판결은 확정되었다. 그런데 몇 달 후 乙이 1년간의 아프리카 여행에서 돌아온 후 甲이 자신에 대해 소송을 서울에서 제기하였고 소송서류를 공시송달로 하였음을 비로소 알게 되었다. 이 경우 귀책사유 없는 피고 乙에 대한 구제방법은? 13점

▮ 설문 (1)에 관하여

1. 결론

원칙적으로 부적법하다. 다만 이의권의 포기 · 상실에 의하여 그 하자는 치유될 수 있다.

2. 근거

(1) 송달의 의의 및 취지

송달이라 함은 당사자 그 밖의 이해관계인(소송관계인)에 대하여 소송상의 서류를 법정의 방식에 의하여 통지하는 것을 말한다. 절차의 진행을 당사자 등에게 알리기 위한 것으로 당사자의 절차보장의 기본 가운데 중요한 하나이다.

(2) 송달의 방식

1) 교부송달의 원칙

송달은 원칙적으로 송달받을 사람에게 직접 서류의 등본 · 부본을 교부하는 방법으로 한다(제178조 제1항). 송달받을 사람의 주소, 거소, 영업소 또는 사무소가 송달장소이다(제183조 제1항). 그러나 송달받을 사람의 주소 등을 알지 못하거나 그 장소에서 송달할 수 없는 때에는 송달받

을 사람이 고용, 위임 그 밖에 법률상 행위로 취업하고 있는 다른 사람의 주소 등(근무장소)에서 송달할 수 있다(제183조 제2항).

2) 보충송달 및 조우송달

① 근무장소 외의 주소 등의 송달할 장소에서 송달받을 사람을 만나지 못한 때에는 그 사무원, 피용자 또는 동거인으로서 사리를 분별할 지능이 있는 사람에게 서류를 교부할 수 있다(제186조 제1항). 이 경우 동거인이라 함은 송달을 받을 사람과 동일세대에 속하여 생계를 같이하는 사람을 말하고, 송달받을 사람에게 서류가 전달되었는지 여부는 송달의 효력에 관계없다.

② 또한 주소 등 또는 근무장소가 있는 사람도 송달받기를 거부하지 아니하면 만나는 장소에서 송달할 수 있다(제183조 제4항). 이를 실무상 조우(遭遇)송달이라고 한다.

③ 사안의 경우에는 乙의 주소 등이 아닌 우체국창구에서의 송달로서 그 송달에 하자가 있는지 여부가 문제이다.

3) 송달의 하자 유무[240]

① 판례는 보충송달은 법률이 정한 '송달장소'에서 송달받을 사람을 만나지 못한 경우에만 허용되고, 따라서 우체국 창구에서 송달받을 자의 동거자에게 송달서류를 교부한 것은 부적법한 보충송달이라고 하였다.[241]

② 또한 조우송달은 송달받을 사람(송달할 서류의 명의인)이 송달받기를 거부하지 아니할 때 그를 만나는 장소에서 송달하는 것이므로, 결국 사안은 부적법한 송달에 해당한다.

4) 송달 하자의 효력

송달의 방식이 잘못되면 무효이다. 다만, 소장 등의 송달규정은 임의규정이므로 소송절차에 관한 이의권의 포기·상실에 의하여 치유될 수 있다.

(3) 사안의 경우

▋▋ 설문 (2)에 관하여

1. 결론

乙은 추완항소로 구제받을 수 있다.

2. 근거

(1) 공시송달의 유효성 여부

1) 공시송달의 의의 및 요건

공시송달이란 당사자의 행방을 알기 어려워 송달장소의 불명으로 통상의 송달방법에 의해서는 송달을 실시할 수 없게 되었을 때 하는 송달을 말한다. 따라서 공시송달은 ① 당사자의

---

240) 보충송달로써 적법하다고 하거나 우체국에서의 교부를 우편함송달로 파악하지 않도록 한다. 또한 조우송달로서의 부적법성까지 언급함이 득점에 유리할 것이다.

241) 대결 2001.8.31, 2001마3790

주소, 거소 또는 근무장소를 알 수 없을 것을 요하고(제194조), ② 수송달자는 송달의 내용을 현실적으로 알기 어렵기 때문에 공시송달은 최후적이고 보충적인 수단으로 이용되어야 한다.

2) 사안의 경우

사안에서 甲은 乙의 주소를 알 수 없어서 乙에 대한 소장부본 등 소송서류를 법원의 명령을 받아 공시송달하였으므로, 공시송달은 적법하다. 따라서 피고 乙의 항소기간 도과로 甲승소의 판결은 확정되었다.

따라서 항소제기는 부적법하여 고려할 사정은 되지 못한다. 다만 乙의 판결의 확정력을 배제하기 위한 수단으로서 추후보완 항소와 재심의 소를 살펴볼 필요가 있다.[242]

(2) 추후보완 항소의 가부

1) 의의 및 요건

당사자가 ① 책임질 수 없는 사유로 말미암아, ② 불변기간을 지킬 수 없었던 경우에 ③ 그 사유가 없어진 날로부터 2주일 내에 게을리한 소송행위를 보완할 수 있다고 하여 소송행위의 추후보완을 인정하고 있다(제173조). 사안의 경우에는 乙의 책임질 수 없는 사유로 말미암은 것인지가 문제이다.

2) 불귀책사유의 판단

① 당사자가 책임질 수 없는 사유란, 천재지변 그 밖의 불가항력에만 한정하는 것이 아니고, 당사자가 해당 소송행위를 하기 위한 일반적 주의를 다하였어도 그 기간을 지킬 수 없었던 사유를 말한다. 이와 관련하여 소송서류의 송달이 공시송달로 이루어진 경우가 문제이다.

② 판례는 i) 소송이 처음부터 공시송달의 방법으로 송달되었다면 특별한 사정이 없는 한 피고가 책임질 수 없는 사유로 인하여 불변기간을 준수할 수 없었던 때에 해당한다는 입장이다. 반면에 ii) 처음에는 송달이 되다가 송달불능으로 공시송달에 이른 경우나 당사자가 소제기사실 등을 알 수 있었던 경우에는 당사자가 책임질 수 없는 사유에 해당하지 아니한다고 본다.

3) 사안의 경우

사안에서는 처음부터 공시송달의 방법으로 송달되었고, 피고 乙에게는 귀책사유가 없다고 하였으므로 乙은 공시송달 사실을 안 때로부터 2주 이내에 추완항소를 제기할 수 있다.

(3) 재심의 소제기 가부

당사자가 상대방의 주소 또는 거소를 알고 있었음에도 불구하고 소재불명 또는 허위의 주소나 거소로 하여 소를 제기한 탓으로 공시송달의 방법에 의하여 판결정본이 송달된 때에는 민사소송법 제451조 제1항 제11호에 의하여 재심을 제기할 수 있으나, 사안의 경우는 이에 해당하지 않는다. 따라서 乙은 재심의 소를 제기할 수 없다.

---

242) 본 사안은 사실관계에 비추어 볼 때, 허위주소에 따른 요건흠결에 의한 공시송달이나 허위주소에 따른 자백간주에 의한 편취판결의 구제방안이 문제되는 사례가 아님을 주의하여야 한다.

✓ 사례(107) | 추완항소의 가부

> **기본적 사실관계**
>
> 甲은 A 법인의 대표인 乙로부터 폭행을 당하여 乙을 상대로 불법행위로 인한 손해배상청구의 소를 제기하였다.
>
> **문제**
>
> 甲은 2022.1.3. 乙을 상대로 불법행위로 인한 손해배상청구의 소를 제기하였는데, 위 소송의 1심 법원이 乙에 대하여 송달을 실시하였으나 송달이 되지 아니하였다. 이에 위 1심 법원은 乙에 대하여 소장 부본 등을 공시송달의 방법에 의하여 송달하였고, 2022.5.3. 甲의 청구를 전부 인용하는 내용의 판결을 선고하였으며, 해당 판결의 정본도 공시송달의 방법으로 2022.5.20. 乙에게 송달하였다. 이후 乙은 2022.7.1. 위 판결에 기한 강제경매개시결정이 송달되어 대법원 사건검색 시스템을 통한 검색을 통하여 비로소 위 제1심 판결의 선고와 그 판결이 공시송달의 방법으로 송달된 사실을 알게 되었고, 이에 乙은 2022.7.11. 추후보완 항소를 제기하였다. 乙의 추후보완 항소는 적법한가? [10점]

1. 결론

乙의 추완항소는 적법하다.

2. 근거[243]

(I) 추후보완항소의 가부

1) 의의 및 요건

당사자가 ① 책임질 수 없는 사유로 말미암아, ② 불변기간을 지킬 수 없었던 경우에 ③ 그 사유가 없어진 날로부터 2주일 내에 게을리한 소송행위를 보완할 수 있다고 하여 소송행위의 추후보완을 인정하고 있다(제173조). 사안의 경우에는 특히 乙의 책임질 수 없는 사유로 말미암은 것인지가 문제이다.

2) 추후보완의 대상인 기간

불변기간에 한하여 추후보완이 허용된다. 상소기간(제396조 제2항, 제425조, 제444조 제2항), 재심기간(제456조 제2항)이 이에 해당한다.

3) 불귀책사유의 판단

① 당사자가 책임질 수 없는 사유란, 천재지변 그 밖의 불가항력에만 한정하는 것이 아니고, 당사자가 해당 소송행위를 하기 위한 일반적 주의를 다하였어도 그 기간을 지킬 수 없었던

---

243) 대판 2013.1.10, 2010다75044; 대판 2021.3.25, 2020다46601 등

사유를 말한다. 이와 관련하여 소송서류의 송달이 공시송달로 이루어진 경우가 문제이다.
② 판례는 소송이 처음부터 소장부본과 판결정본 등이 공시송달의 방법으로 송달되었다면 특별한 사정이 없는 한 피고는 과실 없이 판결의 송달을 알지 못한 것이고, 이러한 경우 피고는 책임질 수 없는 사유로 인하여 불변기간을 준수할 수 없었던 때에 해당하므로, 추후보완항소가 가능하다는 입장이다.

4) 추후보완기간의 도과 여부

추완항소는 그 사유가 없어진 후 2주일 내에 할 수 있는데, 판례는 '사유가 없어진 후'라고 함은 당사자나 소송대리인이 단순히 판결이 있었던 사실을 안 때가 아니고, 그 판결이 공시송달의 방법으로 송달된 사실을 안 때를 가리키는 것으로서, 다른 특별한 사정이 없는 한 통상의 경우에는 당사자나 소송대리인이 사건기록의 열람을 하거나 또는 새로이 판결정본을 영수한 때에 비로소 판결이 공시송달의 방법으로 송달된 사실을 알게 되었다고 보아야 한다고 하였다.

(2) 사안의 경우

사안의 경우 항소기간은 추후보완의 대상인 불변기간에 해당하고, 소송이 처음부터 소장부본과 판결정본 등이 공시송달의 방법으로 송달되었으므로 乙에게 항소기간 도과에 대한 과실이 있다고 할 수 없다. 따라서 乙은 대법원 사건검색 시스템을 통한 검색을 통하여 비로소 제1심 판결의 선고와 그 판결이 공시송달의 방법으로 송달된 사실을 알게 된 2022.7.1.부터 2주 내인 2022.7.11. 추후보완 항소를 제기하였으므로, 乙의 추후보완 항소는 적법하다.

☑ 사례(108) | 송달의 하자

사실관계

甲이 乙을 상대로 불법행위에 기한 손해배상청구의 소를 제기하였다.

문제

※ 아래 문항에 대하여 결론과 근거를 서술하시오.

(1) 법원은 甲의 청구에 대해 기각판결을 선고하였다. 甲은 그 판결선고일로부터 1월간 병원에 입원하여 지병을 치료한 다음 퇴원하여 귀가했는데, 甲의 집에 세 들어 살고 있는 A가 그 사건의 판결정본이 들어있는 우편물을 甲에게 건네주면서 우편집배원이 20일 전쯤에 그것을 배달하러 왔을 때 자신은 甲과 아무 관계없는 사람이라 그 우편물을 받을 수 없다고 했더니 그 집배원은 같은 집에 사는 걸로 봐서 甲의 부인이 틀림없는데 왜 거짓말을 하느냐고 하면서 거실에 그 우편물을 던져두고 자신의 서명을 받아갔다고 말했다. 이에 甲이 그 판결에 대해 항소를 하기 위해 법원 인터넷 홈페이지에서 그 사건의 처리상황을 검색했더니, 그 사건의 판결정본이 20일 전에 甲과 乙에게 송달되고 항소기간이 도과하여 판결이 확정된 것으로 되어 있었다. 甲이 항소할 수 있는지에 관해서 설명하시오. [12점]

(2) 甲은 A사 주식 26억원 어치를 샀다가 A사가 상장 폐지돼 손해를 보자 A사의 사외이사인 乙을 상대로 "사업보고서에 재정상태를 제대로 기재하지 않는 바람에 본 투자손해를 입었으니 대신 배상하라"며 소송을 제기했다. A사의 법인등기사항증명서에는 乙의 주소가 등재되어 있지 않았고, 이에 甲은 乙의 주소를 A사의 본점 소재지로 기재하였다. 소장을 접수한 1심 법원은 소장 부본을 A사 본점 소재지로 보냈고 A사 직원이 이를 수령하면서 소송이 진행됐다. 甲은 1,2심에서 승소했지만, 뒤늦게 소송 사실을 알게 된 乙은 대법원에 상고하며 "생업이 따로 있어 A사에 상주하지 않는데도 법원이 소장 부본을 A사로 보내는 바람에 소송 진행 사실을 몰랐고 변론도 제대로 할 수 없었다. 따라서 송달은 무효이다"라고 주장했다. 乙의 주장은 타당한지 설명하시오. [8점]

▮ 결론

1. 설문 (1)에 관하여

　　甲은 항소를 제기할 수 있다.

2. 설문 (2)에 관하여

　　乙의 주장은 타당하다.

Ⅱ 근거

1. 송달의 의의 및 취지

송달이라 함은 당사자 그 밖의 이해관계인(소송관계인)에 대하여 소송상의 서류를 법정의 방식에 의하여 통지하는 것을 말한다. 절차의 진행을 당사자 등에게 알리기 위한 것으로 당사자의 절차보장의 기본 가운데 중요한 하나이다.

2. 송달의 방식으로서의 교부송달과 보충송달

(1) 주소 등에서의 송달

1) 송달장소

송달은 원칙적으로 송달받을 사람에게 직접 서류의 등본·부본을 교부하는 방법으로 한다(제178조 제1항). 송달받을 사람의 주소, 거소, 영업소 또는 사무소가 송달장소이다(제183조 제1항). 다만 근무장소 외의 주소 등의 송달할 장소에서 송달받을 사람을 만나지 못한 때에는 그 사무원, 피용자 또는 동거인으로서 사리를 분별할 지능이 있는 사람에게 서류를 교부할 수 있다(제186조 제1항).

2) 사리분별지능과 현실적 교부요부

① 사리를 분별할 지능이 있는 사람이라 함은 송달의 의의를 이해하고 송달을 받을 사람에게 교부를 기대할 수 있을 정도의 능력을 갖춘 사람을 말한다.

② 사무원, 피용자 또는 동거인으로서 사리를 분별할 지능이 있는 사람에게 서류를 교부한 때에 송달의 효력이 생기고, 송달받을 사람에게 서류가 전달되었는지 여부는 송달의 효력에 관계없다.

3) 동거인의 의미

동거인이라 함은 송달을 받을 사람과 동일세대에 속하여 생계를 같이하는 사람을 말하고 반드시 법률상 친족관계에 있어야 하는 것은 아니다.[244] 따라서 동일한 송달장소에서 거주한다고 하더라도 건물주와 임차인은 세대를 달리하므로 보충송달을 받을 수 있는 동거인의 관계에 있지 않고, 그에 대한 송달은 효력이 없다.[245]

(2) 근무장소에서의 송달

1) 송달장소

근무장소에서의 송달에 있어서도 교부송달 외에 송달받을 사람의 사용자, 피용자 등에게 보충송달을 할 수 있다(제186조 제2항). 이 경우에는 서류의 수령을 거부하지 않은 경우에 한한다.

244) 대판 2013.4.25, 2012다98423
245) 대결 1983.12.30, 83모53

2) 근무장소의 의미

이때의 '근무장소'는 현실의 근무장소로서 고용계약 등 법률상 행위로 취업하고 있는 지속적인 근무장소를 말한다. 피고가 비상근이사, 사외이사 또는 비상근감사로 이름만 올려둔 회사 사무실은 지속적인 '근무장소'라고 할 수 없고, 그곳으로 소장 부본을 보낸 것은 민사소송법 제183조 제2항에 정한 '근무장소'에 해당한다고 볼 수 없으므로, 보충송달로서 효력이 있다고 볼 수도 없다.[246]

3. 유치송달

한편, 서류를 송달받을 사람 또는 위 주소 등에서의 송달(제186조 제1항)에 의하여 서류를 넘겨받을 사람이 정당한 사유 없이 송달받기를 거부하는 때에는 송달할 장소에 서류를 놓아둘 수 있다(제186조 제3항). 유치송달의 경우에는 송달할 장소에 송달서류를 놓아둠으로써 송달의 효력이 발생하고, 그 서류가 송달받을 사람에게 전달되었는지 여부는 송달의 효력에 영향이 없다. 다만 근무장소에서의 송달에서는 유치송달을 할 수 없다.

4. 사안의 해결

(1) 설문 (1)에 관하여

민사소송법 제186조에서 말하는 동거인이란 송달을 받을 사람과 사실상 동일한 세대에 속하여 생활을 같이 하는 사람이어야 하고, 송달받을 사람과 같은 집에서 거주한다고 하더라도 세대를 달리하는 임대인·임차인 등의 관계일 때에는 동거인이라고 할 수 없으므로, 우편 집배원이 세입자에 불과한 A가 甲의 처라고 믿고 A가 송달서류(판결정본)를 받기를 거절한다고 하여 甲의 집에 그 송달서류를 놓아둔 것은 부적법한 유치송달로서 무효이므로 甲에 대해서는 그 판결이 아직 확정되지 않은 상태에 있다. 따라서 甲은 통상의 항소를 하여 본안에 관한 항소법원의 심판을 구할 수 있다.

(2) 설문 (2)에 관하여

'근무장소'는 현실의 근무장소로서 지속적인 근무장소를 말한다. 따라서 피고 乙이 비상근이사, 사외이사로 이름만 올려둔 회사 사무실은 지속적인 '근무장소'라고 할 수 없으므로, 그곳으로 소장 부본을 보낸 것은 민사소송법 제183조 제2항에 정한 '근무장소'에 해당한다고 볼 수 없어서, 보충송달로서 효력이 있다고 볼 수도 없다. 따라서 乙의 주장은 타당하다.

---

246) 대판 2015.12.10, 2012다16063

✓ 사례(109) | **보충송달의 하자 – 압류 및 추심명령의 효력 유무**

사실관계

A가 X토지를 丁에게 매도하였는데 丁이 매매대금을 지급하지 아니하자, A는 丁을 상대로 X토지의 매매대금 1억원의 지급을 구하는 소를 제기하였고, 丁에게 소장 부본이 송달되었다. 그 후 甲은 A를 채무자로, 丁을 제3채무자로 하여, A가 丁에 대하여 가지는 위 1억원의 매매대금 채권에 관하여 채권압류 및 추심명령을 받았고, 위 채권압류 및 추심명령은 丁에게 송달되었다.

문제

만일 추심명령이 丁에게 직접 교부송달된 바 없이 채무자인 A에게 보충송달된 상태에서 A가 丁을 상대로 매매대금의 지급청구의 소를 제기하였는데, 이에 丁은 당사자적격의 상실로 A의 소는 부적법하다고 주장하였다. 丁의 주장은 타당한가? [10점]

1. 결론

丁의 주장은 타당하지 않다.

2. 근거

(1) 문제점

압류 및 추심명령이 제3채무자에게 송달되면 제3채무자에 대한 이행의 소는 추심채권자만이 제기할 수 있고, 채무자는 피압류채권에 대한 이행소송을 제기할 당사자적격을 상실하는 효력이 발생하여 채무자의 제3채무자에 대한 소는 부적법하게 되는 것인데, 제3채무자 아닌 채무자에게의 보충송달로 인하여 이와 같은 효력이 발생하는지 문제이다. 이와 관련하여 보충송달의 유효성 여부를 살펴볼 필요가 있다. 만일 보충송달이 부적법하다면 이행의 소에서 당사자적격은 주장 자체로 인정되기 때문이다.

(2) 보충송달의 유효 여부

1) 보충송달의 의의 및 취지

① 송달은 원칙적으로 송달받을 사람의 주소·거소·영업소 또는 사무소에서 송달받을 사람 본인에게 교부하는 교부송달이 원칙이나(제178조 제1항, 제183조 제1항), 송달기관이 위와 같은 장소에서 송달받을 사람을 만나지 못한 때에는 그 사무원, 피용자 또는 동거인으로서 사리를 분별할 지능이 있는 사람에게 하는 보충송달에 의할 수도 있다(제186조 제1항).

② 이와 같은 보충송달은 본인 아닌 그의 사무원, 피용자 또는 동거인, 즉 수령대행인이 서류를 수령하여도 그의 지능과 객관적인 지위, 본인과의 관계 등에 비추어 사회통념상 본인에게 그 서류를 전달할 것이라는 합리적인 기대를 전제로 한다.

2) 보충송달의 유효성 여부

판례는 본인과 수령대행인 사이에 당해 소송에 관하여 이해의 대립 내지 상반된 이해관계가 있는 때에는 수령대행인이 소송서류를 본인에게 전달할 것이라고 합리적으로 기대하기 어렵고, 이해가 대립하는 수령대행인이 본인을 대신하여 소송서류를 송달받는 것은 쌍방대리금지의 원칙에도 반하므로, 본인과 사이에 당해 소송에 관하여 이해의 대립 내지 상반된 이해관계가 있는 수령대행인에 대하여는 보충송달을 할 수 없다고 하였다.

(3) 사안의 경우

A는 채권압류 및 추심명령의 채무자로서 丁과 이해관계를 달리하는 자이므로 A에게 한 보충송달은 부적법하고, 달리 채권압류 및 추심명령 결정정본이 제3채무자인 丁에게 송달된 점이 인정되지 않으므로, 채권압류 및 추심명령은 효력이 발생하지 않는다. 따라서 A의 丁을 상대로 한 이행의 소는 주장 자체로 당사자적격이 있는 경우로서 적법하므로, 丁의 주장은 타당하지 않다.

✅ 사례(110) | 송달의 하자와 상계항변의 기판력

사실관계

A는 B로부터 B소유의 건물을 매수하는 내용의 매매계약을 체결하면서, 중도금과 잔금은 5회에 걸쳐 각 분할하여 지급하기로 하되, B의 승낙을 받아 매매대금을 전액 지급하기 전에 미리 위 건물을 인도받아 사용하고 대신 B에게 일정한 사용료를 지급하기로 약정한 후, 위 건물을 인도받아 사용하였다. 그런데 A는 일부 중도금을 지급한 후 나머지 중도금 및 잔금의 지급을 지체하게 되었고, 이에 B는 위 매매계약을 해제하고 A를 상대로 건물인도청구의 소를 제기하였다. 위 소송에서 A는 매매계약 해제로 인한 원상회복으로서 기지급한 중도금을 B로부터 반환받을 때까지는 위 건물인도청구에 응할 수 없다고 동시이행의 항변을 하였고, 이에 대하여 B는 A에게 반환해야 할 기지급 중도금은 A가 부담해야 할 위 건물에 대한 점유사용료로 모두 상계되어 결국 중도금 반환채무가 존재하지 아니한다고 재항변하였다. 법원은 B의 재항변을 받아들여 A의 항변을 배척하는 내용의 판결을 선고하였고, 이후 위 판결이 그대로 확정되었다(아래 각 설문은 독립적임).

문제

(1) A는 위 판결이 확정된 이후 B를 상대로 위 매매계약에 따라 기지급한 중도금의 지급을 구하는 내용의 지급명령신청을 하면서 그 신청서에 B의 주소를 기재한 후 송달장소를 B가 운영하는 편의점의 주소인 '서울 서초구 서초동 100 그린빌딩 1층 101호'로 기재하였고, 법원이 지급명령 정본을 위 그린빌딩 1층 101호로 발송하여 편의점 직원인 C가 2013.3.4. 이를 수령하였다. 그런데 C는 위 지급명령 정본을 곧바로 B에게 전달하지 못한 채 출장을 가게 되었고 출장에서 돌아온 이후인 2013.3.15. B에게 위 지급명령 정본을 전달하였으며, B는 2013.3.21. 법원에 지급명령에 대한 이의신청을 제기하였다. 법원은 위 이의신청에 대하여 어떻게 처리해야 하는지 설명하시오. [15점]

(2) A는 위 판결이 확정된 이후 B를 상대로 위 매매계약에 따라 기지급한 중도금의 지급을 구하는 소를 제기하였고, 그 소송에서 법원은 '이미 그 전 소송에서 A의 중도금 반환채권이 상계로 소멸되었다고 판단되었으므로 A의 청구는 전소확정판결의 기판력에 저촉된다'라고 판단하였다. 이러한 판단은 정당한 것인지 여부를 설명하시오. [15점]

▮ 설문 (1)에 관하여

1. 결론

법원은 이의신청에 대해 결정으로 각하하여야 한다.

2. 근거

(1) 지급명령신청에 대한 이의신청의 의의 및 성질

① 통상소송에 적용되는 절차보장을 위한 심리원칙에 의하지 않고 발하여진 것이 지급명령이
므로, 채무자에게 이의신청권을 인정하고 있다.

② 채무자가 지급명령에 대하여 적법한 이의신청을 한 경우에는 지급명령은 그 범위 안에서
효력을 잃으며(제470조), 지급명령을 신청한 때에 소가 제기된 것으로 본다(제472조 제2항).
그러나 이의신청이 부적법하다고 인정한 때에는 법원은 결정으로 이를 각하하여야 하고(제
471조), 지급명령에 대하여 이의신청이 없거나 각하결정이 확정된 때에는 지급명령은 확정
판결과 같은 효력이 있다(제474조).[247]

③ 따라서 사안의 경우 B의 이의신청이 적법한지 여부를 살펴보아야 하는데, 이는 결국 지급
명령 정본의 송달이 유효한지 여부의 문제이다. 왜냐하면 사안의 경우 B가 직원 C로부터
지급명령 정본을 전달받은 때인 2013.3.15.을 기준으로 본다면 이의신청은 2주가 도과되지
않은 경우로서 적법하고, 직원인 C가 수령한 2013.3.4.을 기준으로 본다면 이의신청은 기
간을 도과한 경우로서 부적법하기 때문이다.

(2) 채무자 이의신청의 적법 여부

1) 요건

채무자의 이의신청이 적법하기 위해서는 채무자가 지급명령을 송달받은 날부터 2주 이내에
이의신청을 하여야 하는데, 이 기간은 불변기간이다(제470조). 따라서 이의권의 포기·상실의
대상이 되지 않으므로, 송달에 흠이 있는 경우 하자는 치유되지 않는다. 사안의 경우에는 어
느 때에 유효한 송달이 이루어졌는지가 문제이다. 이와 관련하여 송달방식에 흠이 있는지를
살펴보아야 한다.

2) 송달 방식의 흠 인정 여부

가) 송달방식으로서의 교부송달과 보충송달

① 송달은 원칙적으로 송달받을 사람에게 직접 서류의 등본·부본을 교부하는 방법으로
한다(제178조 제1항). 송달받을 사람의 주소, 거소, 영업소 또는 사무소가 송달장소이다
(제183조 제1항). 다만 근무장소 외의 주소 등의 송달할 장소에서 송달받을 사람을 만나
지 못한 때에는 그 사무원, 피용자 또는 동거인으로서 사리를 분별할 지능이 있는 사
람에게 서류를 교부할 수 있다(제186조 제1항).

② 사무원, 피용자 또는 동거인으로서 사리를 분별할 지능이 있는 사람에게 서류를 교부
한 때에 송달의 효력이 생기고, 송달받을 사람에게 서류가 전달되었는지 여부는 송달
의 효력에 관계없다. 여기의 사리를 분별할 지능이 있는 사람이라 함은 송달의 의의

---

247) 확정된 지급명령은 집행력이 발생하며 집행권원이 된다. 이 경우 확정판결과 같은 효력에 기판력이 포함
되는지 여부가 문제인데, 이에 대해 판례는 확정된 지급명령에 기판력은 포함되지 않는다는 입장이다.

를 이해하고 송달을 받을 사람에게 교부를 기대할 수 있을 정도의 능력을 갖춘 사람을 말한다.

나) 사안의 경우

사안의 경우 법원이 지급명령신청서에 기재된 송달장소로서 B의 영업소인 그린빌딩 1층 101호로 지급명령 정본을 발송하여 영업소 직원인 C가 2013.3.4. 이를 수령하였고, C는 사리를 분별할 지능이 있는 사람으로서 C에게 서류를 교부한 때에 송달의 효력이 생기고, 송달받을 사람에게 서류가 전달되었는지 여부는 송달의 효력에 관계가 없으므로, 사안의 송달은 보충송달로서 적법하다.

(3) 사안의 경우

사안의 송달은 보충송달로서 적법하므로, B가 제기한 이의신청은 기간을 도과한 경우로서 부적법하다. 따라서 법원은 이의신청을 결정으로 각하하여야 한다.

Ⅱ 설문 (2)에 관하여

1. 결론

법원의 판단은 정당하지 않다.

2. 근거[248]

(1) 기판력의 의의 및 근거

(2) 기판력의 주관적 범위

(3) 기판력의 객관적 범위와 작용

1) 원칙

기판력은 판결주문에 포함된 판단에만 생기고(제216조 제1항), 판결이유 중에 판단된 사실에 대해서는 기판력이 생기지 않는다. 즉 판결이유 속에서 판단되는 피고의 항변에 대해서는 기판력이 생기지 않는 것이 원칙이다.

2) 전소 상계항변에 대한 기판력 발생

가) 의의 및 인정취지

다만 상계항변만은 이중분쟁의 방지를 위해서 그 대항한 액수의 한도에서 기판력이 생기는 것으로 하고 있다(제216조 제2항). 즉 만일 기판력을 인정하지 않는다면, 원고의 청구권의 존부에 대한 분쟁이 나중에 다른 소송으로 제기되는 반대채권(또는 자동채권)의 존부에 대한 분쟁으로 변형됨으로써 상계 주장의 상대방은 상계를 주장한 자가 반대채권을 이중으로 행사하는 것에 의하여 불이익을 입을 수 있게 될 뿐만 아니라, 상계 주장에 대한 판

---

248) 기판력 부분을 참조하기 바란다.

단을 전제로 이루어진 원고의 청구권의 존부에 대한 전소의 판결이 결과적으로 무의미하게 될 우려가 있게 되므로, 이를 막기 위함이다.[249]

나) 기판력 발생요건

상계항변에 대한 기판력이 발생하기 위하여는, ① 자동채권의 존부에 대하여 실질적으로 판단을 한 경우에 한하므로, 상계가 허용되지 않거나(상계 불허) 상계항변이 실기한 공격방어방법으로 각하된 경우나 부적상을 이유로 배척된 경우에는 기판력이 발생하지 않는다. 또한 ② 상계주장에 관한 판단에 기판력이 생기는 것은 수동채권이 소송물로서 심판되는 소구채권이거나 그와 실질적으로 동일한 경우(원고가 상계를 주장하면서 청구이의의 소를 제기하는 경우)에 한한다.

다) 수동채권이 동시이행항변으로 주장된 채권인 경우 기판력 발생 여부

따라서 수동채권이 동시이행항변으로 주장된 채권일 경우에는 그러한 상계주장에 대한 판단에 기판력이 생기지 않는다. 판례도 "만일 위와 같이 해석하지 않으면, 동시이행항변이 상대방의 상계의 재항변에 의하여 배척된 경우 그 동시이행항변에 행사된 채권(수동채권)을 소송상 행사할 수 없게 되어 동시이행항변에 행사된 채권의 존부나 범위에 관한 판결 이유 중의 판단에 기판력이 미치는 결과가 되기 때문"이라고 하여 마찬가지이다.[250] 결국 전소에서 동시이행항변에 대한 상계의 재항변이 있었던 경우에는 동시이행항변에 행사된 채권(수동채권)과 자동채권 모두 후소에서 기판력에 저촉됨이 없이 다시 주장할 수 있다고 할 것이다.

(4) 사안의 경우

사안의 경우 B는 매매계약을 해제하고 A를 상대로 건물인도청구의 소를 제기하였는데, 위 소송에서 A는 매매계약 해제로 인한 원상회복으로서 기지급한 중도금에 관하여 동시이행의 항변을 하였고, 이에 대하여 B는 상계의 재항변을 하였는바, B의 상계주장에 대한 판단에 기판력이 생기지 않는다. 따라서 A가 동시이행항변에 행사된 채권인 중도금의 지급을 구하는 소는 기판력에 저촉되지 않으므로, A의 청구가 기판력에 저촉된다고 판단한 법원의 판단은 정당하지 않다.

---

249) 대판 2018.8.30, 2016다46338
250) 대판 2005.7.22, 2004다17207

PART · 01

✅ 사례(111) | 재판상 자백

사실관계

○ 甲은 2002.5.10. "甲이 2000.3.2. 乙에게 甲 소유 건물을 임대차보증금 없이 차임 월 금 2,000,000원, 임대차기간 2000.3.5.부터 2년으로 각 정하여 임대하였는데, 乙은 2001.12.4.까지의 차임만 지급하고 그 후의 차임을 연체하고 있다."고 주장하면서, 乙을 상대로 임대차기간 만료를 원인으로 한 건물명도 청구 및 2001.12.5.부터 명도완료일까지 월 금 2,000,000원의 비율에 의한 차임 내지 차임상당 부당이득의 지급을 구하는 내용의 소장을 제출하였다.

○ 위 소장이 乙에게 송달되자 乙은 청구기각을 구하고 甲의 위 주장사실을 모두 부인한다는 내용의 답변서를 제출하였고, 위 답변서가 甲에게 송달된 후 甲은 "乙이 2001.7.4.까지의 차임만을 변제하였고 그 후의 차임을 연체하고 있으며, 소장에서는 2001.7.5.부터 2001.12.4.까지의 차임도 乙이 지급하였다고 진술하였으나 이는 진실에 반하고 착오로 인한 것이므로 철회하고, 청구취지 중 금원지급 청구부분을 2001.7.5.부터 구하는 것으로 확장한다."는 내용의 청구취지확장신청서를 제출하여, 위 청구취지확장신청서가 乙에게 송달되었다.

○ 그 후 乙은 "甲 주장의 임대차사실은 인정하나, 乙은 甲에게 2001.12.4.까지의 차임을 지급하였으며, 甲이 소장에서 2001.7.5.부터 2001.12.4.까지의 차임을 지급받았다고 인정하였다가 청구취지확장신청서에 의하여 이를 철회한 것은 자백의 취소로 보아야 하는바 이에 동의할 수 없다."는 내용의 준비서면을 제출하여 위 준비서면이 甲에게 송달되었다.

○ 제1차 변론기일에서, 甲은 위 소장 및 청구취지확장신청서를, 乙은 위 답변서 및 준비서면을 각 진술하였고, 甲은 위 준비서면의 내용 중 자신의 종전 주장에 반하는 내용을 부인하는 진술을 하였다.

문제

법원이 2001.7.5.부터 2001.12.4.까지의 차임을 지급하였다는 乙의 항변을 판단함에 있어, 위 기간 동안의 차임지급 사실은 증거에 의하여 증명되어야 하는가? [20점] [251]

I 결론

2001.7.5.부터 2001.12.4.까지의 차임지급의 사실은 증거에 의해서 증명되어야 한다.

II 근거

1. 재판상 자백의 의의

재판상의 자백이란 당사자가 그 소송의 변론 또는 변론준비절차에서 상대방의 주장과 일치하고 자기에게 불리한 사실의 진술을 말한다(제288조).

---

251) 원래의 기출문제는 "재판상 자백에 관하여 설명한 다음, 아래 사례에서의 질문에 답하고 그 논거를 제시하라."는 것이었는데, 본 문제에서는 이를 변경하되, 재판상 자백은 매우 중요한 주제이므로 그 일반적 법리를 담고자, 해설은 원래의 문제방식대로 서술하였다.

CHAPTER 02 절차를 통해 본 민사소송 303

2. 재판상 자백의 요건

(1) **자백의 대상** - 구체적인 사실을 대상

① 자백의 대상이 되는 것은 구체적인 사실에 한정되는데, 여기서 사실은 <u>주요사실에 한정되</u>고, 간접사실이나 보조사실에 대하여는 자백의 구속력이 인정되지 않는다. 다만 문서의 성립의 진정은 보조사실에 관한 것이지만 주요사실에 관한 자백의 취소와 동일하게 취급하여야 할 것이라는 입장이 일반적이다(통설). 판례도 마찬가지의 입장이다.[252]

② 소송물의 전제를 이루는 권리·법률관계, 법규의 존부·해석 또는 법률적 사실에 대한 불리한 진술은 재판상 자백이 아니라 권리자백의 문제이다. 예컨대, 법정변제충당의 순서 자체나 법률상 유언이 아닌 것을 유언이라고 시인하더라도 이와 같은 진술은 재판상 자백이 될 수가 없다.

(2) **자백의 내용** - 자기에게 불리한 사실상의 진술

불이익의 판단과 관련해서 ① 상대방에게 증명책임이 있는 사실을 인정하는 경우라고 보는 증명책임설과 ② 이에 한하지 않고, 상대방의 주장사실이 판결의 기초로 채택되어 패소가능성이 있는 경우에는 자기에게 증명책임이 있는 사실도 포함된다고 보는 패소가능성설(다수설)의 대립이 있다. 판례는 패소가능성설에 따르는 듯한 판시를 한바 있다.

(3) **자백의 모습**(형태) - 상대방의 주장사실과 일치되는 사실상의 진술

1) 선행자백

자백은 상대방의 사실주장과 일치하여야 하는데, 주장의 일치에 있어서 <u>시간적 선후관계는</u> 상관없다. 즉 당사자의 일방이 자진하여 불리한 사실을 진술(자인진술)하고, 이를 철회하지 않는 동안 상대방이 이를 원용하는 경우에도 자백이 성립한다. 상대방이 원용하기까지는 선행「자백」이 아니므로 상대방이 원용하지 않은 상태에서 자기에게 불리한 진술은 이를 철회할 수 있다. 이런 의미에서 당사자에 대한 구속력은 없다. 반면, 상대방이 원용하였다면 자백의 구속력이 발생하므로 이를 철회할 수 없다.

2) 자백의 가분성

상대방의 진술의 취지에 결론적으로 반대하여도 그 일부에 대하여는 일치한 진술을 하는 경우나, 상대방의 진술을 긍정하면서 이와 관련시켜 별개의 사실을 부가하여 방어하는 경우에도 일치하고 있는 부분에 대하여는 자백의 성립을 방해하지 않는다.

(4) **자백의 형식** - 변론이나 변론준비기일에서 소송행위로서의 진술

자백은 변론이나 변론준비기일에서의 소송상의 진술 또는 진술간주된 경우에 한한다.

---

252) 대판 1988.12.20, 88다카3083; 대판 1991.1.11, 90다8244

3. 재판상 자백의 효력

(1) 법원에 대한 구속력 – 사실인정권의 배제

법원은 자백사실이 진실인가의 여부에 관하여 판단할 필요가 없으며, 증거조사의 결과 반대의 심증을 얻었다 하여도 다른 사실을 인정할 수 없고, 자백한 사실을 판결의 기초로 삼아야 한다.

(2) 당사자에 대한 구속력

1) 철회제한의 원칙

자백의 철회는 원칙적으로 인정되지 않는다. 다만 다음과 같은 경우는 철회가 허용된다.

2) 예외적 허용

① 진실에 어긋나는 자백은 그것이 착오로 말미암은 것임을 증명한 때에는 철회할 수 있다(제288조 단서). 그리고 ② 당사자가 소송대리인의 자백에 있어서 경정권을 행사한 경우(제94조) 및 ③ 상대방의 동의가 있는 경우와 ④ 상대방 또는 제3자의 형사상 처벌받을 행위로 말미암아 자백을 한 경우(제451조 제1항 제5호 참조)에는 예외적으로 자백의 철회가 허용된다.

4. 사안의 경우

1) 사안에서 2001.7.5.부터 2001.12.4.까지의 차임의 지급사실은 乙의 항변사실로서 乙에게 증명책임이 있는 사실이다. 사안의 경우에는 그 소송의 변론 또는 변론준비절차에서 甲이 자신에게 불리한 사실상의 진술을 하였다는 점은 문제가 없다. 다만 乙의 주장사실과 일치하는 불리한 진술을 甲이 먼저 자진하여 한 경우로서 선행자백이 되는지가 문제이다.

2) 사안에서 甲은 2002.5.10. 제출한 소장에서 2001.7.5.부터 2001.12.4.까지의 乙의 차임지급 사실을 진술하였으나, 그 뒤 乙은 甲의 주장사실을 모두 부인하는 내용의 답변서만 제출하였을 뿐 甲의 진술을 원용하지 않았으므로, 판례에 따르면 아직 선행자백에 해당하지 않는다. 따라서 甲은 그 자인한 진술을 철회하고 이와 모순된 진술을 자유로이 할 수 있다.

3) 결국 사안에서 乙의 원용이 있기 전 甲이 청구취지확장신청서를 제출하면서 2001.7.5.부터 2001.12.4.까지의 차임을 乙이 지급하였다는 진술을 진실에 반하고 착오로 인한 것이므로 철회한다고 진술한 것은 자백의 철회에 해당하지 않고 그 자인한 진술을 철회하고 이와 모순된 진술을 자유로이 할 수 있다. 따라서 甲은 그 진술이 진실에 반하고 착오로 인한 것이라는 점을 증명할 필요도 없고, 乙의 동의도 필요 없으므로 乙이 甲의 진술철회에 동의할 수 없다는 것은 무의미하다. 결국 甲의 철회는 유효하다.

4) 따라서 법원은 2001.7.5.부터 2001.12.4.까지의 차임지급 사실이 있다는 점에 대해 구속되지 않으며, 이러한 사실은 증거에 의해 증명되어야 할 요증사실에 해당한다. 결국 이러한 항변사실에 대해서는 乙이 여전히 증명책임을 부담하게 된다.

✅ 사례(112) | 재판상 자백과 기일해태

사실관계

甲은 2016.5.1. 자신의 X 기계를 乙에게 소유권유보부매매로 하여 乙이 경영하는 공장에 위 X 기계를 설치해 주었다. 그런데 乙이 위 X 기계에 대한 대금을 지급하기로 한 약속을 지키지 못하자, 甲은 乙에 대하여 2016.9.10. 위 매매계약을 해제하였다. 그런데 위 X 기계가 설치된 乙 소유의 공장대지 및 건물에 대하여 丙이 저당권을 취득하고, 丙의 저당권 실행을 위한 경매절차에서 위 공장대지 및 건물과 더불어 "공장 및 광업재단 저당법"에 따라 저당목적물로 경매목록에 기재되어 있던 위 X 기계를 丁이 매수하였다. 이에 대해 甲은 丙을 상대로 자신의 기계가 경매되었다고 주장하며 X 기계의 매각대금 상당액인 1억원의 부당이득반환청구의 소를 제기하였다.

문제

甲은 위 부당이득반환청구소송의 제1회 변론기일에 丙에 대한 1억원의 부당이득반환청구권의 발생 요건사실을 모두 주장·증명하였다. 그 후 甲은 제2회 변론기일 전에 준비서면을 제출하였는데, 이 준비서면에 甲이 丙으로부터 위 부당이득금 1억원을 지급받았다는 내용이 기재되어 있었다. 제2회 변론기일에 甲은 출석하지 않았고 丙은 출석하여 '甲이 丙으로부터 위 부당이득금을 지급받았다는 甲의 주장을 丙의 이익으로 원용한다.'라고 진술하였다. 제3회 변론기일에는 甲과 丙 모두 출석하였는데, 甲은 "甲이 丙으로부터 위 부당이득금을 반환받은 적이 없고, 위 준비서면의 내용은 진술하지 않겠다."라고 진술하였다. 법원은 제3회 변론기일에 증거조사를 하고 변론을 종결하였는데, 위 증거조사 결과 甲이 丙으로부터 위 부당이득금을 반환받았는지 여부에 대하여 확신을 갖지 못하였다. 법원은 어떠한 판결을 하여야 하는가? [20점]

1. 결론

청구기각판결을 하여야 한다.

2. 근거

(I) 재판상 자백의 성립 여부

1) 의의

재판상의 자백이란 당사자가 그 소송의 변론 또는 변론준비절차에서 상대방의 주장과 일치하고 자기에게 불리한 사실의 진술을 말한다(제288조).

2) 자백의 대상 – 주요사실

① 자백의 대상이 되는 것은 구체적인 사실로서 주요사실에 한정되는데, 주요사실이란 권리의 발생·변경·소멸이라는 법률효과를 가져오는 법규의 직접요건사실을 말한다.

② 사안에서 변제사실은 甲의 부당이득반환청구권을 소멸하게 하는 법규의 요건사실에 해당하는 주요사실이다.

3) 자백의 내용 - 자기에게 불리한 진술

① 판례는 상대방의 주장사실이 판결의 기초로 채택되어 패소가능성이 있는 경우에는 불리한 경우에 해당한다는 입장이다.[253]

② 사안에서 丙의 변제사실이 인정되면 甲은 패소될 가능성이 있으므로 甲에게 불리한 사실에 해당한다.

4) 자백의 형식 - 변론 등에서 소송행위로서의 진술

가) 진술간주 포함

판례는 자백은 변론이나 변론준비기일에서 소송상 진술한 경우뿐만 아니라 진술간주(제148조 제1항)된 경우도 포함된다는 입장이다.[254] 즉, 법원에 제출되어 상대방에게 송달된 답변서나 준비서면에 자백에 해당하는 내용이 기재되어 있는 경우라도 그것이 변론기일이나 변론준비기일에서 진술 또는 진술간주되어야 재판상 자백이 성립한다고 하였다.

나) 당사자 일방의 기일해태와 진술간주

① i) 원고 또는 피고가 소장·답변서·기타 준비서면을 제출하고, ii) 변론기일에 불출석 또는 출석하고서도 본안에 관하여 변론하지 아니하였을 때에는 iii) 법원은 원고 또는 피고가 제출한 소장·답변서, 그 밖의 준비서면에 적혀 있는 사항을 진술한 것으로 보고 출석한 상대방에게 변론을 명할 수 있다(제148조). 이 경우 진술간주된다는 것 이외에는 당사자 쌍방이 출석한 경우와 동일한 취급을 한다. 따라서 상대방의 주장사실에 대하여 서면에서 자백한 경우에는 재판상 자백이 성립한다.

② 사안의 경우 甲은 변제사실을 인정하는 준비서면을 제출하고 변론기일에 출석하지 않았는바, 甲은 진술간주의 효과를 받을 것이다. 결국 丙의 변제사실에 대해 재판상 자백이 성립할 수 있다.

5) 자백의 모습 - 상대방의 주장사실과 일치

① 자백은 상대방의 사실주장과 일치하여야 하는데, 주장의 일치에 있어서 시간적 선후관계는 상관없다. 즉 당사자의 일방이 자진하여 불리한 사실을 진술(자인진술)하고, 이를 철회하지 않는 동안 상대방이 이를 원용하는 경우에도 자백이 성립한다. 상대방이 원용하기까지는 선행「자백」이 아니므로 상대방이 원용하지 않은 상태에서 자기에게 불리한 진술은 이를 철회할 수 있다. 반면, 상대방이 원용하였다면 자백의 구속력이 발생하므로 이를 철회할 수 없다.[255]

---

253) 대판 1993.9.14, 92다24899

254) 대판 2015.2.12, 2014다229870

255) 대판 1992.8.14, 92다14724; 대판 2016.6.9, 2014다64752 등

② 사안에서 甲은 준비서면에 자진하여 丙이 변제하였다는 사실을 먼저 기재하고 이것이 진술간주되었으며, 丙은 이에 대해 원용하였으므로, 선행자백으로서 구속력이 발생한다.

(2) 재판상 자백의 효력

1) 법원에 대한 구속력

법원은 자백사실이 진실인가의 여부에 관하여 판단할 필요가 없이, 자백한 사실을 판결의 기초로 삼아야 하고, 그와 저촉되는 사실을 인정할 수 없다.[256]

2) 당사자에 대한 구속력

가) 철회제한의 원칙

자백은 법원에 대한 구속력으로 법원은 사실인정권이 배제되어 자백한 것을 그대로 인정해야 하며, 당사자에 대한 구속력으로서 당사자는 자유롭게 철회하지 못함이 원칙이다.

나) 예외적 허용

다만 ① 진실에 어긋나는 자백은 그것이 착오로 말미암은 것임을 증명한 때에는 철회할 수 있다(제288조 단서). 그리고 ② 상대방의 동의가 있는 경우, ③ 상대방 또는 제3자의 형사상 처벌받을 행위로 말미암아 자백을 한 경우(제451조 제1항 제5호 참조)에는 자백의 철회가 허용된다.

(3) 사안의 경우

甲은 준비서면에 자진하여 丙이 변제하였다는 사실을 먼저 기재하고 이것이 진술간주되었으며, 丙이 이를 원용함으로써 선행자백으로서 구속력이 발생하였다. 또한 甲이 "丙으로부터 위 부당이득금을 반환받은 적이 없고, 위 준비서면의 내용은 진술하지 않겠다."라고 하는 철회는 예외적으로 허용되는 사정이 보이지 않으므로 인정될 수 없다. 나아가 법원은 증거조사 결과 甲이 丙으로부터 위 부당이득금을 반환받았는지 여부에 대하여 확신을 갖지 못하였지만, 법원은 자백된 사실에 저촉되어 판단할 수 없으므로, 丙의 변제사실을 인정할 수밖에 없다. 결국 법원은 甲의 부당이득반환청구에 대해 청구기각판결을 하여야 한다.

---

256) 대판 2010.2.11, 2009다84288 등

사례(113) | 유일한 증거 및 재판상 자백과 증명책임

사실관계 및 소송의 결과

甲은 친구인 乙에게 금 100,000,000원을 빌려주면서 1년 후에 돌려받기로 약정하였다. 甲은 5년이 지나도 乙이 돈을 갚지 않자 대여금 반환청구의 소를 제기하였다. 피고 乙은 변론준비기일에서 빌린 돈 모두를 변제하였다고 항변하면서, 다만 변제 후 영수증을 받아 두지 않았으므로 변제사실의 증명을 위해 A를 증인으로 신청하였다. 원고 甲은 피고 乙로부터 한 푼도 변제받지 못했다고 하면서 이러한 사실을 잘 아는 B를 증인으로 신청하였다. 재판장은 원고와 피고에게 다른 증거가 더 있느냐고 묻자 당사자들은 위 증인들이 각기 유일한 증거라고 진술하였다. 이에 재판장은 준비절차를 종결하고 변론기일을 지정하면서 두 증인에 대한 증거조사를 1차 변론기일에 실시하겠다고 고지하였다. 원고와 피고는 1차 변론기일에서 증인 A, B 모두가 외국 여행 중이고 현재는 소재가 파악되지 않아 당장 두 사람에 대한 증인신문이 어렵지만 모두 각자에게 유일한 증거이므로 기일을 추정해 줄 것을 신청하였다. 재판장은 2회, 3회, 4회 변론기일을 추가로 지정하였으나 원고와 피고는 동일한 말만 되풀이 할 뿐 증인의 소재조차 파악하지 못하고 있다.

문제

(1) 재판장은 증인 A, B에 대한 증거채택을 각기 취소하고 변론을 종결한 후 선고기일을 지정하였다. 재판장의 이러한 취소행위는 적법한가? 10점

(2) 재판장은 위 사건에서 원고와 피고의 주장에만 기초하여 원고 전부 승소판결을 선고할 수 있는가? 15점

Ⅰ 설문 (1)에 관하여

1. 결론

증인 A와 B에 대한 증거채택을 취소한 것은 적법하다.

2. 근거

(1) 유일한 증거의 의의

유일한 증거라 함은 주요사실에 관하여 당사자로부터 증거신청이 있는 경우에 그 점에 대하여는 다른 증거방법이 없는 것으로 그 증거를 조사하지 않으면 증명의 길이 없게 되어 아무런 증명이 없게 되는 경우의 증거를 말한다. 당사자가 주장하는 사실에 대한 유일한 증거인 때에는 이를 채택하여 조사하여야 한다(제290조 단서). 유일한 증거를 조사하지 않고 주장을 배척하면 증명의 길을 막고 증거가 없음을 나무라는 결과가 되어 쌍방심리주의에 반하므로, 이 범위에서 법원의 증거채부의 재량권이 제한을 받는 셈이다.

(2) 판단기준

① 유일한지 여부는 사건 전체가 아니라 '쟁점 단위'로 판단하여야 하므로 사건 전체로 보아 여러 개의 증거가 있어도 어느 특정한 쟁점에 관한 유일한 증거를 배척하여서는 안 된다.

② 또한 유일한지 여부는 '전 심급'을 통하여 판단하여야 한다.

(3) 적용범위

① 주요사실에 대한 증거, 즉 직접증거라야 하므로 간접사실·보조사실에 대한 증거인 간접증거는 포함되지 않는다.

② 유일한 증거는 자기에게 증명책임이 있는 사항에 대한 증거이기 때문에 본증에 한하는 것이지, 반증은 해당되지 아니한다는 것이 판례이다.[257]

(4) 증거조사

① 유일한 증거는 반드시 증거조사하여야 함이 원칙이다. 다만 그 내용을 반드시 채택하여야 한다는 것은 아니다.

② 유일한 증거라도 다음과 같은 경우에는 예외적으로 증거조사를 하지 아니할 수 있다. ⅰ) 증거신청이 부적법하거나, ⅱ) 시기에 뒤늦은 경우(제149조), ⅲ) 증인의 병환이나 송달불능 등 증거조사에 장애가 있는 경우, ⅳ) 비용의 불예납 등 거증자의 고의나 태만으로 인하여 증거조사를 합리적인 기간 내에 할 수 없는 경우 등이다.

(5) 사안의 경우

증인 A와 B는 주요사실인 변제사실에 대한 쟁점 단위별, 그리고 전 심급을 통해 다른 증거방법이 없는 경우의 증거이다. 다만 증인 B는 반증으로서 유일한 증거가 아니므로 재판장이 증인 B에 대한 증거채택을 취소한 것은 적법하다. 또한 증인 A는 본증으로서 유일한 증거에 해당하나, 증인신문을 위해 2회, 3회, 4회 변론기일을 추가로 지정하였음에도 피고는 동일한 말만 되풀이할 뿐 증인의 소재조차 파악하지 못하고 있으므로, 이는 증거조사에 장애가 있는 경우로서, 재판장이 증인 A에 대한 증거채택을 취소한 것도 적법하다.

▌ⅠⅠ▐ 설문 (2)에 관하여

1. 결론

전부 승소판결을 선고할 수 있다.

2. 근거

(Ⅰ) 변론주의의 적용

1) 변론주의의 의의 및 내용

---

257) 대판 1998.6.12, 97다38510

2) 주요사실과 간접사실의 구별

사안에서 ① 甲의 대여금청구에 있어서 소비대차계약체결사실, 대여사실, 이행기도래사실은 권리근거규정의 요건사실로서 주요사실이며, ② 乙의 변제사실은 권리멸각규정의 요건사실로서 주요사실에 해당한다.

3) 자백의 구속력

가) 요건 및 효과

재판상 자백이 성립하기 위해서는 ① 변론 또는 변론준비절차에서 ② 상대방의 진술과 일치하고 ③ 자기에게 불리한 ④ 사실의 진술일 것이어야 한다.

재판상 자백이 인정되면 그 구속력에 따라, 법원은 자백사실이 진실인가의 여부에 관하여 판단할 필요 없이 이에 반하는 다른 사실을 인정할 수 없다.

나) 사안의 경우

사안에서 乙은 甲의 대여사실을 인정하면서 변제하였다고 항변하였는바, 甲의 대여사실에 대해서는 재판상 자백이 성립되어 법원은 이에 구속되어 판단할 수밖에 없다. 다만 乙의 변제사실에 대해서는 甲이 다투고 있는바, 이에 대해서는 증명이 필요한데, 사안에서는 변제사실에 대한 증명이 없는 경우로서 그에 따른 증명책임이 누구에게 귀속될 것인지 여부가 문제이다.

(2) 변제사실에 대한 증명책임

1) 증명책임의 의의

증명책임이란 소송상 어느 요증사실의 존부가 확정되지 않을 때에 당해 사실이 존재하지 않는 것으로 취급되어 법률판단을 받게 되는 당사자 일방의 위험 또는 불이익을 말한다. 이러한 증명책임의 분배에 대해 판례는 법률요건 분류설에 따라 각 당사자는 자기에게 유리한 법규의 요건사실의 존부에 대해 증명책임을 지는 것으로 분배시키고 있다.

2) 증명책임의 분배기준

법률요건 분류설에 따르면, ① 권리의 존재를 주장하는 자는 권리근거규정의 요건사실에 대한 주장·증명책임을 지고, ② 그 존재를 다투는 상대방은 반대규정의 요건사실에 대한 증명책임을 지게 되는데, 반대규정으로는 권리장애규정, 권리멸각규정, 권리저지규정이 있다. 즉 항변사실에 대해서는 그 제출자가 증명책임을 부담한다.

3) 사안의 경우

乙의 변제사실은 권리멸각규정의 요건사실로서 항변사실에 해당하는바, 乙이 증명책임을 부담하는데, 이에 대한 乙의 아무런 증명이 없었으므로 乙이 패소의 불이익을 받는다.

(3) 사안의 경우

법원은 甲의 대여사실은 재판상 자백에 따라 구속되어 판단할 수밖에 없고, 乙의 변제사실에 대해서는 증명책임의 법리에 따라 판단할 수밖에 없다. 이에 따라 법원은 甲의 청구를 인용하여야 한다.

✅ 사례(114) | 유일한 증거

> **사실관계**
>
> 甲은 그의 소유 토지 위에 乙이 건물을 지어 살고 있어 乙을 상대로 토지의 인도와 건물을 철거할 것을 청구하는 소를 제기하였다. 이에 乙은 甲의 토지 소유권은 인정하지만 甲으로부터 위 건물의 소유를 목적으로 위 토지를 임차하였으므로, 건물매수청구권을 행사한다고 주장하였다.
>
> **문제**
>
> 위 소송에서 乙은 임대차계약서를 증거로 제출하였고, 이에 대해 甲은 자신은 그러한 계약서를 작성한 사실이 없다고 다투었다. 이에 乙은 임대차계약서의 진정성립을 위하여 A를 증인으로 신청하였는데, A가 단 한번 출석하지 아니하자 재판장은 증거채택을 취소한 다음 乙의 항변을 받아들이지 아니하였다. 이러한 재판장의 취소행위는 적법한지 여부에 대한 결론과 근거를 설명하시오. 12점

1. 결론

부적법하다.

2. 근거

(I) 유일한 증거

1) 의의 및 취지

유일한 증거라 함은 주요사실에 관하여 당사자로부터 증거신청이 있는 경우에 그 점에 대하여는 다른 증거방법이 없는 것으로 그 증거를 조사하지 않으면 증명의 길이 없게 되어 아무런 증명이 없게 되는 경우의 증거를 말한다. 당사자가 주장하는 사실에 대한 유일한 증거인 때에는 이를 채택하여 조사하여야 한다(제290조 단서). 쌍방심리주의, 당사자의 절차권 보장을 위해 법원의 증거채부의 재량권이 제한을 받는 셈이다.

2) 판단기준

① 유일한지 여부는 사건 전체가 아니라 '쟁점 단위'로 판단하여야 하므로 사건 전체로 보아 여러 개의 증거가 있어도 어느 특정한 쟁점에 관한 유일한 증거를 배척하여서는 안 된다.

② 또한 유일한지 여부는 '전 심급'을 통하여 판단하여야 한다.

3) 적용범위

가) 주요사실에 대한 증거

주요사실에 대한 증거, 즉 직접증거라야 하므로 간접사실·보조사실에 대한 증거인 간접증거는 포함되지 않는다. 다만 판례는 서증이 유일한 증거이면 그 서증의 진정성립을 위하여 신청한 증인이 단 한번 출석하지 아니하였다 하여 취소한 다음 항변을 받아들이지 아니한 것은 주장사실에 대한 유일한 증거를 조사하지 아니한 채증법칙위반이라고 하였다.[258]

나) 본증에 한하는지 여부

유일한 증거는 자기에게 증명책임이 있는 사항에 대한 증거이기 때문에 본증에 한하는 것이지, 반증은 해당되지 아니한다는 것이 판례이다.[259]

4) 효과

① 유일한 증거는 반드시 증거조사하여야 함이 원칙이다. 다만 그 내용을 반드시 채택하여야 한다는 것은 아니다.

② 유일한 증거라도 다음과 같은 경우에는 예외적으로 증거조사를 하지 아니할 수 있다. ⅰ) 증거신청이 부적법하거나, ⅱ) 시기에 뒤늦은 경우(제149조), ⅲ) 증인의 병환이나 송달불능 등 증거조사에 장애가 있는 경우, ⅳ) 비용의 불예납 등 거증자의 고의나 태만으로 인하여 증거조사를 합리적인 기간 내에 할 수 없는 경우 등이다.

(2) 사안의 해결

사안의 경우 법규기준설에 따르면 임대차계약체결사실은 건물매수청구권을 구성하는 권리행사 저지사실에 해당하고, 이를 증명해야 하는 책임은 乙에 있으므로 본증에 해당한다. 다만 처분문서인 서증의 진정성립의 사실은 보조사실이지만, 이것이 인정되면 주요사실인 임대차계약의 체결사실에 대해 강한 사실상의 추정력이 생기는 특수성이 있으므로, 주요사실에 대한 증거처럼 유일한 증거의 법리를 적용해야 함이 타당하다. 즉 유일한 서증의 진정성립을 인정하기 위한 증인은 유일한 증거에 해당된다. 따라서 건물매수청구권이 출현적·예비적 항변에 속하는 이상 그 임대차계약체결사실의 증명을 위한 A의 증인신청이 시기에 늦었다고 단정할 수 없으며, 특별히 증거조사에 장애가 있는 사정 등이 없는 본 사안에서 증인 A가 단 한번 출석하지 않았다고 하여 재판장이 증거채택을 취소하고 조사하지 않음은 채증법칙 위반으로 부적법하다.

---

258) 대판 1962.5.10, 61다1510
259) 대판 1998.6.12, 97다38510

사례(115) | 문서의 증거능력과 증거력

사실관계

甲은 2005.3.1. 乙로부터 乙 소유인 X 토지를 금 5억원에 매수하기로 하는 계약을 체결하고 그 후 중도금 4억원을 지급하였으며, 잔금 지급기일인 2005.8.1. 잔금까지 지급하였으나 乙이 소유권이전등기를 회피함에 따라 甲은 2009.5.1. 乙을 상대로 X 토지에 관하여 위 매매를 원인으로 하는 소유권이전등기청구소송을 제기하였다.

甲이 소장에 증거방법으로 2005.3.1.자 매매계약서(갑 제1호증)를 첨부, 제출하자 乙은 "甲과 乙이 위 매매계약서를 작성한 사실은 있지만 계약이 무효이므로 甲의 청구는 기각되어야 한다"는 내용이 기재된 답변서를 제출하고 제1회 변론기일에 출석하지 아니하였다. 그런데 乙은 제2회 변론기일에 출석하여 "甲이 제출한 매매계약서(갑 제1호증)는 위조된 것이다"라고 진술하였다.

문제

법원은 매매계약서(갑 제1호증)를 甲의 청구를 뒷받침할 증거로 사용할 수 있는가? [20점]

Ⅰ 결론

법원은 매매계약서를 甲의 청구를 뒷받침할 증거로 사용할 수 있다.

Ⅱ 근거

1. 매매계약서의 증거능력

증거능력이란 증거조사의 대상이 될 수 있는 자격을 말하는데, 민사소송법은 자유심증주의를 채택하고 있으므로, 문서에 대한 증거능력의 제한이 없다. 따라서 사안의 경우 매매계약서의 증거능력은 인정된다.

2. 문서의 증거력의 판단순서

문서의 증거력을 판단함에 있어서는 우선 형식적 증거력의 유무를 조사하여 이를 확실히 하고, 다음으로 형식적 증거력이 인정될 때에 실질적 증거력을 검토하는 것이 순서이다. 왜냐하면 형식적 증거력이 인정되지 않는다면 실질적 증거력은 인정될 여지가 없기 때문이다.

3. 형식적 증거력 인정 여부

(1) 형식적 증거력의 의의

거증자가 그 문서의 작성자라고 주장하는 특정인의 의사에 기하여 실제로 작성된 것을 문서의 진정성립이라고 하는데, 일반적으로 진정하게 성립된 문서를 형식적 증거력이 있다고 한다.

(2) 기일해태에 따른 소송상 불이익

1) 진술간주의 불이익

법원은 ① 원고 또는 피고가 소장·답변서·기타 준비서면을 제출하고, ② 적법한 기일통지를 받고도 필요적 변론기일에 불출석 또는 출석하고서도 본안에 관하여 변론하지 아니하였을 때에는 ③ 원고 또는 피고가 제출한 소장·답변서, 그 밖의 준비서면에 적혀 있는 사항을 진술한 것으로 보고 출석한 상대방에게 변론을 명할 수 있다(제148조). 이 경우 진술간주된다는 것 이외에는 당사자 쌍방이 출석한 경우와 동일한 취급을 한다. 따라서 상대방의 주장사실에 대하여 서면에서 자백한 경우에는 재판상 자백이 성립한다.

2) 사안의 경우

사안의 경우 乙이 답변서 등을 제출하고 변론기일에 출석하지 않았으므로, 乙은 진술간주의 불이익을 받는다. 따라서 乙이 답변서에서 인정한 진술은 재판상 자백으로서 인정되어야 하는데, 이와 관련하여 사안에서는 乙이 답변서에서 甲 등과 매매계약서를 작성한 사실을 인정하고 있으므로, 문서의 진정성립의 인정 진술에 대해서도 재판상 자백이 성립될 수 있는지 여부가 문제이다.

(3) 문서의 진정성립에 대한 재판상 자백의 성립 여부

1) 문제점

자백의 대상이 되는 사실은 주요사실에 한하며, 간접사실과 보조사실에 대하여는 자백이 성립하지 않는다. 그러나 보조사실 중 문서의 진정성립에 대한 자백은 특수한 취급을 받아 이에 대해서도 재판상 자백으로서의 효력을 인정할 것인지 여부가 문제이다.

2) 재판상 자백의 성립 여부

① 판례는 i) 문서의 진정성립에 관하여 성립인정한 경우에는 주요사실에 대한 경우처럼 재판상자백의 법리가 적용되며, 따라서 당사자 사이에 성립에 다툼이 없으면 법원은 자백에 구속되어 그 형식적 증거력을 인정하여야 한다고 하였다. ii) 또한 문서의 성립에 관한 자백은 보조사실에 관한 자백이기는 하나 그 취소에 관하여는 다른 간접사실에 관한 자백취소와는 달리 주요사실의 자백취소와 동일하게 처리하여야 할 것이므로 문서의 진정성립을 인정한 당사자는 자유롭게 이를 철회할 수 없다고 할 것이고, 이는 문서에 찍힌 인영의 진정함을 인정하였다가 나중에 이를 철회하는 경우에도 마찬가지라는 입장이다.[260]

② 사안의 경우 乙의 답변서 인정진술에 따라 문서의 진정성립에 대한 재판상 자백이 성립된다. 그런데 사안에서는 乙이 제2회 변론기일에 출석하여 甲이 제출한 매매계약서는 위조된 것이라고 진술하였으므로, 이러한 번복진술이 허용될 것인지 여부가 문제이다.

---

260) 대판 2001.4.24, 2001다5654

(4) 문서의 진정성립에 관한 인정진술의 철회 가부

1) 철회제한의 원칙

재판상 자백이 성립하면 당사자에 대한 구속력이 인정되므로, 자백의 철회는 원칙적으로 인정되지 않는다.

2) 예외적 허용

다만 ① 진실에 어긋나는 자백은 그것이 착오로 말미암은 것임을 증명한 때에는 철회할 수 있다(제288조 단서). 그리고 ② 상대방의 동의가 있는 경우와 ③ 상대방 또는 제3자의 형사상 처벌받을 행위로 인한 경우(제451조 제1항 제5호 참조)에는 예외적으로 자백의 철회가 허용된다.

3) 사안의 경우

사안에서 乙이 문서의 진정성립에 관한 인정진술을 예외적으로 철회할 수 있는 사유는 보이지 않는다. 따라서 乙의 인정진술에 따라 甲과 乙이 작성한 매매계약서는 형식적 증거력이 인정된다.

4. 실질적 증거력 인정 여부

(1) 의의

실질적 증거력이란 당해 문서의 기재내용이 요증사실의 증명에 기여하는 정도, 즉 증거가치를 말한다. 실질적 증거력의 판단은 법관의 자유심증에 맡겨져 있으며, 자백의 법리가 적용되지 않는다.

(2) 처분문서의 실질적 증거력

다만 처분문서의 경우 그 진정성립이 인정되는 이상 기재 내용대로 법률행위의 존재 및 내용을 인정하여야 한다. 그러나 이러한 추정은 상대방의 반증에 의하여 부정될 수 있는 강력한 사실상 추정에 불과하며, 그 추정의 범위는 문서에 기재된 법률행위를 한 사실에 한정된다.

5. 설문의 해결

사안의 경우 乙의 인정진술에 따라 甲과 乙이 작성한 매매계약서는 형식적 증거력이 인정된다. 나아가 매매계약서는 처분문서로서 그 진정성립이 인정되는 이상 기재 내용대로 법률행위의 존재 및 내용을 인정하여야 한다. 따라서 법원은 매매계약서를 甲의 청구를 뒷받침할 증거로 사용하여 매매계약 체결사실을 인정할 수 있다.

사례(116) 문서의 증거력

사실관계

甲은 乙에게 甲소유의 토지 A에 대하여 계약금 2,000만원, 중도금 8,000만원, 잔금 1억원, 합계 2억원으로 하는 매매계약서를 작성하였다. 甲은 乙로부터 계약금과 중도금 및 잔금 중 6,000만원, 합계 1억 6,000만원을 지급받고 미지급 잔금 4,000만원의 지급을 독촉하였으나 乙은 이를 이행하지 않았다. 이에 甲은 乙을 상대로 미지급 잔금 4,000만원의 지급을 구하는 소를 제기하면서 증거로 갑 제1호증(매매계약서)을 제출하였다.

문제

乙은 변론과정에서 "총 매매대금은 1억 6,000만원이지만, 나중에 있을 세금문제 등을 고려하여 내가 매매액수를 2억원으로 하자고 부탁하여 실제 잔금이 6,000만원인데 1억원으로 기재하게 된 것이다."라고 주장하였고, 乙이 신청한 증인 丙도 乙의 주장과 동일한 취지의 증언을 하였다. 乙의 주장에 대해 甲은 그러한 합의를 한 사실이 없으며, 증인 丙에 대해서는 일면식도 없는 사람이라고 주장하고 있다. 법원은 丙의 증언을 믿을 수 없었다. 이 경우 법원은 甲, 乙의 주장 중 누구의 주장을 받아들여야 하는가? 15점

1. 결론

甲의 주장을 받아들여야 한다.

2. 근거

(1) 매매계약서의 증거력 판단

문서의 증거력 판단은 ① 우선 문서가 거증자가 그 문서의 작성자라고 주장하는 특정인(작성명의인)의 의사에 기하여 실제로 작성된 것인가를 확실히 하고(형식적 증거력의 인정) → ② 비로소 그 문서의 기재내용이 요증사실을 진실한 것으로 인정할 자료가 되는가(실질적 증거력)를 판단하여야 한다.

(2) 형식적 증거력 인정 여부

1) 의의

문서의 기재내용이 거증자가 그 문서의 작성자라고 주장하는 특정인의 의사에 기하여 실제로 작성된 것을 문서의 진정성립이라고 하는데, 일반적으로 진정하게 성립된 문서를 형식적 증거력이 있다고 한다.

2) 문서의 진정성립에 대한 재판상 자백의 성립 여부

가) 문제점

자백의 대상이 되는 사실은 주요사실에 한하며, 간접사실과 보조사실에 대하여는 자백이 성립하지 않는다. 그러나 보조사실 중 문서의 진정성립에 대한 자백은 특수한 취급을 받아 이에 대해서도 재판상 자백으로서의 효력을 인정할 것인지 여부가 문제이다.

나) 재판상 자백의 성립 여부

① 판례는 ⅰ) 문서의 진정성립에 관하여 성립인정한 경우에는 주요사실에 대한 경우처럼 재판상 자백의 법리가 적용되며, 따라서 당사자 사이에 성립에 다툼이 없으면 법원은 자백에 구속되어 그 형식적 증거력을 인정하여야 한다고 하였다.[261] ⅱ) 또한 문서의 성립에 관한 자백은 보조사실에 관한 자백이기는 하나 그 취소에 관하여는 다른 간접사실에 관한 자백취소와는 달리 주요사실의 자백취소와 동일하게 처리하여야 할 것이므로 문서의 진정성립을 인정한 당사자는 자유롭게 이를 철회할 수 없다고 할 것이고, 이는 문서에 찍힌 인영의 진정함을 인정하였다가 나중에 이를 철회하는 경우에도 마찬가지라는 입장이다.[262]

② 사안의 경우 甲이 제출한 매매계약서에 대해 乙은 자신이 기재한 사실을 인정하였으므로 매매계약서의 진정성립에 대한 재판상 자백이 성립된다.

(3) 실질적 증거력 인정 여부

1) 의의 및 판단

실질적 증거력이란 당해 문서의 기재내용이 요증사실의 증명에 기여하는 정도, 즉 증거가치를 말한다. 실질적 증거력의 판단은 법관의 자유심증에 맡겨져 있으며, 자백의 법리가 적용되지 않는다.

2) 처분문서의 실질적 증거력의 추정 및 복멸

처분문서의 경우 그 진정성립이 인정되는 이상 기재 내용대로의 법률행위(의사표시)의 존재와 내용을 인정하여야 한다.[263] 다만 이러한 추정은 상대방의 반증에 의하여 부정될 수 있는 강력한 사실상 추정이다. 따라서 처분문서를 배척하자면 합리적인 이유를 설시하여야 한다.

(4) 사안의 경우

사안에서의 매매계약서는 처분문서이므로 甲의 주장대로 잔금이 1억원이라는 사실까지 사실상 추정된다. 또한 증인 丙은 이러한 추정을 복멸하기 위한 반증인데, 법원은 丙의 증언을 믿을 수 없었으므로 위 추정은 복멸되지 않는다. 따라서 법원은 매매계약서에 기재된 사실대로 잔금이 1억원이라는 甲의 주장을 받아들여야 한다.

---

261) 대판 2001.4.24, 2001다5654 등
262) 대판 1991.1.11, 90다8244
263) 대판 2005.5.27, 2004다60065; 대판 2017.2.15, 2014다19776·19783

✅ 사례(117) | 문서의 증거력

사실관계

甲과 乙은 고등학교 동창생으로서 같은 직장의 동료이기도 하다. 어느 날 乙은 그의 처와 함께 甲의 집으로 찾아와 "현재 살고 있는 아파트보다 좀 더 넓은 평수의 아파트로 옮기려고 하는데 잔금을 치를 현금이 조금 모자란다, 평소 은행에 불입해 오던 적금이 세달 후면 만기가 되는데 지금 해약하기는 너무 아깝다."고 하면서 세달 후 그 돈을 찾아 갚을 테니 돈 2억원만 빌려달라고 요청을 하여서 甲은 남달리 친하게 지내 온 관계를 생각하여 믿고 금 2억원을 빌려주었다. 그런데 乙은 적금을 찾아서 갚겠다던 날이 도달하였음에도 미루기만 할뿐 변제할 생각을 전혀 안하자, 甲은 乙을 상대로 대여금의 반환을 구하는 소를 제기하였다. 이 소송에서 甲은 乙명의로 작성되어 있는 차용증서를 증거로 제출하였다.

문제

(1) 乙은 첫 변론기일에서 甲이 제출한 차용증서가 자신과 甲이 작성한 것이 맞다고 진술하였으나 다음 기일에 나와 전회에 진술한 것은 잘못되었고 자신은 그 문서를 작성한 적이 없다고 하였다. 이 경우 첫 기일에서의 진술이 번복될 수 있는가? [12점]

(2) 乙은 그 차용증서에 찍혀 있는 인영이 자신의 것임은 인정하면서도 자신은 날인한 사실이 없으며, 다른 사람 A가 날인한 것이라고 주장하였다. 이에 법원은 乙의 위 주장과 증명에도 A가 날인한 사실에 대해서 확신을 가지지 못하고 있다. 이 경우 甲의 청구에 대해 법원은 어떠한 판단을 하여야 하는가? [20점]

(3) 甲은 A가 乙의 인장을 가져와 날인한 사실을 인정하였으나, A에게는 乙을 대리할 권한이 있었다고 주장하였고, 乙은 A에게 자신을 대리할 권한을 수여한 사실이 없다고 주장하였다. 법원은 A에게 乙을 대리할 권한이 있는지 없는지 확신을 얻지 못하였다. 이 경우 甲의 청구에 대해 법원은 어떠한 판단을 하여야 하는가? [8점]

(4) 만약 乙이 자기가 날인한 사실을 인정하였으나, 당시 백지문서였다고 주장하였다. 이 주장에 대하여 법원은 乙이 백지문서에 날인한 것인지 확신을 얻지 못하였다. 이 경우 甲의 청구에 대해 법원은 어떠한 판단을 하여야 하는가? [10점]

■ 설문 (1)에 관하여

1. 결론

乙이 차용증서의 진정성립을 인정한 이상 구속력이 생기므로 예외적인 경우가 아닌 한 임의로 철회할 수 없다. 따라서 첫 기일에서의 진술은 번복되지 않는다.

2. 근거[264]

(1) 문서의 진정성립에 대해 재판상 자백이 성립하는지 여부

판례는 문서의 성립의 진정은 보조사실이지만 주요사실에 대한 경우처럼 재판상 자백·자백간 주의 법리가 적용되어 법원은 그 성립의 인정에 구속되어 형식적 증거력을 인정하여야 한다고 본다.

따라서 사안의 경우 乙이 첫 기일에서 차용증서의 진정성립을 인정하였으므로, 주요사실에 대한 것처럼 재판상 자백이 성립되어 구속력이 생긴다.

(2) 문서의 진정성립을 인정하는 진술을 철회할 수 있는지 여부

① 판례는 "문서의 성립에 관한 자백은 보조사실에 관한 자백이기는 하나 그 취소에 관하여는 주요사실의 자백취소와 동일하게 처리하여야 할 것이다"라고 하였다.

② 일단 재판상의 자백이 성립하면 법원은 자백한 사실을 판결의 기초로 하지 않으면 안 되고, 당사자는 자백한 사실에 대하여 자유로운 철회가 부인된다. 그러나 ⅰ) 상대방의 동의가 있을 때, ⅱ) 자백이 제3자의 형사상 처벌할 행위로 인한 때(제451조 제1항 제5호), ⅲ) 자백이 진실에 반하고 착오로 인한 것임을 증명한 때(제288조 단서), ⅳ) 소송대리인의 자백을 당사자가 경정할 때(제94조)는 철회가 허용된다.

(3) 사안의 경우

사안에서 乙이 차용증서의 진정성립을 인정한 진술은 ① 상대방 甲의 동의가 있거나, ② 자백이 제3자의 형사상 처벌할 행위로 인한 것이라는 점(제451조 제1항 제5호), ③ 제288조 단서에 의한 반진실과 착오를 모두 증명하지 못하는 한 이를 철회할 수 없다.

Ⅱ 설문 (2)에 관하여

1. 결론

법원은 甲의 청구에 대하여 인용판결을 하여야 한다.

2. 근거

(1) 문서의 증거력 판단의 순서

문서의 증거력 판단은 ① 우선 문서가 거증자가 그 문서의 작성자라고 주장하는 특정인(작성명의인)의 의사에 기하여 실제로 작성된 것인가를 확실히 하고(형식적 증거력의 인정) ⇨ ② 비로소 그 문서의 기재내용이 요증사실을 진실한 것으로 인정할 자료가 되는가(실질적 증거력)를 판단하여야 한다.

---

264) 대판 1988.12.20, 88다카3083; 대판 1991.1.11, 90다8244

(2) 차용증서의 형식적 증거력 인정 여부

1) 형식적 증거력의 의의 및 증명

① 문서의 기재내용이 거증자가 그 문서의 작성자라고 주장하는 특정인의 의사에 기하여 실제로 작성된 것을 문서의 진정성립이라고 하는데, 일반적으로 진정하게 성립된 문서를 형식적 증거력이 있다고 한다.

② 사문서의 진정성립에 대해서는 거증자 측이 그 성립의 진정을 증명하여야 한다. 그런데 제358조에서는 날인사실이 증명된 경우 사문서의 진정성립이 추정됨을 규정하고 있는데, 인영의 동일성만이 인정된 경우에도 사문서의 진정성립이 추정되는지 문제된다.

2) 판례의 2단의 추정

① 판례는 인영의 진정이 인정되면 날인의 진정이 사실상 추정(1단의 추정)되고 날인의 진정이 추정되면 제358조에 의하여 증거법칙적 추정(2단의 추정)이 이루어진다고 하여, 「이단(二段)의 추정」으로 형식적 증거력을 추정하고 있다.[265]

② 따라서 사안의 경우 乙은 그 차용증서에 찍혀 있는 인영이 자신의 것임은 인정하므로 乙이 날인한 사실이 사실상 추정되고, 날인의 진정이 추정되면 제358조에 의하여 차용증서 전체의 진정성립도 추정된다고 할 것이다.

3) 진정성립 추정의 복멸

① 판례는 "날인행위가 작성 명의인(乙)의 의사에 기한 것이라는 추정은 사실상의 추정이므로, 날인사실을 다투는 자(乙)가 반증을 들어 날인행위가 작성 명의인(乙)의 의사에 기한 것임에 관하여 법원으로 하여금 의심을 품게할 수 있는 사정을 증명하면 乙의 날인사실의 추정은 깨어진다"는 입장이다.[266]

② 그리고 날인사실의 추정은 그 날인행위가 작성명의인 이외의 자(A)에 의하여 이루어진 것(도용사실)임이 밝혀진 경우에는 깨지고, 그리고 위와 같은 사실은 ⅰ) 그것을 주장하는 자(乙)가 적극적으로 증명하여야 하고, ⅱ) 이 항변사실을 증명하는 증거의 증명력은 개연성만으로는 부족하고, '본증'과 같은 증명도로써 증명하여야 한다"는 입장이다.[267]

4) 사안의 경우

사안의 경우 乙이 인장도용(다른 사람이 날인한 사실)에 관하여 증거를 제출하였지만 도용사실에 대해서 법원이 확신을 가지지 못하고 있으므로, 乙의 날인사실의 추정이 복멸되지 않는다. 따라서 법원은 위 차용증서의 진정성립을 인정할 수 있다.

---

265) 대판 2009.5.14, 2009다7762
266) 대판 1997.6.13, 96재다462
267) 대판 2009.9.24, 2009다37831

(3) 차용증서의 실질적 증거력

1) 실질적 증거력의 의의 및 판단

당해 문서의 기재내용이 요증사실의 증명에 기여하는 정도, 즉 증거가치를 말한다. 실질적 증거력의 판단은 형식적 증거력의 경우와 같은 추정규정은 없고 법관의 자유심증에 맡겨져 있으며, 자백의 법리가 적용되지 않는다.

2) 처분문서의 실질적 증거력의 추정 및 범위

처분문서의 경우 그 진정성립이 인정되는 이상 기재 내용대로 법률행위의 존재 및 내용을 인정하여야 한다. 다만 이러한 추정은 상대방의 반증에 의하여 부정될 수 있는 강력한 사실상 추정에 불과하며, 그 추정의 범위는 문서에 기재된 법률행위를 한 사실에 한정된다.

3) 사안의 경우

乙은 차용증서의 형식적·실질적 증거력 추정을 복멸할 다른 사실을 증명하지 못하였으므로, 그 진정성립(형식적 증거력)과 대여사실(실질적 증거력)이 인정된다.

Ⅲ 설문 (3)에 관하여

1. 결론

법원은 甲의 청구에 대하여 기각판결을 하여야 한다.

2. 근거

(1) 문제의 소재

사안에서는 명의인 乙이 아닌 제3자 A가 날인한 사실에 관하여 당사자 사이에 다툼이 없으므로 1단계 추정은 복멸된다. 나아가 제358조의 추정이 성립되려면 그 전제사실인 '乙의 대리인에 의한 날인 사실'이 인정되어야 하는데, 이에 대한 증명책임이 문제된다.

(2) 판례의 태도

판례는 "2단의 추정은 날인행위가 작성명의인 이외의 자(A)에 의하여 이루어진 것임이 밝혀진 경우에는 깨어지는 것이므로, 문서제출자(甲)는 그 날인행위가 작성명의인(乙)으로부터 위임받은 정당한 권원에 의한 것이라는 사실까지 증명할 책임이 있다"고 하였다.[268]

(3) 사안의 경우

제358조의 추정이 성립하기 위하여서는 날인자인 A가 乙의 대리인이라는 점은 서증제출자인 甲이 증명하여야 한다. 그런데 사안에서 법원은 이에 관하여 확신을 얻지 못하였다. 그 밖에 위 차용증서가 乙의 의사에 의하여 작성되었다는 증거가 없으므로 따라서 차용증서의 형식적 증거력은 부정되고, 그 밖에 청구원인에 부합하는 증거가 없으므로 법원은 甲의 청구를 기각하여야 한다.

---

268) 대판 2009.9.24, 2009다37831

Ⅳ 설문 ⑷에 관하여

1. 결론

법원은 甲의 청구에 대하여 인용판결을 하여야 한다.

2. 근거

⑴ 백지문서에 날인한 경우 진정성립의 추정 여부

판례는 이에 대해 ① "문서에 날인된 작성명의인의 인영이 작성명의인의 인장에 의하여 현출된 것임이 인정되는 경우에는 그 인영의 진정성립 및 그 문서 전체의 진정성립까지 추정되는 것이 기는 하나, 이는 어디까지나 먼저 내용기재가 이루어진 뒤에 인영이 압날된 경우에만 그러한 것이고 작성명의인의 날인만 되어 있고 내용이 백지로 된 문서를 교부받아 후일 그 백지 부분을 작성명의자 아닌 자가 보충한 경우, 그 문서 전체의 진정성립의 추정은 배제된다"고 하여 추정을 부정하고 있다.[269] 또한 ② 일반적으로 문서의 일부가 미완성인 상태로 서명날인을 하여 교부한다는 것은 이례에 속하므로 그 문서의 교부 당시 백지상태인 공란 부분이 있었고 그 것이 사후에 보충되었다는 점은 작성명의인이 증명하여야 한다고 하였다.[270]

⑵ 백지문서 날인에 대한 증명책임

판례의 입장에 의하면 백지문서의 경우 진정성립의 추정이 배제되므로, 작성명의인은 법관으로 하여금 백지문서에 날인한 사실을 확신하게 할 수 있을 정도로 증명해야 한다.[271]

⑶ 사안의 경우

법원은 백지문서에 날인한 사실에 관하여 확신을 얻지 못하였으므로, 백지문서에 날인한 사실은 부정된다. 그리고 乙의 날인사실이 인정되므로 제358조가 적용된다. 따라서 법원은 차용증서 전체의 진정성립을 인정하여, 甲의 청구를 인용하여야 한다.

---

269) 대판 2000.6.9, 99다37009
270) 대판 2013.8.22, 2011다100923
271) 대판 1994.10.14, 94다11590; 대판 2000.6.9, 99다37009

☑️ 사례(118) | 문서의 증거력

사실관계

甲은 2016.4.1. "피고 乙에게 1억원을 대여하였고, 피고 丙은 乙의 위 차용금채무에 대해서 연대보증을 하였다."고 주장하면서 대여금청구소송을 제기하였다. 위 소송에서 원고는 피고들의 인영이 기재된 갑 제1호증(차용증)을 증거로 제출하였고, 재판장은 법정에 출석한 피고들에게 위 갑 제1호증(차용증)의 진정성립을 인정할 것인지 여부에 대한 의견을 밝힐 것을 명하였다.

이에 피고 乙은 갑 제1호증의 성립인정과 관련하여 아무런 답변을 하지 아니함으로써 이를 다투지 아니하였고, 피고 丙은 "이행각서상의 인영은 자신의 것이 맞지만, 이는 乙이 자신의 인장을 절취하여 도용한 것이고 자신은 이러한 문서를 작성한 사실이 없다."라고 진술하였다.

문제

피고들의 각 답변(또는 침묵) 태도에 대하여 어떠한 법률적인 평가가 가능한지, 나아가 갑 제1호증을 증거로 사용할 수 있는지 여부에 관하여 피고별로 나누어 설명하시오. 20점

Ⅰ 결론

1. 乙과 丙의 각 답변 태도에 대한 법률적 평가

① 乙의 침묵 태도에 관해서는 자백간주로 평가가 가능하다.

② 丙의 도용의 항변태도에 관해서는 인영의 동일성 자체에 대해서는 재판상 자백으로, 문서의 진정성립에 대해서는 부인으로 평가가 가능하다.

2. 갑 제1호증의 증거사용 인정 여부

① 乙에 대해 갑 제1호증을 증거로 사용할 수 있다.

② 丙에 대해 갑 제1호증을 증거로 사용할 수 있다.

Ⅱ 근거

1. 공동소송의 형태와 심판방법

(1) 공동소송의 형태

주채무자 乙과 연대보증인 丙은 실체법상 관리처분권이 공동귀속되는 관계가 아니므로 고유필수적 공동소송에 해당하지 않고, 소송법상 판결의 효력이 확장되는 경우도 아니어서 유사필수적 공동소송에 해당하지도 않는다. 따라서 甲의 乙과 丙에 대한 공동소송은 통상공동소송에 해당한다.

(2) 공동소송인 독립의 원칙

통상 공동소송에 있어서 공동소송인 1인의 상대방에 대한 소송행위는 다른 공동소송인에 대하여 효력이 생기지 않는다(제66조). 즉 공동소송인의 한 사람의 소송행위는 유리·불리를 가리지 않고 원칙적으로 다른 공동소송인에게 영향을 미치지 아니한다(소송자료의 독립). 따라서 사안의 경우 乙과 丙의 각 답변(또는 침묵) 태도에 대하여 각기 판단하여야 한다.

2. 乙과 丙의 태도에 대한 법률적 평가

(1) 乙의 침묵이 자백간주에 해당하는지 여부

판례는 ① 문서의 성립의 진정은 보조사실이지만 주요사실에 대한 경우처럼 재판상 자백·자백간주의 법리가 적용되어 법원은 그 성립의 인정에 구속되어 형식적 증거력을 인정하여야 한다. ② 또한 이는 문서에 찍힌 인영의 진정함을 인정하였다가 나중에 이를 철회하는 경우에도 마찬가지라는 입장이다.

(2) 丙의 도용의 항변에 대한 법률적 평가

도용의 항변인 증거항변은 인영의 동일성 자체에 대해서는 재판상 자백에 해당하나, 문서의 진정성립에 대해서는 부인에 해당한다. 따라서 법원은 인영의 동일성에 대해서는 구속되어 판단하여야 한다. 다만 이 경우 丙은 도용사실 자체에 대하여 법관으로 하여금 확신을 주어야 하는 증명책임을 부담한다.

3. 갑 제1호증의 증거사용 인정 여부

(1) 문서의 증거력 판단의 순서

문서의 증거력 판단은 ① 우선 문서가 거증자가 그 문서의 작성자라고 주장하는 특정인(작성명의인)의 의사에 기하여 실제로 작성된 것인가를 확실히 하고(형식적 증거력의 인정), ② 이러한 형식적 증거력이 인정된 다음 비로소 그 문서의 기재내용이 요증사실을 진실한 것으로 인정할 자료가 되는가(실질적 증거력)를 판단하여야 한다.

(2) 갑 제1호증의 乙에 대한 증거사용의 가부

① 문서의 기재내용이 거증자가 그 문서의 작성자라고 주장하는 특정인의 의사에 기하여 실제로 작성된 것을 문서의 진정성립이라고 하는데, 일반적으로 진정하게 성립된 문서를 형식적 증거력이 있다고 한다.

② 사문서의 진정성립에 대해서는 거증자 측이 그 성립의 진정을 증명하여야 하는데(제357조), 다만 乙의 경우 자백간주의 법리가 적용되어 법원은 그 성립의 인정에 구속되어 형식적 증거력을 인정하여야 한다.

③ 실질적 증거력이란 당해 문서의 기재내용이 요증사실의 증명에 기여하는 정도, 즉 증거가치를 말하는데, 실질적 증거력의 판단은 형식적 증거력의 경우와 같은 추정규정은 없고 법관의 자유심증에 맡겨져 있으며, 자백의 법리가 적용되지 않는다.

④ 이와 관련하여 판례는 처분문서의 경우 그 진정성립이 인정되는 이상 기재 내용대로 법률 행위의 존재 및 내용을 인정하여야 한다고 하였다.

⑤ 따라서 사안의 경우 갑 제1호증은 乙에 대하여 증거로 사용할 수 있다.

(3) 갑 제1호증의 丙에 대한 증거사용의 가부

1) 차용증서의 형식적 증거력 인정 여부

가) 문제점

제358조에서는 날인사실이 증명된 경우 사문서의 진정성립이 추정됨을 규정하고 있는데, 인영의 동일성만이 인정된 경우에도 사문서의 진정성립이 추정되는지 문제된다.

나) 판례의 2단의 추정

① 판례는 인영의 진정이 인정되면 날인의 진정이 사실상 추정(1단의 추정)되고 날인의 진정이 추정되면 제358조에 의하여 증거법칙적 추정(2단의 추정)이 이루어진다고 하여, 「이단(二段)의 추정」으로 형식적 증거력을 추정하고 있다.

② 따라서 사안의 경우 丙은 그 차용증서에 찍혀 있는 인영이 자신의 것임을 인정하므로, 丙이 날인한 사실이 사실상 추정되고, 날인의 진정이 추정되면 제358조에 의하여 차용증서 전체의 진정성립도 추정된다고 할 것이다.

다) 진정성립 추정의 복멸 및 증명책임

판례는 ① "날인행위가 작성 명의인(丙)의 의사에 기한 것이라는 추정은 사실상의 추정이므로, 날인사실을 다투는 자(丙)가 반증을 들어 날인행위가 작성 명의인(丙)의 의사에 기한 것임에 관하여 법원으로 하여금 의심을 품게할 수 있는 사정을 증명하면 丙의 날인사실의 추정은 깨어진다"라는 입장이다. ② 따라서 날인사실의 추정은 그 날인행위가 작성 명의인 이외의 자에 의하여 이루어진 것(도용사실)임이 밝혀진 경우에는 깨지고, 위와 같은 사실은 ⅰ) 그것을 주장하는 자(丙)가 적극적으로 증명하여야 하며, ⅱ) 이러한 항변사실을 증명하는 증거의 증명력은 개연성만으로는 부족하고, '본증'과 같은 증명도로써 증명하여야 한다"는 입장이다.[272]

라) 사안의 경우

丙의 경우 인영의 진정을 인정하면서 인장도용의 항변을 하고 있으므로 丙 스스로 그 도용사실을 입증하지 못하는 한 진정성립을 부정할 수 없다. 따라서 갑 제1호증은 형식적 증거력이 인정된다.

---

272) 이러한 날인의 진정(인영의 진정성립)추정을 깨기 위하여 인장도용사실을 주장하는 것은 추정된 날인사실에 대하여는 반증이나, 인장도용의 사실자체에 대하여는 본증으로 법관에게 확신을 주어야 하므로 간접반증에 해당한다.

2) 차용증서의 실질적 증거력

위에서 살펴 본 바와 같이, 처분문서의 경우 그 진정성립이 인정되는 이상 기재 내용대로 법률행위의 존재 및 내용을 인정하여야 한다. 다만 이러한 추정은 상대방의 반증에 의하여 부정될 수 있는 강력한 사실상 추정에 불과하며, 그 추정의 범위는 문서에 기재된 법률행위를 한 사실에 한정된다.

3) 사안의 경우

사안에서 丙은 차용증서의 형식적·실질적 증거력 추정을 복멸할 다른 사실을 증명하지 못하였으므로, 그 진정성립(형식적 증거력)과 대여사실(실질적 증거력)이 인정된다. 따라서 법원은 갑 제1호증을 증거로 사용할 수 있다.

✓ 사례(119) | 백지문서의 진정성립

기본적 사실관계

甲은 乙에게 1억원(이하 '이 사건 대여금'이라 한다)을 대여하였다는 취지로 주장하며, 2019.2.1. 乙을 상대로 이 사건 대여금의 반환을 구하는 소를 제기하였다.

문제

이 사건 대여금 청구 소송의 제1회 변론기일에서 甲은 乙의 인장이 날인된 차용증(갑 제1호증)을 증거로 제출하였다. 이에 대하여 乙은 '차용증상의 인영이 자신의 것은 맞지만, 자신은 백지에 인장을 날인하여 주었을 뿐이고 누가 추후 그 내용을 기재하였는지는 모르겠다.'라고만 진술하고, 그 구체적인 경위 등에 관하여 추가로 설명하거나 증거를 제시하지 아니하였다. 이러한 경우 차용증(갑 제1호증)의 진정성립이 추정되는지 여부에 관하여 결론과 그 이유를 약술하시오. [10점]

1. 결론

차용증(갑 제1호증)의 진정성립은 추정된다.

2. 이유

(1) 진정성립의 추정 여부

① 사문서의 진정성립에 대해서는 거증자 측이 그 성립의 진정을 증명하여야 한다. 그런데 제358조에서는 날인사실이 증명된 경우 사문서의 진정성립이 추정됨을 규정하고 있다.

② 사안의 경우 乙은 그 차용증(갑 제1호증)에 찍혀 있는 인영이 자신의 것으로서 자신이 날인한 사실을 인정하였으므로, 제358조에 의하여 차용증서 전체의 진정성립도 추정된다고 할 것이다.

(2) 백지문서에 날인한 경우 진정성립 추정의 복멸 여부

① 인영의 진정이 인정되면 문서의 진정성립이 추정되는데, 백지문서임이 증명되면 2단의 추정에서 두 번째 단계의 추정이 복멸되는지, 즉 제358조의 추정이 복멸되는지 여부가 문제이다.

② 판례는 이에 대해 ⅰ) 문서에 날인된 작성명의인의 인영이 작성명의인의 인장에 의하여 현출된 것임이 인정되는 경우에는 그 인영의 진정성립 및 그 문서 전체의 진정성립까지 추정되는 것이기는 하나, 이는 어디까지나 먼저 내용기재가 이루어진 뒤에 인영이 압날된 경우에만 그러한 것이고 작성명의인의 날인만 되어 있고 내용이 백지로 된 문서를 교부받아 후일 그 백지 부분을 작성명의자 아닌 자가 보충한 경우, 그 문서 전체의 진정성립의

추정은 배제된다고 하여 추정을 부정하고 있다.[273] 또한 ii) 일반적으로 문서의 일부가
미완성인 상태로 서명날인을 하여 교부한다는 것은 이례에 속하므로 그 문서의 교부 당시
백지상태인 공란 부분이 있었고 그것이 사후에 보충되었다는 점은 작성명의인이 증명하여
야 한다고 하였다.[274]

(3) 사안의 경우

사안의 경우 乙은 문서의 교부 당시 백지 부분이 있었고 그것이 사후에 보충되었다는 점에 대
해 법관에게 확신을 주어야 하는데, 그에 대한 구체적 경위 등에 관하여 추가로 설명하거나 증
거를 제시하지 못하였는바, 제358조에 기한 추정은 깨지지 않았다.

---

273) 대판 2000.6.9, 99다37009
274) 대판 2013.8.22, 2011다100923

✅ 사례(120)| 문서제출명령

사실관계

甲은 경부동통 등을 치료하기 위하여 의사 乙이 운영하는 A병원에 입원하였다. 의사 乙은 甲을 진찰한 후 전신마취를 하고 수술을 시행하였는데, 수술 직후 마취로부터 깨어난 甲에게 하반신 완전마비증상이 발생하였고, 乙이 재수술을 했지만 마비를 초래한 원인을 찾지 못하였으며 위 하반신 마비증상은 영원히 남게 되었다. 이에 甲은 乙을 상대로 불법행위에 기한 손해배상청구의 소를 제기하였다(각 설문은 독립된 문제임을 전제로 한다).

문제

(1) 甲은 의사 乙의 의료상 과실을 증명하기 위해서 법원에 의사 乙이 소지하고 있는 진료기록부 등 수술자료들의 문서제출명령을 신청하였다. 법원은 문서제출명령을 할 수 있는가? 13점

(2) 만일 甲의 문서제출명령신청에 따라 법원이 乙에게 위 문서의 제출을 명하였는데, 乙은 문제의 문서에는 직업비밀에 관한 사항이 적혀 있다는 이유로 제출을 거부하고 있다. 이 경우 법원은 위 문서가 직업비밀에 관한 문서인가의 여부를 조사하기 위해 어떠한 조치를 취할 것인지에 대하여 약술하시오. 7점

❶ 설문 (1)에 관하여

1. 결론

문서제출명령을 할 수 있다.

2. 근거

(1) 문서제출명령의 의의 및 취지

서증신청은 ① 거증자가 스스로 문서를 소지하고 있으면 이를 직접제출하는 방식으로, ② 상대방이나 제3자가 소지하는 문서로서 제출의무가 있는 문서라면 그 소지인에게 문서의 제출을 명할 것(문서제출명령)을 신청하는 방식으로 한다(제343조 후단).

문서제출명령은 현대형 소송에 있어서 증거의 구조적 편재현상에서 오는 당사자 간의 실질적 불평등을 시정하는 수단으로서 그 중요성이 크다.

(2) 문서제출명령의 요건

문서제출명령을 내리기 위해서는 ① 문서제출의무가 있는 문서이어야 하며, ② 문서의 존재와 소지 및 제출의무가 증명되어야 한다.

1) 문서제출의무의 유무

　가) 일반의무화

　　　당사자와 문서와의 사이에 특별한 관계가 있는 경우로 인용문서, 인도·열람문서, 이익
　　　문서, 법률관계문서는 제출의무가 있고(제344조 제1항), 그 밖에 특별한 관계가 없는 경우
　　　에도 제외사유에 해당하지 않는 경우에는 문서를 가지고 있는 사람에게 문서를 제출하도
　　　록 하여 문서제출의무를 증인의무와 마찬가지로 일반의무로 하고 있다(동조 제2항).

　나) 문서제출의무의 범위

　　　제344조 제1항에서는 제출의무 있는 문서로 ① 인용문서(제344조 제1항 제1호), ② 인도 및
　　　열람문서(제344조 제1항 제2호), ③ 이익문서·법률관계문서(제344조 제1항 제3호)를 정해 놓
　　　고 있으며, 제344조 제2항에서는 제1항에서 정한 문서에 해당하지 아니하는 문서라도 원
　　　칙적으로 문서의 소지자는 이를 모두 제출할 의무가 있는 것으로 규정하고 있다.
　　　다만, 제344조 제1항의 문서 중 이익문서·법률관계문서와 제344조 제2항의 문서의 경
　　　우에는 거부사유가 인정된다. 즉 증언거부사유와 같은 일정한 사유(예 형사소추, 치욕, 직무상
　　　·직업상비밀) 등이 있는 문서의 경우에는 제출의무의 대상에서 제외하였다.

2) 문서의 존재와 소지 및 제출의무에 대한 증명

　　문서제출명령을 하려면 문서의 존재와 소지가 증명되어야 하는데, 이에 대한 증명책임은 원
　　칙적으로 신청인에게 있다는 것이 판례이다. 또한 신청인은 문서소지인에게 문서제출의무를
　　부담시키기 위해 제출대상의 문서임을 증명하여야 한다. 다만 제344조 제1항 제3호 단서나
　　제2항의 거부사유는 문서소지인이 증명할 책임이 있다고 본다.

(3) 사안의 해결

　　진료기록부는, 신법에서 문서제출의무를 일반의무화하였으므로(제344조 제2항) 그 입법취지로
　　볼 때 제344조 제2항의 문서로 보는 것이 타당하다고 본다. 따라서 사안의 진료기록부는 제출
　　의무가 있는 문서이며 제출을 거부할 수 있는 사유는 보이지 않으므로 법원은 문서제출명령을
　　할 수 있다.

II 설문 (2)에 관하여

1. 비밀심리제도

(1) 의의 및 취지

　　프라이버시나 영업비밀에 관한 사항이 기재된 문서에 해당한다는 이유로 문서제출의무의 존부
　　가 다투어 지는 신청에 있어서 법원이 필요하다고 인정하는 때에는 문서를 가지고 있는 사람에
　　게 그 문서를 제시하도록 명할 수 있고, 대신 법원은 그 문서를 비공개적으로 심리하여 문서제
　　출의무의 존재 여부를 판단하는 비밀심리절차(이른바 In Camera절차)를 마련하고 있다(제347조 제
　　4항). 이 경우 법원만이 그 문서를 보고 제출의무의 유무를 판단하게 된다.

(2) 적용범위

비밀심리절차는 제344조 제1항 제3호에서 규정하는 이익문서·법률관계문서와 제344조 제2항 문서에만 적용될 뿐, 제1호 및 제2호의 인용문서나 실체법상 인도·열람의무가 있는 문서의 경우에는 적용되지 아니한다. 인용문서인 경우에는 당해 소송절차에서 스스로 그 소지문서를 인용함으로써 비밀유지이익을 포기하였으므로, 실체법상 제출의무 있는 문서는 법이 이미 그 비밀을 유지할 필요가 없다고 하여 절대적 제출의무가 부과되었기 때문이다.

2. 사안의 해결

乙의사가 소지하고 있는 문서는 이익문서 또는 제344조 제2항 문서에 해당한다. 따라서 乙은 직업비밀을 이유로 문서의 제출을 거부할 수 있다. 이에 대해 법원은 乙이 소지하고 있는 문서의 제시명령을 할 수 있되, 제출거부사유를 판단함에 있어서 그 제시문서를 다른 사람이 보지 못하도록 비밀심리절차에 의하여야 한다.

✅ 사례(121) | 문서제출명령에 대한 부제출의 효과

사실관계

甲은 2015.4.1. 乙에게 자신 소유인 X토지를 1억원에 매도하였는데 乙이 매매대금을 주지 아니하여, 甲은 乙을 상대로 1억원의 매매대금의 지급을 구하는 소를 제기하였다. 乙은 변론에서 위 계약의 매매대금은 7,000만원으로 대금 전부를 변제하였다고 다투었다. 이에 甲은 자신이 소지하고 있던 매매계약서를 분실하여 이를 법원에 제출하지 못하게 되자 乙이 소지하고 있는 매매계약서에 대한 문서제출명령을 법원에 신청하였다.

문제

만일 乙이 법원의 적법한 문서제출명령에 따르지 않았다면, 이러한 사정만으로 법원은 1억원의 매매대금에 대한 사실이 증명되었다고 볼 수 있는가? 7점

1. 결론

법원은 1억원의 매매대금에 대한 사실이 바로 증명되었다고 볼 수는 없다.

2. 근거

(1) 문제점

법원은 변론 전체의 취지와 증거조사의 결과를 참작하여 자유로운 심증으로 사실주장이 진실한지 아닌지를 판단한다(제202조). 다만 제349조에서는 "당사자가 문서제출명령에 따르지 않는 경우, 법원은 그 문서의 기재에 관한 상대방의 주장을 진실한 것으로 인정할 수 있다."고 규정함으로써 증명방해에 대한 제재를 마련하고 있다. 여기서 진실로 인정할 수 있는 것이 무엇인가에 관하여 해석상 문제가 있다.

(2) 문서부제출의 효과

판례는 "문서제출명령에 따르지 아니한 경우에는 법원은 상대방의 그 문서에 관한 주장, 즉 원고 주장과 같은 내용의 매매계약서의 존재 및 그 진정성립의 인정을 진실한 것으로 인정하여야 한다는 것이지, 증명책임이 전환된다거나 그 문서에 의하여 증명하고자 하는 상대방의 주장 사실까지 반드시 증명되었다고 인정하여야 하는 것은 아니다"라고 함으로써, 요증사실 자체의 인정 여부에 대해서는 자유심증설에 입각하고 있다.[275]

(3) 사안의 경우

乙이 제출을 거부한 사정만으로 甲이 증명하려고 하는 매매대금에 관한 사실이 증명되었다고 볼 수는 없고, 제출거부를 변론 전체의 취지로 삼아 다른 증거까지 고려하여 자유심증으로 매매대금에 관한 사실을 판단할 수 있다.

---

275) 대판 1993.6.25, 93다15991 등

사례(122)| 문서제출명령의 적법 여부 및 부제출의 효과

문제

※ 아래 각 설문은 상호 독립적이고, 견해의 대립이 있으면 대법원 판례에 따름

1. 甲은 공무원 시험에 응시하였다가 불합격처분을 받게 되자 불합격처분취소소송을 제기하였다. 공무원인 乙은 甲에 대한 불합격처분이 적법하다는 주장을 뒷받침하기 위해 소송에서 위 시험 관련 회의문서의 존재와 내용을 구체적으로 언급하였다. 다만 회의문서 자체를 증거로서 인용하지는 않았다. 甲은 이 문서에 대해 문서제출명령을 신청하였으나 乙은 이 문서는 민사소송법 제344조 제2항의 '공무원이 그 직무와 관련하여 보관하거나 가지고 있는 문서'이며, 또 공공기관의 정보공개에 관한 법률에서 규정한 비공개정보에 해당하므로 이를 제출할 의무가 없다고 주장하였다. 법원은 이 문서는 위 시험과 관련한 업무의 공정한 수행에 현저한 지장을 초래할만한 특별한 사정이 있는 문서는 아니라는 전제에서 그 제출을 명하였다. 법원의 문서제출명령이 적법한지 여부에 대하여 결론과 그 이유를 설명하시오. [7점]

2. 甲은 乙 회사의 주주인데, 乙 회사가 丙 회사에 흡수합병되는 과정에서 乙 회사의 이사들이 불공정한 합병비율을 적용해 乙 회사의 주식가치가 저평가되었다는 이유로 乙, 丙 회사를 상대로 손해배상을 청구하였다. 甲은 소송 중 자신의 주장을 증명하기 위해 乙 회사의 급여 및 상여금 지급 관련 기안문, 결의서에 대한 문서제출명령을 신청하였다. 乙, 丙 회사는 이 문서들은 통상 회사 내부의 의사결정을 위해 회사 내부의 이용에 쓸 목적으로 작성되고 외부인에게 공개하는 것이 예정되어 있지 않은 자기이용문서에 해당하므로 문서제출신청의 대상이 될 수 없다고 주장하였다. 법원은 심리 후 이 문서 자체는 외부에 공개가 예정되어 있지 않으나 문서에 기재된 정보나 내용은 회계장부 등을 통해 공개가 예정되어 있으며 다른 요건들을 갖추었다고 보아 이 문서들에 대해 제출명령을 하였다. 법원의 문서제출명령이 적법한지 여부에 대하여 결론과 그 이유를 설명하시오. [7점]

3. 당사자가 법원의 문서제출명령을 받고도 제출을 거부하는 경우 법원은 어떻게 해야 하는지에 대해 설명하시오. [6점]

Ⅰ 설문 1.에 관하여

1. 결론

법원의 문서제출명령은 적법하다.

2. 이유[276]

(Ⅰ) 제344조 제1항 제1호의 인용문서 해당 여부

① 상대방이나 제3자가 소지하는 문서로서 제출의무가 있는 문서라면 그 소지인에게 문서의 제출을 명할 것(문서제출명령)을 신청하는 방식으로 한다(제343조 후단). 제출의무 있는 문서로 제344조 제1항에서는 ⅰ) 인용문서(제344조 제1항 제1호), ⅱ) 인도 및 열람문서(제344조 제1항

---

276) 대결 2017.12.28, 2015무423

제2호), iii) 이익문서·법률관계문서(제344조 제1항 제3호)를 정해 놓고 있으며, 제344조 제2항에서는 제1항에서 정한 문서에 해당하지 아니하는 문서라도 원칙적으로 문서의 소지자는 이를 모두 제출할 의무가 있는 것으로 규정하여 일반의무로 하고 있다.

② 판례는 "민사소송법 제344조 제1항 제1호에서 말하는 '당사자가 소송에서 인용한 문서'라 함은 당사자가 소송에서 당해 문서 그 자체를 증거로서 인용한 경우뿐 아니라 자기 주장을 명백히 하기 위하여 적극적으로 문서의 존재와 내용을 언급하여 자기 주장의 근거 또는 보조로 삼은 문서도 포함한다."고 하였다.

⑵ 인용문서의 경우라도 제344조 제2항 및 공공기관의 정보공개에 관한 법률상 문서제출의무를 면하는지 여부

① 판례는 "민사소송법 제344조 제1항 제1호의 인용문서에 해당하는 이상, 같은 조 제2항에서 규정하는 바와는 달리, 그것이 '공무원이 그 직무와 관련하여 보관하거나 가지고 있는 문서'라도 특별한 사정이 없는 한 문서제출의무를 면할 수 없다."고 하였다.

② 또한 판례는 "민사소송법 제344조 제1항 제1호의 문언, 내용, 체계와 입법목적 등에 비추어 볼 때, 인용문서가 공무원이 직무와 관련하여 보관하거나 가지고 있는 문서로서 공공기관의 정보공개에 관한 법률 제9조에서 정하고 있는 비공개대상정보에 해당한다고 하더라도, 특별한 사정이 없는 한 그에 관한 문서제출의무를 면할 수 없다."고 하였다.

⑶ 사안의 경우

사안의 경우 인용문서에 해당하는 이 사건 문서의 제출을 거부할 특별한 사정이 있다고 보기는 어려운바, 법원의 문서제출명령은 적법하다.

II 설문 2.에 관하여

1. 결론

법원의 문서제출명령은 적법하다.

2. 이유[277)

⑴ 제344조 제2항 제2호의 자기이용문서에 해당하는지 여부 및 판단기준

① 민사소송법 제344조 제2항은 문서를 가지고 있는 사람은 제344조 제1항에 해당하지 아니하는 경우에도 원칙적으로 문서의 제출을 거부하지 못한다고 규정하면서, 예외사유로서 '오로지 문서를 가진 사람이 이용하기 위한 문서' 즉 이른바 '자기이용문서'를 들고 있다.

② 판례는 "어느 문서가 오로지 문서를 가진 사람이 이용할 목적으로 작성되고 외부자에게 개시하는 것이 예정되어 있지 않으며 개시할 경우 문서를 가진 사람에게 심각한 불이익이 생

---

277) 대결 2016.7.1, 2014마2239

길 염려가 있다면, 문서는 특별한 사정이 없는 한 위 규정의 자기이용문서에 해당한다. 여기서 어느 문서가 자기이용문서에 해당하는지는 문서의 표제나 명칭만으로 판단하여서는 아니 되고, 문서의 작성 목적, 기재 내용에 해당하는 정보, 당해 유형·종류의 문서가 일반적으로 갖는 성향, 문서의 소지 경위나 그 밖의 사정 등을 종합적으로 고려하여 객관적으로 판단하여야 하는데, 설령 주관적으로 내부 이용을 주된 목적으로 회사 내부에서 결재를 거쳐 작성된 문서일지라도, 신청자가 열람 등을 요구할 수 있는 사법상 권리를 가지는 문서와 동일한 정보 또는 직접적 기초·근거가 되는 정보가 문서의 기재 내용에 포함되어 있는 경우, 객관적으로 외부에서의 이용이 작성 목적에 전혀 포함되어 있지 않다고는 볼 수 없는 경우, 문서 자체를 외부에 개시하는 것은 예정되어 있지 않더라도 문서에 기재된 '정보'의 외부 개시가 예정되어 있거나 정보가 공익성을 가지는 경우 등에는 내부문서라는 이유로 자기이용문서라고 쉽게 단정할 것은 아니다."라고 하였다.

(2) 회사의 급여 및 상여금 내역 등에 대한 문서의 제출을 거부할 수 있는지 여부

판례는 "개인정보 보호법 제18조 제2항 제2호에 따르면 개인정보처리자는 '다른 법률에 특별한 규정이 있는 경우'에는 개인정보를 목적 외의 용도로 이용하거나 이를 제3자에게 제공할 수 있고, 민사소송법 제344조 제2항은 각 호에서 규정하고 있는 문서제출거부사유에 해당하지 아니하는 경우 문서소지인에게 문서제출의무를 부과하고 있으므로, 임직원의 급여 및 상여금 내역 등이 개인정보 보호법상 개인정보에 해당하더라도 이를 이유로 문서소지인이 문서의 제출을 거부할 수 있는 것은 아니다."라고 하였다.

(3) 사안의 경우

사안의 경우 법원은 심리 후 이 사건 문서 자체는 외부에 공개가 예정되어 있지 않으나 문서에 기재된 정보나 내용은 회계장부 등을 통해 공개가 예정되어 있으며 다른 요건들을 갖추었다고 보아 문서들에 대해 제출명령을 하였는바, 법원의 문서제출명령은 적법하다.

Ⅲ 설문 3.에 관하여

1. 결론

법원은 당사자의 주장과 같은 내용의 문서의 존재 및 그 진정성립의 인정을 진실한 것으로 인정하여야 하고, 당사자가 증명해야 할 요증사실이 반드시 증명되었다고 인정할 수는 없다. 다만 이를 변론 전체의 취지로 삼아 자유심증으로 요증사실을 인정할 수 있다.

2. 이유

(1) 문제의 소재

법원은 변론 전체의 취지와 증거조사의 결과를 참작하여 자유로운 심증으로 사실주장이 진실한지 아닌지를 판단한다(제202조). 다만 제349조에서는 당사자가 법원의 문서제출명령에 따르지 아니한 때에는, 법원은 그 문서의 기재에 대한 상대방의 주장을 진실한 것으로 인정할 수 있다고 규정함으로써 증명방해에 대한 제재를 마련하고 있다. 여기서 진실로 인정할 수 있는 것이 무엇인가에 관하여 해석상 문제가 있다.

(2) 증명방해의 효과

판례는 문서제출명령에 따르지 아니한 경우에는 법원은 상대방의 그 문서에 관한 주장, 즉 원고 주장과 같은 내용의 계약서의 존재 및 그 진정성립의 인정을 진실한 것으로 인정하여야 한다는 것이지, 증명책임이 전환된다거나 그 문서에 의하여 증명하고자 하는 상대방의 주장 사실까지 반드시 증명되었다고 인정하여야 하는 것은 아니라고 판시함으로써, 요증사실 자체의 인정여부에 대해서는 자유심증설에 입각하고 있다.[278]

(3) 사안의 경우

당사자가 법원의 적법한 문서제출명령을 받고도 제출을 거부한 경우라면, 법원은 당사자의 주장과 같은 내용의 문서의 존재 및 그 진정성립의 인정을 진실한 것으로 인정하여야 한다는 것이지, 당사자가 증명하고자 하는 요증사실이 반드시 증명되었다고 인정할 수는 없으나, 이를 변론 전체의 취지로 삼아 자유심증으로 요증사실을 인정할 수 있다.

---

278) 대판 1993.6.25, 93다15991 등

✅ 사례(123) | 문서제출명령에 대한 부제출의 효과 및 처분권주의

사실관계

甲은 그의 소유 토지 위에 乙이 건물을 지어 살고 있어 乙을 상대로 토지의 인도와 건물을 철거할 것을 청구하는 소를 제기하였다. 이에 乙은 甲의 토지 소유권은 인정하지만 甲으로부터 위 건물의 소유를 목적으로 위 토지를 임차하였으므로, 건물매수청구권을 행사한다고 주장하였다.

위 소송에서 甲은 乙에게 그 토지를 임대한 일이 없다고 하자, 乙은 임대차계약서를 비록 자기는 분실했지만 甲도 한 부 갖고 있다고 하면서 甲에게 그 계약서를 제출하도록 명령하라고 신청하였다. 그러나 甲은 도대체 그런 계약을 체결한 일이 없는데 무슨 계약서가 있겠느냐고 주장하였다. 이에 대해서 乙이 임대차계약서의 존재와 甲이 소지하고 있음을 증명하여 법원이 문서제출명령을 하였으나, 甲은 여전히 자신은 임대차계약을 체결한 적이 없다고 주장하면서 문서제출명령에 불응하였다.

문제

이러한 甲과 乙의 주장을 기초로 법원은 어떠한 판결을 할 수 있는가? 15점

1. 결론

법원은 甲에게 건물철거청구에서 대금지급과 상환으로 건물인도를 구하는 것으로 소를 변경할 것인지를 석명한 후에 甲이 이에 응한 경우 상환이행판결을 할 수 있을 것이다.

2. 근거

(I) 甲의 토지 소유권 존부 판단

① 대지소유권에 기한 토지인도 및 건물철거소송에서 그 소유권의 존재 자체는 선결적 법률관계에 해당하는데, 이에 대해 乙이 인정진술을 하였는바, 선결적 법률관계에 대한 자백이 재판상 자백에 해당하여 구속력을 인정할 것인지 여부가 문제된다.

② 판례는 소유권의 내용을 이루는 사실에 대한 재판상 자백으로 볼 수 있다고 하였다. 선결적 법률관계는 그 자체로는 자백으로서 구속력이 없더라도, '그 내용을 이루는 사실'에 대하여는 자백이 성립할 수 있다는 취지이다.[279]

③ 사안의 경우 甲의 토지 소유권에 대한 乙의 인정진술은 그 소유권의 내용을 이루는 사실에 대한 자백이 성립되므로, 법원은 甲에게 토지 소유권이 존재한다고 판단할 수 있다.

---

279) 대판 1989.5.9, 87다카749

(2) 乙의 임대차계약 체결사실에 대한 판단

1) 문제점

토지임대차계약의 체결사실은 지상물매수청구권이 인정되기 위한 주요사실로서 요증사실이다. 사안의 경우 甲과 乙은 임대차계약체결사실의 존부를 다투고 있고, 乙의 문서제출명령신청에 따라 법원이 문서제출명령을 하였는바, 이것이 적법한지 여부를 살펴보고, 만약 그렇다면 이에 대한 甲의 부제출에 대한 제재로서 법원은 요증사실인 임대차계약의 체결사실을 인정할 수 있는지 여부를 살펴보기로 한다.

2) 문서제출명령

① 서증신청은 ⅰ) 거증자가 스스로 문서를 소지하고 있으면 이를 직접제출하는 방식으로, ⅱ) 상대방이나 제3자가 소지하는 문서로서 제출의무가 있는 문서라면 그 소지인에게 문서의 제출을 명할 것(문서제출명령)을 신청하는 방식으로 한다(제343조 후단).

② 제344조 제1항에서는 제출의무 있는 문서로 ⅰ) 인용문서(제344조 제1항 제1호), ⅱ) 인도 및 열람문서(제344조 제1항 제2호), ⅲ) 이익문서·법률관계문서(제344조 제1항 제3호)를 정해 놓고 있으며, 제344조 제2항에서는 제1항에서 정한 문서에 해당하지 아니하는 문서라도 원칙적으로 문서의 소지자는 이를 모두 제출할 의무가 있는 것으로 규정하여 일반의무로 하고 있다.

③ 문서제출명령을 하려면 문서의 존재와 소지가 증명되어야 하는데, 이에 대한 증명책임은 원칙적으로 신청인에게 있다는 것이 판례이다. 또한 신청인은 문서소지인에게 문서제출의무를 부담시키기 위해 제출대상 문서임을 증명하여야 한다.

④ 사안에서 임대차계약서는 제344조 제1항 제3호의 법률관계문서에 해당한다. 또한 乙이 임대차계약서의 존재와 甲이 소지하고 있음을 입증한 경우이므로, 법원이 甲에게 임대차계약서의 제출명령을 한 것은 적법하다.

3) 문서 부제출의 효과

① 당사자가 문서제출명령에 따르지 않는 경우, 법원은 그 문서의 기재에 관한 상대방의 주장을 진실한 것으로 인정할 수 있다(제349조). 여기서 제349조의 진실로 인정할 수 있는 것이 무엇인가에 관하여 해석상 문제가 있다.

② 이에 대해 판례는 문서제출명령에 따르지 아니한 경우에는 법원은 상대방의 그 문서에 관한 주장, 즉 원고 주장과 같은 내용의 계약서의 존재 및 그 진정성립의 인정을 진실한 것으로 인정하여야 한다는 것이지, 증명책임이 전환된다거나 그 문서에 의하여 증명하고자 하는 상대방의 주장 사실까지 반드시 증명되었다고 인정하여야 하는 것은 아니라고 판시함으로써, 요증사실 자체의 인정 여부에 대해서는 자유심증설에 입각하고 있다.[280]

---

280) 대판 1993.6.25, 93다15991

4) 사안의 경우

법원은 임대차계약서의 존재 및 그 진정성립에 관한 주장을 진실한 것으로 인정할 수 있으며, 요증사실인 임대차계약 체결사실은 법관의 자유심증으로 판단될 것이다. 따라서 법원은 특별한 사정이 없는 한 甲과 乙의 임대차계약사실을 인정할 수 있을 것이며, 임차권에 기한 피고 乙의 건물매수청구권 행사도 받아들여질 수 있을 것이다.

(3) 乙의 건물매수청구권 행사에 대한 법원의 조치

1) 처분권주의 의의와 내용

2) 상환이행판결의 가부 - 건물철거청구에 상환이행청구의 포함 여부

판례는 일관하여 원고의 건물철거와 그 대지인도 청구에는 건물매수대금 지급과 동시에 건물인도를 구하는 청구가 포함되지 있지 않다고 보고 있다. 다만 법원은 적극적으로 석명권을 행사하여 분쟁의 1회적 해결을 꾀하여야 할 의무가 있으며, 이에 원고인 임대인이 건물철거청구를 대금지급과 상환으로 건물인도를 구하는 것으로 소변경하면 매매대금과의 상환이행을 명하는 판결을 할 수 있다는 입장이다.[281]

(4) 사안의 경우

---

281) 대판(전) 1995.7.11. 94다34265

사례(124) | 선행자백과 증명방해

사실관계

甲은 자신이 2015.5.25. 乙로부터 척추수술을 받았으나 乙의 의료상 과실로 하지마비 등의 장애가 발생하였음을 이유로 2017.4.20. 乙을 상대로 서울중앙지방법원에 이 사건 의료사고로 인한 불법행위를 원인으로 한 손해배상 청구소송(이하 '이 사건 소송'이라 한다)을 제기하였는데, 그 청구내용은 적극적 손해에 대한 배상금 5,000만원, 소극적 손해에 대한 배상금 2,000만원 및 위자료 1억원이었다.

문제

(1) 위 공통된 사실관계에 추가하여,

甲은 이 사건 소송 제1회 변론기일에서 乙로부터 소극적 손해에 대한 배상금으로 1,000만원을 변제받았다고 진술(이하 '종전진술'이라 한다)하였고, 이에 대해 乙은 위 돈은 형사합의금으로 변제한 것이라고 주장하였다. 이에 甲은 제2회 변론기일에서 종전진술을 철회하면서 향후 소극적 손해에 대한 배상금을 5,000만원으로 확장하겠다고 진술하였다. 이 경우 법원이 甲의 위 종전진술과 반대되는 사실을 인정할 수 있는가? 12점 [282]

(2) 위 공통된 사실관계에 추가하여,

乙이 이 사건 소송 도중 甲의 신청에 의해 이루어진 적법한 문서제출명령에 따라 진료기록을 제출하였는데, 그 진료기록 중 수술과정 일부에 대해 기재가 변조된 흔적이 발견되었다. 이러한 경우 법원은 甲이 주장하는 乙의 의료상 과실과 관련하여 어떠한 판단을 할 수 있는가? 10점 [283]

I 설문 (1)에 관하여

1. 결론

법원은 甲의 위 종전진술과 반대되는 사실을 인정할 수 있다.

2. 근거

(1) 재판상 자백

1) 의의

재판상의 자백이란 당사자가 그 소송의 변론 또는 변론준비절차에서 상대방의 주장과 일치하고 자기에게 불리한 사실의 진술을 말한다(제288조).

---

282) 기본적으로 대판 2016.7.27, 2013다96165의 사안이다.
283) 기본적으로 대판 2016.7.27, 2013다96165의 사안이다.

2) 요건

① 자백의 대상이 되는 것은 구체적인 사실로서 주요사실에 한정되는데, 주요사실이란 권리의 발생·변경·소멸이라는 법률효과를 가져오는 법규의 직접요건사실을 말한다.

② 자기에게 불리하여야 한다. 이에 대해 판례는 상대방의 주장사실이 판결의 기초로 채택되어 패소가능성이 있는 경우에는 불리한 경우에 해당한다는 입장이다.[284]

③ 변론이나 변론준비기일에서 진술할 것을 요한다. 판례도 법원에 제출되어 상대방에게 송달된 답변서나 준비서면에 자백에 해당하는 내용이 기재되어 있는 경우라도 그것이 변론기일이나 변론준비기일에서 진술 또는 진술간주되어야 재판상 자백이 성립한다고 하였다.[285]

④ 자백은 상대방의 사실주장과 일치하여야 한다. 주장의 일치에 있어서 시간적 선후관계는 상관없다. 다만 이와 관련하여 사안과 같이 미리 자진하여 불리한 사실을 진술한 경우에도 당연 재판상 자백이 성립할 것인지가 문제이므로 이를 별항으로 살펴보기로 한다.

3) 효력

자백이 성립한 경우, ① 법원은 자백사실이 진실인가의 여부에 관하여 판단할 필요가 없이, 자백한 사실을 판결의 기초로 삼아야 하고, 그와 저촉되는 사실을 인정할 수 없다.[286] 또한 ② 당사자에 대한 구속력으로서 당사자는 자유롭게 철회하지 못함이 원칙이다.

(2) 자인진술과 선행자백

당사자의 일방이 자진하여 불리한 사실을 진술(자인진술)하고, 이를 철회하지 않는 동안 상대방이 이를 원용하는 경우에도 자백이 성립한다. 상대방이 원용하기까지는 선행「자백」이 아니므로 상대방이 원용하지 않은 상태에서 자기에게 불리한 진술은 이를 철회할 수 있다. 반면, 상대방이 원용하였다면 자백의 구속력이 발생하므로 이를 철회할 수 없다.[287]

(3) 사안의 경우

사안에서 甲은 제1회 변론기일에서 소극적 손해에 대한 배상금으로 1,000만원을 변제받았다고 진술하였는데, 변제사실은 甲의 손해배상채권을 소멸하게 하는 법규의 요건사실에 해당하는 주요사실이다. 또한 乙의 변제사실이 인정되면 甲은 그 부분의 청구에 대해 패소될 가능성이 있으므로 甲에게 불리한 사실에 해당한다. 다만 甲은 乙이 소극적 손해에 대한 배상금으로 1,000만원을 변제받았다고 진술하였으나, 乙은 이에 대해 위 돈은 형사합의금으로 변제한 것이라고 주장하며 甲의 주장을 원용하지 않았으므로, 甲의 진술은 선행자백이 아닌 자인진술에 해당할 뿐이다. 따라서 甲은 제2회 변론기일에서 자유롭게 종전진술을 철회할 수 있고, 이 경우 법원은 甲의 위 종전진술과 반대되는 사실을 인정할 수 있다.

---

284) 대판 1993.9.14, 92다24899

285) 대판 2015.2.12, 2014다229870

286) 대판 2010.2.11, 2009다84288 등

287) 대판 1992.8.14, 92다14724; 대판 2016.6.9, 2014다64752 등

Ⅱ 설문 (2)에 관하여

1. 결론

법원은 乙의 의료상 과실이 증명되었다고 볼 수는 없으나, 乙의 증명방해를 변론 전체의 취지로 삼아 자유심증으로 甲이 주장하는 乙의 의료상 과실을 인정할 수 있다.

2. 근거

(1) 문제의 소재

법원은 변론 전체의 취지와 증거조사의 결과를 참작하여 자유로운 심증으로 사실주장이 진실한지 아닌지를 판단한다(제202조). 다만 제350조에서는 "당사자가 상대방의 사용을 방해할 목적으로 제출의무가 있는 문서를 훼손하여 버리거나 이를 사용할 수 없게 한 때에는, 법원은 그 문서의 기재에 대한 상대방의 주장을 진실한 것으로 인정할 수 있다."고 규정함으로써 증명방해에 대한 제재를 마련하고 있다. 여기서 진실로 인정할 수 있는 것이 무엇인가에 관하여 해석상 문제가 있다.

(2) 증명방해의 효과

판례는 ① 의료분쟁에 있어서 의사 측이 가지고 있는 진료기록 등의 기재가 사실인정이나 법적판단을 함에 있어 중요한 역할을 차지하고 있는 점을 고려하여 볼 때, 의사 측이 진료기록을 변조한 행위는, 그 변조이유에 대하여 상당하고도 합리적인 이유를 제시하지 못하는 한, 당사자 간의 공평의 원칙 또는 신의칙에 어긋나는 입증방해행위에 해당한다 할 것이고, 법원으로서는 이를 하나의 자료로 하여 자유로운 심증에 따라 의사 측에게 불리한 평가를 할 수 있다고 하였고,[288] ② 의료과오소송에 있어서 진료기록이 가필된 사안에서 법원으로서는 이를 하나의 자료로 삼아 자유로운 심증에 따라 방해자 측에게 불리한 평가를 할 수 있음에 그칠 뿐 증명책임이 전환되거나 곧바로 상대방의 주장사실이 증명된 것으로 보아야 하는 것은 아니라고 하였다.[289]

(3) 사안의 경우

乙이 이 사건 소송 도중 문서제출명령에 따라 제출한 진료기록 중 수술과정 일부에 대해 기재가 변조된 흔적이 발견되었으므로, 법원은 甲이 증명하려고 하는 乙의 의료상 과실이 증명되었다고 볼 수는 없으나, 이를 변론 전체의 취지로 삼아 자유심증으로 甲이 주장하는 乙의 의료상 과실을 인정할 수 있다.

---

288) 대판 1995.3.10, 94다39567
289) 대판 1999.4.13, 98다9915

☑ 사례(125) | 증명책임의 분배

사실관계

丙은 丁에게 X동산을 1,000,000원에 팔았다고 하면서 자신은 丁에게 X동산을 이미 주었는데도 丁은 돈을 줄 때가 지나도록 물건 값을 주지 않고 있다고 주장하면서 丁을 상대로 매매대금 및 지연손해금의 지급을 구하는 소를 제기하였다.

문제

丁은 변론기일에 출석하여 ⟨1⟩ 'A가 丙으로부터 X동산을 산 것이지 나와는 상관없다.' ⟨2⟩ '나는 丙에게 돈을 주었음에도 X동산을 나에게 주지 않고 있다.' ⟨3⟩ 'X동산과 물건 값을 같이 주고받는 것이 공평한 것이 아닌가.'라고 각 답변하였다고 할 때, 丙·丁 양측이 위와 같은 주장을 하였을 뿐 아무런 증거를 제출하지 않았다면 법원은 각 사안 ⟨1⟩,⟨2⟩,⟨3⟩의 경우에 어떠한 판결을 하여야 하는가? 25점

1. 결론

법원은 ① 사안 ⟨1⟩에서는 丙의 청구를 기각하고, ② 사안 ⟨2⟩에서는 丙의 청구 중 매매대금청구 부분은 인용하고 지연손해금청구 부분을 기각하여야 한다. 또한 ③ 사안 ⟨3⟩에서는 매매대금청구 부분은 일부인용(상환이행판결)하고 지연손해금청구 부분은 청구기각판결을 하여야 한다.

2. 근거

(1) 문제의 소재

사안의 경우 丙과 丁 모두 주장한 사실에 대해 증거를 제출하지 못하고 있으므로 결국 증명책임이 누구에게 있는지에 따라 법원의 판단이 달라지게 될 것이다. ① 우선 丙과 丁이 어떠한 주요사실을 주장하고 있는지 정리한 후, ② 각 주요사실에 대한 증명책임을 어떻게 분배할 것인지 그 기준을 검토하고, 구체적으로 ⟨1⟩,⟨2⟩,⟨3⟩의 각 사안에 적용하여 결론을 내리도록 하겠다.

(2) 丙·丁이 주장하는 사실이 주요사실인지 여부

1) 증명책임의 대상이 되는 주요사실

소송자료의 수집·제출책임을 당사자에게 일임하고 법원은 그러한 소송자료만을 기초로 판단하게 된다. 다만 법규기준설하에 권리의 발생·변경·소멸이라는 법률효과를 가져오는 법규의 요건사실인 주요사실만이 대상이 된다. 따라서 丙·丁은 주요사실에 대해서만 주장책임 및 증명책임을 지게 되는 것이다.

2) 사안의 경우

가) 丙의 주장사실

사안에서 丙이 ① '丁에게 X동산을 1,000,000원에 팔았다'고 한 것은 매매대금청구권이라는 법률효과의 발생을 가져오는 매매계약의 체결이라는 주요사실에 해당, ② '丁에게 X동산을 이미 주었는데도'라고 한 것은 목적물의 인도사실을, '丁은 돈을 줄 때가 지나도록'이라고 한 것은 변제기의 도래사실을 각 주장하는 것으로서 이들은 지연손해금청구권의 발생을 가져오는 주요사실들이다.

나) 丁의 주장사실

한편 丁은 ① 〈1〉에서 자신은 丙과 매매계약을 체결한 사실이 없다고 하여 부인하고 있고, ② 〈2〉에서 '나는 丙에게 돈을 주었음에도'라고 하여 매매대금청구권의 소멸을 가져오는 변제라는 주요사실을 주장하는 한편, 'X동산을 나에게 주지 않고 있다'라고 하여 丙이 목적물을 인도하였다는 사실을 부인하고 있다. ③ 〈3〉에서는 丁이 X동산을 넘겨받음과 동시에 매매대금을 변제하겠다는 것이므로 이는 매매대금청구권의 행사를 저지하는 동시이행항변권의 행사로서 주요사실을 주장하는 것이다.

(3) 증명책임의 분배

1) 증명책임의 의의

증명책임이란 소송상 어느 요증사실의 존부가 확정되지 않을 때에 당해 사실이 존재하지 않는 것으로 취급되어 법률판단을 받게 되는 당사자 일방의 위험 또는 불이익을 말한다. 사안은 요증사실을 확정할 만한 증거가 전혀 제출되지 않았으므로 법원으로서는 증명책임에 의존하여 판결을 내릴 수밖에 없다.

2) 증명책임의 분배기준

증명책임의 분배에 대해 판례는 법률요건 분류설에 따라 각 당사자는 자기에게 유리한 법규의 요건사실의 존부에 대해 증명책임을 지는 것으로 분배시키고 있다. 이에 따르면, ① 권리의 존재를 주장하는 자는 권리근거규정의 요건사실에 대한 주장·증명책임을 지고, ② 그 존재를 다투는 상대방은 반대규정의 요건사실에 대한 증명책임을 지게 되는데, 반대규정으로는 권리장애규정, 권리멸각규정, 권리저지규정이 있다.

3) 부인과 항변의 경우

① 부인의 경우에는 부인당한 사실에 대한 증명책임이 그 상대방에게 돌아가지만, ② 항변의 경우에는 항변사실의 증명책임이 그 제출자에게 있다.

(4) 사안별 구체적 검토

1) 사안 〈1〉의 경우

매매계약의 체결사실은 매매대금청구권의 권리근거규정의 요건사실이므로 권리의 존재를 주장하는 丙이 증명책임을 진다. 또한 사안에서 丁은 丙과의 계약은 A가 체결한 것이지 자신이 체결한 것이 아니라고 하는 것은 부인에 해당한다. 따라서 丙이 丁과의 매매계약의 체결사실을 증명하지 못한 이상 법원은 丙에 대하여 매매대금청구와 지연손해금청구 모두에 대하여 패소판결을 하여야 한다.

2) 사안 〈2〉의 경우

가) 매매계약 체결사실에 대한 자백

丁은 변제사실을 주장하는바 변제는 매매계약체결로 인한 매매대금청구권의 발생을 전제로 하는 것이므로 丁의 주장은 항변사실로서 매매계약 체결사실에 대한 자백을 전제로 한다. 따라서 매매계약의 체결은 불요증사실로서 丙이 증거를 제출하지 않아도 법원은 매매계약의 체결사실을 인정하여야 한다.

나) 변제기 도래사실에 대한 증명책임

변제기의 약정사실과 약정한 변제기가 도래한 사실은 지연손해금청구권의 권리근거규정의 요건사실이므로 권리의 존재를 주장하는 丙이 증명책임을 진다. 사안에서 丙과 丁 간 매매계약에 있어서 변제기를 정하였는지 여부가 불분명하나 丙이 '돈을 줄 때가 지나도록'이라고 한 점으로 미루어보아 변제기를 정하였다고 보이므로 법원으로서는 석명권을 행사하여 변제기를 분명히 하는 것이 바람직하다. 통상 변제기를 확정기한으로 정하는 경우가 많을 것인바, 이때에는 확정기한이 도래한 사실은 역수상 명백하여 현저한 사실이므로 특별히 丙이 증명할 필요는 없다.

다) X동산의 인도사실

원칙적으로 변제기를 도과하면 지체책임을 지게 되지만 지체책임의 위법성을 조각하는 사유, 대표적으로 동시이행관계가 성립하는 경우에는 자신의 채무에 대하여 이행의 제공을 하여야 비로소 이행지체에 빠진다(민법 제536조 제1항 본문). 사안에서 丙이 매매계약이라는 쌍무계약체결의 사실을 주장하였는데 이는 동시이행의 항변권을 발생시키는 주요사실이고 丁의 자백으로서 이 사실이 인정되었다. 그리고 동시이행의 항변권은 행사를 하지 않더라도 지체책임을 저지하는 효과가 있으므로(존재효과설), 丙은 자신의 채무에 대하여 丁에게 이행의 제공을 하여 동시이행의 항변권을 상실시킨 사실, 즉 X동산의 인도사실을 지연손해금청구권의 권리근거규정의 요건사실로서 증명해야 한다. 丁이 X동산을 자신에게 주지 않고 있다고 주장하는 것은 丙이 증명책임을 지는 사실에 대한 부인이다. 그렇다면 丙이 X동산의 인도사실을 증명하지 못하였으므로 법원은 丙이 X동산을 인도한 적이 없는 것으로 판단하여 이행지체를 부정하여야 한다.

라) 매매대금채무의 변제사실에 대한 증명책임

변제하였다는 丁의 주장은 매매계약 체결사실과 양립가능한 사실을 주장하여 丙의 청구를 배척하는 항변에 해당한다. 따라서 매매대금채무의 변제사실은 매매대금청구권의 권리소멸규정의 요건사실이므로 丁이 증명책임을 진다. 그런데 丁이 변제사실에 대한 아무런 증거를 제출하지 못하였으므로 법원은 丁이 변제한 사실이 없다고 판단하여야 한다.

3) 사안 〈3〉의 경우

丁의 동시이행의 항변권 행사 역시 변제주장과 마찬가지로 丙과의 매매계약 체결을 인정하는 전제에 있는 것이므로 매매계약 체결사실에 대한 자백이 된다. 그리고 丙이 지연손해금을 구하기 위해서 변제기의 도래사실과 X동산의 인도사실을 증명해야 하는 점은 사안 〈2〉와 같다. 다만, 동시이행의 항변으로서 지체책임을 막는 외에 丙의 매매대금청구권의 일방적인 행사도 저지하기 위해서는 동시이행의 항변권이 발생한 사실 외에도 동시이행의 항변권을 행사하여야 한다. 사안에서 丁이 변론에서 한 답변 그 자체로 동시이행의 항변권 행사가 있는 것으로 인정된다.

(5) 사안의 해결

1) 사안 〈1〉, 〈2〉의 경우

법원은 ① 사안 〈1〉에서는 丙의 청구를 기각하고, ② 사안 〈2〉에서는 丙의 청구 중 매매대금청구 부분은 인용하고 지연손해금청구 부분을 기각하여야 한다.

2) 사안 〈3〉의 경우

가) 처분권주의의 의의 및 내용
나) 단순이행청구의 경우 상환이행판결의 가부
다) 사안의 해결

사안 〈3〉에서는 매매대금청구 부분은 일부인용(상환이행판결)하고 지연손해금청구 부분을 기각하는 판결을 하여야 한다.

☑ 사례(126) | 증명책임

사실관계

丙은 乙에게 8천만원을 대여해 주면서 2002.10.10. 되돌려 받기로 하였다. 그 뒤 2002.7.7. 丙이 甲에게 그 채권을 양도하면서 乙에게 그 사실을 통지하였다. 甲은 2002.8.8. 乙을 상대로 위 대여금 8천만원의 상환을 구하는 소를 제기하였다. 제1심 소송에서 乙은 2002.3.3. 이미 丙이 변제하지 않아도 좋다고 말했다고 주장하였고, 그에 대해 甲은 모르는 일이라고 진술하였다. 甲은 다른 사실은 주장·증명하였으나 丙이 乙에게 8천만원을 대여해 준 사실을 입증할 증거를 제출하지 않았고, 乙은 丙이 변제하지 않아도 좋다고 말했다는 사실을 증명하기 위하여 丙과 乙의 처 丁을 증인으로 신청하였다. 丙과 丁에 대하여 증인신문을 하였으나 丙은 자신이 그런 말을 한 적이 없다고 증언하였고, 丁은 丙이 그런 말을 하는 것을 들었다고 증언하였다. 법원은 이들의 증언을 반신반의하였고 그 밖에 다른 증거방법은 없었다. 소송계속 중 2002.11.11. 乙은 甲을 상대로 丙이 변제하지 않아도 된다고 하였음을 근거로 하여 채무의 부존재확인을 구하는 소를 제기하였다 (아래 각 설문은 독립적임).

문제

(1) 甲의 소에 대하여 법원은 어떤 판결을 하여야 하는가? [17점]

(2) 乙의 소에 대하여 법원은 어떤 판결을 하여야 하는가? [13점]

❶ 설문 (1)에 관하여

1. 결론

청구인용판결을 하여야 한다.

2. 근거

(1) 甲의 소의 적법성 여부

1) 이행의 소의 종류

甲이 이행기 전에 제소하였으나 소송 중에 이행기가 도래하였으므로, 현재이행의 소가 되었다.

2) 사안의 경우

따라서 미리 청구할 필요의 문제는 없다. 또한 현재이행의 소에서는 원고가 이행청구권을 주장하는 것 자체에 의하여 소의 이익은 긍정되고, 사안의 경우 그 밖의 소송요건의 구비 여부는 문제되지 않으므로 甲의 소는 적법하다.

(2) 본안심사 - 이유 유무

1) 증명책임의 대상이 되는 주요사실

소송자료의 수집·제출책임을 당사자에게 일임하고 법원은 그러한 소송자료만을 기초로 판단하게 된다. 다만 법규기준설하에 권리의 발생·변경·소멸이라는 법률효과를 가져오는 법규의 직접 요건사실인 주요사실만이 대상이 되므로, 甲·乙은 주요사실에 대해서만 주장책임 및 증명책임을 지게 된다.

2) 증명책임의 분배 및 기준

① 증명책임이란 소송상 어느 요증사실의 존부가 확정되지 않을 때에 당해 사실이 존재하지 않는 것으로 취급되어 법률판단을 받게 되는 당사자 일방의 위험 또는 불이익을 말한다.

② 증명책임의 분배에 대해 판례는 법률요건 분류설에 따라 각 당사자는 자기에게 유리한 법규의 요건사실의 존부에 대해 증명책임을 지는 것으로 분배시키고 있다. 이에 따르면, ⅰ) 권리의 존재를 주장하는 자는 권리근거규정의 요건사실에 대한 주장·증명책임을 지고, ⅱ) 그 존재를 다투는 상대방은 반대규정의 요건사실에 대한 증명책임을 지게 되는데, 반대규정으로는 권리장애규정, 권리멸각규정, 권리저지규정이 있다.

3) 사안의 경우

가) 甲의 주장사실

사안에서 甲의 양수금지급청구가 인정되기 위한 주요사실은 ① 양도인의 채무자에 대한 채권의 존재 사실, ② 채권양도계약의 체결 사실, ③ 대항요건의 구비 사실이다. 따라서 원칙적으로 甲이 증명할 사실이다. 나아가 사안에서 丙이 변제하지 않아도 좋다고 말했다는 乙의 주장에 대해 甲은 모르는 일이라고 진술한 것은 부지에 해당하는바, 부인으로 추정된다.

나) 乙의 주장사실

사안에서 乙은 丙이 변제하지 않아도 좋다고 말했다고 주장하고 있는바, 이는 채무의 면제를 받았다는 주장으로서 권리소멸항변에 해당한다. 결국 丙의 자기에 대한 채권이 존재한다는 사실에 대해 자백한 것이다(제한부 자백). 따라서 이러한 사실은 불요증사실로서 甲은 증명할 필요가 없다. 또한 이와 같은 면제주장에 대해 甲이 모른다고 하였으므로 면제 여부는 乙의 증명이 필요하다.

(3) 설문 (1)의 해결

사안에서 甲은 다른 사실은 주장·증명하였고, 丙이 乙에게 8천만원을 대여해 준 사실을 입증할 증거를 제출하지 않았으나, 이는 乙의 자백에 따라 증명할 필요가 없다. 반면 乙은 丙이 변제하지 않아도 좋다고 말했다는 사실을 증명하여야 하는데, 이를 위하여 丙과 乙의 처 丁을 증인으로 신청하였지만, 법원은 이들의 증언을 반신반의하였고 그 밖에 다른 증거방법은 없었으므로, 결국 이에 대해서는 진위불명이 되었다. 따라서 법원은 채무의 면제사실을 부정하고 甲의 청구를 이유 있다고 판단하여 청구인용판결을 하여야 한다.

Ⅱ 설문 ⑵에 관하여

1. 결론

소각하판결을 하여야 한다.

2. 근거

⑴ 문제의 소재

乙의 소가 중복제소에 해당하는지, 확인의 이익이 있는지 여부가 문제이다.

⑵ 중복제소의 금지

1) 의의 및 취지

이미 법원에 소송계속 중인 사건과 동일한 사건에 관하여 당사자는 다시 소를 제기하지 못한다(제259조). 이를 중복된 소제기의 금지라고 한다(중복제소금지). 중복제소금지의 취지는 동일한 사건이 다시 이중으로 제기된 경우에 각각의 판결의 모순·저촉의 방지를 위한 것이다.

2) 요건

중복소제기에 해당하기 위해서는 ① 전·후 양소의 당사자가 동일할 것, ② 전·후 양소의 소송물이 동일할 것, ③ 전소가 계속 중일 것을 요구한다.

사안의 경우 위 ①과 ③의 요건은 문제가 없다. 다만 ②의 요건이 문제이다. 이와 관련하여 청구의 취지가 다르면 원칙적으로 신·구소송물이론 어느 쪽에서도 소송물이 다르므로 중복제소에 해당되지 않는다고 하나, 동일권리에 관한 확인청구와 이행청구의 경우에도 중복제소에 해당하지 않는지 여부가 문제이다.

3) 동일권리에 관한 이행청구와 확인청구의 중복제소 해당 여부

판례는 채권자가 채무인수자를 상대로 제기한 채무이행청구소송(전소)과 채무인수자가 채권자를 상대로 제기한 원래 채무자의 채권자에 대한 채무부존재확인소송(후소)은 그 청구취지와 청구원인이 서로 다르므로 중복제소에 해당하지 않는다는 입장이다.[290]

⑶ 확인의 이익 인정 여부

다만 판례는 이행청구의 소송계속 중 그 채무의 부존재확인을 구하는 것은 소의 이익이 없다는 입장이다.

사안에서 甲의 이행청구가 기각되면 乙의 채무가 없다는 것이 확정되므로 따로 소극적 확인의 소를 제기할 확인의 이익은 부정된다고 할 것이다.[291]

⑷ 설문 ⑵의 해결

乙의 소는 중복제소에 해당되지는 않지만, 법원은 乙의 확인의 소의 이익을 부정하여 소각하판결을 해야 한다.

---

290) 대판 2001.7.24, 2001다22246

291) 甲의 청구를 인용할 때라도, 그래서 乙의 청구가 이유 없다고 판단될 상황일 때라도, 확인의 소의 이익이 없어 법원은 부적법 소각하판결을 해야 할 것이다(소송요건 심리의 선순위성).

사례(127) | 증명책임

사실관계

아래는 원고 甲이 피고 丙을 상대로 제기한 소송에서의 소장이다(정식의 소장이 아니므로 소장의 형식을 문제 삼지는 않는다).

소장

원고 甲

　　　　주소 :

피고 丙

　　　　주소 :

진정명의회복을 원인으로 한 소유권이전등기청구

청구취지

1. 피고는 원고에게 별지목록기재 부동산에 관하여 진정명의회복을 원인으로 한 소유권이전등기절차를 이행하라.
2. 소송비용은 피고의 부담으로 한다라는 판결을 구합니다.

청구원인

원고는 평생 동안 농사를 지어 마련한 별지목록기재 부동산(이하 '이 사건 부동산'이라 함)을 경작하며 홀로 살아가고 있었습니다. 어느 날 서울로 간 외아들 甲2가 이 사건 부동산에 근저당을 설정해 줄 것을 애원하였으나 원고는 일언지하에 거절하였습니다. 그런데 소외 甲2는 원고 몰래 이 사건 부동산의 등기필증과 인감도장을 절취하여 그 길로 사채업자인 소외 乙에게 이전등기를 경료해 주고 매매대금 1억원을 챙기게 되었습니다. 뒤에 이 사실을 안 원고가 확인해 보니 이 사건 부동산의 등기명의가 원고로부터 소외 乙로, 다시 乙로부터 피고 丙 앞으로 이전 경료된 것을 확인했습니다.

[중략]

변론과정에서 피고 丙은 소외 甲2의 대리행위를 통해 이 사건 부동산을 매수한 것은 사실이나 당시 소외 甲2는 원고를 대리할 권한이 있었다고 주장하였다.

문제

이 경우 재판장은 원고와 피고 중 누구에게 소외 甲2의 대리권 유무에 대한 증명을 하라고 석명하여야 하는가? 20점

Ⅰ 결론

재판장은 원고 甲에게 甲2의 대리권이 부존재한다는 점에 대해 증명하라고 석명하여야 한다.

Ⅱ 근거

1. 석명권의 의의 및 범위

(1) 의의

석명권이라 함은 소송관계를 분명하게 하기 위하여 당사자에게 질문하고 증명촉구를 할 뿐만 아니라, 당사자가 간과한 법률상 사항을 지적하여 의견진술의 기회를 주는 법원의 권능을 말한다(제136조). 이는 처분권주의와 변론주의의 결함을 시정하는 데에 그 취지가 있다.

(2) 범위

① 석명권은 ⅰ) 당사자의 신청이나 주장이 불명료, 불완전, 모순이 있을 경우 소송관계를 명료하게 하기 위하여 행사하는 소극적 석명과 ⅱ) 새로운 신청, 주장 등의 제출을 권유하는 적극적 석명이 있다. 소극적 석명권은 제한 없이 행사할 수 있지만 적극적 석명을 인정할 것인가에 대해서는 문제가 있는데, 법원은 다툼이 있는 사실에 대해 증명책임 있는 당사자가 그 소송정도로 보아 무지·부주의 등으로 인해 증명하지 못하고 있는 경우에는 증명촉구의무를 진다고 할 것이다.

② 사안의 경우에 법원은 누구를 상대로 증명촉구를 할 것인지가 문제이고, 이는 결국 甲2의 대리권 유무에 대해 누가 증명책임을 지는가를 살펴보아야 한다.

2. 증명책임의 분배

(1) 증명책임의 의의와 분배기준

증명책임이란 소송상 어느 요증사실의 존부가 확정되지 않을 때에 당해 사실이 존재하지 않는 것으로 취급되어 법률판단을 받게 되는 당사자 일방의 위험 또는 불이익을 말한다. 이러한 증명책임의 분배에 대해 통설과 판례는 법률요건분류설에 따라 각 당사자는 자기에게 유리한 법규의 요건사실의 존부에 대해 증명책임을 지는 것으로 분배시키고 있다.

(2) 구체적 내용

법률요건분류설에 따르면, ① 권리의 존재를 주장하는 자는 권리근거규정의 요건사실에 대한 주장·증명책임을 지고, ② 그 존재를 다투는 상대방은 반대규정의 요건사실에 대한 증명책임을 지게 되는데, 반대규정으로는 권리장애규정, 권리멸각규정, 권리저지규정이 있다.

(3) 사안의 경우

甲은 丙에 대하여 민법 제214조에 의해 진정명의회복을 원인으로 한 소유권이전등기청구의 소를 제기한 것이다. 그 요건사실은 ① 甲이 소유권자일 것, ② 丙이 甲의 소유권을 방해하고 있을 것이다. 즉 甲 소유의 부동산에 丙의 등기가 경료되어 있고, 그 등기가 원인무효일 것을 요한다. 이때 원고 甲이 권리발생근거규정의 요건사실로서 ① 자신에게 소유권이 존재한다는 점 및 ② 현재 丙명의로 소유권이전등기가 경료된 사실을 주장, 증명해야 한다는 점에 대해서는 의문이 없다. 문제는 丙명의의 등기에 대해서 丙이 甲의 적법한 대리인으로부터 매수한 것이란 사실을 주장·증명하여야 하는지 아니면 甲이 丙명의의 등기가 원인무효라는 사실, 즉 乙이 甲2로부터 매수한 것은 무권대리행위로 무효라는 사실을 주장·증명하여야 하는지 여부이다. 이는 이미 丙명의로 소유권이전등기가 경료되었다는 점에서 등기의 추정력이 대리권의 존부판단에까지 미치는지 여부에 따라서 달라질 것이므로 이를 검토하기로 한다.

3. 등기의 추정력

(1) 법적 성질

통설·판례는 "부동산에 관한 소유권이전등기는 권리의 추정력이 있으므로, 이를 다투는 측에서 그 무효사유를 주장·증명하지 아니하는 한, 등기원인 사실에 관한 증명이 부족하다는 이유로 그 등기를 무효라고 단정할 수 없다"는 입장으로 법률상 추정으로 보고 있다.[292]

(2) 추정력의 범위

판례에 의하면 등기가 있으면 등기된 권리의 존재 및 귀속, 등기원인의 존재 및 유효성 및 등기절차의 적법성이 법률상 추정된다. 뿐만 아니라 매매계약 및 등기가 대리인에 의해 행해지는 경우 대리인이 대리권을 수여받아 유효한 대리행위를 하였다는 점도 추정된다.[293]

(3) 추정의 효력

1) 증명책임의 완화

추정규정이 있는 경우에도 증명책임이 있는 사람은 추정되는 사실 또는 권리를 증명할 수도 있으나, 보통은 그보다도 증명이 쉬운 전제사실을 증명함으로써 이에 갈음(증명주제의 선택의 자유)할 수 있으므로 추정규정은 증명책임을 완화시키는 것이다.

2) 증명책임의 전환

이에 대해 상대방은 추정사실이 부존재한다는 것을 증명함으로써 추정을 번복할 수 있는데, 상대방이 추정사실의 부존재에 대하여 증명책임을 진다는 의미에서는 증명책임이 전환되는 것이다. 추정을 번복하기 위해 세우는 증거는 본증(반대사실의 증거)이고 반증이 아니다.

---

292) 대판 1979.6.26, 79다741
293) 대판 1997.4.8, 97다416

4. 사안의 경우

丙명의 등기가 경료되어 있고, 등기의 추정력에 의해 丙명의 등기는 적법하고, 甲2가 원고 甲으로부터 대리권을 수여받아 유효한 대리행위를 하였다는 점도 추정된다고 할 것이므로 甲은 甲2와 乙 사이의 매매계약은 무권대리행위로서 무효이고, 따라서 丙명의 등기도 원인무효라는 사실에 대해서 증명책임을 진다. 판례 역시 "등기명의인이 제3자를 소유자의 대리인이라고 주장하더라도 당해 등기는 적법하게 이루어진 것으로 추정되므로 그 등기가 원인무효임을 이유로 말소를 청구하는 소유자로서는 그 반대사실, 즉 그 제3자에게 소유자를 대리할 권한이 없었다던가, 또는 그 제3자가 등기에 필요한 서류를 위조하였다는 등의 무효사실에 대해 증명책임을 진다."고 하였다.[294]

따라서 등기부상 丙명의가 존재함이 명백한 이상 위 대리권의 존재는 법률상 추정이 된다고 할 것이므로, 법원은 원고 甲에게 甲2의 대리권이 부존재한다는 점에 대해 증명하라고 촉구하여야 한다.

---

294) 대판 1997.4.8, 97다416; 대판 2009.9.24, 2009다37831

✅ 사례(128) | 증명책임의 완화 - 법률상 추정과 잠정적 진실

사실관계 및 소송의 결과

○ 甲은 乙 소유의 경기도 용인군 소재의 X토지를 1985.10.15.부터 점유하여 사용하여 오다가, 2005.11.15. 에 乙을 상대로 소유권이전등기를 구하는 소를 제기하였다.

○ 이에 대해 乙은 甲이 1985.10.15.부터 임차인으로서 X토지를 사용하여 왔고, 1995.3.15.부터 2년간은 丙 이 점유·사용하다가 떠나간 일이 있었고, 그 뒤에 甲이 다시 점유하게 된 것이라고 주장하였다.

○ 이에 대해 甲은 자신은 임차인으로 그 토지를 점유한 것이 아니라 소유하기 위하여 점유한 것이라고 주 장하고, 丙은 자신 몰래 무단으로 X토지를 점유·사용하다가 자신이 토지를 인도할 것을 청구하여 소송 을 할 듯한 태세를 취하자 알아서 떠난 것이라고 주장하였다.

○ 법원의 심리결과 甲이 X토지를 점유하기 시작한 것은 1983.10.15.부터였고, 적어도 1985.10.15.과 2005.10.14.에 甲이 그 토지를 점유하였다는 것은 사실로 인정되었다. 그러나 甲과 乙의 다른 주장들은 그 진실 여부가 불분명하였다.

문제

甲의 청구에 대한 결론 및 당사자들의 주장과 증거자료를 토대로 결론에 이르게 된 근거를 서술하시오.
25점

Ⅰ 결론

법원은 甲의 등기청구에 대해 청구인용판결을 할 수 있다.

Ⅱ 근거

1. 변론주의의 적용

(1) 의의 및 내용

(2) 주요사실과 간접사실의 구별

(3) 점유시효취득에서의 주요사실

　사안의 경우 점유취득시효의 완성을 청구원인으로 하여 소유권이전등기청구를 하였는데, 점유 취득시효의 요건사실, 즉 주요사실은 ① 甲의 20년간 점유 계속사실과 ② 소유의 의사로 평온 ·공연하게 점유한 사실이다. 따라서 사안의 경우 甲과 乙의 각 주장을 기초로 변론주의에 의 해 심리와 증명책임의 분배에 따라 위 주요사실이 인정되는지 검토하기로 한다.

2. 20년간 점유계속 사실의 인정 여부

(1) 문제점

① 우선 20년간 점유사실에 관해서는 甲이 1985.10.15.부터 제소시인 2005.11.15.까지의 점유를 주장하고 있으나, 법원은 증거조사결과 1983.10.15.부터 점유한 것으로 심증을 형성하였는바, 이때 법원이 당사자의 주장과 다르게 사실을 인정할 수 있는지가 문제된다. 이는 취득시효의 기산점이 주요사실인지 간접사실인지 여부에 따라 달라지므로 이를 검토해야 한다.

② 또한 甲은 1985.10.15.부터 제소 시까지의 계속된 점유를 주장하는데 대해, 乙은 1995.3.15.부터 2년간 丙이 점유한 사실을 주장하고, 이에 대해 다시 甲은 丙의 무단점유로부터 점유를 회수해 점유권을 잃지 않았음을 주장하고 있는데, 법원은 甲의 점유계속사실에 대해서 진위불명이 되었으므로 위 사실의 인정은 누가 위 사실에 대해서 증명책임을 부담하는지 여부에 따라 결정된다. 그런데 점유계속사실에 대해서는 민법에서 제198조에서 추정규정을 두고 있으므로 이 규정에 따라 누가 증명책임을 지는지를 살펴보기로 한다.

(2) 취득시효의 기산점이 주요사실인지 여부

① 판례는 "취득시효의 기산점은 법률효과의 판단에 관하여 직접 필요한 주요사실이 아니고 간접사실에 불과하여 법원으로서는 이에 관한 당사자의 주장에 구속되지 아니하고 소송자료에 의하여 진정한 점유의 시기를 인정하여야 하는 것"이라 하여 간접사실로 보고 있다.[295]

② 사안의 경우 기산점은 간접사실에 불과하므로 법원은 당사자의 주장과 달리 1983.10.15.을 기산점으로 인정할 수 있으며, 2005.10.14.의 점유가 증거조사결과 인정되므로, 결국 20년 이상의 점유가 인정된다.

(3) 민법 제198조 추정규정의 법적 성질과 증명책임

① 민법 제198조는 '전후 양시에 점유한 사실이 있는 때에는 그 점유는 계속한 것으로 추정한다'고 규정하고 있다. 이때 추정의 성질은 법률상 사실의 추정이다. 따라서 증명책임이 전환되어 상대방이 반대사실에 대한 증명책임을 부담한다.

② 사안에서 1983.10.15.을 기산점으로 하든지 아니면 당사자의 주장에 따라 1985.10.15.을 기산점으로 하든지, 전후 양시의 점유사실이 인정되어 점유계속사실이 민법 제198조에 의해 법률상 추정된다. 따라서 증명책임이 전환되어 乙이 반대사실인 점유중단사실에 대해 증명책임을 부담한다. 그런데 진위불명이므로 결국 법원은 점유계속사실을 인정하여야 한다.

---

295) 대판 1994.4.15, 93다60120

3. 자주점유의 인정 여부

(1) 문제점

甲의 점유가 자주점유인지와 관련해, 乙은 임대차계약의 존재를 주장하고 이에 대해 甲은 소유의 의사로 점유한 것임을 주장하고 있는데, 소유의 의사 유무에 대해 역시 진위불명이므로 누가 증명책임을 부담하는지가 문제된다. 이는 민법 제197조의 추정규정과 관련하여 문제되므로 이를 살펴보기로 한다.

(2) 민법 제197조의 추정규정의 법적 성질과 증명책임

① 민법 제197조 제1항에는 "점유자는 소유의 의사로 선의, 평온 및 공연하게 점유한 것으로 추정한다"고 규정되어 있는데 이 규정의 성질은 잠정적 진실의 추정이라고 한다. 잠정적 진실이란 법률상의 추정과는 달리 아무런 전제사실이 없는 경우, 즉 무전제의 추정이 있는 경우를 말한다.

② 잠정적 진실의 경우에도 증명책임의 전환을 가져온다. 따라서 점유자의 자주점유는 잠정적 진실로 이를 다투는 당사자가 증명책임을 지고, 자주점유에 대한 반대사실을 본증으로 증명해야 추정을 복멸시킬 수 있다.

(3) 사안의 경우

사안에서 甲의 소유의 의사 역시 민법 제197조에 의해 추정되고, 증명책임이 乙에게 전환되므로 乙은 甲의 점유가 타주점유라는 사실로 임대차계약의 체결사실을 증명하지 못하는 한 그 사실은 없는 것으로 판단된다. 사안에서 임대차계약체결 사실은 진위불명이므로 결국 법원은 甲의 자주점유사실을 인정해야 한다.

4. 평온 · 공연한 점유의 인정 여부

(1) 문제점

평온 · 공연한 점유는 점유취득시효의 요건사실이며 주요사실이다. 그런데 사안에서 甲과 乙은 이 점에 대해서는 전혀 주장이 없으므로, 법원이 평온 · 공연한 점유사실의 존부를 판단하기 위해서는 누가 위 사실에 대한 주장책임을 부담하는가를 검토하여야 한다.

(2) 주장책임의 분배

① 주요사실은 당사자가 변론에서 주장되어야 하며, 당사자가 자기에게 유리한 사실을 주장하지 아니하면 그 사실은 없는 것으로 취급되어 불이익한 판단을 받게 되며 이를 주장책임이라고 한다.

② 그리고 주장책임의 분배는 원칙적으로 증명책임의 분배와 일치한다. 따라서 권리근거규정의 요건사실은 원고가, 반대규정의 요건사실은 피고가 각각 주장해야 한다. 다만 증명책임이 전환되는 경우에는 주장책임도 전환하게 된다.[296]

(3) 사안의 경우

원칙적으로 평온·공연한 점유라는 사실은 점유취득시효완성으로 인한 소유권이전등기청구권의 권리근거규정의 요건사실이므로 甲에게 주장·증명책임이 있다. 그러나 위에서 본 바와 같이 민법 제197조의 잠정적 진실규정에 의해 증명책임이 乙에게 전환되므로, 주장책임도 역시 전환된다. 결국 乙이 평온·공연한 점유가 아니라는 사실, 즉 강폭 또는 은비한 점유라는 사실에 대해 주장·증명책임을 부담한다. 따라서 법원은 평온, 공연한 점유사실은 잠정적 진실로 인정되며, 강폭·은비에 의한 점유사실에 대해서는 주장이 없는 것으로 판단하여야 한다.

5. 사안의 경우

---

296) 민법 제197조 제1항에서 점유자는 소유의 의사로 선의, 평온 및 공연하게 점유하는 것으로 추정한다고 규정하고 있으므로, 시효취득을 주장하기 위해서는 당해 부동산을 20년간 점유한 사실만 주장·입증하면 된다. 실무상으로는 자주, 평온 및 공연점유에 대한 주장을 원고의 주장으로 정리하는 경향도 있지만, 엄격히 말하면 상대방이 항변으로 그 반대의 점유 즉, 타주, 폭력 또는 은비점유에 대한 주장책임을 부담한다. 본 교재의 내용에서 증명책임이 전환되는 경우에는 주장책임도 전환하게 된다는 것은 이러한 의미의 서술이다.

사례(129) | 증명책임 – 일응의 추정과 간접반증이론

사실관계

甲은 경부동통 등을 치료하기 위하여 의사 乙이 운영하는 A병원에 입원하였다. 의사 乙은 甲을 진찰한 후 전신마취를 하고 수술을 시행하였는데, 수술 직후 마취로부터 깨어난 甲에게 하반신 완전마비증상이 발생하였고, 乙이 재수술을 했지만 마비를 초래한 원인을 찾지 못하였으며 위 하반신 마비증상은 영원히 남게 되었다. 이에 甲은 乙을 상대로 불법행위에 기한 손해배상청구의 소를 제기하였다.

문제

만일 위 소송에서 의사 乙이 하반신 완전마비증상의 결과가 의료상의 과실과 전혀 다른 원인에 기한 것임을 증명하지 못한 경우에 법원은 어떠한 판결을 하여야 하는가? 12점

1. 결론

청구인용판결을 선고하여야 한다.

2. 근거

(1) 증명책임의 의의와 분배기준

① 증명책임이란 소송상 어느 요증사실의 존부가 확정되지 않을 때에 당해 사실이 존재하지 않는 것으로 취급되어 법률판단을 받게 되는 당사자 일방의 위험 또는 불이익을 말한다. 이러한 증명책임의 분배에 대해 통설·판례는 법률요건분류설에 따라 각 당사자는 자기에게 유리한 법규의 요건사실의 존부에 대해 증명책임을 지는 것으로 분배시키고 있다.

② 법률요건 분류설에 따르면, ⅰ) 권리의 존재를 주장하는 자는 권리근거규정의 요건사실에 대한 주장·증명책임을 지고, ⅱ) 그 존재를 다투는 상대방은 반대규정의 요건사실에 대한 증명책임을 지게 되는데, 반대규정으로는 권리장애규정, 권리멸각규정, 권리저지규정이 있다.

(2) 법률요건분류설에 기한 분배와 문제

법률요건분류설에 따르면 사안과 같은 불법행위에 기한 손해배상청구의 경우, 과실 및 인과관계는 권리근거규정인 민법 제750조의 요건사실이라 할 것이므로, 원고 甲이 증명해야 하는데, 이는 공해소송, 의료소송 등 현대형 소송에서 증거의 구조적 편재로 인해 피해자인 원고가 증명하기에 곤란하므로 패소의 불이익을 당하게 된다. 따라서 이와 같은 당사자의 실질적 불평등을 시정하기 위한 방안으로 일응의 추정과 간접반증이론이 거론되고 있다.

(3) 일응의 추정과 간접반증이론

1) 의의

① 일응의 추정이란 고도의 개연성이 있는 경험칙을 이용하여 간접사실로부터 주요사실을 추정하는 경우를 말하며, 추정된 사실은 거의 증명된 것이나 마찬가지로 보기 때문에 표현증명이라 한다.

② 간접반증은 일응의 추정이 인정되는 경우 상대방이 추정의 전제되는 간접사실과 양립할 수 있는 별개의 간접사실을 증명하여 위 간접사실에 의한 주요사실의 추인을 방해하는 증거 내지는 증명활동을 말한다.

2) 간접반증에 의한 증명책임

당해 별개의 간접사실에 대하여는 그 증명책임이 상대방에게 있고, 상대방은 간접사실에 대하여 본증이 요구된다. 다만, 주요사실에 대한 관계에서는 간접반증은 반증이다. 즉 주요사실의 증명책임을 전환시키는 것은 아니다.

판례도 공해소송뿐만 아니라 의료과오소송에서도 과실 및 인과관계에 관하여 일응의 추정과 간접반증이론에 의한 증명책임의 완화를 꾀하고 있다. 즉 "손해발생의 직접적인 원인이 의료상의 과실로 말미암은 것인지 여부는 전문가인 의사가 아닌 보통인으로서는 도저히 밝혀낼 수 없는 특수성이 있어서 환자 측이 의사의 의료행위상의 주의의무위반과 손해의 발생과 사이의 인과관계를 의학적으로 완벽하게 증명한다는 것은 극히 어려우므로, 환자가 손바닥과 발바닥에 땀이 많이 나는 증상의 치료도중에 사망한 경우에 ① 피해자 측에서 일반 상식적인 의료과실행위를 증명하고, 그 결과와 사이에 일련의 의료행위 외에 다른 원인이 개재될 수 없다는 점, 이를테면 환자에게 의료행위 이전에 그러한 결과에 원인이 될 만한 건강상의 결함이 없었다는 사정을 증명한 경우에 있어서는 ② 의료행위를 한 측이 그 결과가 의료상의 과실과 전혀 다른 원인에 기한 것을 증명하지 않는 이상, 의료상 과실과 결과 사이의 인과관계를 추정하여 손해배상책임을 지을 수 있도록 증명책임을 완화하는 것이 손해의 공평, 타당한 부담을 그 지도원리로 하는 손해배상제도의 이상에 맞는다"라고 하였다.[297]

(4) 사안의 경우

---

297) 대판 2013.7.25, 2012다34757 ; 대판 1995.2.10, 93다52402; 대판 1995.3.10, 94다39567; 대판 1995.12.5, 94다57701; 대판 1999.2.12, 98다10472

☑ 사례(130) | 공해소송과 증명책임

사실관계

甲이 설치한 김양식시설에 乙회사가 그 곳으로부터 약 20여 km 떨어진 곳에 건설한 비료공장에서 배출된 폐수가 유입되어 병해가 발생, 김양식을 포기하기에 이르러, 甲은 乙을 상대로 불법행위에 의한 손해배상을 청구하였다. 이 소송에서 흘러든 폐수와 김에 병해가 발생하여 피해가 생겼다는 사실 사이의 인과관계가 문제되었는데, 甲은 ① 乙의 공장에서 김의 생육에 악영향을 줄 수 있는 폐수가 배출되고, ② 그 폐수 중 일부가 해류를 통하여 김양식장에 도달하였으며, ③ 그 후 김에 피해가 있었다는 사실을 모두 증명하였다. ③ 그러나 폐수 중에 원인물질이 들어 있다거나 그 원인물질의 해수혼합률이 안전농도 범위 외에 속한다는 사실은 증명하지 못하였다.

문제

이 경우 법원은 어떠한 판결을 하여야 하는가? 12점

I 결론

청구인용판결을 하여야 한다.

II 근거[298]

1. 증명책임의 의의와 분배기준

2. 법률요건분류설에 기한 분배와 문제

3. 일응의 추정과 간접반증이론

(1) 의의

(2) 간접반증에 의한 증명책임

판례는 수질오탁으로 인한 공해소송인 이 사건에서 "① 피고공장에서 김의 생육에 악영향을 줄 수 있는 폐수가 배출되고, ② 그 폐수 중 일부가 유류를 통하여 이 사건 김양식장에 도달하였으며, ③ 그 후 김에 피해가 있었다는 사실이 각 모순 없이 증명된 이상 피고공장의 폐수배출과 양식 김에 병해가 발생함으로 말미암은 손해 간의 인과관계가 일응 증명되었다고 할 것이므로, 피고가 i) 피고 공장폐수 중에는 김의 생육에 악영향을 끼칠 수 있는 원인물질이 들어 있지

---

298) 위 「문서제출명령 등과 의료과오소송에서의 증명책임」에 관한 문제의 해설부분 참조

않으며, ii) 원인물질이 들어 있다 하더라도 그 해수혼합율이 안전농도 범위 내에 속한다는 사실을 반증을 들어 인과관계를 부정하지 못하는 한 그 불이익은 피고에게 돌려야 마땅할 것이다"라고 하였다.[299]

4. 사안의 경우

---

299) 대판 1984.6.12, 81다558; 대판 2009.10.29, 2009다42666 등 다수

☑ 사례(131)│ 소송절차의 중단

사실관계

○ 甲은 2007.4.1. 乙에게 자신 소유인 X토지를 1억원에 매도하였는데 乙이 매매대금을 주지 아니하여, 甲은 乙을 상대로 1억원의 매매대금의 지급을 구하는 소를 제기하였다.

○ 한편 甲의 처인 C는 2012.5.11. 丙의 교통사고에 의하여 사망하였다.

문제

※ 아래 각 설문에 대한 결론과 근거를 설명하시오. 각 설문은 상호 무관한 것임을 전제로 한다.

(1) 위 제1심 계속 중 소송대리인 없이 본인소송을 하였던 乙이 사망하였으며, 상속인으로는 처 A뿐만 아니라 자식인 B도 있었으나 甲은 상속인이 A 혼자인 것으로 알고서 A만을 상대로 수계신청하였고, 법원은 甲의 청구를 인용하여 A에게 매매대금 1억원을 지급하라는 판결을 선고하였다. 이 경우 B는 항소를 제기할 수 있는가? 15점

(2) 만일 甲은 망(亡) C의 남편으로서 2012.6.11. 사망하였고, 상속인으로는 D, E가 있었는데, 그 전에 甲, D, E는 丙을 피고로 하여 C가 사망에 이르게 된 丙의 불법행위에 대한 손해배상청구의 소를 제기하려 하였다. 이에 소송대리인 丁에게 소송위임을 하였고, 丁은 甲이 사망한 사실을 모르고 2012.6.21. 甲, D, E를 원고로 하여 손해배상청구의 소장을 법원에 제출하였다. 위 소제기 시 함께 제출된 소송위임장에는 위임인 甲, 작성일자 2012.6.6.로 되어 있었고, 상소제기에 관한 권한은 없다고 기재되어 있었다. 제1심 법원은 원고 甲, D, E의 일부승소판결을 선고하였고, 이에 원고 D, E는 戊를 소송대리인으로 선임하였고 戊는 패소부분에 불복하여 항소하였다. 항소심 계속 중 戊는 D, E로부터 소송절차를 수계해야 하므로 신청서를 제출해 달라는 말을 듣고 원고 甲이 사망하였으므로 그 상속 D, E에 의한 소송절차의 수계를 신청한다는 취지의 소송수계신청서를 2013.9.30. 제출하였다. 이에 대해 항소심 법원은 소송수계신청을 인정하지 않고 甲이 소제기 전에 사망하였음을 이유로 원고 甲의 소는 부적법하다고 보아 제1심 판결을 취소하고 소각하판결을 하였다. 이러한 항소심 법원의 판단은 정당한가? 15점

▮ 설문 (1)에 관하여

1. 결론

B는 항소를 제기할 수 없다.

2. 근거

(1) 당사자지위의 당연승계 여부

① 판례는 소송계속 중 어느 일방의 당사자가 사망한 경우, 그때부터 그 소송은 그의 지위를 당연히 이어 받게 되는 상속인들과의 관계에서 대립당사자 구조를 형성하여 존재하게 되는 것이라고 함으로써 당연승계를 긍정하는 입장이다.[300]

② 사안에서 乙은 소송계속 중 사망하여, 그때부터 상속인 A와 B에게 피고 乙의 지위가 당연 승계된다 할 것이다.

(2) 소송절차의 중단 여부

1) 중단의 요건

당사자의 사망으로 소송절차가 중단되기 위해서는 ① 소송계속 중에 사망하였을 것, ② 사망한 당사자 측에 소송대리인이 선임되어 있지 않을 것, ③ 상속인이 있을 것, ④ 소송물인 권리의무가 상속의 대상이 될 것을 요한다(제233조, 제238조).

2) 사안의 경우

사안의 경우 ① 피고 乙은 소송계속 중에 사망하였고, ② 소송대리인이 없었으며, ③ 상속인들이 있고, ④ 매매대금지급의무는 상속의 대상이 되므로 이 사건 소송절차는 중단된다.

(3) 중단의 해소와 범위

1) 중단의 해소

① 중단사유에 따른 정지의 효과는 당사자 측의 수계신청 또는 법원의 속행명령에 의하여 해소되고, 이 경우 소송절차의 진행이 재개되는데, 중단사유가 생긴 당사자 측의 새로운 수행자가 수계할 수 있는 상태에 있으면서도 수계신청을 하지 않을 경우에 그 상대방도 수계신청을 하여 소송의 속행을 구할 수 있다(제241조).

② 사안에서는 甲의 수계신청에 의해 중단은 해소되는데, 다만 그 해소의 범위가 문제된다. 이와 관련해서는 공동상속인의 소송수행형태와 그 심리방식의 면에서 살펴보아야 한다.

2) 중단해소의 범위

가) 공동소송의 유형

공동상속인의 소송수행 형태는 상속재산의 소유관계가 공유관계로서, 사안의 경우에는 통상공동소송이 된다. 판례도 "공동상속인들은 그 공동상속재산에 관하여 저마다 지분권을 가지고 있으므로 공동상속인들을 필수적 공동소송인으로 삼아야 할 이유가 없다"고 판시하여 통상공동소송으로 보고 있다.

나) 통상공동소송의 심리방식

통상공동소송의 심리방식은 제66조에 의한 공동소송인 독립의 원칙상 상속인 중 한 사람

---

300) 대판(전) 1995.5.23, 94다28444

만이 수계절차를 밟아 중단이 해소되었으면 그 자에 대해서만 중단이 해소되며, 수계절차를 밟지 않은 다른 상속인의 소송관계는 중단된 채 원심에 그대로 계속된다.

⑷ 제1심 판결의 효력이 미치는 자

판결문에는 피상속인 乙의 명의로 판결이 선고된 것이 아니라 상속인인 A의 명의로 판결이 선고된 경우로서 이러한 판결은 A에 대해서 그 효력이 미친다. 반면 수계절차를 밟지 않아서 소송절차가 중단된 상태로 제1심에 계속 중인 B에 대해서는 그 판결의 효력이 미칠 수 없다.

⑸ 사안의 경우

사안에서 B에 대한 소송절차는 중단 중에 있고, 제1심 판결로서 종국판결이 선고되지 않았으므로, 항소를 제기할 청구적격과 당사자적격을 구비하지 못하였다. 따라서 B는 항소를 제기할 수 없고, A만이 항소를 제기할 수 있다.[301] 이 경우 B는 기일지정신청을 하여 변론을 진행한 후 본안판결을 받으면 된다.

▥ 설문 ⑵에 관하여

1. 결론

甲의 소가 부적법하다고 각하한 항소심 판단은 부당하다.

2. 근거[302]

⑴ 문제점

① 제소 전 사망한 甲을 원고로 표시하여 소를 제기한 것이 적법한지, ② 이 경우 법적 구성을 어떻게 할 것인지, ③ 만약 소송절차의 중단과 같이 취급한다면 절차는 중단되었는지 여부 및 중단시점과 중단 시 항소제기가 그 후의 수계신청으로 하자가 치유되는지 여부가 문제이다.

⑵ 소의 적법 여부

당사자가 사망하더라도 소송대리인의 소송대리권은 소멸하지 아니하므로(제95조 제1호), 당사자가 소송대리인에게 소송위임을 한 다음 소제기 전에 사망하였는데 소송대리인이 당사자가 사망한 것을 모르고 그 당사자를 원고로 표시하여 소를 제기하였다면 이러한 소의 제기는 적법하다.[303]

---

301) 사안의 경우는 소송절차의 중단을 간과한 경우가 아니다. 따라서 간과판결의 효력과 그 구제방법에 대한 논의는 애초에 불필요하다는 점을 주의하여야 한다.

302) 대판 2016.4.29, 2014다210449

303) 민사소송법 제95조 제1호는 소송대리권이 소멸하지 아니하는 경우로 '당사자의 사망 또는 소송능력의 상실'을 규정하고 있고, 소송대리권은 당사자가 소송대리인에게 소송위임을 함으로써 발생하는 것이므로 (당사자의 소송위임에 따라 소송대리인이 소장을 제출하여야만 소송대리권이 발생한다고 볼 수는 없다), 당사자가 소송대리인에게 소송위임을 하여 소송대리권이 발생한 이상 그 이후 당사자가 소제기 전에 사망한 경우에도 소송대리인의 소송대리권은 소멸하지 않는다.

(3) 법적 구성

이 경우 판례는 민사소송법 제233조 제1항이 유추적용되어 사망한 사람의 상속인들은 그 소송 절차를 수계하여야 한다고 하였는바, 소송절차의 중단에 관한 법적 구성의 문제로 취급할 것이다.

(4) 소송절차의 중단 여부 및 시기

당사자가 사망하였으나 소송대리인이 있는 경우에는 소송절차가 중단되지 아니하고(제238조, 제 233조 제1항), 그 소송대리인은 상속인들 전원을 위하여 소송을 수행하게 되며, 판결은 상속인들 전원에 대하여 효력이 있다. 이 경우 소송대리인에게 상소제기에 관한 특별수권이 없다면 심급 대리의 원칙상 판결정본이 소송대리인에게 송달되면 소송절차가 중단된다.[304]

(5) 소송절차 중단 중의 항소의 적법 여부 및 하자치유

소송절차 중단 중에 제기된 상소는 부적법하지만 상소심 법원에 수계신청을 하여 그 하자를 치 유시킬 수 있으므로, 상속인들로부터 항소심 소송을 위임받은 소송대리인이 소송수계절차를 취하지 아니한 채 사망한 당사자 명의로 항소장 및 항소이유서를 제출하였더라도, 상속인들이 항소심에서 수계신청을 하고 소송대리인의 소송행위를 적법한 것으로 추인하면 그 하자는 치 유된다 할 것이고, 추인은 묵시적으로도 가능하다.

(6) 사안의 경우

소송대리인 丁이 甲이 사망한 사실을 모르고 제기한 경우로서 소는 적법하다. 다만 제1심 판결 정본이 송달됨으로써 소송절차는 중단되므로, 소송대리인 戊는 수계신청을 하고 항소해야 적 법한 것인데, 그렇다 하더라도 상속인들이 수계신청을 하고 소송대리인의 소송행위를 묵시적 이라도 추인하면 그 하자는 치유된다. 사안의 경우 戊는 D, E로부터 소송절차를 수계해야 하 므로 신청서를 제출해 달라는 말을 듣고 소송수계신청서를 제출하였는바 그 하자는 치유되었 다고 본다. 따라서 항소심 법원은 D, E의 소송수계신청을 받아들여 본안판단을 했어야 하므로, 원고 甲의 소가 부적법하다고 각하한 항소심 판단은 부당하다.

---

304) 다만 제1심 소송대리인이 상소제기에 관한 특별수권이 있어 상소를 제기하였다면 그 상소제기 시부터 소송절차가 중단되므로 항소심에서 소송수계절차를 거치면 된다.

✅ 사례(132) | 소송절차의 중단

PART · 01

공통된 사실관계

乙이 甲으로부터 3억원을 차용하였음에도 차일피일 미루자, 甲은 乙을 상대로 대여금반환을 구하는 소를 제기하였다. 제1심 법원은 甲의 청구를 기각하는 판결을 선고하였다.

추가된 사실관계 및 문제

※ 아래 각 설문은 상호 무관한 것임을 전제로 한다.

(1) 甲이 소를 제기하면서 丙을 소송대리인으로 선임하였고, 그 판결정본은 소송대리인 丙에게 적법하게 송달되었다. 위 소송계속 중 제1심의 변론종결 전에 甲은 사망하였고 甲에게는 상속인 A, B가 있었다. 이 경우 제1심 판결에 대한 항소기간은 진행하는가? (丙이 甲으로부터 상소제기에 관한 특별수권을 받지 않은 경우와 상소제기에 관한 특별수권을 받은 경우로 나누어 설명하시오.) 15점

(2) 甲은 소를 제기하면서 소송대리인을 선임하지 않았고, 소송계속 중 사망하였다. 甲의 상속인인 A, B는 甲의 사망 후 위 소송계속 사실을 알지 못하여 소송수계신청을 하지 못했고, 법원도 甲의 사망을 알지 못한 채 변론을 종결한 후 甲의 청구를 기각하는 판결을 선고하였다. ① 이러한 판결은 적법·유효한가? ② 이 경우 상속인 A, B는 어떠한 조치를 취할 수 있는가? (설문 (1)과 공통된 내용은 중복 기술하지 않아도 된다.) 8점

(3) 제1심 법원이 甲의 청구를 기각하자 甲이 항소하였고 乙은 甲의 항소 직후 사망하였다. 그런데 항소심 법원이 이를 간과한 채 소송을 진행하여 항소장 부본 및 변론기일 소환장이 공시송달의 방법으로 송달되었다. 항소심 법원은 甲의 항소를 받아들여 甲의 청구를 인용하는 판결을 선고하였고 판결문까지 공시송달의 방법으로 송달되었다. 乙의 상속인으로는 A, B가 있고, A, B는 상소기간 도과 후인 2018.10.28.에야 이러한 사실을 알게 되었는데, A는 위 판결을 그대로 받아들이기로 했으나 B는 위 판결의 효력을 다투고 있다. B가 혼자서 2018.11.5. 추후보완상고를 제기하였다면 이는 적법한가? (설문 (1)과 공통된 내용은 중복 기술하지 않아도 된다.) 10점

■ 설문 (1)에 관하여

1. 결론

(1) 丙에게 상소제기에 관한 특별수권이 있는 경우

항소기간은 진행한다.[305]

---

[305] 다만 ① 상소기간 내에 상소한 경우라면 상소제기 시에 절차는 중단되므로 제1심 판결은 확정되지 않지만, ② 상소기간 내에 상소하지 않은 경우라면 항소기간의 도과로 제1심 판결은 확정된다.

(2) 丙에게 상소제기에 관한 특별수권이 없는 경우

항소기간은 진행하지 않는다.[306)]

2. 근거

(1) 당사자지위의 당연승계 여부

① 판례는 소송계속 중 어느 일방의 당사자가 사망한 경우, 그때부터 그 소송은 그의 지위를 당연히 이어 받게 되는 상속인들과의 관계에서 대립당사자 구조를 형성하여 존재하게 되는 것이라고 함으로써 당연승계를 긍정하는 입장이다.

② 사안에서 甲은 소송계속 중 사망하여, 그때부터 상속인 A와 B는 원고 甲의 지위를 당연승계한다.

(2) 소송절차의 중단 여부

1) 중단의 요건

당사자의 사망으로 소송절차가 중단되기 위해서는 ① 소송계속 중에 사망하였을 것, ② 상속인이 있을 것, ③ 소송물인 권리의무가 상속의 대상이 될 것을 요한다. 또한 ④ 사망한 당사자 측에 소송대리인이 선임되어 있지 않아야 한다(제233조, 제238조). 소송대리인이 있다면, 소송절차는 중단되지 않고 소송대리인은 당연히 새로운 당사자의 소송대리인이 된다(제238조).

2) 심급대리의 원칙과 관계

가) 상소제기에 관한 특별수권이 있는 경우

소송대리인이 상소제기의 특별한 권한을 따로 받았다면 그 소송대리인은 상소를 제기할 권한이 있으므로, 판결정본의 송달로 소송절차는 중단되지 않고 상소제기기간은 진행된다. 따라서 쌍방이 상소를 제기하지 않고 상소제기기간이 도과하면 그 판결은 확정된다.[307)]

나) 상소제기에 관한 특별수권이 없는 경우

심급대리의 원칙상 그 심급의 판결정본이 당사자 또는 소송대리인에게 송달되면 소송절차는 중단된다.[308)] 따라서 상소기간은 진행되지 않으므로 그 도과로 판결이 확정되지는 않는다.

(3) 사안의 경우

사안의 경우 甲에게는 소송대리인이 있었으므로 소송계속 중 甲의 사망으로 소송절차는 중단되지 않는다. 이 경우 심급대리의 원칙상 ① 소송대리인 丙에게 상소제기에 관한 특별수권이 있는 경우라면 판결정본의 송달로 항소기간은 진행하지만, ② 소송대리인 丙에게 상소제기에

---

306) 따라서 제1심 판결은 확정되지 않는다.

307) 대결 1992.11.5, 91마342; 다만 소송대리인이 상소한 경우에는 상소제기 시부터 소송절차가 중단되고, 이때에는 상소심에서 소송수계절차를 거여야 중단이 해소된다(대판 2016.9.8, 2015다39357).

308) 대판 1996.2.9, 94다61649

관한 특별수권이 없는 경우라면 판결정본의 송달로 소송절차는 중단되고 항소기간은 진행하지 않는다.

Ⅱ 설문 (2)에 관하여

1. 결론

① 판결은 위법하지만 유효하다.

② 상속인 A, B는 수계신청을 하여 판결을 송달받아 항소하거나 또는 항소장을 제출하고 항소심에서 수계절차를 밟을 수 있다.

2. 근거

① 판례는 "소송계속 중 일방 당사자의 사망에 의한 소송절차 중단을 간과하고 판결이 선고된 경우에는 그 판결은 소송에 관여할 수 있는 적법한 수계인의 권한을 배제한 결과가 되는 절차상 위법은 있지만 그 판결이 당연무효라 할 수는 없고, 다만 그 판결은 대리인에 의하여 적법하게 대리되지 않았던 경우와 마찬가지로 보아 대리권흠결을 이유로 상소 또는 재심에 의하여 그 취소를 구할 수 있을 뿐"이라고 판시하였다.[309]

② 이 경우 상속인들은 판결이 선고된 후 수계신청을 하여 판결을 송달받아 항소하거나 또는 사실상 송달을 받아 항소장을 제출하고 항소심에서 수계절차를 밟을 수 있다. 소송절차가 중단된 상태에서 제기된 상소는 부적법한 것이지만, 상소심 법원에 수계신청을 하여 그 흠을 치유시킬 수 있기 때문이다.[310]

③ 사안의 경우 소송대리인이 없으므로 甲의 사망으로 소송절차는 중단되어야 함에도 이를 간과한 채 본안판결을 한 경우이므로, 절차상의 위법은 있다. 그러나 甲의 소송계속 중 사망으로 상속인 A, B는 甲의 소송상 지위를 당연승계한다. 따라서 대립당사자구조를 간과한 위법은 없다. 결국 이러한 판결은 무권대리에 준하는 위법이 있는 경우와 마찬가지로 위법하지만 유효하고, 단지 이를 이유로 취소를 구할 수 있을 뿐이다. 이 경우 상속인 A, B는 수계신청을 하여 판결을 송달받아 항소하거나 또는 항소장을 제출하고 항소심에서 수계절차를 밟을 수 있다.

Ⅲ 설문 (3)에 관하여

1. 결론

B의 추완상고는 부적법하다.

---

309) 대판(전) 1995.5.23, 94다28444
310) 대판 1996.2.9, 94다61649

2. 근거[311]

(1) 공동소송의 형태

① 공동상속인의 소송수행 형태는 상속재산의 소유관계가 공유관계로서, 판례는 "공동상속인들은 그 공동상속재산에 관하여 저마다 지분권을 가지고 있으므로 공동상속인들을 필수적 공동소송인으로 삼아야 할 이유가 없다"고 판시하여 통상공동소송으로 보고 있다.[312]

② 사안의 경우 제66조에 의한 공동소송인 독립의 원칙상 B는 단독으로 추후보완상고나 상소를 제기할 수 있다.

(2) 추후보완상고의 가부

① 추후보완상소가 적법하기 위해서는 당사자가 책임질 수 없는 사유로 말미암아, 불변기간을 지킬 수 없었던 경우에 그 사유가 없어진 날로부터 2주일 내에 게을리한 소송행위를 하여야 한다(제173조). 따라서 추후보완상소는 적법한 판결정본의 송달로 상소제기기간이 도과하였음을 전제로 한다.

② 사안의 경우 판결문이 망인에 대하여 공시송달의 방법으로 이뤄졌고, 이에 대해 상속인 A, B는 2018.10.28.에 이러한 사실을 알게 되었는바, 이러한 공시송달의 효력이 있는지, 상속인들이 알게 되었다는 사정만으로 상소제기기간이 진행될 수 있는지가 문제이다.

③ 판례는 "ⅰ) 망인에 대하여 판결정본을 공시송달한 것은 효력이 없고, 위 망인의 상속인이 그 소송절차를 수계하여 위 판결의 정본을 송달받기 전까지는 그에 대한 항소제기기간이 진행될 수도 없으며, 이는 위 망인의 상속인들인 피고들이 위 판결의 존재를 알고 있었다거나 위 소송에 대한 수계신청을 하였다는 등의 사정이 있다고 하여 달리 볼 것은 아니라고 하였다. 나아가 ⅱ) 사망한 자에 대하여 실시한 송달은 위법하여 원칙적으로 무효이고, 따라서 불변기간인 상고기간이 진행될 수 없으므로 추완상고의 문제는 생기지 아니하고, 단지 추완상고는 망인의 상속인들이 판결문을 송달받은 날로부터 적법한 상고기간 내에 제출된 상고로서 적법하다."고 하였다.[313][314]

---

311) 사안에서 乙은 소송계속 중 사망하여, 그때부터 상속인 A와 B에게 피고 乙의 지위가 당연승계된다고 할 것이다. 또한 사안의 경우 피고 乙은 소송대리인이 없었으며, 상속인들이 있고, 대여금채무는 상속의 대상이 되므로 이 사건 소송절차는 중단된다.

312) 대판 1964.12.29, 64다1054

313) 대판 2007.12.14, 2007다52997; 대판 2005.10.14, 2004다52705. 결론적으로 판례는 상소제기기간이 진행되기 위한 요건으로 상속인들이 판결정본을 현실적으로나 사실상으로 송달받아야 함을 요구한다.

314) 대판(전) 1995.5.23, 94다28444이나 대판 1996.2.9, 94다61649 등에서 소송절차의 중단을 간과한 판결은 대리인에 의하여 적법하게 대리되지 않았던 경우와 마찬가지로 보아 대리권흠결을 이유로 상소 또는 재심에 의하여 그 취소를 구할 수 있을 뿐이고, 이 경우 상속인들은 판결이 선고된 후 수계신청을 하여 판결을 송달받아 항소하거나 또는 사실상 송달을 받아 항소장을 제출하고 항소심에서 수계절차를 밟을 수 있다고 한 것도 같은 맥락이다.

(3) 사안의 경우

사안에서는 망인 乙의 상속인 A, B는 단순히 2018.10.28.에야 판결이 선고되고 그 판결문이 공시송달에 의해 송달되었다는 사실을 알게 되었다는 점만 제시되어 있고, 상속인 A, B가 소송수계신청을 하여 판결정본을 현실적으로 송달받았다거나 사실상 판결정본을 송달받았다는 사정은 나타나지 않고 있다. 따라서 망인에 대한 판결정본의 공시송달은 효력이 없고, 상속인 A, B가 송달을 받은 사정없이 단순히 판결의 존재를 알고 있다는 사정만으로 상소제기기간은 진행되지 않으므로, 추완상고는 부적법하다. 또한 상속인 A, B의 수계신청이 없는 상태에서는 부적법한 추완상고가 적법한 상고로 전환된다고 보기 어렵다. 왜냐하면 중단된 상태에서 제기된 상소는 부적법하고 수계신청이 없다면 그 흠이 치유된다고 보기 어렵기 때문이다.[315]

---

315) 대판 2005.10.14, 2004다52705는 상속인들이 판결문을 송달받아 소송수계신청을 한 사안이기 때문에 적법한 상고로서의 전환을 인정한 경우이다(무효행위의 전환).

☑ 사례(133) | 소송절차의 중단과 수계신청

사실관계

주식회사 丙은 1995.10.24. 丁으로부터 부산 사하구에 소재한 토지 4필지를 신탁받아 그 지상에 주상복합건물을 건축하여 분양하기로 하는 토지신탁계약을 체결하고, 1995.12.4. 甲과 위 주상복합건물에 관한 설계용역계약을 체결하였다. 이후 甲은 2001.8.22. 신탁재산에 관한 소송으로서 丙을 상대로 설계용역계약에 따른 용역비 15억원의 지급을 구하는 소를 제기하여 일부 승소판결을 받았는데, 쌍방의 항소로 항소심 계속중이던 2002.12.30. 丙이 파산선고를 받아 신탁법에 의한 수탁자로서의 임무가 종료되었다. 그러자 丙의 소송대리인인 변호사 A는 2003.1.23. 丙의 파산관재인 B를 소송수계인으로 하여 소송수계신청을 하였다. 항소심은 2005.7.27. 파산선고가 내려진 이상 금전지급을 구할 수 없다는 이유로, 파산관재인 B를 丙의 소송수계인으로 표시하여 용역비지급청구를 배척하는 판결을 선고하였고, 쌍방은 상고를 제기하지 아니하였다. 이후 乙은 丁의 신청에 따라 2009.4.29. 신탁계약에 기한 신탁사무에 관하여 신수탁자로 선임되었다. 이에 甲은 2010.12.24. 乙을 상대로 설계용역계약에 따른 용역비의 지급을 구하는 소를 제기하였다.

문제

※ 아래 각 설문에 대한 결론과 근거를 설명하시오.

  (1) 전소의 항소심 판결의 효력은 乙에게 미치는가? [15점]

  (2) 甲의 2010.12.24. 乙을 상대로 한 설계용역계약에 따른 용역비 지급을 구하는 소에 대해, 변호사 A에게 상소의 특별수권이 있었는지 여부에 따른 법원의 판단에 대하여 설명하시오. [13점]

▌ 설문 (1)에 관하여

1. 결론

항소심 판결의 효력은 乙에게 미친다.

2. 근거

(1) 문제의 소재

① 새로운 수탁자인 乙이 丙의 당사자지위를 당연승계하는지 여부와 ② 변호사 A가 丙의 파산관재인 B를 소송수계인으로 하여 소송수계신청을 한 것과 나아가 항소심이 파산관재인 B를 丙의 소송수계인으로 표시하여 판결한 것이 새로운 수탁자인 乙에게 판결의 효력이 귀속됨을 방해할 수 있는지 여부가 문제이다. 이와 관련하여 소송절차의 중단 여부를 살펴볼 필요가 있다.

(2) 당사자지위의 당연승계 여부

1) 당연승계의 의의

실체법상의 포괄승계원인이 있는 때에 법률상 당연히 소송당사자가 바뀌며 소송을 인계받게
되는 것을 당연승계라 한다. 민사소송법은 당연승계의 원인인 포괄승계가 있는 경우 소송절
차의 중단·수계의 측면에서 이를 규정하고 있으므로(제233조 이하), 당사자의 지위가 당연히
승계되는지 검토한다.

2) 판례의 태도

판례는 ① 소송계속 중 어느 일방의 당사자가 사망한 경우, 그때부터 그 소송은 그의 지위를
당연히 이어받게 되는 상속인들과의 관계에서 대립당사자 구조를 형성하여 존재하게 되는 것
이라고 함으로써 당연승계를 긍정하는 입장이다.[316] 또한 ② 사안의 경우 소송계속 중 丙이
파산선고를 받아 신탁법에 의한 수탁자로서의 임무가 종료된 경우로서 丙의 당사자지위는 새
로운 수탁자인 乙에게 당연승계된다는 입장이다.[317]

3) 사안의 경우

사안의 경우 丙의 당사자지위를 당연승계한 새로운 수탁자인 乙에게 일응 판결의 효력이 미
친다고 할 것이다. 다만 이 경우 변호사 A가 丙의 파산관재인 B를 소송수계인으로 하여 소송
수계신청을 한 것과 나아가 항소심이 파산관재인 B를 丙의 소송수계인으로 표시하여 판결한
것이 새로운 수탁자인 乙에게 판결의 효력이 귀속됨을 방해할 수 있는지 여부가 문제이다.

(3) 소송절차의 중단 여부와 수계신청

1) 소송절차의 중단 여부

① 민사소송법 제236조는 신탁재산에 관한 소송의 당사자인 수탁자의 임무종료의 경우 소송
절차가 중단되도록 하고 있는데, 다만 소송대리인이 없을 것이 필요하다(제238조).

② 판례도 신탁으로 말미암은 수탁자의 위탁임무가 끝난 때에 소송절차는 중단되고, 이 경우
새로운 수탁자가 소송절차를 수계하여야 하지만, 소송대리인이 있는 경우에는 소송절차가
중단되지 아니하고, 소송대리권도 소멸하지 아니한다고 하였다.

③ 따라서 사안의 경우 소송절차는 중단되지 않는다.

2) 소송대리인의 지위 및 수계신청의 가부

소송절차는 중단되지 않으므로, 원칙적으로 소송수계의 문제가 발생하지 아니하고, 소송대리
인은 당사자 지위를 당연승계하는 신수탁자를 위하여 소송을 수행하게 되는 것이다. 그러나
이 경우 수계신청이 불필요하다는 의미일 뿐, 수계신청 자체를 금지하는 것은 아니다.[318]

---

316) 대판(전) 1995.5.23, 94다28444
317) 대판 2014.12.24, 2012다74304
318) 대판 1972.10.31, 72다1271; 대판 2008.4.10, 2007다28598

또한 사안의 경우 변호사 A의 소송수계신청은 결국 당사자표시정정의 의미를 갖는 것에 불과하다.[319]

(4) 당사자를 잘못 표시한 판결의 효력

판례는 동 사안에서, "소송대리인은 당사자 지위를 당연승계하는 신수탁자를 위하여 소송을 수행하게 되는 것이며, 그 사건의 판결은 신수탁자에 대하여 효력이 있다. 이때 신수탁자로 당사자의 표시를 정정하지 아니한 채 전수탁자를 그대로 당사자로 표시하여도 무방하며, 신탁재산에 대한 관리처분권이 없는 자를 신당사자로 잘못 표시하였다고 하더라도 그 표시가 전수탁자의 소송수계인 등 신탁재산에 대한 관리처분권을 승계한 자임을 나타내는 문구로 되어 있으면 잘못 표시된 당사자에 대하여는 판결의 효력이 미치지 아니하고 여전히 정당한 관리처분권을 가진 신수탁자에 대하여 판결의 효력이 미친다."고 하였다.[320]

(5) 설문 (1)의 해결

사안의 경우 파산선고로 丙의 수탁자로서의 임무가 종료하더라도 전소의 항소심에서 丙에게 소송대리인인 변호사 A가 있었던 이상, 신탁재산에 관한 소송인 용역비지급청구 부분은 그 소송절차가 중단되지 아니하고, 丙의 소송대리인은 당사자지위를 당연승계하는 신수탁자 乙을 위하여 소송을 수행하게 되는 것이며, 甲의 용역비지급청구를 배척한 전소 원심판결은 신수탁자인 피고 乙에게 그 효력이 미친다고 할 것이고, 이는 전소 원심판결에 신탁재산에 대한 관리처분권이 없는 파산관재인이 소송수계인으로 표시되어 있더라도 달리 볼 것은 아니다.[321]

▌Ⅱ▐ 설문 (2)에 관하여

1. 결론

① A가 상소제기에 관한 특별수권이 있었던 경우, 법원은 청구기각판결을 하여야 한다.
② A가 상소제기에 관한 특별수권이 없었던 경우, 법원은 부적법 소각하 판결을 하여야 한다.

2. 근거

(1) 문제의 소재

후소가 기판력에 저촉되는지 아니면 중복제소에 해당하는지 여부가 문제인데, 이와 관련해서는 심급대리의 원칙상 소송대리권이 소멸되어 소송절차가 중단되었는지 여부에 따라 그 판단이 달라지므로, 이를 나누어 살펴 볼 필요가 있다.

---

319) 판례는 당사자적격이 없는 자를 당사자로 잘못 표시한 경우에도 당사자의 표시를 정정·보충시키는 조치가 필요하다는 입장으로서, 당사자표시정정의 법리를 확대하고 있다(대판 2013.8.22, 2012다68279 참조).

320) 대판 2014.12.24, 2012다74304

321) 대판 2014.12.24, 2012다74304

(2) 심급대리의 원칙

① 소송대리인이 상소제기의 특별권한을 수여받지 못한 경우라면 심급대리의 원칙상 그 심급의 판결정본이 당사자에게 송달되면 소송절차는 중단되지만, ② 소송대리인이 상소제기의 특별한 권한을 따로 받았다면 그 소송대리인은 상소를 제기할 권한이 있으므로 소송절차는 중단되지 않고, 상소제기기간은 진행되고 그 기간도과로 판결은 확정되게 된다.[322]

(3) 후소법원의 판단

1) A가 상소제기에 관한 특별수권이 있었던 경우

가) 전소에서의 기판력 발생 여부

소송대리인 A에게 상소제기에 관한 특별수권이 있었다면 소송절차는 중단되지 않고 상고기간은 진행되어 상고기간이 도과하면 판결은 확정되므로, 전소에서 기판력은 발생하게 된다.

나) 기판력 저촉 여부

결국 후소는 기판력이 미치는 자(주관적 범위)를 상대로, 전소에서 패소한 부분과 동일한 소(객관적 범위와 작용)를 제기한 경우에 해당하는바, 판례에 따르면 후소법원은 청구기각판결을 하여야 할 것이다(기판력 본질론).

2) A가 상소제기에 관한 특별수권이 없었던 경우

가) 중복제소금지의 의의 및 취지

나) 요건 및 효과

다) 사안의 경우

심급대리의 원칙상 전소 항소심 판결 정본이 소송대리인인 A에게 송달됨에 따라 소송절차는 중단된다. 따라서 아직 소송계속 중에 있으므로 甲의 후소는 중복제소에 해당하게 되고, 이 경우 후소법원은 부적법 소각하판결을 하여야 할 것이다.

---

[322] 통상의 경우라면 심급대리의 원칙상 전소 원심판결 정본이 전소 항소심에서의 피고 측 소송대리인에게 송달된 때에 용역비지급청구의 소는 그 소송절차가 중단되었다고 할 것이지만, 만일 위 소송대리인에게 상소제기에 관한 특별수권이 부여되어 있었다면 소송절차는 중단되지 아니하고 상고기간이 진행하는 것이어서 쌍방이 상고를 제기하지 아니한 채 상고기간이 도과한 때에 전소 원심판결은 확정되었다고 할 것이다. 그렇다면 원심으로서는 위 소송대리인에게 상소제기에 관한 특별수권이 부여되어 있었는지 여부를 심리하여 전소 원심판결이 이미 확정되어 이 사건 소가 용역비지급청구를 배척한 전소 원심판결의 기판력에 저촉되는 것인지, 아니면 전소 원심판결 정본의 송달 시에 용역비지급청구 부분의 소송절차가 중단됨으로써 이 사건 소가 중복제소에 해당하는 소인지를 판단하였어야 했다. 그런데도 원심은 이러한 심리를 다하지 아니한 채 본안으로 나아가 판단하였으니, 원심판결에는 소송절차의 중단과 기판력 또는 중복제소에 관한 법리를 오해하여 판결에 영향을 미친 위법이 있다(대판 2014.12.24, 2012다74304).

✅ 사례(134) | 소송절차의 중단을 간과한 판결의 효력

사실관계

甲은 2007.4.1. 乙로부터 乙 소유의 X토지를 10억원에 매수하기로 매매계약을 체결하고, 계약금 1억원은 계약 당일에, 중도금 5억원은 2007.10.1.에 각 지급하였으며, 잔금 4억원은 2007.11.1. 이 사건 X토지에 관한 소유권이전등기를 경료받음과 동시에 지급하기로 약정하였다. 그러나 甲이 그 매매대금을 모두 지급하였음에도 불구하고, 乙은 소유권이전등기를 이행해 주지 않고 있자, 甲은 2008.12.5. 乙을 상대로 매매계약을 원인으로 한 소유권이전등기청구소송을 제기하였다.

문제

乙이 소송계속 중 그 상속인으로 丙을 남기고 사망하였는데(乙은 소송대리인을 선임한 바가 없음), 원고 甲과 丙이 아무런 조치를 취하지 않는 등으로 법원은 乙의 사망사실을 간과한 채 乙을 피고로 하여 판결을 선고하였고, 위 판결을 사실상 송달받은 丙은 항소를 제기하고 항소심에서 수계절차를 밟았다. 그런데 항소심 법원은 위 판결이 당연무효이고 위 항소가 판결이 없는 상태에서 이루어진 것으로서 부적법하다는 이유로 항소를 각하하였다. 이러한 항소심 법원의 조치는 타당한가? 15점

Ⅰ 결론

원고 甲의 항소를 각하한 항소심 법원의 조치는 부당하다.

Ⅱ 근거

1. 항소의 적법요건

1) 항소가 적법하기 위해서는 ① 항소의 대상적격이 있어야 하며, ② 적식의 항소제기가 있어야 하고, ③ 항소의 이익이 있어야 하며, ④ 항소의 당사자자격이 있어야 한다.

2) 사안의 경우에는 항소의 당사자적격의 구비 여부와 대상적격이 인정될 수 있는지가 문제된다. 즉 소송절차의 중단을 간과한 판결이 무효인 판결로서 항소의 대상적격이 없는지, 소송절차가 중단된 경우 수계절차를 마친 자는 항소인으로 되는데(제243조), 아직 수계신청을 마치지 않은 자의 항소도 항소의 당사자적격을 인정할 수 있는지 여부가 문제된다. 이를 살펴보기 위해 먼저 중단의 요건을 구비하였는지 여부를 먼저 살펴본다.

2. 소송절차의 중단 여부

당사자의 사망으로 소송절차가 중단되기 위해서는 ① 소송계속 중에 사망하였을 것, ② 사망한 당사자 측에 소송대리인이 선임되어 있지 않을 것, ③ 상속인이 있을 것, ④ 소송물인 권리의무

가 상속의 대상이 될 것을 요한다. 사안의 경우에는 문제될 것이 없으므로 소송절차가 중단됨을 인정할 수 있다.

3. 항소의 대상적격 유무

(1) 문제점

판례에 의하면 선고된 종국판결로서 유효한 판결만이 항소의 대상적격이 있다. 이와 관련하여 소송절차의 중단을 간과한 판결의 효력이 유효한 판결인지 아니면 당연무효의 판결인지 여부가 문제된다.

(2) 당연승계 인정 여부

판례는 소송계속 중 어느 일방의 당사자가 사망한 경우, 그때부터 그 소송은 그의 지위를 당연히 이어받게 되는 상속인들과의 관계에서 대립당사자 구조를 형성하여 존재하게 되는 것이라고 함으로써 당연승계를 긍정하는 입장이다.[323]

(3) 소송절차의 중단을 간과한 판결의 효력

판례는 "소송계속 중 일방 당사자의 사망에 의한 소송절차 중단을 간과하고 판결이 선고된 경우에는 그 판결은 소송에 관여할 수 있는 적법한 수계인의 권한을 배제한 효과가 되는 절차상 위법은 있지만 그 판결이 당연무효라 할 수는 없고, 다만 그 판결은 대리인에 의하여 적법하게 대리되지 않았던 경우와 마찬가지로 보아 대리권흠결을 이유로 상소 또는 재심에 의하여 그 취소를 구할 수 있을 뿐"이라고 판시하였다. 이와 같은 판례의 입장에 의하면 제1심 법원의 판결은 유효한 판결이지만, 대리권 흠결을 간과한 위법한 판결로서 항소의 대상적격이 있다.[324]

4. 항소의 당사자자격 및 하자의 치유

제1심 판결의 선고 후에 승계인으로서 수계절차를 마친 자는 항소인 또는 피항소인으로 된다(제243조). 그리고 판례에 따르면 소송절차가 중단된 상태에서 제기된 상소는 부적법한 것이지만, 상소심 법원에 수계신청을 하여 그 하자를 치유시킬 수 있다고 함으로써, 수계할 자가 항소를 함과 동시에 항소심 법원에 수계신청을 한 때에도 적법한 항소로 본다.

5. 사안의 경우

사안의 경우, 비록 제1심 법원이 乙이 소송계속 중 사망한 사실을 간과한 채 乙을 피고로 하여 판결을 선고하였더라도 항소심 법원이 그 판결을 당연무효라고 판단한 것은 타당하지 않으며, 소송절차가 중단된 상태에서 제기된 丙의 항소는 일응 부적법한 것이지만, 항소심에서 수계신청을 함으로써 그 하자는 치유되었다고 할 것이다. 따라서 항소심 법원이 丙의 항소가 부적법하다는 이유로 각하한 것은 부당하다.

---

323) 대판(전) 1995.5.23, 94다28444
324) 대판 2003.11.14, 2003다340381

☑️ 사례(135) | 법인의 합병과 소송절차의 중단

사실관계

甲이 乙주식회사를 상대로 물품대금 청구의 소를 제기하자 乙주식회사의 대표이사인 A가 변론기일에 출석하여 청구기각을 구하고 청구원인 사실을 모두 다투는 내용의 답변을 하였다.

위 소송계속 중 乙주식회사가 丙주식회사에 흡수합병되어 소멸함에 따라 A는 대표이사 자격을 상실하였다. A는 그 후에도 계속 변론기일에 출석하여 乙주식회사 명의로 소송을 수행하였는데 乙주식회사는 패소 판결을 선고받았다.

문제

그 후 위 판결정본을 송달받은 丙 주식회사가 판결확정 전후에 취할 수 있는 소송법상 조치에 관하여 설명하시오. [20점]

▮ 결론

丙주식회사는 ① 확정 전 원심법원에 수계신청 및 판결의 경정신청을 한 뒤 상소하거나 또는 상소장을 제출하고 상소심에서 수계절차를 밟는 것도 가능하다. 또한 ② 확정 후 재심의 소를 제기하여 구제받을 수 있다.

▮ 근거

1. 乙의 흡수합병이 소송에 미치는 영향

(I) 당사자지위의 당연승계 인정 여부

1) 당연승계의 의의

실체법상의 포괄승계원인이 있는 때에 법률상 당연히 소송당사자가 바뀌며 소송을 인계받게 되는 것을 당연승계라 한다. 민사소송법은 당연승계의 원인인 포괄승계가 있는 경우 소송절차의 중단·수계의 측면에서 이를 규정하고 있으므로(제233조 이하), 당사자의 지위가 당연히 승계되는지 검토한다.

2) 당연승계의 인정 여부

판례는 소송계속 중 어느 일방의 당사자가 사망한 경우, 그때부터 그 소송은 그의 지위를 당연히 이어받게 되는 상속인들과의 관계에서 대립당사자 구조를 형성하여 존재하게 되는 것이라고 함으로써 당연승계를 긍정하는 입장이다.

(2) 절차에 미치는 영향

  1) 소송절차 중단의 의의 및 취지

    소송절차의 중단이란 당사자나 소송수행자에게 소송수행이 불가능한 사유가 발생하였을 경우에 새로운 소송수행자에 의해 당해 소송수행이 가능할 때까지 법률상 당연히 절차의 진행이 정지되는 것을 말한다. 이는 쌍방심리주의의 관점에서 소송에 관여할 수 없는 당사자 측의 절차관여의 기회를 보장하기 위함이다.

  2) 소송절차의 중단 여부

    민사소송법 제234조는 회사가 합병에 의하여 소멸한 경우 소송절차가 중단되도록 하고 있는데, 중단되기 위해서는 ① 소송계속 중 법인이 합병되었을 것, ② 소송대리인이 없을 것(제238조), ③ 소송물인 권리의무가 일신전속적이지 않고 재산상 권리일 것을 요한다.

  3) 사안의 경우

    甲이 乙주식회사를 상대로 제기한 재산상 권리인 물품대금 청구소송계속 중 乙주식회사가 丙주식회사에 흡수합병되어 소멸되었고, 사안에서는 소송대리인이 있다는 사정이 없다. 따라서 丙주식회사가 현실적으로 소송수계신청을 할 때까지 위 소송절차는 중단된다.

2. 중단을 간과한 판결의 효력

(1) 문제점

    소송절차의 중단 중에는 ① 당사자의 소송행위는 원칙적으로 무효이고, ② 법원의 소송행위도 원칙적으로 무효이다. 이 경우 법원이 소송절차가 중단되었음을 간과하고 한 판결이 무효인 판결인지 아니면 유효한 판결이지만 상소나 재심으로 취소할 수 있을 뿐인지 문제된다.

(2) 소송절차 중단의 효과

    중단 중의 ① 당사자의 소송행위는 원칙적으로 무효이다. 다만 소송절차 외에서 행하는 소송대리인의 선임·해임, 소송구조신청은 유효하게 할 수 있다. 나아가 ② 법원의 소송행위에 있어서, 중단 중에 법원은 기일지정, 기일통지나 증거조사 그 밖의 소송행위를 할 수 없다. 이에 위반된 법원의 소송행위도 원칙적으로 무효인데, 중단을 간과하고 판결을 선고한 경우에는 다툼이 있다.

(3) 중단을 간과한 판결의 효력

    판례는 "소송계속 중 회사인 일방 당사자의 합병에 의한 소멸로 인하여 소송절차 중단 사유가 발생하였음에도 이를 간과하고 변론이 종결되어 판결이 선고된 경우에는 그 판결은 소송에 관여할 수 있는 적법한 수계인의 권한을 배제한 결과가 되는 절차상 위법은 있지만 그 판결이 당연무효라 할 수는 없고, 다만 그 판결은 대리인에 의하여 적법하게 대리되지 않았던 경우와 마찬가지로 보아 대리권흠결을 이유로 상소 또는 재심에 의하여 그 취소를 구할 수 있을 뿐"이라고 판시하여, 위법설과 견해를 같이함을 명백히 하였다.[325]

---

325) 대판 2002.9.24, 2000다49374

3. 사안의 경우 – 丙의 소송법상 조치

(1) 확정 전 상소

대리권흠결의 경우에 준하여 丙주식회사는 판결 확정 전 민사소송법 제424조 제1항 제4호에 의해 상소로써 그 취소를 구할 수 있다. 이 경우 丙주식회사는 원심법원에 수계신청 및 판결의 경정신청을 한 뒤 상소하거나 또는 상소장을 제출하고 상소심에서 수계절차를 밟는 것도 가능하다. 왜냐하면 후자의 경우 일단 상소를 제기하는 것은 중단 중의 소송행위로서 무효라 할 것이지만 추후 수계신청을 함으로써 그 상소는 소급하여 적법한 것이 되기 때문이다.

(2) 확정 후 재심

만일 중단을 간과한 판결이 선고된 심급이 상고심 등 선고와 동시에 확정되는 심급이었다면 송달의 적법 여부와 관계없이 확정된 판결이므로 丙은 민사소송법 제451조 제1항 제3호의 재심사유를 주장하며 재심의 소를 제기하여 구제받을 수 있다.

✅ 사례(136) | 소송상 화해

사실관계

甲은 乙을 상대로 대여금채권 1억원의 지급을 구하는 소를 제기하였다. 소송 중 "乙은 7,000만원의 지급의무가 있음을 인정하면서, 나머지 3,000만원의 채무는 면제한다"는 내용의 합의가 성립되었고 이에 따른 화해조서가 만들어졌다.

문제

(1) 甲은 화해를 한 것이 착오 내지 乙의 사기에 기한 것이라고 주장하면서 화해를 취소하려고 한다. 그 방법에 대해 약술하시오. [12점]

(2) 위 화해 후 乙은 7,000만원의 지급의무를 이행하지 않았다. 이에 甲은 위 화해를 해제하고 구소송의 속행을 구하고자 한다. 이러한 주장은 허용될 수 있는가? [8점]

■ 설문 (1)에 관하여

1. 문제의 소재

소송상 화해의 진술을 조서에 적은 때에는 그 조서는 확정판결과 같은 효력이 있는데(제220조), 확정판결의 효력으로서 기판력이 인정되는지가 문제된다. 이는 제220조 및 구제수단으로서의 제461조 준재심을 둘러싼 해석의 문제라고 할 것이다.

2. 소송상 화해의 법적 성질[326)

판례는 ① 소송상 화해는 소송물인 법률관계를 확정하는 효력이 있으므로 순연한 소송행위로 볼 것이라고 판시하여 소송행위설의 입장이나,[327)] ② 제3자의 이의가 있을 때에 화해의 효력을 실효시키기로 하는 약정이 가능하고 그 실효조건의 성취로 화해의 효력은 당연히 소멸된다고 하여 실효조건부 화해를 긍정하는 등 소송행위설을 일관하지 못하는 판시를 하기도 하였다.[328)] 나아가 ③ 최근 판례는 공유물분할조정사안에서 공유물분할조정은 협의에 의한 공유물분할과 다를 바 없어, 민법 제186조에 따라 등기를 마쳐야 단독소유로 하기로 한 부분에 대한 소유권을 취득한다고 하였는데, 이는 공유물분할조정이 공유자 사이의 합의에 불과하고 그 합의는 사법상 법률행위에 해당함을 전제로 한 것이라고 평가된다.[329)]

---

326) 종래에는 화해의 법적 성질론과 화해의 기판력을 논리적으로 연결되는 문제로 보았으나, 최근에는 법적 성질론과 기판력에 대한 학설이 논리필연적인 관계에 있지는 않다고 본다. 따라서 법적 성질론에 대해서는 본 문제의 해설에 담겨있는 내용보다 더 압축기술하면 족하다.

327) 대판 1962.5.31, 4293민재6

328) 대판 1993.6.29, 92다56056

329) 대판(전) 2013.11.21, 2011두1917

3. 소송상 화해의 효력 및 이를 다투는 방법

1) 판례는 재판상의 화해를 조서에 기재한 때에는 당사자 간에 기판력이 생김을 전제로, 당사자는 그 화해의 취지에 반하는 주장을 할 수 없다. 즉 소송상 화해를 사법상 화해계약임을 전제로 하여 화해 자체의 무효, 취소, 해제를 주장할 수 없다고 하였다.[330]

2) 나아가 소송상 화해에 확정판결의 당연무효사유와 같은 사유가 있을 때에는 기일지정신청에 의하여 그 효력을 다툴 수 있고, 그렇지 않다면 재심사유에 해당될 때에 한하여 준재심의 소에 의해서만 다툴 수 있다고 한다.[331]

4. 사안의 경우

Ⅲ 설문 ⑵에 관하여

1. 결론

허용될 수 없다.

2. 근거

⑴ 문제점

사안의 경우 甲은 소송상 화해의 실체법상 하자를 주장하는 것이 아니라, 화해에 따른 의무불이행을 이유로 화해를 해제할 수 있는지가 문제되며 해제할 수 있다면 그 방법은 무엇인지 여부에 대해 논의가 있다.

⑵ 소송상 화해의 효력과 해제 가부

판례는 소송상 화해를 하여 조서에 기재한 후 화해내용에 따라 원고가 일정 금액을 지불하여야 되는데 이를 이행하지 않자, 피고가 화해를 해제하고 화해는 실효되었다는 이유로 기일지정신청을 한 사건에서, "소송상 화해를 한 당사자는 재심의 소에 의하지 않고서는 화해를 사법상 화해계약임을 전제로 화해 해제를 주장하는 것과 같은 화해조서의 취지에 반하는 주장을 할 수 없다."고 하였다. 따라서 이에 의하면 소송상 화해를 채무불이행을 이유로 해제할 수는 없다.[332]

⑶ 사안의 경우

---

330) 대판 1984.5.29, 82다카963; 대판 2001.1.30, 200다42939·42946 참고

331) 재판상의 화해를 조서에 기재한 때에는 그 조서는 확정판결과 동일한 효력이 있고 당사자 간에 기판력이 생기는 것이므로 확정판결의 당연무효 사유와 같은 사유가 없는 한 재심의 소에 의하여만 효력을 다툴 수 있는 것이나, 당사자 일방이 화해조서의 당연무효 사유를 주장하며 기일지정신청을 한 때에는 법원으로서는 그 무효사유의 존재 여부를 가리기 위하여 기일을 지정하여 심리를 한 다음 무효사유가 존재한다고 인정되지 아니한 때에는 판결로써 소송종료선언을 하여야 한다(대판 2000.3.10, 99다67703).

332) 대판(전) 1962.2.15, 4294민상914

☑ 사례(137) | 소송상 화해

사실관계

甲은 乙로부터 X부동산을 5억원에 매수하였다며 2017.3.2. 乙을 상대로 "乙은 甲에게 X부동산에 관하여 2015.7.1. 매매를 원인으로 한 소유권이전등기절차를 이행하라."라는 취지의 소유권이전등기청구의 소를 제기하였다. 위 소송계속 중 2018.2.2. 甲과 乙은 다음과 같이 소송상 화해를 하였다. "乙은 甲에게 X부동산에 관하여 2015.7.1. 매매를 원인으로 한 소유권이전등기절차를 이행한다. 甲은 乙에게 매매 잔대금 1억원을 2018.6.30.까지 지급한다. 소송비용은 각자 부담한다."

문제

乙은 위 화해조항에 따라 甲 명의로 소유권이전등기를 마쳤음에도 甲이 매매 잔대금 1억원을 지급하지 않아서 위 매매계약이 잔대금 미지급으로 해제되었고 그로 인해 위 소송상화해도 효력이 없다고 주장하면서, 甲을 상대로 X부동산에 관한 甲 명의 소유권이전등기의 말소를 구하는 소를 제기하였다. 乙의 주장대로 甲이 화해조항에 따른 매매 잔대금 1억원을 지급하지 않았다면, 법원은 乙의 청구에 대해 어떤 판결을 하여야 하는가? 20점

1. 결론

법원은 청구기각 판결을 선고하여야 한다.

2. 근거[333]

(1) 소송상 화해의 의의 및 법적 성질

1) 소송상 화해의 의의

소송상 화해라 함은 소송계속 중 당사자 쌍방이 소송물인 권리관계에 관한 주장을 서로 양보하여 소송을 종료시키기로 하는 기일에 있어서의 합의를 말한다.

2) 소송상 화해의 법적 성질[334]

그 법적 성질에 대해서 판례는 ① 소송상 화해는 소송물인 법률관계를 확정하는 효력이 있으므로 순연한 소송행위로 볼 것이라고 판시하여 소송행위설의 입장이나,[335] ② 제3자의 이의

---

333) 해설은 이해를 위해 상세히 기술하였다.

334) 종래에는 화해의 법적 성질론과 화해의 기판력을 논리적으로 연결되는 문제로 보았으나, 최근에는 법적 성질론과 기판력에 대한 학설이 논리필연적인 관계에 있지는 않다고 본다. 따라서 법적 성질론에 대해서는 본 문제의 해설에 담겨있는 내용보다 더 압축기술하면 족하다.

335) 대판 1962.5.31, 4293민재6

가 있을 때에 화해의 효력을 실효시키기로 하는 약정이 가능하고 그 실효조건의 성취로 화해의 효력은 당연히 소멸된다고 하여 실효조건부 화해를 긍정하는 등 소송행위설을 일관하지 못하는 판시를 하기도 하였다.[336] 나아가 ③ 최근 판례는 공유물분할조정사안에서 공유물분할조정은 협의에 의한 공유물분할과 다를 바 없어, 민법 제186조에 따라 등기를 마쳐야 단독소유로 하기로 한 부분에 대한 소유권을 취득한다고 하였는데, 이는 공유물분할조정이 공유자 사이의 합의에 불과하고 그 합의는 사법상 법률행위에 해당함을 전제로 한 것이라고 평가된다.[337]

(2) 소송상 화해로 발생한 채무의 불이행을 이유로 한 소송상 화해의 해제 가부

1) 판례의 태도

판례는 재판상의 화해를 조서에 기재한 때에는 당사자 간에 기판력이 생김을 전제로, ① 소송상 화해를 한 당사자는 재심의 소에 의하지 않고서는 화해를 사법상 화해계약임을 전제로 화해 해제를 주장하는 것과 같은 화해조서의 취지에 반하는 주장을 할 수 없다고 하였고, ② 소송상 화해에 확정판결의 당연무효사유와 같은 사유가 있을 때에는 기일지정신청에 의하여 그 효력을 다툴 수 있고, 그렇지 않다면 재심사유에 해당될 때에 한하여 준재심의 소에 의해서만 다툴 수 있다고 하였다.[338]

2) 사안의 경우

사안의 경우 소송상 화해의 일방 당사자인 甲이 화해내용에 따른 잔대금채무를 이행하지 않더라도, 乙은 준재심의 소에 의해 소송상 화해의 효력이 취소되지 않는 한 소송상 화해 자체를 해제하거나 그 실효를 주장할 수는 없다.

(3) 乙의 소유권이전등기말소청구의 소가 기판력에 저촉되는지 여부

1) 소송상 화해의 기판력 발생 여부

제220조는 "화해를 변론조서·변론준비기일조서에 적은 때에는 그 조서는 확정판결과 같은 효력을 가진다."고 규정하고 있다. 이에 대해 판례는 "재판상 화해조서는 확정판결과 같은 효력이 있어 기판력이 생기는 것이므로 그 내용이 강행법규에 위반된다 할지라도, 화해조서가 준재심절차에 의하여 취소되지 아니하는 한, 그 당사자 사이에서는 그 화해가 무효라는 주장을 할 수 없다."고 하였다.[339]

---

336) 대판 1993.6.29, 92다56056

337) 대판(전) 2013.11.21, 2011두1917

338) 재판상의 화해를 조서에 기재한 때에는 그 조서는 확정판결과 동일한 효력이 있고 당사자 간에 기판력이 생기는 것이므로 확정판결의 당연무효 사유와 같은 사유가 없는 한 재심의 소에 의하여만 효력을 다툴 수 있는 것이나, 당사자 일방이 화해조서의 당연무효 사유를 주장하며 기일지정신청을 한 때에는 법원으로서는 그 무효사유의 존재 여부를 가리기 위하여 기일을 지정하여 심리를 한 다음 무효사유가 존재한다고 인정되지 아니한 때에는 판결로써 소송종료선언을 하여야 한다(대판 2000.3.10, 99다67703).

339) 대판 1999.10.8, 98다38760

2) 기판력 작용 여부

가) 문제점

판례에 따르면 재판상 화해는 확정판결과 동일한 효력이 있고 창설적 효력을 가지는 것이어서 화해가 이루어지면 종전의 법률관계를 바탕으로 한 권리·의무관계는 소멸함과 동시에 재판상 화해에 따른 새로운 법률관계가 유효하게 형성된다.[340] 즉 소송상 화해에 따라 조서에 기재된 내용인 새로운 법률관계에 기판력이 발생한다. 따라서 이에 반하는 주장이 기판력에 저촉되는지 여부가 문제된다.

나) 기판력의 작용 및 효과

소송상 화해의 경우에도 기본적으로 확정판결의 경우와 동일하다. 즉 기판력의 작용국면, 기판력의 주관적 범위와 객관적 범위, 기판력의 효과는 확정판결과 동일하고, 다만 기판력의 시적 범위는 소송상 화해의 성립 시를 표준시로 보아야 할 것이다.[341]

(4) 사안의 경우

사안의 경우 소송상 화해에 따른 기판력은 주관적 범위에서 乙에게 미치고, 소송상 화해로 인해 발생된 기판력의 객관적 범위는 甲에게 소유권이전등기청구권(乙에게 소유권이전등기의무)이 있다는 점이다. 그런데 후소에서 乙은 甲 명의의 소유권이전등기의 말소를 구하고 있는바, 이는 모순관계로 작용하게 된다. 따라서 법원은 청구기각 판결을 선고하여야 한다.

---

340) 대판 2014.4.10, 2012다29557

341) 대판 1994.12.9, 94다17680 등 참조. 제소 전 화해의 경우에도 그 성립 시(제소 전 화해가 성립한 심문기일이 변론종결일이다)를 표준시로 본다. 단 화해권고결정은 당사자 사이에서 그 확정 시를 기준으로 하여 기판력이 발생한다(대판 2012.5.10, 2010다2558).

✅ 사례(138) | 제소 전 화해

사실관계

A는 X토지를 B에게 매도하였는데 그 소유권이전등기를 해주지 않고 있는 사이에 땅값이 폭등하자, A와 C는 공모하여 X토지를 다른 사람에게 처분하여 이익을 반분하기로 하였다. 그리하여 우선 B의 소유권이전등기청구에 대비하여 X토지를 처분할 때까지 일단 매매를 가장하여 C 앞으로 소유권이전등기를 해놓기로 하고 서울중앙지방법원에서 제소 전 화해를 한 후 이를 원인으로 C 앞으로 소유권이전등기를 경료하였다. 그 후 위 사실을 알게 된 B가 제소 전 화해는 무효라며 A를 대위하여 C를 상대로 C 앞으로 경료된 소유권이전등기의 말소를 구하는 소를 제기하였고, 그 소송의 계속 중 C는 A에 대하여 소송고지를 하였다. 그러나 위 소송의 심리결과 A와 B 간의 위 매매계약이 적법하게 해제된 사실이 밝혀져서 B에게 당사자적격이 없다는 이유로 소각하판결이 선고되었고 B는 위 판결에 대하여 항소하였다가 항소심 계속 중 위 소를 취하하였다. 그러자 이번에는 A가 위 제소 전 화해의 효력을 다투어 C를 상대로 그 소유권이전등기의 말소를 청구하는 소를 제기하였다.

문제

A의 청구에 대한 법원의 결론[소각하판결, 청구인용판결, 청구기각판결] 및 그에 이르게 된 논거를 설명하시오.
25점

Ⅰ 법원의 결론

법원은 A의 청구에 대해 청구기각판결을 선고하여야 한다.

Ⅱ 논거

1. 소의 적법 여부

(I) 재소금지의 의의 및 요건

① 본안에 대한 종국판결이 있은 후에 소를 취하한 자는 다시 동일한 소를 제기하지 못한다(제267조 제2항). 이는 소취하로 인하여 법원의 종국판결이 농락됨을 방지하기 위한 것이다.

② 제267조 제2항에 의하여 재소로 금지되기 위해서는 ⅰ) 당사자가 동일할 것, ⅱ) 소송물이 동일할 것, ⅲ) 권리보호의 이익이 동일할 것, ⅳ) 본안의 종국판결 후의 소취하일 것의 요건을 갖추어야 한다.

③ 사안의 경우 B의 채권자대위소송에서 소각하판결 선고 후 B가 소를 취하하고, 후에 채무자 A가 다시 소를 제기하였는바, 이러한 소가 금지되는 재소에 해당하는지 문제된다.

(2) 재소금지의 해당 여부

1) 당사자 동일

판례는 "채권자대위소송이 제기된 사실을 피대위자가 알게 된 이상, 대위소송에 관한 종국판결 후 그 소가 취하된 때에는 피대위자도 재소금지규정의 적용을 받아 동일한 소를 제기하지 못한다."는 입장이다.[342]

2) 소송물 동일

채권자대위소송의 법적 성질에 대하여 판례는 "채권자대위소송은 채권자가 스스로 원고가 되어 채무자의 제3채무자에 대한 권리를 행사하는 것이다"라고 하여 법정 소송담당으로 보고 있다.[343] 이에 따르면 사안의 경우 전·후소의 소송물은 채무자의 권리로서 소송물이 동일하게 된다.

3) 권리보호이익이 동일할 것

소취하 후에 새로운 권리보호이익이 생긴 경우에는 동일한 소라고 할 수 없는데, 사안의 경우에는 새로운 권리보호이익이 생긴 것으로 볼 수 없다.

4) 본안에 대한 종국판결선고 후의 취하일 것

소송판결이 있은 뒤의 소취하에는 재소금지가 적용되지 아니한다. 소송판결이란 소 또는 상소를 부적법하다하여 각하하는 판결로서, 소송요건 또는 상소요건의 흠결이 있는 경우에 하는 판결이다. 따라서 사안과 같이 소송판결 후에 소를 취하한 경우에는 재소금지의 제재를 받지 않는다.

(3) 사안의 경우

사안의 경우 B는 채권자대위소송에 관해 본안판결이 아니라 소각하판결을 받은 후에 소를 취하한 경우이므로, A의 후소제기는 재소금지에 해당하지 않아 적법하다.

2. 청구의 당부 여부

(1) 문제점

사안에서 A는 C에게 소유권이전등기를 경료하기로 하는 제소 전 화해를 한 후에 다시 C를 상대로 말소등기청구의 소를 제기하였으므로, 후소청구가 인용될 수 있을 것인지의 문제와 관련하여서는, ① 우선 제소 전 화해의 법적 성질과 기판력이 인정되는지 여부를 살펴보아야 한다. ② 그 다음으로 제소 전 화해에서 기판력이 인정된다고 할 때, A의 후소가 기판력에 저촉되는지 여부를 살펴보아야 한다.

---

342) 대판 1996.9.20, 93다20177 · 20184
343) 대판 1988.6.14, 87다카2753

(2) 제소 전 화해의 법적 성질[344]

판례는 소송상 화해와 흡사하게 제소 전 화해의 성질도 소송행위로 보고 있다. 즉 재판상 화해
는 순연한 소송행위라고 본다.[345] 다만 소송행위설을 일관하는 경우 재판상 화해에는 민법상
화해에서와 같은 창설적 효력이 인정될 수 없고, 실효조건, 즉 해제조건을 붙일 수 없으나, 판
례는 이를 인정함으로써 기본적인 소송행위설의 입장에 동요를 보이고 있다.[346]

(3) 제소 전 화해조서의 효력 – 기판력 인정 여부

판례는 ① 제소 전 화해의 기판력에 관하여 소송상 화해의 법리와 다를 바 없다고 하여 전면적
으로 긍정하고 있으며, 따라서 제소 전 화해의 흠은 재심사유에 해당하는 경우에 한하여 준재
심의 소에 의한 구제의 길밖에 없다고 한다(무제한적 기판력설).[347] 따라서 ② 그 기판력의 내용,
주관적 범위, 객관적 범위·작용, 시적 범위는 확정판결의 그것과 하등 차이가 없다.
사안의 경우, 결국 판례에 따르면 A의 후소가 제소 전 화해의 기판력에 저촉되는지 여부와 그
에 따른 법원의 조치가 문제된다.

(4) A의 후소가 제소 전 화해의 기판력에 저촉되는지 여부 및 법원의 조치

1) 기판력 작용 여부

판례에 의할 때, 제소 전 화해가 민법 제108조 통정허위표시로 무효인 경우에도 기판력이 인
정된다.[348] 따라서 사안의 A·C 사이의 제소 전 화해의 기판력은 ① 소유권에 기한 A의 C에 대
한 말소등기청구와 제소 전 화해의 당사자가 동일하므로 주관적 범위에 있어서 작용하며, ② 객
관적 범위에 있어서 후소청구는 제소 전 화해에 있어서 소유권이전등기청구권을 부인하는 것
이므로 양 청구는 모순관계로 작용한다. 또한 ③ 제소 전 화해 당시의 통정허위표시의 사유나
반사회적 이중매매사유를 주장하는 경우로서 이러한 주장은 시적 범위에 있어서도 작용하여
차단된다.

---

344) 종래에는 화해의 법적 성질론과 화해의 기판력을 논리적으로 연결되는 문제로 보았으나, 최근에는 법적
성질론과 기판력에 대한 학설이 논리필연적인 관계에 있지는 않다고 보므로, 법적 성질에 관한 논의는
배점 등을 고려하여 서술의 양을 합리적이고 탄력적으로 결정함이 적절하다.

345) 대판 1982.4.13, 81다531

346) 이러한 이유로 판례를 순수한 소송행위설과 구별하여 실체법적 소송행위·수정된 소송행위·제한적 소
송행위라고 평가하기도 한다. 그러나 주의할 것은 판례가 제소 전 화해의 성질만 소송상 화해와 달리
양성설을 취한 것이라고 단정할 수 없다는 점이다. 즉 기본적 입장은 어디까지나 소송행위이지만 그 예
외로 문제가 있는 판례가 존재함에 불과하다.

347) 대판 2002.12.6, 2002다44104. 판례에 따르면 제소 전 화해에 대한 불복방법은 기본적으로 소송상 화해
에 있어서와 동일하다. 즉 재심사유가 있는 경우에 한하여 준재심의 소에 의하여만 그 효력을 다툴 수
있고, 제소 전 화해에 민법상의 무효·취소사유가 있더라도 제소 전 화해의 효력을 부인할 수 없다. 다만
제소 전 화해에서는 계속 중이던 소송이 없으므로 당연무효사유가 있더라도 기일지정신청을 할 수는 없
다는 점에 주의를 요한다.

348) 대판 1991.4.12, 90다9872

2) 법원의 조치

사안의 경우, 후소는 제소 전 화해의 기판력에 저촉된다. 이 경우 후소 법원의 조치와 관련해서 판례에 의하면 A는 전소에서 패소판결을 받은 것과 같으므로 후소법원은 A의 청구를 기각하는 판결을 해야 한다.

3. 사안의 경우

✅ 사례(139) | 조정조서와 기판력

사실관계

丙과 丁재단의 ○○지방법원 99가단10195호 X토지의 인도 등 사건에서 2000.8.19. 乙이 이해관계인으로 출석하여 조정 담당 판사의 허가를 얻어 조정에 참가한 가운데, 다음과 같은 내용의 조정(이하 '이 사건 조정'이라고 한다)이 성립되었다.

> ① 丁재단은 丙에게 2000.10.19.까지 2,000만원을 지급한다.
> ② 丙은 위 돈을 지급받음과 동시에 乙에게 X토지에 관하여 2000.8.19. 매매를 원인으로 한 소유권이전등기절차를 이행한다(甲이 X토지를 매수한 것이나, 편의상 乙명의로 소유권이전등기를 경료하여 두는 것이다).

乙은 2001.1.18. 이 사건 조정조서에 기하여 X토지에 관하여 丙으로부터 2000.8.19. 매매를 원인으로 하는 乙명의의 소유권이전등기(이하 '이 사건 소유권이전등기'라고 한다)를 마쳤다.
甲은 丁재단 소속의 지교회로서 법인 아닌 사단이다.

문제

※ 이와 같은 사실관계에서 아래 각 문항에 대하여 답하시오(학설과 판례가 대립되는 부분은 대법원 판례에 따를 것, 다음 각 설문은 상호 무관함).[349]

(1) 丙이 이 사건 조정의 내용이 강행법규에 위반된다고 주장하면서 乙에 대하여 이 사건 소유권이전등기의 말소를 청구하고 이에 대해 乙이 응하지 않을 경우, 丙의 청구가 인용될 수 있는지에 관한 결론과 이유를 기재하시오. [15점]

(2) 甲이 이 사건 조정에 따라 X토지의 명의신탁자로서 명의수탁자인 乙에게 명의신탁해지를 원인으로 한 소유권이전등기절차의 이행을 청구하고, 이에 乙은 이 사건 소유권이전등기가 강행법규에 위반되어 무효이므로 甲의 청구에 응할 수 없다고 주장하는 경우, 甲의 청구가 인용될 수 있는지에 관한 결론과 이유를 기재하시오. [15점]

(3) 甲은 이 사건 조정의 내용이 강행법규에 위반된다고 주장하면서 丙에 대한 소유권이전등기청구권을 보전하기 위해 丙을 대위하여 乙에 대하여 이 사건 소유권이전등기의 말소등기절차의 이행을 구하는 소를 제기하고 乙이 甲의 청구를 다툴 경우, 법원은 어떻게 판결하여야 하는지에 관한 결론[소각하, 청구전부인용, 청구일부인용, 청구기각]과 그 이유를 기재하시오. [20점]

---

349) 대판 2014.3.27, 2009다104960 사안이다.

I 설문 (I)에 관하여

1. 결론

丙의 청구는 인용될 수 없다(청구기각).

2. 이유

(1) 기판력의 의의 및 근거

기판력은 청구에 대한 확정된 종국판결의 판결내용에 부여된 후소에 관한 당사자와 법원을 규율하는 구속력으로서, ① 당사자는 그에 반하여 되풀이하여 다투는 것이 허용되지 아니하며(불가쟁), ② 어느 법원도 다시 재심사하여 그와 모순·저촉되는 판단을 해서는 안 된다(불가반). 이는 법적 안정성·소송경제의 요청과 함께 절차보장을 받은 당사자의 자기책임에서 그 근거를 찾을 수 있다(이원설).

(2) 조정조서의 기판력 발생 여부

1) 조정의 법적 성질

최근 판례는 공유물분할조정사안에서 공유물분할조정은 협의에 의한 공유물분할과 다를 바 없어, 민법 제186조에 따라 등기를 마쳐야 단독소유로 하기로 한 부분에 대한 소유권을 취득한다고 하였는데, 이는 공유물분할조정이 공유자 사이의 합의에 불과하고 그 합의는 사법상 법률행위에 해당함을 전제로 한 것이라고 평가된다.[350]

2) 기판력 발생 여부

① 조정은 당사자 사이에 합의된 사항을 조서에 기재함으로써 성립하고 조정조서는 재판상

---

350) 동 판례의 다수의견에 대해서는 다음과 같은 곽종훈 부장판사의 평가 견해도 있다. 참고하기 바란다. "다수의견은 이러한 실무상의 필요성을 인정하여 공유물분할의 소송절차에서 조정이 성립할 수 있는 길을 열면서도, 소송의 대상이 된 형성소권을 조정의 대상으로 본 것이 아니라 당사자들 사이에 성립한 별개의 협의를 그 대상으로 봄으로써 공유물분할의 확정판결이 가지는 형성적 효력을 조정에는 인정하지 않는 결론을 도출하였다. 이때 조정절차에 회부된 조정대상은 당사자들 사이에 성립하였거나 장차 성립할 공유물분할의 협의일 뿐이고, 그로 인한 조정조서는 이행판결이나 확인판결과 같은 내용을 담고 있는 것으로 민법 제187조의 '판결'에는 해당하지 않게 된다. 이를 절차적인 측면에서 보면, 조정은 소송의 대상이 된 권리 또는 법률관계에 한정되지 아니하므로 조정회부에 앞서 굳이 기존의 소송물을 이행의 소나 확인의 소로 변경할 필요가 없는 반면, 당초 공유물분할소송의 대상이 된 형성소권은 조정에 회부에 되지 아니한 채 중지된 소송절차에 남아 있다가 조정에 회부된 공유물분할의 협의에 관하여 조정이 성립하거나 조정에 갈음하는 결정이 확정된 때에 소취하된 것으로 본다(민사조정규칙 제4조 제2, 3항 참조). 따라서 다수의견은 공유물분할조정의 본질을 사법상의 법률행위로 본 것이라기보다는 '공유물분할의 협의'를 대상으로 지분소유권이전등기절차이행의 의사표시를 표시한 조정이 성립한 것으로 본 것으로서 재판상 화해나 조정에 관하여 여전히 소송행위설을 취하고 있다고 이해된다. 왜냐하면 소송행위설를 취할 경우 그 화해에 조건, 기한 등을 붙일 수 없다거나 실체법상의 무효, 취소사유가 있더라도 소송상 화해의 효력에는 영향이 없으며 기판력이 인정된다는 것일 뿐 그 대상이 된 사법상 합의나 법률관계의 존재 자체를 부인하는 것은 아니기 때문이다."

의 화해조서와 같이 확정판결과 동일한 효력이 있다(민사조정법 제28조・제29조, 민사소송법 제220조).

② 따라서 당사자 사이에 기판력이 생기는 것이므로, 거기에 확정판결의 당연무효 등의 사유가 없는 한 설령 그 내용이 강행법규에 위반된다 할지라도 그것은 단지 조정에 하자가 있음에 지나지 아니하여 준재심절차에 의하여 구제받는 것은 별문제로 하고 그 조정조서를 무효라고 주장할 수 없다.

3) 사안의 경우

사안의 경우, 이 사건 조정의 '甲이 X토지를 매수한 것이나, 편의상 乙명의로 소유권이전등기를 경료하여 둔다'는 내용은 甲이 丙과 사이에 X토지를 매수하기로 하면서 乙을 명의수탁자로 하여 乙명의로 소유권이전등기를 마치기로 약정한 것으로서 '중간생략등기형 명의신탁약정'에 해당하고, 이는 강행법규인 부동산 실권리자 명의등기에 관한 법률(이하 '부동산실명법'이라고 한다) 제4조 제1항에 의하여 무효이고, 그에 따른 乙명의의 소유권이전등기도 동법 제4조 제2항에 의하여 무효이다. 따라서 이 사건 조정의 내용이 강행법규에 위반된다는 丙의 주장은 일응 타당하나, 이 사건 조정의 내용은 조서에 기재됨으로써 확정판결과 동일한 효력이 있고, 그에 따라 기판력이 발생한다.

(3) 기판력의 작용 여부

1) 기판력의 주관적・객관적 범위

조정조서가 조정참가인이 당사자가 된 법률관계도 그 내용으로 하는 경우에는 조정조서의 효력은 조정참가인의 법률관계에 관하여도 다를 바 없다고 할 것이다.

2) 기판력의 작용국면

조정대상의 법률관계인 소유권이전등기청구와 후소의 말소등기청구는 소송물이 다르지만 소유권이전등기절차를 명하는 확정판결에 의하여 소유권이전등기가 마쳐진 경우에, 다시 원인무효임을 내세워 그 말소등기절차의 이행을 청구함은 확정된 이전등기청구권을 부인하는 것이므로 이는 모순관계 있다. 따라서 조정조서의 기판력은 후소에 객관적 범위에서 모순관계로 작용한다.

3) 기판력의 시적 범위

강행법규에 위반된다는 주장은 조정 당시 주장할 수 있었던 것으로서 차단된다.

4) 사안의 경우

사안의 경우 조정은 丙과 丁재단을 당사자로 하여 성립되었으나, 조정참가인 乙과 조정당사자 丙 사이의 법률관계('丙은 乙에게 X토지에 관하여 2000.8.19. 매매를 원인으로 한 소유권이전등기절차를 이행한다')도 내용으로 하고 있으므로, 이 사건 조정조서의 기판력은 조정당사자인 丙과 조정참가인인 乙을 당사자로 하는 위 법률관계에 관해서도 발생한다. 또한 비록 그 내용이 강행법규인 부동산실명법에 위반된다 하더라도 준재심절차에 의하여 취소되지 않는 한 丙이 乙에 대하여 이 사건 조정조서에 기하여 마쳐진 이 사건 소유권이전등기의 말소를 구하는 것은 이 사건 조정조서의 기판력에 저촉되어 허용될 수 없다.

(4) 법원의 조치

판례는 전·후소의 소송물이 동일 또는 모순관계인 경우, ① 전소에서 승소판결을 받은 경우에 원고가 같은 신소를 제기하는 것은 이미 권리보호를 받았음에도 불구하고 이를 다시 구하는 것으로 권리보호이익에 흠이 있는 것이며 이 때문에 소각하판결을 하여야 하나, ② 패소판결을 받은 때에 원고가 신소를 제기하면 전의 판결내용과 모순되는 판단을 하여서는 아니 되는 구속력 때문에 청구기각판결을 하여야 한다는 입장이다.

(5) 설문 (1)의 해결

사안의 경우 丙은 패소판결을 받은 것과 같으므로, 후소 법원은 丙의 청구를 기각하는 판결을 하여야 하고, 인용할 수 없다.

Ⅱ 설문 (2)에 관하여

1. 결론

甲의 청구는 인용될 수 없다(청구기각).

2. 이유

(1) 甲의 명의신탁해지를 원인으로 한 소유권이전등기청구의 소의 적법성

甲은 丁재단 소속의 지교회로서 법인 아닌 사단에 해당하는바, 비법인 사단의 당사자능력 인정 여부가 문제이다. 이에 대해 법인 아닌 사단은 민법상 권리능력이 인정되지 않으므로 소송법에서의 당사자능력을 부정하여야 하지만, 그렇게 되면 구성원 전원이 소송을 수행해야 하는 소송상의 불편을 고려하여 제52조는 법인 아닌 사단이나 재단으로서 대표자 또는 관리인이 있으면 그 이름으로 당사자가 될 수 있도록 하였다. 이를 형식적 당사자능력자라고 한다. 따라서 甲의 경우 대표자 또는 관리인이 있으면 사원총회의 결의를 거친 경우에 원고가 될 수 있고, 그 밖에 다른 소의 적법요건은 문제되지 않으므로, 일응 甲의 명의신탁해지를 원인으로 한 소유권이전등기청구의 소는 적법하다.

(2) 조정조서의 기판력 발생 여부 및 기판력의 작용 여부

1) 기판력 발생 여부

이 사건 조정의 내용은 조서에 기재됨으로써 확정판결과 동일한 효력이 있고, 그에 따라 기판력이 발생한다.

2) 기판력의 작용 여부

① 기판력은 전소에서 확정된 권리관계가 후소에서 다시 문제되는 때에 작용하는데, 이는 전소의 소송물과 후소의 소송물이 동일·선결·모순관계에 있는 경우뿐만 아니라 전소에서 판단된 부분(법률관계)이 후소의 항변사유가 되는 때에도 같다.

② 그러나 조정조서의 기판력은 주관적 범위에서 조정의 당사자나 조정참가인 등이 아닌 제3자에게까지 미친다고 할 수 없다. 따라서 이 사건 조정의 당사자나 조정참가인도 아닌 제3자에 불과한 甲에게는 조정조서의 기판력이 미치지 않는다. 결국 乙은 甲에게 이 사건 소유권이전등기가 강행법규에 위반되어 무효이므로 甲의 청구에 응할 수 없다고 주장할 수 있다.

(3) 무효인 명의신탁해지를 원인으로 한 소유권이전등기청구의 가부

사안의 경우, 甲과 乙 사이에는 '중간생략등기형 명의신탁약정'이 있고, 乙명의의 소유권이전등기는 강행법규인 부동산 실권리자 명의등기에 관한 법률 제4조 제2항에 의하여 무효이지만, 동법 제4조 제1항에 의하여 甲·乙 사이의 명의신탁약정도 무효이므로, 甲은 이처럼 무효인 명의신탁의 해지를 원인으로 한 소유권이전등기를 청구할 수는 없다.

(4) 설문 (2)의 해결

甲이 제기한 소가 부적법하다는 乙의 주장은 인정될 수 없으나, 乙 명의의 소유권이전등기가 강행법규에 위반되어 무효이므로 甲의 청구에 응할 수 없다고 하는 주장은 인정될 수 있다. 이 경우 법원은 甲의 청구를 기각하여야 할 것이다.

Ⅲ 설문 (3)에 관하여

1. 결론

소각하판결

2. 이유

(1) 채권자대위소송의 법적 성질 및 당사자적격

판례는 채권자대위소송은 채권자가 스스로 원고가 되어 채무자의 제3채무자에 대한 권리를 행사하는 것으로서 법정 소송담당으로 보고 있다. 이에 따르면 ① 피보전채권, ② 보전의 필요성, ③ 채무자의 권리불행사는 당사자적격(원고적격)의 요소가 되나, ④ 피대위권리는 소송물에 해당한다.

사안의 경우, 甲이 丙을 대위하여 乙에 대하여 이 사건 소유권이전등기의 말소등기절차의 이행을 구하는 것은 이 사건 조정조서의 기판력에 저촉되어 허용될 수 없다. 따라서 법원은 피대위권리의 흠을 이유로 청구기각판결을 할 수 있다. 다만 이로써 丙의 甲에 대한 소유권이전등기 의무가 이행불능이 됨에 따라 피보전권리가 인정되지 않는지 여부가 문제이다.

(2) 피보전채권의 인정 여부

丙이 乙에 대하여 이 사건 조정조서에 기하여 마쳐진 이 사건 소유권이전등기의 말소를 구하는 것은 이 사건 조정조서의 기판력에 저촉되어 허용될 수 없다. 그렇다면 丙의 甲에 대한 소유권이전등기의무는 다른 특별한 사정이 없는 한 이행불능이 되었다고 할 것이므로, 결국 甲의 丙에 대한 소유권이전등기청구권은 인정되지 아니한다. 따라서 甲이 丙에 대한 소유권이전등기청구권을 보전하기 위하여 丙을 대위하여 乙에게 이 사건 소유권이전등기의 말소등기절차의 이행을 구하는 소는 피보전권리가 인정되지 않는다.

(3) 피보전채권의 흠결과 법원의 조치

판례는 법정 소송담당설의 입장에서 채권자대위소송에 있어서 피보전채권이 인정되지 아니할 경우에는 채권자가 스스로 원고가 되어 채무자의 제3채무자에 대한 권리를 행사할 당사자적격이 없게 되므로 그 대위소송은 부적법하여 각하할 수밖에 없다고 한다.

(4) 소송요건의 조사와 본안판단의 순서

채권자대위소송에 있어서 대위에 의하여 보전될 채권자의 채무자에 대한 권리가 인정되지 아니할 경우에는 당사자 적격이 없게 되므로 그 대위소송은 부적법하여 소를 각하하여야 함에도 불구하고 원심이 이를 간과하고 본안에 관하여 심리판단한 것은 위법하다고 하여 소송요건심리의 선순위성을 긍정한다.

(5) 설문 (3)의 해결

① 사안의 경우 丙의 乙에 대한 말소등기청구는 기판력에 저촉되어 인정될 수 없으므로, 甲의 채권자대위소송은 피대위권리의 흠으로 청구기각이 가능한 사안이다.

② 그러나 채권자대위소송에 있어서 피보전채권이 인정되지 않는 경우에는 당사자적격이 없게 되므로 그 대위소송은 부적법하여 각하할 수밖에 없다.

③ 따라서 사안의 경우 甲은 당사자적격이 없어 부적법하므로, 법원은 甲의 채권자대위소송에 대하여 소각하판결을 하여야 한다.

☑️ **사례(140)│ 기판력의 작용 - 소송물 동일**

사실관계

A토지에 관하여 甲으로부터 乙앞으로 매매를 원인으로 한 소유권이전등기가 마쳐져 있다. 甲은 乙을 상대로 乙이 등기관련 서류를 위조하여 위 등기를 이전하였다고 주장하면서 소유권이전등기 말소등기청구의 소를 제기하였다. 그러나 乙에 대한 甲의 말소등기청구는 기각되고, 판결은 확정되었다.

문제

그 후 甲은 소유권이전등기의 등기원인인 甲과 乙 사이의 매매계약은 가장매매로서 무효라고 주장하면서 다시 乙을 상대로 말소등기청구의 소를 제기하였다. 이 경우 甲의 후소에 대한 결론[소각하, 청구인용, 청구기각]과 그 논거를 서술하시오. [15점]

Ⅰ 결론

후소법원은 甲의 청구에 대하여 기각판결을 선고하여야 한다.

Ⅱ 논거

1. 기판력의 작용 여부

(1) 기판력의 의의 및 근거

기판력은 청구에 대한 확정된 종국판결의 판결내용에 부여된 후소에 관한 당사자와 법원을 규율하는 구속력으로서, ① 당사자는 그에 반하여 되풀이하여 다투는 것이 허용되지 아니하며(불가쟁), ② 어느 법원도 다시 재심사하여 그와 모순·저촉되는 판단을 해서는 안 된다(불가반). 이는 법적 안정성·소송경제의 요청과 함께 절차보장을 받은 당사자의 자기책임에서 그 근거를 찾을 수 있다(이원설).

(2) 기판력의 주관적 범위

기판력은 당사자에게만 미치고 제3자에게는 미치지 않는 것이 원칙이다(제218조 제1항). 사안에서 전소와 후소의 당사자는 모두 甲과 乙이므로 전소의 기판력은 후소의 주관적 범위에서 미친다.

(3) 기판력의 객관적 범위와 작용

① 기판력은 후소의 소송물이 전소의 소송물과 동일하거나, 전소의 소송물을 선결문제로 하거나, 전소의 소송물과 모순관계에 있는 경우에 작용한다. 사안의 경우 전·후소의 소송물이 동일한지 여부가 문제된다.

② 판례의 구소송물이론에 의하면 실체법상 권리 또는 법률관계의 주장을 소송물로 보므로, 소유권이전등기말소청구의 소송물은 소유권에 기한 방해배제청구권(민법 제214조)으로, 등기 무효의 원인으로서 무엇을 주장하든 소송물은 항상 1개이고, 개개의 무효원인은 독립된 공격방법에 불과할 뿐, 별개의 청구원인을 구성하는 것이 아니라고 한다.

③ 사안의 경우, 판례에 의하면 전소는 乙이 등기서류의 위조를 원인으로 한 말소등기청구의 소이며, 후소는 가장매매를 원인으로 한 말소등기청구의 소이므로, 소송물이 동일하다.

(4) 시적 범위(차단효)

① 전소의 기판력이 후소에 작용하는 경우 사실심의 변론종결 전에 당사자가 제출할 수 있었던 공격방어방법은 기판력의 실권효에 의해서 차단되어 후소에서 이를 주장할 수 없다. 따라서 i) 전소 변론 종결 후에 새로이 발생한 사실의 주장은 후소에서 실권효의 제재를 받지 않으며, ii) 전소 변론종결 전의 사유라도 소송물이 다르면 후소에서 차단되지 않는다.

② 사안의 경우 甲은 후소에서 매매계약은 가장매매로서 무효라고 주장하였는데, 이는 전소 변론종결 전에 주장할 수 있었던 사유이므로 후소에서 차단된다고 할 것이다.

2. 기판력에 저촉되는 경우 법원의 조치

① 판례는 i) 전소에서 승소판결을 받은 경우에 원고가 같은 신소를 제기하는 것은 이미 권리보호를 받았음에도 불구하고 이를 다시 구하는 것으로 권리보호이익에 흠이 있는 것이며 이 때문에 소각하판결을 하여야 하나, ii) 패소판결을 받을 때에 원고가 신소를 제기하면 전의 판결내용과 모순되는 판단을 하여서는 아니 되는 구속력 때문에 청구기각판결을 하여야 한다는 입장이다.

② 사안의 경우, 甲은 전소에서 패소했기 때문에 甲의 후소는 청구기각판결을 받게 된다.

☑ 사례(141) | 기판력의 작용 - 소송물 동일

사실관계

甲의 X건물이 乙의 협박으로 증여를 원인으로 乙소유로 이전등기가 되고, 다시 丙, 丁으로 소유권이 이전되어 현재는 丁의 명의로 등기가 되어 있다. 이에 甲은 이 같은 소유권이전등기는 乙의 협박에 의한 것이므로 원인무효라고 주장하여 乙, 丙, 丁을 공동피고로 하여 소유권이전등기의 말소를 구하는 소를 제기하였다. 그러나 이 소송에서 甲의 주장은 받아들여지지 않고 甲의 패소가 확정되었다.

문제

이 경우 甲은 다시 최후의 등기명의자인 丁을 상대로 진정명의회복을 이유로 소유권이전등기를 구하는 소를 제기하였다. 이에 대해 법원은 어떠한 판결을 하여야 하는가? 20점

Ⅰ 결론

법원은 甲의 청구에 대하여 청구기각판결을 선고하여야 한다.

Ⅱ 근거

1. 진정명의회복을 원인으로 한 소유권이전등기청구의 인정 여부

(1) 인정 여부

이에 대해 종전 판례는 대체로 부정적이었으나, 변경된 판례는 "이미 자기 앞으로 소유권을 표상하는 등기가 되어 있었거나 법률에 의하여 소유권을 취득한 자가 진정한 등기명의를 회복하기 위한 방법으로는 현재의 등기명의인을 상대로 그 등기의 말소를 구하는 외에 진정한 등기명의의 회복을 원인으로 한 소유권이전등기절차의 이행을 직접 구하는 것도 허용된다"고 하였다.[351]

(2) 인정 요건

진정등기명의 회복을 원인으로 하는 소유권이전등기청구권이 인정되기 위해서는 ① 이미 자기 앞으로 소유권을 표상하는 등기가 되어 있었거나 법률에 의하여 소유권을 취득한 자일 것, ② 현재의 등기 명의인을 상대로 할 것, ③ 등기가 원인무효일 것이라는 요건이 구비되어야 한다.

---

351) 대판(전) 2001.9.20, 99다37894

(3) 사안의 경우

사안에서 甲은 ① 이미 자기 앞으로 소유권을 표상하는 등기가 되어 있었던 자이므로 ② 현재의 등기명의인인 피고 丁을 상대로 진정한 등기명의 회복을 원인으로 한 소유권이전등기절차의 이행을 직접 구하는 것이 허용된다.

2. 전소의 기판력이 후소에 미치는지 여부

(1) 기판력의 작용 여부

1) 기판력의 주관적 범위

사안에서 전소에서 당사자와 후소의 당사자는 甲과 丁이므로 전소의 기판력은 후소의 주관적 범위에서 미친다(제218조 제1항).

2) 기판력의 객관적 범위와 작용

가) 전소의 기판력 발생범위
나) 기판력의 작용

기판력은 후소의 소송물이 전소의 소송물과 동일하거나, 전소의 소송물을 선결문제로 하거나, 전소의 소송물과 모순관계에 있는 경우에 작용한다.

사안에서 전소의 청구취지와 후소의 청구취지는 다르다. 따라서 이 점에서 소송물은 동일하지 않다고 볼 수 있다. 그러나 양 청구는 모두 민법 제214조의 소유권에 기한 방해배제청구권으로서 동일한 목적을 가지고 있으므로 소송물이 동일한 것이 아닌지가 문제된다.

다) 소송물 동일성 여부

판례는 "말소등기청구와 진정명의회복을 원인으로 한 소유권이전등기청구는 어느 것이나 진정한 소유자의 등기명의를 회복하기 위한 것으로서 실질적으로 그 목적이 동일하고, 두 청구권 모두 소유권에 기한 방해배제청구권으로서 그 법적 근거와 성질이 동일하므로 그 소송물은 실질상 동일한 것으로 보아야 한다."고 하면서 "소유권이전등기말소청구소송에서 패소확정판결을 받았다면 그 기판력은 그 후 진정명의회복을 원인으로 한 소유권이전등기청구소송에도 미친다"고 하였다.[352]

3) 기판력의 시적 범위(차단효)

기판력이 작용하는 경우 사실심 변론종결 전에 당사자가 제출했었던 또는 제출할 수 있었던 공격방어방법은 기판력의 실권효에 의해서 차단되어 후소에서 주장할 수 없다.

사안에서 甲은 이미 전소에서 부동산에 관한 증여의 의사표시가 乙의 협박으로 이루어진 것이라고 주장하였던 사실을 다시 주장하면서 丁을 상대로 진정명의회복을 원인으로 한 소유권이전등기를 구하는 소송을 제기하고 있는 경우에 해당하는바, 이는 전소판결의 실권효에 의해서 차단된다.

---

352) 대판(전) 2001.9.20, 99다37894

(2) 사안의 경우

전소인 소유권이전등기 말소청구소송의 기판력은 후소에도 미친다.

3. 기판력에 저촉되는 경우 법원의 조치

판례는 ① 전소에서 승소판결을 받은 경우에 원고가 같은 신소를 제기하는 것은 이미 권리보호를 받았음에도 불구하고 이를 다시 구하는 것으로 권리보호이익에 흠이 있는 것이며 이 때문에 소각하판결을 하여야 하나, ② 패소판결을 받은 때에 원고가 신소를 제기하면 전의 판결내용과 모순되는 판단을 하여서는 아니 되는 구속력 때문에 청구기각판결을 하여야 한다는 입장이다.353)

이에 따르면 사안의 경우 전소에서 패소한 자가 다시 소를 제기하는 경우이므로, 청구기각판결을 받게 된다.

---

353) 대판 1979.9.11, 79다1275

사례(142)| 기판력의 작용 – 소송물 동일

사실관계

○ 甲은 2006.3.8. 乙이 운전하는 승용차를 타고 가다가 丙이 운전하는 트럭과 충돌하는 사고로 인하여 상해를 입게 되자 2006.5.1. 乙과 丙을 상대로 손해배상청구의 소를 제기하였다.

○ 甲은 乙과 丙을 상대로 한 손해배상청구소송에서 위 사고로 인하여 농촌일용노동자의 노동능력 10%가 상실되었다고 주장하면서 일실손해 중 그 일부로서 우선 3,000만원을 구하고, 아울러 변론종결 당시까지 지출한 치료비 500만원 및 위자료 500만원의 지급을 구하였는데, 법원은 2007.6.16. 일실손해 3,000만원, 치료비 300만원 및 위자료 200만원의 지급을 명하는 판결을 선고하여 그 판결이 확정되었다.

○ 그 후 甲은 2008.1.2. "위 사고로 인하여 입은 후유장해의 부위는 동일하나 현재 취업 중인 중기기사로서의 노동능력을 기준으로 하면 전체의 20%를 상실하였고, 전소의 변론종결 후에도 같은 부위의 치료를 취하여 추가치료비를 지출하였다."고 주장하며 전체 일실손해액에서 전소에서 청구하여 인용된 3,000만원을 공제한 나머지 일실손해 2,000만원, 변론종결 후 지출한 치료비 200만원, 적정 위자료에서 전소에서 배상받은 위자료 200만원을 제외한 나머지 위자료 500만원의 지급을 구하는 소를 제기하였다.

문제

甲의 후소에 대해 법원은 어떻게 처리하여야 하는가? [20점]

I 결론

법원은 ① 일실손해의 청구는 기판력에 저촉되지 않으므로 본안심리에 들어갈 것이다. 다만 ② 치료비 청구와 위자료 청구에 대해서는 전소 기판력에 저촉되는바 청구기각판결을 하여야 한다.

II 근거

1. 문제의 소재

① 기판력의 작용 여부와 관련하여 전·후 양소의 소송물이 동일한지 여부가 문제이고, 이와 관련하여 소송물이 어떻게 특정되는가를 살펴보아야 한다.

② 기판력이 작용되는 경우라면 후소법원의 조치가 어떠한지를 살펴보아야 한다.

2. 소송물의 평가

(1) 불법행위로 인한 손해배상청구에서의 소송물

판례는 ① 불법행위로 말미암아 신체의 상해를 입었기 때문에 가해자에게 대하여 손해배상을 청구할 경우에 있어서는 그 소송물인 손해는 통상의 치료비 따위와 같은 적극적 재산상 손해와 일실수익 상실에 따르는 소극적 재산상 손해 및 정신적 고통에 따르는 정신적 손해(위자료)의 3 가지로 나누어지고, ② 적극적 손해와 소극적 손해 및 정신적 손해는 서로 소송물을 달리하므로 그 손해배상의무의 존부나 범위에 관하여 항쟁함이 상당한지의 여부는 각 손해마다 따로 판단하여야 한다는 입장이다.

(2) 일부청구에서의 소송물

1) 일부청구의 의의 및 허용성

일부청구란 금전 또는 대체물과 같이 수량적으로 가분적인 채권을 임의로 분할하여 일부만 청구하는 것을 말하는데, 채권을 분할하여 일부청구하는 것이 소액사건심판법의 적용을 받기 위한 의도가 아니라면 처분권주의하에서 허용된다고 할 것이다(소심법 제5조의2).

2) 일부청구의 소송물

① 판례는 불법행위를 원인으로 치료비청구를 하면서 일부만을 특정하여 청구하고 그 이외의 부분은 별도소송으로 청구하겠다는 취지를 명시적으로 유보한 때에는 그 전소송의 소송물은 그 청구한 일부의 치료비에 한정되는 것이라고 본다. 즉 명시적 일부청구를 한 경우 소송물은 그 명시한 일부청구에 한정된다는 입장이다.

② 사안의 경우에는 각 손해별로 일부청구의 명시 여부를 개별적으로 살펴보아야 할 것이다.

(3) 사안의 경우

1) 일실손해의 부분

사안에서 甲은 일실손해 중 그 일부로서 우선 3,000만원을 구한다고 하고 있는바, 일부청구임을 명시한 경우에 해당한다.[354] 따라서 전소의 소송물은 일부청구한 3,000만원이다.

2) 치료비손해의 부분

甲이 전소에서 변론종결 당시까지 지출한 치료비임을 밝혀 청구한 것만으로는 명시적 일부청구라 할 수 없다. 변론종결 후 지출한 치료비손해의 부분은 甲의 부상으로 인한 후유장애의 정도, 그 치료의 필요성 및 기간 등에서 변론종결 당시 예상할 수 없었던 경우로 보이지 않고, 또 후유장애의 부위도 동일하기 때문이다.[355] 따라서 전소의 소송물은 전부이다.

3) 위자료 부분

甲이 전혀 일부청구임을 명시한 바가 없으므로, 전소의 소송물은 전부이다.

---

354) 판례는 일부청구임을 명시하는 방법으로는 반드시 전체 손해액을 특정하여 그중 일부만을 청구하고 나머지 손해금액에 대한 청구를 유보하는 취지임을 밝혀야 할 필요는 없고 일부청구하는 손해의 범위를 잔부청구와 구별하여 그 심리의 범위를 특정할 수 있는 정도의 표시를 하여 전체 손해의 일부로서 우선 청구하고 있는 것임을 밝히는 것으로 족하다고 한다.

355) 甲의 부상으로 인한 후유장애의 정도가 그 치료의 필요성, 기간 등에 있어서 변론종결 당시 예상할 수 없었던 경우가 아닌 한 甲이 전소에서 최종사실심 변론종결일에 근접한 일자까지에 소요된 치료비임을 밝혀 치료비 청구를 한 것만으로써는 이를 명시적 일부청구라고 볼 수 없다(대판 1988.10.11, 87다카1416).

3. 일부청구와 기판력의 작용

판례는 ① 전소에서 일부청구인 것이 명시되었다면 소송물은 그 일부에 한정되고, 전소판결의 기판력은 잔부청구인 후소에 미치지 않아 허용지만, ② 묵시적 일부청구의 경우에는 전부청구로 보아 후소의 잔부청구와 그 소송물이 같으므로, 후소는 기판력에 저촉되어 허용되지 않는다는 입장이다.

4. 기판력 작용 시 법원의 조치

판례는 ① 전소에서 승소판결을 받은 경우에 원고가 같은 신소를 제기하는 것은 이미 권리보호를 받았음에도 불구하고 이를 다시 구하는 것으로 권리보호이익에 흠이 있는 것이며 따라서 소각하하여야 하나, ② 패소판결을 받은 때에 원고가 신소를 제기하면 전의 판결내용과 모순되는 판단을 하여서는 아니 되는 구속력 때문에 청구기각판결을 하여야 한다는 입장이다.

5. 사안의 해결

(1) 일실손해의 부분

사안에서 甲의 전소의 소송물은 일부청구한 3,000만원 부분이므로, 후소로 제기한 일실손해 2,000만원의 청구는 기판력에 저촉되지 않는다. 따라서 법원은 본안심리에 들어갈 것이다.

(2) 치료비손해의 부분

甲의 전소의 소송물은 전부이므로, 후소로 제기한 치료비 200만원의 청구는 기판력에 저촉된다. 또한 전소에서 제기한 치료비 500만원 중 법원은 300만원에 대해서만 인용판결을 하였는바, 후소법원은 200만원에 대해 청구기각판결을 하여야 한다.

(3) 위자료 부분

甲의 전소의 소송물은 전부이므로, 후소로 제기한 위자료 500만원의 청구는 기판력에 저촉된다. 또한 전소에서 제기한 위자료 500만원 중 법원은 200만원에 대해서만 인용판결을 하였는바, 후소법원은 청구기각판결을 하여야 한다.

☑ 사례(143) | 기판력의 작용

사실관계

甲은 乙을 상대로 X부동산에 대한 소유권존재확인의 소를 제기하였다가 패소판결을 받았고, 이 판결이 확정되었다.

문제

그 후 甲이 다시 동일한 부동산에 대해 소유권에 기한 이전등기말소를 구하는 소를 제기한 경우, 법원은 어떠한 판결을 하여야 하는가? 20점

Ⅰ 결론

청구기각판결을 선고하여야 한다.

Ⅱ 근거

1. 문제의 소재

전소판결이 확정되어 기판력이 발생하였는바, 이때 후소제기가 전소확정판결의 기판력에 저촉되는지 여부와 법원의 조치가 문제된다.

2. 기판력의 의의 및 근거

기판력은 청구에 대한 확정된 종국판결의 판결내용에 부여된 후소에 관한 당사자와 법원을 규율하는 구속력으로서, ① 당사자는 그에 반하여 되풀이하여 다투는 것이 허용되지 아니하며(불가쟁), ② 어느 법원도 다시 재심사하여 그와 모순·저촉되는 판단을 해서는 안 된다(불가반). 이는 법적 안정성·소송경제의 요청과 함께 절차보장을 받은 당사자의 자기책임에서 그 근거를 찾을 수 있다(이원설).

3. 기판력의 작용 여부

(1) 기판력의 주관적 범위

기판력은 소송의 대립 당사자 사이에만 생기는 것을 원칙(상대성의 원칙)으로 한다(제218조 제1항). 사안의 경우 전·후소의 당사자는 甲과 乙로서 동일하므로 전소판결의 기판력이 미친다.

(2) 기판력의 객관적 범위와 작용

1) 전소의 기판력의 발생범위

확정판결은 주문에 포함된 것에 한하여 기판력을 가진다(제216조 제1항). 이는 주문 판단만이 당사자의 소송목적에 대한 해결이고, 당사자의 의도에 맞기 때문이다. 따라서 판결이유 중에 판단에 대해서는 기판력이 생기지 않는다.

사안의 경우 甲에게 소유권이 부존재한다는 판단에만 기판력이 발생하고, 이유 중 판단인 소유권취득원인사실이나 법적 근거에는 기판력이 발생하지 않는다.

2) 기판력의 작용

기판력은 후소의 소송물이 전소의 소송물과 동일하거나, 전소의 소송물을 선결문제로 하거나, 전소의 소송물과 모순관계에 있는 경우에 작용한다.

사안의 경우는 전소의 소송물이 후소의 선결문제로서 전소의 기판력은 객관적 범위에서 후소에 미친다.

(3) 시적 범위

1) 표준시

전소확정판결은 전소 사실심의 변론종결 당시 권리관계의 존부를 확정한다.

2) 차단효

사실심의 변론종결 전에 당사자가 주장했던 또는 주장할 수 있었던 공격방어방법은 기판력의 실권효에 의해서 차단되어 후소에서 이를 주장할 수 없다. 다만 전소변론종결 후에 새로이 발생한 사실의 주장은 후소에서 실권효의 제재를 받지 않는다.

3) 사안의 경우

사안의 경우 원고 甲은 전소에서 소유권의 주장을 하였는바, 후소에서 다시 소유권을 주장하며 이전등기말소를 구할 수는 없다.

4. 법원의 조치

(1) 문제점

후소제기는 전소의 기판력에 저촉되므로 법원의 조치가 문제된다.

(2) 법원의 조치

선결관계의 경우에는 선결문제 한도 내에서 전소의 기판력 있는 판단에 구속되어 이를 전제하여 본안판결을 하여야 할 뿐, 소각하판결을 하여서는 안 된다.[356] 사안의 경우 소유권확인청구소송에서 패소확정된 원고가 동일 피고를 상대로 하여 소유권에 기하여 이전등기말소를 구하는 소를 제기한 경우로서 후소 법원은 원고에게 소유권이 없다는 전소판결의 결과를 전제로 하여 후소 청구를 이유 없다고 기각하여야 한다.

---

356) 선결관계의 문제에서는 기판력의 본질에 관한 반복금지설과 모순금지설 사이에 차이가 없다.

✓ 사례(144) | 기판력의 작용

사실관계

甲이 乙을 상대로 매매를 원인으로 하여 소유권이전등기청구의 소를 제기하여 승소의 확정판결을 받고 위 판결에 기해 甲 앞으로 소유권이전등기가 경료된 뒤에, 乙이 甲을 상대로 甲과의 매매사실이 없으므로 甲 명의 등기는 원인무효임을 주장하면서 말소등기청구의 소를 제기하였다.

문제

이 경우 乙의 甲을 상대로 한 말소등기청구의 소에 대한 결론(소각하, 청구인용, 청구기각)과 근거를 서술하시오. 15점

I 결론

법원은 청구기각판결을 선고하여야 한다.

II 근거

1. 기판력의 작용 여부

(1) 기판력의 의의 및 근거

(2) 기판력의 주관적 범위

사안에서 전소와 후소의 당사자는 모두 甲과 乙이므로 전소의 기판력은 후소의 주관적 범위에서 미친다(제218조 제1항).

(3) 기판력의 객관적 범위와 작용

1) 전소의 기판력 발생범위

기판력은 상계의 경우를 제외하고(제216조 제2항), 판결주문에 포함된 판단에만 생기고(동조 제1항), 판결이유 중에 판단된 사실에 대해서는 기판력이 생기지 않는다. 따라서 사안의 경우 甲에게 소유권이전등기청구권이 존재한다는 판단에만 기판력이 발생하고, 판결이유 중 판단인 매매사실 등에는 기판력이 발생하지 않는다.

2) 기판력의 작용

① 기판력은 후소의 소송물이 전소의 소송물과 동일하거나, 전소의 소송물을 선결문제로 하거나, 전소의 소송물과 모순관계에 있는 경우에 작용한다.

② 사안의 경우 전소의 소유권이전등기청구와 후소의 말소등기청구는 소송물이 다르지만 소유권이전등기절차를 명하는 확정판결에 의하여 소유권이전등기가 마쳐진 경우에, 다시 원인무효임을 내세워 그 말소등기절차의 이행을 청구함은 확정된 이전등기청구권을 부인하는 것이고, 전소는 甲과 乙의 매매사실을 원인으로 하는 것인데 후소는 위 매매사실이 없다는 것을 원인으로 하는 것이므로 이는 양립불가능한 주장으로 모순관계에 있다. 따라서 전소의 기판력은 후소에 객관적 범위에서 모순관계로 작용한다.

⑷ 시적 범위(차단효)

① 전소의 사실심 변론종결 전에 이미 제출했었던 사유나 그 전에 제출할 수 있었던 사유, 즉 공격방어방법은 기판력에 의해 실권효가 적용되고 따라서 후소에 다시 제출하지 못한다.

② 사안의 경우, 甲과의 매매사실이 없다는 사실은 전소의 변론종결 전에 주장했거나 주장할 수 있었던 사실로서, 이는 후소에서 차단된다.

2. 기판력에 저촉되는 경우 법원의 조치

판례는 ① 전소에서 승소판결을 받은 경우에 원고가 같은 신소를 제기하는 것은 이미 권리보호를 받았음에도 불구하고 이를 다시 구하는 것으로 권리보호이익에 흠이 있는 것이며 이 때문에 소각하판결을 하여야 하나, ② 패소판결을 받은 때에 원고가 신소를 제기하면 전의 판결내용과 모순되는 판단을 하여서는 아니 되는 구속력 때문에 청구기각판결을 하여야 한다는 입장이다.[357)]

3. 사안의 경우

---

357) 대판 1979.9.11, 79다1275

사례(145) 기판력의 작용

사실관계

A 소유의 X토지에 대해 甲과 A 사이에 매매계약에 관하여 다툼이 생기자, 甲은 A를 상대로 X토지에 관하여 매매를 원인으로 한 소유권이전등기절차의 이행을 구하는 소를 제기하였다.

문제

甲의 A를 상대로 한 X토지의 소유권이전등기청구의 소송에서 甲은 A의 주소를 알고 있음에도 불구하고 A가 마치 행방불명된 자인 것처럼 허위의 주소를 기재하여 재판장으로부터 공시송달명령을 받아 낸 다음, 제3자로 하여금 자신이 A 소유의 토지를 매수한 것이라는 취지의 허위 증언을 하게 함과 아울러 위조된 매매계약서 등을 증거로 제출하여 승소판결을 받았다. 그 후 이 판결은 재판장의 명에 따른 공시송달의 방법에 의하여 확정되었고 甲은 자신의 명의로 소유권이전등기를 마쳤다. 그 후 위와 같은 사실을 알게 된 A는 甲을 상대로 하여 X토지에 관한 소유권이전등기가 원인무효임을 이유로 말소등기절차의 이행을 구하는 소를 제기하였다. ① 이 경우 법원은 어떤 판결을 하여야 하는가? 또한 ② 만약 A가 위 소유권이전등기 말소등기청구소송에서 패소 확정된 후 다시 甲을 상대로 X토지에 관한 진정명의회복을 원인으로 한 소유권이전등기청구의 소를 제기하였다면 법원은 어떤 판결을 하여야 하는가? 15점

1. 결론

(1) 설문 ①에 관하여

법원은 청구기각판결을 하여야 한다.

(2) 설문 ②에 관하여

법원은 청구기각판결을 하여야 한다.

2. 근거

(1) A에 대한 판결의 유효성 여부

판례에 따르면 ① 공시송달에 의한 편취판결도 판결이 형식적으로 존재하는 이상 당연무효의 판결이 아니며, ② 판결정본의 공시송달은 법률상 적법한 송달의 방법으로 인정된 것이므로 유효하다. 따라서 위 판결에 대하여 상소제기기간 안에 상소를 하지 아니하면 판결은 형식적으로 확정된다.358)

---

358) 대판(전) 1978.5.9, 75다634, 대판 1985.8.20, 85므21

(2) 후소의 기판력 저촉 여부

1) 기판력의 작용 및 범위

① 편취판결에 대한 실체법상 구제책으로 판결을 취소함이 없이 직접 말소등기청구를 할 수 있는지 여부가 문제된다. 왜냐하면 모순관계로서 기판력에 저촉될 소지가 있기 때문이다.[359]

② 전소와 후소는 모두 甲과 A로 동일하므로 주관적 범위에서 미치고(제218조 제1항), 전소 甲에게 소유권이전등기청구권이 존재한다는 주문에 기판력이 발생한다(제216조 제1항). 나아가 매매계약이 체결된 바 없어 소유권이전등기가 원인무효라는 점은 전소에서 주장할 수 있었던 사실로서 기판력이 작용되는 국면이라면 知・不知 및 과실 유무를 묻지 않고 차단된다.

2) 기판력의 작용국면

① 기판력은 후소의 소송물이 전소의 소송물과 동일하거나, 전소의 소송물을 선결문제로 하거나, 전소의 소송물과 모순관계에 있는 경우에 작용한다.

② 판례에 따르면, 소유권이전등기절차를 명하는 확정판결에 의하여 소유권이전등기가 마쳐진 경우에, 다시 원인무효임을 내세워 그 말소등기절차의 이행을 청구함은 확정된 이전등기청구권을 부인하는 것이어서 모순관계로서 기판력에 저촉된다.[360]

③ 또한 판례는 "말소등기청구와 진정명의회복을 원인으로 한 소유권이전등기청구는 어느 것이나 진정한 소유자의 등기명의를 회복하기 위한 것으로서 실질적으로 그 목적이 동일하고, 두 청구권 모두 소유권에 기한 방해배제청구권으로서 그 법적 근거와 성질이 동일하므로 그 소송물은 실질상 동일한 것으로 보아야 한다."고 하면서 "소유권이전등기말소청구소송에서 패소확정판결을 받았다면 그 기판력은 그 후 진정명의회복을 원인으로 한 소유권이전등기청구소송에도 미친다"고 하였다.[361] 따라서 전소 기판력은 후소에 동일관계로서 작용한다.

3) 후소 법원의 조치

판례는 ① 전소에서 승소판결을 받은 경우에 원고가 같은 신소를 제기하는 것은 이미 권리보호를 받았음에도 불구하고 이를 다시 구하는 것으로 권리보호이익에 흠이 있는 것이며 이 때문에 소각하판결을 하여야 하나, ② 패소판결을 받은 때에 원고가 신소를 제기하면 전의 판결 내용과 모순되는 판단을 하여서는 아니 되는 구속력 때문에 청구기각판결을 하여야 한다는 입장이다.[362]

---

359) A는 추완항소(제173조) 또는 재심의 소(제451조 제1항 11호)의 방법으로 전소확정판결의 효력을 배제하여야 한다. 양자는 독립된 별개의 제도이므로 선택관계에 있다.

360) 대판 1996.2.9, 94다61649 등

361) 대판(전) 2001.9.20, 99다37894

362) 대판 1979.9.11, 79다1275

⑶ 사안의 해결

1) 설문 ①의 해결

전소 甲이 제기한 소유권이전등기청구의 소에 대한 승소확정판결의 기판력은 A의 소유권이전등기 말소청구의 후소에 모순관계로서 작용하는바, 후소 법원은 청구기각판결을 하여야 한다.

2) 설문 ②의 해결

전소 A가 제기한 소유권이전등기 말소청구의 소에 대한 패소확정판결의 기판력은 A의 진정명의회복을 원인으로 한 소유권이전등기청구의 후소에 동일관계로서 작용하는바, 후소 법원은 청구기각판결을 하여야 한다.

☑️ 사례(146)| 기판력의 작용

사실관계

○ 甲은 친구인 乙의 부탁을 받고 乙이 丙으로부터 3억원을 이자는 월 2푼, 상환기일은 2012.1.2.로 하여 차용하는데 연대보증을 서주게 되었다. 乙이 그동안 원금은 변제를 못하고 이자만 계속 지급해 오다가 경제여건이 나빠지면서 이자마저도 6개월분을 지급치 못하자, 2012.2.2. 丙은 甲에게 원리금을 청구하여 즉일 변제받으면서 乙이 丙에게 써준 차용증서를 甲에게 반환했고 또한 위 변제받은 사실을 적은 영수증을 甲에게 교부하였다. 甲은 2012.3.2. 乙에게 위 변제사실을 내용증명으로 통지하였고 乙은 차일피일 미룬 사이에 2014.7.20. 교통사고로 사망하게 되었다.

○ 甲은 乙이 이미 사망한 사실을 모르고 2014.8.1. 망 乙을 피고로 하여 구상금청구의 소를 제기하였다. 소제기 후, 이를 비로소 알게 된 甲은 2014.9.10. 乙의 사망 당시 주민등록등본 및 제적등본을 확인하고 2014.9.29. 피고 乙을 그 상속인인 乙의 아들 피고 A로 하는 당사자표시정정신청을 하였고, 법원은 위 신청을 허가하였다.

○ 위 구상금청구소송에서 당사자가 피고 A로 표시정정되어 변론기일이 2014.11.경에 열렸다. 그런데 A는 위 구상금청구소송을 제기하기 전에 이미 한정승인 심판청구를 하여 그 수리심판을 받았다. 그런데 피고 A는 위 소송에서 한정승인 사실을 주장하지 아니하여 책임범위에 관한 아무런 유보 없는 판결이 선고되어 확정되었고, 이에 기해 원고 甲은 A의 재산에 강제집행을 실시하려고 한다. 이에 피고 A는 위 한정승인 사실을 내세워 청구이의의 소를 제기하였다.

문제

A의 청구에 대해 법원은 어떠한 판결을 하여야 하는지 그 논거와 함께 서술하시오. 20점

I 결론

법원은 A의 청구이의의 소에 대해서 한정승인사실을 인정하여 청구를 인용하는 판결을 선고해야 할 것이다.

II 논거

1. 기판력의 작용 여부

(1) 문제의 소재

사안에서 상속채무의 이행청구에 대해서 한정승인에 관한 주장이 없었는바, 책임재산에 관한 유보 없는 판결이 선고·확정되어 기판력이 발생하였다. 이에 피고 A는 위 확정판결의 집행력을 배제하기 위해서 한정승인 사실을 주장하며 청구이의의 소를 제기하였는바, 전소확정판결

의 기판력이 후소에 미치는지 여부가 문제된다. 왜냐하면 위 확정판결의 기판력이 청구이의의 소에 미치면 전소 변론종결 전에 주장할 수 있었던 한정승인사실은 후소에서 차단되며, 만일 기판력이 미치지 않으면 한정승인사실은 후소에서 차단되지 않고 주장할 수 있기 때문이다.

⑵ 기판력의 주관적 범위

사안에서 전·후소의 당사자는 甲과 A로서 동일하므로 전소판결의 기판력이 주관적 범위에서 미친다(제218조 제1항).

⑶ 기판력의 객관적 범위와 작용

① 기판력은 상계의 경우를 제외하고(제216조 제2항), 판결주문에 포함된 판단에만 생기고(동조 제1항), 판결이유 중에 판단된 사실에 대해서는 기판력이 생기지 않는다. 따라서 사안의 경우 甲의 대여금채권이 존재하는지 여부에 관한 판단에만 기판력이 발생한다.

② 사안의 경우 甲의 상속채무이행청구의 소에서 승소확정 판결의 기판력과 집행력은 당연히 상속재산에 미친다. 그러나 위 확정판결의 기판력과 집행력이 한정승인을 한 상속인의 고유재산에도 미치는지 문제된다.

③ 이에 대해 판례는 "한정승인에 의한 책임의 제한은 상속채무의 존재 및 범위의 확정과는 관계가 없고, 다만 판결의 집행대상을 상속재산의 한도로 한정함으로써 판결의 집행력을 제한할 뿐이다. 특히 채권자가 피상속인의 금전채무를 상속한 상속인을 상대로 그 상속채무의 이행을 구하여 제기한 소송에서 채무자가 한정승인 사실을 주장하지 않으면, 책임의 범위는 현실적인 심판대상으로 등장하지 아니하여 주문에서는 물론 이유에서도 판단되지 않는 것이므로 그에 관하여는 기판력이 미치지 않는다"고 하였다.[363]

⑷ 기판력의 시적 범위 - 한정승인사실과 실권효

판례는 "채무자가 한정승인을 하고도 채권자가 제기한 소송의 사실심 변론종결 시까지 그 사실을 주장하지 아니하는 바람에 책임의 범위에 관하여 아무런 유보가 없는 판결이 선고되어 확정되었다고 하더라도, 채무자는 그 후 위 한정승인 사실을 내세워 청구에 관한 이의의 소를 제기하는 것이 허용된다고 봄이 옳다"고 판시하였다.[364]

2. 사안의 경우

---

363) 대판 2006.10.13, 2006다23138
364) 대판 2006.10.13, 2006다23138

✅ 사례(147) | 기판력의 작용

사실관계

甲은 A 명의의 X 대지 위에 Y 건물을 건축하여 점유하고 있다. 甲은 B가 위 X 대지를 시효취득하였으며 자신은 B로부터 이를 매입하였다고 주장하면서, B를 대위하여 A를 상대로 위 대지에 대한 소유권이전등기를 구하는 소를 제기하였다. 그러나 제1심 법원은 B가 위 X 대지를 甲에게 매도한 사실이 없다고 판단하여, 甲의 당사자적격의 흠결을 이유로 甲의 소를 각하하는 판결을 하였다.

문제

※ 아래 각 설문에 대한 결론과 근거를 설명하시오.

(1) 제1심 법원의 소각하판결이 확정된 후, A는 甲을 상대로 하여 건물철거 및 대지인도청구의 소를 제기하였다. 이 소송절차에서 피고 甲은 B를 대위하여 원고 A에게 취득시효완성을 원인으로 한 소유권이전등기절차의 이행을 구할 수 있는 권리가 있다고 주장할 수 있는가? [13점]

(2) 한편 甲은 C에게 경기도 양평에 있는 Y 건물을 5억원에 매도하고 대금을 지급하기 전에 먼저 소유권이전등기를 경료해 주었는데, C가 변제기가 지나도록 매매대금을 지급하지 않고 차일피일 미루자 甲은 C를 상대로 매매대금 5억원의 지급을 구하는 소를 제기하였다. 위 소송에서 법원은 Y 건물의 매매대금은 4억원이라고 판단하여 C는 甲에게 4억원을 지급하라고 판결하였고 그대로 확정되었다. C는 판결의 내용에 따라 甲에게 4억원을 지급하였는데, 그 뒤 甲은 매매대금이 5억원이라는 내용의 매매계약서를 찾게 되어, C가 전소 제소 시부터 매매계약상 5억원의 대금지급의무를 이행하지 않고 있으므로 계약을 해제한다면서 그에 따라 C에게 경료된 소유권이전등기를 말소하라고 청구하는 소를 제기하였다. 이에 대하여 C는 이미 매매대금 4억원을 모두 지급하였으므로 甲의 청구를 기각해야 한다고 주장하였다. 법원은 어떠한 판결을 하여야 하는가? [12점]

(3) 만일 甲이 C를 상대로 Y 건물에 관한 소유권이전등기의 말소등기절차 이행을 구하는 소를 제기하여 승소확정판결을 받았는데, 위 판결의 변론종결 후에 C로부터 Y 건물의 소유권을 이전받은 D가 甲을 상대로 위 건물의 인도 및 차임 상당의 부당이득반환을 구하는 소를 제기하였다. 전소 판결의 기판력은 D에게 미치는가? [7점]

I 설문 (1)에 관하여

1. 결론

주장할 수 없다.

2. 근거

(1) 전소에서의 기판력의 발생 여부

1) 기판력의 의의 및 근거

기판력은 청구에 대한 확정된 종국판결의 판결내용에 부여된 후소에 관한 당사자와 법원을 규율하는 구속력으로서, ① 당사자는 그에 반하여 되풀이하여 다투는 것이 허용되지 아니하며(불가쟁), ② 어느 법원도 다시 재심사하여 그와 모순·저촉되는 판단을 해서는 안 된다(불가반). 이는 법적 안정성·소송경제의 요청과 함께 절차보장을 받은 당사자의 자기책임에서 그 근거를 찾을 수 있다(이원설).

2) 소송판결에 대한 기판력 발생 여부·범위

① 소송요건의 흠을 이유로 부적법 각하하는 소송판결도 본안판결과 같이 모두 반복을 금지하여야 한다는 점에서 기판력을 부정할 이유가 없다.

② 다만 소송판결에는 당해 소송요건의 존부에 관하여 기판력이 생기고 본안에 관하여는 기판력이 생기지 않는데, 어떠한 소송요건에 흠이 있는가는 판결이유를 참작할 것이며, 이에 의하여 정해지는 소송요건의 흠에 대한 판단에만 기판력이 생긴다.

3) 사안의 경우

사안에서 B가 위 대지를 甲에게 매도한 사실이 없다고 판단하여, 甲의 당사자적격의 흠결을 이유로 甲의 소를 각하하였으므로, 전소의 기판력 발생범위는 甲의 피보전채권의 부존재, 즉 '당사자적격의 흠결' 부분이다.

(2) 기판력의 작용 여부

1) 기판력의 주관적 범위

사안에서 전소와 후소의 당사자는 모두 甲과 A이므로 전소의 기판력은 후소의 주관적 범위에서 미친다(제218조 제1항).

2) 기판력의 작용

가) 작용국면

기판력은 전소의 소송물과 후소의 소송물이 동일·선결·모순관계에 있는 후소에 미친다. 뿐만 아니라 전소에서 판단된 부분(법률관계)이 후소의 항변사유가 되는 때에도 같다.

나) 사안의 경우

판례는 사안의 후소인 A의 甲에 대한 건물철거 및 토지인도소송에서 피고 甲은 민법 제213조 단서의 점유할 권리로 "甲이 B를 대위하여 A에게 점유취득시효 완성을 원인으로 한 소유권이전등기청구권이 있다"는 항변을 하고 있다. 이는 결국 甲이 후소에서 다시 채권자대위권을 행사함으로써 피보전채권이 있음을 항변하는 것이고, 전소의 기판력은 후소에서의 항변에도 작용하므로, 결국 甲의 이러한 주장을 허용한다면 甲에게 피보전채권의 존재를 인정하는 것이 되어 전소판결의 판단과 서로 모순관계에 있다고 하지 않을 수 없으므로, 이 사건에서 피고가 이러한 주장을 하는 것은 전소판결의 기판력에 저촉되어 허용될 수 없다고 하였다.[365]

3) 기판력의 시적 범위(차단효)

전소의 기판력이 후소에 작용하는 경우 사실심의 변론종결 전에 당사자가 제출할 수 있었던 공격방어방법은 기판력의 실권효에 의해서 차단되어 후소에서 이를 주장할 수 없다. 따라서 사안의 경우 피고 甲의 B에 대한 피보전채권이 없음이 확정된 이상 이 사건에서 피고 甲이 B에 대하여 피보전채권이 있음을 전제로 다시 위와 같은 주장을 하는 것은 전소의 사실심 변론종결 전에 주장하였던 사유임이 명백하므로 후소에서 이를 주장할 수 없다.

Ⅱ 설문 ⑵에 관하여

1. 결론

법원은 甲의 청구에 대해 기각판결을 하여야 한다.

2. 근거

⑴ 기판력의 주관적 범위

사안에서 전·후소의 당사자는 甲과 C로서 동일하므로 전소의 기판력이 미친다.

⑵ 기판력의 객관적 범위와 작용

1) 기판력의 발생범위

① 확정판결은 주문에 포함된 것에 한하여 기판력을 가진다(제216조 제1항). 이는 주문 판단만이 당사자의 소송목적에 대한 해결이고, 당사자의 의도에 맞기 때문이다. 따라서 판결이유 중에 판단에 대해서는 기판력이 생기지 않는다.

② 사안의 경우에는 전소에서 기판력이 발생한 부분은 '4억원의 매매대금청구권의 존재와 1억원의 매매대금청구권의 부존재'이다.

---

365) 대판 2001.1.16, 2000다41349 사안으로, "전소 판결은 소송판결로서 그 기판력은 소송요건의 존부에 관하여만 미친다고 할 것이나, 그 소송요건에 관련하여 피고의 피보전채권이 없음이 확정된 이상 이 사건에서 피고가 원고에 대하여 피보전채권이 있음을 전제로 다시 위와 같은 주장을 하는 것은 전소의 사실심 변론종결 전에 주장하였던 사유임이 명백할 뿐만 아니라, 피고의 이러한 주장을 허용한다면 피고에게 원고에 대한 피보전채권의 존재를 인정하는 것이 되어 전소판결의 판단과 서로 모순관계에 있다고 하지 않을 수 없으므로 이 사건에서 피고가 이러한 주장을 하는 것은 전소판결의 기판력에 저촉되어 허용될 수 없다"고 하였다.
甲의 항변은 전소에서 법원이 판단한 부분으로 후소 항변에서 (피대위권리를 기준으로 본다면) 선결관계로 작용한다고 볼 수 있으며, (피보전권리 자체만을 놓고 본다면) 모순관계로 작용한다고 해석될 여지도 있다. 어떻게 해석하는지는 점수에 영향을 주지는 않을 것이고, 다만 수험생으로서는 판례의 판결요지 그대로를 현출시키는 것이 바람직하다.

2) 기판력의 작용국면

① 기판력은 후소의 소송물이 전소의 소송물과 동일하거나, 전소의 소송물을 선결문제로 하거나, 전소의 소송물과 모순관계에 있는 경우에 작용한다.

② 전소에서의 매매대금청구와 후소에서의 말소등기청구는 그 청구취지가 다르므로 소송물이 다르다. 다만 후소는 전소에서의 소송물인 5억원의 매매대금청구권을 전제로 1억원의 이행지체를 이유로 하여 계약해제권을 행사하며 말소등기청구를 구하고 있는 것이므로, 전소의 소송물은 후소 소송물의 선결적 법률관계가 된다. 따라서 전소확정판결의 기판력은 후소의 「선결문제로 작용」한다.

(3) 시적 범위

1) 기판력의 표준시와 실권효

① 사실심의 변론종결 시(무변론판결의 경우는 판결선고 시)가 기판력이 발생하는 표준시점이 된다(제218조, 민집법 제44조 제2항). 기판력의 표준시 전에 존재하였으나 주장하지 않은 사실 또는 이미 주장한 사실, 즉 공격방어방법은 기판력에 의해 실권효가 적용되고 따라서 후소에 다시 제출하지 못하는데, 이러한 기판력의 작용을 실권효(차단효)라고 한다. 이는 당사자가 표준시 이전에 존재하였던 사실을 제출하지 못한 데 대하여 知·不知, 고의·과실을 묻지 않고 일률적으로 후소에서 제출이 차단된다고 본다.

② 사안에서 비록 판결이 확정된 뒤에 새로운 증거방법인 매매계약서를 발견했다 하더라도 이는 변론종결 후의 새로운 사실을 주장할 만한 근거가 되지 않는다. 따라서 기판력의 실권효에 의해 차단되므로 계약서의 제출은 아무런 의미가 없으며, 후소 법원의 판단에 고려대상이 되지 못한다. 다만 甲이 전소 변론종결 후에 계약을 해제하고 그에 따른 법률효과를 주장하여 후소를 제기할 수 있는지, 즉 변론종결 후의 계약해제권 행사가 가능한지 여부가 문제이다.

2) 변론종결 후 계약해제권 행사의 가부

판례는 "확정된 법률관계에 있어 확정판결의 변론종결 전에 이미 발생하였던 해제권을 그 당시에 행사하지 않음으로 인하여 해제권자에게 불리하게 확정되었다 할지라도 확정 후 해제권을 뒤늦게 행사함으로써 확정의 효력을 부인할 수는 없다"고 하였다.[366]

(4) 사안의 경우 – 법원의 조치

사안에서 전소의 소송물은 후소에서의 선결적 법률관계이고, C이 甲에게 매매대금 4억원을 지급해야 하며, 나머지 1억원의 청구는 기각한다는 전소 주문에서의 판단이 후소에 기판력을 미치므로, 이를 후소 법원도 인정해야 한다. 아울러 차단효로 인하여 甲이 매매계약서를 증거로 제출하는 것은 의미가 없고 변론종결 후의 해제권을 행사할 수도 없다. 결국 법원은 甲의 후소 청구를 기각해야 한다.

---

366) 대판 1981.7.7, 80다2751

Ⅲ 설문 (3)에 관하여

1. 결론

전소판결의 기판력은 후소에 미치지 않는다.

2. 근거

(1) 기판력의 주관적 범위

기판력은 소송의 대립 당사자 사이에만 생기는 것을 원칙(상대성의 원칙)으로 한다(제218조 제1항). 다만 예외적으로 기판력이 당사자 이외에 제3자에게 미치는 경우가 있는데, 이러한 예외로서 민사소송법 제218조 제1항에서는 "확정판결은 변론종결 뒤의 승계인에 대하여 그 효력이 있다" 고 규정하고 있다.

(2) 기판력이 객관적 범위에서 작용되지 않는 경우 변론종결 후 승계인에 기판력이 미치는지 여부

판례는 "소송물이 동일하거나 선결문제 또는 모순관계에 의하여 기판력이 미치는 객관적 범위에 해당하지 아니하는 경우에는 전소 판결의 변론종결 후에 당사자로부터 계쟁물 등을 승계한 자가 후소를 제기하더라도 후소에 전소 판결의 기판력이 미치지 아니한다."고 하였다. 즉 전소 판결에서 소송물로 주장된 법률관계는 건물 등에 관한 말소등기청구권의 존부이고 건물 등의 소유권의 존부는 전제가 되는 법률관계에 불과하여 전소 판결의 기판력이 미치지 아니하고, 전소인 말소등기청구권에 대한 판단이 건물인도 등 청구의 소의 선결문제가 되거나 건물인도청구권 등의 존부가 전소의 소송물인 말소등기청구권의 존부와 모순관계에 있다고 볼 수 없어 전소의 기판력이 건물인도 등 청구의 소에 미친다고 할 수 없으며, 이는 D가 전소 판결의 변론종결 후에 C로부터 건물을 매수하여 소유권이전등기를 마쳤더라도 마찬가지라고 하였다.[367]

---

367) 대판 2014.10.30, 2013다53939 ; 변론종결 후의 승계인에 해당하는 경우 전소확정판결의 기판력이 미친다고 봄이 타당하다는 것이 원심판결의 태도였다.

✓ 사례(148) │ 기판력의 작용

기본적 사실관계

甲이 2010.5.12. 乙 보험회사와 자동차종합보험계약을 체결한 丙의 자동차 운행으로 인하여 발생한 교통사고로 뇌손상 등의 상해를 입게 되자, 甲은 乙 회사를 상대로 손해배상청구소송을 제기하였다. 위 소송에서 甲에 대한 신체감정을 한 결과, 甲의 기대여명이 2011.6.10.부터 3년으로 평가된 것을 기초로 제1심 법원은 2011.11.24. 甲에게 일실수입, 향후 치료비 및 개호비 등을 산정하여 합계 4억원 및 지연손해금을 지급하라는 판결을 선고하였고, 2011.12.20. 위 판결이 확정되었다. 한편, 乙 회사는 위 판결에 따라 甲에게 4억원 및 지연손해금 전부를 지급하였다(아래의 각 추가적 사실관계는 상호 무관함).

문제

1. [추가적 사실관계]

원고 甲이 2012.9.21. 사망하자, 乙 회사는 甲의 상속인인 甲의 부모를 상대로 "甲이 인정된 기대여명보다 일찍 사망하였기 때문에 당초 확정된 판결에 따라 지급한 손해배상금 중 실제 사망시점 이후의 치료비 및 개호비 등은 법률상 원인 없는 이득에 해당한다."고 주장하면서 위 치료비 및 개호비 상당액을 부당이득으로 반환하라는 청구를 하였다.

이러한 경우 법원이 乙 회사의 부당이득 반환청구에 대하여 어떠한 판결을 선고할 수 있는지에 대한 의견을 밝히고, 그 근거를 설명하시오. 20점

2. [추가적 사실관계]

원고 甲은 위 여명기간을 지나서도 계속 생존하면서 치료비를 받았다. 원고 甲은 2016.3.20. 그로 인하여 추가로 발생한 치료비, 향후 치료비 및 개호비 손해의 배상을 구하는 소를 다시 제기하였다.

한편, 제1심 법원이 다시 원고 甲에 대한 신체감정을 촉탁한 결과, 감정인은 그 감정일인 2016.8.22.부터 10년 후까지 원고 甲의 여명이 연장된 것으로 평가된다는 내용의 감정의견을 제출하였다.

이러한 경우 제1심 법원이 전소에서 인정된 여명기간을 넘어선 기간에 지출한 치료비와 향후 치료비, 개호비 등에 대한 원고의 청구를 인용하는 판결을 선고할 수 있는지 여부에 대해서 의견을 밝히고, 그 근거를 설명하시오. 30점

Ⅰ 설문 1.에 관하여[368]

1. 결론

법원은 乙 회사의 부당이득 반환청구에 대하여 청구기각판결을 하여야 한다.

---

368) 대판 2009.11.12. 2009다56665 사안을 기초로 구성한 문제이다.

2. 근거

(1) 전소 기판력의 발생 여부

확정판결은 주문에 포함한 것에 대하여 기판력이 있고, 변론종결 시를 기준으로 하여 이행기가 장래에 도래하는 청구권이더라도 미리 청구할 필요가 있는 경우에는 장래이행의 소를 제기할 수 있으므로, 이행판결의 주문에서 변론종결 이후 기간까지 급부의무의 이행을 명한 이상 기판력이 발생한다.[369]

(2) 기판력의 주관적 범위

1) 상대성 원칙과 예외

기판력은 소송의 대립 당사자 사이에만 생기는 것을 원칙(상대성의 원칙)으로 한다(제218조 제1항). 다만 예외적으로 기판력이 당사자 이외에 제3자에게 미치는 경우가 있는데, 이러한 예외로써 민사소송법 제218조 제1항에서는 "확정판결은 변론종결 뒤의 승계인에 대하여 그 효력이 있다"고 규정하고 있다.

2) 변론종결 뒤 승계인에 해당하는지 여부

① 변론종결 뒤에 소송물인 권리관계에 대한 지위를 당사자로부터 승계한 제3자는 전주와 상대방 당사자 사이에 내려진 판결의 기판력을 받는다(제218조 제1항). 이 경우 소송계속의 사실이나 전소판결의 존재에 대하여 승계인이 된 제3자의 知·不知는 문제되지 않는다.

② 승계인이란 변론종결한 뒤에 당사자로부터 '소송물인 실체법상의 권리의무' 자체를 승계한 자와 소송물인 권리의무관계 자체를 승계한 것은 아니지만, '계쟁물에 관한 당사자적격'을 승계한 자도 승계인이 된다(적격승계설).

③ 사안에서 甲의 상속인인 甲의 부모는 변론종결 후의 승계인에 해당함에 의문이 없으므로 전소 판결의 기판력은 주관적 범위로서 미친다.

(3) 기판력의 객관적 범위와 작용국면

1) 전소의 기판력 발생범위

기판력은 상계의 경우를 제외하고(제216조 제2항), 판결주문에 포함된 판단에만 생기고(동조 제1항), 판결이유 중에 판단된 사실에 대해서는 기판력이 생기지 않는다. 따라서 사안의 경우 甲에게 전소에서 기대여명까지 산정한 손해배상청구권이 존재한다는 것에 기판력이 발생한다. 그리고 장래이행판결의 경우 이행판결의 주문에서 그 변론종결 후 기간까지 급부이행을 명한 이상 특별한 사정이 없는 한 주문에 포함된 기간까지 기판력이 미친다.

2) 기판력 작용국면

① 기판력은 후소의 소송물이 전소의 소송물과 동일하거나, 동일하지 않다고 하더라도 후소가 전소에서 확정된 법률관계와 정면으로 모순되는 반대관계를 소송물로 하는 경우에는 기판력이 작용한다.

---

369) 대판 2011.10.13, 2009다102452

② 판례는 확정판결이 실체적 권리관계와 다르다 하더라도 그 판결이 재심의 소 등으로 취소되지 않는 한 그 판결의 기판력에 저촉되는 주장을 할 수 없어 그 판결의 집행으로 교부받은 금원을 법률상 원인 없는 이득이라 할 수 없는 것이므로, 불법행위로 인한 인신손해에 대한 손해배상청구소송에서 판결이 확정된 후 피해자가 그 판결에서 손해배상액 산정의 기초로 인정된 기대여명보다 일찍 사망한 경우라도 그 판결이 재심의 소 등으로 취소되지 않는 한 그 판결에 기하여 지급받은 손해배상금 중 일부를 법률상 원인 없는 이득이라 하여 반환을 구하는 것은 그 판결의 기판력에 저촉되어 허용될 수 없다고 하였다.

③ 사안의 경우 乙회사가 제기한 부당이득청구는 전소에서 발생한 손해배상청구권이 원인 없음을 주장하는 것이어서, 전소에서 확정된 손해배상청구권과 손해의 범위를 부인하는 모순관계로 기판력이 작용한다.

(4) 기판력의 시적 범위

① 기판력이 작용하는 경우 사실심 변론종결 전에 당사자가 제출했었던 또는 제출할 수 있었던 공격방어방법은 기판력의 실권효에 의해서 차단되어 후소에서 주장할 수 없다. 다만 전소 변론종결 후에 새로이 발생한 사실의 주장은 후소에서 실권효의 제재를 받지 않는다. 사안의 경우 기대여명 이전의 사망사실이 변론종결 후의 새로이 발생한 사유로서 기판력이 배제될 수 있는지 여부가 문제이다.

② 이에 대해 판례는 인신사고의 경우 손해배상의무 발생의 근거사실인 손해는 사고 당시에 이미 발생하여 그 배상청구권이 존재하게 되고, 다만 법원으로서는 당사자가 변론종결 시까지 제출한 자료에 의해서 장래 현재화할 손해를 예상하고 그 금전적 평가에 기해 배상을 명하는 것뿐이므로, 예상된 사실과 현실화된 사실이 상위함이 변론종결 후에 밝혀지더라도 일반적으로는 이를 변론종결 후에 생긴 사유라고 볼 수 없다고 하였다.[370] 따라서 사안의

---

370) 대판 2009.11.12, 2009다56665의 기초가 되었던 1심 판결을 다음과 같이 제시하므로, 참고하기 바란다. ① 당사자의 법적 안정성을 위해 확정판결에 기판력을 인정한 취지나 확정판결의 효력을 배제하기 위하여는 그 확정판결에 재심사유가 존재하는 경우에 재심의 소에 의하여 그 취소를 구하는 것이 원칙적인 방법인 점에 비추어 볼 때, 확정판결의 기판력의 배제는 이를 쉽사리 인정하여서는 아니 되고, 당사자의 절차적 기본권이 근본적으로 침해된 상태에서 판결이 선고되었거나 확정판결에 재심사유가 존재하는 등 확정판결의 효력을 존중하는 것이 정의에 반함이 명백하여 이를 묵과할 수 없는 경우로 한정되어야 하는 점, ② 인신사고의 경우 손해배상의무 발생의 근거사실인 손해는 사고 당시에 이미 발생하여 그 배상청구권이 존재하게 되고, 다만 법원으로서는 당사자가 변론종결 시까지 제출한 자료에 의해서 장래 현재화할 손해를 예상하고 그 금전적 평가에 기해 배상을 명하는 것뿐이므로, 예상된 사실과 현실화된 사실이 상위함이 변론종결 후에 밝혀지더라도 일반적으로는 이를 변론종결 후에 생긴 사유라고 볼 수 없는 점[토지 소유자가 임료 상당 부당이득의 반환을 구하는 장래이행의 소를 제기하여 승소판결이 확정된 후 임료가 상당하지 아니하게 되는 등 사정이 있는 경우(대판(전) 1993.12.21, 92다46226 사안)는 손해가 변론종결 당시 이미 발생한 것이 아니라 그 후 장래에 계속 발생하는 것이라는 점에서 인신사고로 인한 손해배상청구의 경우와 달리 보아야 할 점이 있다], ③ 기대여명은 통계에 기초한 예상 수치일 뿐 그 기간만큼 살 수 있다는 보증이 있는 것은 아니고, 특히 뇌손상 등으로 인하여 기대여명이 단축되는 경우 합병증의 발생 여부, 치료여건 등 여러 상황에 따라 수명이 예상보다 단축될 수도, 연장될 수도

경우 기대여명 이전에 사망하였다는 주장은 차단되어 후소는 전소확정판결의 기판력에 저촉된다.

있는 것이어서 손해배상청구소송에서 기대여명의 평가에는 그 개념상 불확실성이 존재하고 있는 것인 점, ④ 식물인간 등의 경우와 같이 그 후유장애의 계속기간이나 잔존여명이 단축된 정도 등을 확정하기 곤란하여 일시금 지급 방식에 의한 손해의 배상이 사회정의와 형평의 이념에 비추어 현저하게 불합리한 결과를 초래할 우려가 있다고 인정될 때에는, 손해배상청구권자가 일시금에 의한 지급을 청구하였더라도 법원이 재량에 따라 정기금에 의한 지급을 명하는 판결을 할 수 있는바, 가해자 또는 보험자는 그와 같은 사정을 적극적으로 주장·입증하여 정기금에 의한 지급을 명하는 판결을 받을 수 있는 절차가 애초에 보장되어 있었던 점, ⑤ 현재의 기판력 이론을 관철하면 매우 불합리한 결과를 초래하는 경우라도 기판력 배제를 위한 법리적인 근거에 있어서는 무리가 따르고 난점이 많다는 반성적 고려에서, 2002년 전문 개정된 민사소송법 제252조 제1항은 "정기금의 지급을 명한 판결이 확정된 뒤에 그 액수 산정의 기초가 된 사정이 현저하게 바뀜으로써 당사자 사이의 형평을 크게 침해할 특별한 사정이 생긴 때에는 그 판결의 당사자는 장차 지급할 정기금 액수를 바꾸어 달라는 소를 제기할 수 있다"고 규정하여 정기금의 지급을 명한 판결의 경우에는 그 판결 확정 이후의 사정변경을 반영하여 기존 판결의 기판력을 배제할 수 있는 제도를 마련하였는데, 이러한 예외적 제도는 그 명문의 규정에 따라 제한적으로 적용되어야지 함부로 그 적용 범위를 확장하거나 유추적용할 것은 아닌바, 정기금이 아닌 일시금의 지급을 명한 판결의 경우에는 그와 같은 제도를 인정하지 않고 있고, 더구나 정기금 판결 변경의 소에서도 '장차' 지급할 정기금 액수를 바꾸어 달라는 청구를 할 수 있을 뿐 사정변경이 생긴 이후 이미 지급한 돈의 반환을 구할 수는 없는 것인 점 등에 비추어 보면, 인신사고에 따른 손해배상청구 사건에서 인정된 사실들과 이에 대한 전문가의 견해 등을 바탕으로 피해자의 기대여명을 평가하여 판결 등으로 확정한 이상, 그 이후 피해자가 기대여명보다 일찍 사망하게 되었다고 하여 확정판결 등의 기판력이 배제된다고 볼 수는 없다. 원고는 피해자가 손해배상의 기초가 되었던 기대여명보다 오래 생존한 경우 추가로 발생하는 손해의 배상을 구하는 것을 허용하는 것과의 형평상 원고의 청구가 받아들여져야 한다는 취지로 주장하므로 살피건대, 대법원 2007.4.13. 선고 2006다78640 판결이 "식물인간 피해자의 여명이 종전의 예측에 비하여 수년 연장되어 그에 상응한 향후치료, 보조구 및 개호 등이 추가적으로 필요하게 된 것은 전소의 변론종결 당시에는 예견할 수 없었던 새로운 중한 손해로서 전소의 기판력에 저촉되지 않는다"고 하고 있으나, 이는 전 소송의 변론종결 후에 새로운 적극적 손해가 발생한 경우로 그 소송의 변론종결 당시에는 새로운 손해의 발생을 예견할 수 없었고 또 그 부분 청구를 포기하였다고 볼 수 없는 특별한 사정이 있는 경우에 해당되므로 추가로 발생한 손해의 배상을 구하는 청구는 전 소송의 소송물과는 별개의 소송물이 되기 때문에 기판력이 미치지 않는다고 판단한 것이고, 이러한 점에다가, 피해자가 손해배상의 기초가 되었던 기대여명보다 오래 생존한 경우 기대여명 이후의 손해는 통상의 경우 이전 소송에서 청구되지 않았던 부분인데 반하여, 피해자가 손해배상의 기초가 되었던 기대여명보다 일찍 사망한 경우에는 실제 사망시점부터 기대여명까지의 손해가 이전 소송에서 이미 청구된 부분이라는 점을 보태어 보면, 소송물의 관점에서 양자를 달리 볼 수 있으므로, 이 사건에서와 같이 이전 판결 등에서 확정된 손해배상금 중 일부를 부당이득으로 반환하라는 청구의 경우에 위 대법원판결의 논리가 반드시 동일하게 적용되어야 하는 것은 아니다.

따라서 확정되어 기판력이 발생한 화해 또는 판결에 따라 지급한 손해배상금은 그 기판력이 재심의 소 등으로 취소되지 아니하는 한 법률상 원인 없는 이득이라고 할 수 없으므로, 원고의 이 사건 청구는 부당이득의 액수 등에 관하여 나아가 살펴볼 필요 없이 이유 없다.

(5) 법원의 조치

판례는 전·후소의 소송물이 동일한 경우, ① 전소에서 승소판결을 받은 경우에 원고가 같은 신소를 제기하는 것은 이미 권리보호를 받았음에도 불구하고 이를 다시 구하는 것으로 권리보호이익에 흠이 있는 것이며 이 때문에 소각하판결을 하여야 하나, ② 패소판결을 받은 때에 원고가 신소를 제기하면 전의 판결내용과 모순되는 판단을 하여서는 아니 되는 구속력 때문에 청구기각판결을 하여야 한다는 입장이다.

(6) 사안의 경우

사안의 경우 乙은 전소에서 패소확정판결을 받았고, 다시 모순관계에 있는 후소를 제기하였으므로 법원은 청구기각판결을 선고하여야 한다.[371]

Ⅱ 설문 2.에 관하여[372]

1. 결론

법원은 甲의 청구에 대해 인용판결을 할 수 있다.

2. 근거

(1) 甲의 손해배상청구의 소의 적법성 여부

1) 기판력 저촉 여부

가) 기판력의 주관적 범위

전소와 후소의 당사자는 甲과 乙회사로서 동일하므로 전소판결의 기판력은 주관적 범위에서 미친다.

나) 기판력의 객관적 범위와 작용국면

① 판례는 불법행위로 인한 적극적 손해의 배상을 명한 전소송의 변론종결 후에 새로운 적극적 손해가 발생한 경우에 그 소송의 변론종결 당시 그 손해의 발생을 예견할 수 없었고 또 그 부분 청구를 포기하였다고 볼 수 없는 등 특별한 사정이 있다면 전소송에서 그 부분에 관한 청구가 유보되어 있지 않다고 하더라도 이는 전소송의 소송물과는 별개의 소송물이므로 전소송의 기판력에 저촉되는 것이 아니라고 하였다.

② 사안에서 甲이 사망할 것으로 예측된 전소의 감정결과와는 달리 甲의 여명이 종전의 예측에 비하여 더 연장되어 그에 상응한 향후치료비 및 개호비 등이 추가적으로 필요하게 된 중대한 손해가 새로이 발생하리라고는 전소의 소송과정에서 예상할 수 없었

---

371) 참고로 학설에 따르면 소각하를 해야 할 사안인데, 이런 경우라면 더 나아가 부당이득이 성립되기 위한 법률상 원인 없이 이득을 한 경우에 해당하는지, 만약 해당하지 않는다면 청구기각되어야 할 사안이므로, 소송요건심리의 선순위성까지 문제가 된다. 그러나 판례에 따르면 법률상 원인 없다고 하더라도 청구기각임에 문제가 없으므로 특별히 문제 삼지 않아도 되겠다.

372) 대판 2007.4.13, 2006다78640 사안을 기초로 구성한 문제이다.

다 할 것이고, 따라서 甲의 연장된 여명에 따른 손해는 전소의 변론종결 당시에는 예견할 수 없었던 새로운 중한 손해라고 할 것이므로 甲의 후소는 전소와는 별개의 소송물로서 전소의 기판력에 저촉되지 않는다고 하여야 한다.

다) 기판력의 시적 범위

전소와 후소의 소송물이 별개인 경우로서 기판력의 객관적 범위에서 작용되지 않고, 기대여명이 연장되어 발생한 손해는 전소에서 예상할 수 없었던 새로운 손해로서 전소 사실심 변론종결 이후에 발생한 사유에 해당한다. 따라서 甲의 주장은 차단되지 않는다.

2) 청구병합의 형태 및 장래이행의 소의 적법성 여부

① 청구 중 사실심 변론종결 시까지 발생한 손해배상청구는 현재이행의 소에 해당하나, 변론종결 이후 기대여명까지의 손해배상청구는 장래이행의 소에 해당한다. 따라서 현재이행의 소와 장래이행의 소가 병합된 것이다. 이때 장래이행의 청구부분의 적법 여부가 문제된다.

② 장래에 발생할 청구권 또는 조건부 청구권에 관한 장래이행의 소가 적법하려면 그 청구권 발생의 기초가 되는 법률상·사실상 관계가 변론종결 당시 존재하고 그러한 상태가 계속될 것이 예상되어야 하며, 또한 미리 청구할 필요가 있어야만 허용된다(제251조).

③ 사안의 경우 향후 기대여명까지의 치료를 요하는 상태가 인정되고, 그러한 상태가 계속될 것이 甲의 여명이 인정되는 시점까지 계속될 것이 확실히 예상되며, 현재까지의 치료비에 대한 이행이 없었다는 점에서 미리 청구할 필요도 인정되므로 원고 甲의 장래이행청구는 적법하다.

(2) 본안심사 − 감정결과의 채택 여부

1) 당사자의 원용 여부

감정인의 의견 진술이 있으면 법원은 감정 결과를 법정에 현출시켜 당사자에게 변론의 기회를 주어야 한다. 다만 판례는 감정의 결과는 법정에 현출된 이상 당사자의 원용이 없어도 증거자료로 삼을 수 있다고 한다.[373]

2) 법관의 자유심증 인정 여부

① 민사소송절차에서 감정인의 감정결과는 증거방법의 하나에 불과하고, 법관은 당해 사건에서 모든 증거를 종합하여 자유로운 심증에 의하여 특정의 감정결과와 다르게 판단할 수 있다.[374]

② 그러나 감정인의 결과는 감정방법이 경험칙에 반하거나 합리성이 없는 등 현저한 잘못이 없는 한 존중하여야 하고, 신체감정촉탁에 의한 여명감정 결과는 의학적 판단에 속하는 것으로서 특별한 사정이 없는 한 그에 관한 감정인의 판단은 존중되어야 한다.[375]

---

373) 대판 1976.6.22, 75다2227

374) 대판 2002.6.28, 2001다27777 참고

375) 대판 2010.11.25, 2007다74560 참고 ; 대판 2002.11.26, 2001다72678

(3) 사안의 경우

원고 甲의 기대여명에 따른 손해배상 이후의 여명연장으로 인한 손해배상청구는 전소와 소송물을 달리하여 기판력에 저촉되지 않고, 장래이행의 소 부분도 적법하므로 법원은 본안판단을 하여야 한다. 이 경우 법원은 특별한 사정이 없는 한 그에 관한 감정인의 판단을 존중하여 전소에서 인정한 여명기간을 넘어선 기간에 지출한 치료비와 향후 치료비 및 개호비 손해의 배상청구에 대해 인용판결을 선고할 수 있다.[376]

---

[376] 참고로 사안의 경우 기본적 사실관계에서 법원이 정기금판결을 하였다는 점이 제시되지 않고 있으므로 제252조의 변경의 소에 관한 논의는 문제되지 않습니다. 마지막까지 양보하여 사안의 해결 부분에서 변경의 소를 제기하는 방안을 언급하는 것도 고려해 볼 수는 있겠으나, 설문 사안에서 甲은 정기금변경의 소를 제기하고 있지 않다는 점, 정기금이 아닌 일시금의 지급을 명한 판결의 경우에는 그와 같은 제도를 인정하지 않는다는 점, 또한 실무는 이 경우 기판력이 미치는 경우로서 동일 소송물일 것을 요구하므로 사안과 같은 별개 소송물의 경우에는 별소를 제기할 수 있을 뿐이라는 점에서 인정될 수는 없다고 간략히 의견을 밝히는 것으로 족하다고 봅니다.

사례(149) | 기판력의 주관적 범위 - 변론종결 후 승계인

사실관계

乙이 甲으로부터 3억원을 차용하였음에도 차일피일 미루자, 甲은 乙을 상대로 대여금반환을 구하는 소를 제기하였다.

문제

甲은 乙을 상대로 대여금반환을 구하는 소를 제기하였고, 위 소송 결과 甲의 승소판결이 확정되었다. 그 후 丁은 乙로부터 위 3억원의 반환채무를 면책적으로 인수하였고, 甲은 丁을 상대로 위 3억원의 지급을 구하는 소를 제기하였다. 법원은 어떠한 판결을 하여야 하는가? [18점]

1. 결론

소각하판결을 선고하여야 한다.

2. 근거

(1) 기판력의 의의 및 근거

기판력은 청구에 대한 확정된 종국판결의 판결내용에 부여된 후소에 관한 당사자와 법원을 규율하는 구속력으로서, 법적 안정성·소송경제의 요청과 함께 절차보장을 받은 당사자의 자기책임에서 그 근거를 찾을 수 있다(이원설).

(2) 기판력의 주관적 범위

1) 상대성 원칙과 예외

① 기판력은 소송의 대립 당사자 사이에만 생기는 것을 원칙(상대성의 원칙)으로 한다(제218조 제1항). 다만 예외적으로 기판력이 당사자 이외에 제3자에게 미치는 경우가 있는데, 이러한 예외로서 민사소송법 제218조 제1항에서는 "확정판결은 변론종결 뒤의 승계인에 대하여 그 효력이 있다"고 규정하고 있다.

② 따라서 사안의 경우 丁이 변론종결 뒤의 승계인에 해당되어 판결의 효력이 미치는지 여부가 문제된다. 만약 미친다면 丁을 상대로 한 후소는 소의 이익이 없어 부적법하기 때문이다. 그 외에 기판력의 객관적·시적 범위는 사안의 경우 문제될 바가 없다.

2) 변론종결 뒤 승계인 해당 여부

가) 의의·취지 및 근거

① 변론종결 뒤에 소송물인 권리관계에 대한 지위를 당사자로부터 승계한 제3자는 전주와 상대방 당사자 사이에 내려진 판결의 기판력을 받는다(제218조 제1항). 이 규정은 패소 당사자가 그 소송물인 권리관계를 제3자에게 처분함으로써 기판력 있는 판결을 무력화시키고, 승소당사자의 지위를 붕괴시키는 것을 방지하기 위함이다. 따라서 소송계속의 사실이나 전소판결의 존재에 대하여 승계인이 된 제3자의 知·不知는 문제되지 않는다.

② 소송물인 권리의무 자체뿐만 아니라 소송물을 다툴 수 있는 지위인 당사자적격(분쟁주체로서의 지위)의 승계로 보아, 기판력이 확장된다고 본다.

나) 승계인의 범위

① 승계인이란 ⅰ) 변론종결한 뒤에 당사자로부터 '소송물인 실체법상의 권리의무' 자체를 승계한 자와 ⅱ) 소송물인 권리의무관계 자체를 승계한 것은 아니지만, '계쟁물에 관한 당사자적격'을 승계한 자도 승계인이 된다(적격승계설).

② 판례는 "전소 변론종결 또는 판결선고 후에 채무자의 채무를 소멸시켜 당사자인 채무자의 지위를 승계하는 이른바 면책적 채무인수를 한 자는 변론종결 후의 승계인에 해당한다."고 하였다.[377]

(3) 법원의 조치

판례는 "① 확정된 승소판결에는 기판력이 있으므로, 승소 확정판결을 받은 당사자가 전소의 상대방을 상대로 다시 승소 확정판결의 전소와 동일한 청구의 소를 제기하는 경우 후소는 권리보호의 이익이 없어 부적법하다고 할 것이고, ② 변론종결 후의 승계인에 해당하여 승소 확정판결의 기판력이 피고에게도 미치는 경우, 원고는 위 확정판결에 따라 부여받은 승계집행문으로 집행을 하면 되는 것이지 피고를 상대로 다시 이 사건 소송을 구할 소의 이익이 없으므로, 결국 이 사건 소는 부적법하여 각하하였어야 할 것이다."라고 하였다.[378]

(4) 사안의 경우

---

377) 대판 2016.9.28, 2016다13482
378) 대판 2016.9.28, 2016다13482

PART · 01

사례(150) | 기판력의 주관적 범위 - 변론종결 후 승계인

사실관계

甲은 2007.4.1. 乙로부터 乙 소유의 X토지를 10억원에 매수하기로 매매계약을 체결하고, 계약금 1억원은 계약 당일에, 중도금 5억원은 2007.10.1.에 각 지급하였으며, 잔금 4억원은 2007.11.1. 이 사건 X토지에 관한 소유권이전등기를 경료받음과 동시에 지급하기로 약정하였다.

甲이 그 매매대금을 모두 지급하였음에도 불구하고, 乙은 소유권이전등기를 이행해 주지 않고 있자, 甲은 2008.12.5. 乙을 상대로 매매계약을 원인으로 한 소유권이전등기청구소송을 제기하였고, 甲은 전부 승소판결을 선고받았다.

문제

乙이 항소하지 않아 위 판결이 확정되었는데, 乙이 변론종결 후인 2009.9.22. 그의 친구인 丁과 짜고 이 사건 X토지에 관하여 매매계약이 체결된 것처럼 가장하여 다음날인 9.23. 丁 앞으로 이 사건 X토지에 관한 소유권이전등기를 마쳤다면, 甲의 乙을 상대로 한 이전등기소송의 판결의 기판력은 丁에게 미치는가? 15점

1. 결론

기판력이 미치지 아니한다.

2. 논거

(I) 기판력의 주관적 범위

1) 상대성 원칙과 예외

기판력은 소송의 대립 당사자 사이에만 생기는 것을 원칙(상대성의 원칙)으로 한다(제218조 제1항). 다만 일정한 자에게 기판력의 확장이 인정되는데, 민사소송법 제218조 제1항에서는 "확정판결은 변론종결 뒤의 승계인에 대하여 그 효력이 있다"고 규정하고 있다. 따라서 사안의 경우 丁이 변론종결 뒤의 제3자에 해당되어 판결의 효력이 미치는지 여부가 문제된다.

2) 변론종결 후 승계인에 해당하는지 여부

가) 의의와 취지 및 근거

변론종결 뒤에 소송물인 권리관계에 대한 지위를 당사자로부터 승계한 제3자는 전주와 상대방 당사자 사이에 내려진 판결의 기판력을 받는다(제218조 제1항). 이 규정은 패소 당사자가 그 소송물인 권리관계를 제3자에게 처분함으로써 기판력 있는 판결을 무력화시키고, 승소당사자의 지위를 붕괴시키는 것을 방지하기 위함이다. 따라서 소송계속의 사실이나 전소판결의 존재에 대하여 승계인이 된 제3자의 知·不知는 문제되지 않는다. 승계

의 개념을 소송물인 권리의무 자체뿐만 아니라 소송물을 다툴 수 있는 지위인 당사자적
격(분쟁주체로서의 지위)의 승계로 보아, 피승계인의 당사자적격이 승계인에게로 이전되었
기 때문에 기판력이 확장된다고 본다.

나) 승계인의 범위

승계인이란 ① 소송물 자체의 승계인뿐만 아니라, ② 소송물인 권리관계자체를 승계한
것은 아니나 계쟁물에 관한 당사자적격(분쟁주체인 지위)을 승계한 자도 승계인에 해당한
다. 다만 당사자적격은 소송법적으로 추상화된 개념이므로 승계인의 범위(기판력의 범위)가
지나치게 확대될 가능성이 있다. 따라서 그 범위의 합리적 조절이 문제되는데, 판례는 소
송물인 청구권의 성질을 승계인의 범위 문제에 반영하여 이를 해결하고 있으며, 결국 판
례에 따르면 소송물이론에 따른 승계인의 범위가 문제된다.

다) 소송물이론과 승계인의 범위

판례의 구소송물이론에 따르면, ① 소송물인 원고의 청구가 대세적 효력을 갖는 물권적
청구권일 때에는 제218조 제1항의 승계인으로 되지만, ② 대인적 효력밖에 없는 채권적
청구권일 때에는 승계인이 아니라고 한다. 즉, 판례는 "전소의 소송물이 채권적 청구권인
소유권이전등기청구권인 경우에는 전소의 변론종결 후에 그 목적물에 관한 소유권이전등
기를 넘겨받은 사람은 변론종결 후의 승계인에 해당하지 아니한다."고 보나,[379] 소유권
에 기한 소유권이전등기의 말소등기를 명하는 판결이 확정된 후에 피고로부터 소유권이
전등기를 마친 자는 변론종결 후의 승계인에 해당한다고 본다.[380]

(2) 사안의 경우

이 사건 이전등기소송은 그 소송물이 채권적 청구권이어서 변론종결 후에 목적물을 양수한 丁
은 변론종결 뒤의 승계인에 해당하지 않는다. 따라서 이 사건 이전등기소송 판결의 기판력은
丁에게 미치지 아니한다.

---

379) 대판 1993.2.12, 92다25151

380) 대판 1972.7.25, 72다935

✅ 사례(151) | 기판력의 주관적 범위 – 변론종결 후 승계인

사실관계

甲은 乙을 상대로 X부동산에 관하여 매매를 원인으로 한 소유권이전등기청구의 소를 제기하였는데, 법원은 2013.6.28. 위 사건에 관한 변론을 종결한 후 2013.7.26. 원고의 청구를 전부 인용하는 판결을 선고하였고, 이 판결은 그대로 확정되었다. 그런데 乙은 2013.6.15. 丙과 사이에 X부동산에 관한 증여계약을 체결한 후 2013.8.26. 丙에게 X부동산에 관하여 위 증여를 원인으로 한 소유권이전등기를 경료하여 주었다.

문제

위 경우 위 확정판결의 효력은 丙에게 미치는가? 20점

Ⅰ 결론

甲과 乙 사이의 확정판결의 효력은 丙에게 미치지 않는다.

Ⅱ 근거

1. 기판력의 의의와 근거

2. 기판력의 주관적 범위 – 상대성 원칙과 예외

기판력은 소송의 대립 당사자 사이에만 생기는 것을 원칙(상대성의 원칙)으로 한다(제218조 제1항). 다만 일정한 자에게 기판력의 확장이 인정되는데, 민사소송법 제218조 제1항에서는 "확정판결은 변론종결 뒤의 승계인에 대하여 그 효력이 있다"고 규정하고 있다. 따라서 사안의 경우 丙이 변론종결 뒤의 승계인에 해당되어 판결의 효력이 미치는지 여부가 문제된다.

3. 변론종결 뒤 승계인에 해당하는지 여부

(1) 의의 · 취지 및 근거

(2) 변론종결 뒤의 승계인

  1) 승계인의 범위

2) 소송물이론과 승계인의 범위

판례는 구소송물이론의 견지에서, ① 소송물인 원고의 청구가 대세적 효력을 갖는 물권적 청구권일 때에는 제218조 제1항의 승계인으로 되지만, ② 대인적 효력밖에 없는 채권적 청구권일 때에는 승계인이 아니라고 한다. 따라서 "전소의 소송물이 채권적 청구권인 소유권이전등기청구권인 경우에는 전소의 변론종결 후에 그 목적물에 관한 소유권이전등기를 넘겨받은 사람은 변론종결 후의 승계인에 해당하지 않는다."고 하였다.[381]

3) 승계의 시기

승계의 시기는 변론종결 후(무변론판결의 경우는 판결선고 후)일 것을 요하며, 매매 등 원인행위가 변론종결 이전에 이루어졌더라도 등기를 뒤에 갖추었으면 등기를 기준으로 변론종결 후의 승계인에 해당한다는 것이 판례이다.

4. 사안의 경우

사안의 경우 甲의 乙에 대한 청구권은 매매계약을 원인으로 한 소유권이전등기청구권(민법 제568조)이므로 채권적 청구권에 기한 경우로서, 丙은 변론종결 뒤의 승계인에 해당하지 않는다. 따라서 甲과 乙 사이의 확정판결의 효력은 丙에게 미치지 않는다.

---

381) 대판 1993.2.12, 92다25151

사례(152) | 기판력의 주관적 범위 - 변론종결 후 승계인

사실관계

乙은 2012.1.28. 丙으로부터 돈을 빌리면서 이를 담보하기 위하여 자신 소유의 Y건물에 대하여 소유권이전등기청구권 보전을 위한 가등기를 丙 앞으로 경료해 주었다. 그런데 甲은 2015.5.1. 'Y건물은 자신의 토지 위에 무단으로 건축된 것이다'라고 주장하면서, 乙을 상대로 토지소유권에 기한 방해배제청구로서 그 지상물인 Y건물의 철거 및 토지인도청구 소송을 제기하였다.

문제

법원은 위 소송에서 甲의 청구를 인용하는 판결을 선고하였고, 이 판결은 2016.1.6. 그대로 확정되었는데, 乙은 그 후인 2016.1.25. Y건물에 관하여 위 가등기에 기한 본등기(소유권이전등기)를 丙 앞으로 경료해 주었다. 甲은 乙에 대한 위 확정판결을 가지고 Y건물을 철거할 수 있는가? 10점

1. 결론

甲은 승계집행문을 부여받아 丙 소유의 Y건물을 철거할 수 있다.

2. 근거

(1) 문제점

甲의 乙을 상대로 한 Y건물에 대한 철거 및 토지인도청구소송에서 甲은 승소확정판결을 받았는바, 견소에서 기판력이 발생하였는데, 이러한 기판력이 Y건물에 대한 가등기에 기한 본등기를 경료한 丙에게도 미치는지 여부가 문제이다.

(2) 기판력의 작용 여부 - 주관적 범위에 해당하는지 여부

① 기판력은 소송의 대립 당사자 사이에만 생기는 것을 원칙(상대성의 원칙)으로 한다(제218조 제1항). 다만 예외적으로 기판력이 당사자 이외에 제3자에게 미치는 경우가 있는데, 이러한 예외로서 민사소송법 제218조 제1항에서는 "확정판결은 변론종결 뒤의 승계인에 대하여 그 효력이 있다"고 규정하고 있다.

② 따라서 사안의 경우 丙이 변론종결 뒤의 승계인에 해당되어 판결의 효력이 미치는지 여부가 문제된다.

(3) 변론종결 뒤 승계인에 해당하는지 여부

1) 승계인의 범위

① 승계인이란 ⅰ) 변론종결한 뒤에 당사자로부터 '소송물인 실체법상의 권리의무' 자체를 승계한 자와 ⅱ) 소송물인 권리의무관계 자체를 승계한 것은 아니지만, '계쟁물에 관한 당사자적격'을 승계한 자도 승계인이 된다(적격승계설).

② 다만 당사자적격은 소송법적으로 추상화된 개념이므로 승계인의 범위(기판력의 범위)가 지나치게 확대될 가능성이 있다. 따라서 그 범위의 합리적 조절이 필요한데, 판례는 구소송물이론의 견지에서, ⅰ) 소송물인 원고의 청구가 대세적 효력을 갖는 물권적 청구권일 때에는 제218조 제1항의 승계인으로 되지만, ⅱ) 대인적 효력밖에 없는 채권적 청구권일 때에는 승계인이 아니라고 한다.

2) 승계의 시기

승계의 시기는 변론종결 후일 것을 요하는데, 판례에 따르면 ① 매매 등 원인행위가 변론종결 이전에 이루어졌더라도 등기를 뒤에 갖추었으면 등기를 기준으로 변론종결 후의 승계인에 해당하고, ② 가등기는 변론종결 전에, 이에 기한 본등기는 변론종결 후에 마친 때에도 변론종결 후의 승계인에 해당한다.[382]

(4) 사안의 경우

사안의 경우 甲의 乙을 상대로 한 Y건물의 철거청구는 토지소유권에 기한 물권적 청구로서, 丙의 Y건물에 대한 가등기는 2012.1.28.인 변론종결 전에 이루어졌으나, 본등기는 2016.1.25.인 甲의 乙을 상대로 한 Y건물의 철거청구에 대한 판결확정 후에 이루어진 경우로서 丙은 변론종결 후의 승계인에 해당한다. 따라서 甲은 乙에 대한 확정판결에 기하여 승계집행문을 부여 받아 丙 소유의 Y건물을 철거할 수 있다.

---

382) 대판 1992.10.27, 92다10883

☑ 사례(153) | 기판력의 주관적 범위 – 변론종결 후 승계인

사실관계

甲은 자기의 노트북 컴퓨터를 乙에게 팔면서 매매대금은 3개월 후에 받기로 하였다. 그러나 乙이 3개월이 지나도 매매대금을 지급하지 않자 매매계약을 해제하고 노트북 컴퓨터의 반환을 구하는 소를 제기하였다. 그런데 乙은 위 소송의 사실심 변론종결 뒤에 위 노트북 컴퓨터를 이와 같은 사정을 전혀 모르는 丙에게 팔아 현재 노트북 컴퓨터는 丙이 사용하고 있다. 그 후 甲의 乙에 대한 소송은 甲 승소판결로 확정되었다.

문제

이 경우 甲의 乙에 대한 소송의 확정판결의 기판력이 丙에게 미치는지 여부에 대한 결론을 논거와 함께 서술하시오. [18점]

Ⅰ 결론

丙에게 미치지 않는다.

Ⅱ 논거

1. 기판력의 주관적 범위

(1) 상대성 원칙과 예외

기판력은 소송의 대립 당사자 사이에만 생기는 것을 원칙(상대성의 원칙)으로 한다(제218조 제1항). 다만 예외적으로 기판력이 당사자 이외에 제3자에게 미치는 경우가 있는데, 이러한 예외로써 민사소송법 제218조 제1항에서는 "확정판결은 변론종결 뒤의 승계인에 대하여 그 효력이 있다" 고 규정하고 있다. 따라서 사안의 경우 丙이 변론종결 뒤의 제3자에 해당되어 판결의 효력이 미치는지 여부가 문제된다.

(2) 변론종결 뒤 승계인에 해당하는지 여부

1) 변론종결 뒤 승계인의 의의 및 취지 · 근거

2) 변론종결 뒤 승계인의 범위

① 승계인이란 ⅰ) 변론종결한 뒤에 당사자로부터 '소송물인 실체법상의 권리의무' 자체를 승계한 자와 ⅱ) 소송물인 권리의무관계 자체를 승계한 것은 아니지만, '계쟁물에 관한 당사자적격'을 승계한 자도 승계인이 된다(적격승계설).

② 다만 당사자적격은 소송법적으로 추상화된 개념이므로 승계인의 범위(기판력의 범위)가 지나치게 확대될 가능성이 있다. 따라서 그 범위의 합리적 조절이 필요한데, 판례는 소송물

인 청구권의 성질을 승계인의 범위 문제에 반영하여 이를 해결하고 있으며, 결국 판례에 따르면 소송물이론에 따른 승계인의 범위가 문제된다.

3) 소송물이론과 승계인의 범위

판례의 구소송물이론에 따르면, ① 소송물인 원고의 청구가 대세적 효력을 갖는 물권적 청구권일 때에는 제218조 제1항의 승계인으로 되지만, ② 대인적 효력밖에 없는 채권적 청구권일 때에는 승계인이 아니라고 한다.[383]

4) 사안의 경우

사안의 경우 甲의 乙에 대한 청구권은 매매계약의 해제를 원인으로 한 원상회복청구권(민법 제548조 제1항)이므로 물권적 청구권에 기한 것이다. 따라서 판례(구소송물이론)에 의하면 丙은 민사소송법 제218조 제1항의 승계인에 해당하게 된다. 다만 기판력이 丙에게 미치는 경우 丙이 甲에게 대항할 수 있는 실체법상 고유의 방어방법을 갖고 있을 때에도 그 기판력이 미치는지 여부가 문제된다.

(3) 승계인에게 고유한 방어방법이 있는 경우 기판력의 작용

1) 문제점

사안의 丙은 甲・乙 간의 매매계약이 해제되었음을 모르고 노트북을 매수한 자이므로, 민법 제548조 제1항 단서의 제3자(특히 매매계약 해제 후의 선의의 제3자)로서 보호받을 수 있다. 이와 같이 패소한 피고 乙의 승계인 丙이 승소한 원고 甲에게 실체법상 대항할 법적 지위를 갖고 있는 경우에도 기판력이 丙에게 미치는지 여부에 대해 논의가 있다.

2) 판례의 태도

판례는 원고가 명의신탁해지를 원인으로 이전등기를 청구하여 수탁자에게 승소판결을 받았으나 수탁자가 처분한 사례에서, "소유권이전등기를 명하는 확정판결의 변론종결한 뒤에 그 청구목적물을 매수하여 등기를 한 제3자는 변론종결한 뒤의 승계인에 해당되지 아니한다"고 하였다.[384]

2. 사안의 경우

丙은 '변론종결한 뒤'에 乙로부터 '계쟁물에 관한 당사자적격을 이전' 받았으나, 甲에게 실체법상 대항할 법적 지위를 갖고 있어 변론종결한 뒤의 승계인이 아니다. 따라서 이에 따르면 甲의 乙에 대한 확정판결의 기판력이 丙에게 미치지 않으므로, 원고 甲이 집행문 부여의 소를 제기하여야 한다(민사집행법 제33조).

---

383) 대판 1993.2.12, 92다25151

384) 이러한 판례의 태도에 대해서는 일반적으로 실질설에 입각하고 있다고 평가하고 있는데, 동 판례사안에서는 소송물이 채권적 청구권이므로 구이론에 따르는 판례에 의하면 승계인에 해당하지 않는다고 볼 수밖에 없고, 따라서 판례가 실질설에 입각하고 있다고 단정할 수 없다고 보는 견해도 유력하다. 결국 판례의 입장을 소개할 때에는 단언하지 말고 판시사항 그대로를 기술하거나 일반적 평석 입장이 어떠한지를 보여주는 것이 보다 위험부담을 줄이는 적절한 방법이라고 하겠다.

사례(154)| 변론종결 후 승계인 - 주택임차인 사례

사실관계

○ 甲시공사(이하 '甲'이라 한다)는 B조합이 재건축사업으로 신축하는 아파트를 시공하면서 조합원분양분을 제외한 신축아파트부분(이하 'X건물'이라 한다)을 공사대금에 갈음하여 분양받기로 하였다. 그런데 甲은 직접 분양계약을 체결하기가 어려워 甲의 대표이사의 인척인 乙 명의로 신축아파트를 분양받아 2002.1. 乙 명의로 소유권이전등기를 마쳤고, 이후 甲은 이 사건 아파트를 관리하는 등 실질적 권리를 행사하고 있었다. 그 후 A는 2011.1.에 乙로부터 X건물을 임차하였고 그 무렵 주택임대차보호법에 따른 대항요건을 취득하였는데, 甲은 2015년경 B조합 및 乙을 상대로 소를 제기하고, '甲과 B조합은 대물변제 약정을 체결하였으며, 乙과 분양계약을 체결한 B조합은 甲과 乙 사이의 계약명의신탁 약정의 체결사실을 알고 있었으므로 乙 명의의 소유권이전등기는 무효이다.'라는 주장이 받아들여져 乙에 대한 소유권이전등기의 말소등기와 B조합에 대한 소유권이전등기의 이행을 명하는 판결이 확정되었다. 그 후 甲은 2018.11.경 위 확정판결에 기하여 乙 명의의 소유권이전등기를 말소하고, 대물변제 약정을 원인으로 甲 명의의 소유권이전등기를 마쳤다.

○ 한편 A는 2017.6.경 이미 乙을 상대로 임차보증금반환청구의 소를 제기하여 승소확정판결을 받았으나, 乙로부터 보증금의 반환을 받지 못하고 있었으며, 甲은 자신이 乙로부터 직접 소유권을 이전받은 것은 아니므로 A에게 보증금을 반환해 줄 의무는 없다고 다툼이 있는 상태에서, A는 甲을 상대로 임차보증금반환청구의 소를 제기하였다.

문제

법원은 위 임차보증금반환청구의 소에 관하여 상당한 정도의 공격방어와 법원의 심리가 이루어졌음에도 권리보호의 이익이 없다는 이유로 소각하 판결을 선고하였다. 이러한 판결은 위법한가? 20점

I 결론

위법하다.

II 근거

1. 기판력의 주관적 범위 - 상대성 원칙과 예외

기판력은 소송의 대립 당사자 사이에만 생기는 것을 원칙(상대성의 원칙)으로 한다(제218조 제1항). 다만 예외적으로 기판력이 당사자 이외에 제3자에게 미치는 경우가 있는데, 이러한 예외로서 민사소송법 제218조 제1항에서는 "확정판결은 변론종결 뒤의 승계인에 대하여 그 효력이 있다"고 규정하고 있다. 따라서 사안의 경우 甲이 변론종결 뒤의 제3자에 해당되어 판결의 효력이 미치는지 여부가 문제된다.

2. 변론종결 후 승계인 해당 여부

(1) 의의·취지 및 근거

① 변론종결 뒤에 소송물인 권리관계에 대한 지위를 당사자로부터 승계한 제3자는 전주와 상대방 당사자 사이에 내려진 판결의 기판력을 받는다(제218조 제1항). 이 규정은 패소 당사자가 그 소송물인 권리관계를 제3자에게 처분함으로써 기판력 있는 판결을 무력화시키고, 승소당사자의 지위를 붕괴시키는 것을 방지하기 위함이다. 따라서 소송계속의 사실이나 전소 판결의 존재에 대하여 승계인이 된 제3자의 知·不知는 문제되지 않는다.

② 승계의 개념을 소송물인 권리의무 자체뿐만 아니라 소송물을 다툴 수 있는 지위인 당사자적격(분쟁주체로서의 지위)의 승계로 보아, 피승계인의 당사자적격이 승계인에게로 이전되었기 때문에 기판력이 확장된다고 보는 적격승계설이 타당하다.

(2) 변론종결 뒤 승계인의 범위

① 승계인이란 ① 변론종결한 뒤에 당사자로부터 '소송물인 실체법상의 권리의무' 자체를 승계한 자와 ② 소송물인 권리의무관계 자체를 승계한 것은 아니지만, '계쟁물에 관한 당사자적격'을 승계한 자도 승계인이 된다(적격승계설). 다만 당사자적격은 소송법적으로 추상화된 개념이므로 승계인의 범위(기판력의 범위)가 지나치게 확대될 가능성이 있다. 따라서 그 범위의 합리적 조절이 필요한데, 판례는 소송물인 청구권의 성질을 승계인의 범위 문제에 반영하여 이를 해결하고 있으며, 결국 판례에 따르면 소송물이론에 따른 승계인의 범위가 문제된다.

② 사안의 경우에는 乙의 A에 대한 보증금반환채무 자체를 甲이 승계한 경우로 전소확정판결의 기판력이 미치는 승계인에 해당하는지 여부가 문제이다.

(3) 소송물 자체의 승계인 해당 여부

1) 주택임대차보호법 상의 법정승계 인정 여부

판례는 "매도인이 악의인 계약명의신탁에서 명의수탁자로부터 명의신탁의 목적물인 주택을 임차하여 주택 인도와 주민등록을 마침으로써 주택임대차보호법 제3조 제1항에 의한 대항요건을 갖춘 임차인은 '부동산 실권리자명의 등기에 관한 법률' 제4조 제3항의 규정에 따라 명의신탁약정 및 그에 따른 물권변동의 무효를 대항할 수 없는 제3자에 해당하므로, 명의수탁자의 소유권이전등기가 말소됨으로써 등기명의를 회복하게 된 매도인 및 매도인으로부터 다시 소유권이전등기를 마친 명의신탁자에 대해 자신의 임차권을 대항할 수 있고, 이 경우 임차인 보호를 위한 주택임대차보호법의 입법 목적 및 임차인이 보증금반환청구권을 행사하는 때의 임차주택 소유자로 하여금 임차보증금반환채무를 부담하게 함으로써 임차인을 두텁게 보호하고자 하는 주택임대차보호법 제3조 제4항의 개정 취지 등을 종합하면 위의 방법으로 소유권이전등기를 마친 명의신탁자는 주택임대차보호법 제3조 제4항에 따라 임대인의 지위를 승계한다."고 하였다.[385)386)]

2) 법정승계의 효과·내용

판례는 "주택임대차보호법 제3조 제4항에 따라 임차주택의 양수인은 임대인의 지위를 승계한 것으로 보므로 임대차보증금 반환채무도 부동산의 소유권과 결합하여 일체로서 임대인의 지위를 승계한 양수인에게 이전되고 양도인의 보증금반환채무는 소멸하는 것으로 해석되므로, 변론종결 후 임대부동산을 양수한 자는 민사소송법 제218조 제1항의 변론종결 후의 승계인에 해당한다."고 하였다.

3. 소의 이익의 유무

판례는 "승계집행문은 그 승계가 법원에 명백한 사실이거나 증명서로 승계를 증명한 때에 한하여 내어 줄 수 있고(민사집행법 제31조 제1항), 승계를 증명할 수 없는 때에는 채권자가 승계집행문 부여의 소를 제기할 수 있다(민사집행법 제33조). 따라서 ① 임차인이 임대인을 상대로 보증금반환의 승소확정판결을 받았으나 이후 주택 양수인을 상대로 이를 반환받고자 할 경우 승계가 명확하지 않거나 임대인 지위의 승계를 증명할 수 없는 때에는 임차인이 양수인을 상대로 승계집행문 부여의 소를 제기하여 승계집행문을 부여받음이 원칙이나, ② 이미 임차인이 양수인을 상대로 임대차보증금의 반환을 구하는 소를 제기하여 양수인과 사이에 임대인 지위의 승계 여부에 대해 상당한 정도의 공격방어 및 법원의 심리가 진행됨으로써 '사실상 승계집행문 부여의 소가 제기되었을 때와 큰 차이가 없다'면, 그럼에도 법원이 소의 이익이 없다는 이유로 후소를 각하하고 임차인으로 하여금 다시 승계집행문 부여의 소를 제기하도록 하는 것은 당사자들로 하여금 그동안의 노력과 시간을 무위로 돌리고 사실상 동일한 소송행위를 반복하도록 하는 것이어서 당사자들에게 가혹할 뿐만 아니라 신속한 분쟁해결이나 소송경제의 측면에서 타당하다고 보기 어려우므로 이와 같은 경우 소의 이익이 없다고 섣불리 단정하여서는 안 된다.

4. 사안의 경우

사안의 경우 A가 이미 명의수탁자 乙을 상대로 임대차보증금반환청구의 소를 제기하여 그 승소판결이 확정된 후 명의신탁자 甲이 乙의 임대인 지위를 승계하였으나, A의 이 사건 소에 대해 甲이 계속하여 임대인 지위의 승계를 부정하면서 다투어 왔고 이에 대해 상당한 정도의 공격방어와 법원의 심리가 이루어진 점, 이제 와서 굳이 이 부분 소의 이익을 부정하고 원고로 하여금 승계집행문 부여의 소를 제기하여 다시 피고와 다투도록 하는 것이 당사자들 모두에게 가혹할 뿐만 아니라 소송경제 등의 측면에서도 타당하다고 보기 어려운 점 등을 종합하여 보면, A가 甲를 상대로 임대인 지위의 승계를 주장하면서 임대차보증금의 반환을 구할 권리보호의 이익이 없다고 단정하기 어렵다. 따라서 법원이 권리보호의 이익이 없다고 판단하여 소를 각하한 것은 위법하다.

---

385) ※ [참고] - 乙과 A 간의 임대차계약은 부동산실명법 제4조 제3항에 따라 적법·유효한 임대차계약에 해당한다. 즉 甲은 명의신탁약정에 따른 등기의 무효를 들어 임대차계약의 무효를 주장하지 못한다.

386) ※ [논증 Set] - 부동산실명법 제4조 제1항, 제2항 및 제3항에 기한 적법·유효한 임대차계약의 인정과 주택임대차보호법 제3조 제1항과 제4항에 기해 법정승계가 인정됨, 즉 양수인에 해당함을 순차적으로 살핀다.

☑ 사례(155) | 기판력의 주관적 범위 - 채권자대위소송

사실관계

A는 甲을 대위하여 乙을 상대로 乙 명의의 소유권이전등기말소청구의 소를 제기하였으나 패소확정판결을 받았다. 이후 A의 대위소송이 제기된 사실을 알고 있었던 甲은 乙을 상대로 동일한 내용의 소유권이전등기 말소청구의 소를 제기하였고, 乙은 전소의 기판력에 저촉되어 각하되어야 한다는 본안 전 항변을 하였다.

문제

※ 위 사실관계를 기초로 설문에 대해 간략히 답하시오. 각 설문은 상호 독립적임을 전제로 한다.

 (1) 전소확정판결의 기판력이 후소에서 주관적으로 미치는지 여부를 기재하시오. [5점]

 (2) 만일 위 사안과 달리 ① 甲이 乙을 상대로 소를 제기하여 판결이 확정된 후 A가 甲을 대위하여 乙을 상대로 다시 소를 제기한 경우이거나, ② 甲의 다른 채권자 B가 대위소송을 제기하여 판결이 확정된 후 A가 다시 대위소송을 제기한 경우, 전소확정판결의 기판력이 각 후소에서 주관적으로 미치는지 여부를 기재하시오. [10점]

 (3) 위 사안에서 만일 A가 채권자대위권을 행사하는 방법으로 乙을 상대로 소송을 제기하였다가 피보전채권이 인정되지 않는다는 이유로 소각하 판결을 받아 확정된 경우, 판결의 기판력이 A가 甲을 상대로 피보전채권의 이행을 구하는 소송에 미치는지 여부를 기재하시오. [10점]

▌ I ▐ 설문 (1)에 관하여

1. 결론

전소확정판결의 기판력은 후소에서 주관적으로 미친다.

2. 근거

 (1) 채권자가 대위소송을 제기하여 판결이 확정된 후 채무자가 별소를 제기한 경우

판례는 "어떠한 사유로 인하였던 채권자대위권에 의한 소송이 제기된 사실을 채무자가 알았을 경우에는 그 판결의 효력은 채무자에게 미친다고 보는 것이 상당하다"고 하였다.[387]

 (2) 사안의 경우

▌ II ▐ 설문 (2)에 관하여

1. 결론

전소확정판결의 기판력은 후소 ①,② 모두에서 주관적으로 미친다.

---

387) 대판(전) 1975.5.13, 74다1664

2. 근거

(1) 채무자가 제3채무자에게 소를 제기하여 판결이 확정된 후 채권자가 제3채무자를 상대로 다시 소를 제기한 경우

판례는 "채권자가 채무자를 대위하여 제3채무자를 상대로 제기한 소송과 이미 확정판결이 되어 있는 채무자와 제3채무자간의 기존소송이 실질적으로 동일내용의 소송이라면 위 확정판결의 효력은 채권자대위권행사에 의한 소송에도 미친다"고 한다.[388]

(2) 어느 채권자가 대위소송을 제기하여 판결이 확정된 후 다른 채권자가 다시 대위소송을 제기한 경우

판례는 "어느 채권자가 채권자대위권을 행사하는 방법으로 제3채무자를 상대로 소송을 제기하여 판결을 받은 경우, 어떠한 사유로든 채무자가 채권자대위소송이 제기된 사실을 알았을 경우에 한하여 그 판결의 효력이 채무자에게 미치므로, 이러한 경우에는 그 후 다른 채권자가 동일한 소송물에 대하여 채권자대위권에 기한 소를 제기하면 전소의 기판력을 받게 된다고 할 것이지만, 채무자가 전소인 채권자대위소송이 제기된 사실을 알지 못하였을 경우에는 전소의 기판력이 다른 채권자가 제기한 후소인 채권자대위소송에 미치지 않는다"고 하였다.[389]

(3) 사안의 경우

Ⅲ 설문 (3)에 관하여

1. 결론

전소확정판결의 기판력은 후소에 미치지 않는다.

2. 근거

(1) 채권자대위소송의 판결의 효력이 채무자에게 미치는지 여부

민사소송법 제218조 제3항에 기해 채권자대위권에 의한 소송이 제기된 사실을 채무자가 알았을 때에는 그 판결의 효력이 채무자에게 미친다고 보아야 하지만, 이때 채무자에게도 기판력이 미친다는 의미는 채권자대위소송의 소송물인 피대위채권의 존부에 관하여 채무자에게도 기판력이 인정된다는 것이고, 채권자대위소송의 소송요건인 피보전채권의 존부에 관하여 당해 소송의 당사자가 아닌 채무자에게 기판력이 인정된다는 것은 아니다. 따라서 채권자가 채권자대위권을 행사하는 방법으로 제3채무자를 상대로 소송을 제기하였다가 채무자를 대위할 피보전채권이 인정되지 않는다는 이유로 소각하 판결을 받아 확정된 경우 그 판결의 기판력이 채권자가 채무자를 상대로 피보전채권의 이행을 구하는 소송에 미치는 것은 아니다.[390]

(2) 사안의 경우

---

388) 대판 1979.3.13, 76다688
389) 대판 1994.8.12, 93다52808
390) 대판 2014.1.23, 2011다108095 ; 다만, 관련 확정판결은 유력한 증거가 되므로 결국 후소 법원의 사실인정에 제약이 될 수는 있다. 즉 합리적 이유 없이 전소에서 인정된 사실을 배척할 수는 없다.

✅ 사례(156)| 기판력의 주관적 범위 – 채권자대위소송

사실관계

甲은 2002.1.1. 주택을 신축할 목적으로 B로부터 Y토지를 매매대금 10억원에 매수하면서, 소유권이전등기는 추후 甲이 요구하는 때에 마쳐주기로 하였다. 甲은 2002.4.5. 매매대금 전액을 지급하고 B로부터 Y토지를 인도받았다. 甲은 그 무렵 이후 B에게 소유권이전등기절차의 이행을 요구하였는데, B는 Y토지를 매도할 당시보다 시가가 2배 이상 상승하였다고 주장하면서 매매대금으로 10억원을 더 주지 않으면 소유권이전등기를 마쳐줄 수 없다고 하였다. 甲은 B에게 수차례 소유권이전등기절차의 이행을 구하다가 2009.12.4. A에게 Y토지를 25억원에 매도하였다.

문제

만일 A가 채권자대위권을 행사하는 방법으로 B를 상대로 소송을 제기하였다가 피보전채권이 인정되지 않는다는 이유로 소각하 판결을 받아 확정된 경우, 판결의 기판력은 A가 甲을 상대로 한 소유권이전등기절차의 이행을 구하는 소송에 미치는지 여부에 대한 결론과 근거를 설명하시오. 17점

1. 결론

전소판결의 기판력은 A가 B를 상대로 한 소유권이전등기절차의 이행을 구하는 소송에 미치지 않는다.

2. 근거

(1) 기판력의 의의와 근거

기판력은 청구에 대한 확정된 종국판결의 판결내용에 부여된 후소에 관한 당사자와 법원을 규율하는 구속력으로서, ① 당사자는 그에 반하여 되풀이하여 다투는 것이 허용되지 아니하며(불가쟁), ② 어느 법원도 다시 재심사하여 그와 모순·저촉되는 판단을 해서는 안 된다(불가반). 이는 법적 안정성·소송경제의 요청과 함께 절차보장을 받은 당사자의 자기책임에서 그 근거를 찾을 수 있다(이원설).

(2) 전소에 기판력이 발생하는지 여부

소각하의 판결은 소송요건의 부존재를 확인하는 확인판결의 일종이며, 그 부존재에 기판력이 생긴다고 봄이 판례이다. 또한 소송판결의 기판력은 그 판결에서 확정한 소송요건의 흠결에 관하여 미치는데, 결국 판결이유를 참작할 수밖에 없다. 사안에서는 A의 피보전채권이 부존재한다는 점에 기판력이 발생한다.

(3) 기판력의 주관적 범위 - 상대성 원칙과 예외

기판력은 소송의 대립 당사자 사이에만 생기는 것을 원칙(상대성의 원칙)으로 한다(제218조 제1항). 다만 예외적으로 기판력이 당사자 이외에 제3자에게 미치는 경우가 있는데, 이러한 예외로써 민사소송법 제218조 제3항에서는 "다른 사람을 위하여 원고나 피고가 된 사람에 대한 확정판결은 그 다른 사람에 대하여도 효력이 미친다"고 규정하고 있다. 따라서 사안의 경우 채권자대위소송의 판결의 효력이 채무자에게 미치는지 여부가 문제이다.

(4) 채권자대위소송의 판결의 효력이 채무자에게 미치는지 여부

1) 문제점

사안의 경우 채권자가 채권자대위권을 행사하는 방법으로 제3채무자를 상대로 소송을 제기하였다가 피보전채권이 인정되지 않는다는 이유로 소각하 판결을 받아 확정된 경우, 판결의 기판력이 채권자가 채무자를 상대로 피보전채권의 이행을 구하는 소송에 미치는지 여부가 문제된다.

2) 판례의 태도

판례는 ① 채권자가 채권자대위권을 행사하는 방법으로 제3채무자를 상대로 소송을 제기하고 판결을 받은 경우 어떠한 사유로 인하였든 적어도 채권자대위권에 의한 소송이 제기된 사실을 채무자가 알았을 때에는 그 판결의 효력이 채무자에게 미친다고 하였다.[391] 그러나 ② 이때 채무자에게도 기판력이 미친다는 의미는 채권자대위소송의 소송물인 피대위채권의 존부에 관하여 채무자에게도 기판력이 인정된다는 것이고, 채권자대위소송의 소송요건인 피보전채권의 존부에 관하여 당해 소송의 당사자가 아닌 채무자에게 기판력이 인정된다는 것은 아니다. 따라서 채권자가 채권자대위권을 행사하는 방법으로 제3채무자를 상대로 소송을 제기하였다가 채무자를 대위할 피보전채권이 인정되지 않는다는 이유로 소각하 판결을 받아 확정된 경우 그 판결의 기판력이 채권자가 채무자를 상대로 피보전채권의 이행을 구하는 소송에 미치는 것은 아니라고 하였다.[392]

(5) 사안의 경우

A의 C를 상대로 한 채권자대위소송에서 피보전채권이 인정되지 않는다는 이유로 소각하 판결이 확정된 경우, 전소판결의 기판력은 A가 B를 상대로 한 소유권이전등기절차의 이행을 구하는 소송에 미치지 않는다. 결국 법원은 본안판단을 하여야 한다.[393]

---

391) 대판(전) 1975.5.13, 74다1664

392) 대판 2014.1.23, 2011다108095

393) 만약 설문이 "후소법원은 어떠한 판단을 하여야 하는가?"라고 물었다면, 판단이유 중 판단의 구속력과 쟁점효이론에 대한 논의를 누락하지 않도록 주의하여야 한다. 결론적으로 말하면, 관련 확정판결은 유력한 증거가 되므로 결국 후소 법원의 사실인정에 제약이 될 수 있고, 합리적 이유 없이 전소에서 인정된 사실을 배척할 수는 없다고 하여야 한다.

사례(157) | 채권자대위소송 - 기판력의 주관적 범위와 시적 범위

기본적 사실관계

甲은 2020.3.1. 乙에게 1억원을 변제기 2021.4.1.로 정하여 대여하였다.

문제

甲은 乙에게 2020.3.1. 1억원을, 2020.4.1. 5,000만원을 각 무이자로 대여하여 주었는데, 乙은 2020.5.1. 甲으로부터 차용한 위 금원 중 1억원을 다시 丙에게 대여하여 주었다. 甲은 위 각 채권의 변제기가 도래하였음에도 불구하고 乙로부터 1억 5천만원을 변제받지 못하자, 2021.6.1. 위 채권 중 2020.3.1.자 1억원의 대여금 채권을 피보전채권으로 하여 무자력자인 乙을 대위하여 丙을 상대로 "丙은 甲에게 2020.5.1.자 대여금 1억원을 지급하라"는 취지의 소(이하 '전소'라 함)를 제기하였다. 한편 甲은 전소 계속 중인 2021.7.1. 乙에게 소송고지를 하였다. 전소에서 제1심 법원은 2020.3.1.자 1억원의 대여금 채권이 변제로 소멸하였다는 이유로 소각하 판결을 선고하였고, 그 판결은 그대로 확정되었다. 그 이후 甲은 乙을 상대로 2020.3.1.자 대여금 1억원과 2020.4.1.자 대여금 5,000만원, 합계 1억 5,000만원의 지급을 구하는 소(이하 '후소'라 함)를 제기하였다. 후소 계속 중 乙은 甲의 대여금 청구 전체가 전소확정판결의 기판력에 저촉되는 것이라고 주장하였다. 이러한 乙의 주장은 타당한가? [20점]

1. 결론

乙의 주장은 모두 부당하다(타당하지 않다).

2. 근거

(I) 청구병합 해당 여부 및 유형

① 甲의 乙에 대한 2020.3.1.자 1억원, 2020.4.1.자 5,000만원의 각 대여금 채권은 사실관계를 달리하는 별개의 채권으로 별개의 소송물이다.[394] 따라서 甲의 각 대여금청구는 청구의 병합에 해당한다.

② 단순병합이란 여러 개의 청구에 대하여 다른 청구의 당부와 관계없이 그 전부에 대하여 심판을 구하는 형태의 병합이다.

③ 사안의 경우 甲의 乙에 대한 각 대여금청구는 청구의 병합 중 단순병합에 해당한다.

---

394) 대판 2005.4.29, 2004다40160 참고

⑵ 후소 2020.3.1.자 대여금 1억원 청구의 기판력 저촉 여부

1) 채권자대위소송의 법적 성질

2) 전소에 기판력이 발생하는지 여부

소각하의 판결은 소송요건의 부존재를 확인하는 확인판결의 일종이며, 그 소송요건의 부존재에 기판력이 생긴다고 봄이 판례이다. 또한 소송판결의 기판력은 그 판결에서 확정한 소송요건의 흠결에 관하여 미치는데, 사안에서는 甲의 피보전채권이 부존재한다는 점에 기판력이 발생한다.

3) 기판력의 주관적 범위

가) 상대성 원칙과 예외

기판력은 소송의 대립 당사자 사이에만 생기는 것을 원칙(상대성의 원칙)으로 한다(제218조 제1항). 다만 예외적으로 기판력이 당사자 이외에 제3자에게 미치는 경우가 있는데, 이러한 예외로써 민사소송법 제218조 제3항에서는 "다른 사람을 위하여 원고나 피고가 된 사람에 대한 확정판결은 그 다른 사람에 대하여도 효력이 미친다"고 규정하고 있다. 따라서 사안의 경우 채권자대위소송의 판결의 효력이 채무자에게 미치는지 여부가 문제이다.

나) 채권자대위소송의 판결의 효력이 채무자에게 미치는지 여부

판례는 ① 채권자가 채권자대위권을 행사하는 방법으로 제3채무자를 상대로 소송을 제기하고 판결을 받은 경우 어떠한 사유로 인하였든 적어도 채권자대위권에 의한 소송이 제기된 사실을 채무자가 알았을 때에는 그 판결의 효력이 채무자에게 미친다고 하였다. 그러나 ② 이때 채무자에게도 기판력이 미친다는 의미는 채권자대위소송의 소송물인 피대위채권의 존부에 관하여 채무자에게도 기판력이 인정된다는 것이고, ③ 채권자대위소송의 소송요건인 피보전채권의 존부에 관하여 당해 소송의 당사자가 아닌 채무자에게 기판력이 인정된다는 것은 아니다. 따라서 채권자가 채권자대위권을 행사하는 방법으로 제3채무자를 상대로 소송을 제기하였다가 채무자를 대위할 피보전채권이 인정되지 않는다는 이유로 소각하 판결을 받아 확정된 경우 그 판결의 기판력이 채권자가 채무자를 상대로 피보전채권의 이행을 구하는 소송에 미치는 것은 아니라고 하였다.[395]

4) 기판력의 객관적 범위·작용국면 및 시적 범위

① 소각하 판결의 기판력의 객관적 범위는 소송요건이 흠결되었다는 판단에 발생하고, 기판력의 시적 범위는 사실심 변론종결 시이므로, 사안의 경우 제1심 변론종결 시에 피보전채권이 부존재했다는 점에 기판력이 미친다.

② 전소 기판력이 후소에 작용하기 위해서는 전소 소송물과 후소 소송물이 동일관계, 선결관계 또는 모순관계에 해당하여야 하는데, 사안의 경우 전소 소송물은 乙의 丙에 대한 2020.5.1.자 대여금채권이고 후소 소송물은 甲의 乙에 대한 2020.3.1.자 대여금채권으로서 이에 해당하지 않는다. 따라서 시적 범위에서 차단될 수도 없다.

---

395) 대판 2014.1.23, 2011다108095

5) 사안의 경우

甲의 丙을 상대로 한 채권자대위소송에서 피보전채권이 인정되지 않는다는 이유로 소각하 판결이 확정된 경우, 전소판결의 기판력은 甲과 丙 사이에서만 미칠 뿐 甲이 乙을 상대로 한 후소에는 미치지 않는다. 결국 후소는 전소확정판결의 기판력에 저촉된다는 乙의 주장은 타당하지 않고, 법원은 본안판단을 하여야 한다.

(3) 후소 2020.4.1.자 대여금 5,000만원 청구의 기판력 저촉 여부

1) 기판력 작용 여부

甲의 乙에 대한 2020.4.1.자 5,000만원의 대여금채권은 전소 채권자대위소송에서 주장된 바가 없으므로 전소확정판결의 내용이 되지 않는다. 따라서 이에 관한 기판력은 발생하지도 않으므로, 후소가 전소확정판결의 기판력에 저촉될 여지가 없다.

2) 사안의 경우

후소는 전소확정판결의 기판력에 저촉된다는 乙의 주장은 타당하지 않고, 법원은 본안판단을 하여야 한다.396)

---

396) 이 경우 전소 판결이유 중 판단의 증거력은 문제되지 않는다.

✅ 사례(158) | 기판력의 객관적 범위

사실관계

甲이 乙을 상대로 소유권에 기한 이전등기의 말소를 구하는 소를 제기하였으나, 원고 甲에게 소유권이 없다는 이유로 패소확정되었다.

문제

그 후 甲은 다시 乙을 상대로 소유권존재확인의 소를 제기하였다. 甲의 청구에 대해 법원은 어떠한 판결을 하여야 하는가? 12점

Ⅰ 결론

청구기각판결을 하여야 한다.

Ⅱ 근거

1. 기판력에 저촉되는지 여부

(1) 문제점

사안의 경우 전소에서 기판력이 발생된다는 점은 특별히 문제될 것이 없으며, 또한 전소와 후소의 당사자는 甲과 乙로서 모두 동일하므로 기판력이 미치는 주관적 범위도 문제될 것이 없다. 다만 전소에서 소유권의 존부판단이 후소의 객관적 범위에서 작용을 하는지 여부가 문제이다.

(2) 기판력의 객관적 범위와 작용

① 기판력은 상계의 경우를 제외하고(제216조 제2항), 판결주문에 포함된 판단에만 생기고(동조 제1항), 판결이유 중에 판단된 사실에 대해서는 기판력이 생기지 않는다.

② 따라서 사안의 경우 주문판단인 甲에게 말소등기청구권이 없다는 판단에만 기판력이 발생하고, 이유 중 판단인 甲에게 소유권이 없다는 판단에는 기판력이 발생하지 않는다. 또한 甲의 乙을 상대로 소유권존재확인을 구하는 후소는 전소와 동일, 선결, 모순관계에 있지 않아 기판력에 저촉되지 않는다.

(3) 사안의 경우

甲의 乙에 대한 소유권존재확인의 소는 전소의 기판력에 저촉되지 않는다.

2. 판결이유 중 판단의 구속력과 증명력

(1) 문제점

사안의 경우 후소는 전소의 기판력에 저촉되지 않으므로, 후소법원은 전소판단과 달리 甲에게 소유권이 있다는 모순·저촉된 판단을 할 수 있다. 따라서 이를 방지하기 위해 판결이유에 포함된 판단에도 일정한 요건 아래 구속력 내지 기판력을 확장하려는 논의가 있다.

(2) 판결이유 중 판단의 구속력 인정 여부 및 증명력

① 판례는 ⅰ) 판결이유 중 판단에는 기판력이 발생하지 않음을 전제로 하면서, ⅱ) 판결이유에 포함된 판단에 구속력을 인정하자는 쟁점효이론을 부정하고 있다. ⅲ) 나아가 판결의 모순·저촉의 방지는 신의칙 내지 증명력이론에 따라 해결하고 있다.

② 즉, 판례는 "민사재판에 있어서 다른 민사사건 등의 판결에서 인정된 사실에 구속받는 것은 아니라고 할지라도, 이미 확정된 관련 민사사건에서 인정된 사실은 특별한 사정이 없는 한 유력한 증거가 되므로, 합리적인 이유설시 없이 이를 배척할 수 없다"고 판시하여 확정판결을 유력한 증거자료로 삼고 있다.[397]

3. 사안의 경우

---

397) 대판 2000.2.25, 99다55472

✓ 사례(159)| 기판력의 객관적 범위

사실관계

A는 B로부터 B소유의 건물을 매수하는 내용의 매매계약을 체결하면서, B의 승낙을 받아 매매대금을 전액 지급하기 전에 미리 위 건물을 인도받아 사용하고 대신 B에게 일정한 사용료를 지급하기로 약정한 후, 위 건물을 인도받아 사용하였다. 그런데 A는 잔금의 지급을 지체하게 되었다.

B는 위 매매계약을 해제하고 A를 상대로 건물인도청구의 소를 제기하였다. 위 소송에서 A는 매매계약 해제로 인한 원상회복으로서 기지급한 매매대금을 B로부터 반환받을 때까지는 위 건물인도청구에 응할 수 없다고 동시이행의 항변을 하였고, 이에 대하여 B는 A에게 반환해야 할 기지급 매매대금은 A가 부담해야 할 위 건물에 대한 점유사용료로 모두 상계되어 결국 매매대금 반환채무가 존재하지 아니한다고 재항변하였다. 법원은 B의 재항변을 받아들여 A의 항변을 배척하는 내용의 판결을 선고하였고, 이후 위 판결이 그대로 확정되었다.

문제

A는 위 판결이 확정된 이후 B를 상대로 위 매매계약에 따라 기지급한 매매대금의 지급을 구하는 소를 제기하였고, 그 소송에서 법원은 '이미 그 전 소송에서 A의 매매대금 반환채권이 상계로 소멸되었다고 판단되었으므로 A의 청구는 전소확정판결의 기판력에 저촉된다'라고 판단하였다. 이러한 판단이 정당한지 여부에 대한 결론과 근거를 설명하시오. 15점

1. 결론

법원의 판단은 정당하지 않다.

2. 근거

(1) 전소 상계항변에 대한 기판력 발생 여부

1) 의의 및 인정취지

① 기판력은 판결주문에 포함된 판단에만 생기고(제216조 제1항), 판결이유 중에 판단된 사실에 대해서는 기판력이 생기지 않는다. 즉 판결이유 속에서 판단되는 피고의 항변에 대해서는 기판력이 생기지 않는 것이 원칙이다.

② 다만 상계항변만은 이중분쟁의 방지를 위해서 그 대항한 액수의 한도에서 기판력이 생기는 것으로 하고 있다(제216조 제2항). 즉 만일 기판력을 인정하지 않는다면, 원고의 청구권의 존부에 대한 분쟁이 나중에 다른 소송으로 제기되는 반대채권(또는 자동채권)의 존부에 대한 분쟁으로 변형됨으로써 상계 주장의 상대방은 상계를 주장한 자가 반대채권을 이중으로 행사하는 것에 의하여 불이익을 입을 수 있게 될 뿐만 아니라, 상계 주장에 대한 판

단을 전제로 이루어진 원고의 청구권의 존부에 대한 전소의 판결이 결과적으로 무의미하게 될 우려가 있게 되므로, 이를 막기 위함이다.[398]

2) 기판력 발생요건

상계항변에 대한 기판력이 발생하기 위하여는, ① 자동채권의 존부에 대하여 실질적으로 판단을 한 경우에 한하므로, 상계항변이 실기한 공격방어방법으로 각하된 경우나 상계가 허용되지 않거나(상계 불허) 부적상을 이유로 배척된 경우에는 기판력이 발생하지 않는다. 또한 ② 상계주장에 관한 판단에 기판력이 생기는 것은 수동채권이 소송물로서 심판되는 소구채권이거나 그와 실질적으로 동일한 경우(원고가 상계를 주장하면서 청구이의의 소를 제기하는 경우)에 한한다.

3) 수동채권이 동시이행항변으로 주장된 채권인 경우 기판력 발생 여부

① 수동채권이 동시이행항변으로 주장된 채권일 경우에는 그러한 상계주장에 대한 판단에 기판력이 생기지 않는다. 판례도 "만일 위와 같이 해석하지 않으면, 동시이행항변이 상대방의 상계의 재항변에 의하여 배척된 경우 그 동시이행항변에 행사된 채권(수동채권)을 소송상 행사할 수 없게 되어 동시이행항변에 행사된 채권의 존부나 범위에 관한 판결 이유 중의 판단에 기판력이 미치는 결과가 되기 때문"이라고 하여 마찬가지이다.[399]

② 생각건대, 상계가 동시이행의 항변에 대한 재항변으로 주장된 경우에까지 상계 주장에 관한 판단에 기판력을 인정하게 되면 동시이행항변에 행사된 채권에 관해서까지 기판력을 인정하는 결과가 되므로, 상계를 제외하고 판결이유 중의 판단에 관하여는 기판력이 생기지 않는다는 우리 민사소송법의 원칙에 어긋나는 문제가 생긴다. 따라서 판례의 입장은 타당하다.

(2) 사안의 경우

사안의 경우 B는 매매계약을 해제하고 A를 상대로 건물인도청구의 소를 제기하였는데, 위 소송에서 A는 매매계약 해제로 인한 원상회복으로서 기지급한 중도금에 관하여 동시이행의 항변을 하였고, 이에 대하여 B는 상계의 재항변을 하였는바, B의 상계주장에 대한 판단에 기판력이 생기지 않는다. 따라서 A가 동시이행항변에 행사된 채권인 중도금 반환채권은 기판력에 저촉됨이 없이 다시 주장할 수 있다.

---

398) 대판 2018.8.30, 2016다46338
399) 대판 2005.7.22, 2004다17207

☑ 사례(160) | 기판력의 객관적 범위

사실관계

乙이 甲으로부터 고려청자 1점을 인도받아 소장하고 있던 중, 甲은 乙을 상대로 위 고려청자 매매대금 4,000만원의 지급을 구하는 소를 제기하였다. 이에 대하여 乙은 지인인 甲이 乙에게 고려청자를 구매하라고 권유한 적은 있으나, 당시 乙은 경제적 여력이 없어서 이를 거절하였고, 몇 달 후 甲이 다시 乙에게 돈이 없으면 위 고려청자를 무상으로 주겠다고 하여 이를 증여받은 것이라고 주장하였다.

문제

甲은 소송 중에 고려청자 매매계약서를 증거로 제출하였다. 이에 乙은 甲에 대한 4,000만원의 대여금 채권으로 상계의 의사표시를 하였으나, 법원은 위 대여금 채권의 이행기가 도래하지 않았음을 이유로 이를 배척하였다. 이에 대한 판결이 확정된 후 위 대여금 채권의 이행기가 도래하였다. 이때 乙은 甲을 상대로 위 대여금 4,000만원의 지급을 구하는 소를 제기할 수 있는가? 15점

1. 결론

乙은 甲을 상대로 대여금의 지급을 구하는 소를 제기할 수 있다.

2. 근거[400)

(1) 문제점

전소에서 대여금채권이 이행기 미도래를 이유로 상계의 항변을 배척한 경우에도 기판력이 발생하여, 후소에서 다시 대여금지급청구의 소를 제기하는 것이 기판력에 저촉되는지가 문제이다.

(2) 전소 상계항변에 대한 기판력 발생 여부

1) 의의 및 인정취지

① 기판력은 판결주문에 포함된 판단에만 생기고(제216조 제1항), 판결이유 중에 판단된 사실에 대해서는 기판력이 생기지 않는다. 즉 판결이유 속에서 판단되는 피고의 항변에 대해서는 기판력이 생기지 않는 것이 원칙이다.

---

400) 만일 설문이 '후소 법원은 어떠한 판결을 하여야 하는가?'라는 문제라면, 기판력 저촉 여부 외에도 판결이유 중 판단의 구속력으로서 증명력에 따른 법리도 논증할 필요가 있다.

② 다만 상계항변만은 이중분쟁의 방지를 위해서 그 대항한 액수의 한도에서 기판력이 생기는 것으로 하고 있다(제216조 제2항). 즉 만일 기판력을 인정하지 않는다면, 원고의 청구권의 존부에 대한 분쟁이 나중에 다른 소송으로 제기되는 반대채권(또는 자동채권)의 존부에 대한 분쟁으로 변형됨으로써 상계 주장의 상대방은 상계를 주장한 자가 반대채권을 이중으로 행사하는 것에 의하여 불이익을 입을 수 있게 될 뿐만 아니라, 상계 주장에 대한 판단을 전제로 이루어진 원고의 청구권의 존부에 대한 전소의 판결이 결과적으로 무의미하게 될 우려가 있게 되므로, 이를 막기 위함이다.[401]

2) 기판력 발생요건

상계항변에 대한 기판력이 발생하기 위하여는, ① 자동채권의 존부에 대하여 실질적으로 판단을 한 경우에 한하므로, ⅰ) 상계항변이 실기한 공격방어방법으로 각하된 경우이거나 ⅱ) 상계가 허용되지 않거나(상계 불허) ⅲ) 부적상을 이유로 배척된 경우에는 기판력이 발생하지 않는다. 또한 ② 상계주장에 관한 판단에 기판력이 생기는 것은 수동채권이 소송물로서 심판되는 소구채권이거나 그와 실질적으로 동일한 경우(원고가 상계를 주장하면서 청구이의의 소를 제기하는 경우)에 한한다. 따라서 수동채권이 동시이행항변으로 주장된 채권일 경우에는 그러한 상계주장에 대한 판단에 기판력이 생기지 않는다.

(3) 사안의 경우

전소에서 乙이 甲에 대한 대여금채권으로 상계의 의사표시를 하였으나, 이행기 미도래를 이유로 상계의 항변이 배척된 경우에는 상계로 주장한 대여금채권의 존재에 대한 판단에 기판력은 발생하지 않는다. 따라서 대여금채권의 이행기가 도래된 후 乙이 다시 甲을 상대로 대여금의 지급을 구하는 소는 기판력에 저촉되지 않는다.

---

401) 대판 2018.8.30, 2016다46338

사례(161) | 기판력의 객관적 범위

사실관계

甲은 乙이 시공한 건물의 건축자재를 공급하였는데, 당초 乙이 공사를 완료하는 즉시 자재대금을 지급하기로 약속하였음에도 불구하고 공사 완료 후에도 대금을 지급하지 않아 수차례 독촉을 하였다. 그러나 乙이 공사 중 甲이 불량자재를 공급(甲의 과실이 인정)하여 해당 자재를 사용한 부분을 철거하고 재시공을 하느라 소요된 2억원을 배상하여 줄 것을 요구하며 불응하므로, 甲은 乙을 상대로 법원에 3억원의 건축 자재대금 이행청구의 소를 제기하였다.

문제

만일 乙이 甲을 상대로 2억원의 손해배상을 구하는 소를 진행하고 있었고, 이러한 乙의 소에서, 甲이 3억원의 건축 자재대금채권을 자동채권으로 하여 위 乙의 손해배상채권과의 상계를 주장하였는데, 법원이 ① 甲의 상계주장을 받아들여 乙의 손해배상청구를 기각하였으며 그 판결이 확정된 경우와 ② 甲의 상계주장을 배척하고 乙의 손해배상청구를 전부인용하였으며 그 판결이 확정된 경우, 그 후 甲이 乙을 상대로 제기한 3억원의 건축 자재대금 이행청구의 소에 대해 법원은 각각 어떠한 판결을 하여야 하는가? [20점]

1. 결론

(1) 설문 ①의 해결

甲이 乙을 상대로 제기한 소에서 법원은, 甲이 전소에서 상계항변으로 대항한 2억원을 제외한 나머지 1억원의 한도 내에서만 甲의 건축 자재대금채권의 존부를 심리·판단할 수 있고, 위 2억원 부분에 대하여는 청구기각 판결을 선고하여야 한다.

(2) 설문 ②의 해결

법원은 甲이 전소에서 상계항변으로 대항한 2억원을 제외한 나머지 1억원의 한도 내에서만 甲의 건축 자재대금채권의 존부를 심리·판단할 수 있고, 위 2억원 부분에 대하여는 청구기각 판결을 선고하여야 한다.

2. 근거

(1) 기판력의 의의 및 근거

(2) 기판력의 주관적 범위

(3) 기판력의 객관적 범위와 작용

1) 원칙

기판력은 판결주문에 포함된 판단에만 생기고(제216조 제1항), 판결이유 중에 판단된 사실에 대해서는 기판력이 생기지 않는다. 즉 판결이유 속에서 판단되는 피고의 항변에 대해서는 기판력이 생기지 않는 것이 원칙이다.

2) 상계항변에 대한 기판력 발생

　가) 의의 및 인정취지

　　다만 상계항변만은 이중분쟁의 방지를 위해서 그 대항한 액수의 한도에서 기판력이 생기는 것으로 하고 있다(제216조 제2항). 즉 만일 기판력을 인정하지 않는다면, 원고의 청구권의 존부에 대한 분쟁이 나중에 다른 소송으로 제기되는 반대채권(또는 자동채권)의 존부에 대한 분쟁으로 변형됨으로써 상계 주장의 상대방은 상계를 주장한 자가 반대채권을 이중으로 행사하는 것에 의하여 불이익을 입을 수 있게 될 뿐만 아니라, 상계 주장에 대한 판단을 전제로 이루어진 원고의 청구권의 존부에 대한 전소의 판결이 결과적으로 무의미하게 될 우려가 있게 되므로, 이를 막기 위함이다.[402]

　나) 기판력 발생요건

　　상계항변에 대한 기판력이 발생하기 위하여는, ① 자동채권의 존부에 대하여 실질적으로 판단을 한 경우에 한하므로, ⅰ) 상계항변이 실기한 공격방어방법으로 각하된 경우이거나 ⅱ) 상계가 허용되지 않거나(상계 불허) ⅲ) 부적상을 이유로 배척된 경우에는 기판력이 발생하지 않는다. 또한 ② 상계주장에 관한 판단에 기판력이 생기는 것은 수동채권이 소송물로서 심판되는 소구채권이거나 그와 실질적으로 동일한 경우(원고가 상계를 주장하면서 청구이의의 소를 제기하는 경우)에 한한다.

　다) 기판력의 발생범위

　　① 반대채권(자동채권)의 존부에 대해서는 상계로써 대항한 액수의 한도에서 기판력이 생기며(예 1,000만원의 소구채권에 대해 1,500만원의 반대채권으로 상계항변을 한 경우, 1,000만원의 한도에서 기판력이 생기고, 잔액 500만원은 전소의 기판력에 저촉되지 않으므로 별도의 소로써 청구할 수 있다), ② 상계항변을 배척하는 경우에는 반대채권(자동채권)의 부존재에 대하여 기판력이 생긴다. 또한 ③ 상계항변을 채택하여 원고의 청구를 기각하는 경우에는 반대채권(자동채권) 및 수동채권(소구채권)이 다함께 존재한다는 점 및 그 대등액에서 상계로 소멸하였다는 점에 기판력이 생긴다.

(4) 사안의 경우 - 법원의 조치

1) 설문 ①의 해결

　甲이 乙을 상대로 제기한 소에서 법원은, 甲이 전소에서 상계항변으로 대항한 2억원을 제외한 나머지 1억원의 한도 내에서만 甲의 건축 자재대금채권의 존부를 심리·판단할 수 있고, 위 2억원 부분에 대하여는 청구기각판결을 선고하여야 한다.

---

402) 대판 2018.8.30, 2016다46338

2) 설문 ②의 해결

법원은 甲이 전소에서 상계항변으로 대항한 2억원을 제외한 나머지 1억원의 한도 내에서만 甲의 건축 자재대금채권의 존부를 심리·판단할 수 있고, 위 2억원 부분에 대하여는 청구기각 판결을 선고하여야 한다. 상계주장이 배척되더라도 상계로 대항한 액수 한도 내에서 자동채권의 부존재에 관하여 기판력이 생기기 때문이다.

✅ 사례(162) | 기판력의 객관적 범위

기본적 사실관계

甲은 乙에게 1억원(이하 '이 사건 대여금'이라 한다)을 대여하였다는 취지로 주장하며, 2019.2.1. 乙을 상대로 이 사건 대여금의 반환을 구하는 소를 제기하였다.

문제

이 사건 대여금 청구 소송의 제1회 변론기일에서, 乙은 甲에 대하여 4,000만원의 약정금 채권(이하 '약정금 채권'이라 한다)과 1억원의 투자금반환 채권(이하 '투자금 채권'이라 한다)을 가지고 있다고 주장하며, 위 약정금 채권과 투자금 채권을 자동채권으로 하여 甲의 이 사건 대여금 채권과 상계한다고 항변하였다. 법원은 변론을 종결한 후 甲의 이 사건 대여금 청구 중 6,000만원 부분만을 인용하는 판결을 선고하였는데, 그 판결문의 이유 부분에서는 이 사건 대여금 채권 1억원이 존재한다고 인정한 다음, 乙의 상계항변에 대하여 ① 약정금 채권 4,000만원을 자동채권으로 한 상계항변은 모두 받아들이고, ② 투자금 채권 1억원을 자동채권으로 한 상계항변은 그 원인사실을 인정할 증거가 없다는 이유로 배척한다는 취지로 기재되어 있다. 이에 대하여 甲과 乙이 모두 항소하지 아니하여 위 판결은 그대로 확정되었다. 위 확정 판결로 乙의 甲에 대한 투자금 채권이 부존재한다는 판단의 기판력이 발생한 금액 범위를 밝히고, 그 이유를 간략하게 설명하시오 (이자 및 지연손해금은 고려하지 말 것). 15점

1. 결론

6천만원의 범위에서 기판력이 발생한다.

2. 이유

(1) 기판력의 객관적 범위

기판력은 판결주문에 포함된 판단에만 생기고(제216조 제1항), 판결이유 속에서 판단되는 피고의 항변에 대해서는 기판력이 생기지 않는 것이 원칙이다.

(2) 상계항변에 대한 기판력 발생

1) 의의 및 인정취지

다만 상계항변만은 이중분쟁의 방지를 위해서 그 대항한 액수의 한도에서 기판력이 생기는 것으로 하고 있다(제216조 제2항). 이와 같이 판결이유 중의 판단임에도 불구하고 상계 주장에 관한 법원의 판단에 기판력을 인정한 취지는, 만일 이에 대하여 기판력을 인정하지 않는다면, 원고의 청구권의 존부에 대한 분쟁이 나중에 다른 소송으로 제기되는 반대채권(또는 자동채권, 이하 '반대채권'이라고만 한다)의 존부에 대한 분쟁으로 변형됨으로써 상계 주장의 상대방은 상계를 주장한 자가 반대채권을 이중으로 행사하는 것에 의하여 불이익을 입을 수 있게 될

뿐만 아니라, 상계 주장에 대한 판단을 전제로 이루어진 원고의 청구권의 존부에 대한 전소의 판결이 결과적으로 무의미하게 될 우려가 있게 되므로, 이를 막기 위함이다.

2) 기판력의 발생요건

상계항변에 대한 기판력이 발생하기 위하여는, ① 자동채권의 존부에 대하여 실질적으로 판단을 한 경우에 한하므로, ⅰ) 상계가 허용되지 않거나 ⅱ) 상계항변이 실기한 공격방어방법으로 각하된 경우이거나 ⅲ) 부적상을 이유로 배척된 경우에는 기판력이 발생하지 않는다. 또한 ② 상계주장에 관한 판단에 기판력이 생기는 것은 수동채권이 소송물로서 심판되는 소구채권이거나 그와 실질적으로 동일한 경우(원고가 상계를 주장하면서 청구이의의 소를 제기하는 경우)에 한한다.

3) 기판력의 발생범위

판례는 ① 반대채권이 부존재한다는 판결이유 중의 판단의 기판력은 특별한 사정이 없는 한 '법원이 반대채권의 존재를 인정하였더라면 상계에 관한 실질적 판단으로 나아가 수동채권의 상계적상일까지의 원리금과 대등액에서 소멸하는 것으로 판단할 수 있었던 반대채권의 원리금 액수'의 범위에서 발생한다고 보아야 한다. 그리고 이러한 법리는 피고가 상계항변으로 주장하는 반대채권의 액수가 소송물로서 심판되는 소구채권의 액수보다 더 큰 경우에도 마찬가지로 적용된다고 하였고, ② 피고가 상계항변으로 2개 이상의 반대채권(또는 자동채권, 이하 '반대채권'이라고만 한다)을 주장하였는데 법원이 그중 어느 하나의 반대채권의 존재를 인정하여 수동채권의 일부와 대등액에서 상계하는 판단을 하고, 나머지 반대채권들은 모두 부존재한다고 판단하여 그 부분 상계항변은 배척한 경우에, 수동채권 중 위와 같이 상계로 소멸하는 것으로 판단된 부분은 피고가 주장하는 반대채권들 중 그 존재가 인정되지 않은 채권들에 관한 분쟁이나 그에 관한 법원의 판단과는 관련이 없어 기판력의 관점에서 동일하게 취급할 수 없으므로, 그와 같이 반대채권들이 부존재한다는 판단에 대하여 기판력이 발생하는 전체 범위는 위와 같이 상계를 마친 후의 수동채권의 잔액을 초과할 수 없다고 보아야 한다. 그리고 이러한 법리는 피고가 주장하는 2개 이상의 반대채권의 원리금 액수의 합계가 법원이 인정하는 수동채권의 원리금 액수를 초과하는 경우에도 마찬가지로 적용된다. 이때 '부존재한다고 판단된 반대채권'에 관하여 법원이 그 존재를 인정하여 수동채권 중 일부와 상계하는 것으로 판단하였을 경우를 가정하더라도, 그러한 상계에 의한 수동채권과 당해 반대채권의 차액 계산 또는 상계충당은 수동채권과 당해 반대채권의 상계적상의 시점을 기준으로 하였을 것이고, 그 이후에 발생하는 이자, 지연손해금 채권은 어차피 그 상계의 대상이 되지 않았을 것이므로, 위와 같은 가정적인 상계적상 시점이 '실제 법원이 상계항변을 받아들인 반대채권'에 관한 상계적상 시점보다 더 뒤라는 등의 특별한 사정이 없는 한, 앞에서 본 기판력의 범위의 상한이 되는 '상계를 마친 후의 수동채권의 잔액'은 수동채권의 '원금'의 잔액만을 의미한다고 보아야 한다고 하였다.[403]

(3) 사안의 경우

---

403) 대판 2018.8.30, 2016다46338

✅ 사례(163) | 기판력의 객관적 범위

문제

※ 다음의 사실관계를 잘 읽고 아래 각 문항에 대하여 결론과 근거를 설명하시오(아래의 각 사실관계는 상호 무관함을 전제로 함).

1. 甲은 2015.5.1. 의사인 乙을 상대로 서울중앙지방법원에, 자신이 2012.5.25. 乙로부터 척추수술을 받았으나 乙의 의료상 과실로 하지마비 등의 장애(이하 '이 사건 의료사고'라 한다)가 발생하였음을 이유로 불법행위에 따른 손해배상을 구하는 조정신청을 하였는데, 그 조정신청서에 신청금액과 관련하여 다음과 같이 기재하였다.

> ─ 조정신청서 ─
>
> '甲은 적극적 손해에 대한 배상금으로 기왕치료비 500만원을 청구하고, 향후치료비는 추후 소송 시 신체감정 결과에 따라 확정하여 청구하되, 기존 유사사례에 근거하여 비뇨기과 향후치료비 1,000만원과 항문외과 향후치료비 1,500만원을 각 청구하며, 위자료로 3,000만원을 청구한다.'

그런데 甲과 乙 사이에 조정이 성립되지 않아 위 사건은 소송으로 이행되었고, 이후 乙이 답변서를 제출하지 않고 불출석하자 甲에 대한 신체감정이 이루어지지 않은 상태에서 위 법원은 2015.9.25. '乙은 甲에게 위 신청금액 합계 6,000만원을 지급하라.'는 내용의 자백간주에 의한 甲 전부승소 판결을 선고하였으며, 위 판결은 그 무렵 확정되었다(이하 위 소송을 '이 사건 선행소송'이라 한다). 한편 甲은 2017.4.20. 乙을 상대로 서울중앙지방법원에 이 사건 의료사고로 인한 불법행위를 원인으로 한 손해배상 청구소송(이하 '이 사건 소송'이라 한다)을 다시 제기하였는데, 그 청구내용은 이 사건 선행소송에서 인정된 금액을 제외한 나머지 적극적 손해에 대한 배상금 5,000만원, 소극적 손해에 대한 배상금 2,000만원 및 위자료 1억원이었다. 이 사건 소송이 이 사건 선행소송의 기판력에 저촉되는가? [25점] [404]

2. X 부동산의 매도인 甲은 매매대금 20억원 중 계약금 1억원 및 1차 중도금 1억원 합계 2억원만을 지급받은 상태에서 당초 약정에 따라 2017.1.1. 매수인 乙에게 X 부동산을 인도하였다. 그 후 甲은 2017.2.1. 乙을 상대로 위 매매계약의 해제에 따른 원상회복을 원인으로 X 부동산의 인도를 구하는 소를 제기하였다(이하 '이 사건 소송'이라 한다). 이에 乙은 "매매계약 해제를 원인으로 甲으로부터 위 2억원의 반환을 받을 때까지 甲의 인도청구에 응할 수 없다."는 취지의 동시이행항변을 하였고, 이에 대하여 甲은 2017.11.1. 이 사건 소송에 관한 준비서면을 통하여 "乙의 X 부동산 점유를 원인으로 하는 甲의 乙에 대한 사용료 채권이 2억원이므로 이를 자동채권으로 하여 乙의 甲에 대한 위 2억원의 반환채권과 상계하면 지급할 금액이 없다."고 재항변하였다. X 부동산에 관한 임료 시세는 월 2,000만원이다. 이 사건 소송에서 甲의 재항변이 받아들여져 甲의 승소판결이 확정되었다. 그런데 乙이 다시 위 계약금 및 중도금 합계 2억원의 반환을 청구하는 후소를 제기하였다. 이에 대하여 법원은 어떠한 판결을 하여야 하는가? [25점]

---

404) 기본적으로 대판 2016.7.27. 2013다96165의 사안이다.

I 설문 1.에 관하여

1. 결론

① 적극적 손해(5,000만원)에 대한 청구는 기판력에 저촉되지 않는다.

② 소극적 손해(2,000만원)에 대한 청구는 기판력에 저촉되지 않는다.

③ 위자료(1억원)에 대한 청구는 기판력에 저촉된다.

2. 근거[405]

(1) 기판력의 의의 및 근거

기판력은 청구에 대한 확정된 종국판결의 판결내용에 부여된 후소에 관한 당사자와 법원을 규율하는 구속력으로서, 법적 안정성·소송경제의 요청과 함께 절차보장을 받은 당사자의 자기책임에서 그 근거를 찾을 수 있다(이원설).

(2) 기판력의 작용

1) 기판력의 주관적 범위

기판력은 소송의 대립 당사자 사이에만 생기는 것을 원칙(상대성의 원칙)으로 한다(제218조 제1항). 사안의 경우 전·후소의 당사자는 甲과 乙로서 동일하므로 전소판결의 기판력이 미친다.

2) 기판력의 객관적 범위와 작용

가) 전소의 기판력의 발생범위

확정판결은 주문에 포함된 것에 한하여 기판력을 가진다(제216조 제1항). 이는 주문 판단만이 당사자의 소송목적에 대한 해결이고, 당사자의 의도에 맞기 때문이다.

나) 기판력의 작용국면

① 기판력은 후소의 소송물이 전소의 소송물과 동일하거나, 전소의 소송물을 선결문제로 하거나, 전소의 소송물과 모순관계에 있는 경우에 작용한다.

② 사안의 경우는 전·후소의 소송물이 동일한지가 문제이다. 이와 관련하여 손해배상청구소송의 소송물이 무엇이고, 각 손해항목 별로 일부청구에 대한 확정판결 후 잔부청구가 기판력에 저촉되는지를 별항으로 살펴보기로 한다.

3) 시적 범위

기판력의 작용국면에 있음을 전제로, 사실심의 변론종결 전에 당사자가 제출할 수 있었던 공격방어방법은 기판력의 실권효에 의해서 차단되어 후소에서 이를 주장할 수 없다.

---

405) 기판력의 작용 여부가 문제 ⇨ 전·후 양소의 소송물이 동일한지 여부가 문제 ⇨ 이와 관련하여 소송물이 어떻게 특정되는가를 살펴보아야 한다. 즉 손해배상청구소송의 소송물이 무엇이고, 각 손해항목별로 일부청구에 대한 잔부청구의 문제가 있는지를 살펴보아야 한다.

(3) 불법행위로 인한 손해배상청구에서의 소송물

판례는 ① 불법행위로 말미암아 신체의 상해를 입었기 때문에 가해자에게 대하여 손해배상을 청구할 경우에 있어서는 그 소송물인 손해는 통상의 치료비 따위와 같은 적극적 재산상 손해와 일실수익 상실에 따르는 소극적 재산상 손해 및 정신적 고통에 따르는 정신적 손해(위자료)의 3가지로 나누어지고, ② 적극적 손해와 소극적 손해 및 정신적 손해는 서로 소송물을 달리하므로 그 손해배상의무의 존부나 범위에 관하여 항쟁함이 상당한지의 여부는 각 손해마다 따로 판단하여야 한다는 입장이다.

(4) 일부청구와 기판력의 작용

1) 일부청구에서의 소송물과 기판력 작용

판례는 ① 일부만을 특정하여 청구하고 그 이외의 부분은 별도소송으로 청구하겠다는 취지를 명시적으로 유보한 때에는 그 전소송의 소송물은 그 청구한 일부의 치료비에 한정되고, 전소 판결의 기판력은 잔부청구인 후소에 미치지 않아 허용지만, ② 묵시적 일부청구의 경우에는 전부청구로 보아 후소의 잔부청구와 그 소송물이 같으므로, 후소는 기판력에 저촉되어 허용되지 않는다는 입장이다.[406]

2) 명시의 방법

일부청구임을 명시하는 방법으로는 반드시 전체 채권액을 특정하여 그중 일부만을 청구하고 나머지에 대한 청구를 유보하는 취지임을 밝혀야 할 필요는 없으며, 일부청구하는 채권의 범위를 잔부청구와 구별하여 그 심리의 범위를 특정할 수 있는 정도의 표시를 하여 전체 채권의 일부로서 우선 청구하고 있는 것임을 밝히는 것으로 충분하다.[407]

3) 사안의 경우

① 적극적 손해(치료비손해 3,000만원) 부분 : 사안에서 甲은 적극적 손해 중 기왕치료비 금액을 특정하여 청구하고, 비뇨기과 향후치료비 등의 금액을 특정하여 청구하면서 '향후치료비는 향후 소송 시 신체감정 결과에 따라 확정하여 청구한다'는 취지를 밝힌 점 등을 종합하면, 명시적 일부청구에 해당한다. 따라서 전소의 소송물은 청구한 부분이다.

② 소극적 손해 부분 : 사안의 선행소송에서 甲은 소극적 손해에 대해서는 청구한 바가 없다. 따라서 이 부분은 선행소송에서 기판력이 발생되지 않았다.

③ 위자료 부분 : 사안에서 甲은 적극적 손해 부분과 달리, 이 사건 의료사고로 인한 위자료 채권의 전부에 관하여 청구하고 있을 따름이지 그 청구의 일부를 유보하고 나머지만을 청구한다는 취지를 명확히 밝히지 않은 점 등을 종합하여 볼 때, 甲은 명시적 일부청구를 하였다고 볼 수 없다. 따라서 전소의 소송물은 전부이다.

---

406) 대판 1982.11.23, 82다카845; 대판 2000.2.11, 99다10424; 대판 2016.8.30, 2016다222149 등
407) 대판 1989.6.27, 87다카2478; 대판 2016.6.10, 2016다203025; 대판 2016.7.27, 2013다96165 등

(5) 사안의 해결408)

1) 적극적 손해(5,000만원) 부분

이 사건 소송의 이 부분 청구는, 이 사건 선행소송의 청구와 마찬가지로 이 사건 의료사고로 인한 것이기는 하나, 이 사건 선행소송에서의 그것과 달리 그 청구 후에 발생한 치료비나 신체감정 결과 등에 의하여 밝혀진 별도의 치료비, 개호비 등에 관한 것임이 분명하다(별개의 소송물에 해당). 따라서 이 사건 선행소송 확정판결의 기판력은 이 사건 소송의 이 부분 청구에는 미치지 않는다.

2) 소극적 손해(2,000만원) 부분

전소 선행소송에서 기판력이 발생된 바 없으므로, 이 사건 소송은 기판력에 저촉되지 않는다.

3) 위자료(1억원) 부분

이 사건 선행소송 확정판결의 기판력은 이 사건 의료사고에 따른 원고들의 위자료 채권 전부에 미치므로, 잔부를 청구하는 것은 이 사건 선행소송 확정판결의 기판력에 저촉되는 것으로서 부적법하여 허용될 수 없다.

■ 설문 2.에 관하여

1. 결론

청구기각판결을 선고하여야 한다.

2. 근거

(1) 문제점

전·후소의 당사자는 모두 甲과 乙로서 주관적 범위에서 전소확정판결의 기판력이 미친다는 점과 乙이 주장하는 계약금 및 중도금 합계 2억원은 전소에서 이미 주장한 사실로서 시적 범위에서 차단됨에는 문제가 없다. 다만 乙이 후소에서 주장하는 소송물인 계약금 및 중도금은 전소에서 동시이행항변으로 주장한 경우로서, 전소 기판력이 객관적 범위에서 작용하는지가 문제이다.

(2) 객관적 범위와 작용 여부

1) 원칙

기판력은 판결주문에 포함된 판단에만 생기고(제216조 제1항), 판결이유 중에 판단된 사실에 대해서는 기판력이 생기지 않는다. 즉 판결이유 속에서 판단되는 피고의 항변에 대해서는 기판력이 생기지 않는 것이 원칙이다.

---

408) 이해의 편의를 위해 상술하였으나, 실제 시험에서는 위 "(4)의 3) 사안의 경우" 부분과 "(5) 사안의 해결"을 함께 구성해서 사안을 해결하면 되겠다.

2) 상계항변에 관한 기판력 발생 여부

가) 의의 및 인정취지

다만 상계항변만은 이중분쟁의 방지를 위해서 그 대항한 액수의 한도에서 기판력이 생기는 것으로 하고 있다(제216조 제2항). 즉 만일 기판력을 인정하지 않는다면, 원고의 청구권의 존부에 대한 분쟁이 나중에 다른 소송으로 제기되는 반대채권(또는 자동채권)의 존부에 대한 분쟁으로 변형됨으로써 상계 주장의 상대방은 상계를 주장한 자가 반대채권을 이중으로 행사하는 것에 의하여 불이익을 입을 수 있게 될 뿐만 아니라, 상계 주장에 대한 판단을 전제로 이루어진 원고의 청구권의 존부에 대한 전소의 판결이 결과적으로 무의미하게 될 우려가 있게 되므로, 이를 막기 위함이다.[409]

나) 기판력 발생요건

상계항변에 대한 기판력이 발생하기 위하여는, ① 자동채권의 존부에 대하여 실질적으로 판단을 한 경우에 한하므로, ⅰ) 상계항변이 실기한 공격방어방법으로 각하된 경우이거나 ⅱ) 상계가 허용되지 않거나(상계 불허) ⅲ) 부적상을 이유로 배척된 경우에는 기판력이 발생하지 않는다. 또한 ② 상계주장에 관한 판단에 기판력이 생기는 것은 수동채권이 소송물로서 심판되는 소구채권이거나 그와 실질적으로 동일한 경우(원고가 상계를 주장하면서 청구이의의 소를 제기하는 경우)에 한한다.

다) 기판력의 발생범위[410]

① 반대채권(자동채권)의 존부에 대해서는 상계로써 대항한 액수의 한도에서 기판력이 생기며(예 1,000만원의 소구채권에 대해 1,500만원의 반대채권으로 상계항변을 한 경우, 1,000만원의 한도에서 기판력이 생기고, 잔액 500만원은 전소의 기판력에 저촉되지 않으므로 별도의 소로써 청구할 수 있다), ② 상계항변을 배척하는 경우에는 반대채권(자동채권)의 부존재에 대하여 기판력이 생긴다. 또한 ③ 상계항변을 채택하여 원고의 청구를 기각하는 경우에는 반대채권(자동채권) 및 수동채권(소구채권)이 다함께 존재한다는 점 및 그 대등액에서 상계로 소멸하였다는 점에 기판력이 생긴다.

라) 수동채권이 동시이행항변으로 주장된 채권의 경우 기판력 발생 여부

① 판례에 따르면, 수동채권이 동시이행항변으로 주장된 채권일 경우에는 그러한 상계주장에 대한 판단에 기판력이 생기지 않는다. 만일 위와 같이 해석하지 않으면, 동시이행항변이 상대방의 상계의 재항변에 의하여 배척되면 그 동시이행항변에 행사된 채권(수동채권)을 소송상 행사할 수 없게 되어 동시이행항변에 행사된 채권의 존부나 범위에 관한 판결 이유 중의 판단에 기판력이 미치는 결과가 되기 때문이다.[411]

---

409) 대판 2018.8.30, 2016다46338

410) 채점기준표에 제시되어 있기 때문에 구성하였으나, 사안의 경우 기판력이 발생하지 않으므로 상세히 기술할 필요가 없는 사항이다. 아마도 배점이 25점이 되다보니 채점기준으로 구성된 것으로 보인다.

411) 대판 2005.7.22, 2004다17207

② 생각건대, 상계가 동시이행의 항변에 대한 재항변으로 주장된 경우에까지 상계 주장
에 관한 판단에 기판력을 인정하게 되면 동시이행 항변에 행사된 채권에 관해서까지
기판력을 인정하는 결과가 되므로, 상계를 제외하고 판결이유 중의 판단에 관하여는
기판력이 생기지 않는다는 우리 민사소송법의 원칙에 어긋나는 문제가 생긴다. 따라
서 판례의 입장은 타당하다.

3) 사안의 경우

사안의 경우 甲은 매매계약을 해제하고 乙을 상대로 X부동산의 인도청구의 소를 제기하였는
데, 위 소송에서 乙은 동시이행의 항변을 하였고, 이에 대하여 甲은 상계의 재항변을 하였는
바, 甲의 상계주장에 대한 판단에 기판력이 생기지 않는다. 따라서 乙이 동시이행항변으로 행
사한 채권은 기판력에 저촉됨이 없이 다시 주장할 수 있다. 다만 이는 전소 판결이유 중 판단
에 나타난 사항이므로 후소 법원은 이에 구속되어 판단하여야 하는지가 문제이다.

(3) 판결이유 중 판단의 구속력 − 증명력

판례는 "민사재판에 있어서는 다른 민사사건 등의 판결에서 인정된 사실에 구속받는 것이 아니
라 할지라도 이미 확정된 관련 민사사건에서 인정된 사실은 특별한 사정이 없는 한 유력한 증
거가 되므로, 합리적인 이유설시 없이 이를 배척할 수 없고, 특히 전후 두 개의 민사소송이 당
사자가 같고 분쟁의 기초가 된 사실도 같으나 다만 소송물이 달라 기판력에 저촉되지 아니한
결과 새로운 청구를 할 수 있는 경우에 있어서는 더욱 그러하다."고 하였다.[412]

(4) 사안의 경우

사안의 경우 후소법원은 乙의 청구가 전소의 기판력에 저촉된다고 판단할 수는 없으나, 乙의
채권이 전소에서 甲의 상계의 재항변에 의해 소멸되었다는 사실은 유력한 증거자료가 되므로,
합리적 이유 없이 이를 배척할 수 없다. 결국 후소법원은 乙의 계약금 및 중도금 합계 2억원의
반환청구에 대해 기각판결을 선고하여야 한다.

412) 대판 1995.6.29, 94다47292; 2007.11.30, 2007다30393

☑ 사례(164) | 기판력의 시적 범위 - 차단효

사실관계

甲은 乙을 상대로 대여원금 1억원의 반환을 구하는 소(이하 'A소'라고 함)를 제기하였다. A소의 제1심 법원은 2015.7.10. 변론을 종결한 후 청구기각판결을 선고하였고, 甲과 乙이 항소를 하지 않아 위 판결이 2015.8.10. 확정되었다. 甲은 2017.5.20. 乙을 상대로 위 대여원금 1억원에 대한 2015.5.10.부터 2017.5.10.까지의 연 5%의 비율에 의한 지연손해금의 지급을 구하는 소(이하 'B소'라고 함)를 제기하였고, 소송절차에서 '乙이 2014.5.9. 甲으로부터 1억원을 반환기일을 2015.5.9.로 정하여 차용한 후 2017.5.11. 반환하였다'는 사실을 주장·증명하였다.

문제

B소 법원은 어떠한 판결을 선고하여야 하는가? 15점

1. 결론

① 2015.5.10.부터 2015.7.9.까지의 지연손해금의 청구에 대해 법원은 청구인용판결을 하여야 한다.
② 2015.7.10.부터 2017.5.10.까지의 지연손해금의 청구에 대해 법원은 청구기각판결을 하여야 한다.

2. 근거

(1) 문제점

A소(전소)에 대한 확정판결로 발생된 기판력이 후소인 B소의 지연손해금청구에 작용하는지 여부가 문제된다.

(2) 기판력의 작용 여부

1) 주관적 범위

전소와 후소 모두 甲과 乙로서 일치하므로 기판력이 주관적 범위에서 미침은 문제없다 (제218조 제1항).

2) 객관적 범위와 작용국면

① 기판력은 판결주문에 발생하므로(제216조 제1항), 사안의 경우 원본채권이 부존재한다는 점에 기판력이 발생하고, 판결이유 중 판단(예컨대, 변제사실 등)에는 기판력이 발생하지 않는다.
② 기판력은 전소 소송물이 후소 소송물과 동일하거나, 선결관계에 있는 경우, 또는 모순관계에 있는 경우에 작용하는데, 사안의 경우 A소의 대여원금채권은 B소의 지연손해금청구의 선결관계로 작용한다.

③ 다만, 사안에서는 어느 시점에 있는 권리관계의 존부에 대해 기판력이 생기는지와 관련하여 시적 범위가 문제이다.

(3) 시적 범위

1) 표준시 및 차단효

① 기판력은 사실심 변론종결 당시(무변론판결의 경우는 판결선고 시)를 표준시로 하여 그 당시의 권리관계의 존부판단에만 생기므로, 표준시점 이전은 물론 표준시 이후의 권리관계에는 미치지 않는다. 따라서 전소에서 권리관계가 부존재한다는 기판력 있는 판단이 난 경우라도, ⅰ) 표준시 전에 그와 같은 권리가 존재하였음을 주장할 수 있으며, 나아가 ⅱ) 표준시 후에 권리가 존재함을 주장할 수도 있다(예컨대, 표준시 후에나 비로소 이행기가 도래한 경우). 다만 ⅲ) 표준시 후의 권리가 표준시의 권리를 전제로 하는 경우에는 기판력이 미친다.

② 판례도 확정판결의 기판력은 사실심의 최종변론종결 당시의 권리관계를 확정하는 것이므로, 원고의 청구 중 확정판결의 사실심 변론종결 시 후의 이행지연으로 인한 손해배상(이자)청구부분은 그 선결문제로서 확정판결에 저촉되는 금원에 대한 피고의 지급의무의 존재를 주장하게 되어 논리상 확정판결의 기판력의 효과를 받게 되는 것이라고 할 것이나, 그 외의 부분(변론종결 당시까지의 분)의 청구는 확정판결의 기판력의 효과를 받지 않는다고 하였다.[413]

2) 사안의 경우

A소의 기판력은 변론종결 시인 2015.7.10. 당시 甲에게 대여금채권이 존재하지 않는다는 점에 발생하므로, 그 전인 2015.5.10.부터 2015.7.9.까지의 대여금채권의 존재를 전제로 한 지연이자 청구에는 기판력이 미치지 않는다. 다만 그 후인 2015.7.10.부터 2017.5.10.까지의 대여금채권의 존재를 전제로 한 지연이자 청구에는 기판력이 미친다.

(4) B소 법원의 조치

1) 2015.5.10.부터 2015.7.9.까지의 지연손해금의 청구

A소와 B소는 선결관계에 있으나, 2015.5.10.부터 2015.7.9.까지의 대여금채권의 존재를 전제로 한 지연손해금 청구에는 기판력이 미치지 않는바, B소 법원은 대여금채권의 존부를 심리하여 지연손해금의 청구를 판단하여야 하는데, 사안의 경우 乙은 2017.5.11. 변제하였음을 주장·증명하였으므로 법원은 그 전의 대여금채권을 존재로 지연손해금 청구를 인용하여야 한다.

2) 2015.7.10.부터 2017.5.10.까지의 지연손해금의 청구

그러나 변론종결 시인 2015.7.10.부터 2017.5.10.까지의 대여금채권의 존재를 선결관계로 한 지연손해금 청구에는 기판력이 미치고, 이 경우 B소 법원은 A소 법원의 판단에 구속되어 판단하여야 하는바, 청구기각판결을 하여야 한다.

---

413) 대판 1976.12.14, 76다1488

✅ 사례(165) | 기판력의 시적 범위 및 판결의 확정

사실관계

甲은 乙을 상대로 1억원의 대여원금을 반환해 달라고 하는 소(이하 '전소'라 한다)를 제기하였으나 대여사실이 인정되지 않는다는 이유로 2015.3.3. 변론이 종결되고 제1심 법원으로부터 패소판결을 선고받았고 동 판결은 확정되었다. 그 후 甲은 전소에서 주장하였던 위 1억원의 대여원금의 존재를 근거로 대여원금의 변제기가 도과한 2014.4.6.부터 2017.4.6.까지의 지연손해금의 지급을 구하는 소(이하 '후소'라 한다)를 제기하였다.

문제

(1) 후소법원은 甲의 청구에 대해 어떠한 판결을 하여야 하는가? [15점]

(2) 위 사안과 달리, 전소에서 甲이 대여원금 1억원과 이에 대한 지연손해금 3천만원 모두를 동시에 청구하였다. 이 경우 ① 甲이 전부 승소하였고 동 판결에 대해 乙은 지연손해금 청구에 대해서만 불복하는 항소를 제기하였는데 항소심 법원이 乙의 항소를 기각하자, 乙이 지연손해금 청구는 물론 대여원금 청구에 대해서도 불복하는 상고를 제기하였다면 乙의 이러한 상고는 적법한가? 또한 ② 만일 제1심 법원의 판결 주문에서는 "乙은 甲에게 7천만원을 지급하라"고만 하고 있고, 판결 이유에서는 위 금원이 대여원금청구 중 일부를 인용한 것임을 언급하고 있을 뿐 다른 내용은 없어서 甲이 지연손해금청구 부분에 대해 항소를 제기하였다면 항소는 적법한가? [20점]

Ⅰ 설문 (1)에 관하여

1. 결론

① 2014.4.6.부터 2015.3.2.까지의 지연손해금의 청구에 대해 법원은 청구기각판결을 하여야 한다.

② 2015.3.3.부터 2017.4.6.까지의 지연손해금의 청구에 대해 법원은 청구기각판결을 하여야 한다.

2. 근거

(1) 문제점

전소에 대한 확정판결로 발생된 기판력이 후소의 지연손해금청구에 작용하는지 여부가 문제된다.

(2) 기판력의 작용 여부

1) 주관적 범위

전소와 후소 모두 甲과 乙로서 일치하므로 기판력이 주관적 범위에서 미침은 문제없다(제218조 제1항).

2) 객관적 범위와 작용국면

① 기판력은 판결주문에 발생하므로(제216조 제1항), 사안의 경우 원본채권이 부존재한다는 점에 기판력이 발생하고, 판결이유 중 판단(예컨대, 변제사실 등)에는 기판력이 발생하지 않는다.

② 기판력은 전소 소송물이 후소 소송물과 동일하거나, 선결관계에 있는 경우, 또는 모순관계에 있는 경우에 작용하는데, 사안의 경우 전소의 대여원금채권은 후소의 지연손해금청구의 선결관계로 작용한다.

③ 다만, 사안에서는 어느 시점에 있는 권리관계의 존부에 대해 기판력이 생기는지와 관련하여 시적 범위가 문제이다.

(3) 시적 범위

1) 표준시 및 차단효

① 표준시는 사실심의 변론종결 시(무변론판결의 경우는 판결선고 시)이다. 따라서 변론종결 당시의 권리관계의 존부판단에만 생기므로, 표준시점 이전은 물론 표준시 이후의 권리관계에는 미치지 않는다. 따라서 전소에서 권리관계가 부존재한다는 기판력 있는 판단이 난 경우라도, i) 표준시 전에 그와 같은 권리가 존재하였음을 주장할 수 있으며, 나아가 ii) 표준시 후에 권리가 존재함을 주장할 수도 있다(예컨대, 표준시 후에나 비로소 이행기가 도래한 경우). 다만 iii) 표준시 후의 권리가 표준시의 권리를 전제로 하는 경우에는 기판력이 미친다.

② 판례도 확정판결의 기판력은 사실심의 최종변론종결 당시의 권리관계를 확정하는 것이므로, 원고의 청구 중 확정판결의 사실심 변론종결 시 후의 이행지연으로 인한 손해배상청구 부분은 그 선결문제로서 확정판결에 저촉되는 금원에 대한 피고의 지급의무의 존재를 주장하게 되어 논리상 확정판결의 기판력의 효과를 받게 되는 것이라고 할 것이나, 그 외의 부분(변론종결 당시까지의 분)의 청구는 확정판결의 기판력의 효과를 받지 않는다고 하였다.[414]

2) 사안의 경우

전소의 기판력은 변론종결 시인 2015.3.3. 당시 甲에게 대여금채권이 존재하지 않는다는 점에 발생하므로, 그 전인 2014.4.6.부터 2015.3.2.까지의 대여금채권의 존재를 전제로 한 지연손해금 청구에는 기판력이 미치지 않는다. 다만 그 후인 2015.3.3.부터 2017.4.6.까지의 대여금채권의 존재를 전제로 한 지연손해금 청구에는 기판력이 미친다.

---

414) 대판 1976.12.14, 76다1488

(4) 후소 법원의 조치

1) 2014.4.6.부터 2015.3.2.까지의 지연손해금 청구

전소와 후소는 선결관계에 있으나, 2014.4.6.부터 2015.3.2.까지의 대여금채권의 존재를 전제로 한 지연손해금 청구에는 기판력이 미치지 않는바, 후소 법원은 대여금채권의 존부를 심리하여 지연손해금의 청구를 판단하여야 하는데, 사안의 경우 전소확정판결의 이유에서 대여사실이 인정되지 않는다고 판단하였는바, 후소 법원은 특별한 사정이 없는 한 그 전의 대여금채권이 존재하지 않음을 전제로 지연손해금 청구를 기각하여야 한다. 전소 판결이유 중 판단은 유력한 증거자료로서 합리적 이유 없이 이를 배척할 수 없기 때문이다.

2) 2015.3.3.부터 2017.4.6.까지의 지연손해금 청구

그러나 대여금채권의 존재를 선결관계로 하는 변론종결 시인 2015.3.3.부터 2017.4.6.까지의 지연손해금 청구에는 기판력이 미치고, 이 경우 후소 법원은 전소 법원의 판단에 구속되어 판단하여야 하는바, 청구기각판결을 하여야 한다.

Ⅲ 설문 (2)에 관하여

1. 결론

① 대여원금 청구에 대한 乙의 상고는 부적법하고, ② 甲의 지연손해금청구 부분에 대한 항소도 부적법하다.

2. 근거

(1) 문제점

상소가 적법하려면 그 대상판결은 종국판결로서 아직 확정되지 않았어야 한다(대상적격). 따라서 이와 관련하여, 설문 ①의 경우에는 乙이 항소하지 않은 대여원금청구 부분이 상고 전에 이미 확정되었는지 여부가 문제이고, 설문 ②의 경우에는 지연손해금청구 부분이 종국판결이 난 경우로서 항소의 대상적격이 있는지, 아니면 아직 원심에 계속 중에 있어서 항소의 대상적격이 없는지가 문제이다. 이는 甲이 구한 청구 병합의 유형과 관련하여 문제되므로 이를 먼저 살펴보기로 한다.[415]

(2) 청구병합 해당 여부 및 유형

① 금전채무불이행의 경우에 지연손해금채권은 그 원본채권의 일부가 아니라 전혀 별개의 채권으로 원본채권과는 별개의 소송물이다.[416] 따라서 甲의 대여금청구와 지연손해금청구는 청구의 병합에 해당한다.

---

415) 이해의 편의를 위해 제시하였으므로, 참고하기 바란다.

416) 대판 2005.4.29, 2004다40160 참고

② 단순병합이란 여러 개의 청구에 대하여 다른 청구의 당부와 관계없이 그 전부에 대하여 심판을 구하는 형태의 병합이다.

③ 사안의 경우 甲의 乙에 대한 대여금청구와 지연손해금청구는 단순병합에 해당한다.[417]

(3) 설문 ①의 경우

1) 일부상소의 경우 확정차단 및 이심의 범위와 심판대상·범위[418]

① 단순병합의 경우 전부판결을 한 경우에 그중 한 청구에 대해 불복항소를 하여도 다른 청구에 대해 항소의 효력이 미친다. 즉 상소불가분의 원칙이 적용되어 전부가 확정차단되고 항소심에 이심된다.

② 다만 불이익변경금지의 원칙상 상소한 청구만 항소심의 심판대상이 된다(제415조).

2) 항소하지 않은 청구부분의 확정시기

일부상소의 경우 불복신청이 없는 부분의 판결확정시기가 언제인지 문제되는데, 이에 대해 판례는 변론재개가 있을 수 있으므로, 항소심의 경우 항소심 판결선고 시에, 상고심은 상고심 판결선고 시를 확정시로 보고 있다(항소심·상고심 판결선고시설).[419]

3) 사안의 경우

사안의 경우는 단순병합에 해당하는데, 대여금청구는 乙이 항소를 하지 않았지만 지연손해금 청구 부분에 대한 항소로 일단 확정이 차단되고 항소심으로 이심된다. 다만 항소심 판결선고 시에 확정되었으므로, 이에 대한 상고는 대상적격의 흠으로 부적법하다.

(4) 설문 ②의 경우

1) 일부판결의 허용 여부

① 단순병합의 경우 변론을 분리하여 병합된 청구 중 어느 하나의 청구에 대해서만 판단하는 일부판결도 할 수 있다(제200조). 이처럼 법원이 병합된 청구 중 종국판결의 주문에서 판단하여야 할 사항의 일부를 빠뜨렸을 때를 재판의 누락이라 한다(제212조 제1항).[420]

② 판례는 원금청구부분만 판단하고 확장된 지연손해금 청구 부분에 대하여 원심법원이 판결 주문이나 이유에서 아무런 판단을 하지 아니한 경우, 이는 재판의 누락이 발생한 경우에 해당한다는 입장으로서, 일부판결을 허용한다.[421]

---

417) 어느 하나의 청구가 다른 청구의 선결관계에 있거나(예컨대, 소유권확인과 소유권에 기한 건물인도청구, 원금청구와 이자채권청구 등), 각 청구가 기본적 법률관계를 공통으로 하고 있는 경우(예컨대, 토지소유권에 기한 건물철거청구와 토지인도청구)를 '관련적 병합'이라고 한다.

418) 대판 1994.12.23, 94다44644

419) 대판 2014.12.24, 2012다116864, 대판 2008.3.14, 2006다2940

420) 대판 2017.12.5, 2017다237339 : 재판의 누락이 있는지 여부는 주문의 기재에 의하여 판정하여야 하므로, 판결 이유에 청구가 이유 없다고 설시되어 있더라도 주문에 그 설시가 없으면 특별한 사정이 없는 한 재판의 누락이 있다고 보아야 한다.

421) 대판 1996.2.9, 94다50274 참고

2) 재판누락된 부분에 대한 항소의 가부

판례는 ① 재판의 누락이 발생한 경우 이 부분 소송은 아직 원심에 계속 중이라고 보아야 할 것이어서 적법한 상소의 대상이 되지 아니하므로, 이 부분에 대한 상소는 부적법하고,[422] ② 나머지 누락된 부분은 추가판결로서 완결하여야 한다는 입장이다.

3) 사안의 경우

甲의 병합청구 중 재판누락된 부분의 지연손해금청구소송은 원심에 계속 중이라고 보아야 하므로 항소의 대상적격이 인정되지 않아 이 부분에 대한 甲의 항소는 부적법하다.

---

422) 대판 2005.5.27, 2004다43824; 대판 2017.12.5, 2017다237339

☑️ 사례(166) | 기판력의 시적 범위 - 차단효

사실관계

甲 등이 乙 주식회사와 甲 등 소유의 토지 위에 아파트를 신축하되 일부 세대를 공사대금 명목으로 乙 회사에 대물변제하기로 약정하고, 아파트 개별 세대에 관하여 甲 등 각자를 1/5 지분의 소유권자로 하여 소유권보존등기를 마친 상태에서, 乙 회사로부터 아파트 503호를 분양받아 점유하고 있는 丙을 상대로 소유권에 기한 방해배제청구로서 건물인도를 구하는 소(제1차 인도소송)를 제기하였으나, 丙이 분양에 관한 처분권한을 가진 乙 회사와 매매계약을 체결하여 아파트를 매수하였으므로 자신의 점유는 정당한 권원에 기한 점유라고 주장하고, 이와 같은 주장이 받아들여져 甲 등의 청구에 대하여 패소판결이 선고되어 확정되었는데, 그 후 乙 회사가 丙을 상대로 매매계약의 무효 확인을 구하는 소를 제기하여 매매계약이 乙 회사를 대리할 정당한 권한이 있는 사람에 의하여 체결되었다는 증거가 없어 무효라는 취지의 판결이 선고되어 확정되었다.

문제

이에 다시 甲 등은 丙을 상대로 공유물에 대한 보존행위로서 건물인도를 구하는 소(제2차 인도소송)를 제기하였다. 후소 법원은 어떠한 판결을 하여야 하는가? (공동소송의 형태는 논외로 한다.) 15점

1. 결론

청구기각판결을 하여야 한다.

2. 근거

(I) 기판력의 작용 여부

1) 주관적 범위

전소와 후소 모두 甲 등과 丙으로서 일치하므로 기판력이 주관적 범위에서 미침은 문제없다.

2) 객관적 범위와 작용국면

甲 등이 丙을 상대로 제기한 소유권에 기한 방해배제청구로서 건물인도를 구하는 소송(제1차 인도소송)과 공유물에 대한 보존행위로서 건물인도를 구하는 소송(제2차 인도소송)의 소송물은 모두 소유권에 기한 방해배제를 구하는 건물인도 청구권으로 동일하다.

사안의 경우에는 시적 범위에서 차단되는지 문제이므로, 이를 상세히 살펴보기로 한다.

(2) 시적 범위

1) 의의

기판력이 생기는 판단이 어느 시점에 있는 권리관계의 존부에 관한 것인지의 문제이다.

2) 표준시

기판력은 표준시인 사실심 변론종결 당시(무변론판결의 경우는 판결선고 시)의 권리관계의 존부판단에만 생기므로, 표준시점 이전은 물론 표준시 이후의 권리관계에는 미치지 않는다.

3) 차단효(실권효)

① 표준시 이전에 존재하였으나 표준시까지 제출하지 않은 공격방어방법은 후소에 다시 제출하지 못하고, 당사자가 표준시 이전에 존재하였던 사실을 제출하지 못한 데 대하여 知·不知, 고의·과실을 묻지 않고 일률적으로 후소에서 제출이 차단된다.

② 다만 변론종결 이후의 사정변경에 의해 새로이 발생한 사유는 실권효의 제재를 받지 않는다. 즉 변론종결 후에 새로 발생한 사유가 있어 전소 판결과 모순되는 사정 변경이 있는 경우에는 기판력의 효력이 차단된다.

③ 사안의 경우에는 丙이 제1소송에서 점유권원이라고 주장한 제2소송에서의 분양계약이 무효임이 무효확인소송을 통해 확인된 경우 이것이 제1소송 후의 새로운 사유에 해당하는지 여부가 문제이다.

4) 새로운 법적 평가가 담긴 다른 판결의 존재가 새로운 사정에 해당하는지 여부

판례는 "변론종결 후에 발생한 새로운 사유란 새로운 사실관계를 말하는 것일 뿐, 기존의 사실관계에 대한 새로운 증거자료가 있다거나 새로운 법적 평가 또는 그와 같은 법적 평가가 담긴 다른 판결이 존재한다는 등의 사정은 포함되지 아니한다."고 하였다.[423]

5) 사안의 경우

매매계약이 정당한 권한이 있는 사람에 의하여 체결되어 丙이 아파트를 점유할 정당한 권원이 있는지는 제1차 인도소송의 변론종결 전에 존재하던 사유로 甲 등이 제1차 인도소송에서 공격방어방법으로 주장할 수 있었던 사유에 불과하고 그에 대한 법적 평가가 담긴 무효확인소송의 확정판결이 제1차 인도소송의 변론종결 후에 있었더라도 이를 변론종결 후에 발생한 새로운 사유로 볼 수도 없으므로, 제2차 인도소송은 제1차 인도소송의 확정판결의 기판력에 저촉되어 허용될 수 없다고 보아야 한다. 따라서 사안의 경우 제2차 인도소송은 전소 기판력에 저촉된다.

---

423) 대판 2016.8.30, 2016다222149. 이에 달리 원심은 피고들이 점유권원이라고 주장한 제2소송의 분양계약이 무효임이 무효확인소송을 통해 확인되었고, 이는 제1소송의 사실심 변론종결 이후에 발생한 사유이며, 제1소송의 기판력은 이 사건에 미치지 않는다고 하였다.

(3) 기판력에 저촉되는 경우 법원의 조치

판례는 전·후소의 소송물이 동일한 경우, ① 전소에서 승소판결을 받은 경우에 원고가 같은 신소를 제기하는 것은 이미 권리보호를 받았음에도 불구하고 이를 다시 구하는 것으로 권리보호이익에 흠이 있는 것이며 이 때문에 소각하판결을 하여야 하나, ② 패소판결을 받은 때에 원고가 신소를 제기하면 전의 판결내용과 모순되는 판단을 하여서는 아니 되는 구속력 때문에 청구기각판결을 하여야 한다는 입장이다.

(4) 사안의 경우

사안의 경우, 후소 법원은 청구기각판결을 하여야 한다.[424]

---

424) 만약 甲의 제1차 인도소송 이후에 새로운 계약무효 확인사실이 표준시 이후에 발생되어 이를 기초로 계약무효 확인판결이 확정되었더라면 이는 표준시 이후의 새로운 법률관계로서 甲은 제2차 인도소송에서 승소하였을 것이다. 그렇지 않더라도 만약 '매매계약무효판결'이 乙과 丙 사이에서가 아니라 甲과 丙 사이에서 이루어졌다면 이 판결은 '제2차 인도소송'의 선결적 법률관계에 관한 판결로서 구속력이 있다. 그런데 '매매계약무효판결'이 제2차 인도소송의 당사자가 아닌 乙과 丙 사이에서 이루어졌기 때문에 甲과 丙사이의 제2차 인도소송에서는 단순히 법적 평가에 불과하게 되어 패소한 것이다. 따라서 만약 甲이 乙에게 어떤 청구권이 존재하여 이를 보전하기 위한 채권자대위권의 행사로서 乙을 대위하여 丙을 상대로 2차 인도소송을 제기하였더라면, 2차인도소송의 선결적 법률관계가 바로 '乙과 丙 사이의 매매계약의 무효'이었고 이 부분이 乙과 丙 사이의 소송에서 乙이 승소확정됨으로써 甲은 기판력의 '선결적 법률관계의 구속력'에 의해서 丙에 대하여 승소하였을 것이다.

☑ 사례(167) | 기판력의 시적 범위 - 차단효

사실관계

甲은 2007.4.1. 乙로부터 乙 소유의 X토지를 10억원에 매수하기로 매매계약을 체결하고, 계약금 1억원은 계약 당일에, 중도금 5억원은 2007.10.1.에 각 지급하였으며, 잔금 4억원은 2007.11.1. 이 사건 X토지에 관한 소유권이전등기를 경료받음과 동시에 지급하기로 약정하였다.

문제

만일 X토지에 관한 소유권이전등기명의가 매매를 원인으로 하여 乙로부터 甲으로 이전되었는데, 乙은 애당초 甲과의 매매계약 자체가 체결된 사실이 없다고 주장하면서 소유권에 기하여 甲을 상대로 소유권이전등기의 말소를 구하는 소를 제기하였으나 패소판결을 선고받아, 그 판결이 확정되었다. 그 후 乙이 위 등기원인인 매매가 사기에 의한 의사표시이므로 이를 취소한다고 주장하면서 甲을 상대로 소유권에 기한 소유권이전등기의 말소를 구하는 소를 다시 제기하였다면, 후소는 위 확정판결의 기판력에 저촉되는가? 15점

1. 결론

기판력에 저촉된다.

2. 근거

(1) 기판력의 주관적 범위

사안에서 전소의 당사자와 후소의 당사자는 동일하므로 전소의 기판력은 주관적 범위에서 후소에 작용한다(제218조 제1항).

(2) 기판력의 객관적 범위와 작용

판례에 따르면, 말소등기청구사건의 소송물은 당해 등기의 말소등기청구권이고 그 동일성 식별의 표준이 되는 청구원인(즉 말소등기청구권의 발생원인)은 당해 등기원인의 무효라 할 것으로서 등기원인의 무효를 뒷받침하는 개개의 사유는 독립된 공격방어방법에 불과하여 별개의 청구원인을 구성하는 것이 아니라 할 것이므로 전소에서 원고가 주장한 사유나 후소에서 주장하는 사유들은 모두 등기의 원인무효를 뒷받침하는 공격방법에 불과할 것일 뿐 그 주장들이 자체로서 별개의 청구원인을 구성한다고 볼 수 없고 모두 전소의 변론종결 전에 발생한 사유라면 전소와 후소는 그 소송물이 동일하여 후소에서의 주장사유들은 전소의 확정판결의 기판력에 저촉되어 허용될 수 없다.[425]

---

425) 대판 1993.6.29, 93다11050

(3) 기판력의 시적 범위 − 변론종결 뒤 형성권 행사와 실권효(차단효)

후소에서의 사기에 의한 취소의 주장은 변론종결 전에 발생한 사유이므로 기판력의 시적 범위에서 차단된다. 판례도 확정된 법률관계에 있어 동 확정판결의 변론종결 전에 이미 발생하였던 취소권을 그 당시에 행사하지 않음으로 인하여 취소권자에게 불리하게 확정된 경우 그 확정 후 취소권을 뒤늦게 행사함으로써 동 확정의 효력을 부인할 수 없다고 하였다.[426]

---

426) 대판 1979.8.14, 79다1105. 이 경우 후소 법원은 기판력의 본질에 따라 청구기각판결을 할 것이다.

☑ 사례(168) | 기판력의 시적 범위 – 차단효

사실관계

甲은 乙과 토지거래허가구역 내의 乙 소유의 X 토지를 매수하는 내용의 매매계약을 체결하였다. 그 후 甲은 여러 차례 소유권이전등기를 경료해 달라고 요청하였으나, 乙은 이를 거절하고 있다.
甲은 乙을 상대로 소유권이전등기청구와 토지거래허가신청절차의 이행을 구하는 소를 제기하였는데, 변론종결 전에 이미 위 토지는 토지거래허가구역에서 해제되었음에도 甲은 이러한 사실을 알지 못하여 전소에서 주장하지 못하였고, 결국 소유권이전등기절차의 이행을 구하는 청구는 기각되고 토지거래허가신청절차의 이행을 구하는 청구는 인용하는 판결이 선고되어 확정되었다.

문제

그 후 이러한 사실을 뒤 늦게 알게 된 甲은 乙을 상대로 소유권이전등기절차의 이행을 구하는 소를 제기하였다. 후소는 전소확정판결의 기판력에 반하는가? 12점

1. 결론

후소는 전소확정판결의 기판력에 반한다.

2. 근거

(1) 기판력의 작용 여부

1) 주관적 범위

2) 객관적 범위와 작용

사안은 전소와 후소의 소송물이 모두 매매계약을 원인으로 하는 소유권이전등기청구권으로서 동일하다.

3) 시적 범위

① 사실심의 변론종결 전에 당사자가 제출할 수 있었던 공격방어방법은 기판력의 실권효에 의해서 차단되어 후소에서 이를 주장할 수 없다. 이는 당사자가 표준시 이전에 존재하였던 사실을 제출하지 못한 데 대하여 知·不知, 고의·과실을 묻지 않고 일률적으로 후소에서 제출이 차단된다고 본다.

② 판례도 甲이 위 토지가 토지거래허가구역에서 해제되어 매매계약이 확정적으로 유효하게 되었다는 사정을 알지 못하여 전소에서 주장하지 못하였다고 하더라도, 후소에서 이를 주장하여 전소 법률관계의 존부와 모순되는 판단을 구하는 것은 전소확정판결의 기판력에 반한다고 하였다.[427)]

(2) 사안의 경우

---

427) 대판 2014.3.27, 2011다49981

사례(169) | 기판력의 시적 범위 – 차단효

사실관계

甲은 乙과 사이에 乙로부터 X기계를 대금 8억원에 제작·납품받기로 하는 계약을 체결하였다. 乙은 기계의 제작을 완료하였으나 甲이 기계의 수령과 대금의 지급을 지체하자 甲을 상대로 대금 8억원의 지급을 구하는 소를 제기하여 승소확정판결을 받았다.

문제

그 후에 甲은 乙이 위 소송의 계속 중 X기계를 이미 丙에게 매도하였음을 알게 되어서, 甲은 X기계의 인도불능을 이유로 계약을 해제한다거나 혹은 위 이행불능으로 인한 손해배상채권으로 乙의 대금채권과 상계한다고 주장하면서 청구이의의 소를 제기하였다. 청구이의의 사유로 인정할 수 있는가? 10점

❚ 결론

상계권 주장은 청구이의의 사유로 인정될 수 있다.

❚ 근거

1. 기판력의 작용 여부

(1) 기판력의 주관적 범위

(2) 기판력의 객관적 범위와 작용

(3) 시적 범위 – 변론종결 후 형성권 행사와 실권효

판례는 ① 취소권, 해제권 등의 다른 형성권에 대하여는 실권효를 긍정하지만,[428] ② 상계권 (지상물매수청구권 포함)은 그 예외로서 변론종결 전에 상계권이 있다 하여도 변론종결 후에 행사하였다면 상계권의 존부를 알았든 몰랐든 변론종결 후의 사유로 보아 실권하지 않는다는 입장이다. 즉, 채무자가 채무명의인 확정판결의 변론종결 전에 상대방에 대하여 상계적상에 있는 채권을 가지고 있었다 하더라도 채무명의인 확정판결의 변론종결 후에 이르러 비로소 상계의 의사표시를 한 때에는 민사집행법 제44조 제2항이 규정하는 '이의원인이 변론종결 후에 생긴 때'에 해당하는 것으로서, 당사자가 채무명의인 확정판결의 변론종결 전에 자동채권의 존재를 알았는가 몰랐는가에 관계없이 적법한 청구이의 사유로 된다고 하였다.[429]

---

428) 대판 1979.8.14, 79다1105
429) 대판 1998.11.24, 98다25344; 대판 1966.6.28, 66다780

2. 사안의 경우

사안에서 법원은 이행불능이 전소의 계속 중에 발생하여 전소에서 해제를 할 수 있었는데 이를 하지 않았으므로 실권효에 의하여 더 이상 해제 주장을 할 수 없으므로 이를 배척하여야 하나, 상계 주장에 관하여는 실권되지 않으므로 이를 받아들여야 한다.

✅ 사례(170) | **변론종결 후 형성권 행사와 실권효**

사실관계

甲은 乙이 시공한 건물의 건축자재를 공급하였는데, 당초 乙이 공사를 완료하는 즉시 자재대금을 지급하기로 약속하였음에도 불구하고 공사 완료 후에도 대금을 지급하지 않아 수차례 독촉을 하였다. 그러나 乙이 공사 중 甲이 불량자재를 공급(甲의 과실이 인정)하여 해당 자재를 사용한 부분을 철거하고 재시공을 하느라 소요된 2억원을 배상하여 줄 것을 요구하며 불응하므로, 甲은 乙을 상대로 법원에 3억원의 건축 자재대금 이행청구의 소를 제기하였다.

문제

법원은 심리 후 甲의 주장을 모두 인정하여 전부승소판결을 선고하였고, 이 판결이 그대로 확정되었다. 그 후 강제집행을 당할 것을 염려한 乙은 확정된 3억원의 자재대금 채권 중 2억원을 자재의 하자로 인한 손해배상채권으로 상계한다고 甲에게 통보하였다. 乙은 甲의 강제집행을 저지하기 위하여 청구이의의 소를 제기할 수 있는가? 7점

I 결론

乙은 청구이의의 소를 제기할 수 있다.

II 근거

1. 문제점

전소의 변론종결 전에 주장할 수 있었던 상계권이 실권효의 제재를 받아 청구이의의 소를 제기할 수 없는지가 문제된다.

2. 변론종결 후 형성권 행사와 실권효

판례는 ① 취소권, 해제권 등의 다른 형성권에 대하여는 실권효를 긍정하지만,[430] ② 상계권(지상물매수청구권 포함)은 그 예외로서 변론종결 전에 상계권이 있다 하여도 변론종결 후에 행사하였다면 상계권의 존부를 알았든 몰랐든 변론종결 후의 사유로 보아 실권하지 않는다는 입장이다. 즉, 채무자가 채무명의인 확정판결의 변론종결 전에 상대방에 대하여 상계적상에 있는 채권을 가지고 있었다 하더라도 채무명의인 확정판결의 변론종결 후에 이르러 비로소 상계의 의사표시를 한 때에는 민사집행법 제44조 제2항이 규정하는 '이의원인이 변론종결 후에 생긴 때'에 해당

---

430) 대판 1979.8.14, 79다1105

하는 것으로서, 당사자가 채무명의인 확정판결의 변론종결 전에 자동채권의 존재를 알았는가 몰랐는가에 관계없이 적법한 청구이의 사유로 된다고 하였다.[431]

3. 사안의 경우

상계의 항변에 관한 주장은 실권되지 않으므로, 乙은 상계를 주장할 수 있고 청구이의의 소를 제기할 수 있다.

---

431) 대판 1998.11.24, 98다25344; 대판 1966.6.28, 66다780. 대판 1995.12.26, 95다42195 참조

✅ 사례(171) | 기판력의 시적 범위 - 차단효

> **사실관계**
>
> 甲은 그의 소유 Y토지 위에 乙이 건물을 지어 살고 있어 乙을 상대로 토지의 인도와 건물을 철거할 것을 청구하는 소를 제기하였다. 이에 乙은 甲의 토지 소유권은 인정하지만 甲으로부터 위 건물의 소유를 목적으로 위 토지를 임차하였으므로, 건물매수청구권을 행사한다고 주장하였다.

> **문제**
>
> 만일 위 소송에서 乙이 甲에 대해 건물매수청구권을 행사하지 않아 甲 승소판결이 선고되고 확정되었다면, 그 후 건물이 철거되기 전에 乙이 甲에 대하여 건물매수청구권을 행사하면서 그 매매대금의 지급을 구하는 소를 제기하는 것이 위 확정판결에 저촉되는가? 10점

1. 결론

기판력에 저촉되지 않는다.

2. 근거

(1) 문제의 소재

후소인 매매대금지급청구의 소를 제기하기 위해서는 전소의 사실심 변론종결 전에 이미 존재하던 건물매수청구권을 행사해야 하는바, 이러한 주장이 전소의 기판력에 의해 차단되는 것이 아닌지가 문제된다.[432]

(2) 판례의 태도

판례는 "토지의 임대인이 임차인에 대하여 제기한 토지인도 및 건물철거 청구소송에서 임차인이 패소하여 그 패소판결이 확정되었다고 하더라도, 그 확정판결에 의하여 건물철거가 집행되지 아니한 이상, 토지의 임차인으로서는 건물매수청구권을 행사하여 별소로써 임대인에 대하여 건물 매매대금의 지급을 구할 수 있다고 할 것이고, 전소인 토지인도 및 건물철거 청구소송

---

[432] 사실 본 판결에서 전소인 토지인도 및 건물철거청구소송과 후소인 매매대금청구소송은 서로 그 소송물을 달리하는 것이므로 기판력의 객관적 범위가 다르다(⚖ 양자는 모순관계에 있지도 않다. 전소에서 말소등기청구에 패소확정된 후 새로운 원인에 기한 이전등기청구가 모순관계에 해당하지 않는 것과 마찬가지이다). 그리고 기판력의 시적 범위는 객관적 범위가 작용하는 것을 전제로 한다. 따라서 본 사안은 기판력의 객관적 범위가 문제되지 않으므로 시적 범위도 문제되지 않는 경우라고 할 수 있다. 그러나 학계에서는 이와 관련하여 시적 범위의 문제에서 본 판결을 인용하고 있음을 주의하여야 한다. 아마도 그것은 상계권과 유사한 건물매수청구권의 독특한 성격에 기인한 것으로 보인다.

과 후소인 매매대금 청구소송은 서로 그 소송물을 달리하는 것이므로, 종전 소송의 확정판결의
기판력에 의하여 건물매수청구권의 행사가 차단된다고 할 수도 없다."고 하였다.[433]

(3) 사안의 경우

乙이 甲에 대해 건물매수청구권을 행사하지 않아 甲 승소판결이 확정되었으나, 아직 건물이 철
거되기 전이므로, 乙은 지상물매수청구권을 행사하며 매매대금의 지급을 구하는 소를 제기할
수 있고, 이는 전소확정판결의 기판력에 저촉되지 않는다.

---

433) 대판 1995.12.26, 95다42195

☑ 사례(172) | 기판력 작용

사실관계

甲은 A와 특정 토지의 매매계약을 체결하고 일정한 매매대금을 지급하였다. 그러나 A의 기망으로 인해 매매계약의 목적을 달성할 수 없는 사유를 간과하고 체결하였다고 하여, 甲은 A를 상대로 당해 계약을 취소하고, 원상회복으로 기지급한 매매대금의 반환을 요구하는 소를 제기하였다. 이에 대해 법원은 A의 기망행위는 인정되지 않고 당해 매매계약이 유효하다는 이유에서 甲의 청구를 기각하는 판결을 선고하였고 그대로 확정되었다.

문제

甲은 또다시 당해 계약이 유효함을 전제로 A의 후발적인 이행불능을 원인으로 하여 매매계약을 해제하고, 그 원상회복으로서 기지급한 매매대금의 반환을 청구하는 소를 제기하였다. 후소 법원은 어떠한 판결을 하여야 하는가? [5점]

1. 결론

청구기각판결을 하여야 한다.

2. 근거

① 후소가 전소확정판결의 기판력에 저촉되는지가 문제이다.

② 이에 대해 판례는 "계약해제의 효과로서의 원상회복은 부당이득에 관한 특별규정의 성격을 가지는 것이고, 부당이득반환청구에서 법률상의 원인 없는 사유를 계약의 불성립, 취소, 무효, 해제 등으로 주장하는 것은 공격방법에 지나지 아니하므로 그중 어느 사유를 주장하여 패소한 경우에 다른 사유를 주장하여 청구하는 것은 기판력에 저촉되어 허용될 수 없다 할 것인바, 패소판결이 확정된 전소에서 주장하였던 기망에 의한 의사표시의 취소의 효과로서 구하였던 매매대금반환의 성질은 부당이득반환이라고 할 것이고, 후소에서 계약해제의 효과인 원상회복으로서 구하는 것도 같은 성질의 것이라 할 것이므로, 전소의 소송물인 부당이득반환청구권의 존부에 관한 공격방법을 후소에 다시 제출하여 전소와 다른 판단을 구하는 것은 전소의 확정판결의 기판력에 저촉되어 허용될 수 없으며, 이는 전소에서 이행불능사실을 몰랐다고 하더라도 마찬가지이다."라고 하였다.[434]

---

434) 대판 2000.5.12, 2000다5978. 만일 배점이 10점 이상이라면, 기판력의 ① 주관적 범위 ⇨ ② 객관적 범위와 작용국면(동일관계) ⇨ ③ 시적 범위(변론종결 후 형성권 행사)의 논증을 거쳐, 동일관계인 경우 기판력의 본질론에 따른 법원의 조치를 밝혀야 한다.

☑ 사례(173) | 기판력 작용 등

사실관계

원고가 甲으로부터 그 소유의 미등기 건물을 매수하였으나 등기를 마치지 못하고 있던 중, 乙과 丙이 공모하여 위조한 관계서류를 이용하여 위 건물에 관하여 丙 명의로 소유권보존등기를 마쳤고, 이어 丁 명의로 소유권이전등기가 마쳐지자, 원고는 甲을 상대로 하여서는 위 건물에 관하여 매매를 원인으로 한 소유권이전등기절차를, 甲을 대위하여, 乙과 丙을 상대로 하여서는 위 소유권보존등기의 말소등기절차를, 丁을 상대로 하여서는 위 소유권이전등기의 말소등기절차를 각 이행할 것을 구하는 한편, 비록 국가가 위 건물의 소유권에 관하여 특별히 다투지는 않지만 위 소유권보존등기를 말소한 다음 새로이 소유권보존등기를 마치기 위해서는 소유권확인판결이 필요하다는 이유로 국가를 상대로 하여 위 건물이 甲의 소유임의 확인을 구하는 소를 제기하였다.

문제

※ 위 사안을 토대로 다음 질문에 대한 결론 및 근거를 간략히 기재하시오.

(1) 원고의 위 소 중 소각하판결을 해야 할 부분은 어느 것인지 설명하시오. [12점]

(2) 丙이 위 소제기 이전에 그 상속인으로 戊를 남기고 사망하였고 원고가 위 소제기 이후에 비로소 그 사실을 알게 되었다면, ㈎ 원고는 어떠한 조치를 취하여야 하는지, ㈏ 원고가 아무런 조치를 취하지 않는 등으로 법원이 丙의 사망사실을 간과한 채 丙을 피고로 하여 판결을 선고하였다면 이 부분 판결의 효력이 어떠한지 설명하시오. [12점]

(3) 丙이 소송계속 중 그 상속인으로 戊를 남기고 사망하였는데(丙은 소송대리인을 선임한 바가 없음) 원고나 戊가 아무런 조치를 취하지 않는 등으로 법원은 丙의 사망사실을 간과한 채 丙을 피고로 하여 판결을 선고하였고, 위 판결을 사실상 송달받은 戊는 항소를 제기하고 항소심에서 수계절차를 밟았다. 그런데 항소심 법원은 위 판결이 당연무효이고 위 항소가 판결이 없는 상태에서 이루어진 것으로서 부적법하다는 이유로 항소를 각하하였다. 이러한 항소심 법원의 조치가 타당한지 설명하시오. [13점]

(4) 丁에게 위 소유권이전등기의 말소등기절차를 이행할 것을 명하는 판결이 선고되어 확정되었으나 아직 그 말소등기가 실행되지 않은 상태에서, 위 건물에 관하여 己 명의의 소유권이전등기와 庚 명의의 근저당권설정등기가 순차로 마쳐져서, 원고가 己, 庚을 상대로 하여 위 소유권이전등기 내지 근저당권설정등기의 각 말소등기절차를 이행할 것을 구하는 새로운 소를 제기하였다고 할 때, 법원은 이에 대하여 어떠한 판결을 선고해야 하는지 설명하시오. [13점]

Ⅰ 설문 (1)에 관하여

1. 결론

법원은 ① 원고가 甲을 대위하여 乙을 상대로 제기한 소유권보존등기의 말소등기절차 이행청구의 소와 ② 원고가 국가를 상대로 제기한 이 사건 건물이 甲의 소유임을 구하는 확인의 소를 부적법 각하하여야 한다.

2. 근거

(1) 피고 乙의 당사자적격 인정 여부

1) 이행의 소에서 당사자적격의 판단기준

① 판례에 의하면 이행의 소에 있어서 자기의 실체법상 이행청구권을 주장하는 사람이 원고 적격자이고, 그로부터 의무자로 주장되고 있는 사람이 피고적격자이다. 여기서 청구권 내지는 의무가 존재하는가에 대하여는 법원이 실체관계를 심리한 후 결정되는 것이므로 정당한 원고가 반드시 실체법상의 권리자이고 정당한 피고가 반드시 실체법상의 의무자는 아니다. 결국 당사자적격은 주장 자체만으로 판단한다.

② 다만 판례는 예외적으로 등기의무자가 아닌 자를 상대로 한 등기말소청구의 소는 당사자적격이 없는 자를 상대로 한 부적법한 소로서 각하하여야 한다고 하였다.

2) 사안의 경우

사안의 경우, 乙과 丙은 공모하여 위조한 서류를 이용하여 그 소유권보존등기는 丙 명의로만 마쳤으므로, 원고가 등기의무자가 아닌 乙을 상대로 제기한 위 소유권보존등기 말소등기절차 이행의 소는 당사자적격이 없는 자를 상대로 한 부적법한 소가 된다.

(2) 국가를 상대로 한 확인의 소의 이익 인정 여부

1) 문제점

확인의 이익은 현재의 권리 또는 법률상의 지위에 위험·불안이 현존하고, 이것을 제거하기 위하여 확인판결을 받는 것이 가장 유효·적절한 수단일 때에 인정된다. 따라서 국가가 소유권을 다투는 경우에는 국가를 상대로 한 확인의 소의 이익이 인정된다. 그러나 사안처럼 국가가 미등기 건물의 소유권에 관하여 특별히 다투고 있지 않은 경우에도 확인의 이익이 인정되는지 문제된다.

2) 판례의 태도

판례는 "미등기 건물의 경우 가옥대장이나 건축물관리대장의 비치·관리업무는 당해 지방자치단체의 고유사무로서 국가사무라고 할 수도 없고, 또한 건물의 소유권에 관하여 국가가 이를 특별히 다투고 있지도 아니하다면, 국가는 그 소유권 귀속에 관한 직접적인 분쟁의 당사자가 아니어서 이를 확인해 주어야 할 지위에 있지 않으므로, 국가를 상대로 미등기 건물의 소유권확인을 구하는 것은 그 확인의 이익이 없어 부적법하다."고 하였다.[435]

---

435) 대판 1999.5.28, 99다2188

3) 사안의 경우

사안의 경우, 국가가 건물의 소유권에 관하여 특별히 다투고 있지 않으므로, 이 사건 건물이 甲의 소유라는 확인의 소는 확인의 없어 부적법 각하되어야 한다.

Ⅱ 설문 ⑵에 관하여

1. 결론

① 원고는 피고의 표시를 사망자 丙에서 상속인 戊로 바꾸는 당사자표시정정신청을 하여야 한다.

② 만일 법원이 丙의 사망 사실을 간과한 채 丙명의의 판결을 하였다면 이는 당연무효이다.

2. 근거

⑴ 당사자의 확정

1) 당사자 확정의 기준

판례는 당사자 확정의 기준에 대해 ① "당사자는 소장에 기재한 표시만에 의할 것이고 청구의 내용과 원인사실을 종합하여 확정하여야 하는 것"이라고 판시하였다. 다만 ② 예외적으로 "이미 사망한 자를 상대로 한 소송에서 사실상의 피고는 사망자의 상속인이고, 다만 그 표시를 그릇한 것에 불과하다고 해석함이 타당하고, 실질적인 피고로 해석되는 사망자의 상속인은 실제로 상속을 하는 사람을 가리키고, 상속을 포기한 자는 상속 개시 시부터 상속인이 아니었던 것과 같은 지위에 놓이게 되므로 제1순위 상속인이라도 상속을 포기한 경우에는 이에 해당하지 아니하며, 후순위 상속인이라도 선순위 상속인의 상속포기 등으로 실제로 상속인이 되는 경우에는 이에 해당한다."고 하였다. ③ 나아가 최근 판례는 이러한 입장을 유지하면서 원고가 피고의 사망사실을 알고 있는 경우에도 실질적 피고는 사망자의 상속인이라는 점을 밝힌 바 있다.

2) 사안의 경우

사안의 경우, 원고는 피고 丙이 이미 사망하였다는 사실을 소제기 이후에야 비로소 알게 되었으므로, 실질적인 피고는 처음부터 상속인인 戊이고 다만 그 표시에 잘못이 있는 것에 지나지 않는다.

⑵ 당사자표시정정신청의 가부

① 판례는 "사망 사실을 모르고 사망자를 피고로 표시하여 소를 제기한 경우에, 실질적인 피고는 처음부터 사망자의 상속자이고 다만 그 표시에 잘못이 있는 것에 지나지 않는다고 인정된다면 사망자의 상속인으로 피고의 표시를 정정할 수 있다."고 판시하여 당사자표시정정을 허용하고 있다.

② 사안의 경우, 실질적인 피고는 사망자인 丙이 아니라 처음부터 상속인인 戊이고, 다만 그 표시에 잘못이 있는 것에 지나지 않으므로, 원고는 사망자인 丙에서 그 상속인인 戊로 피고의 표시를 바꾸는 당사자표시정정신청을 하여야 한다.

(3) 제소 전 사망자임을 간과한 판결의 효력

① 법원이 피고가 사자임을 간과하고 본안판결을 하였을 때, 판결이 확정되어도 그 판결은 이 당사자대립구조의 흠결을 간과한 판결로서 당연무효라는 것이 판례의 입장이다.

② 사안의 경우, 원고가 당사자표시정정신청과 같은 조치를 취하지 않는 등으로 법원이 丙의 사망 사실을 간과하고 판결을 선고하였다면, 이는 이당사자대립구조의 흠결을 간과한 판결 로서 당연무효의 판결이라고 할 것이다.

Ⅲ 설문 (3)에 관하여

1. 결론

원고의 항소를 각하한 항소심 법원의 조치는 부당하다.

2. 근거

(1) 항소의 적법요건

항소가 적법하기 위해서는 ① 항소의 대상적격이 있어야 하며, ② 적식의 항소제기가 있어야 하고, ③ 항소의 이익이 있어야 하며, ④ 항소의 당사자자격이 있어야 한다.

사안의 경우에는 항소의 당사자자격의 구비 여부와 대상적격이 인정될 수 있는지가 문제된다. 즉 소송절차의 중단을 간과한 판결이 무효인 판결로서 항소의 대상적격이 없는지, 소송절차가 중단된 경우 수계절차를 마친 자는 항소인으로 되는데(제243조), 아직 수계신청을 마치지 않은 자의 항소도 항소의 당사자자격을 인정할 수 있는지 여부가 문제된다. 이를 살펴보기 위해 먼저 중단의 요건을 구비하였는지 여부를 먼저 살펴본다.

(2) 소송절차의 중단 여부

당사자의 사망으로 소송절차가 중단되기 위해서는 ① 소송계속 중에 사망하였을 것, ② 사망한 당사자 측에 소송대리인이 선임되어 있지 않을 것, ③ 상속인이 있을 것, ④ 소송물인 권리의 무가 상속의 대상이 될 것을 요한다. 사안의 경우에는 문제될 것이 없으므로 소송절차가 중단 됨을 인정할 수 있다.

(3) 항소의 대상적격 유무

1) 문제점

판례에 의하면 종국판결로서 유효한 판결만이 항소의 대상적격이 있다. 이와 관련하여 소송절차 의 중단을 간과한 판결의 효력이 유효한 판결인지 아니면 당연무효의 판결인지 여부가 문제된다.

2) 당연승계 인정 여부

판례는 소송계속 중 당사자가 사망한 사건에서 "소송 중 당사자가 사망한 때부터 소송은 그 지위를 당연히 이어받는 상속인과의 관계에서 대립당사자구조를 형성하게 된다."라고 하여 당연승계를 긍정하는 입장이다.

3) 소송절차의 중단을 간과한 판결의 효력

① 판례는 "소송계속 중 일방 당사자의 사망에 의한 소송절차 중단을 간과하고 판결이 선고된 경우에는 그 판결은 소송에 관여할 수 있는 적법한 수계인의 권한을 배제한 결과가 되는 절차상 위법은 있지만 그 판결이 당연무효라 할 수는 없고, 다만 그 판결은 대리인에 의하여 적법하게 대리되지 않았던 경우와 마찬가지로 보아 대리권흠결을 이유로 상소 또는 재심에 의하여 그 취소를 구할 수 있을 뿐"이라고 판시하였다.

② 이에 의하면 제1심 법원의 판결은 유효한 판결이지만, 대리권 흠결을 간과한 위법한 판결로서 항소의 대상적격이 있다.

(4) 항소의 당사자적격 및 하자의 치유

제1심 판결의 선고 후에 승계인으로서 수계절차를 마친 자는 항소인 또는 피항소인이 된다 (제243조). 그리고 판례에 따르면 소송절차가 중단된 상태에서 제기된 상소는 부적법한 것이지만, 상소심 법원에 수계신청을 하여 그 하자를 치유시킬 수 있다고 함으로써, 수계할 자가 항소를 함과 동시에 항소심 법원에 수계신청을 한 때에도 적법한 항소로 본다.

(5) 사안의 경우

사안의 경우, 비록 제1심 법원이 丙이 소송계속 중 사망한 사실을 간과한 채 丙을 피고로 하여 판결을 선고하였더라도 항소심 법원이 그 판결을 당연무효라고 판단한 것은 타당하지 않으며, 소송절차가 중단된 상태에서 제기된 戊의 항소는 일응 부적법한 것이지만, 항소심에서 수계신청을 함으로써 그 하자는 치유되었다고 할 것이다. 따라서 항소심 법원이 丙의 항소가 부적법하다는 이유로 각하한 것은 부당하다.

Ⅳ 설문 (4)에 관하여

1. 결론

원고의 후소는 전소 승소확정판결의 기판력에 저촉되므로 후소 법원은 소의 이익 흠결을 이유로 부적법 각하하여야 한다.

2. 근거

(1) 기판력의 주관적 범위

1) 상대성 원칙과 예외

기판력은 소송의 대립 당사자 사이에만 생기는 것을 원칙(상대성의 원칙)으로 한다(제218조 제1항). 다만 예외적으로 기판력이 당사자 이외에 제3자에게 미치는 경우가 있는데, 이러한 예외로써 민사소송법 제218조 제1항에서는 "확정판결은 변론종결 뒤의 승계인에 대하여 그 효력이 있다"고 규정하고 있다. 따라서 사안의 경우 己와 庚이 변론종결 뒤의 제3자에 해당되어 판결의 효력이 미치는지 여부가 문제된다.

2) 변론종결 뒤 승계인에 해당하는지 여부

가) 변론종결 뒤 승계인의 의의

변론종결 뒤에 소송물인 권리관계에 대한 지위를 당사자로부터 승계한 제3자는 전주와 상대방 당사자 사이에 내려진 판결의 기판력을 받는다(제218조 제1항). 이 경우 소송계속의 사실이나 전소판결의 존재에 대하여 승계인이 된 제3자의 知·不知는 문제되지 않는다.

나) 변론종결 뒤 승계인의 범위

승계인이란 ① 변론종결한 뒤에 당사자로부터 '소송물인 실체법상의 권리의무' 자체를 승계한 자와 ② 소송물인 권리의무관계 자체를 승계한 것은 아니지만, '계쟁물에 관한 당사자적격'을 승계한 자도 승계인이 된다(적격승계설). 다만 당사자적격은 소송법적으로 추상화된 개념이므로 승계인의 범위(기판력의 범위)가 지나치게 확대될 가능성이 있다. 따라서 그 범위의 합리적 조절이 필요한데, 판례는 소송물인 청구권의 성질을 승계인의 범위 문제에 반영하여 이를 해결하고 있으며, 결국 판례에 따르면 소송물이론에 따른 승계인의 범위가 문제된다.

다) 소송물이론과 승계인의 범위

판례의 구소송물이론에 따르면, ① 소송물인 원고의 청구가 대세적 효력을 갖는 물권적 청구권일 때에는 제218조 제1항의 승계인으로 되지만, ② 대인적 효력밖에 없는 채권적 청구권일 때에는 승계인이 아니라고 한다.

3) 사안의 경우

사안의 경우, 전소에서 소유권에 기한 소유권이전등기의 말소등기를 명하는 판결이 확정되었고, 전소의 변론종결 뒤에 己와 庚이 각 소유권이전등기와 근저당권설정등기를 마쳤으므로, 己와 庚은 전소확정판결의 기판력이 미치는 변론종결 뒤의 승계인에 해당한다.

(2) 기판력의 객관적 범위와 작용

전소의 기판력은 판결주문에서 확정된 법률관계인 말소등기청구권의 존부에 발생하고(객관적 범위), 己 상대의 소유권이전등기말소청구는 전소와 소송물이 동일하다는 점에서, 庚 상대의 근저당권설정등기말소청구는 전소와 소송물이 동일하거나 또는 전소의 말소등기청구권의 존부를 선결문제로 한다는 점에서 모두 전소의 기판력이 미친다고 할 것이다.[436]

---

436) 소유권이전등기말소소송의 승소 확정판결에 기하여 소유권이전등기가 말소된 후 순차 제3자 명의로 소유권이전등기 및 근저당권설정등기 등이 마쳐졌는데 위 말소된 등기의 명의자가 현재의 등기명의인을 상대로 진정한 등기명의의 회복을 위한 소유권이전등기청구와 근저당권자 등을 상대로 그 근저당권설정등기 등의 말소등기청구 등을 하는 경우 현재의 등기명의인 및 근저당권자 등은 모두 위 확정된 전 소송의 사실심 변론종결 후의 승계인으로서 위 확정판결의 기판력은 그와 실질적으로 동일한 소송물인 진정한 등기명의의 회복을 위한 소유권이전등기청구 및 위 확정된 전소의 말소등기청구권의 존재 여부를 선결문제로 하는 근저당권설정등기 등의 말소등기청구에 모두 미친다고 한 사례이다(대판 2003.3.28, 2000다24856).

(3) 기판력에 저촉되는 경우 법원의 조치

판례는 ① 전소에서 승소판결을 받은 경우에 원고가 같은 신소를 제기하는 것은 이미 권리보호를 받았음에도 불구하고 이를 다시 구하는 것으로 권리보호이익에 흠이 있는 것이며 이 때문에 소각하판결을 하여야 하나, ② 패소판결을 받은 때에 원고가 신소를 제기하면 전의 판결내용과 모순되는 판단을 하여서는 아니 되는 구속력 때문에 청구기각판결을 하여야 한다는 입장이다.

(4) 사안의 경우

사안의 경우, 전소에서 승소 확정판결을 받은 원고가 변론종결 후의 승계인에 해당하는 己와 庚을 상대로 전소와 소송물이 동일한 또는 전소의 소송물을 선결문제로 하는 후소를 제기한 경우이므로, 법원은 후소를 소의 이익의 흠결을 이유로 부적법 각하하여야 한다. 이 경우 원고는 己와 庚에 대한 승계집행문을 부여받아 말소집행을 하면 된다.[437]

---

437) 대판 1972.7.25, 72다935 참조

✓ **사례(174)| 판결의 편취**

문제

※ 다음 물음에 답하시오(1.과 2.는 서로 관련이 없는 문제임).

1. 甲은 乙을 상대로 乙소유 X토지에 관한 소유권이전등기절차이행 청구의 소를 제기하면서 乙의 주소지를 허위로 기재하고 자신의 아들이 乙로 위장하여 소송서류를 송달받게 함으로써 무변론 승소판결(이하 '종전 판결'이라고 함)을 받았다. 종전 판결은 2008.6.23. 확정되었고, 이에 기하여 甲은 X토지에 관하여 2008.6.25. 소유권이전등기를 마쳤다. 乙은 2014.7.20. 등기부등본을 통하여 이 같은 사실을 확인하고는, 甲을 상대로 위 소유권이전등기의 말소를 구하는 소송을 제기하였다(아래 각 설문은 독립적임).

   가. 甲의 乙에 대한 종전 판결의 효력을 검토하고, 종전 판결을 다툴 수 있는 소송법상 乙의 구제방법 중 2014.9.1. 현재 가능한 것과 불가능한 것을 구분한 후 그 이유를 기재하시오. [10점]

   나. 종전 판결을 다투지 않고 별소로 乙이 제기한 소유권이전등기말소 청구소송의 적법 여부에 관하여 기재하시오. [5점]

2. 甲은 乙이 교도소에 수감된 사실을 속인 채 乙을 상대로 대여금 청구의 소를 제기하였다. 乙의 주소지에 송달이 되지 않자 법원은 乙에 대한 송달을 공시송달의 방법으로 하여 소송을 진행한 후 甲의 청구를 모두 인용하는 판결(이하 '재심대상 판결'이라고 함)을 선고하였고, 재심대상 판결은 乙에게 공시송달의 방법으로 송달되어 2009.9.18. 확정되었다. 乙은 2014.7.2. 판결정본 등을 발급받고 재심대상 판결의 존재를 알게 되었고, 2014.7.30. 재심대상 판결에 대한 재심의 소를 제기하였다. 제1심은 다음과 같은 이유로 재심의 소를 각하하는 판결을 하였는바, 이를 검토한 후 乙이 제기한 재심의 소의 적법 여부에 관한 결론과 이유를 기재하시오. [5점]

[판결 이유 중 일부]

"민사소송법 제451조 제1항 단서에 따라, 당사자가 상소에 의하여 재심사유를 주장하였거나 이를 알고도 주장하지 아니한 때에는 재심의 소를 제기할 수 없다. 그런데 '이를 알고도 주장하지 아니한 때'에는 상소를 제기하지 아니하여 판결이 그대로 확정된 경우까지 포함한다. 피고는 2014.7.2. 판결정본 등을 받은 후 추완항소 기간 안에 추완항소를 제기하지 않고 2014.7.30. 이 사건 재심의 소를 제기하였으므로, 민사소송법 제451조 제1항 단서에 따라 이 사건 재심의 소는 제기할 수 없는 자가 제기한 재심의 소로서 위법하다."

■ 설문 1.의 가.에 관하여

1. 결론

甲의 乙에 대한 종전 판결은 비록 부적법한 절차에 의하여 이루어졌다 하더라도 판결이 형식적으로 존재하는 이상 당연무효의 판결은 아니다. 그러나 위 종전 판결은 그 판결정본이 허위주소로 송달되었기 때문에 그 송달이 무효이고, 따라서 아직 항소기간이 진행되지 않은 미확정판결이 되며, 당연히 기판력도 발생하지 않는다. 결국 2014.9.1. 현재 乙이 종전 판결을 다툴 수 있는 소송법상 구제방법으로 가능한 것은 항소를 제기하는 것이다. 한편, 종전 판결은 확정되지 않은 상태이므로 확정판결을 전제로 하는 추후보완항소 또는 재심의 소를 제기하는 것은 소송법상 구제방법으로 불가능하다.[438]

2. 이유

(1) 편취판결의 의의 및 효력

① 당사자가 상대방이나 법원을 기망하여 부당한 내용의 판결을 받은 경우를 널리 판결의 편취라 한다.

② 편취판결의 효력에 대해서는, ⅰ) 판결이 편취되었을 때에 피고의 재판을 받을 권리가 실질적으로 보장된 것이 아니기 때문에 당연무효로 보아야 한다는 무효설과 ⅱ) 판결을 편취한 경우에도 판결 자체는 유효하다는 유효설(위법설)이 대립하고 있다.

③ 생각건대, 판결이 무효라면 기판력제도를 동요시켜서 법적 안정성을 해할 우려가 있으며, 더구나 판결편취의 경우에 제451조 제1항에서는 당연무효의 판결이 아님을 전제로 하여 재심사유로 규정하고 있으므로 우리 실정법에는 맞지 않는 해석이다. 따라서 유효한 판결로 보는 것이 타당하다고 본다. 판례도 판결이 형식적으로 존재하는 이상 편취판결도 당연무효의 판결이 아님을 전제로 한다.[439]

(2) 소송법상 구제수단

자백간주에 의한 판결편취의 경우 ① 추후보완상소 또는 재심에 의할 것인가 아니면 ② 항소제기에 의할 것인지가 문제인데, ③ 이에 대해 판례는 "판결정본이 제소자가 허위로 표시한 상대방의 허위주소로 보내져서 상대방 아닌 다른 사람이 그를 수령한 것이니 상대방에 대한 판결정본의 송달은 부적법하여 무효이고 상대방은 아직도 판결정본의 송달을 받지 않은 상태에 있는 것으로서 그 판결에 대한 항소기간은 진행을 개시하지 않은 것이라고 보아야 할 것이고, 형식적으로 확정된 확정 판결이 아니어서 기판력이 없는 것이라고 할 것이므로, 이에 대하여 어느 때나 상소를 제기할 수 있다."는 입장이다.[440]

---

438) 사안의 경우는 추후보완항소 또는 재심의 소를 제기할 수 있다는 견해에 따르더라도 2014.9.1. 현재 시점에서는 乙이 종전 판결의 존재를 확인한 2014.7.20. 즉 장애사유가 없어진 때로부터 2주가 도과하였으므로 추후보완항소를 제기할 수 없고, 또한 재심사유를 안 날인 2014.7.20.로부터 30일, 종전 판결이 확정된 2008.6.23.로부터 5년이 모두 지났으므로, 모두 그 제기기간이 도과되어 종전 판결을 다툴 수 있는 소송법상 乙의 구제방법으로는 불가능하다.

439) 대판(전) 1978.5.9, 75다634 ; 동 판결은 편취판결(사위판결)에 대한 학설 대립 등에 관해서 교과서적인 설시를 하고 있음도 주목할 사항이다.

440) 대판(전) 1978.5.9, 75다634; 대판 1994.12.22, 94다45449 등

(3) 사안의 경우

사안의 경우, 甲의 乙에 대한 종전 판결은 비록 부적법한 절차에 의하여 이루어졌다 하더라도 판결이 형식적으로 존재하는 이상 당연무효의 판결은 아니다. 그러나 위 종전 판결은 그 판결 정본이 허위주소로 송달되었기 때문에 그 송달이 무효이고, 따라서 아직 판결정본이 송달되지 않은 상태이므로 판결정본이 송달된 때로부터 진행하는 항소기간이 진행되지 않은 미확정판결 이 되며, 당연히 기판력도 발생하지 않는다. 따라서 2014.9.1. 현재 乙이 종전 판결을 다툴 수 있는 소송법상 구제방법으로 가능한 것은 항소를 제기하는 것이다. 한편, 허위주소 송달에 의 한 종전 판결은 판결이 확정되지 않은 상태이므로 확정판결을 전제로 하는 추후보완항소 또는 재심의 소를 제기하는 것은 소송법상 구제방법으로 불가능하다.[441]

Ⅱ 설문 1.의 나.에 관하여

1. 결론

종전 판결을 다투지 않고 별소로 乙이 제기한 소유권이전등기말소 청구소송은 적법하다.

2. 이유

① 편취판결에 대한 실체법상 구제책으로는 판결을 취소함이 없이 직접 말소등기청구를 할 수 있는지 여부가 문제된다. 왜냐하면 모순관계로서 기판력에 저촉될 소지가 있기 때문이다.

② 판례는 제소자가 상대방의 주소를 허위로 기재함으로써 그 허위주소로 소송서류가 송달되어 그로 인하여 상대방 아닌 다른 사람이 그 서류를 받아 의제자백의 형식으로 제소자 승소의 판결이 선고되고 그 판결정본 역시 허위의 주소로 보내어져 송달된 것으로 처리된 경우에는 상대방에 대한 판결의 송달은 부적법하여 무효이므로 상대방은 아직도 판결정본의 송달을 받 지 않은 상태에 있어 이에 대하여 상소를 제기할 수 있을 뿐만 아니라, 위 사위판결에 기하여 부동산에 관한 소유권이전등기가 경료된 경우에는 별소로서 그 등기의 말소를 구할 수도 있 다고 하였다.[442]

③ 사안의 경우, 자백간주에 의한 편취판결은 항소설에 의하면 판결이 확정되지 않고 기판력도 발생하지 않기 때문에 항소에 의한 판결취소 없이 별소로 乙이 제기한 소유권이전등기말소 청구소송은 적법하다.

---

441) 사안의 경우는 추후보완항소 또는 재심의 소를 제기할 수 있다는 견해에 따르더라도 2014.9.1. 현재 시점 에서는 乙이 종전 판결의 존재를 확인한 2014.7.20. 즉 장애사유가 없어진 때로부터 2주가 도과하였으므 로 추후보완항소를 제기할 수 없고, 또한 재심사유를 안 날인 2014.7.20.로부터 30일, 종전 판결이 확정 된 2008.6.23.로부터 5년이 모두 지났으므로, 모두 그 제기기간이 도과되어 종전 판결을 다툴 수 있는 소송법상 乙의 구제방법으로는 불가능하다.

442) 대판 1995.5.9, 94다41010

Ⅲ 설문 2.에 관하여

1. 결론

乙이 제기한 재심의 소는 적법하다.

2. 이유

(1) 공시송달에 의한 판결의 편취

이 경우에 ① 제451조 제1항 11호의 "당사자가 상대방의 주소 또는 거소를 알고 있었음에도 불구하고 있는 곳을 잘 모른다고(소재불명)···· 하여 소를 제기한 때"에 해당하여 재심의 대상이 된다는 점에 관하여는 이론이 없다. 즉 판결정본의 송달은 법률상 적법한 송달의 방법으로 인정된 것이므로 유효하고, 따라서 위 판결에 대하여 상소제기기간 안에 상소를 하지 아니하면 판결은 형식적으로 확정된다. 판례도 마찬가지이다. ② 이 경우 당사자가 상대방의 주소 또는 거소를 알고 있었음에도 소재불명 또는 허위의 주소나 거소로 하여 소를 제기한 탓으로 공시송달의 방법에 의하여 판결정본이 송달된 때에는 민사소송법 제451조 제1항 제11호에 의하여 재심을 제기할 수 있음은 물론이나 또한 같은 법 제173조에 의한 소송행위 추완에 의하여도 상소를 제기할 수도 있다.[443]

(2) 추완상소와 재심의 소와의 관계

판례는 추완상소와 재심의 소는 독립된 별개의 제도이므로 추완상소의 방법을 택하는 경우에는 추완상소의 기간 내에, 재심의 방법을 택하는 경우에는 재심기간 내에 이를 제기하여야 하는 것으로 보이는 점을 고려하면, 공시송달에 의하여 판결이 선고되고 판결정본이 송달되어 확정된 이후에 추완항소의 방법이 아닌 재심의 방법을 택한 경우에는 추완상소기간이 도과하였다 하더라도 재심기간 내에 재심의 소를 제기할 수 있다고 하였다.[444]

(3) 사안의 경우

사안의 경우, 재심대상 판결에는 제451조 제1항 제11호의 재심사유와 제173조의 추완항소사유가 동시에 존재하는데, 추완상소와 재심의 소는 독립된 별개의 제도이므로 비록 乙이 2014.7.2. 판결정본 등을 받은 후 2주 이내에 추완항소를 제기하지 않았더라도 그로부터 30일 이내인 2014.7.30.에 재심의 소를 제기하였으므로, 乙이 제기한 재심의 소는 재심청구의 제기기간을 준수한 것으로서 적법하다.

---

443) 대판 1985.8.20, 85므21
444) 대판 2011.12.22, 2011다73540

✅ 사례(175)| 판결의 편취

사실관계

甲은 X 토지를 그 소유자인 乙로부터 매수한 사실이 없음에도 불구하고 乙을 상대로 X 토지에 관한 매매를 원인으로 하는 소유권이전등기를 구하는 소를 제기하면서 소장에 乙의 주소를 허위로 기재하여 그 허위 주소로 소장이 송달되게 하고 甲의 친구인 丙으로 하여금 소장을 수령하게 하였다. 소장 송달일로부터 30일이 경과하여도 답변서가 제출되지 않자 법원은 변론 없이 청구인용 판결을 선고하였는데 판결서는 2017.1.2. 위 허위 주소로 송달되어 丙이 이를 수령하였다. 甲은 2017.2.5. 위 판결에 기하여 X 토지에 관하여 甲 앞으로의 소유권이전등기를 마쳤다.

문제

乙은 이상과 같은 사실을 2017.3.10. 알게 되었다. 2017.4.3. 현재 乙의 가능한 구제방법은 무엇인가? 20점

Ⅰ 결론

乙은 항소를 제기하거나 별소로 소유권이전등기의 말소를 구하는 소를 제기할 수 있다.

Ⅱ 근거

1. 편취판결의 의의 및 효력

① 당사자가 상대방이나 법원을 기망하여 부당한 내용의 판결을 받은 경우를 널리 판결의 편취라 한다.

② 편취판결의 효력에 대해서는, ⅰ) 판결이 편취되었을 때에 피고의 재판을 받을 권리가 실질적으로 보장된 것이 아니기 때문에 당연무효로 보아야 한다는 무효설과 ⅱ) 판결을 편취한 경우에도 판결 자체는 유효하다는 유효설(위법설)이 대립하고 있다.

③ 생각건대, 판결이 무효라면 기판력제도를 동요시켜서 법적 안정성을 해할 우려가 있으며, 더구나 판결편취의 경우에 제451조 제1항 제11호에서는 당연무효의 판결이 아님을 전제로 하여 재심사유로 규정하고 있으므로 우리 실정법에는 맞지 않는 해석이다. 따라서 유효한 판결로 보는 것이 타당하다고 본다. 판례도 판결이 형식적으로 존재하는 이상 편취판결도 당연무효의 판결이 아님을 전제로 한다.[445]

2. 乙의 항소제기의 가부

---

445) 대판(전) 1978.5.9, 75다634 ; 동 판결은 편취판결(사위판결)에 대한 학설 대립 등에 관해서 교과서적인 설시를 하고 있음도 주목할 사항이다.

(1) 판례의 태도

자백간주에 의한 판결편취의 경우 ① 추후보완상소 또는 재심에 의할 것인가 아니면 ② 항소제기에 의할 것인지가 문제인데, ③ 이에 대해 판례는 "판결정본이 제소자가 허위로 표시한 상대방의 허위주소로 보내져서 상대방 아닌 다른 사람이 그를 수령한 것이니 상대방에 대한 판결정본의 송달은 부적법하여 무효이고 상대방은 아직도 판결정본의 송달을 받지 않은 상태에 있는 것으로서 그 판결에 대한 항소기간은 진행을 개시하지 않은 것이라고 보아야 할 것이고, 형식적으로 확정된 확정판결이 아니어서 기판력이 없는 것이라고 할 것이므로, 이에 대하여 어느 때나 상소를 제기할 수 있다."는 입장이다.446)

(2) 사안의 경우

사안의 경우, 甲의 乙에 대한 종전 판결은 비록 부적법한 절차에 의하여 이루어졌다 하더라도 판결이 형식적으로 존재하는 이상 당연무효의 판결은 아니다. 그러나 위 종전 판결은 그 판결정본이 허위주소로 송달되었기 때문에 그 송달이 무효이고, 따라서 아직 판결정본이 송달되지 않은 상태이므로 판결정본이 송달된 때로부터 진행하는 항소기간이 진행되지 않은 미확정판결이 되며, 당연히 기판력도 발생하지 않는다. 따라서 2017.4.3. 현재 乙은 종전 판결을 다툴 수 있는 소송법상 구제방법으로 항소를 제기할 수 있다. 한편, 허위주소 송달에 의한 종전 판결은 판결이 확정되지 않은 상태이므로 확정판결을 전제로 하는 추후보완항소 또는 재심의 소를 제기하는 것은 소송법상 구제방법으로 불가능하다.

3. 소유권이전등기의 말소청구의 별소 가부

(1) 판례의 태도

① 편취판결에 대한 실체법상 구제책으로는 판결을 취소함이 없이 직접 말소등기청구를 할 수 있는지 여부가 문제된다. 왜냐하면 모순관계로서 기판력에 저촉될 소지가 있기 때문이다.
② 판례는 제소자가 상대방의 주소를 허위로 기재함으로써 그 허위주소로 소송서류가 송달되어 그로 인하여 상대방 아닌 다른 사람이 그 서류를 받아 의제자백의 형식으로 제소자 승소의 판결이 선고되고 그 판결정본 역시 허위의 주소로 보내어져 송달된 것으로 처리된 경우에는 상대방에 대한 판결의 송달은 부적법하여 무효이므로 상대방은 아직도 판결정본의 송달을 받지 않은 상태에 있어 이에 대하여 상소를 제기할 수 있을 뿐만 아니라, 위 사위판결에 기하여 부동산에 관한 소유권이전등기가 경료된 경우에는 별소로 그 등기의 말소를 구할 수도 있다고 하였다.447)

---

446) 대판(전) 1978.5.9, 75다634; 대판 1994.12.22, 94다45449 등
447) 대판 1995.5.9, 94다41010

⑵ 사안의 경우

사안의 경우, 자백간주에 의한 편취판결은 항소설에 의하면 판결이 확정되지 않고 기판력도 발생하지 않기 때문에 항소에 의한 판결취소 없이도 乙은 별소로 소유권이전등기의 말소를 구하는 소를 제기할 수 있다.

☑️ **사례(176) | 정기금판결에 대한 변경의 소**

사실관계

甲은 乙이 운전하던 택시를 타고 가던 중, 乙이 丙이 운전하던 자동차와 추돌하는 바람에 중상을 입고 병원에 입원하여 치료를 받고 있다. 이 사고에 의해 甲은 乙을 상대로 불법행위를 이유로 치료비 1,500만원, 일실수익 3,000만원, 위자료 1,500만원인 합계 6,000만원의 손해배상청구소송을 제기하였다.

위 소송 도중 甲은 위 교통사고로 인하여 뇌손상에 의한 거동불능 상태가 되었다. 이에 원고 측은 이 부분에 대하여 청구를 확장하였고, 신체감정 결과 기대여명이 10년일 것으로 인정되어 제1심 법원은 기왕치료와 일실수익 및 위자료와는 별도로 향후 10년간 매월 100만원씩 치료비를 지급하라는 판결을 선고하였고 그 판결이 확정되었다.

문제

甲이 그로부터 2년이 지난 후 예상과 달리 건강이 크게 호전된 경우, 乙은 어떠한 소송상 조치를 취할 수 있는가? 10점

1. 결론

乙은 전소 정기금판결에 대한 변경의 소를 제기할 수 있다.

2. 근거

(I) 정기금판결에 대한 변경의 소

1) 의의 및 입법취지

정기금판결에 대한 변경의 소란 정기금의 지급을 명한 판결이 확정된 뒤에 그 액수산정의 기초가 된 사정이 현저하게 바뀐 경우에 장차 지급할 정기금 액수를 바꾸어 달라는 소를 말한다(제252조). 이는 종전 판례(유보된 일부청구의제이론)에 대한 비판(해석론의 한계 일탈)과 함께 독일 민사소송법을 모델로 하여 입법적으로 해결하기에 이르렀다.

2) 요건

가) 변경의 소의 소송요건

① 전소 「제1심 판결법원」에 제소할 것(전속관할), ② 전소확정판결의 기판력을 받는 「당사자」 또는 제218조 제1항에 의하여 확정판결의 기판력을 받는 제3자일 것, ③ 「정기금의 지급」을 명하는 판결이 있을 것, ④ 정기금채권에 대한 「기판력 있는 확정판결」이 있을 것(정기금의 지급을 내용으로 하는 재판상 화해조서 등에 대해서도 기판력을 긍정하는 바에 따르면 그 대상이 될 수 있다고 본다), ⑤ 기타 일반적인 소송요건을 갖출 것이 필요하다.

나) 변경의 소의 본안요건 – 현저한 사정변경

정기금판결의 변론종결 이후 정기금 액수산정의 기초가 된 사정이 현저하게 바뀜으로써 당사자 사이의 형평을 침해할 특별한 사정이 생겼어야 한다. ① 사정변경은 전소의 사실심 변론종결 이후에 발생한 것이어야 하고(차단효 고려), ② 전소판결 시 예상할 수 없었던 것이어야 한다.

⑵ 사안의 경우

뇌손상에 의한 거동불능이 된 甲에 대한 월 100만원씩의 정기금판결이 확정되었고, 그로부터 2년이 지난 후 예상과 달리 건강이 크게 호전되었으므로 乙은 정기금 액수산정의 기초가 된 사정이 현저하게 바뀌어 형평이 침해됨을 이유로 전소 정기금판결에 대한 변경의 소를 제기할 수 있다.

사례(177) | 기판력과 정기금판결에 대한 변경의 소

사실관계

甲은 X토지(임야)를 경매절차를 통해 매수하여 그 대금을 모두 지급하고 소유권을 취득하였다. 甲은 2010.9.1. 乙을 상대로 乙이 X토지 위에 Y건물(통신중계소)을 설치 및 이용하면서 X토지를 무단으로 점유·사용하고 있다고 주장하며, X토지의 인도 및 Y건물의 철거, 임료상당 부당이득의 반환을 구하는 소(이하 '전소'라고 한다)를 제기하여 '甲의 토지인도 및 건물철거 청구는 권리남용에 해당하여 기각하되, 乙은 甲에게 2010.9.1.부터 X토지의 인도완료일까지 월 60만원의 비율에 의한 돈을 지급한다'는 취지의 판결을 선고받았고, 위 판결은 그대로 확정되었다. 전소 판결이 확정된 후 丙은 甲으로부터 X토지를 매수하여 매매대금을 모두 지급하고 X토지에 관하여 자신의 명의로 소유권이전등기를 마쳤다.

문제

※ 위와 같은 사실관계를 전제로 아래 각 문항에 답하시오(각 설문은 상호관련성이 없으며, 다툼이 있으면 판례에 의함).

1. (위 기본사실에 추가하여) 丙은 X토지에 관한 소유권이전등기를 마친 후 乙을 상대로 토지소유권에 기한 방해배제청구의 일환으로 X토지의 인도 및 Y건물의 철거를 구하는 소(이하 'A소'라고 한다)를 제기하였다. 심리결과 丙의 청구원인 사실이 모두 인정되고 丙의 청구가 권리남용에 해당하는 것으로 볼 수 없었다.
   A소에 대한 판결 결론[소각하, 청구기각, 청구인용] 및 그 이유를 약술하시오. 8점

2. (위 기본사실에 추가하여) 丙은 X토지에 관한 소유권이전등기를 마친 후 X토지의 지가가 급등하자 'X토지에 관한 임료 산정의 기초가 된 사정이 현저히 바뀌어 전소확정판결에서 정한 임료는 당사자 사이의 형평을 크게 침해하므로, 전소확정판결의 정기금의 액수는 변경되어야 한다'고 주장하면서, 乙을 상대로 '전소확정판결을 변경하여 전소확정판결에서 지급을 명한 정기금에 추가하여 이 사건 소 제기일부터 X토지의 인도완료일까지 매월 400만원의 비율에 의한 돈을 지급하라'는 소(이하 'B소'라고 한다)를 제기하였다. 심리결과 임료 산정의 기초가 된 사정이 현저히 변경되었다고 볼 수 없었다.
   B소에 대한 판결 결론[소각하, 청구기각, 청구인용] 및 그 이유를 약술하시오. 12점

❶ 설문 1.에 관하여

1. 결론

청구인용판결을 하여야 한다.

2. 이유

(1) 기판력 저촉 여부

1) 기판력의 주관적 범위

① 기판력은 소송의 대립 당사자 사이에만 생기는 것을 원칙(상대성의 원칙)으로 한다(제218조 제1항). 다만 예외적으로 기판력이 당사자 이외에 제3자에게 미치는 경우가 있는데, 이러한 예외로서 민사소송법 제218조 제1항에서는 "확정판결은 변론종결 뒤의 승계인에 대하여 그 효력이 있다"고 규정하고 있다.

② 따라서 사안의 경우 丙이 변론종결 뒤의 승계인에 해당되어 판결의 효력이 미치는지 여부가 문제된다.

2) 변론종결 뒤 승계인 해당 여부

판례는 ① "토지소유권에 기한 물권적 청구권을 원인으로 하는 토지인도소송의 소송물은 토지소유권이 아니라 그 물권적 청구권인 토지인도청구권이므로 그 소송에서 청구기각된 확정판결의 기판력은 토지인도청구권의 존부 그 자체에만 미치는 것이고 소송물이 되지 아니한 토지소유권의 존부에 관하여는 미치지 아니한다 할 것이므로, 그 토지인도소송의 사실심 변론종결 후에 그 패소자인 토지소유자로부터 토지를 매수하고 소유권이전등기를 마침으로써 그 소유권을 승계한 제3자의 토지소유권의 존부에 관하여는 위 확정판결의 기판력이 미치지 않는다 할 것이고, 또 이 경우 위 제3자가 가지게 되는 물권적 청구권인 토지인도청구권은 적법하게 승계한 토지소유권의 일반적 효력으로서 발생된 것이고 위 토지인도소송의 소송물인 패소자의 토지인도청구권을 승계함으로써 가지게 된 것이라고는 할 수 없으므로 위 제3자는 위 확정판결의 변론종결 후의 승계인에 해당한다고 할 수도 없다."고 하였다.[448] ② 이는 건물소유권에 기한 건물명도소송의 사실심 변론종결 후 패소자인 건물 소유자로부터 건물을 매수하고 소유권이전등기를 마친 제3자도 마찬가지로 확정판결의 변론종결 후의 승계인에 해당하지 않는다고 하였다.

(2) 사안의 경우

사안의 경우 丙은 변론종결 후의 승계인에 해당하지 않으므로 丙이 乙을 상대로 제기한 후소는 전소확정판결의 기판에 저촉되지 않는다. 또한 심리결과 丙의 청구원인 사실이 모두 인정되고 丙의 청구가 권리남용에 해당하는 것으로 볼 수 없었다고 하였으므로, 법원은 청구인용판결을 하여야 한다.

---

448) 대판 1984.9.25, 84다카148 : 동 판례에 대해서는 기판력의 주관적 범위를 그 객관적 범위와 연계시킨 문제점이 있으며, 그와 혼동하여 기판력의 주관적 범위를 축소시킨 문제점이 있다고 지적하며 비판하는 견해가 일반적이다. 즉 피고가 변론종결 후의 승계인이라고 주장하였기 때문에 위와 같은 판시를 하였을 것이나, 엄격히 보면 기판력의 객관적 범위와 작용국면이 쟁점인 사안이지 주관적 범위가 쟁점이 되는 사안은 아니라는 것이다.

Ⅱ 설문 2.에 관하여

1. 결론

소각하판결을 하여야 한다.

2. 이유

(Ⅰ) 정기금판결에 대한 변경의 소

1) 의의 및 입법취지

정기금판결에 대한 변경의 소란 정기금의 지급을 명한 판결이 확정된 뒤에 그 액수산정의 기초가 된 사정이 현저하게 바뀐 경우에 장차 지급할 정기금 액수를 바꾸어 달라는 소를 말한다(제252조). ⇨ 종전 판례(유보된 일부청구의제이론)에 대한 비판(해석론의 한계 일탈) ⇨ 입법적 해결

2) 법적 성질 및 소송물

① 정기금의 지급을 명한 확정판결을 변경할 것을 구하는 소 ⇨ 소송법상의 형성의 소 : 기판력의 변경을 목적 ⇨ 판례도 정기금판결에 대한 변경의 소는 정기금판결의 확정 뒤에 발생한 현저한 사정변경을 이유로 확정된 정기금판결의 기판력을 예외적으로 배제하는 것을 목적으로 한다고 하여 마찬가지이다.

② 변경의 소의 소송물이 전소판결의 소송물과 동일한지 여부에 대해서는 견해가 대립하고 있으나, 변경의 소는 형평의 관념에서 전소판결의 기판력을 배제하는 것이므로 전소의 소송물과 동일하다고 보는 소송물동일설(형평설)이 타당하다.

3) 변경의 소의 요건

가) 변경의 소의 소송요건

① 전소 「제1심 판결법원」에 제소할 것(전속관할), ② 전소 확정된 정기금판결의 당사자 또는 제218조 제1항에 의하여 확정판결의 기판력을 받는 제3자일 것, ③ 「정기금」의 「지급」을 명하는 판결이 있을 것, ④ 정기금 지급에 대한 「기판력 있는 확정판결」이 있을 것(정기금의 지급을 내용으로 하는 재판상 화해조서 등에 대해서도 기판력을 긍정하는 바에 따르면 그 대상이 될 수 있다고 본다), ⑤ 기타 일반적인 소송요건을 갖출 것이 필요하다.

나) 변경의 소의 본안요건 - 현저한 사정변경

정기금판결의 변론종결 이후 정기금 액수산정의 기초가 된 사정이 현저하게 바뀜으로써 당사자 사이의 형평을 침해할 특별한 사정이 생겼어야 한다.

다) 사안의 경우

원고적격으로서 정기금지급에 대한 확정판결의 기판력이 미치는 제3자에 해당하는지, 즉 제218조 제1항의 변론종결 후 승계인에 해당하는지 여부가 문제이다. 만일 이에 해당하지 않는다면 심리결과 임료 산정의 기초가 된 사정이 현저히 변경되었다고 볼 수 없다고 하였으므로 청구기각할 사정과 소각하할 사정이 경합된 경우로 이때 법원은 어떻게 판결할 것인지도 문제이다.

(2) 변론종결 뒤의 승계인에 해당하는지 여부

1) 판례의 태도

판례는 "토지의 소유자가 소유권에 기하여 토지의 무단 점유자를 상대로 차임 상당의 부당이득반환을 구하는 소송을 제기하여 무단 점유자가 점유 토지의 인도 시까지 매월 일정 금액의 차임 상당 부당이득을 반환하라는 판결이 확정된 경우, 이러한 소송의 소송물은 채권적 청구권인 부당이득반환청구권이므로, 소송의 변론종결 후에 토지의 소유권을 취득한 사람은 민사소송법 제218조 제1항에 의하여 확정판결의 기판력이 미치는 변론을 종결한 뒤의 승계인에 해당한다고 볼 수 없다."고 하였다.[449]

2) 사안의 경우

따라서 토지의 전 소유자가 제기한 부당이득반환청구소송의 변론종결 후에 토지의 소유권을 취득한 사람에 대해서는 소송에서 내려진 정기금 지급을 명하는 확정판결의 기판력이 미치지 아니하므로, 토지의 새로운 소유자가 토지의 무단 점유자를 상대로 다시 부당이득반환청구의 소를 제기하지 아니하고,[450] 토지의 전 소유자가 앞서 제기한 부당이득반환청구소송에서 내려진 정기금판결에 대하여 변경의 소를 제기하는 것은 부적법하다.

(3) 소송요건심리의 선순위성

판례는 우선 소송요건의 존부가 조사되고, 소송요건이 존재한다는 것이 확정되어야 비로소 본안청구에 이유가 있는지 여부가 판단된다는 입장이다(소송요건의 선순위성 긍정).

(4) 사안의 경우

사안의 경우 임료 산정의 기초가 된 사정이 현저히 변경된 경우가 아니어서 청구기각판결을 하는 경우에 해당하지만, 丙은 정기금판결 변경의 소를 제기할 당사자적격이 없는바, 법원은 부적법 소각하판결을 하여야 한다.

---

449) 대판 2016.6.28, 2014다31721

450) 丙이 乙을 상대로 부당이득반환청구의 소를 제기하였더라면 기판력의 주관적 범위에 해당하지 않으므로 후소는 전소 기판력에 저촉되지 않는다.

CHAPTER 03

상소 · 재심

☑️ 사례(01) | 항소이익의 판단

사실관계

甲은 乙이 운전하던 택시를 타고 가던 중, 乙이 丙이 운전하던 자동차와 추돌하는 바람에 중상을 입고 병원에 입원하여 치료를 받고 있다. 이 사고에 의해 甲은 乙을 상대로 불법행위를 이유로 치료비 1,500만원, 일실수익 3,000만원, 위자료 1,500만원인 합계 6,000만원의 손해배상청구소송을 제기하였다.

甲은 제1심에서 치료비 1,500만원, 일실수익 3,000만원, 위자료 500만원 합계 5,000만원의 일부승소판결을 선고받았다. 이에 甲은 위자료 중 패소한 1,000만원 부분에 대하여 항소한 후, 항소심에서 일실수익을 4,000만원으로 청구취지를 확장하였다.

문제

일실수익 부분에 관한 항소심에서의 청구취지의 확장이 허용되는지 여부에 대한 결론과 근거를 설명하시오.
12점

---

1. 결론

허용된다.

2. 근거[451]

---

[451] 동 판례에 대한 평석은 다음과 같다. 해설은 배점을 고려해 이 중 일부만을 부각시킨 것이다.

※ 동 판례는 손해3분설을 완화시킨 사례라거나 세 가지 손해항목의 통합가능성을 시사하고 있다고 평가받는다. 즉 손해1개설에 따르면 위 사안은 단일한 청구에 해당하고 이에 대해 법원은 일부승소·일부 패소한 경우이므로 원고는 항소의 이익이 있으며 항소심에서 청구취지를 확장할 수 있다는 점에 문제가 없다는 것이다. 그러나 손해3분설의 입장에서도 다음과 같은 논의에 따라 판례의 입장을 설명할 수 있다(물론 손해1개설에서는 이와 같은 논의는 불필요해진다). ① 소송물 : 손해3분설 ⇨ ② 청구병합의 형태 : 본 사안은 모든 청구에 대하여 법원이 판단을 하여야 하는 단순병합에 해당하는데, 구체적으로 각 청구는 쟁점을 같이 하고 있는 관련적 병합이다. 관련적 병합에서는 변론의 분리와 일부판결이 허용되지 않는데, 본 사안은 전부판결이 난 경우이므로 문제없다. ⇨ ③ 상소의 효력 : 전부판결의 일부에 대해 상소하면 상소불가분의 원칙상 상소인의 불복신청의 범위와 관계없이 불복하지 않은 나머지 부분도 함께 확정이 차단되고 이심되므로 상소심에서도 청구취지의 확장이 가능하게 된다. ⇨ ④ 청구취지 확장(추가적 변경)의 적법성 : 사안의 경우에는 동일한 교통사고로 인한 재산상 손해배상청구와 위자료청구는 청구의 기초가 동일한 경우로서 소송절차를 현저히 지연시키는 등의 소 변경(추가적 변경) 요건은 문제되지 않으므로 사실심인 항소심에서 청구취지의 확장은 가능하다. 다만 이와

(1) 신체상해로 인한 손해배상청구에서의 소송물

판례는 "생명 또는 신체에 대한 불법행위로 인하여 입게 된 적극적 손해와 소극적 손해 및 정신적 손해는 서로 소송물을 달리하므로 그 손해배상의무의 존부나 범위에 관하여 항쟁함이 상당한지의 여부는 각 손해마다 따로 판단하여야 한다"고 함으로써 손해3분설의 입장이다.[452]

(2) 항소의 이익 인정 여부

1) 문제점

전부판결의 일부에 대해 상소하면 상소불가분의 원칙상 상소인의 불복신청의 범위와 관계없이 불복하지 않은 나머지 부분도 함께 확정이 차단되고 이심되므로 상소심에서도 청구취지의 확장이 가능하게 되는데, 이와 같은 항소심에서의 청구취지의 확장은 항소의 이익이 인정되어야 허용되므로, 사안의 경우 전부승소한 부분에 대한 청구취지 확장을 위한 항소의 이익이 인정되는지 여부를 살펴보아야 한다.

2) 항소이익의 의의 및 판단기준

① 제1심 법원의 종국재판에 대하여 불복신청함으로써 그 취소를 구하는 것이 가능한 당사자의 법적 지위를 항소의 이익이라고 한다. 이는 무익한 항소권행사를 견제하자는 취지이다.

② 항소이익의 판단기준에 대해 판례는, "상소는 자기에게 불이익한 재판에 대하여 유리하게 취소변경을 구하기 위한 것이므로 승소판결에 대한 불복상소는 허용할 수 없고, 재판이 상소인에게 불이익한 것인지 여부는 원칙적으로 재판의 주문을 표준으로 하여야 한다."고 하였다.[453] 다만 사안과 같이 전부승소한 부분에 대한 청구의 확장을 허용할 수 있는지에 대해 구체적으로 살펴보아야 한다.

3) 전부승소한 소송물에 대한 항소심에서의 청구취지 확장 가부

판례는 "① 상소는 자기에게 불이익한 재판에 대하여 유리하게 취소변경을 구하기 위하여 하는 것이므로 전부 승소한 판결에 대하여는 항소가 허용되지 않는 것이 원칙이나, ② 하나의 소송물에 관하여 형식상 전부 승소한 당사자의 상소이익의 부정은 절대적인 것이라고 할 수도 없는바, 원고가 재산상 손해(소극적 손해)에 대하여는 형식상 전부 승소하였으나 위자료에 대하여는 일부 패소하였고, 이에 대하여 원고가 원고 패소부분에 불복하는 형식으로 항소를

같은 항소심에서의 청구취지의 확장은 항소의 이익이 인정되어야 허용되므로(항소심에서의 청구취지의 확장이 가능한가의 문제는 그와 같은 청구취지의 확장을 위한 항소의 이익을 인정할 것인가의 문제와 표리일체의 관계에 있는 것으로 보아야 한다), 사안의 경우 전부승소한 부분에 대한 청구취지 확장을 위한 항소의 이익이 있는지 여부가 문제된다. ⇨ ⑤ 전부승소한 부분의 청구취지 확장의 가부 : 본 사안은 일부청구의 경우의 청구확장을 위한 항소에 해당하고 따라서 일부청구의 기판력 문제와 관련하여 해결할 필요가 있으며, 이와 관련하여 사안의 경우는 묵시적 일부청구가 있는 것으로 해석한다면 잔부청구를 하기 위한 항소의 이익이 있다고 보게 된다. 따라서 청구취지의 확장은 가능하다. 다만 동 판례가 묵시적 일부청구의 논리로 해결하였다고 단정할 수는 없다.

452) 대판 2002.9.10, 2002다34581
453) 대판 1997.10.24, 96다12276

제기하여 사건 전부가 확정이 차단되고 소송물 전부가 항소심에 계속되게 된 경우에는, 더욱이 불법행위로 인한 손해배상에 있어 재산상 손해나 위자료는 단일한 원인에 근거한 것인데 편의상 이를 별개의 소송물로 분류하고 있는 것에 지나지 아니한 것이므로 이를 실질적으로 파악하여, 항소심에서 위자료는 물론이고 재산상 손해(소극적 손해)에 관하여도 청구의 확장을 허용하는 것이 상당하다. 그러하지 아니하고 원심과 같이 재산상 손해(소극적 손해)에 대한 항소의 이익을 부정하고 청구취지의 확장을 허용하지 아니하면 원고는 판결이 확정되기도 전에 나머지 부분을 청구할 기회를 절대적으로 박탈당하게 되어 부당하다고 아니할 수 없다"고 하였다.[454]

---

[454] 대판 1994.6.28, 94다3063

PART · 01

✅ 사례(02) | 항소이익의 유무

사실관계

甲은 금목걸이 등 세공품을 제작하여 乙에게 납품하고, 乙은 이를 소비자들에게 판매하여 왔다. 甲은 乙을 상대로 납품대금 중 미납된 잔금 1억원(소구채권)을 지급하라는 소를 제기하였다.

문제

이에 대하여 乙은 변론기일에 출석하여 납품대금은 이미 전액 지급하였고, 가령 전액 지급되지 않았다고 하더라도 甲이 금 세공품 제작을 위한 설비를 갖출 때 乙로부터 돈 1억원(대여금채권)을 빌려갔으므로 이 채권과 상계한다는 의사를 표시하였다. 제1심 법원은 乙의 상계항변을 받아들여 원고의 청구를 기각하였다. 이 판결에 대하여 피고는 항소를 제기할 이익이 있는가? 8점

1. 결론

항소의 이익이 있다.

2. 근거

(1) 항소이익의 의의 및 취지

제1심 법원의 종국재판에 대하여 불복신청함으로써 그 취소를 구하는 것이 가능한 당사자의 법적 지위를 항소의 이익이라고 한다. 이는 무익한 항소권행사를 견제하자는 취지이다.

(2) 항소이익의 판단기준

① 항소이익의 판단기준에 대하여는, 원고가 구한 판결의 신청내용과 그 신청에 대해 법원이 내린 판결내용(판결주문)을 형식적으로 비교하여 그 전부 또는 일부가 인정되지 않은 경우(양적으로나 질적으로 불리한 경우)에 항소의 이익을 인정하자는 형식적 불복설이 타당하다.

② 판례도 "재판이 상소인에게 불이익한 것인지 여부는 원칙적으로 재판의 주문을 표준으로 하여야 한다."고 함으로써 형식적 불복설의 입장이다.[455]

③ 사안의 경우 피고는 전부승소하였으므로, 이때에도 항소의 이익을 인정할 수 있는지 문제된다.

---

455) 대판 1997.10.24, 96다12276

(3) 전부승소한 자의 항소이익의 유무

1) 원칙적 불허

판례는 전부승소한 당사자는 원칙적으로 상소의 이익은 없으며, 판결이유 중의 판단에 불만이 있더라도 승소하였다면 그에 대하여는 상소의 이익은 없다고 하였다.[456] 판결이유 중의 판단에 대하여는 기판력이 생기지 않기 때문이다.

2) 예외적 허용

그러나 판결이유 중의 판단에는 원칙적으로 기판력이 생기지 않지만(제216조 제1항), 상계의 항변의 경우에는 법원의 판단이 내려지면 자동채권의 존부에 대하여도 기판력이 생기므로(동조 제2항), 상계의 항변에 대한 판단은 형식적으로는 판결이유 중의 판단이더라도 실질적으로는 판결주문의 판단과 마찬가지 의미를 가지고, 게다가 다른 한편으로 상계는 자기의 출연이 따르는 것이므로 이것이 인정된 경우에는 형식적으로는 승소하였더라도 실질적으로는 패소한 것과 마찬가지이다. 즉, 상계의 항변이 인정되었다는 것은 실질적으로는 판결주문에서 패소한 것과 같은 것이고, 피고로서 원고의 소구채권의 부존재를 판결이유로 승소한 것보다도 결과적으로 (반대채권의 상실이라는) 불이익이 되기 때문에, 상계의 항변을 인용한 판단을 불복하는 항소는 예외적으로 항소의 이익을 인정할 수 있다.[457]

※ 자동채권이 부존재한다고 판단한 경우 항소심 법원은 어떤 판결을 하여야 하는가?
(1) 불이익변경금지의 원칙
　판례는 항소심의 심리결과 자동채권(반대채권)이 부존재한다고 판단한 경우, 제1심이 자동채권으로 인정하였던 부분을 항소심이 오히려 인정하지 아니하고 그 부분에 관하여 피고의 상계항변을 배척한다면, 그것은 항소인인 피고에게 불이익하게 제1심 판결을 변경한 것에 해당한다고 하였다.[458]
(2) 항소심 법원의 판단
　따라서 항소심 법원은 제1심 판결을 취소하여 청구인용판결을 할 수 없고, 자동채권의 부존재를 이유로 항소기각판결도 할 수 없다. 따라서 제1심 판결과 같은 이유로 항소기각판결을 해야 한다. 즉 소구채권이 인정됨을 전제로 상계항변에 의한 청구기각의 원판결을 그대로 유지해야 한다.[459]

---

456) 대판 1992.3.27, 91다40696
457) 대판 1993.12.28, 93다47189
458) 대판 1995.9.29, 94다18911
459) 실무상으로는 1심 판결의 이유를 그대로 원용하는 식으로 처리한다.

사례(03) | 상계항변과 중복제소 및 항소이익 유무와 불이익변경금지의 원칙

공통된 사실관계

甲은 乙에게 건설현장용 발전기를 매도하였는데, 그 대금 1억원을 지급받지 못하여 乙을 상대로 1억원의 물품대금지급청구의 소를 제기하였다.

문제

※ 아래 각 설문에 대한 결론과 이유를 설명하시오. 각 설문은 상호 무관한 것임을 전제로 한다.

1. 위 공통 사실관계에 추가하여, 甲의 물품대금지급청구의 소에서 乙이 위 발전기의 하자로 인해 발생한 손해배상채권으로 상계한다고 하면서, 그 소송계속 중 별소로 손해배상청구의 소를 제기하였다면, 乙이 제기한 소는 적법한가? [10점]

2. 위 공통 사실관계에 추가하여, 제1심에서 乙은 甲에 대해 위 발전기의 하자로 인해 발생한 1억원의 손해배상채권을 자동채권으로 하여 대등액에서 상계한다는 항변을 하였다. 제1심 법원은 심리 결과 甲과 乙의 각 채권이 인정된다고 판단하였고, 이에 甲의 청구를 기각하였다. 이러한 제1심 판결에 대해 乙만이 항소하였고, 항소심 심리 결과 항소심 법원이 乙의 甲에 대한 손해배상채권이 존재하지 않는다고 판단한 경우, 항소심 법원은 어떠한 판결을 선고하여야 하는가? [10점]

I 설문 1.에 관하여

1. 결론

적법하다.

2. 이유

(I) 문제의 소재

공격방어방법으로 주장한 권리에 대하여는 소송계속이 발생하지 않으나, 상계의 항변에 대하여는 대항한 액수에 있어서 그 판단에 기판력이 인정되는(제216조 제2항) 등 보통의 공격방어방법과 다른 특수성이 있어서 판결의 모순·저촉의 우려가 있다. 이에 따라 소송 중 상계항변으로 주장한 반대채권으로 별소를 제기하거나 별소로 청구한 채권으로 후소에서 상계항변하는 경우 중복제소에 해당하는지 여부가 문제된다.460)

---

460) 엄밀히 말하면 기판력이 발생한다는 특성상 중복소송금지를 준용할 수 있는지 여부가 문제되는 것이다.

⑵ 중복된 소제기의 금지

1) 의의 및 취지

이미 법원에 소송계속 중인 사건과 동일한 사건에 관하여 당사자는 다시 소를 제기하지 못한다(제259조). 이를 중복된 소제기의 금지라고 한다. 그 취지는 동일한 사건이 다시 이중으로 제기된 경우에 각각의 판결의 모순·저촉의 방지를 위한 것이다.

2) 요건

중복소제기의 요건으로는 ① 전·후 양소의 당사자가 동일할 것, ② 전·후 양소의 소송물이 동일할 것, ③ 전소가 소송계속 중일 것을 요구한다(제259조).

⑶ 상계의 항변과 중복제소

판례는 "① 상계의 항변을 제출할 당시 이미 자동채권과 동일한 채권에 기한 소송을 별도로 제기하여 계속 중인 경우, 사실심의 담당재판부로서는 전소와 후소를 같은 기회에 심리·판단하기 위하여 이부, 이송 또는 변론병합 등을 시도함으로써 기판력의 저촉·모순을 방지함과 아울러 소송경제를 도모함이 바람직하나, 그렇다고 하여 특별한 사정이 없는 한 별소로 계속 중인 채권을 자동채권으로 하는 소송상 상계의 주장이 허용되지 않는다고 볼 수는 없다. ② 마찬가지로 먼저 제기된 소송에서 상계 항변을 제출한 다음 그 소송계속 중에 자동채권과 동일한 채권에 기한 소송을 별도의 소나 반소로 제기하는 것도 가능하다."고 하였다.[461]

⑷ 사안의 경우

乙이 제기한 소는 중복제소에 해당하지 않고, 사안의 경우 다른 부적법한 사유는 보이지 않는다. 따라서 乙의 후소는 적법하다.

Ⅱ

1. 결론

항소기각판결을 하여야 한다.

2. 이유

⑴ 전부승소한 자의 항소이익 유무

1) 원칙적 불허

판례는 전부승소한 당사자는 원칙적으로 상소의 이익은 없으며, 판결이유 중의 판단에 불만이 있더라도 승소하였다면 그에 대하여는 상소의 이익은 없다고 하였다.[462] 판결이유 중의 판단에 대하여는 기판력이 생기지 않기 때문이다.

---

461) 대판 2001.4.27, 2000다4050, 대판 2022.2.17, 2021다275741
462) 대판 1992.3.27, 91다40696

2) 예외적 허용

① 그러나 상계의 항변의 경우에는 법원의 판단이 내려지면 자동채권의 존부에 대하여도 기판력이 생기므로(제216조 제2항), 예외적으로 항소의 이익을 인정할 수 있다.[463] 판례도 "상계항변은 통상 수동채권의 존재가 확정되는 것을 전제로 하여 행하여지는 일종의 예비적 항변으로서, 원고의 소구채권 자체가 인정되지 않는 경우 더 나아가 피고의 상계항변의 당부를 따져볼 필요도 없이 원고 청구가 배척될 것이므로, '원고의 소구채권 그 자체를 부정하여 원고의 청구를 기각한 판결'과 '소구채권의 존재를 인정하면서도 상계항변을 받아들인 결과 원고의 청구를 기각한 판결'은 민사소송법 제216조에 따라 기판력의 범위를 서로 달리하고, 후자의 판결에 대하여 피고는 상소의 이익이 있다."고 하였다.[464]

② 사안의 경우 乙의 상계항변을 인용한 제1심 판결에 대하여 乙만이 항소하고 원고 甲은 부대항소를 제기하지 아니한 경우, 전부승소한 피고 乙이라도 소구채권의 부존재를 판단받기 위한 항소의 이익은 인정된다.

(2) 불이익변경금지의 원칙과 항소심 법원의 판단

1) 불이익변경금지의 원칙

① 항소법원의 심판범위는 당사자의 불복신청의 범위에 한하며, 그 한도를 넘어서 제1심 판결을 불이익 또는 이익으로 변경할 수 없는 원칙을 불이익변경금지의 원칙이라고 한다(제415조).

② 판례는 항소심의 심리결과 자동채권(반대채권)이 부존재한다고 판단한 경우, 제1심이 자동채권으로 인정하였던 부분을 항소심이 오히려 인정하지 아니하고 그 부분에 관하여 피고의 상계항변을 배척한다면, 그것은 항소인인 피고에게 불이익하게 제1심 판결을 변경한 것에 해당한다고 하였다.[465]

2) 항소심 법원의 판단

따라서 항소심 법원은 제1심 판결을 취소하여 청구인용판결을 할 수 없고, 자동채권의 부존재를 이유로 항소기각판결도 할 수 없다. 결국 제1심 판결과 같은 이유로 항소기각판결을 해야 한다. 즉 소구채권이 인정됨을 전제로 상계항변에 의한 청구기각의 원판결을 그대로 유지해야 한다.[466]

---

463) 대판 1993.12.28, 93다47189

464) 대판 2018.8.30, 2016다46338, 2016다46345

465) 대판 1995.9.29, 94다18911

466) 실무상으로는 1심 판결의 이유를 그대로 원용하는 식으로 처리한다.

✓ 사례(04) | 상소불가분의 원칙, 불복하지 않은 부분의 판결확정시기 등

사실관계

○ 甲이 乙, 丙, 丁, 戊, 己를 상대로 2012.4.1. 소를 제기하였다. 甲은 소장에서 (1) 자신이 乙에게 2010.5.4. 丙, 丁, 戊, 己의 연대보증 하에 1억원을 대여하였고, (2) 乙이 2010.12.3. 자신에게 아파트 1채(별지 목록 1)를 매매대금 2억원에 매도하였고, (3) 자신이 2010.5.1. 乙에게 자기 소유의 점포 1동(별지 목록 2)을 임대차보증금 5천만원, 월차임 200만원, 임대차기간을 2년으로 정하여 임대하였다고 주장하였다. 戊는 변호사 A를, 己는 변호사 B를 선임하여 소송을 수행하였는데, A에게는 상소제기의 수권이 있었지만, B에게는 상소제기의 수권이 없었다. 1심 법원은 2012.10.5. 변론을 종결하고 다음과 같은 주문의 판결을 선고하였다.

> 1. 피고 乙, 丙, 丁, 戊, 己는 연대하여 원고에게 금 1억원을 지급하라.
> 2. 피고 乙은 원고에게,
>   가. 별지 목록 (1) 기재 부동산에 관하여 2010.12.3. 매매를 원인으로 한 소유권이전등기절차를 이행하고,
>   나. 원고로부터 5천만원을 지급받음과 상환으로 별지 목록 (2) 기재 부동산을 인도하라.
> 3. 원고의 나머지 청구를 기각한다.
> 4. 소송비용 중 원고와 피고 乙 사이에서 생긴 부분은 이를 5분하여 그 1은 원고의, 나머지는 위 피고의, 원고와 피고 丙, 丁, 戊, 己 사이에서 생긴 부분은 위 각 피고들의 부담으로 한다.

○ 1심 판결에 대하여 乙만이 항소하였는데, 대여금청구는 다투지 아니하고, 건물인도청구와 소유권이전등기청구 부분만 다투었다. 항소심 법원은 乙의 항소를 기각하였다. 乙이 상고하면서 건물인도청구 부분만 다투었다. 대법원은 乙의 상고를 기각하였다.

○ 재판절차가 모두 끝났다고 판단한 甲이 강제집행에 착수하기 위하여 조사를 해 본 결과, 乙, 丙은 현재도 생존해 있으나, 丁은 2012.3.31. 사망하여 丁 − 1이 단독으로 상속하였고, 戊는 2012.10.3. 사망하여 戊 − 1이 단독으로 상속하였으며, 己는 2012.10.2. 사망하여 己 − 1이 단독으로 상속한 사실을 알게 되었다.

문제

1. 乙, 丙에 대한 판결은 언제 확정되는가? 20점
2. 丁 − 1, 戊 − 1, 己 − 1은 각 부친들의 채무를 인정하지 않음은 물론 위 재판에 관하여 전혀 아는 바가 없고 책임질 의사도 없다고 하고 있다. 위 1심 판결의 효력은 丁 − 1, 戊 − 1, 己 − 1에게 미치는가? 미친다면 언제 확정되는가? 20점

Ⅰ 설문 1.에 관하여

1. 결론

(1) 乙에 대한 판결의 확정시기

① 대여금청구에 대한 판결은 항소심 판결선고 시에 확정되고, ② 아파트 소유권이전등기청구와 점포인도청구에 대한 판결은 상고심 판결선고 시에 확정된다.

(2) 丙에 대한 판결의 확정시기

丙에 대한 연대보증채무의 이행청구는 항소기간 만료 시에 확정된다.

2. 근거

(1) 판결 확정

1) 의의

판결이 그 소송절차 내에서 인정되는 통상의 불복신청에 따라 취소되지 않을 상태에 도달한 것을 확정이라고 부르고, 판결의 이러한 취소불가능성을 형식적 확정력이라고 한다. 사안에서는 이러한 판결의 확정시기가 언제인지(언제 형식적 확정력이 생기는지)가 문제이다.

2) 확정시기

① 상고심의 종국판결과 같이 더 이상 상소를 할 수 없는 판결은 그 선고와 동시에 확정된다.
② 그러나 상소가 허용되는 판결에 대하여는 상소하지 않고 상소기간이 도과하면 그 기간만료 시에 판결이 확정되고, 상소기간 이내에 상소가 제기되면 판결의 확정은 차단된다(제498조). 다만 일부상소의 경우 불복신청이 없는 부분의 판결확정시기가 언제인지가 문제이다. 특히 사안과 관련해서는 소의 객관적·주관적 병합의 경우 불복하지 않은 부분의 판결확정시기가 문제인데, 이는 상소불가분의 원칙의 적용과 그 구체적인 내용의 문제이기도 하다.

(2) 상소불가분의 원칙 및 구체적 적용·내용

1) 의의

상소의 제기에 의한 확정차단의 효력 및 이심의 효력은 상소인의 불복신청의 범위에도 불구하고 원판결의 전부에 대하여 불가분적으로 발생한다. 이를 상소불가분의 원칙이라고 한다.

2) 청구병합의 경우 구체적 내용

가) 청구병합의 유형

단순병합이란 상호 관련성이 없는 청구를 병합하여 각 청구에 있어서 다른 청구의 당부와 관계없이 심판을 구하는 형태의 병합이다. 사안의 경우 甲의 乙에 대한 대여금청구와 아파트 소유권이전등기청구, 점포인도청구는 서로 관련성이 없는 청구로서 단순병합된 경우에 해당한다.

나) 단순병합에서의 상소불가분 원칙과 일부상소의 경우 일부확정의 문제

여러 개의 청구에 대해 하나의 전부판결을 한 경우에 그중 한 청구에 대해 불복항소를 하여도 다른 청구에 대해 항소의 효력이 미친다.

다만 일부상소의 경우 불복신청이 없는 부분의 판결확정시기가 언제인지 문제되는데, 이에 대해 판례는 변론재개가 있을 수 있으므로, 항소심의 경우 항소심 판결선고 시에, 상고심은 상고심 판결선고 시를 확정 시로 보고 있다(항소심 · 상고심 판결선고시설).467)

3) 공동소송의 경우 구체적 내용

가) 공동소송의 유형

통상공동소송이란 개별적으로 소송을 하여도 무방하나, 청구 사이에 일정한 관련성 · 공통성이 있기 때문에 하나의 소송절차에서 공동으로 소송을 하여도 무방한 경우의 공동소송이다. 이러한 통상공동소송은 필수적 공동소송과 달리 판결의 합일확정, 즉 공동소송인 사이에서 승패가 일률적으로 될 필요가 없다. 사안에서 乙과 丙은 실체법상 관리처분권이 공동귀속되는 관계에 있는 것도 아니고, 판결의 효력이 확장되는 경우도 아니므로, 사안의 공동소송은 통상의 공동소송에 해당한다.

나) 통상공동소송에서의 상소불가분 원칙과 일부상소의 경우 일부확정의 문제

공동소송 가운데 통상공동소송의 경우에는 공동소송인 독립의 원칙(제66조)이 적용되므로 상소불가분의 원칙이 작용되지 않는다. 따라서 공동소송인 중 1인의 상소 또는 공동소송인 중 1인에 대한 상소는 다른 공동소송인에게 영향을 미치지 않고, 불복신청의 대상이 된 당사자 사이의 청구에 대하여만 확정차단의 효력 및 이심의 효력이 생기고, 나머지 공동소송인에 대한 부분은 상소하지 않고 상소기간이 도과하면 그 기간 만료 시에 그대로 확정된다.

(3) 사안의 해결

1) 乙에 대한 판결의 확정시기

甲의 乙에 대한 각 청구는 단순병합에 해당한다. 이 경우 ① 대여금청구는 乙이 항소를 하지 않았지만 항소심으로 이심이 된다. 다만 그 판결의 확정시기는 판례에 의할 때 항소심 판결선고 시이다. 또한 ② 아파트 소유권이전등기청구는 乙이 상고를 하지 않았지만 상고심으로 이심되고 그 판결의 확정시기는 판례에 의할 때 상고심 판결선고 시이다. ③ 나아가 점포인도청구는 상고심 판결선고 시에 확정된다.

2) 丙에 대한 판결의 확정시기

乙과 통상공동소송관계에 있는 丙에 대한 연대보증채무의 이행청구는 乙의 항소에 불구하고 상소불가분의 원칙이 적용되지 않으므로 제1심 판결에 대한 항소기간의 도과 시 확정된다.

---

467) 대판 2014.12.24, 2012다116864, 대판 2008.3.14, 2006다2940

Ⅱ 설문 2.에 관하여

1. 결론

(1) 1심 판결의 효력이 미치는지 여부

1심 판결의 효력은 丁－1에게는 미치지 아니하나, 戊－1, 己－1에게는 미친다.

(2) 확정 여부 및 시기

戊－1에 대한 판결은 1심 판결정본이 송달된 날로부터 2주가 지나면 확정되지만, 己－1에 대한 판결은 소송절차가 중단된 채로 남게 된다.

2. 논거

(1) 문제의 소재

공동소송의 형태 ⇨ 통상 공동소송의 경우 각 별로 고찰 ⇨ 丁－1의 경우 제소 전 사망자를 상대로 한 소송으로 이를 간과한 판결의 효력이 문제, 戊－1과 己－1의 경우 절차가 중단되는지, 소송대리인이 있어 중단되지 않는다 하더라도 상소제기의 특별수권의 유무에 따라 확정시기가 문제

(2) 공동소송의 유형 및 심판방법

통상 공동소송 ⇨ 공동소송인 독립의 원칙(제66조) : 乙의 항소로 영향 ×, 각 피고에 대한 재판의 효력 및 소송절차의 진행에 따른 불통일 가능

(3) 丁－1의 경우

1) 당사자 확정

판례는 당사자확정에 관하여 원칙적으로 표시설을 취하면서도 예외적으로 "이미 사망한 자를 사망한 것을 모르고 피고로 하여 제소하였을 경우 사실상의 피고는 사망자의 상속인이고 다만 그 표시를 그릇한 것에 불과하다고 해석함이 타당하다"고 하였다. 이에 따르면 사안의 경우 상속인인 丁－1이 피고로 확정된다.

2) 제소 전 사망자임을 간과한 판결의 효력

법원이 피고가 사자임을 간과하고 본안판결을 하였을 때, 판결이 확정되어도 그 판결은 이당사자대립구조의 흠결을 간과한 판결로서 당연무효라는 것이 판례의 입장이다. 나아가 판례는 그 효력이 상속인에게 미치지 않는다고 하였다.

3) 사안의 경우

丁은 甲이 2012.4.1. 제소하기 전에 이미 2012.3.31. 사망한 자이고, 1심 판결은 이를 간과한 판결로서 당연무효이다. 따라서 1심 판결의 효력은 丁－1에게 미치지 아니한다.

(4) 戊 − 1과 己 − 1의 경우

1) 당사자지위의 당연승계 여부

판례는 소송계속중 당사자가 사망한 사건에서 "소송 중 당사자가 사망한 때부터 소송은 그 지위를 당연히 이어받는 상속인과의 관계에서 대립당사자구조를 형성하게 된다"라고 하여 당연승계를 긍정하는 입장이다. 따라서 사안의 경우 戊와 己는 소송계속 중 사망하여, 그때부터 상속인 戊 − 1과 己 − 1에게 각 피고의 지위가 당연승계된다 할 것이다.

2) 소송절차의 중단 여부

가) 중단의 요건

당사자의 사망으로 소송절차가 중단되기 위해서는 ① 소송계속 중에 사망하였을 것, ② 사망한 당사자 측에 소송대리인이 선임되어 있지 않을 것, ③ 상속인이 있을 것, ④ 소송물인 권리의무가 상속의 대상이 될 것을 요한다.

사안의 경우는 소송계속 중 사망한 피고 戊와 己의 연대보증채무는 각 상속인인 戊 − 1과 己 − 1에게 상속의 대상이 되지만, 戊와 己에게는 소송대리인인 A와 B가 있는바, A와 B는 당사자 지위의 당연승계로 인하여 법률상 당연히 상속인의 소송대리인으로 되고, 소송절차의 중단은 인정되지 않는다.

나) 상소제기에 관한 특별수권이 있는 경우의 취급

나아가 소송대리인이 상소제기의 특별권한을 수여받지 못한 경우라면 심급대리의 원칙상 그 심급의 판결정본이 당사자에게 송달되면 소송절차는 중단되지만, 소송대리인이 상소제기의 특별한 권한을 따로 받았다면 그 소송대리인은 상소를 제기할 권한이 있으므로 소송절차는 중단되지 않고, 상소제기기간은 진행된다고 할 것이다. 따라서 상소제기기간이 도과하면 그 판결은 확정되게 된다.

3) 사안의 경우

① 사안의 경우 소송계속 중 戊와 己가 사망하였으나 소송대리인인 A와 B가 있었으므로, 소송절차의 중단은 없고 A와 B는 戊와 己의 당사자 지위를 당연승계한 각 상속인 戊 − 1과 己 − 1의 소송대리인으로서 적법히 소송을 수행할 수 있고, 망인인 戊와 己를 당사자로 표시한 판결의 효력도 망인의 소송상 지위를 당연승계한 상속인 戊 − 1과 己 − 1 모두에게 미친다.

② 다만 戊의 소송대리인인 A에게는 상소제기의 특별수권이 인정되므로, 판결정본이 송달되더라도 소송절차는 중단되지 않고 그대로 상소기간은 진행한다. 따라서 상소제기기간의 도과로 판결은 확정된다.

③ 그러나 己의 소송대리인인 B에게는 상소제기의 특별수권이 없었으므로, 판결정본이 송달되면 소송절차는 중단된다. 따라서 그 판결은 중단된 채 미확정의 상태로 남게 된다.

사례(05) | 상소불가분의 원칙과 불이익변경금지의 원칙

사실관계

甲은 乙에 대하여 甲 소유의 X건물을 2억원의 매매대금으로 정하여 매도하였고, 乙 소유의 Y공작물을 1억원에 매수하는 계약을 체결하였다.

문제

甲은 乙에 대하여 2억원의 매매대금과 공작물의 인도를 구하는 청구를 병합하여 소를 제기하였다. 12점
① 甲이 1심에서 매매대금청구 부분은 패소하고 공작물인도청구 부분은 승소한 후 패소한 매매대금청구 부분 중 일부인 2,000만원 부분에 대하여만 항소를 제기하였다가 항소심 계속 중 2억원으로 항소취지를 확장하는 경우,
② 甲이 1심에서 전부패소 후 매매대금청구 부분만 항소하였다가 공작물인도청구 부분도 항소취지로 추가하는 경우,
③ 甲이 1심에서 전부패소 후 2억원의 매매대금청구 부분 중 일부인 2,000만원 부분에 대해서만 항소를 제기하였다가 항소심에서 패소하자 상고를 제기하였고, 상고심에서 파기환송한 후 환송심에서 2억원으로 항소취지를 확장하는 경우,
위 ①, ②, ③은 가능한가?

1. 결론

①과 ②의 경우 2억원으로의 항소취지의 확장 및 공작물인도청구 부분의 항소취지의 추가는 가능하나, ③의 경우 환송심에서 2억원으로의 항소취지를 확장하는 것은 불가능하다.

2. 근거

(1) 문제의 소재

전부판결에 대한 일부항소의 경우 항소취지의 확장·추가가 인정되기 위해서는 ① 우선 그 부분이 확정되지 않아야 하고, ② 항소심의 심판범위가 아닌 경우이어야 하는바, 이와 관련하여 상소불가분의 원칙 및 불이익변경금지의 원칙이 적용되는지 여부를 살펴보아야 하는데, 이는 청구병합의 유형과 관련하여 문제되므로 이를 먼저 살펴보아야 한다.

(2) 청구병합의 형태 및 법원의 판단

甲은 乙에 대하여 2억원의 매매대금과 공작물의 인도를 구하는, 관련성 없는 수개의 청구에 대하여 다른 청구의 당부와 관계없이 모두의 심판을 구하는 형태로 병합하여 제기하였는바, 단순병합에 해당된다. 따라서 법원은 병합된 모든 청구에 대하여 심판을 하여야 하는데, 사안의 ①, ②, ③의 경우는 모두 전부판결이 난 경우에 해당한다.

(3) 전부판결에 대한 일부항소의 경우 효력 및 항소심의 심판대상·범위

1) 확정차단 및 이심의 범위 – 상소불가분의 원칙

① 상소의 제기에 의한 확정차단의 효력 및 이심의 효력은 상소인의 불복신청의 범위에도 불구하고 원판결의 전부에 대하여 불가분적으로 발생한다. 이를 상소불가분의 원칙이라고 한다.

② 이는 항소심의 변론종결 시까지 항소인으로 하여금 불복신청의 범위를 확장할 수 있게 하고, 피항소인도 부대항소를 하여 상소의 범위가 되지 않았던 부분도 새로이 상소심의 심판대상으로 삼을 수 있도록 하기 위함이다.

2) 항소심의 심판대상·범위 – 불이익변경금지의 원칙

제1심에서 심판된 사건은 항소의 제기에 의하여 사건은 원칙적으로 전부 이심되지만, 항소법원의 심판범위는 당사자의 불복신청의 범위에 한하며, 그 한도를 넘어서 제1심 판결을 불이익 또는 이익으로 변경할 수 없는 원칙을 불이익변경금지의 원칙이라고 한다(제415조).

3) 사안의 경우

사안과 같은 단순병합에서 전부판결에 대한 일부항소의 경우에도 상소불가분의 원칙과 불이익변경금지의 원칙이 적용되는지 여부가 문제되는바, 이러한 관점에서 사안의 ①,②,③의 각 경우 항소취지의 확장 및 추가가 가능한지 여부를 살펴보기로 한다.

(4) 설문의 해결

1) ①에 관하여

① 상소불가분의 원칙에 의해 사안의 경우 항소를 제기한 2천만원 부분뿐만 아니라 항소를 제기하지 않은 나머지 1억 8천만원 부분과 공작물인도청구 부분까지 모두 확정이 차단되고 항소심으로 이심된다.

② 다만 불이익변경금지의 원칙에 의해 항소심의 심판범위는 항소를 제기한 2천만원 부분에 한정된다.

③ 따라서 사안의 경우 甲은 2억원의 동일한 소송물 범위 내에서 항소심 계속 중 변론종결 전까지 2억원으로 항소취지를 확장하는 것은 가능하다.

2) ②에 관하여

① 상소불가분 원칙에 의해 사안의 경우 항소를 제기한 매매대금청구 부분뿐만 아니라 항소를 제기하지 않은 공작물인도청구 부분도 모두 확정이 차단되고 항소심으로 이심된다.

② 다만 불이익변경금지의 원칙에 의해 항소심의 심판범위는 항소를 제기한 매매대금청구 부분에 한정된다.

③ 따라서 사안의 경우 甲은 공작물인도청구 부분도 항소심에 이심되어 있는 이상 항소심의 변론종결 시까지 공작물인도청구 부분도 항소취지로 추가하여 항소심의 심판대상으로 삼을 수 있다.

3) ③에 관하여

   가) 환송심에서 2억원으로 항소취지의 확장 가부

     ① 상소불가분의 원칙에 의해 항소를 제기한 2천만원 부분뿐만 아니라 항소를 제기하지 않은 1억 8천만원 부분과 공작물인도청구 부분까지 모두 확정이 차단되고 항소심으로 이심된다.

     ② 다만 불이익변경금지의 원칙에 의해 항소심의 심판범위는 항소를 제기한 2천만원 부분에 한정된다.

     ③ 이 경우 항소심으로 이심되어 있지만 심판의 대상이 되지 않았던 1억 8천만원 부분은 언제 확정되는지가 문제된다. 만약 상고를 제기하기 전에 이미 확정되었다면 더 이상 환송심에서 항소취지의 확장은 인정될 수 없기 때문이다.

     ④ 이에 대해 판례는 수개의 청구를 모두 기각한 제1심 판결에 대하여 원고가 그중 일부의 청구에 대하여만 항소를 제기한 경우, 항소되지 않았던 나머지 부분도 항소로 인하여 확정이 차단되고 항소심에 이심은 되나, 항소심의 심판대상이 되지 아니하므로 항소심 판결선고로 그 부분은 확정된다고 보고 있다. 즉 변론재개가 있을 수 있으므로, 항소심의 경우 항소심 판결선고 시에, 상고심은 상고심 판결선고 시를 확정 시로 보고 있다(항소심·상고심 판결선고시설).[468]

   나) 사안의 경우

   사안의 경우 1심에서 패소한 매매대금청구 부분 중 1억 8천만원 부분과 공작물인도청구 부분은 항소심에서 패소한 때, 즉 항소기각판결이 선고된 때에 이미 확정되었으므로, 상고심에서 파기환송 후 환송심에서 2억원으로 항소취지를 확장하는 것은 허용되지 아니한다.

---

468) 대판 2014.12.24, 2012다116864, 대판 2008.3.14, 2006다2940

✅ 사례(06) | 상소불가분의 원칙과 불이익변경금지의 원칙

사실관계

甲은 乙이 자신 소유의 X토지를 불법점유하고 있다고 하여 乙을 상대로 건물철거청구의 소를 제기하였고, 이에 乙은 甲의 부정한 행위 등을 주위 사람에게 폭로하면서 甲을 험담하고 다녔다. 소송계속 중 乙은 법정지상권에 기한 항변을 하였고, 이에 甲은 위 소송계속 중 주위적으로 건물철거청구를, 예비적으로 법정지상권이 인정될 것에 대비한 지료청구를 구하는 내용으로 청구변경을 하였다.
제1심 법원은 원고의 주위적 청구를 기각하고 예비적 청구를 인용하는 판결을 선고하였고, 이에 피고만이 지료 인용금액이 높다고 항소하였다.

문제

항소심 법원의 심리결과 제1심 법원의 판단과 달리 건물철거청구가 이유 있다고 판단되었다. 항소심 법원은 어떤 판결을 하여야 하는가? 10점

1. 결론

항소심 법원은 피고 乙이 항소한 예비적 청구에 대해서 항소를 인용하여 甲의 예비적 청구를 인용한 제1심 법원의 판결을 취소하고 예비적 청구기각판결을 선고하여야 한다.

2. 근거

(1) 甲의 청구병합의 성질 및 심판방법

① 건물철거 소송계속 중 주위적으로 건물철거청구를, 예비적으로 지료청구를 병합한 것은 청구의 추가적 변경에 해당하고, 이로써 원고 甲의 청구는 건물철거청구(주위적 청구)와 법정지상권이 인정될 것에 대비한 지료지급청구(예비적 청구)가 예비적 병합형태로 청구변경되었다.

② 이에 제1심 법원은 주위적 청구를 기각하면서 예비적 청구에 대해서 인용판결을 하였는바 적법한 판결이다. 다만 乙이 예비적 청구를 인용한 데에 항소한 것이 적법한 것인지 여부가 문제이다. 사안에서는 항소의 적법요건으로 다른 것은 문제가 되지 않으나 항소이익이 인정될 것인지 여부가 특히 문제이다.

(2) 乙의 항소이익의 유무

1) 항소이익의 의의 및 취지

제1심 법원의 종국재판에 대하여 불복신청함으로써 그 취소를 구하는 것이 가능한 당사자의 법적 지위를 항소의 이익이라고 한다. 이는 무익한 항소권행사를 견제하자는 취지이다.

2) 항소이익의 판단기준

① 항소이익의 판단기준에 대하여는, 원고가 구한 판결의 신청내용과 그 신청에 대해 법원이 내린 판결내용(판결주문)을 형식적으로 비교하여 그 전부 또는 일부가 인정되지 않은 경우(양적으로나 질적으로 불리한 경우)에 항소의 이익을 인정하자는 형식적 불복설이 타당하다.

② 판례도 "재판이 상소인에게 불이익한 것인지 여부는 원칙적으로 재판의 주문을 표준으로 하여야 한다."고 함으로써 형식적 불복설의 입장이다.[469]

3) 사안의 일부승소판결의 경우

① 이 경우에는 원·피고 모두 상소할 수 있다. 판례도 예비적 병합에서 주위적 청구기각·예비적 청구인용의 경우에는 원고는 주위적 청구가 기각된 데 대해, 피고는 예비적 청구가 인용된 데 대해 항소의 이익이 있다고 하였다.

② 사안에서 제1심 법원은 원고 甲의 피고 乙에 대한 주위적 청구는 기각, 예비적 청구는 인용하였고, 이에 피고 乙만이 항소하였는바, 乙의 항소는 항소의 이익이 있어 적법하다. 다만 사안에서는 항소심 법원이 甲의 건물철거청구가 이유 있다고 인정하여 주위적 청구를 인용할 수 있는지와 관련하여 이심의 범위와 심판범위가 문제된다.

(3) 상소불가분의 원칙과 불이익변경금지의 원칙

1) 상소불가분의 원칙

① 상소의 제기에 의한 확정차단의 효력 및 이심의 효력은 상소인의 불복신청의 범위에도 불구하고 원판결의 전부에 대하여 불가분적으로 발생한다. 이를 상소불가분의 원칙이라고 한다. 청구의 객관적 병합인 예비적 병합의 경우에도 상소불가분의 원칙이 적용된다. 즉 제1심 법원이 주위적 청구는 기각하고 예비적 청구만을 인용하는 판결을 선고한 데 대하여 피고만이 항소를 하더라도, 항소의 제기에 의한 효력은 사건 전부에 미쳐 주위적 청구에 관한 부분도 확정이 차단되고 항소심에 이심된다.

② 사안의 경우 乙이 예비적 청구에 대한 인용판결에 대하여 항소를 하였는바, 이 경우 주위적 청구에 관한 부분도 항소심으로 이심된다. 다만 상소심에서의 심판대상·범위는 확정차단 및 이심의 효력범위와 일치하지 않을 수 있다. 따라서 사안의 경우 심판의 범위는 피고 乙이 불복신청한 예비적 청구만인지 불이익변경금지의 원칙과 관련하여 논의가 있다.

2) 불이익변경금지의 원칙

가) 의의

제1심에서 심판된 사건은 항소의 제기에 의하여 사건은 원칙적으로 전부 이심되지만, 항소법원의 심판범위는 당사자의 불복신청의 범위에 한하며(제415조), 그 한도를 넘어서 제1심 판결을 불이익 또는 이익으로 변경할 수 없는 원칙을 불이익변경금지의 원칙이라고 한다. 항소심에 있어서 처분권주의의 발현이라고 설명된다.

---

469) 대판 1997.10.24, 96다12276

나) 항소심 법원이 주위적 청구를 심리할 수 있는지 여부

① 불이익변경금지의 원칙상 피고만 예비적 청구에 대해 불복하고 원고의 부대항소 등이 없는 경우 항소심 법원은 주위적 청구를 심판대상으로 삼아 이를 심리할 수 있는지 여부가 문제이다.

② 판례는 "제1심 법원이 원고들의 주위적 청구와 예비적 청구를 병합 심리한 끝에 주위적 청구는 기각하고 예비적 청구만을 인용하는 판결을 선고한 데 대하여 피고만이 항소한 경우, 항소제기에 의한 이심의 효력은 당연히 사건 전체에 미쳐 주위적 청구에 관한 부분도 항소심에 이심되는 것이지만, 항소심의 심판범위는 이에 관계없이 피고의 불복신청의 범위에 한하는 것으로서 예비적 청구를 인용한 제1심 판결의 당부에 그치고 원고의 부대항소가 없는 한 주위적 청구는 심판대상이 될 수 없다."고 하였다.[470]

다) 사안의 경우

사안의 경우 항소심 법원은 甲의 예비적 청구에 대해서만 심판할 수 있고, 주위적 청구인 건물철거청구를 심판할 수는 없다.

(4) 사안의 경우

사안의 경우 불이익변경금지의 원칙상 항소심 법원은 甲의 건물철거청구가 이유 있다고 판단되는 경우 피고 乙이 항소한 예비적 청구에 대해서 항소를 인용하여 甲의 예비적 청구를 인용한 제1심 법원의 판결을 취소하고 예비적 청구기각판결을 선고하여야 한다.

다만 이렇게 되면 예비적 병합의 경우임에도 주위적 청구, 예비적 청구 모두 기각판결을 받게 되는바, 판결의 모순이 발생한다. 주위적 청구가 정당한 경우라면 이러한 점을 해결하기 위한 구체적 방법으로 상소심 법원이 석명권을 적절하게 행사하여 원고에게 부대항소를 촉구하는 방법에 의할 것이고, 원고도 그와 같은 위험을 피하기 위하여 항소하거나 또는 피고의 항소에 편승하여 부대항소를 제기하여야 할 것이다.

---

470) 대판 1995.2.10, 94다31624

사례(07) | 상소불가분의 원칙과 불이익변경금지 원칙의 예외

사실관계

甲은 乙이 시공한 건물의 건축자재를 공급하였는데, 당초 乙이 공사를 완료하는 즉시 자재대금을 지급하기로 약속하였음에도 불구하고 공사 완료 후에도 대금을 지급하지 않아 수차례 독촉을 하였다. 그러나 乙이 공사 중 甲이 불량자재를 공급(甲의 과실이 인정)하여 해당 자재를 사용한 부분을 철거하고 재시공을 하느라 소요된 2억원을 배상하여 줄 것을 요구하며 불응하므로, 甲은 乙을 상대로 법원에 3억원의 건축 자재대금 이행청구의 소를 제기하였다.

제1심 법원의 심리 중 乙은 甲이 청구한 자재 대금을 모두 변제하였다고 주장하였는데, 법원은 甲의 청구금액 3억원을 모두 인정하면서 乙의 변제주장 중 1억원만 받아들여 2억원의 지급을 명하는 판결을 하였다. 이에 대해 甲만이 항소를 제기하고 乙은 항소나 부대항소를 제기하지 아니하였다. 그런데 항소심 법원의 심리 중 법원이 자신의 변제주장을 전부 배척하려 한다는 느낌을 받은 乙은 자재의 하자로 인한 손해배상채권 2억원으로 원고의 청구채권 중 2억원을 상계한다는 진술을 하였다.

문제

항소심 법원이 심리 후 甲의 대금채권에 관한 乙의 변제주장은 전부 이유가 없으나, 오히려 乙의 손해배상채권 2억원 전액의 존재와 甲의 청구채권과의 사이에 상계적상을 인정하고 있다면, 항소심 법원은 항소하지 않은 乙의 상계항변을 받아들일 수 있는가? 10점 471)

1. 결론

乙의 상계항변을 받아들일 수 있다.

2. 근거

(I) 항소심에의 이심의 범위와 심판의 대상·범위

1) 이심의 범위 – 상소불가분의 원칙

상소의 제기에 의한 확정차단의 효력 및 이심의 효력은 상소인의 불복신청의 범위에도 불구하고 원재판의 전부에 대하여 불가분적으로 발생한다. 이를 상소불가분의 원칙이라고 한다.

---

471) 만일 항소심 법원의 심리 결과, 甲이 청구하는 자재대금이 전액 변제된 것으로 밝혀졌고, 乙의 손해배상채권 2억원이 존재하는 것으로 밝혀진 경우, 항소심 법원은 어떠한 판결을 하여야 하는가의 문제가 출제될 가능성도 매우 높다. 이 경우라면 乙의 변제항변이 이유 있으므로 상계항변을 받아들여 원고청구를 기각할 수는 없다. 다시 말해 이러한 문제에 대해서는 상계항변은 예비적 항변의 특수성이 있다는 점도 부가 쟁점이 됨을 잊지 말아야 한다.

2) 항소심의 심판범위 – 불이익변경금지의 원칙

상소불가분원칙상 1심에서 재판한 원고의 청구 전부가 이심되지만, 항소심의 현실적 심판대상은 피고의 항소나 부대항소가 없다면 불복신청의 범위에 한정된다.

(2) 상계항변과 불이익변경금지 원칙의 예외

항소심에서 피고 측의 상계주장이 이유 있다고 인정될 때에는 불이익변경금지원칙의 예외로 된다(제415조 단서). 따라서 항소한 원고에게 오히려 더 불리하게 되는 경우에도 상계항변을 인정하여 판결할 수 있다.

(3) 사안의 경우

불이익변경금지원칙의 예외가 인정되므로 항소심은 항소하지 않은 피고의 상계항변을 인정하여, 원판결 중 1억원을 넘는 피고의 패소부분을 취소하고, 위 취소부분에 해당하는 원고의 청구는 기각하며, 원고의 나머지 항소를 기각하여야 한다.

✅ 사례(08) | 가집행선고 및 재심관할

기본적 사실관계

甲이 乙을 피고로 하여 1억원의 대여금지급청구의 소를 제기하여 원고(甲)의 청구를 전부 인용하는 가집행선고부 제1심 판결이 있었고, 乙은 위 가집행선고부 제1심 판결에 대하여 항소를 하면서 위 가집행선고부 제1심 판결에 기한 판결인용금액 1억원을 피공탁자를 甲으로 하여 변제공탁하였다. 그 후 항소심 법원은 乙의 항소가 일부 이유가 있다고 판단하여 위 가집행선고부 제1심 판결 중 4,000만원 부분에 대해서는 제1심 판결을 취소하고 甲의 청구를 기각하는 내용의 판결을 선고하였다.

문제

※ 아래의 각 추가된 사실관계는 상호 무관하고, 견해의 대립이 있으면 대법원 판례에 따름

1. (추가된 사실관계)
   乙은 항소심 계속 중 항소심 법원이 甲의 청구를 인용하는 금액을 초과하는 부분을 지급하라는 가지급물반환신청을 하였고, 현재까지 甲은 위 변제공탁금을 수령하지 않은 상태이다. 항소심 법원이 甲의 청구를 인용하는 금액을 초과하는 부분(= 甲의 청구를 기각한 부분 = 4,000만원)에 관한 위 가지급물반환신청이 인용될 수 있는지에 관한 결론과 그 이유를 기재하시오. 10점

2. (추가된 사실관계)
   乙은 위 항소심 판결에 대하여 상고를 제기하였으나 상고심 법원은 상고기각판결을 선고하였다. 그 후 乙은 위 항소심 판결의 사실인정자료가 된 차용증이 위조되었음을 이유로 상고기각판결을 재심대상판결로 기재하여 대법원에 재심의 소를 제기하였다. 이 경우 재심관할법원이 적법한지에 관한 결론과 그 이유를 기재하시오. 10점

❶ 설문 (Ⅰ)에 관하여

1. 결론

乙의 가지급물반환신청은 인용될 수 없다(기각).

2. 이유

(Ⅰ) 가집행선고의 의의·효과 및 실효

① 가집행선고라 함은 확정되지 않은 종국판결에 대하여 미리 집행력을 주는 형성적 재판으로서, 승소자의 신속한 권리실현을 도모하고 강제집행의 지연을 목적으로 한 상소를 억제하는 역할을 한다(제213조).[472]

---

472) 가집행선고는 재산권의 청구에 관한 판결로서 원칙적으로 협의의 집행력을 낳는 이행판결에 한하여 이를

② 가집행선고가 있는 판결은 선고에 의하여 즉시 집행력이 발생한다. 따라서 가집행선고가 붙은 이행판결은 바로 집행권원이 된다.

③ 가집행선고는 상소심에서 그 가집행선고 또는 본안판결을 취소·변경하는 판결이 선고되면 그 취소·변경되는 한도 내에서 효력을 잃는다(제215조 제1항). 즉 가집행선고에 의한 가집행은 보전처분이 아닌 종국적 집행이다. 다만 확정적 집행이 아니므로 가집행선고 있는 본안판결이 상급심에서 취소·변경되는 것을 해제조건으로 할 뿐이다.[473]

(2) 가집행선고의 실효에 기한 원상회복 및 그 방법

① 가집행선고부 본안판결이 상소심에서 취소·변경된 경우 원고는 가집행에 따라 피고가 지급한 물건을 반환하여야 하고 가집행에 의하여 피고에게 발생한 손해를 배상하여야 한다(제215조 제2항).

② 원상회복의무는 성질상 부당이득반환의무이다. 이러한 원상회복의 방법에는 2가지가 있다. ⅰ) 첫째는 피고가 원고를 상대로 별소를 제기하는 것이고,[474] ⅱ) 둘째는 문제된 소송의 상소심 절차에서 피고가 본안판결의 변경을 구하면서 원상회복을 함께 구하는 것이다(제215조 제2항). 후자를 실무상 가지급물반환신청이라 하고, 가지급물반환신청은 일종의 소송 중의 소로서 그 성질은 본안판결의 취소·변경을 조건으로 하는 예비적 반소이다.[475]

(3) 乙의 가지급물반환신청의 인용 여부

① 피고(乙)가 가집행선고부 판결에 따라 판결인용금액을 변제공탁하였으나 원고(甲)가 이를 수령하지 않고, 이후 항소심에서 가집행선고부 판결이 일부 취소·청구가 기각된 경우, 법원은 그 차액이 가집행선고의 실효에 따른 반환대상으로서 가지급물반환신청을 인용하여야 하는지 여부가 문제된다.

② 판례는 "민사소송법 제215조 제2항은 가집행선고 있는 본안판결을 변경하는 경우에는 법원은 피고의 신청에 의하여 그 판결에서 가집행선고로 인한 지급물의 반환을 원고에게 명하도록 규정하고 있는데, 여기에서 반환의 대상이 되는 가집행선고로 인한 지급물이라 함은 가집행의 결과 원고가 피고에게 이행한 물건 또는 그와 동일시 할 수 있는 것을 의미하는 것으로 볼 수 있다. 그런데 가집행선고부 판결에 기한 공탁은 채무를 확정적으로 소멸시키는 원래의 변제공탁이 아니고 상소심에서 그 가집행의 선고 또는 본안판결이 취소되는 것을 해제조건으로 하는 것이므로 가집행선고부 판결이 선고된 후 피고가 판결인용금액을 변제공탁하였다 하더라도 원고가 이를 수령하지 아니한 이상, 그와 같이 공탁된 금원 자체를 가집행선고로 인한 지급물이라고 할 수 없다. 따라서 피고가 가집행선고부 제1심 판결에 기

붙인다. 따라서 등기절차의 이행을 명하는 판결과 같이 의사의 진술을 명하는 판결에는 가집행선고를 붙이지 못한다.

473) 대판 2011.8.25, 2011다25145 참조
474) 대판 1976.3.23, 75다2209
475) 대판 1996.5.10, 96다5001 등

한 판결인용금액을 변제공탁한 후 항소심에서 제1심 판결의 채무액이 일부 취소되었다 하더라도 그 차액이 가집행선고의 실효에 따른 반환대상이 되는 가지급물이라고 할 수 없다. 다만 그 차액에 대해서는 공탁원인이 소멸된 것이므로 공탁자인 피고로서는 공탁원인의 소멸을 이유로 그 차액에 해당하는 공탁금을 회수할 수 있다."고 하였다.[476]

(4) 사안의 경우

사안의 경우 乙이 가집행선고부 판결에 따라 변제공탁한 금원을 甲이 수령하지 않았으므로, 항소심에서 제1심 판결의 채무액 중 4,000만원이 일부 취소되었다고 하더라도, 그 차액인 4,000만원 부분은 가집행선고의 실효에 따른 반환대상이 되는 가지급물이라고 할 수 없다. 따라서 乙의 가지급물반환신청은 인용될 수 없다.

Ⅱ 설문 2.에 관하여

1. 결론

乙의 재심의 소는 부적법하다.

2. 이유

(1) 재심의 의의 및 적법요건

① 재심이라 함은 확정된 종국판결에 재심사유가 있는 경우 그 판결의 취소와 이미 종결된 사건의 재심판결을 구하는 비상의 불복신청방법이다(제451조).
② 재심의 소가 적법하기 위하여는 ⅰ) 재심당사자적격, ⅱ) 재심대상적격, ⅲ) 재심기간준수, ⅳ) 재심이익, ⅴ) 재심사유, ⅵ) 재심관할법원의 요건을 갖추어야 한다. 설문은 재심관할법원과 관련하여 묻고 있는바, 이에 대해서 살펴보기로 한다.

(2) 재심관할법원

1) 일반론

① 재심의 소는 소송목적의 값이나 심급에 관계없이 취소대상인 판결을 한 법원의 전속관할에 속한다(제453조 제1항).
② 항소심에서 사건에 대하여 본안판결을 하였을 때에는 제1심 판결에 대하여 재심의 소를 제기하지 못하고, 항소심 판결만이 그 대상이 된다(제451조 제3항). 따라서 이 경우에는 항소심 법원만이 관할권을 갖게 된다.

2) 항소심의 사실인정자료에 대한 판단을 재심사유로 한 경우 재심관할법원

① 취소대상의 판결이 상고심 판결이면 상고심 법원이 관할이 되지만, 서증의 위조·변조 등 사실인정에 관한 것을 재심사유로 하는 경우에는 비록 상고법원이 채증법칙 위배가 없다

---

476) 대판 2011.9.29, 2011다17847 차액은 공탁원인의 소멸을 이유로 한 공탁물 회수의 대상일 뿐 가지급물 반환의 대상이 아니므로, 가지급물반환신청을 기각한 원심판단을 정당하다고 한 사례이다.

고 하여 상고를 기각하였더라도 상고심 법원의 판결이 아니라, <u>사실심인 항소심 법원의 판결에 대하여 재심의 소를 제기하여야 한다.</u>[477]

② 판례도 "상고심의 판결에 대하여 재심의 소를 제기하려면, 상고심의 소송절차 또는 판결에 민사소송법 제451조 소정의 사유가 있는 경우에 한하는 것인바, <u>상고심에는 직권조사사항이 아닌 이상 사실인정의 직책은 없고, 다만 사실심인 제2심 법원이 한 증거의 판단과 사실인정의 적법 여부를 판단할 뿐이고, 사실심에서 적법하게 확정한 사실은 상고심을 기속하는 바이므로,</u> 재심사유 가운데 사실인정 자체에 관한 것, 예컨대 민사소송법 제451조 제1항 제6호의 서증의 위조·변조에 관한 것이나 제7호의 허위진술에 관한 것 등에 대하여는 사실심의 판결에 대한 재심사유는 될지언정 <u>상고심 판결에 대하여서는 재심사유로 삼을 수 없다.</u>"고 하였다.[478] 따라서 이에 따르면 항소심 법원이 전속관할법원이 된다.

(3) 사안의 경우

사안의 경우 乙은 항소심 판결의 사실인정자료가 된 차용증이 위조되었음을 재심사유(제451조 제1항 제6호)로 주장하고 있는바, 이는 항소심 판결을 취소의 대상으로 삼은 것으로서 그 판결을 한 항소심 법원의 전속관할에 속한다. 따라서 상고심인 대법원은 관할권이 인정되지 않으므로 乙의 재심의 소는 부적법하다.[479]

---

477) 대판 1983.4.26, 83사2 참조

478) 대판 2000.4.11, 99재다746

479) <u>재심사유가 항소심 판결에 관한 것인데, 상고심 판결을 대상으로 기재하여 재심의 소를 제기한 경우 항소심 법원으로 이송</u>하여야 한다(대판 1984.4.16, 84사4, 대판 2004.6.7, 2004재다85).

✅ 사례(09) | 재심과 파기환송

기본적 사실관계

甲은 乙 회사를 상대로 부당이득을 원인으로 하여 부당이득금 15억원의 지급을 청구하였는데 항소심에서 10억원의 지급을 명하는 일부승소판결을 받았다. 이에 대하여 乙 회사만이 그 패소 부분에 대하여 상고하였는데, 상고심은 乙 회사의 상고를 받아들여 乙 회사의 패소 부분을 파기환송하였다.

문제

※ 아래 각 설문은 상호 독립적이고, 견해의 대립이 있으면 대법원 판례에 따름

1. (위 기본적 사실관계에 추가하여)
甲은 상고심의 환송판결은 종전 대법원판례와 상반되어 실질적으로 판례를 변경한 것임에도 불구하고 대법관 전원의 3분의 2 이상의 전원합의체에서 재판하지 않고 대법관 4인으로 구성된 부에서 재판하였으니 이는 민사소송법 제451조 제1항 제1호 소정의 "법률에 따라 판결법원을 구성하지 아니한 때"에 해당한다고 주장하면서 환송판결에 대하여 재심의 소를 제기하였다. 甲의 재심의 소가 적법한지 여부에 대하여 결론과 그 이유를 설명하시오. 10점

2. (위 기본적 사실관계에 추가하여)
환송 후 항소심은 상고심의 판단에 따라 甲의 청구를 기각하였다. 甲은 환송 전 항소심에서 丙을 소송대리인으로 선임한 바 있다. 환송 후 항소심의 판결정본은 2022.7.1. 丙에게 송달되었는데 丙은 이를 甲에게 알리지 아니하였고, 甲은 이를 2022.7.29. 알게 되어 2022.8.1. (재)상고장을 제출하였다. 甲의 (재)상고가 적법한지 여부에 대하여 결론과 그 이유를 설명하시오. 10점

3. (위 기본적 사실관계에 추가하여)
① 환송 후 항소심이 심리하여 乙 회사에 12억원의 부당이득반환채무가 있다고 보아 乙 회사에 대하여 甲에게 12억원의 부당이득금을 지급하라는 판결을 할 수 있는지 여부에 대하여 결론과 그 이유를 설명하시오.
② 만약, 상고심이 환송 전 항소심 계속 중 乙 회사가 파산선고를 받은 사실을 알게 되어 소송의 형태를 파산채권확정소송으로 변경할 것을 심리하여야 한다는 이유로 乙 회사의 패소 부분을 파기환송하였고, 甲은 환송 후 항소심에서 종전과 같은 청구원인 및 같은 청구금액으로 파산채권확정의 소로 청구를 교환적으로 변경하였는데, 환송 후 항소심이 심리하여 乙 회사에 12억원의 부당이득반환채무가 있다고 보아 교환적으로 변경된 청구에 따라 12억원의 파산채권을 확정할 수 있는지 여부에 대하여 결론과 그 이유를 설명하시오(각 청구에 대한 법정이자와 지연손해금은 고려하지 아니함). 20점

4. (위 기본적 사실관계에 추가하여)
환송 후 항소심은 환송 후의 심리과정에서 甲이나 乙 회사로부터 새로운 주장이나 입증이 제출되지 아니하여 기속적 판단의 기초가 된 사실관계에 변동이 생기지 아니하였으므로 상고법원이 파기이유로 한 사실상 및 법률상의 판단에 따라 판결하였다. 이에 대하여 甲이 재상고하였을 경우 재상고심도 환송판결의 법률상 판단에 기속되는지 여부에 대하여 결론과 그 이유를 설명하시오. 10점

Ⅰ 설문 1.에 관하여

1. 결론

甲의 재심의 소는 부적법하다.

2. 이유

(1) 재심의 소의 적법요건

재심의 소가 적법하기 위하여는 ① 재심의 당사자적격, ② 재심의 대상적격, ③ 재심기간의 준수, ④ 재심의 이익, ⑤ 재심사유의 요건을 갖추어야 한다.

(2) 재심사유 해당 여부

판례는 "법원조직법 제7조 제1항에 의하면 대법원의 심판권은 대법관 전원의 3분의 2 이상의 합의체에서 이를 행하되, 다만 같은 항 각 호의 경우에 해당하는 경우가 아니면 대법관 3인 이상으로 구성된 부에서 사건을 먼저 심리하여 의견이 일치된 경우에 한하여 그 부에서 심판할 수 있도록 하고 있으며, 같은 항 제3호는 '종전에 대법원에서 판시한 헌법·법률·명령 또는 규칙의 해석적용에 관한 의견을 변경할 필요가 있음을 인정하는 경우'를 규정하고 있으므로, 재심대상판결에서 판시한 법률 등의 해석적용에 관한 의견이 그 전에 선고된 대법원 판결에서 판시한 의견을 변경하는 것임에도 대법관 전원의 3분의 2에 미달하는 대법관만으로 구성된 부에서 그 재심대상판결을 심판하였다면 이는 민사소송법 제422조 제1항 제1호의 '법률에 의하여 판결법원을 구성하지 아니한 때'의 재심사유에 해당된다."고 하였다.[480]

(3) 재심의 대상적격 인정 여부

판례는 "대법원의 파기·환송판결은 해당 사건에 대하여 재판을 마치고 그 심급을 이탈시키는 판결인 점에서 형식적으로는 종국판결에 해당하지만, 실제로는 환송받은 하급심에서 다시 심리를 계속하게 되므로 소송절차를 최종적으로 종료시키는 판결은 아니며, 소송물에 관하여 직접적으로 재판하지 아니하고 원심의 재판을 파기하여 다시 심리판단하여 보라는 종국적 판단을 유보한 재판의 성질상 중간판결의 특성을 갖는 판결로서 「실질적으로 확정된 종국판결」이라 할 수 없으므로, 환송판결을 대상으로 재심의 소를 제기하는 것은 부적법하다."고 하였다.[481]

(4) 사안의 경우

사안의 경우 상고심의 환송판결은 재심사유에 해당한다고 하더라도, 재심의 대상적격이 없으므로, 甲의 재심의 소는 부적법하다.

---

480) 대판(전) 2000.5.18, 95재다199
481) 대판(전) 1995.2.14, 93재다27,34

II 설문 2.에 관하여

1. 결론

甲의 (재)상고는 부적법하다.

2. 이유

(1) 상고의 적법요건

① 상소가 적법하기 위해서는, i) 상소기간이 준수되었을 것, ii) 상소의 당사자자격(=당사자 능력, 당사자적격, 소송능력, 대리권의 존재)이 있을 것, iii) 복복하는 판결이 상소할 수 있는 판결일 것(=대상적격), iv) 상소의 이익이 있을 것」을 들 수 있다.

② 상고는 판결정본이 송달된 날로부터 2주 이내에 제기하여야 한다(제396조, 제425조). 사안의 경우는 이와 관련하여 丙의 소송대리권 유무와 丙에 대한 송달의 효력 유무를 살펴보아야 한다.

(2) 파기환송 시 소송대리권의 부활 여부 및 송달의 효력 유무

1) 심급대리의 원칙과 소송대리권의 부활 여부

① 판례는 소송대리권의 범위는 특별한 사정이 없는 한 당해 심급에 한정되어, 소송대리인의 소송대리권의 범위는 수임한 소송사무가 종료하는 시기인 당해 심급의 판결을 송달받은 때까지라고 하였다.[482]

② 다만 판례는 "사건이 상고심에서 항소심으로 파기환송된 경우, 환송 전의 항소심에서 소송대리권을 가졌던 소송대리인의 대리권은 부활한다."고 하였다.[483]

2) 소송대리인 丙에 대한 송달의 효력 유무

판례는 "환송 받은 항소심에서 환송 전의 항소심의 소송대리인에게 한 송달은 당사자에게 한 송달과 마찬가지의 효력이 있고, 소송대리인이 판결정본의 송달을 받고도 당사자에게 그 사실을 알려 주지 아니하여 당사자가 그 판결정본의 송달사실을 모르고 있다가 상고제기기간이 경과된 후에 비로소 그 사실을 알게 되었다 하더라도 이를 가리켜 당사자가 책임질 수 없는 사유로 인하여 불변기간을 준수할 수 없었던 경우에 해당한다고는 볼 수 없다."고 하였다.[484]

(3) 사안의 경우

사안의 경우 환송 후 항소심의 판결정본은 2022.7.1. 소송대리권이 부활된 丙에게 송달되어 유효하므로, 이때부터 2주 내에 (재)상고를 제기하여야 한다. 그러나 甲은 2022.8.1. (재)상고장을 제출하였는바 그 기간을 준수하지 못하였으므로 甲의 (재)상고는 부적법하다. 설령 소송대

---

482) 대결 2000.1.31, 99마6205
483) 대판 1984.6.14, 84다카744; 대판 1963.1.31, 62다792
484) 대판 1984.6.14, 84다카744; 대판 1963.1.31, 62다792

리인 丙이 판결정본의 송달을 받고도 甲에게 그 사실을 알려 주지 아니하여 甲이 그 판결정본의 송달사실을 모르고 있다가 상고제기기간이 경과된 후에 비로소 그 사실을 알게 되었다 하더라도 이를 가르켜 甲이 책임질 수 없는 사유로 인하여 불변기간인 상고제기기간을 준수할 수 없었던 경우에 해당한다고 볼 수는 없으므로 추완상고로 볼 수도 없다.

Ⅲ 설문 3.에 관하여

1. 설문 ①에 관하여

(1) 결론

환송 후 항소심은 乙회사(이하 '乙'이라 한다)에 대하여 甲에게 12억원의 부당이득금을 지급하라는 판결을 할 수 없다.

(2) 이유

1) 환송 후 항소심의 심리절차

① 사건을 환송받거나 이송받은 법원은 다시 변론을 거쳐 재판하여야 한다. 이 경우에는 상고법원이 파기의 이유로 삼은 사실상 및 법률상 판단에 기속된다(제436조 제2항).

② 환송 후 항소심은 환송 전의 변론을 재개하여 속행하는 것에 지나지 않는다. 따라서 당사자는 변론종결에 이르기까지 새로운 공격방어의 방법을 제출할 수 있다.[485]

2) 환송 후 항소심의 심판대상·범위

판례는 "원고의 청구가 일부 인용된 환송 전 원심판결에 대하여 피고만이 상고하고 상고심은 이 상고를 받아들여 원심판결 중 피고 패소부분을 파기환송하였다면 피고 패소부분만이 상고되었으므로 위의 상고심에서의 심리대상은 이 부분에 국한되었으며, 환송되는 사건의 범위, 다시 말하자면 환송 후 원심의 심판 범위도 환송 전 원심에서 피고가 패소한 부분에 한정되는 것이 원칙이고, 환송 전 원심판결 중 원고 패소부분은 확정되었다 할 것이므로 환송 후 원심으로서는 이에 대하여 심리할 수 없다."고 하였다.[486]

3) 사안의 경우

사안의 경우 甲의 부당이득금 15억원의 청구에 대하여 항소심에서 10억원의 지급을 명하는 일부승소판결을 받았는데, 피고 乙만이 상고한 경우 상고심의 심판대상은 乙이 불복한 10억원의 부당이득금채권의 존부에 관한 것이고, 불복하지 아니한 5억원에 대해서는 상고심 판결선고 시에 확정되므로, 환송 후 항소심의 심판대상은 乙이 불복하고 상고심이 심리한 10억원에 대한 부분에 한정된다. 따라서 환송 후 항소심은 乙에 대하여 甲에게 12억원의 부당이득금을 지급하라는 판결을 할 수 없다.

---

485) 대판 1982.9.28, 81다카934
486) 대판 2013.2.28, 2011다31706, 대판 1991.5.24, 90다18036

2. 설문 ②에 관하여

(1) 결론

환송 후 항소심은 12억원의 파산채권을 확정할 수 없다.

(2) 이유

1) 파기환송 받은 항소심 법원에서의 소변경의 가부

판례는 "환송 후 원심의 소송절차는 환송 전 항소심의 속행이므로 당사자는 원칙적으로 새로운 사실과 증거를 제출할 수 있음은 물론, 소의 변경, 부대항소의 제기뿐만 아니라 청구의 확장 등 그 심급에서 허용되는 모든 소송행위를 할 수 있다."고 하였다.[487]

2) 원고가 환송 후 항소심에서 소를 교환적으로 변경한 경우 항소심의 심판대상

① 판례는 "환송 후 항소심에서 소를 교환적으로 변경하면 제1심 판결은 소취하로 실효되고 항소심의 심판대상은 교환된 청구에 대한 새로운 소송으로 바뀌어 항소심은 사실상 제1심으로 재판하는 것이 된다."고 하였다.[488] 따라서 소의 변경이나 새로운 공격방어의 방법을 제출할 수 있는 것이므로 이로 인한 판결이 환송 전의 판결보다도 불리한 결과가 생기게도 되는 것이며 항소법원이 환송 전 판결에 대하여 불복한 범위 내에서만 심리 재판하는 것은 아니다.[489]

② 다만 판례는 "환송 전 원심이 원고의 예비적 청구인 부당이득반환청구를 일부 인용하였고 피고만이 상고하여 환송판결이 피고 패소부분을 파기환송하였는데, 원고가 원심에서 예비적 청구의 청구원인과 청구금액을 같이하는 파산채권확정의 소로 청구를 교환적으로 변경한 사안에서, 환송 전 원심판결의 예비적 청구 중 일부 인용한 금액을 초과하는 부분은 원고 패소로 확정되었지만, 원심에서 교환적으로 변경된 예비적 청구는 전체가 원심의 심판대상이 되는데, 환송 전 원심판결의 예비적 청구 중 일부 인용한 금액을 초과하는 부분은 원고 패소로 확정되었으므로 이와 실질적으로 동일한 소송물인 파산채권확정청구에 대하여도 다른 판단을 할 수 없다."고 하였다.[490]

③ 즉 판례는 교환적으로 변경된 파산채권확정청구는 어느 것이나 파산채권자가 자신이 보유하는 동일한 채권을 회수하기 위한 것으로서 실질적으로 그 목적이 동일하고, 부당이득반환청구라는 그 실체법상 법적 근거와 성질이 동일하며, 다만 파산절차의 개시라는 특수한 상황에 처하여 그 청구취지만을 이행소송에서 확인소송으로 변경한 것에 불과하여 양자의 소송물은 실질적으로 동일한 것으로 봄이 상당하다고 하여 교환적으로 변경된 파산채권확정청구에서 환송 후 원심이 환송 전 원심보다 더 다액을 인용한 부분을 파기하였다.

---

487) 대판 2013.2.28, 2011다31706
488) 대판 2013.2.28, 2011다31706
489) 대판 1982.9.28, 81다카934
490) 대판 2013.2.28, 2011다31706

3) 사안의 경우

사안의 경우 상고심이 소송의 형태를 파산채권확정소송으로 변경할 것을 심리하여야 한다는 이유로 乙의 패소 부분을 파기환송하였고, 甲은 환송 후 항소심에서 종전과 같은 청구원인 및 같은 청구금액으로 파산채권확정의 소로 청구를 교환적으로 변경하였는바, 양자의 소송물은 실질적으로 동일한 것으로 보아야 하므로 환송 전 원심판결에서 일부 인용한 10억원을 초과하는 부분은 甲의 패소로 확정되었으므로 이와 실질적으로 동일한 소송물인 파산채권확정청구에 대하여도 다른 판단을 할 수 없다. 따라서 환송 후 항소심이 심리하여 乙 회사에 12억원의 부당이득반환채무가 있다고 보더라도 환송 전 원심판결에서 일부 인용한 10억원보다 더 다액을 인용할 수 없다.

Ⅳ 설문 4.에 관하여

1. 결론

재상고심도 특별한 사정이 없는 한 환송판결의 법률상 판단에 기속된다.

2. 이유

(1) 환송판결의 기속력

1) 의의

환송받은 법원이 다시 심판을 하는 경우에는 상고법원이 파기의 이유로 한 사실상 및 법률상의 판단에 기속된다(제436조 제2항 후문). 이를 환송판결의 기속력이라고 한다.

2) 기속력의 작용범위

① 기속력은 객관적으로는, 판결이유 속의 판단에도 미치나 해당 사건에 한하여 작용하고, 다른 사건에는 미치지 아니한다. 그러므로 다른 사건에서는 이와 달리 판단하여도 상관이 없다.

② 주관적으로는 해당 사건에 관한 한 환송을 받은 법원 및 그 하급심 법원에 미친다.

③ 따라서 상고심으로부터 사건을 환송받은 법원은 그 사건을 재판함에 있어서 상고법원이 파기이유로 한 사실상 및 법률상의 판단에 대하여, 환송 후의 심리과정에서 새로운 주장이나 입증이 제출되어 기속적 판단의 기초가 된 사실관계에 변동이 생기지 아니하는 한 이에 기속을 받는다고 할 것이다. 다만 그 사건이 재상고될 때에 상고법원도 기속되는지 여부가 문제이다.

(2) 재상고심도 환송판결의 법률상 판단에 기속되는지 여부

판례는 "① 민사소송법 제436조 제2항이, 사건을 환송받은 법원은 상고법원이 파기이유로 한 법률상의 판단 등에 기속을 받는다고 규정하고 있는 취지는, 사건을 환송받은 법원이 자신의 견해가 상고법원의 그것과 다르다는 이유로 이에 따르지 아니하고 다른 견해를 취하는 것을 허용한다면 법령의 해석적용의 통일이라는 상고법원의 임무가 유명무실하게 되고, 사건이 하급심 법원과 상고법원 사이를 여러 차례 왕복할 수밖에 없게 되어 분쟁의 종국적 해결이 지연되거나 불가능하게 되며, 나아가 심급제도 자체가 무의미하게 되는 결과를 초래하게 될 것이므로, 이를 방지함으로써 법령의 해석적용의 통일을 기하고 심급제도를 유지하며 당사자의 법률관계의 안정과 소송경제를 도모하고자 하는 데 있다고 할 수 있다. 따라서 위와 같은 환송판결의 하급심 법원에 대한 기속력을 절차적으로 담보하고 그 취지를 관철하기 위하여서는 원칙적으로 하급심 법원뿐만 아니라 상고법원 자신도 동일 사건의 재상고심에서 환송판결의 법률상 판단에 기속된다고 할 것이다. ② 그러나 한편, 대법원은 법령의 정당한 해석적용과 그 통일을 주된 임무로 하는 최고법원이고, 대법원의 전원합의체는 종전에 대법원에서 판시한 법령의 해석적용에 관한 의견을 스스로 변경할 수 있는 것인바(법원조직법 제7조 제1항 제3호), 환송판결이 파기이유로 한 법률상 판단도 여기에서 말하는 '대법원에서 판시한 법령의 해석적용에 관한 의견'에 포함되는 것이므로 대법원의 전원합의체가 종전의 환송판결의 법률상 판단을 변경할 필요가 있다고 인정하는 경우에는, 그에 기속되지 아니하고 통상적인 법령의 해석적용에 관한 의견의 변경절차에 따라 이를 변경할 수 있다고 보아야 할 것이다."라고 하였다.[491]

(3) 사안의 경우

---

491) 대판(전) 2001.3.15, 98두15597, 대판(전) 1981.2.24, 80다2029

복잡한 소송형태

✅ 사례(01) │ 단순병합과 소의 이익

> **사실관계**
>
> 甲과 乙은 "乙이 甲에게 도자기를 대금 1,000만원에 매도하되, 乙은 대금 전액을 지급받음과 상환으로 甲에게 도자기를 인도한다"는 내용의 매매계약을 체결하였다. 甲은 대금 전액을 지급하였음에도 乙이 도자기를 인도하지 않자, 乙을 상대로 도자기의 인도를 구하면서, 乙의 인도의무가 판결확정 후에 집행불능이 되는 경우를 대비하여 전보배상의 청구를 병합하여 소를 제기하였다.
>
> **문제**
>
> ※ 아래 각 설문은 상호 무관한 것임을 전제로 한다.
>
> (1) 법원이 甲의 乙에 대한 도자기인도청구를 인용하는 경우, 甲의 전보배상청구에 대하여 본안판결을 하여야 하는가? 13점
>
> (2) 위 소송에서 乙은 甲이 제출한 매매계약서는 위조된 것이라고 주장하였고, 이에 甲은 매매계약서는 진정하게 작성되었다는 확인의 소를 제기하였다. 甲이 제기한 확인의 소는 적법한가? 12점

▌ 설문 (1)에 관하여

1. 결론

甲의 전보배상청구에 대하여 본안판결을 하여야 한다.

2. 근거

(1) 甲의 청구의 법적 성질

1) 대상청구

가) 의의

원고가 어떤 물건의 인도를 구하면서 그 물건의 인도이행불능 또는 집행불능에 대비하여 그 물건의 가액에 상당하는 금액을 청구하는 것을 대상청구라고 한다.

나) 대상청구병합의 성질 및 허용 여부

① 변론종결 후 강제집행의 불능사태에 대비하여 대상청구를 병합하였다면 이는 부진정 예비적 병합으로서 현재이행의 소와 장래이행의 소의 단순병합에 해당한다고 할 것이다.

② 판례도 채권자가 본래적 급부청구에 이를 대신할 전보배상을 부가하여 대상청구를 병합하여 소구한 경우 대상청구는 본래적 급부청구권이 현존함을 전제로 하여 이것이 (변론종결 후) 판결확정 전에 이행불능되거나 또는 판결확정 후에 집행불능이 되는 경우에 대비하여 전보배상을 미리 청구하는 경우로서 양자의 병합은 현재 급부청구와 장래 급부청구의 단순병합에 속하는 것으로 허용된다고 하였다.[492]

2) 사안의 경우

사안의 경우는 단순병합에 해당한다.

(2) 甲의 병합청구의 적법성 여부

1) 병합요건 구비 여부

甲의 병합청구는 동종의 소송절차 및 공통관할상의 문제는 없으므로 병합요건은 구비하였다 (제253조).

2) 장래이행의 소의 적법 여부 – 소의 이익

가) 장래이행의 소의 의의

장래의 이행의 소는 변론종결 시를 표준으로 하여 이행기가 장래에 도래하는 이행청구권을 주장하는 소이다. 따라서 '미리 청구할 필요'가 있는 경우에 한하여 허용된다(제251조).

나) 청구적격성 유무의 기준

장래이행의 소에서의 청구적격은 "① 현재 청구권 발생의 기초관계가 존재하여야 하고, ② 변론종결 당시에 청구권 발생의 가능성이 확실히 예상(침해상태 계속의 확실성)"되어야 한다.

다) 권리보호이익 – 미리 청구할 필요

미리 청구할 필요가 있는가는, ① 의무의 성질과 ② 의무자의 태도를 고려하여 개별적으로 판단해야 한다.

3) 사안의 경우

사안의 경우 대상청구의 기초관계가 존재하고, 이를 불허한다면 본래적 급부청구에 대한 판결이 난 경우라도 집행불능 시에는 새로 대상청구를 할 수 밖에 없으므로 소송경제에 반하고 분쟁의 일회적 해결의 필요상 일반적으로 청구적격을 인정한다. 또한 의무자의 태도에 비춰 임의이행의 기대곤란이 있으므로 미리 청구할 필요도 인정된다. 따라서 甲의 소는 적법하다.

---

492) 대판 2011.8.18, 2011다30666. 반면, 변론종결 전 피고가 그 물건을 매도하거나 훼손·멸실시켜 이행불능이 되는 경우를 대비한 전보배상청구의 경우라면 양 청구는 서로 양립할 수 없는 관계에 있기 때문에 그 병합형태는 진정 예비적 병합으로 본다.

(3) 법원의 심판방법

단순병합의 경우에는 모든 청구에 대해서 심판하여야 한다. 판례도 "대상청구를 본래의 급부청구에 예비적으로 병합한 경우에도 본래의 급부청구가 인용된다는 이유만으로 대상청구에 대한 판단을 생략할 수는 없다."고 하였다.[493]

(4) 사안의 경우

사안의 경우는 단순병합에 해당하고 적법함에 문제가 없으므로 본안판결을 하여야 한다.

Ⅲ 설문 (2)에 관하여

1. 결론

부적법하다.

2. 근거

(1) 확인의 소의 이익

확인의 소의 이익은 현재의 권리 또는 법률상의 지위에 위험·불안이 현존하고, 이것을 제거하기 위하여 확인판결을 받는 것이 가장 유효·적절한 수단일 때에 인정된다.

(2) 대상적격 유무

1) 판단기준

① 원칙적인 기준으로서 「현재의 권리 또는 법률관계의 확인」에 한한다. 그러나 ② 예외적으로 확인의 소는 법률관계를 증명하는 서면이 진정한지 아닌지를 확인하기 위하여도 제기할 수 있다(제250조).

2) 요건

① 다만, 증서의 진정 여부를 확인하는 소가 인정되기 위해서는 진정 여부의 대상이 되는 서면이 법률관계를 증명하는 서면이어야 한다.
② 여기서 '법률관계를 증명하는 서면'이라 함은 그 기재 내용에 의하여 직접적으로 현재의 법률관계의 성부·존부를 증명할 수 있는 처분문서를 말한다. 따라서 과거의 사실의 보고를 증명하는 서면인 보고문서는 확인의 대상이 되지 않는다.
③ 그리고 '진정 여부'라 함은 그 서면이 작성자라고 주장된 사람의 의사에 따라 작성되었는지 여부의 사실을 말한다. 내용의 진정까지 의미하는 것은 아니다.

3) 사안의 경우

매매계약서는 직접적으로 현재의 법률관계의 성부·존부를 증명할 수 있는 처분문서에 해당하므로 대상적격이 인정된다.

---

493) 대판 2011.8.18, 2011다30666

(3) 확인의 이익 유무

  1) 증서진부확인의 소에서도 확인의 이익이 필요한지 여부

   법률관계를 증명하는 서면이라고 하더라도 언제나 소를 제기할 수 있는 것은 아니다. 이 소도 확인의 소인 이상, 일반적인 확인의 소와 마찬가지로 확인의 이익(= 즉시확정의 이익)이 있어야 한다. 즉 원고의 권리 또는 법률상 지위의 위험·불안이 오로지 그 서면의 진정 여부에 관계하고 있는 경우에만 인정된다.

  2) 증서와 관련된 법률관계에 관한 소가 제기된 경우 증서진부확인의 이익 인정 여부

   판례는 ① 어느 서면에 의하여 증명되어야 할 법률관계를 둘러싸고 이미 소가 제기되어 있는 경우에는 그 소송에서 분쟁을 해결하면 되므로 그와 별도로 그 서면에 대한 진정 여부를 확인하는 소를 제기하는 것은 특별한 사정이 없는 한 확인의 이익이 없다고 봄에 반하여, ② 증서진부확인의 소가 제기된 후에 그 법률관계에 관한 소가 후에 제기된 경우에는 진부확인의 소의 확인의 이익이 소멸되지 않는다고 하였다.

(4) 사안의 경우

   사안의 경우 매매계약서는 대상적격이 있으나, 이미 매매계약에 기한 이행의 소가 제기되어 있는 경우로서 이와 별도로 매매계약서의 진정여부에 대한 확인을 구하는 소는 확인의 이익이 없으므로 부적법하다.

✓ 사례(02) | 단순병합의 제문제

사실관계

甲은 乙을 상대로 소를 제기하면서 그 청구원인으로, ① 건물매매업무와 관련된 손해배상 10억원과 ② 부동산 임차업무와 관련된 손해배상 8억원을 선택적 청구로 병합하여 청구하였다.

문제

※ 아래 각 설문에 대한 결론과 근거를 설명하시오. 각 설문은 상호 무관한 것임을 전제로 한다.

1. 제1심 법원은 위 청구원인 중 건물매매업무와 관련된 손해배상청구만을 심리판단하여 원고가 구하는 청구금액을 전부인용하고, 나머지 청구에 대해서는 원고가 어느 하나의 청구원인에서라도 전부인용판결을 받으면 추가적인 판단을 원하지 않는다는 이유에서 그 판단을 하지 않았다. 이 판결에 대해 피고만 항소한 경우 항소심 법원은 제1심에서 판단하지 않은 위 부동산 임차업무와 관련된 손해배상청구에 관해 심리판단할 수 있는가? [10점]

2. 제1심 법원은 ① 건물매매업무와 관련된 손해배상청구에 대해서는 청구기각, ② 부동산 임차업무와 관련된 손해배상청구에 대해서는 5억원을 인용하는 판결을 선고하였다. 이 판결에 대해 피고만 항소한 경우, 항소심 법원은 위 건물매매업무와 관련된 손해배상청구 부분에 대해 심리판단할 수 있는가? [10점]

▮ 설문 1.에 관하여

1. 결론

항소심 법원은 심리판단할 수 없다.

2. 근거

(Ⅰ) 청구의 병합 여부 및 병합 형태(성질)

① 사안의 건물매매업무와 부동산 임차업무와 관련된 손해배상청구는 사실관계에 다르므로 소송물이 복수에 해당하는바, 청구의 병합에 해당한다.

② 단순병합이란 논리적으로 전혀 관계가 없는 청구를 병합하여 각 청구에 있어서 다른 청구의 당부와 관계없이 심판을 구하는 경우이고, 선택적 병합이란 여러 개의 청구 가운데 하나가 택일적으로 인용되는 것을 해제조건으로 다른 청구에 대하여 심판을 신청하는 병합의 경우이다.

(2) 병합 형태의 구별기준

① 판례는 "병합의 형태가 선택적 병합인지 예비적 병합인지는 당사자의 의사가 아닌 병합청구의 성질을 기준으로 판단하여야 하고, 항소심에서의 심판 범위도 그러한 병합청구의 성질을 기준으로 결정하여야 한다."고 하였다.494)

② 또한 판례는 "논리적으로 전혀 관계가 없어 순수하게 단순병합으로 구하여야 할 수개의 청구를 선택적 또는 예비적 청구로 병합하여 청구하는 것은 부적법하여 허용되지 않는다. 따라서 원고가 그와 같은 형태로 소를 제기한 경우 제1심 법원이 본안에 관하여 심리·판단하기 위해서는 소송지휘권을 적절히 행사하여 이를 단순병합 청구로 보정하게 하는 등의 조치를 취하여야 하는바, 법원이 이러한 조치를 취함이 없이 본안판결을 하면서 그중 하나의 청구에 대하여만 심리·판단하여 이를 인용하고 나머지 청구에 대한 심리·판단을 생략하는 내용의 판결을 하였다 하더라도 그로 인하여 청구의 병합 형태가 선택적 또는 예비적 병합 관계로 바뀔 수는 없다."고 하였다.495)

(3) 제1심 법원의 판단과 항소심의 심판범위

① 단순병합의 경우 법원이 하나의 청구에 대하여만 심리·판단하여 이를 인용하고 나머지 청구에 대한 심리·판단을 생략하였다면, 이는 일부판결에 해당하고 단순병합의 경우에는 허용된다.

② 재판의 누락의 경우에 누락된 부분은 아직 계속하여 그 법원에 계속하고 있는 것이므로(제212조 제1항), 누락된 부분은 추가판결로서 완결하여야 한다.

③ 따라서 피고만이 항소한 경우 제1심 법원이 심리·판단하여 인용한 청구만이 항소심으로 이심되고 심판의 대상이 될 뿐, 나머지 청구는 여전히 제1심에 남아 있게 된다.496)497)

(4) 사안의 경우

사안의 병합은 단순병합이어서 제1심 법원이 심리판단한 ① 청구만이 항소심으로 이심 및 심판 대상이 되고, 나머지 ② 청구는 여전히 제1심에 남아 있으므로 항소심 법원은 심리판단할 수 없다.

Ⅱ 설문 2.에 관하여

1. 결론

항소심 법원은 심리판단할 수 없다.

---

494) 대판 2014.5.29, 2013다96868
495) 대판 2008.12.11, 2005다51495
496) 대판 2008.12.11, 2005다51495
497) ※ [참고] - 누락된 부분은 상소의 대상이 될 수 없으므로 누락된 부분의 상소는 불복의 대상이 부존재하여 부적법하다(대판 2005.5.27, 2004다43824).

2. 근거

(1) 병합의 형태

사안의 병합은 논리적으로 전혀 관계가 없는 경우로서 단순병합에 해당한다.

(2) 상소불가분의 원칙과 불이익변경금지의 원칙

① 상소의 제기에 의한 확정차단의 효력 및 이심의 효력은 상소인의 불복신청의 범위에도 불구하고 원판결의 전부에 대하여 불가분적으로 발생한다. 이를 상소불가분의 원칙이라고 한다.

② 제1심에서 심판된 사건은 항소의 제기에 의하여 사건은 원칙적으로 전부 이심되지만, 항소법원의 심판범위는 당사자의 불복신청의 범위에 한하며, 그 한도를 넘어서 제1심 판결을 불이익 또는 이익으로 변경할 수 없는 원칙을 불이익변경금지의 원칙이라고 한다(제415조).

③ 사안의 단순병합의 경우 ① 청구를 기각, ② 청구를 인용하는 전부판결에 대해 피고만 항소한 경우 상소불가분의 원칙과 불이익변경금지의 원칙이 적용되는지 여부가 문제이다.

(3) 단순병합의 경우 전부판결에 대한 일부항소시 항소심의 심판대상·범위

① 단순병합의 경우 전부판결의 일부에 대하여 상소하면 모든 청구에 대해서 확정차단 및 이심의 효력이 생긴다. 다만 이 경우라도 불이익변경금지의 원칙상 당사자의 불복부분에 한하여 항소심의 심판대상이 된다.

② 판례도 "논리적으로 전혀 관계가 없어 순수하게 단순병합으로 구하여야 할 수개의 청구를 주위적·예비적 청구로 병합하여 청구하는 것은 부적법하여 허용되지 않는바, 원고가 그와 같은 형태로 소를 제기한 경우 원심법원이 그 모든 청구의 본안에 대하여 심리를 한 다음 그중 하나의 청구만을 인용하고 나머지 청구를 기각하는 내용의 판결을 하였다면, 이는 법원이 위 청구의 병합관계를 본래의 성질에 맞게 단순병합으로서 판단한 것이라고 보아야 할 것이고(📇 선택적 병합으로 청구한 경우에도 동일), 따라서 피고만이 위 인용된 청구 부분에 대하여 상고를 제기한 때에는 일단 단순병합관계에 있는 모든 청구가 전체적으로 상고심으로 이심되기는 하나, 상고심의 심판 범위는 이심된 청구 중 피고가 불복한 청구에 한정된다."고 하였다.[498]

(4) 사안의 경우

제1심 법원이 ① 청구에 대해서 청구기각, ② 청구에 대해서 5억원을 인용하는 판결을 선고하였고, ② 청구에 관한 판결에 대해 피고만 항소한 경우, 상소불가분의 원칙상 모든 청구가 확정차단 및 이심이 되지만, 항소심의 심판대상·범위는 불복신청한 ② 청구 부분만이므로, 항소심 법원은 불복신청하지 않은 ① 청구에 대해 심리판단할 수 없다.

---

498) 대판 2015.12.10, 2015다207679,207686,207693, 대판 1994.12.23, 94다44644

사례(03) │ 청구병합 형태의 판단 방법

사실관계

B는 A에게 '가죽 옷 구입에 돈이 모자라니 1억원을 주면 1주일 후에 2,000만원을 더해서 1억 2,000만원을 주겠다고 하였다. A는 B에게 수차례에 걸쳐 1억원을 주었다. B는 위 1억원으로 가죽 옷을 구매하여 의류 생산·납품·판매업체를 운영하는 C에게 납품하였다. C는 원래 피고가 납품한 가죽의류제품을 일본의 거래처에 납품하려고 하였으나, 제품에 하자가 있어 납품하지 못하고 국내에서 위탁판매, 직영점 판매의 방법으로 처분하기로 하였다. 그런데 위 가죽의류제품 판매가 잘 이루어지지 않아 C가 B에게 물품대금을 지급하지 못하였고, B도 A에게 돈을 돌려주지 못하였다.

문제

A는 B를 상대로 1억원의 대여금청구소송을 제기하였는데, 불법행위에 기한 손해배상청구를 예비적 청구로 추가하면서 대여금청구를 주위적 청구로 변경하였다. 제1심 법원은 'A는 1억원을 C에게 전달해 달라는 취지로 B에게 준 것에 불과하다'는 이유로 A의 주위적 청구를 기각하고, 'B가 자신이 가죽 제품을 구입하여 C에게 공급한다는 사실을 숨기고 C가 직접 가죽의류제품을 구입하여 판매하는 것처럼 가장하여 1억원을 받은 것이 불법행위'라는 이유로 예비적 청구를 인용하였다. 위 판결에 B만이 항소하였다. 항소심 심리결과 제1심과 달리 차용의 주체는 B이고, 불법행위가 인정되지 아니하였다. 항소심 법원은 어떠한 판결을 하여야 하는가? [10점]

1. 결론

항소심 법원은 주위적 청구에 대해 청구인용을, 예비적 청구에 대해 청구기각판결을 하여야 한다.

2. 근거

(I) 청구병합의 의의 및 종류

원고가 하나의 소로 여러 개의 청구에 대한 심판을 구하는 것을 청구의 병합이라고 한다. 소송경제를 도모하고 서로 관련 있는 사건끼리 판결의 모순·저촉을 피하자는 데에 취지가 있다. 이러한 청구병합에는 ① 원고가 아무런 관계가 없는 청구 모두에 대하여 심판을 구하는 단순병합과 ② 양립가능한 여러 개의 청구 가운데 하나가 택일적으로 인용되는 것을 해제조건으로 다른 청구에 대하여 심판을 구하는 선택적 병합, ③ 양립할 수 없는 여러 개의 청구를 하면서 그 심판의 순위를 붙여 제1차적 청구가 인용될 것을 해제조건으로 하여 제2차적 청구에 대하여 심판을 구하는 예비적 병합이 있다.

(2) 사안의 경우의 병합 형태(성질)

판례는 병합의 형태가 선택적 병합인지 예비적 병합인지는 당사자의 의사가 아닌 병합청구의 성질을 기준으로 판단하여야 하고, 항소심에서의 심판 범위도 그러한 병합청구의 성질을 기준으로 결정하여야 한다고 하여, 실질적으로 선택적 병합관계에 있다고 하였다.[499][500]

---

499) 대판 2014.5.29, 2013다96868; 원심은 원고의 의사에 따라 사안을 예비적 병합으로 취급하여 예비적 청구가 인용된 것에 피고만이 항소한 경우 불이익변경금지의 원칙상 주위적 청구부분은 심판대상이 되지 않는다고 판단하였다.

500) 이에 대한 학설의 입장은 다음과 같이 정리할 수 있다. 참고하기 바란다.
① 예비적 병합설 : 선택적 병합이란 하나의 동일한 목적을 달성하기 위하여 복수의 청구권이 성립하는 경우, 즉 청구권 경합의 경우에 성립하고, 당연한 귀결로 그 청구들은 양립가능하고 청구취지는 하나이다. 따라서 선택적 병합에서는 하나의 청구권이 목적을 달성함으로써 소멸하게 되면 나머지 청구권 역시 그와 동시에 목적달성을 이유로 함께 소멸한다. 양립하는 복수의 청구권 중 하나의 청구권이 변제됨으로써 다른 청구권도 소멸한다면 그 양 청구는 선택적 병합이고, 그렇지 않다면 선택적 병합이 될 수 없다. 또한 예비적 병합이란 양립할 수 없는 복수의 청구를 심판의 순서를 붙여 병합하여 청구하는 것을 말하며, 각 청구 사이에 논리적 관련성이 있어야 한다. 사안의 경우에는 계약상 의무의 이행으로 이루어진, 법률상 정당한 급부의 원인이 존재하는 금원의 교부가, 동시에 그 금원의 급부자에게 위법하게 손해를 발생시키는 불법행위를 구성한다고 보기는 어렵다. 전자는 그 행위를 법이 요구하는 적법한 것이고, 후자는 그 행위를 법이 허용하지 않는 위법한 것으로서 서로 양립할 수 없다고 보아야 한다. 즉 청구 병합의 형태는 소송법이 아니라 실체법이 결정하는 것이다. 따라서 사안의 경우는 선택적 병합이 아니라 원심의 판단과 같이 예비적 병합이라고 보는 것이 타당하다. 다만 판결문상으로 추단되는 사안의 내용 및 직권으로 원심판결을 파기한 사정 등으로 미루어 볼 때 이 사안에서 대법원은 구체적 타당성을 감안하여 원심파기가 불가피하다는 결론에 이른 것으로 보인다. 또한 청구 병합 중 모순저촉 회피라고 하는 병합 제도의 취지는 선택적 병합보다도 예비적 병합에 있어서 그 의미가 가장 크다는 점 등을 고려할 때, 선택적 병합뿐만 아니라 예비적 병합의 경우에도 함께 이심된 모든 청구가 항소심의 심판범위에 포함된다고 봄이 상당하다는 생각에 이른다(이기택 서울서부지법원장).
② 부진정 예비적 병합설 : 대상판결은 논리적으로 양립하여 본래 선택적 병합 관계에 있는 양 청구에 관하여 당사자가 주위적·예비적으로 순위를 붙여 청구한 경우, 이른바 부진정 예비적 병합이라고 본다. 양 청구가 서로 '양립한다' 또는 '양립하지 않는다'는 논리 관계 내지는 병합청구의 성질에 의해 병합 형태가 자동적으로 결정되는 것은 아니고, 처분권주의하에서는 기본적으로 원고의 의사가 병합 형태를 결정한다고 생각한다. 다만, 처분권주의의 기초가 되는 당사자의 자치(自治)도 무제한인 것은 아니므로 원고가 예비적 병합으로 하고자 하는 목적에 어느 정도의 필요성과 합리성이 인정되어야 한다. 이러한 필요성과 합리성은 양 청구가 법률적 또는 경제적으로 동일한 또는 같은 종류의 목적에 향하고 있는 경우가 하나의 기준이 되고, 불법행위채권만이 상계 제한에 걸린다든지, 과실상계의 문제 등이 그 기준이 된다. 대상판결의 사안은, 원고가 주위적 청구로 대여를 주장하며 그 지급을 청구하고, 예비적으로 기망 당하였다고 주장하며 불법행위(사기)를 원인으로 손해배상 청구하는 것으로, 기본적으로 피고에 대하여 1억원(및 이에 대한 지연손해금)의 지급을 청구하는 경우로 양 청구가 법률적 또는 경제적으로 동일한 또는 같은 종류의 목적에 향하고 있어 위 기준에 해당한다고 본다. 따라서 대상판결의 판시와 같이 병합청구의 성질에 의해 엄격하게 예비적 병합은 서로 양립할 수 없는 청구의 경우에 한정된다는 입장은 타당하지 않다고 생각한다. 다만, 대상판결의 사안은 특이하게 주위적 청구기각, 예비적 청구인용 판결의 제1심 판결에 대하여 피고만이 항소한 경우로, 항소심이 제1

(3) 예비적 청구인용판결에 대해 피고만 항소한 경우 주위적 청구인용의 가부

판례는 "실질적으로 선택적 병합 관계에 있는 두 청구에 관하여 당사자가 주위적·예비적으로 순위를 붙여 청구하였고, 그에 대하여 제1심 법원이 주위적 청구를 기각하고 예비적 청구만을 인용하는 판결을 선고하여 피고만이 항소를 제기한 경우에도, 항소심으로서는 두 청구 모두를 심판의 대상으로 삼아 판단하여야 한다."고 하였다.[501]

(4) 사안의 경우

심 판결과 달리 예비적 청구가 이유 없다는 결론에 도달한 경우이다. 이 경우에 항소심의 심판범위가 예비적 청구를 인용한 제1심 판결의 당부에 그치고, 원고의 부대항소(민사소송법 제403조)가 없는 한, (가령 원고의 주위적 청구를 인용할 수 있는 경우라도) 주위적 청구가 심판대상이 될 수 없고(대판 1995.2.10, 94다31624), 그리하여 원고의 주위적 청구, 예비적 청구 모두 기각되게 되는 상황에 이르게 된다. 그렇다면 원고가 동일 목적으로 결합한 위 권리를 모두 실현 받지 못하게 되는 문제가 생긴다. 따라서 사안에서는 원고의 부대항소마저도 없기 때문에 청구를 병합청구의 성질에 따라 선택적 병합으로 보아 두 청구 모두를 항소심의 심판 대상으로 삼아야 하는 것으로 하여 구체적 타당성을 기하고자 한 판단으로 보인다. 그렇지만 원고가 스스로 항소도 부대항소도 하지 않았는데, 항소심에서 주위적 청구에 대한 판결(가령 인용판결)을 하여야 한다고 하면, 피고만의 항소에 있어서 제1심 판결을 피고의 불이익으로 변경하는 것이 되어 불이익변경금지의 원칙에 어긋나게 되고, 또한 불복신청을 하지 않은 주위적 청구 부분에 대하여 피고의 방어권을 침해하는 것이 되는 것이다. 그러므로 위와 같이 특별한 경우에 생기는 구체적 문제는 결국 항소심이 석명권(민사소송법 제136조)을 적절하게 행사하여 원고에게 부대항소를 촉구하는 것에 의하여 시정할 것이다(전병서).

③ 선택적 병합설 : 청구의 예비적 병합이 인정되는 것은 병합청구의 성질에 의해 엄격하게 양 청구가 서로 양립할 수 없는 경우에 한정된다고 보아 선택적 병합으로 보는 견해가 있을 수 있다.

501) 대판 2014.5.29, 2013다96868; 이에 따르면 항소심에서 불법행위에 기한 손해배상청구만을 기각한 것은 허용되지 않는 일부판결을 한 경우로서, 위법한 전부판결로 판단누락의 위법이 있어 상고이유가 있고, 상고심에서는 원심을 파기하고 환송하여 대여금청구에 대해 심리할 수 있도록 하여야 하는 것이다. 다만 예비적 병합으로 볼 경우라면 대여금청구는 항소심에서 판결선고 시에 확정되어 이에 대해 상고를 제기하면 각하되고, 예비적 청구가 기각된 것에 대해 적법하게 상고할 수 있으며, 이에 따라 상고심은 본안판단을 하면 된다.

☑️ 사례(04) | 선택적 병합의 판단 및 심판

사실관계

甲은 자신이 2015.5.25. 乙로부터 척추수술을 받았으나 乙의 의료상 과실로 하지마비 등의 장애가 발생하였음을 이유로 2017.4.20. 乙을 상대로 서울중앙지방법원에 이 사건 의료사고로 인한 불법행위를 원인으로 한 손해배상 청구소송(이하 '이 사건 소송'이라 한다)을 제기하였다.

문제

甲은 제1심 소송계속 중 요건사실을 모두 증명하기 어려워 패소할 수도 있다는 생각이 들자, 채무불이행에 기한 손해배상청구를 예비적으로 추가하였다. 이에 제1심 법원은 주위적 청구인 불법행위에 기한 손해배상청구는 기각하고, 채무불이행에 기한 손해배상청구를 인용하였다. 이에 乙만 항소하였는데, 항소심 법원이 불법행위에 기한 손해배상청구가 이유 있다는 심증을 얻었다면 어떠한 판결을 하여야 하는가? [15점]

1. 결론

항소심 법원은 원심판결 전부를 취소하고, 불법행위에 기한 손해배상청구인 주위적 청구를 인용하는 판결을 선고하여야 한다.

2. 근거

(1) 청구의 변경 및 병합 여부

판례에 의하면 불법행위와 채무불이행에 기한 손해배상청구는 실체법적 근거가 다르므로 소송물이 복수에 해당하는바, 사안의 경우에는 추가적 변경으로서 청구의 병합에 해당한다.

(2) 병합 형태(성질)

판례는 "병합의 형태가 선택적 병합인지 예비적 병합인지는 당사자의 의사가 아닌 병합청구의 성질을 기준으로 판단하여야 하고, 항소심에서의 심판 범위도 그러한 병합청구의 성질을 기준으로 결정하여야 한다고 하여, 실질적으로 선택적 병합관계에 있다."고 하였다.

(3) 양립가능한 청구에 대한 예비적 병합신청의 허용 여부

판례는 "논리적으로 양립할 수 있는 수 개의 청구라 하더라도 당사자가 심판의 순위를 붙여 청구를 할 합리적 필요성이 있는 경우에는 주위적 청구가 배척될 경우를 대비하여 예비적 청구에 대한 심판을 구할 수 있다."고 하였다.[502]

---

502) 순위를 붙일 합리적 필요성은 ① 증명책임의 분배와 ② 상계항변의 가부 등을 고려하여 인정할 수 있다.

⑷ 항소심의 심판범위와 판단

1) 예비적 청구인용판결에 대해 피고만 항소한 경우 주위적 청구인용의 가부

판례는 "실질적으로 선택적 병합관계에 있는 두 청구에 관하여 당사자가 주위적·예비적으로 순위를 붙여 청구하였고, 그에 대하여 제1심 법원이 주위적 청구를 기각하고 예비적 청구만을 인용하는 판결을 선고하여 피고만이 항소를 제기한 경우에도, 항소심으로서는 두 청구 모두를 심판의 대상으로 삼아 판단하여야 한다."고 하였다.[503]

2) 사안의 경우

사안은 선택적 병합으로 할 사건을 예비적 병합으로 추가한 경우로서 예비적 청구인용판결에 대해 피고만 항소한 경우라도 항소심 법원은 두 청구 모두를 심판해야 하고, 주위적 청구인 불법행위에 기한 손해배상청구가 이유 있다고 판단한 경우에는 원심판결 전부를 취소하고, 불법행위에 기한 손해배상청구인 주위적 청구를 인용하는 판결을 선고하여야 한다. 그리고 이 때 예비적 청구에 대해서는 심판을 요하지 아니한다.

---

503) 대판 2014.5.29, 2013다96868

✓ 사례(05) │ 일부청구의 제문제 및 선택적 병합

사실관계

甲은 "乙이 甲과의 운송계약에 따라 甲 소유의 시가 8억원 상당의 X 기계를 운반하던 중 X 기계가 멸실되었다."라고 주장하면서 乙을 상대로 불법행위 또는 채무불이행으로 인한 손해배상금 8억원의 지급을 청구하는 소(이하 'A소'라고 한다)를 선택적으로 병합하여 적법하게 제기하였다. A소의 소송과정에서 甲은 "X 기계의 시가는 10억원이고, 청구금액 8억원은 그중 일부 금액이다."라고 명시적으로 주장하였다(재판상 자백 및 소송상 신의칙 위반은 고려하지 말 것).

문제

1. 甲은 A소의 소송 과정에서 이상과 같은 주장사실을 모두 증명하였고, X 기계의 멸실이 전적으로 乙의 과실에 의한 것이라고 주장하였으나, 乙은 과실비율에 대하여 아무런 주장을 하지 않았다. 심리 결과 법원은 "X 기계의 멸실은 甲과 乙의 과실에 의한 것이고, 甲과 乙의 과실비율은 각 50%이다."라는 확신을 갖게 되었다. 법원은 어떠한 판결을 선고하여야 하는지 구체적으로 밝히시오. 25점

2. 甲이 A소의 소송계속 중에 X 기계 멸실을 이유로 하여 乙을 상대로 불법행위로 인한 손해배상금 2억원(A소에서 유보된 나머지 손해액)의 지급을 청구하는 별소(이하 'B소'라고 한다)를 제기하였다면, B소는 적법한가? 15점

■ 설문 1.에 관하여

1. 결론

법원은 채무불이행으로 인한 손해배상청구와 불법행위로 인한 손해배상청구 중 하나를 선택하여 그중 5억원 부분을 인용하고, 나머지 3억원 부분은 기각하여야 한다. 또한 선택하지 않은 청구에 대해서도 3억원 부분을 기각하는 판결을 선고하여야 한다.[504]

2. 근거

(I) 처분권주의의 의의 및 내용

① 처분권주의란 절차의 개시, 심판의 대상, 절차의 종결에 대해 당사자에게 주도권을 주어 그의 처분에 맡기는 입장을 말한다. 이에 심판의 대상 및 범위는 원고의 의사에 의하여 특정

---

504) 예컨대, 법원이 채무불이행으로 인한 손해배상청구를 선택하여 판단하였다면 5억원에 대하여 인용, 나머지 3억원에 대하여는 기각판결을 선고하여야 하고, 선택하지 않은 불법행위로 인한 손해배상청구 중 3억원에 대해서도 기각판결을 선고하여야 한다. 다만 선택하지 않은 청구 중 5억원에 대하여는 판단하지 않는다.

되고 한정되기 때문에 법원으로서는 당사자가 신청한 사항에 대하여, 신청의 범위 내에서만 판단하여야 한다(제203조).

② 법원은 신청한 소송물의 범위 내에서 소송물의 일부가 인용될 수 있을 경우에는 청구취지의 변경이 없이도 일부인용의 판결을 해야 한다. 그것이 원고의 통상의 의사에 부합한다.

(2) 일부청구와 과실상계

1) 직권조사사항인지 여부

① 민법 제396조는 채무불이행에 관하여 채권자에게 과실이 있는 때에는 법원은 손해배상의 책임 및 그 금액을 정함에 있어 이를 참작해야 한다고 규정하고 있으며, 민법 제763조에서는 이를 불법행위로 인한 손해배상책임에서도 준용하도록 규정하고 있다.

② 판례는 손해배상의 책임을 다투는 배상의무자가 배상권리자의 과실에 따른 상계항변을 하지 아니하더라도 소송에 나타난 자료에 의하여 그 과실이 인정되면 법원은 직권으로 이를 심리 · 판단하여야 한다고 하여, 과실상계를 직권조사사항으로 보고 있다.[505]

2) 과실상계의 방법 · 기준

판례는 한 개의 손해배상청구권 중 일부가 소송상 청구되어 있는 경우에 과실상계를 함에 있어서는 손해의 전액에서 과실비율에 의한 감액을 하고, 그 잔액이 청구액을 초과하지 않을 경우에는 그 잔액을 인용할 것이고 잔액이 청구액을 초과할 경우에는 청구의 전액을 인용하는 것으로 풀이하는 것이 일부청구를 하는 당사자의 통상적 의사라고 한다.[506]

3) 사안의 경우

사안에서 乙이 과실비율에 대하여 아무런 주장을 하지 않았다 하더라도 법원은 심리결과 확신한 바와 같이 X 기계의 멸실에 대한 甲과 乙의 과실비율을 각 50%로서 직권으로 심리 · 판단하여야 한다. 이 경우 손해 전액인 10억원에서 과실상계를 하고 남은 잔액은 5억원으로서 청구액인 8억원을 초과하지 않으므로 잔액인 5억원을 인용하는 판결을 선고하여야 한다. 다만 甲은 불법행위 또는 채무불이행으로 인한 손해배상금의 지급을 구하는 소를 선택적으로 병합하여 제기하였는바, 이 경우 법원은 구체적으로 어떻게 판결을 선고하여야 하는지와 관련하여 선택적 병합에서의 법원의 심판방법이 문제이다.

(3) 선택적 병합에서의 법원의 심판대상 및 방법

1) 심판의 대상(소송물) 및 범위

판례는 채무불이행에 기한 손해배상청구권과 불법행위로 인한 손해배상청구권은 별개의 소송물이고, 당사자가 일부청구임을 명시한 경우에는 청구한 부분만이 소송물이라고 보는 입장이다. 따라서 사안의 경우 A소는 선택적 병합으로서 각 소송물의 범위는 8억원으로 정해진다.

---

505) 대판 2015.4.23, 2013다92873
506) 대판 1994.10.11, 94다17710; 대판 1984.3.27, 83다323 · 83다카1037 同旨

2) 선택적 병합에서의 심판방법

판례는 ① 청구의 선택적 병합은, 양립할 수 있는 여러 개의 청구권에 의하여 동일한 취지의 급부를 구하거나 양립할 수 있는 여러 개의 형성권에 기하여 동일한 형성적 효과를 구하는 경우에, 그 어느 한 청구가 인용될 것을 해제조건으로 하여 여러 개의 청구에 관한 심판을 구하는 병합 형태이다. 따라서 ② 이 경우 법원은 어느 하나의 청구에 대해서 인용하면 다른 청구에 대해서는 판단할 필요가 없다는 입장이다.

다만, 어느 하나의 청구에 대해서 전부 인용한 것이 아니라 일부만 인용한 경우에도 다른 선택적 청구에 대해 판단할 필요가 없는지, 아니면 아무런 판단을 하지 않은 것은 위법한 것인지가 문제이다.

3) 하나의 청구에 대한 일부인용시 다른 청구에 대한 판단 필요 여부

판례는 "선택적 병합의 경우에는 여러 개의 청구가 하나의 소송절차에 불가분적으로 결합되어 있기 때문에, 선택적 청구 중 하나에 대하여 일부만 인용하고 다른 선택적 청구에 대하여 아무런 판단을 하지 아니한 것은 위법하다."고 하였다.[507]

4) 사안의 경우

사안의 경우 법원은 채무불이행으로 인한 손해배상청구와 불법행위로 인한 손해배상청구 중 하나를 선택하여 그중 5억원 부분을 인용하고, 나머지 3억원 부분은 기각하여야 한다. 또한 선택하지 않은 청구에 대해서도 3억원 부분을 기각하는 판결을 선고하여야 한다.

▐▌ 설문 2.에 관하여

1. 결론

B소는 적법하다.

---

507) 대판(전) 2016.5.19, 2009다66549 − 원고 A는 피고 S를 상대로 불법행위를 원인으로 한 손해배상청구를, 피고 K를 상대로 채무불이행을 원인으로 한 손해배상청구를 하면서, '피고들이 이 사건 부지에 있는 이 사건 오염토양 등을 처리하여야 할 책임이 있음에도 원고로 하여금 이 사건 오염토양 등을 처리하게 함으로써 법률상 원인 없이 그 정화비용 및 처리비용 상당의 이득을 얻고 원고로 하여금 그 금액 상당의 손해를 입게 하였으므로, 피고들은 원고에게 그 금액 상당을 부당이득으로 반환할 의무가 있다'는 취지의 부당이득반환청구를 피고들에 대한 위에서 본 청구들과 <u>선택적으로 청구</u>하였다. ① 동 판례는 선택적 병합에 해당함은 문제가 되지 않았고, ② <u>원고 A의 피고 S에 대한 불법행위로 인한 손해배상청구 중 일부, 피고 K에 대한 채무불이행으로 인한 손해배상청구 중 일부가 각 인용되는 경우에 원고가 선택적으로 병합한 피고들에 대한 부당이득반환청구는 어떻게 처리할 것인지가 문제되었는데</u>, <u>원심은</u> 피고 S에 대하여는 불법행위에 의한 손해배상청구 중 일부만을 인용하고, 피고 K에 대하여는 채무불이행에 의한 손해배상청구 중 일부만을 인용하면서, <u>피고들에 대한 위 부당이득반환청구에 대하여는 아무런 판단을 하지 아니한 채, 원고의 피고들에 대한 나머지 청구를 모두 기각하였다.</u> ③ 이에 대해 <u>대법원은 원심판결에는 선택적 병합에 관한 법리를 오해하여 원고의 피고들에 대한 위 부당이득반환청구에 관하여 판단을 누락한 위법이 있다</u>고 본 사례이다.

2. 근거

(1) 중복제소의 금지

1) 의의 및 취지

이미 사건이 계속되어 있을 때는 그와 동일한 사건에 대하여 당사자는 다시 소를 제기하지 못한다(제259조). 중복제소금지의 취지는 동일한 사건이 다시 이중으로 제기된 경우에 각각의 판결의 모순·저촉의 방지를 위한 것이다.

2) 요건

① 중복소제기에 해당하기 위해서는 i) 전·후 양소의 당사자가 동일할 것, ii) 전·후 양소의 소송물이 동일할 것, iii) 전소가 소송계속 중일 것이 요구된다. 중복소제기에 해당하는 경우 후소법원은 소를 각하하는 판결을 해야 한다.

② 사안의 경우, 甲이 A소의 소송계속 중에 乙을 상대로 B소를 제기하였는바, 위 ①, ③의 요건은 문제가 없다. 다만 소송물이 동일한 것인지와 관련하여 일부청구 시 잔부청구의 문제를 살펴보아야 한다.

3) 잔부청구의 중복제소 해당 여부[508]

판례는 당사자가 일부청구임을 명시한 경우에는 청구한 부분만이 소송물이 되므로 잔부청구는 중복제소에 해당되지 않으나, 일부청구임을 명시하지 아니한 경우에는 전부가 소송물이 되므로 잔부청구는 중복소송에 해당한다는 입장이다.[509]

(2) 사안의 경우

사안에서 甲은 A소의 청구금액이 8억원이라고 일부청구임을 명시하였으므로 A소의 소송물은 8억원이고, A소에서 유보된 나머지 2억원은 별개의 소송물이므로 이 부분의 B소는 중복제소에 해당하지 않는다. 따라서 B소는 적법하다.

---

508) 일부청구의 소송물을 언급한 후 중복소송 해당 여부를 살펴볼 수도 있겠으나, 일부청구의 소송물은 중복제소와 '일의적 대응관계'가 아니므로, 면밀히 살펴볼 필요는 없다. 따라서 굳이 언급하지 않아도 크게 무리는 없으며, 언급한다고 하더라도 간략히 압축기술하면 족하다.

509) 대판 1985.4.9, 84다552. 동 판례는 "전 소송에서 불법행위를 원인으로 치료비청구를 하면서 일부만을 특정하여 청구하고 그 이외의 부분은 별도소송으로 청구하겠다는 취지를 명시적으로 유보한 때에는 그 전 소송의 소송물은 그 청구한 일부의 치료비에 한정되는 것이고 전 소송에서 한 판결의 기판력은 유보한 나머지 부분의 치료비에까지는 미치지 아니한다 할 것이므로 전 소송의 계속 중에 동일한 불법행위를 원인으로 유보한 나머지 치료비청구를 별도소송으로 제기하였다 하더라도 중복제소에 해당하지 아니한다"고 하였다.

✅ 사례(06) | 예비적 병합의 항소심에서 심판방법

사실관계

甲은 乙을 상대로, 주위적으로 乙에게 A자동차를 4천만원에 매도하고 인도해 주었으나 그 대금을 지급받지 못하였다며 매매대금 4천만원의 지급을 청구하고, 예비적으로 위 매매계약이 무효라면 A자동차의 인도를 청구하는 소(이하 '이 사건 소'라 한다)를 제기하였다.

문제

제1심 법원은 이 사건 소에 대하여 주위적 청구를 기각하고 예비적 청구를 인용하는 판결을 선고하였는데 乙만 항소하였다. 항소심 법원의 심리결과 甲과 乙 사이의 매매계약이 유효하다고 인정되었다. 이러한 경우 항소심 법원은 어떤 판결을 하여야 하는가? 20점

I 결론

항소심 법원은 甲과 乙 사이의 매매계약이 유효하다고 판단되는 경우 피고 乙이 항소한 예비적 청구에 대해서 항소를 인용하여 甲의 예비적 청구를 인용한 제1심 법원의 판결을 취소하고 예비적 청구기각판결을 선고하여야 한다.

II 근거

1. 甲의 청구병합의 성질 및 심판방법

(1) 청구병합의 성질

양립할 수 없는 여러 개의 청구를 하면서 그 심판의 순위를 붙여 제1차적 청구가 인용될 것을 해제조건으로 하여 제2차적 청구에 대하여 심판을 구하는 형태의 병합을 예비적 병합이라 한다. 따라서 사안의 청구는 예비적 병합에 해당한다.

(2) 예비적 병합의 심판방법

예비적 병합의 경우에 ① 주위적 청구가 인용될 때에는 예비적 청구에 대하여 심판할 필요가 없지만, ② 그것이 기각되는 때에는 예비적 청구에 대하여 심판하여야 한다.

(3) 사안의 경우

사안의 경우 제1심 법원은 주위적 청구를 기각하면서 예비적 청구에 대해서 인용판결을 하였는 바 적법한 판결이다. 다만 이에 대해 乙이 예비적 청구를 인용한 데에 항소한 것이 적법한 것인지 여부가 문제이다. 사안에서는 항소의 적법요건으로 다른 것은 문제가 되지 않으나 항소이익이 인정될 것인지 여부가 특히 문제이다.

2. 乙의 항소이익의 유무

(1) 항소이익의 의의 및 취지

제1심 법원의 종국재판에 대하여 불복신청함으로써 그 취소를 구하는 것이 가능한 당사자의 법적 지위를 항소의 이익이라고 한다. 이는 무익한 항소권행사를 견제하자는 취지이다.

(2) 항소이익의 판단기준

① 항소이익의 판단기준에 대하여는, 실체법상 유리한 판결을 받을 가능성이 있으면 불복의 이익을 인정하자는 실질적 불복설 등이 있으나, 원고가 구한 판결의 신청내용과 그 신청에 대해 법원이 내린 판결내용(판결주문)을 형식적으로 비교하여 그 전부 또는 일부가 인정되지 않은 경우(양적으로나 질적으로 불리한 경우)에 항소의 이익을 인정하자는 형식적 불복설이 타당하다.

② 판례도 "재판이 상소인에게 불이익한 것인지 여부는 원칙적으로 재판의 주문을 표준으로 하여야 한다."고 함으로써 형식적 불복설의 입장이다.[510]

(3) 사안의 일부승소판결의 경우

① 이 경우에는 원·피고 모두 상소할 수 있다. 판례도 예비적 병합에서 주위적 청구기각·예비적 청구인용의 경우에는 원고는 주위적 청구가 기각된 데 대해, 피고는 예비적 청구가 인용된 데 대해 항소의 이익이 있다고 하였다.

② 사안에서 제1심 법원은 원고 甲의 피고 乙에 대한 A자동차의 매매대금청구는 기각하고, A자동차의 인도청구는 인용하였고, 이에 피고 乙만이 항소하였는바, 乙의 항소는 항소의 이익이 있어 적법하다. 다만 사안에서는 항소심 법원은 甲과 乙 사이의 매매계약이 유효하다고 인정하여 주위적 청구를 인용할 수 있는지와 관련하여 이심의 범위와 심판범위가 문제된다.

3. 주위적 청구의 항소심으로의 이심 여부

(1) 상소불가분의 원칙

상소의 제기에 의한 확정차단의 효력 및 이심의 효력은 상소인의 불복신청의 범위에도 불구하고 원판결의 전부에 대하여 불가분적으로 발생한다. 이를 상소불가분의 원칙이라고 한다. 청구의 객관적 병합인 예비적 병합의 경우에도 상소불가분의 원칙이 적용된다. 즉 제1심 법원이 주위적 청구는 기각하고 예비적 청구만을 인용하는 판결을 선고한 데 대하여 피고만이 항소를 하더라도, 항소의 제기에 의한 효력은 사건 전부에 미쳐 주위적 청구에 관한 부분도 확정이 차단되고 항소심에 이심된다.

(2) 사안의 경우

乙이 예비적 청구에 대한 인용판결에 대하여 항소를 하였는바, 이 경우 주위적 청구에 관한 부분도 항소심으로 이심된다. 다만 상소심에서의 심판대상·범위는 확정차단 및 이심의 효력범

---

510) 대판 1997.10.24, 96다12276

위와 일치하지 않을 수 있다. 따라서 사안의 경우 심판의 범위는 피고 乙이 불복신청한 예비적 청구만인지 불이익변경금지의 원칙과 관련하여 논의가 있다.

4. 주위적 청구도 항소심의 심판대상·범위에 해당하는지 여부

(1) 불이익변경금지의 원칙

제1심에서 심판된 사건은 항소의 제기에 의하여 사건은 원칙적으로 전부 이심되지만, 항소법원의 심판범위는 당사자의 불복신청의 범위에 한하며(제415조), 그 한도를 넘어서 제1심 판결을 불이익 또는 이익으로 변경할 수 없는 원칙을 불이익변경금지의 원칙이라고 한다. 항소심에 있어서 처분권주의의 발현이라고 설명된다.

(2) 항소심 법원이 주위적 청구를 심리할 수 있는지 여부

1) 문제점

불이익변경금지의 원칙상 피고만 예비적 청구에 대해 불복하고 원고의 부대항소 등이 없는 경우 항소심 법원은 주위적 청구를 심판대상으로 삼아 이를 심리할 수 있는지 여부가 문제이다.

2) 판례의 태도

판례는 "제1심 법원이 원고들의 주위적 청구와 예비적 청구를 병합 심리한 끝에 주위적 청구는 기각하고 예비적 청구만을 인용하는 판결을 선고한 데 대하여 피고만이 항소한 경우, 항소 제기에 의한 이심의 효력은 당연히 사건 전체에 미쳐 주위적 청구에 관한 부분도 항소심에 이심되는 것이지만, 항소심의 심판범위는 이에 관계없이 피고의 불복신청의 범위에 한하는 것으로서 예비적 청구를 인용한 제1심 판결의 당부에 그치고 원고의 부대항소가 없는 한 주위적 청구는 심판대상이 될 수 없다."고 하였다.[511]

3) 사안의 경우

항소심 법원은 甲의 예비적 청구에 대해서만 심판할 수 있고 주위적 청구를 심판할 수는 없다.

5. 사안의 해결

사안의 경우 불이익변경금지의 원칙상 항소심 법원은 甲과 乙 사이의 매매계약이 유효하다고 판단되는 경우 피고 乙이 항소한 예비적 청구에 대해서 항소를 인용하여 甲의 예비적 청구를 인용한 제1심 법원의 판결을 취소하고 예비적 청구기각판결을 선고하여야 한다.

다만 이렇게 되면 예비적 병합의 경우임에도 주위적 청구, 예비적 청구 모두 기각판결을 받게 되는바, 판결의 모순이 발생한다. 주위적 청구가 정당한 경우라면 이러한 점을 해결하기 위한 구체적 방법으로 상소심 법원이 석명권을 적절하게 행사하여 원고에게 부대항소를 촉구하는 방법에 의할 것이고, 원고도 그와 같은 위험을 피하기 위하여 항소하거나 또는 피고의 항소에 편승하여 부대항소를 제기하여야 할 것이다.

---

511) 대판 1995.2.10, 94다31624

✅ 사례(07) | 예비적 병합 – 일부판결

사실관계

甲은 乙이 자신 소유의 X토지를 불법점유하고 있다고 하여 乙을 상대로 건물철거청구의 소를 제기하였고, 이에 乙은 甲의 부정한 행위 등을 주위 사람에게 폭로하면서 甲을 험담하고 다녔다. 소송계속 중 乙은 법정지상권에 기한 항변을 하였고, 이에 甲은 위 소송계속 중 주위적으로 건물철거청구를, 예비적으로 법정지상권이 인정될 것에 대비한 지료청구를 구하는 내용으로 청구변경을 하였다.

문제

제1심 법원이 甲의 청구에 대해 주위적 청구에 관한 판단 없이 지료청구부분을 먼저 심리하여 이에 대한 인용판결을 한 경우, 이러한 판결이 위법한지 여부에 대한 결론과 근거를 설명하시오. 15점

1. 결론

위법하다.

2. 근거

(1) 甲의 청구병합의 성질 및 심판방법

1) 청구변경 해당 여부

건물철거청구와 지료청구는 별개의 소송물이다. 따라서 건물철거 소송계속 중 주위적으로 건물철거청구를, 예비적으로 지료청구를 병합한 것은 청구의 추가적 변경에 해당한다.

2) 병합의 형태

양립할 수 없는 여러 개의 청구를 하면서 그 심판의 순위를 붙여 제1차적 청구가 인용될 것을 해제조건으로 하여 제2차적 청구에 대하여 심판을 구하는 형태의 병합을 예비적 병합이라 한다. 사안에서 청구변경의 결과 원고 甲의 청구는 건물철거청구(주위적 청구)와 법정지상권이 인정될 것에 대비한 지료지급청구(예비적 청구)가 예비적 병합형태로 청구변경되었다.

3) 청구변경의 적법 여부

청구의 변경은 ① 동종절차와 공통관할이 있을 것, ② 신·구 청구 간에 청구기초의 동일성이 있을 것, ③ 소송절차를 현저히 지연시키지 않을 것, ④ 사실심 변론종결 전일 것을 요한다 (제262조).

사안에서 건물철거청구와 법정지상권이 인정될 것에 대비한 지료청구를 구하는 것은 동일한 생활사실 또는 경제적 이익에 관한 분쟁에 있어서 해결방법에 차이가 있음에 불과하며, 기타 청구변경의 요건을 모두 구비하였으므로 청구변경은 적법하다.

4) 예비적 병합의 심판방법

예비적 병합의 경우에 ① 주위적 청구가 인용될 때에는 예비적 청구에 대하여 심판할 필요가 없지만, ② 그것이 기각되는 때에는 예비적 청구에 대하여 심판하여야 한다.

사안의 경우 예비적 병합의 경우에 법원이 원고 甲의 주위적 청구에 대한 판단이 없이 바로 예비적 청구에 대하여 인용판결을 하였는바, 예비적 병합의 심판방법의 위법이 있다. 다만 이 경우 어떠한 위법사유가 있는지 구체적으로 살펴 볼 필요가 있다.

(2) 처분권주의 위반 여부

① 통설과 판례는 제203조의 신청사항에는 심판의 순서도 포함되므로, 법원은 당사자가 구한 권리구제의 순서에도 구속된다고 한다. 따라서 예비적 병합에 있어서 먼저 주위적 청구에 대하여 심판을 하지 않고 예비적 청구를 인용하는 판결을 하는 것은 제203조에 위반된다.

② 사안의 판결은 주위적 청구에 대한 판단이 없이 예비적 청구를 인용하였으므로 처분권주의를 위반한 위법이 있다.

(3) 청구의 예비적 병합에서 일부판결의 허용 여부

① 판례는 예비적 병합의 경우에 수개의 청구가 하나의 소송절차에서 불가분적으로 결합되어 있기 때문에 주위적 청구를 먼저 판단하지 않고 예비적 청구만을 인용하는 등의 일부판결은 예비적 병합의 성질에 반하는 것으로서 법률상 허용되지 않는다고 본다.[512]

② 따라서 사안의 판결은 일부판결이 허용되지 않음에도 일부판결을 하여 판단누락에 준하는 위법이 있다고 할 것이다.

---

512) 대판(전) 2000.11.16, 98다22253

사례(08) | 예비적 병합

기본적 사실관계

甲은 자신의 노트북을 乙에게 100만원에 팔기로 계약하였는데, 乙은 현재 돈이 없으니 일단 노트북을 인도해 주면 일주일 내 노트북 매매대금을 주겠다고 하여 甲은 乙의 말을 믿고 노트북을 乙에게 인도해 주었다. 그런데 일주일이 지나서도 乙이 노트북 매매대금을 주지 않자, 甲은 乙을 피고로 하여 노트북 매매대금 100만원을 구하는 매매대금청구(이하 '주위적 청구'라고 한다)의 소를 제기하였다. 한편, 위 매매계약이 무효임을 대비하여 인도받은 노트북을 부당이득으로 구하는 청구(이하 '예비적 청구'라고 한다)도 함께 제기하였다(부대항소는 제기하지 않은 것으로 본다).

문제

1. (위 기본적 사실관계에 추가하여) 제1심 법원이 甲의 주위적 청구를 기각하면서 예비적 청구에 대해서는 별도로 판단하지 않았다. 이에, 甲이 기각된 주위적 청구와 판단하지 않은 예비적 청구에 대해서 항소를 하였으나, 항소심 법원 또한 甲의 항소를 기각하면서 예비적 청구에 대하여 판단하지 않았으며, 甲이 상고를 제기하지 않아 그대로 판결이 확정되었다. 이 경우 제1심 법원과 항소심 법원에서 예비적 청구를 판단하지 않은 것이 재판의 누락인지, 판단 누락인지에 대하여 설명하고 3점, 甲이 예비적 청구에 대하여 별소를 제기할 수 있는지에 관한 결론과 그 이유 7점를 기재하시오.

2. (위 기본적 사실관계에 추가하여) 제1심 법원이 甲의 주위적 청구를 기각하고 예비적 청구를 인용하자, 乙만이 예비적 청구 부분에 대하여 항소를 제기하였는데, 항소심 법원에서 심리한 결과 오히려 주위적 청구가 이유 있고 예비적 청구는 이유 없다는 결론에 이르렀다. 이 경우 항소심 법원은 어떠한 판결(항소각하, 항소기각, 항소인용, 항소일부인용 등)을 해야 하는지에 관한 결론과 그 이유를 기재하시오. 5점

3. (위 기본적 사실관계에 추가하여) 제1심 법원이 甲의 주위적 청구를 기각하고 예비적 청구를 인용하자, 乙만이 예비적 청구 부분에 대하여 항소를 제기하였다. 이 경우 乙이 항소심 변론기일에서 주위적 청구를 인낙할 수 있는지에 관한 결론과 그 이유를 기재하시오. 5점

Ⅰ 설문 1.에 관하여

1. 결론

별소를 제기함은 부적법하여 허용되지 않는다.

2. 이유

(1) 예비적 병합에서 일부판결의 허용 여부 및 취급 - 판단누락인지 여부

판례는 예비적 병합의 경우에는 수개의 청구가 하나의 소송절차에 불가분적으로 결합되어 있기 때문에 '① 주위적 청구를 먼저 판단하지 않고 예비적 청구만을 인용하거나 ② 주위적 청구만을 배척하고 예비적 청구에 대하여 판단하지 않는 등'의 일부판결은 예비적 병합의 성질에

반하는 것으로서 법률상 허용되지 아니하며, 그럼에도 불구하고 주위적 청구를 배척하면서 예비적 청구에 대하여 판단하지 아니하는 판결을 한 경우에는 그 판결에 대한 상소가 제기되면 판단이 누락된 예비적 청구 부분도 상소심으로 이심이 되고 그 부분이 재판의 누락에 해당하여 원심에 계속 중이라고 볼 것은 아니라고 하였다.

따라서 사안의 판결은 허용되지 않는 일부판결을 한 경우로서 판단누락에 준하는 위법이 있다고 할 것이다.

(2) 예비적 병합에서 일부판결을 한 경우의 구제방법

1) 상소 또는 재심의 소 가부

판례는 ① 일부판결이 허용되지 않는 소송에서는 재판의 누락이 있을 수 없으므로 추가판결로 시정할 것이 아니고, 그러한 일부판결을 위법한 전부판결로 보아 판결하지 않은 부분은 판단누락에 준하여 취급해야 하므로, 그 구제는 상소 또는 재심(제451조 제1항 제9호)에 의해야 한다고 본다(판단누락설 내지 상소·재심설). 그리고 ② 위법한 판결에 대한 상소가 제기되면 판단누락된 부분도 모두 상소심으로 이심이 되어, 원심에 계속 중이라고 볼 것은 아니라고 한다.

2) 별소제기의 가부

① 어느 분쟁해결을 위하여 적정한 판단을 받을 수 있도록 마련된 보다 더 간편한 절차를 이용할 수 있었음에도 그 절차를 이용하지 않았다는 사정은 소송제기에 있어 소극적 권리보호요건인 직권조사사항이다.

② 예비적 병합소송에서 청구의 일부에 대한 판단을 누락한 경우 그 청구를 별소로써 구하는 것은 허용되지 않는다는 것이 판례의 입장이다.513) 즉 판례는 누락된 청구 부분은 판단이 된 바 없으므로 기판력 저촉의 문제는 생기지 않으나, 위법한 판결로 인하여 불이익을 받게 된 당사자는 별소를 제기할 필요가 없이 간편하게 그 소송절차 내에서 상소를 통하여 그 분쟁해결을 위한 적정한 판단을 구할 길이 열려져 있기에, 당사자가 그를 시정하기 위한 상소절차를 이용할 수 있었음에도 그를 이용하지 아니하고 당연무효가 아닌 그 판결을 확정시켰다면 그 판결은 위법한 오류가 있는 그대로 확정됨과 동시에 당사자로서는 그 단계에서 주어진 보다 더 간편한 분쟁해결수단인 상소절차 이용권을 스스로 포기한 것이 되어, 그 후에는 상소로 다투었어야 할 그 분쟁을 별소로 다시 제기하는 것은 특별한 사정이 없는 한, 그의 권리보호를 위한 적법요건을 갖추지 못한 부적법한 소제기이어서 허용될 수 없다고 하였다. 즉 보다 더 간편한 절차를 이용하지 않고 별소를 이용하는 것은 권리보호의 이익이 없다는 것이다.

▐▐ 설문 2.에 관하여

1. 결론

항소인용을 해야 한다.

---

513) 대판 2002.9.4, 98다17145

2. 이유

(1) 일부항소의 경우 항소심 법원의 조치

① 판례는 예비적 병합에서 주위적 청구기각·예비적 청구인용의 경우에는 원고는 주위적 청구가 기각된 데 대해, 피고는 예비적 청구가 인용된 데 대해 항소의 이익이 있다고 하였다.

② 판례는 "제1심 법원이 원고들의 주위적 청구와 예비적 청구를 병합 심리한 끝에 주위적 청구는 기각하고 예비적 청구만을 인용하는 판결을 선고한 데 대하여 피고만이 항소한 경우, 항소제기에 의한 이심의 효력은 당연히 사건 전체에 미쳐 주위적 청구에 관한 부분도 항소심에 이심되는 것이지만, 항소심의 심판범위는 이에 관계없이 피고의 불복신청의 범위에 한하는 것으로서 예비적 청구를 인용한 제1심 판결의 당부에 그치고 원고의 부대항소가 없는 한 주위적 청구는 심판대상이 될 수 없다."고 하였다.[514]

③ 다만 항소심 법원은 주위적 청구가 이유 있다고 판단되는 경우 구체적으로 어떠한 판결을 선고하여야 하는지가 문제되는데, 이에 대해 판례는 피고가 항소한 예비적 청구에 대해 항소를 인용하여 예비적 청구를 인용한 제1심 법원의 판결을 취소하고 예비적 청구에 대해 기각판결을 선고하여야 한다고 하였다.[515]

(2) 사안의 경우

Ⅲ 설문 3.에 관하여

1. 결론

주위적 청구를 인낙할 수 있다.

2. 이유

(1) 주위적 청구에 대한 인낙의 가부

판례는 "제1심 법원이 원고의 주위적 청구와 예비적 청구를 병합심리한 끝에 주위적 청구는 기각하고 예비적 청구만을 인용하는 판결을 선고한 데 대하여 피고만 항소를 하더라도, 항소의 제기에 의한 이심의 효력은 피고의 불복신청의 범위와는 관계없이 사건 전부에 미쳐 주위적 청구에 관한 부분도 항소심에 이심되는 것이므로, 피고가 항소심의 변론에서 원고의 주위적 청구를 인낙하여 그 인낙이 조서에 기재되면 그 조서는 확정판결과 동일한 효력이 있는 것이고, 따라서 그 인낙으로 인하여 주위적 청구의 인용을 해제조건으로 병합심판을 구한 예비적 청구에 관하여는 심판할 필요가 없어 사건이 그대로 종결되는 것이다."라고 하였다.[516]

(2) 사안의 경우

---

514) 대판 1995.2.10, 94다31624
515) 대판 1995.2.10, 94다31624
516) 대판 1992.6.9, 92다12032

사례(09) | 부진정 예비적 병합

사실관계

甲은 乙이 운전하던 택시를 타고 가던 중, 乙이 丙이 운전하던 자동차와 추돌하는 바람에 중상을 입고 병원에 입원하여 치료를 받고 있다. 이 사고에 의해 甲은 乙을 상대로 불법행위를 이유로 치료비 1,500만원, 일실수익 3,000만원, 위자료 1,500만원인 합계 6,000만원의 손해배상청구소송을 제기하였다.

甲은 제1심 소송계속 중 요건사실을 모두 증명하기 어려워 패소할 수도 있다는 생각이 들자, "乙은 고객인 甲을 목적지까지 안전하게 태워다 줄 계약상의 의무가 있음에도 이를 위반하였다"고 주장하면서, 채무불이행에 기한 손해배상청구를 예비적으로 추가하였다. 이에 제1심 법원은 주위적 청구인 불법행위에 기한 손해배상청구는 기각하고, 채무불이행에 기한 손해배상청구를 인용하였다.

문제

이에 乙만 항소하였는데, 항소심 법원이 불법행위에 기한 손해배상청구가 이유 있다는 심증을 얻었다면 어떠한 판결을 하여야 하는가? [15점]

1. 결론

항소심 법원은 원심판결 전부를 취소하고, 불법행위에 기한 손해배상청구인 주위적 청구를 인용하는 판결을 선고하여야 한다.

2. 근거

(1) 청구의 변경 및 병합 여부

판례에 의하면 불법행위와 채무불이행에 기한 손해배상청구는 실체법적 근거가 다르므로 소송물이 복수에 해당하는바, 사안의 경우에는 추가적 변경으로서 청구의 병합에 해당한다.

(2) 병합 형태(성질)

판례는 병합의 형태가 선택적 병합인지 예비적 병합인지는 당사자의 의사가 아닌 병합청구의 성질을 기준으로 판단하여야 하고, 항소심에서의 심판 범위도 그러한 병합청구의 성질을 기준으로 결정하여야 한다고 하여, 실질적으로 선택적 병합관계에 있다고 하였다.[517]

---

517) 대판 2014.5.29, 2013다96868

(3) 양립가능한 청구에 대한 예비적 병합신청의 허용 여부

판례는 논리적으로 양립할 수 있는 수 개의 청구라 하더라도 당사자가 심판의 순위를 붙여 청구를 할 합리적 필요성이 있는 경우에는 주위적 청구가 배척될 경우를 대비하여 예비적 청구에 대한 심판을 구할 수 있다고 하였다.[518]

(4) 항소심의 심판범위와 판단

1) 예비적 청구인용판결에 대해 피고만 항소한 경우 주위적 청구인용의 가부

판례는 "실질적으로 선택적 병합 관계에 있는 두 청구에 관하여 당사자가 주위적·예비적으로 순위를 붙여 청구하였고, 그에 대하여 제1심 법원이 주위적 청구를 기각하고 예비적 청구만을 인용하는 판결을 선고하여 피고만이 항소를 제기한 경우에도, 항소심으로서는 두 청구 모두를 심판의 대상으로 삼아 판단하여야 한다."고 하였다.[519]

2) 사안의 경우

사안은 선택적 병합으로 할 사건을 예비적 병합으로 추가한 경우로서 예비적 청구인용판결에 대해 피고만 항소한 경우라도 항소심 법원은 두 청구 모두를 심판해야 하고, 주위적 청구인 불법행위에 기한 손해배상청구가 이유 있다고 판단한 경우에는 원심판결 전부를 취소하고, 불법행위에 기한 손해배상청구인 주위적 청구를 인용하는 판결을 선고하여야 한다. 그리고 이때 예비적 청구에 대해서는 심판을 요하지 아니한다.

---

518) 대판 2002.2.8, 2001다17633
519) 대판 2014.5.29, 2013다96868

✅ 사례(10) | 소의 변경

사실관계

甲은 乙에게 甲의 부모님을 잘 봉양하라면서 A주택을 증여하고 소유권이전등기를 마쳐 주었다. 그런데 乙이 甲의 부모님을 잘 봉양하지 않자, 甲은 乙과 구두로 A주택을 돌려받기로 하는 양도합의를 하였다. 양도합의의 입증에 자신이 없던 甲은 乙에게 증여를 해제한다는 의사표시를 한 다음, 乙을 상대로 증여해제를 원인으로 한 소유권이전등기청구의 소를 제기하였다가, 甲은 제1심에서 양도합의를 원인으로 한 소유권이전등기청구를 선택적으로 추가하였다.

문제

※ 아래 각 설문은 상호 무관한 것임을 전제로 한다.

(1) 이러한 형태의 병합청구는 허용되는가? [10점]

(2) 만약 제1심 법원이 증여해제를 원인으로 한 소유권이전등기청구를 인용하고 乙이 항소하였는데, 甲이 제1심이 아닌 항소심에서 양도합의를 원인으로 한 소유권이전등기청구를 선택적으로 추가한 경우라면, 항소심 법원은 제1심에서 인용된 청구를 먼저 심판하지 않고 제1심에서 심판되지 아니한 청구를 임의로 선택하여 심리한 결과 그 청구가 이유 있다고 판단할 경우 어떻게 판결할 것인가? [15점]

Ⅰ 설문 (1)에 관하여

1. 결론

허용된다.

2. 근거

(1) 甲의 추가신청이 청구의 변경에 해당하는지 여부

① 청구의 변경이란 甲이 소송계속 후 변론종결 전까지 청구 기초의 동일성을 유지하면서 청구의 취지 또는 원인을 변경하는 것을 말한다(제262조). 사안에서 甲이 양도합의를 원인으로 소유권이전등기청구를 추가한 것이 소의 변경에 해당하는지 문제된다.

② 소송물을 실체법상의 권리관계의 주장으로 보고, 甲의 청구취지와 청구원인에 의해 소송물이 특정된다는 판례에 따르면, 동일 부동산에 대하여 이전등기를 구하는 경우, 각 등기원인은 별개의 소송물을 구성하므로 그 등기청구권의 발생원인을 처음에는 증여해제로 하였다가 후에 양도합의를 원인으로 하여 선택적으로 추가하는 것도 단순한 공격방법의 차이가 아니라 별개의 청구를 추가시킨 것이므로 소의 추가적 변경에 해당한다.[520]

---

520) 대판 1992.2.25, 91다34103

(2) 청구변경의 형태 및 법적 성질

① 청구의 변경은 구청구에 갈음하여 신청구를 제기하는 교환적 변경과 구청구를 유지하면서 신청구를 추가제기하는 추가적 변경이 있다. 사안에서 甲은 구청구를 유지하면서 신청구를 추가신청하였으므로 그 형태는 청구의 추가적 변경에 해당한다.

② 또한 청구의 후발적 병합으로 甲은 양립가능한 두 개의 청구를 택일적으로 병합하여 그 가운데 어느 하나의 인용을 구하는 것으로 선택적으로 추가신청하였으므로 선택적 병합에 해당한다.

(3) 추가적 변경의 적법 여부

1) 요건

청구의 변경은 ① 동종절차와 공통관할이 있을 것, ② 신·구 청구 간에 청구기초의 동일성이 있을 것, ③ 소송절차를 현저히 지연시키지 않을 것, ④ 사실심 변론종결 전일 것을 요한다(제262조). 사안에서 증여해제를 원인으로 한 소유권이전등기청구와 양도합의를 원인으로 한 소유권이전등기청구는 동종절차에서 심판할 수 있으며, 공통관할이 있고, 양 청구는 양립가능성이 있다 할 것이다. 또한 절차를 현저히 지연시키는 사정도 없고, 제1심에서 소 변경을 하여 사실심 변론종결 전이다. 문제는 양 청구 간에 청구의 기초에 동일성이 있는지 여부이다.

2) 청구기초의 동일성

사안의 경우 甲의 추가적 변경의 신청은 동일한 경제적 이익(목적)에 관한 분쟁(A 주택에 대한 소유권이전등기청구)에 있어서, 그 해결방법 내지 법률적 구성을 달리하는 경우(증여계약의 해제와 양도합의)일 뿐이므로, 청구의 기초에 동일성이 있다고 할 것이다.

3) 사안의 경우

甲이 소유권이전등기청구권의 발생원인을 처음에는 증여해제로 하였다가 후에 양도합의를 원인으로 하여 선택적으로 추가하는 것은 추가적 변경으로서 선택적 병합에 해당하는데, 이에 대한 병합요건을 구비하였으므로, 甲의 병합청구는 허용된다.

Ⅱ 설문 (2)에 관하여

1. 결론

항소심 법원은 증여해제를 원인으로 한 소유권이전등기청구를 인용한 제1심 판결을 취소하고, 양도합의를 원인으로 한 소유권이전등기청구를 인용하는 판결을 선고하여야 한다.

2. 근거

(1) 문제의 소재

① 항소심에서 소의 추가적 변경이 허용되는지 여부, ② 항소심 법원의 결론이 제1심 판결의 주문과 동일한 경우, 항소심 법원은 항소를 기각하여야 하는지 아니면 제1심 판결을 취소하고 자판하여야 하는지가 문제이다.

(2) 청구변경의 해당 여부 및 그 형태와 법적 성질

甲이 소유권이전등기청구권의 발생원인을 처음에는 증여해제로 하였다가 후에 양도합의를 원인으로 하여 선택적으로 추가하는 것은 추가적 변경으로서 선택적 병합에 해당한다.

(3) 항소심에서의 소의 추가적 변경 허용 여부

판례는 제1심에서의 청구의 변경에 관한 민사소송법 제262조는 같은 법 제408조의 규정에 의하여 항소심절차에도 준용된다고 하였다. 따라서 甲은 청구의 기초에 변경이 없는 한도에서 항소심절차에서도 청구의 취지 및 원인을 변경할 수 있다. 사안에서는 위에서 살펴 본 바와 같이, 甲의 추가적 변경은 적법하다.

(4) 전부승소한 자가 항소심절차에서 청구의 확장 또는 변경이 가능한지 여부

1) 항소의 이익 요부

① 제1심에서 전부승소한 甲이 청구취지를 확장하거나 변경할 목적으로 항소할 수 없다. 그러나 전부승소하였더라도 상대방의 항소에 부대한 자는 청구취지를 확장할 수 있다. 판례도 제1심에서 전부승소한 원고라도 항소심계속 중 그 청구취지를 확장·변경할 수 있고 그것이 피고에게 불리하게 하는 한도 내에서는 부대항소를 한 취지로도 볼 수 있다고 하였다.[521]

② 사안의 경우 甲은 제1심에서 전부 승소하였으나 乙이 제기한 항소심에서 청구의 추가적 변경을 하였고, 이는 부대항소를 한 취지로 볼 수 있다.

③ 또한 판례에 따르면 이러한 부대항소로서의 청구취지변경은 항소가 아니므로 항소의 이익이 불필요하다.

2) 부대항소의 요건 검토

부대항소는 ① 주된 항소가 적법하게 계속되어야 하며, ② 주된 항소의 피항소인이 항소인을 상대로 제기하여야 하고, ③ 항소심 변론 종결 전에 제기되어야 한다. 또한 ④ 부대항소장의 제출이 있어야 하는데, 부대항소장을 제출하지 않고 소변경신청서를 제출해도 상대방에게 불리하게 되는 한도에서 부대항소를 한 것으로 의제하는 것이 판례의 태도이므로, 甲의 항소심에서의 소 변경은 부대항소로서 적법요건을 구비하였다.

(5) 항소심 법원의 심판

1) 심판방법

판례는 "수 개의 청구가 제1심에서 처음부터 선택적으로 병합되고 그중 어느 한 개의 청구에 대한 인용판결이 선고되어 乙이 항소를 제기한 경우는 물론, 甲의 청구를 인용한 판결에 대하여 乙이 항소를 제기하여 항소심에 이심된 후 청구가 선택적으로 병합된 경우에 있어서도 항소심은 제1심에서 인용된 청구를 먼저 심리하여 판단할 필요는 없고, 선택적으로 병합된 수 개의 청구 중 제1심에서 심판되지 아니한 청구를 임의로 선택하여 심판할 수 있다."고 한다.[522]

---

521) 대판 1996.6.30, 94다58261

2) 항소심 법원의 조치

　가) 문제점

　　항소심 법원의 결론이 제1심 판결의 주문과 동일한 경우, 항소심 법원은 항소를 기각하여
야 하는지 아니면 제1심 판결을 취소하고 자판하여야 하는지가 문제이다.

　나) 판례의 태도

　　판례는 "수개의 청구가 제1심에서 처음부터 선택적으로 병합되고 그중 한 개의 청구에 인
용판결이 선고되어 피고가 항소를 제기한 경우, 항소심은 제1심에서 심판되지 아니한 청
구를 임의로 선택하여 심판할 수 있다고 할 것이나, 심리한 결과 그 청구가 이유 있다고
인정되고 그 결론이 제1심 판결의 주문과 동일한 경우에도 피고의 항소를 기각하여서는
안 되며 제1심 판결을 취소한 다음 새로이 청구를 인용하는 주문을 선고하여야 할 것이
다"라고 하였다.[523]

(6) 설문 (2)의 해결

　항소심 법원은 제1심에서 인용된 甲의 청구를 먼저 심판하지 않고, 제1심에서 심판되지 아니한
甲의 양도합의를 원인으로 한 소유권이전등기청구를 임의로 선택하여 심판할 수 있으며, 이 경
우 심리한 결과 그 청구가 이유 있다고 판단하였다면 항소심 법원은 증여해제를 원인으로 한
소유권이전등기청구를 인용한 제1심 판결을 취소하고, 양도합의를 원인으로 한 소유권이전등
기청구를 인용하는 주문을 선고하여야 한다.

---

522) 대판 2006.4.27, 2006다7587·7594
523) 대판 2006.4.27, 2006다7587·7594

☑ 사례(11) │ 채권자대위소송 · 재소금지 · 교환적 변경

사실관계 및 소송의 결과

○ 甲은 乙과 乙 소유의 X 토지를 대금 10억원에 매수하기로 하는 계약을 체결하고 계약에서 정한 날보다 신속히 등기를 이전받고자 대금 10억원을 乙에게 선지급하였다. 위 토지에 관한 소유권이전등기를 요청하는 甲에 대하여 乙은 차일피일 미루며 甲의 요청에 응하지 아니하였다. 甲은 계약에서 정한 이행일이 경과한 후 乙을 피고로 하여 매매계약에 기한 소유권이전등기를 구하는 소를 제기하였다.

○ 위 소송의 계속 중에 乙은 위 토지의 매수를 간절히 원하는 丙의 부탁과 설득 끝에 丙에게 위 토지를 대금 15억원에 매도하기로 하고 당일 丙으로부터 15억원을 지급받음과 동시에 丙에게 위 토지에 대한 소유권이전등기를 경료하여 주었다.

○ 이 사실을 알게 된 甲은 乙에 대한 위 토지에 관한 소유권이전등기청구권을 보전할 목적으로 丙을 피고로 하여 乙을 대위하여 丙 명의의 소유권이전등기의 말소를 구하는 소를 제기하였다. 제1심에서 甲은 丙이 乙의 매도행위가 이중매매에 해당하는 사실을 알면서도 이에 적극 가담하여 이중양도 받은 것임을 청구원인으로 하였으나 패소하였고 이에 항소하여 제2심에서 丙의 위 등기는 乙과 丙의 통정허위표시에 기한 것이어서 무효이므로 이를 말소하여야 한다고 말소의 원인을 변경하였다.

○ 그런데 심리 과정에서 통정허위표시의 증명이 어려운 것으로 보이자 甲은 다시 위 매매가 이중매매로서 반사회적 법률행위이므로 위 등기를 말소하여야 한다고 재차 말소의 원인을 변경하였다. 제2심 법원은 제1심 판결을 취소하고 재소금지에 위반하였다는 이유로 甲의 소를 각하하였다.

문제

위 각하 판결이 정당한지 여부에 대해 논거를 들어 반박하시오. [20점]

I 결론

제2심 법원이 제1심 판결을 취소하고 재소금지 위반을 이유로 甲의 소를 각하한 것은 교환적 변경 및 재소금지의 법리를 오해한 위법이 있다.

II 논거

1. 채권자대위소송의 법적 성질

판례는 "채권자대위소송은 채권자가 스스로 원고가 되어 채무자의 제3채무자에 대한 권리를 행사하는 것이다."라고 하여 법정 소송담당설과 같은 태도이다.

이와 같은 판례에 따르면, 甲이 乙을 대위하여 丙 명의의 소유권이전등기 말소를 구하는 채권자대위소송을 제기한 경우 소송물은 피대위권리로서 乙의 丙에 대한 말소등기청구권으로 이때 말소원인을 변경한 것이 재소금지에 해당하는지 문제된다.

2. 재소금지에 해당 여부

(I) 재소금지의 의의·취지 및 요건

① 본안에 대한 종국판결이 있은 후에 소를 취하한 자는 다시 동일한 소를 제기하지 못한다(제267조 제2항). 이는 소취하로 인하여 법원의 종국판결이 농락됨을 방지하기 위한 것이다.

② 제267조 제2항에 의하여 재소로 금지되기 위해서는 ⅰ) 당사자가 동일할 것, ⅱ) 소송물이 동일할 것, ⅲ) 권리보호의 이익이 동일할 것, ⅳ) 본안의 종국판결 후의 소취하일 것의 요건을 갖추어야 한다.

(2) 사안의 경우

사안의 경우 甲이 말소등기의 원인을 제1심에서는 민법 제103조에 반하여 무효라고 주장하였고, 이에 제1심에서 패소하자 항소한 후 제2심에서 민법 제108조 제1항에 의하여 무효라고 말소원인을 변경한 후 다시 위 매매가 이중매매로서 반사회적 법률행위에 해당한다고 재차 말소의 원인을 변경한 것은 전·후소의 당사자와 권리보호이익은 동일하다는 점에는 문제가 없다. 그러나 甲이 제2심에서 乙과 丙 사이의 통정허위표시로 민법 제108조 제1항에 의하여 무효라고 말소원인을 변경한 것이 제1심 종국판결 후 소취하에 해당하는지 여부와 소송물이 동일한 것인지 문제된다.

3. 소유권이전등기의 말소등기청구에서 등기의 원인무효 사유를 변경하는 것이 청구의 교환적 변경에 해당하는지 여부

(I) 문제점

甲이 제2심에서 乙과 丙 사이의 통정허위표시로 민법 제108조 제1항에 의하여 무효라고 말소원인을 변경한 후 다시 위 매매가 이중매매로서 반사회적 법률행위이므로 위 등기를 말소해야 한다고 재차 말소의 원인을 변경한 것이 재소금지에 해당하는지 판단하기 위해서는 甲이 제2심에서 丙이 乙의 이중매매에 적극가담하여 민법 제103조에 반하여 무효라는 주장을 乙과 丙 사이의 통정허위표시로 민법 제108조 제1항에 의하여 무효라고 말소원인을 변경한 것이 청구의 교환적 변경에 해당하는지를 살펴보아야 한다.

(2) 청구의 교환적 변경의 법적 성질

① 청구의 변경이란 원고가 소송계속 후 변론종결 전까지 청구 기초의 동일성을 유지하면서 청구의 취지 또는 원인을 변경하는 것을 말한다(제262조). 청구의 변경은 구청구에 갈음하여 신청구를 제기하는 교환적 변경과 구청구를 유지하면서 신청구를 추가제기하는 추가적 변경이 있다.

② 이때 교환적 변경의 법적 성질에 대해서 판례는 신청구의 추가와 구청구 취하의 결합형태라고 보는 입장이다(결합설).[524] 이에 따르면 甲이 말소원인을 변경한 것이 청구의 교환적

---

524) 대판 1987.11.10, 87다카1405 – 결합설에 의하면 피고가 본안에 관하여 응소한 때에는 피고의 동의를 얻어

변경에 해당하면 구소를 취하한 후 다시 동일한 소를 제기한 것이 되어 재소금지에 해당하느바, 이를 판단하기 위해서는 말소등기청구의 소송물을 검토해야 한다.

(3) 말소등기청구의 소송물

① 판례는 말소등기청구사건의 소송물은 당해 등기의 말소등기청구권이고 그 동일성 식별의 표준이 되는 청구원인, 즉 말소등기청구권의 발생원인은 당해 등기원인의 무효라 할 것으로서 등기원인의 무효를 뒷받침하는 개개의 사유는 독립된 공격방어방법에 불과하여 별개의 청구원인을 구성하는 것이 아니라고 하는 입장이다.

② 이에 따르면 말소등기청구사건의 소송물은 민법 제214조의 방해배제청구로서 말소등기청구권으로 동일하며, 다만 말소의 원인만을 민법 제103조 위반으로 인한 무효에서 민법 제108조에 의한 무효라는 주장으로 변경한 것은 청구의 변경이 아니라, 공격방법의 변경에 불과하므로, 甲이 말소원인을 변경한 것은 소변경이 아니다.

4. 사안의 경우 – 판결에 대한 반박

사안에서 甲이 말소의 원인만을 민법 제103조 위반으로 인한 무효에서 민법 제108조에 의한 무효라는 주장으로 변경한 것은 판례에 의하면 청구의 변경이 아니라, 단순히 공격방법의 변경에 불과하다. 따라서 청구의 교환적 변경에 해당하지 아니하므로 재소금지의 요건 중 전소 종국판결 후 소취하일 것이라는 요건을 구비하지 못하여 甲의 말소원인의 변경은 재소금지에 해당하지 않는다. 결국 제2심 법원이 제1심 판결을 취소하고 재소금지 위반을 이유로 甲의 소를 각하한 것은 교환적 변경 및 재소금지의 법리를 오해한 위법이 있다.

야 구청구의 취하의 효력이 생기고, 피고의 동의를 얻지 못하면 소 변경은 추가적 변경이 된다고 한다.

☑ 사례(12) | 반소 - 제3자 반소

사실관계

甲과 乙은 동업을 하기로 계약을 맺은 후, 동업자금의 조달을 위하여 丙에게 "동업을 위한 자금이 필요하다."고 말하고서 丙으로부터 1억원을 차용하였다.

丙이 甲에게 위 차용금 전액의 변제를 요구하자 甲은 丙을 상대로 차용금반환 채무의 시효소멸을 이유로 채무부존재확인을 구하는 소를 제기하였는데, 제1심에서 丙이 甲, 乙을 공동 반소피고로 삼아 위 1억원의 대여금 반환을 구하는 반소를 제기하면서 "이행청구의 반소가 제기되면 본소는 확인의 이익이 없다."고 주장하였고, 이에 대하여 乙은 "원고 아닌 자를 상대로 한 반소는 부적법하다."고 주장하였다.

문제

丙과 乙의 위 각 주장이 타당한지 여부에 대한 결론과 근거를 설명하시오. 20점

1. 결론

(1) 丙의 주장의 당부

丙의 주장은 부당하다.

(2) 乙의 주장의 당부

乙의 주장은 부당하다.

2. 근거

(1) 본소 확인의 이익의 소멸 여부

① 판례는 소송요건을 구비하여 적법하게 제기된 본소가 그 후에 상대방이 제기한 반소로 인하여 소송요건에 흠결이 생겨 다시 부적법하게 되는 것은 아니므로, 원고가 피고에 대하여 손해배상채무의 부존재확인을 구할 이익이 있어 본소로 그 확인을 구하였다면, 피고가 그 후에 그 손해배상채무의 이행을 구하는 반소를 제기하였다 하더라도 그러한 사정만으로 본소청구에 대한 확인의 이익이 소멸하여 본소가 부적법하게 된다고 볼 수는 없다고 하였다.[525]

---

525) 대판 1999.6.8, 99다17401 · 17418

② 사안의 경우 丙이 甲에게 위 차용금 전액의 변제를 요구하므로 甲이 丙을 상대로 차용금반환 채무의 시효소멸을 이유로 채무부존재확인을 구할 이익이 있어 본소로 그 확인을 구한 경우로서, 丙의 대여금채무의 이행을 구하는 반소로 인하여 확인의 이익이 소멸하여 부적법하게 되는 것은 아니다.

⑵ 제3자 반소의 적법 여부

1) 반소의 의의

반소라 함은 피고가 소송계속 중에 그 소송절차를 이용하여 원고에 대하여 제기하는 소를 말한다(제269조). 피고에 의한 청구의 추가적 병합이다.

2) 제3자 반소의 가부

가) 문제점

제3자 반소는 피고 이외의 제3자가 원고에 대하여 또는 피고가 원고 이외의 제3자에 대하여 제기하는 반소(추가의 모습)[526]를 말하는데, 그 허용 여부가 문제된다. 본소의 당사자가 아닌 자 사이의 반소는 부적법하기 때문이다.

나) 판례의 태도

판례는 피고가 원고 이외의 제3자를 추가하여 반소피고로 하는 반소는 원칙적으로 허용되지 아니하고, 다만 피고가 제기하려는 반소가 필수적 공동소송이 될 때에는 민사소송법 제68조의 필수적 공동소송인 추가의 요건을 갖추면 허용될 수 있다고 하였다.[527]

3) 사안의 해결

가) 필수적 공동소송인 추가의 요건 구비 여부

필수적 공동소송인의 추가가 인정되기 위해서는, ① 필수적 공동소송인 중 일부가 누락된 경우이어야 하고, ② 공동소송의 요건을 갖추어야 하며, ③ 시기적으로 제1심 변론종결 전이어야 한다. ④ 원고 측 추가의 경우에는 추가될 당사자의 동의를 요한다.

나) 필수적 공동소송 해당 여부

① 甲과 乙은 동업을 하기로 계약을 맺은 경우로서 민법상 조합으로서의 성질을 갖는다고 할 것이다.

② 판례는 조합의 채권자가 조합원에 대하여 조합재산에 의한 공동책임을 묻는 경우에는 민법 제272조 합유물의 처분·변경에 해당하여 조합원 전원의 동의가 필요하므로 실체법상 관리처분권이 조합원 전원에게 공동으로 귀속되어 고유필수적 공동소송이 된다고 본다.[528]

---

526) 예를 들어 매매대금청구를 받은 매수인인 피고가 매도인인 원고만이 아니라 소개인인 제3자도 상대방으로 하여 사기를 원인으로 한 손해배상의 반소를 제기하는 경우이다.

527) 대판 2015.5.29, 2014다235042

528) 대판 1983.10.25, 83다카850

다) 사안의 경우

사안의 경우 ① 丙의 대여금지급청구소송은 고유필수적 공동소송인데 공동소송인 중 1인
인 乙이 누락되었고, ② 제65조 전문의 권리와 의무가 공통되는 공동소송에 해당하며, 동
종의 절차와 공통의 관할이 있다고 할 것이므로 공동소송의 요건을 갖추어진 것으로 보
인다. 또한 ③ 반소피고 추가의 경우이므로 乙의 동의는 불필요하고, ④ 제1심에서의 추
가이므로 乙의 심급의 이익을 침해하는 문제는 발생하지 않는다. 따라서 필수적 공동소
송인의 추가의 요건을 갖추었다.

사례(13) | 반소 - 방어방법과의 상호관련성

사실관계

甲은 乙이 자신 소유의 X토지를 불법점유하고 있다고 하여 乙을 상대로 건물철거청구의 소를 제기하였고, 이에 乙은 甲의 부정한 행위 등을 주위 사람에게 폭로하면서 甲을 험담하고 다녔다. 소송계속 중 乙은 법정지상권에 기한 항변을 하였고, 이에 甲은 위 소송계속 중 주위적으로 건물철거청구를, 예비적으로 법정지상권이 인정될 것에 대비한 지료청구를 구하는 내용으로 청구변경을 하였다.

문제

※ 아래 각 설문에 대한 결론과 근거를 설명하시오. 각 설문은 상호 무관한 것임을 전제로 한다.
  1. 甲은 乙에 대하여 고의의 명예훼손에 기한 손해배상금액으로 3,000만원의 금전지급청구의 소를 제기하였다. 제1심 소송계속 중 乙은 甲을 상대로 매매대금채권 2,000만원을 가지고 상계를 주장하면서 상계가 받아들여지지 않을 것을 대비하여 위 매매대금에 관하여 반소청구를 하였고, 이에 甲은 乙의 반소에 대해 이의를 제기하였다. 이러한 반소는 적법한가? 15점
  2. 제1심 법원은 乙의 법정지상권에 기한 항변을 배척하고 원고의 청구를 인용하였다. 이에 대해 乙이 제1심 판결에 불복하여 항소한 후, 항소심에서 (법정)지상권 설정등기절차의 이행을 구하는 반소를 제기하려고 한다. 그러나 甲은 이에 대해 아무런 동의의 의사표시를 하지 않고 있다. 이러한 반소는 허용되는가? 20점

■ 설문 1.에 관하여

1. 결론

乙의 반소는 부적법하다.

2. 근거

(I) 반소의 의의와 요건

  ① 반소라 함은 피고가 소송계속 중에 그 소송절차를 이용하여 원고에 대하여 제기하는 소를 말한다(제269조).
  ② 반소는 ⅰ) 본소와 동종절차에 의할 것과 반소가 다른 법원의 전속관할에 속하지 아니하고 공통관할이 있을 것, ⅱ) 본소와 상호관련성이 있을 것, ⅲ) 본소절차를 현저히 지연시키지 않을 것, ⅳ) 사실심 변론종결 전일 것과 ⅴ) 반소도 소송 중의 소이므로 소의 이익 등 일반적 소송요건을 구비하여야 한다.

(2) 본소의 방어방법과의 상호관련성 구비 여부

1) 의의 및 성질

① 본소의 방어방법과 상호관련성이란 반소청구가 본소청구에 대한 항변사유와 그 내용 또는 발생원인에 있어서 법률상 또는 사실상 공통점을 가지는 때이다.

② 상호관련성은 다른 반소요건과 달리 직권조사사항이라 할 수 없고 원고가 동의하거나 이의 없이 응소한 경우에는 상호관련성이 없어도 이의권의 상실에 해당하여 반소는 적법한 것으로 보아야 할 것이다(사익적 요건).

2) 방어방법의 적법성 여부

① 본소의 방어방법과 상호관련된 반소는 그 방어방법이 반소제기 당시에 현실적으로 제출되어야 하며 또한 적법하여야 한다.

② 사안의 경우 고의에 의한 불법행위임을 이유로 한 손해배상채권을 수동채권으로 하는 상계는 실체법상 허용되지 않는 경우인데(민법 제496조), 이에 바탕을 둔 반소가 부적법한 것인지 아니면 실체법상 이유가 없는 것에 불과한 것인지 여부가 문제이고, 이는 반소에 대한 법원의 조치의 문제이기도 하다.

(3) 법원의 조치

방어방법이 실체법상 허용되지 않은 경우, 이에 바탕을 둔 반소에 대해서는 본소의 항변이 어차피 배척되게 될 것이므로 이와 반소청구를 함께 병합하여 변론과 증거조사를 할 경우가 못되기 때문에 병합요건의 흠결로 반소청구는 부적법 각하해야 한다고 본다.[529]

(4) 설문 1.의 경우

사안과 같이 고의에 의한 불법행위임을 이유로 손해배상의 본소를 청구한 경우 피고는 원고에 대한 반대채권으로 상계가 금지되므로(민법 제496조) 이와 같이 실체법상 항변이 허용되지 않는 경우에 이에 바탕을 둔 반소는 부적법하다. 나아가 사안의 경우 甲은 乙의 반소에 동의하거나 이의 없이 응소한 경우가 아니므로 이의권의 상실로 적법하게 될 수 없다.

Ⅱ 설문 2.에 관하여

1. 결론

乙의 반소는 허용된다.

---

[529] 법원의 조치에 대해서, 방어방법이 적법해야 한다는 의미는 실체법상 허용되어야 한다는 것을 의미한다고 볼 수 없으며, 제출 자체의 적법성만을 의미한다고 보는 견해도 있다. 이러한 견해에 따르면, 예컨대 실기한 방어방법으로 각하되는 경우가 제출 자체의 부적법에 해당한다. 따라서 사안의 경우처럼 실체법상 허용되지 않는 방어방법에 바탕을 둔 반소청구는 실체법상 이유 없는 것으로서 청구기각판결을 해야 한다고 본다.

2. 근거

(1) 반소의 의의와 요건

① 반소라 함은 피고가 소송계속 중에 그 소송절차를 이용하여 원고에 대하여 제기하는 소를 말한다(제269조).

② 반소는 ⅰ) 본소와 동종절차에 의할 것과 반소가 다른 법원의 전속관할에 속하지 아니하고 공통관할이 있을 것, ⅱ) 본소와 상호관련성이 있을 것, ⅲ) 본소절차를 현저히 지연시키지 않을 것, ⅳ) 사실심 변론종결 전일 것과 ⅴ) 반소도 소송 중의 소이므로 소의 이익 등 일반적 소송요건을 구비하여야 한다.

③ 사안의 경우 본소와 반소는 민사사건으로서 동종절차에서 심판될 수 있으며, 공통의 관할이 있으며, 반소가 본소절차를 현저히 지연시킨다고 볼 만한 사정이 보이지 않는다. 또한 乙이 제기한 반소에 대해 특별히 문제되는 소송요건의 흠결은 보이지 않으므로, 일반 소송요건을 구비한 것으로 보인다. 다만 위 ⅱ) 요건인 본소청구와의 상호관련성이 있는지 여부와 ⅳ) 요건의 구비 여부와 관련하여 항소심에서 반소의 제기가 적법한지 여부가 문제이다.

(2) 상호관련성 구비 여부

1) 상호관련성의 의미

① 제269조에서 반소는 본소의 청구 또는 방어방법과의 관련성을 요구하고 있는바, 이 중 본소의 방어방법과 상호관련성은 반소청구가 본소청구의 항변사유와 내용·발생원인에서 사실상 또는 법률상 공통성이 있는 경우를 의미한다.

② 그리고 본소의 방어방법과 상호관련된 반소는 그 방어방법이 반소제기 당시에 현실적으로 제출되어야 하며 또한 적법하여야 한다.

2) 사안의 경우

사안의 경우 乙의 법정지상권 설정 등기절차의 이행을 구하는 반소제기는 乙이 제1심에서 이미 제출한 법정지상권에 기한 항변과 내용에 있어서 공통성이 인정되고, 乙의 법정지상권의 항변이 현실로 제출되고 부적법한 사유도 없으므로 乙의 반소는 본소의 방어방법과 상호관련성이 있다.

(3) 본소가 사실심 계속 중 변론종결 전일 것의 요건 구비 여부

1) 항소심에서 반소의 인정 여부

① 법률심인 상고심에서는 신소의 제기가 인정되지 아니하므로 반소도 제기할 수 없지만, 항소심에서는 상대방의 심급의 이익을 해할 우려가 없는 경우 또는 상대방의 동의를 받은 경우에 제기할 수 있다(제412조 제1항). 상대방이 이의를 제기하지 아니하고 반소의 본안에 관하여 변론을 한 때에는 반소제기에 동의한 것으로 본다(동조 제2항).

② 사안의 경우 乙의 반소제기에 대해서 甲은 동의하지 않고 있으므로 甲이 심급의 이익을 해할 우려가 없는 경우인지 검토해야 한다.

2) 심급의 이익을 해할 우려가 없는지 여부

통설·판례에 따르면 심급의 이익을 해할 우려가 없는 경우란 ① 중간확인의 반소, ② 본소와 청구원인을 같이 하는 반소, ③ 제1심에서 충분히 심리한 쟁점과 관련된 반소, ④ 항소심에서 추가된 예비적 반소의 경우가 이에 해당될 것이고, 이때는 원고의 동의 없이 제기할 수 있다.[530]

3) 사안의 경우

사안의 경우 법정지상권 설정등기절차의 이행을 구하는 반소는 제1심에서 충분히 심리한 관습상의 법정지상권과 관련된 반소로서 제1심에서 이미 충분히 심리한 쟁점과 관련된 반소에 해당한다. 따라서 이를 허용하더라도 甲의 심급의 이익을 해할 염려가 없으므로 甲의 동의가 없더라도 乙의 반소는 적법하다. 종래 판례도 본 사안과 같은 사례에서 "반소청구의 기초를 이루는 실질적인 쟁점에 관해 1심에서 본소의 청구원인 또는 방어방법과 관련하여 충분히 심리되었다면, 항소심에서의 반소를 상대방의 동의 없이 허용해도 상대방에게 심급이익을 잃게 하거나 절차를 현저하게 지연시킬 염려가 없으므로, 동의와 관계없이 항소심에서의 반소를 허용해야 한다"고 하였다.[531]

(4) 설문 2.의 해결

乙이 제기한 반소는 반소의 요건 및 일반 소송요건을 모두 갖추어 적법하고, 甲의 동의가 없더라도 乙의 반소는 허용된다.

---

530) 대판 2005.11.24, 2005다20064·20071
531) 대판 1996.3.26, 95다45545·45552·45569

✓ 사례(14) │ 반소 – 상계항변과 상호관련성 및 반소의 이익

> **사실관계**
>
> 甲은 그동안 연락이 끊겼던 절친 乙을 동창회에서 우연히 만나게 되었다. 乙은 甲에게 자신이 생산판매하려는 물품의 견본을 제시하면서 특허를 받으면 고수익이 보장된 상품인데 자금이 부족하다고 하면서 급전을 빌려달라고 하였고, 이에 甲은 乙에게 1억원을 대여하였다.
>
> **문제**
>
> 甲은 2014.8.10. 乙에게 1억원을 변제기 2015.8.10.로 정하여 대여하였는데 乙이 변제기가 지난 후에도 변제하지 않자, 2015.9.18. 대여금반환청구의 소를 제기하였고, 甲의 대여금반환청구소송에서 乙은 甲에 대해 물품공급계약에 기해 인도한 물품의 대금채권 1억 5천만원(변제기는 2015.8.10.) 중 1억원을 반대채권으로 하여 상계의 항변을 하면서, 그와 동시에 나머지 물품대금 5천만원의 지급을 구하는 반소를 제기하였다면, 乙이 제기한 반소는 적법한가? 15점

1. 결론

乙의 반소는 적법하다.

2. 근거

(I) 반소의 의의와 요건

1) 의의

반소라 함은 피고가 소송계속 중에 그 소송절차를 이용하여 원고에 대하여 제기하는 소를 말한다(제269조).

2) 요건

반소는 ① 본소와 동종절차에 의할 것과 반소가 다른 법원의 전속관할에 속하지 아니하고 공통관할이 있을 것, ② 본소와 상호관련성이 있을 것, ③ 본소절차를 현저히 지연시키지 않을 것, ④ 사실심 변론종결 전일 것과 ⑤ 반소도 소송 중의 소이므로 소의 이익 등 일반적 소송요건을 구비하여야 한다.

사안의 경우는 ②의 요건인 본소와 상호관련성이 있는지 여부와 ⑤의 요건인 일반적 소송요건을 구비했는지 여부가 문제이다.

⑵ 본소의 청구 또는 본소의 방어방법과의 상호관련성 구비 여부

1) 상호관련성의 의미

① 본소청구와 상호관련성이란 소송물 또는 그 권리의 대상이나 발생원인에 있어 법률상 또는 사실상으로 공통성이 있음을 의미하고, 본소의 방어방법과 상호관련성이란 반소청구가 본소청구에 대한 항변사유와 그 내용 또는 발생원인에 있어서 법률상 또는 사실상 공통점을 가지는 때이다.

② 그리고 본소의 방어방법과 상호관련된 반소는 그 방어방법이 반소제기 당시에 현실적으로 제출되어야 하며 또한 적법하여야 한다.

2) 사안의 경우

사안의 경우 乙의 물품대금채무의 이행을 구하는 반소의 제기는 乙이 이미 제출한 상계의 항변과 내용 또는 발생원인에 있어서 공통성이 인정되고, 乙의 상계의 항변이 현실로 제출되었고 부적법한 사유도 없으므로 乙의 반소는 본소의 방어방법과 상호관련성이 있다.

⑶ 반소의 이익 유무

반소는 소송 중의 소이므로 본소에 대한 방어방법 이상의 적극적 내용이 포함되어야 하고, 본소청구 기각을 구하는 정도라면 반소의 이익은 인정되지 않는다. 상계항변의 경우, ① 수동채권과 대등한 액수의 범위에서 제기한 반소는 본소청구의 기각을 구하는 것에 불과하여 반소의 이익이 없는 반면, ② 수동채권과 대등한 액수의 초과채권의 이행을 구하는 반소는 반소의 이익이 있다.

⑷ 사안의 경우

乙의 반소는 甲의 대여금청구에 대해 상계항변을 하면서 수동채권과 대등한 액수의 범위를 초과하는 5천만원의 지급을 구하는 것으로서, 본소의 방어방법과 상호관련성이 인정되고 본소청구의 기각을 구하는 이상의 적극적 내용이 있으므로 반소의 이익도 인정된다. 따라서 乙의 반소는 적법하다.

☑ 사례(15) | 예비적 반소

사실관계

甲은 乙과 乙 소유 X토지에 관한 매매계약을 체결하였다. 위 매매계약에 따라 甲은 乙에게 계약금과 중도금을 지급하였으나 잔금을 지급하지 못하였다. 甲은 乙에게 잔금을 지급하겠으니 X토지에 관한 소유권이전등기를 마쳐줄 것을 요청하였다. 그러자 乙은 甲이 잔금을 지급하지 않았으므로 위 매매계약은 해제되었다고 주장하였다. 甲은 乙을 상대로 X토지에 관하여 매매를 원인으로 한 소유권이전등기절차의 이행을 구하는 소를 제기하였고, 위 소송계속 중 乙은 위 매매계약을 적법하게 해제하였다고 항변하였다. 또한 乙은 만약 위 해제가 적법하지 않을 경우에는 자신의 소유권이전등기의무도 있지만 甲도 자신에게 잔금을 지급할 의무가 있다고 주장하면서 甲을 상대로 잔금의 지급을 구하는 예비적 반소를 제기하였고, 甲도 乙의 반소에 대해 乙과 같은 주장을 하며 다투었다.

문제

(1) 제1심 법원은 위 매매계약이 甲의 잔금지급의무 불이행으로 적법하게 해제되었다고 판단하고 甲의 본소 청구를 기각하면서 乙의 반소를 각하하는 판결을 선고하였다. 이러한 제1심 법원의 판결은 적법한가? 10점

(2) 위 문항 (1)에서 선고된 판결에 대하여 甲만 항소하였다. 항소심 법원은 심리 결과 乙의 해제가 소유권이전등기의무에 관한 이행의 제공 없이 한 것으로서 부적법하다고 판단하였다. 이러한 경우 항소심 법원은 어떤 판결을 하여야 하는가? 15점

▉ 설문 (1)에 관하여

1. 결론

제1심 법원의 판결은 위법하다.

2. 근거

(1) 예비적 반소의 적법 여부

1) 반소의 의의 및 종류

반소라 함은 피고가 소송계속 중에 그 소송절차를 이용하여 원고에 대하여 제기하는 소를 말한다(제269조). 이러한 반소에는 ① 본소청구의 인용여부와 관계없이 반소청구에 대해 심판을 구하는 단순반소와 ② 본소의 인용에 대비하는 일종의 조건부 반소인 예비적 반소가 있다.

2) 반소의 요건

반소는 ① 본소와 동종절차에 의할 것과 반소가 다른 법원의 전속관할에 속하지 아니하고 공통관할이 있을 것, ② 본소와 상호관련성이 있을 것, ③ 본소절차를 현저히 지연시키지 않을 것, ④ 사실심 변론종결 전일 것과 ⑤ 반소도 소송 중의 소이므로 소의 이익 등 일반적 소송요건을 구비하여야 한다.

3) 사안의 경우

乙의 예비적 반소는 본소와 동종절차·공통관할에 해당하며, 甲의 본소와 동일한 매매계약에 기한 청구로 상호관련성이 인정되고,[532] 절차를 현저히 지연시키지 않는다. 또한 본소의 사실심 변론종결 전에 제기하였음에 문제가 없다.

(2) 예비적 반소에 대한 각하판결의 적법 여부 – 예비적 반소의 심판방법

판례는 피고의 예비적 반소는 본소청구가 인용될 것을 조건으로 심판을 구하는 것으로서 제1심이 원고의 본소청구를 배척한 이상 피고의 예비적 반소는 제1심의 심판대상이 될 수 없는 것이고, 이와 같이 심판대상이 될 수 없는 소에 대하여 제1심이 판단하였다고 하더라도 그 효력이 없다고 하였다.[533]

(3) 사안의 경우

사안의 경우 乙의 예비적 반소는 적법하지만, 甲의 본소청구를 기각한 이상 乙의 예비적 반소를 심판할 수 없는 것이므로 이를 각하함은 위법하다.

▌ 설문 (2)에 관하여

1. 결론

甲의 본소청구와 乙의 예비적 반소청구 모두에 대해 상환이행판결을 하여야 한다.

2. 근거

(1) 예비적 반소의 항소심의 심판대상 여부

1) 문제점

① 상소불가분의 원칙에 의해 원고의 항소제기로 제1심에서 판결한 모든 청구가 이심되므로, 원고의 본소에 대한 항소에 따라 예비적 반소도 모두 확정이 차단되고 항소심으로 이심된다. ② 그러나 불이익변경금지의 원칙에 의해 상소심의 심판범위는 상소에 의해 불복된 신청부분에 한정되는 것이므로(제415조), 원고만이 본소기각에 대해 항소하고 피고는 예비적 반소의 각하에 대해 항소하지 않은 경우라면 항소심이 예비적 반소를 심판의 대상으로 삼을 수 없는 것인지 여부가 문제된다.

---

532) 배점에 따라 좀 더 상술할 수 있도록 준비해 두어야 한다.
533) 대판 2006.6.29, 2006다19061·19078

2) 판례의 태도

판례는 피고가 제1심에서 각하된 반소에 대하여 항소를 하지 아니하였다는 사유만으로 예비적 반소가 원심의 심판대상으로 될 수 없는 것은 아니고, 따라서 원심으로서는 원고의 항소를 받아들여 원고의 본소청구를 인용한 이상 피고의 예비적 반소청구를 심판대상으로 삼아 이를 판단해야 한다고 하였다.[534] 이에 따르면 항소심이 피고의 항소가 없었다는 이유로 피고의 예비적 반소에 대해 전혀 판단을 하지 아니한 것은 위법이 있으므로, 상고심은 원심판결 중 예비적 반소에 관한 부분을 파기하고 원심법원에 환송하여야 한다.

(2) 상환이행판결의 가부

1) 처분권주의의 의의 및 내용

처분권주의란 절차의 개시, 심판의 대상·범위, 절차의 종결에 대해 당사자에게 주도권을 주어 그의 처분에 맡기는 입장을 말한다(제203조). 그러므로 심판의 대상은 원고의 의사에 의하여 특정되고 한정되기 때문에 법원으로서는 당사자가 신청한 사항에 대하여, 신청의 범위 내에서만 판단하여야 한다.

2) 단순이행청구에 상환이행청구가 포함되는지 여부

판례는 매매계약 체결과 대금완납을 청구원인으로 하여 (무조건)소유권이전등기를 구하는 청구취지에는 대금 중 미지급금이 있을 때에는 위 금원의 수령과 상환으로 소유권이전등기를 구하는 취지도 포함되어 있다고 보아, 원고가 반대의 의사표시를 하지 않는 한 상환이행판결을 할 수 있다는 입장이다.[535]

(3) 사안의 경우

항소심 법원은 심리 결과 乙의 해제가 부적법하다고 판단하였는바, 본소에 대한 청구기각판결과 예비적 반소에 대한 각하판결 모두를 취소하고(제416조), 본소청구와 예비적 반소는 하나의 절차에서 병합하여 심판하므로 甲의 본소청구와 乙의 예비적 반소청구에 대해 잔금의 지급과 동시에 X토지에 관한 소유권이전등기를 이행할 것을 명하는 상환이행판결의 주문을 각각 내어야 한다.

---

[534] 대판 2006.6.29, 2006다19061·19078
[535] 대판 1979.10.10, 79다1508

✓ 사례(16) | 반소 – 사해행위취소

사실관계

乙은 2016.4.1. 丁으로부터 변제기를 2016.12.31.로 하여 2억원을 차용하면서 그 소유의 X토지에 관하여 저당권설정등기를 마쳐주었다. 그 후 乙은 2017.2.1. 위 차용금채무를 모두 변제하고, X토지를 丙에게 매도하였는데, 丁이 저당권설정등기의 말소에 응하지 않자 丙은 丁을 상대로 차용금채무가 변제로 모두 소멸하였다고 주장하며 소유권에 기한 저당권설정등기의 말소를 구하는 소를 제기하였다.

문제

丁은 매매계약이 사해행위라고 주장하면서 반소로 채권자취소소송을 적법하게 제기하였다. 법원은 심증결과 丁의 주장사실이 인정되어 丁의 반소청구를 인용하는 한편 丙의 본소청구를 기각하였다. 법원의 판단은 적법한가? [10점] 536)

1. 결론

적법하다.

2. 근거537)

(1) 본소청구에 대한 판단 가부

판례는 "① 사해행위취소소송은 형성의 소로서 그 판결이 확정됨으로써 비로소 권리변동의 효력이 발생하나, 민법 제406조 제1항은 채권자가 사해행위의 취소와 원상회복을 법원에 청구할 수 있다고 규정함으로써 사해행위취소청구에는 그 취소판결이 미확정인 상태에서도 그 취소의 효력을 전제로 하는 원상회복청구를 병합하여 제기할 수 있도록 허용하고 있다. ② 또한 원고가 매매계약 등 법률행위에 기하여 소유권을 취득하였음을 전제로 피고를 상대로 일정한 청구를 할 때, 피고는 원고의 소유권 취득의 원인이 된 법률행위가 사해행위로서 취소되어야 한다고 다투면서, 동시에 반소로써 그 소유권 취득의 원인이 된 법률행위가 사해행위임을 이유로 법률행위의 취소와 원상회복으로 원고의 소유권이전등기의 말소절차 등의 이행을 구하는 것도 가능하다."고 하였다.

(2) 반소 사해행위취소의 판결을 이유로 한 본소청구에 대한 기각 가부

판례는 "원고의 본소 청구에 대하여 피고가 본소 청구를 다투면서 사해행위의 취소 및 원상회

---

536) 대판 2019.3.14. 2018다277785 사안(변형)
537) 대판 2019.3.14. 2018다277785

복을 구하는 반소를 적법하게 제기한 경우, 사해행위의 취소 여부는 반소의 청구원인임과 동시에 본소 청구에 대한 방어방법이자, 본소 청구 인용 여부의 선결문제가 될 수 있다. 그 경우 법원이 반소 청구가 이유 있다고 판단하여, 사해행위의 취소 및 원상회복을 명하는 판결을 선고하는 경우, 비록 반소 청구에 대한 판결이 확정되지 않았다고 하더라도, 원고의 소유권 취득의 원인이 된 법률행위가 취소되었음을 전제로 원고의 본소 청구를 심리하여 판단할 수 있다고 봄이 타당하다. 그때에는 반소 사해행위취소 판결의 확정을 기다리지 않고, 반소 사해행위취소 판결을 이유로 원고의 본소 청구를 기각할 수 있다. 본소와 반소가 같은 소송절차 내에서 함께 심리 판단되는 이상, 반소 사해행위취소 판결의 확정 여부가 본소 청구 판단 시 불확실한 상황이라고 보기 어렵고, 그로 인해 원고에게 소송상 지나친 부담을 지운다거나, 원고의 소송상 지위가 불안정해진다고 볼 수도 없다. 오히려 이로써 반소 사해행위취소소송의 심리를 무위로 만들지 않고, 소송경제를 도모하며, 본소 청구에 대한 판결과 반소 청구에 대한 판결의 모순 저촉을 피할 수 있다."고 하였다.

(3) 사안의 경우

사안의 경우 법원은 丁의 乙과 丙 사이의 매매계약과 저당권설정계약이 사해행위에 해당한다는 주장사실이 인정되는 경우, 丁의 반소청구를 인용하는 한편 반소청구에 대한 판결이 확정되지 않았다 하더라도 丙의 본소청구를 기각할 수 있으므로, 이러한 법원의 판단은 적법하다.

✅ 사례(17) │ 반소 – 사해행위취소

사실관계

甲은 2013.4.5. 乙에게 변제기 2014.4.5.로 정하여 1억원을 대여하였다.

문제

乙은 甲에게서 1억원을 차용하면서 그 일부를 담보하기 위해 乙 소유인 X 토지에 관하여 甲에게 채권최고액 5,000만원인 근저당권설정등기를 마쳐 주었다. 그 후 乙은 채무초과상태에서 이런 사실을 잘 아는 丙에게 유일한 재산인 X 토지를 매도하고 소유권이전등기를 마쳐 주었다. 丙은 민법 제364에 따라 甲에게 5,000만 원을 제공하면서 근저당권설정등기의 말소를 요구했으나 甲이 이에 응하지 아니하자 그 금액을 변제공탁한 후 甲을 상대로 근저당권설정등기의 말소를 구하는 소를 제기하였다. 甲이 위 소송에서 승소하여 자신의 채권을 충분히 만족받기 위해 취할 수 있는 소송상의 전략을 모색하고 위 소송에서 甲의 예상되는 주장사실이 인정되는 경우 법원은 어떠한 판단을 할 수 있는가? [15점]

1. 결론

甲은 반소로 사해행위취소소송을 제기하여 乙과 丙 사이의 X 토지에 대한 매매계약을 취소하고 원상회복으로 丙 명의의 소유권이전등기의 말소를 구하고, 이 경우 법원은 丙의 본소 청구를 기각할 수 있다.

2. 근거[538]

(1) 문제의 소재

丙은 민법 제364조에 기한 제3취득자의 변제를 이유로 소유권에 기한 방해배제청구로서 甲을 상대로 근저당권설정등기의 말소를 구할 수 있다(제214조). 이 경우 甲은 丙이 자신에게 소유권의 주장을 할 수 없도록 함과 동시에 책임재산의 보전을 위해 채권자취소소송을 반소로 제기함이 전략적 방법으로 모색된다.

(2) 채권자취소소송의 반소의 적법 여부

1) 반소의 요건

반소는 ① 본소와 동종절차에 의할 것과 반소가 다른 법원의 전속관할에 속하지 아니할 것(동종절차·공통관할), ② 본소와 상호관련성이 있을 것, ③ 본소절차를 현저히 지연시키지 않을 것, ④ 사실심 변론종결 전일 것과 ⑤ 반소도 소송 중의 소이므로 소의 이익 등 일반적 소송요건을 구비하여야 한다(제269조).

---

538) 대판 2019.3.14, 2018다277785

2) 판례의 태도

판례는 "① 사해행위취소소송은 형성의 소로서 그 판결이 확정됨으로써 비로소 권리변동의 효력이 발생하나, 민법 제406조 제1항은 채권자가 사해행위의 취소와 원상회복을 법원에 청구할 수 있다고 규정함으로써 사해행위취소청구에는 그 취소판결이 미확정인 상태에서도 그 취소의 효력을 전제로 하는 원상회복청구를 병합하여 제기할 수 있도록 허용하고 있다. ② 또한 원고가 매매계약 등 법률행위에 기하여 소유권을 취득하였음을 전제로 피고를 상대로 일정한 청구를 할 때, 피고는 원고의 소유권 취득의 원인이 된 법률행위가 사해행위로서 취소되어야 한다고 다투면서, 동시에 반소로써 그 소유권 취득의 원인이 된 법률행위가 사해행위임을 이유로 법률행위의 취소와 원상회복으로 원고의 소유권이전등기의 말소절차 등의 이행을 구하는 것도 가능하다."고 하였다. 또한 ③ "사해행위의 취소 여부는 반소의 청구원인임과 동시에 본소 청구에 대한 방어방법이자, 본소 청구 인용 여부의 선결문제가 될 수 있다."고 하였다.

(3) 법원의 판단

1) 반소 사해행위취소의 판결을 이유로 한 본소청구에 대한 기각 가부

판례는 "원고의 본소 청구에 대하여 피고가 본소 청구를 다투면서 사해행위의 취소 및 원상회복을 구하는 반소를 적법하게 제기하고, 법원이 반소 청구가 이유 있다고 판단하여, 사해행위의 취소 및 원상회복을 명하는 판결을 선고하는 경우, 비록 반소 청구에 대한 판결이 확정되지 않았다고 하더라도, 원고의 소유권 취득의 원인이 된 법률행위가 취소되었음을 전제로 원고의 본소 청구를 심리하여 판단할 수 있다고 봄이 타당하다. 그때에는 반소 사해행위취소 판결의 확정을 기다리지 않고, 반소 사해행위취소 판결을 이유로 원고의 본소 청구를 기각할 수 있다. 본소와 반소가 같은 소송절차 내에서 함께 심리 판단되는 이상, 반소 사해행위취소 판결의 확정 여부가 본소 청구 판단 시 불확실한 상황이라고 보기 어렵고, 그로 인해 원고에게 소송상 지나친 부담을 지운다거나, 원고의 소송상 지위가 불안정해진다고 볼 수도 없다. 오히려 이로써 반소 사해행위취소소송의 심리를 무위로 만들지 않고, 소송경제를 도모하며, 본소 청구에 대한 판결과 반소 청구에 대한 판결의 모순 저촉을 피할 수 있다."고 하였다.

2) 사안의 경우

사안의 경우 법원은 乙과 丙 사이의 매매계약이 사해행위에 해당한다는 甲의 주장사실이 인정되는 경우, 甲의 반소청구를 인용하는 한편 반소청구에 대한 판결이 확정되지 않았다 하더라도 丙의 본소 청구인 소유권에 기한 방해배제청구로서 근저당권설정등기의 말소등기청구를 기각할 수 있다.

사례(18) | 점유권에 기한 본소청구와 본권에 기한 반소청구

사실관계

B는 Z토지의 소유자로 2015.7.경 甲에게 'Z토지는 B 소유로 2015.7.25.부로 甲의 근린생활시설 건축허가 신청용도로 사용을 승낙함'이라고 기재한 토지사용승낙서를 작성해주었고, 이후 甲은 Z토지 위에 Y건물을 신축하였고 Y건물은 2020.11.10. 乙 임의경매절차에서 C가 매수하여 같은 날 D를 거쳐 다시 A가 소유권을 취득하였다. 이후 A는 Z토지를 Y건물의 주차장 진출입로로 사용해 왔다. B는 2021.5.10. Z토지에 펜스를 설치하였고, A는 펜스가 설치된 이후 Z토지를 Y건물의 주차장 진출입로로 사용·수익하지 못하게 되었다.

문제

A는 B를 상대로 민법 제204조와 제205조에 따라 펜스의 철거 및 Z토지의 인도를 구하였고, B는 A의 청구가 인용될 경우에 대비하여 민법 제213조에 기하여 Z토지의 인도를 구하는 반소를 제기하였다. ① 법원의 심리결과 A의 본소청구와 B의 반소청구가 모두 이유 있다고 인정된 경우 법원은 본소청구와 반소청구를 모두 인용할 수 있는가? (적법성은 문제삼지 않는다.) ② 본소청구와 예비적 반소청구가 모두 인용되어 확정된 경우 특별한 사정이 없는 한 양자의 강제집행의 관계는 어떠한가? [10점]

1. 결론

① 법원은 본소청구와 예비적 반소청구 모두를 인용할 수 있다. ② 이 경우 점유자가 우선 본소 확정판결에 의하여 집행문을 부여받아 강제집행으로 물건의 점유를 회복하고, 본권자는 위 본소 집행 후 집행문을 부여받아 비로소 반소 확정판결에 따른 강제집행으로 물건의 점유를 회복할 수 있다.

2. 근거[539)]

(1) 법원의 본소청구와 예비적 반소청구 모두에 대한 인용 가부

판례는 "점유권에 기인한 소와 본권에 기인한 소는 서로 영향을 미치지 아니하고, 점유권에 기인한 소는 본권에 관한 이유로 재판하지 못하므로 점유회수의 청구에 대하여 점유침탈자가 점

---

539) 대판 2021.2.4, 2019다202795, 2019다202801 사안을 기초 → ※ [참고] 사용대차와 같은 무상계약은 증여와 같이 개인적 관계에 중점을 두는 것이므로 당사자 사이에 특약이 있다는 등의 특별한 사정이 없으면 사용대차의 차주는 대주의 승낙이 없이 제3자에게 차용물을 사용, 수익하게 하지 못한다(민법 제610조 제2항). 차주가 위 규정에 위반한 때에는 대주는 계약을 해지하거나(같은 조 제3항) 계약을 해지하지 않고서도 제3자에 대하여 그 목적물의 인도를 청구할 수 있으며, 사용대차에서 차주의 권리를 양도받은 자는 그 양도에 관한 대주의 승낙이 없으면 대주에게 대항할 수 없다(대판 1999.5.11, 98다61746 등 참조). 따라서 A가 B의 승낙을 받았다는 사정이 없는 이 사건에서 A가 사용대차권을 승계취득했다고 주장할 수 없다.

유물에 대한 본권이 있다는 주장으로 점유회수를 배척할 수 없다(민법 제208조). 그러므로 점유권에 기한 본소에 대하여 본권자가 본소청구 인용에 대비하여 본권에 기한 예비적 반소를 제기하고 양 청구가 모두 이유 있는 경우, 법원은 점유권에 기한 본소와 본권에 기한 예비적 반소를 모두 인용해야 하고 점유권에 기한 본소를 본권에 관한 이유로 배척할 수 없다."고 하였다.[540]

(2) 점유자와 본권자(소유자)의 강제집행 관계

판례는 "① 점유회수의 본소에 대하여 본권자가 소유권에 기한 인도를 구하는 반소를 제기하여 본소청구와 예비적 반소청구가 모두 인용되어 확정되면, 점유자가 본소 확정판결에 의하여 집행문을 부여받아 강제집행으로 물건의 점유를 회복할 수 있다. ② 본권자의 소유권에 기한 반소청구는 본소의 의무 실현을 정지조건으로 하므로, 본권자는 위 본소 집행 후 집행문을 부여받아 비로소 반소 확정판결에 따른 강제집행으로 물건의 점유를 회복할 수 있다."고 하였다.

(3) 사안의 경우

---

540) ※ [참고] A는 Z토지를 Y건물의 주차장 진출입로로 사용하면서 사실상 지배해왔다고 보아야 하므로, A의 토지점유를 인정할 수 있다.

☑️ 사례(19) | 법정소송담당과 반소 및 확인의 이익

기본적 사실관계

乙은 2014.10.1. 丙으로부터 1억원을 이자 월 2%, 변제기 2016.9.30.로 정하여 차용하고, 이 차용 원리금 채무(이하 '이 사건 차용금 채무'라고 한다)의 변제를 담보하기 위하여 丙에게 乙 소유 X 부동산에 관하여 채권최고액 1억 5,000만원으로 하는 근저당권설정등기(이하 '이 사건 근저당권설정등기'라고 한다)를 마쳐 주었다.

甲은 2016.10.1. 乙로부터 X 토지를 대금 2억원에 매수하면서 계약금은 5,000만원으로 하고, 중도금 1억원은 2016.11.1.에, 잔금 5,000만원은 2016.12.1.에 각 지급하되, 잔금은 이 사건 근저당권설정등기가 말소된 후 소유권이전등기관계서류의 교부와 동시에 지급하기로 약정(이하 '이 사건 매매계약'이라 한다)하고 계약금과 중도금까지 지급하였다.

한편 乙은 丙에게 이 사건 차용금 채무를 모두 변제하였으므로 이 사건 근저당권설정등기를 말소하여 달라고 요구하였으나, 丙은 이 사건 차용금 채무가 일부 남아 있다는 이유로 乙의 요구를 거절하였다.

甲은 이 사건 근저당권설정등기가 말소되지 않아 잔금을 지급하고 있지 않다가, 2017.3.20. 乙과 丙을 상대로 X 토지에 관하여, ① 乙에게는 2016.10.1. 매매를 원인으로 한 소유권이전등기를, ② 丙에게는 이 사건 차용금 채무가 모두 변제되었다는 것을 이유로 乙을 대위하여 이 사건 차용금 채무가 부존재한다는 확인 및 이 사건 근저당권설정등기말소를 청구하는 소(이하 '이 사건 소송'이라고 한다)를 제기하였고, 이 사건 소장 부본은 2017.3.27. 乙과 丙에게 각 적법하게 송달되었다.

문제

※ 아래의 각 추가적 사실관계는 상호 무관함. 견해의 대립이 있는 경우 대법원 판례에 따를 것

1. [추가적 사실관계]

   이 사건 소송에서 乙은 답변서를 제출하고 변론기일에 출석하여 이 사건 매매계약은 적법하게 해제되었다고 주장하였고, 심리 결과 乙의 주장 사실은 인정되었다. 丙은 답변서를 제출하지 않았고 공시송달에 의하지 아니한 적법한 통지를 받고도 계속 변론기일에 출석하지 않았다.

   이 사건 청구 중 丙에 대한 각 청구에 관한 법원의 판결결론[각하, 인용, 기각 등]과 그 이유를 기재하시오. 20점

2. [추가적 사실관계]

   乙의 채권자 丁은 乙의 甲에 대한 매매잔금 채권 5,000만원에 대하여 압류 및 추심명령을 받았고, 위 명령은 2016.11.10. 제3채무자인 甲에게 송달되었다.

   이 사건 소송에서 乙은 甲으로부터 잔금 5,000만원을 지급받아야 소유권이전등기절차를 이행할 수 있다고 항변하면서 甲을 상대로 잔금 5,000만원의 지급을 구하는 반소를 제기하였고, 甲은 丁의 압류 및 추심명령이 송달된 이상 乙의 동시이행의 항변 및 잔금 지급청구는 부당하다고 항변하였다.

   이 사건 청구 중 ① 甲의 乙에 대한 청구, ② 乙의 甲에 대한 반소 청구에 관한 법원의 각 판결결론[각하, 전부인용, 일부인용, 기각 등]과 그 이유를 기재하시오. 15점

3. [추가적 사실관계]

　　甲은 이 사건 차용금 채무가 모두 변제되었다고 주장하고, 丙은 이 사건 채용금 채무 중 4,000만원이 변제되지 않고 남아 있어 말소 청구에 응할 수 없다고 주장하였는데, 심리결과 甲의 乙에 대한 소유권이전등기청구권은 인정되지만, 이 사건 차용금 채무 중 3,000만원이 남아 있는 것으로 밝혀졌다. 이 사건 청구 중 丙에 대한 각 청구에 관한 법원의 판결결론[각하, 전부인용, 일부인용, 기각 등]과 그 이유를 기재하시오. 15점

📗 설문 1.에 관하여

1. 결론

(1) 채무부존재확인의 소

법원은 원고 甲의 청구에 대해서 각하판결을 하여야 한다.

(2) 근저당권설정등기의 말소청구의 소

법원은 원고 甲의 청구에 대해서 각하판결을 하여야 한다.

2. 이유

(1) 공동소송의 형태 및 심리방법

① 乙과 丙은 실체법상 관리처분권이 공동으로 귀속된 경우가 아니므로 통상공동소송관계에 있으며, 이러한 경우 공동소송인 독립의 원칙(제66조)에 의해 규율된다. 따라서 ① 소송요건의 존부는 각 공동소송인마다 개별 심사처리하여야 하며, ② 공동소송인의 한 사람의 소송행위는 유리·불리를 가리지 않고 원칙적으로 다른 공동소송인에게 영향을 미치지 아니하며(소송자료의 독립), ③ 공동소송인의 한 사람에 관한 사항은 다른 공동소송인에 영향이 없고(소송진행의 독립), ④ 판결의 통일이 요구되지 않는다(판결의 불통일).

② 사안의 경우 乙에 대한 청구의 당부와 상관없이 丙에 대한 甲의 청구에 대해 별도로 판단하면 족하다. 다만 甲은 丙을 상대로 乙을 대위하여 채무부존재확인 및 근저당권설정등기말소를 청구하는 소를 제기하였는바, 이와 관련하여 먼저 채권자대위소송의 법적 성질을 살펴 볼 필요가 있다.

(2) 채권자대위소송의 법적 성질

판례는 "채권자대위소송은 채권자가 스스로 원고가 되어 채무자의 제3채무자에 대한 권리를 행사하는 것이다"라고 하여 법정 소송담당설과 같은 태도이다. 이에 의하면 "① 피보전채권, ② 보전의 필요성, ③ 채무자의 권리불행사는 당사자적격의 요소"가 되나, ④ 피대위권리는 소송물에 해당한다고 보게 된다.

(3) 피보전채권의 인정 여부

1) 자백간주의 성립 여부

① 당사자 일방의 기일 불출석의 경우 또는 피고의 답변서 부제출의 경우라면, 법원은 자백간주(제257조, 제150조)에 따라 또는 이에 기한 무변론 판결(제257조)이 가능하다.

② 그러나 피보전채권은 소송요건으로서 직권조사사항이므로 재판상의 자백이나 자백간주의 대상이 될 수 없다. 따라서 그 존재를 당사자들이 다투지 아니한다 하더라도 그 존부에 관하여 의심이 있는 경우에는 법원은 증거조사를 통해 피보전채권의 존부를 심리·판단하여야 한다.

2) 피보전채권에 흠이 있는 경우 법원의 조치

① 채권자대위소송에 있어서 대위에 의하여 보전될 채권자의 채무자에 대한 권리가 인정되지 아니할 경우에는 채권자가 스스로 원고가 되어 채무자의 제3채무자에 대한 권리를 행사할 당사자적격이 없게 되므로, 그 대위소송은 부적법하여 각하할 수밖에 없다.

② 사안의 경우 법원은 甲과 乙 사이의 매매계약이 해제되었음이 인정된다고 판단하였으므로, 법원은 당사자적격의 흠을 이유로 소를 부적법 각하하여야 한다.

(4) 사안의 경우

丙은 답변서를 제출하지 않았고 공시송달에 의하지 아니한 적법한 통지를 받고도 계속 변론기일에 출석하지 않은 상태이지만, 당사자적격은 소송요건으로서 직권조사사항이고, 심리결과 甲과 乙 사이의 매매계약이 적법하게 해제되었음이 인정되었으므로 甲이 乙을 대위하여 丙을 상대로 한 차용금채무의 부존재 확인 및 근저당권설정등기의 말소청구의 소는 피보전권리가 인정되지 않는다. 따라서 甲의 丙에 대한 이 사건 소송은 모두 부적법하므로 각하하여야 한다.

Ⅱ 설문 2.에 관하여

1. 결론

(1) 甲의 乙에 대한 본소 청구

법원은 일부 인용판결(상환이행판결)을 하여야 한다.

(2) 乙의 甲에 대한 반소 청구

법원은 각하판결을 하여야 한다.

2. 이유541)

(1) 甲의 乙에 대한 본소 청구

1) 매매계약체결사실의 인정 여부

항변이란 제한부 자백으로서 원고의 주장사실을 인정하면서 양립가능한 별개의 사실을 진술하는 것을 말하는데, 乙의 동시이행의 항변은 권리행사의 저지사실의 주장에 해당한다. 따라서 법원은 원고 주장사실을 인정할 수밖에 없다.

2) 乙의 동시이행항변의 가부

① 추심명령이 있더라도, 채권의 귀속주체는 여전히 집행채무자이므로 집행채권자의 권리를 해하지 않는 범위 내에서는 피압류채권에 관해 채권자로서의 권리를 갖는다.

② 판례도 추심명령은 강제집행절차에서 추심채권자에게 채무자의 제3채무자에 대한 채권을 추심할 권능만을 부여하는 것이므로, 이로 인하여 채무자가 제3채무자에 대하여 가지는 채권이 추심채권자에게 이전되거나 귀속되는 것은 아니어서, 추심채무자로서는 제3채무자에 대하여 피압류채권에 기하여 그 동시이행을 구하는 항변권을 상실하지 않는다고 하였다.542)

3) 사안의 경우

乙의 동시이행의 항변에 의해 甲과의 매매계약체결사실은 자백이 성립되는바, 법원은 이에 구속되어 판단할 수밖에 없다. 다만 사안에서 甲과 乙은 잔금 5,000만원은 이 사건 근저당권설정등기가 말소된 후 소유권이전등기관계서류의 교부와 동시에 지급하기로 약정하였는바, 乙의 동시이행의 항변은 이유가 있다. 따라서 법원은 원고 甲의 청구에 대해 일부 인용(상환이행판결)을 하여야 한다. 이렇게 본다고 하더라도 원고 甲의 통상의사에 부합하여 처분권주의에 반하지 않는다.

(2) 乙의 甲에 대한 반소 청구

1) 반소의 의의와 요건

① 반소라 함은 피고가 소송계속 중에 그 소송절차를 이용하여 원고에 대하여 제기하는 소를 말한다(제269조).

② 반소는 ⅰ) 본소와 동종절차에 의할 것과 반소가 다른 법원의 전속관할에 속하지 아니하고 공통관할이 있을 것, ⅱ) 본소와 상호관련성이 있을 것, ⅲ) 본소절차를 현저히 지연시키지 않을 것, ⅳ) 사실심 변론종결 전일 것과 ⅴ) 반소도 소송 중의 소이므로 소의 이익 등 일반적 소송요건을 구비하여야 한다.

③ 사안의 경우는 ⅱ)의 요건인 본소와 상호관련성이 있는지 여부와 ⅴ)의 요건인 일반적 소송요건을 구비했는지 여부가 문제이다.

---

541) 해설은 이해의 편의상 상세히 하였다.
542) 대판 2001.3.9, 2000다73490

2) 상호관련성 구비 여부

① 본소청구와 상호관련성이란 소송물 또는 그 권리의 대상이나 발생원인에 있어 법률상 또는 사실상으로 공통성이 있음을 의미하고, 본소의 방어방법과 상호관련성이란 반소청구가 본소청구에 대한 항변사유와 그 내용 또는 발생원인에 있어서 법률상 또는 사실상 공통점을 가지는 때이다.

② 그리고 본소의 방어방법과 상호관련된 반소는 그 방어방법이 반소제기 당시에 현실적으로 제출되어야 하며 또한 적법하여야 한다.

③ 사안의 경우 乙의 잔금채무의 이행을 구하는 반소의 제기는 乙이 이미 제출·주장한 동시이행의 항변과 내용 또는 발생원인에 있어서 공통성이 인정되고, 乙의 동시이행의 항변은 현실로 제출되었고 부적법한 사유도 없으므로 乙의 반소는 본소의 방어방법과 상호관련성이 있다.

3) 일반적 소송요건으로서 당사자적격의 유무

가) 채권에 대한 압류 및 추심명령의 성질 및 효과

판례는 채권에 대한 유효한 압류 및 추심명령이 있으면 제3채무자에 대한 이행의 소는 추심채권자만이 제기할 수 있고, 채무자는 피압류채권에 대한 이행소송을 제기할 당사자적격을 상실한다고 본다. 즉 추심채권자는, 실체법상의 청구권은 채무자인 집행채무자(원래의 채권자)에게 있으면서 소송법상의 관리권만을 이전받는 제3자 법정소송담당의 관계에 있게 된다. 따라서 채무자는 원고로서의 당사자적격을 상실한다.

나) 압류 및 추심명령의 효력발생 시기 및 범위

압류 및 추심명령의 효력발생 시기는 제3채무자에 대한 송달일이고(민사집행법 제227조 제3항, 제229조 제4항), 제3채무자에게 송달된 이상 채무자에게 송달되지 않았다 하더라도 효력발생에는 아무런 영향이 없다.

4) 사안의 경우

사안의 경우, 乙의 甲에 대한 5,000만원의 매매대금채권에 대한 丁의 압류 및 추심명령이 제3채무자인 甲에게 송달되었으므로, 丁의 압류 및 추심명령의 효력발생으로 인해 乙은 피압류채권에 대한 이행청구 소송을 제기할 당사자적격을 상실하였다. 따라서 법원은 乙의 甲을 상대로 한 잔금지급을 구하는 반소 청구에 대하여 당사자적격의 흠을 이유로 부적법 각하 판결을 하여야 한다.

Ⅲ 설문 3.에 관하여

1. 결론

(1) 채무부존재확인의 소

법원은 원고 甲의 청구에 대해서 각하판결을 하여야 한다.

(2) 근저당권설정등기의 말소청구의 소

　　법원은 원고 甲의 청구에 대해서 일부 인용판결(선이행판결)을 하여야 한다.

2. 이유[543)]

(1) 채권자대위소송의 법적 성질

(2) 채무부존재확인의 소

　1) 확인의 소의 적법성

　　가) 확인의 소의 대상적격

　　　확인의 소는 원칙적으로 자기의 현재의 권리·법률관계를 대상으로 하여야 한다. 다만 제3자의 권리·법률관계도 자기의 권리관계에 영향을 미치는 한, 당사자의 일방과 제3자 사이 또는 제3자 상호간의 법률관계도 그 대상이 될 수 있다. 판례도 마찬가지이다.

　　나) 확인의 이익 유무

　　　확인의 이익이 인정되기 위해서는 ① 원고의 권리 또는 법률상 지위에, ② 위험·불안이 현존하고, ③ 이것을 제거하기 위하여 확인판결을 받는 것이 가장 유효·적절한 수단이어야 한다.

　　다) 확인의 소의 보충성

　　　① 이행의 소가 가능함에도 불구하고 그 청구권에 관하여 확인을 구하는 것은 원칙적으로 허용되지 않는다. 직접 이행판결을 구하는 것이 집행의 면에도 충족하고 보다 더 효율적인 발본적 해결이 되기 때문이다.

　　　② 그러나 예외적으로 ① 손해액수의 불분명, ② 확인판결로 피고의 임의이행이 기대가능한 경우에는 확인의 이익이 인정된다. 나아가 ③ 기본이 되는 법률관계로부터 파생하는 이행청구권을 주장하여 이행의 소가 가능한 경우라도, 당해 기본이 되는 권리관계(선결적 법률관계)의 확인의 소는 허용되고, 또 기본이 되는 권리관계의 확인청구와 함께 그 파생되는 청구권에 기한 이행의 소를 아울러 제기하여도 상관이 없다.

　2) 피담보채무 부존재확인의 소의 확인의 이익 유무 – 확인의 소의 보충성

　　판례는 확인의 소는 원고의 권리 또는 법률상 지위에 현존하는 불안·위험이 있고 확인판결을 받는 것이 그 분쟁을 근본적으로 해결하는 가장 유효·적절한 수단일 때 허용되는바, 근저당권설정자가 근저당권설정계약에 기한 피담보채무가 존재하지 아니함의 확인을 구함과 함께 그 근저당권설정등기의 말소를 구하는 경우에 근저당권설정자로서는 피담보채무가 존재하지 않음을 이유로 근저당권설정등기의 말소를 구하는 것이 분쟁을 유효·적절하게 해결하는 직접적인 수단이 될 것이므로, 별도로 근저당권설정계약에 기한 피담보채무가 존재하지 아니함의 확인을 구하는 것은 확인의 이익이 있다고 할 수 없다고 하였다.

---

543) 해설은 이해의 편의상 상세히 하였다.

3) 소송요건 심리의 선순위성

판례는 소송요건은 본안판결의 요건이므로 본안판결에 앞서 미리 조사하여야 하고, 따라서 소송요건의 존부에 관한 문제를 남겨 놓고 먼저 원고청구의 기각판결을 함은 허용될 수 없다고 하였다.

4) 사안의 경우

사안의 경우 甲의 丙에 대한 차용금채무의 부존재확인의 소는 확인의 이익이 없어 부적법하다. 또한 심리결과 차용금 채무가 남아 있는 것으로 밝혀져 채무부존재 확인을 구하는 청구가 이유 없다 하더라도 법원은 청구기각판결을 할 수 없고 부적법 각하판결을 하여야 한다.

⑶ 저당권설정등기 말소청구

1) 처분권주의와 일부인용판결

① 처분권주의란 절차의 개시, 심판의 대상, 절차의 종결에 대해 당사자에게 주도권을 주어 그의 처분에 맡기는 입장을 말한다. 이에 심판의 대상 및 범위는 원고의 의사에 의하여 특정되고 한정되기 때문에 법원으로서는 당사자가 신청한 사항에 대하여, 신청의 범위 내에서만 판단하여야 한다(제203조).

② 법원은 신청한 소송물의 범위 내에서 소송물의 일부가 인용될 수 있을 경우에는 청구취지의 변경이 없이도 일부인용의 판결을 해야 한다. 그것이 원고의 통상의 의사에 부합한다.

2) 현재 이행의 소의 경우에 장래 이행판결(선이행판결)의 가부

사안과 같이 현재의 이행의 소에서 심리결과 원고에게 청구권은 있는데 이행조건이 미성취일 때, 판례는 원고의 청구를 바로 기각할 것이 아니라 ① 원고의 의사에 반하는 것이 아니하고, ② 장래이행의 소로서 미리 청구할 필요가 있으면 장래이행판결을 할 수 있다고 하였다.

3) 사안의 경우

① 피담보채무의 전부 소멸을 이유로 저당권설정등기의 말소를 구하였지만 소송과정에서 피담보채무가 남아 있는 경우, 원고의 다른 반대의 의사표시가 없는 한 원고의 청구에는 잔존 피담보채무의 지급을 조건으로 회복을 구하는 취지도 포함되어 있다고 봄이 판례이다. 따라서 사안의 경우에도 법원은 선이행판결을 하더라도 처분권주의에 반한다고 할 수 없다.

② 다만 장래이행의 소로서 미리 청구할 필요가 있어야 하는데, 판례는 채권자가 피담보채무의 액수를 다투는 경우에는 미리 청구할 필요가 있다는 입장이다. 따라서 사안의 경우 법원은 일부인용으로서 선이행판결을 할 것이다.

☑ 사례(20) │ 통상공동소송의 심판방법

사실관계

丙은 2011.12.1. 甲에게 금 7,000만원을 대여하였는데, 대여 당시 甲의 친구 乙이 위 대여금반환채무를 연대보증하였다. 이후 변제기일이 되어도 甲이 위 대여금을 전혀 변제하지 아니하여 丙은 甲을 찾아가 변제를 독촉하였으나 甲은 그 후에도 변제를 하지 않아서, 丙은 2014.3.6. 甲과 乙을 상대로 대여금반환청구와 연대보증채무의 이행청구를 공동소송의 형식으로 제기하였다.

문제

甲은 이미 변제하였다고 항변을 하면서 그의 증명을 위해 A를 증인으로 증거신청하였다. 그러나 乙은 그에 대한 소송이 공시송달에 의하여 진행된 관계로 아무런 항변을 제출하지 못하였다. 이러한 상황에서 A의 증인신문이 행하여지고 증거조사의 결과 법원은 甲이 이미 변제하였다는 심증을 형성하기에 이르렀다. 이 경우 丙의 乙을 상대로 한 청구에 관하여 법원은 A의 증언을 증거자료로 인정할 수 있는가? 15점

Ⅰ 결론

甲이 신청한 증거는 乙에게 증거로서 인정될 수 없다.

Ⅱ 논거

1. 공동소송의 형태

① 공동소송의 형태가 고유필수적 공동소송인지 여부에 대한 판단기준에 관하여, 통설·판례는 실체법상 관리처분권이 여러 사람에게 공동으로 귀속되느냐 여부를 기준으로 판단하는 실체법상 관리처분권설의 입장이다. 이에 의하면 사안에서 주채무와 연대보증채무는 실체법상 독립된 별개의 채무이고, 실체법상 관리처분권이 공동으로 귀속되지 않으므로 고유필수적 공동소송관계는 아니다. 또한 주채무자와 보증인 사이는 판결의 효력이 미치는 관계가 아니므로 유사필수적 공동소송에도 해당하지 않는다.

② 따라서 사안의 공동소송은 통상의 공동소송에 해당한다.

2. 통상공동소송의 심판방법

(1) 공동소송인 독립의 원칙

통상공동소송의 경우에는 제66조의 "공동소송인 가운데 한 사람의 소송행위 또는 이에 대한 상대방의 소송행위와 공동소송인 가운데 한 사람에 관한 사항은 다른 공동소송인에게 영향을 미치지 아니한다"는 공동소송인 독립의 원칙이 적용되어 이 원칙에 따라 심판하게 된다.

(2) 공동소송인 독립의 원칙의 내용

통상공동소송에서 ① 소송요건의 존부는 각 공동소송인마다 개별 심사처리하여야 하며, ② 공동소송인의 한 사람의 소송행위는 유리·불리를 가리지 않고 원칙적으로 다른 공동소송인에게 영향을 미치지 아니하며(소송자료의 독립), ③ 공동소송인의 한 사람에 관한 사항은 다른 공동소송인에 영향이 없고(소송진행의 독립), ④ 판결의 통일이 요구되지 않으며, 법원은 전부판결을 하는 것이 원칙이나 공동소송인 1인에 대하여 판결하기에 성숙한 때에는 변론의 분리·일부판결을 할 수 있다(판결의 불통일).

(3) 사안의 경우

사안에서 丙의 甲과 乙에 대한 청구는 통상공동소송으로서, 제66조 공동소송인 독립의 원칙이 적용되어 주채무자와 연대보증인과 같이 공동소송인 간에 실질적인 견련관계가 있는 제65조 전문의 공동소송의 경우에도 재판의 통일이 보장되지 않기 때문에 공동소송인 독립의 원칙을 부분적으로 수정하여 재판의 모순·저촉을 방지하려는 논의가 있다.

3. 공동소송인 독립의 원칙의 수정원리

(1) 주장공통의 원칙

① 주장공통의 원칙이란 어느 당사자이든 변론에서 주장하였으면 되고 반드시 주장책임을 지는 당사자가 진술하여야 하는 것은 아니라는 원칙으로 대립당사자 사이에는 인정되지만, 공동소송인 사이에서도 공동소송인 중의 1인이 상대방의 주장사실을 다투며 항변하는 등 다른 공동소송인에게 유리한 주장을 할 때 다른 공동소송인의 원용이 없어도 그에 대하여 효력이 미치는지가 문제된다.

② 이에 대해 판례는 "민사소송법 제66조의 명문의 규정과 우리 민사소송법이 취하고 있는 변론주의 소송구조 등에 비추어 볼 때, 통상의 공동소송에 있어서 이른바 주장공통의 원칙은 적용되지 아니한다"고 하여 부정하는 입장이다.[544]

(2) 증거공통의 원칙

① 증거공통의 원칙이란 당사자의 일방이 제출한 증거가 상대방의 원용 없이도 상대방에게 유리한 사실인정의 자료로 사용될 수 있는 것을 말한다. 이는 원·피고 대립당사자 사이에서는 통설·판례가 모두 인정하고 있다. 그러나 통상의 공동소송인 사이에서도 증거공통의 원칙을 인정할 것인지가 문제된다.

② 이에 대해 판례는 명시적인 입장을 밝히지 않고 있으나, 공동소송에 있어서 증명 기타 행위가 행위자를 구속할 뿐 다른 당사자에게는 영향을 주지 않는 것이 원칙이라고 하여 증거공통의 원칙을 부정하는 듯한 판시를 한 바 있다.[545]

4. 사안의 경우

---

544) 대판 1994.5.10, 93다47196
545) 대결 1959.2.19, 4291민항231

사례(21) | 통상공동소송의 심판방법

사실관계

甲은 乙과 丙이 공유하고 있는 이 사건 토지를 매수하였음을 이유로, 乙과 丙을 피고로 하여 이 사건 토지에 관한 소유권이전등기청구의 소를 제기하였다. 법원은 소장부본 및 변론기일통지서를 乙과 丙에게 각각 송달하였다.

문제

피고 乙은 변론기일에 출석하여 원고 甲의 주장을 다투었으나 피고 丙은 불출석하였다. 이 경우 피고 丙에게 발생하는 소송상의 불이익을 약술하시오. [15점]

1. 문제의 소재

사안에서 피고 丙에 대해 어떠한 소송상 불이익이 있는지를 판단하기 위해서는, ① 우선 甲의 乙과 丙에 대한 공동소송의 형태가 무엇인지, ② 이에 따라 乙이 甲의 주장을 다툰 것이 불출석한 丙에게 어떠한 영향을 미치는지 검토해야 한다.

2. 공동소송의 형태

공유자들을 상대로 한 소유권이전등기청구의 소송형태에 대해서, 판례는 "토지를 수인이 공유하는 경우에 공유자들의 소유권이 지분의 형식으로 공존하는 것뿐이고, 그 처분권이 공동에 속하는 것은 아니므로 공유토지에 대한 소유권이전등기절차의 이행을 청구하는 소송은 필수적 공동소송이라고 할 수 없다."고 하여 통상공동소송이라는 입장이다.[546]

3. 공동소송의 적법 여부

사안에서 甲은 공유자들인 乙과 丙을 피고로 하여 매매로 인한 소유권이전등기청구의 소를 제기하였고, 이는 ① 제65조 전문의 소송의 목적인 권리나 의무가 여러 사람에게 공통되는 경우에 해당하며(주관적 요건), ② 동종절차와 공통의 관할이 있으므로(객관적 요건) 공동소송의 적법요건을 구비하였다.

4. 통상공동소송의 심판방법

(1) 공동소송인 독립의 원칙

통상공동소송의 경우에는 제66조의 "공동소송인 가운데 한 사람의 소송행위 또는 이에 대한 상

---

546) 대판 1994.12.27, 93다32880 · 93다32897

대방의 소송행위와 공동소송인 가운데 한 사람에 관한 사항은 다른 공동소송인에게 영향을 미치지 아니한다"는 공동소송인 독립의 원칙이 적용되어 이 원칙에 따라 심판하게 된다.

(2) 공동소송인 독립의 원칙의 내용

① 사안의 甲의 乙과 丙에 대한 청구는 통상의 공동소송이므로, 제66조 공동소송인 독립의 원칙이 적용되어 乙이 甲의 주장을 다투는 주장을 하였어도 이는 丙에게 영향을 미치지 않는다.

② 또한 기일이나 기간의 해태도 다른 공동소송인에게 그 효과가 미치지 않으며, 기일해태한 공동소송인만이 자백간주 등의 불이익을 입게 된다.

5. 공동소송인 독립의 원칙의 수정원리

판례는 변론주의와 제66조 명문을 근거로 통상의 공동소송인 사이에 주장공통의 원칙을 부정한다. 따라서 乙이 甲의 주장을 다투는 주장을 하였어도 이는 丙의 주장이 있는 것으로 볼 수 없다.[547]

6. 기일해태에 따른 소송상 효과

(1) 진술간주

① 원고 또는 피고가 소장·답변서·기타 준비서면을 제출하고, ② 변론기일에 불출석 또는 출석하고서도 본안에 관하여 변론하지 아니하였을 때에는 ③ 법원은 원고 또는 피고가 제출한 소장·답변서, 그 밖의 준비서면에 적혀 있는 사항을 진술한 것으로 보고 출석한 상대방에게 변론을 명할 수 있다(제148조). 따라서 사안의 경우 丙이 답변서 등을 제출하고 변론기일에 출석하지 않았다면 丙은 진술간주의 효과를 받을 것이다.

(2) 자백간주

사안의 경우 丙이 ① 공시송달에 의하지 않은 적법한 기일통지를 받고, ② 답변서·준비서면 등을 제출하지 않았으며, ③ 당해 변론기일에 출석하지 않았다면 제150조 제3항의 자백간주가 성립한다. 자백간주가 성립하면 상대방이 준비서면으로 예고한 사실에 대하여 자백한 것으로 간주되어 법원에 대한 구속력이 생기며, 법원은 그 사실을 판결의 기초로 삼아야 하므로 불출석한 丙에게 소송상 불이익을 받을 것이다.

7. 사안의 해결

사안에서 甲의 乙과 丙에 대한 공동소송은 통상의 공동소송으로 乙이 출석하여 甲의 주장을 다툰 것은 丙에게 효력이 없고, 丙은 ① 답변서 등을 제출하였다면 제148조 제1항의 진술간주의 효과를, ② 답변서 등을 제출하지 않았다면 제150조 제3항에 의하여 甲의 주장사실에 대하여 자백한 것으로 간주되는 불이익을 받을 것이다.

---

547) 대판 1994.5.10, 93다47196

✅ 사례(22) | 통상공동소송의 심판방법

사실관계

甲은 2011.8.1. 丙과 丁의 연대보증 아래 乙에게 3억원을 변제기 2012.7.31. 이율 연 12%(변제기에 지급)로 정하여 대여(이하 '이 사건 대여'라 한다)하였다. 변제기가 지나도 乙이 이 사건 대여금을 변제하지 않자 甲은 2017.9.1. '乙, 丙, 丁은 연대하여 甲에게 이 사건 대여원리금을 지급하라'는 취지의 소를 제기하였다. 甲의 이 사건 대여사실과 丙과 丁의 연대보증사실이 기재된 소장 부본이 2017.9.29. 乙에게 송달되었고, 乙은 "甲으로부터 이 사건 대여금을 차용한 사실은 있지만 대여금 채권은 시효로 소멸되었다."는 취지의 답변서를 그 무렵 제출하였다. 한편, 丙에게도 2017.10.2. 소장 부본이 송달되었으나 丙은 답변서나 준비서면을 제출하지 않았고, 丁에게는 소장 부본이 소재불명으로 송달불능이 되어 재판장의 명령에 따라 소장 부본이 적법하게 공시송달되었다. 법원은 적법하게 변론기일소환장을 송달(丁에게는 공시송달됨)하여 2017.11.6. 제1차 변론기일을 진행하였다. 乙은 변론기일에 출석하여 답변서를 진술하면서, "자신은 컴퓨터판매업을 하는 상인이고, 이 사건 대여금은 사업운영자금으로 빌린 돈이다."라고 주장하였다. 이에 대해 甲은 "乙의 위와 같은 상황을 알고서 대여해 준 것이며, 乙의 주장이 맞다.고 진술하였다. 위 변론기일에 丙은 적법하게 변론기일 소환장을 받고도 출석하지 않았으며, 丁 또한 출석하지 않았다. 甲은 변론기일에서 乙이 작성명의인으로 된 이 사건 대여금의 차용증서를 증거로 제출하였으나, 丙과 丁의 연대보증사실을 증명할 만한 증거를 제출하지는 않았다.

문제

법원이 위 변론기일을 종결하고 2018.1.12. 판결을 선고하는 경우, 피고들에 대한 각 청구에 대해 어떠한 판결[각하, 기각, 인용, 일부인용]을 하여야 하는가? 30점

1. 결론

① 乙에 대한 청구에 대해서는 청구기각판결을 하여야 한다.
② 丙에 대한 청구에 대해서는 청구인용판결을 하여야 한다.
③ 丁에 대한 청구에 대해서는 청구기각판결을 하여야 한다.

2. 근거

(I) 공동소송의 형태 및 적법 여부

① 공동소송의 형태가 고유필수적 공동소송인지 여부에 대한 판단기준에 관하여, 통설·판례는 실체법상 관리처분권이 여러 사람에게 공동으로 귀속되느냐 여부를 기준으로 판단하는 실체법상 관리처분권설의 입장이다. 이에 의하면 사안에서 주채무와 연대보증채무는 실체법상 독립된 별개의 채무이고, 실체법상 관리처분권이 공동으로 귀속되지 않으므로 고유필

수적 공동소송관계는 아니다. 또한 주채무자와 연대보증인 사이는 판결의 효력이 미치는 관계가 아니므로 유사필수적 공동소송에도 해당하지 않는다. 따라서 사안의 공동소송은 통상의 공동소송에 해당한다.

② 또한 사안에서 甲은 주채무자 乙과 연대보증인 丙, 丁을 공동피고로 하여 이 사건 대여원리금청구의 소를 제기하였고, 이는 제65조 전문의 소송의 목적인 권리·의무의 발생원인이 여러 사람에게 공통되는 경우에 해당하며(주관적 요건), 동종절차와 공통의 관할이 있으므로 (객관적 요건) 공동소송의 적법요건을 구비하였다.

(2) 통상공동소송의 심판방법

1) 공동소송인 독립의 원칙

통상공동소송의 경우에는 제66조의 "공동소송인 가운데 한 사람의 소송행위 또는 이에 대한 상대방의 소송행위와 공동소송인 가운데 한 사람에 관한 사항은 다른 공동소송인에게 영향을 미치지 아니한다."는 공동소송인 독립의 원칙이 적용되어 이 원칙에 따라 심판하게 된다.

2) 공동소송인 독립의 원칙의 내용

통상공동소송은 ① 소송요건의 존부는 각 공동소송인마다 개별 심사처리하여야 하고, ② 공동소송인의 한 사람의 소송행위는 유리·불리를 가리지 않고 원칙적으로 다른 공동소송인에게 영향을 미치지 아니하며(소송자료의 독립), ③ 소송진행도 독립하여 진행되어 다른 공동소송인에 영향이 없다(소송진행의 독립). 또한 ④ 판결의 통일이 요구되지 않는다(판결의 불통일).

3) 사안의 경우

① 사안의 甲의 乙과 丙에 대한 청구는 통상의 공동소송이므로, 제66조 공동소송인 독립의 원칙이 적용되어 乙이 甲의 주장을 인정하는 진술을 하였어도 이는 丙과 丁에게 영향을 미치지 않는다.

② 또한 丙이 기일을 해태한 경우에도 다른 공동소송인인 乙과 丁에게 그 효과가 미치지 않으며, 기일해태한 공동소송인만이 자백간주 등의 불이익을 입게 된다.

③ 그러나 주채무자와 연대보증인과 같이 공동소송인간에 실질적인 견련관계가 있는 제65조 전문의 공동소송의 경우에는 공동소송인 독립의 원칙을 부분적으로 수정하여 재판의 모순·저촉을 방지하려는 논의가 있다.

(3) 공동소송인 독립의 원칙의 수정

1) 주장공통의 원칙

① 주장공통의 원칙이란 어느 당사자이든 변론에서 주장하였으면 되고 반드시 주장책임을 지는 당사자가 진술하여야 하는 것은 아니라는 원칙으로 대립당사자 사이에는 인정되지만, 공동소송인 사이에서도 공동소송인 중의 1인이 상대방의 주장사실을 다투며 항변하는 등 다른 공동소송인에게 유리한 주장을 할 때 다른 공동소송인의 원용이 없어도 그에 대하여 효력이 미치는지가 문제된다.

② 이에 대해 판례는 "민사소송법 제66조의 명문의 규정과 우리 민사소송법이 취하고 있는 변론주의 소송구조 등에 비추어 볼 때, 통상의 공동소송에 있어서 이른바 주장공통의 원칙은 적용되지 아니한다"고 하여 부정하는 입장이다.[548]

2) 증거공통의 원칙

① 증거공통의 원칙이란 당사자의 일방이 제출한 증거가 상대방의 원용 없이도 상대방에게 유리한 사실인정의 자료로 사용될 수 있는 것을 말한다. 이는 원·피고 대립당사자 사이에서는 통설·판례가 모두 인정하고 있다. 그러나 통상의 공동소송인 사이에서도 증거공통의 원칙을 인정할 것인지가 문제된다.

② 이에 대해 판례는 명시적인 입장을 밝히지 않고 있으나, 공동소송에 있어서 증명 기타 행위가 행위자를 구속할 뿐 다른 당사자에게는 영향을 주지 않는 것이 원칙이라고 하여 증거공통의 원칙을 부정한 바 있다.[549]

3) 사안의 경우

사안의 경우 주장공통과 증거공통의 원칙은 인정될 수 없으므로, 결국 법원은 甲의 乙, 丙, 丁에 대한 청구의 당부를 개별적인 소송자료를 통해서 판단하여야 한다. 그리고 각 청구에 대한 판결이 달라도 문제될 것이 없다.

(4) 설문의 해결

1) 乙에 대한 청구

가) 甲과 乙의 주장의 성질

乙은 "甲으로부터 이 사건 대여금을 차용한 사실은 있지만 대여금 채권은 시효소멸되었다."는 취지의 답변서를 그 무렵 제출하였고, 변론기일에 출석하여 답변서를 진술하면서, "자신은 컴퓨터판매업을 하는 상인이고, 이 사건 대여금은 사업운영자금으로 빌린 돈이다."라고 주장하였는바, 이는 甲의 이 사건의 대여사실인 주요사실에 대한 자백과 상사채권으로서 보조적 상행위에 해당한다는 사실을 주장하면서 소멸시효 완성의 항변을 한 경우에 해당한다. 이에 대해 甲은 "乙의 위와 같은 상황을 알고서 대여해 준 것이며, 乙의 주장이 맞다."고 진술하였는바, 이는 乙의 항변사실에 대한 자백에 해당한다.

나) 사안의 경우

甲의 주장사실에 대한 자백과 乙의 항변사실에 대한 자백이 성립하는바, 법원은 이러한 사실에 구속되어 상법 제64조의 5년의 소멸시효기간을 적용하여야 한다.[550] 결국 乙의 대여금채무는 변제기 2012.7.31.부터 5년이 경과한 2017.8.1.에 시효로 소멸하였으므

---

548) 대판 1994.5.10, 93다47196

549) 대판 1976.8.24, 75다2152

550) 판례는 대여자가 차용자의 영업의사를 객관적으로 인식할 수 있으면 대여자가 상인이 아니더라도 차용자가 상인으로서 그 영업의 수행을 위해 한 행위도 보조적 상행위로서 상사시효의 적용을 받는다고 하고 있다(대판 2012.4.13, 2011다104246 등 참조).

로, 이미 소멸시효가 완성된 후인 2017.9.1. 제기된 甲의 청구에 대해 법원은 청구기각판결을 선고하여야 한다.

2) 丙에 대한 청구

가) 자백간주 성립 여부

① 통상공동소송인 사이에는 주장공통의 원칙이 적용되지 않으므로, 乙의 자백이나 소멸시효완성의 항변은 丙에 대해서 아무런 영향을 미치지 못한다. 또한 ② 丙에게 2017.10.2. 소장 부본이 송달되었으나 丙은 답변서나 준비서면을 제출하지 않았고, 변론기일에 丙은 적법하게 변론기일 소환장을 받고도 출석하지 않았으므로, 제150조 제3항 본문에 의하여 이 사건의 대여사실과 연대보증의 계약체결 사실에 대해서는 丙의 자백간주가 성립한다.

나) 사안의 경우

사안의 경우 乙의 주채무가 시효로 소멸되었다고 하더라도 이에 대한 주장이 없는 丙에 대해서는 영향을 미치지 않고, 丙은 이 사건의 대여사실과 연대보증 사실에 대해 자백간주가 성립하는바, 법원은 이에 구속되어 판단하여야 한다. 결국 법원은 丙에 대한 甲의 청구에 대해서 인용판결을 선고하여야 한다.

3) 丁에 대한 청구

가) 자백간주 성립 여부

① 제66조의 공동소송인 독립의 원칙상 乙의 자백이나 소멸시효완성의 항변 및 丙의 자백간주의 효력은 丁에게 미치지 않는다. 또한 ② 丁은 변론기일에 출석하지 않았으나, 제150조 제3항 단서에 따라 소재불명으로 재판장의 명령에 따라 소장 부본이 공시송달된 경우이고 변론기일소환장도 공시송달에 의한 경우이므로, 자백간주는 인정될 수 없다.

나) 증명책임의 분배

따라서 甲의 丁에 대한 청구의 주요사실인 대여사실과 연대보증의 계약체결 사실은 민사소송법의 기본원칙에 따라 판단하여야 하는데, 법률요건분류설에 따라 위 주요사실에 대해서는 甲에게 증명책임이 있다.

다) 사안의 경우

사안의 경우 제66조의 공동소송인 독립의 원칙상 乙의 자백이나 소멸시효완성의 항변 및 丙의 자백간주의 효력은 丁에 미치지 않는다. 또한 丁에게는 자백간주의 효력은 인정되지 않는다. 따라서 丁에 대한 청구에 관해 甲은 이 사건 대여사실과 연대보증 사실에 대한 증명책임을 부담하는데, 사안에서 甲은 대여사실에 대해서는 차용증서를 증거로 제출하였으나, 丁의 연대보증 사실을 증명할 만한 증거를 제출하지는 않았는바, 甲의 丁에 대한 청구에 대해서 법원은 기각판결을 선고하여야 한다.

※ 논증구성
  (1) 공동소송의 형태 및 심리방법
     1) 공동소송의 형태 → 통·공
     2) 심리방법 → 제66조의 공동소송인 독립의 원칙과 수정
  (2) 乙에 대한 청구 → 甲과 乙의 주장의 성질에 따른 논증방식
  (3) 丙에 대한 청구 → 자백간주에 따른 법원에 대한 구속력 인정
  (4) 丁에 대한 청구 → 자백간주가 성립되지 않으므로 증명책임의 분배에 따른 조치

사례(23) | 통상공동소송

사실관계

甲은 乙에게서 P시에 소재하는 1필의 X토지 중 일부를 위치와 면적을 특정하여 매수했으나 필요가 생기면 추후 분할하기로 하고 분할등기를 하지 않은 채 X토지 전체 면적에 대한 甲의 매수 부분의 면적 비율에 상응하는 지분소유권이전등기를 甲 명의로 경료하고 甲과 乙은 각자 소유하게 될 토지의 경계선을 확정하였다. 이후 甲과 乙은 각자 소유하는 토지 부분 위에 독자적으로 건축허가를 받아 각자의 건물을 각자의 비용으로 신축하기로 하였다. 각 건물의 1층 바닥의 기초공사를 마치고 건물의 벽과 지붕을 건축하던 중 자금이 부족하게 되자 甲과 乙은 공동으로 丁에게서 건축 자금 1억원을 빌리면서 X토지 전체에 저당권을 설정해 주었다. 이후 건물은 완성되었으나 준공검사를 받지 못하여 소유권보존등기를 하지 못하고 있던 차에 자금 사정이 더욱 나빠진 甲과 乙은 원리금을 연체하게 되어 결국 저당권이 실행되었고 경매를 통하여 戊에게 X토지 전체에 대한 소유권이전등기가 경료되었다. 戊는 甲과 乙에게 법률상 근거 없이 X토지를 점유하고 있다는 이유로 각 건물의 철거 및 X토지 전체의 인도를 청구하고 있다. 戊는 위 甲, 乙을 상대로 한 각 건물의 철거 및 X토지 전체 인도소송(이하에서는 '위 소송'이라고만 한다)의 소장에서 "甲과 乙이 각 건물을 신축할 당시 甲과 乙이 X토지를 각 구분하여 특정부분을 소유한 바는 없다."라고 주장(이하에서는 '戊의 소송상 주장'이라고만 한다)하였고, 甲은 위 소송의 제1회 변론기일에서 戊의 소송상 주장을 인정하는 취지의 진술(위 진술은 甲에게 불리한 진술로 간주한다)을 하였고, 반면 乙은 戊의 소송상 주장에 대하여 '甲과 乙은 각 건물이 위치한 부분을 중심으로 하여 토지 중 각자의 지분에 해당하는 토지를 특정하여 구분소유하고 있었다.'는 취지로 위 제1회 변론기일에 진술한 이래, 甲과 乙은 각 본인의 위 각 진술을 변론종결 시까지 그대로 유지하였다. 그러나 법원은 관련 증거를 종합하여 볼 때 乙의 위 주장이 객관적 진실에 부합한다고 판단하고 있다.

문제

가. 戊의 甲, 乙에 대한 소의 주관적 병합의 형태는 어떠한가? 10점
나. 甲과 乙의 위 각 진술은 甲과 乙에 대한 각 관계에서 영향을 미치는가? 20점

I 설문 가.에 관하여

1. 결론

戊의 甲과 乙에 대한 각 건물의 철거 및 X토지 전체의 인도청구는 모두 통상 공동소송에 해당한다.

2. 근거

(1) 공동소송의 형태 - 고유필수적 공동소송인지 여부에 대한 판단기준

① 공동소송의 형태가 고유필수적 공동소송인지 여부에 대한 판단기준에 관하여, 통설·판례

는 실체법상 관리처분권이 여러 사람에게 공동으로 귀속되느냐 여부를 기준으로 판단하는 실체법상 관리처분권설의 입장이다.[551]

② 사안의 경우 戊는 甲과 乙을 상대로 각 소유 건물의 철거 및 X토지 전체의 인도청구를 하였는바, 각 청구별로 공동소송의 형태가 어떠한지 살펴볼 필요가 있다.

(2) 건물철거소송의 공동소송의 형태

甲과 乙은 각자 소유하는 토지 부분 위에 독자적으로 건축허가를 받아 각자의 건물을 각자의 비용으로 신축하기로 하고, 이후 건물은 완성되었다. 결국 甲과 乙은 각자 건물의 원시취득자로서 보존등기의 경료 여부와 상관없이 각자 신축한 건물을 단독으로 소유한다. 따라서 신축건물에 대한 실체법상 처분권이 공동으로 귀속된 것이 아니므로 戊의 甲과 乙을 상대로 한 각 건물철거소송은 통상 공동소송에 해당한다.

(3) 토지인도소송의 공동소송의 형태

① 甲과 乙은 丁에게서 공동 소비대차에 기해 X토지 전체에 대한 저당권을 설정해 주었고, 저당권의 실행에 따라 경매를 통해 戊는 단독의 소유권을 취득하였다. 이에 따라 甲과 乙은 토지에 대한 구분소유적 공유관계가 소멸되고 각자의 건물을 소유하는 형태로 戊 소유의 토지를 공동으로 점유하는 관계에 있다. 이 경우 戊가 甲과 乙이 공동점유하고 있는 X토지의 인도를 구하는 경우의 공동소송 형태가 문제이다.

② 판례는 공동점유물의 인도를 청구하는 경우 상반된 판결이 나는 때에는 사실상 인도청구의 목적을 달성할 수 없을 때가 있을 수 있으나 그와 같은 사실상 필요가 있다는 것만으로 그것을 필수적 공동소송이라고 할 수는 없다고 하였다.[552] 따라서 戊의 甲과 乙을 상대로 한 X토지 전체의 인도청구는 통상 공동소송에 해당한다.

▌Ⅱ▐ 설문 나.에 관하여

1. 결론

甲과 乙의 각 진술은 서로에 대한 관계에서 아무런 영향을 미치지 않는다.

2. 근거

(1) 甲과 乙의 각 진술의 법적 성질

1) 甲의 진술의 성질

① 甲과 乙이 X토지에 대해 구분소유하고 있었다는 사실은 주요사실과 간접사실에 대한 구별기준에 관한 법규기준설에 의할 때, 민법 제366조의 법정지상권을 발생케 하는 주요사실이다. 따라서 이에 대한 자백이 성립될 경우 법원은 이에 구속되어 다른 사실을 인정할 수 없다.

---

551) 대판 2003.12.12, 2003다44615 · 44622

552) 대판 1966.3.15, 65다2455

② 사안에서 戊는 甲과 乙이 각 건물을 신축할 당시 甲과 乙이 X토지를 각 구분하여 특정부분을 소유한 바는 없으므로 X토지는 甲·乙의 단순공유에 해당한다는 취지의 주장에 대해 甲은 위 소송의 제1회 변론기일에서 戊의 소송상 주장을 인정하는 취지의 진술을 하였고, 위 진술은 甲에게 불리한 진술로 간주한다고 하였는바, 甲의 진술은 재판상 자백에 해당한다. 따라서 법원은 이에 구속될 수밖에 없다.

2) 乙의 진술의 성질

반면 乙의 戊의 소송상 주장에 대한 '甲과 乙은 각 건물이 위치한 부분을 중심으로 하여 토지 중 각자의 지분에 해당하는 토지를 특정하여 구분소유하고 있었다.'는 취지의 진술은 민법 제366조의 법정지상권이 인정됨을 주장하는 진술로서 민법 제213조 단서에 해당함을 주장하는 것이다. 따라서 항변에 해당한다.[553]

(2) 통상공동소송의 심판방법

1) 공동소송인 독립의 원칙

통상공동소송의 경우에는 제66조의 "공동소송인 가운데 한 사람의 소송행위 또는 이에 대한 상대방의 소송행위와 공동소송인 가운데 한 사람에 관한 사항은 다른 공동소송인에게 영향을 미치지 아니한다."는 공동소송인 독립의 원칙이 적용되어 이 원칙에 따라 심판하게 된다.

2) 공동소송인 독립의 원칙의 내용

통상공동소송은 ① 소송요건의 존부는 각 공동소송인마다 개별 심사로 처리하여야 하고, ② 공동소송인의 한 사람의 소송행위는 유리·불리를 가리지 않고 원칙적으로 다른 공동소송인에게 영향을 미치지 아니하며(소송자료의 독립), ③ 공동소송인의 한 사람에 관한 사항은 다른 공동소송인에 영향이 없다(소송진행의 독립). 또한 ④ 판결의 통일이 요구되지 않으며, 법원은 전부판결을 하는 것이 원칙이나 공동소송인 1인에 대하여 판결하기에 성숙한 때에는 변론의 분리·일부판결을 할 수 있다(판결의 불통일).

3) 사안의 경우

사안에서 甲의 진술은 재판상 자백에 해당하는 반면, 戊의 단순공유의 주장에 대해 乙은 구분소유적 공유사실을 주장하고 있는바, 乙의 진술은 항변에 해당한다. 또한 공동소송인의 한 사람의 소송행위는 유리·불리를 가리지 않고 원칙적으로 다른 공동소송인에게 영향을 미치지 아니하므로, 甲의 자백이나 乙의 항변은 상호간에 영향을 미치지 않는다. 다만 사안의 甲과 乙과 같이 제65조 전문의 실질적인 견련관계가 있는 공동소송의 경우에 재판의 통일을 보장하기 위하여 공동소송인 독립의 원칙을 부분적으로 수정하고자 하는 시도가 있으며, 그 인정 여부에 관하여 논의가 있다.

---

553) 엄밀하게 말하면, 戊의 청구원인 사실에 대해서는 항변이고, 戊의 단순공유의 주장에 대해서는 부인에 해당한다고 본다.

(3) 공동소송인 독립의 원칙의 수정

1) 주장공통의 원칙

① 주장공통의 원칙이란 어느 당사자이든 변론에서 주장하였으면 되고 반드시 주장책임을 지는 당사자가 진술하여야 하는 것은 아니라는 원칙으로 대립당사자 사이에는 인정되지만, 공동소송인 사이에서도 공동소송인 중의 1인이 상대방의 주장사실을 다투며 항변하는 등 다른 공동소송인에게 유리한 주장을 할 때 다른 공동소송인의 원용이 없어도 그에 대하여 효력이 미치는지가 문제된다.

② 이에 대해 판례는 "민사소송법 제66조의 명문의 규정과 우리 민사소송법이 취하고 있는 변론주의 소송구조 등에 비추어 볼 때, 통상의 공동소송에 있어서 이른바 주장공통의 원칙은 적용되지 아니한다"고 하여 부정하는 입장이다.[554]

2) 증거공통의 원칙

① 증거공통의 원칙이란 당사자의 일방이 제출한 증거가 상대방의 원용 없이도 상대방에게 유리한 사실인정의 자료로 사용될 수 있는 것을 말한다. 이는 원·피고 대립당사자 사이에서는 통설·판례가 모두 인정하고 있다. 그러나 통상의 공동소송인 사이에서도 증거공통의 원칙을 인정할 것인지가 문제된다.

② 이에 대해 판례는 명시적인 입장을 밝히지 않고 있으나, 공동소송에 있어서 증명 기타 행위가 행위자를 구속할 뿐 다른 당사자에게는 영향을 주지 않는 것이 원칙이라고 하여 증거공통의 원칙을 부정하는 취지의 판시를 한 바 있다.[555]

(4) 사안의 경우[556]

① 乙의 항변은 甲에 대해 아무런 영향을 미치지 않고 법원은 증거를 통해 乙의 주장이 객관적 진실에 부합한다고 판단하였더라도 甲의 자백된 사실에 구속되어 戊의 甲에 대한 청구를 판단하여야 한다. 결국 법원은 戊의 甲에 대한 청구에서 X토지는 甲과 乙의 단순공유라는 사실에 기초하여 판단하여야 한다.

② 또한 甲의 자백도 乙에 대해 영향을 미치지 않으므로, 법원은 戊의 乙에 대한 청구에서 甲의 자백된 사실에 구속되지 않고 관련 증거를 통해 乙의 위 주장이 객관적 진실에 부합한다고 판단한 바에 따라 판단하여야 한다. 결국 법원은 戊의 乙에 대한 청구에서 X토지는 甲과 乙의 구분소유적 공유라는 사실에 기초하여 판단하여야 한다.

---

554) 대판 1994.5.10, 93다47196

555) 대판 1976.8.24, 75다2152

556) 이 경우 戊의 청구에 대한 구체적인 법원의 판단은, 결국 甲과 乙의 진술에 따라 각각 법정지상권이 인정될 것인지 여부에 따라 달리 인정될 것인데, ① 甲의 경우 자백의 진술에 따라 단순 공유토지를 전제로 한다면 이에 대한 명확한 판례는 없으나 공유토지의 지분권을 양도한 사례에서의 판례취지(대판 1988.9.26, 87다카140 참조)와 사실관계(甲의 진술은 甲에게 불리한 진술로 간주한다)의 취지를 고려하여 甲에게 법정지상권을 부정함이 상당하다. 반면 ② 乙의 경우 항변의 진술과 증거에 따른 법원의 심증에 따라 구분소유적 공유토지를 전제로 한다면 사안의 경우 乙의 법정지상권을 인정할 수 있다.

✔ 사례(24) │ 통상공동소송

사실관계

원고 甲은 피고 A를 상대로 하여서는 A명의로 경료된 건물에 관하여 매매를 원인으로 한 소유권이전등기절차를, B를 상대로 하여서는 A를 대위하여 위 건물에 관하여 B명의로 경료된 근저당권설정등기에 관하여 변제를 조건으로 말소등기절차를 이행하라는 소송을 제기하였다.

문제

A는 원고 甲과 A 사이의 매매계약은 원고 甲의 귀책사유로 해제되었다고 주장하였는데, 심리결과 A 주장대로 원고 甲의 귀책사유로 매매계약이 해제되었음이 인정되고, B는 원고 甲의 청구를 기각해 주기 바란다는 짧막한 내용의 답변서만을 제출해 놓은 상태라면, 법원은 원고 甲의 청구에 대하여 피고별로 어떻게 판단하여야 하는지에 대한 결론과 근거를 설명하시오. [17점]

1. 결론

(1) A에 대한 청구

법원은 원고 甲의 청구를 기각하여야 한다.

(2) B에 대한 청구

B에 대한 청구에 대해서는 소각하 판결을 하여야 한다.

2. 근거

(1) 공동소송의 형태 및 심리방법

A와 B는 실체법상 관리처분권이 공동으로 귀속된 경우가 아니므로 통상공동소송관계에 있으며, 이러한 경우 공동소송인 독립의 원칙(제66조)에 의해 규율된다. 따라서 ① 소송요건의 존부는 각 공동소송인마다 개별 심사처리하여야 하며, ② 공동소송인의 한 사람의 소송행위는 유리·불리를 가리지 않고 원칙적으로 다른 공동소송인에게 영향을 미치지 아니하며(소송자료의 독립), ③ 공동소송인의 한 사람에 관한 사항은 다른 공동소송인에 영향이 없고(소송진행의 독립), ④ 판결의 통일이 요구되지 않는다(판결의 불통일).

(2) A에 대한 청구

1) 이행의 소에서 당사자적격

이행의 소에서는 자기에게 이행청구권이 있음을 주장하는 자가 원고적격을 가지며, 그로부터 이행의무자로 주장된 자가 피고적격을 갖는다. 즉 주장 자체에 의하여 당사자적격이 판단되므로, 사안에서 당사자적격은 주장 자체로 판단되므로 甲이 A를 상대로 소유권이전등기절차의 이행을 주장하고 있는바, 甲과 A는 당사자적격이 인정된다. 다만 甲의 청구권이 인정되는지 여부와 관련하여 A 주장의 성질과 그에 따른 효과를 살펴보기로 한다.

2) 매매계약체결사실과 계약해제사실의 인정 여부

① 항변으로서 제한부 자백이라 함은 원고의 주장사실을 인정하면서 양립가능한 별개의 사실을 진술하는 것을 말하는데, 계약의 해제사실의 주장은 권리멸각사실의 주장에 해당한다.
② 따라서 제한부 자백이 성립됨에 따라 법원은 원고 주장사실을 인정할 수밖에 없고, 항변이 이유 있는 경우에 법원은 청구기각판결을 해야 한다.

3) 사안의 경우

A의 계약해제의 주장에 의해 甲과의 매매계약체결사실은 자백이 성립되는바, 법원은 이에 구속되어 판단할 수밖에 없다. 또한 사안에서 甲의 귀책사유로 매매계약이 해제되었음이 인정된다고 판단하였으므로 A의 항변은 이유가 있다. 따라서 법원은 원고 甲의 청구를 기각하여야 한다.

(3) B에 대한 청구

1) 채권자대위소송의 법적 성질

판례는 "채권자대위소송은 채권자가 스스로 원고가 되어 채무자의 제3채무자에 대한 권리를 행사하는 것이다."라고 하여 법정 소송담당설과 같은 태도이다. 이에 의하면 "① 피보전채권, ② 보전의 필요성, ③ 채무자의 권리불행사는 당사자적격의 요소"가 된다.[557]

2) 피보전채권의 존재에 대한 자백간주의 성립 여부

피보전채권은 소송요건으로서 직권조사사항이므로 재판상의 자백이나 자백간주의 대상이 될 수 없다. 따라서 그 존재를 당사자들이 다투지 아니한다 하더라도 그 존부에 관하여 의심이 있는 경우에는 법원은 증거조사를 통해 피보전채권의 존부를 심리·판단하여야 한다.

3) 피보전채권에 흠이 있는 경우 법원의 조치

사안의 경우 법원은 甲과 A 사이의 매매계약이 해제되었음이 인정된다고 판단하였으므로, 법원은 당사자적격의 흠을 이유로 소를 부적법 각하하여야 한다.

4) 사안의 경우

B는 원고 甲의 청구를 기각해 주기 바란다는 짤막한 내용의 답변서만을 제출해 놓은 상태지만 당사자적격과 소의 이익은 소송요건으로 직권조사사항이고, 심리결과 A의 해제가 적법하다고 인정되었으므로 피보전권리가 없다. A와 B는 통상공동소송관계로 공동소송인 독립의 원칙에 의해 소송요건이 없는 B에 대한 청구에 대해서만 소를 각하하여야 한다.

---

557) 대판 1994.6.24, 94다14339 등

☑ 사례(25) | 고유필수적 공동소송

사실관계

甲과 乙은 동업을 하기로 계약을 맺은 후, 동업자금의 조달을 위하여 丙에게 "동업을 위한 자금이 필요하다."고 말하고서 丙으로부터 1억원을 차용하였다. 丙이 甲을 단독피고로 하여 위 대여금 전액의 반환을 구하는 소를 제기하였고, 甲은 그 변론 기일에 "乙과의 동업자금으로 차용한 것이므로 甲에게만 청구한 것은 부적법하다."는 주장을 하였다.

문제

甲의 주장이 타당한지 여부에 대한 결론과 근거를 설명하시오.[558] 8점

1. 결론

甲의 주장은 타당하다.

2. 근거

(1) 공동소송의 형태

① 甲과 乙은 동업을 하기로 계약을 맺은 경우로서 민법상 조합으로서의 성질을 갖는다고 할 것이다.
② 판례는 조합의 채권자가 조합원에 대하여 조합재산에 의한 공동책임을 묻는 경우에는 민법 제272조 합유물의 처분·변경에 해당하여 조합원 전원의 동의가 필요하므로 실체법상 관리처분권이 조합원 전원에게 공동으로 귀속되어 고유필수적 공동소송이 된다고 본다.[559]

(2) 소 적법 여부 – 고유필수적 공동소송에 있어서 당사자적격

고유필수적 공동소송의 경우 수인이 공동의 이해관계를 가지기 때문에 합일확정의 필요가 있으므로, 공동소송인 전원이 공동으로 당사자가 되지 않으면 당사자적격의 흠으로 부적법하게 된다.

(3) 사안의 경우

사안의 경우는 조합재산에 관한 공동책임을 묻는 경우로서 고유필수적 공동소송에 해당하므로, 丙이 甲만을 단독피고로 하여 위 대여금 전액의 반환을 구하는 소는 당사자적격을 흠결한 부적법한 소이다.

---

558) 다음과 같은 설문이 출제가 될 수 있으므로 대비하여 두어야 한다.
　　丙이 甲을 단독피고로 하여 위 대여금 전액의 반환을 구하는 소를 제기하여 제1심에서 전부승소 판결을 선고받았는데, 甲이 항소를 제기하여 그 변론 기일에 "乙과의 동업자금으로 차용한 것이므로 甲에게만 청구한 것은 부적법하다."는 주장을 하였다. 甲의 위 주장사실과 관련된 소의 부적법 사유가 항소심에서 치유될 수 있는 방법이 무엇인지 설명하시오. 이 경우 ① 필수적 공동소송인의 추가(제68조)와 ② 공동소송참가(제83조)를 중심으로 답안을 구성하면 된다.

559) 대판 1983.10.25, 83다카850

✅ **사례(26)** | **고유필수적 공동소송**

사실관계 및 소송의 결과

○ 乙, 丙, 丁, 戊는 인접한 토지의 소유자들인데 각자 자신의 토지를 출자하여 그 지상에 8세대 규모의 다세대주택 1동을 짓고 각자 1세대씩 소유하고 나머지 4세대 중 2세대는 시공회사의 공사대금에 충당하며, 나머지 2세대는 전매하여 수익을 배분하기로 합의하고 위 4인 공동명의로 건축허가를 얻은 다음 A 건설 주식회사(이하 '소외 회사'라고 한다)에 다세대주택의 신축공사를 도급주면서, 위 다세대주택 중 101호와 102호를 공사대금으로 제공하기로 하는 내용의 특약을 하였다.

○ 소외 회사는 공사 진행 중 위 다세대주택 중 101호(이하 '101호'라고 한다)를 甲에게 분양하였다. 甲은 乙, 丙, 丁, 戊가 위 도급계약상의 특약에 의하여 소외 회사에 101호를 공사대금으로 제공하고 이를 타에 분양할 수 있도록 하였고, 이에 따라 甲이 소외 회사로부터 101호를 분양받았음을 주장하며, 乙, 丙, 丁, 戊를 상대로 소외 회사를 대위하여 101호에 관한 소유권이전등기절차의 이행을 구하는 소를 제기하였다.

○ 소송과정에서 乙, 丙, 丁은 소송대리인을 선임하여 甲의 청구를 다투었고, 戊는 소장송달을 받고도 변론 기일에 출석하지 아니하였고, 아무런 답변도 하지 않았다.

○ 제1심 법원은 이 사건 소에 대하여 乙, 丙, 丁의 항변을 받아들여 이들에 대한 甲의 청구를 기각하였으나, 戊가 甲의 주장사실을 다투지 아니하였다는 이유로 戊에 대한 甲의 청구는 인용하였다. 제1심 법원의 판결에 대하여 甲은 자신의 패소부분에 대하여 적법하게 항소하였고, 戊는 항소하지 않았다. 항소심은 甲, 乙, 丙, 丁에게 변론기일을 통지하고 심리를 진행한 다음 乙, 丙, 丁의 항변을 받아들여 甲의 항소를 기각하는 판결을 선고하였다.

문제

제1심 법원과 항소심 법원의 위 각 조치는 적법한가? 20점

I 결론

제1심 법원 및 항소심 법원의 각 조처는 필수적 공동소송에 관한 특칙을 규정한 제67조 제1항의 법리를 오해한 위법이 있다.

II 논거

1. 乙·丙·丁·戊의 건축업 사업체의 법적 성격

① 판례는 설문과 유사한 사안에서, "피고들은 그들이 소유하던 연립주택을 헐고 각 소유 부분의 토지를 상호 출자하여 그 지상에 아파트를 신축한 다음, 일부 세대는 직접 소유하고 나머지 세대는 시공회사의 공사대금에 충당하기로 합의하여 아파트 신축공사를 하기로 약정함으로써 아파트 신축사업을 동업하는 조합을 구성한 것으로 보이고, 그 후 위 조합이 해산되고

청산절차가 종료되었음을 인정할 아무런 증거가 없는 이상 조합관계가 존속된다 할 것이므로, 위 사업 결과로 취득한 이 사건 각 건물은 여전히 존속하는 위 조합의 재산으로서 피고들의 합유재산이라고 볼 수 있다."고 하였다.

② 따라서 위 판례에 따르면, 사안의 乙·丙·丁·戊의 건축업 사업체는 민법상 조합으로서의 성질을 갖는다고 할 것이다.

2. 공동소송의 형태

(1) 고유필수적 공동소송인지 여부에 대한 판단기준

① 공동소송의 형태가 고유필수적 공동소송인지 여부에 대한 판단기준에 관하여, 통설·판례는 실체법상 관리처분권이 여러 사람에게 공동으로 귀속되느냐 여부를 기준으로 판단하는 실체법상 관리처분권설의 입장이다.

② 판례는 조합의 채권자가 조합원에 대하여 조합재산에 의한 공동책임을 묻는 경우에는 민법 제272조 합유물의 처분·변경에 해당하여 조합원 전원의 동의가 필요하므로 실체법상 관리처분권이 조합원 전원에게 공동으로 귀속되어 고유필수적 공동소송이 된다고 본다.[560]

(2) 사안의 경우

사안의 경우 판례에 따르면, 甲이 소외 회사 A와 사이에 위 조합이 A에게 공사대금 명목으로 제공한 이 사건 101호에 대하여 분양계약을 체결하였음을 이유로 하여 조합원인 乙·丙·丁·戊에게 조합재산인 101호에 관하여 소유권이전등기절차의 이행을 구하는 것으로서, 이 사건 소유권이전등기청구의 소는 합유물에 관한 소송으로서 특별한 사정이 없는 한 조합원인 乙·丙·丁·戊 전부를 공동피고로 하여야 하는 고유필수적 공동소송에 해당한다고 할 것이다.

3. 소의 적법 여부 – 고유필수적 공동소송에 있어서 당사자적격

공동소송의 요건으로 권리의무의 동일(제65조), 동종절차·공통관할(제253조)이 인정됨에는 문제가 없다. 다만 고유필수적 공동소송의 경우 공동소송인 전원이 공동으로 당사자가 되지 않으면 당사자적격의 흠으로 부적법하게 된다. 사안의 경우는 甲이 조합원인 乙·丙·丁·戊 전부를 공동피고로 하여 소유권이전등기절차의 이행을 구하였으므로 적법하다.

4. 필수적 공동소송의 심판방법

(1) 필수적 공동소송인의 소송상 지위

필수적 공동소송의 경우는 상호 연합관계이며, 따라서 구구한 판결을 해서는 안 되며 합일확정의 판결만이 허용된다. 이에 따라 제67조에 특별규정을 두고 있으며 본안심리에 있어서 ① 소송자료의 통일, ② 소송진행의 통일이 요청된다. ③ 그 결과 재판의 통일을 기할 수 있다.

---

560) 대판 1983.10.25, 83다카850

(2) 소송자료의 통일

공동소송인 중 한사람의 소송행위는 전원의 이익을 위해서만 효력이 있으며, 불리한 것은 전원이 함께 하지 않으면 효력이 없다(제67조 제1항). 따라서 공동소송인 중 한 사람이라도 상대방의 주장사실을 다투면 전원이 다툰 것으로 되고, 그중 한 사람이 기일에 출석하여 변론하였으면 다른 공동소송인이 결석하여도 기일해태의 효과는 발생하지 않는다. 따라서 답변서를 제출하지 않고 기일에 불출석한 공동소송인에 대하여도 무변론패소판결을 할 수는 없다.

(3) 소송진행의 통일

  1) 변론의 분리·일부판결

변론·증거조사·판결은 공동소송인에 대하여 함께 해야 하므로 변론의 분리·일부판결을 할 수 없다. 즉 고유필수적 공동소송에 대하여 본안판결을 할 때에는 공동소송인 전원에 대한 하나의 종국판결을 선고하여야 하는 것이지, 공동소송인 일부에 대해서만 판결하거나 남은 공동소송인에 대해 추가판결을 하는 것은 모두 허용될 수 없다.

  2) 공동소송인 가운데 일부만의 상소

  ① 고유필수적 공동소송에 있어서는 공동소송인 중 일부가 제기한 상소는 다른 공동소송인에게도 그 효력이 미치는 것이므로 공동소송인 전원에 대한 관계에서 판결의 확정이 차단되고 그 소송은 전체로서 상소심에 이심된다. 왜냐하면 상소의 제기에 의한 확정차단의 효력과 이심의 효력은 원칙적으로 상소인의 불복신청의 범위에 관계없이 원판결의 전부에 대하여 불가분으로 발생하는 상소불가분의 원칙이 적용되기 때문이다. 이 경우 상소하지 않은 다른 공동소송인의 상소심에서의 지위가 문제되는데, 통설 및 판례는 '단순한 상소심 당사자'로 보아 상소인지를 붙이지 않아도 되며, 상소비용도 부담하지 않고, 상소취하권이 없으며, 상소심에서의 소송행위에 법정대리인인 경우 특별수권을 요하지 않는다(제69조).

  ② 나아가 합일확정의 필요 때문에 불이익변경금지원칙의 적용이 없게 되므로, 공동소송인 전부가 항소심의 심판대상이 된다. 따라서 상소심 판결의 효력은 상소를 하지 아니한 공동소송인에게 미치므로 상소심으로서는 공동소송인 전원에 대하여 심리·판단하여야 한다.

5. 사안의 경우

(1) 제1심 법원 판결의 적부

乙·丙·丁은 소송대리인을 선임하여 甲의 청구를 다투었고, 이는 유리한 행위로서 모두를 위하여 효력이 생기고, 반면 戊는 아무런 답변도 하지 않고 변론기일에 출석하지 아니하였으나 이는 불리한 소송행위로서 모두가 하지 않으면 효력이 없다(제67조 제1항). 따라서 제1심 법원은 乙·丙·丁·戊에 대해 합일확정을 위하여 하나의 종국판결을 하여야 하는데, 사안의 경우 乙·丙·丁에 대하여는 그들의 항변을 받아들여 甲의 청구를 기각하는 반면, 戊에 대하여는 甲의 주장사실을 다투지 아니하였다는 이유로 甲의 청구를 인용하였는바, 필수적 공동소송에 관하여 특칙을 규정한 제67조의 법리를 오해한 위법이 있다.

(2) 항소심 판결의 적부

제67조 제1항은 "필수적 공동소송에 있어서 공동소송인 중 1인의 소송행위는 공동소송인 전원의 이익을 위하여서만 효력이 있다"고 규정하고 있으므로 공동소송인 중 일부의 상소제기는 전원의 이익에 해당된다고 할 것이어서 다른 공동소송인에 대하여도 그 효력이 미칠 것이며, 사건은 필수적 공동소송인 전원에 대하여 확정이 차단되고 상소심에 이심되고, 합일확정을 위해서 전원에 대하여 심판의 대상이 된다. 그런데 사안에서 항소심은 필수적 공동소송관계에 있는 乙·丙·丁·戊 모두에 대하여 합일확정을 위하여 한 개의 판결을 선고하여야 할 것임에도 불구하고 乙·丙·丁에 대하여만 절차를 진행하여 판결을 선고하였으므로, 이는 필수적 공동소송에 관하여 특칙을 규정한 제67조의 법리를 오해한 위법이 있다.

☑️ 사례(27) │ 고유필수적 공동소송

사실관계

친구 사이인 A, B, C 3인은 2013.6.1. 甲으로부터 X토지를 대금 3억원에 매수하고, 자신들의 X토지에 관한 매매대금 채무를 모두 변제한 다음 X토지를 3인이 1/3지분씩 공유하고 있었는데, A는 개인적인 사정상 공유관계를 해소하고자 한다.

문제

※ 아래 각 설문에 대한 결론과 근거를 설명하시오.

B는 X토지에 대한 공유물분할에 동의하였는데 C가 공유물분할에 동의하지 않자, A는 C만을 피고로 삼아 공유물분할을 구하는 소를 제기하였다.

(1) 이 사건 소는 적법한가? 7점

(2) 만약 부적법하다면 A와 B가 각자 그 사유를 해소할 수 있는 방법은 무엇인가? 13점

▋ 설문 (1)에 관하여

1. 결론

부적법하다.

2. 근거

(1) 공유물분할청구의 소가 고유필수적 공동소송에 해당하는지 여부

필수적 공동소송이란 공동소송이 법률상 강제되고, 합일확정이 법률상 요구되는 소송이다. 이에 해당하는지 여부에 대한 판단기준에 대해 판례는 <u>실체법상의 관리처분권을 공동으로 행사하도록 되어 있는가를 기준으로 필수적 공동소송 여부를 판단해야 한다</u>는 실체법상 관리처분권설의 입장이다.

(2) 고유필수적 공동소송의 당사자적격 문제

<u>고유필수적 공동소송은 수인이 공동의 이해관계를 가지기 때문에 합일확정의 필요가 있으므로, 그 수인이 전원으로만 행사하여야 당사자적격이 인정된다.</u> 따라서 공동소송인으로 되어야 할 자 중 일부가 누락된 경우에는 원칙적으로 당사자적격의 흠결로 소는 부적법 각하된다.

(3) 사안의 경우

사안은 공유자인 A가 다른 공유자들을 상대로 공유물분할청구를 하는 것인바(민법 제269조), 이는 실체법상 공유물분할청구권이라는 형성권이 수인에게 귀속되는 경우로서 고유필수적 공동소송에 해당한다(민법 제264조). 판례도 공유물분할청구소송을 고유필수적 공동소송으로 보고 있다.[561] 따라서 A가 B를 누락한 것은 당사자적격을 흠결한 것으로서 소가 부적법하다.

▋▋ 설문 (2)에 관하여

1. 결론

① A는 소 취하 후 다시 소를 제기하거나 별소제기 후 변론병합을 신청할 수 있으나 이는 우회적인 방법으로 적절하지 않고, 필수적 공동소송인 추가를 신청함이 소송경제상 보다 직접적 방법으로 적절하다.

② B는 법원에 참가신청서를 제출하여 A 또는 C 쪽에 공동소송인으로 참가할 수 있다.

2. 근거

(1) A가 취할 수 있는 방법

1) 소취하 후 재소와 별소제기 후 변론병합의 신청

① A는 소를 취하하고 B · C 모두를 피고로 하여 다시 제소할 수도 있다. 또한 ② B를 피고로 하여 별소를 제기한 후에 법원에 대하여 변론병합을 신청을 할 수도 있을 것이다.

다만 이러한 방법은 지나치게 우회적인 방법으로서 소송경제에 반하고, 변론병합은 법원의 재량인 점에서 부적절한 면이 있다. 따라서 당해절차에서 누락된 공동소송인을 추가하는 방법을 살펴보기로 한다.

2) 필수적 공동소송인의 추가

가) 의의

필수적 공동소송인 가운데 일부가 누락된 경우에는 원고의 신청에 따라 누락된 사람을 추가하는 것이다(제68조).

나) 요건

필수적 공동소송인의 추가가 인정되기 위해서는, ① 필수적 공동소송인 중 일부가 누락된 경우이어야 하고, ② 공동소송의 요건을 갖추어야 하며, ③ 시기적으로 제1심 변론종결 전이어야 한다. ④ 원고 측 추가의 경우에는 추가될 당사자의 동의를 요한다.

다) 사안의 경우

사안의 경우 ① 공유물분할청구소송은 고유필수적 공동소송인데 공동소송인 중 1인인 B가 피고로서 누락되었고, ② 제65조 전문의 권리와 의무가 공통되는 공동소송에 해당하

---

561) 대판 2003.12.12, 2003다44615 · 44622

며, 동종의 절차와 공통의 관할이 있다고 할 것이므로 공동소송의 요건을 갖추어진 것으로 보인다. 또한 ③ 피고 추가의 경우이므로 B의 동의는 불필요하고, ④ 제1심에서의 추가이므로 B의 심급의 이익을 침해하는 문제는 발생하지 않는다. 따라서 필수적 공동소송인의 추가의 요건을 갖추었으므로, 법원의 허가 결정으로 A가 B를 피고로 추가하는 것은 허용되고, 그 추가로 소의 부적법은 보정된다.

⑵ B가 취할 수 있는 방법

1) 공동소송참가의 의의

공동소송참가란 소송계속 중 당사자 사이의 판결의 효력을 받는 제3자가 원고 또는 피고의 공동소송인으로 소송에 참가하는 것을 말한다(제83조).

2) 요건

공동소송참가가 인정되기 위해서는 ① 타인 간의 소송계속 중에, ② 당사자적격이 있는 자로서, ③ 소송목적이 한쪽 당사자와 제3자에게 합일적으로 확정되어야 할 경우이어야 하고, ④ 일반적 소송요건을 구비하여야 한다.

3) 사안의 경우

사안의 경우 ① A, C가 소송계속 중이고, ② 공유물분할청구의 소는 필수적 공동소송으로서 B에게 당사자적격이 인정되고 소송목적이 A, B, C에게 합일적으로 확정되어야 하며, ③ B에게 달리 소송요건이 흠결한 사정이 없으므로, B는 참가신청서를 법원에 제출하여 공동소송참가를 할 수 있다.

사례(28) | 고유필수적 공동소송

사실관계

형제인 乙, 丙, 丁은 부친 A가 소유하고 있던 X토지를 상속받았다. 그런데 X토지에 인접한 Y토지를 B로부터 매수한 甲이 Y토지를 측량한 결과, X토지로 인해 등기부상의 면적보다 부족함을 알게 되었다. 그리하여 甲은 X토지의 등기부상 명의자인 乙, 丙, 丁을 상대로 토지경계확정의 소를 제기하였다.

문제

(1) 이 소의 종류는? [10점]

(2) 이 공동소송의 유형은? [10점]

(3) 이 소송 중 소외 戊가 검사를 상대로 자신이 A의 혼인 외의 자임을 주장하며 제기한 인지청구소송에서 승소하여 확정되었음이 밝혀졌다. 이 경우 戊가 당사자로 되기 위한 방법에 대하여 약술하시오. [10점]

■ 설문 (1)에 관하여

1. 결론

형식적 형성의 소이다.

2. 근거

(1) 소의 종류

청구의 성질 및 내용에 따라 소의 종류를 나누면, ① 물건의 인도나 사람의 작위 등을 구하는 이행의 소, ② 권리 또는 법률관계의 존재·부존재의 확정을 목적으로 하는 확인의 소, ③ 법률관계의 변동을 목적으로 하는 형성의 소가 있다. 형성의 소에는 다시 실체법상 형성의 소, 소송법상 형성의 소, 형식적 형성의 소가 있다. 사안의 경계확정의 소는 이 중 어느 유형의 소로 파악되는지가 문제이다.

(2) 토지경계확정의 소의 성질

1) 문제점

형성의 소는 명문의 규정으로 허용되는 경우에만 인정(형성의 소 법정주의)되고, 그러한 특별규정이 없이 제기된 형성의 소는 부적법한 것인데, 토지경계확정의 소는 명문규정이 없어서 그 성질을 형성의 소로 파악할 수 있는지가 문제이다.

2) 인정 여부

명문의 규정이 없음을 이유로 부정하는 견해도 있으나, 통설·판례는 경계확정소송을 통해 현실적 필요성을 이유로 허용하는 입장이다.[562]

3) 법적 성질

판례는 ① 토지경계확정의 소는 인접 토지의 경계확정을 구하는 소이고 토지소유권의 범위나 실체상 권리의 확인을 목적으로 하는 것은 아니라고 함으로써 확인의 소의 성질을 부정하였고,[563] 나아가 ② 경계확정의 소가 제기되면 법원은 당사자가 주장하는 경계선에 구속되지 않고 진실한 경계를 확정해야 한다고 함으로써 실질상 비송의 성질이 있다는 입장이다.[564] 즉 형식적 형성의 소로 파악하고 적법하다고 본다.

4) 형식적 형성의 소의 특징

형식적 형성의 소는 실질이 비송이기 때문에, 법원은 당사자의 주장에 구속되지 않고 합리적인 재량에 따라 판단할 수 있다. 따라서 ① 처분권주의가 배제되며, 처분권주의의 항소심에서의 발현인 불이익변경금지의 원칙도 배제된다. 또한 ② 원고의 청구를 기각할 수 없다.

Ⅱ 설문 (2)에 관하여

1. 결론

고유필수적 공동소송에 해당한다.

2. 근거

(1) 공동상속재산의 소유관계

민법은 상속인이 수인인 때에는 상속재산은 그 공유로 한다고 규정하고 있다(민법 제1006조). 이와 관련하여 공동상속재산의 소유관계에 대해서는 견해의 대립이 있으나, 판례는 문언에 따라 공유관계로 보고 있다. 따라서 상속재산 분할이 있기 전까지는 그 상속재산의 소유관계는 잠정적으로 공유관계가 된다.

---

562) 경계확정의 소가 인정되지 아니한다면, 소유권의 경계에 대한 다툼이 있는 당사자들로서는 그 분쟁의 해결을 소유권 확인소송의 방법에만 의하여야 할 것인데, 당사자들로서는 경계가 확실치 않은 상태라서 그 소송 과정에서 자신의 소유권의 경계를 특정하여 주장하지 못하거나, 그 경계 내 토지의 소유권에 대한 입증을 충분히 하지 못하는 경우에는 청구기각의 판결을 받을 수밖에 없을 것이고, 상대방도 마찬가지여서 서로 계쟁지 소유권의 귀속에 관한 결정적인 증거를 갖고 있지 않은 한 쌍방 모두 소유권확인 청구는 기각을 면하지 못하는 결과가 되어 계쟁지의 소유권에 관한 분쟁은 결국 해결될 수 없게 된다. 이러한 경우 경계확정의 소를 이용하면 확실한 입증이 어려운 경우에도 청구기각의 판결을 받을 염려가 없고 조리에 따라 경계를 확정하여 받는 것이 가능하고 그 반사적 효과로 그 경계선까지 소유권 확인의 승소판결을 받은 것과 마찬가지의 실제적 효과도 거둘 수 있다는 점에서 경계 확정의 소의 존재 의의와 현실적 필요성이 있다.

563) 대판 1993.10.8, 92다44503

564) 대판 1996.4.23, 95다54761

(2) 공유자들을 상대로 한 경계확정의 소의 공동소송 유형

판례는 "토지의 경계는 토지소유권의 범위와 한계를 정하는 중요한 사항으로서, 그 경계와 관련되는 인접 토지의 소유자 전원 사이에서 합일적으로 확정될 필요가 있으므로, 인접하는 토지의 한편 또는 양편이 여러 사람의 공유에 속하는 경우에, 그 경계의 확정을 구하는 소송은, 관련된 공유자 전원이 공동하여서만 제소하고 상대방도 관련된 공유자 전원이 공동으로서만 제소될 것을 요건으로 하는 고유필요적 공동소송이라고 해석함이 상당하다"고 하였다.[565]

(3) 사안의 경우

공유물의 처분·변경에 관한 관리처분권은 공유자 전원에게 귀속되어 있으므로(민법 제264조), 소송공동이 실체법상 강제되어 있다. 따라서 고유필수적 공동소송으로 봄이 타당하다.[566]

Ⅲ 설문 (3)에 관하여[567]

1. 고유필수적 공동소송의 당사자적격 문제

고유필수적 공동소송은 수인이 공동의 이해관계를 가지기 때문에 합일확정의 필요가 있으므로, 그 수인이 전원으로만 행사하여야 당사자적격이 인정된다. 따라서 공동소송인으로 되어야 할 자 중 일부가 누락된 경우에는 원칙적으로 당사자적격의 흠결로 소는 부적법 각하된다.

2. 누락된 공동소송인의 보정방법

소송요건은 변론종결 시까지 구비하면 되므로 누락한 당사자의 보정을 인정할 여지가 있는 바, 그 보정방법으로 ① 별소제기와 변론의 병합, ② 공동소송참가, ③ 필수적 공동소송인의 추가가 논의되고 있다. 이를 순차로 살펴보기로 한다.

3. 소취하 후 재소와 별소제기 후 변론의 병합 신청

甲은 ① 소의 제기는 원칙적으로 철회가 허용되므로, 사안에서 원고가 소를 취하하고 乙·丙·丁과 함께 戊도 공동피고로 하여 다시 제소할 수도 있다. 또한 ② 戊에 대한 별소제기 후에 법원에 대하여 변론의 병합 신청을 할 수도 있을 것이다. 다만 이러한 방법은 지나치게 우회적인 방법으로서 소송경제에 반하는 문제가 있다.

---

565) 대판 2001.6.26, 2000다24207

566) 판례는 공유관계에 관한 수동소송의 대부분은 통상 공동소송으로 파악하지만, 공유물분할청구의 소와 경계확정의 소는 고유필수적 공동소송으로 파악하고 있다. 따라서 공유관계에 관한 수동소송만을 근거로 통상 공동소송으로 결론을 내거나, 소송공동이 강제되는 것을 간과한 채 판결의 기판력이 확장된다는 점만을 근거로 유사필수적 공동소송으로 결론을 내려서는 안 될 것이다.

567) 당사자적격의 흠결을 치유할 수 있는 방안으로서 세 가지를 거론할 수 있어야 한다. 이 중 특히 필수적 공동소송인의 추가는 서술하지 않고 공동소송참가만 서술한 경우라든지 또는 공동소송참가의 논의를 누락한 경우라면 설문의 취지를 올바로 파악하지 못한 것으로 취급됨에 주의를 요한다.

4. 공동소송참가

1) 공동소송참가란 소송계속 중 당사자 사이의 판결의 효력을 받는 제3자가 원고 또는 피고의 공동소송인으로 소송에 참가하는 것을 말한다(제83조).

2) 공동소송참가가 인정되기 위해서는 ① 타인 간의 소송계속 중에, ② 당사자적격이 있는 자가, ③ 소송목적이 한쪽 당사자와 제3자에게 합일적으로 확정되어야 할 경우로서, ④ 일반적 소송요건을 구비하여야 한다. 소송계속 중이라면 상급심에서도 참가할 수 있다. 다만 공동소송참가는 신소제기의 실질을 가지므로 항소심에서는 참가할 수 있으나 상고심에서는 할 수 없다.

3) 사안의 경우 戊는 乙・丙・丁과 고유필수적 공동소송의 관계에 있으므로 당사자적격이 인정되고 합일확정이 필요한 경우이다. 따라서 사안과 같이 甲과 乙, 丙, 丁 간의 제1심 소송계속 중 스스로 공동소송참가함으로써 당사자가 될 수 있다.

5. 고유필수적 공동소송인의 추가

(1) 허용 여부

민사소송법은 임의적 당사자변경에 관한 필수적 공동소송인의 추가(제68조)와 피고의 경정(제260조)을 신설하여 이를 명문으로 인정하였다.

(2) 요건

필수적 공동소송인의 추가가 인정되기 위해서는, ① 필수적 공동소송인 중 일부가 누락된 경우이어야 하고, ② 공동소송의 요건을 갖추어야 하며, ③ 시기적으로 제1심 변론종결 전이어야 한다. ④ 원고 측 추가의 경우에는 추가될 당사자의 동의를 요한다.

(3) 사안의 경우

사안의 경우 ① 토지경계확정의 소는 고유필수적 공동소송인데 공동소송인 중 1인인 戊가 피고로서 누락되었고, ② 종전 당사자와 신당사자 간에는 제65조 전문의 권리와 의무가 공통되는 공동소송에 해당하며, 동종의 절차와 공통의 관할이 있다고 할 것이므로 고유필수적 공동소송인의 추가 요건을 갖추었다. 따라서 甲은 戊를 피고로 추가하는 것은 허용되고, 그 추가로 소의 부적법은 보정된다.

사례(29) | 통상공동소송과 고유필수적 공동소송

사실관계

甲은 乙에게서 P시에 소재하는 1필의 X토지 중 일부를 위치와 면적을 특정하여 매수했으나 필요가 생기면 추후 분할하기로 하고 분할등기를 하지 않은 채 X토지 전체 면적에 대한 甲의 매수 부분의 면적 비율에 상응하는 지분소유권이전등기를 甲 명의로 경료하고 甲과 乙은 각자 소유하게 될 토지의 경계선을 확정하였다.

문제

X토지 옆에서 공장을 운영하던 丙은 X토지가 상당 기간 방치되어 있는 것을 보고 甲과 乙의 동의를 받지 아니한 채 甲이 소유하는 토지 부분에는 천막시설을, 乙이 소유하는 토지 부분에는 컨테이너로 만든 임시사무실을 丙의 비용으로 신축, 설치하여 사용하고 있었다. 이를 알게 된 甲은 천막시설과 컨테이너를 철거하여 X토지 전체를 인도하라고 요구하였고, 丙이 이에 불응하자 甲은 단독으로 丙을 상대로 X토지 전체의 인도를 구하는 소송을 제기하였다(천막 및 컨테이너의 각 철거를 구하는 청구는 위 소송의 청구취지에 포함되어 있지 않다). 위 소송에서 丙은 'X토지 전체가 甲과 乙의 공유인데 乙은 현재 X토지의 인도를 요구하지 않고 있다.'는 취지의 주장을 하고 있다. 甲의 丙에 대한 청구는 인용될 수 있는가? 20점

1. 결론

甲의 丙을 상대로 한 X토지 전체에 대한 반환청구는 인용될 수 있다.

2. 근거

(I) 소의 적법성 여부

1) 당사자적격의 유무

가) 甲과 乙의 공동소유의 형태

① 토지 전체에 관해 대외적으로는 등기상으로 공유등기가 되어 있으나, 내부적으로는 각자 특정부분을 구분하여 단독소유하는 형태를 구분소유적 공유라 하고 일명 상호명의신탁이라고 한다. 이 경우 대외적 관계는 공유관계에 해당하는바 일반적인 공유에 관한 법리가 적용된다.

② 사안의 경우 甲은 乙로부터 1필의 X토지 중 일부를 특정하여 매수하면서 각자 소유하게 될 토지의 경계선을 확정하는 한편, 그 등기는 토지 전체에 대한 공유지분등기를 하였는바, 甲과 乙은 X토지에 대한 구분소유적 공유관계에 있고 대외적 관계는 공유관계에 해당한다.

나) 고유필수적 공동소송에 해당하는지 여부

① 공유물의 반환청구에 관하여 판례는 민법 제265조 단서의 보존행위에 해당한다는 점을 논거로 공유자 각자는 단독으로 청구가 가능하다고 본다.

② 사안의 경우 甲은 단독으로 丙을 상대로 전체토지에 대하여 공유물의 보존행위로서 그 반환을 구할 수 있다. 따라서 丙이 'X토지 전체가 甲과 乙의 공유인데 乙은 현재 X토지의 인도를 요구하지 않고 있다.'는 주장은 이유 없다.

2) 소의 이익 유무

가) 문제점

지상물의 철거를 구하는 청구 없이 토지의 인도만을 구하는 현재이행의 소에서, 甲이 승소판결을 받았다 하더라도 그 집행이 법률상 또는 사실상 불가능하거나 현저히 곤란하여 소의 이익이 없는지 여부가 문제이다.

나) 현재이행의 소의 이익

① 현재 이행의 소는 변제기가 도래한 이행청구권을 주장하는 소로서 원고가 이행청구권을 주장하는 것 자체에 의하여 소의 이익은 긍정되고, 이행판결을 받더라도 그 급부의 실현(집행)이 법률상 또는 사실상 불가능하거나 현저히 곤란한 경우라도 그것만으로 곧바로 소의 이익이 없다고는 할 수 없다.

② 판례도 순차 경료된 소유권이전등기의 각 말소청구소송은 통상 공동소송이므로 그중의 어느 한 등기명의자만을 상대로 말소를 구할 수 있고, 최종 등기명의자에 대하여 등기말소를 구할 수 있는지에 관계없이 중간의 등기명의자에 대하여 등기말소를 구할 소의 이익이 있다고 하였다.[568]

3) 사안의 경우

(2) 본안심사 - 청구의 당부

1) 소유권에 기한 반환청구

가) 요건

민법 제213조의 소유권에 기한 목적물반환청구가 인정되기 위해서는 ① 원고의 목적물 소유 사실, ② 피고의 목적물 점유 사실이 구비되어야 한다.

나) 권리자백과 재판상 자백

이 경우 원고의 목적물 소유사실은 원고가 목적물의 소유권을 취득한 구체적 사실을 의미하는 것으로서, 원고는 그에 해당하는 구체적 사실을 주장·입증하여야 하고, 피고가 원고의 소유권을 인정하는 진술은 원고의 소유권 내용을 이루는 구체적 사실에 대한 자백으로 볼 수 있으므로, 이 경우에는 원고의 소유사실에 대한 자백이 성립된다.

---

568) 대판 1998.9.22, 98다23393

2) 피고의 항변 – 민법 제213조 단서

본조의 '점유할 권리'란 '널리 점유를 정당화할 수 있는 모든 법률상 지위'를 의미한다. 구체적으로 ① 점유를 권리내용으로 하는 제한물권(지상권·전세권·유치권·질권), ② 채권(임차권), ③ 동시이행항변권, 취득시효완성자, 미등기 매수인뿐만 아니라 그로부터 매수한 매수인 등은 점유할 권리를 주장할 수 있다.

3) 사안의 경우

甲은 乙과 X토지에 대한 공유로서 소유권을 취득한 사실을 주장·입증해야 하는데, 丙은 X토지의 전체가 甲과 乙의 공유라는 취지의 주장을 하였고, 이는 甲의 소유권 내용을 이루는 구체적 사실에 대한 자백으로 볼 수 있다. 또한 丙은 甲과 乙의 동의를 받지 아니한 채 지상시설을 설치하여 X토지를 점유하고 있는데, 丙에게는 이러한 점유를 정당화할 수 있는 어떠한 법적 지위를 갖는다고 볼 수 없다.

(3) 사안의 경우

甲은 대외적으로 공유자에 해당하므로 민법 제265조 단서에 기초하여 단독으로 민법 제213조에 기한 X토지의 반환청구를 할 수 있고, 丙은 점유할 정당한 권원이 없는 자에 해당한다. 따라서 법원은 甲의 청구에 대해 인용판결을 하여야 한다.

✅ 사례(30) │ 통상공동소송과 고유필수적 공동소송 – 예약완결권의 행사

> **사실관계**

甲이 사업자금의 조달을 위해서 X토지를 담보로 금 3억원을 차용하면서, A·B·C에게 각기 그 채권을 담보하기 위하여 甲과 X토지에 관하여 A·B·C를 공동매수인으로 하는 1개의 매매예약을 체결하고 그에 따라 A·B·C 공동명의로 그 부동산에 가등기를 마쳐 주었다. 가등기를 마쳐 주면서 甲은 A·B·C별로 구체적인 지분권을 표시하였고, 그 지분권의 비율을 각자의 채권액의 비율과 일치하도록 그 피담보채권액의 비율에 따라 산정하여 가등기를 경료해 주었다.

> **문제**

甲이 변제를 하지 않자 A는 단독으로 X토지 중 자신의 지분에 관해 매매예약완결권을 행사하며, 이에 따라 단독으로 자신의 지분에 관하여 가등기에 기한 본등기절차의 이행을 구하는 소를 제기하였다. 이 사건 소는 적법한가? [10점]

1. 결론

적법하다.

2. 근거

(1) 문제의 소재

A가 단독으로 X부동산 중 자신의 지분에 관해 매매예약완결권을 행사하고, 이에 따라 단독으로 자신의 지분에 관하여 가등기에 기한 본등기절차의 이행이 가능한지 여부는 복수의 가등기채권자가 매매예약완결권행사로서 하는 본등기청구가 고유필수적 공동소송인지 아니면 통상공동소송인지와 관련하여 문제된다.

(2) 통상 공동소송의 형태인지 여부

1) 일반적 판단기준

공동소송의 형태가 고유필수적 공동소송인지 여부에 대한 판단기준에 관하여, 통설·판례는 실체법상 관리처분권이 여러 사람에게 공동으로 귀속되느냐 여부를 기준으로 판단하는 실체법상 관리처분권설의 입장이다.

2) 판례의 태도

가) 종래 판례의 태도

종래 판례는 ① 공유자가 다른 공유자의 동의 없이 공유물을 처분할 수는 없으나 그 지분은 단독으로 처분할 수 있으므로, 복수의 권리자가 소유권이전청구권을 보존하기 위하여 가등기를 마쳐 둔 경우 특별한 사정이 없는 한 그 권리자 중 한 사람은 자신의 지분에 관하여 단독으로 그 가등기에 기한 본등기를 청구할 수 있다고 하거나,[569] ② 1인 채무자에 대한 복수채권자의 채권을 담보하기 위하여 그 복수채권자와 채무자가 채무자 소유의 부동산에 관하여 복수채권자를 공동권리자로 하는 매매예약을 체결하고 그에 따른 소유권이전등기청구권보전의 가등기를 한 경우 복수채권자는 매매예약완결권을 준공유하는 관계에 있다. 수인의 가등기채권자가 1인 채무자에 대한 매매예약완결권을 행사하는 경우, 즉 채무자에 대한 매매예약완결의 의사표시 및 이에 따른 목적물의 소유권이전의 본등기를 구하는 소의 제기는 매매예약완결권의 처분행위라 할 것이고 복수채권자의 전부 아닌 일부로써도 할 수 있는 보존행위가 아니므로, 매매예약완결의 의사표시 자체는 채무자에 대하여 복수채권자 전원이 행사하여야 하며 채권자가 채무자에 대하여 예약이 완결된 매매목적물의 소유권이전의 본등기를 구하는 소는 필요적 공동소송으로서 매매예약완결권을 준공유하고 있던 복수채권자 전원이 제기하여야 할 것이라고 하여, 혼동된 입장이었다.[570]

나) 변경된 판례의 태도

최근 변경판례는 "수인의 채권자가 각기 그 채권을 담보하기 위하여 채무자와 채무자 소유의 부동산에 관하여 수인의 채권자를 공동매수인으로 하는 1개의 매매예약을 체결하고 그에 따라 수인의 채권자 공동명의로 그 부동산에 가등기를 마친 경우, 수인의 채권자가 공동으로 매매예약완결권을 가지는 관계인지 아니면 채권자 각자의 지분별로 별개의 독립적인 매매예약완결권을 가지는 관계인지는 매매예약의 내용에 따라야 한다"는 입장으로 정리되었다. 즉 매매예약의 내용이나 매매예약완결권 행사와 관련한 당사자의 의사와 관계없이 언제나 수인의 채권자가 공동으로 매매예약완결권을 가진다고 보고, 매매예약완결의 의사표시도 수인의 채권자 전원이 공동으로 행사하여야 한다는 취지의 판결 등은 이 판결의 견해와 저촉되는 한도에서 변경하기로 하였다.[571]

3) 구체적인 판단기준

최근 변경판례에 따르면, 매매예약에서 그러한 내용을 명시적으로 정하지 않은 경우에는 수인의 채권자가 공동으로 매매예약을 체결하게 된 동기 및 경위, 그 매매예약에 의하여 달성하려는 담보의 목적, 담보 관련 권리를 공동 행사하려는 의사의 유무, 채권자별 구체적인 지분권의 표시 여부 및 그 지분권 비율과 피담보채권 비율의 일치 여부, 가등기담보권 설정의 관행 등을 종합적으로 고려하여 판단하여야 한다고 하였고, 이 경우 채권자 중 1인은 단독으로 이 사건 담보목적물 중 이 사건 지분에 관하여 매매예약완결권을 행사할 수 있고, 이에 따라 단독으로 이 사건 지분에 관하여 가등기에 기한 본등기절차의 이행을 구할 수 있다고 판단하였다.[572]

---

569) 대판 2002.7.9, 2001다43922·43939
570) 대판 1984.6.12, 83다카2282
571) 대판(전) 2012.2.16, 2010다82530
572) 대판(전) 2012.2.16, 2010다82530

4) 사안의 경우

사안의 경우 A, B, C 채권자별 구체적인 지분권을 표시하였고, 또한 각 지분은 A 등 3인 각자의 채권액의 비율에 따라 산정되어 일치하였으므로, 판례에 따르면 통상 공동소송에 해당한다.

(3) 사안의 해결

사안의 경우 A를 포함한 3인의 채권자가 각자의 지분별로 별개의 독립적인 매매예약완결권을 갖는 것으로 보아, 채권자 중 1인인 A는 단독으로 이 사건 담보목적물 중 이 사건 지분에 관하여 매매예약완결권을 행사할 수 있고, 이에 따라 단독으로 이 사건 지분에 관하여 가등기에 기한 본등기절차의 이행을 구할 수 있다. 따라서 이 사건의 소는 적법하다.

✅ 사례(31) │ 유사필수적 공동소송

사실관계

○ 甲은 丙으로부터 X부동산을 매수하기로 하는 계약을 체결한 후, 잔금을 지급하기 직전 등기부를 열람하여 보고 丙이 위 부동산에 대해 乙에게 매매를 원인으로 소유권이전등기를 경료하여 준 것을 알게 되었다. 이에 甲은 丙이 자신에게 위 부동산을 이전해 주지 않기 위하여 乙과 통모하여 乙에게 등기를 이전해 주었다고 생각하고, 丙을 대위하여 乙을 상대로 통정허위표시 또는 반사회질서의 법률행위임을 이유로 위 이전등기의 말소를 구하는 소를 제기하였다.

○ 甲의 乙을 상대로 한 소유권이전등기 말소등기청구의 소가 제1심 소송계속 중에 甲이 사망하였고, 이에 甲1, 甲2, 甲3이 소송을 수계하여 공동원고가 되었다. 제1심 법원은 丙을 증인으로 채택하여 그 증언을 듣는 등의 심리를 한 후 원고들의 청구를 기각하였는데, 이에 대해 甲1만이 항소를 하였고 항소심 법원은 甲1만을 항소인으로 다루어 심리를 한 후 甲1의 항소를 기각하였다.

문제

※ 아래 각 문항은 독립된 것임을 전제로 한다.

(1) 이 경우 甲1, 甲2, 甲3의 공동소송의 형태는 어떠한가? 10점

(2) 위와 같은 항소심 판결은 적법한가? 10점

▌ 설문 (1)에 관하여

1. 결론

甲1, 甲2, 甲3의 공동소송의 형태는 유사필수적 공동소송에 해당한다.

2. 근거

(1) 채권자대위소송의 법적 성질

판례는 "채권자는 스스로 원고가 되어 자기의 채권을 보전하기 위하여 채무자의 제3채무자에 대한 권리를 행사할 수 있는 것이다."라고 한다. 이에 의하면 본 사안의 공동소송은 수인의 채권자들에 의한 공동소송, 즉 甲1, 甲2, 甲3는 다수 채권자의 지위에서 소송의 방법으로 채권자대위권에 의하여 채무자의 권리를 공동으로 행사하는 결과가 된다.

(2) 수인의 채권자들의 대위소송의 성질

판례는 "수인의 채권자들이 동일한 채무자의 권리를 소송의 방법으로 채권자대위권을 행사하는 경우에 수인의 채권자들 상호간의 소송관계에 관하여 채무자가 채권자대위권에 의한 소송

이 제기된 것을 알았을 경우에는 그 확정 판결의 효력은 채무자에게도 미친다. 따라서 각 채권자대위권에 기하여 공동하여 채무자의 권리를 행사하는 다수의 채권자들은 유사필수적 공동소송관계에 있다 할 것이다."라고 판시하였다. 즉 판례는 ① 대위소송의 계속을 채무자가 알았으면 채무자도 기판력을 받으므로 유사필수적 공동소송이 된다고 보며, ② 채무자가 몰랐으면 통상의 공동소송이 된다는 의미이다.573)

(3) 사안의 경우

사안의 경우, 甲의 소송수계인인 채권자 甲1, 甲2, 甲3이 공동하여 채권자대위권에 기하여 채무자의 권리를 행사하고 있으며, 소송계속 중 채무자인 丙이 원고 측 증인으로 증언까지 한 바 있어 당연히 채무자는 채권자대위권에 의한 소가 제기된 것을 알았다고 할 것이므로 그 판결의 효력은 丙에게도 미치게 되고, 이렇게 丙에게의 기판력 확장을 통하여 그 판결의 효력이 甲1, 甲2, 甲3 상호간에 미치게 되므로 유사필수적 공동소송관계에 해당한다.

Ⅲ 설문 (2)에 관하여

1. 결론

항소심 판결은 필수적 공동소송에 관한 제67조의 법리를 오해한 것으로 위법하다.

2. 근거

(1) 유사필수적 공동소송의 심판방법

① 유사필수적 공동소송은 개별적으로 소송을 행하여도 무방하나, 일단 공동으로 소송을 행하는 경우에 합일확정의 요청상 공동소송인 상호간에 승패를 일률적으로 하여야 할 공동소송형태이다. 즉, 심판에 있어서 소송자료의 통일과 소송진행의 통일이 요청된다.

② 따라서 공동소송인 1인이 한 소송행위는 그것이 유리한 경우에는 다른 공동소송인에게도 효력이 발생하나(제67조 제1항), 반대해석으로 공동소송인 1인이 한 불리한 소송행위는 공동소송인 전원은 물론 그것을 한 자에게도 효력이 발생하지 않는다.

(2) 유사필수적 공동소송인 중 일인의 항소 및 항소심의 심판대상

제67조 제1항은 "필수적 공동소송에 있어서 공동소송인 중 1인의 소송행위는 공동소송인 전원의 이익을 위하여서만 효력이 있다"고 규정하고 있으므로 공동소송인 중 일부의 상소제기는 전원의 이익에 해당된다고 할 것이어서 다른 공동소송인에 대하여도 그 효력이 미친다. 따라서 사건은 필수적 공동소송인 전원에 대하여 확정이 차단되고 상소심에 이심되며, 합일확정을 위해서 전원에 대하여 심판의 대상이 된다.

---

573) 대판 1991.12.27, 91다23486

(3) 사안의 경우

사안의 경우 甲1만이 항소를 제기하였다고 하더라도 나머지 원고들에 대하여도 항소심에 사건이 이심되고, 심판의 대상이 된다. 따라서 사안에서 항소심은 필수적 공동소송관계에 있는 소송수계인들 전부(甲1, 甲2, 甲3)에 대하여 합일확정을 위하여 하나의 판결을 선고하였어야 하는데, 甲1에 대하여만 절차를 진행하여 판결을 선고하였으므로, 이러한 항소심 판결에는 필수적 공동소송에 관하여 특칙을 규정한 제67조 제1항의 법리를 오해한 위법이 있다.

☑ 사례(32) | 예비적 공동소송

사실관계

甲은 乙의 대리인이라고 주장하는 丙에게 골동품을 매도하고 그 골동품을 丙에게 인도하였으나 매매대금을 지급받지 못하였다. 이에 甲은 乙을 상대로 매매대금청구의 소를 제기하였다. 이때 甲은 丙이 乙과 무관하다는 乙의 주장이 받아들여질 경우에 대비하여, 위 소송절차에서 丙에게 손해배상을 구하는 내용의 예비적 청구를 추가하고자 한다.

문제

(1) 이와 같이 예비적으로 丙을 피고로 추가하는 것이 허용되는가? 13점

(2) 위 사안에서 丙은 제2회 변론기일에 출석하여 자신이 乙로부터 대리권을 수여받음이 없이 甲과 매매계약을 체결한 사실을 시인하였다. 이 경우 법원은 甲의 丙과 乙에 대한 청구에 대해 어떠한 판단을 하여야 하는가? 7점

■ 설문 (1)에 관하여

1. 결론

예비적으로 丙을 피고로 추가하는 것은 허용된다.

2. 근거

(1) 예비적 공동소송에 해당하는지 여부

유권대리를 이유로 1차적으로 본인을 피고로, 무권대리를 이유로 2차적으로 대리인에게 민법 제135조 책임을 묻는 경우, 각 청구가 양립할 수 없고 그 청구들 사이에 순위를 붙여서 한 것으로서 예비적 공동소송에 해당한다(제70조).

(2) 예비적 공동소송의 허용 여부

① 예비적 공동소송이란 공동소송인들 사이에 각 청구가 양립할 수 없고 그 청구들 사이에 순위가 정해져 있는 소송을 말하는데, 이러한 소송을 인정할 것인지 여부에 대해서 종래 판례는 부정하였다.

② 그러나 개정 민사소송법은 제70조에서 예비적 공동소송의 소송형태를 인정하여 ⅰ) 입법적으로 근거를 마련하였고, ⅱ) 예비적 피고의 지위불안은 제70조 제2항에서 해결하였고, ⅲ) 재판의 불통일 위험은 필수적 공동소송의 특칙인 제67조를 준용하여 이를 해결하였다.

(3) 예비적 공동소송의 적법 여부

1) 적법요건

예비적 공동소송은 ① 공동소송의 일반요건을 갖추어야 하고, ② 공동소송인 가운데 일부에 대한 청구가 다른 공동소송인에 대한 청구와 양립할 수 없는 경우이어야 하는데(제70조), 여기서 법률상 양립불가능의 의미가 무엇인지 문제된다.

2) 법률상 양립불가능의 의미

판례는 "여기에서 '법률상 양립할 수 없다'는 것은, ① 동일한 사실관계에 대한 법률적인 평가를 달리하여 두 청구 중 어느 한 쪽에 대한 법률효과가 인정되면 다른 쪽에 대한 법률효과가 부정됨으로써 두 청구가 모두 인용될 수는 없는 관계에 있는 경우나, ② 당사자들 사이의 사실관계 여하에 의하여 또는 청구원인을 구성하는 택일적 사실인정에 의하여 어느 일방의 법률효과를 긍정하거나 부정하고 이로써 다른 일방의 법률효과를 부정하거나 긍정하는 반대의 결과가 되는 경우로서, ③ 실체법적으로 서로 양립할 수 없는 경우뿐 아니라 소송법상으로 서로 양립할 수 없는 경우를 포함하는 것으로 봄이 상당하다"는 입장이다.[574]

3) 사안의 경우

사안의 경우 ① 乙과 丙의 공동소송은 제65조 전문의 권리의무의 발생원인이 공통한 경우로 공동소송의 요건을 갖추었고, ② 丙에게 대리권이 있다면 乙이 이행책임을 지며, 만일 丙에게 대리권이 없다면 乙의 책임은 없고 丙만이 손해배상책임을 지는 경우에 해당하므로, 법률상 양립불가능한 경우로 보아야 할 것이다. 따라서 丙의 추가가 허용된다면 乙과 丙의 공동소송은 제70조 예비적 공동소송으로 적법하다.

(4) 예비적 공동소송인 추가의 허용 여부

제70조 제1항에서는 제68조를 준용하므로 ① 예비적·선택적 공동소송인 중 일부가 누락된 경우이어야 하고, ② 공동소송의 요건을 갖추어야 하며, ③ 시기적으로 제1심 변론종결 전이어야 한다. 또한 ④ 원고 측 추가의 경우에는 추가될 당사자의 동의를 요한다.

사안에서 丙의 추가는 ① 예비적 공동소송인 중 일부가 누락된 경우이고, ② 제1심 계속 중이며, ③ 제65조 전문의 권리의무의 발생원인이 공통한 경우이고, ④ 피고 측의 추가이므로 추가되는 丙의 동의는 필요치 않다. 따라서 丙의 추가신청은 허용된다.

Ⅱ 설문 (2)에 관하여

1. 결론

법원은 ① 甲의 丙에 대한 손해배상 청구부분은 인용하고, ② 甲의 乙에 대한 청구는 기각하여야 한다.

---

574) 대결 2007.6.26, 2007마515

2. 근거

(1) 예비적 피고인 丙의 자백의 효력

1) 예비적 공동소송의 심판방법

예비적 공동소송에는 제70조 제1항에서 제67조를 준용하여 필수적 공동소송의 심판절차에 의한다고 규정하고 있다. 따라서 공동소송인 한사람의 소송행위는 전원의 이익을 위해서만 효력이 있다(제67조, 제70조 제1항). 다만 개정법 제70조 제1항 단서에서는 불리한 행위이지만 각자 소의 취하, 청구의 포기·인낙, 재판상 화해를 각자 할 수 있도록 하였다.

2) 丙의 재판상 자백의 효력

그러나 개정법 제70조 제1항 단서에서는 청구의 포기·인낙, 화해, 소취하의 경우 개별적으로 할 수 있도록 규정하고 있으나, 자백의 경우에는 이와 같은 규정이 없으므로 해석상 문제가 있다. 이에 대해 견해의 대립은 있으나, 자백사실은 다른 당사자에게 유리한 소송상태가 형성될 수 있고 이러한 경우에는 예비적 피고의 자백에 대하여 주위적 피고가 다투지 않은 경우로 보아 자백의 효력을 인정하여 주위적 피고에 대하여는 청구기각, 예비적 피고에 대하여는 청구인용판결을 할 수 있고, 반면에 자백한 사람 이외의 당사자에게 불이익을 미치는 자백은 그 자백에 의하여 불이익을 받은 당사자가 자백사실을 다투는 한 그 효력을 인정할 수 없다고 봄이 타당하다.

(2) 사안의 경우

사안의 경우 丙의 자백은 乙에게는 이익이 되므로 그 효력이 있다고 할 것이어서 법원은 甲의 丙에 대한 손해배상 청구부분은 인용하고, 甲의 乙에 대한 청구는 기각하여야 한다고 본다.

사례(33) | 예비적 공동소송

사실관계

甲은 그 소유의 토지에 관하여 A건설회사의 대표이사인 乙과 매매계약을 체결하였는바, 그 후 회사 측이 대금을 지급하지 아니하므로 매매대금의 지급을 구하는 소송을 제기하기로 마음먹었다. 그런데 매매계약서 상으로는 매수인이 A건설회사인지 아니면 乙 개인인지 여부가 불분명하게 작성되어 있어, 주위적으로는 A건설회사를, 예비적으로는 乙 개인을 피고로 하여 매매대금의 지급을 구하는 소송을 제기하였다.

문제

甲이 제기한 소가 적법한 것인지 여부에 대해 결론과 근거를 서술하시오. 12점

I 결론

적법하다.

II 근거

1. 예비적 공동소송 해당 여부

2. 예비적 공동소송의 허용 여부

3. 예비적 공동소송의 적법 여부

(1) 적법요건

예비적 공동소송은 ① 공동소송의 일반요건을 갖추어야 하고, ② 공동소송인 가운데 일부에 대한 청구가 다른 공동소송인에 대한 청구와 양립할 수 없는 경우이어야 하는데(제70조), 여기서 법률상 양립불가능의 의미가 무엇인지 문제된다.

(2) 법률상 양립불가능의 의미

판례는 "여기에서 '법률상 양립할 수 없다'는 것은, ① 동일한 사실관계에 대한 법률적인 평가를 달리하여 두 청구 중 어느 한 쪽에 대한 법률효과가 인정되면 다른 쪽에 대한 법률효과가 부정됨으로써 두 청구가 모두 인용될 수는 없는 관계에 있는 경우나, ② 당사자들 사이의 사실관계 여하에 의하여 또는 청구원인을 구성하는 택일적 사실인정에 의하여 어느 일방의 법률효과를 긍정하거나 부정하고 이로써 다른 일방의 법률효과를 부정하거나 긍정하는 반대의 결과가 되는 경우로서, ③ 실체법적으로 서로 양립할 수 없는 경우뿐 아니라 소송법상으로 서로 양립할 수 없는 경우를 포함하는 것으로 봄이 상당하다"는 입장이다.[575]

⑶ 사안의 경우

사안의 경우 ① 甲의 A와 乙에 대한 매매대금지급청구의 공동소송은 甲 소유 토지에 관한 매매
계약에 기초하여 발생하였으므로 제65조 전문의 권리의무의 발생원인이 공통한 경우로서 공동
소송의 요건을 갖추었고, ② A가 매매계약의 당사자로 결정되면 乙은 계약상의 이행책임을 부
담하지 않으며, 만일 乙이 매매계약의 당사자로 결정되면 A의 계약상 이행책임은 부정될 수 있
으므로 법률상 양립불가능한 경우로 보아야 할 것이다. 따라서 甲의 소송은 제70조의 예비적
공동소송으로 적법하다.

4. 사안의 경우

---

575) 대결 2007.6.26, 2007마515

사례(34) | 예비적 공동소송

> **사실관계**
>
> 甲은 丙으로부터 X 부동산을 매수하기로 하는 계약을 체결한 후, 잔금을 지급하기 직전 등기부를 열람하여 보고 丙이 위 부동산에 대해 乙에게 매매를 원인으로 소유권이전등기를 경료하여 준 것을 알게 되었다. 甲은 丙이 자신에게 위 부동산을 이전해주지 않기 위하여 乙과 통모하여 乙에게 등기를 이전해 주었다고 생각하고 丙을 대위하여 乙을 상대로 통정허위표시 또는 반사회질서의 의사표시를 이유로 위 이전등기의 말소를 구하는 소를 제기하면서, 말소청구가 받아들여지지 않을 경우에 대비하여 예비적으로 丙에 대하여 매매계약의 이행불능을 이유로 전보배상을 청구하였다.
>
> **문제**
>
> 甲의 위 병합소송은 적법한가? [12점]

Ⅰ 결론

예비적 공동소송으로 적법하다.

Ⅱ 근거

1. 甲의 병합소송의 법적 성질

(1) 예비적 공동소송의 의의

(2) 예비적 공동소송 해당 여부

　① 판례는 주위적 피고에 대하여는 통정허위표시 또는 반사회질서의 법률행위임을 이유로 예비적 피고를 대위하여 소유권이전등기말소청구를, 예비적 피고에 대하여는 주위적 청구의 통정허위표시와 반사회질서의 법률행위에 관한 주장이 배척된다면 이행불능을 이유로 전보배상을 구하는 경우, 주위적 청구의 통정허위표시 또는 반사회질서의 법률행위 주장에 대한 판단 이유가 예비적 청구의 이행불능 주장에 대한 판단 이유에 영향을 줌으로써 위 각 청구에 대한 판단 과정이 필연적으로 상호 결합되어 있는 관계에 있어 위 두 청구는 법률상 양립할 수 없고, 또한 주위적 청구는 전체적으로 예비적 청구와 그 상대방을 달리하고 있어, 이 사건 소송은 민사소송법 제70조 제1항 소정의 예비적 공동소송에 해당한다고 보았다.

　② 따라서 사안의 경우 甲의 乙과 丙에 대한 병합소송은 예비적 공동소송에 해당한다.

2. 예비적 공동소송의 허용 여부

3. 예비적 공동소송의 적법 여부

(1) 요건

(2) 법률상 양립불가능의 의미

판례는 "법률상 양립할 수 없다는 것은, ① 동일한 사실관계에 대한 법률적인 평가를 달리하여 두 청구 중 어느 한 쪽에 대한 법률효과가 인정되면 다른 쪽에 대한 법률효과가 부정됨으로써 두 청구가 모두 인용될 수는 없는 관계에 있는 경우나, ② 당사자들 사이의 사실관계 여하에 의하여 또는 청구원인을 구성하는 택일적 사실인정에 의하여 어느 일방의 법률효과를 긍정하거나 부정하고 이로써 다른 일방의 법률효과를 부정하거나 긍정하는 반대의 결과가 되는 경우로서, 실체법적으로 서로 양립할 수 없는 경우뿐 아니라 소송법상으로 서로 양립할 수 없는 경우를 포함하는 것으로 봄이 상당하다"는 입장이다.

(3) 사안의 경우

사안의 경우, ① 乙과 丙의 공동소송은 제65조 전문의 권리의무의 발생원인이 공통한 경우로 공동소송의 요건을 갖추었고, ② 乙과 丙의 매매계약이 무효라면 乙에 대한 甲의 청구가 인정되고 丙에 대한 청구는 부정되지만, 乙과 丙의 매매계약이 유효라면 乙에 대한 甲의 청구가 부정되고 丙에 대한 청구는 인정된다는 점에서 동일한 사실관계에 대한 법률적인 평가를 달리하여 두 청구 중 어느 한 쪽에 대한 법률효과가 인정되면 다른 쪽에 대한 법률효과가 부정됨으로써 두 청구가 모두 인용될 수는 없는 관계에 있는 경우로서 법률상 양립불가능한 관계에 있다. 따라서 사안의 예비적 공동소송은 적법하다.

✓ 사례(35) | 예비적 공동소송

사실관계

甲은 乙의 아들 S와의 사이에 乙 소유의 Y토지(이하 '이 사건 토지'라 함)를 대금 10억원에 매수하기로 하는 계약을 체결하고 계약에서 정한 날보다 신속히 등기를 이전받고자 대금 10억원을 S에게 선지급하였다. 위 토지에 관한 소유권이전등기를 요청하는 甲에 대하여 乙은 위 매매계약에 관하여 S에게 대리권을 수여한 사실이 없다고 주장하면서 甲의 요청에 응하지 아니하였다. 甲은 계약에서 정한 이행일이 경과한 후 乙을 피고로 하여 매매계약에 기한 소유권이전등기를, 예비적으로 S를 피고로 병합하여 무권대리인으로서 매매계약을 한 데에 따른 손해배상을 구하는 소를 제기하였다.

문제

※ 아래 각 설문에 대한 결론과 근거를 설명하시오.

(1) 甲의 위 병합소송은 적법한가? 10점

(2) (위 소송이 적법한 것임을 전제로 한다) 제1심 법원은 乙에 대한 청구를 인용하면서 S에 대한 청구에 대하여는 아무런 판단도 하지 않았다. 이에 대하여 乙이 항소하였는데, 제2심 법원도 제1심 법원과 동일한 심증을 얻은 경우 제2심 법원은 어떠한 판결을 하여야 하는가? 10점

I 설문 (1)에 관하여

1. 결론

乙과 S의 공동소송은 제70조 예비적 공동소송으로 적법하다.

2. 근거

(1) 甲의 乙과 S에 대한 병합소송의 법적 성질

① 예비적 공동소송이란 공동소송인들 사이에 각 청구가 양립할 수 없고 그 청구들 사이에 순위가 정해져 있는 소송을 말한다(제70조).

② 사안에서 甲은 주위적으로 乙을 피고로 하여 S가 유권대리인이라면 매매계약에 기한 소유권이전등기를, S가 무권대리인이라면 예비적으로 S를 피고로 병합하여 무권대리인으로서 매매계약에 따른 손해배상을 구하는 소를 제기하였는바, 예비적 공동소송에 해당한다.

(2) 예비적 공동소송의 허용 여부

① 종래 통설 및 판례는 ⅰ) 이를 인정하는 명문의 규정이 없고, ⅱ) 예비적 피고는 자기에 대한 청구에는 아무런 판단도 받지 못한 채 소송이 종료될 불안한 지위에 놓이고, ⅲ) 이러한 병

합은 재판의 통일이 보장될 수 없다는 이유로 부정하였으나, ② 개정 민사소송법은 제70조에서 예비적 공동소송의 소송형태를 인정하여 입법적으로 해결하였다. 이에 따라 ⅰ) 예비적 피고의 지위불안은 제70조 제2항에 의해, ⅱ) 재판의 불통일 위험은 제67조를 준용하여 이를 해결하였다.

(3) 예비적 공동소송의 적법 여부

1) 요건

예비적 공동소송은 ① 공동소송의 일반요건을 갖추어야 하고, ② 공동소송인 가운데 일부의 청구가 다른 공동소송인의 청구와 법률상 양립할 수 없거나 공동소송인 가운데 일부에 대한 청구가 다른 공동소송인에 대한 청구와 양립할 수 없는 경우이어야 한다(제70조). 사안의 경우에는 특히 법률상 양립불가능한 경우인지 여부가 문제된다.

2) 법률상 양립불가능의 의미

판례는 "여기에서 '법률상 양립할 수 없다'는 것은, ① 동일한 사실관계에 대한 법률적인 평가를 달리하여 두 청구 중 어느 한 쪽에 대한 법률효과가 인정되면 다른 쪽에 대한 법률효과가 부정됨으로써 두 청구가 모두 인용될 수는 없는 관계에 있는 경우나, ② 당사자들 사이의 사실관계 여하에 의하여 또는 청구원인을 구성하는 택일적 사실인정에 의하여 어느 일방의 법률효과를 긍정하거나 부정하고 이로써 다른 일방의 법률효과를 부정하거나 긍정하는 반대의 결과가 되는 경우로서, 실체법적으로 서로 양립할 수 없는 경우뿐 아니라 소송법상으로 서로 양립할 수 없는 경우를 포함하는 것으로 봄이 상당하다"는 입장이다.[576]

3) 사안의 경우

사안의 경우 ① 乙과 S의 공동소송은 S의 대리사실에 기초한 것으로 제65조 전문의 권리의무가 사실상 또는 법률상 같은 원인으로 생긴 경우에 해당하며, ② S에게 대리권이 있다면 乙이 이행책임을 지고, 만일 S에게 대리권이 없다면 乙은 책임이 없고, S가 손해배상책임을 지는 경우이므로 택일적 사실인정의 경우로서 법률상 양립불가능한 경우로 보아야 할 것이다. 따라서 乙과 S의 공동소송은 제70조 예비적 공동소송으로 적법하다.

Ⅱ 설문 (2)에 관하여

1. 결론

항소심 법원은 항소를 인용하여 제1심 판결을 취소하고, 항소심은 1심과 동일한 심증을 얻었으므로 1차 청구를 인용, 2차 청구를 기각하는 판결을 하여야 한다.

---

576) 대결 2007.6.26, 2007마515

2. 근거[577]

(1) 항소제기의 적법 여부

1) 항소의 적법요건

항소가 적법하기 위해서는 ① 항소의 대상적격(유효한 종국판결)이 있어야 하고, ② 적식의 항소제기, 즉 항소장을 판결정본의 송달일로부터 2주 내에 원심법원에 제출하여야 하며, ③ 항소의 이익이 있어야 하고, ④ 당사자자격을 구비하여야 한다.

사안에서 제1심 법원이 乙에 대한 청구를 인용하면서 S에 대한 청구에 대하여는 아무런 판결도 하지 않았고, 이에 피고 乙만이 항소하였는바, 이때 乙에 대해서는 항소의 적법요건을 구비하였으나, S에 대한 관계에서도 항소의 대상적격과 항소의 이익이 있는지 문제된다.

2) 예비적 공동소송에서 일부판결에 대한 상소의 적법 여부

판례에 따르면, ① 예비적 공동소송은 동일한 법률관계에 관하여 모든 공동소송인이 서로 간의 다툼을 하나의 소송절차로 한꺼번에 모순 없이 해결하는 소송형태로서 모든 공동소송인에 대한 청구에 관하여 판결을 하여야 하고(제70조 제2항), 그중 일부 공동소송인에 대하여만 판결을 하거나 남겨진 자를 위하여 추가판결을 하는 것은 허용되지 않는다.[578] 따라서 ② 예비적 공동소송에서 일부 공동소송인에 관한 청구에 대하여만 판결을 하는 경우 이는 일부판결이 아닌 흠이 있는 전부판결에 해당하여 판단누락에 준하는 위법한 판결이다.[579]

3) 사안의 경우

사안의 예비적 공동소송에서 일부 공동소송인 乙에 관한 청구에 대하여만 판결을 하는 경우 이는 일부판결이 아닌 흠이 있는 전부판결에 해당하므로 상소로써 이를 다투어야 하고, 그 누락된 공동소송인 S에 대한 관계에서도 이러한 판단누락을 시정하기 위하여 상소를 제기할 이익이 있으며, 상소의 대상적격도 있다. 따라서 乙의 항소제기는 적법하다.

(2) 항소심에서의 본안판단

1) 乙의 항소제기로 인한 항소심의 이심 및 심판의 범위

판례는 "주관적·예비적 공동소송에서 주위적 공동소송인과 예비적 공동소송인 중 어느 한 사람이 상소를 제기하면 다른 공동소송인에 관한 청구 부분도 확정이 차단되고 상소심에 이

---

577) ※ 논증의 구도 - 항소심은 항소가 부적법하면 항소각하를, 만약 적법하면 본안판단으로 항소인용 또는 항소기각판결을 하므로 우선 항소의 적법 여부를 판단하여야 하며, 이때 예비적 공동소송에서 예비적 피고 S에 대해서는 제1심 판결이 없으므로 항소의 대상적격이 있는지 검토하여야 한다. 다음으로 항소가 적법하다고 인정되면 항소본안판단을 위해서 乙의 항소제기에 의한 이심의 범위와 심판의 범위를 판단하여야 한다. 나아가 만약 제1심 판결은 전부판결이지만 판단누락에 준하는 위법한 판결이라면, 항소를 인용하여 제1심 판결을 취소하고, 항소심은 1심과 동일한 심증을 얻었으므로 1차 청구를 인용, 2차 청구를 기각하는 판결을 하여야 한다.

578) 대판 2008.4.10, 2007다36308
579) 대판 2008.3.27, 2005다49430

심되어 심판대상이 되고, 이러한 경우 상소심의 심판대상은 주위적·예비적 공동소송인들 및 상대방 당사자 간 결론의 합일확정 필요성을 고려하여 판단하여야 한다"는 입장이다. 즉 예비적 공동소송의 경우에 불이익변경금지의 원칙이 적용되지 않는다.[580]

2) 사안의 경우

항소심은 항소인 乙뿐만 아니라 항소하지 않은 S에 대한 청구에 대해서도 심판할 수 있다. 다만 사안에서 항소심 법원이 제1심 법원과 동일한 심증을 얻은 경우 어떠한 판결을 하여야 하는지가 문제이다.

(3) 설문 (2)의 해결 – 항소심 법원의 조치

항소심은 제1심 법원과 동일한 심증을 얻은 경우, 항소심 법원은 항소를 인용하여 제1심 판결을 취소하고, 항소심은 1심과 동일한 심증을 얻었으므로 乙에 대한 청구를 인용, S에 대한 청구를 기각하는 판결을 하여야 한다.

---

580) 대판 2014.3.27, 2009다104960

☑ 사례(36) | 예비적 공동소송

사실관계

원고 甲은 피고 공사가 甲의 토지 상공에 이 사건 송전선로를 가설해 소유·점유하고 있다고 하면서 부당이득반환청구의 소를 제기하였다. 이에 피고 공사는 국가로부터 이 사건 송전선로가 포함된 수도시설을 위탁받아 관리한 것일 뿐, 수도시설 소유자 및 점유자는 국가라고 답변하였다. 이에 甲은 대한민국이 피고 공사에 대하여 이 사건 송전선로의 소유권 등을 출자하였으므로 甲 토지의 점유자는 피고 공사이고, 만약 피고 공사의 주장처럼 단순한 관리권을 출자한 것이고 또한 점유자가 국가일 뿐이라고 인정된다면 부당이득반환의무를 이행할 당사자는 국가이므로, 피고 공사와 국가는 법률상 양립할 수 없는 관계에 있다고 하면서 피고 대한민국을 예비적 피고로 추가신청하고, 제1심 법원의 허가를 얻어 주위적으로는 피고 공사에 대해, 예비적으로는 피고 대한민국에 대해 위 토지 상공의 점유로 인한 부당이득반환을 청구하였다. 제1심은 공사에 대한 청구는 그 점유를 인정할 수 없다고 하여 기각하고 대한민국에 대한 청구는 인용하였는데, 이에 대해 甲만 피고 공사에 관한 제1심 판결에 대하여 항소를 제기하였고, 항소기간은 도과하였다. 항소심은 이 사건 소는 주관적·예비적 병합에 의한 공동소송으로서 피고 대한민국에 대한 부분도 항소심에 이심된 것으로 보아 함께 심리한 후 甲 항소를 기각하였다.

문제

※ 아래 각 설문에 대한 결론과 근거를 설명하시오.

(1) 주위적으로는 피고 공사에 대해, 예비적으로는 피고 대한민국에 대해 위 토지 상공의 점유로 인한 부당이득반환을 구하는 경우, 예비적 공동소송의 형태로 허용되는가? 13점

(2) 항소심 법원의 판단은 적법한가? 4점

Ⅰ 설문 (1)에 관하여[581]

1. 결론

예비적 공동소송의 형태로는 허용되지 않는다.

2. 근거

(1) 甲의 공사와 대한민국에 대한 병합소송의 법적 성질 및 허용 여부

① 예비적 공동소송이란 공동소송인들 사이에 각 청구가 양립할 수 없고 그 청구들 사이에 순위가 정해져 있는 소송을 말한다(제70조).

---

581) 해설은 20점 배점으로 출제되는 경우를 전제로 해서 상세히 하였다.

② 개정 민사소송법은 제70조에서 예비적 공동소송의 소송형태를 인정하여 입법적으로 해결하였다. 즉 ⅰ) 예비적 피고의 지위불안은 제70조 제2항에 의해, ⅱ) 재판의 불통일 위험은 제67조를 준용하여 이를 해결하였다.

(2) 예비적 공동소송의 적법 여부

1) 요건

예비적 공동소송은 ① 공동소송의 일반요건을 갖추어야 하고, ② 공동소송인 가운데 일부의 청구가 다른 공동소송인의 청구와 법률상 양립할 수 없거나 공동소송인 가운데 일부에 대한 청구가 다른 공동소송인에 대한 청구와 양립할 수 없는 경우이어야 한다(제70조). 사안의 경우에는 특히 법률상 양립불가능한 경우인지 여부가 문제된다.

2) 법률상 양립불가능의 의미

판례는 "법률상 양립할 수 없다는 것은, ① 동일한 사실관계에 대한 법률적인 평가를 달리하여 두 청구 중 어느 한 쪽에 대한 법률효과가 인정되면 다른 쪽에 대한 법률효과가 부정됨으로써 두 청구가 모두 인용될 수는 없는 관계에 있는 경우나, ② 당사자들 사이의 사실관계 여하에 의하여 또는 청구원인을 구성하는 택일적 사실인정에 의하여 어느 일방의 법률효과를 긍정하거나 부정하고 이로써 다른 일방의 법률효과를 부정하거나 긍정하는 반대의 결과가 되는 경우로서, 실체법적으로 서로 양립할 수 없는 경우뿐 아니라 소송법상으로 서로 양립할 수 없는 경우를 포함하는 것으로 봄이 상당하다"는 입장이다.[582]

3) 부진정연대채무관계에 있는 채무자들을 상대로 한 예비적 공동소송의 가부

판례는 "① 부진정연대채무 관계는 서로 별개의 원인으로 발생한 독립된 채무라 하더라도 동일한 경제적 목적을 가지고 있고 서로 중첩되는 부분에 관하여 일방의 채무가 변제 등으로 소멸할 경우 타방의 채무도 소멸하는 관계에 있으면 성립할 수 있고, 반드시 양 채무의 발생원인, 채무의 액수 등이 서로 동일할 것을 요한다고 할 수는 없다. ② 그리고 부진정연대채무의 관계에 있는 채무자들을 공동피고로 하여 이행의 소가 제기된 경우 그 공동피고에 대한 각 청구가 서로 법률상 양립할 수 없는 것이 아니므로, 그 소송을 민사소송법 제70조 제1항 소정의 예비적·선택적 공동소송이라고 할 수 없다."고 하여, 통상의 공동소송으로 보고 있다.[583]

(3) 사안의 경우

---

582) 대결 2007.6.26, 2007마515

583) 대판 2009.3.26, 2006다47677 ; 대상판결은 청구병합 형태와 마찬가지로 공동소송의 형태도 당사자 의사가 아니라 청구의 본래 성질에 따라 결정된다는 판시를 했다는 점에서 의미가 있다.

II 설문 ⑵에 관하여

1. 결론

항소심 법원의 판단은 위법하다.

2. 근거

① 통상공동소송의 경우 공동소송인 중 일부에 대해서만 판결에 불복한 경우에는 제66조의 공동소송인 독립의 원칙상 그 부분만 상소심으로 이심되고, 상소심 심판범위도 그 부분에 한정된다(제415조).

② 따라서 甲이 제1심 판결 중 피고 공사에 대한 부분에 한해 항소를 제기한 이상 피고 공사에 대한 청구만이 항소심 심판대상이 되고, 피고 대한민국에 대한 제1심 판결은 항소기간이 만료되면서 분리 확정되었다.

③ 그럼에도 불구하고 항소심이 피고 대한민국에 대한 청구까지 항소심에 이심된 것으로 보고 판단한 것은 공동소송 및 항소심 심판 범위 등에 관한 법리를 오해한 것이다.[584]

---

584) 사안은 원고들이 부진정연대채무자들을 공동피고로 하여 소를 제기한 것이 아니라, 피고 공사만을 상대로 소를 제기하였다가 피고 대한민국을 예비적 피고로 추가하는 신청을 한 뒤 제1심의 허가를 받고 추가한 경우이다. 즉, 부진정연대채무 관계이므로 예비적 피고로 추가돼서는 안 되는 공동소송인에 대해 제1심 법원이 위법한 추가결정을 한 것인데 대상판결은 피고 대한민국에 대한 제1심 판결은 항소기간만료로 분리 확정되었다고 함으로써, 원심판결 중 피고 대한민국에 대한 부분을 파기하고 소송종료선언을 하였는바, 법률상 근거 없는 추가적 당사자변경을 허용하는 결과를 낳게 되었다는 점에 문제가 있다. 즉 법률 규정이 없는 경우 임의적 당사자변경은 교환적 형태든 추가적 형태든 허용하지 않는다는 입장과 배치되는 것이다.

☑ 사례(37) | 예비적 공동소송

사실관계

B는 2002.1.1. 주택을 신축할 목적으로 C로부터 X토지를 매매대금 10억원에 매수하면서, 소유권이전등기는 추후 B가 요구하는 때에 마쳐주기로 하였다. B는 2002.4.5. 매매대금 전액을 지급하고 C로부터 X토지를 인도받았다. B는 그 무렵 이후 C에게 소유권이전등기절차의 이행을 요구하였는데, C는 X토지를 매도할 당시보다 시가가 2배 이상 상승하였다고 주장하면서 매매대금으로 10억원을 더 주지 않으면 소유권이전등기를 마쳐줄 수 없다고 하였다. B는 C에게 수차례 소유권이전등기절차의 이행을 구하다가 2009.12.4. A에게 X토지를 25억원에 매도하였다. A는 2011.6.18. 법원에 B와 C를 공동피고로 하여, B에 대하여는 X토지에 관한 2009.12.4.자 매매를 원인으로 한 소유권이전등기절차 이행을 구하고, C에 대하여는 A의 B에 대한 X토지에 관한 소유권이전등기청구권을 보전하기 위하여 B를 대위하여 2002.1.1.자 매매를 원인으로 한 소유권이전등기절차 이행을 구하는 소를 제기하였다. 재판과정에서 B는 자신은 X토지에 대한 매매계약과는 무관하고 X토지를 평소 관리하던 자신의 동생인 D가 아무런 권한 없이 B의 대리인을 자처하면서 A에게 X토지를 매도한 것이라고 주장하였다. B의 주장이 받아들여질 경우에 대비하여, 위 소송절차에서 A는 D에 대하여 손해배상을 구하는 예비적 청구를 추가하고자 한다(아래 각 설문은 독립적임).

문제

(1) 이 경우 예비적으로 D를 피고로 추가하는 것이 가능한가? [20점]

(2) (위 추가에 따른 소송이 적법한 것을 전제로 한다) 소송계속 중 B는 자신에 대한 A의 청구를 인낙하였다. 법원은 이 인낙에 대해 어떻게 처리하여야 하는가? D가 인낙한 경우는 어떻게 처리하여야 하는가? 의견을 제시하시오. [10점]

Ⅰ 설문 (1)에 관하여

1. 결론

A가 예비적으로 D를 피고로 추가하는 것은 가능하다.

2. 근거

(1) 예비적 공동소송 해당 여부

A는 B에 대하여 D가 유권대리인임을 기초로 매매를 원인으로 한 소유권이전등기절차 이행을 구하고, 예비적으로 D에 대하여 무권대리인으로서의 매매계약에 따른 손해배상책임을 구하고자 하는바, D가 피고로 추가될 경우에는 A의 B와 D에 대한 병합소송은 예비적 공동소송에 해당하게 된다.

(2) 예비적 공동소송 허용 여부

(3) 예비적 공동소송인의 추가

1) 예비적 공동소송인의 추가 허용 여부

예비적 공동소송의 경우 제68조를 준용함으로써 주관적 추가적 병합이 허용된다. 따라서 사안의 경우 예비적 공동소송의 요건과 추가요건을 구비한다면 A의 추가신청은 허용될 것이다.

2) 예비적 공동소송의 적법 여부

가) 요건

예비적 공동소송은 ① 공동소송의 일반요건을 갖추어야 하고, ② 공동소송인 가운데 일부의 청구가 다른 공동소송인의 청구와 법률상 양립할 수 없거나 공동소송인 가운데 일부에 대한 청구가 다른 공동소송인에 대한 청구와 양립할 수 없는 경우이어야 한다(제70조). 사안의 경우에는 특히 법률상 양립불가능한 경우인지 여부가 문제된다.

나) 법률상 양립불가능의 의미

판례는 "법률상 양립할 수 없다는 것은, ① 동일한 사실관계에 대한 법률적인 평가를 달리하여 두 청구 중 어느 한 쪽에 대한 법률효과가 인정되면 다른 쪽에 대한 법률효과가 부정됨으로써 두 청구가 모두 인용될 수는 없는 관계에 있는 경우나, ② 당사자들 사이의 사실관계 여하에 의하여 또는 청구원인을 구성하는 택일적 사실인정에 의하여 어느 일방의 법률효과를 긍정하거나 부정하고 이로써 다른 일방의 법률효과를 부정하거나 긍정하는 반대의 결과가 되는 경우로서, 실체법적으로 서로 양립할 수 없는 경우뿐 아니라 소송법상으로 서로 양립할 수 없는 경우를 포함하는 것으로 봄이 상당하다"는 입장이다.

다) 사안의 경우

B와 D는 D의 대리사실에 기초한 것으로서 제65조 전문의 권리의무의 발생원인에서 공통인 경우에 해당하고, D가 유권대리인으로서 계약을 체결한 사실의 유무에 따라 B와 D의 책임이 달라지므로, 택일적 사실인정에 의한 법률효과가 상반되는 경우로서 법률상 양립불가능한 경우에 해당한다. 따라서 B와 D의 공동소송은 예비적 공동소송으로서 적법하다.

3) 예비적 공동소송인의 추가요건 구비 여부

① 예비적·선택적 공동소송인 중 일부가 누락된 경우이어야 하고, ② 공동소송의 요건을 갖추어야 하며, ③ 시기적으로 제1심 변론종결 전이어야 한다. 또한 ④ 원고 측 추가의 경우에는 추가될 당사자의 동의를 요한다.

(4) 설문 (1)의 해결

사안의 경우 ① 예비적 공동소송인 중 일부가 누락된 경우이고, ② 제65조 전문의 공동소송의 요건을 갖춘 경우로서, ③ 제1심 계속 중이고, ④ 피고 측 추가이므로 D의 동의는 필요치 않다. 따라서 A의 추가신청은 허용된다고 할 것이다.

❚❚ 설문 ⑵에 관하여

1. 문제의 소재

예비적 공동소송인은 각자 청구인낙이 가능한지 여부와 관련하여 제70조 제1항 단서의 해석이 문제이다.

2. 예비적 공동소송의 심판방법

예비적 공동소송에는 제70조 제1항에서 제67조를 준용하여 필수적 공동소송의 심판절차에 의한 다고 규정하고 있다. 따라서 공동소송인 한사람의 소송행위는 전원의 이익을 위해서만 효력이 있다(제67조, 제70조 제1항). 다만 개정법 제70조 제1항 단서에서는 불리한 행위이지만 각자 소의 취하, 청구의 포기·인낙, 재판상 화해를 각자 할 수 있도록 하였다.

3. 주위적 피고의 청구인낙의 효력

제70조 제1항 단서에 따라 각 공동소송인은 적법유효하게 인낙할 수 있는바, 법원은 주위적 피고인 B의 청구인낙을 유효하게 처리하고 예비적 피고인 D에 대한 청구는 기각판결을 선고하여야 한다.

4. 예비적 피고의 청구인낙의 효력

⑴ 문제점

개정법 제70조 제1항 단서에서는 청구인낙의 경우 개별적으로 할 수 있도록 규정하고 있으나, 예비적 피고가 청구를 인낙한 경우 당연 유효한지, 아니면 이 경우에도 주위적 피고에 대한 청구를 먼저 심리하여야 하는지 여부가 문제이다. 왜냐하면 예비적 피고의 청구인낙을 유효로 보아 주위적 피고에 대한 청구를 기각하여야 한다면 주위적 피고에 대해 우선적으로 승소판결을 받고자 하는 원고의 의사를 무시하는 것이 되기 때문이다.

⑵ 학설의 대립

이에 대해 ① 제70조 제1항 단서의 명문상 제한 없이 허용된다는 견해(긍정설), ② 예비적 피고의 청구인낙은 아니 되거나 무효라는 견해(인낙불허설 또는 인낙무효설), ③ 원고의 주위적 피고에 대해 승소하려는 의사를 존중하여 예비적 피고의 인낙은 주위적 피고에 대한 원고의 청구가 기각되는 경우에만 효력이 있다고 보는 견해(제한설)의 대립이 있다.

⑶ 검토

생각건대 원고의 주위적 피고에 대한 승소의 의사를 존중하여야 한다는 점에서 제한설이 타당하다.

5. 설문 ⑵의 해결

법원은 주위적 피고 B가 인낙한 경우 예비적 피고 D에 대한 A의 청구를 기각하여야 하고, 예비적 피고 D가 인낙한 경우 주위적 피고인 B에 대한 청구가 기각될 경우에만 유효하게 처리하여 D에 대한 청구를 인용할 것이다.

☑️ 사례(38) | 예비적 공동소송 · 예비적 병합과 일부항소

사실관계

○ 甲은 2015.3.10. 乙과의 사이에 乙 소유의 X건물을 매수하는 계약을 체결하고, 같은 날 丙의 대리인이라고 주장하는 丁과의 사이에 丙으로부터 丙 소유의 Y건물을 매수하는 계약을 체결하였다. 甲은 위 각 매매계약에서 약정한 바에 따라 대금을 지급하였음에도 불구하고 乙과 丙이 소유권이전등기의무를 이행하지 않자, 乙과 丙을 공동피고로 하여 乙에 대하여는 X건물에 관하여, 丙에 대하여는 Y건물에 관하여 각 매매를 원인으로 하는 소유권이전등기를 구하는 소를 제기하였다.

○ 위 소송계속 중 乙은 위 매매계약이 불공정한 법률행위라서 무효라고 주장하고, 丙은 丁에게 적법한 대리권이 없었다고 주장하였다. 이에 甲은 (1) 乙에 대한 청구에 위 불공정한 법률행위 주장이 인정될 경우에 대비하여 예비적으로 乙에게 지급한 매매대금의 반환을 구하는 청구를 병합하였고, (2) 丙에 대한 청구에 丁의 대리권이 인정되지 않을 경우를 대비하여 丁을 예비적 피고로 추가하면서 丁에 대하여 무권대리행위에 따른 손해배상을 청구하였다.

○ 제1심 법원이 甲의 乙에 대한 주위적 청구를 기각, 예비적 청구를 인용하고, 丙에 대한 청구는 기각하며, 丁에 대한 청구는 인용하는 판결을 선고하였다.

○ 위 제1심 판결에 대하여 乙과 丁은 각 자신이 패소한 청구에 대하여 항소를 제기하였지만 甲과 丙은 항소를 제기하지 않았다. 항소심 법원이 심리한 결과, 乙에 대한 청구에 관하여는 불공정한 법률행위가 아니라는 확신을 갖게 되고, 丙과 丁에 대한 청구에 관하여는 丁이 적법한 대리권을 가지고 계약을 체결하였다는 확신을 갖게 되었다.

문제

항소심 법원은 어떤 판결을 선고해야 하는가? (병합소송 및 항소는 적법함을 전제로 하고, 재판상 자백은 고려하지 말 것) 25점

▌ 결론

① 乙의 항소를 인용하여 甲의 예비적 청구를 인용한 제1심 판결을 취소하고 예비적 청구에 대해 기각판결을 선고하여야 한다(주위적 청구는 심판할 수 없다).

② 丁의 항소를 인용하여 제1심 판결을 취소하고, 丁에 대한 청구를 기각하는 한편 丙에 대한 청구를 인용하는 판결을 선고하여야 한다.

Ⅱ 근거

1. 병합소송의 형태와 심리·판단의 방법

(1) 乙과 丙, 乙과 丁 사이의 공동소송 형태

① 공동소송의 형태가 고유필수적 공동소송인지 여부에 대한 판단기준에 관하여, 통설·판례는 실체법상 관리처분권이 여러 사람에게 공동으로 귀속되느냐 여부를 기준으로 판단하는 실체법상 관리처분권설의 입장이다. 이에 따르면 통상공동소송은 필수적 공동소송과 달리 판결의 합일확정, 즉 공동소송인 사이에서 승패가 일률적으로 될 필요가 없다.

② 사안에서 乙과 丙, 乙과 丁 사이는 실체법상 관리처분권이 공동귀속되는 관계에 있는 것도 아니고 판결의 효력이 확장되는 경우도 아니므로, 통상공동소송에 해당한다. 이 경우 제66조의 공동소송인 독립의 원칙이 적용되므로, 공동소송인 중 1인의 상소는 다른 공동소송인에게 영향을 미치지 않으므로(상소불가분의 원칙 적용배제 등), 甲의 乙에 대한 청구는 丙과 丁에 대한 청구와 별도로 살펴보기로 한다. 다만 甲은 乙에 대해 청구를 병합하여 제기하였는바, 그 형태·유형이 어떠한지를 먼저 살펴보기로 한다.

(2) 乙에 대한 청구병합의 형태

① 예비적 병합이란 양립할 수 없는 여러 개의 청구를 하면서 그 심판의 순위를 붙여 제1차적 청구가 인용될 것을 해제조건으로 하여 제2차적 청구에 대하여 심판을 구하는 것을 말한다.

② 예비적 병합의 경우 ⅰ) 주위적 청구가 인용될 때에는 예비적 청구에 대하여 심판할 필요가 없지만, ⅱ) 그것이 기각되는 때에는 예비적 청구에 대하여 심판하여야 한다.

③ 사안에서 甲은 乙에 대하여 유효한 매매계약을 원인으로 하는 소유권이전등기청구와 매매계약이 불공정한 법률행위라서 무효임을 대비하여 예비적으로 乙에게 지급한 매매대금의 반환을 구하는 청구를 병합하였는바, 예비적 병합에 해당한다. 또한 제1심 법원은 주위적 청구를 기각, 예비적 청구를 인용하였으므로 적법한 전부판결을 한 경우에 해당한다.

(3) 丙과 丁 사이의 공동소송 형태

① 예비적 공동소송이란 공동소송인들 사이에 각 청구가 양립할 수 없고 그 청구들 사이에 순위가 정해져 있는 소송을 말한다(제70조).

② 예비적 공동소송의 경우 법원은 모든 공동소송인에 대한 청구에 관하여 판결을 하여야 한다(제70조 제2항).

③ 사안에서 甲은 주위적으로 丙을 피고로 하여 丁이 유권대리인이라면 매매계약에 기한 소유권이전등기를, 예비적으로 丁을 피고로 병합하여 무권대리인으로서 매매계약에 따른 손해배상을 구하는 소를 제기하였는바, 예비적 공동소송에 해당한다. 또한 제1심 법원은 丙에 대한 청구는 기각하며, 丁에 대한 청구는 인용하는 판결을 하였으므로 적법한 전부판결을 한 경우에 해당한다.

2. 전부판결에 대한 일부항소의 경우 효력 및 항소심의 심판대상·범위

(1) 확정차단 및 이심의 범위 - 상소불가분의 원칙

상소의 제기에 의한 확정차단의 효력 및 이심의 효력은 상소인의 불복신청의 범위에도 불구하고 원판결의 전부에 대하여 불가분적으로 발생한다. 이를 상소불가분의 원칙이라고 한다.

(2) 항소심의 심판대상·범위 - 불이익변경금지의 원칙

제1심에서 심판된 사건은 항소의 제기에 의하여 사건은 원칙적으로 전부 이심되지만, 항소법원의 심판범위는 당사자의 불복신청의 범위에 한하며, 그 한도를 넘어서 제1심 판결을 불이익 또는 이익으로 변경할 수 없는 원칙을 불이익변경금지의 원칙이라고 한다(제415조). 항소심에 있어서 처분권주의의 발현이라고 설명된다.

(3) 사안의 경우

사안의 경우 전부판결에 대한 일부항소의 경우 항소심 법원이 어떤 판결을 선고하여야 하는지 여부와 관련해서, ① 甲의 乙에 대한 예비적 병합과 ② 甲이 丙과 丁을 상대로 한 예비적 공동소송의 경우, 각각 상소불가분의 원칙이 적용되는지 여부 및 불이익변경금지의 원칙이 적용되는지 여부를 중심으로 살펴보아야 한다.

3. 甲의 乙에 대한 예비적 병합[585]

(1) 상소불가분의 원칙 적용 여부

① 청구의 예비적 병합의 경우에도 상소불가분의 원칙이 적용된다. 즉 제1심 법원이 주위적 청구는 기각하고 예비적 청구만을 인용하는 판결을 선고한 데 대하여 피고만이 항소를 하더라도, 항소의 제기에 의한 효력은 사건 전부에 미쳐 주위적 청구에 관한 부분도 확정이 차단되고 항소심에 이심된다.

② 사안의 경우 乙이 예비적 청구에 대한 인용판결에 대하여 항소를 하였는바, 이 경우 주위적 청구에 관한 부분도 항소심으로 이심된다. 다만 상소심에서의 심판대상·범위는 확정차단 및 이심의 효력범위와 일치하지 않을 수 있다. 따라서 사안의 경우 심판의 범위는 피고 乙이 불복신청한 예비적 청구만인지 불이익변경금지의 원칙과 관련하여 논의가 있다.

(2) 항소심의 심판대상·범위 - 불이익변경금지의 원칙 적용 여부

판례는 "제1심 법원이 원고들의 주위적 청구와 예비적 청구를 병합 심리한 끝에 주위적 청구는 기각하고 예비적 청구만을 인용하는 판결을 선고한 데 대하여 피고만이 항소한 경우, 항소제기에 의한 이심의 효력은 당연히 사건 전체에 미쳐 주위적 청구에 관한 부분도 항소심에 이심되는 것이지만, 항소심의 심판범위는 이에 관계없이 피고의 불복신청의 범위에 한하는 것으로서

---

585) 판례는 재판이 상소인에게 불이익한 것인지 여부는 원칙적으로 재판의 주문을 표준으로 하여야 한다는 입장이고, 예비적 병합에서 주위적 청구기각·예비적 청구인용의 경우에는 원고는 주위적 청구가 기각된 데 대해, 피고는 예비적 청구가 인용된 데 대해 항소의 이익이 있다고 하였다(대판 1985.4.23, 84후19).

예비적 청구를 인용한 제1심 판결의 당부에 그치고 원고의 부대항소가 없는 한 주위적 청구는 심판대상이 될 수 없다."고 하였다.[586]

(3) 사안의 경우

사안의 경우 불이익변경금지의 원칙상 항소심 법원은 甲의 예비적 청구에 대해서만 심판할 수 있고, 주위적 청구인 건물철거청구를 심판할 수는 없다. 다만 항소심 법원은 주위적 청구가 이유 있다고 판단되는 경우 구체적으로 어떠한 판결을 선고하여야 하는지가 문제되는데, 이에 대해 판례에 따르면 피고 乙이 항소한 예비적 청구에 대해서 항소를 인용하여 甲의 예비적 청구를 인용한 제1심 법원의 판결을 취소하고 예비적 청구에 대해 기각판결을 선고하여야 한다고 본다.

다만 이렇게 되면 예비적 병합의 경우임에도 주위적 청구, 예비적 청구 모두 기각판결을 받게 되는바, 예비적 성질에 반하는 판결의 모순이 발생한다. 주위적 청구가 정당한 경우라면 이러한 점을 해결하기 위한 구체적 방법으로 상소심 법원이 석명권을 적절하게 행사하여 원고에게 부대항소를 촉구하는 방법에 의할 것이고, 원고도 그와 같은 위험을 피하기 위하여 항소하거나 또는 피고의 항소에 편승하여 부대항소를 제기하여야 할 것이다.[587]

4. 甲의 丙과 丁에 대한 예비적 공동소송

(1) 상소불가분의 원칙 및 불이익변경금지의 원칙 적용 여부

판례는 "주관적 · 예비적 공동소송에서 주위적 공동소송인과 예비적 공동소송인 중 어느 한 사람이 상소를 제기하면 다른 공동소송인에 관한 청구 부분도 확정이 차단되고 상소심에 이심되어 심판대상이 되고, 이러한 경우 상소심의 심판대상은 주위적 · 예비적 공동소송인들 및 상대방 당사자 간 결론의 합일확정 필요성을 고려하여 판단하여야 한다"는 입장이다. 즉 예비적 공동소송의 경우에 불이익변경금지의 원칙이 적용되지 않으므로, 공동소송인 전원에 대하여 심리 · 판단하여야 한다는 입장이다.[588]

(2) 사안의 경우

사안의 경우 예비적 피고인 丁의 항소로 주위적 피고인 丙에 대한 청구도 확정이 차단되고 항소심에 이심될 뿐만 아니라 항소심의 심판대상이 된다. 항소심 법원은 주위적 피고인 丙에 대한 청구가 오히려 이유 있다고 판단하였는바, 丁의 항소를 인용하여 제1심 판결을 취소하고, 丁에 대한 청구를 기각하는 한편 丙에 대한 청구를 인용하는 판결을 선고하여야 한다.

---

586) 대판 1995.2.10, 94다31624

587) 참고로, 예비적 청구를 기각한다면 원고에게 불리하고 오히려 피고에게 불합리하게 유리한 결과가 될 수 있다는 점, 그렇다고 주위적 청구를 심판대상으로 삼아 인용하는 것은 불이익변경금지의 원칙에 위배된다는 점을 고려하여, 항소기각판결을 선고함으로써 1심 판결을 그대로 유지하는 것이 타당하다고 보는 견해도 있다.

588) 대판 2014.3.27, 2009다104960 등

※ 논증구도 예시

Ⅰ. 논증방식 1

  1. 乙에 대한 청구의 항소심 법원의 판결

    ⑴ 예비적 병합의 형태

    ⑵ 상소불가분의 원칙

    ⑶ 불이익변경금지의 원칙

    ⑷ 사안의 경우

  2. 丙과 丁에 대한 청구의 항소심 법원의 판결

    ⑴ 공동소송의 형태

    ⑵ 상소불가분의 원칙

    ⑶ 불이익변경금지의 원칙

    ⑷ 사안의 경우

Ⅱ. 논증방식 2

  1. 상소불가분의 원칙

    ⑴ 의의

    ⑵ 적용 여부

      1) 예비적 병합

      2) 예비적 공동소송

  2. 불이익변경금지의 원칙

    ⑴ 의의

    ⑵ 적용 여부

      1) 예비적 병합

      2) 예비적 공동소송

사례(39) | 선정당사자

사실관계

마을 주변에 있는 공단에서 배출되는 폐수로 인해 고통을 받고 있던 마을 주민 100명은 피해를 견디다 못해 공동원고가 되어 공단 내에 입주한 X 회사를 상대로 불법행위를 원인으로 한 손해배상청구의 소를 제기하였다. 소송계속 중 원고 100명 가운데 주민 40명은 주민 甲을 선정당사자로 선정하였고, 주민 59명은 주민 乙, 주민 丙 두 사람을 복수의 선정당사자로 선정하였다. 그러나 주민 丁은 선정당사자를 선정하지 않고 직접 소송을 수행하였다.

문제

※ 甲, 乙, 丙, 丁은 원고들 100명에 포함되어 있으며, 다음 각 설문은 독립적임을 전제로 한다.

(1) 변론기일에 선정당사자 甲, 乙 및 당사자 丁은 출석하였으나 선정당사자 丙은 불출석하였다. 丙의 불출석이 다른 공동소송인들에게 미치는지 여부에 대하여 설명하시오. [20점]

(2) 주민 甲을 선정당사자로 선정한 주민 40명 중 한 사람인 A는 선정을 취소하지 않은 상태에서 자신이 직접 X 회사를 상대로 불법행위를 원인으로 한 손해배상청구의 소를 별소로 제기하였다. 이 별소가 적법한지 여부에 대하여 설명하시오. [10점]

▮ 설문 (1)에 관하여

1. 결론

丙의 불출석의 소송상 효과는 다른 공동소송인 乙, 甲, 丁에게 미치지 않는다.

2. 논거

(1) 선정당사자 선정의 적법 여부

1) 선정당사자의 의의 및 선정의 요건

공동의 이해관계를 가진 다수자가 공동소송인이 되어 소송을 하여야 할 경우에 그 가운데서 모두를 위하여 소송을 수행할 당사자로 선출된 자를 선정당사자라고 한다(제53조).

선정당사자를 적법하게 선정하기 위해서는 ① 공동소송을 할 여러 사람이 있을 것, ② 여러 사람이 공동의 이해관계를 가질 것, ③ 공동의 이해관계가 있는 자 중에서 선정할 것이 요구된다. 사안의 경우에는 ①,③의 요건은 문제될 것이 없으나, 주민 100명이 공동의 이해관계를 가지는지 여부가 문제이다.

2) 공동의 이해관계 인정 여부

어떠한 경우에 공동의 이해관계를 가지는가에 대하여, 판례는 공동의 이해관계란 다수자 상호간에 공동소송인이 될 관계에 있고, 또 주요한 공격방어방법을 공통으로 하는 것을 의미한다고 할 것이므로 다수자의 권리·의무가 동종이며 그 발생원인이 동종인 관계에 있는 것만으로는 공동의 이해관계가 있는 경우라고 할 수 없을 것이어서 선정당사자의 선정을 허용할 것은 아니라고 한다. 즉 제65조 전문에 해당할 때 공동의 이해관계를 인정하는 입장이다.[589]

3) 사안의 경우

주민 100명은 X 회사의 폐수로 인한 수인의 피해자로서, 실체법상 관리처분권이 공동으로 귀속되지 않으며, 판결의 효력이 미치는 관계에 있지 않으므로 통상공동소송인이 될 관계에 있다. 따라서 주민 100명은 공동소송인이 될 관계에 있고, 또 공동의 피해자로서 주요한 공격방법을 공통으로 하는 자들로서 제65조 전문에 해당하여 공동의 이해관계를 가진다고 할 것이다.

(2) 공동소송인 1인에게 발생한 사유의 효력이 다른 공동소송인에게 미치는지 여부

1) 문제점

마을 주민 100명이 공동원고가 되어 소송을 진행하던 중, 어떤 선정자단에서는 甲을 선정당사자로 선정하고, 다른 선정자단에서는 乙·丙을 선정당사자로 선정하는 한편 피해자인 주민 丁이 공동원고가 된 상황이다. 이때 丙이 불출석한 효과가 다른 공동소송인들에게 미치는지 여부는 통상공동소송관계와 필수적 공동소송관계에 따라 차이가 있을 수 있으므로, 사안의 공동원고의 소송관계가 통상공동소송인지 아니면 필수적 공동소송인지 여부를 살펴 볼 필요가 있다.

2) 복수의 선정당사자의 지위와 공동소송의 형태

가) 동일 선정자단에서 수인의 선정당사자가 선정되었을 경우

그 수인의 선정당사자는 소송수행을 임의적 소송신탁에 의하여 합유하는 관계이기 때문에 고유 필수적 공동소송으로 된다. 이 경우 합일확정의 요청에 의해 제67조의 적용을 받게 된다.

나) 별개의 선정자단에서 각각 수인의 선정당사자가 선정되었을 경우

본래의 소송의 성질에 따라 정해진다. 따라서 본래의 소송이 필수적 공동소송의 형태가 아니면 통상공동소송관계라고 할 것이다.

다) 일부의 선정자들에 의해 선출된 선정당사자와 스스로 당사자가 된 자의 소송관계

이 경우에도 본래의 소송의 성질에 따라 정해진다. 따라서 본래의 소송이 필수적 공동소송의 형태가 아니면 통상공동소송관계라고 할 것이다.

라) 사안의 경우

사안의 경우 동일 선정자단에서 선정된 乙·丙 사이에는 제67조의 고유필수적 공동소송인의 심리원칙이 적용되지만, 甲, 乙·丙은 별개의 선정자단에서 선정된 자들로서 통상

---

589) 대판 1997.7.25, 97다362

공동소송관계에 있다. 또한 甲과 乙·丙과 스스로 당사자가 된 丁 사이도 통상공동소송 관계에 있다. 따라서 전체로서는 공동소송인 독립의 원칙이 적용된다.

3) 丙의 불출석에 따른 기일해태의 효과가 다른 공동소송인들에게 미치는지 여부

가) 乙과의 관계

乙·丙 사이에는 제67조의 고유필수적 공동소송인의 심리원칙이 적용된다. 이에 따르면 유리한 소송행위는 공동소송인 가운데 한 사람이 행하면 모두를 위하여 효력이 생기므로, 공동소송인 가운데 한 사람이 기일에 출석하여 변론하였으면 다른 공동소송인이 결석하여도 기일해태의 효과가 발생하지 않는다. 사안의 경우 乙이 변론기일에 출석하였는바, 丙이 불출석하여도 기일해태의 효과는 발생하지 않는다.

나) 甲·丁과의 관계

甲·丁과 丙 사이에는 제66조의 공동소송인 독립의 원칙이 적용된다. 이에 따르면 공동소송인 가운데 한 사람에게 기일해태의 효과가 발생하여도 다른 공동소송인에게 그 효과가 미치지 않는다. 따라서 사안의 경우 丙이 불출석하여도 甲과 丁에게 미치지 않는다.

Ⅱ 설문 ⑵에 관하여

1. 결론

A가 제기한 별소는 부적법하다.

2. 논거

⑴ 문제점

소송계속 후에 甲을 선정한 주민 A는 당연히 소송에서 탈퇴한다. 이때 A가 선정당사자 甲이 수행하는 소송에 관해 소송수행권을 유지하는가(적격유지설) 아니면 상실하는가(적격상실설)의 대립이 있다. 한편 본 설문에서처럼 A가 별소를 제기하는 경우 이는 중복소송에 해당하는지가 문제된다.

⑵ 선정자의 당사자적격 유지 여부

소송이 법원에 계속된 뒤 선정에 의하여 당사자를 바꾼 때에는 선정자는 당연히 소송에서 탈퇴한 것으로 본다(제53조 제2항). 다만 이 경우 선정자는 소송수행권을 상실하는지가 문제이다. 이에 대해서 ① 선정자는 선정당사자의 독주를 막을 필요가 있기 때문에 소송수행권을 상실하지 않는다는 반대견해도 있지만, ② 선정자는 선정당사자의 독주를 막기 위해 언제든지 선정을 취소할 수 있는 것이므로 선정자는 소송수행권을 상실한다고 봄이 타당하다. 이렇게 해석함이 선정당사자를 소송담당으로서 인정하는 취지와 제53조 제2항의 취지에 부합하는 해석이라고 본다(적격상실설).590)

사안의 경우 A는 당사자적격을 상실하였으므로 A의 별소제기는 부적법하다.

---

590) 선정자의 소송수행권 상실 여부는 소송이 법원에 계속되기 전에 선정을 한 경우뿐만 아니라, 소송계속 중 선정한 경우에도 마찬가지의 논의 사항이다.

(3) 중복제소에 해당하는지 여부

1) 의의 및 취지

2) 요건

3) 당사자가 동일한지 여부

선정당사자가 받은 판결은 선정자에게 효력이 미친다(제218조 제3항). 따라서 당사자의 동일성이 인정된다.[591]

(4) 사안의 경우

---

591) 적격상실설의 입장에서도 후소는 중복제소에 해당한다고 봄이 법리의 모순이라고 볼 수는 없겠다. 중복제소에 해당하는지 여부는 형식적 소송요건으로서 실체관련적 소송요건인 당사자적격보다 우선하여 판단해야 한다는 점을 이론적 근거로 삼을 수도 있겠고, 선정자의 적격상실 유무와 무관하게 제218조 제3항에 따라 선정자에게는 선정당사자가 받은 판결의 효력이 미치기 때문에 당사자의 동일성은 법적 근거상으로도 문제가 없기 때문이다.

✅ 사례(40) | 보조참가

사실관계

○ 甲과 A, B는 전매차익을 얻을 목적으로 공동으로 상인인 乙로부터 X 토지를 매수하기로 하고, 乙과 매매
계약을 체결하기 전에 "甲과 A, B는 각자 자금을 출연하여 乙로부터 X 토지를 매수하고 출연자금의 비율
에 따라 甲은 1/2, A와 B는 각 1/4 지분으로 소유권이전등기를 한다. 甲과 A, B는 각 공유지분을 인정하
고 그 지분권을 개별적으로 행사할 수 있다."는 합의를 하였다. 그 후 甲과 A, B는 2005.3.1. 공동으로
매수인이 되어 乙로부터 乙 소유인 X 토지를 금 5억원에 매수하기로 하는 계약을 체결하고 중도금까지
총 4억원을 지급하였는데, 그 후 乙은 丙으로부터 금 2억원을 차용하면서 X 토지에 관하여 丙에게 저당
권설정등기를 마쳐주었고, 다시 丁과의 사이에 X 토지를 금 6억원에 매도하기로 하는 계약을 체결하였다.
○ 甲과 A, B(이하 '甲 등'이라고 한다)가 잔금 지급기일인 2005.8.1. 그 이행을 제공하였으나 乙이 소유권이
전등기를 회피함에 따라 甲 등은 2009.5.1. 乙을 상대로 X 토지에 관하여 위 매매를 원인으로 하는 소유
권이전등기청구소송(이하 '전소'라고 한다)을 제기하였다.

문제

丙과 丁이 乙의 승소를 돕기 위하여 보조참가신청을 한 경우, 법원은 그 신청에 대하여 어떠한 판단을 하여
야 하는가? 12점

1. 결론

법원은 丙의 보조참가신청에 대해 불허가결정을, 丁의 보조참가신청에 대해 허가결정을 하여야
한다.

2. 근거

(1) 보조참가의 의의

보조참가는 다른 사람 사이의 소송계속 중에 소송의 결과에 이해관계가 있는 제3자가 당사자
의 한 쪽의 승소를 보조하기 위하여 소송에 관여하는 것을 말한다(제71조 이하).

(2) 보조참가의 요건

① 보조참가가 적법하기 위해서는 ⅰ) 타인 사이에 소송이 계속 중일 것, ⅱ) 참가인이 피참가
인의 소송결과에 대하여 법률상 이해관계가 있을 것, ⅲ) 참가신청이 있을 것, ⅳ) 소송절
차를 현저히 지연시키지 아니할 것, ⅴ) 소송행위의 유효요건을 구비하였을 것을 요한다
(제71조).

② 사안의 경우 丙·丁은 甲 등의 乙에 대한 소송계속 중에 참가하였고, 丙·丁의 보조참가로 인하여 소송절차를 현저하게 지연시킨다는 사정이 보이지 않는다. 문제는 소송결과에 대한 법률상 이해관계, 즉 참가이유가 있는지 여부이다.

(3) 소송결과에 대한 법률상 이해관계의 유무

통상 보조참가의 경우 참가인의 법적 지위가 본소송의 승패, 즉 판결주문 중의 소송물인 권리관계의 존부에 논리적으로 의존관계에 있을 때에 참가이유가 있는데, 피참가인이 패소하면 그로부터 구상·손해배상청구를 당하게 되는 등 실체법상의 권리의무에 불리한 영향을 받을 경우가 이에 해당한다.

(4) 사안의 경우

1) 丙의 경우

丙은 X토지의 소유자인 乙로부터 적법하게 저당권을 취득한 자로서, 甲 등이 乙을 상대로 하여 제소한 매매를 원인으로 하는 소유권이전등기청구 소송에서 乙이 패소하더라도 丙의 저당권에 아무런 영향을 주지 못하므로 丙은 소송결과에 대한 법률상 이해관계를 가지지 않는다. 따라서 법원은 丙의 보조참가신청에 대해 불허가결정을 하여야 한다(제73조 제1항).

2) 丁의 경우

사안의 경우 乙이 패소하여 甲 등이 등기를 경료하면 乙의 丁에 대한 소유권이전등기의무는 이행불능이 될 수 있으므로, 丁은 소송결과에 대한 법률상 이해관계를 가진다. 따라서 법원은 丁의 보조참가신청에 대해 허가결정을 하여야 한다. 이 경우 乙의 승소가 참가인 丁에게 이익(소유권이전등기가 가능한 사정)을 가져온다는 것은 고려할 바가 아니다. 왜냐하면 보조참가는 다른 사람들 사이의 소송을 기회로 하여 이익을 얻게 하려는 것은 아니기 때문이다.

사례(41) │ 보조참가

사실관계

○ 甲은 2010.1.1. 乙과 사이에, 乙 소유의 X 주택을 1억원에 매수하는 계약을 체결하였다. 그런데 甲이 乙로부터 소유권이전등기를 마치기 이전인 2010.1.4. 丙이 乙에 대하여 대여금 1억원이 있다고 주장하면서 X 주택을 가압류하여 같은 날 X 주택에 가압류등기가 마쳐졌다. 甲은 가압류등기가 마쳐진 이후인 2010.1.11.에야 X 주택에 관하여 甲 명의로 소유권이전등기를 마쳤다.

○ 이후 丙은 2010.2.1. 乙을 상대로 1억원의 대여금 청구소송을 제기하였다. 이에 甲은 丙과 乙이 과거 부부였던 사이여서 丙의 乙에 대한 대여금채권은 허위이고 丙이 승소할 경우 X 주택에 대하여 강제집행을 할 것이 예상되어 甲으로서는 그 소유권을 상실하게 될 우려가 있다는 이유로 참가하였다.

○ 甲은 乙의 참가인으로 위 소송에 참가하여 丙의 乙에 대한 채권이 존재하지 않는다고 다투었는데, 乙은 원고의 주장에 대하여 자백하였다.

문제

※ 아래 각 설문에 대한 결론과 근거를 설명하시오.

(1) 위 소송에서 甲의 참가는 적법한가? [13점]

(2) 위 소송에서 丙의 乙에 대한 대여금채권은 허위라고 주장하는 甲의 소송행위는 허용될 수 있는가?[592] [9점]

■ 설문 (1)에 관하여

1. 결론

甲의 참가는 보조참가로서 적법하다.

2. 근거

(1) 문제의 소재

공동소송참가 또는 공동소송적 보조참가인지 아니면 통상 보조참가(단순 보조참가)인지를 확정하고, 이에 따른 적법요건의 구비여부를 살펴보아야 한다.[593] 이에 따라 甲이 乙의 자백을 다툴 수 있는지 여부가 달라지게 된다.

---

[592] '법원은 丙의 청구에 대하여 어떤 판결을 하여야 하는가?'라는 설문으로 출제될 수도 있으므로, 준비해 두기 바란다.

[593] 공동소송적 보조참가인지 통상 보조참가인지 여부에 따라 甲이 乙의 자백을 다툴 수 있는지 여부가 달라지기 때문이다. 즉 공동소송적 보조참가의 경우라면 참가인은 피참가인과 저촉되는 행위를 할 수 있으므로 甲은 乙의 자백을 다툴 수 있게 된다.

(2) 참가유형의 확정

1) 판단기준

① 보조참가와 공동소송참가는 당사자적격의 유무에 따라 구별되는데, 甲은 丙의 乙에 대한 대여금청구소송에 관하여 당사자적격이 없다. 따라서 공동소송참가에 해당하지 않는다.

② 또한 공동소송적 보조참가는 통상 보조참가와 달리 丙과 乙 사이의 판결의 효력을 받는 자가 참가할 것을 요하는데, 사안의 경우 丙과 乙 사이의 판결의 효력은 당사자 아닌 제3 자에 불과한 甲에게 미치지 않는다. 따라서 甲의 참가는 공동소송적 보조참가에 해당하지도 않고, 통상 보조참가에 해당한다.

③ 다만 통상 보조참가의 경우에는 피참가인의 행위와 저촉되는 주장은 할 수 없으므로 피참가인이 자백하게 되면 불리한 영향을 받을 수 있다. 따라서 이러한 사유로 인해 공동소송적 보조참가를 인정하여야 하는 것은 아닌지가 문제이다.

2) 피참가인이 자백하여 원고를 승소시키려 하는 사유가 보조참가를 방해하는지 여부

① 판례는 본 사안에서, 원고가 피고에게 구하는 채권이 허위채권으로 보여지는데도 피고가 원고의 주장사실을 자백하여 원고를 승소시키려 한다는 사유만으로는 참가인의 참가가 이른바 공동소송적 보조참가에 해당하여 참가인이 피참가인인 피고와 저촉되는 소송행위를 할 수 있는 지위에 있다고 할 수 없다고 하여 공동소송적 보조참가에 해당하지 않고 통상 보조참가에 해당함을 인정하였다.[594]

② 참가인이 부인하는 사실을 피참가인이 자백한 경우와 같이 참가인이 소송행위를 방해한 경우에는 그 재판은 참가인에 대하여 효력이 없으므로(참가적 효력의 배제),[595] 이로 인해 참가인은 보호받을 수 있다. 따라서 단순히 피참가인의 자백을 배제하기 위한 사실상 이유만으로 공동소송적 보조참가에 해당한다고 볼 수 없으며, 판례의 입장은 타당하다.

3) 통상 보조참가로서의 적법 여부

가) 요건

보조참가가 적법하기 위해서는 ① 타인 사이에 소송이 계속 중일 것, ② 참가인이 피참가인의 소송결과에 대하여 법률상 이해관계가 있을 것, ③ 참가신청이 있을 것, ④ 소송절차를 현저히 지연시키지 아니할 것, ⑤ 소송행위의 유효요건을 구비하였을 것을 요한다. 사안에서는 ①, ③, ④, ⑤의 요건은 특별히 문제될 만한 사정은 없으므로, ②의 요건을 살펴보기로 한다.

---

594) 대판 2001.1.19, 2000다59333

595) 참가인이 부인하는 사실을 피참가인이 자백한 경우와 같이 참가인이 소송행위를 방해한 경우에는 그 재판은 참가인에 대하여 효력이 없다(대판 1974.6.4, 73다1030).

나) 소송결과에 대하여 이해관계가 있을 것(참가이유)

　① 보조참가를 하기 위해서는 피참가인의 소송결과에 대하여 이해관계, 즉 참가인의 법적 지위가 판결주문 중의 소송물인 권리관계의 존부에 논리적으로 의존관계에 있을 때에 보조참가의 이익이 있다는 것이 통설이다(제한설). 피참가인이 패소하면 그로부터 구상·손해배상청구를 당하게 되는 등 실체법상의 권리의무에 불리한 영향을 받을 경우가 이에 해당한다.

　② 판례는 본 사안에서, 원고가 승소하면 위 가압류에 기하여 위 부동산에 대한 강제집행에 나설 것이고 그렇게 되면 참가인은 그 후 소유권이전등기를 마친 위 부동산의 소유권을 상실하게 되는 손해를 입게 된다고 하여 보조참가로서의 적법성을 인정하였다.[596)]

(3) 사안의 경우

사안에서는 甲의 참가는 통상 보조참가에 해당하고, 丙이 승소하면 위 가압류에 기하여 위 부동산에 대한 강제집행에 나설 것이고 그렇게 되면 甲이 그 후 소유권이전등기를 마친 위 부동산의 소유권을 상실하게 되는 손해를 입게 되므로 참가이유가 있다. 따라서 甲의 보조참가는 적법하다.

ⅡⅡ 설문 (2)에 관하여

1. 결론

丙의 乙에 대한 대여금채권은 허위라고 주장하는 甲의 소송행위는 허용되지 않는다.

2. 근거

(1) 보조참가인의 지위

　① 참가인은 대리인이 아니고 자기의 이익을 옹호하기 위해 독자적인 권한으로써 소송에 관여하는 자이므로 독자성이 인정된다. 따라서 피참가인을 승소시키는데 필요한 일체의 소송행위를 할 수 있음이 원칙이다.

　② 그러나 참가인은 당사자가 아니라 피참가인의 승소를 보조하기 위하여 참가하는 자이므로, 피참가인과의 관계에서 그 지위가 종속적이다.

(2) 참가인이 할 수 있는 소송행위와 그 제한

1) 원칙

참가인은 소송에 관하여 주장·항변·증거신청·상소의 제기, 그 밖의 모든 소송행위를 자기의 명의로 할 수 있고(제76조 제1항), 그 행위는 피참가인이 한 것과 동일한 효과가 발생한다. 제76조의 규정은 예시적 규정으로 참가인은 피참가인을 승소시키는 데 필요한 일체의 소송행위를 할 수 있음이 원칙이다.

---

596) 대판 2001.1.19, 2000다59333

2) 제한

그러나 참가인은 종속적 지위를 갖기 때문에 ① 참가당시 소송정도로 보아 피참가인도 할 수 없는 행위, ② 피참가인의 소송행위에 어긋나는 행위, ③ 피참가인에게 불이익한 행위 등을 할 수 없다.

⑶ 사안의 경우

甲의 보조참가는 공동소송적 보조참가가 아니고 통상 보조참가이므로 피참가인인 乙이 丙의 주장사실을 자백하였는데, 참가인 甲이 이에 반하여 丙의 乙에 대한 소구채권이 허위채권이라고 적극 다투는 것은 피참가인 乙의 행위와 저촉되는 행위로서 허용되지 않는다. [597)][598)]

---

597) 피참가인이 상대방의 주장사실을 자백한 이상 보조참가인이 이를 다투었다고 하여도 민사소송법 제76조 제2항에 의하여 참가인의 주장은 그 효력이 없다(대판 1981.6.23, 80다1761).

598) 따라서 피참가인인 乙이 丙의 주장사실을 자백한 경우라면 제76조 제2항에 따라 참가인 甲은 이를 다툴 수 없다. 결국 법원은 乙의 자백에 기초하여 원고 丙의 청구에 대하여 인용판결을 하여야 한다.

✓ 사례(42) | 보조참가

사실관계

채권자 甲은 채무자 乙에게 1억원의 대여금반환을 요구하였으나, 乙이 변제를 거부하자 보증인 丙을 상대로 보증채무이행의 소를 제기하였다. 소제기 사실을 알게 된 乙은 丙의 승소를 위해 소송에 참가하여, 주채무 1억원을 변제하였다고 변론에서 주장하였다. 한편 甲에 대하여 2억원의 매매대금채권을 가지고 있는 丙이 이 채권으로 상계한다고 항변을 하지 않자, 乙은 예비적으로 그 상계의 항변을 제기하였다.

문제

※ 아래 각 설문은 독립적인 것임을 전제로 한다.
 (1) 법원은 乙의 상계항변을 받아들여 甲의 청구를 기각하는 판결을 할 수 있는가? [20점]
 (2) 법원은 주채무의 변제와 상계의 항변을 모두 배척하여 甲승소판결을 선고하였고 이 판결이 확정되었다. 이 판결에 따라 丙은 甲에게 보증금을 지급한 후, 乙을 피고로 하여 구상금청구소송을 제기하였다. 이 소송에서 乙은 주채무가 변제되었음을 이유로 甲의 丙에 대한 전소판결의 내용이 부당하다고 다툴 수 있는가? [10점]

Ⅰ 설문 (1)에 관하여

1. 결론

법원은 乙의 상계항변을 받아들여 甲의 청구를 기각할 수 없다.

2. 근거

(1) 乙의 보조참가의 적부

1) 참가의 유형

① 보조참가는 다른 사람 사이의 소송계속 중에 소송의 결과에 이해관계가 있는 제3자가 당사자의 한 쪽의 승소를 보조하기 위하여 소송에 관여하는 것을 말한다(제71조 이하).

② 사안의 경우 甲의 丙에 대한 소송에 대하여 乙은 당사자적격이 없다 할 것이고, 甲과 丙 사이의 판결의 효력은 乙에게 미치지 아니하므로, 乙의 참가신청은 통상의 보조참가에 해당한다.

2) 보조참가의 요건

보조참가가 적법하기 위해서는 ① 타인 사이에 소송이 계속 중일 것, ② 참가인이 피참가인의 소송결과에 대하여 법률상 이해관계가 있을 것, ③ 참가신청이 있을 것, ④ 소송절차를 현저히 지연시키지 아니할 것, ⑤ 소송행위의 유효요건을 구비하였을 것을 요한다.

사안에서는 ①, ③, ④, ⑤의 요건은 특별히 문제될 만한 사정은 없으므로, ②의 요건을 살펴보기로 한다.

3) 소송결과에 대하여 이해관계가 있을 것(참가이유)

보조참가를 하기 위해서는 피참가인의 소송결과에 대하여 이해관계, 즉 참가인의 법적 지위가 판결주문 중의 소송물인 권리관계의 존부에 논리적으로 의존관계에 있을 때에 보조참가의 이익이 있다는 것이 통설이다(제한설). 피참가인이 패소하면 그로부터 구상·손해배상청구를 당하게 되는 등 실체법상의 권리의무에 불리한 영향을 받을 경우가 이에 해당한다.

사안의 경우 丙이 패소하면 주채무자인 乙에게 구상권을 행사할 수 있으므로 乙의 참가는 참가이유가 있다. 따라서 乙의 보조참가는 적법하다.

(2) 乙의 상계항변의 주장 가부

1) 보조참가인의 소송상 지위 – 이중적 지위

① 참가인은 대리인이 아니고 자기의 이익을 옹호하기 위해 독자적인 권한으로써 소송에 관여하는 자이므로 독자성이 인정된다. 따라서 피참가인을 승소시키는데 필요한 일체의 소송행위를 할 수 있음이 원칙이다.

② 그러나 참가인은 당사자가 아니라 피참가인의 승소를 보조하기 위하여 참가하는 자이므로, 피참가인과의 관계에서 그 지위가 종속적이다.

2) 참가인이 할 수 있는 소송행위와 그 제한

가) 원칙과 제한

참가인은 소송에 관하여 주장·항변·증거신청·상소의 제기, 그 밖의 모든 소송행위를 자기의 명의로 할 수 있고(제76조 제1항), 그 행위는 피참가인이 한 것과 동일한 효과가 발생한다. 그러나 참가인은 어디까지나 다른 사람의 소송의 보조자(종속성)에 그치기 때문에 제76조 제1항 단서와 제2항에 해당하는 행위 등은 할 수 없다. 즉 ① 참가 당시 소송정도로 보아 피참가인도 할 수 없는 행위, ② 피참가인의 소송행위에 어긋나는 행위 등은 할 수 없다.

사안의 경우에는 참가인 乙이 피참가인 丙이 가지고 있는 실체법상의 상계권을 스스로 행사할 수 있는지가 문제된다. 이는 보조참가인의 종속성과 상계권자 아닌 자의 상계권 행사에 기해 상계권자의 권리가 소멸됨은 부당하기 때문이다.[599]

나) 사법상 권리행사의 가부

참가인은 소송수행에 필요한 경우라도 참가인 자신의 사법상 권리를 행사하는 것은 별 문제이나, 피참가인이 가진 사법상의 권리를 행사할 수는 없다. 이 점에서 당사자가 선임

---

[599] 피참가인의 상계권을 참가인이 행사할 수 있는지가 왜 문제가 되는지, 그 이유를 간략히라도 제시하고 넘어가야 답안의 논증이 자연스럽고, 득점에 유리할 것이다.

한 소송대리인과 다르다. 따라서 피참가인의 채권에 기한 상계권 등을 행사할 수는 없다 (다수설). 다만 다른 법률의 규정에서 제3자에게 그 권한을 인정한 경우에는 당연히 행사할 수 있음에 문제가 없다(민법 제404조, 제418조, 제434조).

(3) 사안의 경우

사안의 경우 참가인 乙은 피참가인 丙이 甲에게 가지고 있는 상계권을 행사할 수는 없으므로, 법원은 乙의 상계항변을 받아들여 甲의 청구를 기각할 수 없다.

Ⅱ 설문 (2)에 관하여

1. 결론

전소 판결의 내용이 부당하다고 다툴 수 없다.

2. 근거

(1) 문제점

보조참가가 있는 소송이라도 기판력은 당사자(甲, 乙)에게만 미치고, 보조참가인 丙에게는 미치지 않는다. 그런데 제77조에서 재판은 참가인에게도 그 효력이 미친다고 규정하고 있는데, 판결의 효력의 성질과 범위가 문제된다.

(2) 참가인에 대한 판결의 효력의 성질

판례는 참가인이 피참가인과 협력하여 소송을 수행한 이상, 패소의 경우에는 그 책임을 공평하게 분담하여야 한다는 공평의 관념에 근거한 효력이고, 참가인이 뒤에 피참가인에 대한 관계에서 판결의 내용이 부당하다고 주장할 수 없는 금반언의 구속력으로서 기판력과 달리 보조참가에 특수한 효력, 즉 참가적 효력으로 본다(이른바 참가적 효력설).[600]

(3) 참가적 효력의 범위

참가적 효력설에 따르면, 그 효력의 범위는 피참가인의 패소의 경우에 ① 주관적으로는 참가인과 피참가인 사이에서, ② 객관적으로는 판결주문 중의 판단만이 아니라 전소 판결이유 중 패소이유가 되었던 사실상·법률상의 판단에도 그 효력이 생긴다.

(4) 참가적 효력의 배제

제77조 각 호의 경우에는 참가적 효력이 배제된다(제77조). 즉 ① 참가인이 참가당시의 소송 정도로 보아 소송행위를 유효하게 할 수 없거나, 참가인이 한 소송행위가 피참가인의 행위에 어긋나서 효력이 없는 경우(제1호), ② 피참가인이 참가인의 소송행위를 방해한 경우(제2호), ③ 피참가인이 참가인이 할 수 없는 소송행위를 고의나 과실로 하지 아니한 경우(제3호)에는 참가적 효력이 배제된다.

---

600) 대판 1988.12.13, 86다카2289

(5) 사안의 경우

사안의 경우 참가인 乙이 주채무를 변제하였다고 항변하였으나, 법원에 의해 이유 없어 배척되었고 甲승소판결이 확정되었다. 따라서 이 판결에 따라 丙과 乙 사이에 판결이유 중 패소이유가 되었던 판단, 즉 주채무가 존재한다는 점에 참가적 효력이 발생하였고 사안에서는 참가적 효력을 배제할 사정은 보이지 않는다. 따라서 丙의 乙을 상대로 한 구상금청구소송에서 乙은 참가적 효력에 반하여 주채무가 변제로 존재하지 않음을 이유로 甲의 丙에 대한 전소 판결의 내용이 부당하다고 다툴 수 없다.

☑ 사례(43) │ 보조참가

사실관계

甲은 丙에게 1억원을 대여해 주었고, 이에 대하여 乙이 연대보증을 하였다. 변제기가 도래하였음에도 丙이 빌린 돈을 갚지 않자, 甲은 자력이 충분한 乙에게 보증채무를 구하는 소(이하 '이 사건 소송'이라 한다)를 제기하였다.

문제

이 사건 소송계속 중 丙은 乙 측에 참가하였다. 제1심 법원은 甲의 청구를 전부 인용하는 판결을 선고하였고, 위 판결정본은 2020.1.16. 乙에게, 2020.1.29. 丙에게 각 송달되었다.

1. 丙이 이 사건 소송에 참가하는 경우 어떤 형식으로 참가하여야 하는지, 참가하는 것은 가능한지 여부에 대한 결론과 그 이유를 기재하시오. [8점]

2. 이 사건 소송 중 丙과 乙은 다음과 같은 소송행위를 하였다. 아래 각 설문에 대한 결론과 그 이유를 기재하시오(각 설문은 상호 무관한 것임을 전제로 한다). [17점]
   ① 丙이 2020.2.5. 항소를 제기하였고, 이 당시까지 乙은 항소를 제기하지 않았다. 丙의 위 항소는 적법한가?
   ② 丙이 2020.1.28. 항소를 제기하였는데, 乙은 丙이 제기한 위 항소를 취하하였다. 위 항소취하는 유효한가?
   ③ 乙은 자신이 丙의 채무에 대하여 연대보증을 한 적이 없다고 주장하였다. 그러나 丙은 乙이 연대보증을 하였다고 주장하면서 이에 부합하는 증거들을 제출하였고(乙이 丙의 증거신청행위와 저촉되는 소송행위를 한 적은 없음), 위 증거들에 대하여 적법한 증거조사 절차를 거쳐 위 증거들이 제1심 법원에 현출되었다. 이 경우 제1심 법원은 위 증거들에 터 잡아 乙이 丙의 채무에 대하여 연대보증한 사실을 인정할 수 있는가?

3. 丙이 乙 측에 참가하여 자신의 주채무가 존재하지 않는다고 진술하였는데, 乙은 주채무와 보증채무를 모두 인정하였다. 제1심 법원은 乙의 주장을 받아들여 甲의 청구를 전부 인용하는 판결을 선고하였고 그 판결이 확정되었다. 乙은 위 판결에 따라 甲에게 1억원을 지급한 다음, 丙에게 구상금청구의 소를 제기하였다. 위 구상금청구의 소에서 丙은 자신의 주채무가 존재하지 않는다고 다툴 수 있는지에 대한 결론과 그 이유를 기재하시오. [12점]

4. 이 사건 소송 중 "乙은 甲에게 1억원을 지급하되, 소송비용은 각자 부담한다."는 내용으로 별다른 판단 없이 화해권고결정이 확정되어 이 사건 소송이 종료되었다. 乙은 위 화해권고결정에 따라 甲에게 1억원을 지급한 다음, 丙에게 구상금청구의 소를 제기하였다. 위 구상금청구의 소에서 丙은 자신의 주채무가 존재하지 않는다고 다툴 수 있는가? [5점]

▌**Ⅰ** 설문 1.에 관하여

1. 결론

丙은 통상 보조참가를 할 수 있다.

2. 이유

(1) 참가유형의 확정

　① 보조참가와 공동소송참가는 당사자적격의 유무에 따라 구별되는데, 丙은 甲의 乙에 대한 보증채무의 이행청구에 관하여 당사자적격이 없고 또한 乙과 丙 사이에 합일적 확정이 필요한 경우도 아니어서 丙은 공동소송참가를 할 수 없다.

　② 또한 공동소송적 보조참가는 통상 보조참가와 달리 甲과 乙 사이의 판결의 효력을 받는 자가 참가할 것을 요하는데, 사안의 경우 甲과 乙 사이의 판결의 효력은 당사자 아닌 제3자에 불과한 丙에게 미치지 않는다. 따라서 丙은 공동소송적 보조참가를 할 수 없고 통상 보조참가만을 할 수 있다.

(2) 통상 보조참가로서의 적법 여부

　1) 요건

　　보조참가가 적법하기 위해서는 ① 타인 사이에 소송이 계속 중일 것, ② 참가인이 피참가인의 소송결과에 대하여 법률상 이해관계가 있을 것, ③ 참가신청이 있을 것, ④ 소송절차를 현저히 지연시키지 아니할 것, ⑤ 소송행위의 유효요건을 구비하였을 것을 요한다(제71조).

　2) 소송결과에 대하여 이해관계가 있을 것(참가이유)

　　통상 보조참가의 경우 참가인의 법적 지위가 본소송의 승패, 즉 판결주문 중의 소송물인 권리관계의 존부에 논리적으로 의존관계에 있을 때에 참가이유가 있는데, 피참가인이 패소하면 그로부터 구상·손해배상청구를 당하게 되는 등 실체법상의 권리의무에 불리한 영향을 받을 경우가 이에 해당한다.

(3) 사안의 경우

　사안의 경우 乙이 패소하면 주채무자인 丙에게 구상권을 행사할 수 있으므로, 丙은 甲과 乙 사이의 소송계속 중 乙을 피참가인으로 하여 적법하게 통상 보조참가를 할 수 있다.

▌**Ⅱ** 설문 2.에 관하여

1. 결론

(1) 설문 ①의 경우

　丙의 항소는 부적법하다.

(2) 설문 ②의 경우

　　乙의 항소취하는 유효하다.

(3) 설문 ③의 경우

　　제1심 법원은 丙이 제출한 증거들을 기초로 乙의 연대보증 사실을 인정할 수 있다.

2. 이유

(1) 보조참가인의 지위 — 이중적 지위

　① 참가인은 대리인이 아니고 자기의 이익을 옹호하기 위해 독자적인 권한으로써 소송에 관여하는 자이므로 독자성이 인정된다. 따라서 피참가인을 승소시키는데 필요한 일체의 소송행위를 할 수 있음이 원칙이다.

　② 그러나 참가인은 당사자가 아니라 피참가인의 승소를 보조하기 위하여 참가하는 자이므로, 피참가인과의 관계에서 그 지위가 종속적이다.

(2) 참가인이 할 수 있는 소송행위와 그 제한

　① 참가인은 소송에 관하여 주장·항변·증거신청·상소의 제기, 그 밖의 모든 소송행위를 자기의 명의로 할 수 있고(제76조 제1항), 그 행위는 피참가인이 한 것과 동일한 효과가 발생한다. 제76조의 규정은 예시적 규정으로 참가인은 피참가인을 승소시키는 데 필요한 일체의 소송행위를 할 수 있음이 원칙이다.

　② 그러나 참가인은 종속적 지위를 갖기 때문에 ⅰ) 참가 당시 소송정도로 보아 피참가인도 할 수 없는 행위, ⅱ) 피참가인의 소송행위에 어긋나는 행위, ⅲ) 피참가인에게 불이익한 행위 등은 할 수 없다(제76조 제2항).

(3) 사안의 경우

1) 설문 ①의 경우 – 보조참가인의 상소제기의 가부

　① 판례는 "피고 보조참가인은 참가할 때의 소송의 진행 정도에 따라 피참가인이 할 수 없는 소송행위를 할 수 없으므로, 피고 보조참가인이 상고장을 제출한 경우에 피고 보조참가인에 대하여 판결정본이 송달된 때로부터 기산한다면 상고기간 내의 상고라 하더라도, 이미 피참가인인 피고에 대한 관계에 있어서 상고기간이 경과한 것이라면 피고 보조참가인의 상고 역시 상고기간 경과 후의 것이 되어 피고 보조참가인의 상고는 부적법하다."고 하였다.[601]

　② 사안의 경우 피참가인인 乙에게 판결정본이 송달된 2020.1.16.부터 2주 내에 항소를 제기할 수 있는바, 丙이 2020.2.5. 항소를 제기한 것은 항소기간을 도과한 것으로 부적법하다.

---

601) 대판 2007.9.6, 2007다41966

2) 설문 ②의 경우 - 보조참가인이 제기한 항소를 피참가인이 취하할 수 있는지 여부

① 판례는 "민사소송법 제76조 제2항 규정의 취지는 피참가인들의 소송행위와 보조참가인들의 소송행위가 서로 저촉될 때는 피참가인의 의사가 우선하는 것을 뜻하는 것이라 할 것이므로 피참가인은 참가인의 행위와 저촉되는 행위를 할 수 있고, 따라서 보조참가인들이 제기한 항소를 포기 또는 취하할 수도 있다.[602] 즉 보조참가인은 피참가인이 제기한 항소를 취하할 수 없지만, 피참가인은 보조참가인이 제기한 항소를 취하할 수 있다."고 하였다.[603]

② 사안의 경우 보조참가인 丙이 2020.1.28. 항소를 제기한 것은 항소기간 내에 제기한 것으로서 적법·유효하지만, 피참가인 乙은 丙이 제기한 위 항소를 유효하게 취하할 수 있다.

3) 설문 ③의 경우 - 보조참가인의 증거신청과 피참가인에게 불이익한 사실의 인정 여부

① 판례는 "보조참가인의 증거신청행위가 피참가인의 소송행위와 저촉되지 아니하고(즉, 피참가인이 증거신청행위와 저촉되는 소송행위를 한 바 없고), 그 증거들이 적법한 증거조사절차를 거쳐 법원에 현출되었다면 법원이 이들 증거에 터 잡아 피참가인에게 불이익한 사실을 인정하였다 하여 그것이 민사소송법 제76조 제2항에 위배된다고 할 수 없다."고 하였다.[604]

② 사안의 경우 피참가인 乙은 보조참가인 丙의 증거신청행위와 저촉되는 소송행위를 한 적이 없다고 하였으며, 증거들에 대하여 적법한 증거조사 절차를 거쳐 위 증거들이 제1심 법원에 현출되었다고 하였는바, 제1심 법원은 丙이 제출한 증거들을 기초로 乙의 연대보증 사실을 인정할 수 있다.

Ⅲ 설문 3.에 관하여

1. 결론

丙은 자신의 주채무가 존재하지 않는다고 다툴 수 있다.

2. 이유

(1) 문제점

보조참가가 있는 소송이라도 기판력은 당사자(甲, 乙)에게만 미치고, 보조참가인 丙에게는 미치지 않는다. 그런데 제77조에서 재판은 참가인에게도 그 효력이 미친다고 규정하고 있으므로, 판결의 효력의 성질과 범위가 문제된다.

(2) 판결의 효력의 성질

판례는 형평의 원칙상 보조참가인이 피참가인에게 그 패소판결이 부당하다고 주장할 수 없도록 하는 구속력으로서 기판력과는 다른 이른바 참가적 효력이라고 하였다.[605]

---

602) 대판 1984.12.11, 84다카659
603) 대판 2010.10.14, 2010다38168
604) 대판 1994.4.29, 94다3629

(3) 참가적 효력의 범위

1) 주관적 범위

판례에 따르면, 참가적 효력의 범위는 주관적으로 참가인과 피참가인 사이에서만 미치고, 피참가인과 그 소송 상대방간의 판결의 기판력이 참가인과 피참가인의 상대방과의 사이에까지는 미치지 아니한다.[606]

2) 객관적 범위

참가적 효력은 객관적으로 판결주문 중의 판단뿐만 아니라 전소 판결이유 중 패소이유가 되었던 사실상·법률상의 판단에도 그 효력이 생긴다.[607] 즉 전소확정판결의 결론의 기초가 된 사실상 및 법률상의 판단으로서 보조참가인이 피참가인과 공동이익으로 주장하거나 다툴 수 있었던 사항에 한하여 미치고, 전소확정판결에 필수적인 요소가 아니어서 결론에 영향을 미칠 수 없는 부가적 또는 보충적인 판단이나 방론 등에까지 미치는 것은 아니다.

(4) 참가적 효력의 배제

제77조 각 호의 경우에는 참가적 효력이 배제된다. 즉 ① 참가인이 참가 당시의 소송 정도로 보아 소송행위를 유효하게 할 수 없거나, 참가인이 한 소송행위가 피참가인의 행위에 어긋나서 효력이 없는 경우(제1호), ② 피참가인이 참가인의 소송행위를 방해한 경우(제2호), ③ 피참가인이 참가인이 할 수 없는 소송행위를 고의나 과실로 하지 아니한 경우(제3호)에는 참가적 효력이 배제된다. 판례도 "참가인이 부인하는 사실을 피참가인이 자백한 경우와 같이 참가인이 소송행위를 방해한 경우에는 그 재판은 참가인에 대하여 효력이 없다."고 하였다.[608]

(5) 사안의 경우

사안의 경우 ① 丙과 乙 사이에, ② 판결이유 중 패소이유가 되었던 판단, 즉 주채무가 존재한다는 점과 보증계약이 유효하게 성립되었다는 점에 참가적 효력이 발생한다. 그러나 ③ 사안에서는 丙이 자신의 주채무가 존재하지 않는다고 다투었음에도, 乙이 주채무와 보증채무를 모두 인정하는 자백을 함으로써 丙의 소송행위를 방해(또는 제77조 제1호에 해당)하였는바, 丙에게 참가적 효력이 미치지 않는다. 결국 丙은 후소에서 주채무가 존재하지 않는다고 다툴 수 있다.

---

605) 대판 1988.12.13, 86다카2289
606) 대판 1988.12.13, 86다카2289
607) 대판 1997.9.5, 95다42133
608) 대판 1974.6.4, 73다1030

Ⅳ 설문 4.에 관하여

1. 결론

丙은 자신의 주채무가 존재하지 않는다고 다툴 수 있다.

2. 근거[609]

(1) 참가적 효력

① 제77조에서 재판은 참가인에게도 그 효력이 미친다고 규정하고 있으며, 이는 형평의 원칙상 보조참가인이 피참가인에게 그 패소결결이 부당하다고 주장할 수 없도록 하는 구속력으로서 기판력과는 다른 이른바 참가적 효력이다.

② 사안의 경우 확정판결이 아닌 화해권고결정에 의한 경우에도 참가적 효력이 인정될 수 있는지 문제된다.

(2) 화해권고결정에 의한 경우 참가적 효력 인정 여부

① 보조참가인이 피참가인을 보조하여 공동으로 소송을 수행하였으나 피참가인이 소송에서 패소한 경우에는 형평의 원칙상 보조참가인이 피참가인에게 패소판결이 부당하다고 주장할 수 없도록 구속력을 미치게 하는 이른바 참가적 효력이 인정되지만, 전소확정판결의 참가적 효력은 전소확정판결의 결론의 기초가 된 사실상 및 법률상의 판단으로서 보조참가인이 피참가인과 공동이익으로 주장하거나 다툴 수 있었던 사항에 한하여 미친다. 이러한 법리에 비추어 보면 전소가 확정판결이 아닌 화해권고결정에 의하여 종료된 경우에는 확정판결에서와 같은 법원의 사실상 및 법률상의 판단이 이루어졌다고 할 수 없으므로 참가적 효력이 인정되지 아니한다.

② 사안의 경우 확정판결이 아닌 별다른 판단 없이 화해권고결정에 의해 종료된 경우로서 참가적 효력이 인정되지 않는바, 丙은 구상금청구의 후소에서 자신의 주채무가 존재하지 않는다고 다툴 수 있다.

---

609) 대판 2015.5.28, 2012다78184

☑ 사례(44) │ 보조참가

사실관계

甲은 2016.10.5. '乙이 甲으로부터 2015.10.1. 1,000만원을 변제기한은 같은 달 31.로 정하여 차용하고(이하 제1차용이라고 함), 2016.7.1. 2,000만원을 변제기한은 같은 달 31.로 정하여 차용하였으며(이하 제2차용이라고 함), 丙은 乙의 甲에 대한 제1, 제2차용금반환채무에 대한 보증(이하 제1차용금반환채무에 대한 보증을 제1보증, 제2차용금반환채무에 대한 보증을 제2보증이라고 함)을 하였다'라고 주장하면서 丙을 상대로 합계 3,000만원의 보증채무 이행을 청구하는 소를 제기하였다. 제1심 소송계속 중 乙은 丙을 피참가인으로 하는 민사소송법 제71조의 보조참가를 하였다(보조참가의 요건은 갖추어진 것으로 본다).

문제

※ 아래 각 설문에 대한 결론과 근거를 설명하시오. 각 설문은 상호 무관한 것임을 전제로 한다.

(1) 제1심 소송의 변론기일에 丙은 제1, 제2차용사실과 제1보증사실은 인정한다고 진술하였지만 제2보증사실의 진위에 대하여는 아무런 언급을 하지 않았고 "乙이 甲에게 제1차용금을 반환하였다"라고 진술하였다. 이에 甲은 "乙이 甲에게 제1차용금을 반환한 사실이 없다"고 진술하였다. 한편 乙은 "제1차용사실과 제2보증사실을 부인한다"고 진술하였다. 증거조사 결과 제1심 법원은 제1, 제2차용사실과 제1보증사실, 그리고 乙의 제1차용금반환사실의 진위 여부에 대하여는 확신을 갖지 못했지만, 제2보증사실이 허위라는 점에 대하여는 확신을 가졌다. 제1심 법원은 어떠한 판결을 선고해야 하는가? (법원의 석명의무는 고려하지 말고, 제1보증채무와 제2보증채무의 이행청구로 나누어 기술하시오.) [20점]

(2) 乙은 위 보조참가 후 변호사 丁에게 乙을 위하여 제1심 소송수행을 할 수 있는 소송대리권을 수여하고 (상소제기에 관한 특별수권은 하지 않았다) 사망하였다. 그 후 제1심 법원은 변론을 종결하고 甲의 청구를 일부인용하는 판결을 선고하였다. 판결정본은 2017.1.2. 甲, 丙, 丁에게 송달되었다. 2017.1.31. 현재 丙은 항소를 할 수 있는가? [7점]

(3) 제1심 법원은 甲의 청구를 인용하는 판결을 선고하였고, 판결정본이 2017.1.2. 丙에게, 같은 달 20. 乙에게 각 송달되었다. 위 판결에 대하여 丙은 항소를 하지 않았고, 乙은 같은 달 21. 항소를 하였다. 乙의 항소는 적법한가? [8점]

■ 설문 (1)에 관하여

1. 결론

(1) 제1보증채무의 이행청구에 대한 결론

청구인용판결을 하여야 한다.

(2) 제2보증채무의 이행청구에 대한 결론

청구기각판결을 하여야 한다.

2. 근거

(1) 제1보증채무에 관한 甲의 청구에 대한 판단

1) 피참가인 丙의 재판상 자백의 성부

① 재판상 자백이란 변론 또는 변론준비기일에서 상대방 주장과 일치하고 자기에게 불리한 사실상의 진술이다.

② 사안의 경우 피참가인인 丙은 원고 甲 주장의 주요사실인 제1차용사실과 제1보증사실에 대해 인정함으로써 이에 대해 재판상 자백이 일응 성립한다.

2) 보조참가인 乙의 부인진술의 효력 여부

가) 보조참가인의 지위

① 참가인은 대리인이 아니고 자기의 이익을 옹호하기 위해 독자적인 권한으로써 소송에 관여하는 자이므로 독자성이 인정된다. 따라서 피참가인을 승소시키는데 필요한 일체의 소송행위를 할 수 있음이 원칙이다.

② 그러나 참가인은 당사자가 아니라 피참가인의 승소를 보조하기 위하여 참가하는 자이므로, 피참가인과의 관계에서 그 지위가 종속적이다.

나) 보조참가인이 할 수 있는 소송행위와 그 제한

① 참가인은 소송에 관하여 주장·항변·증거신청·상소의 제기, 그 밖의 모든 소송행위를 자기의 명의로 할 수 있고(제76조 제1항), 그 행위는 피참가인이 한 것과 동일한 효과가 발생한다. 제76조의 규정은 예시적 규정으로 참가인은 피참가인을 승소시키는데 필요한 일체의 소송행위를 할 수 있음이 원칙이다.

② 그러나 참가인은 종속적 지위를 갖기 때문에 ⅰ) 참가 당시 소송정도로 보아 피참가인도 할 수 없는 행위, ⅱ) 피참가인의 소송행위에 어긋나는 행위, ⅲ) 피참가인에게 불이익한 행위 등을 할 수 없다(제76조 제2항).

③ 판례도 피참가인이 상대방의 주장사실을 자백한 이상 보조참가인이 이를 다투었다고 하여도 민사소송법 제76조 제2항에 의하여 참가인의 주장은 그 효력이 없다고 하였다.

다) 사안의 경우

피참가인인 丙이 甲의 제1차용사실을 자백하였는데, 참가인 乙이 이를 부인하고 다투는 것은 피참가인 丙의 행위와 저촉되는 행위로서 허용되지 않고 효력이 없다.

3) 변제사실에 대한 증명책임(분배)

판례의 법률요건분류설에 따르면 항변사실은 피고가 증명책임을 지는 것인데, 사안의 경우 乙이 제1차용금을 반환하였다는 丙의 진술은 변제의 항변에 해당하고, 이에 대해 甲이 그러한 사실이 없다는 진술은 부인에 해당하는바, 丙이 권리멸각사실로서 변제사실인 항변사실을

CHAPTER 04 복잡한 소송형태 671

증명하여야 한다. 그런데 사안의 경우 법원은 이에 대한 심증을 형성하지 못하였으므로 증명책임에 따라 변제사실은 부존재하는 것으로 취급되어 丙이 패소의 불이익을 부담하여야 한다.

4) 사안의 경우

甲의 주장사실인 제1차용사실과 보증사실은 인정되며, 이에 대한 변제사실은 인정되지 않으므로 법원은 甲의 청구를 인용하는 판결을 하여야 한다.

(2) 제2보증채무에 관한 甲의 청구에 대한 판단

1) 문제점

피참가인 丙은 제2차용사실에 대해서는 자백하였으나, 제2보증사실에 대해서는 그 진위에 대해 아무런 언급을 하지 않았는바, 이로써 자백간주가 성립하는지, 이에 대한 참가인 乙의 부인진술은 그 효력에 영향을 미치는지가 문제이다.

2) 피참가인 丙의 자백간주의 성부

① 당사자가 변론에서 상대방이 주장하는 사실을 명백히 다투지 아니하고, 변론 전체의 취지로 보아 다툰 것으로 인정되지 않는 경우에는 자백한 것으로 본다(제150조 제1항).
② 사안의 경우 丙은 제2보증사실에 대해서는 그 진위에 대해 아무런 언급을 하지 않음으로써 명백히 다투지 않았으며, 변론 전체의 취지로 보아 다툰 것으로 인정될 만한 사정은 보이지 않으므로 제2보증사실에 대한 자백간주는 일응 성립하였다 할 것이다.

3) 보조참가인 乙의 부인진술의 효력 여부

판례는 "민사소송법 제76조 제2항이 규정하는 참가인의 소송행위가 피참가인의 소송행위에 어긋나는 경우라 함은 참가인의 소송행위가 피참가인의 행위와 명백히 적극적으로 배치되는 경우를 말하고 소극적으로만 피참가인의 행위와 불일치하는 때에는 이에 해당하지 않는 것인바, 피참가인인 피고가 원고가 주장하는 사실을 명백히 다투지 아니하여 민사소송법 제150조에 의하여 그 사실을 자백한 것으로 보게 될 경우라도 참가인이 보조참가를 신청하면서 그 사실에 대하여 다투는 것은 피참가인의 행위와 명백히 적극적으로 배치되는 경우라 할 수 없어 그 소송행위의 효력이 있다."고 하였다.[610]

4) 사안의 경우

사안의 경우 피참가인인 丙은 제2차용사실에 대해 인정함으로써 이에 대한 재판상 자백은 성립하였다. 다만 제2보증사실에 대해서는 아무런 언급을 하지 않았으므로 자백간주로 인정될 수 있는 경우인데, 이에 대해 참가인 乙이 제2보증사실에 대해 부인하였고 이는 유효한바, 이로써 丙의 자백간주의 효력은 배제된다. 나아가 법원은 제2보증사실이 허위라는 점에 확신을 가졌으므로 결국 원고 甲의 주장사실은 인정되지 않는다 할 것이다. 따라서 법원은 甲의 청구를 기각하는 판결을 하여야 한다.

---

610) 대판 2007.11.29, 2007다53310

II 설문 (2)에 관하여

1. 결론

항소할 수 없다.

2. 근거

(1) 소송절차의 중단 여부

1) 당사자 사망

당사자가 소송계속 중 사망한 경우 소송절차는 중단되는데, 다만 소송대리인이 존재한다면 중단되지 않는다(제233조, 제238조). 문제는 소송의 당사자 아닌 보조참가인이 사망한 경우에도 소송절차는 중단되는지 여부이다.

2) 보조참가인의 사망이 중단사유에 해당하는지 여부

판례는 보조참가인은 피참가인인 당사자의 승소를 위한 보조자일 뿐 자신이 당사자가 되는 것이 아니므로, 소송계속 중 보조참가인이 사망하더라도 본소의 소송절차는 중단되지 아니한다고 하였다.[611]

(2) 사안의 경우

사안의 경우 보조참가인 乙이 소송계속 중 사망한 경우라도 소송대리인의 유무와 상관없이 본소 소송절차는 중단되지 않으므로, 판결정본이 2017.1.2. 송달되었다 하더라도 상소기간은 진행되며, 2017.1.31.은 판결정본이 송달된 후 이미 2주가 도과된 경우이다. 따라서 丙은 2017.1.31. 현재 항소를 제기할 수 없다.

III 설문 (3)에 관하여

1. 결론

부적법하다.

2. 근거

(1) 보조참가인이 할 수 있는 소송행위와 그 제한

① 참가인은 소송에 관하여 주장·항변·증거신청·상소의 제기, 그 밖의 모든 소송행위를 자기의 명의로 할 수 있고(제76조 제1항), 그 행위는 피참가인이 한 것과 동일한 효과가 발생한다.

② 그러나 참가인은 종속적 지위를 갖기 때문에 i) 참가 당시 소송정도로 보아 피참가인도 할 수 없는 행위, ii) 피참가인의 소송행위에 어긋나는 행위, iii) 피참가인에게 불이익한 행위 등을 할 수 없다(제76조 제2항 등).

---

611) 대판 1995.8.25, 94다27373

(2) 보조참가인의 상소제기의 가부

판례는 피고 보조참가인은 참가할 때의 소송의 진행 정도에 따라 피참가인이 할 수 없는 소송 행위를 할 수 없으므로, 피고 보조참가인이 상고장을 제출한 경우에 피고 보조참가인에 대하여 판결정본이 송달된 때로부터 기산한다면 상고기간 내의 상고라 하더라도, 이미 피참가인인 피고에 대한 관계에 있어서 상고기간이 경과한 것이라면 피고 보조참가인의 상고 역시 상고기간 경과 후의 것이 되어 피고 보조참가인의 상고는 부적법하다고 하였다.[612]

(3) 사안의 경우

보조참가인인 乙에게 판결정본이 송달된 2017.1.20.로부터 항소기간을 기산한다면 乙이 항소를 제기한 2017.1.21.에는 아직 항소기간이 도과되지 않았지만, 피참가인인 丙과의 관계에서는 판결정본이 송달된 2017.1.2.로부터 기산하여 결국 2017.1.21.은 이미 항소기간이 경과한 상태이다. 따라서 乙의 항소는 항소기간 경과 후의 것으로 부적법하다.

---

612) 대판 2007.9.6, 2007다41966

사례(45) | 공동소송적 보조참가

사실관계

건축업자인 甲은 2011.2.경 친구인 丁으로부터 전원별장 신축공사를 공사대금 2억원, 공사기간 2011.2.15.부터 2011.5.15.까지로 정하여 도급받아 계약기간 내에 공사를 완공하여 2011.5.15. 건물을 인도하였다. 계약 당시 丁은 甲에게 공사 착수금으로 5,000만원을 지급한 후 나머지 공사대금 1억 5,000만원은 공사 완공 후에 지급하기로 하였는데, 甲이 공사 완공 후에도 공사잔대금을 지급받지 못하고 있던 중 甲에 대하여 확정판결에 기한 채권을 가지고 있던 戊가 위 채권을 집행채권으로 하여, 2011.9.15. 채무자를 甲, 제3채무자를 丁으로 하여 위 공사잔대금채권 모두에 대하여 압류 및 추심명령을 받았고, 丁을 상대로 추심금청구소송을 제기하였는데, 그 소송계속 중 甲은 원고 측 공동소송적 보조참가신청을 하였다.

문제

※ 아래 각 설문에 대한 결론과 근거를 설명하시오. 13점
  가. 이 경우 戊는 甲의 동의 없이 소를 취하할 수 있는가?
  나. 만일 戊의 추심금청구소송에 대한 패소판결이 난 후 판결이 확정되었다. 이에 甲이 재심의 소를 제기하였다면, 戊는 甲의 동의 없이 재심의 소를 취하할 수 있는가?

1. 결론

(1) 설문 가.의 결론

戊는 甲의 동의 없이 소를 취하할 수 있다.

(2) 설문 나.의 결론

戊는 甲의 동의 없이 재심의 소를 취하할 수 없다.

2. 근거

(1) 공동소송적 보조참가인의 지위

참가인은 소송물에 대하여 당사자적격이 없으므로 보조참가인으로서의 종속성을 완전히 벗어날 수는 없고, 다만 판결의 효력을 받는 사람이므로 그 독립성이 강화되어 있다. 따라서 참가인과 피참가인에 대하여 제67조 및 제69조를 준용한다(제78조).[613] 따라서 피참가인의 소송행

---

613) 공동소송적 보조참가는 보조참가의 하나의 태양이지만, 참가인의 종된 지위를 일정한 경우에 수정하여 그에게 필수적 공동소송인에 준하는 지위를 인정함으로써, 참가인의 이익을 보호하기 위해 인정된 참가제도이다. 이 점에 비추어 보면, 제3자가 보조참가를 신청하였더라도 공동소송적 보조참가의 요건을 갖춘 경우 필수적 공동소송인에 준하는 지위를 보장하는 것이 타당할 것이다. 따라서 공동소송적 보조참가

위는 모두의 이익을 위해서만 효력이 인정되고, 공동소송적 보조참가인에게 불리한 경우에는 효력이 없다.

(2) 피참가인의 소취하 가부

판례는 "공동소송적 보조참가는 그 성질상 필수적 공동소송 중에서는 이른바 유사필수적 공동소송에 준한다 할 것인데 유사필수적 공동소송의 경우에는 원고들 중 일부가 소를 취하하는 데 다른 공동소송인의 동의를 받을 필요가 없다. 또한 소취하는 판결이 확정될 때까지 할 수 있고 취하된 부분에 대해서는 소가 처음부터 계속되지 아니한 것으로 간주되며(제267조), 본안에 관한 종국판결이 선고된 경우에도 그 판결 역시 처음부터 존재하지 아니한 것으로 간주되므로, 이는 재판의 효력과는 직접적인 관련이 없는 소송행위로서 참가인에게 불이익이 된다고 할 것도 아니다. 따라서 피참가인이 참가인의 동의 없이 소를 취하하였다 하더라도 이는 유효하다." 고 하였다.[614]

(3) 피참가인의 재심의 소취하 가부

판례는 "재심의 소를 취하하는 것은 통상의 소를 취하하는 것과는 달리 확정된 종국판결에 대한 불복의 기회를 상실하게 하여 더 이상 확정판결의 효력을 배제할 수 없게 하는 행위이므로, 이는 재판의 효력과 직접적인 관련이 있는 소송행위로서 확정판결의 효력이 미치는 공동소송적 보조참가인에 대하여는 불리한 행위이다. 따라서 재심의 소에 공동소송적 보조참가인이 참가한 후에는 피참가인이 재심의 소를 취하하더라도 공동소송적 보조참가인의 동의가 없는 한 효력이 없다. 이는 재심의 소를 피참가인이 제기한 경우나 통상의 보조참가인이 제기한 경우에도 마찬가지이다. 특히 통상의 보조참가인이 재심의 소를 제기한 경우에는 피참가인이 통상의 보조참가인에 대한 관계에서 재심의 소를 취하할 권능이 있더라도 이를 통하여 공동소송적 보조참가인에게 불리한 영향을 미칠 수는 없으므로, 피참가인의 재심의 소취하로 재심의 소제기가 무효로 된다거나 부적법하게 된다고 볼 것도 아니다."라고 하였다.[615]

인지 여부는 당사자의 신청에 구애받지 않고 법원이 법령의 해석에 의하여 결정하여야 하는 것이고(대판 1962.5.17, 4294행상172), 이 경우 참가인의 선택권은 인정될 수 없게 될 것이다.

참가인은 판결의 효력을 받기에 필수적 공동소송인에 준하는 지위를 갖기 때문에, 법 제76조 제2항과 같은 것은 배제된다. 즉 참가인은 ① 피참가인과 저촉되는 행위를 할 수 있으며, ② 참가인이 상소제기하면 피참가인은 상소를 취하, 포기할 수 없다.

614) 대결 2013.3.28, 2012아43
615) 대판 2015.10.29, 2014다13044

PART · 01

사례(46) | 공동소송참가

사실관계

甲은 A은행의 주주로서 A은행의 대표이사였던 乙을 상대로 B철강회사에 대한 부실대출로 인하여 A은행이 손해를 입었음을 이유로 주주대표소송(상법 제403조)을 제기하였다. 제1심 법원은 乙에 대하여 400억원의 지급을 명하는 판결을 선고하였고 乙은 항소하였다. 항소심 계속 중 A은행은 공동소송참가를 하였고, 乙은 A은행의 공동소송참가에 대하여, "공동소송참가는 소송의 목적이 당사자의 일방과 제3자 사이에 합일확정될 경우에 그 제3자가 계속 중인 소송에 공동소송인으로 참가하는 것이므로 별소제기의 성질을 갖고, 따라서 공동소송참가인은 자기 자신이 소를 제기할 수 있는 당사자적격을 갖추어야 하는데, 제3자 소송담당인 주주대표소송에서 기판력이 미치는 회사가 주주대표소송에 공동소송참가를 할 경우 중복제소에 해당하므로, 주주대표소송에서 회사의 공동소송참가는 허용되지 아니하며 오로지 공동소송적 보조참가만이 허용될 뿐이다"라고 본안 전 항변을 하였다.

문제

乙의 주장의 당부에 대한 결론과 이유를 간략히 기재하시오. [7점]

Ⅰ 결론

乙의 주장은 부당하다.

Ⅱ 이유

판례는 "주주의 대표소송에 있어서 원고 주주가 원고로서 제대로 소송수행을 하지 못하거나 혹은 상대방이 된 이사와 결탁함으로써 회사의 권리보호에 미흡하여 회사의 이익이 침해될 염려가 있는 경우 그 판결의 효력을 받는 권리귀속주체인 회사가 이를 막거나 자신의 권리 보호를 위해 소송수행권한을 가진 정당한 당사자로서 그 소송에 참가할 필요가 있으며, ① 회사가 대표소송에 당사자로서 참가하는 경우 소송경제가 도모될 뿐만 아니라 판결의 모순·저촉을 유발할 가능성도 없다는 점과, ② 상법 제404조 제1항에서 특별히 참가에 관한 규정을 두어 주주의 대표소송의 특성을 살려 회사의 권익을 보호하려 한 입법 취지를 함께 고려할 때, 상법 제404조 제1항에서 규정하고 있는 회사의 참가는 공동소송참가를 의미하는 것으로 해석함이 타당하고, 나아가 이러한 해석이 중복 소의 제기를 금지하고 있는 민사소송법 제259조에 반하는 것도 아니다."라고 판시하여 공동소송참가를 인정하는 입장이다.[616)]

---

616) 대판 2002.3.15, 2000다9086

✅ 사례(47) | 공동소송참가

사실관계

甲은 채무자 A 주식회사에 대하여 대출금채권을 가지고 있고, 채무자 A는 제3채무자인 B에 대하여 주식매매대금반환채권을 가지고 있다고 주장하면서 채권자대위소송을 제기하여, 甲에게 B는 금 30억원을 지급할 것을 청구하였고 1심에서 승소하였으며 항소심 계속 중이다.

문제

참가인 乙은 채무자 A 주식회사에 대하여 구상금채권을 가지고 있고, 甲이 1심에서 승소하였으니, 자신도 별개의 소송 없이 권리를 인정받을 수 있게 해달라며, 乙에게 B는 금 20억원을 지급할 것을 구하는 공동소송참가신청을 하였고, 채무자에게 소송고지 등의 방법으로 이를 알렸다. 참가인 乙의 공동소송참가는 적법한가?[617] [20점]

---

1. 결론

乙의 공동소송참가는 적법하다.

2. 근거[618]

(I) 공동소송참가의 의의

공동소송참가란 소송계속 중 소송목적이 한 쪽 당사자와 제3자에게 합일적으로 확정되어야 할 경우(판결의 효력을 받는 경우) 그 제3자가 원고 또는 피고의 공동소송인으로 소송에 참가하는 것을 말한다(제83조).

---

617) 대판 2015.7.23, 2013다30301・30325 판례사안을 축약하면 다음과 같다. "아남인스트루먼트는 회사 대주주인 김 회장 등으로부터 자사주 100만 여주를 95억원에 매수했다. 회사의 채권자인 한국외환은행은 김 회장 등의 거래는 상법이 금지한 회사의 자기주식 취득이어서 무효라며 회사를 대위해 김 회장 등을 상대로 매매대금을 반환하라는 소송을 냈다. 한국외환은행이 1심에서 일부승소하자 또 다른 채권자인 신용보증기금은 아남인스트루먼트의 채권자인 한국외환은행이 1심에서 승소해 대위권에 대한 기판력이 생기는 경우이므로, 우리도 별개의 소송 없이 권리를 인정받을 수 있게 해달라며 항소심에서 공동소송참가를 신청했다. 하지만 항소심 재판부는 채무자가 아닌 채권자에게 직접 금원을 지급하라는 채권자대위소송은 채권자마다 청구취지가 서로 다르기 때문에 채권자 사이에 합일적 확정이 필요하다고 보기 어렵다며 각하했다."

618) 판례법리의 이해를 위해서 해설은 상세히 하였다. 실제 시험에서는 「① 의의 및 요건, ② 채권자대위소송의 법적 성질, ③ 합일적 확정 인정 여부」를 중심으로 답안구성하면 될 것이다.

(2) 공동소송참가의 요건

공동소송참가가 인정되기 위해서는 ① 타인 간의 소송계속 중에, ② 당사자적격이 있는 자로서, ③ 소송목적이 한쪽 당사자와 제3자에게 합일적으로 확정되어야 할 경우이어야 하고, ④ 일반적 소송요건을 구비하여야 한다. 사안의 경우에는 다음과 같은 점이 문제이다.

(3) 채권자대위소송의 법적 성질

법정소송담당설 ⇨ 당사자적격 인정

(4) 타인 간의 소송계속 중일 것

소송계속 중이라면 상급심에서도 참가할 수 있다. 다만 공동소송참가는 신소제기의 실질을 가지므로 판례는 항소심에서는 참가할 수 있으나 상고심에서는 할 수 없다는 입장이다.[619]

(5) 소송목적이 합일적으로 확정되어야 할 것

1) 의미

① 소송목적이 한쪽 당사자와 제3자에게 합일적으로 확정되어야 할 경우이어야 한다. 여기서 「합일적으로 확정될 경우」라 함은 법원이 판결의 효력에 의한 분쟁해결을 위해서 모순된 판단을 해서는 안 된다는 법률상의 요청을 말한다. 이 요청에 의하여 소송법적으로 소송공동의 강제 효과가 생긴다. 따라서 유사필수적 공동소송이 될 경우는 물론 고유필수적 공동소송이 될 경우에도 포함된다고 본다.[620] 그리하여 참가 뒤에는 소송공동의 강제로 유사필수적 공동소송 내지는 고유필수적 공동소송이 된다.

② 채권자대위소송이 계속 중인 상황에서 다른 채권자가 동일한 채무자를 대위하여 채권자대위권을 행사하면서 공동소송참가신청을 할 경우, 양 청구의 소송물이 동일하다면 민사소송법 제83조 제1항이 요구하는 '소송목적이 한쪽 당사자와 제3자에게 합일적으로 확정되어야 할 경우'에 해당하므로 그 참가신청은 적법하다. 이는 결국 기판력 등의 판결의 효력이 미칠 가능성이 있는 경우 합일적 확정이 필요하다는 의미이다.

2) 공동대위채권자 상호간 기판력이 미치는지 여부

가) 채권자대위소송의 판결의 효력이 다른 채권자에게 미치는지 여부

① 판례는 어떠한 사유로든 채무자가 채권자대위소송이 제기된 사실을 알았을 경우에 한하여 그 판결의 효력이 채무자에게 미치므로, 이러한 경우에는 그 후 다른 채권자가 동일한 소송물에 대하여 채권자대위권에 기한 소를 제기하면 전소의 기판력을 받게 된다고 하였다.[621]

---

619) 대판 1961.5.4, 4292민상853

620) 고유필수적 공동소송인 중 일부가 누락한 경우 각하해야 함을 이유로 부정하는 견해도 있으나, 이 경우에도 소송경제·재판의 통일 등을 고려하여 허용하자는 견해가 일반적이다.

621) 대판 1994.8.12, 93다52808

② 결국 채무자가 채권자대위소송의 제기 사실을 아는 경우,[622] 어떤 채권자의 제3채무자에 대한 채권자대위소송의 기판력이 채무자에게 미치고 그 채무자에 대한 다른 대위채권자들에게도 기판력이 미치게 된다.

나) 기판력의 객관적 범위와 작용 – 소송물 동일 여부

판례는 ① 채권자대위소송이 계속 중인 상황에서 다른 채권자가 동일한 채무자를 대위하여 채권자대위권을 행사하면서 공동소송참가신청을 할 경우, 양 청구의 소송물이 동일하다면 민사소송법 제83조 제1항이 요구하는 '소송목적이 한 쪽 당사자와 제3자에게 합일적으로 확정되어야 할 경우'에 해당하므로 그 참가신청은 적법하다. 이때 양 청구의 소송물이 동일한지는 채권자들이 각기 대위행사하는 피대위채권이 동일한지에 따라 결정되고, 채권자들이 각기 자신을 이행 상대방으로 하여 금전의 지급을 청구하였더라도 채권자들이 채무자를 대위하여 변제를 수령하게 될 뿐 자신의 채권에 대한 변제로서 수령하게 되는 것이 아니므로 이러한 채권자들의 청구는 서로 소송물이 다르다고 할 수 없다고 하였다. ② 여기서 원고가 일부 청구임을 명시하여 피대위채권의 일부만을 청구한 것으로 볼 수 있는 경우에는 참가인의 청구금액이 원고의 청구금액을 초과하지 아니하는 한 참가인의 청구가 원고의 청구와 소송물이 동일하여 중복된다고 할 수 있으므로 소송목적이 원고와 참가인에게 합일적으로 확정되어야 할 필요성을 인정할 수 있어 참가인의 공동소송참가신청을 적법한 것으로 보아야 한다고 하였다.[623]

(6) 일반적 소송요건을 구비할 것

1) 문제점

채권자의 대위소송의 계속 중에 제기된 다른 채권자의 공동소송참가가 중복제소에 해당하는지 여부가 문제이다.

2) 중복제소 해당 여부

① 판례는 채권자대위소송이 이미 법원에 계속 중에 있을 때 같은 채무자의 다른 채권자가 동일한 소송물에 대하여 채권자대위권에 기한 소를 제기한 경우 시간적으로 나중에 계속하게 된 소송은 중복제소금지의 원칙에 위배하여 제기된 부적법한 소송이 된다고 하였다. 채무자가 그 대위소송을 알았느냐의 여부와 관계없이 중복된 소제기 금지의 원칙에 해당하여 각하를 면치 못한다는 입장이다.[624]

② 그러나 채권자대위소송에 관한 판례는 아니지만, 제3자 소송담당으로서 병행형에 해당하는 회사대표소송에서 회사가 참가하는 경우 소송경제가 도모될 뿐만 아니라 판결의 모순·저촉을 유발할 가능성도 없고, 회사의 참가는 공동소송참가에 해당하는 것으로서, 중복제소를 금지하고 있는 민사소송법 제259조에 반하는 것도 아니라고 하였다.[625]

---

622) 소송고지가 채무자에게 알려지는 시기는 공동소송참가소송의 변론종결 시까지라면 족할 것이다.

623) 대판 2015.7.23, 2013다30301·30325

624) 대판 1994.2.8, 93다53092

625) 대판 2002.3.15, 2000다9086

③ 사안의 대상판결도 중복제소에 관한 명시적 입장은 밝히지 않았으나, 일반적 소송요건을 구비하였음을 전제로, 즉 중복제소에 해당하지 않음을 전제로 공동소송참가신청의 적법성을 인정한 것으로 보인다.

(7) 사안의 경우

사안의 경우 ① 甲이 받은 기판력은 주관적 범위에서 乙에게도 미치는 관계이고, 甲과 乙의 청구의 소송물은 동일하므로 합일적 확정이 필요한 경우에 해당한다. 또한 ② 항소심에서도 공동소송참가는 가능하고, ③ 乙의 공동소송참가가 중복제소에 해당한다고 볼 수는 없다. 따라서 乙의 공동소송참가는 적법하다.[626]

---

626) 따라서 상고심은 원심판결 중 참가인의 공동소송참가신청 각하 부분을 파기하여야 할 것이나, 참가인의 공동소송참가신청이 적법할 경우 원고의 청구와 참가인의 청구는 합일적으로 확정될 필요가 있으므로 원심판결 전부를 파기하여야 한다. 그러므로 피고들의 상고이유에 대한 판단을 생략한 채 원심판결을 파기하고, 사건을 다시 심리·판단하게 하기 위하여 원심법원에 환송하기로 하여 관여 대법관의 일치된 의견으로 주문과 같이 판결하였다.

☑ 사례(48) | 독립당사자참가

사실관계

甲은 乙에 대하여 甲의 피상속인인 A가 乙의 피상속인인 B로부터 토지를 매수하였음을 원인으로 그 소유권이전등기절차의 이행을 구하는 본소를 제기하였다. 이 소송 진행 중 丙이 甲의 주장과는 달리 자신이 B로부터 매수하였는데, 편의상 A의 이름을 사용하였을 뿐이고 매매대금 역시 자신이 지급하였다고 주장하면서, 甲에 대하여는 "A와 B 사이에 체결된 매매계약에 있어서 매수인으로서의 권리는 자신에게 있으므로 甲의 소유권이전등기청구권은 존재하지 아니한다."는 확인판결을 구하고, 乙에 대해서는 "매매를 원인으로 한 소유권이전등기절차의 이행"을 구하는 취지의 독립당사자참가신청을 하였다.

문제

1. 丙의 독립당사자참가신청은 적법한가? [20점]
2. 만약 위 소송에서 甲이 승소하고 乙과 丙이 패소하였는데 丙만이 항소한 경우, 항소심에서 심리한 결과 1심과 달리 丙과 B 사이에 이 사건 토지에 대한 유효한 계약이 체결된 것으로 판명되었다면 항소심은 어떤 판결을 하여야 하는가? [10점]

▌ 설문 1.에 관하여

1. 결론

丙의 독립당사자참가신청은 적법하다.

2. 근거

(1) 독립당사자참가의 의의 및 요건

① 독립당사자참가 중 권리주장참가는 타인 간의 소송계속 중에 소송목적의 전부나 일부가 자기의 권리라고 주장하는 제3자가 당사자의 양쪽 또는 한쪽을 상대방으로 하여 당사자로서 소송에 참가하는 것이다(제79조).

② 적법한 독립당사자참가가 되기 위해서는 참가요건과 일반적 소송요건을 구비하여야 하는데, 참가요건으로는 ⅰ) 타인 간의 소송이 계속 중일 것, ⅱ) 참가이유가 있을 것, ⅲ) 참가취지, 즉 참가인이 원·피고 일방 또는 쌍방에 대하여 각기 자기의 청구를 할 것, ⅳ) 소의 병합요건을 갖출 것이 요구된다.

③ 사안에서는 甲과 乙의 소송계속 중이며 소의 병합요건은 문제가 없으므로 ⅱ)와 ⅲ)의 요건에 대하여 살펴본다.

(2) 丙의 참가이유 구비 여부

1) 권리주장참가의 의의

제3자가 "소송목적의 전부나 일부가 자기의 권리라고 주장"하면서 당사자로 소송에 참가하여 세 당사자 사이에 서로 대립하는 권리 또는 법률관계를 하나의 판결로 서로 모순 없이 일시에 해결하려는 것이다.

2) 참가이유 구비 여부의 판단기준

① 판례는 권리주장참가의 참가이유를 판단할 때 본소청구와 참가인의 청구가 주장 자체에서 양립하지 않는 관계에 있으면 족하며, 본안심리 결과 양 청구가 실제로 양립되면 참가인의 청구를 기각하면 된다고 한다.[627]

② 나아가 판례는 매매의 사실이 한 개일 때(단일매매), 채권적 권리라도 서로 권리의 주체라고 주장하는 경우 어느 한쪽의 권리가 인정되면 다른 쪽은 권리가 인정될 수 없어 양립할 수 없는 관계가 되므로, 이러한 경우에는 독립당사자참가가 적법하다고 하였다.[628]

3) 사안의 경우

사안의 경우 이중매매에서와는 달리 매매계약체결 사실은 한 번밖에 없었고, 甲과 丙이 서로 매수인의 지위에 있다고 주장하는 것이므로, 참가인이 주장하는 권리가 채권적 권리이더라도 주장 자체로 원고가 주장하는 권리와 양립불가능한 관계에 있으므로, 丙은 참가이유를 구비한 것이 된다.

(3) 丙의 참가취지가 적법한지 여부

1) 쌍면참가의 문제

독립당사자참가인은 참가취지에서 원고·피고 쌍방 또는 일방에 대하여 자기의 청구를 하는 형태로 독립당사자참가를 할 수 있으나, 사안에서 丙이 甲에 대하여 乙에 대한 甲의 소유권이전등기청구권 부존재확인의 소를 제기한 것이 확인의 이익을 갖춘 것인지가 문제된다.

2) 확인의 이익 유무

① 판례는 확인의 소에서 법률관계의 확인을 구할 이익이 있다고 하기 위하여는 원고의 권리 또는 법적 지위에 현존하는 위험·불안이 있어 그 법률관계를 확인판결에 의해 즉시 확정할 필요가 있고 그것이 가장 유효적절한 수단이 되어야 한다. 따라서 독립당사자참가인의 권리 또는 법률상 지위가 원고로부터 부인당하거나 또는 그와 저촉되는 주장을 당함으로써 위협을 받거나 방해를 받는 경우에는 독립당사자참가인은 원고를 상대로 자기의 권리 또는 법률관계의 확인을 구하여야 하며, 그렇지 않고 원고가 자신의 주장과 양립할 수 없는 제3자에 대한 권리 또는 법률관계를 주장한다고 하여 원고에 대하여 원고의 그 제3자에 대한 권리 또는 법률관계가 부존재한다는 확인을 구하는 것은, 설령 그 확인의 소에서

627) 대판 1992.12.8, 92다26772
628) 대판 1988.3.8, 86다148~150 · 86다카762~764

독립당사자참가인이 승소판결을 받는다고 하더라도 그로 인하여 원고에 대한 관계에서 자기의 권리가 확정되는 것도 아니고 판결의 효력이 제3자에게 미치는 것도 아니라는 점에서 확인의 이익이 있다고 할 수 없다고 하였다.[629]

② 사안에서는 丙은 자신의 소유권이전등기청구권존재확인을 구한 것이 아니라, 甲의 매수인으로서 등기청구권부존재확인만을 구한 것이므로, 확인의 이익이 없다고 봄이 타당하다. 결국 丙의 소극적 확인의 소가 확인의 이익이 없어 부적법하다면 丙의 독립당사자참가는 편면참가가 된다.

3) 편면참가의 적법 여부

① 종래 판례는 3자간의 완벽한 대립·견제의 관계가 성립되는 경우에만 독립당사자참가를 허용하고 있었다. ② 그러나 개정 민사소송법 제79조 제1항은 독립당사자참가제도의 탄력적 운용을 위하여 "소송목적의 전부나 일부가 자기의 권리라고 주장하거나, 소송결과에 따라 권리가 침해된다고 주장하는 제3자는 당사자의 양쪽 또는 한쪽을 상대방으로 하여 당사자로서 소송에 참가할 수 있다"라고 규정하여, 편면참가를 명문으로 허용하였다.

⑷ 사안의 경우

丙은 소유권이전등기청구권이라는 채권적 청구권에 기초하여 참가신청을 하였지만, 참가인의 주장 자체로도 丙이 매수인으로 인정되면 甲의 매수인 자격은 부정되는 양립불가능한 관계에 있어 참가이유를 구비하였고, 甲의 乙에 대한 소유권이전등기청구권 부존재확인의 소는 확인의 이익이 없어 부적법하다 하더라도 개정법에 의하면 편면참가도 허용하는바, 참가취지도 적법하다. 따라서 丙의 독립당사자참가신청은 적법하다.

▌▌ 설문 2.에 관하여

1. 결론

항소심은 제1심 판결을 취소하고, 乙은 참가인 丙에게 소유권이전등기절차를 이행하라는 판결을 하여야 한다.

2. 논거

⑴ 丙의 항소와 이심의 범위

판례는 "독립당사자참가인의 청구와 원고의 청구가 모두 기각되고 원고만이 항소한 경우에 제1심 판결 전체의 확정이 차단되고 사건 전부에 관하여 이심의 효력이 생기는 것이라고 할 것이다"하여 전부 이심된다는 입장이다.[630]

---

629) 대판 2014.11.13, 2009다71312

630) 대판 1991.3.22, 90다19329·19336

(2) 乙의 항소심에서의 지위

판례는 "독립당사자참가인의 청구와 원고의 청구가 모두 기각되고 원고만이 항소한 경우에 제1심 판결 전체의 확정이 차단되고 사건 전부에 관하여 이심의 효력이 생기는 것이므로 독립당사자참가인도 항소심에서의 당사자라고 할 것이다"라고 판시하여 단순한 상소심당사자라고 본다.[631]

(3) 항소심의 심판범위

① 상소심에서의 불이익변경금지의 원칙을 독립당사자참가소송에서의 합일확정의 요청과 어떻게 조화시킬 것인지가 문제되는데, 통설은 합일확정의 필요성을 강조하는 나머지 독립당사자참가의 상소에는 불이익변경금지의 원칙의 적용이 배제된다고 보고, 상소를 한 당사자에 관한 판결과 합일확정을 위하여 필요한 한도에서 상소를 하지 아니한 패소자에게 유리하게 원심판결을 변경할 수 있다고 해석하고 있다. 판례도 기본적으로 마찬가지의 입장이다.

② 즉 판례는 "항소심의 심판대상은 실제 항소를 제기한 자의 항소 취지에 나타난 불복범위에 한정하되 위 세 당사자 사이의 결론의 합일확정의 필요성을 고려하여 그 심판의 범위를 판단하여야 하고, 이에 따라 항소심에서 심리·판단을 거쳐 결론을 내림에 있어 위 세 당사자 사이의 결론의 합일확정을 위하여 필요한 경우에는 그 한도 내에서 항소 또는 부대항소를 제기한 바 없는 당사자에게 결과적으로 제1심 판결보다 유리한 내용으로 판결이 변경되는 것도 배제할 수는 없다."고 하였다.[632]

---

631) 대판 1981.12.8, 80다577
632) 대판 2007.10.26, 2006다86573 · 86580

✅ 사례(49) │ 채권자취소소송과 독립당사자참가

사실관계

양계장을 하는 甲은 2010.4.30.까지 전국 단위의 삼계탕 전문음식점을 경영하는 乙과 닭 공급계약을 체결하고 제때에 공급하였는데, 아직 지급받지 못한 대금과 지연손해금 합계가 1억원에 이르렀다. 乙은 사업부진으로 甲에게 변제를 못하게 되자 2010.6.2. 유일한 재산인 그 소유의 5억 상당의 X 토지를 동생인 丙에게 증여하였다(아래 각 설문은 독립적임).

문제

(1) 丙은 자신의 명의로 소유권이전등기를 마친 후 위 사실을 모르는 丁에게 저당권설정등기를 경료해 주었다. 그 후 甲은 丙을 상대로 사해행위의 취소 및 원상회복으로서 乙에게로의 진정명의회복을 원인으로 한 소유권이전등기를 청구하여 승소판결이 확정되었다. 그런데 甲이 위 확정판결에 따른 소유권이전등기를 지체하던 중 사해행위 이전에 이미 X 토지에 있었던 A의 저당권이 실행되어 제3자에게 매각됨으로써 乙에게로의 소유권이전등기가 불가능해지자, 甲은 다시 丙을 상대로 가액배상을 구하는 소를 제기하였다. 법원은 어떤 판단을 하여야 하는가? 15점

(2) 丙은 乙을 상대로 증여를 원인으로 한 X 토지의 소유권이전등기절차의 이행을 구하는 소를 제기하였다. 이에 甲은 乙과 丙의 증여계약은 자신의 권리를 해할 목적으로 이루어진 것이라고 주장하면서 丙에 대하여 사해행위취소를 청구하면서 독립당사자참가신청을 하였다. 甲의 참가신청은 적법한가? 15점

▌ 설문 (1)에 관하여

1. 결론

소각하판결을 하여야 한다.

2. 논거

(1) 기판력의 의의 및 근거

(2) 기판력 발생 여부

원물반환이 불가능하거나 현저히 곤란한 경우 원상회복의 방법으로서 가액배상을 구하여야 하지만, 그렇다고 하여 채권자 스스로 위험이나 불이익을 감수하면서 원물반환을 구하는 것까지 허용되지 않는 것이라 볼 것은 아니다. 따라서 채권자는 가액배상 대신 수익자를 상대로 채무자 앞으로 직접 소유권이전등기절차를 이행할 것을 구할 수도 있고, 이에 대한 승소판결이 확정됨에 따라 기판력이 발생한다.

(3) 기판력의 작용 여부

　1) 주관적 범위

　　사안의 경우 동일 당사자이므로 전소판결의 기판력은 주관적 범위에서 작용한다.

　2) 객관적 범위와 작용

　　가) 객관적 범위

　　나) 작용국면

　　　① 채권자취소권은 제3자 소송담당에 해당하지 않으며, 자신의 실체법상 독자적인 고유한 권리를 행사하는 경우에 해당한다. 따라서 소송물은 민법 제406조에 기한 자신의 고유한 실체법상 권리(채권자취소권)이고, 원상회복방법으로서의 원물반환이나 가액배상은 공격방법에 해당한다. 따라서 전소의 원물반환의 청구와 후소의 가액배상의 청구는 그 소송물이 甲의 채권자취소권으로 동일하므로 전소판결의 기판력은 동일관계로서 작용한다.

　　　② 판례도 "원상회복청구권은 사실심 변론종결 당시의 채권자의 선택에 따라 원물반환과 가액배상 중 어느 하나로 확정되며, 채권자가 일단 사해행위 취소 및 원상회복으로서 원물반환 청구를 하여 승소 판결이 확정되었다면, 그 후 어떠한 사유로 원물반환의 목적을 달성할 수 없게 되었다고 하더라도 다시 원상회복청구권을 행사하여 가액배상을 청구할 수는 없으므로 그 청구는 권리보호의 이익이 없어 허용되지 않는다."고 하였다.[633]

　3) 시적 범위

　　사안의 경우 甲은 원물반환 대신 가액배상을 구할 수도 있었으므로 시적 범위에서 차단된다.

(4) 법원의 조치

(5) 설문 (1)의 해결

▌Ⅱ▐ 설문 (2)에 관하여

1. 결론

　부적법하다.

---

[633] 대판 2006.12.7, 2004다54978. 이러한 판례는 기판력에 저촉되어 권리보호의 이익이 없다는 것으로 해석된다. 원심법원이 권리보호의 이익이 없어 부적법하다는 이유로 각하한 것은 사해행위 취소 및 기판력에 관한 법리오해의 위법이 없다고 한 대법원의 판단이유를 보더라도 그러하다.

2. 근거

(1) 독립당사자참가의 의의 및 적법요건

1) 의의

독립당사자참가란 타인 간 소송의 계속 중 제3자가 원·피고 양쪽(쌍면참가) 또는 한쪽(편면참가)을 상대방으로 하여 소송목적의 전부나 일부가 자기의 권리라고 주장하거나(권리주장참가), 소송결과에 따라 권리가 침해된다고 주장하면서(사해방지참가) 당사자로서 그 소송절차에 참가하는 것을 말한다(제79조).

2) 요건

① 적법한 독립당사자참가가 되기 위해서는 참가요건과 일반적 소송요건을 구비하여야 하는데, 참가요건으로는 i) 타인 간의 소송이 계속 중일 것, ii) 참가이유가 있을 것, iii) 참가취지, 즉 참가인이 원·피고 일방 또는 쌍방에 대하여 각기 자기의 청구를 할 것, iv) 소의 병합요건을 갖출 것이 요구된다.

② 사안의 경우에는 i) 참가이유로서 사행방지참가가 인정되는지 여부와 ii) 참가취지로서 편면참가가 적법한지 여부가 문제이다.[634]

(2) 참가취지가 적법한지 여부

쌍면참가와 편면참가 모두를 허용하고 있으므로, 甲은 丙 한쪽만을 상대로 참가할 수도 있다.

(3) 사해방지참가의 참가이유 구비 여부

1) 의의

제3자가 "소송결과에 따라 권리가 침해된다고 주장"하는 경우의 참가이다. 권리주장참가와 달리, 참가인의 청구와 원고의 청구가 논리상 양립할 수 있는 관계에 있다고 할지라도 무방하다.

2) 권리침해의 의미

판례는 민사소송법 제79조 제1항 후단의 사해방지참가는 본소의 원고와 피고가 당해 소송을 통하여 참가인을 해할 의사를 갖고 있다고 객관적으로 인정되고 그 소송의 결과 참가인의 권리 또는 법률상 지위가 침해될 우려가 있다고 인정되는 경우에 허용될 수 있다는 입장이다.[635]

3) 권리침해의 인정 여부

판례는 ① 채권자가 사해행위의 취소와 함께 수익자 또는 전득자로부터 책임재산의 회복을 명하는 사해행위취소의 판결을 받은 경우 그 취소의 효과는 채권자와 수익자 또는 전득자 사

---

[634] 일반적 소송요건으로서 ① 피고적격(수익자인 丁), ② 청구적격(丙과 丁 사이의 증여계약)의 문제는 없다는 점도 고려해 보아야 한다.

[635] 대판 1990. 4. 27, 88다카25274 · 25281

이에만 미치므로, 수익자 또는 전득자가 채권자에 대하여 사해행위의 취소로 인한 원상회복 의무를 부담하게 될 뿐, 채권자와 채무자 사이에서 그 취소로 인한 법률관계가 형성되거나 취소의 효력이 소급하여 채무자의 책임재산으로 복구되는 것은 아니다. ② 이러한 사해행위취소의 상대적 효력에 의하면, 원고의 피고에 대한 청구의 원인행위가 사해행위라는 이유로 원고에 대하여 사해행위취소를 청구하면서 독립당사자참가신청을 하는 경우, 독립당사자참가인의 청구가 그대로 받아들여진다 하더라도 원고와 피고 사이의 법률관계에는 아무런 영향이 없고, 따라서 그러한 참가신청은 사해방지참가의 목적을 달성할 수 없으므로 부적법하다고 하였다.[636)]

⑷ 사안의 경우

---

636) 대판 2014.6.12, 2012다47548 · 47555

사례(50) | 독립당사자참가의 적법성

사실관계

의류판매업을 하는 乙은 사업을 하면서 甲에게 3회에 걸쳐 총 합계 3억원 이상의 채무를 부담하게 되는 등으로 채무초과 상태에 이르게 되었다. 이후 乙은 그 소유의 유일한 재산인 X 토지(시가 5억원)에 대하여 丙과 매매계약을 체결하였다.

문제

丙은 乙을 상대로 매매계약을 원인으로 한 X 토지의 소유권이전등기절차의 이행을 구하는 소를 제기하였다. 다음과 같은 취지로 독립당사자참가신청을 하는 것은 적법한가? ⌊30점⌋

가. 이와 같은 소식을 들은 甲은 자신의 채권을 완전하게 만족시킬 수 없다고 생각하고 이러한 사실을 알고 있는 丙과 乙의 위 소송에 다음과 같이 참가하려고 한다.

　1) 丙을 상대로 사해행위를 원인으로 하여 "X토지에 관하여 乙과 丙이 체결한 매매계약을 취소한다."는 취지의 독립당사자참가신청

　2) 丙과 乙을 상대로 통정허위표시를 원인으로 하여 "X토지에 관하여 乙과 丙이 체결한 매매계약이 무효임을 확인한다."는 취지의 독립당사자참가신청

나. 만일 이 소송 진행 중 A가 丙의 주장과는 달리 자신이 乙로부터 매수하였는데, 편의상 丙의 이름을 사용하였을 뿐이고 매매대금 역시 자신이 지급하였다고 주장하면서, 丙에 대하여는 "丙과 乙 사이에 체결된 매매계약에 있어서 매수인으로서의 권리는 자신에게 있으므로 丙의 소유권이전등기청구권은 존재하지 아니한다."는 확인판결을 구하고, 乙에 대해서는 "매매를 원인으로 한 소유권이전등기절차의 이행"을 구하는 취지의 독립당사자참가신청

1. 결론

(1) 설문 가.의 1)의 결론

乙과 丙 사이의 매매계약을 취소한다는 취지의 독립당사자참가신청은 부적법하다.

(2) 설문 가.의 2)의 결론

乙과 丙 사이의 매매계약의 무효확인을 구하는 취지의 독립당사자참가신청은 적법하다.

(3) 설문 나.의 결론

A의 독립당사자참가신청은 적법하다.

2. 근거

(1) 독립당사자참가의 의의 및 요건

1) 의의

독립당사자참가란 타인 간 소송의 계속 중 제3자가 원·피고 양쪽(쌍면참가) 또는 한쪽(편면참가)을 상대방으로 하여 소송목적의 전부나 일부가 자기의 권리라고 주장하거나(권리주장참가), 소송결과에 따라 권리가 침해된다고 주장하면서(사해방지참가) 당사자로서 그 소송절차에 참가하는 것을 말한다(제79조).

2) 요건

적법한 독립당사자참가가 되기 위해서는 참가요건과 일반적 소송요건을 구비하여야 하는데, 참가요건으로는 ① 타인 간의 소송이 계속 중일 것, ② 참가취지, 즉 참가인이 원·피고 일방 또는 쌍방에 대하여 각기 자기의 청구를 할 것, ③ 참가이유가 있을 것, ④ 소의 병합요건을 갖출 것이 요구된다.

(2) 참가취지

쌍면참가가 허용됨은 문제가 없으며, 편면참가와 관련해서도 제79조 제1항에서 명문으로 이를 허용하고 있다. 나아가 편면참가는 권리주장참가이거나 사해방지참가이거나 허용된다. 따라서 설문의 경우는 모두 참가취지가 문제될 것이 없다.

(3) 참가이유

1) 권리주장참가

제3자가 "소송목적의 전부나 일부가 자기의 권리라고 주장"하면서 당사자로 소송에 참가하여 세 당사자 사이에 서로 대립하는 권리 또는 법률관계를 하나의 판결로 서로 모순 없이 일시에 해결하려는 것이다. 참가인의 청구와 원고의 청구가 주장 자체로 양립할 수 없는 관계에 있어야 한다. 사안의 경우 甲은 소송목적의 전부 또는 일부가 자기의 권리라고 주장하는 것이 아니므로 사해방지참가의 요건이 문제이다.

2) 사해방지참가

① 제3자가 "소송결과에 따라 권리가 침해된다고 주장"하는 경우의 참가이다. 권리주장참가와 달리, 참가인의 청구와 원고의 청구가 양립할 수 있는 관계에 있다고 할지라도 무방하다.

② 권리침해의 의미에 대해서 판례는 민사소송법 제79조 제1항 후단의 사해방지참가는 본소의 원고와 피고가 당해 소송을 통하여 참가인을 해할 의사를 갖고 있다고 객관적으로 인정되고 그 소송의 결과 참가인의 권리 또는 법률상 지위가 침해될 우려가 있다고 인정되는 경우에 허용될 수 있다는 입장이다.

(4) 설문 가.의 1)의 해결[637][638]

1) 권리침해의 인정 여부

가) 사해행위취소의 상대적 효과

채권자가 사해행위의 취소와 함께 수익자 또는 전득자로부터 책임재산의 회복을 명하는 사해행위취소의 판결을 받은 경우 그 취소의 효과는 채권자와 수익자 또는 전득자 사이에만 미치므로, 수익자 또는 전득자가 채권자에 대하여 사해행위의 취소로 인한 원상회복의무를 부담하게 될 뿐, 채권자와 채무자 사이에서 그 취소로 인한 법률관계가 형성되거나 취소의 효력이 소급하여 채무자의 책임재산으로 복구되는 것은 아니다.

나) 판례의 태도

판례는 이러한 사해행위취소의 상대적 효력에 입각하여, 원고의 피고에 대한 청구의 원인행위가 사해행위라는 이유로 원고에 대하여 사해행위취소를 청구하면서 독립당사자참가신청을 하는 경우, 독립당사자참가인의 청구가 그대로 받아들여진다 하더라도 원고와 피고 사이의 법률관계에는 아무런 영향이 없고, 따라서 그러한 참가신청은 사해방지참가의 목적을 달성할 수 없으므로 부적법하다고 하였다.[639]

2) 사안의 경우

乙과 丙 사이의 매매계약을 취소한다는 취지의 독립당사자참가신청은 부적법하다.

(5) 설문 가.의 2)의 해결

1) 제3자의 확인의 소의 이익

① 확인의 소는 반드시 당사자 간의 법률관계에 한하지 아니하고, 당사자의 일방과 제3자 사이 또는 제3자 상호간의 법률관계도 그 대상이 될 수 있다. 그 법률관계의 확인이 확인의 이익이 있기 위하여는 그 법률관계에 따라 제소자의 권리 또는 법적지위에 현존하는 위험·불안이 야기되어야 하고, 그 위험·불안을 제거하기 위하여 그 법률관계를 확인의 대상으로 한 확인판결에 의하여 즉시 확정할 필요가 있으며 또한 그것이 가장 유효·적절한 수단이 되어야 한다.

② 판례도 자기의 권리 또는 법률상의 지위가 타인들 사이의 사해적 법률행위를 청구원인으로 한 사해소송의 결과로 인하여 침해를 받을 염려가 있는 경우에는 그 타인들을 상대로 하여 사해소송의 청구원인이 된 법률행위에 대하여 무효임의 확인을 소구할 이익이 있다 할 것인바, 그것은 위의 무효확인청구야말로 사해판결이 선고확정되고 집행됨으로써 자기

---

637) 일반적 소송요건으로서 ① 피고적격(수익자인 丙), ② 청구적격(乙과 丙 사이의 매매계약)의 문제는 없다는 점도 고려해 보아야 한다.

638) 사안의 경우 丙의 권리가 참가인 甲의 권리라거나 甲의 권리가 丙의 권리와 양립불가능하다는 주장은 아니므로 권리주장참가는 문제되지 않는다.

639) 대판 1997.6.27, 95다40977; 대판 2014.6.12, 2012다47548

의 권리 또는 법률상의 지위가 침해되는 것을 방지하기 위한 유효적절한 수단이 되기 때문이라고 하였다.[640]

2) 사안의 경우

乙과 丙 사이의 매매계약의 무효확인을 구하는 취지의 독립당사자참가신청은 적법하다.

⑹ 설문 나.의 해결

1) 참가이유 구비여부

① 통설·판례는 권리주장참가의 참가이유를 판단할 때 본소청구와 참가인의 청구가 주장 자체에서 양립하지 않는 관계에 있으면 족하며, 본안심리 결과 양 청구가 실제로 양립되면 참가인의 청구를 기각하면 된다고 한다.

② 나아가 판례는 매매의 사실이 한 개일 때, 채권적 권리라도 서로 권리의 주체라고 주장하는 경우 어느 한쪽의 권리가 인정되면 다른 쪽은 권리가 인정될 수 없어 양립할 수 없는 관계가 되므로, 이러한 경우에는 독립당사자참가가 적법하다고 하였다.

③ 사안의 경우 이중매매에서와는 달리 매매계약체결 사실은 한번밖에 없었고, 甲과 丙이 서로 매수인의 지위에 있다고 주장하는 것이므로, 참가인이 주장하는 권리가 채권적 권리이더라도 주장 자체로 원고가 주장하는 권리와 양립불가능한 관계에 있으므로, 丙은 참가이유를 구비한 것이 된다.

2) 확인의 이익 유무

① 판례는 확인의 소에서 법률관계의 확인을 구할 이익이 있다고 하기 위하여는 원고의 권리 또는 법적 지위에 현존하는 위험·불안이 있어 그 법률관계를 확인판결에 의해 즉시 확정할 필요가 있고 그것이 가장 유효적절한 수단이 되어야 한다. 따라서 독립당사자참가인의 권리 또는 법률상 지위가 원고로부터 부인당하거나 또는 그와 저촉되는 주장을 당함으로써 위협을 받거나 방해를 받는 경우에는 독립당사자참가인은 원고를 상대로 자기의 권리 또는 법률관계의 확인을 구하여야 하며, 그렇지 않고 원고가 자신의 주장과 양립할 수 없는 제3자에 대한 권리 또는 법률관계를 주장한다고 하여 원고에 대하여 원고의 그 제3자에 대한 권리 또는 법률관계가 부존재한다는 확인을 구하는 것은, 설령 그 확인의 소에서 독립당사자참가인이 승소판결을 받는다고 하더라도 그로 인하여 원고에 대한 관계에서 자기의 권리가 확정되는 것도 아니고 판결의 효력이 제3자에게 미치는 것도 아니라는 점에서 확인의 이익이 있다고 할 수 없다고 한다.

---

640) 대판 1990.4.27, 88다카25274 − 나아가 동 판례는 민사소송법 제79조 제1항의 후단의 사해방지참가의 경우는 사해소송의 결과로 제3자의 권리나 법률상 지위가 침해될 염려가 있는 경우에 그 제3자가 그 사해소송의 결과로 선고 확정될 사해판결을 방지하기 위하여 그 사해소송에 참가할 수 있도록 한 것이므로 원고와 피고가 당해 소송을 통하여 제3자를 해할 의사를 갖고 있다고 객관적으로 인정되고, 그 소송의 결과 제3자의 권리 또는 법률상의 지위가 침해될 염려가 있다고 인정되는 경우에는 제3자인 참가인의 청구와 원고의 청구가 논리상 서로 양립할 수 있는 관계에 있다고 하더라도 위 제72조 제1항 후단 소정의 독립당사자참가를 할 수 있다고 하였다.

② 사안에서는 A는 자신의 소유권이전등기청구권존재확인을 구한 것이 아니라, 丙의 매수인
으로서의 등기청구권부존재확인만을 구한 것이므로, 확인의 이익이 없다고 봄이 타당하
다. 결국 A의 소극적 확인의 소가 확인의 이익이 없어 부적법하다면 A의 독립당사자참가
는 편면참가가 된다.

3) 사안의 경우

A는 소유권이전등기청구권이라는 채권적 청구권에 기초하여 참가신청을 하였지만, 참가인의
주장 자체로도 A가 매수인으로 인정되면 丙의 매수인 자격은 부정되는 양립불가능한 관계에
있어 참가이유를 구비하였고, A의 丙에 대한 소유권이전등기청구권 부존재확인의 소는 확인
의 이익이 없어 부적법하다 하더라도 개정법에 의하면 편면참가도 허용하는바, 참가취지도
적법하다. 따라서 A의 독립당사자참가신청은 적법하다.

사례(51) | 독립당사자참가의 적법성 및 참가인만의 항소

사실관계

甲은 주택 신축 등을 목적으로 하는 사업을 하면서 乙 및 친척인 丙에게 각각 1억원의 대여금채무를 비롯하여 총 합계 3억원 이상의 채무를 부담하게 되어 채무초과 상태에 이르게 되었다. 甲은 유일한 재산인 X토지를 소유하고 있었는데, 丙에 대한 甲의 대여금 채무를 위한 담보로 제공하는 저당권설정계약(이하 '이 사건 계약'이라 한다)을 丙과 체결하였다. 甲은 丙의 독촉에도 이 사건 계약에 의한 저당권설정등기를 미루고 있었는데, 이에 丙은 甲을 피고로 이 사건 계약을 원인으로 하여 저당권설정등기를 청구하는 소를 제기하였다. 丙의 위 소송에 대하여 甲은 제대로 응소하지 않고 있다. 위와 같은 소식을 들은 乙은 이 사건 계약의 체결 과정을 조사한 결과, 甲은 이 사건 계약으로 인하여 책임재산에 부족이 생기거나 이미 부족상태에 있는 책임재산이 한층 더 부족하게 됨으로써 乙의 채권을 완전하게 만족시킬 수 없다는 사실을 인식하였고, 丙도 그러한 점을 알고 있었다는 사실을 알게 되었다. 이에 乙은 원고 丙과 피고 甲 사이의 위 소송에 참가하려고 한다.

문제

1. 乙이 다음과 같은 취지로 독립당사자참가신청을 하는 것은 적법한가? 25점
   (1) 丙을 상대로 사해행위를 원인으로 하여 "X토지에 관하여 甲과 丙이 체결한 이 사건 계약을 취소한다."는 취지의 독립당사자참가신청
   (2) 丙과 甲을 상대로 통정허위표시를 원인으로 하여 "X토지에 관하여 甲과 丙이 체결한 이 사건 계약이 무효임을 확인한다."는 취지의 독립당사자참가신청
2. 乙이 적법하게 독립당사자참가신청을 하였고, 위 소송에서 법원은 丙의 청구를 인용하고 乙의 청구를 기각하는 판결을 선고하였다. 이에 대해 乙만이 항소를 하였는데, 항소심 법원의 심리 결과 甲과 丙 사이의 이 사건 계약이 통정허위표시에 해당하여 丙의 청구가 이유 없음이 밝혀졌을 때, 항소심 법원은 丙의 청구를 기각하여야 하는가? 10점

Ⅰ 설문 1.에 관하여

1. 결론

(1) 설문 (1)의 결론

乙의 독립당사자참가신청은 부적법하다.

(2) 설문 (2)의 결론

乙의 독립당사자참가신청은 적법하다.

2. 근거

(1) 독립당사자참가의 의의 및 요건

1) 의의

독립당사자참가란 타인 간 소송의 계속 중 제3자가 원·피고 양쪽(쌍면참가) 또는 한쪽(편면참가)을 상대방으로 하여 소송목적의 전부나 일부가 자기의 권리라고 주장하거나(권리주장참가), 소송결과에 따라 권리가 침해된다고 주장하면서(사해방지참가) 당사자로서 그 소송절차에 참가하는 것을 말한다(제79조).

2) 요건

적법한 독립당사자참가가 되기 위해서는 참가요건과 일반적 소송요건을 구비하여야 하는데, 참가요건으로는 ① 타인 간의 소송이 계속 중일 것, ② 참가취지, 즉 참가인이 원·피고 일방 또는 쌍방에 대하여 각기 자기의 청구를 할 것, ③ 참가이유가 있을 것, ④ 소의 병합요건을 갖출 것이 요구된다.

(2) 참가취지

쌍면참가가 허용됨은 문제가 없으며, 편면참가와 관련해서도 제79조 제1항에서 명문으로 이를 허용하고 있다. 나아가 편면참가는 권리주장참가이거나 사해방지참가이거나 허용된다. 따라서 설문의 경우는 모두 참가취지가 문제될 것이 없다.

(3) 참가이유

1) 권리주장참가

① 제3자가 "소송목적의 전부나 일부가 자기의 권리라고 주장"하면서 당사자로 소송에 참가하여 세 당사자 사이에 서로 대립하는 권리 또는 법률관계를 하나의 판결로 서로 모순 없이 일시에 해결하려는 것이다. 참가인의 청구와 원고의 청구가 주장 자체로 양립할 수 없는 관계에 있어야 한다.

② 사안의 경우 乙은 소송목적의 전부 또는 일부가 자기의 권리라고 주장하는 것이 아니므로 사해방지참가의 요건이 문제이다.

2) 사해방지참가

① 제3자가 "소송결과에 따라 권리가 침해된다고 주장"하는 경우의 참가이다. 권리주장참가와 달리, 참가인의 청구와 원고의 청구가 양립할 수 있는 관계에 있다고 할지라도 무방하다.

② 권리침해의 의미에 대해서 판례는 민사소송법 제79조 제1항 후단의 사해방지참가는 본소의 원고와 피고가 당해 소송을 통하여 참가인을 해할 의사를 갖고 있다고 객관적으로 인정되고 그 소송의 결과 참가인의 권리 또는 법률상 지위가 침해될 우려가 있다고 인정되는 경우에 허용될 수 있다는 입장이다.

(4) 설문 (1)의 해결[641]

1) 권리침해의 인정 여부

가) 사해행위취소의 상대적 효과

채권자가 사해행위의 취소와 함께 수익자 또는 전득자로부터 책임재산의 회복을 명하는 사해행위취소의 판결을 받은 경우 그 취소의 효과는 채권자와 수익자 또는 전득자 사이에만 미치므로, 수익자 또는 전득자가 채권자에 대하여 사해행위의 취소로 인한 원상회복의무를 부담하게 될 뿐, 채권자와 채무자 사이에서 그 취소로 인한 법률관계가 형성되거나 취소의 효력이 소급하여 채무자의 책임재산으로 복구되는 것은 아니다.

나) 판례의 태도

판례는 이러한 사해행위취소의 상대적 효력에 입각하여, 원고의 피고에 대한 청구의 원인행위가 사해행위라는 이유로 원고에 대하여 사해행위취소를 청구하면서 독립당사자참가신청을 하는 경우, 독립당사자참가인의 청구가 그대로 받아들여진다 하더라도 원고와 피고 사이의 법률관계에는 아무런 영향이 없고, 따라서 그러한 참가신청은 사해방지참가의 목적을 달성할 수 없으므로 부적법하다고 하였다.[642]

2) 사안의 경우

乙이 丙을 상대로 X토지에 관한 甲과 丙 사이의 이 사건 계약이 사해행위임을 이유로 취소를 구하고 그것이 그대로 인용되더라도 그 효과는 乙과 丙 사이에서만 발생할 뿐이어서 丙의 甲에 대한 청구는 인용될 수밖에 없으므로, 乙이 사전에 丙명의의 저당권설정등기가 경료되는 것을 막기 위한 목적은 달성할 수 없다. 따라서 甲과 丙 사이의 이 사건 계약을 취소한다는 취지의 독립당사자참가신청은 부적법하다.[643]

(5) 설문 (2)의 해결

1) 제3자의 확인의 소의 이익

① 확인의 소는 반드시 당사자 간의 법률관계에 한하지 아니하고, 당사자의 일방과 제3자 사이 또는 제3자 상호간의 법률관계도 그 대상이 될 수 있다. 그 법률관계의 확인이 확인의 이익이 있기 위하여는 그 법률관계에 따라 제소자의 권리 또는 법적지위에 현존하는 위험·불안이 야기되어야 하고, 그 위험·불안을 제거하기 위하여 그 법률관계를 확인의 대상으로 한 확인판결에 의하여 즉시 확정할 필요가 있으며 또한 그것이 가장 유효·적절한 수단이 되어야 한다.

---

641) 일반적 소송요건으로서 ① 피고적격(수익자인 丙), ② 청구적격(甲과 丙 사이의 이 사건 계약)의 문제는 없다는 점도 고려해 보아야 한다.

642) 대판 2014.6.12, 2012다47548

643) 결국 乙은 丙이 甲에 대한 승소확정판결에 따라 저당권설정등기까지 경료한 후에 丙을 상대로 채권자취소소송을 제기하는 수밖에 없다.

② 판례도 자기의 권리 또는 법률상의 지위가 타인들 사이의 사해적 법률행위를 청구원인으로 한 사해소송의 결과로 인하여 침해를 받을 염려가 있는 경우에는 그 타인들을 상대로 하여 사해소송의 청구원인이 된 법률행위에 대하여 무효임의 확인을 소구할 이익이 있다 할 것인 바, 그것은 위의 무효확인청구야말로 사해판결이 선고확정되고 집행됨으로써 자기의 권리 또는 법률상의 지위가 침해되는 것을 방지하기 위한 유효적절한 수단이 되기 때문이라고 하였다.[644]

2) 사안의 경우

丙이 甲을 상대로 한 저당권설정등기청구가 인용되면 결국 丙은 우선변제권을 확보하게 되고, 일반채권자인 乙은 그 소송결과에 따라 권리 또는 법률상 지위가 침해될 우려가 있으므로 참가이유가 인정된다. 한편 甲과 丙 사이의 이 사건 계약이 통정허위표시로서 무효라는 점은 계약의 당사자 아닌 乙도 주장할 수 있으며, 이로써 자신의 위와 같은 권리 또는 법률상 지위의 침해 우려를 제거할 수 있는 유효적절한 수단에 해당하므로, 乙의 甲과 丙 사이의 이 사건 계약의 무효확인을 구하는 취지의 독립당사자참가신청은 적법하다.

Ⅱ 설문 2.에 관하여

1. 결론

항소심 법원은 丙의 청구를 기각하여야 한다.

2. 근거

(1) 참가인만의 항소 및 이심의 범위

① 판례는 "민사소송법 제79조 제2항에 의하여 제67조가 준용되는 결과 독립당사자참가소송에서 원고승소의 판결이 내려지자 이에 대하여 참가인만이 상소를 한 경우에도 판결 전체의 확정이 차단되고 사건 전부에 관하여 이심의 효력이 생긴다."고 하였다.[645]

② 또한 항소하지 않은 자의 지위에 대하여 판례는 "1인의 항소로 제1심 판결 전체의 확정이 차단되고 사건 전부에 관하여 이심의 효력이 생기는 것이므로 독립당사자참가인도 항소심에서의 당사자라고 할 것이다"라고 판시하여 단순한 상소심 당사자라고 본다.[646]

---

644) 대판 1997.6.27, 95다40977 — 나아가 동 판례는 민사소송법 제79조 제1항의 후단의 사해방지참가의 경우는 사해소송의 결과로 제3자의 권리나 법률상 지위가 침해될 염려가 있는 경우에 그 제3자가 그 사해소송의 결과로 선고 확정될 사해판결을 방지하기 위하여 그 사해소송에 참가할 수 있도록 한 것이므로 원고와 피고가 당해 소송을 통하여 제3자를 해할 의사를 갖고 있다고 객관적으로 인정되고, 그 소송의 결과 제3자의 권리 또는 법률상의 지위가 침해될 염려가 있다고 인정되는 경우에는 제3자인 참가인의 청구와 원고의 청구가 논리상 서로 양립할 수 있는 관계에 있다고 하더라도 위 제72조 제1항 후단 소정의 독립당사자참가를 할 수 있다고 하였다.

645) 대판 2007.12.14, 2007다37776·37783

646) 대판 1981.12.8, 80다577

(2) 항소심의 심판범위와 불이익변경금지원칙의 적용 여부

상소심에서의 불이익변경금지의 원칙(제415조)을 독립당사자참가소송에서의 합일확정의 요청과 어떻게 조화시킬 것인지가 문제되는데, 판례는 "항소심의 심판대상은 실제 항소를 제기한 자의 항소 취지에 나타난 불복범위에 한정하되 위 세 당사자 사이의 결론의 합일확정의 필요성을 고려하여 그 심판의 범위를 판단하여야 하고, 이에 따라 항소심에서 심리·판단을 거쳐 결론을 내림에 있어 위 세 당사자 사이의 결론의 합일확정을 위하여 필요한 경우에는 그 한도 내에서 항소 또는 부대항소를 제기한 바 없는 당사자에게 결과적으로 제1심 판결보다 유리한 내용으로 판결이 변경되는 것도 배제할 수는 없다."고 하였다.[647] 즉 판례는 독립당사자참가의 상소에는 합일확정을 위하여 필요한 한도에서 불이익변경금지 원칙의 적용이 배제된다는 입장이다.

(3) 사안의 경우

사안의 경우 참가인 乙의 항소로 판결 전체의 확정이 차단되고 사건 전부가 항소심으로 이심된다. 이 경우 항소심 법원의 심리 결과 丙의 청구가 통정허위표시에 해당하여 이유 없음이 밝혀졌다면, 그러한 무효가 乙에 대해서만 무효이고 甲에 대한 관계에서는 유효로 취급될 특별한 사정이 없고, 합일확정의 필요상 불이익변경금지의 원칙이 적용되지 않으므로, 항소심 법원은 丙의 청구를 기각하여야 한다.

---

647) 대판 2007.10.26, 2006다86573·86580

☑ 사례(52) | 독립당사자참가·확인의 이익·자백 및 항소

기본적 사실관계

甲은 乙소유 X토지에 관하여 乙과 2016.5.1. 매매계약(이하 '이 사건 매매계약'이라고 한다)을 체결하고 매매대금을 모두 지급하였다고 주장하면서, 乙을 상대로 X토지에 관하여 이 사건 매매를 원인으로 하는 소유권이전등기절차의 이행을 구하는 소를 제기하였다.

문제

※ 위와 같은 사실관계를 전제로 아래 각 문항에 답하시오(각 설문은 상호관련성이 없으며, 다툼이 있으면 판례에 의함).

1. (위 기본사실에 추가하여) 위 소송계속 중 丙은 甲을 상대로 이 사건 매매계약은 통정허위표시에 의한 가장매매로 무효라고 주장하면서 이 사건 매매계약의 무효확인청구를 하고, 乙을 상대로 丙과 乙 사이의 2016.3.15.자 대물변제계약에 따라 乙로부터 X토지의 소유권을 이전받기로 약정하였다고 주장하면서 소유권이전등기절차의 이행청구를 하는 독립당사자 참가신청을 하였다.

   위 丙의 참가신청이 '권리주장참가'로서 적법한지 여부에 관하여 약술하시오. [8점]

2. (위 기본사실에 추가하여) 위 소송의 제1심 계속 중 丙은 이 사건 매매계약을 체결함에 있어 사정상 계약서에 甲의 이름을 기재하였지만 실제 매수인은 자신이고 매매대금 역시 모두 자신이 지급하였다고 주장하면서, 甲을 상대로 ① 이 사건 매매계약상의 매수인 지위가 丙에게 있다는 확인청구(이하 '① 청구'라고 한다)를 하고, 乙을 상대로 ② 이 사건 매매계약상의 매수인 지위가 丙에게 있다는 확인청구(이하 '② 청구'라고 한다)를 하면서 ③ 2016.5.1.자 매매를 원인으로 하는 소유권이전등기절차의 이행청구(이하 '③ 청구'라고 한다)를 하는 독립당사자 참가신청을 하였다.

   가. 위 丙의 참가신청이 적법한지 여부에 관하여 약술하시오. [6점]

   나. 乙은 변론기일에서 이 사건 매매계약에 있어 甲이 매수인이라는 점에 대하여는 다툼이 없다고 진술하였다. 위 진술의 효력에 관하여 약술하시오. [6점]

   다. 심리결과 제1심 법원은 丙을 이 사건 매매계약의 매수인으로 인정하여 甲의 청구를 기각하고 丙의 ③ 청구를 인용하는 등의 판결(이하 '제1심 판결'이라고 한다)을 선고하였다. 제1심 판결 중 丙의 甲에 대한 ① 청구에 대한 판결 결론[각하, 청구기각, 청구인용]과 그 이유 [12점], 丙의 乙에 대한 ② 청구에 대한 판결 결론[각하, 청구기각, 청구인용]과 그 이유 [4점] 를 약술하시오.

   라. (위 다.의 사실관계에 추가하여) 위 제1심 판결에 대하여, 乙만이 丙의 ③ 청구를 인용한 판결 부분이 부당하다며 항소하였다. 항소심 심리결과 제1심과 달리 甲이 이 사건 매매계약의 매수인으로 판명되었다. 항소심은 어떠한 판결을 해야 하는지 결론 및 그 이유를 설명하시오. [14점]

Ⅰ 설문 1.에 관하여

1. 결론

부적법하다.

2. 이유[648]

(Ⅰ) 독립당사자참가의 의의 및 요건

① 독립당사자참가란 타인 간 소송의 계속 중 제3자가 원·피고 양쪽(쌍면참가) 또는 한쪽(편면참가)을 상대방으로 하여 소송목적의 전부나 일부가 자기의 권리라고 주장하거나(권리주장참가), 소송결과에 따라 권리가 침해된다고 주장하면서(사해방지참가) 당사자로서 그 소송절차에 참가하는 것을 말한다(제79조).

② 적법한 독립당사자참가가 되기 위해서는 참가요건과 일반적 소송요건을 구비하여야 하는데, 이 중 참가요건으로는 ⅰ) 타인 간의 소송이 계속 중일 것, ⅱ) 참가취지, 즉 참가인이 원·피고 일방 또는 쌍방에 대하여 각기 자기의 청구를 할 것, ⅲ) 참가이유가 있을 것, ⅳ) 소의 병합요건을 갖출 것이 요구된다.

(2) 권리주장참가로서 참가이유 구비 여부

1) 권리주장참가의 의의

제3자가 "소송목적의 전부나 일부가 자기의 권리라고 주장"하면서 당사자로 소송에 참가하여 세 당사자 사이에 서로 대립하는 권리 또는 법률관계를 하나의 판결로 서로 모순 없이 일시에 해결하려는 것이다.

2) 참가이유 인정 여부의 판단기준

판례는 "권리주장참가의 참가이유를 판단할 때 본소청구와 참가인의 청구가 주장 자체에서 양립하지 않는 관계에 있으면 족하며, 본안심리 결과 양청구가 실제로 양립되면 참가인의 청구를 기각하면 된다."고 한다.[649]

(3) 사안의 경우

사안의 경우 甲은 乙을 상대로 X토지에 관하여 이 사건 매매를 원인으로 하는 소유권이전등기절차의 이행을 구하는 소를 제기하였고, 위 소송계속 중 丙은 乙을 상대로 丙과 乙 사이의 2016.3.15.자 대물변제계약에 따른 소유권이전등기절차의 이행청구를 하는 경우로서, 양자는 합일확정을 필요로 하는 동일한 권리관계에 관한 것이 아니어서 서로 양립될 수 있으므로 독립당사자참가는 부적법하다. 즉 甲의 소송목적의 전부나 일부가 丙 자신의 권리라고 주장하는 경우에 해당하지 않는다.

---

648) 설문이 丙의 독립당사자참가 자체의 적법 여부를 묻고 있지 않고, '권리주장참가'로서 적법한지 여부에 한정하여 묻고 있으며, 배점이 8점으로 주어진 사정을 고려해 볼 때, 매매계약의 무효확인청구의 소의 이익은 살펴보지 않아도 되겠다.

649) 대판 1992.12.8, 92다26772

II 설문 2.의 가.에 관하여

1. 결론

적법하다.

2. 이유[650]

(1) 참가이유 인정 여부

① 판례는 매매의 사실이 한 개일 때, 채권적 권리라도 서로 권리의 주체라고 주장하는 경우 어느 한쪽의 권리가 인정되면 다른 쪽은 권리가 인정될 수 없어 양립할 수 없는 관계가 되므로, 이러한 경우에는 독립당사자참가가 적법하다고 한다.[651]

② 사안의 경우 甲의 乙에 대한 소유권이전등기청구권과 丙의 乙에 대한 소유권이전등기청구권은, 당사자참가가 인정되지 아니하는 이중매매 등 통상의 경우와는 달리 하나의 계약에 기초한 것(단일매매의 경우)으로서 어느 한쪽의 이전등기청구권이 인정되면 다른 한쪽의 이전등기청구권은 인정될 수 없는 것이므로 그 각 청구가 서로 양립할 수 없는 관계에 있음은 물론이고, 이는 하나의 판결로써 모순 없이 일시에 해결할 수 있는 경우에 해당하므로, 丙의 독립당사자참가는 적법하다.

(2) 甲에 대한 丙의 매수인지위의 존재확인의 이익

① 자기의 권리 또는 법률상의 지위가 타인으로부터 부인당하거나 또는 그와 저촉되는 주장을 당함으로써 위협을 받거나 방해를 받는 경우에는 그 타인을 상대로 그 권리 또는 법률관계의 확인을 구할 이익이 있다.

② 사안의 경우, 甲은 乙과 사이에 체결된 매매계약의 매수당사자가 甲이라고 주장하면서 그 소유권이전등기절차의 이행을 구하고 있고, 이에 대해 丙은 자기가 그 매수당사자라고 주장하는 경우로서, 丙은 甲에 의하여 자기의 권리 또는 법률상의 지위를 부인당하고 있다고 할 것이고, 그 불안을 제거하기 위하여 매수인으로서의 권리의무가 참가인에 있다는 확인의 소를 제기하는 것이 유효적절한 수단이라고 보여지므로, 결국 丙이 乙에 대하여 그 소유권이전등기절차의 이행을 구함과 동시에 甲에 대하여 매매계약상의 매수인지위가 丙에게 있다는 확인의 소를 구하는 것은 확인의 이익이 있다.

---

650) 설문의 배점이 6점이고, 사실 甲에 대한 확인청구(①청구 부분)와 乙에 대한 확인청구(②청구 부분)에 대해서는 설문 2.의 다.에서 별도로 배점이 총 16점으로 묻고 있다는 점을 고려할 때, 설문 2.의 가.에서는 특히 문제가 되는 점만을 다루는 것이 중언부언하지 않고 답안경제상 그리고 출제의도에 부합한다고 본다.

651) 대판 1988.3.8, 86다148~150 · 86다카762~764

Ⅲ 설문 2.의 나.에 관하여

1. 결론

乙의 진술은 효력이 없다.

2. 이유

(1) 본안의 심리·판단

① 독립당사자참가소송은 원고도 피고도 참가인도 각 독립적으로 소송활동을 전개하는 것이지만, 참가인·원고·피고 3자 사이의 분쟁을 일거에 모순 없이 해결하려는 소송형태이므로 필수적 공동소송에 있어서와 마찬가지로 '소송자료의 통일'과 '소송진행의 통일'을 확보하지 않으면 안 된다. 따라서 판단자료와 심리의 공통을 위하여 제67조 필수적 공동소송의 특별규정을 준용하고 있다(제79조 제2항).

② 당사자 가운데 한사람의 소송행위는 참가인에게 불이익이 되는 한도에서는 그 효력이 생기지 않는다(제67조 제1항). 참가인이 한 소송행위에도 마찬가지이다. 불이익이 되는 소송행위의 예로서는 자백이나 청구의 포기·인낙 등을 들 수 있다.

(2) 乙의 인정진술의 법적 성질

甲의 乙을 상대로 한 X토지에 관한 매매를 원인으로 하는 소유권이전등기청구의 경우, 그 주요사실은 甲과 乙 사이의 매매계약 체결사실이고 甲이 매수인이라는 점은 법률적 사실에 대한 인정진술로 그 진술이 구체적인 사실관계의 표현으로서 사실상의 진술도 포함하는 경우에는 그 범위 내에서 자백이 성립한다.

(3) 사안의 경우

乙은 변론기일에서 이 사건 매매계약에 있어 甲이 매수인이라는 점에 대하여는 다툼이 없다고 진술하였다고 하더라도, 참가인 丙이 甲과 乙에 대하여 이 사건 매매계약상의 매수인 지위의 확인을 구하고 있어 3당사자 사이에 판결의 합일확정을 필요로 하는 이 사건에 있어서 위와 같은 진술은 그 효력이 없다고 할 것이므로, 법원은 그 진술에 기속되어 판단하여야 하는 것은 아니다.[652]

Ⅳ 설문 2.의 다.에 관하여

1. 결론

(1) 丙의 甲에 대한 ①청구

청구인용판결을 하여야 한다.

---

652) 대판 2009.1.30, 2007다9030·9047 참고

(2) 丙의 乙에 대한 ②청구

각하판결을 하여야 한다.

2. 이유

(1) 법원의 심판 방법

3자 사이의 판결의 내용은 논리적으로 모순이 없어야 하는 합일확정이 필요하다. 즉 세 당사자를 판결의 명의인으로 하는 하나의 종국판결을 선고함으로써 위 세 당사자들 사이에서 합일확정적인 결론을 내려야 하고, 법원이 변론을 분리하여 일부판결을 할 수도 없다.

(2) 확인의 소의 적법성

1) 확인의 소의 대상적격

① 원칙적으로 자기의 현재의 권리·법률관계를 대상으로 하여야 한다. 다만 ② 반드시 당사자 간의 법률관계에 한하지 아니하고, 당사자의 일방과 제3자 사이 또는 제3자 상호간의 법률관계도 그 대상이 될 수 있다. 그 법률관계의 확인이 확인의 이익이 있기 위하여는 그 법률관계에 따라 제소자의 권리 또는 법적지위에 현존하는 위험·불안이 야기되어야 하고, 그 위험·불안을 제거하기 위하여 그 법률관계를 확인의 대상으로 한 확인판결에 의하여 즉시 확정할 필요가 있으며 또한 그것이 가장 유효·적절한 수단이 되어야 한다.

2) 확인의 이익 유무

① 확인의 이익이 인정되기 위해서는 ⅰ) 원고의 권리 또는 법률상 지위에, ⅱ) 위험·불안이 현존하고, ⅲ) 이것을 제거하기 위하여 확인판결을 받는 것이 가장 유효·적절한 수단이어야 한다.

② 판례는 확인의 소에서 법률관계의 확인을 구할 이익이 있다고 하기 위하여는 원고의 권리 또는 법적 지위에 현존하는 위험·불안이 있어 그 법률관계를 확인판결에 의해 즉시 확정할 필요가 있고 그것이 가장 유효적절한 수단이 되어야 한다. 따라서 독립당사자참가인의 권리 또는 법률상 지위가 원고로부터 부인당하거나 또는 그와 저촉되는 주장을 당함으로써 위험을 받거나 방해를 받는 경우에는 독립당사자참가인은 원고를 상대로 자기의 권리 또는 법률관계의 확인을 구하여야 하며, 그렇지 않고 원고가 자신의 주장과 양립할 수 없는 제3자에 대한 권리 또는 법률관계를 주장한다고 하여 원고에 대하여 원고의 그 제3자에 대한 권리 또는 법률관계가 부존재한다는 확인을 구하는 것은, 설령 그 확인의 소에서 독립당사자참가인이 승소판결을 받는다고 하더라도 그로 인하여 원고에 대한 관계에서 자기의 권리가 확정되는 것도 아니고 판결의 효력이 제3자에게 미치는 것도 아니라는 점에서 확인의 이익이 있다고 할 수 없다고 하였다.

3) 확인의 소의 보충성

이행의 소가 가능함에도 불구하고 그 청구권에 관하여 확인을 구하는 것은 원칙적으로 허용되지 않는다. 직접 이행판결을 구하는 편이 집행의 면에도 충족하고 보다 더 효율적인 발본적 해결이 되기 때문이다. 다만 예외적으로 ① 손해액수의 불분명, ② 확인판결로 피고의 임의이행이 기대가능한 경우에는 확인의 이익이 인정된다. 나아가 ③ 기본이 되는 법률관계로부터 파생하는 이행청구권을 주장하여 이행의 소가 가능한 경우라도, 당해 기본이 되는 권리관계(선결적 법률관계)의 확인의 소는 허용되고, 또 기본이 되는 권리관계의 확인청구와 함께 그 파생되는 청구권에 기한 이행의 소를 아울러 제기하여도 상관이 없다.

(3) 설문의 해결

1) 丙의 甲에 대한 ① 청구에 관하여

① 사안의 경우, 丙은 甲에 의하여 자기의 권리 또는 법률상의 지위를 부인당하고 있다고 할 것이고, 그 불안을 제거하기 위하여 매수인으로서의 권리의무가 참가인에 있다는 확인의 소를 제기하는 것이 유효적절한 수단이라고 보여지므로, 결국 甲에 대하여 매매계약상의 매수인지위가 丙에게 있다는 확인의 소를 구하는 것은 확인의 이익이 있어 적법하다.

② 심리결과 제1심 법원은 丙을 이 사건 매매계약의 매수인으로 인정하여 甲의 청구를 기각하고 丙의 ③ 청구를 인용하는 판결을 선고하는 경우로서, 이와 모순 없이 판결해야 하므로, 丙의 甲에 대한 ① 청구는 인용하는 판결을 하여야 한다.

2) 丙의 乙에 대한 ② 청구에 관하여

丙은 매매계약상의 매수인 지위가 자신에게 있음을 주장하면서 매매를 원인으로 하는 소유권이전등절차의 이행을 구하는 것이 분쟁을 유효·적절하게 해결하는 직접적인 수단이 될 것이고, 丙의 甲에 대한 ① 청구가 인용되면 그 소송목적은 달성될 수 있다. 따라서 별도로 乙을 상대로 매매계약상의 매수인 지위가 자신에게 있다는 확인을 구하는 것은 확인의 이익이 없어 부적법하다. 따라서 제1심 법원은 각하판결을 하여야 한다.

V 설문 2.의 라.에 관하여

1. 결론

항소심은 제1심 판결을 취소하고 '甲의 乙에 대한 청구를 인용', '丙의 甲에 대한 ① 청구와 丙의 乙에 대한 ③ 청구'를 기각하는 자판을 하여야 한다.

2. 이유

(1) 확정차단 및 이심의 범위

판례는 "민사소송법 제79조에 의한 독립당사자참가소송은 동일한 권리관계에 관하여 원고, 피고, 참가인이 서로간의 다툼을 하나의 소송절차로 한꺼번에 모순 없이 해결하는 소송형태로서, 독립당사자참가가 적법하다고 인정되어 원고, 피고, 참가인간의 소송에 대하여 본안판결을 할 때에는 위 세 당사자를 판결의 명의인으로 하는 하나의 종국판결을 선고함으로써 위세 당사자들 사이에서 합일확정적인 결론을 내려야 하고, 이러한 본안판결에 대하여 일방이 항소한 경우에는 제1심 판결 전체의 확정이 차단되고 사건 전부에 관하여 이심의 효력이 생긴다."고 하였다.[653]

(2) 항소하지 않은 자의 지위

항소하지 않은 자의 지위에 대하여 판례는 "1인의 항소로 제1심 판결 전체의 확정이 차단되고 사건 전부에 관하여 이심의 효력이 생기는 것이므로 독립당사자참가인도 항소심에서의 당사자라고 할 것이다"라고 판시하여 단순한 상소심 당사자라고 본다.[654]

(3) 항소심의 심판대상 및 범위

① 상소심에서의 불이익변경금지의 원칙(제415조)을 독립당사자참가소송에서의 합일확정의 요청과 어떻게 조화시킬 것인지가 문제되는데, 판례는 "항소심의 심판대상은 실제 항소를 제기한 자의 항소 취지에 나타난 불복범위에 한정하되 위 세 당사자 사이의 결론의 합일확정의 필요성을 고려하여 그 심판의 범위를 판단하여야 하고, 이에 따라 항소심에서 심리·판단을 거쳐 결론을 내림에 있어 위 세 당사자 사이의 결론의 합일확정을 위하여 필요한 경우에는 그 한도 내에서 항소 또는 부대항소를 제기한 바 없는 당사자에게 결과적으로 제1심 판결보다 유리한 내용으로 판결이 변경되는 것도 배제할 수는 없다."고 하였다.[655]

② 나아가 독립당사자참가소송에서 항소 또는 부대항소를 제기한 바 없는 당사자에게 결과적으로 제1심 판결보다 유리한 내용으로 판결을 변경할 수 있는 것은 참가인의 참가신청이 적법하고 나아가 합일확정의 요청상 필요한 경우에 한한다는 입장이다.[656]

(4) 사안의 경우

사안의 경우 부적법한 丙의 ② 청구를 제외하고, '甲의 乙에 대한 청구', '丙의 甲에 대한 ① 청구', '丙의 乙에 대한 ③ 청구' 모두 본안판결이 필요하여 합일확정이 요구된다. 따라서 불이익변경금지원칙이 적용되지 않는다.

결국, 항소심 심리결과 제1심과 달리 甲이 이 사건 매매계약의 매수인으로 판명되었는바, 항소심은 제1심 판결을 취소하고 '甲의 乙에 대한 청구를 인용', '丙의 甲에 대한 ① 청구와 丙의 乙에 대한 ③ 청구'를 기각하는 자판을 하여야 한다. 이렇다 하더라도 불이익변경금지원칙을 위반한 것이 아니다.

---

653) 대판 2007.10.26, 2006다86573·86580
654) 대판 1981.12.8, 80다577
655) 대판 2007.10.26, 2006다86573·86580
656) 대판 2007.12.14, 2007다37776·37783

사례(53) | 주관적 병합과 임의적 당사자변경

사실관계

사거리에서 직진신호를 받고 자동차를 운전하던 甲은 신호를 무시하고 좌측에서 동시에 진입해 온 乙과 丙의 자동차와 충돌하여 상해를 입었다. 이에 甲은 乙, 丙을 상대로 교통사고를 원인으로 한 4,000만원의 손해배상청구소송을 제기하였는데, 甲의 자동차에는 甲의 아내 丁이 동승하고 있었고 丁도 위 사고로 상해를 입었으며, 丙의 자동차는 戊의 자동차이고 운전자도 戊임이 밝혀졌다.

문제

위 소송에서 丁을 당사자로 추가하고, 丙을 戊로 변경할 수 있는가? [20점]

Ⅰ 결론

丁을 당사자로 추가할 수 없으며, 피고 丙을 戊로 변경할 수 없다.

Ⅱ 논거

1. 丁을 당사자로 추가할 수 있는지 여부

(1) 추가적 공동소송의 의의 및 종류

① 애초부터 주관적 병합의 형태로 소를 제기하거나 또는 제기당하지 않았다 하더라도 소송계속 중에 제3자가 스스로 당사자로서 소송에 가입하거나, 종전의 원고나 피고가 제3자에 대한 소를 추가적으로 병합제기하는 것에 따라 공동소송형태가 되는 경우이다.

② 현행법이 명문으로 추가적 공동소송을 인정하고 있는 것은 ⅰ) 누락된 필수적 공동소송인의 추가(제68조), ⅱ) 당사자의 추가에 따른 예비적·선택적 공동소송인의 추가(제70조), ⅲ) 참가승계(제81조), ⅳ) 인수승계(제82조), ⅴ) 공동소송참가(제83조) 등이 있다. 이와 관련하여 먼저 사안의 공동소송의 유형이 무엇인지 살펴볼 필요가 있다.

(2) 공동소송의 형태

① 통상공동소송이란 개별적으로 소송을 하여도 무방하나, 청구 사이에 일정한 관련성·공통성이 있기 때문에 하나의 소송절차에서 공동으로 소송을 하여도 무방한 경우의 공동소송이다. 통상공동소송은 판결의 합일확정이 필요 없다. 즉 공동소송인 사이에서 승패가 일률적으로 될 필요가 없다. 이와 달리 고유필수적 공동소송이란 공동소송이 법률상 강제되고 합일확정의 필요성이 있는 경우로서, 실체법상의 관리처분권을 공동으로 행사하도록 되어 있는가를 기준으로 필수적 공동소송여부를 판단해야 한다는 실체법설이 통설·판례의 입장이다.

② 사안에서 乙과 丙은 실체법상 관리처분권이 공동귀속되는 관계에 있는 것도 아니고, 판결의 효력이 확장되는 경우도 아니므로, 사안의 공동소송은 통상의 공동소송에 해당한다.

(3) 명문 규정이 없는 경우의 허용 여부

1) 문제점

사안의 경우에는 필수적 공동소송인 추가나 예비적·선택적 공동소송인의 추가는 인정될 수 없다. 그런데 필수적 공동소송과 달리 통상공동소송의 경우와 같이 명문의 규정이 없는 경우에도 주관적·추가적 병합을 허용할 것인지가 문제이다.[657]

2) 통상공동소송인의 추가 허용 여부

명문으로 인정하는 경우 이외에 추가적 공동소송을 인정할 것인가에 대하여, 다수설은 별소의 제기와 변론의 병합이라는 우회적이고 간접적인 방법보다는 소의 주관적·추가적 병합을 허용하여야 한다는 입장이다. 그러나 판례는 일관하여 법에 명문이 있는 경우를 제외하고는 그 경위가 어떻든 간에 소의 주관적·추가적 병합은 허용될 수 없다고 하여 부정하는 입장이다.[658]

(4) 사안의 경우

2. 피고 丙을 戊로 변경할 수 있는지 여부

(1) 당사자표시정정과 임의적 당사자변경의 구별

① 당사자 표시의 변경 전후에 있어서 당사자의 동일성이 있는 경우에는 당사자표시정정이고, 동일성이 없어서 새로운 사람을 끌어들이는 경우라면 임의적 당사자변경이라고 풀이하는 것이 일반적이다.

② 사안의 경우 丙과 戊는 동일성이 없으므로 戊로의 변경은 임의적 당사자변경에 해당한다.

(2) 임의적 당사자변경의 허용 여부

① 판례는 명문의 규정이 있는 경우로서 필수적 공동소송인의 추가(제68조), 예비적·선택적 공동소송인의 추가(제70조), 피고의 경정(제260조)을 제외하고는 일체의 임의적 당사자변경의 형태를 불허하고 있다.

② 사안의 경우 丙에서 戊로 변경하는 것이 피고경정으로서 허용될 수 있는지 여부를 살펴보아야 한다.

---

657) 당사자적격이 인정되지 않으므로 당사자참가는 부정되고, 소송계속 중 권리의무의 이전이 아니므로 참가승계도 부정될 것이다.

658) 대판 1993.9.28, 93다32095

(3) 피고경정이 허용되는지 여부

1) 피고경정의 의의

피고경정이란 원고가 피고를 잘못 지정한 것이 분명한 경우에 법원의 결정으로 피고를 경정하는 것을 말한다(제260조).

2) 요건

피고경정이 인정되기 위해서는 ① 원고가 피고를 잘못 지정하였음이 명백해야 하고, ② 변경전후에 걸쳐 소송물이 동일해야 한다. 또한 ③ 시기적으로 제1심 변론종결 전이어야 하고, ④ 피고의 경정은 신소제기 및 구소취하의 실질을 가지므로, 피고가 이미 본안에 관한 준비서면을 제출하거나 변론준비기일에 진술 또는 변론을 한 뒤에는 그의 동의를 받아야 한다. 사안의 경우 ②,③,④의 요건은 특별히 문제될 것이 없으나, ①의 요건으로 원고가 피고를 잘못 지정하였음이 명백한 경우에 해당하는지가 문제이다.

3) 원고가 피고를 잘못 지정하였음이 명백한 경우에 해당하는지 여부

판례는 민사소송법 제260조 제1항 소정의 '피고를 잘못 지정한 것이 명백한 때'라고 함은 청구취지나 청구원인의 기재 내용 자체로 보아 원고가 법률적 평가를 그르치는 등의 이유로 피고의 지정이 잘못된 것이 명백하거나 법인격의 유무에 관하여 착오를 일으킨 것이 명백한 경우 등을 말하고, 피고로 되어야 할 자가 누구인지를 증거조사를 거쳐 사실을 인정하고 그 인정 사실에 터잡아 법률 판단을 해야 인정할 수 있는 경우는 이에 해당하지 않는다고 하였다.[659]

(4) 사안의 경우

사안의 경우 사후 증거조사를 거쳐 丙의 자동차는 戊의 자동차이고 운전자도 戊임이 밝혀진 경우로서, 청구취지나 청구원인의 기재내용 자체로 보아 원고가 법률적 평가를 그르치는 등으로 피고의 지정이 잘못된 것이 명백하다고 볼 수 없다. 따라서 피고를 丙에서 戊로 변경할 수 없다.

---

659) 대결 1997.10.17, 97마1632

✓ 사례(54) │ 참가승계

사실관계

○ 甲과 A, B는 전매차익을 얻을 목적으로 공동으로 상인인 乙로부터 X 토지를 매수하기로 하고, 乙과 매매계약을 체결하기 전에 "甲과 A, B는 각자 자금을 출연하여 乙로부터 X 토지를 매수하고 출연자금의 비율에 따라 甲은 1/2, A와 B는 각 1/4 지분으로 소유권이전등기를 한다. 甲과 A, B는 각 공유지분을 인정하고 그 지분권을 개별적으로 행사할 수 있다."는 합의를 하였다. 그 후 甲과 A, B는 2005.3.1. 공동으로 매수인이 되어 乙로부터 乙 소유인 X 토지를 금 5억원에 매수하기로 하는 계약을 체결하고 중도금까지 총 4억원을 지급하였는데, 그 후 乙은 丙으로부터 금 2억원을 차용하면서 X 토지에 관하여 丙에게 저당권설정등기를 마쳐주었고, 다시 丁과의 사이에 X 토지를 금 6억원에 매도하기로 하는 계약을 체결하였다.

○ 甲과 A, B(이하 '甲 등'이라고 한다)가 잔금 지급기일인 2005.8.1. 그 이행을 제공하였으나 乙이 소유권이전등기를 회피함에 따라 甲 등은 2009.5.1. 乙을 상대로 X 토지에 관하여 위 매매를 원인으로 하는 소유권이전등기청구소송(이하 '전소'라고 한다)을 제기하였다.

문제

丁이 乙의 승계인임을 주장하면서 참가신청을 한 경우, 법원은 그 신청에 대하여 어떠한 판단을 하여야 하는가? 15점

1. 결론

법원은 丁의 참가승계신청에 대해 각하판결을 하여야 한다.

2. 근거

(1) 참가승계의 의의

참가승계란 타인 간의 소송계속 중 소송목적인 권리 또는 의무의 전부나 일부를 승계하였다고 주장하며 독립당사자참가신청의 방식으로 스스로 참가하여 새로운 당사자가 되어 소송을 승계하는 것을 말한다(제81조).

(2) 참가승계의 적법 여부

1) 요건

참가승계가 인정되기 위해서는 ① 타인 간의 소송계속 중, ② 소송의 목적인 권리·의무의 전부 또는 일부의 승계가 있을 것이 요구된다.

2) 타인 간의 소송이 계속 중일 것

참가신청은 사실심의 변론종결 전에 한하여 허용되며, 상고심에서는 허용되지 않는다는 것이 판례이다.[660]

3) 소송의 목적인 권리·의무의 승계가 있을 것(승계의 범위)

① 여기의 승계인에는 ⅰ) 소송물인 권리관계 자체의 전부나 일부를 승계한 자뿐만 아니라, ⅱ) 소송물인 권리관계의 목적물건, 즉 계쟁물을 승계한 자도 포함된다. 이를 당사자적격 이전의 근거가 되는 실체법상의 권리이전이라고도 한다.

② 다만 계쟁물 승계의 경우 판례에 의하면 소송물이 물권적 청구권에 기한 경우에 한하여 승계인에 해당하고, 채권적 청구권에 기한 경우에는 승계인에 해당하지 않는다고 한다.[661]

(3) 법원의 조치

참가신청은 소제기의 실질이 있으므로, 참가요건은 직권조사사항으로서 소송요건에 해당한다. 따라서 법원은 참가요건에 흠이 있는 때에는 판결로 참가신청을 부적법 각하하여야 한다. 다만 승계인에 해당하는지 여부는 참가인의 주장 자체로 판단하며, 본안심리의 결과 승계가 인정되지 않으면 법원은 청구기각의 판결을 하여야 한다.

(4) 사안의 경우

사안의 경우 丁은 乙과 계쟁물인 X토지에 대해 매매계약만을 체결하였을 뿐이고, 甲 등과 乙 간의 소송물은 채권적 청구권에 기한 경우로서, 丁의 주장 자체로 보아 승계인에 해당하지 않는다. 따라서 법원은 판결로 참가신청을 각하하여야 한다.

---

660) 대판 2001.3.9, 98다51169
661) 대판 1993.2.12, 92다25151

☑️ 사례(55) | 참가승계

사실관계 및 소송의 결과

○ 피고 乙이 원고 甲 소유의 토지(이하 '이 사건 토지'라고 한다) 위에 무단으로 목조건물을 설치하여 이 사건 토지를 점유하고 있자, 원고 甲은 피고 乙을 상대로 위 목조건물의 철거 및 이 사건 토지의 반환을 구하는 이행청구소송을 제기하였다.

○ 한편 丙은 위 소송계속 중 원고 甲으로부터 이 사건 토지를 증여받아 소유권이전등기절차를 마친 후 원고 승계참가신청을 하였다. 그럼에도 원고 甲은 위 소송에서 탈퇴하지 않았다.

○ 제1심 법원은 원고 甲의 청구에 관하여는 별다른 판단 없이 원고 승계참가인 丙 승소판결을 하였고, 피고 乙은 피항소인을 원고 승계참가인 丙으로 기재하여 항소장을 제출하였다.

문제

※ 다음 각각의 경우에 대한 물음에 답하시오(단, 다음 각 물음은 위 사실관계를 전제로 한 것이나 서로 무관하다).

1. 피고 乙이 원고 甲의 탈퇴에 동의를 하지 아니하여 원고 甲이 제1심 소송에서 탈퇴하지 못하였다고 가정할 경우 다음 물음에 답하시오.

   (1) 이러한 경우 원고 甲과 원고 승계참가인 丙 및 피고 乙 사이의 다수당사자 간의 소송형태는 어떻게 취급하여야 하는가? 8점

   (2) 제1심이 원고 승계참가인 丙의 승소판결만 한 것은 정당한 것인가? 5점

2. 원고 甲이 원고 승계참가인 丙의 승계효력을 다투면서 제1심 소송에서 탈퇴하지 아니하였다고 가정할 경우 원고 甲과 원고 승계참가인 丙 및 피고 乙 사이의 다수당사자 간의 소송형태가 무엇인지 설명하시오. 7점

I 설문 1.의 (1)에 관하여

1. 결론

甲·乙·丙 사이의 소송형태는 필수적 공동소송관계로 취급하여야 한다.

2. 논거

(1) 종전 당사자가 탈퇴하지 못한 경우의 소송관계

1) 문제점

전주라고 하여도 이미 계쟁물을 양도한 이상 상대방의 승낙을 얻어 탈퇴할 수 있고, 이 경우 전주는 당사자적격을 상실한다. 따라서 전주와 상대방 사이의 소송관계는 소송탈퇴로 적법하게 종료되는데, 상대방이 동의하지 않아 탈퇴하지 못한 경우 3자 사이의 소송형태가 어떠한지 문제된다.

2) 판례의 태도

판례는 "승계참가에 관한 민사소송법 규정과 2002년 민사소송법 개정에 따른 다른 다수당사자 소송제도와의 정합성, 원고 승계참가인(이하 '승계참가인'이라 한다)과 피참가인인 원고의 중첩된 청구를 모순 없이 합일적으로 확정할 필요성 등(→ 권리승계형 승계참가의 경우에도 원고의 청구가 그대로 유지되고 있는 한 독립당사자참가소송이나 예비적·선택적 공동소송과 마찬가지로 필수적 공동소송에 관한 규정을 적용하여 같은 소송 절차에서 두 청구에 대한 판단의 모순, 저촉을 방지하고 이를 합일적으로 확정할 필요성이 있다. 민사소송법 제81조는 승계인이 독립당사자참가에 관한 제79조에 따라 소송에 참가할 것을 정하는데, 제79조는 제2항에서 필수적 공동소송에 관한 특칙인 제67조를 준용하고 있으므로, 제81조는 승계참가에 관하여도 필수적 공동소송에 관한 특별규정을 준용할 근거가 된다)을 종합적으로 고려하면, 소송이 법원에 계속되어 있는 동안에 제3자가 소송목적인 권리의 전부나 일부를 승계하였다고 주장하며 민사소송법 제81조에 따라 소송에 참가한 경우, 원고가 승계참가인의 승계 여부에 대해 다투지 않으면서도 소송탈퇴, 소 취하 등을 하지 않거나 이에 대하여 피고가 부동의하여 원고가 소송에 남아 있다면 승계로 인해 중첩된 원고와 승계참가인의 청구 사이에는 필수적 공동소송에 관한 민사소송법 제67조가 적용된다. 그러므로 종전 원고의 청구와 승계참가인의 청구가 통상공동소송 관계에 있다는 취지의 판결들은 이와 배치되는 범위 내에서 모두 변경한다."고 하였다.[662]

(2) 사안의 경우

Ⅱ 설문 1.의 (2)에 관하여

1. 결론

원고 甲의 청구에 관하여는 별다른 판단 없이 승계참가인 丙의 승소판결만 한 것은 정당하지 않다.

2. 논거

판례는 상대방의 부동의로 탈퇴하지 못한 사안에서, "원고 승계참가인과 피참가인인 원고의 중첩된 청구를 모순 없이 합일적으로 확정할 필요성 등을 종합적으로 고려하여, 승계로 인해 중첩된 원고와 승계참가인의 청구 사이에는 필수적 공동소송에 관한 민사소송법 제67조가 적용된다고 보아야 한다."고 하였다.[663] 따라서 판결의 모순·저촉의 우려가 있는 일부판결은 허용되지 않는다.

---

662) 대판(전) 2019.10.23, 2012다46170
663) 대판(전) 2019.10.23, 2012다46170

Ⅲ 설문 2.에 관하여

1. 결론

독립당사자참가의 형태에 해당한다.

2. 논거

(1) 종전 당사자가 탈퇴하지 못한 경우의 소송관계

1) 문제점

전주의 소송탈퇴로 전주와 상대방 사이의 소송관계는 적법하게 종료되는데, 피참가인과 참가인 사이에 승계의 유무나 효력에 관한 다툼이 있어서 전주가 소송에서 탈퇴하지 못한 경우 3자 사이의 소송형태가 어떠한지 문제된다.

2) 견해의 대립

① 원고 측 권리승계와 피고 측 의무승계를 나누어 전자의 경우에는 독립당사자참가의 형태로, 후자의 경우에는 예비적 공동소송의 형태로 취급하자는 견해도 있으나, ② 피참가인과 참가인 사이에 승계의 유무나 효력에 관한 다툼이 있어서 전주가 소송에서 탈퇴하지 못한 경우에는 독립당사자참가와 마찬가지로 3면소송관계가 성립하므로 독립당사자참가에 준하여 처리하고, 따라서 이 경우에는 제79조를 적용하여 심판하자는 견해가 타당하다.

(2) 사안의 경우

사안의 경우에는 원고 측 권리승계의 경우로 독립당사자참가의 형태로 봄에 문제가 없다.

사례(56) │ 피고경정과 참가승계

사실관계

甲은 A, B, C와 자신의 소유인 X토지에 대해 매도하는 계약을 체결하였다. 매매계약체결 당시 매수인들은 자신들이 각자 1/3의 지분을 가진 공유자라고 甲에게 이야기하였다. 그 후 甲은 계약금 및 중도금으로 2억 1천만원을 수령하였고, 잔대금 9천만원에 대해서는 이후 이를 지급받음과 동시에 이전등기서류를 매수인들에게 교부해 주기로 하였으나, 약속된 날이 지나도 3인 중 어느 누구로부터도 아무런 연락을 받지 못한 甲은 A, B, C를 상대로 각 피고에게 3천만원씩 매매대금의 지급을 구하는 소를 제기하였다(아래 각 설문은 독립적임).

문제

(1) A가 제출한 최초 답변서에 따르면 자신은 계약체결 후 자신의 매수인으로서의 지위를 이 사건 소제기 전에 이미 乙에게 양도하였으므로 더 이상 자신에게 매매대금을 구할 수 없다고 주장하고 있다. 원고 甲은 피고 A의 답변 내용에 따라 피고 A를 乙로 경정하기 위해 법원에 피고경정신청서를 접수하였다. 이러한 피고경정신청은 적법한가?[664] [15점]

(2) 소송진행 도중 C의 매수인의 지위를 승계하였다고 주장하는 丙이 참가승계신청을 해오자 C는 이에 대해 다투지 않고 아예 소송탈퇴를 하고자 하였다. 그러나 원고 甲은 동의할 수 없다며 버티고 있다. 이 경우 법원은 어떠한 판단을 하여야 하는가? [20점]

■ 설문 (1)에 관하여

1. 결론

부적법하다.

2. 근거

(1) 소의 적법성 여부[665]

1) 문제점

이행의 소에서 당사자적격에 대한 판단을 어떻게 해야 하는지가 문제이다. 특히 계약인수의 주장이 있는 경우 당사자적격의 유무가 문제이다.

---

664) 만일 원고 甲이 피고 A의 답변 내용을 신뢰하지 않고, 다만 피고 A 또는 乙 어느 한 측이 계약당사자의 지위를 갖는 것은 분명하다고 생각하고 있다면, 이러한 원고의 생각을 소송상 어떻게 반영할 수 있는가도 문제인데, 이 경우에는 예비적·선택적 공동소송인의 추가가 그 해결논점이 된다.

665) 배점(예컨대 10점 배점)에 따라 축약기술할 수 있도록 준비해 두어야 한다.

2) 이행의 소에서 당사자적격에 대한 판단

이행의 소에 있어서는 자기의 실체법상 이행청구권을 주장하는 사람이 원고적격자이고, 그로부터 의무자로 주장되고 있는 사람이 피고적격자이다. 여기서 청구권 내지는 의무가 존재하는가, 즉 원고가 실제 이행청구권자이며 피고가 이행의무자인가는 본안심리에서 결정될 문제이다. 결국 이행의 소에서 당사자적격은 주장 자체만으로 판단한다.

3) 사안의 경우

사안의 경우, 甲이 A를 상대로 한 매매대금지급청구의 이행의 소에서 당사자적격의 유무는 주장 자체로 판단하여야 하는바, 甲이 자기가 이행청구권자임을 A를 상대로 주장하는 이상 甲은 원고적격이, A는 피고적격이 인정된다.

다만 계약인수의 사실이 인정된다면 甲의 A에 대한 청구는 이유 없다고 할 것이므로, 甲은 실효성 있는 판결을 얻기 위하여 피고 A에서 매수인의 지위를 양수한 乙로 피고경정신청을 할 수 있는지 여부가 문제이다.

(2) 피고경정신청의 적법 여부

1) 피고경정의 의의 및 표시정정과의 구별

① 원고가 피고를 잘못 지정한 것이 분명한 경우에 법원의 결정으로 피고를 경정하는 것이다 (제260조).

② 당사자 표시의 변경 전후에 있어서 당사자의 동일성이 있는 경우에는 당사자표시정정이고, 동일성이 없어서 새로운 사람을 끌어들이는 경우라면 피고경정이라고 풀이하는 것이 일반적이다.

2) 요건

① 원고가 피고를 잘못 지정함이 명백할 것, ② 변경 전후에 걸쳐 소송물이 동일할 것, ③ 제1심 변론종결 전일 것, ④ 피고가 본안에 관하여 본안변론한 때에는 피고의 동의를 얻을 것이 요구된다.

사안의 경우에는 특히 원고 甲이 피고를 잘못 지정한 것이 명백한 경우에 해당하는지 여부가 문제이다.

3) 원고 甲이 피고를 잘못 지정함이 명백한 경우인지 여부

판례는 민사소송법 제260조 제1항 소정의 '피고를 잘못 지정한 것이 명백한 때'라고 함은 청구취지나 청구원인의 기재 내용 자체로 보아 원고가 법률적 평가를 그르치는 등의 이유로 피고의 지정이 잘못된 것이 명백하거나 법인격의 유무에 관하여 착오를 일으킨 것이 명백한 경우 등을 말하고, 피고로 되어야 할 자가 누구인지를 증거조사를 거쳐 사실을 인정하고 그 인정 사실에 터 잡아 법률 판단을 해야 인정할 수 있는 경우는 이에 해당하지 않는다고 하였다.[666]

---

666) 대결 1997.10.17, 97마1632

4) 사안의 경우

사안에서 계약인수에 따라 매매대금지급의무가 있는 자가 누구인지는 증거조사를 거쳐 사실을 인정하여야 하고, 그 사실인정에 터 잡아 법률판단을 하여야 인정할 수 있는 경우에 해당하므로, 판례에 따르면 부적법하다고 볼 것이다.

Ⅱ 설문 (2)에 관하여

1. 결론

법원은 C의 소송탈퇴를 불허하고, 원고 甲의 청구와 승계참가인 丙의 청구 모두에 대해 본안판단을 하여야 한다.

2. 근거

(1) 문제의 소재

소송진행 도중 C의 매수인의 지위를 승계하였다고 주장하는 丙의 참가승계의 신청이 적법한지 여부가 문제이고, 원고 甲이 동의하지 않는 경우 C의 소송탈퇴의 효력이 인정되지 않는다면 소송관계가 어떠한지를 살펴보아야 한다. 이에 따라 법원의 판단이 달라지기 때문이다.

(2) 참가승계의 적법 여부

1) 의의

참가승계란 소송계속 중 소송목적인 권리 또는 의무의 전부나 일부를 승계하였다고 주장하며 독립당사자참가신청의 방식으로 스스로 참가하여 새로운 당사자가 되어 소송을 승계하는 것을 말한다(제81조).

2) 참가승계의 요건

가) 타인 간의 소송계속 중

참가신청은 사실심의 변론종결 전에 한하여 허용되며, 상고심에서는 허용되지 않는다는 것이 판례이다.

나) 소송의 목적인 권리의무의 승계

① 소송승계의 원인으로는 ⅰ) 소송물인 권리관계 그 자체가 양도된 경우뿐만 아니라, ⅱ) 그 권리관계가 귀속되는 물건(계쟁물)이 양도되어 당사자적격이 이전된 경우도 포함된다.

② 참가승계·인수승계에서의 승계인과 변론을 종결한 뒤의 승계인(제218조 제1항)을 통일적으로 처리하여야 한다는 것이 통설 및 판례이다.[667] 이에 따라 계쟁물의 양도의 경

---

667) 양자는 모두 분쟁주체인 지위가 소송 외에서 변동된 경우에 분쟁해결의 실효성을 확보하려는 제도적 취지가 공통되며, 다만 변론종결 전 승계인지 그 후의 승계인지의 차이가 있을 뿐이고, 전자가 「생성 중의 기판력」을 승계인에게 미치게 하는 것이라면, 후자는 「완성된 기판력」을 승계인에게 미치게 하는 것이라 할 수 있기 때문이다.

우 ⅰ) 청구권의 성질을 불문하고 승계인에 포함된다는 견해가 있다. 즉 채권적 청구권에 기한 소송 중 계쟁물을 양수한 자도 포함된다고 본다. 그러나 ⅱ) 판례는 청구권의 성질이 채권적 청구권인가 물권적 청구권인가를 구별하여, 전자의 경우에 양수인은 승계인에 해당하지 않지만, 후자의 경우에 양수인은 승계인에 포함된다고 한다.

3) 사안의 경우

甲의 소송진행 도중 C의 매수인의 지위를 승계하였다고 주장하는 丙이 참가승계신청을 해오는 것은 타인 간의 소송계속 중 권리관계 자체의 승계로서 적법함에는 의문이 없다.

⑶ 참가승계의 형태

1) 유형

① 참가신청은 독립당사자참가신청방식에 따라야 하지만, 전주와 참가인 사이의 관계는 원칙적으로 이해가 대립되는 관계가 아니므로 소송의 구조는 고유한 독립당사자참가의 3면소송관계와 근본적인 차이가 있고, 전주가 승계사실을 다투지 않는 한, 참가인은 전주에 대해 아무런 청구를 하지 않아도 되므로 편면참가를 하게 되며, 이 경우에는 3면소송관계가 성립하지 않게 된다. 따라서 통상공동소송에 준하여 심리한다(전주가 적법하게 소송탈퇴하게 되면 통상의 이당사자 대립구조가 형성된다). 전주의 소송탈퇴에 상대방이 동의하지 않아 전주가 탈퇴하지 못한 경우에도 마찬가지이다.

② 다만 피참가인과 참가인 사이에 양도의 유무나 효력에 관한 다툼이 있는 경우에는 승계인은 전주에 대하여도 일정한 청구를 하여야 하므로 쌍면참가를 하게 되며, 이때에는 독립당사자참가와 마찬가지로 3면소송관계가 성립하므로 독립당사자참가에 준하여 처리한다. 따라서 이 경우에는 제79조를 적용하여 심판한다.

2) 사안의 경우

사안의 경우 소송진행 도중 C의 매수인의 지위를 승계하였다고 주장하는 丙이 참가승계신청을 함에 있어서 C는 이에 다투지 아니하였는바, 참가인 丙의 참가는 전주인 C에 대해 아무런 청구를 하지 않는 편면참가에 해당한다.

⑷ 소송승계 뒤의 심리방식

1) 탈퇴하지 못한 경우의 소송관계

① 판례는 전주의 소송탈퇴에 「상대방이 동의하지 않아」 전주가 탈퇴하지 못한 경우, "승계참가에 관한 민사소송법 규정과 2002년 민사소송법 개정에 따른 다른 다수당사자 소송제도와의 정합성, 원고 승계참가인(이하 '승계참가인'이라 한다)과 피참가인인 원고의 중첩된 청구를 모순 없이 합일적으로 확정할 필요성 등(→ 권리승계형 승계참가의 경우에도 원고의 청구가 그대로 유지되고 있는 한 독립당사자참가소송이나 예비적·선택적 공동소송과 마찬가지로 필수적 공동소송에 관한 규정을 적용하여 같은 소송 절차에서 두 청구에 대한 판단의 모순, 저촉을 방지하고 이를 합일적으로 확정할 필요성이 있다. 민사소송법 제81조는 승계인이 독

립당사자참가에 관한 제79조에 따라 소송에 참가할 것을 정하는데, 제79조는 제2항에서 필수적 공동소송에 관한 특칙인 제67조를 준용하고 있으므로, 제81조는 승계참가에 관하여도 필수적 공동소송에 관한 특별규정을 준용할 근거가 된다)을 종합적으로 고려하면, 소송이 법원에 계속되어 있는 동안에 제3자가 소송목적인 권리의 전부나 일부를 승계하였다고 주장하며 민사소송법 제81조에 따라 소송에 참가한 경우, 원고가 승계참가인의 승계 여부에 대해 다투지 않으면서도 소송탈퇴, 소 취하 등을 하지 않거나 이에 대하여 피고가 부동의하여 원고가 소송에 남아 있다면 승계로 인해 중첩된 원고와 승계참가인의 청구 사이에는 필수적 공동소송에 관한 민사소송법 제67조가 적용된다. 그러므로 종전 원고의 청구와 승계참가인의 청구가 통상공동소송 관계에 있다는 취지의 판결들은 이와 배치되는 범위 내에서 모두 변경한다."고 하였다.668)

② 다만 「피참가인과 참가인 사이에 승계의 유무나 효력에 관한 다툼」이 있어서 전주가 소송에서 탈퇴하지 못한 경우에는 독립당사자참가와 마찬가지로 3면소송관계가 성립하므로 독립당사자참가에 준하여 처리한다. 따라서 이 경우에는 제79조를 적용하여 심판한다.669)

2) 사안의 경우

C는 丙의 계약상 지위인수와 소송참가에 대해 다투지 않고 아예 소송탈퇴를 하고자 하였으나, 상대방인 원고 甲의 동의를 얻지 못하고 있는바, 법원은 탈퇴신청에 대해 상대방의 동의를 갖추지 못하였음을 이유로 소송탈퇴를 불허하고, 甲의 C에 대한 청구와 丙의 甲에 대한 청구에 대해서도 본안판단을 하여야 한다.

⑸ 설문 ⑵의 해결

피고 C가 원고 甲의 부동의로 탈퇴하지 못한 경우, 법원은 C의 소송탈퇴를 불허하고, 원고 甲의 청구와 승계참가인 丙의 청구는 모두 유효하게 존속하는 것이므로 양자에 대해 본안판단을 하여야 한다.

---

668) 대판(전) 2019.10.23, 2012다46170
669) 누가 채무자인지 여부가 쟁점이 되는 인수참가의 경우라면 견해의 대립이 있으나, 예비적 공동소송의 형태가 된다고 보는 견해에 의하면 제70조의 규정을 유추적용하여 재판의 통일을 도모하고자 한다.

사례(57) | 채권양도와 참가승계 및 기판력의 주관적 범위

사실관계

甲은 乙에게 대여금 채권이 있었고, 이를 지급받기 위하여 乙을 상대로 대여금 청구의 소를 제기하였다. 한편 甲은 위 채권을 丙에게 양도하고, 이를 乙에게 통지하였다.

문제

※ 아래 각 설문에 대한 결론과 이유를 설명하시오. 각 설문은 상호 무관한 것임을 전제로 한다.
1. (甲의 丙에 대한 채권양도 및 통지 시기가 乙에 대한 소장부본 송달 이전일 경우) 丙이 위 소송에 승계참가할 수 있는지 여부와 甲의 청구에 대한 법원의 판단[각하, 인용, 기각]을 설명하시오. 15점
2. (甲의 丙에 대한 채권양도는 소장부본 송달 전에 이루어졌으나, 통지가 소송계속 중에 이루어진 경우) 丙이 위 소송절차에 승계참가할 수 있는지 설명하시오. 8점
3. (甲의 丙에 대한 채권양도는 소송계속 중에 이루어졌으나, 통지가 변론종결일 이후에 이루어진 경우) 법원은 甲의 청구를 인용하는 판결을 선고하였고, 위 판결은 그대로 확정되었다. 丙은 자신이 양수받은 채권을 행사하기 위하여 별도의 대여금 청구의 소를 제기하였는데, 이에 대한 법원의 판단[각하, 인용, 기각]을 설명하시오. 15점

▮ 설문 1.에 관하여

1. 결론

丙은 승계참가할 수 없다. 甲의 청구에 대해 법원은 기각판결을 하여야 한다.

2. 근거

(I) 丙의 승계참가의 가부

1) 참가승계 의의 및 요건

① 참가승계란 제3자가 소송계속 중 소송목적인 권리 또는 의무의 전부나 일부를 승계하였다고 주장하며 스스로 당사자가 되어 소송에 참가하는 것을 말한다(제81조).

② 참가승계가 적법하기 위해서는 ⅰ) 타인 간의 소송계속 중, ⅱ) 소송의 목적인 권리의무의 승계가 있어야 한다. 사안의 경우에는 승계인에 해당하는지 여부가 문제이다.

2) 승계인의 범위 및 승계의 시기

① 소송승계의 원인으로는 ⅰ) 소송물인 권리관계 그 자체가 양도된 경우뿐만 아니라, ⅱ) 그 권리관계가 귀속되는 물건(계쟁물)이 양도되어 당사자적격이 이전된 경우도 포함된다. 사안의 경우 丙은 甲의 대여금채권 자체를 양도받은 경우로서 소송승계 중 특정승계한 경우에 해당하는지가 문제이다.

② 판례는 "민사소송법 제81조의 권리승계참가는 소송의 목적이 된 권리를 승계한 경우뿐만 아니라 채무를 승계한 경우에도 이를 할 수 있으나, 다만 그 승계는 소송의 계속 중에 이루어진 것임을 요함은 위 법조의 규정상 명백하다. 그러므로 소송이 계속되기 전에 권리를 양수한 경우에는 특단의 사정이 없는 한 승계참가의 요건이 결여된 것으로서 그 참가 인정은 부적법한 것이라고 볼 수밖에 없다."고 하였다.[670]

③ 사안의 경우 甲의 丙에 대한 채권양도 및 통지 시기가 乙에 대한 소장부본 송달 이전으로 서 소송계속 전에 권리를 양수한 경우에 해당한다. 따라서 丙의 승계참가는 요건을 결여 하였으므로 인정될 수 없다.

(2) 甲의 청구에 대한 법원의 판단

① 채권양도는 구 채권자인 양도인과 신 채권자인 양수인 사이에 채권을 그 동일성을 유지하 면서 양도인으로부터 양수인에게로 이전시킬 것을 목적으로 하는 계약을 말하고, 이러한 채권의 양도는 양도인이 채무자에게 통지하거나 채무자가 승낙하여야 양수인은 채무자에 게 대항할 수 있다(제450조).

② 사안의 경우는 채권양도의 대항요건을 구비한 경우로서 채권은 양수인에게 이전되고, 양 도인의 채무자에 대한 채권은 상대적으로 소멸한다. 따라서 법원은 양도인 甲의 청구에 대해 청구기각판결을 선고하여야 한다.

■ 설문 2.에 관하여

1. 결론

丙은 승계참가할 수 있다.

2. 근거

① 판례는 "ⅰ) 채권을 양수하기는 하였으나 아직 양도인에 의한 통지 또는 채무자의 승낙이라 는 대항요건을 갖추지 못하였다면 채권양수인은 채무자와 사이에 아무런 법률관계가 없어 채 무자에 대하여 아무런 권리주장을 할 수 없고, 양도인이 채무자에게 채권양도통지를 하거나 채무자가 이를 승낙하여야 채무자에게 채권양수를 주장할 수 있다. ⅱ) 이에 따라 채권양수 인이 소송계속 중의 승계인이라고 주장하며 참가신청을 한 경우에, 채권자로서의 지위의 승 계가 소송계속 중에 이루어진 것인지 여부는 채권양도의 합의가 이루어진 때가 아니라 대항 요건이 갖추어진 때를 기준으로 판단하여야 한다."고 하였다.[671]

② 사안의 경우 甲의 丙에 대한 채권양도는 소장부본 송달 전에 이루어졌으나, 대항요건인 통지 가 소송계속 중에 이루어졌으므로, 丙은 소송계속 중 소송물인 권리 자체의 승계인에 해당한 다. 따라서 丙은 승계참가할 수 있다.

---

670) 대판 2019.5.16, 2016다8589; 대판 1983.9.27, 83다카1027 참고
671) 대판 2019.5.16, 2016다8589; 대판 1990.11.27, 90다카27662

Ⅲ 설문 3.에 관하여

1. 결론

법원은 소각하판결을 하여야 한다.

2. 근거

(1) 기판력의 작용 여부 – 주관적 범위에 해당하는지 여부

① 기판력은 소송의 대립 당사자 사이에만 생기는 것을 원칙(상대성의 원칙)으로 한다(제218조 제1항). 다만 예외적으로 기판력이 당사자 이외에 제3자에게 미치는 경우가 있는데, 이러한 예외로서 민사소송법 제218조 제1항에서는 "확정판결은 변론종결 뒤의 승계인에 대하여 그 효력이 있다"고 규정하고 있다.

② 따라서 사안의 경우 丙이 변론종결 뒤의 승계인에 해당되어 판결의 효력이 미치는지 여부가 문제된다.

(2) 丙이 변론종결 후 승계인에 해당하는지 여부

1) 승계인의 범위

① 승계인이란 ⅰ) 변론종결한 뒤에 당사자로부터 '소송물인 실체법상의 권리의무' 자체를 승계한 자와 ⅱ) 소송물인 권리의무관계 자체를 승계한 것은 아니지만, '계쟁물에 관한 당사자적격'을 승계한 자도 승계인이 된다(적격승계설).

② 사안의 경우 丙은 소송물인 甲의 대여금채권 자체를 승계한 경우에 해당하므로, 승계인에 해당한다.

2) 승계의 시기

① 승계의 시기는 변론종결 후일 것을 요하는데, 판례는 "채권양수인이 소송계속 중의 승계인이라고 주장하며 참가신청을 한 경우에, 채권자로서의 지위의 승계가 소송계속 중에 이루어진 것인지 여부는 채권양도의 합의가 이루어진 때가 아니라 대항요건이 갖추어진 때를 기준으로 판단하여야 하는 것과 마찬가지로, 채권양수인이 민사소송법 제218조 제1항에 따라 확정판결의 효력이 미치는 변론종결 후의 승계인에 해당하는지 여부 역시 채권양도의 합의가 이루어진 때가 아니라 대항요건이 갖추어진 때를 기준으로 판단하여야 한다."고 하였다.[672]

② 사안의 경우 甲의 丙에 대한 채권양도는 소송계속 중에 이루어졌으나, 통지가 변론종결일 이후에 이루어진 경우로서 丙은 변론종결 후 승계인에 해당한다.

---

672) 대판 2020.9.3, 2020다210747 등

(3) 법원의 조치

판례는 "변론종결 후의 승계인에 해당하여 승소 확정판결의 기판력이 미치는 경우, 위 확정판결에 따라 부여받은 승계집행문으로 집행을 하면 되는 것이지 다시 이 사건 소송을 구할 소의 이익이 없으므로, 결국 이 사건 소는 부적법하여 각하하였어야 할 것이다."라고 하였다.[673]

---

673) 대판 2016.9.28, 2016다13482, 민사집행법 제31조 제1항 참고

☑ 사례(58) │ 타인 간 소송계속 중 참가방법

사실관계

甲과 乙은 공동사업주체로서 기존의 연립주택을 철거하고 그 지상에 아파트를 건설하고, 이를 분양하여 그 대금을 甲과 乙에게 귀속시키기로 하는 내용의 시행·시공계약을 체결하였다. 이에 따라 아파트 완성 후 甲과 乙이 공동으로 매도인이 되어 2010.10.20. 丙에게 분양세대인 이 사건 아파트를 분양하는 내용의 분양계약서를 작성하여 이 사건 분양계약을 체결하였다. 그런데 아파트 완성 후 丙은 이 사건 분양계약에 정해진 분양대금을 지급하지 않아서, 甲과 乙은 丙을 상대로 분양대금의 지급을 구하는 소를 제기하였고, 이 사건 소송의 항소심에서 甲, 乙은 丁에게 자신이 丙에 대하여 가지는 분양대금채권을 양도하였다.

문제

丁이 이 사건 항소심에 참가할 수 있는 방법에 대하여 약술하시오. [20점]

Ⅰ 문제의 소재

Ⅱ 참가승계의 가부

1. 의의

참가승계란 타인 간의 소송계속 중 소송목적인 권리 또는 의무의 전부나 일부를 승계하였다고 주장하며 독립당사자참가신청의 방식으로 스스로 참가하여 새로운 당사자가 되어 소송을 승계하는 것을 말한다(제81조).

2. 요건

(1) 타인 간의 소송이 계속 중일 것

참가신청은 사실심의 변론종결 전에 한하여 허용되며, 상고심에서는 허용되지 않는다는 것이 판례이다.

(2) 소송의 목적인 권리·의무의 승계가 있을 것(승계의 범위)

1) 여기의 승계인에는 ① 소송물인 권리관계 자체의 전부나 일부를 승계한 자뿐만 아니라, ② 소송물인 권리관계의 목적물건, 즉 계쟁물을 승계한 자도 포함된다. 이를 당사자적격 이전의 근거가 되는 실체법상의 권리이전이라고도 한다.

2) 참가승계·인수승계에서의 승계인과 변론을 종결한 뒤의 승계인(제218조 제1항)을 통일적으로 처리하여야 한다는 것이 통설 및 판례이다. 이에 따라 계쟁물의 양도의 경우 ① 청구권의 성질을 불문하고 승계인에 포함된다는 견해가 있다. 즉 채권적 청구권에 기한 소송 중 계쟁물을 양수한 자도 포함된다고 본다. 그러나 ② 판례는 청구권의 성질이 채권적 청구권인가 물권적 청구권인가를 구별하여, 전자의 경우에 양수인은 승계인에 해당하지 않지만, 후자의 경우에 양수인은 승계인에 포함된다고 한다.[674]

3. 사안의 경우

丁은 분양대금채권을 승계한 자로서 소송목적인 권리 자체를 승계한 자이다. 따라서 丁은 이 사건 항소심에 스스로 참가할 수 있다.

Ⅲ 독립당사자참가의 가부

1. 의의

독립당사자참가란 타인 간 소송의 계속 중 제3자가 원·피고 양쪽(쌍면참가) 또는 한쪽(편면참가)을 상대방으로 하여 소송목적의 전부나 일부가 자기의 권리라고 주장하거나(권리주장참가), 소송결과에 따라 권리가 침해된다고 주장하면서(사해방지참가) 당사자로서 그 소송절차에 참가하는 것을 말한다(제79조).

2. 요건

1) 적법한 독립당사자참가가 되기 위해서는 참가요건과 일반적 소송요건을 구비하여야 하는데, 참가요건으로는 ① 타인 간의 소송이 계속 중일 것, ② 참가이유가 있을 것, ③ 참가취지, 즉 참가인이 원·피고 일방 또는 쌍방에 대하여 각기 자기의 청구를 할 것, ④ 소의 병합요건을 갖출 것이 요구된다.

2) 사안에서는 甲, 乙과 丙의 항소심 계속 중이며 소의 병합요건은 문제가 없으므로 ②와 ③의 요건에 대하여 살펴본다.

3. 丁의 권리주장참가의 참가이유 구비 여부

1) 판례는 권리주장참가의 참가이유를 판단할 때 본소청구와 참가인의 청구가 주장 자체에서 양립하지 않는 관계에 있으면 족하며, 본안심리 결과 양청구가 실제로 양립되면 참가인의 청구를 기각하면 된다고 한다.[675] 최근 판례의 경향은 참가인이 주장하는 권리가 물권과 같은 대세권이 아닌 한 참가신청은 부적법하다는 종래의 입장에서 채권적 권리를 주장하는 경우에도 참가이유를 인정하는 등 주장참가의 요건을 완화하는 경향에 있다고 볼 수 있다.

---

674) 대판 1993.2.12, 92다25151
675) 대판 1992.12.8, 92다26772

2) 사안의 경우 丁이 甲, 乙로부터 분양대금채권를 양수받아 실제 귀속권자라고 주장하는 경우 어느 한 쪽의 청구권이 인정되면 다른 한 쪽의 청구권은 인정될 수 없는 것으로서 각 청구가 서로 양립할 수 없는 관계에 있으므로, 丁의 독립당사자참가 신청은 적법하다.

4. 丁의 참가취지가 적법한지 여부

쌍면참가와 편면참가 모두를 허용하고 있으므로, 丁은 甲과 乙 사이에 실질적으로 다툼이 없는 때라면 丙 한쪽만을 상대로 참가할 수도 있다.

5. 사안의 경우

丁은 丙 한쪽을 상대로 권리주장참가를 할 수 있다.

Ⅳ 보조참가의 가부

1. 의의

보조참가는 다른 사람 사이의 소송계속 중에 소송의 결과에 이해관계가 있는 제3자가 당사자의 한 쪽의 승소를 보조하기 위하여 소송에 관여하는 것을 말한다(제71조 이하).

2. 요건

1) 보조참가가 적법하기 위해서는 ① 타인 사이에 소송이 계속 중일 것, ② 참가인이 피참가인의 소송결과에 대하여 법률상 이해관계가 있을 것, ③ 참가신청이 있을 것, ④ 소송절차를 현저히 지연시키지 아니할 것, ⑤ 소송행위의 유효요건을 구비할 것을 요한다.

2) 사안에서는 요건은 특별히 문제될 만한 사정은 없으므로, ②의 요건을 살펴보기로 한다.

3. 소송결과에 대하여 이해관계가 있을 것(참가이유)

보조참가를 하기 위해서는 피참가인의 소송결과에 대하여 이해관계, 즉 참가인의 법적 지위가 판결주문 중의 소송물인 권리관계의 존부에 논리적으로 의존관계에 있을 때에 보조참가의 이익이 있다는 것이 통설·판례이다(제한설). 피참가인이 패소하면 그로부터 구상·손해배상청구를 당하게 되는 등 실체법상의 권리의무에 불리한 영향을 받을 경우가 이에 해당한다.

4. 사안의 경우

사안의 경우 丁은 甲과 乙이 丙을 상대로 한 소송에서 패소하면 양수대상이 되는 채권이 없다는 판단을 받게 되므로, 결국 자신이 양수한 채권을 행사할 수 없게 되는 실체법상의 권리에 불리한 영향을 받게 된다. 따라서 丁에게는 참가이유가 인정된다.

Ⅴ 사안의 해결

확인 · 보충 및 심화사례

확인 · 보충 및 심화사례

시험과목	민소법(사례형)	응시번호		성명	

기본적 사실관계

甲은 X 토지와 Y 토지의 소유자이다.

문제

※ 아래 각 설문은 상호 무관한 것임을 전제로 한다.
  ○ 위 기본적 사실관계에 추가하여,
   甲은 "甲이 X 토지 1필지(1,000㎡)의 진정한 소유자이고, X 토지에 마쳐진 乙 명의의 소유권보존등기
   는 원인무효의 등기이다."라고 주장하면서, 乙을 상대로 X 토지에 관한 소유권보존등기의 말소를 청구
   하는 소를 제기하였다.

 1. 1심 법원 재판장은 甲이 제출한 소장에 관하여, 인지를 제대로 납부하지 않았다는 이유로 부족한
   인지를 납부하라는 내용의 보정명령을 하였다.
   가. 甲은 보정명령에서 정한 보정기한 이내에 보정사항을 이행하지 않았다. 이에 1심 법원 재판장
      은 소장을 각하하는 명령을 하였다. 甲은 소장각하명령에 대해 즉시항고를 제기하면서 보정명
      령에 따른 인지를 납부하였다. 이러한 즉시항고는 타당한가? (즉시항고 제기기간은 준수한 것
      으로 간주함) 6점
   나. 1심 법원 재판장은 甲이 보정기한 이내에 보정사항을 이행하지 않았음을 이유로 소장각하명령
      을 하였고 그 원본을 법원사무관에게 교부하였다. 甲은 각하명령 정본이 고지되기 전에 부족한
      인지를 보정하였고 그 후 소장각하명령을 수령하였다. 이에 甲은 소장각하명령에 대해 즉시항
      고를 제기하였다. 이 경우 1심 법원 재판장은 각하명령을 취소할 수 있는가? 4점
 2. 甲의 소장이 乙에게 적법하게 송달되었다. 乙은 답변서를 제출하면서 "X 토지의 소유권보존등기
   명의인은 乙과 동명이인(同名異人)으로서, 乙은 X 토지에 관하여 소유권보존등기를 마친 바 없으
   므로, 甲의 소는 당사자적격이 없는 자를 상대로 한 소로서 부적법하다."고 주장한다. 이러한 주장
   은 타당한가? (乙이 주장하는 사실관계는 인정됨을 전제로 함) 8점
 3. 1심 제1회 변론기일에 甲, 乙이 모두 출석한 다음 "X 토지의 소유권은 현재 甲에게 있다."고 일치하
   여 진술하였다. 법원은 위 진술과 다른 내용의 재판을 할 수 있는가? 7점

  ○ 위 기본적 사실관계에 추가하여,
   甲은 Y 토지의 소유자이고, B는 Y 토지를 점유·사용하는 자이다.
 4. 甲은 B에게 Y 토지의 인도를 청구하는 소를 제기하여 승소판결을 받았고, B는 항소하였다가 甲에
   게 사과하며 Y 토지를 정당한 가격에 매수하겠으니 소를 취하하여 달라고 요청하였다. 甲은 이를
   믿고 소를 취하하였다. 그러나 소 취하 후 B는 Y 토지를 매수하려고 하지 않은 채 계속 점유·사용
   하였다. 甲이 B에게 다시 Y 토지의 인도를 청구하는 소를 제기한 경우 적법한가? 10점

5. 甲은 Y 토지를 A에게 매도하였으나 아직 A는 자신의 명의로 소유권이전등기를 경료받지 못하였다. B가 여전히 Y 토지를 점유·사용하고 있어서 A는 B를 상대로 Y 토지의 인도를 청구하는 소를 제기하였다. 이에 법원은 A가 미등기 매수인임을 이유로 청구가 이유 없다고 판단하면서도, 다만 甲을 대위하여 B를 상대로 Y 토지의 인도를 구하는 주장이 있다고 보아 A의 이러한 주장이 없음에도 곧바로 A의 청구를 인용하였다. 법원의 판단은 적법한가? [15점]

■ 설문 1.의 가.에 관하여

1. 결론

즉시항고는 부당하다.

2. 근거

(1) 재판장의 소장각하 명령에 대한 즉시항고의 가부

① 소장이 제249조 제1항의 규정에 어긋나는 경우와 소장에 법률의 규정에 따른 인지를 붙이지 아니한 경우에는 재판장은 상당한 기간을 정하고, 그 기간 이내에 흠을 보정하도록 명하여야 한다. 또한 원고가 그 기간 이내에 흠을 보정하지 아니한 때에는 재판장은 명령으로 소장을 각하하여야 하고, 재판장의 소장각하명령에 불복이 있으면 원고는 즉시항고를 할 수 있다(제254조).

② 판례는 소장의 적식 여부는 각하명령을 한 때를 기준으로 하여, "재판장의 소장 심사권에 의하여 소장 각하명령이 있었을 경우에 있어서는 즉시항고를 하고 그 흠결을 보정하였을 경우라도 이를 경정할 수 없다."고 하였다.[676] 즉 재판장의 소장 각하명령은 정당한 것이므로 즉시항고는 이유 없다는 것이다.

(2) 사안의 경우

사안의 경우 각하명령을 한 때를 기준으로 甲이 제출한 소장은 인지액이 부족하여 부적시하였으므로, 甲이 사후에 즉시항고를 하면서 부족인지액을 납부하여 그 흠을 보정하였더라도 甲이 제기한 즉시항고는 부당하다.

■ 설문 1.의 나.에 관하여

1. 결론

1심 법원 재판장은 각하명령을 취소할 수 없다.

---

676) 대결(전) 1968.7.29, 68사49 등

2. 근거

(1) 소장각하명령 성립 후 보정한 경우 재판장의 명령 취소의 가부

판례는 "판결과 같이 선고가 필요하지 않은 결정이나 명령과 같은 재판은 그 원본이 법원사무관등에게 교부되었을 때 성립한 것으로 보아야 하므로, 이미 각하명령이 성립한 이상 그 명령 정본이 당사자에게 고지되기 전에 부족한 인지를 보정하였다 하여 위 각하명령이 위법한 것으로 되거나 재도의 고안에 의하여 그 명령을 취소할 수 있는 것은 아니다."라고 하였다.[677]

(2) 사안의 경우

사안의 경우 인지부족으로 소장각하명령을 하였고 그 원본을 법원사무관에게 교부하여 각하명령이 성립한 이상 그 후 甲이 보정하였다 하더라도 재판장은 그 명령을 취소할 수 없다.

Ⅲ 설문 2.에 관하여

1. 결론

乙의 주장은 타당하다.

2. 근거

(1) 당사자적격의 판단

① 당사자적격이란 특정의 사건에 있어서 정당한 당사자로서 소송을 수행하고 본안판결을 받기에 적합한 자격을 말한다.

② 이행의 소에 있어서는 자기의 실체법상 이행청구권을 주장하는 사람이 원고적격자이고, 그로부터 의무자로 주장되고 있는 사람이 피고적격자이다.[678] 여기서 청구권 내지는 의무가 존재하는가, 즉 원고가 실제 이행청구권자이며 피고가 이행의무자인가는 본안심리에서 결정될 문제이다. 결국 이행의 소에서 당사자적격은 주장 자체만으로 판단한다.

③ 그러나 판례는 말소등기청구의 소에서 피고적격이 있는 자는 등기의무자로 본다. 따라서 등기의무자, 즉 등기부상의 형식상 그 등기에 의하여 권리를 상실하거나 기타 불이익을 받을 자가 아닌 자를 상대로 한 등기의 말소절차이행을 구하는 소는 당사자적격이 없는 자를 상대로 한 부적법한 소로서 각하하여야 한다고 하였다.[679]

(2) 사안의 경우

사안의 경우 乙은 X 토지의 소유권보존등기 명의인인 乙과 동명이인에 불과하고 소유권보존등기를 마친 바 없어서 등기명의인이 아니다. 따라서 甲의 소유권보존등기의 말소를 구하는 소는 당사자적격이 없는 등기의무자 아닌 자를 상대로 한 소로서 부적법하다는 乙의 주장은 타당하다.

---

677) 대결 2013.7.31, 2013마670 등
678) 대판 1994.6.14, 94다14797
679) 대판 1994.2.25, 93다39225

Ⅳ 설문 3.에 관하여

1. 결론

법원은 甲과 乙의 일치된 진술과 다른 내용의 재판을 할 수 없다.

2. 근거

(1) 선결적 법률관계 대한 재판상 자백의 성립 여부

① 甲이 "X 토지의 진정한 소유자이고, X 토지에 마쳐진 乙 명의의 소유권보존등기는 원인무효의 등기이다."라고 주장하면서, 소유권에 기해 乙을 상대로 X 토지에 관한 소유권보존등기의 말소를 청구하는 소를 제기한 경우, 甲의 소유권의 존재 자체는 선결적 법률관계에 해당하는데, 이에 대해 乙이 인정진술을 하였는바, 선결적 법률관계에 대한 자백이 재판상 자백에 해당하여 구속력을 인정할 것인지 여부가 문제된다.

② 판례는 소유권의 내용을 이루는 사실에 대한 재판상 자백으로 볼 수 있다고 하였다. 선결적 법률관계는 그 자체로는 자백으로서 구속력이 없더라도, '그 내용을 이루는 (구체적인) 사실'에 대하여는 자백이 성립할 수 있다는 취지이다.[680]

③ 재판상 자백이 성립된 경우 법원은 이에 구속되므로, 법원은 자백사실이 진실인가의 여부에 관하여 판단할 필요가 없으며, 증거조사의 결과 반대의 심증을 얻었다 하여도 다른 사실을 인정할 수 없고, 자백한 사실을 판결의 기초로 삼아야 한다.

(2) 사안의 경우

사안의 경우 甲의 소유권에 대한 乙의 인정진술은 그 소유권의 내용을 이루는 사실에 대한 자백이 성립된다. 따라서 법원은 甲에게 소유권이 존재한다고 판단하여야 하고, 이와 다른 내용의 재판을 할 수 없다.

Ⅴ 설문 4.에 관하여

1. 결론

甲의 후소는 적법하다.

2. 근거

(1) 재소금지의 의의 · 취지 및 요건

① 본안에 대한 종국판결이 있은 후에 소를 취하한 자는 다시 동일한 소를 제기하지 못한다(제267조 제2항). 이는 소 취하로 인하여 법원의 종국판결이 농락됨을 방지하기 위한 것이다.

---

680) 대판 1989.5.9, 87다카749

② 제267조 제2항에 의하여 재소로 금지되기 위해서는 ⅰ) 당사자가 동일할 것, ⅱ) 소송물이 동일할 것, ⅲ) 권리보호의 이익이 동일할 것, ⅳ) 본안의 종국판결 후의 소취하일 것의 요건을 갖추어야 한다.

③ 사안의 경우 전·후소는 甲과 B 사이의 Y 토지에 대한 인도청구권을 소송물로 하여, 甲은 본안의 종국판결 후 소취하하였다. 따라서 권리보호이익이 동일하여 재소금지에 해당하는 지 여부가 문제이다.

(2) 권리보호이익의 동일 여부

판례는 피고가 소취하의 전제조건인 약정사항을 지키지 아니하여 다시 이행의 소를 제기하는 경우나 약정이 해제·실효되는 사정변경이 발생하여 다시 동일한 소를 제기하는 것은 권리보호이익이 동일하지 않아 재소금지의 원칙에 위배되지 않는다는 입장이다.[681]

(3) 사안의 경우

사안의 경우 B는 소취하의 전제조건인 Y 토지를 정당한 가격에 매수하기로 한 약정을 위반하였다. 따라서 甲의 후소는 재소금지에 해당하지 않아 적법하다.

Ⅵ 설문 5.에 관하여

1. 결론

위법하다.

2. 근거[682]

(1) 처분권주의 위반 여부

① 처분권주의란 절차의 개시, 심판의 대상, 절차의 종결에 대해 당사자에게 주도권을 주어 그의 처분에 맡기는 입장을 말한다. 이에 법원으로서는 당사자가 신청한 사항에 대하여, 신청의 범위 내에서만 판단하여야 한다(제203조).

② 판례에 따르면 자신의 소유권에 기한 직접청구와 채무자의 권리를 대신하는 대위청구는 별개의 소송물이므로 처분권주의를 위반한 위법이 있다.

(2) 변론주의 위반 여부

① 변론주의란 소송자료, 즉 사실과 증거의 수집·제출의 책임을 당사자에게 맡기고 법원은 당사자가 수집·제출한 소송자료만을 재판의 기초로 삼아야 한다는 원칙을 말한다.

② 변론주의는 주요사실에 대하여만 인정되는데, 판례의 법규기준설에 의하면 주요사실이란 권리의 발생·변경·소멸이라는 법률효과를 가져오는 법규의 직접요건사실을 말한다.

---

681) 대판 1993.8.24, 93다22074 등
682) 대판 2007.7.26, 2007다19006

③ 변론주의에 의할 때 사실자료와 증거자료는 구별되므로 법원이 증거자료에 의하여 주요사실의 존재를 알았다고 하여도 당사자가 변론에서 주장하지 않았으면 이를 기초로 심판할 수 없는 것이 원칙이다(사실자료와 증거자료의 구별). 다만 이를 관철시키면 구체적으로 타당한 해결을 도모할 수 없는 경우가 발생하므로 구별완화가 필요한데, 이와 관련하여 간접적 주장과 묵시적 주장이 문제이다.

④ 판례에 따르면 자신의 소유권에 기한 청구와 채권자대위권에 기한 청구는 법률효과에 관한 요건사실이 다르므로, 건물의 원시취득자인 매도인을 대위한다는 주장이 없음에도, 소유권을 취득하였음을 전제로 한 청구에 채무자를 대위하여 구하는 취지가 포함되어 있다고 보아 판단한 것은 변론주의를 위반한 위법이 있다.

(3) 지적의무의 위반 여부

① 지적의무는 당사자가 간과하였음이 분명하다고 인정되는 법률상의 사항에 관하여 당사자에게 의견을 진술할 기회를 주는 것으로, 법원의 권능인 동시에 의무이다(제136조 제4항). 이 경우 법원은 불이익을 받을 자에게 반드시 의견진술의 기회를 주어야 한다.

② 지적의무가 인정되기 위해서는 ⅰ) 당사자가 간과하였음이 분명할 것, ⅱ) 법률상의 사항일 것, ⅲ) 재판의 결과에 영향이 있을 것, 즉 지적의무의 대상은 재판의 결과에 영향이 있는 법률적 관점으로 법원이 그 법률적 관점을 기초로 하여 재판을 하려고 하는 것으로 그것이 없다면 재판의 결과가 달라져야 한다.

③ 판례는 (자신의) 소유권에 기한 건물인도의 청구와 채권자대위권에 기한 건물인도의 청구는 법률효과에 관한 요건사실이 다름에도 불구하고, 건물의 소유권을 취득하였음을 전제로 건물의 인도를 구하는 청구에 그 건물을 원시취득한 매도인을 대위하여 건물의 인도를 구하는 취지가 포함되어 있다고 보아 원심 변론종결 시까지 주장하지도 아니한 위 채권자대위권에 기한 건물인도 청구에 기초하여 상대방에게 의견진술의 기회조차 부여하지 아니한 채 그 청구를 인용한 원심판결을 파기하였다.

(4) 사안의 경우

사안의 경우 법원이 A의 직접청구에 甲을 대위하여 B를 상대로 Y 토지의 인도를 구하는 주장이 없음에도 이러한 신청과 주장이 있다고 보아 의견진술의 기회도 부여하지 않은 채 곧바로 A의 청구를 인용함은 처분권주의, 변론주의 및 지적의무를 위반한 위법이 있다.

확인·보충 및 심화사례

시험과목	민소법(사례형)	응시번호		성명	

사실관계

버섯 재배업자인 乙은 버섯 판매업자인 丙과 신선도가 떨어지는 버섯을 속여 판매하기로 공모하고, 丙은 소매업자 甲에게 위 버섯을 공급하는 계약을 甲과 체결하였다. 甲은 불량 버섯에 대한 소비자들의 항의가 빗발치자 이를 확인하는 과정에서 乙과 丙이 공모하여 불법행위를 저지른 사실을 알게 되었다.

문제

※ 아래 각 설문에 대한 결론과 근거를 설명하시오. 각 설문은 상호 무관한 것임을 전제로 한다.

1. 위 기본적 사실관계에 추가하여,

   甲은 乙과 丙을 상대로 서울중앙지방법원에 불법행위로 인한 1억원의 손해배상청구의 소를 제기하였다. 甲의 주소지는 인천광역시(토지관할 법원은 인천지방법원)이고, 乙의 주소지는 서울 서초구(토지관할 법원은 서울중앙지방법원)이며, 丙의 주소지는 대전광역시(토지관할 법원은 대전지방법원)이다. 소장부본을 송달받은 丙은 甲이 서울중앙지방법원에 제기한 소가 자신에게 관할이 없는 법원에 제기된 것이라고 주장하였다. 丙의 주장은 타당한가? (민사소송법 제18조에 따른 불법행위지의 특별재판적은 고려하지 말 것) [10점]

2. 위 기본적 사실관계에 추가하여,

   甲이 소를 제기하기 전에 乙과 丙을 찾아가 항의하자, 乙은 피해변상조로 1억원을 지급하기로 하면서 일단 2천만원을 지급하였고, 나머지 8천만원은 丙과 상의하여 추후 지급하기로 약속하였으나 이를 이행하지 않았다. 이에 甲은 乙과 丙을 상대로 "피고들은 공동하여 원고에게 1억원을 지급하라."라는 취지의 손해배상청구의 소를 제기하였다. 법원은 乙과 丙에게 공시송달에 의하지 아니한 적법한 송달로 변론기일을 통지하였다. 乙은 변론 중에 자신이 이미 2천만원을 변제한 사실을 주장하였으나, 丙은 답변서 기타 준비서면을 제출하지 않은 채 변론기일에도 출석하지 않았다. 법원은 乙의 변제항변을 받아들여 "피고들은 공동하여 원고에게 8천만원을 지급하라."라는 판결을 선고하였다. 이러한 법원의 판결은 타당한가? [15점]

3. 위 기본적 사실관계에 추가하여,

   甲의 채권자 A는 甲이 乙에게 가지는 1억원의 손해배상채권에 관하여 채권압류 및 추심명령을 받아 乙을 상대로 추심금 청구의 소를 제기하였다가 항소심에서 소를 취하하였다. 그 후 甲의 다른 채권자 B가 위 1억원의 손해배상채권에 관하여 다시 채권압류 및 추심명령을 받아 乙을 상대로 추심금 청구의 소를 제기하였다. 乙은 위 사실을 기초로 "B가 제기한 후소는 중복제소에 해당하거나, 재소금지 규정에 반하여 부적법하다."고 주장하였다. 乙의 주장은 타당한가? [15점]

I 설문 1.에 관하여

1. 결론

丙의 주장은 타당하지 않다(부당하다).

2. 근거

(1) 보통재판적·독립재판적 소재지 법원

① 우선 乙에 대한 소송의 경우 乙의 주소지인 서울중앙지방법원에 관할권이 인정되고(제2조, 제3조), 乙의 채무는 금전채무로써 지참채무의 원칙상 채권자인 甲의 주소지인 인천지방법원에 관할권이 인정된다(제8조, 민법 제467조 제2항).

② 반면, 丙에 대한 소송의 경우에는 丙의 주소지인 대전지방법원에 관할권이 인정되고(제2조, 제3조), 丙의 채무도 금전채무로써 지참채무의 원칙상 채권자인 甲의 주소지인 인천지방법원에 관할권이 인정된다(제8조, 민법 제467조 제2항).

③ 따라서 사안의 경우 서울중앙지방법원은 乙에 대한 소송에서는 관할권이 인정되나, 丙에 대한 소송에서는 관할권이 인정되지 않는다. 다만 제25조에 따라 丙에게 관련재판적이 인정되는지 여부가 문제이다.

(2) 공동소송의 경우 관련재판적 인정 여부

① 관련재판적이 인정되기 위해서는 i) 한 개의 소로써 여러 개의 청구를 하는 경우일 것, ii) 수소법원이 여러 개의 청구 중 적어도 한 청구에 관하여 관할권을 가질 것, iii) 다른 법원의 전속관할에 속하는 청구가 아닐 것이 요구된다(제25조 제1항, 제31조).

② 민사소송법 제25조 제2항은 "소송목적이 되는 권리나 의무가 여러 사람에게 공통되거나 사실상 또는 법률상 같은 원인으로 말미암아 그 여러 사람이 공동소송인으로서 당사자가 되는 경우에는 제1항의 규정을 준용한다."고 규정함으로써 제65조 전문의 공동소송의 경우에 관련재판적의 적용을 인정한다.

(3) 사안의 경우

사안의 경우에는 甲의 乙과 丙에 대한 손해배상청구권은 乙과 丙의 공동불법행위에 기한 경우(부진정 연대채무)로서 제65조 전문에 해당하므로, 丙에게는 관련재판적이 인정된다. 따라서 서울중앙지방법원은 丙에 대한 청구에 대해서도 관할권이 인정되는바, 관할위반이라는 丙의 주장은 타당하지 않다.

II 설문 2.에 관하여

1. 결론

법원의 판결은 타당하지 않다(부당하다).

2. 근거

(1) 공동소송의 형태 및 적법성

① 공동소송의 형태가 고유필수적 공동소송인지 여부에 대한 판단기준에 관하여, 판례는 실체법상 관리처분권이 여러 사람에게 공동으로 귀속되느냐 여부를 기준으로 판단한다(실체법상 관리처분권설).

② 사안의 경우 乙과 丙의 손해배상의무의 이행에 대해서는 실체법상 관리처분권이 공동으로 귀속되지 않으므로 고유필수적 공동소송관계는 아니고, 판결의 효력이 미치는 관계도 아니므로 유사필수적 공동소송에도 해당하지 않는다. 결국 통상공동소송에 해당한다.

③ 또한 乙과 丙은 제65조 전문의 이해관계가 있으며, 제25조 제2항의 관련재판적도 인정되므로 공동소송의 요건은 구비되었다.

(2) 통상공동소송의 심리방법

1) 공동소송인 독립의 원칙

통상공동소송의 경우에는 제66조의 "공동소송인 가운데 한 사람의 소송행위 또는 이에 대한 상대방의 소송행위와 공동소송인 가운데 한 사람에 관한 사항은 다른 공동소송인에게 영향을 미치지 아니한다"는 공동소송인 독립의 원칙이 적용되어 이 원칙에 따라 심판하게 된다. 즉 통상공동소송은 ① 소송요건의 존부는 각 공동소송인마다 개별 심사처리(소송요건의 개별처리)하여야 하고, ② 공동소송인의 한 사람의 소송행위는 유리·불리를 가리지 않고 원칙적으로 다른 공동소송인에게 영향을 미치지 아니하며(소송자료의 독립), ③ 소송진행도 독립하여 진행되어 다른 공동소송인에 영향이 없다(소송진행의 독립). 또한 ④ 판결의 통일이 요구되지 않는다(판결의 불통일).

2) 공동소송인 독립의 원칙의 수정 여부

① 주장공통의 원칙에 대해 판례는 "민사소송법 제66조의 명문의 규정과 우리 민사소송법이 취하고 있는 변론주의 소송구조 등에 비추어 볼 때, 통상의 공동소송에 있어서 이른바 주장공통의 원칙은 적용되지 아니한다"고 하여 이를 부정하는 입장이다.[683]

② 또한 증거공통의 원칙에 대해 판례는 명시적인 입장을 밝히지 않고 있으나, 공동소송에 있어서 증명 기타 행위가 행위자를 구속할 뿐 다른 당사자에게는 영향을 주지 않는 것이 원칙이라고 하여 이를 부정하는 입장으로 보인다.[684]

(3) 사안의 경우

① 사안의 甲의 乙과 丙에 대한 청구는 통상공동소송이므로, 제66조 공동소송인 독립의 원칙이 적용되어 乙이 변제사실을 주장하였어도 이는 丙에게 영향을 미치지 않는다.

---

683) 대판 1994.5.10, 93다47196

684) 대결 1959.2.19, 4291민항231. 위와 같은 기술 이외에 '1인의 자백이 다른 공동소송인에게 무슨 효력이 있는 것은 아니'라고 한 판시내용을 기술해도 상관없다.

② 또한 丙이 기일을 해태한 경우에도 다른 공동소송인인 乙에게 그 효과가 미치지 않으며, 기일해태한 丙만 제150조 제3항에 따른 자백간주의 불이익을 입게 된다.

③ 따라서 법원이 乙의 2천만원의 변제항변을 받아들여 丙에게도 8천만원을 지급하라고 한 판결은 제66조의 독립의 원칙을 위반한 위법한 판결이다.[685]

Ⅲ 설문 3.에 관하여

1. 결론

乙의 주장은 타당하지 않다(부당하다).

2. 근거[686]

(1) 압류 및 추심명령의 법적 성질

판례에 따르면 ① 채권에 대한 유효한 압류 및 추심명령이 있으면 실체법상의 청구권은 채무자인 집행채무자(원래의 채권자)에게 있으면서 추심채권자는 소송법상의 관리권만을 이전받는 제3자 법정소송담당의 관계에 있게 된다. 따라서 채무자는 당사자적격을 상실한다. 나아가 ② 추심금청구소송의 소송물은 피압류채권이다.

(2) 중복제소 해당 여부

① 민사소송법 제259조는 "법원에 계속되어 있는 사건에 대하여 당사자는 다시 소를 제기하지 못한다."라고 정하고 있다. 이는 판결의 모순·저촉의 방지를 위한 것이다.

② 판례는 "민사소송에서 중복제소금지는 소송요건에 관한 것으로서 사실심의 변론종결 시를 기준으로 판단하여야 하므로, 전소가 후소의 변론종결 시까지 취하·각하 등에 의하여 소송계속이 소멸되면 후소는 중복제소금지에 위반되지 않는다."고 하였다.

③ 사안의 경우 A의 전소는 소취하로 소송계속이 소멸되었는바, B의 후소는 중복제소에 해당하지 않는다. 따라서 이에 관한 乙의 주장은 타당하지 않다.

(3) 재소금지 해당 여부

1) 재소금지의 의의·취지 및 요건

① 본안에 대한 종국판결이 있은 후에 소를 취하한 자는 다시 동일한 소를 제기하지 못한다(제267조 제2항). 이는 소 취하로 인하여 법원의 종국판결이 농락됨을 방지하기 위한 것이다.

② 제267조 제2항에 의하여 재소로 금지되기 위해서는 ⅰ) 당사자가 동일할 것, ⅱ) 소송물이 동일할 것, ⅲ) 권리보호의 이익이 동일할 것, ⅳ) 본안의 종국판결 후의 소취하일 것의 요건을 갖추어야 한다.

---

685) 결국 법원은 "乙에 대해서는 8천만원의 범위에서, 丙에 대해서는 1억원 전부의 범위에서 甲의 청구를 인용하여야 한다.

686) 대판 2021.5.7. 2018다259213

2) 재소금지 해당 여부

판례는 "제267조 제2항의 '같은 소'는 반드시 기판력의 범위나 중복제소금지에서 말하는 것과 같은 것은 아니고, 당사자와 소송물이 같더라도 이러한 규정의 취지에 반하지 않고 소제기를 필요로 하는 정당한 사정이 있다면 다시 소를 제기할 수 있다."고 하였다.

3) 사안의 경우

사안의 경우 A가 선행 추심소송에서 패소판결을 회피할 목적 등으로 종국판결 후 소를 취하하였다거나 B가 소송제도를 남용할 의도로 소를 제기하였다고 보기 어렵고, B는 선행 추심소송과 별도로 자신의 甲에 대한 채권의 집행을 위하여 위 소를 제기한 것이므로 새로운 권리보호이익이 발생한 것으로 볼 수 있어 재소금지 규정에 반하지 않는다. 따라서 이에 관한 乙의 주장은 타당하지 않다.

확인·보충 및 심화사례

시험과목	민소법(사례형)	응시번호		성명	

사실관계

○ 甲종중의 대표자 乙은 2018.5.경 일부 종원들이 乙 몰래 甲종중 소유의 X토지를 종원 丙에게 매도하고 관련서류를 위조하여 소유권이전등기를 마쳐 준 사실을 알게 되어 甲종중을 원고로 하여 丙을 상대로 X토지에 관한 소유권이전등기말소청구의 소를 제기하였다(이하 '제1사건'이라 한다).

○ 한편, 甲종중은 2017.2.1. A로부터 A 소유인 Y토지를 대금 1억원에 매수하는 계약을 체결하였고, 아직 소유권이전등기를 경료하지 않은 상태이다(이하 '제2사건'이라 한다).

문제

※ 아래 각 설문에 대한 결론과 근거를 설명하시오. 각 설문은 상호 무관한 것임을 전제로 한다.

○ 위 제1사건에서,

(1) 위 소송에서 丙은 甲종중이 그 종중을 나타내는 특별한 명칭을 사용한 적이 없고 서면으로 된 정식 종중규약도 없으며, 그 대표자라는 乙이 일부 종원들에게는 소집통지를 하지 않고 乙에게 우호적인 종원들에게만 소집통지를 하여 개최된 종중총회의 결의에 의하여 선임되었을 뿐이라고 주장하고 있다. 그럼에도 불구하고 제1심 법원은 甲종중에 대하여 석명권을 행사하거나 직권증거조사를 해서 乙에게 적법한 대표권이 있는지를 심리하지 않고 변론을 종결하였다. 제1심 법원은 원고에 대하여 석명권을 행사하는 등으로 乙에게 대표권이 있는지를 심리 판단하여야 하는가? 또 丙의 주장이 사실이라면 원고의 이 사건 소는 적법한가? 15점 687)

○ 위 제2사건에서,

(2) 甲종중이 그 소유권이전등기를 마치고자 등기부를 확인해 보니, 2017.5.1. Y토지에 관하여 이미 B명의로 "2017.4.1. 매매"를 원인으로 한 소유권이전등기가 마쳐졌음을 알게 되었다. 이에 甲종중은 2017.10.1. B명의의 위 소유권이전등기는 B가 A의 인장을 훔친 후 위임장 등 관련 서류를 위조하여 마친 것이므로 원인 없는 무효의 등기라고 주장하면서, A를 대위하여 B를 상대로 위 소유권이전등기의 말소등기청구의 소를 제기하였다. 피고 B는 제1차 변론기일에서 甲종중의 주장과 같이 ① 甲종중과 A 사이에서 2017.2.1. 매매계약이 체결된 사실과, ② 위조서류에 의하여 B명의의 소유권이전등기가 마쳐진 사실을 인정한다고 진술하였다가, 제2차 변론기일에서 위 ①, ②의 진술을 모두 번복하였다. 이 경우 법원은 위 ①, ②의 사실을 그대로 인정하여야 하는가? 20점

(3) 만일 甲종중이 Y토지를 다시 丁에게 매도하였는데, 甲종중이 A에게 소유권이전등기절차의 이행을 구하지 않고 있어 丁이 甲종중을 대위하여 A를 상대로 채권자대위소송을 제기하는 경우라면, 이때에 사원총회의 결의 등 내부적인 의사결정절차를 거쳐야 하는가? 6점 688)

(4) 만일 甲종중이 A를 상대로 사원총회의 결의 없이 소유권이전등기청구의 소를 제기하였고, 이에 대해 법원은 부적법 소각하 판결을 하였고 이것이 확정되었는데, 그 후 丁이 甲종중을 대위하여 A를 상대로 채권자대위소송을 제기하는 경우라면, 丁이 제기한 소는 적법한가? 9점 689)

■ 설문 (1)에 관하여

1. 결론

① 제1심 법원은 원고에 대하여 석명권을 행사하는 등으로 乙에게 대표권이 있는지를 심리판단하여야 한다.

② 甲종중의 이 사건 소는 부적법하다.

2. 근거

(1) 법원의 대표권 유무에 대한 석명권 행사 등 심리판단 의무의 인정 여부

1) 乙의 대표권 유무의 법적 성질 및 직권조사사항에 대한 법원의 판단

판례는 "종중이 당사자인 사건에 있어서 그 종중의 대표자에게 적법한 대표권이 있는지 여부는 소송요건에 관한 것으로서 법원의 직권조사사항이므로, 법원으로서는 그 판단의 기초자료인 사실과 증거를 직권으로 탐지할 의무까지는 없다 하더라도, 이미 제출된 자료들에 의하여 그 대표권의 적법성에 의심이 갈 만한 사정이 엿보인다면 이에 관하여 심리·조사할 의무가 있다."고 하였다.[690]

2) 법원의 석명권 행사의 요부 – 지적의무

① 지적의무는 당사자가 간과하였음이 분명하다고 인정되는 법률상의 사항에 관하여 당사자에게 의견을 진술할 기회를 주는 것으로, 법원의 권능인 동시에 의무이다(제136조 제4항).

② 판례는 "당사자적격 등의 문제를 재판의 기초로 삼기 위하여는 원고로 하여금 이 점에 관하여 변론을 하게 하고, 필요한 경우 청구취지 등을 변경할 기회를 주었어야 할 것인데도 이에 이르지 아니한 채 이 점을 재판의 기초로 삼아 소를 각하한 것은 원고가 전혀 예상하지 못한 법률적인 관점에 기한 예상 외의 재판으로 원고에게 불의의 타격을 가하였을 뿐 아니라 석명의무를 다하지 아니하여 심리를 제대로 하지 아니한 것이라 할 것이고, 이러한 위법은 판결결과에 영향을 미쳤음이 분명하다."고 하였다.[691]

3) 사안의 경우

제1심 법원은 원고 甲종중에 대하여 석명권을 행사하는 등으로 乙에게 대표권이 있는지를 심리판단하여야 한다.

---

687) 乙에게 대표권이 없어서 법원은 소각하 판결을 해야 할 상황이라는 것이 이 사건의 핵심이다.

688) 대판 2014.9.25, 2014다211336 사안 변형

689) 대판 2018.10.25, 2018다210539 사안 변형

690) 대판 2007.3.29, 2006다74273 등

691) 대판 1994.10.21, 94다17109

(2) 丙의 주장이 사실인 경우 소의 적법 여부

1) 甲종중의 당사자능력 인정 여부

① 제52조는 법인 아닌 사단이나 재단으로서 대표자 또는 관리인이 있으면 그 이름으로 당사자가 될 수 있도록 하였다. 사안의 경우 甲종중이 고유 의미의 종중으로서 비법인사단에 해당하는지가 문제이다.

② 판례에 따르면, 종중이라 함은 원래 공동선조의 후손 중 성년 이상의 남자를 종원으로 하여 구성되는 종족의 자연발생적 집단으로서 선조의 사망과 동시에 자손에 의하여 성립하는 것이고 성립을 위하여 특별한 조직행위를 필요로 하는 것이 아니며, 다만 목적인 공동선조의 분묘수호, 제사봉행, 종원 상호간의 친목을 위한 활동을 규율하기 위하여 규약을 정하는 경우가 있고, 또 대외적인 행위를 할 때에는 대표자를 정할 필요가 있는 것에 지나지 아니하며, 반드시 특정한 명칭의 사용 및 서면화된 종중규약이 있어야 하거나 종중의 대표자가 계속하여 선임되어 있는 등 조직을 갖추어야 하는 것도 아니다.[692] 따라서 사안의 甲종중은 비법인사단에 해당하므로 당사자능력이 인정된다.

2) 乙의 대표권 존재 여부

① 판례에 따르면, 종중총회는 특별한 사정이 없는 한 모든 종중원에게 개별적으로 소집통지를 함으로써 각자가 회의와 토의와 의결에 참가할 수 있는 기회를 주어야 하고, 일부 종중원에게 소집통지를 결여한 채 개최된 종중총회의 결의는 효력이 없다.[693]

② 사안의 경우 乙이 일부 종원들에게는 소집통지를 하지 않고 乙에게 우호적인 종원들에게만 소집통지를 하여 개최된 종중총회의 결의는 무효이므로, 乙의 대표권은 인정될 수 없다.

3) 사안의 경우

甲종중은 비법인사단으로서 제52조에 의해 당사자능력이 인정되나 乙에게는 소송요건인 대표권의 흠결이 있으므로, 甲종중의 이 사건 소는 부적법하다. 따라서 법원은 소각하 판결을 하여야 한다.

Ⅱ 설문 (2)에 관하여

1. 결론

법원은 ① 피보전채권인 매매계약의 체결사실은 그대로 인정할 수 없으나, ② 위조서류에 의하여 B명의의 소유권이전등기가 마쳐진 사실에 대해서는 그대로 인정하여야 한다.

---

692) 대판 1998.7.10, 96다488. 답안에는 비법인 사단과 조합의 구별기준에 관한 일반론을 기재하는 것부터 시작해도 좋겠다. 단 배점과 시간안배에 실수가 없도록 주의해야 하겠다.

693) 대판 2000.2.25, 99다20155 등

2. 근거

(1) 채권자대위소송의 법적 성질

판례는 채권자대위소송은 채권자가 스스로 원고가 되어 채무자의 제3채무자에 대한 권리를 행사하는 것으로서 법정 소송담당으로 보고 있다. 이에 따르면 ① 피보전채권, ② 보전의 필요성, ③ 채무자의 권리불행사는 당사자적격(원고적격)의 요소가 되나, ④ 피대위권리는 소송물에 해당한다.

(2) 피보전채권에 대한 인정진술의 의미

1) 피보전채권의 소송법상 의미

판례는 채권자대위소송에서 대위에 의하여 보전될 채권자의 채무자에 대한 권리(피보전채권)가 존재하는지 여부는 소송요건으로서 법원의 직권조사사항이므로, 법원으로서는 그 판단의 기초자료인 사실과 증거를 직권으로 탐지할 의무까지는 없다 하더라도, 법원에 현출된 모든 소송자료를 통하여 살펴보아 피보전채권의 존부에 관하여 의심할 만한 사정이 발견되면 직권으로 추가적인 심리·조사를 통하여 그 존재 여부를 확인하여야 할 의무가 있다고 하였다.[694]

2) 직권조사사항에 대한 자백의 효력

직권조사사항의 존부 자체는 재판상의 자백이나 자백간주의 대상이 될 수 없다.[695] 따라서 그 존재를 당사자들이 다투지 아니한다 하더라도 그 존부에 관하여 의심이 있는 경우에는 법원이 이를 직권으로 밝혀 보아야 한다. 즉 자백으로서의 구속력이 없으므로, 당사자는 자유롭게 이를 철회할 수 있고 법원도 이에 구속되지 않고 증거조사를 통해 피보전채권의 존부를 심리·판단하여야 한다.

(3) 원인무효의 등기가 마쳐진 사실에 대한 인정진술의 의미

1) 인정진술이 주요사실인지 여부 – 변론주의의 적용여부

위조서류에 의하여 B명의의 소유권이전등기가 마쳐진 사실은 甲의 대위청구의 요건사실에 해당하는 것으로서 주요사실에 해당한다. 따라서 이에 대한 인정진술은 재판상 자백에 해당한다.

2) 자백의 구속력 – 철회제한의 원칙과 그 예외

자백은 법원에 대한 구속력으로 법원은 사실인정권이 배제되어 자백한 것을 그대로 인정해야 하며, 당사자에 대한 구속력으로서 당사자는 자유롭게 철회하지 못함이 원칙이다. 다만 ① 진실에 어긋나는 자백은 그것이 착오로 말미암은 것임을 증명한 때에는 철회할 수 있다(제288조 단서). 그리고 ② 상대방의 동의가 있는 경우, ③ 상대방 또는 제3자의 형사상 처벌받을 행위로 말미암아 자백을 한 경우(제451조 제1항 5호 참조)에는 자백의 철회가 허용된다.

---

694) 대판 2009.4.23, 2009다3234
695) 대판 1971.2.23, 70다44,45

(4) 사안의 경우

B의 甲종중과 A 사이의 매매계약 체결사실에 대한 인정진술은 재판상 자백으로서의 구속력이 없다. 따라서 법원은 매매계약 체결사실을 그대로 인정할 수 없고 증거조사를 통해 그 사실의 유무에 따른 피보전채권의 존부를 심리·판단하여야 한다. 그러나 원인무효의 등기가 마쳐진 사실에 대한 인정진술은 재판상 자백에 해당하고, 사안의 경우에는 자백 철회가 가능한 예외적인 사정이 보이지 않으므로 법원에 대한 구속력이 발생하는바, 법원은 그 사실 그대로 인정하여야 한다.

Ⅲ 설문 (3)에 관하여

1. 결론

丁은 사원총회의 결의 등 내부적인 의사결정절차를 거칠 필요가 없다.

2. 근거

판례는 "① 비법인사단이 총유재산에 관한 소를 제기할 때에는 정관에 다른 정함이 있는 등의 특별한 사정이 없는 한 사원총회의 결의를 거쳐야 하지만, 이는 비법인사단의 대표자가 비법인사단 명의로 총유재산에 관한 소를 제기하는 경우에 비법인사단의 의사결정과 특별수권을 위하여 필요한 내부적인 절차이다. ② 채권자대위권은 채무자가 스스로 자기의 권리를 행사하지 아니하는 때에 채권자가 채무자에 대한 채권을 보전하기 위하여 채무자의 의사와는 상관없이 채무자의 권리를 대위하여 행사할 수 있는 권리로서 그 권리행사에 채무자의 동의를 필요로 하는 것은 아니므로, 비법인사단이 총유재산에 관한 권리를 행사하지 아니하고 있어 비법인사단의 채권자가 채권자대위권에 기하여 비법인사단의 총유재산에 관한 권리를 대위행사하는 경우에는 사원총회의 결의 등 비법인사단의 내부적인 의사결정절차를 거칠 필요가 없다."고 하였다.[696]

Ⅳ 설문 (4)에 관하여

1. 결론

적법하다.

2. 근거

(1) 채권자대위소송의 법적 성질

판례는 채권자대위소송은 채권자가 스스로 원고가 되어 채무자의 제3채무자에 대한 권리를 행사하는 것으로서 법정 소송담당으로 보고 있다. 이에 따르면 ① 피보전채권, ② 보전의 필요성, ③ 채무자의 권리불행사는 당사자적격(원고적격)의 요소가 되나, ④ 피대위권리는 소송물에 해당한다.

---

696) 대판 2014.9.25, 2014다211336

(2) 丁의 채권자대위소송의 적법 여부

1) 문제점

丁의 채권자대위소송의 적법성과 관련하여, 대위소송 전에 채무자 甲종중이 제3채무자 A를 상대로 소유권이전등기청구의 소를 제기하였으나 부적법하다는 이유로 소각하 판결을 받아 확정된 경우에도 채무자의 권리행사가 있었던 경우에 해당하는지 여부가 문제이다.

2) 채무자의 권리불행사 인정 여부

판례는 "채권자대위권은 채무자가 스스로 제3채무자에 대한 권리를 행사하지 아니하는 경우에 한하여 채권자가 자기의 채권을 보전하기 위하여 행사할 수 있는 것이어서, 채권자가 대위권을 행사할 당시에 이미 채무자가 그 권리를 재판상 행사하였을 때에는 채권자는 채무자를 대위하여 채무자의 권리를 행사할 수 없다. 그런데 비법인사단이 사원총회의 결의 없이 제기한 소는 소제기에 관한 특별수권을 결하여 부적법하고, 그 경우 소제기에 관한 비법인사단의 의사결정이 있었다고 할 수 없다. 따라서 비법인사단인 채무자 명의로 제3채무자를 상대로 한 소가 제기되었으나 사원총회의 결의 없이 총유재산에 관한 소가 제기되었다는 이유로 각하판결을 받고 그 판결이 확정된 경우에는 채무자가 스스로 제3채무자에 대한 권리를 행사한 것으로 볼 수 없다."고 하였다.[697]

(3) 사안의 경우

---

[697] 대판 2018.10.25, 2018다210539

확인 · 보충 및 심화사례

시험과목	민소법(사례형)	응시번호		성명	

기본적 사실관계

甲은 2013.4.2. 乙과 토지거래허가구역 내에 있던 乙 소유의 X 토지를 대금 5억원에 매수하기로 하는 계약을 체결하였다.

문제

※ 아래 각 설문에 대한 결론과 근거를 설명하시오. 각 설문은 상호 무관한 것임을 전제로 한다.

1. 甲은 乙과 매매계약을 체결하면서 자신이 토지거래허가를 받을 수 없다는 것을 알고, 2013.11.29. 허가요건을 갖춘 丙에게 요청하여 丙을 매수인으로 한 매매계약서를 작성한 뒤 丙 명의로 토지거래허가를 받아 소유권이전등기를 마쳤다. 그 후 甲은 X 토지가 허가구역에서 해제되자, 乙에 대하여 X 토지에 관한 소유권이전등기절차의 이행을 구하였고, 이 소송에서 2014.11.13. "甲에게, 乙은 매매를 원인으로 한 소유권이전등기절차를 이행한다."는 내용의 조정(이하 '이 사건 화해'라고 한다)이 성립하였다. 그 후 甲은 이 사건 화해에 따른 X 토지에 관한 甲의 乙에 대한 소유권이전등기청구권을 보전하기 위하여, 乙을 대위하여 丙을 상대로 丙 명의의 소유권이전등기 말소등기절차의 이행을 구하는 소를 제기하였다. 위 소송에서 丙은 甲과 乙의 매매계약은 무효이므로 甲의 乙에 대한 소유권이전등기청구권은 존재하지 않는바 甲의 청구에 응할 수 없다고 주장하였고, 甲은 이 사건 화해에 따라 소유권이전등기청구권의 존재는 증명된 것이므로 丙은 이를 다툴 수 없다고 주장하였다. 법원은 丙과 甲의 주장에 기초하여 이 사건 소에 대해 어떤 판단을 하여야 하는가? [17점] [698)]

2. 甲은 乙과의 매매계약에 기해 토지거래허가를 받아 자신 명의로 소유권이전등기를 경료하였다. 그 후 甲은 丁 은행과 사이에 X 토지를 담보로 하여 근저당권설정계약을 체결하고, 위 토지에 관하여 채권최고액을 5억 2,000만원으로 하여 丁 은행 앞으로 근저당권설정등기 및 지상권설정등기를 마쳐 주었다. 그 후 甲은 지상권설정등기에 관한 피담보채무의 부존재 확인의 소를 제기하였다. 甲의 청구에 대해 법원은 어떤 판단을 하여야 하는가? [7점]

3. 甲은 乙을 상대로 매매계약에 기한 소유권이전등기절차 이행의 소를 제기하여 승소판결을 받았다. 이에 乙의 항소에 기한 항소심에서 甲은 매매에 따른 토지거래허가신청절차의 이행을 구하는 소로 적법하게 변경하였고, 그 후 토지거래허가를 받았다. 甲이 다시 乙을 상대로 매매계약에 기한 소유권이전등기절차의 이행을 구하는 소를 제기하였다면, 이와 같은 후소는 적법한가? [8점]

4. 甲은 乙과 매매계약을 체결한 후 乙에게 여러 차례 소유권이전등기를 경료해 달라고 요청하였으나, 乙은 이를 거절하고 있다. 이에 甲은 乙을 상대로 토지거래허가를 받을 것을 조건으로 X 토지의 소유권이전등기절차의 이행을 구하는 소를 제기하였다. 법원은 어떠한 판단을 하여야 하는가? [9점]

---

698) 대판 2019.1.31, 2017다228618

✦ 민사소송법 핵심사례집

5. 甲이 여러 차례 소유권이전등기를 경료해 달라고 요청하였으나, 乙이 이를 거절하고 있어서 甲은 乙을 상대로 소유권이전등기청구와 토지거래허가신청절차의 이행을 구하는 소를 제기하였는데, 변론종결 전에 이미 위 토지는 토지거래허가구역에서 해제되었음에도 甲은 이러한 사실을 알지 못하여 전소에서 주장하지 못하였고, 결국 소유권이전등기절차의 이행을 구하는 청구는 기각되고 토지거래허가신청절차의 이행을 구하는 청구는 인용하는 판결이 선고되어 확정되었다. 그 후 이러한 사실을 뒤늦게 알게 된 甲은 乙을 상대로 소유권이전등기절차의 이행을 구하는 소를 제기하였다. 후소 법원은 어떤 판단을 하여야 하는가? 9점

I 설문 1.에 관하여

1. 결론

소각하 판결을 하여야 한다.

2. 근거

(1) 채권자대위소송의 법적 성질과 피보전채권의 소송법상 의미

① 판례는 "채권자대위소송은 채권자가 스스로 원고가 되어 채무자의 제3채무자에 대한 권리를 행사하는 것이다"라고 하여 법정 소송담당설과 같은 태도이다.[699]

② 채권자대위소송의 법적 성질에 대한 법정소송담당설의 입장에 의하면 "ⅰ) 피보전채권, ⅱ) 보전의 필요성, ⅲ) 채무자의 권리불행사는 당사자적격의 요소이다.

③ 판례도 채권자대위소송에서 대위에 의하여 보전될 채권자의 채무자에 대한 권리(피보전채권)가 존재하는지 여부는 소송요건으로서 법원의 직권조사사항이라 하였다.[700]

(2) 丙의 피보전채권의 부존재에 대한 주장의 가부

판례는 "채권자가 채권자대위소송을 제기한 경우, ① 제3채무자는 채무자가 채권자에 대하여 가지는 항변권이나 형성권 등과 같이 권리자에 의한 행사를 필요로 하는 사유를 들어 채권자의 채무자에 대한 권리가 인정되는지 여부를 다툴 수 없지만, ② 채권자의 채무자에 대한 권리의 발생원인이 된 법률행위가 무효라거나 위 권리가 변제 등으로 소멸하였다는 등의 사실을 주장하여 채권자의 채무자에 대한 권리가 인정되는지 여부를 다투는 것은 가능하고, 이 경우 법원은 제3채무자의 주장을 고려하여 채권자의 채무자에 대한 권리가 인정되는지 여부에 관하여 직권으로 심리·판단하여야 한다"고 하였다.[701]

---

699) 대판 1994.6.24, 94다14339 등
700) 대판 2009.4.23, 2009다3234
701) 대판 2015.9.10, 2013다55300

(3) 甲의 주장의 당부

판례는 "① 채권자대위권을 행사하는 경우, 채권자가 채무자를 상대로 보전되는 청구권에 기한 이행청구의 소를 제기하여 승소판결을 선고받고 판결이 확정되었다면, 특별한 사정이 없는 한 그 청구권의 발생원인이 되는 사실관계가 제3채무자에 대한 관계에서도 증명되었다고 볼 수 있다고 하였다. 그러나 ② 그 청구권의 취득이, 채권자로 하여금 채무자를 대신하여 소송행위를 하게 하는 것을 주목적으로 이루어진 경우와 같이, 강행법규에 위반되어 무효라고 볼 수 있는 경우 등에는 위 확정판결에도 불구하고 채권자대위소송의 '제3채무자에 대한 관계'에서는 피보전권리가 존재하지 아니한다고 보아야 한다. 이는 '위 확정판결 또는 그와 같은 효력이 있는 재판상 화해조서 등이 재심이나 준재심으로 취소되지 아니하여 채권자와 채무자 사이에서는 그 판결이나 화해가 무효라는 주장을 할 수 없는 경우'라 하더라도 마찬가지이다."라고 하였다.[702]

(4) 甲과 乙 간의 매매계약이 무효인지 여부

판례는 "구 국토의 계획 및 이용에 관한 법률(2016.1.19. 법률 제13797호로 개정되기 전의 것, 이하 '구 국토계획법'이라고 한다. 현행 부동산거래신고 등에 관한 법률)에서 정한 토지거래계약 허가구역 내 토지에 관하여 허가를 배제하거나 잠탈하는 내용으로 매매계약이 체결된 경우에는, 강행법규인 구 국토계획법 제118조 제6항에 따라 계약은 체결된 때부터 확정적으로 무효이다. 계약체결 후 허가구역 지정이 해제되거나 허가구역 지정기간 만료 이후 재지정을 하지 아니한 경우라 하더라도 이미 확정적으로 무효로 된 계약이 유효로 되는 것이 아니다."라고 하였다.[703]

(5) 사안의 경우

甲의 乙에 대한 피보전권리가 재판상 조정에 의한 것이라 하더라도, 그 내용이 강행법규 위반으로 무효인 이상, 위 조정의 당사자가 아닌 丙에 대한 관계에서 甲의 乙에 대한 소유권이전등기청구권이 존재한다고 볼 수는 없고, 이는 위 조정조서가 준재심절차에 의하여 취소되지 아니하여 그 당사자인 甲과 乙 사이에서는 위 소유권이전등기청구권이 존재한다고 하더라도 마찬가지이다. 따라서 법원은 이 사건 소를 직권으로 각하하여야 한다.

Ⅱ 설문 2.에 관하여

1. 결론

소각하 판결을 하여야 한다.

2. 근거

(1) 확인의 이익 인정 여부[704]

---

702) 대판 2019.1.31, 2017다228618
703) 대판 2019.1.31, 2017다228618
704) 대판 2017.10.31, 2015다65042

1) 담보지상권의 피담보채무의 유무

판례는 "근저당권 등 담보권 설정의 당사자들이 담보로 제공된 토지에 추후 용익권이 설정되거나 건물 또는 공작물이 축조·설치되는 등으로 토지의 담보가치가 줄어드는 것을 막기 위하여 담보권과 아울러 설정하는 지상권을 이른바 담보지상권이라고 하는데, 이는 당사자의 약정에 따라 담보권의 존속과 지상권의 존속이 서로 연계되어 있을 뿐이고, 이러한 경우에도 지상권의 피담보채무가 존재하는 것은 아니다."라고 하였다.

2) 확인의 이익 유무

판례는 "지상권설정등기에 관한 피담보채무의 범위 확인을 구하는 청구는 원고의 권리 또는 법률상의 지위에 관한 청구라고 보기 어려우므로, 확인의 이익이 없어 부적법하다."고 하였다.

(2) 사안의 경우

Ⅲ 설문 3.에 관하여

1. 결론

적법하다.

2. 근거

(1) 재소금지의 의의·취지 및 요건

① 본안에 대한 종국판결이 있은 후에 소를 취하한 자는 다시 동일한 소를 제기하지 못한다(제267조 제2항). 이는 소 취하로 인하여 법원의 종국판결이 농락됨을 방지하기 위한 것이다.

② 제267조 제2항에 의하여 재소로 금지되기 위해서는 ⅰ) 당사자가 동일할 것, ⅱ) 소송물이 동일할 것, ⅲ) 권리보호의 이익이 동일할 것, ⅳ) 본안의 종국판결 후의 소취하일 것의 요건을 갖추어야 한다.

③ 사안의 경우 전소와 후소는 모두 甲의 乙을 상대로 한 매매계약에 기한 소유권이전등기청구권으로서 당사자와 소송물의 동일은 문제가 없다. 다만 항소심에서 소의 교환적 변경에 기해 본안의 종국판결 후 소취하가 있었는지 여부와 권리보호의 이익이 동일한지 여부가 문제이다.

(2) 재소금지 해당 여부

판례는 "① 매수인이 매도인을 상대로 부동산에 관하여 매매를 원인으로 한 소유권이전등기절차 이행의 소를 제기하여 승소판결을 받았지만, 항소심에서 매매에 따른 토지거래허가신청절차의 이행을 구하는 소로 변경하여 당초의 소는 종국판결 선고 후 취하된 것으로 되었다 하더라도, ② 민사소송법 제267조 제2항 소정의 재소금지원칙이 적용되기 위하여는 소송물이 동일한 외에 권리보호의 이익도 동일하여야 할 것인바, 그 후 토지거래허가를 받고 나서 다시 소유권이전등기절차의 이행을 구하는 것은 취하된 소와 권리보호의 이익이 달라 재소금지원칙이 적용되지 않는다."고 하였다.[705]

---

705) 대판 1997.12.23, 97다45341

(3) 사안의 경우

사안의 경우, 甲이 乙을 상대로 제기한 후소는 재소금지에 해당하지 않고, 다른 소송요건은 문제되지 않으므로, 적법하다.

Ⅳ 설문 4.에 관하여

1. 결론

소각하 판결을 하여야 한다.

2. 근거

(1) 장래이행의 소의 의의 및 취지

장래의 이행의 소는 변론종결 시를 표준으로 하여 이행기가 장래에 도래하는 이행청구권을 주장하는 소이다. 따라서 '미리 청구할 필요'가 있는 경우에 한하여 허용된다(제251조). 미리 채무자의 임의이행의 거부에 대비하여 이행판결(=집행권원)을 얻어 둘 필요가 있기 때문에 인정된다.

(2) 소의 이익 유무

① 소의 일반적 청구적격 이외에 장래이행의 소에서 개별적으로 인정되는 청구적격은 "ⅰ) 현재 청구권 발생의 기초관계가 존재하여야 하고, ⅱ) 변론종결 당시에 청구권 발생의 가능성이 확실히 예상(침해상태 계속의 확실성)"되어야 한다. 따라서 조건부청구권은 조건성취의 개연성이 인정되어야 청구적격이 인정될 수 있다.[706]

② 권리보호이익(필요)으로서 미리 청구할 필요가 있는가는, 의무의 성질과 의무자의 태도를 고려하여 개별적으로 판단해야 한다. 예컨대 의무자가 현재 이행기에 도래한 채무의 이행을 하지 않는 경우, 조건이나 채무액수 또는 계약의 성질 등을 다투고 있는 경우에는 미리 청구할 필요가 있다.

(3) 토지거래허가조건부 소유권이전등기청구의 소의 이익 유무

판례는 "(구)국토이용관리법상의 규제구역 내의 토지 등의 거래허가를 받기 전에는 거래계약은 물권적 효력은 물론 채권적 효력도 발생하지 아니하여 무효이므로, 토지거래허가를 받을 것을 조건으로 하는 권리의 이전 또는 설정에 관한 어떠한 이행청구도 할 수 없다."고 하였다.[707]

(4) 사안의 경우

---

706) 참고로 판례는 학교법인이 감독청의 허가 없이 기본재산인 부동산에 관한 매매계약을 체결하고, 매수인이 감독청의 허가를 조건으로 부동산에 관한 소유권이전등기절차의 이행을 구한 사안에서 이를 허용한 바 있다(대판 1998.7.24, 96다27988).

707) 대판 1991.12.24, 90다12243

V 설문 5.에 관하여

1. 결론

청구기각판결을 하여야 한다.

2. 근거

(1) 기판력의 작용 여부[708]

1) 주관적 범위 및 객관적 범위와 작용

사안의 경우 전소와 후소의 당사자는 모두 甲과 乙이고, 소송물은 모두 매매계약을 원인으로 하는 소유권이전등기청구권이므로 동일하다.

2) 시적 범위

① 사실심 변론종결 전에 당사자가 제출할 수 있었던 공격방어방법은 기판력의 실권효에 의해서 차단되어 후소에서 이를 주장할 수 없다. 이는 당사자가 표준시 이전에 존재하였던 사실을 제출하지 못한 데 대하여 知·不知, 고의·과실을 묻지 않고 일률적으로 후소에서 제출이 차단된다고 본다.

② 판례도 "위 토지가 토지거래허가구역에서 해제되어 매매계약이 확정적으로 유효하게 되었다는 사정을 알지 못하여 전소에서 주장하지 못하였다고 하더라도, 후소에서 이를 주장하여 전소 법률관계의 존부와 모순되는 판단을 구하는 것은 전소확정판결의 기판력에 반하는 것이고, 전소에서 당사자가 그 공격방어방법을 알지 못하여 주장하지 못하였는지 나아가 그와 같이 알지 못한 데 과실이 있는지는 묻지 아니한다."고 하였다.

(2) 기판력에 저촉되는 경우 법원의 조치

판례는 ① 전소에서 승소판결을 받은 경우에 원고가 같은 신소를 제기하는 것은 이미 권리보호를 받았음에도 불구하고 이를 다시 구하는 것으로 권리보호이익에 흠이 있는 것이며 이 때문에 소각하판결을 하여야 하나, ② 패소판결을 받은 때에는 원고가 신소를 제기하면 전의 판결내용과 모순되는 판단을 하여서는 아니 되는 구속력 때문에 청구기각판결을 하여야 한다는 입장이다.

(3) 사안의 경우

사안의 경우, 甲은 전소에서 패소확정판결을 받았고, 다시 동일관계에 있는 후소를 제기하였으므로, 후소 법원은 청구기각판결을 선고하여야 한다.

---

708) 대판 2014.3.27. 2011다49981

확인 · 보충 및 심화사례

시험과목	민소법(사례형)	응시번호		성명	

기본적 사실관계

甲은 2017.9.15. 乙에게 자신 소유의 부동산을 차임 월 100만원, 임대차기간 2017.9.15.부터 2019.9.14.까지 2년으로 정하여 임대하였다.

문제

※ 아래 각 설문에 대한 결론과 근거를 설명하시오. 각 설문은 상호 무관한 것임을 전제로 한다.

1. (위 기본적 사실관계에 추가하여) 乙은 2018.10.15.부터 약정한 월 임대료를 계속 지급하지 않고 있다. 이에 甲은 乙을 상대로 임대료의 지급을 구하는 소를 제기하였고, 위 소송계속 중 소송 외에서 甲과 乙은 "위 소를 취하하기로 합의 한다."는 내용의 약정을 하였다. 그러나 甲은 소를 취하하지 않았고, 이에 乙은 변론기일에 甲과 乙 사이에 위와 같은 약정이 있음을 주장하였다. 법원이 乙의 주장을 인정하는 경우 甲의 청구에 대하여 어떠한 판결을 하여야 하는가? 12점 709)

2. (위 기본적 사실관계에 추가하여) 甲은 자신 소유의 X건물을 乙에게 위와 같이 임대하였는데, 乙은 2018.10.15.부터 약정한 월 임차료를 계속 지급하지 않고 있다가 임대차기간이 만료되었고, 乙은 그 후에도 아무런 권원 없이 X건물을 점유·사용하고 있었다. 이에 甲은 乙을 상대로 X건물의 인도는 물론 乙이 월 임대료를 지급하지 않은 2018.10.15.부터 건물인도 완료일까지의 연체된 월 임대료 및 이에 상당하는 부당이득반환청구의 일환으로 매월 100만원의 비율로 계산한 금액의 지급을 구하는 소를 제기하였다. 법원은 甲의 청구 중 '변론종결일 다음 날부터 X건물의 인도 완료일까지 월 임대료 상당액 100만원의 지급'을 명하는 것이 가능한가? 13점

3. (위 기본적 사실관계에 추가하여) 甲은 임대차기간이 만료된 후 乙을 상대로 연체된 차임의 지급을 요구하자, 乙은 2020.1.15. 甲을 상대로 연체차임의 채무가 부존재한다는 확인 소를 제기하였다. 이에 甲은 乙을 상대로 위 연체된 차임의 지급을 구하는 반소를 제기하였다. 乙의 소는 적법한가? 13점

4. (위 기본적 사실관계에 추가하여) 甲은 자신 소유의 Y토지를 乙에게 지상건물의 소유를 목적으로 하여 임대하였고, 乙은 Y토지에 건물을 신축하였다. 甲은 임대차기간이 만료된 후 乙을 상대로 건물철거 및 토지인도청구의 소를 제기하였다. 위 소송 중 乙은 지상건물의 매수청구권을 행사하였고, 심리결과 甲과 乙의 주장사실과 매수청구권 행사가 전부 인정되어 법원은 "乙은 甲으로부터 건물매매대금을 지급받음과 동시에 甲에게 건물을 인도하라"는 판결을 선고하였다. 위와 같은 법원의 판결은 적법한가? 12점

---

709) 만일 사안에서 '甲과 乙 사이 소취하 합의서가 작성되었고, 그것이 변론기일에 법원에 제출되어 법원이 그 합의서가 진정한 것으로 인정한 경우'라는 사실관계가 추가되어 있다면, 소취하 계약의 존재 여부도 쟁점이 된다는 점을 주의하여야 한다. 이에 관해서는 처분문서의 실질적 증거력에 관한 법리를 활용하면 된다.

■ 설문 1.에 관하여

1. 결론

소각하 판결을 선고하여야 한다.

2. 근거[710]

(1) 소취하 계약의 의의

소취하 계약이란 이미 계속 중인 소를 취하하기로 하는 당사자 간의 소송 외에서의 합의를 말한다. 따라서 사안의 경우 소송계속 중 소송 외에서 甲과 乙 사이의 "위 소를 취하하기로 합의한다."는 내용의 약정은 소취하 계약에 해당한다.

(2) 소취하 계약의 허용 여부 및 유효성 여부

1) 허용 여부

명문의 규정이 없는 소송상 합의가 적법한지 여부가 문제되는데, 당사자의 자유로운 의사를 존중하여야 한다는 요청에 기하여 처분권주의·변론주의가 적용되는 범위 내에서 소송상 합의의 적법성을 인정함이 일반적이다.

2) 유효요건

다만 이러한 소송상 합의가 인정되기 위해서는 ① 당사자가 처분할 수 있는 권리범위 내의 것으로서, ② 특정한 권리관계에 관한 합의일 것, ③ 당사자가 그 합의의 법적 효과를 명확하게 예견할 수 있는 경우일 것, ④ 특약자체가 불공정한 방법으로 이루어지지 않았을 것이 요구된다. 그 밖에 합의의 방식은 서면이든 구술이든 상관없다.

3) 사안의 경우

甲과 乙 사이에 체결된 소취하 계약은 불공정한 방법으로 이루어진 사정이 없고, 소송의 종료를 가져오는 것으로서 처분권주의가 지배하는 영역 내이며, 당사자 모두 법적 효과를 명확히 예측할 수 있었던 경우에 해당하므로, 유효요건을 구비한 것으로 보인다. 따라서 甲과 乙 사이의 소취하 계약은 적법·유효하다.

(3) 소취하 계약의 법적 성질 및 이를 위반한 소의 처리

판례는 ① 강제집행취하계약에 위배했다고 하여 직접 소송으로서 그 취하를 구할 수는 없다고 하여 의무이행소구설을 배척하였고, ② 부제소특약이나 소취하 계약에 위반한 경우 그 소는 권리보호의 이익이 없으므로 각하되어야 한다고 하였다.[711]

(4) 사안의 경우

사안에서 乙은 甲과 사이에 소취하 합의가 있었음을 주장하였고, 법원이 乙의 주장을 인정한

---

710) 소취하 계약이 있었음이 주장되었으므로 지적의무는 문제되지 않는다.

711) 대판 1993.5.14, 92다21760, 대판 1982.3.9, 81다1312

이상, 법원은 甲이 제기한 소에 대해 권리보호의 이익이 없음을 이유로 부적법 소각하 판결을 선고하여야 한다.

Ⅱ 설문 2.에 관하여

1. 결론

가능하다.

2. 근거

(Ⅰ) 장래이행의 소의 적법 여부

1) 의의 및 취지

장래의 이행의 소는 변론종결 시를 표준으로 하여 이행기가 장래에 도래하는 이행청구권을 주장하는 소이다. 따라서 '미리 청구할 필요'가 있는 경우에 한하여 허용된다(제251조). 채무자의 임의이행의 거부에 대비하여 이행판결(집행권원)을 얻어 둘 필요가 있기 때문에 인정된다.

2) 청구적격의 유무

① 장래이행의 소에서의 청구적격은 ⅰ) 청구권 발생의 기초관계가 존재하여야 하고, ⅱ) 변론종결 당시에 청구권 발생의 가능성이 확실히 예상되어야 한다.

② 판례는 장래의 부당이득반환청구에 관해 원고가 주장하는 장래의 시점까지 침해상태가 존속될 것이 변론종결 당시에 확정적으로 예정되어야 한다고 하였다.[712]

③ 불법점유자를 상대로 한 임료상당의 손해배상 또는 부당이득을 명하는 경우, 통상 주문은 "~ 건물의 인도 완료일까지 월 00원의 비율에 의한 금원을 지급하라."이다.[713]

3) 권리보호이익의 유무

① 미리 청구할 필요가 있는가는, ⅰ) 의무의 성질과 ⅱ) 의무자의 태도를 고려하여 개별적으로 판단해야 한다.

② 판례는 피고가 변론종결 무렵까지 임료 상당의 부당이득금의 반환을 거부하고 있어 위와 같은 계속적·반복적 이행의무에 관하여 현재의 이행기 도래분에 대하여 그 이행을 하지 아니한 이상 임의이행을 기대하기 어려우므로 미리 청구할 필요가 있다고 하였다.[714]

---

712) 대판 2002.6.14, 2000다37517 등

713) 청구취지의 기재도 이와 마찬가지이다. 또한 이는 동시이행항변이나 유치권항변에 기한 점유의 경우에도 마찬가지로 "인도 완료일(시)까지"로 종기를 정함이 일반적이다.

※ 참고로 개인 소유의 도로를 불법점유한 사안에서, 판례는 "도로폐쇄로 인한 피고의 점유종료일(=인도 완료일) 또는 원고의 도로 소유권 상실일"까지의 부당이득반환청구를 인정(대판 1993.3.9, 91다 46717)한 바 있었는데, 최근 판례는 "원고의 소유권 상실일까지의 기재는 바람직하지 않다"고 하여 그 입장을 변경·제한하였다(대판 2019.2.14, 2015다244432).

714) 대판 1993.3.9, 91다46717 등

(2) 사안의 경우

사안의 경우 乙은 임대기간이 만료된 후 아무런 권원 없이 X건물을 점유·사용하고 있는바, 부당이득반환청구권 발생의 기초관계인 불법점유 상태가 존재하고 그 상태가 계속 존속될 것임이 변론종결 당시 확정적으로 예정되므로 청구적격이 인정된다. 또한 현재 이행기 도래분에 대하여 이행을 하지 않고 있으므로 미리 청구할 필요도 인정된다. 결국 장래이행의 소로서 적법하므로 법원은 변론종결일 다음 날부터 X건물의 인도 완료일까지 월 100만원의 비율로 계산한 금액의 지급을 명하는 것이 가능하다.

Ⅲ 설문 3.에 관하여

1. 결론

乙의 소는 적법하다.

2. 근거

(I) 확인의 소의 이익 유무

1) 확인의 소의 청구적격(대상적격)

① 원칙적으로 자기의 현재의 권리·법률관계를 대상으로 하여야 한다.[715] 과거의 권리·법률관계에 대한 확인은 원칙적으로 청구적격이 없으나, 그것이 현재의 권리·법률관계에 관련되어 있거나 일체 분쟁을 일거에 해결하는 유효·적절한 수단이 되는 경우에는 인정된다.

② 사안의 경우 乙이 부존재한다고 구한 연체차임의 채무는 乙 자기의 현재의 권리·법률관계에 관련된 경우로서 청구적격이 인정된다.

2) 확인의 이익 유무

① 확인의 이익이 인정되기 위해서는 ⅰ) 원고의 권리 또는 법률상 지위에, ⅱ) 위험·불안이 현존하고, ⅲ) 이것을 제거하기 위하여 확인판결을 받는 것이 가장 유효·적절한 수단이어야 한다.[716]

② 사안의 경우 甲과 乙 사이 연체된 차임 채무에 대한 다툼이 있는 경우로서, 채무자인 乙로서는 채무부존재확인을 구하는 것이 분쟁해결을 위한 가장 유효·적절한 수단에 해당하는바, 확인의 이익이 인정된다. 다만 이러한 확인의 이익이 인정되는 본소가 피고의 채무이행을 구하는 반소에 의해 확인의 이익이 소멸되어 부적법하게 되는 것은 아닌지가 문제이다.

---

715) 대판 1995.10.12, 95다26131 등 참조
716) 대판 1997.10.16, 96다11747 등 참조

(2) 본소 확인의 이익 소멸 여부

판례는 소송요건을 구비하여 적법하게 제기된 본소가 그 후에 상대방이 제기한 반소로 인하여 소송요건에 흠결이 생겨 다시 부적법하게 되는 것은 아니므로, 원고가 피고에 대하여 손해배상 채무의 부존재확인을 구할 이익이 있어 본소로 그 확인을 구하였다면, 피고가 그 후에 그 손해 배상채무의 이행을 구하는 반소를 제기하였다 하더라도 그러한 사정만으로 본소청구에 대한 확인의 이익이 소멸하여 본소가 부적법하게 된다고 볼 수는 없다고 하였다.[717)]

(3) 사안의 경우

사안의 경우 乙이 甲을 상대로 한 채무부존재확인의 소의 이익이 인정되어 적법하게 제기된 乙의 본소가 甲의 채무이행을 구하는 반소로 인하여 확인의 이익이 소멸하여 부적법하게 되는 것은 아니므로, 乙의 소는 적법하다.

Ⅳ 설문 4.에 관하여

1. 결론

위법하다.

2. 근거

(1) 처분권주의의 의의 및 내용

① 처분권주의란 절차의 개시, 심판의 대상·범위, 절차의 종결에 대해 당사자에게 주도권을 주어 그의 처분에 맡기는 입장을 말한다(제203조).
② 법원으로서는 당사자가 신청한 사항에 대하여, 신청 범위 내에서만 판단하여야 한다. 또한 신청한 소송물의 범위 내라면 일부인용의 판결도 가능하다.

(2) 단순이행청구에 대한 상환이행판결의 가부

① 원고가 무조건의 물건의 인도를 구하는 단순이행청구의 소를 제기한 경우, 피고가 제출한 유치권의 항변 또는 동시이행의 항변을 인용하는 때에는 그 물건에 관하여 발생한 채권의 변제와 상환하여 (원고의 반대급부의 이행을 조건으로 하는)물건의 인도를 명하는 상환이행판결을 선고하는 경우와 같이 당사자의 신청범위 내에 있어서 법원이 질적인 의미의 일부인용의 판결을 하는 것은 당사자의 의사에 반하지 않고 적법하다고 본다. 그것이 원고의 통상의 의사에 부합하기 때문이다.[718)]
② 다만 사안과 같이 건물철거 및 토지인도를 구하는 소를 제기하고, 이에 대해 임차인이 건물 매수청구권을 행사한 경우에도 그러한 지가 문제이다.

---

717) 대판 1999.6.8, 99다17401·17418
718) 대판 1979.10.10, 79다1508, 대판 1969.11.25, 69다1592

(3) 지상물철거청구에 상환이행청구가 포함되는지 여부

① 판례는 건물철거 및 토지인도청구 속에 건물의 매수대금지급과 상환으로 건물의 인도를 구하는 청구가 포함되어 있다고 볼 수 없으므로, 원고의 건물매수대금지급과 상환으로 피고에게 건물인도를 명하는 판결은 허용될 수 없다는 입장이다.[719]

② 생각건대, 양자는 청구취지와 청구원인의 차이가 있고, 나아가 강제집행의 방법상으로도 차이가 있으므로, 건물철거의 단순이행청구 속에 매매대금지급과 상환으로 건물명도를 구하는 청구가 포함되어 있다고 보아서 상환이행판결을 할 수는 없다고 보는 판례의 입장은 타당하다. 이로 인한 소송경제의 저해는 석명권으로 해결하면 될 것이라 본다.

(4) 사안의 경우

법원은 상환이행판결을 할 수 없고, 원칙적으로 원고 甲의 청구를 기각하는 판결을 선고하여야 한다. 따라서 법원이 원고 甲이 신청하지도 않은 상환이행판결을 한다면 이는 처분권주의를 위반한 위법한 판결이다.[720]

---

719) 대판(전) 1995.7.11, 94다34265. 법원의 조치가 문제되는 경우 적극적 석명의 허용 여부를 다루도록 준비해 두어야 한다.

720) 건물에 대한 소유권이전등기절차를 상환이행하도록 명하는 경우도 마찬가지이다.

확인 · 보충 및 심화사례

시험과목	민소법(사례형)	응시번호		성명	

기본적 사실관계

甲은 乙에 대하여 2020.1.1. 변제기가 도래한 2억원의 대여금 채권(이하 '이 사건 대여금 채권')을 가지고 있다. 채무초과 상태에 있던 乙은 2020.4.1. 그 소유의 유일한 재산인 A토지를 丙에게 1억원에 매도하는 내용의 매매계약(이하 '이 사건 매매계약')을 체결하였다. 한편, 丁은 乙에 대하여 2020.2.1. 변제기가 도래한 3억원의 약정금 채권(이하 '이 사건 약정금 채권')을 가지고 있다.

문제

※ 각 설문은 상호 독립적이고, 견해의 대립이 있으면 대법원 판례에 따름

1. (위 기본적 사실관계에 추가하여) 이 사건 매매계약에 기하여 2020.5.1. A토지에 관하여 乙로부터 丙 앞으로 소유권이전등기가 마쳐졌다. 이에 甲은 2020.8.1. 이 사건 대여금 채권을 보전하기 위하여 丙을 상대로 이 사건 매매계약이 사해행위에 해당한다는 이유로 사해행위취소 및 원상회복청구 소송(이하 '이 사건 소송')을 제기하였다.

   (1) 이 乙에 대하여 이 사건 대여금 채권과는 별개의 구상금 채권을 가지고 있다고 주장하면서 해당 구상금 채권을 보전하기 위하여 2020.9.1. 丙을 상대로 이 사건 매매계약이 사해행위에 해당한다는 이유로 새로운 사해행위취소 및 원상회복청구 소송을 제기하였다면 이는 중복제소에 해당하는지 밝히고 그 근거를 설명하시오. [15점]

   (2) 丁이 2020.6.1. 이 사건 약정금 채권을 보전하기 위하여 丙을 상대로 이 사건 매매계약이 사해행위에 해당한다는 이유로 사해행위취소 및 원상회복청구 소송(이하 '이 사건 선행소송')을 제기하여 진행 중인 사실이 이 사건 소송계속 중 밝혀졌다면 이 사건 소송이 중복제소에 해당하는지 밝히고 그 근거를 설명하시오. [8점] 만약 이 사건 선행소송에서 丁이 승소판결을 받아 확정되고 그에 따라 A토지에 관한 丙 명의의 소유권이전등기가 말소된 후에 甲이 이 사건 소송을 제기한 것이라면 법원은 어떠한 판결[각하, 인용, 기각]을 선고해야 하는지 밝히고 그 근거를 설명하시오. [7점]

2. (위 기본적 사실관계에 추가하여) 이 사건 매매계약 체결 이후 乙이 丙에게 A토지의 소유권을 이전하지 않자 丙은 乙을 상대로 이 사건 매매계약에 기하여 A토지에 관한 소유권이전등기절차의 이행을 구하는 소를 제기하였다. 이에 甲이 丙을 상대로 하여 이 사건 매매계약이 사해행위에 해당한다는 이유로 사해행위취소를 구하는 취지의 독립당사자참가신청을 하였다면 이는 적법한지 밝히고 그 근거를 설명하시오. [20점]

▌1 설문 1.의 (1)에 관하여

1. 결론

중복제소에 해당한다.

2. 근거

(1) 채권자취소소송의 법적 성질

판례는 사해행위를 취소하고, 사해행위의 결과 채무자로부터 일탈한 재산의 원상회복을 청구하는 권리의 결합형태(= 형성소송 및 이행소송의 병합)라고 보면서, 채권자취소권은 자신의 실체법상 고유한 권리를 행사하는 경우에 해당함을 전제로 하고, 소송물은 민법 제406조에 기한 자신의 고유한 실체법상 권리(채권자취소권)이고, 피보전채권과 사해행위는 단순한 공격방법에 불과하다는 입장이다.

(2) 중복제소 해당 여부

1) 중복제소금지의 의의 및 취지

이미 법원에 소송계속 중인 사건과 동일한 사건에 관하여 당사자는 다시 소를 제기하지 못한다(제259조). 이를 중복된 소제기의 금지라고 한다. 그 취지는 동일한 사건이 다시 이중으로 제기된 경우에 각 판결의 모순·저촉의 방지를 위한 것이다.

2) 요건

① 중복소제기의 요건으로는 ⅰ) 전·후 양소의 당사자가 동일할 것, ⅱ) 전·후 양소의 소송물이 동일할 것, ⅲ) 전소가 소송계속 중일 것을 요구한다.
② 사안의 경우 ⅰ), ⅲ)의 요건은 문제될 것이 없다. 다만 甲이 전소 피보전채권인 대여금 채권과는 별개로 구상금 채권을 피보전채권으로 주장하면서 후소를 제기하였는바, 이 경우에도 소송물이 동일하다고 보아 중복제소에 해당한다고 할 것인지가 문제이다.

(3) 채권자취소소송의 피보전채권의 변경과 중복제소 해당 여부

판례는 "채권자가 사해행위취소 및 원상회복청구를 하면서 보전하고자 하는 채권을 추가하거나 교환하는 것은 사해행위취소권과 원상회복청구권을 이유 있게 하는 공격방법에 관한 주장을 변경하는 것일 뿐이지 소송물 또는 청구 자체를 변경하는 것이 아니므로, 채권자가 보전하고자 하는 채권을 달리하여 동일한 법률행위의 취소 및 원상회복을 구하는 채권자취소의 소를 이중으로 제기하는 경우 전소와 후소는 소송물이 동일하다고 보아야 한다."고 하였다.[721]

(4) 사안의 경우

사안의 경우 甲이 후소로 제기한 채권자취소소송은 전소 피보전채권인 대여금 채권과는 별개로 구상금 채권을 피보전채권으로 주장하였더라도 이는 공격방법의 변경에 불과하고 소송물은 동일한 경우이므로 중복제소에 해당한다.

---

721) 대판 2012.7.5, 2010다80503

Ⅱ 설문 1.의 ⑵에 관하여

1. 결론

① 甲이 제기한 후소는 중복제소에 해당하지 않는다.
② 법원은 소각하 판결을 선고하여야 한다.

2. 근거

(1) 채권자취소소송의 법적 성질

판례는 채권자취소권은 제3자 소송담당에 해당하지 않으며, 자신의 실체법상 고유한 권리를 행사하는 경우에 해당한다고 본다.

(2) 중복제소 해당 여부

1) 중복제소금지의 의의·취지 및 요건

이미 법원에 소송계속 중인 경우 전·후 소의 당사자와 소송물이 동일한 후소는 금지된다(제259조). 이는 동일한 사건이 다시 이중으로 제기된 경우에 각 판결의 모순·저촉의 방지를 위한 것이다.

2) 수인의 채권자취소소송의 경합과 중복제소 해당 여부

① 판례는 채권자취소권의 요건을 갖춘 각 채권자는 고유한 권리로 채무자의 재산처분행위를 취소·원상회복을 구할 수 있으므로, 여러 명의 채권자가 동시에 또는 시기를 달리하여 사해행위취소 및 원상회복청구의 소를 제기한 경우 이들 소가 중복제소에 해당하지 않는다고 하였다.[722]

② 채권자취소권은 법정소송담당이 아니라 자신의 고유한 권리를 행사하는 것으로서 기판력이 확장되는 관계에 있지 않은바 당사자가 동일하지 않고, 나아가 소송물도 다르다고 봄이 타당하다. 따라서 중복소송에 해당하지 않는다고 본 판례의 태도는 타당하다.

3) 사안의 경우

사안의 경우, 甲이 제기한 이 사건 소송은 전소 丁의 선행소송과 당사자 및 소송물이 동일하지 않으므로 중복제소에 해당하지 않는다.

(3) 甲의 후소인 채권자취소소송의 적법 여부

1) 기판력 저촉 여부

① 기판력이란 확정된 종국판결의 내용이 가지는 후소에 대한 구속력을 말한다. 기판력은 당사자에게만 미치고 법률에 다른 정함이 없는 한 제3자에게는 미치지 않는 것이 원칙이다(기판력의 상대성 원칙). 또한 전소 기판력은 전소와 후소의 소송물이 동일, 모순 또는 선결관계에 있는 경우에 작용한다.

---

722) 대판 2005.11.25, 2005다51457

② 사안의 경우 채권자취소권은 각 채권자의 고유한 권리를 행사하는 경우로서 제3자의 소송담당의 형태도 아니므로, 제218조 제3항에 의해 기판력이 확장되지 않고, 나아가 丁과 甲이 제기한 소송물도 다르므로 기판력의 작용국면에 있지 않다. 결국 甲이 제기한 후소는 전소 기판력에 저촉되지 않는다.

2) 소의 이익 인정 여부

① 전소가 제기되어 이미 승소판결을 받은 경우 후소의 이익이 없게 되지만, 그 시점에 대하여는 ⅰ) 전소의 판결확정시설(확정시설)과 ⅱ) 확정된 취소판결에 따라 재산이나 가액의 회복을 마친 시점이라는 설(회복시설)이 대립한다.

② 판례는 "어느 한 채권자가 동일한 사해행위에 관하여 사해행위취소 및 원상회복청구를 하여 승소판결을 받아 그 판결이 확정되었다는 것만으로는 그 후에 제기된 다른 채권자의 동일한 청구가 권리보호의 이익이 없게 되는 것은 아니고, 그에 기하여 재산이나 가액의 회복을 마친 경우에 비로소 다른 채권자의 사해행위취소 및 원상회복청구는 그와 중첩되는 범위 내에서 권리보호의 이익이 없게 된다."라고 하였다.[723]

3) 사안의 경우

사안에서는 丁의 승소판결이 확정되고 A토지에 대한 丙 명의의 소유권이전등기가 말소되어 원상회복을 마친 상태에서, 乙의 다른 채권자 甲이 사해행위 취소의 소를 제기하였는바, 어느 입장에서도 권리보호의 이익은 없게 된다. 따라서 법원은 甲이 제기한 후소에 대해 부적법 소각하 판결을 하여야 한다.

Ⅲ 설문 2.에 관하여

1. 결론

甲의 독립당사자참가신청은 부적법하다.

2. 근거

(1) 독립당사자참가의 의의 및 적법요건

1) 의의

독립당사자참가란 타인 간 소송의 계속 중 제3자가 원·피고 양쪽(쌍면참가) 또는 한쪽(편면참가)을 상대방으로 하여 소송목적의 전부나 일부가 자기의 권리라고 주장하거나(권리주장참가), 소송결과에 따라 권리가 침해된다고 주장하면서(사해방지참가) 당사자로서 그 소송절차에 참가하는 것을 말한다(제79조).

---

[723] 대판 2005.11.25, 2005다51457

2) 요건

① 적법한 독립당사자참가가 되기 위해서는 참가요건과 일반적 소송요건을 구비하여야 하는데, 참가요건으로는 ⅰ) 타인 간의 소송이 계속 중일 것, ⅱ) 참가이유가 있을 것, ⅲ) 참가취지, 즉 참가인이 원·피고 일방 또는 쌍방에 대하여 각기 자기의 청구를 할 것, ⅳ) 소의 병합요건과 일반적 소송요건을 갖출 것이 요구된다.

② 사안의 경우에는 특히 ⅰ) 참가취지로서 편면참가가 적법한지 여부와 ⅱ) 참가이유로서 사행방지참가가 인정되는지 여부가 문제이다.[724]

(2) 참가취지의 적법 여부

쌍면참가가 허용됨은 문제가 없으며, 편면참가와 관련해서도 제79조 제1항에서 명문으로 이를 허용하고 있다. 나아가 편면참가는 권리주장참가이거나 사해방지참가이거나 허용된다. 따라서 甲은 丙 한쪽만을 상대로 참가할 수도 있다.

(3) 참가이유 구비 여부

1) 권리주장참가

① 제3자가 "소송목적의 전부나 일부가 자기의 권리라고 주장"하면서 당사자로 소송에 참가하여 세 당사자 사이에 서로 대립하는 권리 또는 법률관계를 하나의 판결로 서로 모순 없이 일시에 해결하려는 것이다. 참가인의 청구와 원고의 청구가 주장 자체로 양립할 수 없는 관계에 있어야 한다.

② 사안의 경우 甲은 소송목적의 전부 또는 일부가 자기의 권리라고 주장하는 것이 아니므로 사해방지참가의 요건이 문제이다.

2) 사해방지참가

가) 의의

① 제3자가 "소송결과에 따라 권리가 침해된다고 주장"하는 경우의 참가이다. 권리주장참가와 달리, 참가인의 청구와 원고의 청구가 논리상 양립할 수 있는 관계에 있다고 할지라도 무방하다.

② 권리침해의 의미에 대해서 판례는 "민사소송법 제79조 제1항 후단의 사해방지참가는 본소의 원고와 피고가 당해 소송을 통하여 참가인을 해할 의사를 갖고 있다고 객관적으로 인정되고 그 소송의 결과 참가인의 권리 또는 법률상 지위가 침해될 우려가 있다고 인정되는 경우에 허용될 수 있다."는 입장이다.[725]

---

724) 일반적 소송요건으로서 ① 피고적격(수익자인 丁), ② 청구적격(丙과 丁 사이의 증여계약)의 문제는 없다는 점도 고려해 보아야 한다.

725) 대판 1990.4.27, 88다카25274 · 25281

3) 채권자취소소송과 사해방지참가의 적법 여부726)

가) 사해행위취소의 상대적 효력

판례는 "채권자가 사해행위의 취소와 함께 수익자 또는 전득자로부터 책임재산의 회복을 명하는 사해행위취소의 판결을 받은 경우 그 취소의 효과는 채권자와 수익자 또는 전득자 사이에만 미치므로, 수익자 또는 전득자가 채권자에 대하여 사해행위의 취소로 인한 원상회복 의무를 부담하게 될 뿐, 채권자와 채무자 사이에서 그 취소로 인한 법률관계가 형성되거나 취소의 효력이 소급하여 채무자의 책임재산으로 복구되는 것은 아니다."라고 하였다.

나) 권리침해의 인정 여부

판례는 "이러한 사해행위취소의 상대적 효력에 의하면, 원고의 피고에 대한 청구의 원인행위가 사해행위라는 이유로 원고에 대하여 사해행위취소를 청구하면서 독립당사자참가 신청을 하는 경우, 독립당사자참가인의 청구가 그대로 받아들여진다 하더라도 원고와 피고 사이의 법률관계에는 아무런 영향이 없고, 따라서 그러한 참가신청은 사해방지참가의 목적을 달성할 수 없으므로 부적법하다."고 하였다.

(4) 사안의 경우

사안의 경우 사해행위취소의 상대적 효력상 甲의 독립당사자참가신청이 인정되다 하더라도 丙과 乙 사이의 법률관계에는 아무런 영향이 없으므로, 甲의 참가신청은 사해방지참가의 목적을 달성할 수 없으므로 부적법하다.

---

726) 대판 2014.6.12, 2012다47548 · 47555

확인 · 보충 및 심화사례

시험과목	민소법(사례형)	응시번호		성명	

사실관계

I 甲은 주택 신축 등을 목적으로 하는 사업을 하면서 乙에게 1억원의 대여금채무를 비롯하여 총 합계 3억원 이상의 채무를 부담하게 되었고, 이를 담보하기 위해 甲은 자신의 소유인 Y토지에 대해 乙에게 저당권설정등기를 경료하여 주었다. 乙은 甲이 변제기가 도래하여도 피담보채무를 변제하지 않자, Y토지를 목적물로 하는 부동산경매신청을 하였다. 이 경매절차에서 Y토지의 감정평가액은 2억원으로 평가되었고, 乙의 청구금액은 1억원(이자 및 지연손해금은 무시한다)이었다. 그런데 丙은 자신이 Y토지의 기반공사를 하였고 이에 따른 공사대금채권 9,000만원을 피담보채권으로 하는 유치권이 있다고 주장하며 유치권 신고를 하였다. 이에 乙은 丙을 피고로 하여 丙이 Y토지에 관한 공사대금채권을 가지고 있지 않음에도 위와 같은 유치권 신고를 하였다면서, 丙의 유치권 부존재 확인을 구하는 소를 제기하였다.

II 한편, 상인인 甲은 2007.1.1. 상인인 乙, 丙, 丁에게 사업자금으로 각 1억원씩을 대여하였다. 乙, 丙, 丁이 빌려간 돈을 갚지 않자 甲은 2018.1.1. 乙, 丙, 丁을 상대로 대여금반환청구의 소송을 제기하였는데 소송경과는 아래와 같다.

① 乙은 소장을 직접 송달받고도 답변서를 제출하지 않았고, 변론기일에도 출석하지 않았다. 기록상 甲이 乙에게 1억원을 대여하였는지 여부는 불분명하다.

② 丙에 대한 재판은 처음부터 공시송달로 진행되었는데, 기록상 甲이 丙에게 1억원을 대여하였는지 여부는 불분명하다.

③ 甲이 제출한 소장부본이 丁에게 송달되자 丁은 답변서를 제출하였는데, 그 내용은 "1억원을 빌린 것은 사실이나, 민법상 소멸시효(=10년)가 완성되었다."는 것이었다. 이에 甲이 준비서면을 제출하였는데, 그 내용은 "丁이 돈을 빌려간 시점은 2007.1.1.이 아닌 2009.1.1.이다."라는 것이었다.

문제

※ 아래 각 설문에 대한 결론과 근거를 설명하시오. 각 설문은 상호 무관한 것임을 전제로 한다.

1. 위 **I** 의 소송에서,
   이 소송을 심리한 법원은 丙이 주장하는 유치권의 피담보채권이 7,000만원의 한도로 존재한다고 판단하였다. 법원은 乙의 청구에 대해 어떠한 판결을 하여야 하는가? 20점

2. 위 **II** 의 소송에서,
   가. 甲의 乙에 대한 청구에 대하여 법원은 어떠한 판결을 선고해야 하는가? 10점
   나. 甲의 丙에 대한 청구에 대하여 법원은 어떠한 판결을 선고해야 하는가? 10점
   다. 甲의 丁에 대한 청구에 대하여 판결을 선고함에 있어 법원은 상법상 소멸시효(= 5년)가 완성되었다고 판결할 수 있는가? 10점

Ⅰ 설문 1.에 관하여

1. 결론

법원은 일부인용(일부패소) 판결을 하여야 한다.

2. 근거[727)]

(Ⅰ) 확인의 소의 적법성

1) 확인의 소의 대상적격

원칙적으로 자기의 현재의 권리·법률관계를 대상으로 하여야 한다. 다만 제3자의 권리·법률관계도 자기의 권리관계에 영향을 미치는 한, 당사자의 일방과 제3자 사이 또는 제3자 상호간의 법률관계도 그 대상이 될 수 있다. 판례도 마찬가지이다.[728)]

2) 확인의 이익 유무

① 확인의 이익이 인정되기 위해서는 ⅰ) 원고의 권리 또는 법률상 지위에, ⅱ) 위험·불안이 현존하고, ⅲ) 이것을 제거하기 위하여 확인판결을 받는 것이 가장 유효·적절한 수단이어야 한다.

② 확인의 소로써 위험·불안을 제거하려는 법률상 지위는 반드시 구체적 권리로 뒷받침될 것을 요하지 아니하고, 그 법률상 지위에 터 잡은 구체적 권리발생이 조건 또는 기한에 걸려 있거나 법률관계가 형성과정에 있는 등의 원인으로 불확정적이라고 하더라도 보호할 가치 있는 법적 이익에 해당하는 경우에는 확인의 이익이 인정될 수 있다.[729)] 그러나 법률상 이익이 아닌 반사적으로 받게 될 사실상·경제상 이익은 포함되지 않는다.

3) (근)저당권자가 유치권부존재 확인을 구할 법률상 이익의 인정여부

판례는 ① 민사집행법 제268조에 의하여 담보권의 실행을 위한 경매절차에 준용되는 같은 법 제91조 제5항에 의하면 유치권자는 경락인에 대하여 피담보채권의 변제를 청구할 수는 없지만 자신의 피담보채권이 변제될 때까지 유치목적물인 부동산의 인도를 거절할 수 있어 경매절차의 입찰인들은 낙찰 후 유치권자로부터 경매목적물을 쉽게 인도받을 수 없다는 점을 고려하여 입찰하게 되고 그에 따라 경매목적 부동산이 그만큼 낮은 가격에 낙찰될 우려가 있다.'
② 이와 같이 저가낙찰로 인해 경매를 신청한 근저당권자의 배당액이 줄어들거나 경매목적물 가액과 비교하여 거액의 유치권 신고로 매각 자체가 불가능하게 될 위험은 경매절차에서 근저당권자의 법률상 지위를 불안정하게 하는 것이므로 위 불안을 제거하는 근저당권자의 이익을 단순한 사실상·경제상의 이익이라고 볼 수는 없다. 따라서 근저당권자는 유치권 신고를 한 사람을 상대로 유치권 전부의 부존재뿐만 아니라 경매절차에서 유치권을 내세워 대항할 수 있는 범위를 초과하는 유치권의 부존재 확인을 구할 법률상 이익이 있다고 하였다.[730)]

---

727) 대판 2016.3.10, 2013다99409
728) 대판 1995.10.12, 95다26131
729) 대판 2000.5.12, 2000다2429

4) 사안의 경우

유치권의 행사로 매각 자체가 불가능하게 되거나 낮은 가격에 낙찰될 우려가 있으므로, 이에 따른 근저당권자의 위험·불안을 제거해야 할 필요는 법률상 이익이라고 봄이 타당하다. 따라서 사안의 경우 乙이 제기한 유치권 부존재 확인의 소는 법률상 이익이 있으므로 적법하다.

(2) 일부인용판결의 가부

1) 처분권주의의 의의 및 내용

① 처분권주의란 절차의 개시, 심판의 대상, 절차의 종결에 대해 당사자에게 주도권을 주어 그의 처분에 맡기는 입장을 말한다(제203조). 이에 심판의 대상 및 범위는 원고의 의사에 의하여 특정되고 한정되기 때문에 법원으로서는 당사자가 신청한 사항에 대하여, 신청의 범위 내에서만 판단하여야 한다.

② 법원은 신청한 소송물의 범위 내에서 소송물의 일부가 인용될 수 있을 경우에는 청구취지의 변경이 없이도 일부인용의 판결을 해야 한다. 그것이 원고의 통상의 의사에 부합한다.

2) 유치권부존재확인의 소에서 일부인용판결의 가부

판례는 심리 결과 유치권 신고를 한 사람이 유치권의 피담보채권으로 주장하는 금액의 일부만이 경매절차에서 유치권으로 대항할 수 있는 것으로 인정되는 경우에는 법원은 특별한 사정이 없는 한 그 유치권 부분에 대하여 일부패소의 판결을 하여야 한다고 하였다.

(3) 설문 2.의 해결

사안의 경우, 乙이 제기한 유치권부존재확인의 소는 확인의 이익이 있어 적법하다. 다만 심리 결과 丙이 주장한 9,000만원의 피담보채권 중에 7,000만원의 한도로 피담보채권이 존재한다고 인정되는바, 법원은 丙의 유치권은 7,000만원을 초과하는 한도에서는 존재하지 아니한다는 내용의 일부인용(일부패소) 판결을 선고하여야 한다.

Ⅱ 설문 2.의 가.에 관하여

1. 결론

법원은 甲의 乙에 대한 청구에 대하여 인용판결을 선고하여야 한다.

---

730) 이에 대하여, 원심은 "유치권은 불가분성을 가지므로 피담보채무의 범위에 따라 그 존부나 효력을 미치는 목적물의 범위가 달라지는 것은 아닌 점, 임의경매절차에서 유치권의 존재로 인하여 저가매각이 되고 저당권자의 배당액이 줄어들 위험이 있어 저당권자가 유치권부존재확인을 구할 법률상 이익이 있더라도 이러한 위험은 다분히 추상적·유동적이어서 이러한 위험만으로 곧바로 피담보채무를 확정할 법률상 이익이 발생하지는 않는 점(유치권자는 우선변제권이 없으므로 배당절차에서 피담보채권액 전부를 배당받을 수 없다는 점 고려) 등을 이유로 확인의 이익을 부정하였다(소극설).

2. 근거

(1) 자백간주 성립 여부

1) 자백간주의 의의

당사자가 상대방이 주장하는 사실을 명백히 다투지 아니하거나 또는 당사자가 기일에 출석하지 않은 경우 또는 피고가 답변서제출의무기간인 30일 이내에 답변서를 제출하지 아니한 경우(공시송달의 방법에 따라 소장의 부본을 송달받은 경우를 제외)에 청구의 원인이 된 사실을 자백한 것으로 보는 것을 말한다(제150조 제1항과 제3항, 제257조 제1항).

2) 자백간주의 요건

당사자 일방의 기일 불출석에 기한 제150조 제3항의 자백간주가 성립하기 위해서는 ① 공시송달에 의하지 않은 적법한 기일통지를 받고, ② 답변서·준비서면 등을 제출하지 않았으며, ③ 당해 변론기일에 출석하지 않아야 한다.

3) 자백간주의 효과

자백간주가 성립하면 재판상 자백과 마찬가지로 법원에 대한 구속력이 생긴다. 따라서 법원은 요증사실에 대하여 자백간주가 된 경우 그 사실을 판결의 기초로 삼아야 하며, 법원이 증거를 판단하여 자백간주에 배치되는 사실을 인정할 수 없다.

(2) 사안의 경우

① 甲의 대여금반환청구에서 대여사실은 법률효과를 발생케 하는 법규의 직접 요건사실로서 주요사실인 요증사실에 해당한다.

② 乙이 소장을 직접 송달받고도 답변서를 제출하지 않았고, 변론기일에 출석하지도 않았으므로, 제150조 제3항 본문에 의하여 이 사건의 대여사실에 대해서는 乙의 자백간주가 성립한다. 따라서 법원은 이에 구속되어 판단하여야 한다. 결국 법원은 乙에 대한 甲의 청구에 대해 인용판결을 선고하여야 한다.

⬛ Ⅲ. 설문 2.의 나.에 관하여

1. 결론

법원은 甲의 丙에 대한 청구에 대하여 기각판결을 선고하여야 한다.

2. 근거

(1) 자백간주 또는 무변론 원고승소판결의 가부

① 당사자 일방의 기일 불출석의 경우 또는 피고의 답변서 부제출의 경우라면, 법원은 자백간주(제150조)에 따라 또는 이에 기한 무변론 원고승소의 판결(제257조)이 가능하다. 그러나 위와 같은 효과가 인정되기 위해서는 공시송달의 방법으로 송달된 경우에는 적용되지 않는다(제256조 제1항 단서, 제150조 제3항 단서).

② 따라서 사안과 같이 소장 기타 소송서류 일체가 공시송달의 방법으로 송달된 경우, 법원은

자백간주의 법리나 무변론 원고승소판결을 할 수 없다. 즉 변론주의 및 증명책임에 따른 판단을 할 수밖에 없다.

(2) 변론주의의 적용 범위

① 변론주의는 주요사실에 대하여만 인정되고 간접사실과 보조사실에는 인정되지 않는다.

② 판례의 법규기준설에 의하면 주요사실이란 권리의 발생·변경·소멸이라는 법률효과를 가져오는 법규의 직접 요건사실을 말하고, 간접사실이란 주요사실의 존부를 경험칙에 의하여 추인하게 하는 사실을 말한다.[731]

③ 사안에서 대여사실은 甲의 대여금반환청구권을 발생케 하는 주요사실에 해당한다.

(3) 증명책임의 분배

① 증명책임이란 소송상 어느 요증사실의 존부가 확정되지 않을 때에 당해 사실이 존재하지 않는 것으로 취급되어 법률판단을 받게 되는 당사자 일방의 위험 또는 불이익을 말한다.

② 각 당사자는 자기에게 유리한 법규의 요건사실의 존부에 대해 증명책임을 지는 것으로 분배시키는데, 이에 따르면 권리의 존재를 주장하는 자는 권리근거규정의 요건사실에 대한 주장·증명책임을 진다.

③ 따라서 甲의 丁에 대한 청구의 요증사실로서 주요사실인 대여사실에 대해서는 甲에게 증명책임이 있다.

(4) 사안의 경우

사안의 경우 丙에게는 자백간주 및 무변론 판결은 인정되지 않는다. 따라서 丙에 대한 청구에 관해 甲은 이 사건 대여사실에 대한 증명책임을 부담하는데, 사안에서는 기록상 甲이 丙에게 1억원을 대여하였는지 여부가 불분명하다고 하므로, 甲의 丙에 대한 청구에 대해 법원은 기각판결을 선고하여야 한다.

Ⅳ 설문 2.의 다.에 관하여

1. 결론

법원은 상법상 소멸시효가 완성되었다고 판결할 수 있다(청구기각판결).

2. 근거

(1) 변론주의의 적용

① 甲의 대여사실은 대여금청구권이라는 법률효과를 발생시키는 권리근거규정의 요건사실로 주요사실에 해당되고, ② 丁의 소멸시효 완성사실의 주장은 甲의 대여사실의 주장과 양립가능한 별개사실의 주장으로 항변에 해당하는 것으로, 소멸시효 완성사실은 甲의 대여금청구권의 소멸이라는 법률효과를 가져오는 권리멸각규정의 직접 요건사실로서 주요사실에 해당하는바, 변론주의가 적용된다.

---

731) 대판 2004.5.14, 2003다57697

(2) 대여사실에 대한 자백의 성부와 효력

재판상 자백이란 변론 또는 변론준비기일에서 상대방 주장과 일치하고 자기에게 불리한 주요사실에 대한 진술이다. 사안의 경우 丁의 소멸시효완성사실의 주장은 甲의 대여사실에 대한 항변으로서, 甲의 대여사실에 대해 자백이 성립한다(자백의 가분성). 또한 자백의 효력으로서 법원에 대한 구속력이 발생하므로, 법원은 자백한 사실과 다른 사실을 인정할 수 없다. 따라서 사안의 경우 법원은 丁이 자백한 대로 甲의 대여사실을 인정하여야 한다.

(3) 소멸시효의 기산점 및 기간에 대한 법원의 판단

1) 소멸시효의 기산점이 주요사실인지 여부

판례는 소멸시효의 기산일은 채무의 소멸이라고 하는 법률효과를 발생시키는 소멸시효기간 계산의 시발점으로서 소멸시효 항변의 법률요건을 구성하는 구체적인 사실에 해당하므로 이는 변론주의의 적용 대상이고, 따라서 본래의 소멸시효 기산일과 당사자가 주장하는 기산일이 서로 다른 경우에는 법원은 변론주의 원칙상 당사자가 주장하는 기산일을 기준으로 소멸시효를 계산해야 한다고 하여, 소멸시효의 기산일을 주요사실로 보고 있다.[732]

2) 소멸시효의 기간에 대한 판단

판례는 민사소송절차에서 변론주의 원칙은 권리의 발생·변경·소멸이라는 법률효과 판단의 요건이 되는 주요사실에 관한 주장·증명에 적용된다. 따라서 권리를 소멸시키는 소멸시효 항변은 변론주의 원칙에 따라 당사자의 주장이 있어야만 법원의 판단대상이 된다. 그러나 이 경우 어떤 시효기간이 적용되는지에 관한 주장은 권리의 소멸이라는 법률효과를 발생시키는 요건을 구성하는 사실에 관한 주장이 아니라 단순히 법률의 해석이나 적용에 관한 의견을 표명한 것이다. 이러한 주장에는 변론주의가 적용되지 않으므로 법원이 당사자의 주장에 구속되지 않고 직권으로 판단할 수 있다. 따라서 당사자가 민법에 따른 소멸시효기간을 주장한 경우에도 법원은 직권으로 상법에 따른 소멸시효기간을 적용할 수 있다고 하였다.[733]

3) 사안의 경우

사안에서 甲, 乙, 丙, 丁은 모두 상인이므로 甲의 대여금채권은 상사채권에 해당하여 상법 제64조의 5년의 소멸시효기간을 적용하여야 한다. 또한 소멸시효의 기산점은 주요사실이므로 당사자의 주장에 법원은 구속되어 당사자가 주장하는 기산일을 기준으로 소멸시효를 계산하여야 하는데, 사안의 경우에는 甲이 주장한 기산일을 기준으로 하든, 丁이 주장한 기산일을 기준으로 하든 2018.1.1. 소제기 당시에는 이미 5년이 경과되어 소멸시효가 완성되었다는 점에는 문제가 없다. 따라서 법원은 甲의 丁에 대한 청구에 대해 기각판결을 선고하여야 한다.

---

732) 대판 1995.8.25, 94다35886

733) 대판 2017.3.22, 2016다258124. 참고로 어떤 시효기간이 적용되는지는 주요사실도 아니고 간접사실도 아니다. 즉 사실문제가 아니라 법률문제에 해당한다. 따라서 특별한 사정이 없는 한 법원이 직권으로 적용하는 것이고, 주장과 증명이 필요한 것이 아니다.

확인 · 보충 및 심화사례

시험과목	민소법(사례형)	응시번호		성명	

기본적 사실관계

甲은 2018.1.20. 乙에게 3억원의 대여금채무를 담보하기 위하여 자신 소유의 X 건물에 관하여 저당권설정등기를 경료하여 주었다. 그 후 甲은 2018.4.20. 丙과, X 건물을 카페로 사용하고자 인테리어 공사를 丙에게 공사대금 1억원에 도급하는 내용의 계약을 체결하였다. 甲이 대여금채무의 이행을 계속하여 차일피일 미루자 乙은 2019.7.10. X 건물에 대하여 저당권 실행을 위한 경매를 신청하였다.

문제

※ 아래 각 설문에 대한 결론과 근거를 설명하시오. 각 설문은 상호 무관한 것임을 전제로 한다.

1. (위 기본적 사실관계에 추가하여) 위 경매절차에서 丙은 X 건물에 대한 공사대금채권 1억원을 피담보채권으로 하여 X 건물을 점유하고 있다는 내용의 유치권 신고(주장)를 하였다. 이에 乙은 丙을 피고로 하여 丙이 X 건물에 관한 공사대금채권을 가지고 있지 않음에도 위와 같은 유치권 신고를 하였다면서, 丙을 상대로 유치권 부존재 확인을 구하는 소를 제기하였다. 증거조사 결과 법원은 丙이 甲과의 도급계약에 기해 X 건물의 인테리어 공사를 하여 공사대금채권이 존재한다는 丙의 주장사실에 대해 확신하지 못하였다. 법원은 어떠한 판결을 하여야 하는가? [15점]

2. (위 기본적 사실관계에 추가하여) 위 경매절차에서 丙은 X 건물에 대한 공사대금채권 1억원을 피담보채권으로 하여 X 건물을 점유하고 있다는 내용의 유치권 신고(주장)를 하였고, 丁은 위 경매절차에서 X 건물을 매수하여 매각대금 납부기일에 매각대금을 모두 납부하였다. 그 후 乙은 丙을 상대로 유치권 부존재 확인을 구하는 소를 제기하였다. 법원은 어떠한 판결을 하여야 하는가? [8점] 734)

3. (위 기본적 사실관계에 추가하여) 위 경매절차에서 丙은 X 건물에 대한 공사대금채권 1억원을 피담보채권으로 하여 X 건물을 점유하고 있다는 내용의 유치권 신고(주장)를 하지 않았고, 丁은 위 경매절차에서 X 건물을 매수하여 매각대금 납부기일에 매각대금을 모두 납부하였다. 그 후 乙은 丙을 상대로 유치권 부존재 확인을 구하는 소를 제기하였다. 소는 적법한가? [7점] 735)

Ⅰ 설문 1.에 관하여

1. 결론

법원은 청구인용판결을 선고하여야 한다.

---

734) 대판 2020.1.16, 2019다247385 사안
735) 대판 2020.1.16, 2019다247385 사안

2. 근거

(1) 증명책임의 대상이 되는 주요사실

1) 주요사실과 간접사실의 구별

① 소송자료의 수집·제출책임을 당사자에게 일임하고 법원은 그러한 소송자료만을 기초로 판단하게 된다. 다만 법규기준설 하에 권리의 발생·변경·소멸이라는 법률효과를 가져오는 법규의 요건사실인 주요사실만이 대상이 된다.

② 유치권이 성립하기 위한 주요사실은 ① 타인의 물건에 대한 점유사실, ② 그 목적물에 관하여 생긴 채권의 존재사실, ③ 변제기 도래사실이다(제320조).

2) 사안의 경우

사안의 경우 丙이 甲과의 도급계약에 기해 X 건물의 인테리어 공사를 하여 공사대금채권이 존재한다는 사실은 주요사실에 해당하는 것으로서 증명되어야 할 사실(요증사실)이다.

(2) 증명책임의 분배

1) 증명책임의 의의

증명책임이란 소송상 어느 요증사실의 존부가 확정되지 않을 때에 당해 사실이 존재하지 않는 것으로 취급되어 받게 되는 당사자 일방의 위험 또는 불이익을 말한다. 사안은 요증사실에 대해 법원이 확신하지 못하였으므로 법원으로서는 증명책임에 의존하여 판결을 내릴 수밖에 없다.

2) 증명책임의 분배기준

증명책임의 분배에 대해 통설·판례는 법률요건분류설에 따라 각 당사자는 자기에게 유리한 법규의 요건사실의 존부에 대해 증명책임을 지는 것으로 분배시키고 있다. 이에 따르면, ① 권리의 존재를 주장하는 자는 권리근거규정의 요건사실에 대한 주장·증명책임을 지고, ② 그 존재를 다투는 상대방은 반대규정의 요건사실에 대한 증명책임을 지게 되는데, 반대규정으로는 권리장애규정, 권리멸각규정, 권리저지규정이 있다.

3) 소극적 확인소송에서 증명책임의 분배

① 소극적 확인소송에서는 통상의 경우와 달리 증명책임이 그 역으로 바뀌게 되어 원고가 권리의 장애·멸각·저지사실에 대해, 피고가 권리근거규정의 요건사실에 대하여 증명책임을 지게 된다.[736]

② 따라서 유치권 부존재 확인소송에서 유치권의 요건사실인 유치권의 목적물과 견련관계 있는 채권의 존재에 대해서는 피고가 주장·증명하여야 한다.[737]

---

736) 대판 1998.3.13, 97다45259
737) 대판 2016.3.10, 2013다99409

(3) 설문의 해결

　　사안의 경우 목적물과 견련관계에 있는 채권의 존재사실은 피고인 丙에게 증명책임이 있고, 법원은 이에 대해 확신을 갖지 못하였으므로, 결국 법원은 유치권이 존재하지 않음을 인정하여 원고 청구인용판결을 선고하여야 한다.

Ⅱ 설문 2.에 관하여

1. 결론

　　법원은 소각하판결을 선고하여야 한다.

2. 근거

(1) 확인의 이익 유무

　　판례는 "근저당권자에게 담보목적물에 관하여 각 유치권의 부존재 확인을 구할 법률상 이익이 있다고 보는 것은 경매절차에서 유치권이 주장됨으로써 낮은 가격에 입찰이 이루어져 근저당권자의 배당액이 줄어들 위험이 있다는 데에 근거가 있고, 이는 소유자가 그 소유의 부동산에 관한 경매절차에서 유치권의 부존재 확인을 구하는 경우에도 마찬가지이다. 위와 같이 경매절차에서 유치권이 주장되었으나 소유부동산 또는 담보목적물이 매각되어 그 소유권이 이전되어 소유권을 상실하거나 근저당권이 소멸하였다면, 소유자와 근저당권자는 유치권의 부존재 확인을 구할 법률상 이익이 없다."고 하였다.

(2) 사안의 경우

　　사안의 경우 경매절차에서 丙은 유치권 주장을 하였으나, X 건물이 매각되어 저당권이 소멸하였는바, 저당권자 乙은 丙을 상대로 유치권 부존재 확인을 구할 법률상 이익이 없으므로 법원은 부적법 소각하판결을 선고하여야 한다.

※ 논증구도
　(1) 확인의 소의 적법성
　　1) 확인의 소의 대상적격
　　2) 확인의 이익 유무
　　3) (근)저당권자가 유치권부존재 확인을 구할 법률상 이익의 인정 여부
　(2) 사안의 경우

Ⅲ 설문 3.에 관하여

1. 결론

적법하다.

2. 근거

(1) 확인의 이익 유무

판례는 "① 경매절차에서 유치권이 주장되지 아니한 경우에는, 담보목적물이 매각되어 그 소유권이 이전됨으로써 근저당권이 소멸하였더라도 채권자는 유치권의 존재를 알지 못한 매수인으로부터 민법 제575조, 제578조 제1항, 제2항에 의한 담보책임을 추급당할 우려가 있고, 위와 같은 위험은 채권자의 법률상 지위를 불안정하게 하는 것이므로, 채권자인 근저당권자로서는 위 불안을 제거하기 위하여 유치권 부존재 확인을 구할 법률상 이익이 있다. 반면 ② 채무자가 아닌 소유자는 위 각 규정에 의한 담보책임을 부담하지 아니하므로, 유치권의 부존재 확인을 구할 법률상 이익이 없다."고 하였다.

(2) 사안의 경우

사안의 경우 경매절차에서 丙은 유치권 주장을 하지 않았고, X 건물이 매각되어 저당권이 소멸하였더라도 저당권자 乙은 매수인 丁으로부터 담보책임을 추급당할 우려가 있는바, 乙이 丙을 상대로 한 유치권 부존재 확인의 소는 법률상 이익이 있는 경우로서 적법하다.

※ 논증구도
  (1) 확인의 소의 적법성
    1) 확인의 소의 대상적격
    2) 확인의 이익 유무
    3) (근)저당권자가 유치권부존재 확인을 구할 법률상 이익의 인정 여부
  (2) 사안의 경우

확인 · 보충 및 심화사례

시험과목	민소법(사례형)	응시번호		성명	

기본적 사실관계

○ 甲은 2018.4.1.경 丙으로부터 X 점포를 매수하고 같은 날 이에 관한 소유권이전등기를 마쳤는데, 乙은 丙으로부터 X 점포를 임대차보증금 1억원, 임대차기간 2018.1.1.부터 2018.12.31.까지, 차임 월 500만원 (매월 1일 지급)으로 정하여 임차하고 위 임대차보증금을 丙에게 교부한 후 사업자등록을 마치고 음식점을 운영하고 있었다.

○ 한편 甲과 丁은 2018.3.1. 甲 소유의 고려청자 1점을 丁이 보관하기로 하는 계약을 체결하였고, 甲은 丁에게 위 고려청자를 인도하였다.

추가된 사실관계 및 문제

※ 아래 각 설문에 대한 결론과 근거를 설명하시오. 각 설문은 상호 무관한 것임을 전제로 한다.

甲은 2018.11. 말경 자신이 X 점포를 사용할 계획이어서 임대차계약의 갱신을 거절한다는 취지를 乙에게 통지하였다. 乙은 2018.12.31.이 지나도록 X 점포를 인도하지 않고 계속 음식점을 운영하면서 2019.1.1.부터는 차임상당을 지급하지 않고 있다.

1. 甲은 乙을 상대로 채무불이행과 불법행위를 원인으로 하여 2019.1.1.부터 乙이 X 점포를 甲에게 인도할 때까지 월 500만원의 지급을 구하는 소를 병합하여 제기하였다. 법원은 甲의 청구에 대하여 어떠한 판결을 하여야 하는가? 20점

2. 甲이 乙을 상대로 임대차계약의 종료를 원인으로 X 점포의 인도를 구하는 소를 제기하자 乙은 변론기일에 출석하여 자신이 丙에게 1억원의 보증금을 지급하였으므로 그 반환을 받을 때까지는 X 점포를 甲에게 인도할 수 없다고 주장하였다. 甲이 乙의 보증금 지급사실을 다투자 乙은 1억원의 보증금반환 채권의 존재확인을 구하는 반소를 제기하였다. 법원의 심리 결과 乙이 丙에게 보증금 1억원을 교부한 사실이 인정된 경우 법원은 甲의 본소와 乙의 반소에 대하여 어떠한 판결을 하여야 하는가? 15점

3. 甲은 乙을 상대로 소유권에 기초하여 X 점포의 인도를 구하는 소를 제기하였다. 제1회 변론기일에 재판장은 乙에게 "X 점포가 甲의 소유임은 인정하느냐"고 질문했다. 이에 乙은 "그렇다"라고 답했다. 그러나 그 후의 변론기일에서 乙은 기존의 진술을 번복해서 X 점포는 甲의 소유가 아니라고 진술하였다. 이러한 乙의 기존진술을 번복하는 진술은 유효한가? 8점

4. 丁은 2018.5.1. 보관 중이던 위 고려청자를 관리 소홀로 도난당하였고, 甲은 위 고려청자의 소재를 파악할 수 없게 되자 2019.5.3. 위 고려청자의 시가가 1억 5,000만원이라고 주장하면서 丁을 상대로 채무불이행을 원인으로 한 시가 상당액의 손해배상을 청구하는 소를 제기하였다. 甲은 위 고려청자의 시가 감정을 신청하였으나, 감정인은 '위 고려청자와 비슷한 도자기가 존재하지 아니하여 정확한 시가를 산정하기 곤란하다'는 의견을 제시하였다. 甲은 시가를 정확히 산정할 만한 다른 증거를 제출하지 못하였다. 이때 甲의 청구는 인용될 수 있는가? 7점

I 설문 1.에 관하여

1. 결론

법원은 甲의 청구 모두를 기각하는 판결을 하여야 한다.

2. 근거

(1) 소송의 형태 및 심판방법

1) 청구의 병합 해당 여부 및 소송형태

① 판례는 채무불이행에 기한 손해배상청구권과 불법행위로 인한 손해배상청구권은 별개의 소송물이라고 본다. 따라서 사안은 청구의 병합에 해당한다.

② 청구의 선택적 병합은 양립할 수 있는 여러 개의 청구권에 의하여 동일한 취지의 급부를 구하거나 양립할 수 있는 여러 개의 형성권에 기하여 동일한 형성적 효과를 구하는 경우에, 그 어느 한 청구가 인용될 것을 해제조건으로 하여 여러 개의 청구에 관한 심판을 구하는 병합 형태이다. 따라서 사안은 선택적 병합에 해당한다.

2) 선택적 병합에서의 심판방법

법원은 ① 어느 하나의 청구에 대해서 인용하면 다른 청구에 대해서는 판단할 필요가 없으나, ② 원고패소 판결을 하는 때에는 병합된 청구 전부에 대하여 기각하는 판단을 하여야 한다.

(2) 장래이행의 소의 적법 여부[738]

1) 의의 및 취지

장래의 이행의 소는 변론종결 시를 표준으로 하여 이행기가 장래에 도래하는 이행청구권을 주장하는 소이다. 따라서 '미리 청구할 필요'가 있는 경우에 한하여 허용된다(제251조). 채무자의 임의이행의 거부에 대비하여 이행판결(집행권원)을 얻어 둘 필요가 있기 때문에 인정된다.

2) 청구적격의 유무

① 장래이행의 소에서의 청구적격은 ⅰ) 청구권 발생의 기초관계가 존재하여야 하고, ⅱ) 변론종결 당시에 청구권 발생의 가능성이 확실히 예상되어야 한다.

② 판례는 장래의 계속적인 불법행위를 원인으로 한 손해배상청구의 경우 원고가 주장하는 장래의 시점까지 침해상태가 존속될 것이 변론종결 당시에 확정적으로 예정되어야 한다고 하였다.[739][740]

---

738) 현재이행의 소는 주장자체로 소의 이익이 인정되어 적법하므로, 문제 삼을 필요는 없겠다.

739) 대판 1993.7.27, 92다13332 등

740) 불법점유자를 상대로 한 임료상당의 손해배상 또는 부당이득을 명하는 경우, 통상 주문은 "~ 건물의 인도 완료일까지 월 00원의 비율에 의한 금원을 지급하라."이다. 청구취지의 기재도 이와 마찬가지이다. 또한 이는 동시이행항변이나 유치권항변에 기한 점유의 경우에도 마찬가지로 "인도 완료일(시)까지"로 종기를 정함이 일반적이다.

3) 권리보호이익의 유무

① 미리 청구할 필요가 있는가는, ⅰ) 의무의 성질과 ⅱ) 의무자의 태도를 고려하여 개별적으로 판단해야 한다.

② 판례는 계속적·반복적 이행의무에 관하여 현재의 이행기 도래분에 대하여 그 이행을 하지 아니한 이상 임의이행을 기대하기 어려우므로 미리 청구할 필요가 있다고 하였다.[741]

4) 사안의 경우

사안의 경우 乙은 임대기간이 만료된 후 아무런 권원 없이 X 점포을 점유·사용하고 있는바, 손해배상청구권 발생의 기초관계인 불법점유 상태가 존재하고 그 상태가 인도완료일까지 계속 존속될 것임이 변론종결 당시 확정적으로 예정되므로 청구적격이 인정된다. 또한 현재 이행기 도래분에 대하여 이행을 하지 않고 있으므로 미리 청구할 필요도 인정된다. 결국 장래이행의 소는 적법하다.

(3) 본안심사 – 청구의 당부

1) 채무불이행에 기한 손해배상청구

① 채권자의 채무자를 상대로 한 이행지체에 기한 손해배상청구가 인정되기 위해서는 ⅰ) 채무의 이행기가 도래하였을 것, ⅱ) 채무의 이행이 가능함에도 이행하지 아니하였을 것, ⅲ) 채무자에게 귀책사유가 있을 것, ⅳ) 이행하지 않는 것이 위법할 것, ⅴ) 손해의 발생과 액이 인정되어야 한다(제390조).

② 판례는 "임대차계약의 종료에 의하여 발생된 임차인의 임차목적물 반환의무와 임대인의 연체차임 등을 공제한 나머지 임대차보증금의 반환의무는 동시이행관계에 있으므로, 임대인이 나머지 임대차보증금의 반환의무를 이행하거나 적법한 이행제공을 하여 임차인의 동시이행항변권을 상실시키지 아니한 이상, 임차인이 임차목적물반환의무를 이행하지 아니하고 임차목적물을 계속 점유하고 있다고 하더라도, 임차인은 임대인에 대하여 임차목적물반환의무의 이행지체로 인한 손해배상책임을 지지 아니한다."고 하였다.[742]

2) 불법행위에 기한 손해배상청구

① 불법행위를 원인으로 한 손해배상청구가 인정되기 위해서는 ⅰ) 가해자의 위법한 가해행위, ⅱ) 가해자의 고의 또는 과실, ⅲ) 손해발생, ⅳ) 가해자의 행위와 피해자의 손해 간에 인과관계가 있어야 한다(제750조).

② 판례는 "임대차계약 종료의 후에도 임차인이 동시이행의 항변권을 행사하여 임차건물을 계속 점유해 온 것이라면, 임대인이 임차인에게 위 보증금반환의무를 이행하였다거나 그

※ [참고] 개인 소유의 도로를 불법점유한 사안에서, 판례는 "도로폐쇄로 인한 피고의 점유종료일(=인도완료일) 또는 원고의 도로 소유권 상실일"까지의 부당이득반환청구를 인정(대판 1993.3.9, 91다46717)한 바 있었는데, 최근 판례는 "원고의 소유권 상실일까지의 기재는 바람직하지 않다"고 하여 그 입장을 변경·제한하였다(대판 2019.2.14, 2015다244432).

741) 대판 1993.3.9, 91다46717 등
742) 대판 2006.10.13, 2006다39720 등

현실적인 이행의 제공을 하여 임차인의 건물명도의무가 지체에 빠지는 등의 사유로 동시이행의 항변권을 상실하게 되었다는 점에 관하여 임대인의 주장 입증이 없는 이상, 임차인의 위 건물에 대한 점유는 불법점유라고 할 수 없고, 임차인은 이에 대한 손해배상의무를 지지 아니한다."고 하였다.[743]

3) 사안의 경우

사안의 경우 임대인 甲이 임차인 乙의 동시이행항변권을 상실시킨 사정이 없는바, 乙이 X 점포를 반환하지 않은 것은 위법하지 않으므로, 乙은 甲에게 이행지체에 따른 손해배상의무나 불법행위에 기한 손해배상의무를 부담하지 않는다.

Ⅱ 설문 2.에 관하여

1. 결론

법원은 ① 甲의 본소청구에 대해서는 상환이행판결을, ② 乙의 반소에 대해서는 소각하 판결을 하여야 한다.

2. 근거

(1) 甲의 본소에 대한 판단

1) 乙의 동시이행항변권 인정 여부

① 乙은 보증금의 지급을 이유로 그 반환을 받을 때까지 X 점포의 인도를 거절한다는 취지의 주장을 하고 있으므로 동시이행항변권을 행사한 것으로 볼 수 있다.

② 甲의 X 점포인도청구에 대하여 乙은 임대차보증금반환과의 동시이행항변을 할 수 있는데, ⅰ) 丙과 乙 사이의 임대차계약 체결사실, ⅱ) 위 임대차계약의 종료사실, ⅲ) 甲이 丙의 임대인 지위를 승계한 사실은 청구원인단계에서 이미 주장되었을 것이므로, 乙은 이를 다시 주장할 필요가 없고 乙이 丙에게 임대차보증금을 지급한 사실을 주장하면 된다.

③ 사안의 경우 법원의 심리 결과 乙의 주장인 丙에게 보증금 1억원을 교부한 사실이 인정된다고 하였으므로 乙의 동시이행항변권은 이유 있다.

2) 동시이행항변이 인정되는 경우 법원의 판단

가) 처분권주의의 의의 및 내용

처분권주의란 절차의 개시, 심판의 대상·범위, 절차의 종결에 대해 당사자에게 주도권을 주어 그의 처분에 맡기는 입장을 말한다(제203조). 이에 심판의 대상 및 범위는 원고의 의사에 의하여 특정되고 한정되기 때문에 법원으로서는 당사자가 신청한 사항에 대하여, 신청의 범위 내에서만 판단하여야 한다.

나) 단순이행청구에 대한 상환이행판결

원고의 단순이행청구에 대하여 피고가 동시이행의 항변을 하고 그 항변이 이유 있는 때

---

743) 대판 1990.12.21, 90다카24076 등

에는 원고의 반대의 의사표시가 없는 한 원고의 청구를 전부 기각할 것이 아니라 원고로부터 채무의 이행을 받음과 동시에 피고에게 채무이행을 명하는 판결을 하여야 한다.[744]

3) 사안의 경우

사안의 경우 乙이 동시이행의 항변을 하였고 임대차보증금 지급사실도 인정되는데, 보증금의 지급과 동시이행으로 X 점포의 인도를 명하는 판결은 단순히 X 점포의 인도를 구하는 甲의 청구에 포함되어 있는 것으로 볼 수 있으므로 원고의 반대의 의사표시가 없는 한 동시이행판결은 질적 일부 인용으로서 허용될 것이다. 따라서 법원은 甲의 청구를 전부 기각할 것이 아니라, "피고는 원고로부터 금 100,000,000원을 지급받음과 동시에 원고에게 X 점포를 인도하라. 원고의 나머지 청구를 기각한다."는 상환이행판결을 하여야 한다.

(2) 乙의 반소에 대한 판단 - 적법 여부

1) 반소의 의의 및 요건

① 반소라 함은 피고가 본소 소송계속 중에 그 소송절차를 이용하여 원고에 대하여 제기하는 소를 말한다(제269조).

② 반소는 i) 본소와 동종절차에 의할 것과 공통관할일 것, ii) 본소와 상호관련성이 있을 것, iii) 본소절차를 현저히 지연시키지 않을 것, iv) 사실심 변론종결 전일 것과 v) 반소도 소송 중의 소이므로 소의 이익 등 일반적 소송요건을 구비하여야 한다.

2) 확인의 소의 이익 유무

가) 확인의 소의 청구적격(대상적격)

① 확인의 소는 원칙적으로 자기의 현재의 권리·법률관계를 대상으로 하여야 한다.[745]

② 사안의 경우 乙의 보증금반환채권의 존재는 자기의 현재의 권리·법률관계에 관련된 경우로서 청구적격이 인정된다.

나) 확인의 이익 유무

① 확인의 이익이 인정되기 위해서는 i) 원고의 권리 또는 법률상 지위에, ii) 위험·불안이 현존하고, iii) 이것을 제거하기 위하여 확인판결을 받는 것이 가장 유효·적절한 수단이어야 한다.[746]

② 사안의 경우 乙에게 보증금반환청구권이 인정되는 경우 乙은 그 지급을 구하는 이행의 소를 제기하면 될 것이므로, 보증금반환채권의 존재확인청구는 유효·적절한 분쟁해결방법이라고 할 수 없어 확인의 이익이 부정된다.

3) 사안의 경우

사안의 경우 乙의 반소는 확인의 이익이 없으므로, 부적법 각하될 것이다.

---

744) 대판 1980.2.26, 80다56 참조
745) 대판 1995.10.12, 95다26131 등 참조
746) 대판 1997.10.16, 96다11747 등 참조

Ⅲ 설문 3.에 관하여

1. 결론

乙의 기존진술을 번복하는 진술은 유효하지 않다.

2. 근거

(1) 재판상 자백의 성립 여부

① 소유권에 기한 X 점포의 인도청구소송에서 그 소유권의 존재 자체는 선결적 법률관계에 해당하는데, 이에 대해 乙이 인정진술을 하였는바, 선결적 법률관계에 대한 자백이 재판상 자백에 해당하여 구속력을 인정할 것인지 여부가 문제된다.

② 판례는 소유권의 내용을 이루는 사실에 대한 재판상 자백으로 볼 수 있다고 하였다. 선결적 법률관계는 그 자체로는 자백으로서 구속력이 없더라도, '그 내용을 이루는 사실'에 대하여는 자백이 성립할 수 있다는 취지이다.[747]

③ 사안의 경우 甲의 소유권에 대한 乙의 인정진술은 그 소유권의 내용을 이루는 사실에 대한 자백이 성립된다. 따라서 법원은 甲에게 소유권이 존재한다고 판단하여야 한다.

(2) 자백철회의 가부[748]

1) 철회제한의 원칙

자백의 철회는 원칙적으로 인정되지 않는다. 다만 다음과 같은 경우는 철회가 허용된다.

2) 예외적 허용

① 진실에 어긋나는 자백은 그것이 착오로 말미암은 것임을 증명한 때에는 철회할 수 있다(제288조 단서). 그리고 ② 당사자가 소송대리인의 자백에 있어서 경정권을 행사한 경우(제94조) 및 ③ 상대방의 동의가 있는 경우와 ④ 상대방 또는 제3자의 형사상 처벌받을 행위로 말미암아 자백을 한 경우(제451조 제1항 제5호 참조)에는 예외적으로 자백의 철회가 허용된다.

(3) 사안의 경우

사안의 경우 예외적으로 자백의 철회가 허용되는 사유는 존재하지 않는바, 乙은 기존의 진술을 임의로 번복할 수 없다.

Ⅳ 설문 4.에 관하여

1. 결론

甲의 청구는 인용될 수 있다.

---

747) 대판 1989.5.9, 87다카749

748) 재판상 자백의 취소는 반드시 명시적으로 하여야 하는 것은 아니고, 종전의 자백과 배치되는 사실을 주장함으로써 묵시적으로도 할 수 있다(대판 1996.2.23, 94다31976). 따라서 乙이 甲의 소유임을 부정하는 것은 그 소유권의 내용을 이루는 사실에 대한 자백의 철회라고 볼 수 있다.

2. 근거

(1) 채무불이행에 기한 손해배상청구에서의 요증사실

채무자를 상대로 채무불이행에 기한 손해배상청구가 인정되기 위해서는 ① 채무불이행 사실과 ② 손해의 발생과 액이 인정되어야 한다(제390조). 따라서 사안의 경우 손해액은 요증사실에 해당한다.

(2) 증명책임의 분배 기준

① 증명책임이란 소송상 어느 요증사실의 존부가 확정되지 않을 때에 당해 사실이 존재하지 않는 것으로 취급되어 법률판단을 받게 되는 당사자 일방의 위험 또는 불이익을 말한다.

② 증명책임의 분배에 대한 법률요건분류설에 의하면, 각 당사자는 자기에게 유리한 법규의 요건사실의 존부에 대해 증명책임을 지는 것으로 분배시키고 있다. 따라서 ① 권리의 존재를 주장하는 자는 권리근거규정의 요건사실에 대한 주장·증명책임을 지고, ② 그 존재를 다투는 상대방은 반대규정의 요건사실에 대한 증명책임을 지게 된다.

③ 사안의 경우 손해액은 요증사실로서 甲에게 증명책임이 있고, 甲이 시가를 산정할 만한 증거를 제출하지 못하였는바, 청구가 기각될 여지가 있다.

(3) 손해액의 증명과 법원의 판단

① 판례는 손해배상소송에 있어서 손해의 발생사실은 인정되나 구체적인 손해액을 증명하기 곤란한 경우에 증거조사의 결과와 변론 전체의 취지라는 관련된 모든 간접사실들을 종합하여 손해의 액수를 판단할 수 있다고 하였다.[749] 현행법상으로는 불법행위로 인한 손해배상청구소송 등에 있어 피해자인 원고가 손해발생 사실과 구체적인 손해액을 입증해야 한다. 이 때문에 손해발생 사실은 인정되지만 손해액수를 증명하기 어려워 피해자가 소송을 포기하거나 법원이 피해자에게 패소판결을 내리는 사례도 적지 않았다. 이에 개정법률 제202조의2에서는 손해가 발생한 사실은 인정되나 구체적인 손해의 액수를 증명하는 것이 사안의 성질상 매우 어려운 경우에 법원은 변론 전체의 취지와 증거조사의 결과에 의하여 인정되는 모든 사정을 종합하여 상당하다고 인정되는 금액을 손해배상 액수로 정할 수 있도록 하였다.

② 사안의 경우 甲이 시가를 산정할 만한 증거를 제출하지 못하였더라도 사안의 고려청자와 비슷한 도자기가 존재하지 아니하여 정확한 시가를 산정하기 곤란하다는 상황이므로, 법원은 변론 전체의 취지와 증거조사의 결과에 의해 인정되는 모든 사정을 종합적으로 고려하여 상당하다고 인정되는 금액으로 甲의 청구를 인용할 수 있다.

---

749) 채무불이행에 의한 손해배상청구소송에 관하여는 대판 2004.6.24, 2002다6951·6968, 나아가 대판 2007.11.29, 2006다3561은 이러한 법리는 자유심증주의하에서 손해의 발생사실은 입증되었으나 사안의 성질상 손해액에 대한 입증이 곤란한 경우 증명도를 경감함으로써 손해의 공평·타당한 분담을 지도원리로 하는 손해배상제도의 이상과 기능을 실현하고자 함에 그 취지가 있는 것이지, 법관에게 손해액의 산정에 관한 자유재량을 부여한 것은 아니라고 하였다.

확인 · 보충 및 심화사례

시험과목	민소법(사례형)	응시번호		성명	

공통된 사실관계

丁 소유인 X 토지에 관하여 乙과 丙은 공모하여 X 토지를 매수하지 않았음에도 등기관련서류를 위조하여 丙 명의로 매매를 원인으로 한 소유권이전등기(이하 '이 사건 등기'라고 한다)를 마쳤다.

문제

※ 아래 각 설문은 상호 무관한 것임을 전제로 한다.

가. 위 공통 사실관계에 추가하여,

丁은 乙과 丙을 공동피고로 하여 이 사건 등기의 말소등기절차를 이행할 것을 구하는 소를 제기하였다. 위 소송에서 乙에 대하여는 공시송달 절차로 변론이 진행되었고, 丙은 丁의 주장사실을 모두 인정하는 답변서만을 제출하고 변론기일에 불출석하였다.

(1) 丁의 乙과 丙을 상대로 한 청구에 대한 법원의 심리방식에 대해 약술하시오. [10점]

(2) 법원은 丁의 乙과 丙에 대한 청구에 대하여 어떤 판결을 하여야 하는지에 관하여 결론과 그 근거를 설명하시오. [12점]

나. 위 공통 사실관계에 추가하여,

甲은 "甲은 丁으로부터 X 토지를 매수하였으므로 丁에 대하여 X 토지에 관한 소유권이전등기청구권을 갖는다. 그리고 丙은 丁으로부터 X 토지를 매수하지 않았음에도 등기관련서류를 위조하여 이 사건 등기를 마쳤으므로 이 사건 등기는 원인무효이다. 따라서 甲은 丁에 대한 위 소유권이전등기청구권을 보전하기 위하여 丁을 대위하여 丙을 상대로 이 사건 등기의 말소를 청구할 수 있다."라고 주장하면서, 丁과 丙을 공동피고로 하여, 丁에 대하여는 甲에게 X 토지에 관하여 매매를 원인으로 한 소유권이전등기절차를 이행할 것을 청구하고, 丙에 대하여는 丁에게 이 사건 등기의 말소등기절차를 이행할 것을 청구하는 소를 제기하였다.[750]

소송과정에서 甲, 丁, 丙 중 누구도 "丁이 甲에게 X 토지를 증여하였다."라는 주장을 하지 않았는데, 제1심 법원은 丁이 제출한 증거를 통하여 '丁이 甲에게 X 토지를 매도한 것이 아니라 증여하였다.'는 확신을 갖게 되었고, 甲은 丁이 제출한 증거를 원용한 바도 없다. 이에 제1심 법원은 丁에 대하여는 甲에게 X 토지에 관하여 증여를 원인으로 한 소유권이전등기절차를 이행할 것을 명하고, 丙에 대하여는 丁에게 이 사건 등기의 말소등기절차를 이행할 것을 명하는 판결을 선고하였다. 丙에 대한 판결에 있어서 법원은 甲의 丁에 대한 증여를 원인으로 한 소유권이전등기청구권을 피보전권리로 인정하였다.

(1) 제1심 판결 중 丁에 대하여 증여를 원인으로 한 소유권이전등기절차의 이행을 명한 부분은 적법한지에 관하여 결론과 그 근거를 설명하시오. [15점]

(2) 甲은 丁과 丙을 상대로 하여 제1심 판결에 대하여 항소를 할 수 있는지에 관하여 결론과 그 근거를 설명하시오. [13점]

---

750) 사안은 선택적 공동소송에 해당하지 않는다는 점도 주의해야 한다. 왜냐하면 법률상 양립불가능한 관계에 있다고 볼 수 없기 때문이다.

■ 설문 가.의 (1)에 관하여

1. 공동소송의 형태

① 공동소송의 형태가 고유필수적 공동소송인지 여부에 대한 판단기준에 관하여, 판례는 실체법 상 관리처분권이 여러 사람에게 공동으로 귀속되느냐 여부를 기준으로 판단한다(실체법상 관리처분권설). 이에 의하면 사안에서 乙, 丙의 말소등기의무의 이행에 대해서는 실체법상 관리처분권이 공동으로 귀속되지 않으므로 고유필수적 공동소송관계는 아니다. 또한 판결의 효력이 미치는 관계도 아니므로 유사필수적 공동소송에도 해당하지 않는다.

② 판례도 순차 경료된 소유권이전등기의 각 말소청구소송은 통상공동소송에 해당한다는 입장이다.[751] 따라서 사안의 乙과 丙에 대한 공동소송은 통상공동소송에 해당한다.

2. 통상공동소송의 심리방법

(1) 공동소송인 독립의 원칙

통상공동소송의 경우에는 제66조의 "공동소송인 가운데 한 사람의 소송행위 또는 이에 대한 상대방의 소송행위와 공동소송인 가운데 한 사람에 관한 사항은 다른 공동소송인에게 영향을 미치지 아니한다"는 공동소송인 독립의 원칙이 적용되어 이 원칙에 따라 심판하게 된다. 즉 통상공동소송은 ① 소송요건의 존부는 각 공동소송인마다 개별 심사처리(소송요건의 개별처리)하여야 하고, ② 공동소송인의 한 사람의 소송행위는 유리·불리를 가리지 않고 원칙적으로 다른 공동소송인에게 영향을 미치지 아니하며(소송자료의 독립), ③ 소송진행도 독립하여 진행되어 다른 공동소송인에 영향이 없다(소송진행의 독립). 또한 ④ 판결의 통일이 요구되지 않는다(판결의 불통일).

(2) 공동소송인 독립의 원칙의 수정 여부

① 주장공통의 원칙에 대해 판례는 "민사소송법 제66조의 명문의 규정과 우리 민사소송법이 취하고 있는 변론주의 소송구조 등에 비추어 볼 때, 통상의 공동소송에 있어서 이른바 주장공통의 원칙은 적용되지 아니한다"고 하여 이를 부정하는 입장이다.[752]

② 또한 증명공통의 원칙에 대해 판례는 명시적인 입장을 밝히지 않고 있으나, 공동소송에 있어서 증명 기타 행위가 행위자를 구속할 뿐 다른 당사자에게는 영향을 주지 않는 것이 원칙이라고 하여 이를 부정하는 입장으로 보인다.[753]

(3) 사안의 경우

① 사안의 甲의 乙과 丙에 대한 청구는 통상공동소송이므로, 제66조 공동소송인 독립의 원칙이 적용되어 丙이 甲의 주장을 인정하는 진술을 하였어도 이는 乙에게 영향을 미치지 않는다.

---

751) 대판 1998.9.22, 98다23393

752) 대판 1994.5.10, 93다47196

753) 대결 1959.2.19, 4291민항231. 위와 같은 기술 이외에 '1인의 자백이 다른 공동소송인에게 무슨 효력이 있는 것은 아니'라고 한 판시내용을 기술해도 상관없다.

② 또한 丙이 기일을 해태한 경우에도 다른 공동소송인인 乙에게 그 효과가 미치지 않으며, 기일해태한 공동소송인만이 불이익을 입게 된다.

Ⅱ 설문 가.의 (2)에 관하여

1. 甲의 乙에 대한 청구

(1) 결론

법원은 소각하 판결을 하여야 한다.

(2) 근거

1) 당사자적격의 의의 및 취지

당사자적격이란 특정의 사건에 있어서 정당한 당사자로서 소송을 수행하고 본안판결을 받기에 적합한 자격을 말한다. 이는 무의미한 소송을 배제하기 위한 제도이다.

2) 말소등기청구의 소에서 당사자적격

① 사안의 경우 甲의 말소등기청구의 소는 이행의 소이고, 말소등기청구의 상대방은 신청된 등기가 실행됨으로써 권리를 상실하는 등기명의자이어야 하는데, 이 사건 소에서 乙은 등기명의자가 아니므로 이때 법원은 어떤 판단을 하여야 하는지 문제된다.

② 이에 대해 판례는 이행의 소에서 당사자적격의 판단은 주장 자체만으로 판단한다고 본다. 다만 소유권이전등기의 말소등기청구의 소에서는 등기의무자, 즉 등기부상의 형식상 그 등기에 의하여 권리를 상실하거나 기타 불이익을 받을 자(등기명의인이거나 그 포괄승계인)가 아닌 자를 상대로 한 등기의 말소절차이행을 구하는 소는 당사자적격이 없는 자를 상대로 한 부적법한 소로서 각하하여야 한다고 하였다.[754]

3) 사안의 경우

사안의 경우 乙에 대해서는 공시송달 절차로 재판이 진행되었고 소송요건의 흠이 있으므로 무변론판결은 할 수 없으며, 변론기일까지 열렸으므로 무변론판결의 여지는 없다. 나아가 乙은 자신 명의로 등기를 경료하지 않았으므로 등기의무자에 해당하지 않는바, 법원은 피고적격의 흠을 이유로 부적법 소각하 판결을 하여야 한다.

2. 甲의 丙에 대한 청구

(1) 결론

법원은 청구인용판결을 하여야 한다.

(2) 근거

1) 소의 적법 여부

丙은 등기의무자로서 당사자적격이 인정되고, 현재 이행의 소는 변제기가 도래한 이행청구권

---

754) 대판 1994.2.25, 93다39225

을 주장하는 소로서 원고가 이행청구권을 주장하는 것 자체에 의하여 소의 이익은 긍정된다. 따라서 甲이 제기한 말소등기청구의 소는 적법하다.

2) 진술간주에 따른 자백의 성립 여부

가) 진술간주의 성부

① 원고 또는 피고가 소장·답변서·기타 준비서면을 제출하고, ② 변론기일에 불출석 또는 출석하고서도 본안에 관하여 변론하지 아니하였을 때에는 ③ 법원은 원고 또는 피고가 제출한 소장·답변서, 그 밖의 준비서면에 적혀 있는 사항을 진술한 것으로 보고 출석한 상대방에게 변론을 명할 수 있다(제148조). 이 경우 진술간주된다는 것 이외에는 당사자 쌍방이 출석한 경우와 동일한 취급을 한다.

나) 진술간주에 따른 재판상 자백의 성립 여부

② 판례는 자백은 변론이나 변론준비기일에서 소송상 진술한 경우뿐만 아니라 진술간주(제148조 제1항)된 경우도 포함된다는 입장이다.[755] 즉, 법원에 제출되어 상대방에게 송달된 답변서나 준비서면에 자백에 해당하는 내용이 기재되어 있는 경우라도 그것이 변론기일이나 변론준비기일에서 진술 또는 진술간주되어야 재판상 자백이 성립한다고 하였다. 따라서 상대방의 주장사실에 대하여 서면에서 인정한 경우에는 재판상 자백이 성립한다.

3) 사안의 경우

사안의 경우 丙은 甲의 주장사실을 모두 인정하는 답변서만을 제출하고 변론기일에 불출석하였으므로, 진술간주의 효과에 따라 결국 甲의 청구원인사실에 대해 재판상 자백이 성립한다. 따라서 甲의 주장사실에 대한 丙의 자백에 기초하여 법원은 청구인용판결을 선고하여야 한다.

Ⅲ 설문 나.의 (Ⅰ)에 관하여

1. 결론

처분권주의와 변론주의를 위반하여 적법하지 않다(위법하다).

2. 근거

(Ⅰ) 처분권주의 위반 여부

1) 처분권주의의 의의 및 내용

① 처분권주의란 절차의 개시, 심판의 대상·범위, 절차의 종결에 대해 당사자에게 주도권을 주어 그의 처분에 맡기는 입장을 말한다(제203조). 법원으로서는 당사자가 신청한 사항에 대하여, 신청 범위 내에서만 판단하여야 한다.

② 사안의 경우 甲은 丁을 상대로 매매를 원인으로 한 소유권이전등기청구의 소를 제기하였는데, 제1심 법원은 증여를 원인 한 소유권이전등기청구권을 인정하였는바, 이것이 별개의 소송물에 대한 판단으로 甲이 신청하지도 않은 대상을 판단한 것이 아닌지 문제된다.

---

755) 대판 2015.2.12, 2014다229870

2) 소송물의 동일성 인정 여부

판례는 "소유권이전등기청구사건에 있어서 등기원인을 달리하는 경우에는 그것이 단순히 공격·방어방법의 차이에 불과한 것이 아니고 등기원인별로 별개의 소송물로 인정된다."고 하였다.[756]

3) 사안의 경우

사안의 경우 甲의 매매를 원인으로 한 소유권이전등기청구에 대하여, 제1심 법원이 증여를 원인으로 한 소유권이전등기청구를 인정한 것은 별개의 소송물에 대한 판단으로 처분권주의의 위반이다.

(2) 변론주의 위반 여부

1) 변론주의의 의의 및 내용

변론주의란 소송자료, 즉 사실과 증거의 수집·제출의 책임을 당사자에게 맡기고 법원은 당사자가 수집·제출한 소송자료만을 재판의 기초로 삼아야 한다는 원칙을 말한다. 이러한 변론주의는 ① 사실의 주장책임, ② 자백의 구속력, ③ 당사자의 증거제출책임을 그 내용으로 한다.

2) 사실의 주장책임

가) 주요사실과 간접사실의 구별

① 법원은 당사자에 의하여 주장되지 않은 사실은 판결의 기초로 삼을 수 없는데, 변론주의는 주요사실에 대하여만 인정되고 간접사실과 보조사실에는 인정되지 않는다.

② 판례의 법규기준설에 의하면 주요사실이란 권리의 발생·변경·소멸이라는 법률효과를 가져오는 법규의 직접요건사실을 말하고, 간접사실이란 주요사실의 존부를 추인케 하는 사실을 말한다.

③ 사안의 경우 제1심 법원이 인정한 증여계약사실은 소유권이전등기청구권을 발생하게 하는 주요사실에 해당한다.

나) 증여계약사실의 주장 인정 여부

① 변론주의에 의할 때 사실자료와 증거자료는 구별되므로 법원이 증거자료에 의하여 주요사실의 존재를 알았다고 하여도 당사자가 변론에서 주장하지 않았으면 이를 기초로 심판할 수 없는 것이 원칙이다(사실자료와 증거자료의 구별).

② 다만 이를 관철시키면 구체적으로 타당한 해결을 도모할 수 없는 경우가 발생하므로 구별완화가 필요한데, 이와 관련하여 간접적 주장과 묵시적 주장이 문제이다.

③ 사안의 경우에는 甲이 증여계약사실을 주장한 바도 없고, 丁이 제출한 증거를 원용한 바도 없으며, 매매계약사실의 주장 속에 그 소송물과 요건사실이 다른 증여계약사실의 주장이 포함되어 있다고 볼 수 없다. 결국 증여계약사실은 변론에서 주장되어 현출된 사실이 될 수 없다.

---

756) 대판 1996.8.23, 94다49922

3) 사안의 경우

제1심 법원이 인정한 증여계약사실은 주요사실로서 원고 甲의 주장이 있어야 판결의 기초로 삼을 수 있는데, 사안의 경우 이와 관련된 주장은 인정될 수 없으므로, 법원이 丁이 제출한 증거자료에 기해 증여계약사실을 인정함은 변론주의의 위반이다.

Ⅳ 설문 4.에 관하여

1. 결론

甲은 丙을 상대로는 항소할 수 없으나, 丁을 상대로는 항소할 수 있다.

2. 근거[757]

(1) 항소의 요건

항소가 적법하기 위해서는, ① 방식에 맞는 항소제기 및 항소기간의 준수와 ② 항소권 포기나 불항소의 합의가 없을 것, 또한 ③ 항소의 대상적격이 있고, ④ 항소인에게 항소의 이익이 있을 것과 ⑤ 당사자자격(당사자능력, 당사자적격, 소송능력)이 있을 것이 요구된다. 사안의 경우에는 항소의 이익이 인정되는지 여부가 문제이다.

(2) 항소이익의 의의 및 취지

제1심 법원의 종국재판에 대하여 불복신청함으로써 그 취소를 구하는 것이 가능한 당사자의 법적 지위를 항소의 이익이라고 한다. 이는 무익한 항소권행사를 견제하자는 취지이다.

(3) 항소이익의 판단기준

① 항소이익의 판단기준에 대하여는, 원고가 구한 판결의 신청내용과 그 신청에 대해 법원이 내린 판결내용(판결주문)을 형식적으로 비교하여 그 전부 또는 일부가 인정되지 않은 경우(양적으로나 질적으로 불리한 경우)에 항소의 이익을 인정하자는 형식적 불복설이 타당하다.

② 판례도 "재판이 상소인에게 불이익한 것인지 여부는 원칙적으로 재판의 주문을 표준으로 하여야 한다."고 함으로써 형식적 불복설의 입장이다.

(4) 丙을 상대로 한 항소이익의 유무

1) 채권자대위소송의 법적 성질

판례는 채권자대위소송은 채권자가 스스로 원고가 되어 채무자의 제3채무자에 대한 권리를 행사하는 것으로서 법정 소송담당으로 보고 있다. 이에 따르면 ① 피보전채권, ② 보전의 필요성, ③ 채무자의 권리불행사는 당사자적격(원고적격)의 요소가 되나, ④ 피대위권리는 소송물에 해당한다. 따라서 피보전채권의 존부는 판결이유에서, 피대위권리의 존부는 주문에서 판단될 사항이다.

---

757) 대판 1992.3.27, 91다40696

2) 항소이익의 유무

판례는 "심판대상이 되고 판결의 기판력이 미치는 것은 어디까지나 소유권이전등기말소등기 청구권의 존부라 할 것이고, 이에 관한 원고 甲의 청구가 인용되어 승소한 이상, 원심이 판결 이유에서 피보전권리의 발생원인을 잘못 인정하였다 하더라도 그 사유만으로는 상소의 이익이 있다고 할 수 없다."고 하였다.

⑸ 丁을 상대로 한 항소이익의 유무

판례는 "매매를 원인으로 한 소유권이전등기청구와 양도담보약정을 원인으로 한 소유권이전등 기청구와는 청구원인사실이 달라 동일한 청구라 할 수 없음에 비추어, 원심은 원고가 주장하지도 아니한 양도담보약정을 원인으로 한 소유권이진등기청구에 관하여 심판하였을 뿐, 정작 원고가 주장한 매매를 원인으로 한 소유권이전등기청구에 관하여는 심판을 한 것으로 볼 수 없어, 결국 원고의 청구는 실질적으로 인용한 것이 아니어서 판결의 결과가 불이익하게 되었으므로, 원심판결에 처분권주의를 위반한 위법이 있고 따라서 그에 대한 원고의 상소이익이 인정된다."고 하였다.

확인 · 보충 및 심화사례

시험과목	민소법(사례형)	응시번호		성명	

공통된 사실관계

甲은 2018.6.10. 乙에게 X기계를 매도하였는데, 乙은 물품대금을 지급하지 않고 있다.

문제

※ 아래 각 설문에 대한 결론과 근거를 설명하시오. 각 설문은 상호 무관한 것임을 전제로 한다.

가. 위 공통 사실관계에 추가하여,
  甲은 乙을 상대로 X기계에 대한 물품대금 3억원의 지급을 구하는 소를 제기하였다. 우편집배원은 乙의 근무장소에서 소장부본 등 소송서류를 적법하게 송달하여 소송이 진행되었다.

  (1) 법원은 甲의 청구를 전부 인용하는 내용의 1심 판결을 선고하였다. 그런데 乙의 사용자인 A가 乙의 근무장소에서 판결정본의 송달을 정당한 이유 없이 거부하였고, 우편집배원은 판결정본을 乙의 근무장소에 놓아두었다. 乙은 판결정본의 송달 사실을 알고 1개월 후 항소를 제기하였다. 乙의 항소는 적법한가? [10점]

  (2) 乙이 1회 변론기일에 출석하여 甲의 청구를 부인하는 변론을 하였다. 甲이 변론종결 이후에 2억원의 지급을 구하는 것으로 청구취지를 감축하는 취지의 소변경 신청서를 법원에 제출하였다. 법원은 그 서면을 乙에게 송달하지 아니한 채 3억원의 물품대금 청구액 전체에 대하여 심판하면서 乙에 대해 2억 2천만원의 지급을 명하는 판결을 선고하였다. 이 판결은 적법한가? [10점]

  (3) 甲은 丙을 소송대리인으로 선임(상소제기의 특별수권을 소송위임장에 부동문자로 기재)하여 乙을 상대로 X기계에 대한 물품대금 3억원의 지급을 구하는 소를 제기하였는데, 제1심 법원에 계속 중 甲은 사망하였고 甲에게는 상속인 A, B, C가 있었다. 소송대리인 丙은 A, B를 수계인으로 하는 수계신청을 하였고 소송이 진행되어 제1심 법원이 청구기각판결을 선고하였다. ① 상속인 A, B가 항소하고 C는 항소하지 않은 채 항소기간이 도과된 경우와 ② 소송대리인 丙이 C의 존재를 몰라 A, B만을 위하여 항소를 제기하고 항소기간이 도과된 경우에, C는 항소심에서 소송수계신청을 할 수 있는가? [12점]

나. 위 공통 사실관계를 변형하여,
  甲은 乙로부터 X부동산을 5억원에 매수하였다며 2017.3.2. 乙을 상대로 "乙은 甲에게 X부동산에 관하여 2015.7.1. 매매를 원인으로 한 소유권이전등기절차를 이행하라."라는 취지의 소유권이전등기청구의 소를 제기하였다. 위 소송계속 중 2018.2.2. 甲과 乙은 다음과 같이 소송상 화해를 하였다. "乙은 甲에게 X부동산에 관하여 2015.7.1. 매매를 원인으로 한 소유권이전등기절차를 이행한다. 甲은 乙에게 매매 잔대금 1억원을 2018.6.30.까지 지급한다. 소송비용은 각자 부담한다." 그런데 乙은 위 화해조항에 따라 甲 명의로 소유권이전등기를 마쳤음에도 甲이 매매 잔대금 1억원을 지급하지 않아서 위 매매계약이 잔대금 미지급으로 해제되었고 그로 인해 위 소송상화해도 효력이 없다고 주장하면서,

> 甲을 상대로 X부동산에 관한 甲 명의 소유권이전등기의 말소를 구하는 소를 제기하였다. 乙의 주장대로 甲이 화해조항에 따른 매매 잔대금 1억원을 지급하지 않았다면, 법원은 乙의 청구에 대해 어떤 판결을 하여야 하는가? [18점]

▐ 설문 가.의 (1)에 관하여

1. 결론

적법하다.

2. 근거

(1) 항소의 요건

항소가 적법하기 위해서는, ① 방식에 맞는 항소제기 및 항소기간의 준수와 ② 항소권 포기나 불항소의 합의가 없을 것, 또한 ③ 항소의 대상적격이 있고, ④ 항소인에게 항소의 이익이 있을 것과 ⑤ 당사자자격(당사자능력, 당사자적격, 소송능력)이 있을 것이 요구된다. 사안의 경우에는 판결정본의 송달이 유효하여 항소기간을 준수하지 못한 것은 아닌지가 문제이다.

(2) 판결정본 송달의 유효 여부

1) 근무장소에서의 유치송달 가부

① 송달 받을 사람의 주소 등을 알지 못하거나 그 장소에서 송달할 수 없는 때에는 근무장소에서 송달할 수 있고(제183조 제2항 : 교부송달), 근무장소에서 송달받을 사람을 만나지 못한 때에는 사리를 분별할 지능이 있는 수령대행인이 서류의 수령을 거부하지 아니하면 그에게 서류를 교부할 수 있다(제186조 제2항 : 보충송달).

② 그러나 제186조 제3항의 명문상 유치송달은 서류를 송달받을 사람 또는 제186조 제1항의 근무장소 외(주소 등)에서 보충송달에 의하여 서류를 넘겨받을 사람이 정당한 사유 없이 송달받기를 거부하는 때에나 가능할 뿐이고, '근무장소'에서 보충송달 받을 수 있는 사람이 거부하면 유치송달을 할 수 없다.

③ 따라서 사안의 경우 근무장소에서 사용자인 A가 판결정본의 송달을 거부하고 있는바, 유치송달은 무효이다.

2) 이의권 상실로 인한 송달하자의 치유 여부

① 당사자는 소송절차에 관한 규정에 어긋난 것임을 알거나, 알 수 있었을 경우에 바로 이의를 제기하지 아니하면 그 권리를 잃는다(제151조). 이러한 이의권의 상실의 대상이 되는 것은 소송절차에 관한 임의규정을 위반한 경우에 한한다.

② 따라서 항소제기 기간에 관한 규정은 강행규정이고 그 기산점이 되는 판결정본의 송달의 하자는 이의권의 포기·상실의 대상이 되지 않는다.

3) 사안의 경우

사안의 경우 판결정본의 송달은 무효이고, 그 송달의 하자는 이의권의 상실로 치유되지 않는 바, 항소기간은 진행하지 않는다. 따라서 乙의 항소는 항소제기 기간 내에 제기된 것으로서 적법하다.

Ⅱ 설문 가.의 ⑵에 관하여

1. 결론

적법하지 않다(위법하다).

2. 근거

⑴ 청구취지의 감축이 소의 일부취하에 해당하는지 여부

① 청구취지의 양적 감축은 소의 변경에 해당하지 않는다. 다만 청구의 일부포기인지 아니면 소의 일부취하인지가 문제되는데, 이에 대해 원고의 의사가 분명하다면 그에 의하겠지만 불분명한 경우 어떻게 볼 것인지가 문제된다.

② 판례는 소송상 청구금액을 감축한다는 것은 소의 일부취하를 뜻한다고 하였다.[758] 청구의 일부포기로 보는 것보다 원고에게 유리한 소의 일부취하로 봄이 타당하기 때문이다.

⑵ 소의 일부취하의 유효 여부[759]

1) 소취하의 요건

① 소취하라 함은 원고가 자신이 제기한 소의 전부 또는 일부를 철회하는 법원에 대한 단독적 소송행위로서, 그것이 유효하기 위해서는 ⅰ) 소송능력 또는 소송상 대리권이 있을 것, ⅱ) 판결확정 전까지, ⅲ) 소취하서 제출 또는 변론기일에서 구술로 하여야 하고, ⅳ) 상대방이 본안에 관하여 응소한 뒤에는 상대방의 동의를 받아야 효력을 가진다(제266조).

② 또한 상대방의 동의를 위해 소장을 송달한 뒤에는 취하의 서면을 상대방에게 송달하여야 한다(제266조 제4항). 상대방의 이익을 해할 수 없기 때문이다.

③ 사안의 경우에는 다른 요건은 문제가 없으나, 甲의 소취하에 대한 乙의 동의 유무와 관련하여 문제된다.

2) 상대방의 동의와 법원의 조치

판례는 "소장부본의 송달 후에는 소취하의 서면을 피고에게 송달하지 않으면 안 되고(제266조 제4항), 소취하서 또는 소일부취하서가 상대방이 본안에 관한 준비서면을 제출하거나 변론준

---

758) 대판 1993.9.14, 93누9460

759) 만일 소의 일부취하가 유효하다면 법원의 심판범위는 2억원으로 감축되는바, 그럼에도 불구하고 법원이 2억 2천만원의 지급을 명한다면 신청범위를 넘는 것으로서 처분권주의에 반한다. 따라서 사안의 소의 일부취하가 요건을 구비했는지 면밀히 검토함이 필요하다.

비기일에서 진술하거나 변론을 한 뒤에 법원에 제출된 경우에는 민사소송법 제266조 제2항에 의하여 상대방의 동의를 받아야 효력을 가지는 것이지만, 이 경우에 원심은 제266조 제4항에 따라 그 취하서 등본을 상대방에게 송달한 다음 상대방의 동의 여부에 따라 심판범위를 확정하여 재판을 하여야 하고, 상대방의 동의 여부가 결정되지 아니한 상태에서 종전의 청구에 대하여 재판을 하여서는 아니 된다."고 하였다.[760]

(3) 사안의 경우

사안의 경우 서면을 乙에게 송달하지 않았다고 한 것으로 보아, 乙의 동의는 없는 것으로 보인다. 따라서 소취하의 효력은 발생하지 않는바, 법원은 3억원의 물품대금의 지급을 구하는 청구의 범위 내에서 일부인용할 수 있으므로 일응 처분권주의의 위반은 없다. 다만 이 경우에도 법원이 소 일부취하에 대한 상대방의 동의 여부를 기다리지 아니한 채 종전 청구 전체에 대하여 재판을 하면서 원고가 일부 취하한 부분까지 인용하는 판결을 선고하였다면, 이는 소 일부취하서 제출 시 법원이 취하여야 할 절차를 위반한 위법이 있다.

Ⅲ 설문 가.의 (3)에 관하여

1. 결론

C는 ①의 경우에는 수계신청을 할 수 없으나, ②의 경우에는 수계신청을 할 수 있다.

2. 근거

(1) 당사자지위의 당연승계 여부

① 판례는 소송계속 중 어느 일방의 당사자가 사망한 경우, 그때부터 그 소송은 그의 지위를 당연히 이어 받게 되는 상속인들과의 관계에서 대립당사자 구조를 형성하여 존재하게 되는 것이라고 함으로써 당연승계를 긍정하는 입장이다.[761]

② 사안에서 甲은 소송계속 중 사망하여, 그때부터 상속인 A, B, C는 원고 甲의 지위를 당연승계한다.

(2) 소송절차의 중단 여부

1) 중단의 요건

당사자의 사망으로 소송절차가 중단되기 위해서는 ① 소송계속 중에 사망하였을 것, ② 상속인이 있을 것, ③ 소송물인 권리의무가 상속의 대상이 될 것을 요한다. 또한 ④ 사망한 당사자 측에 소송대리인이 선임되어 있지 않아야 한다(제233조, 제238조). 소송대리인이 있다면, 소송절차는 중단되지 않고 소송대리인은 당연히 새로운 당사자의 소송대리인이 된다(제238조).

---

760) 대판 2005.7.14, 2005다19477
761) 대판(전) 1995.5.23, 94다28444

2) 심급대리의 원칙과 관계

① 소송대리인이 상소제기의 특별한 권한을 따로 받았다면 그 소송대리인은 상소를 제기할 권한이 있으므로 소송절차는 중단되지 않고 상소제기기간은 진행된다. 따라서 쌍방이 상소를 제기하지 않고 상소제기기간이 도과하면 그 판결은 확정되고,[762] ② 소송대리인이 상소한 경우에는 상소제기 시부터 소송절차는 중단된다.[763]

3) 사안의 경우

사안의 경우 甲에게는 소송대리인이 있었으므로 소송계속 중 甲의 사망으로 소송절차는 중단되지 않고, 소송대리인 丙에게 상소제기에 관한 특별수권이 있는 경우로서 판결정본의 송달로 항소기간은 진행된다.

(3) C에 대한 판결의 확정 여부

1) 공동소송의 형태

판례는 금전채권과 같이 급부의 내용이 가분채권인 경우 공동상속인은 상속개시와 동시에 당연히 법정상속분에 따라 공동상속인들에게 분할되어 귀속된다고 본다.[764] 따라서 관리처분권이 공동귀속된다거나 판결의 효력이 확장되는 관계가 아니므로 통상공동소송에 해당한다.

2) 통상공동소송의 심리방식

통상공동소송의 경우 제66조에 의한 공동소송인 독립의 원칙에 따라 심리되므로, ① 각자 항소제기 및 수계신청을 할 수 있고, ② 1인의 항소제기에 따른 상소불가분의 원칙은 적용되지 않는다.

(4) 사안의 경우

1) 사안 ①의 경우

판례는 "당사자가 사망하였으나 소송대리인이 있어 소송절차가 중단되지 아니한 경우 원칙적으로 소송수계라는 문제가 발생하지 아니하고 소송대리인은 상속인들 전원을 위하여 소송을 수행하게 되는 것이며 그 사건의 판결은 상속인들 전원에 대하여 효력이 있다."고 하였다. 또한 "제1심 판결의 효력은 정당한 상속인인 모두에게 그들의 상속지분만큼 미치는 것이고 소송대리인이 상소제기의 특별수권을 부여받고 있었으므로 항소제기기간은 진행된다고 하지 않을 수 없다."고 하였다.[765] 따라서 사안의 경우 제1심 판결 중 C의 상속지분에 해당하는 부분은 그 자나 소송대리인이 항소를 제기하지 아니한 채 항소제기기간이 도과하였다면 이미 그 판결은 확정되었다고 할 것이므로, C는 항소심에서 수계신청을 할 수 없다.

---

762) 대결 1992.11.5, 91마342. 다만 소송대리인이 상소제기에 관한 특별수권이 없는 경우에는 판결정본이 당사자 또는 소송대리인에게 송달되면 소송절차는 중단된다. 따라서 상소기간은 진행되지 않으므로 그 도과로 판결이 확정되지는 않는다(대판 1996.2.9, 94다61649).

763) 대판 2016.9.8, 2015다39357

764) 대결 2016.5.4, 2014스122 등 참고

765) 대결 1992.11.5, 91마342. 이 경우 누락된 상속인 C는 추완상소로 구제받는 방법을 모색할 수 있겠다.

2) 사안 ②의 경우

판례는 "① 망인의 소송대리인에게 상소제기에 관한 특별수권이 부여되어 있는 경우에는, 그에게 판결이 송달되더라도 소송절차가 중단되지 아니하고 상소기간은 진행하는 것이므로 상소제기 없이 상소기간이 지나가면 그 판결은 확정되는 것이지만, 한편 ② 망인의 소송대리인이나 상속인 또는 상대방 당사자에 의하여 적법하게 상소가 제기되면 그 판결이 확정되지 않는 것 또한 당연하다. 그런데 당사자 표시가 잘못되었음에도 망인의 소송상 지위를 당연승계한 정당한 상속인들 모두에게 효력이 미치는 판결에 대하여 그 잘못된 당사자 표시를 신뢰한 망인의 소송대리인이나 상대방 당사자가 그 잘못 기재된 당사자 모두를 상소인 또는 피상소인으로 표시하여 상소를 제기한 경우에는, 상소를 제기한 자의 합리적 의사에 비추어 특별한 사정이 없는 한 정당한 상속인들 모두에게 효력이 미치는 위 판결 전부에 대하여 상소가 제기된 것으로 보는 것이 타당하다."고 하였다.[766] 따라서 사안의 경우 상소제기의 특별수권을 부여받은 소송대리인 丙이 A와 B만이 당사자로 표시된 제1심 판결을 신뢰하여 그들만을 항소인으로 기재하여 항소를 제기하였더라도 C의 항소도 제기된 것으로 보아야 한다. 결국 전부가 확정차단되고 이심되었다. 또한 소송대리인 丙이 항소를 제기하면 대리권은 소멸되기 때문에 항소제기 후 소송절차는 중단된 상태에 있다. 따라서 C는 항소심에서 수계신청을 할 수 있다.

Ⅳ 설문 나.에 관하여

1. 결론

법원은 청구기각 판결을 선고하여야 한다.

2. 근거[767]

(I) 소송상 화해의 의의 및 법적 성질

1) 소송상 화해의 의의

소송상 화해라 함은 소송계속 중 당사자 쌍방이 소송물인 권리관계에 관한 주장을 서로 양보하여 소송을 종료시키기로 하는 기일에 있어서의 합의를 말한다.

---

766) 대판 2010.12.23, 2007다22859. 대법원은 "위 91마342 결정은 제1심에서 사망한 당사자의 지위를 당연승계한 상속인들 가운데 실제로 수계절차를 밟은 일부 상속인들이 제1심 판결에 불복하여 스스로 항소를 제기하였으나 이들이 수계인으로 표시되지 아니한 나머지 상속인들의 소송을 대리할 아무런 권한도 갖고 있지 아니하였던 사안에 관한 것으로서, 망인의 소송상 지위를 당연승계한 상속인들 전원을 위하여 소송대리권을 가지는 망인의 소송대리인이 상소를 제기한 이 사건과는 그 사안을 달리한다."고 하면서 C의 소송수계신청을 적법하다고 보아 이를 허용하였다.

767) 해설은 이해를 위해 상세히 기술하였다.

2) 소송상 화해의 법적 성질[768]

그 법적 성질에 대해서 판례는 ① 소송상 화해는 소송물인 법률관계를 확정하는 효력이 있으므로 순연한 소송행위로 볼 것이라고 판시하여 소송행위설의 입장이나,[769] ② 제3자의 이의가 있을 때에 화해의 효력을 실효시키기로 하는 약정이 가능하고 그 실효조건의 성취로 화해의 효력은 당연히 소멸된다고 하여 실효조건부 화해를 긍정하는 등 소송행위설을 일관하지 못하는 판시를 하기도 하였다.[770] 나아가 ③ 최근 판례는 공유물분할조정사안에서 공유물분할조정은 협의에 의한 공유물분할과 다를 바 없어, 민법 제186조에 따라 등기를 마쳐야 단독소유로 하기로 한 부분에 대한 소유권을 취득한다고 하였는데, 이는 공유물분할조정이 공유자 사이의 합의에 불과하고 그 합의는 사법상 법률행위에 해당함을 전제로 한 것이라고 평가된다.[771]

(2) 소송상 화해로 발생한 채무의 불이행을 이유로 한 소송상 화해의 해제 가부

1) 판례의 태도

판례는 재판상의 화해를 조서에 기재한 때에는 당사자 간에 기판력이 생김을 전제로, ① 소송상 화해를 한 당사자는 재심의 소에 의하지 않고서는 화해를 사법상 화해계약임을 전제로 화해 해제를 주장하는 것과 같은 화해조서의 취지에 반하는 주장을 할 수 없다고 하였고, ② 소송상 화해에 확정판결의 당연무효사유와 같은 사유가 있을 때에는 기일지정신청에 의하여 그 효력을 다툴 수 있고, 그렇지 않다면 재심사유에 해당될 때에 한하여 준재심의 소에 의해서만 다툴 수 있다고 하였다.[772]

2) 사안의 경우

사안의 경우 소송상 화해의 일방 당사자인 甲이 화해내용에 따른 잔대금채무를 이행하지 않더라도, 乙은 준재심의 소에 의해 소송상 화해의 효력이 취소되지 않는 한 소송상 화해 자체를 해제하거나 그 실효를 주장할 수는 없다.

---

768) 종래에는 화해의 법적 성질론과 화해의 기판력을 논리적으로 연결되는 문제로 보았으나, 최근에는 법적 성질론과 기판력에 대한 학설이 논리필연적인 관계에 있지는 않다고 본다. 따라서 법적 성질론에 대해서는 본 문제의 해설에 담겨있는 내용보다 더 압축기술하면 족하다.

769) 대판 1962.5.31, 4293민재6

770) 대판 1993.6.29, 92다56056

771) 대판(전) 2013.11.21, 2011두1917

772) 재판상의 화해를 조서에 기재한 때에는 그 조서는 확정판결과 동일한 효력이 있고 당사자 간에 기판력이 생기는 것이므로 확정판결의 당연무효 사유와 같은 사유가 없는 한 재심의 소에 의하여만 효력을 다툴 수 있는 것이나, 당사자 일방이 화해조서의 당연무효 사유를 주장하며 기일지정신청을 한 때에는 법원으로서는 그 무효사유의 존재 여부를 가리기 위하여 기일을 지정하여 심리를 한 다음 무효사유가 존재한다고 인정되지 아니한 때에는 판결로써 소송종료선언을 하여야 한다(대판 2000.3.10, 99다67703).

(3) 乙의 소유권이전등기말소청구의 소가 기판력에 저촉되는지 여부

1) 소송상 화해의 기판력 발생 여부

제220조는 "화해를 변론조서·변론준비기일조서에 적은 때에는 그 조서는 확정판결과 같은 효력을 가진다."고 규정하고 있다. 이에 대해 판례는 "재판상 화해조서는 확정판결과 같은 효력이 있어 기판력이 생기는 것이므로 그 내용이 강행법규에 위반된다 할지라도, 화해조서가 준재심절차에 의하여 취소되지 아니하는 한, 그 당사자 사이에서는 그 화해가 무효라는 주장을 할 수 없다."고 하였다.[773]

2) 기판력 작용 여부

가) 문제점

판례에 따르면 재판상 화해는 확정판결과 동일한 효력이 있고 창설적 효력을 가지는 것이어서 화해가 이루어지면 종전의 법률관계를 바탕으로 한 권리·의무관계는 소멸함과 동시에 재판상 화해에 따른 새로운 법률관계가 유효하게 형성된다.[774] 즉 소송상 화해에 따라 조서에 기재된 내용인 새로운 법률관계에 기판력이 발생한다. 따라서 이에 반하는 주장이 기판력에 저촉되는지 여부가 문제된다.

나) 기판력의 작용 및 효과

소송상 화해의 경우에도 기본적으로 확정판결의 경우와 동일하다. 즉 기판력의 작용국면, 기판력의 주관적 범위와 객관적 범위, 기판력의 효과는 확정판결과 동일하고, 다만 기판력의 시적 범위는 소송상 화해의 성립시를 표준시로 보아야 할 것이다.[775]

3) 사안의 경우

사안의 경우 소송상 화해에 따른 기판력은 주관적 범위에서 乙에게 미치고, 소송상 화해로 인해 발생된 기판력의 객관적 범위는 甲에게 소유권이전등기청구권(乙에게 소유권이전등기의무)이 있다는 점이다. 그런데 후소에서 乙은 甲 명의의 소유권이전등기의 말소를 구하고 있는바, 이는 모순관계로 작용하게 된다. 따라서 법원은 청구기각 판결을 선고하여야 한다.

---

773) 대판 1999.10.8, 98다38760

774) 대판 2014.4.10, 2012다29557

775) 대판 1994.12.9, 94다17680 등 참조. 제소전 화해의 경우에도 그 성립 시(제소전 화해가 성립한 심문기일이 변론종결일이다)를 표준시로 본다. 단 화해권고결정은 당사자 사이에서 그 확정시를 기준으로 하여 기판력이 발생한다(대판 2012.5.10, 2010다2558).

확인 · 보충 및 심화사례

시험과목	민소법(사례형)	응시번호		성명	

공통된 사실관계

乙은 2016.2.1. 甲과 乙 소유의 X토지에 대한 매매계약을 체결하였고, 한편 甲은 2016.4.1. 乙에게 1억원을 변제기 2017.3.31.로 정하여 대여하였다.

문제

※ 아래 각 설문은 상호 무관한 것임을 전제로 한다.

1. (위 공통 사실관계에 추가하여) 甲은 2017.4.경 乙로부터 그 소유의 X토지를 대금 1억원에 매수하는 계약을 체결하였다고 주장하면서 乙을 상대로 매매계약에 기한 소유권이전등기청구의 소를 제기하였는데, 법원은 소송 진행의 결과 매매계약의 체결사실을 인정할 수 없다는 심증을 얻어 甲의 청구를 기각하였다. 이 사건 판결이 확정된 후에 甲은 乙과 X토지에 대한 대물변제약정을 하였고, 甲은 위 대물변제약정에 기해 乙을 상대로 다시 소유권이전등기청구의 소를 제기하였다. 후소 법원의 심리 결과 甲의 주장사실은 모두 인정되었다. 이 경우 후소 법원은 甲의 청구에 대하여 어떤 판단을 하여야 하는지 그 결론과 근거를 설명하시오. [15점]

2. (위 공통 사실관계에 추가하여) 甲은 乙과의 2016.2.1.자 X토지에 대한 매매계약을 원인으로 소유권이전등기를 경료받았는데, 그 후 甲 소유의 X토지를 乙이 관련서류를 위조하여 丙에게 매도하고 소유권이전등기를 마쳐주었다. 이에 甲은 丙을 상대로 X토지에 관한 소유권이전등기말소청구의 소를 제기하였고, 제1심에서 甲의 청구를 인용하는 판결이 선고되어 확정되었다. 이에 甲은 丙의 소유권이전등기를 말소하기 위하여 새로운 등기부등본을 발급받아 보았더니, 丙이 증여계약에 기해 이미 丁에게 위 소송의 변론종결 전에 소유권이전등기를 마쳐 주었으며, 다시 丁이 戊에게 위 소송의 변론종결 후에 매매계약을 원인으로 소유권이전등기를 마쳐 준 사실이 인정됨을 알게 되었다. 위 판결의 효력이 丁과 戊에게 미치는지 여부에 대한 결론과 근거를 설명하고 [15점], 甲이 丁과 戊 명의의 각 소유권이전등기를 말소할 수 있는 방법을 약술하시오 [7점].

3. (위 공통 사실관계에 추가하여) 甲은 2018.4.1. 乙을 상대로 위 대여금 채권 1억원의 지급을 청구하는 소를 제기하여 청구인용판결을 선고받아 위 판결이 확정되었다. 한편 乙에게는 甲에 대한 1억원의 손해배상채권이 있었고, 위 소송의 사실심 변론종결 당시 위 두 채권은 상계적상에 있었으며, 乙도 위 두 채권이 상계적상에 있음을 알고 있었다. 甲이 위 확정판결로 강제집행을 하려고 하자, 乙은 비로소 위 손해배상채권으로 위 대여금채권과 상계한다고 주장하면서 위 확정판결의 집행력을 배제하기 위한 청구이의의 소를 제기하였다. 乙의 상계 주장은 적법한 청구이의의 사유에 해당하는지 그 결론과 근거를 설명하시오. [13점]

▌I▌ 설문 1.에 관하여

1. 결론

청구인용판결을 하여야 한다.

2. 근거

(1) 기판력의 의의 및 근거

기판력은 청구에 대한 확정된 종국판결의 판결내용에 부여된 후소에 관한 당사자와 법원에 대한 구속력으로서, 법적 안정성·소송경제의 요청과 함께 절차보장을 받은 당사자의 자기책임에서 그 근거를 찾을 수 있다(이원설).

(2) 기판력의 작용

1) 기판력의 주관적 범위

① 기판력은 소송의 대립 당사자 사이에만 생기는 것을 원칙(상대성의 원칙)으로 한다(제218조 제1항).

② 사안의 경우 전소와 후소의 당사자는 甲과 乙로서 동일하므로 전소판결의 기판력이 미친다.

2) 기판력의 객관적 범위와 작용

가) 전소 기판력의 발생범위

① 확정판결은 주문에 포함된 것에 한하여 기판력을 가진다(제216조 제1항). 이는 주문 판단만이 당사자의 소송목적에 대한 해결이고, 당사자의 의도에 맞기 때문이다.

② 사안의 경우에는 주문에 포함된 소송물인 甲의 乙에 대한 소유권이전등기청구권의 판단에 기판력이 발생한다.

나) 기판력의 작용국면

① 기판력은 후소의 소송물이 전소의 소송물과 동일하거나, 전소의 소송물을 선결문제로 하거나, 전소의 소송물과 모순관계에 있는 경우에 작용한다.

② 사안의 경우 전·후소의 소송물이 동일한지가 문제인데, 이와 관련하여 판례는 ⅰ) 소유권이전등기청구사건에 있어서 등기원인을 달리하는 경우에는 그것이 단순히 공격·방어방법의 차이에 불과한 것이 아니고 등기원인별로 별개의 소송물로 인정된다고 하였으며,[776] 따라서 ⅱ) 대물변제예약에 기한 소유권이전등기청구권과 매매계약에 기한 소유권이전등기청구권은 그 소송물이 서로 다르다고 하였다.[777]

③ 따라서 사안의 경우 전소 기판력은 후소에 작용하지 않는다.

---

776) 대판 1996.8.23, 94다49922

777) 대판 1997.4.25, 96다32133

3) 시적 범위

① 기판력의 작용국면에 있음을 전제로, 사실심의 변론종결 전에 당사자가 제출할 수 있었던 공격방어방법은 기판력의 실권효에 의해서 차단되어 후소에서 이를 주장할 수 없다.

② 사안의 경우 기판력이 작용하지 않으므로, 대물변제의 약정사실에 대한 주장이 전소 기판력에 의해 차단된다고 할 수 없다.

(3) 사안의 경우

사안의 경우 후소는 전소 기판력에 저촉되지 않는바, 법원은 심리 결과에 따라 甲 청구의 당부를 판단하면 되는데, 사안에서 심리 결과 甲의 주장사실은 모두 인정되었다고 하였으므로, 후소 법원은 청구인용판결을 하여야 한다.[778]

Ⅱ 설문 2.에 관하여

1. 丁과 戊에게 기판력이 미치는지 여부

(1) 결론

판결의 효력은 丁과 戊 모두에게 미치지 않는다.

(2) 근거[779]

1) 기판력의 주관적 범위

가) 상대성 원칙과 예외

① 기판력은 소송의 대립 당사자 사이에만 생기는 것을 원칙(상대성의 원칙)으로 한다(제218조 제1항). 다만 예외적으로 기판력이 당사자 이외에 제3자에게 미치는 경우가 있는데, 이러한 예외로서 민사소송법 제218조 제1항에서는 "확정판결은 변론종결 뒤의 승계인에 대하여 그 효력이 있다"고 규정하고 있다.

② 따라서 사안의 경우 丁과 戊가 변론종결 후의 승계인에 해당되어 판결의 효력이 미치는지 여부가 문제된다. 만약 미친다면 丁과 戊를 상대로 한 말소등기청구의 소는 소의 이익이 없어 부적법하기 때문이다.

나) 변론종결 후 승계인

① 승계인이란 ⅰ) 변론종결한 뒤에 당사자로부터 '소송물인 실체법상의 권리의무' 자체를 승계한 자와 ⅱ) 소송물인 권리의무관계 자체를 승계한 것은 아니지만, '계쟁물에 관한 당사자적격'을 승계한 자도 승계인이 된다(적격승계설).

---

778) 이 경우 전소 판결이유 중 판단의 증거력은 문제되지 않는다. 전소 판결이유 중 판단의 증거력은 후소에서의 쟁점이 전소 판결이유 중 판단에 포함된 경우에나 문제인데, 사안에서 대물변제의 약정사실은 전소 변론종결 후에 비로소 발생한 사유로서 전소 판결이유에서 판단된 바도 없기 때문이다.

779) 기판력과 집행력의 주관적 범위의 문제이다.

② 계쟁물에 관한 당사자적격의 승계인의 경우에 그 범위의 합리적 조절이 필요한데, 이에 대해 판례는 ⅰ) 소송물인 원고의 청구가 대세적 효력을 갖는 물권적 청구권일 때에는 제218조 제1항의 승계인으로 되지만,[780] ⅱ) 대인적 효력밖에 없는 채권적 청구권일 때에는 승계인이 아니라고 한다.[781]

③ 승계의 시기는 변론종결 후(무변론판결의 경우는 판결선고 후)일 것을 요하며, 판례는 매매 등 원인행위가 변론종결 이전에 이루어졌더라도 등기를 뒤에 갖추었으면 등기를 기준으로 변론종결 후의 승계인에 해당한다고 본다.[782]

2) 사안의 경우

가) 丁에게 기판력이 미치는지 여부

① 판례는 "민사소송법 제218조 제2항의 취지는, 변론종결 전의 승계를 주장하는 자에게 그 입증책임이 있다는 뜻을 규정하여 변론종결 전의 승계사실이 입증되면 확정판결의 기판력이 그 승계인에게 미치지 아니한다는 것으로 해석되므로, 종전의 확정판결의 기판력의 배제를 원하는 당사자 일방이 변론종결 전에 당사자 지위의 승계가 이루어진 사실을 입증한다면, 종전소송에서 당사자가 그 승계에 관한 진술을 하였는지 여부와 상관없이, 그 승계인이 종전의 확정판결의 기판력이 미치는 변론종결 후의 승계인이라는 민사소송법 제218조 제2항의 추정은 깨어진다고 보아야 한다."[783] 즉 변론종결 전에 승계된 사실이 인정된 이상 승계진술이 없어도 당연히 변론종결 전 승계인에 해당한다.[784]

② 따라서 사안의 경우 변론종결 전 승계사실이 인정되는 경우로서, 丁은 변론종결 후 승계인에 해당하지도 아니하고 추정승계인에도 해당하지 않는바 판결의 효력이 미치지 않는다.

나) 戊에게 기판력이 미치는지 여부

① 판례는 "확정판결의 피고 측의 제1차 승계가 이미 그 변론종결 이전에 있었다면 비록 그 제2차 승계가 그 변론종결 이후에 있었다 할지라도 이 제2차 승계인은 이른바 변론종결 후의 승계인으로 볼 수 없다."고 하였다. 제1차 승계인에게 판결의 기판력과 집행력이 미치지 않는 이상 제2차 승계인에게도 미칠 이유가 없기 때문이다. 따라서 이러한 제2차 승계인에 대하여서도 승계집행문이 부여될 수 없다.[785]

---

780) 대판 1972.7.25, 72다935

781) 대판 1993.2.12, 92다25151

782) 대판 2005.11.10, 2005다34667

783) 대판 2005.11.10, 2005다34667. 예컨대, 甲이 乙을 상대로 제기한 토지에 대한 소유권이전등기말소 청구소송은 1998.6.11. 변론이 종결된 후 패소판결이 선고되어 확정되었고, A는 위 소송계속 중 乙로부터 이 사건 토지를 증여받고 그 변론종결 이전인 1997.12.11. A 명의로 소유권이전등기를 마친 사실이 인정된 경우, 이로써 민사소송법 제218조 제2항의 추정은 깨어졌다 할 것이어서 위 확정판결의 기판력은 A에게 미치지 아니한다고 보았다.

784) 대판 1977.7.26, 77다92

② 따라서 사안의 경우 丁의 1차 승계가 변론종결 전에 있었으므로, 戊의 2차 승계가 변론종결 후에 있었다 할지라도, 戊는 판결의 기판력과 집행력이 미치는 변론종결 후의 승계인이라고 볼 수 없다.

2. 丁과 戊 명의의 각 소유권이전등기의 말소방법

(1) 승계집행문의 부여 가부

丁과 戊는 판결의 기판력과 집행력이 미치지 않으므로, 승계집행문이 부여될 수 없다. 따라서 甲은 丁과 戊를 상대로 별소를 제기하는 방법을 모색해 보아야 한다.

(2) 별소제기의 가부

① 丁과 戊는 판결의 효력이 미치는 자가 아니기 때문에, 甲이 丁과 戊를 상대로 각 소유권이전등기의 말소등기청구의 소를 제기하더라도 전소확정판결의 기판력에 저촉되지 않는다.

② 따라서 甲은 丁과 戊를 상대로 각 소유권이전등기의 말소등기청구의 소를 제기하여 승소확정을 받아 이를 집행권원으로 하여 각 등기의 말소를 집행할 수밖에 없다. 이 경우 丁과 戊의 공동소송관계는 실체법상 관리처분권이 공동귀속되는 관계도 아니고 판결의 효력이 확장되는 경우에 해당하지도 않는바, 통상공동소송 관계에 있다.

Ⅲ 설문 3.에 관하여

1. 결론

상계 주장은 적법한 청구이의의 사유에 해당한다.

2. 근거

(1) 기판력의 작용 여부

1) 기판력의 주관적 범위

2) 기판력의 객관적 범위와 작용국면

3) 시적 범위

① 사실심의 변론종결 전에 당사자가 제출할 수 있었던 공격방어방법은 기판력의 실권효에 의해서 차단되어 후소에서 이를 주장할 수 없다. 이는 당사자가 표준시 이전에 존재하였던 사실을 제출하지 못한 데 대하여 知·不知, 고의·과실을 묻지 않고 일률적으로 후소에서 제출이 차단된다고 본다.

② 사안의 경우와 같은 형성권으로서의 상계권도 전소의 변론종결 전에 주장할 수 있었던 상계권이라면 실권효의 제재를 받아 청구이의의 소를 제기할 수 없는 것은 아닌지 문제된다.

---

785) 대결 1967.2.23, 67마55

(2) 변론종결 후 상계권 행사와 실권효

판례는 ① 취소권, 해제권 등의 다른 형성권에 대하여는 실권효를 긍정하지만,[786] ② 상계권 (지상물매수청구권 포함)은 그 예외로서 변론종결 전에 상계권이 있다 하여도 변론종결 후에 행사 하였다면 상계권의 존부를 알았든 몰랐든 변론종결 후의 사유로 보아 실권하지 않는다는 입장 이다. 즉, 채무자가 채무명의인 확정판결의 변론종결 전에 상대방에 대하여 상계적상에 있는 채권을 가지고 있었다 하더라도 채무명의인 확정판결의 변론종결 후에 이르러 비로소 상계의 의사표시를 한 때에는 민사집행법 제44조 제2항이 규정하는 '이의원인이 변론종결 후에 생긴 때'에 해당하는 것으로서, 당사자가 채무명의인 확정판결의 변론종결 전에 자동채권의 존재를 알았는가 몰랐는가에 관계없이 적법한 청구이의 사유로 된다고 하였다.[787]

(3) 사안의 경우

사안의 경우 상계 주장은 전소에서 상계적상에 있음을 알고 있었다 하더라도 실권(차단)되지 않으므로, 乙은 상계를 주장함으로써 청구이의의 소를 제기할 수 있다.

---

786) 대판 1979.8.14, 79다1105

787) 대판 1998.11.24, 98다25344; 대판 1966.6.28, 66다780

확인 · 보충 및 심화사례

시험과목	민소법(사례형)	응시번호		성명	

사실관계

○ 甲은 2013.4.5. 乙에게 변제기 2014.4.5.로 정하여 1억원을 대여하였다. 甲은 乙을 상대로 1억원의 대여원금을 반환해 달라고 하는 소(이하 '전소'라 한다)를 제기하였으나 대여사실이 인정되지 않는다는 이유로 2015.3.3. 변론이 종결되고 제1심 법원으로부터 패소판결을 선고받았고 동 판결은 확정되었다. 그 후 甲은 전소에서 주장하였던 위 1억원의 대여원금의 존재를 근거로 대여원금의 변제기가 도과한 2014.4.6.부터 2017.4.6.까지의 지연손해금의 지급을 구하는 소(이하 '후소'라 한다)를 제기하였다(이하 '제1사건'이라 한다).

○ 한편 甲은 "2017.5.1. 丙으로부터 1억원을 편취당하였다"고 주장하면서 丙을 상대로 불법행위에 기한 손해배상금으로 1억원의 지급을 구하는 소를 제기하였다. 1심 법원은 "丙이 甲을 기망하였음을 인정할 증거가 없다"는 이유로 원고 패소판결을 선고하였고 甲이 1심 판결에 대하여 항소하였다. 항소심 계속 중 소송 외에서 甲과 丙은, 甲이 항소취하서를 작성하여 법원에 제출한다는 내용의 항소취하 합의를 하였다(이하 '제2사건'이라 한다).

문제

※ 아래 각 설문에 대한 결론과 근거를 설명하시오. 각 설문은 상호 무관한 것임을 전제로 한다.

1. 위 제1사건을 추가 · 변형하여,
   (1) 후소 법원은 甲의 청구에 대해 어떠한 판결을 하여야 하는가? 15점
   (2) 위 사안과 달리,
   전소에서 甲이 대여원금 1억원과 이에 대한 지연손해금 3천만원 모두를 동시에 청구하였다. 이 경우 ① 甲이 전부 승소하였고 동 판결에 대해 乙은 지연손해금 청구에 대해서만 불복하는 항소를 제기하였는데 항소심 법원이 乙의 항소를 기각하자, 乙이 지연손해금 청구는 물론 대여원금 청구에 대해서도 불복하는 상고를 제기하였다면 乙의 이러한 상고는 적법한가? 또한 ② 만일 제1심 법원의 판결 주문에서는 "乙은 甲에게 7천만원을 지급하라"고만 하고 있고, 판결 이유에서는 위 금원이 대여원금청구 중 일부를 인용한 것임을 언급하고 있을 뿐 다른 내용은 없어서 甲이 지연손해금청구 부분에 대해 항소를 제기하였다면 항소는 적법한가? 15점

2. 위 제2사건에 추가하여,
   (1) 甲은 항소심 법원에 항소취하서를 제출하지 아니하고 항소심 변론기일에서 항소를 취하한다고 말하지 아니하였다. 이에 丙이 항소심 법원에 항소취하 합의가 있었다는 내용의 항변을 할 경우, 항소심 법원은 어떤 판단을 하여야 하는가? 5점
   (2) 甲이 항소심 법원에 항소취하서를 제출하지 아니하고 항소심 변론기일에서 항소를 취하한다고 말하지 아니하였으며, 丙도 항소심 법원에 항소취하 합의가 있었다는 내용의 항변을 하지 않고 있다. 이와 같은 상황에서 甲은 항소심 법원에 "丙이 2017.5.1. 丙으로부터 1억원을 편취당한 것과 별개로

2017.6.1. 丙에게 1억원을 대여하였다. 따라서 甲은 종전 손해배상청구에서 별도로 2017.6.1. 1억원을 빌려준 것에 대한 대여금청구로 변경한다"는 내용의 소의 교환적 변경신청서를 제출하였고, 위 신청서는 丙에게 송달되었으며, 항소심 최종 5차 변론기일에서 진술되었다. 그런데 丙이 항소심 최종 5차 변론기일에서 소변경에 대하여 곧바로 이의를 제기하였고, 항소심 법원은 새로운 청구를 심리하기 위하여 종전의 소송자료를 대부분 이용할 수 없고 별도의 증거제출과 심리를 해야 하는 상황이었다. 항소심 법원은 5차 변론기일에 변론을 종결하였다. 항소심 법원은 소의 교환적 변경신청에 대하여 어떤 결정을 하여야 하는가? 15점

▌ 설문 1.의 (1)에 관하여

1. 결론

① 2014.4.6.부터 2015.3.2.까지의 지연손해금의 청구에 대해 법원은 청구기각판결을 하여야 한다.

② 2015.3.3.부터 2017.4.6.까지의 지연손해금의 청구에 대해 법원은 청구기각판결을 하여야 한다.

2. 근거

(1) 문제점

전소에 대한 확정판결로 발생된 기판력이 후소의 지연손해금청구에 작용하는지 여부가 문제된다.

(2) 기판력의 작용 여부

1) 주관적 범위

전소와 후소 모두 甲과 乙로서 일치하므로 기판력이 주관적 범위에서 미침은 문제없다(제218조 제1항).

2) 객관적 범위와 작용국면

① 기판력은 판결주문에 발생하므로(제216조 제1항), 사안의 경우 원본채권이 부존재한다는 점에 기판력이 발생하고, 판결이유 중 판단(예컨대, 변제사실 등)에는 기판력이 발생하지 않는다.

② 기판력은 전소 소송물이 후소 소송물과 동일하거나, 선결관계에 있는 경우, 또는 모순관계에 있는 경우에 작용하는데, 사안의 경우 전소의 대여원금채권은 후소의 지연손해금청구의 선결관계로 작용한다.

③ 다만, 사안에서는 어느 시점에 있는 권리관계의 존부에 대해 기판력이 생기는지와 관련하여 시적 범위가 문제이다.

(3) 시적 범위

1) 표준시 및 차단효

① 표준시는 사실심의 변론종결 시(무변론판결의 경우는 판결선고 시)이다. 따라서 변론종결 당시의 권리관계의 존부판단에만 생기므로, 표준시점 이전은 물론 표준시 이후의 권리관계에는 미치지 않는다. 따라서 전소에서 권리관계가 부존재한다는 기판력 있는 판단이 난 경우라도, ⅰ) 표준시 전에 그와 같은 권리가 존재하였음을 주장할 수 있으며, 나아가 ⅱ) 표준시 후에 권리가 존재함을 주장할 수도 있다(예컨대, 표준시 후에나 비로소 이행기가 도래한 경우). 다만 ⅲ) 표준시 후의 권리가 표준시의 권리를 전제로 하는 경우에는 기판력이 미친다.

② 판례도 확정판결의 기판력은 사실심의 최종변론종결 당시의 권리관계를 확정하는 것이므로, 원고의 청구 중 확정판결의 사실심 변론종결 시 후의 이행지연으로 인한 손해배상청구 부분은 그 선결문제로서 확정판결에 저촉되는 금원에 대한 피고의 지급의무의 존재를 주장하게 되어 논리상 확정판결의 기판력의 효과를 받게 되는 것이라고 할 것이나, 그 외의 부분(변론종결 당시까지의 분)의 청구는 확정판결의 기판력의 효과를 받지 않는다고 하였다.[788]

2) 사안의 경우

전소의 기판력은 변론종결 시인 2015.3.3. 당시 甲에게 대여금채권이 존재하지 않는다는 점에 발생하므로, 그 전인 2014.4.6.부터 2015.3.2.까지의 대여금채권의 존재를 전제로 한 지연손해금 청구에는 기판력이 미치지 않는다. 다만 그 이후인 2015.3.3.부터 2017.4.6.까지의 대여금채권의 존재를 전제로 한 지연손해금 청구에는 기판력이 미친다.

(4) 후소 법원의 조치

1) 2014.4.6.부터 2015.3.2.까지의 지연손해금 청구

전소와 후소는 선결관계에 있으나, 2014.4.6.부터 2015.3.2.까지의 대여금채권의 존재를 전제로 한 지연손해금 청구에는 기판력이 미치지 않는바, 후소 법원은 대여금채권의 존부를 심리하여 지연손해금의 청구를 판단하여야 하는데, 사안의 경우 전소확정판결의 이유에서 대여사실이 인정되지 않는다고 판단하였는바, 후소 법원은 특별한 사정이 없는 한 그 전의 대여금채권이 존재하지 않음을 전제로 지연손해금 청구를 기각하여야 한다. 전소 판결이유 중 판단은 유력한 증거자료로서 합리적 이유 없이 이를 배척할 수 없기 때문이다.

2) 2015.3.3.부터 2017.4.6.까지의 지연손해금 청구

그러나 대여금채권의 존재를 선결관계로 하는 변론종결 시인 2015.3.3.부터 2017.4.6.까지의 지연손해금 청구에는 기판력이 미치고, 이 경우 후소 법원은 전소 법원의 판단에 구속되어 판단하여야 하는바, 청구기각판결을 하여야 한다.

---

788) 대판 1976.12.14, 76다1488

Ⅱ 설문 1.의 ⑵에 관하여

1. 결론

① 대여원금 청구에 대한 乙의 상고는 부적법하고, ② 甲의 지연손해금청구 부분에 대한 항소도 부적법하다.

2. 근거

(1) 문제점

상소가 적법하려면 그 대상판결은 '종국판결'로서 아직 '확정되지 않았어야' 한다(대상적격). 따라서 이와 관련하여, 설문 ①의 경우에는 乙이 항소하지 않은 대여원금청구 부분이 상고 전에 이미 확정되었는지 여부가 문제이고, 설문 ②의 경우에는 지연손해금청구 부분이 종국판결이 난 경우로서 항소의 대상적격이 있는지, 아니면 아직 원심에 계속 중에 있어서 항소의 대상적격이 없는지가 문제이다. 이는 甲이 구한 청구 병합의 유형과 관련하여 문제되므로 이를 먼저 살펴보기로 한다.[789]

(2) 청구병합 해당 여부 및 유형

① 금전채무불이행의 경우에 지연손해금채권은 그 원본채권의 일부가 아니라 전혀 별개의 채권으로 원본채권과는 별개의 소송물이다.[790] 따라서 甲의 대여금청구와 지연손해금청구는 청구의 병합에 해당한다.

② 단순병합이란 여러 개의 청구에 대하여 다른 청구의 당부와 관계없이 그 전부에 대하여 심판을 구하는 형태의 병합이다.

③ 사안의 경우 甲의 乙에 대한 대여금청구와 지연손해금청구는 단순병합에 해당한다.[791]

(3) 설문 ①의 경우

1) 일부상소의 경우 확정차단 및 이심의 범위와 심판대상·범위[792]

① 단순병합의 경우 전부판결을 한 경우에 그중 한 청구에 대해 불복항소를 하여도 다른 청구에 대해 항소의 효력이 미친다. 즉 상소불가분의 원칙이 적용되어 전부가 확정차단되고 항소심에 이심된다.

② 다만 불이익변경금지의 원칙상 상소한 청구만 항소심의 심판대상이 된다(제415조).

---

789) 이해의 편의를 위해 제시하였으므로, 참고하기 바란다.

790) 대판 2005.4.29, 2004다40160 참고

791) <u>어느 하나의 청구가 다른 청구의 선결관계에 있거나</u>(예컨대, 소유권확인과 소유권에 기한 건물인도청구, 원금청구와 이자채권청구 등), <u>각 청구가 기본적 법률관계를 공통으로 하고 있는 경우</u>(예컨대, 토지소유권에 기한 건물철거청구와 토지인도청구)를 '<u>관련적 병합</u>'이라고 한다.

792) 대판 1994.12.23, 94다44644

2) 항소하지 않은 청구부분의 확정시기

일부상소의 경우 불복신청이 없는 부분의 판결확정시기가 언제인지 문제되는데, 이에 대해 판례는 변론재개가 있을 수 있으므로, 항소심의 경우 항소심 판결선고 시에, 상고심은 상고심 판결선고 시를 확정시로 보고 있다(항소심·상고심 판결선고시설).[793]

3) 사안의 경우

사안의 경우는 단순병합에 해당하는데, 대여금청구는 乙이 항소를 하지 않았지만 지연손해금 청구 부분에 대한 항소로 일단 확정이 차단되고 항소심으로 이심된다. 다만 항소심 판결선고 시에 확정되었으므로, 이에 대한 상고는 대상적격의 흠으로 부적법하다.

⑷ 설문 ②의 경우

1) 일부판결의 허용 여부

① 단순병합의 경우 변론을 분리하여 병합된 청구 중 어느 하나의 청구에 대해서만 판단하는 일부판결도 할 수 있다(제200조). 이처럼 법원이 병합된 청구 중 종국판결의 주문에서 판단하여야 할 사항의 일부를 빠뜨렸을 때를 재판의 누락이라 한다(제212조 제1항).[794]

② 판례는 원금청구부분만 판단하고 확장된 지연손해금 청구 부분에 대하여 원심법원이 판결 주문이나 이유에서 아무런 판단을 하지 아니한 경우, 이는 재판의 누락이 발생한 경우에 해당한다는 입장으로서, 일부판결을 허용한다.[795]

2) 재판누락된 부분에 대한 항소의 가부

판례는 ① 재판의 누락이 발생한 경우 이 부분 소송은 아직 원심에 계속 중이라고 보아야 할 것이어서 적법한 상소의 대상이 되지 아니하므로, 이 부분에 대한 상소는 부적법하고,[796] ② 나머지 누락된 부분은 추가판결로서 완결하여야 한다는 입장이다.

3) 사안의 경우

甲의 병합청구 중 재판누락된 부분의 지연손해금청구소송은 원심에 계속 중이라고 보아야 하므로 항소의 대상적격이 인정되지 않아 이 부분에 대한 甲의 항소는 부적법하다.

Ⅲ 설문 2.의 (1)에 관하여

1. 결론

항소를 각하하여야 한다.

---

793) 대판 2014.12.24, 2012다116864, 대판 2008.3.14, 2006다2940

794) 대판 2017.12.5, 2017다237339 : 재판의 누락이 있는지 여부는 주문의 기재에 의하여 판정하여야 하므로, 판결 이유에 청구가 이유 없다고 설시되어 있더라도 주문에 그 설시가 없으면 특별한 사정이 없는 한 재판의 누락이 있다고 보아야 한다.

795) 대판 1996.2.9, 94다50274 참고

796) 대판 2005.5.27, 2004다43824; 대판 2017.12.5, 2017다237339

2. 근거

① 판례는 "당사자 사이에 항소취하의 합의가 있는데도 항소취하서가 제출되지 않는 경우 상대
방은 이를 항변으로 주장할 수 있고, 이 경우 항소심 법원은 항소의 이익이 없다고 보아 그
항소를 각하함이 원칙이다."라고 하였다.[797]

② 사안의 경우 甲과 丙은 항소취하의 합의를 하였음에도, 甲이 항소심 법원에 항소취하서를 제
출하지 아니하고 항소심 변론기일에서 항소를 취하한다고 말하지도 않고 있으므로, 丙은 항
소취하 합의가 있음을 항변으로 주장할 수 있고, 이러한 주장이 있는 이상 법원은 항소의 이
익이 없음을 이유로 항소를 각하하여야 한다.[798]

Ⅳ 설문 2.의 (2)에 관하여

1. 결론

불허결정을 하여야 한다.

2. 근거

(1) 청구의 변경 해당 여부 및 형태

① 청구의 변경이란 원고가 소송계속 후 변론종결 전까지 청구 기초의 동일성을 유지하면서
청구의 취지 또는 원인을 변경하는 것을 말한다(제262조).

② 사안의 경우 甲이 2017.5.1. 丙으로부터 1억원을 편취당한 사실에 근거한 손해배상청구와
2017.6.1. 丙에게 1억원을 대여한 사실에 기한 대여금청구는 사실관계와 법적 근거가 상이
한 경우로서 별개의 소송물에 해당하는바 청구의 변경에 해당하고, 종전 청구에서 새로운
청구로 교환적으로 변경하였으므로 소의 교환적 변경에 해당한다.

(2) 항소심에서의 청구의 교환적 변경과 항소취하 합의[799]

① 민사소송법 제408조에 의해 항소심의 소송절차에는 특별한 규정이 없으면 제1심의 소송절
차에 관한 규정이 준용되므로, 항소심에서도 청구의 교환적 변경을 할 수 있다.

② 다만 항소심에서 청구의 교환적 변경 신청이 있었으나 그 시점에 항소취하서가 법원에 제
출되지 않은 경우 법원의 조치가 문제인데, 판례는 "상대방은 항소취하의 합의가 있었음을
항변으로 주장할 수 있으나 항변을 하지 않고 있는 이상, 법원은 특별한 사정이 없는 한 민
사소송법 제262조에서 정한 청구변경의 요건을 갖추었는지에 따라 허가 여부를 결정하면
된다."고 하였다.

---

797) 대판 2018.5.30, 2017다21411

798) 항소취하의 합의(항소취하계약)는 소취하의 합의와 마찬가지로 그 법적 성질 및 효과에 관하여 견해의 대
립이 있고, 이에 대한 사법계약설 중 항변권발생설(통설)에 의하면 피항소인이 항소취하계약을 주장·입
증한 경우 항소법원은 항소의 이익 흠결을 이유로 항소를 각하하여야 한다고 본다. 이 점에서 판례도
마찬가지 입장이라고 해석된다.

799) 대판 2018.5.30, 2017다21411

(3) 청구의 교환적 변경의 적법 여부

1) 요건

청구의 변경은 ① 동종절차와 공통관할이 있을 것, ② 신·구 청구 간에 청구기초의 동일성이 있을 것, ③ 소송절차를 현저히 지연시키지 않을 것, ④ 사실심 변론종결 전일 것을 요한다(제262조). 사안은 양 청구 간 동종절차와 공통관할이 있고, 항소심에서도 소 변경이 가능하므로 이런 점에서는 문제가 없으나, 양 청구 간 청구기초의 동일성이 있는지 여부와 소송절차를 현저히 지연시키지 않을 것의 요건 구비 여부가 문제이다.

2) 청구기초의 동일성 유무 및 흠의 치유

① 판례는 각 청구가 동일한 생활사실 또는 경제적 이익에 관한 분쟁에 있어서 그 해결방법에 차이가 있음에 불과하고 그 청구의 기초에 변경이 있는 것이 아닌 경우 청구기초의 동일성이 있다고 본다.[800]

② 청구기초의 동일성은 피고의 이익을 보호하기 위한 요건으로서 사익적 요건에 해당한다. 따라서 피고가 소의 변경에 동의하거나 이의 없이 응소한 때에는 이의권을 상실하여 청구기초의 동일성이 없더라도 소의 변경을 허용할 수 있다.[801]

③ 사안의 경우 甲의 종전 손해배상청구와 대여금청구는 동일한 생활사실 또는 경제적 이익에 관한 것이 아니고, 양자는 청구기초에 변경이 있는 경우로서 청구기초의 동일성은 인정될 수 없다. 또한 丙이 항소심 변론기일에서 소변경에 대하여 곧바로 이의를 제기하였으므로, 이의권의 상실로 그 흠이 치유될 수 없다. 결국 甲의 교환적 변경신청은 부적법하다.

3) 소송절차의 현저한 지연 유무

① 소의 변경에 의하여 새롭게 증명의 필요가 생기는 등 현저하게 절차의 지연을 발생시킨다면 소의 변경은 허용되지 않는다(제262조 제1항).

② 이 요건은 청구기초가 동일성과는 달리 공익적 요건이므로 피고가 이의하지 않는다고 하여 청구변경이 허용되는 것은 아니며, 직권조사를 요한다(직권조사사항).

③ 사안의 경우 항소심 법원은 새로운 청구를 심리하기 위하여 종전의 소송자료를 대부분 이용할 수 없고 별도의 증거제출과 심리를 해야 하는 상황이었는바, 소송절차의 현저한 지연이 있는 경우로서 甲의 교환적 변경신청은 부적법하다.

(4) 사안의 경우

사안의 경우 甲의 소의 교환적 변경은 청구기초의 동일성이 없으며 또한 소송절차의 현저한 지연이 있는 경우로서 제262조의 요건을 결여한 것으로서 부적법하다. 따라서 법원은 甲의 교환적 변경신청에 대해 불허결정을 하여야 한다(제263조).

---

800) 대판 1997.4.25, 96다32133 등
801) 대판 1992.12.22, 92다33831

확인 · 보충 및 심화사례

시험과목	민소법(사례형)	응시번호		성명	

사실관계

甲은 乙에게 1억원을 대여하였고, 한편 乙로부터 乙 소유의 X부동산을 5억원에 매수하였다.

문제

※ 아래 각 설문에 대한 결론과 근거를 설명하시오. 각 설문은 상호 무관한 것임을 전제로 한다.

1. 甲은 乙에게 1억원을 대여하였다고 주장하면서, 乙을 상대로 위 1억원의 반환을 구하는 소송을 제기하였다. 이에 대하여 乙은 甲으로부터 위 1억원을 차용한 사실이 없고, 설령 차용하였다고 하더라도 甲에 대한 1억원의 손해배상채권으로 甲의 위 대여금 채권과 상계한다고 주장하였다. 제1심 법원은 甲이 청구한 대여금 채권의 발생을 인정하면서도 乙이 한 상계항변을 전부 받아들여 甲의 청구를 기각하였다. 제1심 판결에 대해 乙만이 항소하고, 甲은 항소심 변론종결 시까지 부대항소를 제기하지 아니하였는데, 항소심 법원이 심리한 결과 甲의 대여금 채권은 인정되고, 乙의 손해배상채권은 인정되지 않는다고 판단한 경우 항소심 법원은 어떠한 판결을 선고하여야 하는가? 10점

2. 甲은 乙로부터 X부동산을 5억원에 매수하였다며 2017.3.2. 乙을 상대로 "乙은 甲에게 X부동산에 관하여 2015.7.1. 매매를 원인으로 한 소유권이전등기절차를 이행하라."라는 취지의 소유권이전등기청구의 소를 제기하였다 제1심 법원이 甲의 청구를 기각하자 甲이 항소하였다. 乙은 항소심에서 X부동산에 관한 매매계약이 해제되었다고 주장하고, 만일 해제되지 않았다면 甲은 乙에게 매매 잔대금 1억원을 지급할 의무가 있다고 주장하면서 예비적으로 "甲은 乙에게 1억원을 지급하라."라는 취지의 반소를 제기하였다. 항소심 법원이 항소기각 판결을 한다면 위 반소청구에 대하여 판단을 하여야 하는가? 10점

■ 설문 1.에 관하여

1. 결론

항소심 법원은 항소기각 판결을 선고하여야 한다.

2. 근거

(I) 항소의 이익 유무

1) 항소이익의 의의 및 취지

제1심 법원의 종국재판에 대하여 불복신청함으로써 그 취소를 구하는 것이 가능한 당사자의 법적 지위를 항소의 이익이라고 한다. 이는 무익한 항소권행사를 견제하자는 취지이다.

2) 항소이익의 판단기준

① 항소이익의 판단기준에 대하여, 판례는 "재판이 상소인에게 불이익한 것인지 여부는 원칙적으로 재판의 주문을 표준으로 하여야 한다."고 하였다(형식적 불복설).[802]

② 사안의 경우 피고는 전부승소하였으므로, 이 때에도 항소의 이익을 인정할 수 있는지 여부가 문제된다.

3) 전부승소한 자의 항소이익의 유무

① 판례는 전부승소한 당사자는 원칙적으로 상소의 이익은 없으며, 판결이유 중의 판단에 불만이 있더라도 승소하였다면 그에 대하여는 상소의 이익은 없다고 하였다.[803] 판결이유 중의 판단에 대하여는 기판력이 생기지 않기 때문이다.

② 그러나 상계의 항변의 경우에는 법원의 판단이 내려지면 자동채권의 존부에 대하여도 기판력이 생기므로(동조 제2항), 상계의 항변이 인정되었다는 것은 실질적으로는 판결주문에서 패소한 것과 같은 것이고, 피고로서 원고의 소구채권의 부존재를 판결이유로 승소한 것보다도 결과적으로 (반대채권의 상실이라는) 불이익이 되기 때문에, 상계의 항변을 인용한 판단을 불복하는 항소는 예외적으로 항소의 이익을 인정할 수 있다.[804] 즉 상계항변은 통상 수동채권의 존재가 확정되는 것을 전제로 하여 행하여지는 일종의 예비적 항변으로서, 원고의 소구채권 자체가 인정되지 않는 경우 더 나아가 피고의 상계항변의 당부를 따져볼 필요도 없이 원고 청구가 배척될 것이므로, '원고의 소구채권 그 자체를 부정하여 원고의 청구를 기각한 판결'과 '소구채권의 존재를 인정하면서도 상계항변을 받아들인 결과 원고의 청구를 기각한 판결'은 민사소송법 제216조에 따라 기판력의 범위를 서로 달리하고, 후자의 판결에 대하여 피고는 상소의 이익이 있다.[805]

③ 사안의 경우 乙의 상계항변을 인용한 제1심 판결에 대하여 乙만이 항소하고 원고 甲은 부대항소를 제기하지 아니한 경우, 전부승소한 피고 乙이라도 소구채권의 부존재를 판단받기 위한 항소의 이익은 인정된다.

(2) 불이익변경금지의 원칙

판례는 항소심의 심리결과 자동채권(반대채권)이 부존재한다고 판단한 경우, 제1심이 자동채권으로 인정하였던 부분을 항소심이 오히려 인정하지 아니하고 그 부분에 관하여 피고의 상계항변을 배척한다면, 그것은 항소인인 피고에게 불이익하게 제1심 판결을 변경한 것에 해당한다고 하였다.[806]

---

802) 대판 1997.10.24, 96다12276
803) 대판 1992.3.27, 91다40696
804) 대판 1993.12.28, 93다47189
805) 대판 2018.8.30, 2016다46338
806) 대판 1995.9.29, 94다18911

(3) 항소심 법원의 판단

따라서 항소심 법원은 제1심 판결을 취소하여 청구인용판결을 할 수 없고, 자동채권의 부존재를 이유로 항소기각판결도 할 수 없다. 따라서 제1심 판결과 같은 이유로 항소기각판결을 해야 한다. 즉 소구채권이 인정됨을 전제로 상계항변에 의한 청구기각의 원판결을 그대로 유지해야 한다.[807]

■ 설문 2.에 관하여

1. 결론

항소심 법원은 乙의 반소청구에 대하여 판단할 필요가 없다(판단하지 않아도 된다).

2. 근거

(1) 예비적 반소의 적법여부

1) 반소의 의의 및 종류

반소라 함은 피고가 소송계속 중에 그 소송절차를 이용하여 원고에 대하여 제기하는 소를 말한다(제269조). 이러한 반소에는 ① 본소청구의 인용여부와 관계없이 반소청구에 대해 심판을 구하는 단순반소와 ② 본소의 인용에 대비하는 일종의 조건부 반소인 예비적 반소가 있다.

2) 반소의 요건

① 반소는 ⅰ) 본소와 동종절차에 의할 것과 반소가 다른 법원의 전속관할에 속하지 아니하고 공통관할이 있을 것, ⅱ) 본소와 상호관련성이 있을 것, ⅲ) 본소절차를 현저히 지연시키지 않을 것, ⅳ) 사실심 변론종결 전일 것과 ⅴ) 반소도 소송 중의 소이므로 소의 이익 등 일반적 소송요건을 구비하여야 한다.

② 乙의 예비적 반소는 본소와 동종절차·공통관할에 해당하며, 甲의 본소와 동일한 매매계약에 기한 청구로 상호관련성이 인정되고,[808] 절차를 현저히 지연시키지 않는다. 다만 위 ⅳ)요건과 관련하여 항소심에서의 반소가 허용되는지 여부가 문제이다.

3) 항소심에서 반소의 인정 여부

① 법률심인 상고심에서는 신소의 제기가 인정되지 아니하므로 반소도 제기할 수 없지만, 항소심에서는 상대방의 심급의 이익을 해할 우려가 없는 경우 또는 상대방의 동의를 받은 경우에 제기할 수 있다(제412조 제1항). 상대방이 이의를 제기하지 아니하고 반소의 본안에 관하여 변론을 한 때에는 반소제기에 동의한 것으로 본다(동조 제2항).

② 판례에 따르면 심급의 이익을 해할 우려가 없는 경우란 ⅰ) 중간확인의 반소, ⅱ) 본소와 청구원인을 같이 하는 반소, ⅲ) 제1심에서 충분히 심리한 쟁점과 관련된 반소, ⅳ) 항소

---

807) 실무상으로는 1심 판결의 이유를 그대로 원용하는 식으로 처리한다.

808) 배점에 따라 좀 더 상술할 수 있도록 준비해 두어야 한다.

심에서 추가된 예비적 반소의 경우가 이에 해당될 것이고, 이때는 원고의 동의 없이 제기할 수 있다.[809]

(2) 예비적 반소에 대한 판단 요부

판례는 "피고의 예비적 반소는 본소청구가 인용될 것을 조건으로 심판을 구하는 것으로서 제1심이 원고의 본소청구를 배척한 이상 피고의 예비적 반소는 제1심의 심판대상이 될 수 없는 것이고, 이와 같이 심판대상이 될 수 없는 소에 대하여 제1심이 판단하였다고 하더라도 그 효력이 없다."고 하였다.[810]

(3) 사안의 경우

사안의 경우 乙의 예비적 반소는 적법하지만, 甲의 본소청구를 기각한 이상 乙의 예비적 반소에 대해 심판할 필요가 없다.

---

809) 대판 2005.11.24, 2005다20064 · 20071
810) 대판 2006.6.29, 2006다19061 · 19078

확인·보충 및 심화사례

시험과목	민소법(사례형)	응시번호		성명	

기본적 사실관계

甲은 乙 종중과 사이에 부동산 위에 존재하는 분묘들의 파묘를 조건으로 X 부동산과 Y 부동산을 매수하기로 하는 내용의 매매계약(이하 '이 사건 매매계약')을 체결하고, 그 무렵 X 부동산에 관하여는 소유권이전등기를 마쳤다. 그런데 X 부동산 지상에는 乙 종중이 관리하는 분묘들 외에, 乙 종중의 종중원 丙이 별도로 설치하여 관리하는 분묘들도 설치되어 있었다.

문제

※ 아래 각 설문은 상호 독립적이고, 견해의 대립이 있으면 대법원 판례에 따름

1. (위 기본적 사실관계에 추가하여)
   甲은 X 부동산 지상의 분묘들이 그대로 존재하자 乙 종중과 丙을 공동피고로 하여 각 분묘굴이 및 각 해당 토지 부분의 인도를 구하는 소송을 제기하였고, 1심 법원은 원고인 甲의 전부 승소 판결을 선고하였다. 丙은 위 판결에 대하여 항소하였으나, 乙 종중은 항소하지 아니하였다.
   丙은 항소심 재판 과정에서, 乙 종중이 甲에게 X 부동산을 매도하기로 한 종중총회는 일부 종중원에 대한 소집통지가 누락되었고, 그 밖에 종중 규약에서 정한 요건을 충족하지 못하여 무효이고, 따라서 乙 종중과 甲 사이의 이 사건 매매계약 역시 무효이므로, 甲은 X 부동산에 관한 소유권을 취득하지 못하였다는 주장을 하였다.
   이에 대하여 항소심 법원은, 甲이 X 부동산의 소유권을 취득하였음을 전제로 乙 종중에 대하여 乙 종중이 관리하는 분묘의 굴이 및 해당 토지 부분의 인도를 구하는 청구를 하였고, 1심 법원이 이를 인용하였으며, 이와 같은 1심 법원의 판결은 乙 종중이 항소하지 아니하여 확정되었으므로, 기판력의 법리에 따라 甲은 X 부동산의 소유권을 적법하게 취득하였다고 할 것이므로 丙의 주장은 더 나아가 살펴볼 필요 없이 이유 없다고 하여 배척하였다.
   이와 같은 항소심 법원의 판단에 대하여 논하시오. 30점

2. (위 기본적 사실관계에 추가하여)
   甲은 乙 종중이 Y 부동산에 관한 소유권이전등기를 이전하여 주지 아니하자, 법원에 소유권이전등기청구의 소를 제기하였다. 청구취지는 乙 종중이 甲에게 Y 부동산에 관하여 매매를 원인으로 하는 소유권이전등기절차를 이행하라는 것이다.
   Y 부동산은 소송계속 중 Y-1 부동산과 Y-2 부동산으로 분할되었다. 그런데 甲은 청구취지기재를 변경하거나 법원에 새로운 토지대장을 제출하지 않았다. 이에 따라 법원은 甲의 청구취지 그대로 甲의 청구를 인용하는 판결(이하 '경정대상판결')을 선고하였고, 위 판결은 그 무렵 그대로 확정되었다.
   甲은 이후 법원에 경정대상판결 주문 중 부동산 표시를 분할된 토지로 경정하여 달라는 경정신청을 하면서, 분할된 내용이 기재된 토지대장을 제출하였다. 그런데 법원은 위 경정신청을 기각하였다.
   이 경우 甲이 판결경정신청을 기각한 위 결정에 대하여 민사소송법 제449조 제1항에 의한 특별항고를 할 수 있는지에 관하여 논하시오. 20점

I 설문 1.에 관하여

> ※ [참고]
> ① 목차만 제시하더라도 해당되는 구체적인 내용은 모두 숙지하고 있을 것이라고 생각하여, 부분적
> 으로 설시될 내용에 갈음하여 목차로만 제시하였고, 설문해결을 위한 핵심적인 사항만을 기술하
> 였습니다.
> ② 배점이 30점이라는 점을 고려하면 충분한 논의가 필요한 문제라고 봅니다. 물론 기판력의 관련
> 쟁점이 핵심입니다.

1. 결론

항소심 판단은 위법하다.

2. 논거[811]

(1) 문제점

1심 법원의 판결은 乙 종중이 항소하지 아니하여 확정되었으므로, 기판력의 법리에 따라 甲은
X 부동산의 소유권을 적법하게 취득하였다고 할 것이므로 丙의 주장은 더 나아가 살펴볼 필요
없이 이유 없다고 하여 배척하였는바, 이러한 항소심 법원의 판단의 적법여부와 관련하여 ①
1심 법원의 판결이 확정되어 기판력이 발생하였는지 여부, ② 이로써 기판력에 따라 甲이 X 부
동산의 소유권을 적법하게 취득하였다고 판단 가능한지 여부, ③ 丙의 주장에 대해 별도의 심
리가 필요한 것이 아닌지 여부를 살펴보아야 한다.

(2) 공동소송의 형태

판례의 실체법상 관리처분권설의 입장에 따르면, 사안의 乙 종중과 丙은 실체법상 관리처분권
이 공동으로 귀속되지 않고 판결의 효력도 미치지 않으므로 통상공동소송에 해당한다.

(3) 통상공동소송의 심리방법[812]

1) 공동소송인 독립의 원칙

2) 상소불가분의 원칙 및 불이익변경금지의 원칙 적용 여부

3) 사안의 경우

丙만 항소한 경우로 항소하지 않은 乙 종중은 항소기간의 만료로 분리확정되고, 甲의 丙에 대
한 청구부분만이 항소심의 심판대상·범위가 된다. 따라서 1심 법원의 판결은 乙 종중이 항
소하지 아니하여 확정되었다는 이 부분 항소심 법원의 판단은 정당하다.

---

811) 대판 2010.12.23, 2010다58889
812) 최대한 축약기술하면 된다.

⑷ 항소심의 본안심사

1) 기판력의 저촉 여부

가) 주관적 범위

판례는 "기판력이 미치는 주관적 범위는 신분관계소송이나 회사관계소송 등에서 제3자에게도 그 효력이 미치는 것으로 규정되어 있는 경우를 제외하고는 원칙적으로 당사자, 변론을 종결한 뒤의 승계인 또는 그를 위하여 청구의 목적물을 소지한 사람과 다른 사람을 위하여 원고나 피고가 된 사람이 확정판결을 받은 경우의 그 다른 사람에 국한되고, 그 외의 제3자나 변론을 종결하기 전의 승계인에게는 미치지 않는 것이며(민사소송법 제218조 제1항, 제3항), 한편 민사소송법 제52조에 의하여 대표자가 있는 법인 아닌 사단이 소송의 당사자가 되는 경우에도 그 법인 아닌 사단은 대표자나 구성원과는 별개의 주체이므로, 그 대표자나 구성원을 당사자로 한 판결의 기판력이 법인 아닌 사단에 미치지 아니함은 물론 그 법인 아닌 사단을 당사자로 한 판결의 기판력 또한 그 대표자나 구성원에게 미치지 아니하는 것이 당연하다."고 하였다.

나) 객관적 범위

판례는 "확정판결의 기판력은 그 판결의 주문에 포함된 것, 즉 소송물로 주장된 법률관계의 존부에 관한 판단의 결론 그 자체에만 생기는 것이고, 판결이유에 설시된 그 전제가 되는 법률관계의 존부에까지 미치는 것은 아니고, 건물철거 및 토지인도청구권을 소송물로 하는 소송은 소유권 자체의 확정이 아니라 건물철거청구권 및 토지인도청구권의 존부만을 목적으로 할 따름이므로 그 소송에서 부동산의 권리귀속에 관한 판단이 있었다고 하더라도 그 기판력은 판결주문에 표시된 건물철거청구권 및 토지인도청구권에 국한되고 판결이유 중의 부동산 권리귀속에 관한 판단 부분에까지 미치지는 아니한다."고 하였다.

다) 사안의 경우

甲이 乙 종중을 상대로 소유권에 기하여 제기한 분묘굴이 및 토지인도 등 청구가 인용되고 그 판결이 그대로 확정되었다고 하더라도, 그 기판력은 소송물인 분묘굴이 및 토지인도 등 청구권에 한하여 생기고 판결이유 중에서 판단되었을 뿐인 소유권에 관하여 생기는 것은 아니다. 나아가 그 효력 또한 甲과 乙 종중 사이에만 미칠 뿐 乙 종중의 종중원에 불과한 丙과의 관계에서는 단순한 공동소송인의 관계에 있을 뿐이므로 미치지 아니한다고 할 것이다. 그럼에도 항소심 법원은 甲의 乙 종중에 대한 제1심 판결이 확정되었다는 이유만으로 甲이 이 사건 X 부동산의 소유권을 적법하게 취득하였음을 丙에게도 주장할 수 있다고 하여 丙의 주장을 배척하고 말았으니, 이와 같은 항소심 판결은 기판력의 범위에 관한 법리를 오해한 위법이 있다.

2) 판결이유 중 판단의 구속력

3) 사안의 경우

항소심 법원으로서는 甲이 X 부동산의 소유권을 적법하게 취득하였는지 여부에 관하여 별도로 심리한 다음 乙 종중의 결의 및 X 부동산의 매매계약의 효력 여부 등을 판단하여 전소확정판결의 이유 중 판단에 포함된 내용에 대한 유력한 증거자료로서의 증거가치를 배제할 수 있는 합리적 이유가 있는지 여부를 심리했어야 한다. 따라서 항소심 법원이 이에 이르지 아니한 채 기판력이 발생했다는 이유만으로 丙의 주장을 배척하고 만 것은 기판력의 범위에 관한 법리를 오해한 위법뿐만 아니라 필요한 심리를 다하지 아니한 위법도 있다.

II 설문 2.에 관하여

1. 결론

甲은 특별항고를 할 수 있다.

2. 논거[813]

(1) 특별항고의 적용범위

판례는 "① 민사소송법 제449조 제1항은 불복할 수 없는 결정이나 명령에 대하여는 재판에 영향을 미친 헌법 위반이 있거나, 재판의 전제가 된 명령·규칙·처분의 헌법 또는 법률의 위반 여부에 대한 판단이 부당하다는 것을 이유로 하는 때에만 대법원에 특별항고를 할 수 있도록 하고 있다. 여기서 결정이나 명령에 대하여 재판에 영향을 미친 헌법 위반이 있다고 함은 결정이나 명령의 절차에서 헌법 제27조 등이 정하고 있는 적법한 절차에 따라 공정한 재판을 받을 권리가 침해된 경우를 포함한다. ② 판결경정신청을 기각한 결정에 이러한 헌법 위반이 있다고 하려면 신청인이 그 재판에 필요한 자료를 제출할 기회를 전혀 부여받지 못한 상태에서 그러한 결정이 있었다든지, 판결과 그 소송의 모든 과정에 나타난 자료와 판결 선고 후에 제출된 자료에 의하여 판결에 잘못이 있음이 분명하여 판결을 경정해야 하는 사안임이 명백한데도 법원이 이를 간과함으로써 기각결정을 하였다는 등의 사정이 있어야 한다."고 하였다.

(2) 판결경정신청의 기각결정에 대한 특별항고의 가부

1) 판결경정제도의 취지 및 판결경정이 가능한 잘못이 명백한지 여부의 판단자료

판례는 "① 제211조의 판결에 잘못된 계산이나 기재 그 밖에 이와 비슷한 잘못이 있는 것이 명백한 때 하는 경정결정은, 일단 선고된 판결에 대하여 그 내용을 실질적으로 변경하지 않는 범위에서 표현상의 기재 잘못이나 계산의 착오 또는 이와 유사한 잘못을 법원 스스로 결정으로써 정정 또는 보충하여 강제집행이나 등기의 기재 등 이른바 광의의 집행에 지장이 없도록 하자는 데 그 취지가 있다. ② 경정이 가능한 잘못에는 그것이 법원의 과실로 생긴 경우뿐만 아니라 당사자의 청구에 잘못이 있어 생긴 경우도 포함된다. 경정결정을 할 때에는 소송의 모

---

813) 대결 2020.3.16, 2020그507

든 과정에 나타난 자료는 물론 경정대상인 판결 이후에 제출된 자료도 다른 당사자에게 아무런 불이익이 없는 경우나 이를 다툴 수 있는 기회가 있었던 경우에는 소송경제상 이를 참작하여 그 잘못이 명백한지 여부를 판단할 수 있다."고 하였다.

2) 판결에 표시된 토지에 관한 표시를 분할된 토지에 관한 표시로 경정신청 인용 여부

판례는 "토지에 관한 소유권이전등기절차의 이행을 구하는 소송 중 사실심 변론종결 전에 토지가 분할되었는데도 그 내용이 변론에 드러나지 않은 채 토지에 관한 원고 청구가 인용된 경우에 판결에 표시된 토지에 관한 표시를 분할된 토지에 관한 표시로 경정해 달라는 신청은 특별한 사정이 없는 한 받아들여야 한다."고 하였다.

(3) 사안의 경우

사안의 경우 경정대상판결 주문에 분할 전 이 사건 토지가 표시된 것은 특별항고인들의 잘못된 청구로 유발된 오기 또는 이와 유사한 잘못에 해당하고, 경정대상판결 법원에 제출된 증거와 이 사건에 제출된 자료를 종합하면 그 잘못을 명백히 인정할 수 있고, 잘못을 경정하더라도 판결의 내용을 실질적으로 변경한다고 볼 수 없다. 이 사건은 경정대상판결의 주문을 경정해야 하는 사안인데도 법원은 이 사건 경정신청을 기각하였으므로 이러한 법원의 결정에는 판결경정에 관한 법리를 오해하여 재판에 영향을 미친 헌법 위반의 특별항고사유가 있다. 따라서 甲은 판결경정신청의 기각결정에 대해 특별항고를 할 수 있다.

확인·보충 및 심화사례

시험과목	민소법(사례형)	응시번호		성명	

기본적 사실관계

○ 甲은 2018.4.1. 乙에게 2억원을 변제기 2019.3.31.로 정하여 대여하였고, 계약당일 丁은 丙을 대리하여 甲에 대한 乙의 채무를 연대보증하기로 하는 계약을 체결하였다(이하 '제1사건'이라 한다).

○ 한편, 乙, 丙 및 丁은 동업약정에 따라 X부동산에 관하여 합유 지분으로 소유권이전등기를 마쳐두고 있었는데, A는 乙, 丙 및 丁을 피고로 삼아, 乙, 丙 및 丁을 조합원으로 하는 동업체로부터 X부동산을 매수하였다고 주장하면서 매매를 원인으로 하는 소유권이전등기절차의 이행을 구하는 소를 제기하였다(이하 '제2사건'이라 한다).

문제

※ 아래 각 설문에 대한 결론과 근거를 설명하시오. 각 설문은 상호 무관한 것임을 전제로 한다.

가. 위 제1사건에서 추가하여,

(1) 甲은 丙을 상대로 연대보증채무의 이행청구의 소를 제기하였고, 소송에서 丁이 丙의 대리인이라고 주장하였다. 이에 丙은 자신이 丁에게 대리권을 수여한 적이 없다고 주장하면서 다투었다. 심리 결과 丁의 대리권은 인정되지 아니하나, 丁의 표현대리를 인정할 증거들이 있었다. 법원은 甲의 유권대리의 주장에 표현대리의 주장이 포함되어 있는 것으로 인정하여 甲의 청구를 인용하는 판결을 할 수 있는가? [8점]

(2) 甲은 자신이 乙에게 2억원을 대여하였고 丁이 丙을 대리하여 甲에 대한 乙의 채무를 연대보증하였다고 주장하면서, 주위적으로 乙과 丙은 연대하여 甲에게 2억원의 지급을 구하고, 丁이 무권대리인이라는 이유로 丙에 대한 청구가 기각될 경우에 대비하여 丁은 무권대리인으로서 丙의 연대보증의무를 이행하여야 한다고 주장하면서 예비적으로 乙과 丁은 연대하여 甲에게 2억원의 지급을 구하는 소를 제기하였다. 甲의 위 병합소송은 적법한가? [10점]

(3) 위 설문 (2)의 소송에서 제1심은 乙과 丁에 대한 청구를 인용하면서, 丙에 대한 청구는 기각하였고, 이에 丁만이 항소하였다. ① 항소심 법원은 甲의 丙에 대한 청구 부분은 제1심 판결이 확정되었으므로 항소심의 심판대상은 丁에 대한 청구 부분으로 한정된다고 인정하여, 丁의 항소를 기각하면서 丙에 대한 청구 부분에 대하여는 아무런 판단도 하지 아니하였다. 위와 같은 항소심 판단은 정당한가? ② 만일 위와 같은 항소심 판결에 대해 丁이 상고를 하였다면 상고심은 어떤 판단을 하여야 하는가? [12점]

나. 위 제2사건에서 추가하여,

(1) 위 소송에서 피고 乙은 소장을 직접 송달받고도 답변서를 제출하지 않고 변론기일에 출석하지 아니하였고, 한편 피고 丙과 丁은 변론기일에 출석하여 원고 A의 청구원인 주장을 부인하였는데, 법원의 심리결과 원고 A가 주장하는 매매계약의 체결 사실을 인정할 증거가 부족하였다. 이 경우 법원은 피고 乙, 丙 및 丁에 대한 A의 각 청구에 대해 어떤 판단을 하여야 하는가? [12점]

(2) 위 소송에서 제1심 법원은 매매계약의 체결 사실이 증명되었다고 보아 원고 A의 전부승소 판결을 선고하였는데, 이에 대해 피고 乙, 丙만이 항소를 제기하였다. 항소심 법원은 원고 A와 피고 乙, 丙만을 당사자로 하여 변론기일을 진행한 다음 피고 乙, 丙의 항소를 기각하는 판결을 선고하였다. 위 항소심 판결은 적법한가? 8점

■ 설문 가.의 (1)에 관하여

1. 결론

법원은 甲의 유권대리의 주장에 표현대리의 주장이 포함되어 있는 것으로 인정하여 甲의 청구를 인용하는 판결을 할 수 없다.

2. 근거

(1) 변론주의의 의의 및 내용[814]

(2) 사실의 주장책임

① 표현대리가 성립하면 무권대리행위의 효과를 본인에게 미치게 하는 것으로서, 표현대리에 관한 사실은 본인에게 법률효과를 발생시키는 실체법상의 구성요건 해당사실로 주요사실에 해당한다.

② 주장사실이 없으면 법원이 알게 된 증거자료가 있더라도 그를 기초로 원고 청구의 당부를 판단할 수 없다. 다만 사안의 경우에는 甲의 유권대리 주장 속에 표현대리의 주장이 포함되어 있다고 보아 표현대리의 주장이 있음을 인정할 수 있는지 여부가 문제이다.

(3) 유권대리의 주장 속에 표현대리 주장이 포함되는지 여부

판례는 "표현대리가 성립된다고 하여 무권대리의 성질이 유권대리로 전환되는 것은 아니므로, 양자의 구성요건 해당사실, 즉 주요사실은 다르다고 볼 수밖에 없으니 유권대리에 관한 주장 속에 무권대리에 속하는 표현대리의 주장이 포함되어 있다고 볼 수 없다"고 하였다.[815]

(4) 사안의 경우

법원이 유권대리의 주장에 표현대리의 주장이 포함되어 있는 것으로 인정하여 甲의 청구를 인용한다면 변론주의의 위반이므로, 법원은 甲의 청구를 인용할 수는 없다.

---

814) 사안은 처분권주의와도 관련하여 문제되는데, 이에 대해 판례는 "주요사실이라 함은 법률효과를 발생시키는 실체법상의 구성요건해당사실을 말하는 것인바, 대리권에 기한 대리의 경우나 표현대리의 경우나 모두 제3자가 행한 대리행위의 효과가 본인에게 귀속된다는 점에서는 차이가 없다."라고 판시하여, 유권대리나 표현대리는 소송물을 같이하는 것으로 본다. 이에 따르면 처분권주의의 위반은 없다."

815) 대판(전) 1983.12.13, 83다카1489

II 설문 가.의 (2)에 관하여

1. 결론

적법하다.

2. 근거

(1) 甲의 병합소송의 형태 및 허용 여부

① 공동소송인 가운데 일부에 대한 청구가 다른 공동소송인에 대한 청구와 법률상 양립할 수 없는 경우에 심판에 순서를 붙여서 예비적 공동소송의 형태로 소를 제기할 수 있다(제70조).

② 사안에서 丙은 甲의 연대보증인이라는 이유로 피고가 된 것이고 丁은 丙이 乙의 연대보증인이 아닐 경우를 대비하여 무권대리인이라는 이유로 피고가 된 것이다. 이를 보면 피고 丙과 피고 丁에 대한 청구는 두 청구가 모두 인용될 수 없는 관계에 있고 그 청구들 사이에 순위를 붙여서 한 것으로서 예비적 공동소송에 해당한다.

③ 종래 판례는 예비적 공동소송을 인정하지 않았지만, 제70조에서 예비적 공동소송의 소송형태를 인정하여 ⅰ) 입법적으로 근거를 마련하였고, ⅱ) 예비적 피고의 지위불안은 제70조 제2항에서 해결하였고, ⅲ) 재판의 불통일 위험은 필수적 공동소송의 특칙인 제67조를 준용하여 이를 해결하였다.

(2) 예비적 공동소송의 적법 여부

1) 적법요건

예비적 공동소송은 ① 공동소송의 일반요건을 갖추어야 하고, ② 공동소송인 가운데 일부에 대한 청구가 다른 공동소송인에 대한 청구와 양립할 수 없는 경우이어야 하는데, 여기서 법률상 양립불가능의 의미가 무엇인지 문제된다.

2) 법률상 양립불가능의 의미

판례는 "법률상 양립할 수 없다는 것은, ① 동일한 사실관계에 대한 법률적인 평가를 달리하여 두 청구 중 어느 한 쪽에 대한 법률효과가 인정되면 다른 쪽에 대한 법률효과가 부정됨으로써 두 청구가 모두 인용될 수는 없는 관계에 있는 경우나, ② 당사자들 사이의 사실관계 여하에 의하여 또는 청구원인을 구성하는 택일적 사실인정에 의하여 어느 일방의 법률효과를 긍정하거나 부정하고 이로써 다른 일방의 법률효과를 부정하거나 긍정하는 반대의 결과가 되는 경우로서, 두 청구들 사이에서 한 쪽 청구에 대한 판단 이유가 다른 쪽 청구에 대한 판단 이유에 영향을 주어 각 청구에 대한 판단 과정이 필연적으로 상호 결합되어 있는 관계를 의미하며, 실체법적으로 서로 양립할 수 없는 경우뿐 아니라 소송법상으로 서로 양립할 수 없는 경우를 포함하는 것으로 봄이 상당하다"는 입장이다.[816]

---

816) 대결 2007.6.26, 2007마515 등

(3) 사안의 경우

사안의 경우 ① 乙과 丙, 丁의 공동소송은 제65조 전문의 권리의무가 사실상 또는 법률상 같은 원인으로 생긴 경우에 해당하며, ② 피고 丙과 피고 丁에 대한 청구는 두 청구가 모두 인용될 수 없는 관계에 있으므로 공동소송인 가운데 일부에 대한 청구가 다른 공동소송인에 대한 청구와 법률상 양립할 수 없는 경우에 해당하게 된다. 따라서 원고 甲이 주위적으로 피고 乙과 丙, 예비적으로 피고 乙과 丁을 상대로 소를 제기한 것은 적법하다.

Ⅲ 설문 가.의 (3)에 관하여

1. 결론

(1) 설문 ①의 결론

항소심 법원의 판단은 정당하지 아니하다.

(2) 설문 ②의 결론

항소심 판결에 대해 전부파기 선고를 하여야 한다.

2. 근거

(1) 필수적 공동소송 규정의 준용

① 예비적 공동소송은 본래 통상 공동소송에 속한다. 그러나 법률상 양립 불가능이라는 특성을 고려하여 제70조 제1항은 필수적 공동소송에 관한 제67조 내지 제69조를 준용하여 소송자료의 통일과 소송진행의 통일을 도모하고 있다.

② 또한 예비적 공동소송은 동일한 법률관계에 관하여 모든 공동소송인이 서로 간의 다툼을 하나의 소송절차로 한꺼번에 모순 없이 해결하는 소송형태로서 모든 공동소송인에 대한 청구에 관하여 판결을 하여야 한다(제70조 제2항).

(2) 乙의 항소제기로 인한 항소심의 이심 및 심판의 범위

1) 확정차단 및 이심의 범위

판례는 "예비적 공동소송에서 주위적 공동소송인과 예비적 공동소송인 중 어느 한 사람이 상소를 제기하면 다른 공동소송인에 관한 청구 부분도 확정이 차단되고 상소심에 이심된다."고 하였다.[817]

2) 항소심의 심판대상·범위

판례는 "주관적·예비적 공동소송에서 주위적 공동소송인과 예비적 공동소송인 중 어느 한 사람이 상소를 제기하면 다른 공동소송인에 관한 청구 부분도 확정이 차단되고 상소심에 이심되어 심판대상이 되고, 이러한 경우 상소심의 심판대상은 주위적·예비적 공동소송인들 및

---

817) 대판 2008.3.27, 2006두17765 등 참조

상대방 당사자 간 결론의 합일확정 필요성을 고려하여 판단하여야 한다"는 입장이다. 즉 예비적 공동소송의 경우에 불이익변경금지의 원칙이 적용되지 않으므로, 공동소송인 전원에 대하여 심리·판단하여야 한다는 입장이다.[818]

3) 사안의 경우

사안의 경우 피고 丁만이 제1심 판결에 대하여 항소를 제기하였다고 하더라도 피고 丙에 대한 청구 부분도 확정차단 및 항소심에 이심되고 항소심의 심판대상이 된다. 따라서 피고 丁에 대한 청구 부분에 관하여만 판단한 항소심 판결은 피고 丙에 대한 청구 부분에 관한 판단을 누락하였기 때문에 정당하지 아니하다(위법한 전부판결로 판단누락에 준하는 위법 인정).

(3) 상고심의 판단

① 판례는 "민사소송법 제70조 제2항은 같은 조 제1항의 예비적·선택적 공동소송에서는 모든 공동소송인에 관한 청구에 대하여 판결을 하도록 규정하고 있으므로, 이러한 공동소송에서 일부 공동소송인에 관한 청구에 대하여만 판결을 하는 경우 이는 일부판결이 아닌 흠이 있는 전부판결에 해당하여 상소로써 이를 다투어야 하고, 그 판결에서 누락된 공동소송인은 이러한 판단유탈을 시정하기 위하여 상소를 제기할 이익이 있다."고 하였다.[819]

② 이 경우 상고심 법원은 위법한 항소심 판결에 대해 전부파기 선고를 할 것이다. 판례도 "예비적 공동소송은 동일한 법률관계에 관하여 모든 공동소송인이 서로 간의 다툼을 하나의 소송절차로 한꺼번에 모순 없이 해결하는 소송형태로서 모든 공동소송인에 관한 청구에 관하여 하나의 종국판결을 내려야만 하므로 원심판결 전부를 파기한다."고 하였다.[820]

Ⅳ 설문 나.의 (1)에 관하여

1. 결론

법원은 乙, 丙 및 丁에 대한 A의 모든 청구에 대해 기각판결을 하여야 한다.

2. 근거

(1) A의 乙·丙·丁에 대한 공동소송의 유형

① 乙, 丙, 丁은 동업약정에 기해 결성된 경우로서 민법상 조합으로서의 성질을 갖고, 그 재산 소유형태는 합유에 해당한다고 할 것이다.

② 사안의 경우 乙, 丙, 丁은 X부동산을 합유하는 자로서, 민법 제272조에 따라 합유물의 처분·변경에는 합유자 전원의 동의가 필요하므로 실체법상 관리처분권이 공동으로 귀속되는 경우이다. 따라서 A의 乙·丙·丁에 대한 소유권이전등기청구는 고유필수적 공동소송에 해당한다.

---

818) 대판 2018.2.13, 2015다242429
819) 대판 2008.3.27, 2005다49430
820) 대판 2010.11.11, 2010다32542

(2) 고유필수적 공동소송의 심판방법

1) 필수적 공동소송인의 소송상 지위

필수적 공동소송의 경우는 상호 연합관계이며, 따라서 합일확정의 판결만이 허용된다. 이에 따라 제67조에 특별규정을 두고 있으며, 본안심리에 있어서 ① 소송자료의 통일, ② 소송진행의 통일이 요청된다. ③ 그 결과 재판의 통일을 기할 수 있다.

2) 소송자료 및 소송진행의 통일

① 제67조 제1항에 따라 공동소송인 중 한사람의 소송행위는 전원의 이익을 위해서만 효력이 있으며, 불리한 것은 전원이 함께 하지 않으면 효력이 없다. 따라서 ② 공동소송인 중 한 사람이라도 상대방의 주장사실을 다투면 전원이 다툰 것으로 되고, ③ 그중 한 사람이 기일에 출석하여 변론하였으면 다른 공동소송인이 결석하여도 기일해태에 따른 자백간주의 효과는 발생하지 않는다. 따라서 답변서를 제출하지 않고 기일에 불출석한 공동소송인에 대하여도 무변론패소판결을 할 수는 없다.

3) 사안의 경우

사안의 경우 乙이 소장을 송달받고도 답변서를 부제출하고 변론기일에 출석하지 아니한 행위는 제150조 제3항의 자백간주가 인정되는 사정에 해당하지만, 이는 불리한 행위로서 丙과 丁이 공동으로 하지 않는 한 효력이 없고, 丙과 丁이 출석하여 A의 주장을 부인한 행위는 유리한 행위로서 전원에 대해 효력이 있다.

(3) 증명책임의 분배

증명책임의 분배기준에 대한 판례의 법률요건 분류설의 입장에서 이행의 소의 경우 권리근거규정의 요건사실은 원고에게 있다.

(4) 사안의 경우

사안의 경우 A에게 매매계약의 체결 사실에 대한 증명책임이 인정되는데, 이를 인정할 증거가 부족한 경우이므로 법원은 A의 乙, 丙, 丁에 대한 매매를 원인으로 한 소유권이전등기청구에 대해 기각판결을 하여야 한다.

V 설문 나.의 (2)에 관하여

1. 결론

항소심의 항소기각판결은 위법하다.

2. 근거

(1) 고유필수적 공동소송에서 일부항소의 경우 심판방법

① 공동소송인 중 일부의 상소제기는 전원의 이익에 해당된다고 할 것이어서 다른 공동소송인에 대하여도 그 효력이 미친다(제67조).

② 판례에 따르면, 고유필수적 공동소송에 있어서 전원에 대한 종국판결에 대해 공동소송인 중 일부가 제기한 상소는 다른 공동소송인에게도 그 효력이 미치는 것이므로 공동소송인 전원에 대한 관계에서 판결의 확정이 차단되고 그 소송은 전체로서 상소심에 이심된다. 왜냐하면 상소의 제기에 의한 확정차단의 효력과 이심의 효력은 원칙적으로 상소인의 불복신청의 범위에 관계없이 원판결의 전부에 대하여 불가분으로 발생하는 상소불가분의 원칙이 적용되기 때문이다.

③ 이 경우 상소하지 않은 다른 공동소송인의 상소심에서의 지위가 문제되는데, 판례에 따르면 '단순한 상소심의 당사자'로 보아 상소인지를 붙이지 않아도 되며, 상소비용도 부담하지 않고, 상소취하권이 없다고 본다(제69조).

④ 나아가 합일확정의 필요 때문에 불이익변경금지원칙의 적용이 없게 되므로, 공동소송인 전부가 항소심의 심판대상이 된다. 따라서 상소심 판결의 효력은 상소를 하지 아니한 공동소송인에게 미치므로 상소심으로서는 공동소송인 전원에 대하여 심리·판단하여야 한다.

⑵ 사안의 경우

사안의 경우 乙, 丙, 丁은 고유필수적 공동소송인으로서 乙과 丙만이 항소하고 丁의 항소가 없다 하더라도 丁에 대한 사건도 항소심에 이심되고, 항소심의 심판대상이 된다. 따라서 항소심이 乙과 丙만을 항소심의 당사자로 하여 변론기일을 진행한 다음 乙, 丙의 항소를 기각하는 판결을 한 것은 필수적 공동소송에 관하여 특칙을 규정한 제67조의 법리를 오해한 위법이 있다.

확인 · 보충 및 심화사례

시험과목	민소법(사례형)	응시번호		성명	

사실관계

마을 주변에 있는 공단에서 배출되는 폐수로 인해 고통을 받고 있던 마을 주민 100명은 피해를 견디다 못해 공동원고가 되어 공단 내에 입주한 X 회사를 상대로 불법행위를 원인으로 한 손해배상청구의 소를 제기하였다. 소송계속 중 원고 100명 가운데 주민 40명은 주민 甲을 선정당사자로 선정하였고, 주민 60명은 주민 乙, 주민 丙 두 사람을 복수의 선정당사자로 선정하였다(甲, 乙, 丙은 원고들 100명에 포함되어 있다).

문제

※ 아래 각 설문에 대한 결론과 근거를 설명하시오. 각 설문은 상호 무관한 것임을 전제로 한다.

(1) 甲, 乙, 丙을 선정당사자로 선정한 것은 적법한가? 8점

(2) 변론기일에 ① 선정당사자 甲, 乙은 출석하였으나 丙은 불출석하였다. 丙의 불출석이 다른 공동소송인들에게 영향을 미치는가? ② 甲, 乙은 출석하여 소를 취하하였다면 그 효과는 어떠한가? 12점

▌ 설문 (1)에 관하여

1. 결론

甲, 乙, 丙을 선정당사자로 선정한 것은 적법하다.

2. 근거

(1) 선정당사자 선정의 적법 여부

1) 선정당사자의 의의 및 선정의 요건

① 공동의 이해관계를 가진 다수자가 공동소송인이 되어 소송을 하여야 할 경우에 그 가운데서 모두를 위하여 소송을 수행할 당사자로 선출된 자를 선정당사자라고 한다(제53조).

② 선정당사자를 적법하게 선정하기 위해서는 i) 공동소송을 할 여러 사람이 있을 것, ii) 여러 사람이 공동의 이해관계를 가질 것, iii) 공동의 이해관계가 있는 자 중에서 선정할 것이 요구된다. 사안의 경우에는 i), iii)의 요건은 문제될 것이 없으나, 주민 100명이 공동의 이해관계를 가지는지 여부가 문제이다.

2) 공동의 이해관계 인정 여부

어떠한 경우에 공동의 이해관계를 가지는가에 대하여, 판례는 "공동의 이해관계란 다수자 상

호간에 공동소송인이 될 관계에 있고, 또 주요한 공격방어방법을 공통으로 하는 것을 의미한다고 할 것이므로 다수자의 권리·의무가 동종이며 그 발생원인이 동종인 관계에 있는 것만으로는 공동의 이해관계가 있는 경우라고 할 수 없다."고 하였다.[821]

(2) 사안의 경우

사안의 경우 주민 100명은 X 회사의 폐수로 인한 수인의 피해자로서, 공동소송인이 될 관계에 있고, 또 제65조 전문에 해당할 뿐만 아니라 공동의 피해자로서 주요한 공격방법을 공통으로 하는 자들로서 공동의 이해관계를 가진다고 할 것이다. 따라서 甲, 乙, 丙을 선정당사자로 선정함은 적법하다.

II 설문 (2)에 관하여

1. 결론

① 丙의 불출석의 효과는 다른 공동소송인 乙, 甲에게 미치지 않는다.
② 甲의 소취하는 효력이 있으나, 乙의 소취하는 효력이 없다.

2. 근거

(1) 복수의 선정당사자의 지위와 공동소송의 형태

1) 공동소송 형태의 결정 기준

① 동일 선정자단에서 수인의 선정당사자가 선정되었을 경우, 그 수인의 선정당사자는 소송수행을 임의적 소송신탁에 의하여 합유하는 관계이기 때문에 고유 필수적 공동소송으로 된다.

② 다른 선정자단에서 각각 수인의 선정당사자가 선정되었을 경우에는 원래의 공동소송 성질에 따라 정해진다. 따라서 원래의 소송이 필수적 공동소송의 형태가 아니면 통상공동소송 관계라고 할 것이다.

2) 乙과 丙의 공동소송의 형태

동일 선정자단인 주민 60명이 乙과 丙을 선정당사자로 선정하였으므로, 소송수행권을 합유하는 관계로 고유필수적 공동소송의 관계에 있다.

3) 乙·丙과 甲의 공동소송의 형태

다른 선정자단에서 선정된 경우로서 원래의 공동소송 성질에 따라 정해지는바, 사안의 주민 100명은 X 회사의 폐수로 인한 수인의 피해자로서, 실체법상 관리처분권이 공동으로 귀속되지 않으며, 판결의 효력이 미치는 관계에 있지 않으므로 통상공동소송의 관계에 있다.

---

821) 대판 1997.7.25, 97다362

(2) 丙의 불출석에 따른 기일해태의 효과와 甲·乙의 소취하의 효과 유무

1) 공동소송의 심리방식

① 통상공동소송의 경우에는 제66조의 공동소송인 독립의 원칙이 적용되어 공동소송인의 한 사람의 소송행위는 유리·불리를 가리지 않고 원칙적으로 다른 공동소송인에게 영향을 미치지 아니한다.

② 필수적 공동소송의 경우는 합일확정의 필요에 기해 제67조의 특별규정을 두고 있다. 이에 따르면 공동소송인 중 한사람의 소송행위는 전원의 이익을 위해서만 효력이 있으며, 불리한 것은 전원이 함께 하지 않으면 효력이 없다.

2) 丙의 불출석의 효과가 甲과 乙에게 미치는지 여부

가) 乙과의 관계

乙·丙 사이에는 제67조의 고유필수적 공동소송인의 심리원칙이 적용된다. 이에 따르면 유리한 소송행위는 공동소송인 가운데 한 사람이 행하면 모두를 위하여 효력이 생기므로, 공동소송인 가운데 한 사람이 기일에 출석하여 변론하였으면 다른 공동소송인이 결석하여도 기일해태의 효과가 발생하지 않는다. 사안의 경우 乙이 변론기일에 출석하였는 바, 丙이 불출석하여도 이는 불리한 행위로 기일해태의 효과는 발생하지 않고, 오히려 乙의 출석의 효과가 丙에게 미쳐 모두 출석한 것으로 된다.

나) 甲과의 관계

甲과 丙 사이에는 제66조의 공동소송인 독립의 원칙이 적용된다. 이에 따르면 공동소송인 가운데 한 사람에게 기일해태의 효과가 발생하여도 다른 공동소송인에게 그 효과가 미치지 않는다. 따라서 사안의 경우 丙이 불출석하여도 甲에게 영향을 미치지 않는다.

3) 甲·乙의 소취하의 효과 유무

가) 甲의 소취하의 효과

甲과 乙·丙은 통상공동소송의 관계에 있으므로, 甲의 소취하는 소취하의 요건을 갖추는 한 유효하다. 따라서 그 효력은 선정자인 주민 40명에게 효력이 있다.

나) 乙의 소취하의 효과

乙과 丙은 고유필수적 공동소송의 관계에 있으므로, 乙만의 소취하는 효력이 없다(무효). 따라서 선정자인 주민 60명에게는 소취하의 효력이 없다.

확인·보충 및 심화사례

시험과목	민소법(사례형)	응시번호		성명	

기본적 사실관계

○ 甲은 2012.4.1. 乙에게 2억원을 변제기 2013.4.1.로 정하여 대여하였으나 乙이 변제기에 위 차용금을 변제하지 아니하였다. 이에 甲은 乙을 상대로 법원에 대여금 청구의 소를 제기하여 위 법원으로부터 2억원의 지급을 명하는 청구인용 판결을 선고받았고, 위 판결은 2013.8.1. 확정되었다.

○ 한편, 친구 사이인 丙, 丁, 戊 3인은 2013.6.1. 乙로부터 X토지를 대금 1억원에 매수한 다음 3인이 1/3 지분씩 공유하는 것으로 소유권이전등기를 마쳤다. 그런데 丙, 丁, 戊가 위 토지의 매매대금을 지급하지 아니하자, 乙은 2013.9.1. 丙, 丁, 戊를 상대로 X토지 대금 1억원의 지급을 구하는 소를 서울중앙지방법원에 제기하였고, 2013.9.10. 丙, 丁, 戊에게 소장 부본이 송달되었다.

문제

※ 아래 각 설문에 대한 결론과 근거를 설명하시오. 각 설문은 상호 무관한 것임을 전제로 한다.

1. 위 기본적 사실관계에 추가하여,
   甲의 乙을 상대로 한 대여금 청구의 소에 대하여 법원의 청구인용 판결이 확정된 후 乙은 甲에 대한 별도의 대여금채권으로 상계한다고 주장하면서 청구이의의 소를 제기하였다. 청구이의의 사유로 인정할 수 있는가? [5점]

2. 위 기본적 사실관계에 추가하여,
   甲은 2013.10.1. 乙에 대한 위 확정 판결에 기하여 서울중앙지방법원에 乙을 채무자로, 丙, 丁, 戊를 제3채무자로 하여, 乙이 丙, 丁, 戊에 대하여 가지는 위 1억원의 매매대금 채권에 관하여 채권압류 및 추심명령을 받았고, 위 채권압류 및 추심명령은 2013.12.1. 丙, 丁, 戊에게 모두 송달되었다. 그 후 甲은 丙, 丁, 戊를 공동피고로 삼아 1억원의 추심금의 지급을 구하는 소를 서울중앙지방법원에 제기하였다. 이에 대하여 피고 丙, 丁, 戊는 이미 乙이 매매대금 청구의 소를 제기하여 별도의 소송이 계속 중인데 다시 甲이 같은 매매대금 채권에 관한 추심의 소를 제기한 것은 부당하다고 다투었다. 피고 丙, 丁, 戊의 주장은 타당한가? [13점]

3. 위 기본적 사실관계에 추가하여,
   丙, 丁, 戊는 자신들의 X토지에 관한 매매대금 채무를 모두 변제한 다음 X토지를 공유하고 있었는데, 丙은 개인적인 사정상 공유관계를 해소하고자 한다.

   가. 丁은 X토지에 대한 공유물분할에 동의하였는데, 戊가 공유물분할에 동의하지 않자, 丙은 戊만을 피고로 삼아 공유물분할을 구하는 소를 제기하였다.
      1) 이 사건 소는 적법한가? [5점]
      2) 만약 부적법하다면 丙과 丁이 각자 그 사유를 해소할 수 있는 방법은 무엇인가? [10점]

나. (위 가.의 설문과 별개로) 丁, 戊 모두 丙의 공유물분할 요청에 응하지 않자, 丙은 丁, 戊를 상대로
2014.3.5. 공유물분할을 구하는 소를 제기하였다.
 1) 丙은 청구취지에서 X토지를 수평으로 3등분하는 방법으로 분할을 구하였는데, 법원이 丙의 청
  구와 달리 수직으로 3등분하는 방법으로 분할을 명하는 판결을 선고할 수 있는가? 5점
 2) 제1심 소송 심리과정에서 ① 丁이 2014.3.3. 사망하였고 A가 유일한 상속인인 사실, ② 戊가
  소장부본을 송달받은 후 B에게 자신의 공유지분을 양도하고 지분권 이전의 등기까지 마친 사
  실이 밝혀졌다. 이때 丙은 소송절차상 어떠한 조치를 취할 수 있는가? 12점

Ⅰ 설문 1.에 관하여

1. 결론

청구이의의 사유로 인정될 수 있다.

2. 근거

(1) 변론종결 후 형성권 행사와 실권효

판례는 ① 취소권, 해제권 등의 다른 형성권에 대하여는 실권효를 긍정하지만,[822] ② 상계권
(지상물매수청구권 포함)은 그 예외로서 변론종결 전에 상계권이 있다 하여도 변론종결 후에 행사
하였다면 상계권의 존부를 알았든 몰랐든 변론종결 후의 사유로 보아 실권하지 않는다는 입장
이다. 즉, 채무자가 채무명의인 확정판결의 변론종결 전에 상대방에 대하여 상계적상에 있는
채권을 가지고 있었다 하더라도 채무명의인 확정판결의 변론종결 후에 이르러 비로소 상계의
의사표시를 한 때에는 민사집행법 제44조 제2항이 규정하는 '이의원인이 변론종결 후에 생긴
때'에 해당하는 것으로서, 당사자가 채무명의인 확정판결의 변론종결 전에 자동채권의 존재를
알았는가 몰랐는가에 관계없이 적법한 청구이의 사유로 된다고 하였다.[823]

(2) 사안의 경우

상계의 항변에 관한 주장은 실권되지 않으므로, 乙은 상계를 주장할 수 있고 청구이의의 소를
제기할 수 있다.

Ⅱ 설문 2.에 관하여

1. 결론

丙, 丁, 戊의 주장은 타당하지 않다.

---

822) 대판 1979.8.14, 79다1105

823) 대판 1998.11.24, 98다25344; 대판 1966.6.28, 66다780

2. 근거

(1) 채권에 대한 압류 및 추심명령의 성질 및 효과

1) 법정소송담당으로서의 효과

① 추심채권자는, 실체법상의 청구권은 채무자인 집행채무자(원래의 채권자)에게 있으면서 소송법상의 관리권만을 이전받는 제3자 법정소송담당의 관계에 있게 된다. 따라서 채무자는 원고로서의 당사자적격을 상실한다. 나아가 추심금청구소송의 소송물은 피압류채권이다.

② 판례도 채권에 대한 유효한 압류 및 추심명령이 있으면 제3채무자에 대한 이행의 소는 추심채권자만이 제기할 수 있고, 채무자는 피압류채권에 대한 이행소송을 제기할 당사자적격을 상실한다고 본다.

2) 압류 및 추심명령의 효력발생 시기

압류 및 추심명령의 효력발생 시기는 제3채무자에 대한 송달일이고(민사집행법 제227조 제3항, 제229조 제4항), 제3채무자에게 송달된 이상 채무자에게 송달되지 않았다 하더라도 효력발생에는 아무런 영향이 없다.

3) 사안의 경우

사안의 경우, 乙의 丙, 丁, 戊에 대한 1억원의 매매대금채권에 대한 甲의 압류 및 추심명령이 제3채무자인 丙, 丁, 戊에게 송달되었으므로, 甲의 압류 및 추심명령의 효력발생으로 인해 乙은 피압류채권에 대한 이행청구 소송을 제기할 당사자적격을 상실하였다. 따라서 법원은 乙의 丙, 丁, 戊에 대한 매매대금청구소송에 대하여 당사자적격의 흠을 이유로 부적법 각하 판결을 하여야 한다.

(2) 丙의 추심금소송이 중복제소에 해당하는지 여부

1) 중복제소금지의 의의·취지 및 요건

① 이미 법원에 소송계속 중인 사건과 동일한 사건에 관하여 당사자는 다시 소를 제기하지 못하는데(제259조), 판결의 모순·저촉의 방지를 위한 것이다.

② 중복소제기로 금지가 되기 위해서는 i) 전·후 양소의 당사자가 동일할 것, ii) 전·후 양소의 소송물이 동일할 것, iii) 전소가 소송계속 중일 것이 요구된다.

③ 사안의 경우, 乙의 丙, 丁, 戊를 상대로 한 전소는 당사자적격의 흠을 이유로 부적법하므로 각하되어야 하지만, 실제 각하되지 않는 한 소송계속은 인정된다. 또한 전소의 소송물은 乙의 丙, 丁, 戊에 대한 매매대금채권이고 후소의 소송물도 피압류채권인 乙의 丙, 丁, 戊에 대한 매매대금채권이므로 전·후 양소의 소송물은 동일하다. 나아가 당사자가 乙과 甲으로서 서로 다른 경우이지만 판결의 효력이 미치는 관계라고 본다면 당사자의 동일성을 인정할 수 있어 중복제소에 해당한다고 볼 여지가 있으므로, 이에 대해 살펴본다.

2) 중복제소 해당 여부

판례는 채무자가 제3채무자를 상대로 제기한 이행의 소가 이미 법원에 계속되어 있는 상태에서 압류채권자가 제3채무자를 상대로 제기한 추심의 소의 본안에 관하여 심리·판단한다고 하여, 판결의 모순·저촉의 위험이 크다고 볼 수 없으며, 따라서 채무자가 제3채무자를 상대로 제기한 이행의 소가 법원에 계속되어 있는 경우에도 압류채권자는 제3채무자를 상대로 압류된 채권의 이행을 청구하는 추심의 소를 제기할 수 있고, 제3채무자를 상대로 압류채권자가 제기한 추심의 소는 채무자가 제기한 이행의 소에 대한 관계에서 민사소송법 제259조가 금지하는 중복된 소제기에 해당하지 않는다고 봄이 타당하다고 하였다.824)

(3) 사안의 경우

甲의 추심금 청구의 소는 중복제소에 해당하지 않고, 그 외 소송요건의 흠이 있다는 사정은 보이지 않으므로 적법하다.

III 설문 3.의 가. 1)에 관하여

1. 결론

부적법하다.

2. 근거

(1) 공유물분할청구의 소가 고유필수적 공동소송에 해당하는지 여부

① 필수적 공동소송이란 공동소송이 법률상 강제되고, 합일확정이 법률상 요구되는 소송이다. 이에 해당하는지 여부에 대한 판단기준에 대해 판례는 실체법상의 관리처분권을 공동으로 행사하도록 되어 있는가를 기준으로 필수적 공동소송여부를 판단해야 한다는 실체법상 관리처분권설의 입장이다.

② 실체법상 공유물분할청구권이라는 형성권이 수인에게 귀속되는 경우로서 고유필수적 공동소송에 해당한다(민법 제264조). 판례도 공유물분할청구의 소는 분할을 청구하는 공유자가 원고가 되어 다른 공유자 전부를 공동피고로 하여야 하는 고유필수적 공동소송이라고 하였다.825)

(2) 고유필수적 공동소송에서 1인이 누락된 경우 당사자적격의 유무

고유필수적 공동소송은 수인이 공동의 이해관계를 가지기 때문에 합일확정의 필요가 있으므로, 그 수인이 전원으로만 행사하여야 당사자적격이 인정된다. 따라서 공동소송인으로 되어야 할 자 중 일부가 누락된 경우에는 원칙적으로 당사자적격의 흠결로 소는 부적법 각하된다.

---

824) 대판(전) 2013.12.18, 2013다202120

825) 대판 2003.12.12, 2003다44615·44622 등

(3) 사안의 경우

사안은 丙이 丁을 누락하여 제기한 공유물분할청구의 소는 당사자적격을 흠결한 경우로서 부적법하다.

Ⅳ 설문 3.의 가. 2)에 관하여

1. 결론

① 丙은 소취하 후 다시 소를 제기하거나 별소제기 후 변론병합을 신청할 수 있으나, 필수적 공동소송인 추가를 신청함이 소송경제상 보다 직접적 방법으로 적절하다.

② 丁은 丙 또는 戊 쪽에 공동소송인으로 참가할 수 있다.

2. 근거

(1) 丙이 취할 수 있는 방법

1) 소취하 후 재소와 별소제기 후 변론병합의 신청

① 丙은 소를 취하하고 丁·戊 모두를 피고로 하여 다시 제소할 수도 있다. 또한 ② 丁을 피고로 하여 별소를 제기한 후에 법원에 대하여 변론병합을 신청을 할 수도 있을 것이다. 다만 이러한 방법은 지나치게 우회적인 방법으로서 소송경제에 반하고, 변론병합은 법원의 재량인 점에서 부적절한 면이 있다. 따라서 당해절차에서 누락된 공동소송인을 추가하는 방법을 살펴보기로 한다.

2) 필수적 공동소송인의 추가

가) 의의 및 요건

① 필수적 공동소송인 가운데 일부가 누락된 경우에는 원고의 신청에 따라 누락된 사람을 추가하는 것이다(제68조).

② 필수적 공동소송인의 추가가 인정되기 위해서는, ⅰ) 필수적 공동소송인 중 일부가 누락된 경우이어야 하고, ⅱ) 공동소송의 요건을 갖추어야 하며, ⅲ) 시기적으로 제1심 변론종결 전이어야 한다. ⅳ) 원고 측 추가의 경우에는 추가될 당사자의 동의를 요한다.

나) 사안의 경우

사안의 경우 ① 공유물분할청구소송은 고유필수적 공동소송인데 공동소송인 중 1인인 丁이 피고로서 누락되었고, ② 제65조 전문의 권리와 의무가 공통되는 공동소송에 해당하며, 동종의 절차와 공통의 관할이 있다고 할 것이므로 공동소송의 요건을 갖추어진 것으로 보인다. 또한 ③ 피고 추가의 경우이므로 丁의 동의는 불필요하고, ④ 제1심에서의 추가이므로 丁의 심급의 이익을 침해하는 문제는 발생하지 않는다. 따라서 필수적 공동소송인의 추가의 요건을 갖추었으므로, 법원의 허가 결정으로 丙이 丁을 피고로 추가하는 것은 허용되고, 그 추가로 소의 부적법은 보정된다.

(2) 丁이 취할 수 있는 방법

1) 공동소송참가의 의의 및 요건

① 공동소송참가란 소송계속 중 당사자 사이의 판결의 효력을 받는 제3자가 원고 또는 피고의 공동소송인으로 소송에 참가하는 것을 말한다(제83조).

② 공동소송참가가 인정되기 위해서는 ⅰ) 타인 간의 소송계속 중에, ⅱ) 당사자적격이 있는 자로서, ⅲ) 소송목적이 한쪽 당사자와 제3자에게 합일적으로 확정되어야 할 경우이어야 하고, ⅳ) 일반적 소송요건을 구비하여야 한다.

2) 사안의 경우

사안의 경우 ① 丙, 戊 소송계속 중이고, ② 공유물분할청구의 소는 필수적 공동소송으로서 丁에게 당사자적격이 인정되고 소송목적이 丙, 丁, 戊에게 합일적으로 확정되어야 하며, ③ 丁에게 달리 소송요건이 흠결한 사정이 없으므로, 丁은 참가신청서를 법원에 제출하여 공동소송참가를 할 수 있다.

Ⅴ 설문 3.의 나. 1)에 관하여

1. 결론

법원은 丙의 청구와 달리 수직분할을 명하는 판결을 선고할 수 있다.

2. 근거

(1) 공유물분할청구소송의 의의 및 성질

① 공유물분할청구의 소는 공유물의 분할방법에 관하여 공유자 간에 협의가 성립되지 아니한 때 판결에 의한 분할을 청구하는 소이다(민법 제269조 제1항).

② 이는 공유자가 가지는 분할청구권(민법 제268조 제1항)이라는 형성권을 기초로 하는 형성의 소로서, 법원이 재량에 의해 구체적인 사정에 따라 합목적적으로 처분이 가능한 비송사건의 실질을 갖는 형식적 형성의 소에 해당한다.

(2) 처분권주의의 적용 여부

판례는 ① 공유물분할청구의 소는 형식적 형성의 소이므로, 법원은 당사자가 주장하는 내용(방법)에 구속받지 않고 재량대로 판단할 수 있어 처분권주의(제203조)가 배제되며, 불이익변경금지의 원칙도 적용되지 아니한다고 하였다. 따라서 ② 분할방법에 대한 당사자의 신청은 법원을 구속할 수 없고, 원고가 현물분할을 청구하는 경우에 법원은 청구취지의 변경 없이도 경매분할을 명하는 판결을 할 수 있다고 하였다.[826]

---

826) 대판 1993.12.7, 93다27819

(3) 사안의 경우

사안의 경우 丙이 수평으로 3등분하는 방법으로 분할을 구한 경우에도 법원은 이에 구속되지 않고 수직으로 3등분하는 방법으로 분할을 명할 수 있다.

Ⅵ 설문 3.의 나. 2)에 관하여

1. 결론

(1) 丁의 사망에 따른 丙의 조치

丙은 丁을 상속인 A로 바꾸는 표시정정신청을 할 수 있다.

(2) 戊의 지분양도에 따른 丙의 조치

丙은 戊를 B로 바꾸는 교환적 인수승계를 신청할 수 있다.

2. 근거

(1) 丁의 사망에 따른 丙의 조치

1) 소의 적법 여부

① 판례는 "민사소송에서 소송당사자의 존재나 당사자능력은 소송요건에 해당하고, 이미 사망한 자를 상대로 한 소의 제기는 소송요건을 갖추지 않은 것으로서 부적법하다."고 하였다.[827]

② 또한 판례는 "공유물분할청구의 소는 분할을 청구하는 공유자가 원고가 되어 다른 공유자 전부를 공동피고로 하여야 하는 필수적 공동소송으로서 공유자 전원에 대하여 판결이 합일적으로 확정되어야 하므로, 공동소송인 중 1인에 소송요건의 흠이 있으면 전 소송이 부적법하게 된다."고 하였다.

③ 사안의 경우 고유필수적 공동소송인 중 1인인 丁은 이미 소제기 전에 사망하였으므로 당사자능력이 없어 부적법하며, 결국 공동소송인에 대한 관계에서 부적법하다. 따라서 이를 해소하기 위한 보정방법이 문제이다.

2) 당사자확정과 보정방법

① 판례는 "사망 사실을 모르고 사망자를 피고로 표시하여 소를 제기한 경우에, 사실상 피고는 사망자의 상속인이다."라고 하였다.

② 또한 판례는 "실질적인 피고는 처음부터 사망자의 상속인이고, 다만 그 표시에 잘못이 있는 것에 지나지 않는다고 인정된다면 사망자의 상속인으로 피고의 표시를 정정할 수 있다."고 하였다.

③ 따라서 사안의 경우 사망자인 丁의 상속인 A가 피고로 확정되고, 丙은 丁에서 A로 당사자 표시정정의 신청을 할 수 있다.

---

827) 대판 2012.6.14, 2010다105310

⑵ 戊의 지분양도에 따른 丙의 조치

1) 인수승계의 의의

인수승계란 소송계속 중 소송목적인 권리 또는 의무의 전부나 일부의 승계가 있는 경우 종전 당사자의 인수신청에 의해 승계인인 제3자를 새로운 당사자로 강제로 끌어들이는 것을 말한다(제82조).

2) 요건

가) 타인 간의 소송계속 중

참가신청은 사실심의 변론종결 전에 한하여 허용되며, 상고심에서는 허용되지 않는다. 사안의 경우는 제1심 소송계속 중이라 보이므로 문제되지 않는다.

나) 소송의 목적인 권리의무의 승계

① 소송승계의 원인으로는 ⅰ) 소송물인 권리관계 그 자체가 양도된 경우뿐만 아니라, ⅱ) 그 권리관계가 귀속되는 물건(계쟁물)이 양도되어 당사자적격(본안적격)이 이전된 경우도 포함된다.

② 다만 계쟁물 승계의 경우, 판례에 의하면 소송물이 물권적 청구권에 기한 경우에 한하여 승계인에 해당한다고 보고, 이와 달리 소송물이 채권적 청구권에 기한 경우에는 여기의 승계인에 포함되지 않는다.

3) 교환적 인수와 추가적 인수

① 승계인이 피승계인과 같은 내용의 의무를 지게 되는 경우에는 교환적 인수를 하게 된다. 피고의 채무를 제3자가 면책적으로 인수한 경우 등이다. ② 소송의 목적이 된 의무를 전제로 새로운 채무가 생김으로써 제3자가 새로 피고적격을 취득한 경우에는 추가적 인수를 하게 된다.

4) 사안의 경우

사안의 경우 丙이 물권적 청구권에 기한 공유물분할청구의 소를 제기하여 소송계속 중 B가 戊의 공유지분을 양수하였는바, B는 계쟁물 승계인에 해당하므로 丙은 戊를 B로 바꾸는 교환적 인수승계를 신청할 수 있다.[828]

※ 비교판례 ; [대판 2014.1.29, 2013다78556]
공유물분할에 관한 소송계속 중 변론종결일 전에 공유자 중 1인인 甲의 공유지분의 일부가 乙 및 丙 주식회사 등에게 이전된 경우, 변론종결 시까지 민사소송법 제81조에서 정한 승계참가나 민사소송법 제82조에서 정한 소송인수 등의 방식으로 일부 지분권을 이전받은 자가 소송의 당사자가 되었어야 함에도 그렇지 못하였다면 위 소송 전부는 부적법하다.

---

828) 공유물분할청구권은 공유지분에 기한 형성권이고, 그 법적 성격상 물권적 청구권에 준하여 처리함이 타당하다. 따라서 공유물분할청구에 관한 소송계속 중 공유지분을 양수한 자는 계쟁물 승계인에 해당한다고 보아야 한다.

※ B로 인수결정 한 후에 B가 승계인이 아님이 밝혀진 경우 법원은 어떠한 조치를 할 수 있는가?

① 판례는 "소송계속 중에 소송목적인 의무의 승계가 있다는 이유로 하는 소송인수신청이 있는 경우에 신청의 이유로서 주장하는 사실관계 자체에서 그 승계적격의 흠결이 명백하지 않는 한 결정으로 그 신청을 인용하여야 하는 것이고, 그 승계인에 해당하는가의 여부는 피인수신청인에 대한 청구의 당부와 관련하여 판단할 사항으로 심리한 결과 승계사실이 인정되지 않으면 청구기각의 본안판결을 하면 되는 것이지 인수참가신청 자체가 부적법하게 되는 것은 아니다."라고 하였다.[829]

② 생각건대, 당사자적격은 주장 자체로 인정된다는 점, 실체법상 의무자인지 여부는 본안문제(본안적격)라는 점, 분쟁을 종국적으로 해결한다는 점에서 청구기각판결을 하여야 한다는 판례의 입장은 타당하다.

---

829) 대판 2005.10.27, 2003다66691; 원심은 인수신청을 각하하였는데, 대법원은 위와 같은 이유로 청구기각판결을 하여야 한다고 보았다. 결국 주장하는 사실관계 자체에 의하여 승계적격의 흠이 명백하지 않으면 인수승계신청을 받아들이는 결정을 하고, 이후 심리를 진행한 결과 인수승계인이 권리·의무를 승계하지 않은 것이 밝혀지면 청구기각의 본안판결을 하여야 한다는 입장으로 정리할 수 있다.

확인 · 보충 및 심화사례

시험과목	민소법(사례형)	응시번호		성명	

사실관계

甲은 2018.6.1. 乙에게 1억원을 변제기 2019.5.31.로 하여 대여하였다.

문제

※ 아래 각 설문에 대한 결론과 이유를 설명하시오. 각 설문은 상호 무관한 것임을 전제로 한다.

1. 乙은 자신의 소유인 X 주택에 관하여 丙과 매매계약을 체결하였는바, 乙은 丙에 대해 매매대금채권을 가지고 있다. 이에 甲은 乙을 대위하여 丙을 상대로 대위소송을 제기하였고, 제1심 법원이 甲의 丙에 대한 대위소송에 대해 청구인용판결을 선고하자 丙은 항소를 제기하였다. 항소심 계속 중 乙에 대한 손해배상채권자인 丁이 위 매매대금채권을 대위행사하면서 원고 측에 공동소송참가신청을 하였고, 乙에게 소송고지 등의 방법으로 이를 알렸다. 丁의 공동소송참가는 허용되는가? 10점

2. 甲은 2019.6.경 乙에 대해 채무를 변제하라고 독촉하였으나 乙이 이를 거부하자, 乙을 상대로 대여금의 지급을 구하는 소를 제기하였다. 소송계속 중 甲은 乙에 대한 대여금채권을 A에게 양도하였고 이를 乙에게 통지하였다. A는 위 소송계속 중 甲의 승계인임을 주장하면서 승계참가신청을 하였다. 甲은 승계 여부를 다투지 않고 소송탈퇴를 하고자 하였으나, 乙의 동의를 얻지 못하여 위 소송에 그대로 남아 있게 되었다. A의 승계참가신청은 적법한가? 적법하다면 甲, A, 乙 사이의 공동소송 형태는 어떠한가? 10점

I 설문 1.에 관하여

1. 결론

丁의 공동소송참가는 허용된다.

2. 이유[830]

(1) 공동소송참가의 의의 및 요건

공동소송참가가 인정되기 위해서는 ① 타인 간의 소송계속 중에, ② 당사자적격이 있는 자로서, ③ 소송목적이 한쪽 당사자와 제3자에게 합일적으로 확정되어야 할 경우이어야 하고, ④ 일반적 소송요건을 구비하여야 한다(제83조). 사안의 경우에는 다음과 같은 점이 문제이다.

---

830) 대판 2015.7.23, 2013.다30301. 판례법리의 이해를 위해서 해설은 상세히 하였다. 실제 시험에서는 「① 의의 및 요건, ② 채권자대위소송의 법적 성질, ③ 합일적 확정 인정 여부」를 중심으로 답안구성하면 될 것이다.

(2) 채권자대위소송의 법적 성질

법정소송담당설 → 채무자의 제3채무자에 대한 권리에 대해 채권자는 당사자적격 인정(보·필·불)

(3) 타인 간의 소송계속 중일 것

소송계속 중이라면 상급심에서도 참가할 수 있다. 다만 공동소송참가는 신소제기의 실질을 가지므로, 판례는 항소심에서는 참가할 수 있으나 상고심에서는 할 수 없다는 입장이다.[831]

(4) 소송목적이 합일적으로 확정되어야 할 것

1) 의미

① 소송목적이 한쪽 당사자와 제3자에게 합일적으로 확정되어야 할 경우이어야 한다. 여기서 「합일적으로 확정될 경우」라 함은 법원이 판결의 효력에 의한 분쟁해결을 위해서 모순된 판단을 해서는 안 된다는 법률상의 요청을 말한다.

② 채권자대위소송이 계속 중인 상황에서 다른 채권자가 동일한 채무자를 대위하여 채권자대위권을 행사하면서 공동소송참가신청을 할 경우, 양 청구의 소송물이 동일하다면 민사소송법 제83조 제1항이 요구하는 '소송목적이 한쪽 당사자와 제3자에게 합일적으로 확정되어야 할 경우'에 해당하므로 그 참가신청은 적법하다. 이는 결국 기판력 등의 판결의 효력이 미칠 가능성이 있는 경우 합일적 확정이 필요하다는 의미이다.

2) 공동대위채권자 상호간 기판력이 미치는지 여부

가) 채권자대위소송의 판결의 효력이 다른 채권자에게 미치는지 여부

판례는 어떠한 사유로든 채무자가 채권자대위소송이 제기된 사실을 알았을 경우에 한하여 그 판결의 효력이 채무자에게 미치므로, 이러한 경우에는 그 후 다른 채권자가 동일한 소송물에 대하여 채권자대위권에 기한 소를 제기하면 전소의 기판력을 받게 된다고 하였다.[832]

나) 기판력의 객관적 범위와 작용 – 소송물 동일 여부

판례는 ① 채권자대위소송이 계속 중인 상황에서 다른 채권자가 동일한 채무자를 대위하여 채권자대위권을 행사하면서 공동소송참가신청을 할 경우, 양 청구의 소송물이 동일하다면 민사소송법 제83조 제1항이 요구하는 '소송목적이 한 쪽 당사자와 제3자에게 합일적으로 확정되어야 할 경우'에 해당하므로 그 참가신청은 적법하다. ② 이때 양 청구의 소송물이 동일한지는 채권자들이 각기 대위행사하는 피대위채권이 동일한지에 따라 결정되고, 채권자들이 각기 자신을 이행 상대방으로 하여 금전의 지급을 청구하였더라도 채권자들이 채무자를 대위하여 변제를 수령하게 될 뿐 자신의 채권에 대한 변제로서 수령하

---

831) 대판 1961.5.4, 4292민상853

832) 대판 1994.8.12, 93다52808 등. 한편 소송고지가 채무자에게 알려지는 시기는 공동소송참가소송의 변론 종결 시까지라면 족할 것이다.

게 되는 것이 아니므로 이러한 채권자들의 청구는 서로 소송물이 다르다고 할 수 없다고 하였다.[833]

(5) 일반적 소송요건을 구비할 것 – 중복제소 해당 여부

① 소송계속 중 공동소송참가로 소송경제가 도모될 뿐만 아니라 판결의 모순·저촉을 유발할 가능성도 없으므로, 중복제소를 금지하고 있는 민사소송법 제259조에 반하는 것도 아니라고 보아야 한다.[834]

② 사안의 대상판결도 중복제소에 관한 명시적 입장은 밝히지 않았으나, 일반적 소송요건을 구비하였음을 전제로, 즉 중복제소에 해당하지 않음을 전제로 공동소송참가신청의 적법성을 인정한 것으로 보인다.[835]

(6) 사안의 경우

사안의 경우 ① 채무자 乙이 대위소송이 제기된 사실을 소송고지 등으로 알았는바, 甲이 받은 기판력은 주관적 범위에서 丁에게도 미치는 관계이고, 甲과 丁이 청구한 소송물은 동일하므로 합일적 확정이 필요한 경우에 해당한다. 또한 ② 항소심에서도 공동소송참가가 가능하고, ③ 丁의 공동소송참가가 중복제소에 해당한다고 볼 수는 없다. 따라서 丁의 공동소송참가는 적법하여 허용된다.

▮▮ 설문 2.에 관하여

1. A의 승계참가신청의 적법 여부

(1) 결론

적법하다.

(2) 이유

1) 참가승계 의의 및 요건

① 참가승계란 제3자가 소송계속 중 소송목적인 권리 또는 의무의 전부나 일부를 승계하였다고 주장하며 스스로 당사자가 되어 소송에 참가하는 것을 말한다(제81조).

② 참가승계가 적법하기 위해서는 i) 타인 간의 소송계속 중, ii) 소송의 목적인 권리의무의 승계가 있어야 한다. 사안의 경우에는 승계인에 해당하는지 여부가 문제이다.

2) 승계인의 범위

① 소송승계의 원인으로는 i) 소송물인 권리관계 그 자체가 양도된 경우뿐만 아니라, ii) 그 권리관계가 귀속되는 물건(계쟁물)이 양도되어 당사자적격이 이전된 경우도 포함된다.

---

833) 대판 2015.7.23, 2013다30301,30325
834) 대판 2002.3.15, 2000다9086 참고
835) 대판 2015.7.23, 2013다30301,30325

② 참가승계 · 인수승계에서의 승계인과 변론을 종결한 뒤의 승계인(제218조 제1항)을 통일적으로 처리하여야 한다는 것이 통설 및 판례이다.836) 이에 따라 계쟁물의 양도의 경우 판례는 ⅰ) 청구권의 성질이 채권적 청구권인가 물권적 청구권인가를 구별하여, ⅱ) 전자의 경우에 양수인은 승계인에 해당하지 않지만, 후자의 경우에 양수인은 승계인에 해당한다고 한다.

3) 사안의 경우

甲과 乙 간의 소송계속 중 A는 소송물인 대여금채권 자체를 승계한 경우이므로 승계인에 해당한다. 따라서 A의 승계참가신청은 적법하다.

2. 甲, A, 乙 사이의 공동소송 형태

(1) 결론

필수적 공동소송 관계에 있다.

(2) 이유

1) 전주가 탈퇴하지 못한 경우의 소송관계

① 종전 판례는 전주의 소송탈퇴에 「상대방이 동의하지 않아」 전주가 탈퇴하지 못한 경우, 종전 당사자와 참가승계인 사이에 이해가 대립되는 관계가 아니므로 독립당사자참가와 같은 3면소송관계가 성립하는 것이 아니고 종전 당사자의 청구와 승계참가인의 청구는 통상 공동소송으로서 모두 유효하게 존속하게 되며, 이 경우 법원은 종전 당사자의 청구와 승계참가인의 청구 양자에 대하여 판단을 하여야 한다고 하였다.837)

② 그러나 최근 변경판례는 "원고 승계참가인(이하 '승계참가인'이라 한다)과 피참가인인 원고의 중첩된 청구를 모순 없이 합일적으로 확정할 필요성 등을 종합적으로 고려하면, 민사소송법 제81조에 따라 소송에 참가한 경우, 원고가 승계참가인의 승계 여부에 대해 다투지 않으면서도 소송탈퇴, 소 취하 등을 하지 않거나 이에 대하여 피고가 부동의하여 원고가 소송에 남아 있다면 승계로 인해 중첩된 원고와 승계참가인의 청구 사이에는 필수적 공동소송에 관한 민사소송법 제67조가 적용된다. 민사소송법 제81조는 승계인이 독립당사자참가에 관한 제79조에 따라 소송에 참가할 것을 정하는데, 제79조는 제2항에서 필수적 공동소송에 관한 특칙인 제67조를 준용하고 있으므로, 제81조는 승계참가에 관하여도 필수적 공동소송에 관한 특별규정을 준용할 근거가 된다고 보아야 하기 때문이다. 따라서 종전 통상공동소송 관계에 있다는 취지의 판결들은 이 판결의 견해에 배치되는 범위 내에서 모두 변경하기로 한다."고 하였다.838)839)

---

836) 양자는 모두 분쟁주체인 지위가 소송 외에서 변동된 경우에 분쟁해결의 실효성을 확보하려는 제도적 취지가 공통되며, 다만 변론종결 전 승계인지 그 후의 승계인지의 차이가 있을 뿐이고, 전자가 「생성 중의 기판력」을 승계인에게 미치게 하는 것이라면, 후자는 「완성된 기판력」을 승계인에게 미치게 하는 것이라 할 수 있기 때문이다.

837) 대판 2004.7.9, 2002다16729

2) 사안의 경우

사안의 경우 甲은 A의 승계 여부를 다투지 않고 소송탈퇴를 하고자 하였으나, 乙의 동의를 얻지 못하여 위 소송에 그대로 남아 있게 된 경우라도, 甲과 A, 乙의 소송관계는 통상공동소송 관계가 아닌 필수적 공동소송 관계에 있다.

※ 따라서 제67조가 적용되는바, 제1심 법원은 모든 청구에 대해서 판단을 하여야 하고, 설령 제1심 판결에 승계참가인과 피고만 항소한 경우라도 원고 청구 부분을 포함한 제1심 판결 전부가 확정차단되고 이심의 효력이 생기는 것이지, 원고가 제1심 판결에 불복하지 않았다고 해서 분리확정된다고 볼 수 없다.

---

838) 대판(전) 2019.10.23, 2012다46170

839) ① 다만 피참가인과 참가인 사이에 승계의 유무나 효력에 관한 다툼이 있어서 전주가 소송에서 탈퇴하지 못한 경우에는 독립당사자참가와 마찬가지로 3면소송관계가 성립하므로 독립당사자참가에 준하여 처리한다. 따라서 이 경우에는 제79조를 적용하여 심판한다. 한편 ② 누가 채무자인지 여부가 쟁점이 되는 인수참가의 경우라면 견해의 대립이 있으나, 예비적 공동소송의 형태가 된다고 보는 견해에 의하면 제70조의 규정을 유추적용하여 재판의 통일을 도모하고자 한다.

실전연습 및 종합사례

■ 채권자대위소송 · 채권자취소소송 등

실전연습 및 종합사례

시험과목	민소법(사례형)	응시번호		성명	

사실관계

甲은 1995.2.15. 친구인 乙에게 1억원을 이자는 연 10%, 변제기는 1년 후로 정하여 빌려주었는데, 그 이후 乙이 사업실패로 많은 부채를 지고 잠적해버린 탓에 그로부터 일체의 원리금을 지급받지 못하였다. 그러던 중 甲은 2004.12.이 되어 위 대여원리금채권의 소멸시효기간의 만료일이 다가오자 乙을 상대로 판결이라도 받아두려고 위 대여원리금의 지급을 청구하는 소송을 제기하기로 마음먹고 소송비용을 아끼기 위하여 우선 법원에 위 대여원금 중 1,000만원의 지급을 청구하는 소송을 제기하였다.

문제

※ 위 사례와 관련하여 일부청구로 생길 수 있는 아래와 같은 소송법상의 문제점에 관하여 결론 및 논거를 서술하시오.

(1) 甲은 위 소송이 진행되는 도중에 이와는 별개로 나머지 대여원금의 지급을 청구하는 소송을 제기하였다면, 법원은 어떠한 판결을 하여야 하는가? 15점

(2) 위 소송의 제기로 대여원금 전부에 대한 소멸시효가 중단되는가? (甲은 소장에 장차 청구금액을 확장할 뜻을 표시하고, 제1심 소송계속 중 나머지 금원의 지급도 구하려고 실제로 청구취지확장신청서를 제출하였다.) 10점

(3) 위 소송에서 구하는 대여원금 1,000만원에 대한 판결이 확정된 후 甲이 나머지 대여원금의 지급을 청구하는 소송을 제기하였다면, 기판력에 저촉되는가? 15점

(4) 위 소송에서 제1심 법원은 대여원금 1,000만원에 대한 지급청구를 전부인용하는 판결을 선고하였다. 甲이 나머지 대여원금의 전부를 지급받기 위해서 제1심 판결에 대해 항소하는 것은 적법한가? 10점

▮ 설문 (1)에 관하여

1. 결론

법원은 소각하판결을 하여야 한다.

2. 논거

(1) 일부청구의 허용 여부

채권을 분할하여 일부청구하는 것이 소액사건심판법의 적용을 받기 위한 의도가 아니라면 처분권주의하에서 허용된다고 할 것이다(소심법 제5조의2).

⑵ 잔부청구의 중복소송 해당 여부

　1) 중복제소의 의의 및 취지

　2) 요건

　3) 소송물의 동일 여부

　　판례는 "전 소송에서 불법행위를 원인으로 치료비청구를 하면서 일부만을 특정하여 청구하고 그 이외의 부분은 별도소송으로 청구하겠다는 취지를 명시적으로 유보한 때에는 그 전 소송의 소송물은 그 청구한 일부의 치료비에 한정되는 것이고 전 소송에서 한 판결의 기판력은 유보한 나머지 부분의 치료비에까지는 미치지 아니한다 할 것이므로 전 소송의 계속 중에 동일한 불법행위를 원인으로 유보한 나머지 치료비청구를 별도소송으로 제기하였다 하더라도 중복제소에 해당하지 아니한다"고 하였다.[840]

⑶ 사안의 경우

Ⅱ 설문 ⑵에 관하여

1. 결론

대여원금 전부에 대한 소멸시효가 중단된다.

2. 논거

⑴ 시효중단의 근거

　판례는 권리자가 권리 위에 잠자지 않고 단호하게 권리를 행사하는 점에서 시효중단의 근거를 구하는 권리행사설의 입장이다.

⑵ 일부청구와 시효중단의 범위

　판례는 ① 청구부분이 특정될 수 있는 경우에 있어서의 일부청구는 나머지 부분에 대한 시효중단의 효력이 없고 나머지 부분에 관하여는 소를 제기하거나 그 청구를 확장하는 서면(청구취지변경신청서 또는 청구확장서면)을 법원에 제출한 때에 비로소 시효중단의 효력이 생긴다고 한다.[841] ② 다만 최근에는 소장에서 청구의 대상으로 삼은 채권 중 일부만을 청구하면서 소송의 진행경과에 따라 장차 청구금액을 확장할 뜻을 표시하고 당해 소송이 종료될 때까지 실제로 청구금액을 확장한 경우에는 소제기 당시부터 채권 전부에 관하여 판결을 구한 것으로 해석되므로, 이러한 경우에는 소제기 당시부터 채권 전부에 관하여 재판상 청구로 인한 시효중단의 효력이 발생한다고 하였다.[842]

---

840) 대판 1985.4.9, 84다552

841) 대판 1975.2.25, 74다1557 ; 학계에서는 이러한 판례의 태도에 대해, 판례는 기본적으로 명시적·묵시적 일부청구임을 묻지 않고 그 일부에 대하여만 시효중단의 효력이 미치고 잔부에 대하여는 시효중단의 효력이 생기지 않는다는 입장으로 평가하기도 한다(일부중단설).

(3) 사안의 경우

사안에서 甲은 乙에 대한 대여원리금채권의 소멸시효기간의 만료일이 다가오자 乙을 상대로 판결이라도 받아두려고 대여원리금의 지급을 청구하는 소송을 제기하기로 마음먹고 소송비용을 아끼기 위하여 우선 법원에 위 대여원금 중 1,000만원의 지급을 청구하였는바, 甲을 권리 위에 잠자는 자로 볼 수 없으며, 소장에 장차 청구금액을 확장할 뜻을 표시하였고 1심 소송계속 중 甲은 실제로 나머지 금원의 지급도 구하려고 청구취지확장신청서를 제출하였으므로, 그 취지로 보아 채권 전부에 관한 판결을 구하는 것으로 해석된다. 따라서 대여원금 전부에 대한 소멸시효가 중단된다고 할 것이다.

Ⅲ 설문 (3)에 관하여

1. 결론

기판력에 저촉된다.[843]

2. 논거

(I) 기판력 작용 여부

1) 기판력의 주관적 범위

기판력은 당사자에게만 미치고 제3자에게는 미치지 않는 것이 원칙이다(제218조 제1항). 사안에서 전소에서 당사자와 후소의 당사자는 모두 甲과 乙이므로 전소의 기판력은 후소의 주관적 범위에서 미친다.

2) 기판력의 객관적 범위와 작용

가) 문제점

기판력은 후소의 소송물이 전소의 소송물과 동일하거나, 전소의 소송물을 선결문제로 하거나, 전소의 소송물과 모순관계에 있는 경우에 작용한다. 사안의 경우 일부청구에 관한 본안판결이 확정된 뒤에 잔부청구를 한 경우 전소의 기판력이 후소에 미치는지 여부가 문제된다. 이는 전·후소의 소송물이 동일한지 여부와 일부청구의 소송물을 어떻게 볼 것인지의 문제이기도 하다.

나) 잔부청구에 대한 기판력의 작용 여부

판례는 ① 전소에서 일부청구인 것이 명시되었다면 소송물은 그 일부에 한정되고, 전소 판결의 기판력은 잔부청구인 후소에 미치지 않아 허용되지만,[844] ② 묵시적 일부청구의 경우에는 전부청구로 보아 후소의 잔부청구와 그 소송물이 같으므로, 후소는 기판력에 저촉되어 허용되지 않는다는 입장이다.[845]

---

842) 대판 2020.2.6, 2019다223723, 대판 2021.6.10, 2018다44114, 대판 2022.5.26, 2020다206625
843) 이 경우 전소확정판결이 승소판결인지 패소판결인지에 따라 후소 법원의 조치는 달라지겠다.
844) 대판 2000.2.11, 99다10424

    사실심의 변론종결 전에 당사자가 제출할 수 있었던 공격방어방법은 기판력이 작용하는 경우 기판력의 실권효에 의해서 차단되어 후소에서 이를 주장할 수 없다.

(2) 사안의 경우

    甲은 전소에서 일부청구임을 명시한 사정은 보이지 않으므로, 甲의 乙에 대한 전소확정판결의 기판력은 후소에 미친다.

Ⅳ 설문 ⑷에 관하여

1. 결론

    적법하다.

2. 논거

(1) 항소의 적법요건

    항소가 적법하기 위해서는 ① 항소의 대상적격이 있어야 하며, ② 적식의 항소제기가 있어야 하고, ③ 항소의 이익이 있어야 하며, ④ 항소의 당사자자격이 있어야 한다. 사안의 경우에는 전부 승소한 甲에게 항소의 이익이 인정되는지가 문제이다.

(2) 항소이익의 인정 여부

1) 항소이익의 의의 및 취지

    제1심 법원의 종국재판에 대하여 불복신청함으로써 그 취소를 구하는 것이 가능한 당사자의 법적 지위를 항소의 이익이라고 한다. 이는 무익한 항소권행사를 견제하자는 취지이다.

2) 항소이익의 판단기준

    ① 항소이익의 판단기준에 대하여는 견해의 대립이 있으나, 원고가 구한 본안판결의 신청내용과 그 신청에 대해 법원이 내린 판결내용(판결주문)을 형식적으로 비교하여 그 전부 또는 일부가 인정되지 않은 경우(양적으로나 질적으로 불리한 경우)에 항소의 이익을 인정하자는 형식적 불복설이 일반적 입장이다.

    ② 판례도 "상소는 자기에게 불이익한 재판에 대하여 유리하게 취소변경을 구하기 위한 것이므로 승소판결에 대한 불복상소는 허용할 수 없고, 재판이 상소인에게 불이익한 것인지 여부는 원칙적으로 재판의 주문을 표준으로 하여야 한다."고 함으로써 기본적으로 통설과 마찬가지의 입장이다.[846]

    ③ 다만 구체적으로 판단할 필요가 있는데, 이와 관련하여 전부 승소한 자에게 항소이익이 인정될 것인지 여부가 문제이다.

---

845) 대판 1982.11.23, 82다카845
846) 대판 1997.10.24, 96다12276

PART·03

3) 전부 승소한 당사자의 항소이익의 유무

가) 원칙적 불허

판례는 전부승소한 당사자는 원칙적으로 상소의 이익은 없으며, 판결이유 중의 판단에 불만이 있더라도 승소하였다면 그에 대하여는 상소의 이익은 없다고 하였다.[847] 판결이유 중의 판단에 대하여는 기판력이 생기지 않기 때문이다.

나) 예외적 허용 – 일부청구와 항소이익

원칙적으로 항소심에서 소의 변경 내지는 청구취지의 확장을 하게 되면 제1심보다도 유리한 판결을 받을 수 있다는 것만으로는 항소의 이익은 없지만, 예외적으로 명시하지 않은 일부청구와 같이 잔액청구가 기판력으로 차단되는 경우로서 별소에서의 청구가 불가능한 경우에는 소의 변경 내지 청구취지의 확장을 위한 항소의 이익을 인정한다. 왜냐하면 일부 청구에 관하여 전부 승소한 채권자는 나머지 부분에 관하여 청구를 확장하기 위한 항소가 허용되지 아니한다면 나머지 부분을 소구할 기회를 상실하는 불이익을 입게 되기 때문이다.[848]

(3) 사안의 경우

---

847) 대판 1992.3.27, 91다40696
848) 대판 1997.10.24, 96다12276

실전연습 및 종합사례

시험과목	민소법(사례형)	응시번호		성명	

문제

※ 아래 사안을 기초로 각 설문에 대해 답하시오.

1. 甲명의로 소유권이전등기가 경료되어 있던 X토지에 관하여 매매를 원인으로 하는 乙명의의 소유권이전등기가 경료되었다. 그러자 甲이 乙을 상대로 乙명의의 소유권이전등기의 말소를 구하는 소를 제기하였다. 소송과정에서 ㉠ 甲은 乙명의의 소유권이전등기는 담보목적으로 경료해 준 것으로서 피담보채무를 전액 변제하였으므로 위 등기의 말소를 구한다고 주장하고, ㉡ 이에 대하여 乙은 담보목적이 아니라 대물변제에 기하여 경료된 등기라고 다투고 있다. ㉢ 심리결과 甲이 대리인인 丙을 통하여 乙로부터 1억원을 차용하면서 담보로 위 등기를 경료해 준 사실과 위 채무 중 3,000만원이 잔존하고 있는 사실이 밝혀졌다. 이 경우 법원의 결론과 그에 이르게 된 논거를 서술하시오. [15점]

2. 한편 甲은 친구인 A의 간청에 못 이겨 2,000만원을 빌려주었다. 10여년이 지난 후 두 사람 사이가 나빠져 甲이 2,000만원 중 변제받지 못한 대여금 1,000만원의 지급을 구하는 소를 제기하였다. A는 2,000만원을 빌린 것은 사실이나 이미 다 변제하였다고 주장하지만 영수증 등 변제사실을 증명할 자료를 제출하지 못하고 있다. 법원이 증거에 의해 판단한 바로는 甲의 이 채권은 소멸시효가 완성되었지만 A가 법률지식이 부족하여 이를 주장하지 못하고 있다.

   (1) 소송과정에서 A가 "나는 다 잊고 있었는데 이제 와서 청구하다니 너무하지 않느냐"며 항변한 경우, A의 이 진술에 근거한 甲의 청구에 대한 결론과 그에 이르게 된 논거를 서술하시오. [25점]

   (2) 만약, 법원이 경제사정이 어려운 A의 사정을 감안하여 "소멸시효에 대해서 생각해 본 일은 없느냐"고 물었고, A가 그 후 소멸시효를 주장하여 법원이 甲의 청구에 대한 기각판결을 하였다면 그 판결의 효력은 어떻게 되는지 설명하시오. [10점]

┃ 설문 1.에 관하여

1. 결론

법원은 선이행판결을 하여야 한다.[849]

---

849) 법원은 甲의 말소등기청구에 대하여, 원고가 반대하지 않는 한 장래 잔존채무의 이행을 조건으로 인용하는 판결을 할 수 있다. 구체적으로 판결주문은 "피고는 원고로부터 금 3,000만원을 지급받은 후 원고에게 소유권이전등기의 말소등기절차를 이행하라"고 하면 된다.

2. 논거

(1) 처분권주의와 일부인용판결

1) 처분권주의의 의의

처분권주의란 절차의 개시, 심판의 대상, 절차의 종결에 대해 당사자에게 주도권을 주어 그의 처분에 맡기는 입장을 말한다(제203조). 그러므로 심판의 대상은 원고의 의사에 의하여 특정되고 한정되기 때문에 법원으로서는 당사자가 신청한 사항에 대하여, 신청의 범위 내에서만 판단하여야 한다.

2) 일부인용판결의 허용 여부

법원은 신청한 소송물의 범위 내에서 소송물의 일부가 인용될 수 있을 경우에는 청구취지의 변경이 없이도 일부인용의 판결을 해야 한다. 그것이 원고의 통상의 의사에 맞고 또 응소한 피고의 이익보호나 소송제도의 합리적 운영에도 부합한다.

(2) 현재의 이행의 소에 대한 장래이행판결의 가부

1) 판례의 태도

위에서 본바와 같이 일부인용판결은 처분권주의에 반하는 것이 아닌바, 사안과 같이 현재의 이행의 소에서 심리결과 원고에게 청구권은 있는데 이행조건의 미성취일 때 바로 기각할 것이 아니라 ① 원고의 의사에 반하는 것이 아니하고, ② 장래이행의 소로서 미리 청구할 필요가 있으면 장래이행판결을 할 수 있다는 것이 판례의 입장이다. 따라서 사안의 경우 원고의 의사와 미리 청구할 필요가 있는지 검토한다.

2) 장래이행판결이 원고 甲의 의사에 부합하는지 여부

채무자가 피담보채무 전액을 변제하였다고 하면서 담보목적으로 경료된 소유권이전등기의 회복을 구함에 대하여 채권자는 그 소유권이전등기가 담보목적이 아니라 대물변제에 기하여 경료된 것임을 다투고 있는 경우, 채무자의 청구 중에는 만약 그 소유권이전등기가 담보목적으로 경료된 것이라면 소송 과정에서 밝혀진 잔존 피담보채무의 지급을 조건으로 그 소유권이전등기의 회복을 구한다는 취지까지 포함되어 있는 것으로 해석하는 것이 당사자의 의사에 부합한다.

3) 장래이행의 소의 미리 청구할 필요가 있는지 여부

가) 미리 청구할 필요의 판단기준

장래의 이행을 청구하는 소는 채무자가 임의이행을 거부하여 '미리 청구할 필요'가 있는 경우에 한하여 제기할 수 있다(제251조). 어떠한 경우에 그러한 필요가 있는가는 이행의무의 성질이나 의무자의 태도를 고려하여 개별적으로 판단해야 한다.

나) 사안의 경우

사안과 같이 원고가 먼저 자기 채무의 이행을 하여야 비로소 이행기가 도래하는 선이행 청구는 미리 청구할 필요가 없다. 다만 채권자가 자기 명의의 등기가 담보의 목적이 아님을 다투기 때문에 채무자가 변제하더라도 채권자가 등기의 말소에 즉시 협력을 기대할 수 없으면 미리 청구할 필요가 있다. 사안에서 甲의 말소등기청구에 乙은 담보목적이 아니라 대물변제에 기하여 경료된 등기라고 다투고 있는바, 甲이 3,000만원의 잔존채무를 이행하더라도 즉시 말소등기에 협력하지 않을, 즉 임의이행을 거부할 태도를 보이고 있으므로 의무자의 태도를 고려하여 미리 청구할 필요가 인정되는 경우이다.

Ⅱ 설문 2.의 (Ⅰ)에 관하여

1. 결론

법원은 甲의 청구에 대해 인용판결을 하여야 한다.

2. 논거

(Ⅰ) 변론주의의 의의 및 내용

(2) 소멸시효완성사실에 변론주의가 적용되는지 여부

1) 주요사실과 간접사실의 구별기준

2) 소멸시효완성사실이 주요사실인지 여부

법규기준설에 의하면 소멸시효완성사실은 甲의 대여금청구권의 소멸이라는 법률효과를 가져오는 권리멸각규정의 직접 요건사실이므로 주요사실에 해당한다.

3) 사안의 경우

소멸시효완성사실은 주요사실이므로 변론주의가 적용된다.

(3) A가 소멸시효완성사실을 주장하였는지 여부

1) 사실의 주장책임

가) 주장책임의 의의 및 분배(기준)

나) 사안의 경우

본 사안에서 소멸시효완성사실은 권리멸각규정의 요건사실이므로 A가 주장책임을 진다. 그런데 A는 변론에서 소멸시효완성사실을 명시적으로 주장하지 않았으므로 법원은 소멸시효완성사실을 원칙적으로 판결의 기초로 삼을 수 없다. 다만 본 사안에서 ① A의 "나는 다 잊고 있었는데 이제 와서 청구하다니 너무하지 않느냐"라는 진술을 A가 소멸시효완성사실을 간접적 또는 묵시적으로 주장한 것으로 보아 판결의 기초로 삼을 수 있는지 여부와 ② 소멸시효완성사실이 법관이 직무상 알고 있는 사실로 주장이 없는 경우에도 이를 판결의 기초로 삼을 수 있는지 여부가 문제된다.

2) 사실자료와 증거자료의 구별

이 원칙에 의하면 법원은 증거조사를 통하여 소멸시효완성사실을 알았더라도 변론에서 주장되지 않았으므로 소멸시효완성사실을 판결의 기초로 삼을 수 없다.

3) 소송자료와 증거자료의 구별 완화

가) 간접적 주장의 인정 여부

① A는 변제사실만 주장하고 소멸시효를 증명하기 위한 증거나 증인신청 등을 하지 않았으므로 소멸시효완성의 사실을 A가 당연히 주장할 것으로 예상되는 경우가 아니며, ② A의 "나는 다 잊고 있었는데 이제 와서 청구하다니 너무하지 않느냐"라는 진술을 변론전체의 취지상 소멸시효 완성사실을 주장한 것으로 인정하더라도 이는 甲의 방어권 행사에 불이익을 주므로 위 진술을 간접적 주장으로 인정할 수는 없다고 본다.

나) 묵시적 주장 인정 여부

판례는 사실의 주장은 반드시 명시적이어야 하는 것은 아니고, 당사자의 주장 취지에 비추어 그러한 주장이 포함되어 있는 것으로 볼 수 있다면, 재판의 기초로 삼을 수 있다고 한다. 그러나 사안의 경우처럼 A의 "나는 다 잊고 있었는데 이제 와서 청구하다니 너무하지 않느냐"라는 진술을 주요사실의 주장이라고 볼 수는 없으므로 소멸시효의 주장이 포함되어 있다고 볼 수는 없다.

⑷ 사안의 경우

A의 소멸시효항변에 관한 직접적 주장이 없고, 간접적 또는 묵시적 주장이 있는 것도 아니다. 결국 법원은 소극적 석명권을 행사하여 A가 시효소멸의 항변을 하면 채무의 시효소멸을 인정할 수 있는 것 별론으로 하고, 위 A의 진술을 근거로 채무의 시효소멸을 인정할 수는 없다고 본다.

Ⅲ 설문 2.의 ⑵에 관하여

1. 문제의 소재

사안에서 법원이 A에게 "소멸시효에 대해서 생각해 본 일은 없느냐"고 물었고, A가 그 후 소멸시효를 주장하여 법원이 甲의 청구에 대한 기각판결을 하였는데 위와 같은 법원의 석명이 허용되는지 여부가 쟁점이다.

2. 석명권의 의의 및 범위

석명권이라 함은 소송관계를 분명하게 하기 위하여 당사자에게 질문하고 증명촉구를 할 뿐만 아니라, 당사자가 간과한 법률상 사항을 지적하여 의견진술의 기회를 주는 법원의 권능을 말한다 (제136조).

석명권은 ① 당사자의 신청이나 주장이 불명료, 불완전, 모순이 있을 경우 소송관계를 명료하게 하기 위하여 행사하는 소극적 석명과 ② 새로운 신청, 주장 등의 제출을 권유하는 적극적 석명이 있는데, ③ 소극적 석명권은 제한 없이 행사할 수 있지만 적극적 석명을 인정할 것인가에 대해서는 다툼이 있다.

3. 적극적 석명권의 인정 여부

판례는 종래에는 적극적 석명권을 인정하지 않았으나 "법원으로서는 임대인이 종전의 청구를 계속 유지할 것인지, 아니면 대금지급과 상환으로 지상물의 인도를 청구할 의사가 있는 것인지를 석명해야 한다"고 판시하여 적극적 석명권을 제한적으로 인정하였다.

4. 적극적 석명의 인정 요건

(1) 요건

적극적 석명은 변론주의와 충돌되므로 이를 무제한 인정할 수는 없고, 엄격한 요건하에서만 인정되어야 할 것이다. 그 인정 요건으로는 통상 ① 종전의 소송자료에 비추어 법률상 또는 논리상 예기되는 것일 것, ② 상대방당사자의 방어권 행사에 불이익이 없을 것을 들고 있다.

(2) 사안의 경우

사안의 경우 A가 소멸시효에 관한 아무런 주장이나 증거의 제출이 없었으므로 소멸시효의 주장이 법률상 또는 논리상 예견가능하다고 할 수 없으며, 이를 인정하면 상대방의 방어권 행사에 불이익을 주므로 적극적 석명이 인정되지 않는 경우이다.

5. 사안의 해결

사안의 경우 적극적 석명이 인정되지 않는 경우임에도 법원이 적극적 석명을 하였고, 이에 A가 소멸시효를 주장하여 법원이 甲의 청구에 대한 기각판결을 한 것이므로 위 판결은 석명권에 관한 법리를 오해한 위법한 판결이다.

그러나 이미 법원에 의하여 적극적 석명이 이루어져 당사자가 이에 근거하여 주장과 증명을 마친 경우라면 변론주의 위반의 위법은 있으되, 이를 항소심에서 다툴 실익은 없다고 판단된다. 제1심 판결이 적극적 석명권의 행사로 인한 위법이 있다고 하여 취소되더라도 항소심에서 당사자는 그 사실을 주장·증명할 수 있을 것이므로 결국 이에 기한 판결이 선고될 것이기 때문이다.

실전연습 및 종합사례

시험과목	민소법(사례형)	응시번호		성명	

사실관계

甲은 해외근무차 출국하면서 친구인 乙에게 자신의 재산관리를 부탁하였다. 乙은 甲을 위하여 5년간이나 재산관리를 하였음에도 甲이 당초의 약속과 달리 별다른 보답을 하지 아니하자 재산관리에 대한 보수라고 생각하여 甲의 승낙없이 甲소유의 아파트를 乙명의로 이전등기하였다. 귀국 후 이 사실을 알게 된 甲은 乙에게 수고한 대가를 정산하여 금전으로 지급하겠으니 아파트는 돌려달라며 2003.3.15. 乙을 상대로 소유권이전등기말소소송을 제기하였다. 乙은 임의로 이전등기를 마친 것이 아니라 甲의 대리인 A로부터 적법하게 아파트를 매수하여 이전등기를 마쳤다고 주장하였다.

문제

법원의 심리결과 甲의 A에 대한 대리권 수여여부는 분명하지 않았다. 이 경우 甲의 청구에 대한 결론을 근거와 함께 서술하시오. 20점

I 결론

법원으로서는 원고 甲의 청구기각판결을 선고하여야 한다.

II 근거

1. 증명책임의 분배

(1) 증명책임의 의의와 분배기준

증명책임이란 소송상 어느 요증사실의 존부가 확정되지 않을 때에 당해 사실이 존재하지 않는 것으로 취급되어 법률판단을 받게 되는 당사자 일방의 위험 또는 불이익을 말한다. 이러한 증명책임의 분배에 대해 통설과 판례는 법률요건분류설에 따라 각 당사자는 자기에게 유리한 법규의 요건사실의 존부에 대해 증명책임을 지는 것으로 분배시키고 있다.

(2) 구체적 내용

법률요건분류설에 따르면, ① 권리의 존재를 주장하는 자는 권리근거규정의 요건사실에 대한 주장·증명책임을 지고, ② 그 존재를 다투는 상대방은 반대규정의 요건사실에 대한 증명책임을 지게 되는데, 반대규정으로는 권리장애규정, 권리멸각규정, 권리저지규정이 있다.

(3) 사안의 경우

甲은 乙에 대하여 민법 제214조에 의해 말소등기청구의 소를 제기한 것이다. 말소등기청구의 요건사실은 ① 甲이 소유권자일 것, ② 乙이 甲의 소유권을 방해하고 있을 것이다. 즉 甲 소유의 부동산에 乙의 등기가 경료되어 있고, 그 등기가 원인무효일 것을 요한다. 이때 원고 甲이 권리발생근거규정의 요건사실로서 ① 자신에게 소유권이 존재한다는 점 및 ② 현재 乙명의로 소유권이전등기가 경료된 사실을 주장, 증명해야 한다는 점에 대해서는 의문이 없다. 문제는 乙명의의 등기에 대해서 乙이 甲의 적법한 대리인으로부터 매수한 것이란 사실을 주장·증명하여야 하는지 아니면 甲이 乙명의의 등기가 원인무효라는 사실, 즉 乙이 A로부터 매수한 것은 무권대리행위로 무효라는 사실을 주장·증명하여야 하는지 여부이다. 이는 이미 乙 명의로 소유권이전등기가 경료되었다는 점에서 등기의 추정력이 대리권의 존부판단에까지 미치는지 여부에 따라서 달라 질 것이므로 이를 검토하기로 한다.

2. 등기의 추정력

(1) 법적 성질

판례는 "부동산에 관한 소유권이전등기는 권리의 추정력이 있으므로, 이를 다투는 측에서 그 무효사유를 주장·증명하지 아니하는 한, 등기원인 사실에 관한 증명이 부족하다는 이유로 그 등기를 무효라고 단정할 수 없다"는 입장으로 법률상 추정으로 보고 있다.

(2) 추정력의 범위

판례에 의하면 등기가 있으면 등기된 권리의 존재 및 귀속, 등기원인의 존재 및 유효성 또는 등기절차의 적법성이 법률상 추정된다. 뿐만 아니라 매매계약 및 등기가 대리인에 의해 행해지는 경우 대리인이 대리권을 수여받아 유효한 대리행위를 하였다는 점도 추정된다.

(3) 추정의 효력

1) 증명책임의 완화

추정규정이 있는 경우에도 증명책임이 있는 사람은 추정되는 사실 또는 권리를 증명할 수도 있으나, 보통은 그보다도 증명이 쉬운 전제사실을 증명함으로써 이에 갈음(증명주제의 선택)할 수 있으므로 추정규정은 증명책임을 완화시키는 것이다.

2) 증명책임의 전환

이에 대해 상대방은 추정사실이 부존재한다는 것을 증명함으로써 추정을 번복할 수 있는데, 상대방이 추정사실의 부존재에 대하여 증명책임을 진다는 의미에서는 증명책임이 전환되는 것이다. 추정을 번복하기 위해 세우는 증거는 본증(반대사실의 증거)이고 반증이 아니다.

(4) 사안의 경우

乙명의 등기가 경료되어 있고, 등기의 추정력에 의해 乙명의 등기는 적법하고, A가 甲으로부터 대리권을 수여받아 유효한 대리행위를 하였다는 점도 추정된다고 할 것이므로 甲은 A와 乙과의 매매계약은 무권대리행위로서 무효이고 따라서 乙명의 등기도 원인무효라는 사실에 대해서 증명책임을 진다.

판례 역시 "등기명의인이 제3자를 소유자의 대리인이라고 주장하더라도 당해 등기는 적법하게 이루어진 것으로 추정되므로 그 등기가 원인무효임을 이유로 말소를 청구하는 소유자로서는 그 반대사실, 즉 그 제3자에게 소유자를 대리할 권한이 없었다던가 또는 그 제3자가 등기에 필요한 서류를 위조하였다는 등의 무효사실에 대해 증명책임을 진다"고 하였다.

실전연습 및 종합사례

시험과목	민소법(사례형)	응시번호		성명	

> **사실관계**
>
> 甲은 2000.5.1. 乙로부터 乙 소유의 X토지(서울 서초구 서초4동 220 대지 350m²)를 5억원에 매수하기로 매매계약을 체결하고, 계약금 5,000만원은 계약 당일에, 중도금 5,000만원은 2000.6.1.에 각 지급하였으며, 잔금 4억원은 2000.7.1. 이 사건 X토지에 관한 소유권이전등기를 경료받음과 동시에 지급하기로 약정하였다. 그러나 甲이 그 매매대금을 모두 지급하였음에도 불구하고, 乙은 소유권이전등기를 이행해 주지 않고 있자, 甲은 2004.3.5. 乙을 상대로 매매계약을 원인으로 한 소유권이전등기청구소송을 제기하였다.

> **문제**
>
> ※ 아래 각 설문은 상호 무관한 것임을 전제로 한다.
>
> (1) 위 소송과정에서 乙은 甲이 보관하고 있던 매매계약서가 분실되어 증거로 제출할 수 없음을 알고는 매매계약체결 사실을 부인하였다. 이에 甲은 乙이 소지하고 있는 부동산매매계약서에 대해서 문서제출명령신청을 하였고, 이에 법원이 문서제출명령을 하였으나 乙은 그 제출을 거부하였다. 이 경우 법원은 매매계약체결사실이 바로 증명되었다고 인정할 수 있는가? [20점]
>
> (2) 만일 위 소송과정에서 甲은 증거로 매매계약서(갑 제1호증)를 제출하였고, 乙은 갑 제1호증에 대하여 증거인부를 하면서 매도인란 乙 이름 옆의 인영은 자신의 사촌 丙이 우연히 자신의 인장을 소지한 것을 기화로 자신의 승낙을 받지 않은 채 날인한 것이라고 증거항변을 하였으며, 이에 대해 甲은 갑 제1호증에 찍힌 乙의 인영이 丙에 의해 날인된 사실은 인정하였으나, 丙이 乙로부터 권한을 위임받아 날인한 것이라고 주장하였다. 심리결과 실제로 丙이 乙로부터 권한을 위임받아 乙의 인장을 날인하였는지, 혹은 丙이 인장을 도용한 것인지 여부에 관하여는 甲과 乙 모두 각자의 주장을 뒷받침하는 증거를 제출하지 못하였다. 이 경우 법원은 갑 제1호증의 형식적 증거력을 인정할 수 있는가? [10점]
>
> (3) 만일 위 소송과정에서 甲이 증거로 매매계약서(갑 제1호증)를 제출하였고, 이에 乙은 변론기일에 위 매매계약서에 날인한 것을 인정한다고 진술하였다면, 이 경우 乙은 그 후 위 진술을 번복할 수 있는가? [20점]

■ 설문 (1)에 관하여

1. 결론

법원은 乙의 매매계약서 부제출을 이유로 甲의 매매계약체결사실이 바로 증명되었다고 인정할 수 없다.

2. 근거

(1) 매매계약서에 대한 문서제출의무의 유무

부동산매매계약서는 문서제출명령의 신청자(거증자) 甲과 문서를 가지고 있는 사람(소지자) 乙 사이의 매매계약이라는 법률관계에 관하여 작성된 문서이므로, 제344조 제1항 제3호가 정하는 법률관계문서임에 의문이 없고, 제344조 제1항 제3호 단서에서 정한 예외사유에 해당되지 않는 한 문서제출의무가 인정된다.

(2) 문서부제출의 효과

1) 문제점

당사자가 문서제출명령에 따르지 않는 경우, 법원은 그 문서의 기재에 관한 상대방의 주장을 진실한 것으로 인정할 수 있다(제349조). 여기서 제349조의 진실로 인정할 수 있는 것이 무엇인가에 관하여 논란이 있다.

2) 판례의 태도

판례는 "문서제출명령에 따르지 아니한 경우에는 법원은 상대방의 그 문서에 관한 주장, 즉 원고 주장과 같은 내용의 매매계약서의 존재 및 그 진정성립의 인정을 진실한 것으로 인정하여야 한다는 것이지, 증명책임이 전환된다거나 그 문서에 의하여 증명하고자 하는 상대방의 주장 사실까지 반드시 증명되었다고 인정하여야 하는 것은 아니다"라고 하였다.

(3) 사안의 경우

사안의 경우 상대방이 소지하고 있는 부동산매매계약서는 甲과 乙 사이의 법률관계에 관하여 작성된 것으로 문서제출의무가 있는 문서이고, 이에 대한 제출거부사유는 없다. 따라서 법원은 문서제출명령을 할 수 있다. 다만 乙이 매매계약서를 제출하지 아니하는 경우에 법원은 주요사실인 매매계약체결사실의 존부를 자유심증으로 판단하면 된다.

Ⅱ 설문 (2)에 관하여

1. 결론

매매계약서의 형식적 증거력이 부정되므로, 법원은 이를 증거로 사용할 수 없다.

2. 근거

(1) 형식적 증거력의 의의 및 증명

(2) 판례의 2단의 추정

판례는 인영의 진정이 인정되면 날인의 진정이 사실상 추정(1단의 추정)되고 날인의 진정이 추정되면 제358조에 의하여 증거법칙적 추정(2단의 추정)이 이루어진다고 하여, 「이단(二段)의 추정」으로 형식적 증거력을 추정하고 있다.

(3) 진정성립 추정의 복멸 및 증명책임

판례는 "날인행위가 작성 명의인(乙)의 의사에 기한 것이라는 추정은 사실상의 추정이고, 이와 같은 사실상 추정은 날인행위가 작성명의인 이외의 자에 의하여 이루어진 것임이 밝혀진 경우에는 깨어지는 것이므로, 문서제출자는 그 날인행위가 작성명의인으로부터 위임받은 정당한 권원에 의한 것이라는 사실까지 증명할 책임이 있다."고 하였다.

(4) 사안의 경우

사안의 경우, 갑 제1호증(매매계약서)에 있는 乙 이름 다음의 인영이 乙 자신의 인장에 의한 것임은 당사자 사이에 다툼이 없으므로, 특별한 사정이 없는 한 그 인영은 乙의 의사에 의해 현출된 것으로 사실상 추정된다고 할 것이다. 또한 위 인장을 직접 날인한 자가 乙이 아닌 제3자 丙이라는 사실에 대해서도 당사자 사이에 다툼이 없다. 따라서 위 매매계약서에 乙의 도장이 날인된 것은 乙이 아닌 제3자 丙에 의해 이루어진 것임이 밝혀졌다고 할 것이므로, 형식적 증거력의 추정은 복멸되었다고 보아야 한다. 결국 문서제출자인 甲으로서는 제3자 丙의 날인행위가 작성명의인인 乙로부터 위임받은 정당한 권원에 의한 것이라는 사실까지 입증할 책임이 있다고 할 것이다. 그런데 사안에서 甲은 이를 뒷받침하는 증거를 제출하지 못하고 있으므로, 법원은 위 매매계약서의 형식적 증거력을 인정할 수 없으며, 이를 매매계약의 체결사실을 증명하기 위한 증거로 사용할 수 없다.

Ⅲ 설문 (3)에 관하여

1. 결론

乙은 그 후 변론기일에서 자신이 매매계약서에 날인한 것을 인정한 진술을 번복할 수 없다.

2. 근거

(1) 乙이 날인한 것을 인정하는 진술의 법적 성질

자백의 대상이 되는 사실은 주요사실에 한하며, 간접사실과 보조사실에 대하여는 자백이 성립하지 않는다. 사안의 경우 매매계약서에 乙 자신이 날인한 것이라는 진술은 문서의 진정성립을 추정케하는 사실에 관한 인정진술로서 보조사실에 대한 자백에 해당한다. 다만 이에 대해 재판상 자백으로서의 구속력을 인정할 것인지 문제된다.

(2) 재판상 자백의 성립 여부

판례는 ① 문서의 진정성립에 관하여 성립인정한 경우에는 주요사실에 대한 경우처럼 재판상 자백의 법리가 적용되며, 따라서 당사자 사이에 성립에 다툼이 없으면 법원은 자백에 구속되어 그 형식적 증거력을 인정하여야 한다고 하였다. ② 또한 문서의 성립에 관한 자백은 보조사실에 관한 자백이기는 하나 그 취소에 관하여는 다른 간접사실에 관한 자백취소와는 달리 주요사실의 자백취소와 동일하게 처리하여야 할 것이므로 문서의 진정성립을 인정한 당사자는 자유롭게 이를 철회할 수 없다고 할 것이고, 이는 문서에 찍힌 인영의 진정함을 인정하였다가 나중에 이를 철회하는 경우에도 마찬가지라는 입장이다.

(3) 문서의 날인사실을 인정하는 진술의 철회 가부

1) 철회제한의 원칙

재판상 자백이 성립하면 당사자에 대한 구속력이 인정되므로, 자백의 철회는 원칙적으로 인정되지 않는다.

2) 예외적 허용

다만 ① 진실에 어긋나는 자백은 그것이 착오로 말미암은 것임을 증명한 때에는 철회할 수 있다(제288조 단서). 그리고 ② 당사자가 소송대리인의 자백에 있어서 경정권을 행사한 경우(제94조) 및 ③ 상대방의 동의가 있는 경우와 ④ 상대방 또는 제3자의 형사상 처벌받을 행위로 인한 경우(제451조 제1항 제5호 참조)에는 예외적으로 자백의 철회가 허용된다.

(4) 사안의 경우

사안에서 乙이 매매계약서에 날인한 것을 인정한 진술은 재판상 자백이 성립되었고, 철회의 예외를 인정할 만한 사정이 보이지 않으므로 乙은 그 후 변론기일에 위 진술을 번복할 수 없다.

실전연습 및 종합사례

시험과목	민소법(사례형)	응시번호		성명	

사실관계

甲은 乙을 상대로 매매를 원인으로 하는 소유권이전등기 소송을 제기하였으나 1심에서 청구기각의 판결을 선고받았다. 패소한 甲은 이에 불복항소를 제기하였으나 항소심 계속 중 피고 乙이 사망하였다. 乙의 단독 상속인 丙은 乙이 생존한 것처럼 乙명의로 소송대리인 X를 선임하여 소송절차를 진행하였고, 항소심 법원은 이를 모른 채 변론을 진행하고 이번에는 甲의 청구를 인용하는 판결을 선고하였다. 항소심 판결문은 X에게 송달되었는데 丙은 乙명의로 상고장을 접수시켜 상고하였다. 그 후 丙은 乙이 항소심 계속 중 사망하였음을 이유로 대법원에 소송수계신청서와 원심판결의 절차상의 하자에 관하여는 상고이유로 삼지 않고 본안에 대해서만 불복하는 취지가 담긴 상고이유서를 제출하였다.

문제

(1) 피고 乙이 사망에 의해 소송절차가 중단되는지 여부에 대한 결론과 논거를 서술하시오. 또한 만일 소송절차가 중단된다면 그 효과는 어떠한지 약술하시오. [13점]

(2) 만일 소송절차가 중단되었을 경우 피고는 누구로 보아야 하는지 그 결론과 논거를 기재하시오. [7점]

(3) 만일 소송절차가 중단되었음에도 불구하고 이를 간과하고 선고한 항소심 판결의 효력은 어떠한지에 대하여 간략히 기재하시오. [7점]

(4) 丙이 乙명의로 제기한 상고의 적법성 여부에 대하여 그 결론과 논거를 기재하시오. [18점]

(5) 丙이 대법원에 한 수계신청의 적법성 여부에 대하여 그 결론과 논거를 간략히 기재하시오. [5점]

I 설문 (1)에 관하여

1. 결론

소송절차는 중단된다.

2. 논거

(1) 소송절차 중단의 의의

소송절차의 중단이라 함은 당사자나 소송행위자에게 소송수행을 할 수 없는 사유가 발생한 경우에 새로운 소송수행자가 나타나 소송에 관여할 수 있을 때까지 법률상 당연히 절차의 진행이 정지되는 것을 말한다.

(2) 소송절차 중단의 요건

당사자의 사망으로 소송절차가 중단되기 위해서는 ① 소송계속 중에 사망하였을 것, ② 사망한 당사자 측에 소송대리인이 선임되어 있지 않을 것, ③ 상속인이 있을 것, ④ 소송물인 권리의 무가 상속의 대상이 될 것을 요한다.

(3) 사안의 경우

사안의 경우 ① 피고 乙은 항소심 계속 중에 사망하였고, ② 소송대리인이 없었으며, ③ 상속인 丙이 있고, ④ 소유권등기이전의무는 상속의 대상이 되므로, 이 사건 소송절차는 중단되었다.

3. 소송절차 중단의 효과

소송절차의 중단 중에는 변론종결된 판결의 선고를 제외하고, 소송절차상의 일체의 소송행위를 할 수 없으며, 기간의 진행이 정지된다(제247조). 따라서 소송절차 중단 중의 당사자나 법원의 행위는 원칙적으로 무효가 된다. 그러나 중단제도는 공익적인 제도가 아니라 당사자보호를 위한 제도이므로 중단 중의 소송행위라도 상대방이 이의를 하지 아니하여 이의권이 상실되면 유효하게 되고(제233조), 사망한 자의 상속인이 추인하면 유효하게 된다.

▣ 설문 (2)에 관하여

1. 결론

피고는 丙으로 보아야 한다.

2. 논거

(1) 당사자 지위의 당연승계 인정 여부

판례는 소송계속 중 어느 일방의 당사자가 사망한 경우, 그때부터 그 소송은 그의 지위를 당연히 이어 받게 되는 상속인들과의 관계에서 대립당사자 구조를 형성하여 존재하게 되는 것이라고 함으로써 당연승계를 긍정하는 입장이다.

(2) 사안의 경우

사안의 경우 乙의 사망으로 인하여 丙은 당연히 당사자 지위를 승계하는 것이며, 이때부터 피고는 丙이 된다. 다만 丙이 수계절차를 밟아 소송에 관여할 때까지 소송절차는 중단될 뿐이다.

▣ 설문 (3)에 관하여

1. 결론

위법하지만 유효한 판결이다.

2. 논거

(1) 절차중단을 간과한 판결의 효력

판례는 "소송계속 중 일방 당사자의 사망에 의한 소송절차 중단을 간과하고 판결이 선고된 경우에는 그 판결은 소송에 관여할 수 있는 적법한 수계인의 권한을 배제한 결과가 되는 절차상 위법은 있지만 그 판결이 당연무효라 할 수는 없고, 다만 그 판결은 대리인에 의하여 적법하게 대리되지 않았던 경우와 마찬가지로 보아 대리권흠결을 이유로 상소 또는 재심에 의하여 그 취소를 구할 수 있을 뿐"이라고 판시하였다.

(2) 사안의 경우

Ⅳ 설문 (4)에 관하여

1. 결론

丙이 乙명의로 제기한 상고는 적법하다.

2. 논거

(1) 상고의 적법요건

상고가 적법하기 위해서는 ① 상고의 대상적격이 있어야 하며, ② 적식의 상고제기가 있어야 하고, ③ 상고의 이익이 있어야 하며, ④ 상고의 당사자자격이 있어야 한다.

사안의 경우 피고 丙은 패소하였으므로 상고의 이익이 있다. 문제는 우선 상고의 대상적격이 있는지 여부인데 그 대상적격이 있기 위해서는 선고된 종국판결로서 유효한 판결이어야 하는 바, 사안과 같이 사망을 간과한 판결이 유효한 판결인지 여부가 문제된다. 다음으로 상고제기는 적식이어야 하는바, 항소심 판결정본 송달 후 2주 내에 원심법원에 상고장을 제출하여야 하는데 사안처럼 항소심 판결정본이 무권대리인인 X에게 송달된 경우 그 효력이 문제된다. 그리고 丙이 상고인을 乙명의로 하였는바, 이러한 상고제기가 당사자적격 또는 당사자능력이 있는지 문제된다.

(2) 상고의 대상적격

판례에 의하면 종국판결로서 유효한 판결만이 상고의 대상적격이 있다. 따라서 본 사안에서는 소송절차의 중단을 간과한 항소심 판결의 효력여하에 따라 대상적격의 유무가 결정된다. 판례에 의하면 이러한 항소심 판결은 유효한 판결이지만, 대리권 흠결을 간과한 위법한 판결로서 상고의 대상적격이 있다.

(3) 적식의 상고제기

판례에 의하면 ① 무권대리인에 대한 송달도 일응 그 효력이 있다고 보고, 다만 상소나 재심에 의해 취소할 수 있으므로 본 사안은 판결 송달 후 적식의 상고제기로 볼 수 있으며, ② 만일 무권대리인에 대한 송달이 그 효력이 없다고 하더라도 송달 전 판결에 대한 상고로서 적법하다. 왜냐하면 판결이 선고된 이상 송달 전이라 하더라도 상소할 수 있기 때문이다.

(4) 사망자 명의로 제기한 상고의 적부

사안에서 항소심 계속 중 피고 乙이 사망하였음에도 불구하고 항소심 판결이 선고되었고 이에 상속인 丙이 乙명의로 상고를 제기하였는데 乙은 이미 사망하였으므로 乙명의의 상고제기는 당사자적격 또는 당사자능력이 없어 부적법하게 된다. 다만 판례는 상속인 丙의 수계신청 시 위 위법의 하자는 치유된다고 보므로, 본 사안에서도 丙의 수계신청으로 상고제기는 적법하게 된다.

V 설문 (5)에 관하여

1. 결론

丙이 대법원에 한 수계신청은 적법하다.

2. 논거

판례는 수계신청을 하여야 할 법원에 관해서 종국판결이 선고된 경우에는 원심법원 또는 상소심 법원에 선택적으로 할 수 있다고 판시하여 선택설의 입장에 있다.

실전연습 및 종합사례

| 시험과목 | 민소법(사례형) | 응시번호 | | 성명 | |

문제

※ 각 설문은 독립된 것임을 전제로 물음에 답하시오(결론과 근거만을 간략히 기재하시오).

1. 토지에 관한 소유권이전등기명의가 매매를 원인으로 甲으로부터 乙로 이전된 사안에서, 甲은 애당초 乙과의 매매계약 자체가 체결된 사실이 없다고 주장하면서 소유권에 기하여 乙을 상대로 소유권이전등기의 말소를 구하는 소를 제기하였으나 패소판결을 선고받아, 그 판결이 확정되었다.

   (1) 그 후 甲이 위 등기원인인 매매가 사기에 의한 의사표시이므로 이를 취소한다고 주장하면서 乙을 상대로 소유권에 기한 소유권이전등기의 말소를 구하는 소를 다시 제기하였다면, 후소는 위 확정판결의 기판력에 저촉되는가? [5점]

   (2) 그 후 甲이 乙을 상대로 위 토지의 소유권확인을 구하는 소를 제기하였다면, 후소는 위 확정판결의 기판력에 저촉되는가? [5점]

   (3) 만일 위 사안에서 甲은 乙 명의의 소유권이전등기가 원인무효라는 이유로 소유권에 기하여 乙을 상대로 소유권이전등기의 말소를 구하는 소를 제기하여 승소판결을 선고받아 그 판결이 확정되었고, 甲은 위 확정판결에 따라 乙 명의의 소유권이전등기를 말소한 후 丙에게 소유권이전등기를 마쳐주었는데, 그 후 乙이 丙 명의의 소유권이전등기가 원인무효라는 이유로 소유권에 기하여 丙을 상대로 진정명의회복을 위한 소유권이전등기청구의 소를 제기하였다면, 후소는 위 확정판결의 기판력에 저촉되는가? [5점]

2. 甲은 乙로부터 토지를 매수하였다는 이유로 乙을 상대로 소유권이전등기청구의 소를 제기하였으나 패소판결을 받아, 그 판결이 확정되었다.

   (1) 그 후 甲이 전소의 변론종결 전에 乙로부터 토지를 증여받았다는 이유로 乙을 상대로 소유권이전등기청구의 소를 제기하였다면, 후소는 위 확정판결의 기판력에 저촉되는가? [5점]

   (2) 그 후 乙이 甲을 상대로 위 토지상에 있는 甲 소유 건물의 철거를 구하는 소를 제기하자, 甲은 위 소송에서 전소의 변론종결 전의 날짜에 위 토지에 대한 취득시효가 완성되었으므로 乙의 청구에 응할 수 없다고 항변하였다면, 甲의 항변은 위 확정판결의 기판력에 저촉되는가? [5점]

3. 甲은 乙이 점유하고 있는 토지가 甲의 소유라고 주장하면서 乙을 상대로 위 토지에 관한 소유권확인 청구소송을 제기하였다가 패소하여, 그 판결이 확정되었다. 그 후 甲이 위 토지가 자신의 소유임을 이유로 乙을 상대로 그 지상에 세워져 있는 乙 소유 건물의 철거를 구하는 소송을 제기하였다면, 후소는 위 확정판결의 기판력에 저촉되는가? [5점]

4. 甲은 乙에게 甲 소유의 토지를 매도하기로 약정한 후 乙로부터 계약금 및 중도금을 지급받았고 잔금 지급기일에 잔금의 이행제공을 받았으나 위 토지의 인도 및 이에 관한 소유권이전등기의무를 이행하지 아니하였다. 이에 乙은 위 매매계약이 甲의 사기에 의하여 체결된 것이라고 주장하며 甲을 상대로 위 매매계약을 취소하고 위 계약금 및 중도금의 반환을 구하는 소를 제기하였다. 그런데 법원은 甲의

사기 사실을 인정할 증거가 없다는 이유로 乙의 청구를 기각하는 판결을 선고하였고, 그 판결은 확정되었다. 그 후 乙이 甲의 인도 및 소유권이전등기의무 불이행을 이유로 위 매매계약이 해제되었다고 주장하며 甲을 상대로 위 해제에 따른 원상회복으로서 위 계약금 및 중도금의 반환을 구하는 소를 제기하였다면, 후소는 위 확정판결의 기판력에 저촉되는가? [5점]

5. 甲은 乙에게 甲 소유의 토지를 대금 5억원에 매도하면서 잔금지급시기까지 위 토지 상에 건립되어 있던 丙 소유의 건물을 철거해 주기로 약정하였고, 乙로부터 계약금 5,000만원 및 중도금 2억 5,000만원을 지급받았다. 甲은 잔금지급기일에 잔금의 이행제공을 받았으나, 그때까지 위 철거 약정을 이행하지 못하였다. 乙은 甲의 위 건물철거 약정 불이행을 이유로 위 매매계약이 해제되었다고 주장하면서 甲을 상대로 그 해제에 의한 원상회복으로서 위 계약금 및 중도금의 반환을 구하는 소(이하 '乙의 소'라고 한다)를 제기하였다. 한편, 甲은 다른 법원에서 乙을 상대로 대여금 1억원의 반환을 구하는 소(이하 '甲의 소'라고 한다)를 진행하고 있었다.

(1) 乙이 甲의 소에서 위 계약금 및 중도금 반환채권을 자동채권으로 하여 위 대여금채권과의 상계를 주장하여, 법원은 乙의 상계주장을 받아들여 甲의 대여금반환청구를 기각하였고 그 판결이 확정되었다면, 乙의 소에 대해 법원은 어떠한 판결을 하여야 하는가? [3점]

(2) 법원이 매매계약이 해제되지 아니하여 자동채권인 계약금 및 중도금 반환채권이 발생하였음이 인정되지 않는다는 이유로 乙의 상계주장을 배척하고 甲의 대여금반환청구를 전부인용하고 그 판결이 확정되었다면, 乙의 소에 대해 법원은 어떠한 판결을 하여야 하는가? [2점]

(3) 법원이 위 매매계약은 해제되었으나 자동채권인 계약금 및 중도금 반환채권이 乙이 위 매매계약에 따라 인도받았던 위 토지의 반환의무와 동시이행관계에 있어 상계가 허용되지 않는다는 이유로 상계주장을 배척하고 甲의 대여금반환청구를 전부인용하고 그 판결이 확정되었다면, 乙의 소에 대해 법원은 어떠한 판결을 하여야 하는가? (乙의 주장사실이 모두 인정됨을 전제로 한다.) [5점]

(4) 만일 甲은 잔금지급기일 전에 위 건물을 철거하고 위 토지를 인도하였으나 잔금지급기일에 乙로부터 잔금을 지급받지 못하자, 위 매매계약이 乙의 잔금지급의무 불이행을 이유로 해제되었다고 주장하면서 乙을 상대로 위 토지의 반환을 청구하는 소를 제기하였다. 위 소에서 乙은 계약금 및 중도금 합계 3억원의 지급과의 동시이행항변을 하였고, 이에 대하여 甲은 乙에 대한 1억원의 대여금채권을 자동채권으로 하여 乙의 위 계약금 및 중도금 지급채권과의 상계를 주장하였다. 법원은 乙의 동시이행항변은 받아들이고 甲의 상계주장은 甲의 乙에 대한 1억원의 대여금채권이 인정되지 아니한다는 이유로 배척하여, 乙에 대하여 甲에게 위 계약금 및 중도금 합계 3억원의 지급과 동시이행으로 위 토지의 인도를 명하는 판결을 선고하였고, 그 판결은 확정되었다. 그 후 甲이 乙을 상대로 위 대여금 1억원의 지급을 구하는 소를 제기하였다면, 후소는 위 확정판결의 기판력에 저촉되는가? [5점]

▋ 설문 1.에 관하여

1. 설문 1.의 (1)에 관하여

(1) 결론

저촉된다.

(2) 근거

① 말소등기청구사건의 소송물은 당해 등기의 말소등기청구권이고, 그 동일성 식별의 표준이 되는 청구원인, 즉 말소등기청구권의 발생원인은 당해 등기원인의 무효에 국한되므로, 전소에서 한 매매의 부존재 주장과 후소에서 한 사기에 의한 매매의 취소 주장은 다 같이 청구원인인 등기원인의 무효를 뒷받침하는 독립된 공격방어방법에 불과하여, 전소와 후소의 소송물은 동일하다.

② 또한 후소에서의 위 주장은 전소의 변론종결 이전에 발생한 사유이므로, 후소는 전소의 기판력에 저촉된다.

2. 설문 1.의 (2)에 관하여

(1) 결론

저촉되지 않는다.

(2) 근거

확정판결의 기판력은 소송물로 주장된 법률관계의 존부에 관한 판단의 결론에만 미치고 그 전제가 되는 법률관계의 존부에까지 미치는 것은 아니므로, 위 확정판결의 기판력은 소송물로 주장된 말소등기청구권에만 미치는 것이지 그 기본이 된 소유권 자체의 존부에는 미치지 않는다.[850]

3. 설문 1.의 (3)에 관하여

(1) 결론

저촉된다.

(2) 근거

① 전소의 소송물인 말소등기청구권은 물권적 청구권이므로 甲으로부터 소유권이전등기를 넘겨받은 丙은 전소 사실심 변론종결 후의 승계인에 해당하여 전소 기판력이 미치는 자이다.

② 또한 진정명의회복을 위한 소유권이전등기청구는 전소의 소송물인 말소등기청구권의 존재와 모순관계에 있으므로 전소확정판결의 기판력이 미치기 때문이다.

---

850) 또한 甲은 위 확정판결의 기판력으로 인하여 위 토지에 관한 등기부상의 소유명의를 회복할 방법은 없게 되었다 하더라도 그 소유권이 甲에게 없음이 확정된 것은 아니고, 등기부상 소유자로 등기되어 있지 않다고 하여 소유권을 행사하는 것이 전혀 불가능한 것도 아닌 이상, 甲으로서는 乙에 대하여 위 토지가 甲의 소유라는 확인을 구할 법률상의 이익도 있다.

Ⅱ 설문 2.에 관하여

1. 설문 2.의 (1)에 관하여

(1) 결론

저촉되지 않는다.

(2) 근거

소유권이전등기청구사건에 있어서 등기원인을 달리하는 경우에는 그것이 단순히 공격방어방법의 차이에 불과한 것이 아니고 등기원인별로 별개의 소송물로 인정되므로, 매매를 원인으로 한 소유권이전등기청구소송에서의 패소판결의 기판력은 그와 별개의 소송물인 증여를 원인으로 한 소유권이전등기청구의 소에 미치지 않는다.

2. 설문 2.의 (2)에 관하여

(1) 결론

저촉되지 않는다.

(2) 근거

매매를 원인으로 한 소유권이전등기청구권과 취득시효완성을 원인으로 한 소유권이전등기청구권은 이전등기청구권의 발생원인을 달리하는 별개의 소송물이고, 전소에서 부존재한 것으로 확정된 바 있는 매매를 원인으로 한 소유권이전등기청구권이 후소의 항변사유인 취득시효완성을 원인으로 하는 소유권이전등기청구권의 존재와 모순된다거나 선결적 법률관계에 있다고 볼 수 없기 때문이다.

Ⅲ 설문 3.에 관하여

1. 결론

저촉된다.

2. 근거

확정된 전소의 기판력 있는 법률관계가 후소의 소송물 자체는 아니더라도 후소의 선결문제가 되는 때에는 전소확정판결의 판단은 후소의 선결문제로서 기판력이 작용한다고 할 것이므로, 소유권확인소송의 판결이 확정된 후 다시 같은 피고를 상대로 소유권에 기한 물권적 청구권을 청구원인으로 하는 소송을 제기한 경우에는 전소확정판결에서의 소유권 존부에 관한 판단에 구속된다.

Ⅳ 설문 4.에 관하여

1. 결론

저촉된다.

2. 근거

① 전소와 후소의 소송물은 모두 계약금 및 중도금 반환청구권의 존부로서 동일하고, 취소와 해제의 주장은 독립된 공격방어방법에 불과하다.

② 또한 기판력은 후소와 동일한 내용의 전소의 변론종결 전에 있어서 주장할 수 있었던 모든 공격방어방법에 미치고 형성권의 행사도 여기에 포함되므로, 해제권을 행사할 수 있는 요건 이 전소의 변론종결 전에 갖추어졌다면 그 변론종결 후에 해제의 의사표시를 하였다고 하여 도 이는 기판력에 저촉된다.

Ⅴ 설문 5.에 관하여

1. 설문 5.의 (1)에 관하여

(1) 결론

법원은 乙의 소에서는 乙이 甲의 소에서 상계항변으로 대항한 1억원을 제외한 나머지 2억원의 한도 내에서만 乙의 위 계약금 및 중도금 반환채권의 존부를 심리·판단할 수 있고, 위 1억원 부분에 대하여는 청구기각 판결을 선고하여야 한다.

(2) 근거

상계주장에 대한 판단은 소송물인 수동채권의 존부를 정하기 위해 판결의 주문이 아닌 이유 중 에서 이루어짐에 불과하나, 수동채권을 소멸 또는 감액한 자동채권이 후소에서 다시 소송물로 행사되어 2중으로 이익을 부여받는 것을 막기 위해서 상계로 대항한 액수에 한하여 기판력이 발생한다(제216조 제2항).[851]

2. 설문 5.의 (2)에 관하여

(1) 결론

법원은 乙의 소에서는 乙이 甲의 소에서 상계항변으로 대항한 1억원을 제외한 나머지 2억원의 한도 내에서만 乙의 위 계약금 및 중도금 반환채권의 존부를 심리·판단할 수 있고, 위 1억원 부분에 대하여는 청구기각 판결을 선고하여야 한다.

---

851) 한편, 별소로 지급을 구하고 있는 채권을 자동채권으로 삼아 상계주장을 하는 것도 허용되며, 중복제소 에 해당하지 아니한다(대판 2001.4.27, 2000다4050).

(2) 근거

상계주장이 배척되더라도 상계로 대항한 액수 한도 내에서 자동채권의 부존재에 관하여 기판력이 생기기 때문이다.

3. 설문 5.의 (3)에 관하여

(1) 결론

법원은 乙의 소에서 乙의 위 계약금 및 중도금 반환채권이 존재함을 인정하여 청구인용판결을 선고하여야 한다.

(2) 근거

상계주장에 대한 판단의 기판력은 자동채권의 존부에 관하여 실질적인 판단이 이루어진 경우에 한하여 인정된다. 자동채권의 성립은 인정되나 성질상 상계를 허용할 수 없다 하여 상계주장을 배척한 것은 상계항변에서 들고 나온 자동채권을 부정하여 그 항변을 배척하는 것과 형식면에서는 같을지라도 자동채권의 존부에 관한 실질적인 판단이 이루어지지 아니하였기 때문에 기판력이 없다.

4. 설문 5.의 (4)에 관하여

(1) 결론

저촉되지 않는다.

(2) 근거

상계주장에 대한 판단에 기판력이 인정되는 경우는, 상계주장의 대상이 된 수동채권이 소송물로서 심판되는 소구채권이거나 그와 실질적으로 동일하다고 보이는 경우(가령 원고가 상계를 주장하면서 청구이의의 소를 제기하는 경우 등)로서 상계를 주장한 자동채권과 그 수동채권을 기판력의 관점에서 동일하게 취급하여야 할 필요성이 인정되는 경우를 말한다. 상계주장의 대상이 된 수동채권이 동시이행항변에 행사된 채권인 경우는 그 채권의 존부나 범위에 관한 판결 이유 중의 판단에 기판력이 미치지 아니하여 그 채권을 소송물로서 심판되는 소구채권과 실질적으로 동일한 것으로 볼 수 없으므로, 상계주장에 관한 판단에 기판력이 인정되지 않는다.[852]

결국 전소에서 동시이행항변에 대한 상계의 재항변이 있었던 경우에는 동시이행항변에 행사된 채권(수동채권)과 자동채권 모두 후소에서 기판력에 저촉됨이 없이 다시 주장할 수 있다고 할 것이다.

---

[852] 만일 위와 같이 해석하지 않으면, 동시이행항변이 상대방의 상계의 재항변에 의하여 배척되면 그 동시이행항변에 행사된 채권(수동채권)을 소송상 행사할 수 없게 되어 동시이행항변에 행사된 채권의 존부나 범위에 관한 판결 이유 중의 판단에 기판력이 미치는 결과가 되기 때문이다(대판 2005.7.22, 2004다17207).

실전연습 및 종합사례

시험과목	민소법(사례형)	응시번호		성명	

공통된 사실관계

○ 甲은 2008.4.5. 乙에게 금 5,000만원을 대여했으나, 乙이 변제기가 지나도 갚지 않자, 2008.12.5. 乙에 대하여 금 5,000만원의 대여금반환청구의 소(이하 '이 사건 소'라 한다)를 제기하였다.

○ 한편 乙은 주류판매상인 甲에게 2008.9.1. 양주 등 주류를 판매하면서 그 대금 5,000만원을 2008.11.5. 지급받기로 하였다.

추가된 사실관계 및 문제

1. 이 사건 소에서 乙은 금 5,000만원 부분에 대하여 이미 소멸시효가 완성되어 甲의 채권은 소멸하였다는 주장을 하였다. 그리고 이 같은 자신의 주장이 받아들여지지 않을 것에 대비하여 예비적으로 자신이 甲에 대하여 가지고 있는 5,000만원의 물품대금채권으로 상계를 하겠다는 의사표시를 하였다. 이에 법원이 乙의 상계항변을 우선 심리한 후 상계항변이 이유 있다고 판단한 다음, 원고 甲의 청구를 기각하였다. 이 판결은 적법한가? 5점

2. 만약 이 사건 소에서 乙이 甲의 대여금반환청구가 인용될 것에 대비하여 물품대금채권을 자동채권으로 하는 예비적 상계항변을 하였는데, 그 소송절차 진행 중에 甲과 乙 사이에 조정이 성립됨으로써 甲의 대여금채권에 대한 법원의 실질적 판단이 이루어지지 아니하였다. 이 경우 乙의 물품대금채권은 상계로써 대등액에서 소멸하는가? 5점

3. 만약 이 사건 소에서 乙이 물품대금채권으로 상계한다고 하면서, 그 소송계속 중 별소로 물품대금청구의 소를 제기하였다면, 乙이 제기한 소는 적법한가? 5점

4. 만약 이 사건 소에서 乙이 상계항변을 제출하지 않아 甲의 청구를 인용하는 판결이 확정된 후, 乙이 상계권을 행사하면서 청구이의의 소를 제기한 경우 법원은 어떠한 판결을 하여야 하는가? 5점

■ 설문 1.에 관하여

1. 결론

위법한 판결이다.

2. 이유

(1) 항변의 판단순서

일반적으로 당사자가 공격방어방법을 여러 개 주장하면서 순위를 붙여 주장하더라도(예비적 주

장이나 항변), 그 상호간의 논리적 순서와 역사적 선후에 불구하고 법원은 어느 하나를 선택하여 판단하면 되고, 이때 그 주장이 이유 있는 경우에는 다른 주장에 대하여는 판단할 필요가 없다.

(2) 상계항변의 특수성

그러나 상계의 항변은 판결 이유 중 판단에 불과하지만 기판력이 생긴다는 점(제216조 제2항)과 대가적 출혈을 동반하는 항변이라는 점에서 다음과 같은 특별한 취급을 요한다. 상계항변은 수동채권의 존재에 대하여 증거 조사하여 확정하고 나서 판단을 하여야 하며, 그 존재를 가정하여 상계항변으로 곧바로 청구기각을 하여서는 안 된다(증거조사설). 이러한 의미에서 상계항변은 예비적 항변으로 다루는 것이 옳다. 따라서 사안의 경우 면제, 소멸시효 등과 함께 상계를 주장하는 경우에는 면제나 소멸시효의 항변에 대한 판단을 먼저 하고, 이러한 항변 모두가 배척되는 경우에 상계를 인정해야 한다.

(3) 사안의 경우

법원이 피고 乙의 소멸시효의 항변에 대한 판단을 하지 않은 채 상계의 항변이 이유 있다고 판단하여 원고 청구기각의 판결을 한 것은, 예비적 항변으로서 상계의 항변의 특수성을 무시한 위법한 판결이다. 이러한 판결은 상소이유가 되고, 확정되더라도 제451조 제1항 제9호의 판단 누락에 해당되어 재심사유가 된다.

▌▌ 설문 2.에 관하여

1. 결론

소멸하지 않는다.

2. 이유

판례는 "소송상 방어방법으로서의 상계항변은 수동채권의 존재가 확정되는 것을 전제로 하여 행하여지는 일종의 예비적 항변으로서 당사자가 소송상 상계항변으로 달성하려는 목적, 상호양해에 의한 자주적 분쟁해결수단인 조정의 성격 등에 비추어 볼 때, 당해 소송절차 진행 중 당사자 사이에 조정이 성립됨으로써 수동채권의 존재에 관한 법원의 실질적인 판단이 이루어지지 아니한 경우에는 그 소송절차에서 행하여진 소송상 상계항변의 사법상 효과도 발생하지 않는다고 봄이 타당하다."고 하였다.

▌▌▌ 설문 3.에 관하여

1. 결론

적법하다.

2. 이유

판례는 "상계항변을 제출할 당시에 이미 자동채권에 기한 소송을 별도로 제기하여 계속 중인 경우에(별소선행형), 이부, 이송 또는 변론병합 등으로 판결의 모순·저촉을 방지하고 소송경제를 도모함이 바람직하더라도, 별소로 계속 중인 채권을 자동채권으로 하는 소송상 상계의 주장이 허용되지 않는다고 볼 수는 없다."라고 하였다.

Ⅳ 설문 4.에 관하여

1. 결론

후소에서 상계권을 행사하는 것이 차단되지 않고 가능하므로, 후소 법원은 청구이의의 소를 인용하여야 한다.

2. 이유

판례는 "채무자가 집행권원인 확정판결의 변론종결 전에 상대방에 대하여 상계적상에 있는 채권을 가지고 있었다 하더라도 집행권원인 확정판결의 변론종결한 뒤에 이르러 비로소 상계의 의사표시를 한 때에는 민사집행법 제44조 제2항이 규정하는 '이의원인이 변론종결한 뒤에 생긴 때'에 해당하는 것으로서, 당사자가 집행권원인 확정판결의 변론종결 전에 자동채권의 존재를 알았는가 몰랐는가에 관계없이 적법한 청구이의 사유로 된다."고 판시하여 상계권비실권설의 입장이다.

실전연습 및 종합사례

시험과목	민소법(사례형)	응시번호		성명	

문제

※ 각 질문에 답하시오(각 설문은 독립된 사안임을 전제로 한다).

(1) 甲 소유의 X토지에 관하여 A와 B가 공모하여 甲 명의의 매매계약서 등 등기관계 서류를 위조하여 B 명의로 소유권이전등기를 마쳤다. 이에 甲은 A를 상대로 위 B 명의의 소유권이전등기가 원인 없이 경료되었음을 이유로 B 명의의 소유권이전등기의 말소등기절차의 이행을 구하는 소를 제기하였다. 이 경우 甲의 청구에 대한 ① 법원의 결론 및 ② 당사자의 주장을 토대로 결론에 이르게 된 논거를 기재하시오. 5점

(2) X토지에 관한 위의 분쟁이 끝난 이후 또다시 X토지에는 甲으로부터 C 앞으로 매매를 원인으로 한 소유권이전등기가 마쳐져 있다. 甲은 C를 상대로 C가 등기관련 서류를 위조하여 위 등기를 이전하였다고 주장하면서 소유권이전등기 말소등기청구의 소를 제기하였다. 그러나 C에 대한 甲의 말소등기청구는 기각되고, 판결은 확정되었다. 그 후 甲은 소유권이전등기의 등기원인인 甲과 C 사이의 매매계약은 가장매매로서 무효라고 주장하면서 다시 C를 상대로 말소등기청구의 소를 제기하였다. 이 경우 甲의 청구에 대한 ① 후소법원의 결론(소각하, 청구인용, 청구기각)과 ② 그 논거를 기재하시오. 20점

(3) 위 사안과 달리 甲은 다음과 같은 소장을 관할법원에 접수하였다.

소장

건물철거청구 등의 소
원고 甲
　　　주소 ○○
피고 1. 乙
　　　　주소 ○○
　　2. 丙
　　　　주소 ○○

청구취지

1. 피고들은 원고에게

　가. 별지목록 제1항 기재 건물을 철거하고 같은 목록 제2항 기재 대지를 인도하라.

　나. 2010.4.16.부터 위 대지 인도 완료 시까지 각자 월 300만원의 비율에 의한 금원을 지급하라.

---

2. 소송비용은 피고들의 부담으로 한다.

3. 위 제1항은 가집행할 수 있다.

라는 판결을 구합니다.

청구원인

(1) 사실관계

    원고는 별지목록 제2항 기재 대지(이하 '이 사건 대지'라 함)의 소유자로서 2005.4.15. 피고들에게 건물소유를 목적으로 이 사건 대지를 임대보증금 1억원, 월 임료 300만원, 임대기간 2005.4.15.부터 5년간으로 정하여 임대하였습니다. 피고들은 공동으로 이 사건 대지 위에 별지목록 제1항 기재 건물(이하 '이 사건 건물'이라 함)을 신축한 후(각 1/2 지분) 등기를 마치지 않은 채 점포로 사용해 오고 있었습니다. 피고들은 기한이 도래하면 즉시 건물을 철거하고 원상회복하겠다는 취지의 이행각서까지 작성하였습니다. 그런데 피고들은 임대기간이 도과하였음에도 이 사건 소제기 현재까지 원상회복을 하지 않은 채 이 사건 건물을 계속 사용하고 있습니다. 이에 원고는 이 사건 대지의 임대인의 지위에서 원상회복청구의 일환으로 이 사건 건물의 철거 및 대지인도 청구와 함께 2010.4.16.부터 피고들이 이 사건 건물을 철거하고 이 사건 대지를 인도할 때까지의 월 임료 300만원 상당의 손해배상을 구하고자 이 사건 소를 제기하였습니다.

(이하 생략)
○○ 법원 귀중

    위 사안에서 재판장은 원고 제출의 증거방법인 갑 제1호증(이행각서)에 대해 인부를 하도록 피고들에게 명하였다. 이에 피고들은 "이행각서상의 인영은 자신들의 것이 맞지만 이는 누군가 자신들의 인장을 절취하여 도용한 것이지 이러한 문서를 작성한 사실은 없다"고 진술하였다. 동 진술이 갖는 법적 의미와 효과를 약술하고 피고들이 자인한 부분을 나중에 번복할 수 있는지 여부에 대해서도 설명하시오. 10점

(4) 위 설문 (3)의 甲의 청구에 대해서 법원은 『피고들은 원고로부터 1억원을 지급받음과 동시에 원고에게 별지목록 제1항 기재 건물을 철거하고 같은 목록 제2항 기재 대지를 인도하라』는 판결을 선고하였고, 이와 같은 판결은 확정되었다(변론종결일 2011.3.22. 판결선고일 2011.4.19.). 원고 甲은 확정판결에 의하여 집행을 하고자 하였으나 피고들이 2011.3.31. 이 사건 건물의 일부를 丁에게 임대해 주었다는 사실을 뒤늦게 알게 되었다. 건물임차인 丁을 퇴거시키기 위해 甲이 취할 수 있는 구제수단에 대하여 약술하시오. 15점

Ⅰ 설문 (1)에 관하여

1. 결론

법원은 甲이 제기한 소에 대하여 부적법 각하판결을 선고하여야 한다.

2. 논거

(1) 말소등기청구의 소에서 당사자적격

① 사안의 경우 甲의 말소등기청구의 소는 이행의 소이고, 말소등기청구의 상대방은 신청된 등기가 실행됨으로써 권리를 상실하는 등기명의자이어야 하는데, 이 사건 소에서 A는 등기 명의자가 아니므로 이때 법원은 어떤 판단을 하여야 하는지 문제된다.

② 이에 대해 판례는 이행의 소에서 당사자적격 판단의 예외를 인정하여 등기의무자, 즉 등기 부상의 형식상 그 등기에 의하여 권리를 상실하거나 기타 불이익을 받을 자(등기명의인이거나 그 포괄승계인)가 아닌 자를 상대로 한 등기의 말소절차이행을 구하는 소는 당사자적격이 없 는 자를 상대로 한 부적법한 소라는 입장이다.

(2) 사안의 경우

Ⅲ 설문 (2)에 관하여

1. 결론

후소법원은 甲의 청구에 대하여 기각판결을 선고하여야 한다.

2. 논거

(1) 기판력의 작용 여부

1) 기판력의 주관적 범위

사안에서 전·후소의 당사자는 甲과 C로서 동일하므로 전소판결의 기판력이 미친다(제218조 제1항).

2) 기판력의 객관적 범위와 작용

가) 문제점

기판력은 후소의 소송물이 전소의 소송물과 동일하거나, 전소의 소송물을 선결문제로 하 거나, 전소의 소송물과 모순관계에 있는 경우에 작용한다. 사안의 경우 전·후소의 소송 물이 동일한지 여부가 문제된다.

나) 말소등기청구의 소송물

판례에 의하면 실체법상 권리 또는 법률관계의 주장을 소송물로 보므로, 소유권이전등기 말소청구의 소송물은 소유권에 기한 방해배제청구권(민법 제214조)으로, 등기무효의 원인 으로서 무엇을 주장하든 소송물은 항상 1개이고, 개개의 무효원인은 공격방법의 차이에 지나지 않는다고 한다.

다) 사안의 경우

판례에 의하면 전소는 C가 등기서류의 위조를 원인으로 한 말소등기청구의 소이며, 후소 는 가장매매를 원인으로 한 말소등기청구의 소이므로 이는 소송물이 동일하다.

3) 기판력의 시적 범위(차단효)

사안의 경우 甲은 후소에서 매매계약은 가장매매로서 무효라고 주장하였는데 이는 전소 변론 종결 전에 주장할 수 있었던 사유이므로 후소에서 차단된다고 할 것이다.

⑵ 기판력에 저촉되는 경우 법원의 조치

판례에 의할 때는 甲이 전소에서 패소했기 때문에 甲의 후소는 청구기각판결을 받게 된다.

Ⅲ 설문 ⑶에 관하여

1. 인영의 동일에 대한 진술의 법적 의미와 효과

⑴ 법적 의미

판례는 문서의 성립의 진정은 보조사실이지만 주요사실에 대한 경우처럼 재판상 자백·자백간 주의 법리가 적용되어 법원은 그 성립의 인정에 구속되어 형식적 증거력을 인정하여야 한다고 본다. 또한 문서의 진정성립을 인정한 당사자는 자유롭게 이를 철회할 수 없고, 이는 문서에 찍힌 인영의 진정함을 인정하였다가 나중에 이를 철회하는 경우에도 마찬가지라고 본다.

⑵ 효과

1) 증명책임 - 진정성립 추정의 복멸

판례는 사문서의 경우 이단의 추정 법리를 활용하여, 인영이 피고의 진정한 인장에 의한 것임을 인정하는 취지로 진술하였다면, 반증이 없는 한 약정서상 인영은 피고의 의사에 의하여 현출된 것으로 사실상 추정되어 제358조에 의하여 그 문서의 진정성립이 추정된다고 본다.

2) 재판상 자백의 성립 여부

재판상 자백의 대상은 주요사실에 한한다. 그러나 판례는 문서의 성립에 관한 자백은 보조사실에 관한 자백이기는 하나 그 취소에 관하여는 다른 간접사실에 관한 자백취소와는 달리 주요사실의 자백취소와 동일하게 처리하여야 할 것이므로 문서의 진정성립을 인정한 당사자는 자유롭게 이를 철회할 수 없다고 할 것이고, 이는 문서에 찍힌 인영의 진정함을 인정하였다가 나중에 이를 철회하는 경우에도 마찬가지라고 본다.

2. 인영의 동일성에 관한 진술의 철회 가부

⑴ 철회제한의 원칙

문서의 성립에 관한 자백은 보조사실에 관한 자백이기는 하나 주요사실의 자백취소와 동일하게 처리하여, 문서의 진정성립을 인정한 당사자는 자유롭게 이를 철회할 수 없다고 할 것이고, 이는 문서에 찍힌 인영의 진정함을 인정하였다가 나중에 이를 철회하는 경우에도 마찬가지이다.

⑵ 예외적 허용

① 진실에 어긋나는 자백은 그것이 착오로 말미암은 것임을 증명한 때에는 철회할 수 있다(제

288조 단서). 그리고 ② 당사자가 소송대리인의 자백에 있어서 경정권을 행사한 경우(제94조) 및 ③ 상대방의 동의가 있는 경우와 ④ 상대방 또는 제3자의 형사상 처벌받을 행위로 인한 경우(제451조 제1항 제5호 참조)에는 예외적으로 자백의 철회가 허용된다.

Ⅳ 설문 (4)에 관하여

1. 승계집행문의 부여

(1) 기판력의 상대성 원칙과 예외

기판력은 당사자에게만 미치고 제3자에게는 미치지 않는 것이 원칙이다. 다만 예외적으로 기판력이 당사자 이외에 제3자에게 미치는 경우가 있는데, 이러한 예외로써 민사소송법 제218조 제1항에서는 『확정판결은 변론종결 뒤의 승계인에 대하여 그 효력이 있다.』고 규정하고 있다.

(2) 변론종결 후 승계인에 해당하는지 여부

1) 의의

민사소송법 제218조 제1항에서는 "확정판결은 변론종결 뒤의 승계인에 대하여 그 효력이 있다."고 규정하고 있다. 변론종결한 뒤의 승계인에 해당하기 위해서는 ① 변론종결 뒤에 승계가 이루어 졌을 것, ② 승계인에 해당할 것을 그 요건으로 하는바, 사안의 경우 丁은 전소 변론종결 뒤에 피고들로부터 임차권을 취득하였으므로 ①요건은 구비하였다. 문제는 승계인에 해당하는지 여부이다.

2) 승계인의 범위

승계인이란 소송물 자체의 승계인뿐만 아니라, 소송물인 권리관계자체를 승계한 것은 아니나 계쟁물에 관한 당사자적격(분쟁주체인 지위)을 승계한 자도 승계인에 해당한다.

3) 소송물이론과 승계인의 범위

판례는 소송물인 청구권의 실체법적 성질이 승계인의 범위에 반영되어, 피고에 대한 원고의 청구권이 물권적 청구권인 경우에는 대세적 효력이 있으므로 피고로부터 목적물의 점유나 등기를 취득하여 당사자적격을 승계한 자는 승계인의 범위에 포함되지만, 채권적 청구권인 경우에는 대인적 효력밖에 없으므로 승계인에 포함되지 않는다고 한다.

(3) 사안의 경우

사안에서 전소인 甲의 건물철거청구와 대지인도청구는 채권적 청구권이므로, 丁은 변론종결 뒤의 승계인에 해당하지 않는다. 따라서 전소판결의 기판력이 미치지 않는다.

2. 丁에 대한 직접 퇴거청구의 가부

전소의 소송물이 채권적 청구권이므로 판례에 의하면 확정판결의 기판력, 집행력이 미치지 아니하므로 승계집행문 부여는 불가능하다. 따라서 丁을 퇴거시키기 위해서는 甲은 퇴거청구의 소를 제기하여 승소확정판결을 받아야 한다.

실전연습 및 종합사례

시험과목	민소법(사례형)	응시번호		성명	

공통된 사실관계

A회사는 2010.3.2.부터 B회사와 원단 공급계약을 체결하고 B회사에 원단을 납품하여 왔다. A회사가 B회사에 대금지급을 독촉하자, B회사는 그 동안의 거래대금을 지급하였을 뿐만 아니라 A회사가 흠 있는 원단을 공급함으로써 막대한 손해를 보았다고 주장하고 있다. 이에 A회사는 B회사를 상대로 원단 대금 1억원의 지급을 구하는 물품대금청구의 소를 제기하였다.

추가된 사실관계 및 문제

※ 아래 각 설문은 서로 관련이 없음을 전제로 한다.

1. A회사와 B회사는 원단 공급계약을 체결하면서 그 공급계약서에 원단 공급과 관련하여 분쟁이 발생할 경우 'B회사가 지정하는 법원'에 제소한다는 합의 내용을 써넣었다. 그럼에도 A회사는 B회사와 아무런 상의도 하지 않은 채 A회사 본점 소재지를 관할하는 법원에 소를 제기하였다. 위 법원에 관할권이 있는가? 10점

2. 법원은 A회사가 제기한 소의 소장 부본을 소장에 적힌 B회사의 본점 소재지로 송달하였으나 이미 다른 곳으로 본점을 이전하여 '이사불명'으로 송달 불능되었다. 법원이 A회사에 주소보정을 명하였으나 A회사는 B회사에 대한 최근의 등기사항증명서(법인등기부등본)를 제출하였고, 그 등기사항증명서에는 B회사의 본점 소재지가 소장에 적힌 것과 같았다. 이에 법원은 더 이상의 별다른 조치 없이, 송달 가능한 B회사의 주소를 알 수 없다는 이유로 공시송달명령을 하고, 공시송달로 심리를 진행한 끝에 A회사 승소판결을 선고하여 그 판결도 공시송달로 확정되었다. 위 공시송달은 적법·유효한가? B회사가 위 판결에 대하여 구제받을 수 있는 방법은 무엇인가? 10점

3. B회사는 소장을 송달받고 변론기일에 출석하여 A회사가 청구하는 원단 대금 1억원을 모두 변제하였다고 주장하였다. 제1심에서 B회사의 변제항변이 일부(6,000만원) 받아들여져 A회사의 청구는 4,000만원만 인용되었다. 이에 A회사는 항소하였으나 B회사는 항소하지 않았다. B회사는 항소심에서도 여전히 전액을 변제하였다고 주장하고, 추가로 A회사에 대한 손해배상채권 1억원을 자동채권으로 상계항변함과 동시에 A회사의 채권이 변제 또는 상계로 소멸하였음을 이유로 그 채권에 대한 채무부존재확인의 반소를 제기하였다. 항소심 법원의 심리 결과, A회사가 청구하는 원단 대금 1억원은 전액 변제된 것으로 밝혀졌고, B회사가 주장하는 손해배상채권 1억원은 존재하는 것으로 밝혀졌다. 이러한 경우 항소심 법원은 어떠한 판결을 하여야 하는가? 20점

4. A회사의 전(前) 대표이사 甲이 법인인감도장을 도용하여 변호사 乙에게 B회사에 대한 물품대금청구에 관한 소송행위를 위임하여 소송을 진행한 결과 제1심에서 A회사가 승소하였고, B회사의 항소제기로 소송이 항소심에 계속된 후 위와 같은 방법으로 다시 甲으로부터 소송위임을 받은 변호사 乙이 본건 소를 취하하였다. 이 사실을 뒤늦게 알게 된 A회사의 대표이사 丙은 변호사 乙이 한 일련의 소송행위 중 소취하 행위만을 제외하고 나머지 소송행위를 추인할 수 있는가? 10점

▮ 설문 1.에 관하여

1. 결론

A회사 본점 소재지 지방법원은 관할권이 있다.

2. 근거

(1) 관할합의의 유효성 여부

1) 합의관할의 의의 및 요건

합의관할이란 당사자의 합의에 의하여 생기게 되는 관할을 말한다(제29조). 이와 같은 관할합의가 유효하기 위해서는 ① 제1심의 임의관할에 관한 합의여야 하고, ② 합의의 대상인 법률관계가 특정되어 있을 것, ③ 합의의 방식이 서면일 것, ④ 관할법원이 특정되어 있을 것 등을 요한다. 사안의 경우 A회사와 B회사는 원단 공급계약을 체결하면서 그 공급계약서에 원단 공급과 관련하여 분쟁이 발생할 경우를 대비하여 관할합의 내용을 써넣었는바, 위 ①,②,③의 요건은 구비되었다. 문제는 관할법원이 특정되었는지 여부이다.

2) 관할법원 특정이 인정되는지 여부

판례는 "본 계약에서 원고가 지정하는 법원을 관할법원으로 한다."고 규정하고 있음은 결국 전국법원 중 원고가 선택하는 어느 법원에나 관할권을 인정한다는 내용의 합의라고밖에 볼 수 없어 관할법원을 특정할 수 있는 정도로 표시한 것이라 볼 수 없을 뿐 아니라, 이와 같은 관할에 관한 합의는 피소자의 권리를 부당하게 침해하고 공평원칙에 어긋나는 결과가 되어 무효라 하였다.

3) 사안의 경우

따라서 사안의 경우 A회사와 B회사 사이의 관할합의는 제29조의 요건을 갖추지 못하여 무효라 할 것이다. 다만 토지관할은 인정되는지가 문제이다.

(2) 토지관할의 위반 여부

1) 보통재판적

모든 소송사건에 토지관할권을 생기게 하는 보통재판적은 피고와 관계 있는 곳을 기준으로 해서 정해 놓았다(제2조). 따라서 민사소송법 제5조에 의해 B회사의 본점 소재지가 보통재판적이 된다.

2) 특별재판적

A의 매매대금의 지급을 구하는 청구는 재산권에 관한 소로서 그 의무이행지 법원에도 제기할 수 있는데(제8조 후단), 민법 제467조 제2항의 지참채무원칙에 따라 A회사의 본점소재지가 의무이행지가 된다.

3) 관할의 경합 – 관할선택의 자유

사안과 같이 보통재판적과 특별재판적이 경합한 경우 특별재판적이 보통재판적에 우선하는
것은 아니므로, 원고는 경합하는 관할법원 중 임의로 선택하여 소제기할 수 있다.

Ⅱ 설문 2.에 관하여

1. 결론

공시송달은 적법·유효하고, 사안의 경우 B회사는 추후보완항소(제173조)를 제기하여 구제받을
수 있다.

2. 근거

(1) 공시송달의 유효성 여부

1) 공시송달의 의의 및 요건

공시송달이란 당사자의 행방을 알기 어려워 송달장소의 불명으로 통상의 송달방법에 의해서
는 송달을 실시할 수 없게 되었을 때 하는 송달을 말한다. 따라서 공시송달은 ① 당사자의 주
소, 거소 또는 근무장소를 알 수 없을 것을 요하고(제194조), ② 수송달자는 송달의 내용을 현
실적으로 알기 어렵기 때문에 공시송달은 최후적이고 보충적인 수단으로 이용되어야 한다.
사안의 경우 최후·보충적인 수단성과 관련하여 송달장소의 불명으로 통상의 송달이 불능한
것인지가 문제이다.

2) 법인에 대한 송달방법

① 송달을 받을 사람은 원칙적으로 소송서류의 명의인인 당사자이나, 사안처럼 당사자가 B
회사와 같이 법인인 경우 회사는 무능력자로 취급되므로 법정대리인에 준하는 대표자에게
송달하여야 한다(제179조, 제64조). 이 경우 법인에 대한 송달은 대표자의 주소·거소·영업
소 또는 사무소에 하여야 하는데(제183조 제1항 본문), 다만 법정대리인에 대한 송달은 무능
력자 본인의 영업소 또는 사무소에서도 할 수 있다(제183조 제1항 단서).
② 판례도 "소송당사자인 법인에의 소장, 기일소환장 및 판결 등 서류는 그 대표자에게 송달
하여야 하는 것이니 그 대표자의 주소, 거소에 하는 것이 원칙이고, 법인의 영업소나 사무
소에도 할 수 있으나, 법인의 대표자의 주소지가 아닌 소장에 기재된 법인의 주소지로 발
송하였으나 이사불명으로 송달불능된 경우에는, 원칙으로 되돌아가 원고가 소를 제기하면
서 제출한 법인등기부등본 등에 나타나 있는 법인의 대표자의 주소지로 소장 부본 등을
송달하여 보고 그 곳으로도 송달되지 않을 때에 주소 보정을 명하여야 하므로, 법인의 주
소지로 소장 부본을 송달하였으나 송달불능되었다는 이유만으로 그 주소 보정을 명한 것
은 잘못이다."라고 하였다.

3) 사안의 경우

사안에서의 소장부본 송달은 B회사의 대표자의 주소 등에 송달해 보지 않고 바로 공시송달 명령이 이루어진 것으로 위법하다. 그러나 판례는 공시송달의 요건에 흠이 있어 위법하여도 재판장의 명령인 재판형식으로 이루어진 데 근거를 두어 유효한 송달이라 본다. 따라서 피고 B회사의 항소기간 도과로 A회사 승소의 판결은 확정되었다.

따라서 항소제기는 부적법하여 고려할 사정은 되지 못한다. 다만 B회사의 판결의 확정력을 배제하기 위한 수단으로서 추후보완 항소와 재심의 소를 살펴볼 필요가 있다.

(2) B회사의 구제책

1) 추후보완 항소의 가부

가) 의의 및 요건

당사자가 ① 책임질 수 없는 사유로 말미암아, ② 불변기간을 지킬 수 없었던 경우에 ③ 그 사유가 없어진 날로부터 2주일 내에 게을리한 소송행위를 보완할 수 있다고 하여 소송행위의 추후보완을 인정하고 있다(제173조). 사안의 경우에는 B회사의 책임질 수 없는 사유로 말미암은 것인지가 문제이다.

나) 불귀책사유의 판단

① 당사자가 책임질 수 없는 사유란, 천재지변 그 밖의 불가항력에만 한정하는 것이 아니고, 당사자가 해당 소송행위를 하기 위한 일반적 주의를 다하였어도 그 기간을 지킬 수 없었던 사유를 말한다. 이와 관련하여 소송서류의 송달이 공시송달로 이루어진 경우가 문제이다.

② 판례는 ⅰ) 소송이 처음부터 공시송달의 방법으로 송달되었다면 특별한 사정이 없는 한 피고가 책임질 수 없는 사유로 인하여 불변기간을 준수할 수 없었던 때에 해당한다는 입장이다. 반면에 ⅱ) 처음에는 송달이 되다가 송달불능으로 공시송달에 이른 경우나 당사자가 소제기사실 등을 알 수 있었던 경우에는 당사자가 책임질 수 없는 사유에 해당하지 아니한다고 본다.

다) 사안의 경우

사안에서는 처음부터 공시송달의 방법으로 송달되었고, B회사는 공시송달 사실을 알지 못하였으므로, 공시송달 사실을 안 때로부터 2주 이내에 추완항소를 제기할 수 있다.

2) 재심의 소제기 가부

당사자가 상대방의 주소 또는 거소를 알고 있었음에도 불구하고 소재불명 또는 허위의 주소나 거소로 하여 소를 제기한 탓으로 공시송달의 방법에 의하여 판결정본이 송달된 때에는 민사소송법 제451조 제1항 제11호에 의하여 재심을 제기할 수 있으나, 사안의 경우는 이에 해당하지 않는다. 따라서 B회사는 재심의 소를 제기할 수 없다.

Ⅲ 설문 3.에 관하여

1. 결론

항소심은 6,000만원 부분에 대해서는 원고의 항소를 기각하고, 4,000만원 부분에 대해서는 제1심 판결을 취소하고 원고의 청구를 기각하여야 한다.

2. 근거

(1) 항소심에의 이심의 범위와 심판의 범위

1) 이심의 범위 – 상소불가분의 원칙

상소의 제기에 의한 확정차단의 효력 및 이심의 효력은 상소인의 불복신청의 범위에도 불구하고 원재판의 전부에 대하여 불가분적으로 발생한다. 이를 상소불가분의 원칙이라고 한다. 따라서 사안에서 원고 A회사가 불복항소한 6,000만원에 한정되지 않고, 1억원의 매매대금 전부가 확정이 차단되며 항소심으로 이심된다.

2) 항소심의 심판범위 – 불이익변경금지의 원칙

상소불가분원칙상 1심에서 재판한 원고의 청구 전부가 이심되지만, 항소심의 현실적 심판대상은 불복신청의 범위에 한정되므로, 사안에서 B회사에 의해 항소가 이루어지지 않은 4,000만원의 원고청구인용 부분은 심판대상이 되지 않는다.

(2) 항소심에서 상계항변을 판단할 수 있는지 여부

1) 불이익변경금지 원칙의 예외

항소심에서 피고 측의 상계주장이 이유 있다고 인정된 때에는 불이익변경금지원칙의 예외로 된다(제415조 단서). 따라서 항소심은 피고의 손해배상채권 1억원이 존재하는 것으로 밝혀졌으므로, 제1심의 원고승소부분인 4,000만원 부분마저 취소하여 원고의 청구를 모두 기각할 수 있다. 그러나 피항소인 B는 상계항변과 함께 변제라는 다른 방어방법도 제출한 것으로 항소심이 이러한 판결을 선고할 수 있는지 문제된다.

2) 상계항변의 특수성

상계항변의 경우에는 비록 이유 중의 판단이라 하여도 제216조 제2항에 의해 기판력이 발생하고, 출혈적 항변으로서 예비적 항변에 해당하므로, 법원은 ① 우선 수동채권의 존재를 증거를 통해 확정하고 난 후 자동채권의 존부에 대한 판단을 하여야 하며, ② 또한 수동채권의 존재가 확정된다 하여도 피고가 면제·소멸시효·변제항변 등을 주장하는 경우 이러한 항변을 먼저 심리하고, 이것이 배척되는 경우 비로소 상계를 인정하여야 한다.

3) 사안의 경우

따라서 항소심은 B회사의 반대채권이 존재한다는 심증을 형성하였지만, B회사의 변제항변이 이유 있으므로 상계항변을 받아들여 원고청구를 기각할 수는 없다.

(3) B회사의 반소에 대한 법원의 조치

1) 적법성 여부

반소는 본소를 기각시키기 위한 방어방법이 아니라 독립한 소이므로 본소에 대한 방어방법 이상의 적극적 내용이 포함되어야 한다. 따라서 동일채권의 본소에 대하여 그에 대한 부존재 확인을 구하는 것은 반소청구로서의 이익이 없어 허용되지 않으므로 각하하여야 한다.

2) B의 반소장 제출을 부대항소로 볼 수 있는지 여부

① 부대항소란 피항소인이 상대방인 항소인이 항소에 의하여 개시된 항소심절차를 이용하여 원판결에 대한 불복을 신청함으로써 항소심의 심판범위를 자기에게 유리하게 확장하는 피항소인의 신청이다(제403조).

② 부대항소가 적법하기 위해서는 ⅰ) 주된 항소가 적법하게 계속하고 있을 것, ⅱ) 주된 항소의 피항소인이 항소인을 상대로 제기한 것일 것, ⅲ) 항소심의 변론종결 전일 것 등을 요한다. 또한 반소장이 제출된 경우에 이를 실질적으로 판단하여 부대항소를 한 것으로 볼 수도 있다.

③ 적법한 부대항소를 하면 항소심 심판범위가 항소인의 불복신청범위보다 확장되므로, 불이익변경금지의 원칙의 적용이 배제되어 결국 항소인에게 원심판결 이상의 불이익한 판결이 날 수도 있다.

(4) 사안의 경우

항소심은 피항소인인 피고의 변제주장이 타당하므로 상계항변에 대해서는 판단할 필요가 없고, 피항소인의 반소는 소의 이익이 없어 각하되어야 하나, 피항소인의 반소장 제출의 취지는 변제를 통해 소구채권이 전액 소멸하였다는 것으로 1심에서 인용된 부분에 대해 부대항소한 것으로 볼 수 있다. 따라서 제1심에서 원고 A의 청구가 일부인용된 부분도 항소심의 심판대상이라 할 것이므로, 항소심은 6,000만원 부분에 대해서는 원고의 항소를 기각하고, 4,000만원 부분에 대해서는 제1심 판결을 취소하고 원고의 청구를 기각하여야 한다.

Ⅳ 설문 4.에 관하여

1. 결론

A회사의 대표이사 丙은 변호사 乙이 한 일련의 소송행위 중 소취하 행위만을 제외하고 나머지 소송행위를 추인할 수 있다.

2. 근거

(1) 민법의 표현대리규정의 적용 여부

판례는 "공정증서가 집행권원으로서 집행력을 갖도록 하는 집행인낙의 표시는 공증인에 대한 소송행위로서 이러한 소송행위에는 민법상의 표현대리 규정이 적용될 수 없다"고 하였다.

따라서 사안의 경우 이미 대표권이 소멸된 甲에 의한 소송대리인 선임행위는 무권대표의 소송행위로서 A회사에 대해 무효라고 할 것이고, 乙은 무권대리인에 해당한다.

(2) 대리권의 소송법상 효과

1) 소송행위의 유효요건

대리권의 존재는 소송행위의 유효요건이므로, 무권대리인에 의한 소송행위는 무효이다. 다만 확정적 무효는 아니고, 당사자 본인이나 정당한 대리인에 의한 추인으로서 유효로 확정될 수 있는 유동적 무효이다. 추인한 경우에는 행위시에 소급하여 유효하게 된다(제97조, 제60조).

2) 추인의 방법과 범위

무권대리행위에 대한 추인은 ① 명시적 또는 묵시적 추인으로 가능하고, ② 시기에 제한이 없으므로 상급심에서도 하급심에서 한 무권대리인의 소송행위를 추인할 수 있다. 또한 ③ 추인은 전부추인(일괄추인)이어야 한다. 따라서 일부추인은 원칙적으로 허용되지 않는다. 다만 판례에 따르면 무권대리인이 변호사에게 위임하여 소를 제기하여서 승소하고 상대방의 항소로 소송이 2심에 계속 중 그 소를 취하한 일련의 소송행위 중 소취하 행위만을 제외하고 나머지 소송행위를 추인함은 소송의 혼란을 일으킬 우려가 없고 소송경제상으로도 적절하여 그 추인은 유효하다.

실전연습 및 종합사례

시험과목	민소법(사례형)	응시번호		성명	

공통된 사실관계

乙은 1991.2.10. 甲에게 乙 소유의 A부동산을 10억원에 매도하였다. 이에 甲은 계약당일 계약금 및 중도금 5억원을 지급하고, 잔금 5억원은 한 달 뒤에 소유권이전등기에 필요한 서류를 지급받음과 동시에 지급하기로 하였다. 그러나 甲이 잔금까지 모두 지급하였음에도 불구하고 乙은 A부동산의 소유권이전등기를 차일피일 미루고 있고, 이에 甲은 乙을 상대로 乙 소유의 A부동산을 매수하였음을 청구원인으로 하여 乙에 대해 A부동산에 관한 매매를 원인으로 한 소유권이전등기청구의 소를 제기하였다.

추가된 사실관계 및 문제

1. 제1심 소송진행 중 甲은 A부동산에 대해 취득시효가 완성되었음을 알게 되었다. 甲은 매매를 원인으로 한 소유권이전등기청구가 기각될 것에 대비하여 예비적으로 취득시효완성을 원인으로 하는 소유권이전등기청구를 추가하였다.

    (1) 제1심 법원은 甲의 위 추가적 청구를 허용할 것인지 여부에 관하여 서술하시오. [15점]

    (2) 위 소송절차에서 제1심 법원은 심리결과 매매를 원인으로 한 소유권이전등기청구를 배척하면서도, 취득시효완성을 원인으로 한 예비적 청구에 대해서는 판단하지 않은 채 청구를 기각하는 판결을 하였고, 甲은 이러한 제1심 판결에 대하여 항소를 제기하였다. 항소법원이 예비적 청구가 이유 있다고 판단할 경우, ① 항소심 법원의 결론과 ② 그에 이르게 된 논거를 서술하시오. [18점]

    (3) 만일 위 소송절차에서 제1심 법원이 매매를 원인으로 한 소유권이전등기청구를 인정하여 원고 甲의 청구를 인용하는 판결을 하였고, 이에 乙이 항소한 경우 항소심 법원은 취득시효완성을 원인으로 한 소유권이전등기청구를 인용할 수 있는지 여부에 대하여 결론과 논거를 서술하시오. [7점]

2. 만일 甲의 매매를 원인으로 한 소유권이전등기청구의 본소에 대해 乙은 甲과 乙 사이의 계약은 주위적으로 폭리행위여서 무효라고 주장하고, 예비적으로 사기에 의한 매매계약이어서 이를 취소한다는 주장을 하면서, 甲에 대한 소유권이전등기의무가 존재하지 아니한다는 내용의 채무부존재확인의 반소를 제기하였다. 乙의 반소에 대한 법원의 결론과 논거를 서술하시오. [10점]

I 설문 1.의 (1)에 관하여

1. 결론

제1심 법원은 甲의 취득시효완성을 원인으로 하는 소유권이전등기청구의 추가신청을 허용할 것이다.

2. 논거

(1) 甲의 추가적 청구가 소의 변경에 해당하는지 여부

판례는 소유권이전등기청구사건에 있어서 등기원인을 달리하는 경우에는 그것이 단순히 공격방어방법의 차이에 불과한 것이 아니고 등기원인별로 별개의 소송물로 인정한다. 즉 매매를 원인으로 한 소유권이전등기청구권과 취득시효완성을 원인으로 한 소유권이전등기청구권은 이전등기청구권의 발생원인을 달리하는 별개의 소송물이다. 따라서 甲의 추가신청은 소송물의 변경에 해당한다.

(2) 甲의 청구변경의 형태 및 법적 성질

1) 청구의 변경이란 원고가 소송계속 후 변론종결 전까지 청구 기초의 동일성을 유지하면서 청구의 취지 또는 원인을 변경하는 것을 말한다(제262조). 이러한 청구의 변경에는 ① 구청구에 갈음하여 신청구를 제기하는 교환적 변경과 ② 구청구를 유지하면서 신청구를 추가제기하는 추가적 변경이 있다.

2) 사안에서 甲은 구청구를 유지하면서 신청구를 추가신청하였으므로 그 형태는 청구의 추가적 변경에 해당한다. 판례도 동일 부동산에 대하여 이전등기를 구하면서 그 등기청구권의 발생원인을 처음에는 매매로 하였다가 후에 취득시효의 완성을 선택적으로 추가하는 것도 단순한 공격방법의 차이가 아니라 별개의 청구를 추가시킨 것이므로 역시 소의 추가적 변경에 해당한다고 하였다.

(3) 추가적 변경의 적법 여부

1) 청구의 변경은 ① 동종절차와 공통관할이 있을 것, ② 신·구 청구 간에 청구기초의 동일성이 있을 것, ③ 절차를 현저히 지연시키지 않을 것, ④ 사실심 변론종결 전일 것을 요한다.

2) 사안에서 매매에 기한 소유권이전등기청구와 취득시효완성을 원인으로 하는 소유권이전등기청구는 동종절차에서 심판할 수 있으며, 공통관할이 있다고 할 것이며, 절차를 현저히 지연시키는 사정도 없고, 제1심에서 소 변경을 하여 사실심 변론종결 전이다. 문제는 양 청구 간에 청구의 기초에 동일성이 있는지 여부이나, 사안의 경우는 甲의 추가적 변경은 같은 목적의 청구(A부동산에 대한 소유권이전등기청구)로 경제적 이익에 관한 분쟁에 있어서 법률적 구성만을 달리하는 경우(매매와 점유취득시효)로서 청구의 기초에 동일성을 인정할 수 있겠다.

▐▐ 설문 1.의 (2)에 관하여

1. 결론

항소심 법원은 판결주문에 제1심 판결을 취소한 다음, 甲의 소유권이전등기청구를 인용하는 판결을 선고하고 판결이유에 제1심 법원의 판결이 판단누락에 준하는 위법이 있다는 점과 예비적 청구를 인정한다는 판단을 설시하여야 한다.[853]

2. 논거

(1) 양립가능한 청구에 대한 예비적 병합신청의 허용 여부

판례는 논리적으로 양립할 수 있는 수 개의 청구라 하더라도 당사자가 심판의 순위를 붙여 청구를 할 합리적 필요성이 있는 경우에는 주위적 청구가 배척될 경우를 대비하여 예비적 청구에 대한 심판을 구할 수 있다고 하였다.

(2) 청구병합의 형태와 심판방법

1) 병합의 형태

① 예비적 병합이란 양립되지 않는 수개의 청구를 하면서 주위적 청구가 기각·각하될 때에 대비하여 예비적 청구에 대하여 심판을 구하는 것을 말하고, 선택적 병합이란 양립할 수 있는 여러 개의 청구를 심판순서를 정하지 않고 어느 한 청구가 택일적으로 인용되는 것을 해제조건으로 병합하는 것을 말한다.

② 사안에서 甲은 원고는 순서를 정하여 두 가지 청구를 한 점에서는 예비적 병합으로 보인다. 그러나 매매를 원인으로 하는 소유권이전등기청구와 시효취득을 원인으로 한 소유권이전등기청구는 양립가능한 청구이며 동일한 경제적 목적을 법적 근거만 달리 하여 청구의 객관적인 성질은 선택적 병합에 해당한다.

2) 심판방법

사안의 청구의 병합은 예비적 병합의 성질을 갖고 있으므로 순서에 구속되어 재판하되, 선택적 병합의 본질에 의해 제1차 청구가 인용되면 제2차 청구를 심판할 필요가 없으며, 제1차 청구를 기각하면 제2차 청구도 심판하여야 한다.

(3) 제1심 판결의 적법 여부 – 일부판결의 허용 여부

① 판례는 "선택적 병합의 경우 주위적 청구를 배척하면서 예비적 청구에 대하여 판단하지 아니하는 판결을 한 경우에는 그 판결에 대한 상소가 제기되면 판단이 누락된 예비적 청구 부분도 상소심으로 이심이 되고 그 부분이 재판의 누락에 해당하여 원심에 계속 중이라고 볼 것은 아니다"라고 판시하여 판단누락으로 보아, 위와 같은 판결은 위법하다고 본다.

② 사안에서 제1심 법원은 매매를 원인으로 한 소유권이전등기청구를 배척하면서도, 취득시효 완성을 원인으로 한 예비적 청구에 대해서는 판단하지 않은 채 청구를 기각하는 판결을 하였는바, 판단누락의 위법이 있다. 따라서 확정 전에는 상소, 확정 후에는 재심으로서 구제 받을 수 있다.

(4) 항소심 법원의 조치

1) 판례의 태도

판례는 원심판결이 주위적 청구를 기각하면서도 예비적 청구를 판단하지 아니한 위법한 재판을 하였다는 이유로 이를 취소하고 새로이 각 청구에 대하여 자판하여야 한다는 입장이다.

---

853) 즉 제1심 판결을 취소하고, 주위적 청구를 기각하며, 예비적 청구를 인용한다는 판단을 하는 것이다.

2) 사안의 경우 - 항소법원의 판결

사안의 경우 제1심 법원의 판결은 하나의 전부판결로서 항소의 대상적격이 있으며, 모든 청구가 이심되고, 심판의 대상이 되므로 상소심은 모든 청구에 대해서 취소자판할 수 있다. 따라서 항소법원이 취득시효 주장이 이유 있다고 판단한 경우 항소법원은 판결주문에 제1심 판결을 취소한 다음 甲의 소유권이전등기청구를 인용하는 판결을 하고 판결이유에 제1심 법원의 판결이 판단누락에 준하는 위법이 있다는 점과 예비적 청구를 인정한다는 판단을 설시하여야 한다.

Ⅲ 설문 1.의 ⑶에 관하여

1. 결론

항소심 법원은 취득시효완성을 원인으로 한 소유권이전등기청구를 인용할 수 있다.

2. 논거

⑴ 선택적 병합에서의 항소의 효력 - 이심의 범위와 심판의 범위

판례는 ① "수 개의 청구가 제1심에서 처음부터 선택적으로 병합되고 그중 어느 한 개의 청구에 대한 인용판결이 선고되어 피고가 항소를 제기한 경우는 물론, 원고의 청구를 인용한 판결에 대하여 피고가 항소를 제기하여 항소심에 이심된 후 청구가 선택적으로 병합된 경우에 있어서도 항소심은 제1심에서 인용된 청구를 먼저 심리하여 판단할 필요는 없고, 선택적으로 병합된 수 개의 청구 중 제1심에서 심판되지 아니한 청구를 임의로 선택하여 심판할 수 있다"고 한다. 즉 병합된 청구 중 하나만을 받아들여 청구를 인용하는 판결에 대하여 피고가 항소하면, 판단하지 않은 나머지 청구도 항소심으로 이심이 되며, 항소심의 심판의 대상이 된다는 입장이다. ② 나아가 제1심에서 심판하지 아니한 다른 청구에 기하여 제1심과 마찬가지로 청구인용을 하게 되어도 판결주문에서 항소기각을 해서는 안 된다는 것이 판례의 입장이다.

⑵ 사안의 경우

사안의 경우 취득시효완성을 원인으로 한 소유권이전등기청구도 항소심으로 이심되고, 항소심의 심판의 대상이 되므로, 항소심은 주위적 청구가 인정되지 않는 경우 예비적 청구인 취득시효완성을 원인으로 한 소유권이전등기청구를 인용할 수 있다.

Ⅳ 설문 2.에 관하여

1. 결론

법원은 乙의 반소를 부적법 각하하여야 한다.

2. 논거

(1) 반소의 요건 구비 여부

1) 반소요건으로 ① 본소와 동종절차에 의할 것과 반소가 다른 법원의 전속관할에 속하지 아니하고 공통관할이 있을 것, ② 본소와 상호관련성이 있을 것, ③ 본소절차를 현저히 지연시키지 않을 것, ④ 본소의 사실심 변론종결 전일 것, ⑤ 일반적 소송요건이 요구된다.

2) 사안에서 ① 피고 乙의 반소는 본소와 같이 민사사건이므로 동종절차에서 심판될 수 있으며, 공통관할이 있다고 할 것이다. 또한 ② 사실심인 제1심에서 반소를 제기하였고, ③ 피고 乙은 甲의 본소인 소유권이전등기청구의 소와 그 발생원인에 있어서 주된 부분이 공통되고, 항변사유와 그 내용 또는 발생원인에 있어서 공통하므로 본소와 상호관련성이 있으며, ④ 본소절차를 현저히 지연시켰다고 볼만한 사정이 보이지 않는다. 따라서 반소의 특별요건은 구비되었다. 다만 일반적 소송요건이 구비되었는지가 문제이다.

(2) 일반적 소송요건의 구비 여부

① 판례는 채무이행청구소송(전소)과 채무부존재확인소송(후소)은 그 청구취지와 청구원인이 서로 다르므로 중복제소에 해당하지 않는다는 입장이고, 다만 채무의 부존재 확인을 구하는 것은 소의 이익이 없다고 하여 소의 이익 문제로 접근하고 있다.

② 즉, 반소는 본소청구의 기각을 구하는 것 이상의 적극적 내용이 포함되어 있지 않다면 반소청구로서의 이익이 없고, 어떤 채권에 기한 이행의 소에 대하여 동일 채권에 관한 채무부존재확인의 반소를 제기하는 것은 그 청구의 내용이 실질적으로 본소청구의 기각을 구하는데 그치는 것이므로 부적법하다고 한다.

③ 사안의 경우 乙의 반소는 甲의 본소에 대한 청구기각을 구하는 이상의 의미가 없으므로 乙의 법적지위에 위험·불안을 제거하는데 유효적절한 수단이라고 볼 수 없다. 따라서 반소의 이익 내지 확인의 이익이 없어 부적법하다.

실전연습 및 종합사례

시험과목	민소법(사례형)	응시번호		성명	

사실관계

甲은 주로 자금을 투자하고 乙은 부동산에 관한 정보제공과 전매 등의 일처리를 도맡아 하기로 하여 이 사건 토지를 丙으로부터 공동으로 매수하여 이를 전매하여 이익을 반분하기로 하는 동업계약을 체결하였다. 이에 따라 甲과 乙은 이 사건 토지를 丙으로부터 공동매수하였다. 그러나 丙은 소유권이전등기절차의 이행을 거부하고 있어 甲과 乙은 매매에 의한 소유권이전등기청구의 소를 제기하려고 한다.

문제

※ 각 설문은 독립적임을 전제로 한다.

(1) 우선 甲은 단독으로 甲과 乙이 위와 같은 약정에 의하여 이 사건 토지를 丙으로부터 공동매수하였으므로 위 부동산 중 1/2 지분에 관하여 소유권이전등기절차의 이행을 구한다는 내용의 소를 제기하였다. 이 사건 소에 대한 ① 법원의 결론[소 각하, 청구인용, 청구기각]과 ② 그 근거를 서술하시오. 10점

(2) 위와 같이 甲이 단독으로 소를 제기한 후 그 소송계속 중 乙을 공동원고로 추가하는 신청을 하였다. 위 추가 신청이 적법한지 여부에 대한 결론과 근거를 서술하시오. 5점

(3) 위 경우 乙이 공동소송인으로 추가되어 甲과 乙이 그 소송을 수행하던 중 乙이 丙에 대한 청구의 포기를 한 경우, 그 법적 효력이 있는지 여부에 대한 결론과 근거를 서술하시오. 10점

(4) 한편 甲은 버스회사인 A소속 버스를 타고 가다가 교통사고로 중상을 입어 3,000만원의 손해를 입었다. 이에 甲은 A를 상대로 불법행위에 기한 손해배상을 구하는 소를 제기하였는데 제1심에서 패소하였다. 항소심에서 甲은 청구를 계약불이행에 기한 손해배상을 구하는 것으로 교환하였다. 그러나 자신이 없어서 뒤에 다시 제1심에서 주장하였던 불법행위에 기한 손해배상청구의 주장을 추가적으로 병합하고자 하였다. 이것이 법원에 의해 허용될 수 있는지 여부에 대한 결론과 그 근거를 서술하시오. 25점

▮ 설문 (1)에 관하여

1. 법원의 결론

법원은 소각하판결을 하여야 한다.

2. 근거

(1) 공동소송의 형태

1) 고유필수적 공동소송의 판단기준

실체법상의 관리처분권을 공동으로 행사하도록 되어 있는가를 기준으로 필수적 공동소송 여부를 판단해야 한다는 실체법설이 통설·판례의 입장이다.

2) 사안의 경우

이에 의하면 사안에서 甲과 乙이 동업계약에 따라 위 토지를 丙으로부터 매수하였으므로 甲과 乙은 이 사건 토지에 대한 소유권이전등기청구권을 준합유하는 관계에 있다. 준합유의 경우 민법 제272조에 의하여 합유자는 전원의 동의가 없으면 합유물에 대한 지분을 처분하지 못하므로, 丙에 대한 소유권이전등기청구권은 관리처분권이 공동으로 귀속하는 경우에 해당하여 고유필수적 공동소송관계에 해당한다.

(2) 고유필수적 공동소송에 있어서 당사자적격 - 이 사건 소제기의 적법 여부

고유필수적 공동소송의 경우 공동소송인 전원이 공동으로 원고가 되지 않으면 당사자적격의 흠으로 부적법하게 된다. 따라서 사안의 경우 매매계약에 기하여 소유권이전등기의 이행을 구하는 소를 제기하려면 甲과 乙이 공동으로 하지 않으면 안 된다 할 것이므로, 甲 한 사람만에 의하여 소를 제기한 경우 그 소는 당사자적격의 흠결로 부적법하다고 본다.

▮▮ 설문 (2)에 관하여

1. 결론

乙의 동의가 있었다면 甲의 추가신청은 적법하다.

2. 근거

(1) 임의적 당사자변경의 허용 여부

1) 사안의 공동소송형태는 고유필수적 공동소송에 해당하므로 甲은 乙과 공동으로 丙에 대하여 소유권이전등기절차의 이행을 구하여야 한다. 그러므로 甲이 단독으로 제기한 설문의 소는 부적법한 소로서 각하될 수밖에 없다. 그렇다면 누락된 당사자를 보정하는 방법으로는 현행법상 ① 별소제기와 변론의 병합, ② 임의적 당사자변경 중 필수적 공동소송인의 추가, ③ 공동소송참가 등이 있다. 사안에서는 원고 甲이 乙을 공동원고로 추가하는 신청을 하였으므로 임의적 당사자변경에 의하여 乙을 공동소송인으로 추가하여야 하는데 그 적부가 문제된다.

2) 이에 대해 민사소송법은 임의적 당사자변경에 관한 필수적 공동소송인의 추가(제68조)와 피고의 경정(제260조)을 신설하여 이를 명문으로 인정하였다. 따라서 사안의 경우 필수적 공동소송인의 추가가 가능한지 여부를 검토한다.

(2) 필수적 공동소송인 추가의 요건

민사소송법 제68조는 추가적 당사자변경의 한 형태로서 ① 필수적 공동소송인 중 일부가 누락된 경우이어야 하고, ② 종전 당사자와 신당사자 간에 공동소송의 요건을 갖추어야 하며, ③ 제1심 변론종결 전까지, ④ 원고 측 추가의 경우에는 신당사자의 절차보장 내지 신당사자의 처분권의 존중을 위하여 추가될 신당사자의 동의를 요한다.

(3) 사안의 경우

丙에 대한 소유권이전등기청구소송은 고유필수적 공동소송의 관계에 있다고 할 것이고, 고유필수적 공동소송의 관계에 있는 공동소송인 중 乙이 누락된 경우이므로 甲은 乙의 동의를 얻어서면으로써 추가신청할 수 있다.

Ⅲ 설문 (3)에 관하여

1. 결론

고유필수적 공동소송관계에 있는 합유자 중 1인의 청구포기는 허용되지 않으므로 그 법적 효력은 없다.

2. 근거

(1) 필수적 공동소송의 심판

1) 필수적 공동소송인의 소송상의 지위

필수적 공동소송의 경우는 상호 연합관계이며, 따라서 모순된 판결을 해서는 안 되며 합일확정의 판결만이 허용된다.

2) 소송자료의 통일

공동소송인 중 한사람의 소송행위는 전원의 이익을 위해서만 효력이 있으며 불리한 것은 전원의 함께 하지 않으면 효력이 없다(제67조 제1항). 그러나 한 사람에 대한 소송행위는 유·불리를 불문하고 전원에 대해서 그 효력이 있다(제67조 제2항).

3) 소송진행의 통일

변론·증거조사·판결은 같은 기일에 함께 해야 하여야 하므로 변론의 분리·일부판결을 할 수 없다. 공동소송인 중 한사람에 대하여 중단의 원인이 발행하면 다른 공동소송인 전원에 대하여 중단의 효과가 생겨 전 소송절차의 진행이 정지된다.

(2) 사안의 경우

설문에서 乙의 丙에 대한 청구의 포기는 甲에게 불리한 소송행위이다. 따라서 전원이 함께 하지 않으면 그 효력이 없다. 판례도 고유필수적 공동소송관계에 있는 합유자 중 일부의 청구포기·인낙은 허용되지 않는다고 하였다.

Ⅳ 설문 (4)에 관하여

1. 결론

甲의 불법행위에 기한 손해배상청구의 병합은 재소금지에 해당되어 허용될 수 없다.

2. 근거

(1) 청구변경의 적법 여부

1) 청구변경에 해당하는지 여부

청구의 변경이란 원고가 소송계속 후 변론종결 전까지 청구 기초의 동일성을 유지하면서 청구의 취지 또는 원인을 변경하는 것을 말한다(제262조). 사안의 경우 甲이 A를 상대로 불법행위에 기한 손해배상을 구하다가 항소심에서 계약불이행에 기한 손해배상을 구하는 것으로 바꾸는 것은 판례에 의하면 실체법적 근거규정이 다르므로 청구의 변경이 된다고 본다.

2) 청구변경의 형태

청구의 변경은 구청구에 갈음하여 신청구를 제기하는 교환적 변경과 구청구를 유지하면서 신청구를 추가제기하는 추가적 변경이 있다. 사안의 경우에 원고 甲은 ① 종전의 불법행위에 기해 손해배상청구 대신에 채무불이행에 기해 손해배상청구를 구하였으므로 교환적 변경으로 보아야 할 것이다. 그리고 ② 다시 불법행위에 기한 손해배상청구의 주장을 추가적으로 병합한 것은 청구의 추가적 변경에 해당한다.

3) 청구변경의 성질

가) 교환적 변경의 성질

이에 대해 판례는 교환적 변경은 독자적인 소변경의 형태가 아니고, 신청구의 추가와 구청구의 취하의 결합형태라고 보는 결합설의 입장이다.[854]

나) 추가적 변경의 성질

추가적 변경은 청구의 후발적 병합에 해당한다. 사안에서 甲은 다시 불법행위로 인한 손해배상청구를 추가적으로 변경하였으므로, 청구의 후발적 병합으로 선택적 병합청구에 해당한다.

4) 청구변경의 적법요건

소의 변경이 적법하기 위해서는 ① 동종절차와 공통관할이 있을 것, ② 신·구 청구 간에 청구기초의 동일성이 있을 것, ③ 절차를 현저히 지연시키지 않을 것, ④ 사실심 변론종결 전일 것을 요한다.

---

854) 대판 1987.11.10, 87다카1405

5) 사안의 경우

사안에서 ① 양 청구는 모두 통상의 민사소송이므로 동일절차에서 심판될 수 있고 또한 ② 관할에 관해서는 공통의 관할이 있으며, ③ 항소심계속 중 청구변경신청을 하였고, ④ 원고 甲의 교환적 변경의 신청은 양 청구 간에 사고사실이라는 사실자료가 공통되며, 같은 목적의 청구인데 법률적 구성만 달리 한 것으로 청구의 기초에 동일성이 있으며, ⑤ 소송절차를 현저히 지연시키는 사정은 보이지 않는다. 따라서 사안의 청구변경은 적법하다. 다만 甲이 다시 소유권이전등기를 추가적으로 변경한 것이 일반적 소송요건으로서 재소금지에 해당되어 부적법한 것인지 문제된다.

⑵ 재소금지에 저촉되는지 여부

1) 문제점

항소심에서 교환적 변경을 한 후 다시 본래의 청구를 되살려 병합시킬 수 있는지 여부는 교환적 변경의 법적 성질을 어떻게 보는가에 따라 달라지는데, 결합설에 따르면 항소심에서 교환적 변경이 이루어진 경우 변경 전 청구를 취하한 것으로 보고, 다시 되살린다면 이것은 신소제기의 실질이 있다고 보게 되므로 재소금지에 저촉되어 허용되지 않는 것은 아닌지 문제된다.

2) 판례의 태도

판례는 본안에 대한 종국판결이 있은 후 구청구를 신청구로 교환적 변경을 한 다음 다시 본래의 청구로 교환적 변경을 한 경우에는 종국판결이 있은 후 소를 취하하였다가 동일한 소를 다시 제기한 경우여서 부적법하다고 한다.

3) 사안의 경우

사안의 경우 판례에 의하면 甲의 불법행위에 기한 손해배상청구의 병합은 재소금지에 해당하여 허용될 수 없다.

실전연습 및 종합사례

시험과목	민소법(사례형)	응시번호		성명	

사실관계

○ A는 X토지의 소유자인 乙의 대리인 자격으로 甲과 대금 5억원에 X토지를 매도하기로 하는 계약을 체결하였는데, A는 乙을 사칭하는 丙으로부터 대리권을 수여받았을 뿐 실제 소유자인 乙로부터 대리권을 수여받은 것이 아니었다. 한편 매매계약이 체결된 직후 X토지가 소재하는 시(市)에 혁신형 산업단지가 들어설 것이 유력하다는 정보를 입수한 甲은 계약에서 정한 날보다 신속히 등기를 이전받고자 대금 5억원을 A에게 선지급하였다. 이후 위 토지에 관한 소유권이전등기를 요청하는 甲에 대하여 乙은 위 매매계약에 관하여 A에게 대리권을 수여한 사실이 없다고 주장하면서 甲의 요청에 응하지 아니하였다. 甲은 계약에서 정한 이행일이 경과한 후 乙을 피고로 하여 매매계약에 기한 소유권이전등기를, 예비적으로 A를 피고로 병합하여 무권대리인으로서 매매계약을 한 데에 따른 손해배상을 구하는 소를 제기하였다(이하 '제1사건'이라 한다).

○ 한편, 甲이 소유한 Y토지 지상에 국가가 설치한 송전선로가 지나가고 있고 한국수자원공사가 송전선로 등 수도권 광역상수도시설에 대한 수도시설관리권을 국가로부터 출자받아 시설을 유지·관리하고 있는데, 甲이 주위적으로 직접점유자인 한국수자원공사에 대하여, 예비적으로는 간접점유자인 국가에 대하여 토지 상공의 점유로 인한 부당이득반환을 구하는 소를 제기하였다(이하 '제2사건'이라 한다).

○ 한편, 乙, 丙 및 丁은 동업약정에 따라 Z부동산에 관하여 합유 지분으로 소유권이전등기를 마쳐두고 있었는데, 甲은 乙, 丙 및 丁을 피고로 삼아, 乙, 丙 및 丁을 조합원으로 하는 동업체로부터 Z부동산을 매수하였다고 주장하면서 매매를 원인으로 하는 소유권이전등기절차의 이행을 구하는 소를 제기하였다(이하 '제3사건'이라 한다).

추가된 사실관계 및 문제

※ 아래 각 설문에 대한 결론과 근거를 설명하시오. 각 설문은 상호 무관한 것임을 전제로 한다.[855]

1. 위 제1사건에서,
   (1) 甲의 위 병합소송은 적법한가? 8점
   (2) (위 소송이 적법한 것임을 전제로 한다) 제1심 법원은 乙에 대한 청구를 인용하면서 A에 대한 청구에 대하여는 아무런 판단도 하지 않았다. 이에 대하여 乙이 항소하였는데, 제2심 법원도 제1심 법원과 동일한 심증을 얻은 경우 제2심 법원은 어떠한 판결을 하여야 하는가? 7점

---

855) 각 설문에 대한 해설은 배점이 최소 10점 이상으로 출제되었을 때를 전제로 하여 구성하였으므로, 실제 시험에서는 배점을 고려하여 융통성 있는 답안을 작성할 수 있도록 대비해 두어야 한다.

2. 위 제2사건에서,

(3) 甲이 예비적 공동소송으로 제기한 위 병합소송은 적법한가? ⑥점

(4) 만약 제1심 법원이 甲의 한국수자원공사에 대한 청구는 기각하고 국가에 대한 청구는 인용하였는데, 甲이 이에 한국수자원공사에 대한 청구기각판결에 대하여 항소를 제기하였고, 한국수자원공사와 국가는 항소를 제기하지 않았다. 항소심 법원은 국가에 대한 甲의 청구에 대해서 심판할 수 있는가? ⑧점

3. 위 제3사건에서,

(5) 위 소송에서 피고 乙은 소장을 직접 송달받고도 답변서를 제출하지 않고 변론기일에 출석하지 아니하였고, 한편 피고 丙과 丁은 원고 甲의 청구원인 주장을 부인하였는데, 법원의 심리결과 원고 甲이 주장하는 매매 사실을 인정할 증거가 부족하였다. 이 경우 법원은 피고 乙, 丙 및 丁에 대하여 각 어떤 판단을 하여야 하는가? ⑨점

(6) 위 소송에서 제1심 법원은 매매 사실이 증명되었다고 보아 원고 전부승소 판결을 선고하였는데, 이에 대해 피고 乙, 丙만이 항소를 제기하였다. 항소심 법원은 원고 甲과 피고 乙, 丙만을 당사자로 하여 변론기일을 진행한 다음 피고 乙, 丙의 항소를 기각하는 판결을 선고하였다. 위 항소심 판결은 정당한가? ⑦점

(7) 위 소송에서 제1심 법원이 심리한 결과, 피고 乙, 丙 및 丁 외에 소외 戊도 동업약정의 당사자이고, Z 부동산에 관하여 피고 乙, 丙 및 丁, 소외 戊 4인의 합유지분으로 소유권이전등기가 마쳐진 사실이 밝혀졌다. 제1심 소송계속 중 원고 甲이 戊를 공동피고로 삼을 수 있는 방법은 무엇인가? ⑤점

■ 설문 (1)에 관하여

1. 결론

적법하다.

2. 근거

(1) 甲의 乙과 A에 대한 병합소송의 법적 성질(유형)

1) 예비적 공동소송의 의의

예비적 공동소송이란 공동소송인들 사이에 각 청구가 양립할 수 없고 그 청구들 사이에 순위가 정해져 있는 소송을 말한다(제70조).

2) 예비적 공동소송 해당 여부

사안에서 甲은 주위적으로 乙을 피고로 하여 A가 유권대리인이라면 매매계약에 기한 소유권이전등기를, 예비적으로 A를 피고로 병합하여 무권대리인으로서 매매계약에 따른 손해배상을 구하는 소를 제기하였는바, 예비적 공동소송에 해당한다.

(2) 예비적 공동소송의 허용 여부

① 종래 판례는 ⅰ) 이를 인정하는 명문의 규정이 없고, ⅱ) 예비적 피고는 자기에 대한 청구에는 아무런 판단도 받지 못한 채 소송이 종료될 불안한 지위에 놓이고, ⅲ) 이러한 병합은 재판의 통일이 보장될 수 없다는 이유로 부정하였으나, ② 개정 민사소송법은 제70조에서 예비적 공동소송의 소송형태를 인정하여 입법적으로 해결하였다. 이에 따라 ⅰ) 예비적 피고의 지위불안은 제70조 제2항에 의해, ⅱ) 재판의 불통일 위험은 제67조를 준용하여 이를 해결하였다.

(3) 예비적 공동소송의 적법 여부

1) 요건

예비적 공동소송은 ① 공동소송의 일반요건을 갖추어야 하고, ② 공동소송인 가운데 일부의 청구가 다른 공동소송인의 청구와 법률상 양립할 수 없거나 공동소송인 가운데 일부에 대한 청구가 다른 공동소송인에 대한 청구와 양립할 수 없는 경우이어야 한다(제70조). 사안의 경우에는 특히 법률상 양립불가능한 경우인지 여부가 문제된다.

2) 법률상 양립불가능의 의미

판례는 "법률상 양립할 수 없다는 것은, 동일한 사실관계에 대한 법률적인 평가를 달리하여 두 청구 중 어느 한 쪽에 대한 법률효과가 인정되면 다른 쪽에 대한 법률효과가 부정됨으로써 두 청구가 모두 인용될 수는 없는 관계에 있는 경우나, 당사자들 사이의 사실관계 여하에 의하여 또는 청구원인을 구성하는 택일적 사실인정에 의하여 어느 일방의 법률효과를 긍정하거나 부정하고 이로써 다른 일방의 법률효과를 부정하거나 긍정하는 반대의 결과가 되는 경우로서, 실체법적으로 서로 양립할 수 없는 경우뿐 아니라 소송법상으로 서로 양립할 수 없는 경우를 포함하는 것으로 봄이 상당하다"는 입장이다.

(4) 사안의 경우

사안의 경우 ① 乙과 A의 공동소송은 A의 대리사실에 기초한 것으로 제65조 전문의 권리의무가 사실상 또는 법률상 같은 원인으로 생긴 경우에 해당하며, ② A에게 대리권이 있다면 乙이 이행책임을 지고, 만일 A에게 대리권이 없다면 乙은 책임이 없고 A가 손해배상책임을 지는 경우이므로 택일적 사실인정의 경우로서 법률상 양립불가능한 경우로 보아야 할 것이다. 따라서 乙과 A의 공동소송은 제70조 예비적 공동소송으로 적법하다.

▌Ⅱ▐ 설문 (2)에 관하여

1. 결론

항소를 인용하여 제1심 판결을 취소하고, 1차 청구를 인용, 2차 청구를 기각하는 판결을 하여야 한다.

2. 근거[856]

(1) 항소제기의 적법 여부

1) 항소의 적법요건

항소가 적법하기 위해서는 ① 항소의 대상적격(유효한 종국판결)이 있어야 하고, ② 적식의 항소제기, 즉 항소장을 판결정본의 송달일로부터 2주 내에 원심법원에 제출하여야 하며, ③ 항소의 이익이 있어야 하고, ④ 당사자자격을 구비하여야 한다.

사안에서 제1심 법원이 乙에 대한 청구를 인용하면서 A에 대한 청구에 대하여는 아무런 판결도 하지 않았고, 이에 피고 乙만이 항소하였는바, 이때 乙에 대해서는 항소의 적법요건을 구비하였으나, A에 대해서도 항소의 대상적격과 항소의 이익이 있는지 문제된다.

2) 예비적 공동소송에서 일부판결에 대한 상소의 적법 여부

판례에 따르면, ① 예비적 공동소송은 동일한 법률관계에 관하여 모든 공동소송인이 서로 간의 다툼을 하나의 소송절차로 한꺼번에 모순 없이 해결하는 소송형태로서 모든 공동소송인에 대한 청구에 관하여 판결을 하여야 하고(제70조 제2항), 그중 일부 공동소송인에 대하여만 판결을 하거나 남겨진 자를 위하여 추가판결을 하는 것은 허용되지 않는다. 따라서 ② 예비적 공동소송에서 일부 공동소송인에 관한 청구에 대하여만 판결을 하는 경우 이는 일부판결이 아닌 흠이 있는 전부판결에 해당하여 판단누락에 준하는 위법한 판결이다.

3) 사안의 경우

사안의 예비적 공동소송에서 일부 공동소송인 乙에 관한 청구에 대하여만 판결을 하는 경우 이는 일부판결이 아닌 흠이 있는 전부판결에 해당하므로 상소로써 이를 다투어야 하고, 그 누락된 공동소송인 A에 대해서도 이러한 판단누락을 시정하기 위하여 상소를 제기할 이익이 있으며, 상소의 대상적격도 있으므로, 乙의 항소제기는 적법하다.

(2) 항소심에서의 본안판단

1) 乙의 항소제기로 인한 항소심의 이심 및 심판의 범위

판례는 "주관적·예비적 공동소송에서 주위적 공동소송인과 예비적 공동소송인 중 어느 한 사람이 상소를 제기하면 다른 공동소송인에 관한 청구 부분도 확정이 차단되고 상소심에 이심되어 심판대상이 되고, 이러한 경우 상소심의 심판대상은 주위적·예비적 공동소송인들 및 상대방 당사자 간 결론의 합일확정 필요성을 고려하여 판단하여야 한다"는 입장이다. 즉 예비적 공동소송의 경우에 불이익변경금지의 원칙이 적용되지 않는다.

---

856) ※ 논증의 구도 – 항소심은 항소가 부적법하면 항소각하를, 만약 적법하면 본안판단으로 항소인용 또는 항소기각판결을 하므로 우선 항소의 적법 여부를 판단하여야 하며, 이때 예비적 공동소송에서 예비적 피고 A에 대해서는 제1심 판결이 없으므로 항소의 대상적격이 있는지 검토하여야 한다. 다음으로 항소가 적법하다고 인정되면 항소본안판단을 위해서 乙의 항소제기에 의한 이심의 범위와 심판의 범위를 판단하여야 한다. 나아가 만약 제1심 판결은 전부판결이지만 판단누락에 준하는 위법한 판결이라면, 항소를 인용하여 제1심 판결을 취소하고, 항소심은 1심과 동일한 심증을 얻었으므로 1차 청구를 인용, 2차 청구를 기각하는 판결을 하여야 한다.

2) 사안의 경우

항소심은 항소인 乙뿐만 아니라 항소하지 않은 A에 대한 청구에 대해서도 심판할 수 있다. 다만 사안에서 항소심 법원이 제1심 법원과 동일한 심증을 얻은 경우 어떠한 판결을 하여야 하는지가 문제이다.

(3) 사안의 해결 - 항소심 법원의 조치

항소심은 제1심 법원과 동일한 심증을 얻은 경우, 항소심 법원은 항소를 인용하여 제1심 판결을 취소하고, 항소심은 1심과 동일한 심증을 얻었으므로 1차 청구를 인용, 2차 청구를 기각하는 판결을 하여야 한다.

Ⅲ 설문 (3)에 관하여

1. 결론

부적법하다.

2. 근거

(1) 甲의 공사와 대한민국에 대한 병합소송의 법적 성질 및 허용 여부

① 예비적 공동소송이란 공동소송인들 사이에 각 청구가 양립할 수 없고 그 청구들 사이에 순위가 정해져 있는 소송을 말한다(제70조).

② 개정 민사소송법은 제70조에서 예비적 공동소송의 소송형태를 인정하여 입법적으로 해결하였다. 이에 따라 i) 예비적 피고의 지위불안은 제70조 제2항에 의해, ii) 재판의 불통일 위험은 제67조를 준용하여 이를 해결하였다.

(2) 예비적 공동소송의 적법 여부

1) 요건

2) 법률상 양립불가능의 의미

(3) 부진정연대채무의 경우 예비적 공동소송의 인정 여부

1) 부진정연대채무의 관계에 있는지 여부

판례는 어떤 물건에 대하여 직접점유자와 간접점유자가 있는 경우, 그에 대한 점유·사용으로 인한 부당이득의 반환의무는 동일한 경제적 목적을 가진 채무로서 서로 중첩되는 부분에 관하여는 일방의 채무가 변제 등으로 소멸하면 타방의 채무도 소멸하는 이른바 부진정연대채무의 관계에 있다고 하였다.

2) 법률상 양립불가능의 인정 여부

판례는 "부진정연대채무의 관계에 있는 채무자들을 공동피고로 하여 이행의 소가 제기된 경우 그 공동피고에 대한 각 청구가 서로 법률상 양립할 수 없는 것이 아니므로, 그 소송을 민사소송법 제70조 제1항 소정의 예비적·선택적 공동소송이라고 할 수 없다."고 하였다.

⑷ 사안의 경우

부진정연대채무의 관계에 있는 자는 상호 법률상 양립이 가능한 경우로서 그 자를 상대로 한 예비적 공동소송은 부적법하다.

Ⅳ 설문 ⑷에 관하여

1. 결론

항소심은 국가에 대한 甲의 청구에 대해서 심판할 수 없다.

2. 근거

⑴ 공동소송의 유형

실체법상 관리처분권설 ⇨ 판결의 효력 확장 여부 : 판례는 주위적 피고에 대한 청구와 예비적 피고에 대한 청구가 서로 법률상 양립할 수 있는 관계에 있으면 양 청구를 병합하여 통상의 공동소송으로 보아 심리·판단할 수 있다고 하였다.

⑵ 통상공동소송의 심판방법

1) 공동소송인 독립의 원칙

통상공동소송의 경우에는 제66조의 "공동소송인 가운데 한 사람의 소송행위 또는 이에 대한 상대방의 소송행위와 공동소송인 가운데 한 사람에 관한 사항은 다른 공동소송인에게 영향을 미치지 아니한다"는 공동소송인 독립의 원칙이 적용되어 이 원칙에 따라 심판하게 된다.

2) 공동소송인 독립의 원칙의 내용

통상공동소송은 ① 소송요건의 존부는 각 공동소송인마다 개별 심사처리하여야 하고, ② 공동소송인의 한 사람의 소송행위는 유리·불리를 가리지 않고 원칙적으로 다른 공동소송인에게 영향을 미치지 아니하며(소송자료의 독립), ③ 공동소송인의 한 사람에 관한 사항은 다른 공동소송인에 영향이 없다(소송진행의 독립). 또한 ④ 판결의 통일이 요구되지 않으며, 법원은 전부판결을 하는 것이 원칙이나 공동소송인 1인에 대하여 판결하기에 성숙한 때에는 변론의 분리·일부판결을 할 수 있다(판결의 불통일).

3) 1인의 상소의 효력

① 상소불가분의 원칙이 적용되지 않는다. 따라서 공동소송인 중 1인의 상소 또는 공동소송인 중 1인에 대한 상소는 다른 공동소송인에게 영향을 미치지 않고 불복신청의 당사자 사이의 청구에 대하여만 확정차단의 효력 및 이심의 효력이 생긴다. 결국 나머지 공동소송인에 대한 부분은 그대로 분리확정된다.

② 불이익변경금지의 원칙이 적용되므로, 항소심의 심판범위는 불복신청의 당사자 사이의 청구에 한한다.

(3) 사안의 경우

사안의 경우 甲이 한국수자원공사에 대해서만 항소하였으므로, 국가에 대한 甲의 청구부분은 분리·확정되고 항소심의 심판대상이 되지 않는다. 따라서 항소심은 국가에 대한 甲의 청구에 대해서 심판할 수 없다.

Ⅴ 설문 (5)에 관하여

1. 결론

법원은 乙, 丙, 丁 모두에 대한 甲의 청구에 대해 기각판결을 하여야 한다.

2. 근거

(1) 甲의 乙·丙·丁에 대한 공동소송의 유형

① 乙, 丙, 丁은 동업약정에 기해 결성된 경우로서 민법상 조합으로서의 성질을 갖는다고 할 것이다.

② 사안의 경우 乙, 丙, 丁은 Z부동산을 합유하는 자로서 민법 제272조 합유물의 처분·변경에는 합유자 전원의 동의가 필요하다. 따라서 甲의 乙·丙·丁에 대한 소유권이전등기청구는 고유필수적 공동소송에 해당한다.

(2) 고유필수적 공동소송의 심판방법

1) 필수적 공동소송인의 소송상 지위

필수적 공동소송의 경우는 상호 연합관계이며, 따라서 합일확정의 판결만이 허용된다. 이에 따라 제67조에 특별규정을 두고 있으며, 본안심리에 있어서 ① 소송자료의 통일, ② 소송진행의 통일이 요청된다. ③ 그 결과 재판의 통일을 기할 수 있다.

2) 소송자료의 통일

공동소송인 중 한사람의 소송행위는 전원의 이익을 위해서만 효력이 있으며, 불리한 것은 전원이 함께 하지 않으면 효력이 없다(제67조 제1항). 따라서 공동소송인 중 한 사람이라도 상대방의 주장사실을 다투면 전원이 다툰 것으로 되고, 그중 한 사람이 기일에 출석하여 변론하였으면 다른 공동소송인이 결석하여도 기일해태에 따른 자백간주의 효과는 발생하지 않는다. 따라서 답변서를 제출하지 않고 기일에 불출석한 공동소송인에 대하여도 무변론패소판결을 할 수는 없다.

3) 사안의 경우

사안의 경우 乙이 소장을 송달받고도 답변서를 부제출하고 변론기일에 출석하지 아니한 행위는 제257조 제1항의 자백간주가 인정되는 사정에 해당하지만, 이는 불리한 행위로서 丙과 丁이 공동으로 하지 않는 한 효력이 없고, 丙과 丁이 출석하여 甲의 주장을 부인한 행위는 유리한 행위로서 전원에 대해 효력이 있다.

(3) 증명책임의 분배

① 증명책임의 분배기준에 대한 판례의 법률요건 분류설의 입장에서 이행의 소의 경우 권리근거규정의 요건사실은 원고에게 있다.

② 사안의 경우 甲에게 매매계약의 체결사실에 대한 증명책임이 인정되는데, 매매 사실을 인정할 증거가 부족한 경우이므로 법원은 甲의 乙, 丙, 丁에 대한 매매를 원인으로 한 소유권이전등기청구에 대해 기각판결을 하여야 한다.

Ⅵ 설문 (6)에 관하여

1. 결론

항소심의 항소기각판결은 정당하지 않다(부당하다).

2. 근거

(1) 고유필수적 공동소송에서 일부항소의 경우 심판방법

1) 변론의 분리·일부판결의 가부

변론·증거조사·판결은 공동소송인에 대하여 함께 해야 하므로 변론의 분리·일부판결을 할 수 없다. 즉 고유필수적 공동소송에 대하여 본안판결을 할 때에는 공동소송인 전원에 대한 하나의 종국판결을 선고하여야 하는 것이지 공동소송인 일부에 대해서만 판결하거나 남은 공동소송인에 대해 추가판결을 하는 것은 모두 허용될 수 없다.

2) 공동소송인 가운데 일부만의 상소

① 공동소송인 중 일부의 상소제기는 전원의 이익에 해당된다고 할 것이어서 다른 공동소송인에 대하여도 그 효력이 미친다.

② 고유필수적 공동소송에 있어서는 공동소송인 중 일부가 제기한 상소는 다른 공동소송인에게도 그 효력이 미치는 것이므로 공동소송인 전원에 대한 관계에서 판결의 확정이 차단되고 그 소송은 전체로서 상소심에 이심된다. 왜냐하면 상소의 제기에 의한 확정차단의 효력과 이심의 효력은 원칙적으로 상소인의 불복신청의 범위에 관계없이 원판결의 전부에 대하여 불가분으로 발생하는 상소불가분의 원칙이 적용되기 때문이다.

③ 이 경우 상소하지 않은 다른 공동소송인의 상소심에서의 지위가 문제되는데, 판례에 따르면 '단순한 상소심 당사자'로 보아 상소인지를 붙이지 않아도 되며, 상소비용도 부담하지 않고, 상소취하권이 없으며, 상소심에서의 소송행위에 법정대리인인 경우 특별수권을 요하지 않는다(제69조).

④ 나아가 합일확정의 필요 때문에 불이익변경금지원칙의 적용이 없게 되므로, 공동소송인 전부가 항소심의 심판대상이 된다. 따라서 상소심 판결의 효력은 상소를 하지 아니한 공동소송인에게 미치므로 상소심으로서는 공동소송인 전원에 대하여 심리·판단하여야 한다.

(2) 사안의 경우

사안의 경우 乙, 丙, 丁은 고유필수적 공동소송인으로서 乙과 丙만이 항소하고 丁의 항소가 없다 하더라도 丁에 대한 사건도 항소심에 이심되고, 항소심의 심판대상이 된다. 따라서 항소심이 乙과 丙만을 항소심의 당사자로 하여 변론기일을 진행한 다음 乙, 丙의 항소를 기각하는 판결을 한 것은 필수적 공동소송에 관하여 특칙을 규정한 제67조의 법리를 오해한 위법이 있다.

Ⅶ 설문 (7)에 관하여

1. 결론

甲은 고유필수적 공동소송인의 추가를 할 수 있다.

2. 근거[857]

(1) 고유필수적 공동소송인의 추가

1) 의의

필수적 공동소송인 가운데 일부가 누락된 경우에는 원고의 신청에 따라 누락된 사람을 추가하는 것이다(제68조).

2) 요건

필수적 공동소송인의 추가가 인정되기 위해서는, ① 필수적 공동소송인 중 일부가 누락된 경우이어야 하고, ② 공동소송의 요건을 갖추어야 하며, ③ 시기적으로 제1심 변론종결 전이어야 한다. ④ 원고 측 추가의 경우에는 추가될 당사자의 동의를 요한다.

(2) 사안의 경우

사안의 경우 ① 소유권이전등기를 구하는 소송은 고유필수적 공동소송인데 공동소송인 중 1인인 戊가 피고로서 누락되었고, ② 제65조 전문의 권리와 의무가 공통되는 공동소송에 해당하며, 동종의 절차와 공통의 관할이 있다고 할 것이므로 공동소송의 요건을 갖추어진 것으로 보인다. 또한 ③ 피고 추가의 경우이므로 戊의 동의는 불필요하고, ④ 제1심에서의 추가이므로 戊의 심급의 이익을 침해하는 문제는 발생하지 않는다. 따라서 필수적 공동소송인의 추가 요건을 갖추었으므로, 법원의 허가 결정으로 甲이 戊를 피고로 추가하는 것은 허용되고, 그 추가로 소의 부적법은 보정된다.

---

857) ① 그 밖에 원고 甲이 취할 수 있는 방법은 소취하 후 재소와 별소제기 후 변론의 병합 신청도 고려할 수 있으나, 이는 간접적이고 우회적인 방법으로서 소송경제에 반하고 변론병합은 법원의 재량인 점에서 충분한 방법이 될 수 없다.
② 또한 戊가 취할 수 있는 방법으로는 공동소송참가(제83조)의 방법이 있다는 점을 잊지 말아야 하겠다.

실전연습 및 종합사례

시험과목	민소법(사례형)	응시번호		성명	

> **공통사안**
>
> 甲은 주택건설사업 등을 영위하는 건설회사이고, 乙은 연립주택을 철거하고 새로이 아파트를 건축하려고 조직된 재건축조합이다. 甲과 乙은 공동사업주체로서 기존의 연립주택을 철거하고 그 지상에 아파트를 건설하기로 하며, 乙의 조합원들에 의한 사업부지 제공의 대가로 아파트의 일부 세대를 乙의 조합원들에게 분양하고 乙의 조합원들이 일정한 분담금을 납부하는 한편, 나머지 일반분양세대를 분양하여 그 대금을 甲과 乙에게 귀속시키기로 하는 내용의 이 사건 시행·시공계약을 체결하였다. 이 사건 계약에 의하면 甲과 乙은 이 사건 아파트를 공동으로 분양하고 수익과 손실을 공동으로 분담하는 것으로 되어 있었다. 이에 따라 甲과 乙이 공동으로 매도인이 되어 2010.10.20. 丙에게 일반분양세대인 이 사건 아파트를 분양하는 내용의 분양계약서를 작성하여 이 사건 분양계약을 체결하였다.

> **추가된 사실관계 및 문제**
>
> 1. 이 사건 아파트 완성 후 丙은 이 사건 분양계약에 정해진 분양대금을 지급하지 않고 있다. 이에 따라 甲과 乙은 丙을 상대로 분양대금의 지급을 구하는 소(이하 '이 사건 소송'이라 한다)를 제기하였다. 이 소송 도중에 乙은 丙과 소송 외에서 원만히 합의하자는 제안에 따라 소를 취하하였다. 이러한 소의 취하는 유효한가? 15점
> 2. 그런데 丙은 이 사건 소송에 앞서 甲과 乙을 상대로 이 사건 아파트에 관하여 소유권이전등기청구의 소(이하 '전소'라 한다)를 제기하자 법원은 甲과 乙은 丙으로부터 2억원을 지급받음과 동시에 소유권이전등기절차를 이행하라는 판결을 하였고 이 판결은 확정되었다. 이 사건 소송에서 전소판결의 주문이 인정한 2억원의 반대급부를 이행하라는 판단에는 기판력이 발생하는가? 15점
> 3. 한편 이 사건 소송의 항소심에서 甲, 乙은 丁에게 자신이 丙에 대하여 가지는 분양대금채권을 양도하였다. 丁이 이 사건 항소심에 참가할 수 있는 방법은 무엇인가? 20점

▋ 설문 1.에 관하여

1. 결론

소취하의 효력이 없다.

2. 근거

(1) 甲과 乙 사이의 관계

민법상 조합계약은 2인 이상이 상호 출자하여 공동으로 사업을 경영할 것을 약정하는 계약이

다. 사안의 경우 甲과 乙은 공동사업주체로서 기존의 연립주택을 철거하고 그 지상에 아파트를 건설하기로 하며, 乙의 조합원들에 의한 사업부지 제공의 대가로 아파트의 일부 세대를 乙의 조합원들에게 분양하고 乙의 조합원들이 일정한 분담금을 납부하는 한편, 나머지 일반분양세대를 분양하여 그 대금을 甲과 乙에게 귀속시키기로 하는 내용의 이 사건 시행·시공계약을 체결하였는바, 甲과 乙 사이의 관계는 조합에 해당한다.

(2) 공동소송의 형태

1) 판단기준

공동소송의 형태가 고유필수적 공동소송인지 여부에 대한 판단기준에 관하여, 통설·판례는 실체법상 관리처분권이 여러 사람에게 공동으로 귀속되느냐 여부를 기준으로 판단하는 실체법상 관리처분권설의 입장이다.

2) 공동소유 형태

조합재산의 소유형태는 합유에 속한다(민법 제704조). 따라서 합유물의 처분·변경은 민법 제272조에 의해 조합원 전원의 동의가 필요하므로 실체법상 관리처분권이 조합원 전원에게 공동으로 귀속되어 고유필수적 공동소송이 된다.

사안의 경우 이 사건 분양대금의 지급을 구하는 소는 합유물에 관한 소송으로서 특별한 사정이 없는 한 조합원 전부가 공동원고로 되어야 하는 고유필수적 공동소송에 해당한다고 할 것이다.

(3) 乙의 소취하의 효력 여부

1) 고유필수적 공동소송의 심판 방법

필수적 공동소송(고유필수적 공동소송 및 유사필수적 공동소송)에 있어서는 합일확정의 요청상 공동소송인 사이의 연합관계로 소송자료 및 소송진행의 통일을 도모하여야 한다. 그러나 각 공동소송인은 독립하여 소송행위를 할 수 있으므로(소송대리인도 각자 선임한다) 이에 대처하여 제67조에 특별규정을 두고 있다.

2) 공동소송인 가운데 한 사람만의 소취하

한 사람의 당사자가 행한 소송행위는 모두의 이익을 위하여서만(다른 당사자에 대하여 유리한 이상) 다른 당사자에 대하여도 효력을 발생한다(제67조 제1항). 따라서 유리한 소송행위는 공동소송인 가운데 한 사람이 행하면 모두를 위하여 효력이 생기고, 소취하와 같이 불리한 소송행위는 모두가 하지 않는 한, 그 소송행위를 행한 공동소송인과의 관계에서도 효력이 생기지 않는다.

(4) 사안의 경우

甲과 乙은 조합관계에 있고 이 사건 소송은 고유필수적 공동소송에 해당하므로 乙이 단독으로 소취하를 한 경우 효력이 없다.

Ⅱ 설문 2.에 관하여

1. 결론

2억원의 반대급부를 이행하라는 판단에는 기판력이 발생하지 않는다.

2. 근거

(1) 기판력의 의의 및 근거

(2) 기판력의 객관적 범위

1) 원칙

① 기판력은 판결주문에 포함된 판단에만 생기고(제216조 제1항), 판결이유 중에 판단된 사실에 대해서는 기판력이 생기지 않는다. 즉 판결이유 속에서 판단되는 피고의 항변에 대해서는 기판력이 생기지 않는 것이 원칙이다.

② 사안의 경우에는 법원은 동시이행의 항변으로 상환이행판결을 하였는바, 동시이행관계에 있음이 주문에 포함되어 있어서 문제이다.

2) 상환이행판결의 경우 기판력 발생 여부 및 범위

판례는 ① 상환이행을 명하는 확정판결의 경우 상환이행을 명한 반대채권의 존부나 그 수액에 기판력이 미치는 것은 아니고, ② 단지 소송물 내지 청구권에 동시이행조건이 붙어 있다는 점에 기판력이 발생한다고 본다. ③ 따라서 그 확정판결 후 반대의무의 이행을 하지 않더라도 소유권이전등기를 이행할 의무가 있다는 주장, 즉 무조건 이행의무가 있다는 주장은 확정판결의 기판력에 저촉된다고 한다.

(3) 사안의 경우

甲과 乙의 丙에 대한 2억원의 반대채권의 존재는 판결주문에 포함되어 있지만 기판력이 발생하지 않는다. 단지 丙의 이 사건 아파트에 관한 소유권이전등기청구권에 매매대금 지급의 상환이 조건으로 붙어있다는 점에 기판력이 발생하고 후소에 미치는 것에 불과하다.

Ⅲ 설문 3.에 관하여

1. 결론

丁은 참가승계, 독립당사자참가 또는 보조참가의 방법으로 참가할 수 있다.

2. 근거

(1) 참가승계의 가부

1) 의의

참가승계란 소송계속 중 소송목적인 권리 또는 의무의 전부나 일부를 승계하였다고 주장하며 독립당사자참가신청의 방식으로 스스로 참가하여 새로운 당사자가 되어 소송을 승계하는 것을 말한다(제81조).

2) 요건

① 참가승계가 인정되기 위해서는 ⅰ) 타인 간의 소송계속 중, ⅱ) 소송의 목적인 권리·의무의 전부 또는 일부의 승계가 있을 것이 요구된다.

② 참가신청은 사실심의 변론종결 전에 한하여 허용되며, 상고심에서는 허용되지 않는다는 것이 판례이다.

③ 여기의 승계인에는 소송목적인 권리의무의 전부나 일부를 승계한 자뿐만 아니라, 계쟁물을 승계한 자도 포함된다. 다만 계쟁물 승계의 경우 판례의 구소송물이론에 의하면 소송물이 물권적 청구권에 기한 경우에 한하여 승계인에 해당한다고 본다.

3) 사안의 경우

丁은 분양대금채권을 승계한 자로서 소송목적인 권리 자체를 승계한 자이다. 따라서 丁은 이 사건 항소심에 스스로 참가할 수 있다.

⑵ 독립당사자참가의 가부

1) 의의

독립당사자참가란 타인 간 소송의 계속 중 제3자가 원·피고 양쪽(쌍면참가) 또는 한쪽(편면참가)을 상대방으로 하여 소송목적의 전부나 일부가 자기의 권리라고 주장하거나(권리주장참가), 소송결과에 따라 권리가 침해된다고 주장하면서(사해방지참가) 당사자로서 그 소송절차에 참가하는 것을 말한다(제79조).

2) 요건

적법한 독립당사자참가가 되기 위해서는 참가요건과 일반적 소송요건을 구비하여야 하는데, 참가요건으로는 ① 타인 간의 소송이 계속 중일 것, ② 참가이유가 있을 것, ③ 참가취지, 즉 참가인이 원·피고 일방 또는 쌍방에 대하여 각기 자기의 청구를 할 것, ④ 소의 병합요건을 갖출 것이 요구된다.

사안에서는 甲, 乙과 丙의 항소심 계속 중이며 소의 병합요건은 문제가 없으므로 ②와 ③의 요건에 대하여 살펴본다.

3) 丁의 권리주장참가의 참가이유 구비 여부

판례는 ① 권리주장참가의 참가이유를 판단할 때 본소청구와 참가인의 청구가 주장 자체에서 양립하지 않는 관계에 있으면 족하며, 본안심리 결과 양청구가 실제로 양립되면 참가인의 청구를 기각하면 된다고 한다. ② 최근 판례의 경향은 참가인이 주장하는 권리가 물권과 같은 대세권이 아닌 한 참가신청은 부적법하다는 종래의 입장에서 채권적 권리를 주장하는 경우에도 참가이유를 인정하는 등 주장참가의 요건을 완화하는 경향에 있다고 볼 수 있다.

사안의 경우 丁이 甲, 乙로부터 분양대금채권를 양수받아 실제 귀속권자라고 주장하는 경우 어느 한 쪽의 청구권이 인정되면 다른 한 쪽의 청구권은 인정될 수 없는 것으로서 각 청구가 서로 양립할 수 없는 관계에 있으므로, 丁의 독립당사자참가 신청은 적법하다.

4) 丁의 참가취지가 적법한지 여부

쌍면참가와 편면참가 모두를 허용하고 있으므로, 丁은 甲과 乙 사이에 실질적으로 다툼이 없는 때라면 丙 한쪽만을 상대로 참가할 수도 있다.

5) 사안의 경우

(3) 보조참가의 가부

1) 의의

보조참가는 다른 사람 사이의 소송계속 중에 소송의 결과에 이해관계가 있는 제3자가 당사자의 한 쪽의 승소를 보조하기 위하여 소송에 관여하는 것을 말한다(제71조 이하).

2) 요건

보조참가가 적법하기 위해서는 ① 타인 사이에 소송이 계속 중일 것, ② 참가인이 피참가인의 소송결과에 대하여 법률상 이해관계가 있을 것, ③ 참가신청이 있을 것, ④ 소송절차를 현저히 지연시키지 아니할 것, ⑤ 소송행위의 유효요건을 요한다.
사안에서는 ①,③,④,⑤의 요건은 특별히 문제될 만한 사정은 없으므로, ②의 요건을 살펴보기로 한다.

3) 소송결과에 대하여 이해관계가 있을 것(참가이유)

보조참가를 하기 위해서는 피참가인의 소송결과에 대하여 이해관계, 즉 참가인의 법적 지위가 판결주문 중의 소송물인 권리관계의 존부에 논리적으로 의존관계에 있을 때에 보조참가의 이익이 있다는 것이 통설·판례이다(제한설). 피참가인이 패소하면 그로부터 구상·손해배상 청구를 당하게 되는 등 실체법상의 권리의무에 불리한 영향을 받을 경우가 이에 해당한다.

4) 사안의 경우

사안의 경우 丁은 甲과 乙이 丙을 상대로 한 소송에서 패소하면 양수대상이 되는 채권이 없다는 판단을 받게 되므로, 결국 자신이 양수한 채권을 행사할 수 없게 된다. 따라서 丁에게는 참가이유가 인정된다.

실전연습 및 종합사례

시험과목	민소법(사례형)	응시번호		성명	

공통된 사실관계

○ 甲과 A, B는 전매차익을 얻을 목적으로 공동으로 상인인 乙로부터 X 토지를 매수하기로 하고, 乙과 매매계약을 체결하기 전에 "甲과 A, B는 각자 자금을 출연하여 乙로부터 X 토지를 매수하고 출연자금의 비율에 따라 甲은 1/2, A와 B는 각 1/4 지분으로 소유권이전등기를 한다. 甲과 A, B는 각 공유지분을 인정하고 그 지분권을 개별적으로 행사할 수 있다."는 합의를 하였다. 그 후 甲과 A, B는 2005.3.1. 공동으로 매수인이 되어 乙로부터 乙 소유인 X 토지를 금 5억원에 매수하기로 하는 계약을 체결하고 중도금까지 총 4억원을 지급하였는데, 그 후 乙은 丙으로부터 금 2억원을 차용하면서 X 토지에 관하여 丙에게 저당권설정등기를 마쳐주었고, 다시 丁과의 사이에 X 토지를 금 6억원에 매도하기로 하는 계약을 체결하였다.

○ 甲과 A, B(이하 '甲 등'이라고 한다)가 잔금 지급기일인 2005.8.1. 그 이행을 제공하였으나 乙이 소유권이전등기를 회피함에 따라 甲 등은 2009.5.1. 乙을 상대로 X 토지에 관하여 위 매매를 원인으로 하는 소유권이전등기청구소송(이하 '전소'라고 한다)을 제기하였다.

문제

※ 아래 각 문항의 기재사실은 별도의 제시가 없는 한 상호 무관함

1. 전소에서 甲 등이 소장에 증거방법으로 2005.3.1.자 매매계약서(갑 제1호증)를 첨부, 제출하자 乙은 "甲 등과 乙이 위 매매계약서를 작성한 사실은 있지만 계약이 무효이므로 甲 등의 청구는 기각되어야 한다"는 내용이 기재된 답변서를 제출하고 변론준비기일에 출석하지 아니하였다. 그런데 乙이 제1회 변론기일에 출석하여 "甲 등이 제출한 매매계약서(갑 제1호증)는 위조된 것이다"라고 진술하였다면 법원은 매매계약서(갑 제1호증)를 甲 등의 청구를 뒷받침할 증거로 쓸 수 있겠는가? [10점]

2. 전소에서 아래와 같은 신청이 있는 경우 법원은 그 신청에 대하여 어떻게 심리 판단하여야 할 것인가?
   가. 丙과 丁이 乙의 승소를 돕기 위하여 보조참가신청을 한 경우 [12점]
   나. 丁이 乙의 승계인임을 주장하면서 참가신청을 한 경우 [8점]

3. 전소에서 2012.10.1. 변론이 종결되고 같은 해 11.5. 甲 등의 승소판결이 선고되어 그 판결이 11.25. 확정되었다. 그런데 丁이 같은 해 9.25. 乙로부터 X 토지를 매수하기로 계약하고 같은 해 10.5. X 토지에 관하여 자신의 명의로 위 매매계약을 원인으로 하는 소유권이전등기를 마쳤다면 甲 등은 위 확정판결을 집행권원으로 하여 丁을 상대로 X 토지에 관한 소유권이전등기를 할 수 있겠는가? [10점]

4. 甲 등이 전소에서 乙의 실제 주거지를 알고 있음에도 불구하고 소장에 허위의 주소를 주민등록지로 기재하고, 乙이 그 주민등록지에 거주하고 있지 않다는 내용의 주민등록말소자 등본을 위조하여 소장에 첨부 제출하면서 공시송달신청을 하였고, 이에 따라 재판장이 공시송달명령을 하여 소송절차를 진행한 결과 법원은 甲 등에 대해 승소판결을 선고하였다. 乙이 취할 수 있는 소송상 구제방법은 무엇인가? [15점]

> 5. 甲 등이 전소에서 승소 확정판결을 받아 이를 집행권원으로 하여 소유권이전등기를 마치자, 乙이 甲
> 등을 상대로 주위적으로는 "2012.3.1.자 매매계약이 사회질서에 위반된 법률행위(민법 제103조)에 해
> 당하므로 甲 등의 소유권이전등기는 원인무효이다"라고 주장하면서 소유권이전등기말소를 구하고,
> 예비적으로는 위 매매계약이 유효인인 경우 매매잔대금 1억원의 지급을 구하는 후소를 제기하였다.
> 이에 대하여 甲 등이 "乙의 청구는 모두 기판력에 저촉된다"고 주장하였다. 이와 같은 甲 등의 주장은
> 타당한가? [20점]

Ⅰ 설문 1.에 관하여

1. 결론

법원은 매매계약서를 甲 등의 청구를 뒷받침할 증거로 사용하여 매매계약 체결사실을 인정할 수
있다.

2. 근거[858]

(I) 형식적 증거력 인정 여부

1) 기일해태에 따른 소송상 불이익

　가) 진술간주의 불이익

　　법원은 ① 원고 또는 피고가 소장·답변서·기타 준비서면을 제출하고, ② 적법한 기일
통지를 받고도 필요적 변론기일에 불출석 또는 출석하고서도 본안에 관하여 변론하지 아
니하였을 때에는 ③ 원고 또는 피고가 제출한 소장·답변서, 그 밖의 준비서면에 적혀 있
는 사항을 진술한 것으로 보고 출석한 상대방에게 변론을 명할 수 있다(제148조). 이 경우
진술간주된다는 것 이외에는 당사자 쌍방이 출석한 경우와 동일한 취급을 한다. 따라서
상대방의 주장사실에 대하여 서면에서 자백한 경우에는 재판상의 자백이 성립한다.

　나) 사안의 경우

　　사안의 경우 乙이 답변서 등을 제출하고 변론준비기일에 출석하지 않았으므로, 乙은 진
술간주의 불이익을 받는다. 따라서 乙이 답변서에서 인정한 진술은 재판상 자백으로서
인정되는데, 이와 관련하여 사안에서는 乙이 답변서에서 甲 등과 매매계약서를 작성한
사실을 인정하고 있으므로, 문서의 진정성립의 인정 진술에 대해서도 재판상 자백이 성
립될 수 있는지 여부가 문제이다.

2) 문서의 진정성립에 대한 재판상 자백의 성립 여부

　판례는 문서의 성립의 진정은 보조사실이지만 주요사실에 대한 경우처럼 재판상 자백·자백
간주의 법리가 적용되어 법원은 그 성립의 인정에 구속되어 형식적 증거력을 인정하여야 한
다고 본다.

---

858) 배점은 10점이지만, 설문해결을 위한 논증구도를 분명하게 보여주기 위해서 다소 많은 분량으로 해설을
　　 달았다. 실제 시험에서는 배점 10점에 맞게 관련쟁점을 압축기술할 수 있어야 한다.

사안의 경우 乙의 답변서 인정진술에 따라 문서의 진정성립에 대한 재판상 자백이 성립된다. 그런데 사안에서는 乙이 제1회 변론기일에 출석하여 甲 등이 제출한 매매계약서는 위조된 것이라고 진술하였으므로, 이러한 번복진술이 허용될 것인지 여부가 문제이다.

3) 문서의 진정성립에 관한 인정진술의 철회 가부

가) 철회제한의 원칙과 예외

판례는 "문서의 성립에 관한 자백은 보조사실에 관한 자백이기는 하나 그 취소에 관하여는 주요사실의 자백취소와 동일하게 처리하여야 할 것이다"라고 하였다. 따라서 일단 재판상의 자백이 성립하면 법원은 자백한 사실을 판결의 기초로 하지 않으면 안 되고, 당사자는 자백한 사실에 대하여 자유로운 철회가 부인된다.

그러나 ① 상대방의 동의가 있을 때, ② 자백이 제3자의 형사상 처벌할 행위로 인한 때(제451조 제1항 제5호), ③ 자백이 진실에 반하고 착오로 인한 것임을 증명한 때(제288조 단서), ④ 소송대리인의 자백을 당사자가 경정할 때(제94조)는 철회가 허용된다.

나) 사안의 경우

사안에서 乙이 문서의 진정성립에 관한 인정진술을 예외적으로 철회할 수 있는 사유는 보이지 않는다. 따라서 乙의 인정진술에 따라 甲 등과 乙이 작성한 매매계약서는 형식적 증거력이 인정된다.

(2) 실질적 증거력 인정 여부

실질적 증거력이란 당해 문서의 기재내용이 요증사실의 증명에 기여하는 정도, 즉 증거가치를 말한다. 실질적 증거력의 판단은 법관의 자유심증에 맡겨져 있으며, 자백의 법리가 적용되지 않는다. 다만 처분문서의 경우 그 진정성립이 인정되는 이상 기재 내용대로 법률행위의 존재 및 내용을 인정하여야 한다. 이러한 추정은 상대방의 반증에 의하여 부정될 수 있는 강력한 사실상 추정에 불과하며, 그 추정의 범위는 문서에 기재된 법률행위를 한 사실에 한정된다.

(3) 사안의 경우

사안의 경우 乙의 인정진술에 따라 甲 등과 乙이 작성한 매매계약서는 형식적 증거력이 인정된다. 나아가 매매계약서는 처분문서로서 그 진정성립이 인정되는 이상 기재 내용대로 법률행위의 존재 및 내용을 인정하여야 한다. 따라서 법원은 매매계약서를 甲 등의 청구를 뒷받침할 증거로 사용하여 매매계약 체결사실을 인정할 수 있다.

Ⅱ 설문 2.에 관하여

1. 결론

① 법원은 丙의 보조참가신청에 대해 불허가결정을, 丁의 보조참가신청에 대해 허가결정을 하여야 한다.

② 법원은 丁의 참가승계신청에 대해 각하판결을 하여야 한다.

2. 근거

(1) 丙과 丁의 보조참가신청

1) 보조참가의 의의

보조참가는 다른 사람 사이의 소송계속 중에 소송의 결과에 이해관계가 있는 제3자가 당사자의 한 쪽의 승소를 보조하기 위하여 소송에 관여하는 것을 말한다(제71조 이하).

2) 보조참가의 요건

보조참가가 적법하기 위해서는 ① 타인 사이에 소송이 계속 중일 것, ② 참가인이 피참가인의 소송결과에 대하여 법률상 이해관계가 있을 것, ③ 참가신청이 있을 것, ④ 소송절차를 현저히 지연시키지 아니할 것, ⑤ 소송행위의 유효요건을 요한다(제71조).

사안의 경우 丙·丁은 甲 등의 乙에 대한 소송계속 중에 참가하였고, 丙·丁의 보조참가로 인하여 소송절차를 현저하게 지연시킨다는 사정이 보이지 않는다. 문제는 소송결과에 대한 법률상 이해관계, 즉 참가이유가 있는지 여부이다.

3) 소송결과에 대한 법률상 이해관계의 유무

통상 보조참가의 경우 참가인의 법적 지위가 본소송의 승패, 즉 판결주문 중의 소송물인 권리관계의 존부에 논리적으로 의존관계에 있을 때에 참가이유가 있는데, 피참가인이 패소하면 그로부터 구상·손해배상청구를 당하게 되는 등 실체법상의 권리의무에 불리한 영향을 받을 경우가 이에 해당한다.

4) 사안의 경우

가) 丙의 경우

丙은 X토지의 소유자인 乙로부터 적법하게 저당권을 취득한 자로서, 甲 등이 乙을 상대로 하여 제소한 매매를 원인으로 하는 소유권이전등기청구 소송에서 乙이 패소하더라도 丙의 저당권에 아무런 영향을 주지 못하므로 丙은 소송결과에 대한 법률상 이해관계를 가지지 않는다. 따라서 법원은 丙의 보조참가신청에 대해 불허가결정을 하여야 한다(제73조 제1항).

나) 丁의 경우

사안의 경우 乙이 패소하여 甲 등이 등기를 경료하면 乙의 丁에 대한 소유권이전등기의무는 이행불능이 될 수 있으므로, 丁은 소송결과에 대한 법률상 이해관계를 가진다. 따라서 법원은 丁의 보조참가신청에 대해 허가결정을 하여야 한다. 이 경우 乙의 승소가 참가인 丁에게 이익(소유권이전등기가 가능한 사정)을 가져온다는 것은 고려할 바가 아니다. 왜냐하면 보조참가는 다른 사람들 사이의 소송을 기회로 하여 이익을 얻게 하려는 것은 아니기 때문이다.

(2) 丁의 참가승계신청

1) 참가승계의 의의

참가승계란 타인 간의 소송계속 중 소송목적인 권리 또는 의무의 전부나 일부를 승계하였다고 주장하며 독립당사자참가신청의 방식으로 스스로 참가하여 새로운 당사자가 되어 소송을 승계하는 것을 말한다(제81조).

2) 참가승계의 적법 여부

가) 요건

참가승계가 인정되기 위해서는 ① 타인 간의 소송계속 중, ② 소송의 목적인 권리·의무의 전부 또는 일부의 승계가 있을 것이 요구된다.

나) 타인 간의 소송이 계속 중일 것

참가신청은 사실심의 변론종결 전에 한하여 허용되며, 상고심에서는 허용되지 않는다는 것이 판례이다.

다) 소송의 목적인 권리·의무의 승계가 있을 것(승계의 범위)

① 여기의 승계인에는 ⅰ) 소송물인 권리관계 자체의 전부나 일부를 승계한 자뿐만 아니라, ⅱ) 소송물인 권리관계의 목적물건, 즉 계쟁물을 승계한 자도 포함된다. 이를 당사자적격 이전의 근거가 되는 실체법상의 권리이전이라고도 한다.

② 다만 계쟁물 승계의 경우 판례에 의하면 소송물이 물권적 청구권에 기한 경우에 한하여 승계인에 해당하고, 채권적 청구권에 기한 경우에는 승계인에 해당하지 않는다고 한다.

3) 법원의 조치

참가신청은 소제기의 실질이 있으므로, 참가요건은 직권조사사항으로서 소송요건에 해당한다. 따라서 법원은 참가요건에 흠이 있는 때에는 판결로 참가신청을 부적법 각하하여야 한다. 다만 승계인에 해당하는지 여부는 참가인의 주장 자체로 판단하며, 본안심리의 결과 승계가 인정되지 않으면 법원은 청구기각의 판결을 하여야 한다.

4) 사안의 경우

사안의 경우 丁은 乙과 계쟁물인 X토지에 대해 매매계약만을 체결하였을 뿐이고, 甲 등과 乙 간의 소송물은 채권적 청구권에 기한 경우로서, 丁의 주장 자체로 보아 승계인에 해당하지 않는다. 따라서 법원은 판결로 참가신청을 각하하여야 한다.

Ⅲ 설문 3.에 관하여

1. 결론

甲 등은 승소확정판결을 집행권원으로 하여 丁을 상대로 소유권이전등기를 할 수 없다.

2. 근거

(1) 기판력의 주관적 범위

기판력은 소송의 대립당사자 사이에만 생기는 것을 원칙(상대성의 원칙)으로 한다(제218조 제1항). 다만 일정한 자에게 기판력의 확장이 인정되는데, 민사소송법 제218조 제1항에서는 "확정판결은 변론종결 뒤의 승계인에 대하여 그 효력이 있다."고 규정하고 있다. 따라서 사안의 경우 丁이 변론종결 뒤의 제3자에 해당되어 판결의 효력이 미치는지 여부가 문제된다.

(2) 변론종결 후 승계인에 해당하는지 여부

1) 의의

변론종결 뒤에 소송물인 권리관계에 대한 지위를 당사자로부터 승계한 제3자는 전주와 상대방 당사자 사이에 내려진 판결의 기판력을 받는다(제218조 제1항). 이 경우 소송계속의 사실이나 전소판결의 존재에 대하여 승계인이 된 제3자의 知·不知는 문제되지 않는다.

2) 승계인의 범위

승계인이란 ① 소송물 자체의 승계인뿐만 아니라, ② 소송물인 권리관계자체를 승계한 것은 아니나 계쟁물에 관한 당사자적격(분쟁주체인 지위)을 승계한 자도 승계인에 해당한다. 다만 당사자적격은 소송법적으로 추상화된 개념이므로 승계인의 범위(기판력의 범위)가 지나치게 확대될 가능성이 있다. 따라서 그 범위의 합리적 조절이 문제되는데, 판례는 소송물인 청구권의 성질을 승계인의 범위 문제에 반영하여 이를 해결하고 있으며, 결국 판례에 따르면 소송물이론에 따른 승계인의 범위가 문제된다.

3) 소송물이론과 승계인의 범위

판례는 "전소의 소송물이 채권적 청구권인 소유권이전등기청구권인 경우에는 전소의 변론종결 후에 그 목적물에 관한 소유권이전등기를 넘겨받은 사람은 변론종결 후의 승계인에 해당하지 아니한다."고 보나, 소유권에 기한 소유권이전등기의 말소등기를 명하는 판결이 확정된 후에 피고로부터 소유권이전등기를 마친 자는 변론종결 후의 승계인에 해당한다고 본다.

(3) 사안의 경우

甲 등과 乙 사이의 이전등기소송은 그 소송물이 채권적 청구권이어서 변론종결 후에 목적물을 양수한 丁은 변론종결 뒤의 승계인에 해당하지 않는다. 따라서 기판력은 丁에게 미치지 아니하므로, 甲 등은 승소확정판결을 집행권원으로 하여 丁을 상대로 소유권이전등기를 할 수 없다.

Ⅳ 설문 4.에 관하여

1. 결론

乙은 항소기간 도과 전 항소로, 항소기간 도과 후 추후보완상소 또는 재심의 소에 의해 구제받을 수 있다.

2. 근거

(1) 판결편취의 의의

당사자가 상대방이나 법원을 악의로 기망하여 부당한 내용의 판결을 받은 경우를 판결의 편취 (사위판결 내지 부당취득)라고 한다. 피고의 주소를 알고 있음에도 불구하고 소재불명으로 공시송 달명령을 받아 피고가 모르는 사이에 승소판결을 받은 경우가 이에 해당한다.

(2) 편취판결의 효력

① 판결이 편취되었을 때에 피고의 재판을 받을 권리가 실질적으로 보장된 것이 아니기 때문 에 당연무효로 보아야 한다는 무효설과 판결을 편취한 경우에도 판결 자체는 유효하다는 유효설(위법설)이 대립하고 있다.

② 생각건대, 판결이 무효라면 기판력제도를 동요시켜서 법적 안정성을 해할 우려가 있으며, 더구나 판결편취의 경우에 제451조 제1항에서는 당연무효의 판결이 아님을 전제로 하여 재 심사유로 규정하고 있으므로 우리 실정법에는 맞지 않는 해석이다. 따라서 유효한 판결로 보는 것이 타당하다고 본다. 판례도 마찬가지이다.

(3) 소송법상 구제수단

1) 문제점

편취판결의 상소기간 도과 시 이에 대한 소송법상 구제방법으로는 ① 상소추후보완 또는 재 심에 의할 것인가, 아니면 ② 항소제기에 의할 것인가 논의되고 있다. 다만 사안의 경우에는 상소기간의 도과 유무에 대해서 특별히 언급하고 있지 않으므로 이를 나누어 보도록 한다.

2) 상소기간의 도과 전

판결정본이 송달 되지 않았든지 또는 송달 후 아직 상소기간이 도과되지 않은 경우 상소를 통 하여 구제받을 수 있다(제396조 제1항).

3) 상소기간 도과 후

판례는 ① 공시송달의 방법에 의하여 판결정본이 송달된 경우 피고의 주소지를 허위로 하여 소가 제기된 경우라 하더라도 그 판결정본의 송달은 법률상 적법한 송달의 방법으로 인정된 것이므로 유효하다는 입장이고, 따라서 ② 위 판결에 대하여 상소제기기간 안에 상소를 하지 아니하면 판결은 형식적으로 확정된다고 본다. 그리고 ③ 판례는 당사자가 상대방의 주소 또 는 거소를 알고 있었음에도 불구하고 소재불명 또는 허위의 주소나 거소로 하여 소를 제기한 탓으로 공시송달의 방법에 의하여 판결정본이 송달된 때에는 민사소송법 제451조 제1항 제11 호에 의하여 재심을 제기할 수 있음은 물론이나 또한 동법 제173조에 의한 소송행위의 추완 에 의하여도 상소를 제기할 수 있다고 하여 재심의 소와 함께 소송행위의 추후보완에 의하여 상소를 택일적으로 할 수 있다고 본다.

Ⅴ 설문 5.에 관하여

1. 결론

① 乙의 주위적 청구인 소유권이전등기 말소등기청구가 기판력에 저촉된다는 甲 등의 주장은 타당하다. 그러나 ② 乙의 예비적 청구인 매매잔대금지급청구가 기판력에 저촉된다는 주장은 부당하다.

2. 근거

(1) 기판력의 의의 및 근거

기판력은 청구에 대한 확정된 종국판결의 판결내용에 부여된 후소에 관한 당사자와 법원을 규율하는 구속력을 가지며, 당사자는 되풀이하여 다투는 소송이 허용되지 아니하며(不可爭), 법원도 그와 모순·저촉되는 판단을 해서는 안 된다(不可反). 이와 같은 기판력의 정당성은 분쟁의 반복금지에 의한 소송경제의 요청, 즉 법적 안정성에 있다.

(2) 기판력의 주관적 범위

기판력은 당사자에게만 미치고 제3자에게는 미치지 않는 것이 원칙이다(제218조 제1항). 사안에서 전소와 후소의 당사자는 모두 甲 등과 乙이므로 전소의 기판력은 후소의 주관적 범위에서 미친다.

(3) 기판력의 객관적 범위와 작용

1) 전소의 기판력 발생범위

기판력은 상계의 경우를 제외하고(제216조 제2항), 판결주문에 포함된 판단에만 생기고(동조 제1항), 판결이유 중에 판단된 사실에 대해서는 기판력이 생기지 않는다. 따라서 사안의 경우 甲 등에게 소유권이전등기청구권이 존재한다는 판단에만 기판력이 발생하고, 판결이유 중 판단인 매매사실 등에는 기판력이 발생하지 않는다.

2) 기판력의 작용

가) 문제점

기판력은 후소의 소송물이 전소의 소송물과 동일하거나, 전소의 소송물을 선결문제로 하거나, 전소의 소송물과 모순관계에 있는 경우에 작용한다. 사안의 경우 전소인 甲 등의 매매를 원인으로 한 소유권이전등기청구의 소송물이 후소인 乙의 말소등기청구 및 매매잔대금지급청구에 작용하는지 여부가 문제이다.

나) 乙의 주위적 청구인 소유권이전등기 말소등기청구의 경우

사안의 경우 전소의 소유권이전등기청구와 후소의 말소등기청구는 소송물이 다르지만 소유권이전등기절차를 명하는 확정판결에 의하여 소유권이전등기가 마쳐진 경우에, 다시 원인무효임을 내세워 그 말소등기절차의 이행을 청구함은 확정된 이전등기청구권을 부인하는 것이고, 전소는 甲 등과 乙의 유효한 매매사실을 원인으로 하는 것인데 후소는 매매계약이 무효라는 것을 원인으로 하는 것이므로 이는 양립불가능한 주장으로 모순관계에 있다. 따라서 전소의 기판력은 후소에 객관적 범위에서 모순관계로 작용한다. 다만 이 경우 원인무효의 사실을 주장하는 것이 시적 범위에서 차단되는지 여부가 문제이다.

다) 乙의 예비적 청구인 매매잔대금지급청구의 경우

乙의 예비적 청구인 매매잔대금지급청구는 전소의 소유권이전등기청구와 소송물이 동일하지 않고, 선결문제나 모순관계에도 해당하지 않는다. 따라서 전소의 기판력은 후소에 객관적 범위에서 작용하지 않는다. 따라서 이러한 주장이 시적 범위에서 차단되는지 여부는 특별히 문제될 것이 없다.

(4) 기판력의 시적 범위(차단효)

① 전소의 사실심 변론종결 전에 이미 제출했었던 사유나 그 전에 제출할 수 있었던 사유, 즉 공격방어방법은 기판력에 의해 실권효가 적용되고 따라서 후소에 다시 제출하지 못한다.

② 사안의 경우, 甲 등과의 매매계약은 민법 제103조에 해당하여 무효라는 사실은 전소의 변론종결 전에 주장했거나 주장할 수 있었던 사실로서, 이는 후소에서 차단된다.

(5) 사안의 경우

실전연습 및 종합사례

시험과목	민소법(사례형)	응시번호		성명	

공통사안

甲은 1994.6.경 乙로부터 X부동산을 丙 명의로 사두기로 하고, 1994.7.1. 乙과 X부동산을 대금 3억원에 매수하기로 하는 매매계약을 체결하면서 乙에게 미리 등기 명의를 차용하기로 해 둔 丙 앞으로 이전등기를 하여 줄 것을 요구하였고, 甲과 乙 간에 丙을 매수인으로 하는 매매계약서를 작성하였다. 이에 乙은 甲으로부터 매매대금을 모두 지급받자 X부동산을 인도함과 아울러 1994.7.15. X부동산에 관하여 丙 명의로 소유권 이전등기를 마쳐 주었다.

문제

※ 아래 각 문항은 별개의 사안임.

(1) 위 사안에서 甲이 현재의 시점에서 X부동산의 소유권을 취득할 수 있는지 여부 및 있다면, 어떠한 법리에 따라, 누구를 상대로, 어떠한 형태의 소송을 제기하여야 최종적으로 X부동산의 소유권을 취득할 수 있는지 그 결론과 논거에 관하여 설명하시오. 20점

(2) 위 사안에서 丙이 자신의 명의로 등기가 되어 있음을 기화로 2005.7.1. 제3자인 丁에게 X부동산을 매매대금 3억 5천만원에 임의 처분하였다면, 甲이 X부동산의 소유권을 취득할 수 있는지 여부 및 없다면 甲은 자신의 손해를 회복하기 위하여 누구를 상대로, 어떠한 소송형태로, 얼마의 반환을 구할 수 있는지 그 결론과 논거에 관하여 설명하시오. 10점

(3) 위 공통 사안에서 丙에게는 채권자 戊가 있었는데, 丙은 X부동산이 자신의 명의로 등기가 되어 있음을 기화로 제3자인 己에게 근저당권을 설정하여 금전을 차용하였다. 이에 戊는 丙의 근저당권설정행위가 사해행위임을 이유로 己를 상대로 취소 및 원상회복을 구하였다. 戊의 청구에 대한 법원의 결론과 논거를 설명하시오. 10점

(4) 만약 위 사안과 달리 A가 乙에 대하여 5,000만원의 대여금 채권이 있다고 주장하면서, 이를 피보전채권으로 하여 乙을 대위하여, B를 상대로 B가 乙에 대하여 부담하던 물품대금 4,000만원을 직접 A에게 지급하라는 소송을 제기하였다. 이 경우 법원의 심리결과 ① A의 乙에 대한 대여금채권이 인정되지 않는 경우, ② 乙이 다른 재산이 있어 무자력 상태가 아닌 것으로 밝혀진 경우, ③ 乙의 B에 대한 물품대금채권이 인정되지 않는 경우 예상되는 소송의 결과와 판결 주문의 형태 및 그 논거에 관하여 설명하시오. 10점

■ 설문 (I)에 관하여

1. 결론

甲은 乙을 대위하여 丙을 상대로는 말소등기청구를, 乙을 상대로는 이전등기청구를 구하는 소를 제기하여 X부동산의 소유권을 취득할 수 있다.

2. 논거

(1) 계약당사자결정

1) 법률행위의 해석에 의한 결정

① 먼저 자연적 해석을 통하여 행위자와 상대방의 의사가 일치한 경우에는 그 일치하는 의사대로 행위자 또는 명의자의 행위로 확정하고, ② 그러한 일치하는 의사가 확정될 수 없는 경우에는 규범적 해석을 통하여 당사자가 결정되어야 한다고 보는 것이 판례의 태도이다.

2) 사안의 경우

사안의 경우 丙을 매수인으로 하는 매매계약서를 작성되기는 하였으나 甲과 乙은 양자 사이에 부동산매매계약을 체결하기로 합의하고 다만 등기만을 丙명의로 이전하기로 한 것이므로 이는 양 당사자 사이에 甲을 매수인으로 하는 의사의 일치가 있는 경우이다. 따라서 등기만을 乙에게 이전하기로 하는 甲과 乙 사이의 계약으로서 사안의 등기명의신탁의 형태는 3자 간 등기명의신탁(중간생략형 명의신탁)이다.

(2) 채권자대위권의 행사 가부

1) 채권자대위권의 요건

채권의 보전이 필요한 경우 채권자는 채무자의 권리를 행사할 수 있다(제404조). 그 요건으로는 ① 피보전채권이 존재하고, ② 채권보전의 필요성이 있어야 하며, ③ 피대위권리가 있어야 하고, ④ 채무자 스스로 그 권리를 행사하지 않아야 한다. 이러한 요건을 살펴보기 위해서는 중간생략형 명의신탁에서의 법률관계를 살펴보아야 한다.

2) 3자간 등기명의신탁에서의 법률관계

중간생략형 명의신탁의 경우로서, 판례에 따르면 부동산 실권리자명의 등기에 관한 법률에서 정한 유예기간 경과에 의하여 명의신탁된 부동산은 매도인 소유로 복귀하므로, 매도인은 명의수탁자에게 무효인 그 명의 등기의 말소를 구할 수 있게 되고, 유예기간 경과 후로도 매도인과 명의신탁자 사이의 매매계약은 여전히 유효하므로, 명의신탁자는 매도인에 대하여 매매계약에 기한 소유권이전등기를 청구할 수 있고, 그 소유권이전등기청구권을 보전하기 위하여 매도인을 대위하여 명의수탁자에게 무효인 그 명의 등기의 말소를 구할 수 있다.

3) 사안의 경우

따라서 사안의 경우 ① 甲의 乙에 대한 특정채권으로서 소유권이전등기청구권을 피보전채권으로 하고, ② 특정채권은 무자력이 필요하지 않으며, ③ 사안에서 채무자인 乙의 권리불행사는 문제되지 않고, ④ 乙의 丙에 대한 말소등기청구권을 피대위권리로 하여 채권자대위권을 행사할 수 있다.

(3) 사안의 경우

Ⅱ 설문 (2)에 관하여

1. 결론

甲은 X부동산의 소유권을 취득할 수 없다. 이 경우 甲은 丙을 상대로 3억 5천만원의 부당이득을 원인으로 한 반환청구를 할 수 있다.

2. 논거

명의수탁자가 그 신탁재산을 제3자에게 처분하면 그 처분행위는 제3자의 선·악을 불문하고 유효하다. 이 경우 명의신탁자는 매도인을 상대로 매매대금의 반환을 구하거나, 명의신탁자 앞으로 재차 소유권이전등기를 경료할 것을 요구하는 것은 신의칙상 허용되지 아니하고, 나아가 매도인으로서는 명의수탁자의 처분행위로 인하여 손해를 입은 바가 없으므로, 매도인을 대위하여 명의수탁자를 상대로 손해배상청구를 구할 수는 없다. 다만 매도인의 명의신탁자에 대한 소유권이전등기의무는 이행불능으로 되고 그 결과 명의신탁자는 신탁부동산의 소유권을 이전받을 권리를 상실하는 손해를 입게 되는 반면, 명의수탁자는 신탁부동산의 처분대금이나 보상금을 취득하는 이익을 얻게 되므로, 명의수탁자는 명의신탁자에게 그 이익을 부당이득으로 반환할 의무가 있다.

Ⅲ 설문 (3)에 관하여

1. 결론

법원은 戊의 청구에 대해 기각판결을 선고하여야 한다.

2. 논거

(1) 소의 적법성 여부

피고적격자인 수익자 己를 상대로 하고, 다른 소의 적법요건을 구비한 것으로 보이므로 戊의 채권자취소소송은 적법하다.

(2) 본안심사

채권자취소권이 인정되기 위해서는 ① 피보전채권, ② 채무자의 재산상 법률행위로서 사해행위가 있어야 하고, ③ 사해의사가 있어야 한다.

사안의 경우 판례에 따르면 명의수탁자인 채무자 명의의 소유권이전등기가 무효인 경우에는 그 부동산은 채무자의 소유가 아니기 때문에 이를 채무자의 일반 채권자들의 공동담보에 공하여지는 책임재산이라고 볼 수 없고, 채무자가 위 부동산에 관하여 제3자와 근저당권설정계약을 체결하고 나아가 그에게 근저당권설정등기를 마쳐주었다 하더라도 그로써 채무자의 책임재산에 감소를 초래한 것이라고 할 수 없으므로 이를 들어 채무자의 일반 채권자들을 해하는 사해행위라고 할 수 없고, 채무자에게 사해의 의사가 있다고 볼 수도 없다.

(3) 사안의 경우

Ⅳ 설문 ⑷에 관하여

1. 결론 및 주문

① 피보전채권(A의 乙에 대한 대여금채권)이 인정되지 않는 경우와 보전의 필요성(乙의 무자력 상태)이 없는 경우, 법원은 소가 부적법함을 이유로 소각하판결을 하여야 한다.

② 반면에 乙의 B에 대한 물품대금채권이 인정되지 않는 경우라면 법원은 A의 청구에 대해 기각판결을 선고하여야 한다.

2. 논거

(1) 채권자대위소송의 법정 성질

판례는 "채권자대위소송은 채권자가 스스로 원고가 되어 채무자의 제3채무자에 대한 권리를 행사하는 것이다"라고 하여 법정 소송담당설과 같은 태도이다.

(2) 채권자대위권행사의 요건

채권자대위소송의 법정성질에 관한 법정소송담당설에 의하면 ① 피보전채권, ② 보전의 필요성, ③ 채무자의 권리불행사는 당사자적격의 요소"가 되나, ④ 피대위권리는 소송물에 해당한다고 보게 된다.

따라서 채권자대위소송에서 원고에게 당사자적격이 없다면 그 소는 부적법 각하되고, 반면에 소송물인 피대위권리가 없다면 그 청구는 이유가 없게 되므로 기각판결을 받게 된다.

(3) 사안의 경우

실전연습 및 종합사례

시험과목	민소법(사례형)	응시번호		성명	

공통사안

○ 乙은 2007.4.1. 甲으로부터 서울 도봉구 쌍문동 122 대 40m²와 그 지상 공장건물 X를 임대차보증금 2억 5,000만원, 차임 월 500만원, 임대차기간 같은 날부터 2009.3.31.까지로 정하여 임차하고 甲에게 위 보증금을 지급한 다음, '백두스포츠'라는 상호로 스포츠용품 제조업을 시작하였다.

○ 그 후 乙은 다른 사업체를 운영하느라 위 스포츠용품 공장 운영과 관련한 업무 일체를 처인 丙에게 맡겼는데, 丙은 2008.2.19. 자신에게 대여금채권을 갖고 있던 A의 요청에 따라 위 대여금채권의 지급을 위하여 A에게 위 임대차보증금반환채권 중 1억원을 양도하였다. 당시 丙은 乙을 대리하여 적법하게 위와 같은 임대차보증금반환채권 양도계약을 체결하였고, A는 적법하게 乙을 대리하여 2008.2.21. 甲에게 채권양도통지를 하였으며, 그 무렵 위 통지가 甲에게 도달하였다. 그 후 乙은 2009.3.31. 이후에도 위 공장건물에서 영업을 계속하였다.

문제

※ 아래 각 문항은 독립된 사안임을 전제로 한다.

(1) 甲이 乙과의 위 임대차기간의 묵시의 갱신을 이유로 A에게 임대보증금의 지급을 거절한 것에 관하여 A는 甲에 대하여 어떠한 법률상 주장을 할 수 있는가? 5점

(2) 만일 甲이 A의 임대보증금청구에 대하여 乙에게서 임대목적물을 인도받지 않기 때문에 임대보증금을 반환할 수 없다고 하여 그 지급을 거절하고 있다. 甲의 주장이 타당한지 여부에 대한 결론과 논거를 설명하시오. 15점

(3) 이에 A는 2009.12.16. 甲을 대위하여 乙을 상대로 위 임대차기간 만료를 이유로 하여 X건물의 인도를 청구하는 소를 제기하였다. 심리결과 임대인인 甲에게는 수억원의 재산이 있었다. A가 제기한 X건물의 인도청구의 소가 적법한지 여부에 대한 결론과 논거를 설명하시오. 25점

(4) 만일 A가 甲을 대위하여 乙을 상대로 위 임대차기간 만료를 이유로 하여 X건물의 인도를 청구하는 소를 제기하기 전에 임대인인 甲이 먼저 乙을 상대로 위 임대차계약의 기간만료를 이유로 X건물의 인도를 구하는 소를 제기하였는데, 위 소송에서 乙이 X건물을 매수하였다는 항변을 하였고, 이 항변이 받아들여져 甲의 청구를 기각하는 판결이 선고되어 2009.10.15. 확정되었다고 가정한다면, A의 대위소송은 적법한지 여부에 대한 결론과 논거를 설명하시오. 5점

❚ 설문 ⑴에 관하여

1. 결론

A는 甲에 대하여 甲과 乙 사이의 임대차계약의 묵시의 갱신의 효과는 자신에게 미치지 않는다고 주장할 수 있다.

2. 논거

⑴ 판례의 태도

임차보증금반환채권이 양도된 이후에 이루어진 임대차계약의 합의갱신의 효력에 대해 판례는 "임대인이 임대차보증금반환청구채권의 양도통지를 받은 후에는 임대인과 임차인 사이에 임대차계약의 갱신이나 계약기간 연장에 관하여 명시적 또는 묵시적 합의가 있더라도 그 합의의 효과는 보증금반환채권의 양수인에 대하여는 미칠 수 없다"는 입장이다.

⑵ 사안의 경우

따라서 위 양수인에 대한 관계에 있어서는 위 임대차계약은 종전의 계약기간의 경과로서 소멸한 것으로 보아야 하고, 양수인 A는 채무자 甲에 대하여 양도인 乙과의 임대차계약의 연장의 효과가 자신에게는 미치지 않는다고 주장할 수 있다.

❚❚ 설문 ⑵에 관하여

1. 결론

甲의 주장은 타당하다.

2. 논거

⑴ 동시이행관계의 존부

乙의 목적물인도의무와 甲의 보증금반환의무가 동시이행관계에 있는지 여부가 문제된다. 판례는 "임대차계약의 기간이 만료된 경우에 임차인이 임차목적물을 명도할 의무와 임대인이 보증금 중 연체차임 등 당해 임대차에 관하여 명도 시까지 생긴 모든 채무를 청산한 나머지를 반환할 의무는 모두 이행기에 도달하고 이들 의무 상호간에는 동시이행관계가 있다"고 한다.

⑵ 동시이행항변권의 인적 범위 – 동시이행항변권을 A에게 대항할 수 있는지 여부

甲이 乙에 대하여 갖는 동시이행항변권을 A에게 대항할 수 있는지가 문제된다. 판례는 "채권양도는 채권을 그 동일성을 유지한 채로 귀속주체만 변경시키므로 채권이 양도된 경우에도 동시이행관계는 그대로 유지된다"고 하여 이를 인정하고 있다. 그렇다면 甲은 乙이 임대목적물을 반환할 때까지 A의 임차보증금반환청구에 대해서 그 이행을 거절할 수 있다.

Ⅲ 설문 ⑶에 관하여

1. 결론

A가 제기한 X건물의 인도청구의 소는 적법하다.

2. 논거

⑴ 채권자대위소송의 법적 성질 및 요건

1) 법적 성질

판례는 "채권자대위소송은 채권자가 스스로 원고가 되어 채무자의 제3채무자에 대한 권리를 행사하는 것이다."라고 하여 법정소송담당설과 같은 태도이다.

2) 요건검토

법정소송담당설에 따르면 당사자적격의 요소로서 ① 피보전채권이 존재하고 이행기에 있을 것, ② 채권보전의 필요성이 있을 것, ③ 채무자가 스스로 권리를 행사하지 않을 것이 필요하고, 본안요건으로서 ④ 피대위권리가 존재할 것이 필요하다. 그런데 사안에서 피보전채권은 보증금반환채권으로서 금전채권에 해당하는데, 무자력 요건이 요구되는지가 ②의 채권보전의 필요성 요건과 관련하여 문제된다. 만약 보전의 필요성이 없다면 A가 제기한 대위소송은 부적법하기 때문이다.

⑵ 채권보전의 필요성 여부

① 채권자대위권을 행사하기 위해서는 원칙적으로 채무자의 무자력 요건이 필요하다. 다만 피보전채권과 피대위권리가 밀접하게 관련되어 있어 채권자대위권을 행사하지 않으면 피보전채권을 유효·적절하게 행사할 수 없는 예외적인 경우에 한하여 무자력 요건은 필요하지 않다.

② 판례도 "채권자가 양수한 임차보증금의 이행을 청구하기 위하여 임차인의 가옥명도가 선이행되어야 할 필요가 있어서 그 명도를 구하는 경우에는 그 채권의 보전과 채무자인 임대인의 자력유무는 관계가 없는 일이므로 무자력을 요건으로 한다고 할 수 없다"고 하였다.

⑶ 사안의 경우

따라서 甲에게 수억원의 재산이 있어서 甲이 무자력이 아니더라도 A는 甲을 대위하여 乙에게 임차목적물의 인도를 청구할 수 있다고 본다. 결국 A는 甲과 乙을 공동피고로 하여 우선 乙에게는 甲을 대위하여 건물을 임대인인 甲에게 명도할 것을 청구하고 甲에 대해서는 건물을 인도받음과 동시에 자신에게 임차보증금을 반환할 것을 청구함으로써 양수채권의 만족을 구할 수 있게 된다.

Ⅳ 설문 (4)에 관하여

1. 결론

부적법하다.

2. 논거

판례는 "채권자대위권은 채무자가 제3채무자에 대한 권리를 행사하지 아니하는 경우에 한하여 채권자가 자기의 채권을 보전하기 위하여 행사할 수 있는 것이므로, 채권자가 대위권을 행사할 당시 이미 채무자가 그 권리를 재판상 행사하였을 때에는 설사 패소확정판결을 받았더라도 채권자는 채무자를 대위하여 권리를 행사할 당사자적격이 없다"고 하였다.

사안에서 A가 대위소송을 제기하기 전에 이미 채무자인 甲이 제3채무자인 乙을 상대로 동일한 내용의 소를 제기하여 패소판결을 받아 확정되었으므로, '대위할 채권에 대한 채무자 스스로의 권리불행사'라는 요건이 결여되어 A는 甲을 대위하여 권리를 행사할 당사자적격이 없고, 따라서 A가 제기한 소는 부적법하다.

실전연습 및 종합사례

시험과목	민소법(사례형)	응시번호		성명	

사실관계

甲은 2002.1.1. 주택을 신축할 목적으로 B로부터 Y토지를 매매대금 10억원에 매수하면서, 소유권이전등기는 추후 甲이 요구하는 때에 마쳐주기로 하였다. 甲은 2002.4.5. 매매대금 전액을 지급하고 B로부터 Y토지를 인도받았다. 甲은 그 무렵 이후 B에게 소유권이전등기절차의 이행을 요구하였는데, B는 Y토지를 매도할 당시보다 시가가 2배 이상 상승하였다고 주장하면서 매매대금으로 10억원을 더 주지 않으면 소유권이전등기를 마쳐줄 수 없다고 하였다. 甲은 B에게 수차례 소유권이전등기절차의 이행을 구하다가 2009.12.4. A에게 Y토지를 25억원에 매도하였다.

문제

A는 2011.5.8. 법원에 B를 상대로 甲에 대한 Y토지에 관한 소유권이전등기청구권을 보전하기 위하여 甲을 대위하여 2002.1.1.자 매매를 원인으로 한 소유권이전등기절차의 이행을 구하는 소를 제기하였다. 재판과정에서, A가 2010.9.10. 甲을 상대로 Y토지에 관하여 2009.12.4.자 매매를 원인으로 한 소유권이전등기청구의 소를 제기하였다가 그 매매계약이 적법하게 해제되었다는 이유로 패소판결을 선고받아 그 판결이 2010.12.30. 확정된 사실이 밝혀졌다. 이 경우 법원은 어떤 판결을 하여야 하는지에 대한 결론과 근거를 설명하시오. 15점

1. 결론

법원은 부적법 소각하판결을 하여야 한다.

2. 근거

(1) 채권자대위소송의 법적 성질

판례는 "채권자대위소송은 <u>채권자가 스스로 원고가 되어 채무자의 제3채무자에 대한 권리를 행사하는 것이다.</u>"라고 하여 법정 소송담당설과 같은 태도이다.[859]

(2) 채권자대위소송의 당사자적격

1) 판례인 법정소송담당설의 입장에 의하면 "① 피보전채권, ② 보전의 필요성, ③ 채무자의 권리불행사는 당사자적격의 요소"가 된다.[860]

---

859) 대판 1994.6.24, 94다14339 등
860) 대판 1994.6.24, 94다14339 등

2) 사안에서는 채권자가 채무자를 상대로 소유권이전등기절차이행의 소를 제기하였으나 패소확정판결을 받은 후 동일한 권리를 피보전채권으로 하여 채권자대위소송을 제기한 경우 보전의 필요성에 흠이 있는지 여부가 문제이다.

(3) 보전의 필요성 인정 여부

판례는 "채권자가 채무자를 상대로 소유권이전등기절차이행의 소를 제기하였으나 패소확정판결을 받았다면 위 판결의 기판력으로 말미암아 채권자로서는 더 이상 소유권이전등기청구를 할 수 없게 되었다 할 것이고, 가사 채권자가 채권자대위소송에서 승소하였다 한들 채권자가 채무자에 대하여 다시 소유권이전등기절차의 이행을 구할 수 있는 것도 아니므로 채권자로서는 채권자대위권을 행사함으로써 위 소유권이전등기청구권을 보전할 필요가 없다"고 하였다.[861]

(4) 보전의 필요성 흠결 시 법원의 조치

판례는 채무자에 대한 소유권이전등기청구권을 보전하기 위하여 채무자를 대위하여 제3자 명의의 소유권이전등기의 말소를 청구하기 위하여는 우선 채권자의 채무자에 대한 소유권이전등기청구권을 보전할 필요가 인정되어야 할 것이고 그러한 보전의 필요가 인정되지 않는 경우에는 소가 부적법하므로 직권으로 이를 각하하여야 할 것이라고 하였다.[862]

(5) 사안의 경우

법원은 채권보전의 필요성이 부정된다고 보아 A의 채권자대위소송을 부적법 소각하판결을 하여야 한다.

---

861) 대판 1993.2.12, 92다25151; 피보전채권이 존재하지 않는 것으로 이미 확정된 경우, 그 채권은 실제로는 존재한다고 하더라도 자연채무로서 소구할 수 없는 것이므로, 그러한 채권을 보전하기 위하여 채무자의 권리를 대위 행사하는 것은 보전의 필요가 없어 허용되지 않는다는 취지이다.

862) 대판 1993.2.12, 92다25151

실전연습 및 종합사례

시험과목	민소법(사례형)	응시번호		성명	

> **사실관계**
>
> 甲은 고양시 일산서구 주엽동 소재의 X 토지를 매수하여 乙에게 명의신탁하여 두었는데, 乙은 이를 丙에게 매도하고 소유권이전등기까지 마쳐주었다. 이에 甲은 그 토지의 소유자가 乙로 되어 있는 것은 甲이 명의신탁을 하였기 때문이라고 주장하면서 명의신탁관계를 해지하고 乙을 대위하여 丙을 상대로 소유권이전등기말소청구의 소를 제기하였다.

> **문제**
>
> 1. 법원이 심리한 결과 甲과 乙사이의 명의신탁사실이 인정되지 않는다고 판단한 경우, 법원은 어떻게 재판할 것인가? (유효한 명의신탁임을 전제로 한다.) 10점
> 2. 위 설문 1.에서의 법원의 판결이 확정되었는데, 그 후 甲은 乙을 상대로 명의신탁해지를 원인으로 하는 등기청구를 구하였다. 이 경우 전소판결의 기판력이 甲의 乙을 상대로 한 피보전채권의 이행을 구하는 소송에 미치는지 여부를 간략히 기재하시오. 10점

▌ 설문 1.에 관하여

1. 결론

법원은 당사자적격의 흠을 이유로 부적법 소각하판결을 하여야 한다.

2. 근거

(1) 채권자대위소송의 법적 성질

판례는 "채권자대위소송은 채권자가 스스로 원고가 되어 채무자의 제3채무자에 대한 권리를 행사하는 것이다"라고 하여 법정 소송담당으로 보고 있다.[863]

(2) 피보전채권에 흠이 있는 경우 법원의 조치

① 사안의 경우 법원은 甲과 乙 사이의 명의신탁사실이 없다고 판단하였는데, 이는 채권자대위소송에서 피보전채권이 없는 경우에 해당한다.

---

[863] 대판 1994.6.24, 94다14339 등

② 이 경우 법원의 조치에 대해 판례는 법정 소송담당설의 입장에서 채권자대위소송에 있어서 피보전채권이 인정되지 아니할 경우에는 채권자가 스스로 원고가 되어 채무자의 제3채무자에 대한 권리를 행사할 당사자적격이 없게 되므로 그 대위소송은 부적법하여 각하할 수밖에 없다고 한다.864)

Ⅱ 설문 2.에 관하여

1. 결론

전소판결의 기판력이 채권자가 채무자를 상대로 피보전채권의 이행을 구하는 소송에 미치는 것은 아니다.

2. 근거

1) 채권자가 채권자대위권을 행사하는 방법으로 제3채무자를 상대로 소송을 제기하였다가 피보전채권이 인정되지 않는다는 이유로 소각하 판결을 받아 확정된 경우, 판결의 기판력이 채권자가 채무자를 상대로 피보전채권의 이행을 구하는 소송에 미치는지 여부가 문제된다.

2) 이에 대해 판례는 ① 채무자가 어떠한 사유로 인하였든 적어도 채권자대위권에 의한 소송이 제기된 사실을 채무자가 알았을 때에는 제218조 제3항에 따라 그 판결의 효력이 채무자에게 미친다고 보아야 하지만, ② 이때 채무자에게도 기판력이 미친다는 의미는 채권자대위소송의 소송물인 피대위채권의 존부에 관하여 채무자에게도 기판력이 인정된다는 것이고, 채권자대위소송의 소송요건인 피보전채권의 존부에 관하여 당해 소송의 당사자가 아닌 채무자에게 기판력이 인정된다는 것은 아니다. 따라서 채권자가 채권자대위권을 행사하는 방법으로 제3채무자를 상대로 소송을 제기하였다가 채무자를 대위할 피보전채권이 인정되지 않는다는 이유로 소각하 판결을 받아 확정된 경우 그 판결의 기판력이 채권자가 채무자를 상대로 피보전채권의 이행을 구하는 소송에 미치는 것은 아니라고 하였다.865)

---

864) 대판 1994.11.8, 94다31549
865) 대판 2014.1.23, 2011다108095

실전연습 및 종합사례

시험과목	민소법(사례형)	응시번호		성명	

사실관계

甲은 1988.8.5.경 乙로 하여금 선의인 丙 소유의 Y 토지를 매수하게 하는 위임계약을 체결하면서 乙이 토지를 보관하다가 甲의 의사에 따라 그에게 다시 이전해 주기로 하였는데, 이후 甲과 乙은 乙의 친척인 丁 명의로 소유권이전등기를 하되 내부적으로는 甲의 소유로 하는 명의신탁약정을 체결하였다. 이후 부동산실명법이 정한 유예기간의 경과로 인하여 명의신탁약정이 무효가 되었다.

문제

※ 아래 각 설문에 대한 결론과 근거를 설명하시오.

甲이 乙을 대위하여 丁에게 소유권이전등기 말소등기를 청구하였고, 丁은 甲의 乙에 대한 권리의 발생원인이 된 법률행위가 무효이고, 따라서 甲의 乙에 대한 권리는 존재하지 않는다고 다투고 있다.

(1) 丁의 이러한 주장은 가능한가? [12점]

(2) 만일 乙이 丁과 통정허위표시에 따라 丁 앞으로 소유권이전등기를 경료하였고, 이에 乙의 채권자인 A는 乙을 대위하여 丁을 상대로 소유권이전등기의 말소등기절차의 이행을 구하는 소를 제기하였다. 제1심에서 원고인 A가 승소하였으나, 항소심에서 A는 소를 적법하게 취하하였다. 그런데 위 소송이 제기된 사실을 알고 있었던 乙은 A가 소를 취하하자 丁을 상대로 하여 소유권이전등기의 말소등기절차 이행을 구하는 소를 제기하였다. 乙이 제기한 소는 적법한가? [10점]

■ 설문 (1)에 관하여

1. 결론

丁의 주장은 가능하다.

2. 근거

(1) 채권자대위소송의 법적 성질

판례는 "채권자대위소송은 채권자가 스스로 원고가 되어 채무자의 제3채무자에 대한 권리를 행사하는 것이다."라고 하여 법정 소송담당설과 같은 태도이다.[866]

---

866) 대판 1994.6.24, 94다14339 등

(2) 피보전채권의 소송법상 의미

채권자대위소송의 법적 성질에 대한 법정소송담당설의 입장에 의하면 "① 피보전채권, ② 보전의 필요성, ③ 채무자의 권리불행사는 당사자적격의 요소이다.

판례도 채권자대위소송에서 대위에 의하여 보전될 채권자의 채무자에 대한 권리(피보전채권)가 존재하는지 여부는 소송요건으로서 법원의 직권조사사항이라 하였다.[867]

(3) 피보전채권의 부존재에 대한 주장 가부

① 판례는 "채권자가 채권자대위소송을 제기한 경우, ⅰ) 제3채무자는 채무자가 채권자에 대하여 가지는 항변권이나 형성권 등과 같이 권리자에 의한 행사를 필요로 하는 사유를 들어 채권자의 채무자에 대한 권리가 인정되는지 여부를 다툴 수 없지만, ⅱ) 채권자의 채무자에 대한 권리의 발생원인이 된 법률행위가 무효라거나 위 권리가 변제 등으로 소멸하였다는 등의 사실을 주장하여 채권자의 채무자에 대한 권리가 인정되는지 여부를 다투는 것은 가능하고, 이 경우 법원은 제3채무자의 주장을 고려하여 채권자의 채무자에 대한 권리가 인정되는지 여부에 관하여 직권으로 심리·판단하여야 한다"고 하였다.[868]

② 제3채무자는 채무자의 형성권이나 항변권의 행사에 의하여 채권자와 채무자 사이의 법률관계가 변동될 가능성이 있는 경우로서 「권리자에 의한 행사가 필요한 사유」에 한하여 채무자의 채권자에 대한 항변을 가지고 채권자에 대하여 대항할 수 없다고 봄이 타당하고, 이와 달리 이미 법률관계가 완성된 상태(❻ 무효로 완성되었던 변제에 의해 채무가 소멸된 것으로 완성되었든)에서 피보전채권이 존재하지 않는다는 주장은 당사자적격의 유무에 관한 법원의 직권조사를 촉구하는 의미로 또는 본안 전 항변으로 충분히 할 수 있다고 보아야 한다. 다만 피보전채권의 소멸시효가 완성된 경우에는 이를 원용할 수 있는 자는 시효이익을 직접 받는 자뿐이므로, 제3채무자는 채권자대위소송의 피보전채권의 소멸시효가 완성되었다고 하더라도 이를 행사할 수 없을 뿐이다.

(4) 설문 (1)의 해결

① 명의신탁약정이 무효가 되면 그와 함께 이루어진 부동산 매입의 위임 약정 역시 무효로 된다. 나아가 甲과 乙 사이에 甲의 요구에 따라 부동산의 소유 명의를 이전하기로 한 약정이 있다면 이 또한 명의신탁약정이 유효함을 전제로 명의신탁 부동산 자체의 반환을 구하는 범주에 속하는 것에 해당하여 역시 무효로 된다.

② 사안의 경우 甲과 乙의 관계는 계약명의신탁관계가, 乙과 丁의 관계는 양자간 등기명의신탁관계가 성립하였고, 甲이 乙을 대위하여 丁에게 소유권이전등기 말소등기를 청구하는 경우, 丁은 甲의 乙에 대한 권리의 발생원인이 된 법률행위인 명의신탁약정, 위임계약, 별도의 반환약정이 모두 무효이므로 甲의 乙에 대한 권리는 존재하지 않는다고 다툴 수 있다.

---

867) 대판 2009.4.23, 2009다3234
868) 대판 2015.9.10, 2013다55300

▦ 설문 ⑵에 관하여

1. 결론

乙이 제기한 소는 부적법하다.

2. 근거

⑴ 채권자대위소송의 법적 성질

⑵ 재소금지의 의의 및 취지

본안에 대한 종국판결이 있은 후에 소를 취하한 자는 다시 동일한 소를 제기하지 못한다(제267조 제2항). 이는 소 취하로 인하여 법원의 종국판결이 농락됨을 방지하기 위한 것이다.

⑶ 요건

1) 제267조 제2항에 의하여 재소로 금지되기 위해서는 ① 당사자가 동일할 것, ② 소송물이 동일할 것, ③ 권리보호의 이익이 동일할 것, ④ 본안의 종국판결 후의 소취하일 것의 요건을 갖추어야 한다.

2) 사안의 경우 대위채권자가 소를 취하한 후 채무자가 다시 소를 제기한 경우 재소금지의 효력을 받는가에 관해서 문제가 있다. 이와 관련하여 특히 채권자 A와 채무자 乙 사이에 당사자 동일이 인정되는지 여부가 문제이다.

⑷ 재소금지 해당 여부

판례는 "대위소송이 제기된 사실을 채무자가 알았을 때에는 그 판결의 효력은 채무자에게 미치므로, 채권자대위소송이 제기된 사실을 피대위자가 알게 된 이상, 대위소송에 관한 종국판결 후 그 소가 취하된 때에는 피대위자도 재소금지규정의 적용을 받아 동일한 소를 제기하지 못한다"라고 하였다.[869]

⑸ 설문 ⑵의 해결

사안에서 A의 대위소송이 제기된 사실을 알고 있었던 乙에게는 판결의 효력이 미치므로, 乙이 제기한 소는 재소금지에 해당하여 부적법하다고 할 것이다.

---

869) 대판 1996.9.20, 93다20177·20184

실전연습 및 종합사례

시험과목	민소법(사례형)	응시번호		성명	

사실관계

甲은 乙이 빌려간 대여금의 이행을 차일피일 미루자 乙을 상대로 그 채무의 이행을 거듭 독촉하였고, 乙은 甲의 거듭된 독촉에 시달리다 甲을 상대로 대여금채무의 부존재확인의 소를 제기하였다.

문제

이에 甲은 대여금지급청구의 반소를 제기하였다가 그 후 반소를 적법하게 취하하였는데, 甲의 채권자 A가 甲을 대위하여 乙을 상대로 대여금지급청구의 소를 제기하였다면, A가 제기한 소에 대해 법원은 어떠한 판결을 하여야 하는가? 15점

1. 결론

부적법 소각하판결을 하여야 한다.

2. 근거

(1) 문제의 소재

반소가 취하되면 처음부터 소송이 계속되지 아니하였던 것과 같은 상태에서 소송이 종료되어 위 반소의 소송계속이 소급적으로 소멸되는바(민사소송법 제270조, 제267조 제1항), 이제는 채무자가 권리를 행사하는 것으로 볼 수 없다고 보아 채권자에게 당사자적격을 인정할 수 있는지 여부가 문제이다. 이와 관련하여 우선 채권자대위소송의 법적 성질을 검토하기로 한다.

(2) 채권자대위소송의 법적 성질 및 당사자적격

① 판례는 "채권자대위소송은 채권자가 스스로 원고가 되어 채무자의 제3채무자에 대한 권리를 행사하는 것이다"라고 하여 법정 소송담당으로 보고 있다.[870]

② 판례인 법정소송담당설의 입장에 의하면 "i) 피보전채권, ii) 보전의 필요성, iii) 채무자의 권리불행사는 당사자적격의 요소"가 된다.

---

870) 대판 1994.6.24, 94다14339 등

(3) 당사자적격의 흠결 인정 여부

① 판례는 "채권자가 대위권을 행사할 당시에 이미 채무자가 그 권리를 재판상 행사하였을 때에는 채권자는 당사자적격이 없고, 채무자가 반소를 제기한 후 설령 그 반소가 적법하게 취하되었다고 하더라도 반소 후에 제기된 채권자에 의한 채권자대위권의 행사는 당사자적격을 흠결하여 부적법하다."고 하였다.[871]

② 생각건대, 채권자대위권의 인정 취지가 채무자가 스스로 권리행사를 하고 있는 경우에까지 채무자의 재산관리의 자유를 부당하게 간섭케 하여 채권자에게 그 대위권의 행사를 허용할 수 없으므로 채무자가 제3채무자에 대한 권리를 행사하지 아니하는 경우에 채권자가 자기의 채권을 보전하기 위하여 행사할 수 있다는 점, 채권자가 대위권을 행사할 당시 이미 채무자가 그 권리를 재판상 행사하였을 때에는 설사 패소확정판결을 받았다고 하더라도 채권자는 채무자를 대위하여 권리를 행사할 당사자적격이 없으므로 채권자가 동일 소송물에 대한 채권자대위소송을 제기하면 그 소송은 각하된다는 점 등을 고려할 때에 판례의 입장은 타당하다.

(4) 사안의 경우

---

871) 대판 1993.3.26, 92다32876; 대판 2016.4.12, 2015다69372

실전연습 및 종합사례

시험과목	민소법(사례형)	응시번호		성명	

공통된 사실관계

A 주식회사(대표이사 甲)는 1999.1.3. 乙의 대리인으로부터 乙 소유의 X 부동산을 매수하면서, 계약금은 계약 당일, 중도금은 1999.3.15. 지급하며, 잔금은 1999.3.31. 乙로부터 X 부동산에 관한 소유권이전등기 소요 서류를 교부받음과 동시에 지급하기로 하였고, 그 후 A는 매매대금 일체를 모두 지급하였다.

추가된 사실관계 및 문제

1. 乙은 1998.11.경 丙으로부터 1억 5,000만원을 차용하면서 그 담보로 丙에게 X 부동산에 관하여 저당권 (이하 '이 사건 저당권'이라 함)을 설정하고 그 등기를 마쳐준 바 있는데, 丙은 1998.12.경 丁에게 위 대여 금 채권을 양도하고 이를 乙에게 통지하는 한편 이 사건 저당권을 양도하고 같은 날 丁에게 이 사건 저당 권 이전의 부기등기를 마쳐 주었다.

   A 주식회사는 2001.10.경 乙·丁을 상대로 소송을 제기하여, ① 乙에 대하여는 적법한 대리인을 통해 매 매계약이 체결되었다는 점을 주장하면서 X 부동산에 관하여 매매계약을 원인으로 한 소유권이전등기를 구하고, ② 丁에 대하여는 乙이 丁에게 이 사건 저당권에 의한 피담보채무를 전액 변제하였다고 주장하면 서 乙에 대한 매매계약에 기한 소유권이전등기청구권 보전을 위하여 乙을 대위하여 X 부동산에 관하여 마쳐진 이 사건 저당권 설정등기 및 이 사건 저당권 이전 부기등기의 각 말소등기를 구하였다.

   (1) (대위의 요건은 모두 갖추어진 것으로 가정한다) 만일 丁이 소재불명으로 판명되어 소장 기타 소송서 류 일체가 공시송달의 방법으로 송달되고 변론기일에도 불출석하였으며, A 주식회사가 이 사건 저당 권의 피담보채무 변제에 관하여는 별다른 입증자료를 제출하지 아니하였을 경우, 위 각 청구에 대한 결론[각하, 청구전부인용, 청구일부인용(일부 인용되는 경우 그 구체적인 금액 또는 내용을 기재할 것), 청구기각]을 그 논거와 함께 서술하시오. [25점]

   (2) (대위의 요건은 모두 갖추어진 것으로 가정한다) 만일 丁이 제1회 변론기일에 출석하여 저당권의 피담 보채권 중 2,000만원이 변제되지 아니한 채 남아 있다고 주장하였고, 심리 결과 그것이 사실로 인정된 경우, 위 각 청구에 대한 결론[각하, 청구전부인용, 청구일부인용, 청구기각]을 그 논거와 함께 서술하시 오. [15점]

2. 만일 A가 乙에 대하여 적법한 대리인을 통한 매매계약의 체결사실을 주장하면서 X 부동산에 관하여 소유 권이전등기를 구하는 소를 제기하였는데, 법원의 심리결과 乙을 대리한 자에게 대리권이 없음이 밝혀져 결국 A는 패소판결을 받았고, 이것이 확정되었다. 그런데 그 후 A는 乙에 대한 매매계약에 기한 소유권이 전등기청구권 보전을 위하여 乙을 대위하여 丁을 상대로 X 부동산에 관하여 마쳐진 저당권 설정등기의 말소등기를 구하였다. 위 청구에 대한 법원의 결론을 그 논거와 함께 서술하시오. [10점]

설문 1.의 (1)에 관하여

1. 결론

(1) 丁에 대한 저당권설정등기 말소청구

법원은 A의 丁에 대한 저당권설정등기 말소청구에 대하여 청구기각판결을 선고하여야 한다.

(2) 丁에 대한 저당권이전의 부기등기 말소청구

법원은 A의 丁에 대한 저당권이전의 부기등기 말소청구에 대하여 소각하판결을 선고하여야 한다.

2. 논거

(1) 丁에 대한 저당권설정등기 말소청구

1) 소의 적법성 여부

① 설문의 경우 대위의 요건은 모두 갖추어진 것으로 가정하므로, 채권자대위소송의 법적 성질에 대한 법정소송담당설인 판례에 의하더라도 원고적격은 문제가 없겠다. 다만 사안의 경우 피고적격이 문제가 되는데, 판례에 따르면 근저당권 양도(가등기 이전 포함)의 부기등기는 기존의 근저당권설정등기(가등기 포함)에 의한 권리의 승계를 등기부상 명시하는 것뿐으로, 그 등기에 의하여 새로운 권리가 생기는 것이 아닌 만큼 근저당권설정등기의 말소등기청구는 양수인만을 상대로 하면 족하고 양도인은 그 말소등기청구에 있어서 피고적격이 없다고 한다.

② 따라서 사안의 경우 A의 대위소송은 양수인 丁을 상대로 한 경우로서 적법하다.

2) 청구의 당부

가) 자백간주 또는 무변론원고승소판결의 가부

① 당사자 일방의 기일 불출석의 경우 또는 피고의 답변서 부제출의 경우라면, 법원은 자백간주(제257조, 제150조)에 따라 또는 이에 기한 무변론 원고승소의 판결(제257조)이 가능하다. 그러나 위와 같은 효과가 인정되기 위해서는 공시송달의 방법으로 송달된 경우에는 적용되지 않는다(제256조 제1항 단서, 제150조 제3항).

② 따라서 사안과 같이 소장 기타 소송서류 일체가 공시송달의 방법으로 송달된 경우, 법원은 자백간주의 법리나 무변론 원고승소판결을 할 수 없다. 즉 변론주의 및 증명책임에 따른 판단을 할 수밖에 없다.

나) 저당권설정등기말소청구에서 피담보채무의 변제사실에 대한 증명책임

① 저당권설정등기 말소청구에서 피담보채무의 변제로 인한 저당권 소멸사실은 저당권설정계약에 기한 경우이든 소유권에 기한 경우이든 모두 원고가 주장·증명책임을 져야 하는 요건사실이다.

② 사안에서 원고 A는 피담보채무가 변제로 소멸되었다는 사실에 관해 주장은 하였으나, 그에 관한 별다른 입증자료를 제출하지 아니하였으므로, A의 청구는 기각될 것이다.

(2) 丁에 대한 저당권이전의 부기등기의 말소청구

① 판례는 근저당권 이전의 부기등기는 기존의 주등기인 근저당권설정등기에 종속되어 주등기와 일체를 이루는 것이어서 피담보채무가 소멸된 경우 또는 근저당권설정등기가 당초 원인 무효인 경우 주등기인 근저당권설정등기의 말소만 구하면 되고 그 부기등기는 별도로 말소를 구하지 않더라도 주등기의 말소에 따라 직권으로 말소되는 것이므로, 양수인을 상대로 한 부기등기의 말소청구는 소의 이익이 없어 부적법하다는 입장이다.

② 따라서 사안의 경우 양수인 丁에 대한 저당권이전의 부기등기의 말소청구는 소의 이익이 없어 부적법 각하될 것이다.

Ⅱ 설문 1.의 (2)에 관하여

1. 결론

(1) 丁에 대한 저당권설정등기 말소청구

법원은 A의 丁에 대한 저당권설정등기 말소청구에 대하여 청구일부인용판결을 선고하여야 한다(구체적으로 판결주문은 "피고 丁은 피고 乙로부터 2,000만원을 지급받은 다음 원고에게 X 부동산에 관하여 서울남부지방법원 영등포등기소 2010.4.10. 접수 제15701호로 마친 저당권설정등기의 말소등기절차를 이행하라.").

(2) 丁에 대한 저당권이전의 부기등기 말소청구

법원은 A의 丁에 대한 저당권이전의 부기등기 말소청구에 대하여 소각하판결을 선고하여야 한다.

2. 논거

(1) 丁에 대한 저당권설정등기 말소청구

1) 처분권주의와 일부인용판결

처분권주의란 절차의 개시, 심판의 대상, 절차의 종결에 대해 당사자에게 주도권을 주어 그의 처분에 맡기는 입장을 말한다(제203조). 그러므로 법원으로서는 당사자가 신청한 사항에 대하여, 신청의 범위 내에서만 판단하여야 한다. 또한 신청한 소송물의 범위 내라면 일부인용의 판결도 가능하다.

2) 현재 이행의 소의 경우에 장래 이행판결(선이행판결)의 가부

사안과 같이 현재의 이행의 소에서 심리결과 원고에게 청구권은 있는데 이행조건이 미성취일 때, 판례는 원고의 청구를 바로 기각할 것이 아니라 ① 원고의 의사에 반하는 것이 아니하고, ② 장래이행의 소로서 미리 청구할 필요가 있으면 장래이행판결을 할 수 있다고 하였다.

3) 사안의 경우

① 피담보채무의 전부 소멸을 이유로 저당권설정등기의 말소를 구하였지만 소송과정에서 피담보채무가 남아 있는 경우, 원고의 다른 반대의 의사표시가 없는 한 원고의 청구에서는 잔존 피담보채무의 지급을 조건으로 회복을 구하는 취지도 포함되어 있다고 봄이 판례이다. 따라서 사안의 경우에도 법원은 선이행판결을 하더라도 처분권주의에 반한다고 할 수 없다.

② 다만 장래이행의 소로서 미리 청구할 필요가 있어야 하는데, 판례는 채권자가 피담보채무의 액수를 다투는 경우에는 미리 청구할 필요가 있다는 입장이다. 따라서 사안의 경우 법원은 선이행판결을 할 것이다.

(2) 丁에 대한 저당권이전의 부기등기 말소청구

양수인 丁에 대한 저당권이전의 부기등기의 말소청구는 소의 이익이 없어 부적법 각하될 것이다.

Ⅲ 설문 2.에 관하여

1. 결론

법원은 A의 대위소송에 대하여 부적법 소각하판결을 선고하여야 한다.

2. 논거

(1) 채권자대위소송의 법적 성질

판례는 "채권자대위소송은 채권자가 스스로 원고가 되어 채무자의 제3채무자에 대한 권리를 행사하는 것이다"라고 하여 법정 소송담당으로 보고 있다. 이에 의하면 ① 피보전채권, ② 보전의 필요성, ③ 채무자의 권리불행사는 당사자적격의 요소가 되나, ④ 피대위권리는 소송물에 해당한다고 보게 된다.

(2) 보전의 필요성이 없을 때 법원의 조치

판례는 채권자가 채무자를 상대로 소유권이전등기절차이행의 소를 제기하여 패소의 확정판결을 받게 되면, 채권자는 채무자의 제3자에 대한 권리를 행사하는 채권자대위소송에서 그 확정판결의 기판력으로 말미암아 더 이상 채무자에 대하여 동일한 청구원인으로 소유권이전등기청구를 할 수 없으므로, 그러한 권리를 보전하기 위한 채권자대위소송은 그 요건을 갖추지 못하여 부적법하다. 즉 위 소유권이전등기 청구권을 보전할 필요가 없게 되었다고 할 것이어서 채권자의 채권자대위소송은 부적법한 것으로 각하되어야 한다는 입장이다.

(3) 사안의 경우

실전연습 및 종합사례

시험과목	민소법(사례형)	응시번호		성명	

사실관계

○ 甲종중은 2011.2.1. 乙로부터 乙 소유인 X토지를 대금 1억원에 매수하였는데, 그 소유권이전등기를 마치기 전인 2011.5.1. X토지에 관하여 丙명의로 "2011.4.1. 매매"를 원인으로 한 소유권이전등기가 마쳐졌다.

○ 이에 甲종중은 2011.10.1. 丙명의의 위 소유권이전등기는 丙이 乙의 인장을 훔친 후 위임장 등 관련 서류를 위조하여 마친 것이므로 원인 없는 무효의 등기라고 주장하면서, 乙을 대위하여 丙을 상대로 위 소유권이전등기의 말소등기 청구의 소를 제기하였다(이하 'A訴'라고 한다).

○ 한편 乙은 丙이 매매대금을 곧 지급하여 주겠다고 약속하기에 먼저 소유권이전등기를 마쳐준 것인데 매매대금을 지급하지 않고 있으니 위 매매계약은 사기에 의한 의사표시로서 취소한다고 주장하면서, 丙을 상대로 진정명의회복을 원인으로 한 소유권이전등기청구의 소를 제기하였고(이하 'B訴'라고 한다), 그와 같은 내용이 담긴 소장이 그 무렵 丙에게 송달되었다.

문제

※ 이와 같은 사실관계에서 아래 각 문항에 답하시오(다음 각 설문은 상호 무관한 것이다).

1. A訴의 1심에서 甲종중의 대표자로서 소를 제기한 丁에게 대표권이 없다는 이유로 소각하 판결이 선고되었고, 이에 甲종중이 항소를 제기하여 현재 소송계속 중이다. B訴가 A訴의 항소심 진행 중 제기되었고, 심리한 결과 원고인 乙의 청구원인 주장이 모두 사실로 밝혀졌으며, 그 심리과정에서 위와 같은 A訴의 진행상황이 밝혀졌다면, B訴의 법원은 어떠한 판결을 하여야 하는가? [20점]

2. A訴의 1심에서 甲종중 대표자의 대표권 등 소송요건이 인정되는 한편, 乙이 증인으로 출석하여 丙에게 실제로 X토지를 매도한 바 있다고 증언하여 청구기각판결이 선고되고 그 무렵 그대로 확정되었다. B訴가 A訴의 판결확정 후 제기되었고, 심리한 결과 원고인 乙의 청구원인 주장이 모두 사실로 밝혀졌으며, 그 심리과정에서 위와 같이 A訴의 판결이 확정되었음이 밝혀졌다면, B訴의 법원은 어떠한 판결을 하여야 하는가? [15점]

3. A訴의 피고 丙은 제1차 변론기일에서 甲종중의 주장과 같이 ① 甲종중과 乙 사이에서 2011.2.1. 매매계약이 체결된 사실과, ② 위조서류에 의하여 丙명의의 소유권이전등기가 마쳐진 사실을 인정한다고 진술하였다가, 제2차 변론기일에서 위 ①, ②의 진술을 모두 번복하였다. 이 경우 A訴의 법원은 위 ①, ②의 사실을 그대로 인정하여야 하는가? [15점]

■ 설문 1.에 관하여

1. 결론

법원은 B소를 중복제소로서 부적법함을 이유로 소각하판결을 하여야 한다.

2. 근거

(1) 중복제소의 금지

1) 의의 및 취지

이미 사건이 계속되어 있을 때는 그와 동일한 사건에 대하여 당사자는 다시 소를 제기하지 못한다(제259조). 중복제소금지의 취지는 동일한 사건이 다시 이중으로 제기된 경우에 각각의 판결의 모순·저촉의 방지를 위한 것이다.

2) 요건

중복소제기의 요건으로는 ① 전·후 양소의 당사자가 동일할 것, ② 전·후 양소의 소송물이 동일할 것, ③ 전소가 소송계속 중일 것이 요구한다. 중복소제기에 해당하는 경우 후소법원은 소를 각하하는 판결을 해야 한다.

사안의 경우 특히, 위 ②,③의 요건을 살펴보기 위해 채권자대위소송의 법적 성질을 먼저 검토할 필요가 있다.

(2) 채권자 대위소송의 법적 성질

판례는 "채권자대위소송은 채권자가 스스로 원고가 되어 채무자의 제3채무자에 대한 권리를 행사하는 것이다"라고 하여 법정 소송담당으로 보고 있다. 이에 따르면 소송물은 채무자의 제3채무자에 대한 권리인 피대위권리이다.[872]

(3) 당사자가 동일한지 여부

판례는 채권자 대위소송이 법원에 계속 중 채무자와 제3채무자 사이에 채권자대위소송과 소송물을 같이 하는 내용의 소송이 제기된 경우, 양 소송은 비록 형식적으로 당사자는 다르다 할지라도 실질상으로는 동일소송이므로, 원고가 제기한 소송은 민사소송법 제259조 소정의 이른바 중복소송 금지규정에 저촉되는 것이라고 하였다. 즉 기판력의 법리와는 무관하게 채무자가 채권자대위소송이 제기된 사실을 알았는지 여부와 상관없이 채무자의 후소는 중복제소에 해당한다는 것이다.[873]

(4) 소송물이 동일한지 여부

판례는 말소등기에 갈음하여 허용되는 진정명의회복을 원인으로 한 소유권이전등기청구권과 무효등기의 말소청구권은 어느 것이나 진정한 소유자의 등기명의를 회복하기 위한 것으로서

---

872) 대판 1994.6.24, 94다14339 등
873) 대판 1995.4.14, 94다29256

실질적으로 그 목적이 동일하고, 두 청구권 모두 소유권에 기한 방해배제청구권으로서 그 법적 근거와 성질이 동일하므로, 비록 전자는 이전등기, 후자는 말소등기의 형식을 취하고 있다고 하더라도 그 소송물은 실질상 동일한 것으로 보아야 한다고 하였다.[874]

(5) 전소가 소송계속 중인지 여부

전소가 소송요건을 구비하지 못하여 부적법한 경우에도 소송계속을 인정할 수 있는지가 문제이다. 이에 대해 판례는 중복제소금지는 소송계속으로 인하여 당연히 발생하는 소송요건의 하나로서, 이미 동일한 사건에 관하여 전소가 제기되었다면 설령 그 전소가 소송요건을 흠결하여 부적법하다고 할지라도 후소의 변론종결 시까지 취하·각하 등에 의하여 소송계속이 소멸되지 아니하는 한 후소는 중복제소금지에 위배하여 각하를 면치 못하게 된다고 하였다.[875]

(6) 사안의 경우

Ⅲ 설문 2.에 관하여

1. 결론

법원은 청구기각판결을 하여야 한다.

2. 근거

(1) 채권자대위소송의 기판력이 후소에 미치는지 여부

1) 채권자대위소송의 법적 성질

2) 기판력의 주관적 범위

가) 상대성 원칙과 확장

기판력은 소송의 대립 당사자 사이에만 생기는 것을 원칙(상대성의 원칙)으로 한다(제218조 제1항). 다만 예외적으로 기판력이 당사자 이외에 제3자에게 미치는 경우가 있는데, 이러한 예외로써 민사소송법 제218조 제3항에서는 "다른 사람을 위하여 원고나 피고가 된 사람에 대한 확정판결은 그 다른 사람에 대하여도 효력이 미친다."고 규정하고 있다.

나) 채권자대위소송의 판결의 효력이 채무자에게 미치는지 여부

판례는 "어떠한 사유로 인하였던 채권자대위권에 의한 소송이 제기된 사실을 채무자가 알았을 경우에는 그 판결의 효력은 채무자에게 미친다고 보는 것이 상당하다"고 하였다.

3) 기판력의 객관적 범위와 작용국면

기판력은 전소의 소송물과 동일·선결·모순관계에 있는 후소에 미친다. 사안에서 전소의 소송물은 소유권이전등기말소청구이고, 후소의 소송물은 진정명의회복을 원인으로 한 소유권

---

874) 대판(전) 2001.9.20, 99다37894 ; 대판 1998.2.27, 97다45532
875) 대판 1998.2.27, 97다45532

이전등기청구이다. 이에 대해 판례는 양청구는 모두 <u>실질적으로 그 목적이 동일</u>하고, <u>소유권에 기한 방해배제청구권으로서 그 법적 근거와 성질이 동일</u>하므로 <u>그 소송물은 실질상 동일한 것으로 본다.</u>

4) 기판력의 시적 범위(차단효)

판례는 확정된 법률관계에 있어 동 확정판결의 변론종결 전에 이미 발생하였던 취소권을 그 당시에 행사하지 않음으로 인하여 취소권자에게 불리하게 확정된 경우 그 확정 후 취소권을 <u>뒤늦게 행사함으로써 동 확정의 효력을 부인할 수 없다</u>고 하였다.[876]

(2) 기판력에 저촉되는 경우 법원의 조치

판례는 ① 전소에서 승소판결을 받은 경우에 원고가 같은 신소를 제기하는 것은 이미 권리보호를 받았음에도 불구하고 이를 다시 구하는 것으로 권리보호이익에 흠이 있는 것이며 이 때문에 <u>소각하판결</u>을 하여야 하나, ② 패소판결을 받은 때에 원고가 신소를 제기하면 전의 판결내용과 모순되는 판단을 하여서는 아니 되는 구속력 때문에 <u>청구기각판결</u>을 하여야 한다는 입장이다.

(3) 사안의 경우

사안에서 乙은 A소에 증인으로 출석하였는바, 채권자대위소송이 제기되었음을 알고 있는 경우에 해당하므로 기판력을 받게 되며, 또한 乙의 B소의 소송물은 甲의 A소의 소송물과 동일하다. 뿐만 아니라 乙의 사기를 이유로 한 매매계약의 취소권은 시적 범위에서 차단된다. 따라서 乙의 후소는 전소의 기판력에 저촉되며, 이 경우 법원은 전소와 모순된 판단을 할 수 없기 때문에 청구기각판결을 하여야 한다.

III 설문 3.에 관하여

1. 결론

법원은 ① 피보전채권인 매매계약의 체결사실에 대해서는 당사자의 자백에 구속되지 않고 그 존부를 심리할 수 있으나, ② 위조서류에 의하여 丙명의의 소유권이전등기가 마쳐진 사실에 대한 자백에 대해서는 이에 구속받아 재판하여야 한다.

2. 근거

(1) 피보전채권에 대한 인정진술의 의미

1) 채권자대위소송의 법적 성질

2) 직권조사사항에 대한 재판상 자백의 성부

판례는 당사자능력 또는 소송능력에 관한 사항과 같이 <u>직권조사사항은 소송당사자의 자백에 구속되지 아니할 사항</u>이라고 하였다.

---

876) 대판 1979.8.14, 79다1105

(2) 원인무효의 등기가 마쳐진 사실에 대한 인정진술의 의미

1) 인정진술이 주요사실인지 여부 - 변론주의의 적용 여부

위조서류에 의하여 丙명의의 소유권이전등기가 마쳐진 사실은 甲의 대위청구의 요건사실에 해당하는 것으로서 주요사실에 해당한다. 따라서 이에 대한 인정진술은 재판상 자백에 해당한다.

2) 자백의 구속력 - 철회제한의 원칙과 그 예외

자백은 법원에 대한 구속력으로 법원은 사실인정권이 배제되어 자백한 것을 그대로 인정해야 하며, 당사자에 대한 구속력으로서 당사자는 자유롭게 철회하지 못함이 원칙이다. 다만 ① 진실에 어긋나는 자백은 그것이 착오로 말미암은 것임을 증명한 때에는 철회할 수 있다(제288조 단서). 그리고 ② 상대방의 동의가 있는 경우, ③ 상대방 또는 제3자의 형사상 처벌받을 행위로 말미암아 자백을 한 경우(제451조 제1항 제5호 참조)에는 자백의 철회가 허용된다.

(3) 사안의 경우

丙의 甲종중과 乙 사이의 매매계약 체결사실에 대한 인정진술은 재판상 자백으로서의 구속력이 없다. 그러나 원인무효의 등기가 마쳐진 사실에 대한 인정진술은 재판상 자백에 해당하고, 사안의 경우에는 자백의 철회가 가능한 예외적인 사정이 보이지 않으므로 법원에 대한 구속력이 발생한다.

실전연습 및 종합사례

시험과목	민소법(사례형)	응시번호		성명	

사실관계

甲은 乙로부터 乙 소유의 X토지를 매수하고 대금 전액을 지급하였으나, X토지에 관한 소유권이전등기를 마치지 못하는 사이에 X토지에 관하여 순차로 丙, 丁 명의로 매매를 원인으로 한 소유권이전등기가 마쳐졌다. 甲은 乙을 대위하여 丙을 상대로 丙 명의의 위 소유권이전등기는 乙의 종업원인 A가 乙의 인감도장을 보관하고 있음을 기화로 소유권이전등기에 필요한 서류를 위조하여 마친 것으로서 원인 없는 무효의 등기임을 이유로 丙 명의의 소유권이전등기의 말소를 구하고, 丁을 상대로는 위 丁 명의의 소유권이전등기는 원인 없는 위 丙 명의의 소유권이전등기에 기초하여 마쳐진 무효의 등기임을 이유로 丁 명의의 위 소유권이전등기의 말소를 구하는 이 사건 소를 제기하였다.

문제

※ 이와 같은 사실관계에서 아래 각 문항에 답하시오(다음 각 설문은 상호 무관한 것임).

(1) 丙이 甲과 乙 사이의 X토지에 관한 매매계약 체결 사실을 자백하였다면, 丙의 위 자백은 위 소송절차에서 어떤 의미를 가지는가? 10점

(2) 위 소송에서 丙은 丙 명의의 소유권이전등기는 乙로부터 대리권을 수여받은 A와 체결한 매매계약에 기초한 것으로서 원인 무효의 등기가 아니라는 취지의 답변서를, 丁은 가사 丙 명의의 위 소유권이전등기가 원인 무효라고 하더라도 이 사건 토지에 관하여 10년간의 등기부취득시효가 완성되었으므로 丁 명의의 위 소유권이전등기는 실체관계에 부합하는 유효한 등기라는 취지의 답변서를 제출한 후 변론기일에 출석하여 이를 진술하였다. 심리결과 甲의 청구원인 사실 및 丁의 등기부취득시효 주장 사실이 모두 인정되었다면 법원은 甲의 丙과 丁에 대한 청구에 대하여 어떻게 판결하여야 하는가? 20점

(3) 위 소송에서 甲이 A의 등기서류 위조사실을 입증하는 데에 실패하여 丙, 丁에 대한 소유권이전등기말소청구가 각 기각되고, 판결이 확정되었다. 이후에 乙이 丙 명의의 X토지에 관한 소유권이전등기는 A의 무권대리행위에 의한 것으로서 무효이고, 丁 명의의 소유권이전등기는 무효인 丙 명의의 소유권이전등기에 기초한 것으로서 역시 무효라고 주장하면서 丙과 丁을 상대로 위 각 소유권이전등기의 말소를 구하는 소송을 제기하였다. 이 경우 법원은 어떻게 판결하여야 하는가? 20점

▌ I ▐ 설문 (1)에 관하여

1. 결론

丙의 자백은 재판상 자백에 해당하지 않으므로 소송절차에서 자백으로서의 구속력이 발생하지 않는다.

2. 근거

(1) 채권자대위소송의 법적 성질

판례는 "채권자대위소송은 채권자가 스스로 원고가 되어 채무자의 제3채무자에 대한 권리를 행사하는 것이다"라고 하여 법정 소송담당으로 보고 있다.

(2) 피보전채권에 대한 자백의 구속력

1) 피보전채권의 소송법상 의미

① 채권자대위소송의 법적 성질에 대한 법정소송담당설의 입장에 의하면 "ⅰ) 피보전채권, ⅱ) 보전의 필요성, ⅲ) 채무자의 권리불행사는 당사자적격의 요소"가 되나, ⅳ) 피대위권리는 소송물에 해당한다고 보게 된다. 따라서 당사자적격의 요건을 피대위권리의 존부보다 먼저 판단하여야 하고, 이것이 부정될 경우에는 그 소는 부적법 각하되어야 한다.

② 판례도 채권자대위소송에서 대위에 의하여 보전될 채권자의 채무자에 대한 권리(피보전채권)가 존재하는지 여부는 소송요건으로서 법원의 직권조사사항이므로, 법원으로서는 그 판단의 기초자료인 사실과 증거를 직권으로 탐지할 의무까지는 없다 하더라도, 법원에 현출된 모든 소송자료를 통하여 살펴보아 피보전채권의 존부에 관하여 의심할 만한 사정이 발견되면 직권으로 추가적인 심리·조사를 통하여 그 존재 여부를 확인하여야 할 의무가 있다고 하였다.

2) 직권조사사항에 대한 자백의 효력

직권조사사항의 존부 자체는 재판상의 자백이나 자백간주의 대상이 될 수 없다. 따라서 그 존재를 당사자들이 다투지 아니한다 하더라도 그 존부에 관하여 의심이 있는 경우에는 법원이 이를 직권으로 밝혀 보아야 한다. 즉 자백으로서의 구속력이 없으므로, 당사자는 자유롭게 이를 철회할 수 있고 법원도 이에 구속되지 않고 증거조사를 통해 피보전채권의 존부를 심리·판단하여야 한다.

(3) 사안의 경우

사안의 경우, 甲과 乙사이의 X토지에 관한 매매계약체결 사실은 甲의 대위소송의 당사자적격인 피보전권리의 존부에 대한 것으로서, 소송요건으로서 직권조사사항에 해당하는 바, 이에 대한 丙의 인정진술은 자백으로서의 구속력이 없다. 따라서 丙은 이를 자유롭게 철회할 수 있고, 또한 법원에 대한 구속력도 발생하지 않으므로 법원은 丙의 진술 사실과 달리 판단할 수 있다.

Ⅱ 설문 ⑵에 관하여

1. 결론

법원은 ① 甲의 丙에 대한 청구에 대하여는 청구인용판결을, ② 甲의 丁에 대한 청구에 대해서는 청구기각판결을 하여야 한다.

2. 근거

(I) 甲의 丙과 丁에 대한 공동소송의 형태와 심판방법

1) 공동소송의 형태

① 통상공동소송이란 개별적으로 소송을 하여도 무방하나, 청구 사이에 일정한 관련성·공통성이 있기 때문에 하나의 소송절차에서 공동으로 소송을 하여도 무방한 경우의 공동소송이다. 이러한 통상공동소송은 필수적 공동소송과 달리 판결의 합일확정, 즉 공동소송인 사이에서 승패가 일률적으로 될 필요가 없다.

② 사안에서 丙과 丁은 실체법상 관리처분권이 공동귀속되는 관계에 있는 것도 아니고, 판결의 효력이 확장되는 경우도 아니므로, 사안의 공동소송은 통상의 공동소송에 해당한다.

2) 통상공동소송의 심판방법

가) 공동소송인 독립의 원칙

통상공동소송의 경우에는 제66조의 "공동소송인 가운데 한 사람의 소송행위 또는 이에 대한 상대방의 소송행위와 공동소송인 가운데 한 사람에 관한 사항은 다른 공동소송인에게 영향을 미치지 아니한다."는 공동소송인 독립의 원칙이 적용되어 이 원칙에 따라 심판하게 된다.

나) 구체적 내용

통상공동소송은 ① 소송요건의 존부는 각 공동소송인마다 개별 심사처리하여야 하고, ② 공동소송인의 한 사람의 소송행위는 유리·불리를 가리지 않고 원칙적으로 다른 공동소송인에게 영향을 미치지 아니하며(소송자료의 독립), ③ 공동소송인의 한 사람에 관한 사항은 다른 공동소송인에 영향이 없다(소송진행의 독립). 또한 ④ 판결의 통일이 요구되지 않으며, 법원은 전부판결을 하는 것이 원칙이나 공동소송인 1인에 대하여 판결하기에 성숙한 때에는 변론의 분리·일부판결을 할 수 있다(판결의 불통일).

다) 공동소송인 독립의 원칙의 수정

제65조 전문의 실질적인 견련관계가 있는 공동소송의 경우에도 재판의 통일이 보장되지 않기 때문에 공동소송인 독립의 원칙을 부분적으로 수정하여 어느 정도 판결의 모순·저촉을 방지하려는 시도가 있으며, 그 인정 여부에 관하여 논의가 있다. 이와 관련된 것이 주장공통의 원칙과 증거공통의 원칙이다. 그러나 이에 대해 판례는 "민사소송법 제66조의 명문의 규정과 우리 민사소송법이 취하고 있는 변론주의 소송구조 등에 비추어 볼 때, 통상의 공동소송에 있어서 이른바 주장공통의 원칙은 적용되지 아니한다"고 하여 주장공통의 원칙을 부정한다.

(2) 甲의 丁에 대한 청구의 인용가부

1) 소의 적법성 판단

법정소송담당설 + 말소등기청구의 피고적격 ⇨ 사안의 경우 甲의 丁에 대한 말소등기청구의 소에서 당사자적격 등 특별히 소송요건을 구비하지 못한 사정은 보이지 않으므로 적법하다.

2) 본안판단

사안에서는 丙과 丁명의의 소유권이전등기는 원인 무효의 등기로서 말소되어야 한다는 甲의 주장사실은 인정되었고, 나아가 丁의 등기부취득시효의 주장사실도 인정되었다. 이에 의하면 丁명의의 소유권이전등기는 실체관계에 부합하는 등기로서 유효하고, 결국 법원은 甲의 丁에 대한 청구에 대해 청구기각의 판결을 하여야 한다. 그러나 丁의 위와 같은 주장은 丁과 통상공동소송인의 관계에 있는 丙에게는 아무런 영향을 미칠 수 없다.

(3) 甲의 丙에 대한 청구의 인용가부

1) 소의 적법성 판단

① 통상공동소송에서 소송요건의 존부는 각 공동소송인마다 개별 심사처리하여야 하는데, 丙과의 관계에서 다른 소송요건의 구비여부는 문제가 되지 않으나, 甲의 丁에 대한 청구가 위와 같은 사정으로 패소판결을 받는다면 丙에 대한 인용판결을 받더라도 그 급부의 실현(집행)이 법률상 또는 사실상 불가능하거나 현저히 곤란한 경우에 해당하는바, 이 경우에도 소의 이익을 인정할 수 있는지가 문제이다.

② 이에 대해 판례는 순차 경료된 소유권이전등기의 각 말소청구소송은 통상공동소송이므로 그중의 어느 한 등기명의자만을 상대로 말소를 구할 수 있고, 최종 등기명의자에 대하여 등기말소를 구할 수 있는지에 관계없이 중간의 등기명의자에 대하여 등기말소를 구할 소의 이익이 있다고 하였다. 즉 최종 등기명의자를 상대로 패소판결이 확정되었다고 하더라도, 중간 등기명의자를 상대로 그 등기의 말소를 구할 소의 이익이 있다는 것이다.

2) 본안판단

사안에서 丁과 통상공소송의 관계에 있는 丙은 丙명의의 소유권이전등기가 원인 무효의 등기가 아니라는 취지의 진술만 한 채, 丁의 등기부취득시효의 주장을 원용한 바도 없으므로,[877] 결국 법원은 甲의 丙에 대한 청구에 대해서는 청구인용의 판결을 하여야 한다. 이와 같이 丁과 모순되는 판결을 하더라도 변론주의를 원칙으로 하여 공동소송인 독립의 원칙을 인정하는 우리 소송제도 하에서는 위법한 판결이라고 할 수 없다.

---

877) 만약 원용한다면 이행불능의 항변을 하는 것이다.

III 설문 (3)에 관하여

1. 결론

법원은 乙이 甲의 채권자대위소송이 제기된 사실을 알았을 때에 한하여 乙의 소에 대하여 청구기각의 판결을 하여야 한다.

2. 근거

(1) 기판력의 의의 및 근거

기판력은 청구에 대한 확정된 종국판결의 판결내용에 부여된 후소에 관한 당사자와 법원을 규율하는 구속력을 가지며, 당사자는 되풀이하여 다투는 소송이 허용되지 아니하며(不可爭), 법원도 그와 모순·저촉되는 판단을 해서는 안 된다(不可反). 이와 같은 기판력의 정당성은 분쟁의 반복금지에 의한 소송경제의 요청, 즉 법적 안정성과 자기책임에 있다.

(2) 기판력의 작용 여부

1) 기판력의 주관적 범위

기판력은 소송의 대립 당사자 사이에만 생기는 것을 원칙(상대성의 원칙)으로 한다(제218조 제1항). 다만 예외적으로 기판력이 당사자 이외에 제3자에게 미치는 경우가 있는데, 이러한 예외로서 민사소송법 제218조 제3항과 관련하여 채권자대위소송이 문제인데, 판례는 법정소송담당설을 전제로 하여, 채권자가 채권자대위권을 행사하는 방법으로 제3채무자를 상대로 소송을 제기하고 판결을 받은 경우에는 어떠한 사유로 인하였던 적어도 채무자가 채권자 대위권에 의한 소송이 제기된 사실을 알았을 경우에 그 판결의 효력은 채무자에게 미친다고 한다.

2) 기판력의 객관적 범위와 작용

가) 문제점

기판력은 판결주문에 포함된 판단에만 생기고(제216조 제1항), 판결이유 중에 판단된 사실에 대해서는 기판력이 생기지 않는다. 또한 기판력은 후소의 소송물이 전소의 소송물과 동일하거나, 전소의 소송물을 선결문제로 하거나, 전소의 소송물과 모순관계에 있는 경우에 작용한다. 사안의 경우 전·후소의 소송물이 동일한지 여부가 문제된다.

나) 말소등기청구의 소송물

판례의 구소송물이론에 의하면 실체법상 권리 또는 법률관계의 주장을 소송물로 보고, 소유권이전등기말소청구의 소송물은 소유권에 기한 방해배제청구권(민법 제214조)으로서, 등기무효의 원인으로서 무엇을 주장하든 소송물은 항상 1개이고, 개개의 무효원인은 공격방법의 차이에 지나지 않는다고 한다.

다) 사안의 경우

판례에 따르면 채권자 甲이 채무자 乙을 대위하여 丙명의의 소유권이전등기가 등기서류를 위조하여 마쳐진 것으로서 원인 무효의 등기라는 이유로 丙과 丁명의의 각 소유권이전등기의 말소를 구한 전소인 대위소송과 채무자 乙이 丙명의의 소유권이전등기는 무권대리행위에 의한 것으로서 무효라는 이유로 丙과 丁명의의 각 소유권이전등기의 말소를 구하고 있는 후소는 당해 등기원인의 무효사유만 달리하는 것으로서 공격방법의 차이만 있을 뿐 그 소송물은 모두 당해 등기의 말소등기청구권으로서 동일하다.

3) 기판력의 시적 범위(차단효)

사실심의 변론종결 전에 당사자가 제출할 수 있었던 공격방어방법은 기판력의 실권효에 의해서 차단되어 후소에서 이를 주장할 수 없다. 따라서 ① 전소 변론 종결 후에 새로이 발생한 사실의 주장은 후소에서 실권효의 제재를 받지 않으며, ② 전소 변론종결 전의 사유라도 소송물이 다르면 후소에서 차단되지 않는다.

사안의 경우, 전소와 후소는 소송물이 동일하고, 무권대리행위로서 丙명의의 등기가 무효라는 주장은 전소 변론종결 전에 주장할 수 있었던 사유이므로 후소에서 차단된다고 할 것이다.

(3) 기판력에 저촉되는 경우 법원의 조치

판례는 전·후소의 소송물이 동일한 경우, ① 전소에서 승소판결을 받은 경우에 원고가 같은 신소를 제기하는 것은 이미 권리보호를 받았음에도 불구하고 이를 다시 구하는 것으로 권리보호이익에 흠이 있는 것이며 이 때문에 소각하판결을 하여야 하나, ② 패소판결을 받은 때에 원고가 신소를 제기하면 전의 판결내용과 모순되는 판단을 하여서는 아니 되는 구속력 때문에 청구기각판결을 하여야 한다는 입장이다.

사안의 경우, 법원은 乙이 甲의 채권자대위소송이 제기된 사실을 알았을 때라면 乙의 소에 대해 전소판결과 모순되지 않게 청구기각의 판결을 하여야 한다.

실전연습 및 종합사례

시험과목	민소법(사례형)	응시번호		성명	

사실관계

○ A는 2009.4.11. 甲으로부터 그 소유의 X아파트를 대금 12억원에 매수하면서, 계약금 1억원은 당일, 중도금 3억원은 한 달 뒤 약정한 기일에 지급하였다. 그 후 甲은 X아파트를 시가보다 싸게 매도하였다고 생각하고 있었는데 X아파트가 재건축된다는 소문이 돌아 가치가 더욱 높아질 것으로 예상되자, 잔금지급기일에 일부러 약속장소에 나가지 아니하였고, 원고의 연락도 회피하였다. 그러다가 甲은 자신의 처남인 丙과 짜고 X아파트에 관하여 매매계약을 체결한 것처럼 가장하여 丙명의로 소유권이전등기를 마쳐두었다.

○ A는 甲과 丙을 상대로 하여, 甲에 대하여는 2009.4.11.자 매매를 원인으로 한 소유권이전등기절차의 이행을, 丙에 대하여는 甲에 대한 소유권이전등기청구권을 보전하기 위하여 甲을 대위하여 甲과 丙 사이의 위 매매는 통정허위표시에 의한 법률행위로서 무효라는 이유로 丙명의로 마쳐진 소유권이전등기의 말소등기절차의 이행을 구하는 소를 제기하였다. A는 2010.2.5. 위 소송에서 甲과 丙에 대하여 전부 승소판결을 선고받았고, 그 무렵 그 판결이 확정되었다.

문제

※ 아래 각 설문은 상호 무관한 것임을 전제로 한다.

(1) 다음 문항을 읽고 결론과 근거를 설명하시오. 25점

　　가. A가 위 승소판결에 기하여 丙명의의 소유권이전등기를 말소하였으나, 세금 등의 문제로 자신 앞으로 소유권이전등기를 마치지 않고 있었는데, 甲은 이를 기화로 戊에게 X아파트를 매도하고 2010.3.4. 戊 앞으로 소유권이전등기를 마쳐주었다. A는 2010.4.7. 다시 甲을 대위하여 戊를 상대로 그 명의의 소유권이전등기가 통정허위로 체결된 매매계약에 기하여 마쳐진 것으로서 무효라고 주장하면서 그 말소등기절차의 이행을 구하는 소를 제기하였다. 전소확정판결의 효력은 戊에게 미치는가?[878]

　　나. A가 丙명의의 소유권이전등기를 말소하지 않고 있는 사이에, 丙이 위와 같은 사정을 잘 알고 있는 丁에게 X아파트를 헐값에 매도하고 丁앞으로 소유권이전등기를 마쳐주었다. 이에 A는 丁을 상대로 다시 그 명의의 소유권이전등기의 말소등기절차의 이행을 구하는 소를 제기하였다면, 전소확정판결의 효력은 丁에게 미치는가?[879]

(2) 만일 위 문항(1)의 가의 내용과는 달리, 戊 명의의 소유권이전등기가, 戊가 甲을 상대로 제기한 소유권이전등기절차 이행의 소에서 받은 승소확정판결에 기하여 마쳐진 것이라고 가정한다면, 법원은 A가 다시 甲을 대위하여 戊를 상대로 제기한 말소등기절차의 이행을 구하는 소에 대하여 어떠한 내용의 판결을 선고하여야 하는가? 13점

---

878) 설문이 'A가 甲에 대하여 이미 승소판결을 선고받아 확정되었음에도 다시 戊를 상대로 제기한 소는 적법한가?'일 때에도 쟁점은 기판력에 저촉되지 않아 적법하다는 점에 중점을 두고 답안을 작성하면 된다.

879) 동 설문의 경우에도 마찬가지로 'A가 丁을 상대로 제기한 소는 적법한가?'라고 물을 수 있다. 이에 대한 답안구성도 미리 준비해 두어야 할 것이다.

(3) 만일 위 문항 (1)의 가)의 소에서 甲이 증인으로 출석하여 자신과 戊 사이의 매매계약이 진정한 것이라는 취지로 허위증언을 하여 제1심 법원이 A의 패소판결을 선고하였고, 이에 A가 항소를 제기하였는데, A가 항소심에서 소를 취하한 다음, 甲과 戊 사이의 위 매매가 甲의 배임행위에 戊가 적극 가담하여 이루어진 것으로서 반사회적 법률행위이므로 무효라는 이유로 다시 甲을 대위하여 戊를 상대로 그 명의의 소유권이전등기의 말소등기절차의 이행을 구하는 소를 제기하였다면, A가 戊를 상대로 다시 제기한 소는 적법한가? 12점

■ 설문 (1)에 관하여

1. 결론

(1) 설문 가)의 결론

전소확정판결의 효력은 戊에게 미치지 않는다.

(2) 설문 나)의 결론

전소확정판결의 효력은 丁에게 미친다.

2. 근거

(1) 기판력의 의의 및 근거

기판력은 청구에 대한 확정된 종국판결의 판결내용에 부여된 후소에 관한 당사자와 법원을 규율하는 구속력으로서, ① 당사자는 그에 반하여 되풀이하여 다투는 것이 허용되지 아니하며(불가쟁), ② 어느 법원도 다시 재심사하여 그와 모순·저촉되는 판단을 해서는 안 된다(불가반). 이는 법적 안정성·소송경제의 요청과 함께 절차보장을 받은 당사자의 자기책임에서 그 근거를 찾을 수 있다(이원설).

(2) 기판력의 주관적 범위 - 상대성 원칙과 예외

기판력은 소송의 당사자 사이에만 생기는 것을 원칙(상대성의 원칙)으로 한다(제218조 제1항). 다만 예외적으로 기판력이 당사자 이외에 제3자에게 미치는 경우가 있는데, 이러한 예외로서 민사소송법 제218조 제1항에서는 "확정판결은 변론종결 뒤의 승계인에 대하여 그 효력이 있다"고 규정하고 있다. 따라서 사안의 경우 戊와 丁이 변론종결 뒤의 제3자에 해당되어 판결의 효력이 미치는지 여부가 문제된다.

(3) 변론종결 뒤 승계인에 해당하는지 여부

1) 의의 및 취지

변론종결 뒤에 소송물인 권리관계에 대한 지위를 당사자로부터 승계한 제3자는 전주와 상대방 당사자 사이에 내려진 판결의 기판력을 받는다(제218조 제1항). 이 규정은 패소 당사자가 그 소송물인 권리관계를 제3자에게 처분함으로써 기판력 있는 판결을 무력화시키고, 승소당사자

の 지위를 붕괴시키는 것을 방지하기 위함이다. 따라서 소송계속의 사실이나 전소판결의 존재에 대하여 승계인이 된 제3자의 知·不知는 문제되지 않는다.

2) 변론종결 뒤의 승계인에게 기판력이 미치는 근거

승계의 개념을 소송물인 권리의무 자체뿐만 아니라 소송물을 다툴 수 있는 지위인 당사자적격(분쟁주체로서의 지위)의 승계로 보아, 피승계인의 당사자적격이 승계인에게로 이전되었기 때문에 기판력이 확장된다고 보는 적격승계설이 타당하다.

3) 변론종결 뒤 승계인의 범위

승계인이란 ① 변론종결한 뒤에 당사자로부터 '소송물인 실체법상의 권리의무' 자체를 승계한 자와 ② 소송물인 권리의무관계 자체를 승계한 것은 아니지만, '계쟁물에 관한 당사자적격'을 승계한 자도 승계인이 된다(적격승계설). 다만 당사자적격은 소송법적으로 추상화된 개념이므로 승계인의 범위(기판력의 범위)가 지나치게 확대될 가능성이 있다. 따라서 그 범위의 합리적 조절이 필요한데, 판례는 소송물인 청구권의 성질을 승계인의 범위 문제에 반영하여 이를 해결하고 있으며, 결국 판례에 따르면 소송물이론에 따른 승계인의 범위가 문제된다.

(4) 소송물이론과 승계인의 범위

① 판례는 ⅰ) 소송물인 원고의 청구가 대세적 효력을 갖는 물권적 청구권일 때에는 제218조 제1항의 승계인으로 되지만, ⅱ) 대인적 효력밖에 없는 채권적 청구권일 때에는 승계인이 아니라고 한다. 따라서 "전소의 소송물이 채권적 청구권인 소유권이전등기청구권인 경우에는 전소의 변론종결 후에 그 목적물에 관한 소유권이전등기를 넘겨받은 사람은 변론종결 후의 승계인에 해당하지 않는다"고 하였다.

② 생각건대, 민법 제187조 소정의 물권변동을 일으키는 판결에는 이행판결이 포함되지 않기 때문에 소송물이 채권적 청구권인 이행소송의 확정판결이 있는 것만으로는 물권변동의 효력이 생기지 않으므로, 그 제3자를 변론종결 뒤의 승계인으로 보아 그에 대하여 기판력이 미친다고 한다면 물권변동에 관한 실체법의 원칙에 어긋나므로 판례의 입장이 타당하다고 본다.

(5) 사안의 경우880)

1) 설문 (I)의 가)의 해결

사안의 경우, 판례에 따르면 A가 甲을 상대로 제기한 소의 소송물은 甲과의 매매계약에 기한 소유권이전등기청구권으로서 이는 채권적 청구권에 해당하므로, 戊는 변론종결 후 승계인에 해당하지 아니한다. 따라서 전소확정판결의 효력은 戊에게 미치지 않는다. 결국 A가 甲에 대하여 이미 승소판결을 선고받아 확정되었음에도 다시 戊를 상대로 그 명의의 소유권이전등기의 말소등기절차의 이행을 구하기 위하여 제기한 소는 기판력에 저촉되지 않으므로 적법하다.

---

880) 사안의 경우에는 실체법상 고유한 방어방법은 문제되지 않는다.

PART 03 실전연습 및 종합사례 951

2) 설문 (1)의 나)의 해결

가) 채권자대위소송의 법적 성질

나) 사안의 경우

사안의 경우, 판례에 따르면 A가 甲을 대위하여 丙을 상대로 제기한 소의 소송물은 甲의 소유권에 기한 방해배제청구권으로서 물권적 청구권에 해당하고, 丁은 변론종결 후 승계인에 해당되어 丁에 대해서도 위 소송에서의 승소확정판결의 기판력이 미친다.[881] 따라서 A가 丁을 상대로 그 명의의 소유권이전등기의 말소등기절차의 이행을 구하기 위하여 제기한 소는 권리보호의 이익이 없어 부적법하게 된다. A는 전 소송의 확정판결의 정본에 승계집행문(민사집행법 제31조)을 부여받아 丁명의의 등기를 말소할 수 있기 때문이다.

II 설문 (2)에 관하여

1. 결론

법원은 청구기각의 판결을 선고하여야 한다.

2. 근거

(1) 기판력의 주관적 범위

1) 상대성 원칙과 예외

2) 채권자대위소송의 법적 성질

3) 채무자가 받은 확정판결의 효력이 대위채권자에게 미치는지 여부

판례는 "부동산의 소유자에 대하여 소유권이전등기를 청구할 지위에 있기는 하지만 아직 그 소유권이전등기를 경료하지 않은 상태에서, 제3자가 부동산의 소유자를 상대로 그 부동산에 관한 소유권이전등기절차 이행의 확정판결을 받아 소유권이전등기를 마친 경우에는, 그 확정판결이 당연무효이거나 재심의 소에 의하여 취소되지 않는 한, 종전의 소유권이전등기청구권을 가지는 자가 부동산의 소유자에 대한 소유권이전등기청구권을 보전하기 위하여 부동산의 소유자를 대위하여 제3자 명의의 소유권이전등기가 원인무효임을 내세워 그 등기의 말소를 구하는 것은 확정판결의 기판력에 저촉되므로 허용될 수 없다"고 하여, 채무자가 받은 확정판결의 효력은 대위채권자에게 미친다고 본다. 그리고 설령 제3자 명의의 소유권이전등기의 등기원인이 매도인의 배임행위에 적극 가담하여 이루어진 반사회적 법률행위라 하더라도 역시 마찬가지이다.

---

881) 기판력의 작용국면은, 채권자대위소송의 법적 성질에 대한 법정소송담당설에 따라 전소와 후소의 소송물은 甲의 제214조의 소유권에 기한 방해배제청구권으로서 말소등기청구권이므로 양자는 동일관계에 해당하게 된다.

(2) 기판력의 객관적 범위와 작용국면

이 경우 제3자가 받은 확정판결의 소송물은 소유권이전등기청구권이고 종전의 소유권이전등기청구권을 가지는 자가 부동산의 소유자를 대위하여 제3자 명의의 소유권이전등기의 말소를 구하는 소송의 소송물은 그 소유권이전등기의 말소등기청구권이어서 소송물이 동일하지는 않지만 서로 모순관계에 있다.

(3) 기판력의 시적 범위

전소 변론종결일을 기준으로 새로운 사정이 발생하지 않아, 전소 기판력에 의해 A의 주장은 차단된다.

(4) 사안의 경우 – 법원의 조치(기판력의 본질론)

사안의 경우, A의 戊에 대한 말소등기청구는 戊가 받은 확정판결의 기판력에 저촉되어 허용될 수 없다. 따라서 법원은 그러한 사유를 들어 원고의 청구를 기각하는 판결을 선고하여야 한다. 즉, A는 전소인 소유권이전등기청구사건의 패소자인 甲을 대위하여 그 이전등기의 말소를 구한 것이기 때문에 기판력의 본질에 관한 판례의 입장에 의할 경우 법원은 전소 패소확정판결에 모순되지 않게 A가 제기한 소에 대하여 청구기각의 판결을 하여야 한다.

Ⅲ 설문 (3)에 관하여

1. 결론

A가 戊를 상대로 다시 제기한 소는 부적법하다.

2. 근거

(1) 채권자대위소송의 법적 성질

(2) 재소금지의 의의 및 취지

본안에 대한 종국판결이 있은 후에 소를 취하한 자는 다시 동일한 소를 제기하지 못한다(제267조 제2항). 이는 소 취하로 인하여 법원의 종국판결이 농락됨을 방지하기 위한 것이다.

(3) 요건

① 제267조 제2항에 의하여 재소로 금지되기 위해서는 ⅰ) 당사자가 동일할 것, ⅱ) 소송물이 동일할 것, ⅲ) 권리보호의 이익이 동일할 것, ⅳ) 본안의 종국판결 후의 소취하일 것의 요건을 갖추어야 한다.
② 사안의 경우에는 특히 전소와 후소의 소송물이 동일한지 여부가 문제이다.

(4) 말소등기청구소송에서의 소송물 동일성 판단

판례는 말소등기청구사건의 소송물은 당해 등기의 말소등기청구권이고 그 동일성 식별의 표준이 되는 청구원인(즉 말소등기청구권의 발생원인)은 당해 등기원인의 무효라 할 것으로서 등기원인의 무효를 뒷받침하는 개개의 사유는 독립된 공격방어방법에 불과하여 별개의 청구원인을 구성하는 것이 아니라고 하였다.

(5) 사안의 경우

사안의 경우, 甲과 戊 사이의 매매가 통정허위표시로서 무효이든 반사회적 법률행위로서 무효이든, 양자는 공격방법의 차이에 불과할 뿐 모두 소송물은 말소등기청구권으로 동일한 경우에 해당하므로, 전소의 본안에 관하여 종국판결이 선고된 후 전소를 취하하고 제기된 후소는 재소금지의 원칙에 위배된다. 따라서 A가 戊를 상대로 다시 제기한 소는 부적법하다.

실전연습 및 종합사례

시험과목	민소법(사례형)	응시번호		성명	

사실관계

A는 甲에게 금 8,000만원을 대여하였는데, 甲은 A로부터 강제집행을 당할 것을 염려하여 자신의 유일한 X 건물에 대해 乙과 짜고 매매를 원인으로 한 소유권이전등기를 乙에게 경료해 주었다.

문제

※ 아래 각 설문에 대한 결론과 근거를 설명하시오.

　A는 甲의 재산관계를 알아보던 중, 甲 소유의 위 X부동산이 乙 앞으로 이전등기된 것을 알게 되어 위 매매계약을 사해행위라고 하면서 乙을 피고로 하여 소를 제기하였다.

(1) 위 소송계속 중 甲의 다른 채권자 B는 乙을 피고로 하여 甲과 乙의 매매는 자신을 사해할 목적으로 이뤄진 것이라고 주장하였으나 제1심 법원은 B의 소를 각하하였다. B가 제기한 소는 적법한가? 15점

(2) 만일 위 A의 소송에서 A의 승소판결이 확정되어 원상회복을 마친 상태인데, 甲의 다른 채권자 B가 채권자취소소송을 제기한 경우라면, 법원은 어떠한 판결을 하여야 하는가? 15점

❚ 설문 (1)에 관하여

1. 결론

B가 제기한 소는 적법하다.

2. 근거

(1) 채권자취소소송의 피고적격

판례는 채권자취소권은 사해행위의 취소와 일탈한 재산의 원상회복을 목적으로 하는 권리로 보되, 취소의 효과는 절대적인 취소가 아니라 악의의 수익자 또는 전득자에 대한 관계에서만 상대적으로 취소하는 것이므로 취소권은 악의의 수익자 또는 전득자에 대하여만 있는 것이고 채무자에게는 행사할 수 없다고 본다. 따라서 사안의 경우 乙만을 피고로 한 소의 제기는 적법하다.

(2) 채권자취소소송과 중복제소

1) 채권자취소소송의 법적 성질

채권자취소권은 제3자 소송담당에 해당하지 않으며, 자신의 실체법상 독자적인 고유한 권리를 행사하는 경우에 해당한다.

2) 중복제소금지의 의의 및 취지

이미 법원에 소송계속 중인 사건과 동일한 사건에 관하여 당사자는 다시 소를 제기하지 못한다(제259조). 이를 중복된 소제기의 금지라고 한다. 그 취지는 동일한 사건이 다시 이중으로 제기된 경우에 각각의 판결의 모순·저촉의 방지를 위한 것이다.

3) 요건

중복소제기의 요건으로는 ① 전·후 양소의 당사자가 동일할 것, ② 전·후 양소의 소송물이 동일할 것, ③ 전소가 소송계속 중일 것을 요구한다.

4) 중복제소 해당 여부

① 판례는 채권자취소권의 요건을 갖춘 각 채권자는 고유한 권리로 채무자의 재산처분행위를 취소·원상회복을 구할 수 있으므로 여러 명의 채권자가 동시에 또는 시기를 달리하여 사해행위취소 및 원상회복청구의 소를 제기한 경우 이들 소가 중복제소에 해당하지 않는다고 판시하였다.[882]

② 채권자취소권은 법정소송담당이 아니라 자신의 고유한 독자적 권리를 행사하는 것으로서 기판력이 확장되는 관계에 있지 않은바 당사자가 동일하지 않고, 나아가 소송물도 다르다고 봄이 타당하다. 따라서 중복소송에 해당하지 않는다고 본 판례의 태도는 타당하다.

(3) 설문 (1)의 해결

사안의 경우, B의 후소는 피고적격의 흠이 없으며 중복제소에도 해당하지 않고 그 외의 소송요건에도 특별한 흠이 없다고 보이는바, 적법하다.

II 설문 (2)에 관하여

1. 결론

법원은 B가 제기한 소에 대해 부적법 소각하판결을 하여야 한다.

2. 근거

(1) 채권자취소소송의 법적 성질

판례는 사해행위를 취소하고, 사해행위의 결과 채무자로부터 일탈한 재산의 원상회복을 청구하는 권리의 결합형태(= 형성소송 및 이행소송의 병합)라고 보면서, 채권자취소권은 제3자 소송담

---

882) 대판 2005.11.25, 2005다51457

당에 해당하지 않으며, 자신의 실체법상 독자적인 고유한 권리를 행사하는 경우에 해당함을 전제로 하는 입장이다.

(2) 후소인 채권자 취소의 소의 적법 여부

1) 피고적격

채권자취소의 소의 상대방은 판례인 상대적 무효설에 따르면 수익자 또는 전득자이고 채무자는 피고가 되지 못한다.

2) 대상적격(청구적격)

취소의 대상이 되는 사해행위는 채무자와 수익자 사이에서 행하여진 법률행위에 국한된다.

3) 기판력 저촉 여부

① 기판력이란 확정된 종국판결의 내용이 가지는 후소에 대한 구속력을 말한다. 기판력은 당사자에게만 미치고 법률에 다른 정함이 없는 한 제3자에게는 미치지 않는 것이 원칙이다 (기판력의 상대성 원칙).

② 사안의 경우 채권자취소권은 각 채권자의 독자적인 고유한 권리를 행사하는 경우로서 제3자의 소송담당의 형태도 아니므로, 민소법 제218조 제3항에 의해 기판력이 확장되지 않는다.

4) 소의 이익이 인정되는지 여부

① 전소가 제기되어 이미 승소판결을 받은 경우 후소의 이익이 없게 되지만, 그 시점에 대하여는 ⅰ) 전소의 판결확정시설(확정시설)과 ⅱ) 확정된 취소판결에 따라 재산이나 가액의 회복을 마친 시점이라는 설(회복시설)이 대립한다.

② 판례는 "어느 한 채권자가 동일한 사해행위에 관하여 사해행위취소 및 원상회복청구를 하여 승소판결을 받아 그 판결이 확정되었다는 것만으로는 그 후에 제기된 다른 채권자의 동일한 청구가 권리보호의 이익이 없게 되는 것은 아니고, 그에 기하여 재산이나 가액의 회복을 마친 경우에 비로소 다른 채권자의 사해행위취소 및 원상회복청구는 그와 중첩되는 범위 내에서 권리보호의 이익이 없게 된다."라고 하였다.[883]

(3) 설문 (2)의 해결

사안에서는 A의 승소판결이 확정되어 원상회복을 마친 상태에서, 甲의 다른 채권자 B가 사해행위 취소의 소를 제기하였는바, 어느 입장에서도 권리보호의 이익은 없게 된다. 따라서 법원은 B가 제기한 소에 대해 부적법 소각하판결을 하여야 한다.

---

883) 대판 2005.11.25, 2005다51457

실전연습 및 종합사례

시험과목	민소법(사례형)	응시번호		성명	

乙과 丙은 2008.6.경 丙의 소유인 X토지에 관하여 매매계약을 체결하였다. 그런데 甲은 2009.1.경 乙로부터 X토지를 매수하였다며 丙을 상대로 乙 명의의 소유권이전등기를 구하는 소를 제기하였다. 한편 甲의 대여금채권자 A는 甲이 자신의 현재 유일한 Y부동산에 대해 매매를 원인으로 하여 丁에게 소유권이전등기를 경료해 주게 된 매매계약을 사해행위라고 하면서 丁을 피고로 하여 소를 제기하였다. 위 소송계속 중 甲의 다른 채권자 B도 甲과 丁의 매매는 자신을 사해할 목적으로 이뤄진 것이라고 주장하며 丁을 피고로 하여 소를 제기하였다.

문제

※ 아래 각 설문은 상호 무관한 것임을 전제로 한다.

(1) 甲은 丙을 상대로 한 소를 적법하게 취하하였는데, 그 후 乙이 丙에 대하여 X토지에 관한 소유권이전등기를 청구할 수 있는지 여부에 대한 결론과 근거를 간략히 서술하시오. [5점]

(2) B가 제기한 소가 적법한지 여부에 대한 결론과 근거를 서술하시오. [15점]

(3) 만일 A가 甲에 대한 대여금채권에 관하여 민·형사상 법적 절차를 취하지 않겠다는 취지의 합의각서를 작성하였는데 이후 A가 丁을 상대로 채권자취소소송을 제기하였다면, 법원은 어떠한 판결을 하여야 하는지 그 결론과 근거를 서술하시오. [10점]

(4) 만일 甲이 丁으로부 2억원을 차용하면서, 같은 날 甲 소유의 유일한 재산인 Y부동산에 대해 저당권을 설정해 주었고, 甲은 이후 A로부터 2억원을 차용하였는데, 그 다음 달 甲은 C에게 Y부동산에 대해 매매를 원인으로 하여 소유권이전등기를 경료하여 주었다. 이후 C가 丁에 대하여 2억원을 변제하였고, 이에 따라 丁은 자신의 저당권 등기를 말소해 주었는데, A가 甲과 C 사이의 매매계약은 사해행위라고 하면서 C를 상대로 "C와 甲의 매매계약을 취소한다. C는 甲에게 소유권이전등기의 말소등기절차를 이행하라"는 취지의 소를 제기한 경우, 법원은 가액반환을 명할 수 있는지 그 결론과 근거를 서술하시오. [20점]

① 설문 (1)에 관하여

1. 결론

乙은 丙에 대하여 X토지에 관한 소유권이전등기를 청구할 수 있다.

2. 근거

(1) 재소금지에 저촉되는지 여부

본안에 대한 종국판결이 있은 후에 소를 취하한 자는 다시 동일한 소를 제기하지 못한다(제267조 제2항). 이는 소 취하로 인하여 법원의 종국판결이 농락됨을 방지하기 위한 것이다. 제267조 제2항에 의하여 재소로 금지되기 위해서는 ① 당사자가 동일할 것, ② 소송물이 동일할 것, ③ 권리보호의 이익이 동일할 것, ④ 본안의 종국판결 후의 소취하일 것의 요건을 갖추어야 한다.

(2) 설문 (1)의 해결

사안에서 甲의 소취하가 본안에 관한 종국판결 후에 이루어진 사정은 보이지 않으므로, 乙의 소제기는 재소금지에 저촉되지 않는다. 따라서 乙은 丙에 대하여 X토지에 관한 소유권이전등기를 청구할 수 있다.

Ⅱ 설문 (2)에 관하여

1. 결론

적법하다.

2. 근거

(1) 채권자취소소송의 법적 성질

채권자취소권은 제3자 소송담당에 해당하지 않으며, 자신의 실체법상 독자적인 고유한 권리를 행사하는 경우에 해당한다.

(2) 채권자취소소송의 피고적격

판례는 채권자취소권에 있어서의 사해행위의 취소는 절대적인 취소가 아니라 악의의 수익자 또는 전득자에 대한 관계에서만 상대적으로 취소하는 것이므로 취소권은 악의의 수익자 또는 전득자에 대하여만 있는 것이고 채무자에게는 행사할 수 없다고 하였다. 결국 사안의 경우 丁만을 피고로 한 소의 제기는 적법하다.

(3) 채권자취소소송과 중복제소

1) 중복제소금지의 의의 및 취지

이미 법원에 소송계속 중인 사건과 동일한 사건에 관하여 당사자는 다시 소를 제기하지 못한다(제259조). 이를 중복된 소제기의 금지라고 한다(중복제소금지). 중복제소금지의 취지는 동일한 사건이 다시 이중으로 제기된 경우에 각각의 판결의 모순·저촉의 방지를 위한 것이다.

2) 요건

중복소제기의 요건으로는 ① 전·후 양소의 당사자가 동일할 것, ② 전·후 양소의 소송물이 동일할 것, ③ 전소가 계속 중일 것을 요구한다.

3) 중복제소 해당 여부

판례는 채권자취소권의 요건을 갖춘 각 채권자는 고유한 권리로 채무자의 재산처분행위를 취소·원상회복을 구할 수 있으므로 여러 명의 채권자가 동시에 또는 시기를 달리하여 사해행위취소 및 원상회복청구의 소를 제기한 경우 이들 소가 중복제소에 해당하지 않는다고 판시하였다.

(4) 설문 (2)의 해결

사안의 경우, B의 후소는 피고적격의 흠이 없으며 중복제소에도 해당하지 않고 그 외의 소송요건에도 특별한 흠이 없다고 보이는바 적법하다.

Ⅲ 설문 (3)에 관하여

1. 결론

청구기각판결을 하여야 한다.

2. 근거

(1) 채권자취소소송의 법적 성질 및 요건(사실)

① 채권자취소권은 채권자대위권과 달리 채무자의 권리를 대신 행사하는 제3자의 소송담당이 아니라, 자신의 실체법상 고유한 독자적 권리를 행사하는 것이다.

② 채권자취소권이 인정되기 위해서는 i) 피보전채권의 발생, ii) 채무자의 사해행위(채무자가 채권자를 해하는 재산권을 목적으로 하는 법률행위를 하였을 것), iii) 채무자의 사해의사가 있을 것이 요구된다.

(2) 채권자취소소송에서 피보전채권 흠결의 효과

피보전채권이 인정되지 않는 경우 법원은 청구를 기각하여야 한다. 이 점이 채권자대위소송의 경우와 다른 점이다(법정소송담당설). 다만 사안의 경우 피보전채권에 관한 부제소특약이 있는 경우에도 이에 해당하는지 여부가 문제이다.

(3) 피보전채권에 관한 부제소특약시 법원의 조치

판례는 "채권자취소권을 행사하려면 채무자에 대하여 피보전채권을 행사할 수 있음이 전제되어야 하고 이를 행사할 수 없다면 그 채권을 행사하기 위한 사해행위취소청구도 인용될 수 없으므로, 피고의 주장처럼 원고가 이 사건 합의각서로 인하여 피보전채권(물품대금채권)을 소송상 행사할 수 없다면 원고는 이를 보전하기 위하여 채무자와 피고 사이에 이루어진 사해행위의 취소를 구할 수는 없다"고 하였다.

(4) 설문 (3)의 해결

법원은 피보전채권의 흠을 이유로 청구기각판결을 하여야 한다.

Ⅳ 설문 ⑷에 관하여

1. 결론

가액반환을 명할 수 있다.

2. 근거

⑴ 문제의 소재

처분권주의 위반이 문제이다. 이와 관련하여 사해행위취소 및 원상회복의 청구 속에 사해행위취소 및 가액배상을 구하는 청구가 포함되어 있는지 여부 및 신청이 포함된 경우라 하더라도 가액반환을 명할 수 있는 경우에 해당하는지를 살펴보아야 한다.

⑵ 처분권주의 위반 여부

1) 처분권주의의 의의 및 내용

처분권주의란 절차의 개시, 심판의 대상·범위, 절차의 종결에 대해 당사자에게 주도권을 주어 그의 처분에 맡기는 입장을 말한다(제203조). 그러므로 심판의 대상은 원고의 의사에 의하여 특정되고 한정되기 때문에 법원으로서는 당사자가 신청한 사항에 대하여, 신청의 범위 내에서만 판단하여야 한다.

2) 일부인용판결의 허용 여부

① 법원은 신청한 소송물의 범위 내에서 소송물의 일부가 인용될 수 있을 경우에는 청구취지의 변경이 없이도 일부인용의 판결을 할 수 있고, 이는 처분권주의 위반이 아니다. 그것이 원고의 통상의 의사에 맞고 또 응소한 피고의 이익보호나 소송제도의 합리적 운영에도 부합하기 때문이다.

② 사안의 경우 사해행위의 전부에 대한 취소와 원물반환을 청구한 경우 법원이 가액반환의 일부인용판결을 하는 것이 원고의 신청에 포함된 통상의 의사에 부합하는지 여부가 문제이다.

⑶ 사해행위취소 및 원상회복의 청구 속에 사해행위취소 및 가액배상을 구하는 청구가 포함되어 있는지 여부

① 판례는 "사해행위를 전부 취소하고 원상회복을 구하는 채권자의 주장 속에는 사해행위를 일부 취소하고 가액의 배상을 구하는 취지도 포함되어 있으므로, 채권자가 원상회복만을 구하는 경우에도 법원은 가액의 배상을 명할 수 있다"고 하였다.[884]

② 따라서 법원이 가액배상을 명하는 판결을 하더라도 처분권주의에 반하지 않는다. 다만 사안의 경우 원고의 신청에 포함된 가액반환의 청구가 이유 있는지 여부가 문제이다. 이는 원상회복 방법의 문제이기도 하다.

---

[884] 대판 2001.9.4, 2000다66416

(4) 채권자취소소송에서 가액반환의 가부

1) 원상회복의 방법

① 채권자취소소송에서 원상회복의 방법은 원칙적으로 원물반환의 방법으로 구하여야 한다. 이 경우 원상회복의 방법으로 부동산에 있어서는 등기말소청구를 하는 것이 원칙이나, 진정명의 회복을 원인으로 수익자 명의의 등기의 말소를 구하는 대신 수익자를 상대로 채무자 앞으로 직접 소유권이전등기 절차를 이행할 것을 구할 수도 있다.

② 다만 이와 같은 원물반환이 불가능하거나 현저히 곤란한 경우에는 예외적으로 가액반환으로 한다.

2) 사안의 경우

판례는 부동산 양도행위가 사해행위에 해당하는 경우 사해행위를 취소하고 소유권이전등기 말소 등 부동산 자체의 회복(원물반환)을 명하는 것이 원칙이나, 저당권이 설정되어 있는 부동산에 관하여 사해행위가 이루어진 경우 그 사해행위는 부동산의 가액에서 저당권의 피담보채권액을 공제한 잔액의 범위 내에서만 성립한다고 보아야 할 것이고, 사해행위 후 변제에 의하여 저당권설정등기가 말소된 경우 사해행위를 취소하여 그 부동산 자체의 회복을 명하는 것은 당초 일반채권자들의 공동담보로 되어 있지 아니한 부분까지 회복을 명하는 것이 되어 공평에 반하므로, 그 부동산의 가액에서 저당권의 피담보채권액을 공제한 잔액의 한도에서 사해행위를 취소하고 그 가액의 배상을 구할 수 있을 뿐이라고 하였다.

(5) 설문 (4)의 해결

사안의 경우 법원은 원고에게 원상회복(원물반환)을 구하는 청구취지에서 가액배상을 구하는 청구취지로 변경하도록 석명할 필요 없이 가액반환을 명할 수 있다.

실전연습 및 종합사례

시험과목	민소법(사례형)	응시번호		성명	

> **사실관계**
>
> B는 A로부터 2005.2.17.부터 2008.6.30.까지 사이에 합계 4억 3,000만원을 차용하였다. 이후 B는 A에 대한 차용금채무를 면탈할 의도로 처남인 C와 통정하여 허위로 C에게 자신의 유일한 재산인 X부동산을 매도하는 내용의 계약을 체결하고, C명의로 소유권이전등기를 마쳐 주었다.

> **문제**
>
> (1) C는 2008.8.1. E에게 X부동산에 관하여 소유권이전등기청구권 보전을 위한 가등기를 설정하여 주었는데, E는 2008.9.1. 위 가등기를 F에게 이전하여 주고 가등기이전의 부기등기를 마쳤다. A는 2009.6.10. E와 F를 공동피고로 하여 ① E와 F에 대하여는 B와 C 사이의 사해행위의 취소를, ② E에 대하여는 X부동산에 대한 E 명의 가등기의 말소를, ③ F에 대하여는 E 명의의 가등기와 F 명의의 가등기이전 부기등기의 말소를 각 구하였다. 재판과정에서 E와 F는 X부동산에 관하여 C 명의의 등기가 경료된 경위를 전혀 알지 못하였다고 주장하였으나, 그에 관한 구체적인 증명은 없었다. 이 경우 법원의 E와 F에 대한 A의 채권자취소소송에 관한 판단과 근거를 설명하시오 20점
>
> (2) 만일 B와 C가 매매예약을 체결하고 그에 기하여 C 앞으로 가등기가 이루어졌으며 다시 D 앞으로 그 가등기 이전의 부기등기 및 본등기가 이루어진 경우, 수익자 C는 A에게 사해행위취소에 따른 원상회복으로서 가액배상의무를 부담하는가? 7점

▮ 설문 (1)에 관하여

1. 결론

법원은 ① A의 E에 대한 가등기의 말소청구와 F에 대한 가등기이전의 부기등기에 대한 말소청구에 대해서는 부적법 소각하판결을 하여야 한다. 다만 ② F에 대한 가등기의 말소청구에 대하여는 청구인용판결을 하여야 한다.

2. 근거

(1) 공동소송의 유형 및 심판방법

1) 공동소송의 형태가 고유필수적 공동소송인지 여부에 대한 판단기준에 관하여, 통설·판례는 실체법상 관리처분권이 여러 사람에게 공동으로 귀속되느냐 여부를 기준으로 판단하는 실체법상 관리처분권설의 입장이다. 이에 따르면 통상공동소송은 필수적 공동소송과 달리 판결의 합

일확정, 즉 공동소송인 사이에서 승패가 일률적으로 될 필요가 없다. 사안에서 E와 F는 실체법상 관리처분권이 공동귀속되는 관계에 있는 것도 아니고, 판결의 효력이 확장되는 경우도 아니므로, 사안의 공동소송은 통상공동소송에 해당한다.

2) 통상 공동소송의 경우 제66조의 공동소송인 독립의 원칙에 따라, ① 소송요건의 존부는 각 공동소송인마다 개별 심사처리하여야 하고, ② 판결의 통일이 요구되지 않는다.

(2) 소의 적법성 여부

1) 채권자취소소송의 법적 성질

판례는 사해행위를 취소하고, 사해행위의 결과 채무자로부터 일탈한 재산의 원상회복을 청구하는 권리의 결합형태(= 형성소송 및 이행소송의 병합)라고 보면서, 채권자취소권은 제3자 소송담당에 해당하지 않으며, 자신의 실체법상 독자적인 고유한 권리를 행사하는 경우에 해당함을 전제로 하는 입장이다.[885]

2) 사해행위의 취소

가) 피고적격

판례는 ① 사해행위의 취소는 수익자·전득자로부터 일탈한 재산의 반환을 청구하는 데 필요한 범위에서 채권자와 수익자 또는 전득자와의 관계에서만 상대적으로 무효일 뿐이라고 본다(상대적 무효설 ; 즉 채권자취소권은 일탈한 재산을 채무자의 책임재산으로 회복시키는데 그 주된 목적이 있으므로 굳이 채무자와 수익자 간의 유효한 법률행위까지 전면적으로 무효로 할 필요는 없다는 것이다). 따라서 ② 사해행위취소의 소는 수익자 또는 전득자만이 피고가 될 수 있고, 채무자를 상대로 한 소는 당사자적격이 없어 부적법하다고 한다.

나) 대상적격(청구적격)

채권자가 전득자를 상대로 사해행위취소의 소를 제기한 경우, 취소의 대상이 되는 법률행위는 채무자와 수익자의 법률행위이지, 수익자와 전득자의 법률행위가 아니다.

다) 사안의 경우

사안의 경우 A는 E와 F를 상대로 B와 C 사이의 법률행위의 취소를 구하였으므로, 피고적격과 대상적격의 흠이 없어 적법하다.

3) 원상회복의 청구로서 가등기 및 가등기이전의 부기등기에 대한 말소등기청구의 적법성 여부

가) 피고적격의 유무

판례에 따르면 가등기이전의 부기등기는 기존의 가등기에 의한 권리의 승계를 등기부상 명시하는 것뿐으로, 그 등기에 의하여 새로운 권리가 생기는 것이 아닌 만큼 가등기의 말소등기청구는 양수인만을 상대로 하면 족하고, 양도인은 그 말소등기청구에 있어서 피고적격이 없다고 한다.

---

[885] 채권자취소소송의 소의 종류에 기한 법적 성질에 따라 피고적격, 청구취지와 주문의 내용, 판결의 효력이 달라질 수 있다. 다만 법적 성질과 관련된 모든 사항이 일의적 대응관계에 있다고 할 수는 없다.

나) 소의 이익 유무

판례는 가등기이전의 부기등기는 기존의 주등기인 가등기에 종속되어 주등기와 일체를 이루는 것이어서 주등기인 가등기의 말소만 구하면 되고 그 부기등기는 별도로 말소를 구하지 않더라도 주등기의 말소에 따라 직권으로 말소되는 것이므로, 양수인을 상대로 한 부기등기의 말소청구는 소의 이익이 없어 부적법하다는 입장이다.

다) 사안의 경우

사안의 경우 ① A의 E에 대한 가등기의 말소청구는 피고적격이 없는 자를 상대로 한 것으로서 부적법하고, ② F에 대한 가등기이전의 부기등기에 대한 말소청구는 소의 이익이 없어 부적법한 경우이다. 다만 ③ F에 대한 가등기의 말소청구는 적법하므로 본안판단이 가능하다.

(3) 본안심사

1) 증명책임

① 증명책임이란 소송상 어느 요증사실의 존부가 확정되지 않을 때에 당해 사실이 존재하지 않는 것으로 취급되어 법률판단을 받게 되는 당사자 일방의 위험 또는 불이익을 말한다.

② 증명책임의 분배에 대해 판례는 법률요건분류설에 따라 각 당사자는 자기에게 유리한 법규의 요건사실의 존부에 대해 증명책임을 지는 것으로 분배시키고 있다. 이에 따르면, ⅰ) 권리의 존재를 주장하는 자는 권리근거규정의 요건사실에 대한 주장·증명책임을 지고, ⅱ) 그 존재를 다투는 상대방은 반대규정의 요건사실에 대한 증명책임을 지게 된다.

③ 채무자의 사해의사는 그 취소를 주장하는 채권자가 입증해야 하나, 행위의 성질상 채무자의 악의가 추정되는 경우도 있다(이로 인해 입증책임이 전환되는 것은 아니므로 이 추정을 복멸시키는 사실을 입증하는 것은 간접반증에 해당한다). 한편 수익자 또는 전득자가 악의라는 점에 관하여는 입증책임이 채권자에게 있는 것이 아니고 수익자 또는 전득자 자신에게 선의라는 사실을 입증할 책임이 있다는 것이 판례의 입장이다.

2) 사안의 경우

사안의 경우 E와 F는 X부동산에 관하여 C명의의 등기가 경료된 경위를 전혀 알지 못하였다고 주장하였으나 그에 관한 증명은 없었으므로, 증명책임의 분배에 따라 E와 F는 패소의 불이익을 받게 된다. 따라서 사안에서 A의 채권자취소소송에 대해 법원은 청구인용판결이 가능하다.

(4) 소송요건의 조사와 본안요건의 심리 순서

판례는 우선 소송요건의 존부가 조사되고, 소송요건이 존재한다는 것이 확정되어야 비로소 본안청구에 이유가 있는지 여부가 판단된다는 입장이다(소송요건의 선순위성 긍정). 청구를 인용하는 경우에는 반드시 이 순서에 따라야 한다.

(5) 사안의 경우

사안의 경우 ① A의 E에 대한 가등기의 말소청구는 피고적격이 없는 자를 상대로 한 것으로서 부적법하고, F에 대한 가등기이전의 부기등기에 대한 말소청구는 소의 이익이 없어 부적법한 경우이다. 따라서 법원은 청구를 인용할 수 있는 상황이라도 부적법 소각하판결을 하여야 한다. 다만 ② F에 대한 가등기의 말소청구는 적법하나, 증명책임분배의 원칙에 따라 F는 자신의 선의를 증명하지 못하였으므로 법원은 F에게 E명의의 소유권이전등기청구권의 가등기에 대한 말소등기절차를 이행하라는 청구인용판결을 하여야 한다.

■ 설문 (2)에 관하여

1. 결론

C는 A에게 가액배상의무를 부담한다.

2. 근거

(1) 문제의 소재

① 수익자를 상대로 매매예약의 취소를 청구할 수 있는지 여부와 ② 수익자가 가등기말소의무의 이행이 불능하게 된 경우에도 가액배상의무를 부담하는지 여부가 문제된다.

(2) 판례의 태도

사해행위인 매매예약에 기하여 수익자 앞으로 가등기를 마친 후 전득자 앞으로 그 가등기 이전의 부기등기를 마치고 나아가 그 가등기에 기한 본등기까지 마쳤다 하더라도, ① 위 부기등기는 사해행위인 매매예약에 기초한 수익자의 권리의 이전을 나타내는 것으로서 위 부기등기에 의하여 수익자로서의 지위가 소멸하지는 아니하며, 채권자는 수익자를 상대로 그 사해행위인 매매예약의 취소를 청구할 수 있다. 그리고 ② 설령 부기등기의 결과 위 가등기 및 본등기에 대한 말소청구소송에서 수익자의 피고적격이 부정되는 등의 사유로 인하여 수익자의 원물반환의무인 가등기말소의무의 이행이 불가능하게 된다 하더라도 달리 볼 수 없으며, 특별한 사정이 없는 한 수익자는 위 가등기 및 본등기에 의하여 발생된 채권자들의 공동담보 부족에 관하여 원상회복의무로서 가액을 배상할 의무를 진다 할 것이다. 이와 달리 사해행위인 매매예약에 의하여 마친 가등기를 부기등기에 의하여 이전하고 그 가등기에 기한 본등기를 마친 경우에, 그 가등기에 의한 권리의 양도인은 가등기말소등기청구 소송의 상대방이 될 수 없고 본등기의 명의인도 아니므로 가액배상의무를 부담하지 않는다는 취지의 대법원 2005. 3. 24. 2004다70079 판결 등은 이 판결의 견해에 배치되는 범위 안에서 이를 변경하기로 한다.[886]

(3) 사안의 경우

---

886) 대판(전) 2015. 5. 21. 2012다952

실전연습 및 종합사례

시험과목	민소법(사례형)	응시번호		성명	

공통사안

甲은 다세대주택을 건축하여 분양할 목적으로 2010.3.15. 乙은행으로부터 상환일을 2011.3.14.로 하여 주택 건축자금 4억원을 대출받으면서, 자신의 유일한 재산인 시가 2억원 상당의 X토지에 근저당권을 설정하였다. 이와 동시에 乙은행은 甲의 사업동료인 A와의 사이에 A가 甲의 대출금채무를 연대보증하기로 하는 계약을 체결하였다. 위 건축공사 개시 후 甲에게 건축자재를 공급하던 丙은 자재가격의 상승으로 사업에 어려움을 겪게 되자 2010.7.15. 乙은행으로부터 2011.7.14.을 상환일로 하여 3억원을 대출받았다. 甲은 위 공사가 진척되면서 다세대주택의 분양을 진행한 결과 2011.3.5. 준공검사를 완료할 때까지 8세대 중 6세대가 분양되었는바, 그 분양대금 12억원으로 자신의 채무변제 및 인부들의 급여와 자재대금을 지불하였으나, 여전히 丙에 대한 자재대금 2억원은 지급하지 못하였다. 甲은 미분양된 2세대 중 하나인 Y주택에 대하여는 2011.9.20. 자신의 친구인 丁에게 당시의 시가인 2억원에 매각하기로 하는 계약을 체결하면서, 계약 당일 1,500만원을 계약금으로 수령하였고, 2011.10.25. 잔금의 지급과 동시에 소유권이전등기서류를 교부하기로 약정하였다.

문제

※ 아래 각 문항은 독립된 사안임을 전제로 한다.

(1) 甲과 丙이 2011.7.25. 미분양된 나머지 1세대인 시가 2억원 상당의 Z주택을 甲의 丙에 대한 위 자재대금채무의 변제에 갈음하여 丙에게 그 소유권을 이전해 주기로 합의하고 그 합의에 따라 丙명의로 Z주택에 관하여 소유권이전등기를 마쳐주었다. 이에 대하여 乙이 甲에 대한 대여금채권을 보전하기 위하여 Z주택의 소유명의를 甲에게 회복시키기 위한 소송을 제기하고자 한다면 乙은 누구를 상대로 소를 제기하여야 하는지와 나아가 이 소가 인용되기 위하여 乙의 甲에 대한 대여금채권 및 甲이 丙의 자재대금채권에 갈음하여 Z주택의 소유권을 이전한 행위에 관하여 乙이 주장하여야 하는 사실은 무엇인지 약술하시오. 25점

(2) 丁이 2011.10.25. 잔금을 지급하고 甲으로부터 Y주택에 대한 소유권이전등기를 경료한 경우, 乙과 丙이 甲에 대한 위 각 채권을 보전하기 위하여 Y주택의 소유명의를 甲에게 회복시키기 위한 소를 제기하면서, 甲과 丁사이의 Y주택에 대한 매매계약과 관련하여 어떠한 법리를 주장하는 것이 유리한지 약술하시오. 10점

(3) 위 설문(2)에서 乙과 丙이 각각 제기한 채권자취소소송은 중복제소에 해당하여 부적법한지 여부에 대한 결론과 근거를 서술하시오. 5점

(4) 만일 丙이 무자력 상태에 빠져 있음에도 Y주택의 소유명의를 회복하기 위한 설문(2)의 소송을 제기하지 않고 있는 경우, 乙이 대신하여 이 소를 제기할 수 있는지 여부에 대하여 결론과 근거를 설명하시오. 10점

Ⅰ 설문 (1)에 관하여

1. 문제의 소재

乙은 채권자취소소송을 제기하여 Z주택의 소유명의를 甲에게 회복시킬 수 있는데, 이와 관련하여 피고적격자가 누구인지 여부와 乙의 청구가 인용되기 위한 요건을 충족하는지 여부가 문제된다.

2. 피고적격

(1) 판례의 태도

판례는 "채권자가 채권자취소권을 행사하려면 사해행위로 인하여 이익을 받은 자나 전득한 자를 상대로 그 법률행위의 취소를 청구하는 소송을 제기하여야 되는 것으로서, 채무자를 상대로 그 소송을 제기할 수는 없다"고 하여 사해행위취소의 소는 수익자 또는 전득자만이 피고가 될 수 있다는 입장이다.

(2) 사안의 경우

따라서 채권자 乙은 채무자 甲이 아닌 수익자 丙을 상대로 채권자취소소송을 제기하여야 한다.

3. 乙의 주장사실

(1) 피보전채권

1) 피보전채권의 존재

판례에 따르면 ① 채권자취소권은 모든 채권자를 위하여 행사되어야 하므로(제407조), 피보전채권은 원칙적으로 금전채권이어야 하며, 특정채권을 보전하기 위하여 채권자취소권을 행사할 수 없다. 나아가 ② 채권자의 채권은 사해행위 이전에 이미 발생한 것이어야 함이 원칙이다. 사안의 경우 乙의 대출금채권은 금전채권으로서, 그 성립시기는 2010.3.15.이므로 사해행위로 평가될 수 있는 행위가 이루어진 2011.7.25. 이전에 발생하였음이 명백하므로 피보전채권에 관해서는 문제가 없다. 다만 피보전채권의 내용(범위)와 관련해서 담보가 설정되어 있는 경우가 문제이다.

2) 피보전채권에 관하여 담보가 설정되어 있는 경우의 피보전채권의 범위

판례에 따르면 ① 피보전채권에 연대보증과 같은 인적담보가 설정된 경우에는 채권자의 우선변제권이 확보되어 있는 것이 아니므로 채권자는 그 채권을 보전하기 위하여 채권자취소권을 행사할 수 있다. 반면 ② 피보전채권에 저당권 또는 가등기담보와 같은 물적담보에 의해 우선변제권이 확보되어 있는 경우에는 그 범위 내에서는 채권자취소권을 행사할 수 없다. 따라서 채권자취소권을 행사하기 위해서는 그 담보권의 존재에도 불구하고 피보전채권이 그 우선변제권 범위 밖에 있다는 점을 채권자가 주장·입증하여야 한다.

3) 사안의 경우

사안에서 乙은 甲에 대해 대출금채권으로 4억원을 갖고 있고, 甲이 물적담보인 저당권을 설정한 X토지의 시가는 2억원이므로, 인적담보인 연대보증인 A가 있다고 하더라도 2억원에 대한 피보전채권의 범위에서 채권자취소권이 인정된다.

(2) 사해행위

1) 채무자의 재산상 법률행위

사해행위란 채무자의 재산행위로 그의 책임재산이 감소하여 채권의 공동담보에 부족이 생기거나 이미 부족상태에 있는 공동담보가 한층 더 부족하게 됨으로써 채권자의 채권을 완전하게 만족시킬 수 없게 되는 것, 즉 채무자의 소극재산이 적극재산보다 많아지거나 그 정도가 심화되는 것을 말한다.

사안의 경우 甲이 丙에 대한 자재대금채무의 변제에 갈음하여 Z주택의 소유권을 이전한 것은 대물변제로서 채무자의 재산상 법률행위에 해당함에는 의문이 없다. 다만 이러한 대물변제가 사해행위에 해당하는지 여부가 문제이다.

2) 대물변제가 사해행위에 해당하는지 여부

판례는 ① 대물변제의 경우 상당한 가격으로 행하여진 경우에는 원칙적으로 사해행위가 아니지만, ② 채무초과상태에서 특정채권자와 통모하여 그에게 제공한 경우이거나 이미 채무초과상태에 있는 자가 유일한 재산을 대물변제로 양도한 경우에는 사해행위가 될 수 있다는 입장이다. 나아가 ③ 채무자의 재산이 채무의 전부를 변제하기에 부족한 경우에 채무자가 그의 재산을 어느 특정 채권자에게 대물변제나 담보조로 제공하였다면 특별한 사정이 없는 한 이는 곧 다른 채권자의 이익을 해하는 것으로서 다른 채권자들에 대한 관계에서 사해행위가 되는 것이라고 판시한 바 있다.

3) 사안의 경우

사안의 경우 甲은 2011.7.25. 甲의 재산으로 미분양된 Y주택과 Z주택이 존재하는 상태에서 Z주택을 丙에게 대물변제로 제공하였는데, 그 당시 Y주택의 시가가 분명하지 않다. 만일 Y주택의 시가가 2억원 이상이라면 Z주택을 丙에게 대물변제로 제공한 것이 사해행위가 되지 않겠지만, Y주택의 시가가 2억원 미만이라면 사해행위에 해당한다.

(3) 채무자의 사해의사(악의)

채무자가 사해행위에 의해 채권자를 해함을 알고 있어야 한다. 채권자를 해함을 안다는 것은 적극적 의욕이 아니라 책임재산이 감소되어 채권의 공동담보에 부족이 생기거나 이미 부족 상태에 있는 공동담보가 한층 더 부족하게 됨으로써 채권자의 채권을 완전하게 만족시킬 수 없게 된다는 사실을 인식하는 것을 의미한다. 이러한 채무자의 악의는 채권자가 입증해야 하나, 행위의 성질상 채무자의 악의가 추정되는 경우도 있다.

Ⅱ 설문 ⑵에 관하여

1. 문제의 소재

乙과 丙이 각각 甲에 대한 채권자로서 甲이 Y주택을 매각한 행위를 대상으로 채권자취소권을 행사할 수 있는지 여부가 문제된다.

2. 채권자취소권의 행사

⑴ 피보전채권

乙은 2010.3.15. 甲에 대한 주택건축자금 4억원 중 X토지로 담보되는 2억원을 공제한 2억원의 대출금채권을 피보전채권으로, 丙은 2억원의 자재대금채권을 피보전채권으로 하여 각각 주장할 수 있다.

⑵ 사해행위

판례는 채무자가 자기의 유일한 재산인 부동산을 매각하여 소비하기 쉬운 금전으로 바꾸거나 타인에게 무상으로 이전하여 주는 행위는 특별한 사정이 없는 한 채권자에 대하여 사해행위가 된다는 입장이다.

⑶ 사해의사

판례에 따르면 채무자가 자기의 유일한 재산인 부동산을 매각하여 소비하기 쉬운 금전으로 바꾸는 경우 채무자의 사해의 의사는 추정되는 것이고, 이를 매수하거나 이전 받은 자가 악의가 없었다는 입증책임은 수익자에게 있다.

3. 사안의 경우

乙과 丙은 甲이 丁에게 Y주택을 매각한 행위를 대상으로 채권자취소권을 행사하여 Y주택의 소유명의를 甲에게 회복시킬 수 있다.

Ⅲ 설문 ⑶에 관하여

1. 결론

乙과 丙은 각각 채권자취소소송을 제기할 수 있고 이는 중복제소에 해당하지 않으므로, 적법하다.

2. 근거

판례는 채권자취소권의 요건을 갖춘 각 채권자는 고유의 권리로서 채무자의 재산처분행위를 취소하고 그 원상회복을 구할 수 있는 것이므로, 각 채권자가 동시 또는 이시에 채권자취소 및 원상회복소송을 제기한 경우 이들 소송이 중복제소에 해당하는 것이 아니라고 판시한 바 있다.

IV 설문 (4)에 관하여

1. 결론

乙은 丙에 대한 대출금채권을 보전하기 위하여 丙의 甲에 대한 채권자취소권을 대위행사할 수 있다.

2. 근거

(1) 채권자대위소송의 법적 성질

(2) 당사자적격 요소의 구비 여부

법정소송담당설의 입장인 판례에 따르면 당사자적격이 인정되기 위해서는 ① 피보전채권의 존재, ② 보전의 필요성, ③ 채무자의 권리불행사가 요구된다.

사안의 경우 乙은 2010.7.15. 丙에게 대출해 준 3억원의 대출금채권으로서 피보전채권이 존재한다. 나아가 사안에서는 이러한 대출금채권이 2011.7.14. 이미 이행기에 도래한 것임이 명백하고, 금전채권으로서 원칙적으로 丙의 무자력이 요구되지만 사안에서는 丙의 무자력을 전제로 하고 있으므로 이 또한 문제될 것이 없다. 또한 丙이 채권자취소소송을 제기하지 않고 있다는 사실도 전제되어 있으므로 문제되지 않는다.

(3) 피대위권리

채권자대위권은 채무자의 권리를 채권자가 행사하는 것이므로, 채무자의 일신에 전속하는 권리(행사상 일신전속권)에 대해서는 채권자대위권을 행사할 수 없다(제404조 제1항 단서). 여기서 채권자취소권이 피대위권리가 될 수 있는지 여부가 문제되는데, 판례는 채권자취소권도 채권자가 채무자를 대위하여 행사하는 것이 가능하다고 판시함으로써, 이를 긍정하는 입장이다.

(4) 사안의 경우

실전연습 및 종합사례

시험과목	민소법(사례형)	응시번호		성명	

공통사안

甲은 전남 순천시 낙안면 검안리 소재의 X토지의 소유자로, 2000년 자신의 토지 상에 Y건물을 신축하고 건물소유권보존등기를 하지 않은 채, 그 곳에서 '동물농장' 이라는 상호로 고양이, 소 등의 사료를 판매함과 더불어 양계업을 하면서 한때 소위 잘나가는 사업가로 불리었다. 그러나 뜻하지 않게 조류독감의 파동을 겪게 되었고, 이에 甲은 몰락의 길을 걷게 되었다. 심신이 지친 甲은 2001.5.21. X토지와 자신이 신축한 Y건물을 乙에게 모두 매도하였다.

추가된 사실관계 및 문제

※ 아래 각 문항은 서로 별개의 사안이다.

1. 甲은 건물이 미등기인 관계로 乙에게 X토지에 관해서만 소유권이전등기를 경료하여 주었고, 이듬해 2002.6.10. 乙은 채권자 S에게 건물부지사용의 제한을 받는 것을 전제로 토지에 관한 저당권을 설정하여 주었으며, 2002.10.3.에 乙자신의 명의로 건물에 대한 소유권보존등기를 경료하였다. 그 후 S의 저당권 실행으로 토지에 관한 경매가 이루어져 丙이 이를 경락받아 2003.8.2. 그 소유권을 취득하였다. 한편 丁은 2002.11.3.부터 기간을 12개월, 보증금 2억원으로 정하여 乙로부터 Y건물 점포의 일부를 임차한 이래 현재까지 그 부분을 임대차조건 변경의 합의 없이 계속 점유하고 있다(민법상 임대차임을 전제로 한다).

   위 사안에서, 丙은 대지 위의 건물을 철거하고 새로운 건물을 지어 신사업을 영위하고자 2006.8.27. 乙을 상대로 Y건물의 철거 및 X토지의 인도를 구하는 소와 丁을 상대로 乙에 대한 건물철거청구권을 피보전권리로 하고 乙을 대위하여 임대차계약의 해지를 통고하고 임대차계약에 기한 Y건물의 인도를 청구하는 채권자대위의 소를 제기하였다. 심리결과 丙의 乙에 대한 건물철거청구권이 인정되었다. 이 경우 丙의 丁에 대한 채권자대위의 소와 관련하여 ① 법원의 결론[소각하, 청구인용, 청구기각] 및 ② 결론에 이르게 된 논거를 검토하시오. 25점

2. 甲은 사업의 실패로 우울증, 파킨슨 증후군 등을 보여 의사 A가 운영하는 세븐스병원에서 치료를 받고 있었다. 그러던 중 2003.2.2. 의사 A의 의료과오로 인해 甲은 피해를 입게 되었다. 그 후 A는 甲으로부터 강제집행 당할 것을 염려한 나머지 2005.8.6. 자신의 유일한 재산으로서 시가 1억 5,000만원 상당인 21평 아파트에 관하여 자신의 동생인 B에게 2005.8.4.자 증여를 원인으로 한 소유권이전등기 절차를 마쳤고, 그 후 B는 위와 같은 사정을 모르는 C은행으로부터 돈을 차용하면서 위 아파트에 관하여 채권자를 C로 한 채권최고액 7,000만원의 근저당권설정 등기를 마쳤다. 甲은 위 증여사실과 위 아파트가 유일한 재산이라는 사실을 2005.9.4. 알게 되었다. 甲은 A가 손해를 배상해 주지 않자 2006.1.4. 도달한 내용증명우편으로 A에게 위 손해배상을 요구하였고 그 이외에 별다른 조치를 취하지 않은 채 오늘(2006.6.21.)에 이르렀다.

> 이 경우 甲이 A에 대한 채권보존과 책임재산의 보전을 위해서 취해야 할 조치의 내용 및 책임재산의 원상회복 방법에 관하여 약술하시오(단, 채권자대위권의 행사는 설명하지 말 것). 25점

Ⅰ 설문 1.에 관하여

1. 결론

법원은 丙의 丁에 채권자대위의 소에 대하여 청구인용판결을 하여야 한다.

2. 논거

(Ⅰ) 채권자대위의 소의 적법성 여부

1) 요건검토

① 채권자대위권은 채권자가 자기채권을 보전하기 위하여 채무자의 권리를 대신 행사할 수 있는 권리이다(제404조 제1항 본문). 채권자대위소송의 법적 성질에 대하여 판례는 법정소송 담당설에 있으며, 이에 따르면 당사자적격의 요소로 ⅰ) 피보전채권의 존재 및 채권자의 채권이 이행기에 있을 것, ⅱ) 채권보전의 필요성이 있을 것, ⅲ) 채무자가 스스로 그의 권리를 행사하지 않을 것을 요건으로 한다.

② 사안의 경우, 위 ⅰ), ⅱ)의 요건과 관련하여 乙에 대한 건물철거청구권과 같은 물권적 청구권을 피보전권리로 할 수 있는지와 만약 丙이 직접 丁을 상대로 퇴거청구를 할 수 있다면, 이 경우에도 乙을 대위하여 임대차계약을 해지하고 건물인도청구를 할 필요성이 있는지가 문제이다.

2) 물권적 청구권이 피보전권리가 될 수 있는지 여부

이에 대해 통설은 보전되는 채권이란 널리 청구권을 의미하고 물권적 청구권과 같은 것도 포함된다고 본다. 판례도 "피보전채권이 특정채권이라 하여 반드시 순차매도 또는 임대차에 있어 소유권이전등기청구권이나 인도청구권 등의 보전을 위한 경우에 한하여 채권자대위권이 인정되는 것은 아니며, 물권적 청구권에 대하여도 제404조의 규정과 법리가 적용될 수 있다."는 입장이다.

3) 보전의 필요성 인정 여부

가) 丙의 丁에 대한 직접 퇴거청구의 가부

① 먼저 丙이 소유권에 기한 방해배제청구권(제214조)의 행사로 丁에게 점포에서의 퇴거를 직접 청구할 수 있는지가 문제된다.

② 이에 대해 판례는 지상건물 소유자 이외의 자가 지상건물을 점유하고 있는 때에는 지상건물에 대한 점유사용으로 인하여 대지인 토지의 소유권이 방해되고 있는 것이므로, 토지 소유자는 방해배제로서 점유자에 대하여 건물퇴거를 청구할 수 있다고 하였다. 만일 이렇게 해석하지 않으면, 토지소유자는 건물의 소유자에 대해 그 건물의 철

거와 대지의 인도를 청구하여 승소확정판결을 얻더라도, 현실적으로 건물을 점유하고 있는 자를 그 건물로부터 제거할 수 없게 되어서 그 소유권의 실현에 부당한 곤란을 겪을 것이기 때문이다.

나) 보전의 필요성 여부

① 특정채권의 경우 피보전채권의 현실적 이행을 확보하기 위한 다른 직접적 권리실현수단이 있다면 채권보전의 필요성은 없게 되는 것인지(채권자대위권의 보충성) 여부가 문제된다.

② 이에 대해 판례는 "토지소유권에 근거하여 그 토지상 건물의 임차인들을 상대로 건물에서의 퇴거를 청구할 수 있었더라도, 퇴거청구권과 건물의 임대인을 대위하여 임차인들에게 임대차계약의 해지를 통고하고 건물의 인도를 구하는 청구는 그 요건과 효과를 달리하는 것이므로, 이와 같은 퇴거청구를 할 수 있었다는 사정이 채권자대위권의 행사요건인 채권보전의 필요성을 부정할 사유가 될 수 없다"고 하였다.[887]

4) 사안의 경우

사안의 경우 丙은 乙에 대한 건물철거청구권을 피보전권리로 삼을 수 있고, 丙이 직접 丁을 상대로 퇴거청구를 할 수 있다고 하더라도 권리보전의 필요성이 부정되는 것은 아니므로, 丙의 丁을 상대로 한 채권자 대위소송은 적법하다 할 것이다.

(2) 본안의 판단 - 피대위권리의 존부

1) 임대차의 묵시적 갱신과 임대인의 해지권

① 임대기간이 만료한 후 임차인이 임차물의 사용·수익을 계속하는 경우에 임대인이 상당한 기간 내에 이의를 하지 아니 한 때에는 전임대차와 동일한 조건으로 다시 임대차한 것으로 본다. 그러나 이 경우에 존속기간은 정함이 없는 것으로 본다. 따라서 당사자는 언제든지 해지의 통고를 할 수 있다(제639조 제1항).

② 사안에서 丁은 Y건물 점포의 일부를 임차한 이래 현재까지 그 부분을 임대차조건 변경의 합의 없이 계속 점유하고 있었으므로, 건물임대차는 여러 차례 묵시적으로 갱신되어 존속기간의 정함이 없는 임대차가 되었다고 할 것이다. 따라서 乙은 丁에게 임대차계약의 해지를 통고할 수 있다.

2) 임대차계약 해지권이 채권자대위권행사의 대상이 될 수 있는지 여부

가) 채권자대위권의 객체와 일신전속권

채무자의 일신에 전속한 권리는 대위의 목적이 되지 않는다(제404조 제1항 단서). 채권자가 채무자의 권리를 대위하여 행사하는 제도의 취지상 오로지 권리자의 의사에 행사의 자유가 맡겨져 있는 행사상의 일신전속권은 채권자대위권의 객체가 될 수 없다.

---

887) 丙의 토지소유권에 기한 퇴거청구권과 乙의 임대차계약 해지 및 명도청구권은 요건에 있어서 차이가 있음은 물론이고, 효과에 있어서도 丁이 임차인으로서의 동시이행의 항변권 등을 주장할 수 있는지 여부에 있어서 커다란 차이가 있다.

나) 임대차계약 해지권의 대위행사 가부

판례는 "임대인의 임대차계약에 대한 해지권을 오로지 임대인의 의사에 행사의 자유가 맡겨져 있는 행사상의 일신전속권에 해당하는 것으로 보기 어려울 뿐만 아니라, 이 사건에서 임대인이 가지는 임대차계약 해지권이 오로지 그 의사에 의하여만 행사되어야 할 필요가 있는 것으로 보기도 어렵다"는 입장이다.

II 설문 2.에 관하여

1. 채권보존을 위한 시효중단 조치

① 甲의 A에 대한 불법행위로 인한 손해배상청구권은 피해자와 법정대리인이 손해 및 가해자를 안 날로부터 3년, 불법행위를 한 날부터 10년이 경과하면 시효로 인하여 소멸한다(제766조 제1항).

② 사안에서 甲이 손해 및 가해자를 안 날은 2003.2.2.이고, 2006.2.2.가 시효기간 만료일이지만 甲은 시효기간 만료일 전인 2006.1.4. 내용증명우편으로 A에게 손해배상을 요구하였는바 이는 최고(이행청구)로 볼 수 있다. 따라서 甲이 6월 내(2006.7.4.까지)에 재판상 청구 등을 한다면 소멸시효는 중단된다(제174조).

2. 채권자취소권

(1) 채권자취소의 소의 적법요건

1) 피고적격

판례인 상대적 무효설에 따르면 채무자에게는 피고적격이 인정되지 않고 수익자 또는 전득자가 소송의 상대방이 된다. 사안의 경우 수익자인 B를 피고로 삼아야 한다.

2) 제소기간의 준수

① 민법은 "채권자가 취소원인을 안 날로부터 1년, 법률행위 있은 날로부터 5년 내에 제기하여야 한다"는 규정을 두고 있고(제406조 제2항), 위 기간은 제척기간이라는 것이 통설·판례이다.

② 사안의 경우 甲이 증여사실과 아파트가 유일한 재산이라는 사실을 알게 된 날인 2005.9.4.이 취소원인을 안 날이라고 할 것이므로, 2006.6.21. 현재 안날로부터 1년을 경과하지 아니하였고, 증여가 있은 날인 2005.8.4.로부터 5년이 경과하지도 아니하여 아직 제소기간을 도과하지 아니하였으므로 채권자취소권을 적법하게 행사할 수 있다.

(2) 채권자취소권의 발생 – 본안요건

1) 요건 검토

채권자취소권의 요건으로서 ① 객관적 요건으로는 ⅰ) 피보전채권이 있을 것, ⅱ) 채권자를 해하는 재산권을 목적으로 하는 법률행위가 있어야 하며(사해행위), ② 주관적 요건으로는 채무자 및 수익자 또는 전득자의 사해의사가 있어야 한다(제406조).

2) 피보전권리의 존재

채권자취소권 행사의 효과는 모든 채권자의 이익을 위해서 그 효력이 있는 것이므로 피보전 채권은 원칙적으로 금전채권이어야 하고, 사해행위 이전에 발생한 것이어야 한다. 사안에서 甲은 A에 대하여 불법행위로 인한 손해배상청구권을 가지고 있고, 이는 A가 B에게 증여하기 전에 발생하였으므로 甲은 A에 대해서 피보전채권이 있다.

3) 재산상 법률행위가 있을 것

채권자취소권의 대상이 될 수 있는 것은 오로지 '채무자'가 행한 법률행위이어야 하고 원칙적으로 유효한 법률행위일 것을 요한다. 다만 통정허위표시로 무효인 경우에도 사해행위취소의 대상이 될 수 있는지가 문제된다. 이에 대해 판례는 사해행위는 유효한 법률행위일 것을 요하지 않는다고 보아 채권자취소권을 행사할 수 있다고 본다. 사안의 경우 A의 B에 대한 증여행위가 통정허위표시라는 점이 증명된다고 하더라도 판례에 따르면 채권자취소권을 행사할 수 있다고 할 것이므로 문제되지 않는다.

4) 사해성(무자력요건)

채권자를 해한다는 것은, 채무자의 재산행위로 그의 책임재산이 감소하여 채권의 공동담보에 부족이 생기거나 이미 부족상태에 있는 공동담보가 한층 더 부족하게 됨으로써 채권자의 채권을 완전하게 만족시킬 수 없게 되는 것, 즉 채무자의 소극재산이 적극재산보다 많아지거나 그 정도가 심화되는 것을 말한다. 판례는 "채무자가 자기의 유일한 재산인 부동산을 매각하여 소비하기 쉬운 금전으로 바꾸거나 타인에게 무상으로 이전하여 주는 행위는 특별한 사정이 없는 한 채권자에 대하여 사해행위가 된다"고 하였다. 사안에서 유일한 재산인 아파트를 증여한 것이므로 A의 증여행위는 사해성이 인정된다.

5) 사해의사

채무자를 당해 법률행위로 인하여 자기의 일반채권자들의 공동담보에 부족이 생길 것이라는 사실을 알고 있어야 한다. 이러한 채무자의 사해의사는 채권자가 이를 입증해야 한다. 다만 A는 유일한 재산을 증여한 것이므로 사해의사가 추정된다. 또한 채무자의 사해의사가 증명되면 수익자 또는 전득자의 악의는 추정을 받으며, 수익자 또는 전득자 자신에게 선의라는 사실을 입증할 책임이 있다는 것이 판례의 입장이다. 이에 따르면 丙의 사해의사 또한 추정된다.

6) 소결

사안에서 甲은 A와 B 사이의 증여계약을 사해행위를 이유로 취소할 수 있다. 다만 수익자인 B가 선의의 C에게 저당권을 설정하여주었으므로 책임재산의 원상회복과 관련하여 그 원물반환과 가액반환청구 중 어떠한 방법을 택하여야 할지, 또한 선택적 행사가 가능한지가 문제된다.

(3) 원상회복방법

1) 원물반환

가) 소유권이전등기말소를 청구할 수 있는지 여부

甲은 B에 대하여 소유권이전등기말소판결을 받더라도 B 명의의 소유권이전등기의 말소에 대하여 등기상 이해관계 있는 근저당권자 C의 승낙이나 그에게 대항할 수 있는 확정판결의 정본이 있지 않으면 실제로 B 명의의 소유권이전등기를 말소할 수 없다(부동산등기법 제171조). 그런데 甲은 선의의 C에게 채권자취소권을 행사할 수 없다. 따라서 이와 같은 방법은 적당하지 않다.

나) 진정명의회복을 원인으로 한 소유권이전등기를 청구할 수 있는지 여부

판례는 말소등기 대신에 진정명의회복을 원인으로 한 소유권이전등기도 허용된다고 하는바, 사안과 같은 경우에도 甲은 B에 대하여 A 앞으로 소유권이전등기를 할 것을 청구할 수 있다. 그런데 이 경우에는 C의 근저당권이 그대로 남게 된다. 그렇다면 C의 근저당권의 채권최고액에 상당하는 부분은 원상회복이 안 된 것과 마찬가지이다. 따라서 이 방법 또한 적당하지 않다.

2) 가액반환

가) 가액반환의 요건

가액반환은 원물반환이 불가능하거나 현저히 곤란한 경우에만 보충적으로 인정되며, 여기서 원물반환이 불가능하거나 현저히 곤란한 경우란 원물반환이 단순히 절대적·물리적으로 불능인 경우가 아니라 사회생활상의 경험법칙 또는 거래상의 관념에 비추어 그 이행의 실현을 기대할 수 없는 경우를 말한다.

나) 사안의 경우

사안에서는 원물반환방법으로는 사해행위 이전의 상태로 완전하게 원상회복되지 않는다. 따라서 가액반환을 인정하는 것이 타당하다. 이때 가액은 사실심 변론종결 당시의 시가 상당액이다. 다만 가액반환을 하는 경우에는 특별한 사정이 없는 한 취소채권자의 피보전채권의 범위에서만 취소 및 원상회복이 인정되며, 이때 피보전채권에는 사실심 변론종결 당시까지의 이자 및 지연손해금이 포함된다. 그러므로 사안의 경우 甲의 A에 대한 손해배상청구권 및 이에 대한 사실심 변론종결 시까지의 이자 또는 지연손해금을 한도로 취소 및 원상회복이 인정된다.

3) 소결

甲은 자신의 선택에 따라 가액반환 또는 원물반환을 청구할 수 있다.[888] 가액반환을 청구하는 것이 가장 유리하나 이는 B가 자력이 있을 때에만 의미가 있으므로 만일 B에게 자력이 충분하지 않다면 원물반환(진정명의회복을 원인으로 한 이전등기청구)을 청구하는 것이 더 낫다.

---

[888] "사해행위 후 그 목적물에 관하여 제3자가 저당권이나 지상권 등의 권리를 취득한 경우는 수익자가 목적물을 저당권 등의 제한이 없는 상태로 회복하여 이전하여 줄 수 있다는 등의 특별한 사정이 없는 한 채권자는 수익자를 상대로 원물반환 대신 그 가액 상당의 배상을 구할 수도 있다고 할 것이나, 그렇다고 하여 채권자가 스스로 위험이나 불이익을 감수하면서 원물반환을 구하는 것까지 허용되지 아니하는 것으로 볼 것은 아니고, 그 경우 채권자는 원상회복방법으로 가액배상 대신 수익자 명의의 등기의 말소를 구하거나 수익자를 상대로 채무자 앞으로 직접 소유권이전등기절차를 이행할 것을 구할 수도 있다(대판 2001.2.9, 2000다57139).

실전연습 및 종합사례

시험과목	민소법(사례형)	응시번호		성명	

공통된 사실관계

○ 원고 A는 2010.6.1. 피고 甲에게 1억 1,000만원을 변제기 2011.5.31. 이자 연 20%로 정하여 대여하였다. 피고 甲은 위 돈으로 고양시 일산동구 마두동 소재 스포츠용품점을 보증금 없이 월 차임 3,000,000만원 (매월 말일 지급), 권리금 1억원에 인수하여 운영하면서, 위 차용금에 대한 2011.8.31.까지의 이자 및 지연 손해금을 지급하였다.

○ 피고 甲은 위 스포츠용품점의 운영이 어려워 권리금조차 받을 수 없게 되자 원고 A에 대한 차용금채무를 면탈할 의도로 2011.8.1. 처남인 피고 乙과 통정하여 허위로 피고 乙에게 자신의 유일한 재산인 X토지를 1억원에 매도하는 내용의 계약을 체결하고, 같은 날 피고 乙 명의로 소유권이전등기를 마쳐 주었고, 피고 乙은 같은 해 10.10. 친구인 피고 丙에게 위 토지를 매도하고 같은 날 피고 丙의 명의로 소유권이전등기 를 마쳐주었다.

○ 한편, 원고 A는 위 대여금의 변제기가 지난 직후 위 대여금채권을 피보전권리로 하여 가압류할 피고 甲 의 재산을 찾던 중 2011.8.28. 피고 甲이 피고 乙에게 위와 같이 X토지를 양도한 사실을 알게 되어 피고 甲의 재산상태를 조사한 결과, 같은 해 10.2. 피고 甲에게는 위 X토지 외에는 아무런 재산이 없음을 알게 되었다.

○ 이에 원고 A는 2012.9.5. 피고 甲과 피고 乙 사이의 매매행위가 사해행위라고 주장하면서, 이를 전제로 하여 ① 피고 甲을 상대로 대여금 1억 1,000만원 및 이에 대한 2011.9.1.부터 다 갚는 날까지 연 20%의 약정이율에 의한 지연손해금의 지급을 구하고, ② 피고 甲·乙을 상대로 2011.8.1.자 매매계약의 취소를, 피고 乙·丙을 상대로 2011.10.10.자 매매계약의 취소를 각 구하는 한편, ③ 피고 乙·丙은 피고 甲에게 위 X토지에 관하여 마쳐진 위 각 소유권이전등기의 말소등기절차를 이행하라는 소를 제기하였다.

추가된 사실관계 및 문제

※ 아래 각 문항은 독립된 사안임을 전제로 한다.

(1) 피고 甲, 乙, 丙에 대한 각 소 중 부적법한 부분을 골라 그 논거를 서술하시오. [10점]

(2) 원고 A가 피고 甲에게 대여금채권이 아닌 X토지에 관한 매매계약에 기한 소유권이전등기청구권을 갖고 있다고 가정할 경우, 원고 A는 자신의 피고 甲에 대한 소유권이전등기청구권을 보전하기 위하여 甲과 乙 사이의 2011.8.1.자 매매계약을 사해행위라는 이유로 취소청구하였다. 원고 A의 청구에 대한 법원의 결론과 논거를 간단히 서술하시오. [5점]

(3) 이 사건 채권자취소권은 적법한 행사기간 내에 행사되었는지에 대한 결론과 논거를 서술하시오. [8점]

(4) 만일, 이 사건 심리 도중 위 대여사실의 입증이 곤란해지자 원고 A는 2012.10.25.에 이르러 「대여금채 권 1억 1,000만원」에서 「2011.9.3. 체결한 매매계약이 2011.12.7. 해제되었음을 이유로 한 원고 A의

피고 甲에 대한 매매대금반환채권 1억 1,000만원」으로 바꾸어 주장하였고, 그 주장의 매매대금 지급 사실 및 매매계약이 적법하게 해제된 점이 인정된다고 할 경우, 위와 같은 피보전채권의 교환적 변경은 제척기간의 제한을 받는지, 그 결론과 논거를 서술하시오. 7점

(5) 만일 위 문항 (4)에서 제척기간의 제한을 받지 않는다고 가정할 경우, 원고 A의 청구에 대한 법원의 결론과 논거를 서술하시오. 12점

(6) 만일, 원고 A가 2012.9.5. 피고 甲, 乙만을 상대로 사해행위취소 및 원상회복을 구하는 소를 제기하였다가 2012.10.31. 비로소 전득자인 丙을 상대로 원상회복을 구하는 소유권이전등기 말소등기청구소송을 제기하였다면 제척기간의 제한을 받는지, 그 결론과 논거를 서술하시오. 8점

■ 설문 (1)에 관하여

1. 결론

① 피고 甲을 상대로 2011.8.1.자 매매계약의 취소를 청구한 부분과 ② 피고 乙, 丙을 상대로 2011.10.10.자 매매계약의 취소를 청구한 부분은 각 부적법하다.

2. 논거

(1) 피고 甲을 상대로 2011.8.1.자 매매계약취소를 청구한 부분

채권자가 채권자취소권을 행사하려면 사해행위로 인하여 이익을 받은 자나 전득한 자를 상대로 그 법률행위의 취소를 구하는 소송을 제기하여야 하고 채무자를 상대로 그 소송을 제기할 수는 없다. 따라서 피고적격이 없는 채무자 피고 甲을 상대로 한 위 매매계약취소청구부분은 부적법하다.[889]

(2) 피고 乙, 丙을 상대로 2011.10.10.자 매매계약취소를 청구한 부분

사해행위취소소송은 채무자와 수익자 사이의 법률행위를 취소의 대상으로 삼아야 하고, 상대방이 전득자라고 하더라도 수익자와 전득자 사이의 법률행위는 취소의 대상이 될 수 없으므로, 이 경우 소의 이익이 없어 부적법하다.[890]

(3) 사안의 경우

---

[889] 다만, 채무자에게 사해행위취소소송의 피고적격이 없다고 하더라도 채무자를 상대로 본래 채무의 이행을 구할 수는 있는 것이고, 이러한 청구를 사해행위취소소송에 병합하여 제기하는 것도 가능하므로, 피고 甲에 대한 금전지급청구부분은 적법하다.

[890] 채무자와 수익자 사이의 법률행위가 통정허위표시에 해당하더라도 사해행위로서의 요건을 갖추고 있을 때에는 그 취소를 구할 수 있고, 이 경우 상대방은 채무자와의 법률행위가 통정허위표시로서 무효라는 이유로 채권자취소권의 행사를 저지할 수 없다. 즉 법률행위가 처음부터 존재하지 아니하거나 무효인 경우에는 취소의 대상이 될 수 없으나, 통정허위표시는 채권자취소권 행사의 대상이 된다.

Ⅱ 설문 ⑵에 관하여

1. 결론

법원은 청구기각판결을 선고하여야 한다.

2. 논거

채권자 취소는 채무자의 책임재산을 보전하기 위한 것이므로 특정물에 대한 소유권이전등기청구권을 보전하기 위하여 채권자취소권을 행사하는 것은 허용되지 아니한다. 판례도 부동산 매수인은 자신의 소유권이전등기청구권의 보전을 위하여 매도인과 제3자 사이에 이루어진 이중매매행위에 대하여 채권자취소권을 행사할 수 없다고 하였다. 이와 같이 특정채권을 피보전권리로 삼은 경우 원고의 청구를 기각하여야 한다.

Ⅲ 설문 ⑶에 관하여

1. 결론

적법한 행사기간 내에 행사되었다.

2. 논거

⑴ 제척기간의 준수 여부

1) 채권자취소권은 채권자가 취소원인을 안 날로부터 1년, 법률행위가 있은 날로부터 5년 내에 행사하여야 하고(제406조 제2항), 이 기간은 제척기간이다.

2) 여기서 '채권자가 취소원인을 안 날'이라 함은, 채무자가 채권자를 해함을 알면서 사해행위를 한 사실을 알게 된 날을 의미하므로, 단순히 ① 채무자가 법률행위를 한 사실을 아는 것만으로는 부족하고, ② 그 법률행위가 일반채권자를 해하는 행위라는 것, 즉 그에 의하여 채권의 공동담보에 부족이 생기거나 이미 부족상태에 있는 공동담보가 한층 더 부족하게 되어 채권을 완전하게 만족시킬 수 없게 된다는 것까지 알아야 하고, 나아가 ③ 채무자에게 사해의 의사가 있었음을 알 것을 요한다.

⑵ 사안의 경우

원고 A가 피고 甲의 매매계약 사실을 안 것은 2011.8.28.이지만, 그것이 사해행위에 해당하는 것임을 안 것은 위 피고에게 아무런 자력이 없음을 알게 된 같은 해 10.2.로 보아야 할 것이므로, 그로부터 1년 이내에 제기된 이 사건 소는 제척기간에 걸리지 아니한다.[891]

---

891) 채권자가 채무자의 유일한 재산에 대하여 가등기가 경료된 사실을 알고 채무자의 재산상태를 조사한 결과 다른 재산이 없음을 확인한 후 채무자의 재산에 대하여 가압류를 한 경우에는 채권자는 그 가압류 무렵에는 채무자가 채권자를 해함을 알면서 사해행위를 한 사실을 알았다고 봄이 상당하지만(대판 2002.11.26, 2001다11239), 채권자가 채무자 소유의 부동산에 대한 가압류신청 시 첨부한 등기부등본에

Ⅳ 설문 ⑷에 관하여

1. 결론

제척기간의 제한을 받지 않는다(제척기간에 걸리지 않는다).

2. 논거

(1) 교환적 변경(= 소송물의 변경)에 해당하는지 여부

판례에 따르면 채권자가 사해행위의 취소를 청구하면서 그 보전하고자 하는 채권을 추가하거나 교환하는 것은 그 사해행위 취소권을 이유 있게 하는 공격방법에 관한 주장을 변경하는 것일 뿐이지 소송물 또는 청구 자체를 변경하는 것이 아니므로 소의 변경이라 할 수 없다.

(2) 사안의 경우

따라서 사안에서 원고 A가 피고 甲에게 아무런 자력이 없음을 안 2011.10.2.로부터 1년 이내인 2012.9.5.에 제기된 이 사건 소는 피보전채권의 변경에도 불구하고 제척기간에 걸리지 않는다.

Ⅴ 설문 ⑸에 관하여

1. 결론

법원은 원고 A의 청구에 대해 기각판결을 선고하여야 한다.

2. 논거

(1) 피보전채권의 성립시기

1) 채권자취소권에 의하여 보호될 수 있는 채권은 원칙적으로 사해행위라고 볼 수 있는 행위가 행하여지기 전에 발생된 것임을 요한다.

2) 다만 예외적으로 ① 그 사해행위 당시에 이미 채권성립의 기초가 되는 법률관계가 발생되어 있고, ② 가까운 장래에 그 법률관계에 기하여 채권이 성립되리라는 점에 대한 고도의 개연성이 있으며, ③ 실제로 가까운 장래에 그 개연성이 현실화되어 채권이 성립된 경우에는, 그 채권도 채권자취소권의 피보전채권이 될 수 있다.

(2) 사해행위취소소송에서 피보전채권 흠결의 효과

채권자취소권은 채권자대위권과 달리 채무자의 권리를 대신 행사하는 제3자의 소송담당이 아니라, 자신의 실체법상 고유한 독자적 권리를 행사하는 것이므로 피보전채권이 인정되지 않는 경우 법원은 청구를 기각하여야 한다.

수익자 명의의 근저당권설정등기가 경료되어 있었다는 사실만으로는 채권자가 가압류신청 당시 위소원인을 알았다고 인정할 수 없다(대판 2000.6.13, 2000다15265 ; 대판 2001.2.27, 2000다44348).

(3) 사안의 경우

사안에서 교환된 피보전채권인 매매대금반환채권은 사해행위일(피고 甲과 피고 乙 사이의 매매계약 체결일)인 2011.8.1. 이후인 2011.12.7.에 발생한 것이고, 사해행위 당시 이미 채권성립의 기초가 되는 법률관계가 발생되어 있던 것도 아니므로(매매대금반환채권의 성립의 기초가 되는 법률관계인 매매계약도 사해행위 이후인 2011.9.3.이다), 원고 A의 피보전채권이 인정되지 아니하여 원고의 청구는 기각되어야 한다.

Ⅵ 설문 (6)에 관하여

1. 결론

제척기간의 제한을 받는다(丙에 대한 소는 제척기간의 도과를 이유로 부적법 각하하여야 한다).

2. 논거

(1) 전득자와의 관계에서도 제척기간 내에 채권자취소권을 행사하여야 하는지 여부

1) 채권자가 수익자를 상대로 사해행위의 취소를 구하는 소를 이미 제기하여 채무자와 수익자 사이의 법률행위를 취소하는 내용의 판결을 선고받아 확정되었더라도 그 판결의 효력은 그 소송의 당사자가 아닌 전득자에게는 미치지 않는다. 그러므로 채권자가 그 소송과는 별도로 전득자에 대하여 채권자취소권을 행사하여 원상회복을 구하기 위해서는 제척기간 내에 전득자에 대한 관계에 있어서 채무자와 수익자 사이의 사해행위를 취소하는 청구를 하여야 한다.

2) 한편, 원상회복청구의 전제로서 사해행위의 취소만을 분리하여 먼저 청구한 다음 별개의 소로 원상회복을 구할 수 있다. 채권자가 사해행위의 취소만을 먼저 청구한 다음 원상회복을 나중에 청구할 수 있으며, 사해행위취소청구가 제척기간 내에 제기되었다면 원상회복청구는 그 기간이 지난 뒤에도 할 수 있다.[892]

---

[892] 사해행위취소소송을 제기함이 없이 원상회복만을 청구한 경우 각하설과 기각설이 대립하고 있다. 기각설은 원상회복의 전제가 되는 사해행위의 취소가 없는 이상 원상회복청구권은 인정되지 아니하므로, 청구기각을 하여야 한다는 것인데 기각설이 타당하다고 본다(대판 2008.12.11, 2007다69162은 채권자가 사해행위의 취소와 원상회복을 청구하는 경우 사해행위의 취소만을 먼저 청구한 다음 원상회복을 나중에 청구할 수 있으나 원상회복의 전제가 되는 사해행위의 취소가 없는 이상 원상회복청구권은 인정되지 않는다고 판시하여 기각설을 따르는 것으로 보인다). 이 문제에서 원고가 전득자를 상대로 채무자와 수익자 사이의 법률행위의 취소를 구함이 없이 원상회복만을 구하고 있으므로, 기각설을 따를 경우 그 청구를 기각하여야 하나, 그 원상회복청구가 민법 제406조 제2항에서 정한 제소기간 내에 제기되지 않았으므로 본안 판단에 들어감이 없이 제척기간의 도과를 이유로 소 각하판결을 하여야 한다. 즉, 원상회복만을 청구하는 경우에도 청구권원으로 사해행위의 취소를 주장하는 이상 이를 사해행위취소소송으로 보아야 하고, 따라서 그 청구가 제척기간을 도과하여 이루어졌다면 사해행위취소소송의 적법요건을 갖추지 못한 것으로 보아 이를 각하하여야 한다.

(2) 사안의 경우

원고 A가 취소원인을 안 날은 2011.10.2.이고 전득자를 상대로 원상회복을 구한 시기는 2012.10.31.이므로, 취소원인을 안 날로부터 1년을 경과하여 사해행위취소소송을 제기하였다. 따라서 원고 A가 제척기간 내에 전득자 丙에 대한 관계에 있어서 채무자 甲과 수익자 乙 사이의 사해행위를 취소하는 청구를 하지 않은 상태에서 전득자 丙을 상대로 제기한 위 원상회복의 청구는 제척기간의 도과를 이유로 부적법 각하되어야 한다.

※ 설문에서 원고 A의 전득자 丙에 대한 사해행위취소소송에 대한 법원의 결론을 묻는 문제의 경우 답안구성의 例

1. 결론
   법원은 丙에 대한 소는 제척기간의 도과를 이유로 부적법 각하하여야 한다.

2. 논거
   (1) 전득자에 대한 관계에서 제척기간 준수 여부
   (2) 원상회복만을 청구하는 경우의 법원의 조치(- 기각설을 전제)
   (3) 소송요건 심리의 선순위
   (4) 사안의 경우

제**4**판

합격
기준 **박문각**

민사소송법 핵심사례집

제4판인쇄 : 2023. 07. 20.
제4판발행 : 2023. 07. 25.
편 저 자 : 이혁준
발 행 인 : 박 용
발 행 처 : (주)박문각출판
등   록 : 2015. 04. 29. 제2015-000104호
주   소 : 06654 서울시 서초구 효령로 283 서경B/D 4층
전   화 : (02) 723-6869
팩   스 : (02) 723-6870

저자와의
협의하에
인지 생략

정가 60,000원

ISBN 979-11-6987-326-0